형법각론

이정원 · 류석준 지음

준커뮤니케이션즈

머리말

우리의 법학교육은 로스쿨제도와 변호사시험의 체제에서 수험법학 내지 수험형법학으로 심하게 왜곡되고 있다. 검색만으로 쉽게 내용을 확인할 수 있는 셀 수도 없이 많은 판례의 단편적 결론을 묻는 문제가 선택형 뿐 아니라 사례형에서도 논점제시형으로 출제되고 있어 수험생들은 금방 잊혀지는 불필요한 암기에 여러 해를 소모하고 있다. 그러나 법학의 운명이 이러한 환경에 매몰되어서는 안 된다. 또한 단편적인 암기라 하더라도 이론적 무장 여부에 따라 그 암기의 깊이와 범위가 결정된다는 사실도 염두에 두어야 한다.

법학 그 중에서도 특히 형법학은 이해의 학문이다. 따라서 형법의 교육과 학습은 형법의 기본 구조와 골격의 이해를 목표로 설정되어야 한다. 이 책에서도 "형법 교과서는 '형법이론을 논리적으로 이해하여 의미 있는 판례에 대해서 의미 있는 평가와 판단을 할 수 있는 능력'을 기르도록 기술되어야 한다"는 필자의 입장을 견지하였다. 삭막한 수험형법의 환경에서도 깊이 있는 학문적 논의가 앞으로도 존속할 수 있기를 기대한다.

이 책에서는 통설이나 절대다수설에 대한 개개 문헌인용을 생략하고 괄호 안에 통설이나 절대다수설이라는 표시만 하였다. 통설의 문헌을 모두 소개하는 것이 번거로울 뿐 아니라, 독자들의 형법 이해에도 그리 도움을 주고 있지 못하기 때문이다. 또한 이 책은 필자의 문하로서 영산대학교 법학과에 재직하고 있는 류석준 교수와 공동작업으로 저술되었다. 공동저자인 류석준 교수는 필자와 학문적 이해를 같이하면서 성실하고 예리한 분석력을 구비하고 있어, 앞으로 이 책이 한 차원 더 도약하는 명서가 될 수 있도록 기여할 것이라 기대하고 있다. 앞으로 류석준 교수의 논리가 점점 더 많이 이 책에 투영될 예정이다.

끝으로 본서의 출판을 위해서 어려운 여건 속에서도 신뢰와 성의를 가지고 헌신해 주신 박준성 대표님을 비롯한 준커뮤니케이션즈 관계자 여러분께 진심으로 감사드린다.

2020년 8월

著　者

참고문헌

[국내문헌]

강구진: 형법강의 각론 Ⅰ 박영사 1983
권오걸: 스마트 형법각론 형설출판사 2011
김성돈: 형법각론(제5판) 성균관대학교출판부 2018
김성천/김형준: 형법각론(제6판) 도서출판 소진 2017
김일수: 한국형법 Ⅲ(개정판) 박영사 1997
김일수: 한국형법 Ⅳ(개정판) 박영사 1997
김일수/서보학: 새로쓴 형법각론(제8판 증보판) 박영사 2016
김종원: 형법각론(상) 법문사 1971
남흥우: 형법각론 고대출판부 1965
박상기: 형법각론(제8판) 박영사 2011
배종대: 형법각론(제10전정판) 홍문사 2018
백형구: 형법각론 청림출판 1999
서일교: 형법각론 박영사 1982
손동권/김재윤: 새로운 형법총론 율곡출판사 2013
오영근: 형법각론(제4판) 박영사 2017
유기천: 형법학 (각론강의 Ⅰ) 일조각 1982
유기천: 형법학 (각론강의 Ⅱ) 일조각 1982
이영란: 형법학 각론강의(제3판) 형설출판사 2011
이재상: 형법각론(제10판 보정판) 박영사 2017
이형국: 형법각론 박영사 2007
이형국: 형법각론연구 Ⅰ 법문사 1997
이형국: 형법각론연구 Ⅱ 법문사 2005
임 웅: 형법각론(제9정판) 법문사 2018
정성근/박광민: 형법각론(전정2판) 성균관대학교출판부 2015
정영석: 형법각론(제5정판) 법문사 1983
정영일: 형법강의 각론(제3판) 도서출판 학림 2017
조준현: 형법각론(3정판) 법원사 2012
진계호/이존걸: 형법각론(제6판) 대왕사 2008
황산덕: 형법각론(제5전정판) 방문사 1983

[독일문헌]

Blei, Hermann: Strafrecht II, 12. Aufl., 1983
Eser, Albin: Strafrecht III, 2. Aufl., 1981
Eser, Albin: Strafrecht IV, 4. Aufl., 1983
Herzberg, Rolf Dietrich: Täterschaft und Teilnahme, 1977
Haft, Fritjof: Strafrecht, Besonderer Teil I, 8. Aufl., 2004
Haft, Fritjof: Strafrecht, Besonderer Teil, II 8. Aufl., 2005
Kindhäuser, Urs: Strafgesetzbuch, Lehr- und Praxiskommentar, 3. Aufl., 2006
Lackner/Kühl: Strafgesetzbuch mit Erläuterungen, 27. Aufl., 2011
Leipziger Kommentar, Strafgesetzbuch, 10. Aufl., 1985; 11. Aufl., 1993
Maurach/Schroeder/Maiwald: Strafrecht Besonderer Teil, Teilband I, 8. Aufl., 1995
Maurach/Schroeder/Maiwald: Strafrecht Besonderer Teil, Teilband II, 7. Aufl., 1991
Nomos Kommentar, Strafgesetzbuch, 2. Aufl., 2005
Otto, Harro: Grundkurs Strafrecht, Die einzelnen Delikte, 7. aufl., 2005
Roxin, Claus: ESJ Strafrecht Allgemeiner Teil, 2. Aufl., 1984
Roxin, Klaus: Täterschaft und Tatherrschaft, 8. Aufl., 2006
Schönke/Schröder Kommentar, Strafgesetzbuch, 27. Aufl., 2006
Systematische Kommentar, Strafgesetzbuch, 6. Aufl., 1995
Tröndle/Fischer: Strafgesetzbuch und Nebengesetze, 52. Aufl., 2004
Welzel, Hans: Das Deutsche Strafrecht, 11. Aufl., 1969
Wessels/Hettinger: Strafrecht Besonderer Teil I, 31. Aufl., 2007
Wessels/Hillenkamp: Strafrecht Besonderer Teil II, 30. Aufl., 2007

차례

제1편 개인적 법익에 대한 죄

제2편 사회적 법익에 대한 죄

제3편 국가적 법익에 대한 죄

각론요점

형법총칙이 범죄와 그에 대한 법률효과로서 형벌과 보안처분에 대한 일반원칙을 규정하고 있는 반면에, 형법각칙은 개별적인 범죄유형과 이에 대한 구체적인 형벌을 규정하고 있다. 이에 따라 형법총론에서는 모든 범죄와 형벌에 대하여 일반적으로 적용되는 일반원칙이 논의의 대상이 되며, 형법각론에서는 개별적인 범죄에 대한 논의가 그 대상이 된다. 따라서 형법각론에서는 개별적인 범죄유형을 세밀하게 살펴보고, 범죄 상호간의 논리적인 구조와 관계, 그리고 개별적인 범죄에서 형법총론의 일반원칙이 어떻게 적용되는지를 탐구하게 된다.

형법각론에서 개별적인 범죄유형을 정확하게 파악하기 위해서는 형법총론에서 구축한 범죄론의 체계를 항상 염두에 두고 개별적인 범죄 성립의 구성요소 하나하나를 세밀하게 분류 · 분석하여야 한다. 형법총론에서 구축한 범죄론의 체계를 도표로 살펴보면 다음과 같으며, 개별적인 범죄유형의 분석은 일반적으로 다음 도표의 순서에 의한다.

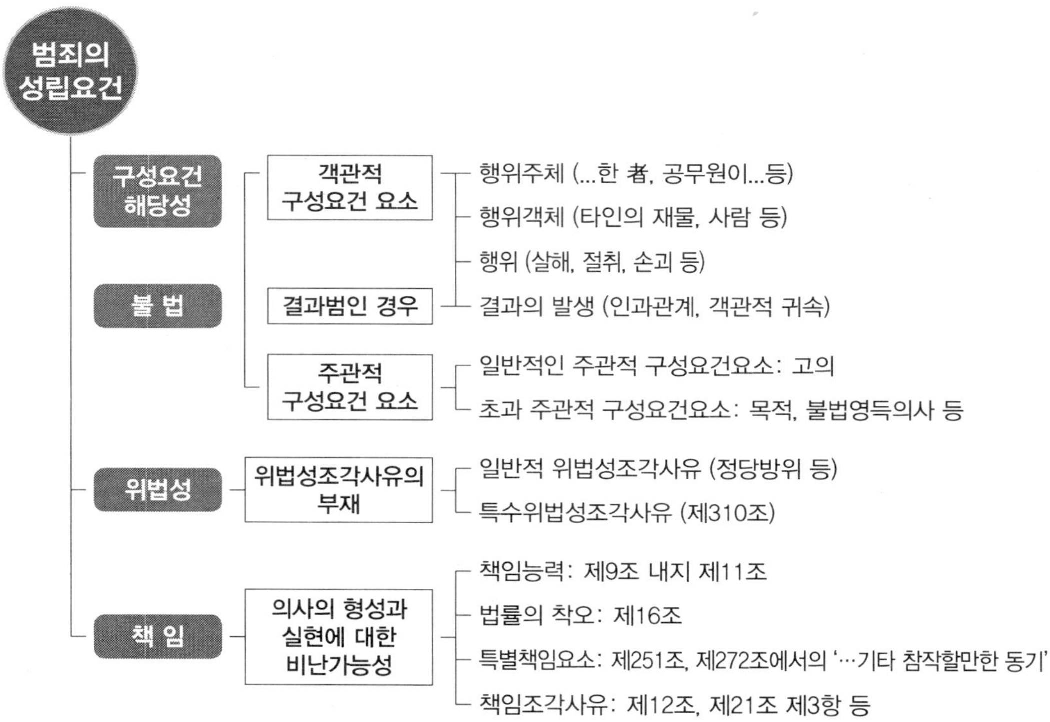

범죄의 처벌조건

- 객관적 처벌조건 — 제129조 제2항 사전수뢰죄에서 공무원 또는 중재인이 된 사실 등
- 인적 처벌조각사유 — 제328조, 제344조 친족상도례에서 직계혈족, 배우자, 동거친족 등의 신분 등

범죄의 소추조건

- 친고죄에서의 고소 — 제306조 등
- 반의사불벌죄에서의 피해자의 명시적 의사 — 제312조 제2항 등

형법은 제2편 각칙에서 개별적인 범죄유형을 제1장 내란의 죄(제87 조)부터 제42장 손괴의 죄(제372조)까지 유형별로 분류하여 규정하고 있다. 제1장에서 제4장까지 및 제7장에서 제11장까지는 국가의 존립과 권위 및 국가의 기능이라는 국가적 법익을 보호하기 위한 범죄유형이 규정되어 있으며, 제5장 · 제6장 및 제12장 이하 제23장까지는 공공의 안전과 평온 · 공공의 신용 · 공중의 건강 및 사회의 도덕이라는 사회적 법익을 보호하기 위한 범죄유형이 규정되어 있고, 제24장 이하 제42장까지는 생명 · 신체 · 자유 · 명예 · 신용 · 사생활의 평온 및 재산이라는 개인적 법익을 보호하기 위한 범죄유형이 규정되어 있다. 이를 도표로 살펴보면 다음과 같다.

국가적 법익에 대한 죄

- 국가의 존립과 권위에 대한 죄 — 내란의 죄, 외환의 죄, 국기에 관한 죄, 국교에 관한 죄
- 국가의 기능에 대한 죄 — 공무원의 직무에 관한 죄, 공무방해에 관한 죄, 도주와 범인 은닉의 죄, 위증과 증거인멸의 죄, 무고의 죄

사회적 법익에 대한 죄

- 공공의 안전과 평온에 대한 죄 — 공안을 해하는 죄, 폭발물에 관한 죄, 방화와 실화의 죄, 일수와 수리에 관한 죄, 교통방해의 죄
- 공공의 신용에 대한 죄 — 통화에 관한 죄, 유가증권 · 우표 · 인지에 관한 죄, 문서에 관한 죄, 인장에 관한 죄
- 공중의 건강에 대한 죄 — 음용수에 관한 죄, 아편에 관한 죄
- 사회의 도덕에 대한 죄 — 성풍속에 관한 죄, 도박과 복표에 관한 죄, 신앙에 관한 죄

개인적 법익에 대한 죄

생명과 신체에 대한 죄	살인의 죄, 상해와 폭행의 죄, 과실치사상의 죄, 낙태의 죄, 유기와 학대의 죄
자유에 대한 죄	체포와 감금의 죄, 협박의 죄, 강요의 죄, 약취와 유인의 죄, 강간과 추행의 죄
명예와 신용에 대한 죄	명예에 관한 죄, 신용 · 업무와 경매에 관한 죄
사생활의 평온에 대한 죄	비밀침해의 죄, 주거침입의 죄
재산에 대한 죄	절도와 강도의 죄, 사기와 공갈의 죄, 횡령과 배임의 죄, 장물에 관한 죄, 손괴의 죄, 권리행사를 방해하는 죄

형법각칙은 국가적 · 사회적 · 개인적 법익에 대한 죄의 순으로 규정하고 있다. 그러나 자유주의적 민주주의에 기초를 둔 현행법의 체계에서는 개인적 법익이 국가적 · 사회적 법익보다 우선해야 하며, 또한 개인적 법익에 대한 죄를 먼저 규명하는 것이 형법해석에 있어서도 편리하다. 이러한 관점에서 현재 거의 모든 형법각론 기본서에서도 개인적 · 사회적 · 국가적 법익에 대한 죄의 순으로 서술하고 있으며, 이 책도 동일한 순서로 서술한다.

제1편 개인적 법익에 대한 죄

제1장 생명과 신체에 대한 죄

생명과 신체에 대한 죄는 사람의 생명 또는 신체를 침해하거나 위태롭게 하는 것을 내용으로 하는 범죄이며, 사람의 생명과 신체를 보호법익으로 한다. 형법이 규정하고 있는 생명과 신체에 대한 죄로는 살인의 죄(제24장), 상해와 폭행의 죄(제25장), 과실치사상의 죄(제26장), 낙태의 죄(제27장) 및 유기와 학대의 죄(제28장)가 있다. 이 중에서 살인의 죄(제24장) · 상해와 폭행의 죄(제25장) · 과실치사상의 죄(제26장)는 사람의 생명 또는 신체를 침해하는 것을 내용으로 하는 침해범이며, 유기와 학대의 죄(제28장)는 사람의 생명이나 신체를 위태롭게 하는 것을 내용으로 하는 위험범이다. 낙태의 죄(제27장)는 사람의 생명 · 신체가 아니라 태아의 생명을 보호법익으로 하지만, 태아는 사람의 직접 전단계인 생명체이므로 생명과 신체에 대한 죄에 포함되어 있다.

제1절 살인의 죄

1. 살인의 죄 일반론

1-1. 의 의

살인죄는 사람의 생명을 침해하는 것을 내용으로 하는 범죄이다. 살인죄의 보호법익은 생명이다. 우리의 법체계에서 생명은 개인적 법익 중 가장 상위의 법익이며, 가장 강력한 법적 보호를 받는다. 생명은 개인이 누리는 모든 권리나 이익의 전제가 되기 때문이다. 기본권조항의 기초가 되는 헌법 제10조의 '인간의 존엄과 가치'도 생명을 전제로 하고 있다. 이에 따라 형법은 생명이라는 법익을 절대적 생명보호의 원칙(Grundsatz des absoluten Lebensschutzes)하에서 보호하고 있다. 사람의 생명은 법익주체의 생존능력, 생존가능성, 생존이익, 생존감정, 연령, 건강상태, 사회적 기능이나 이에 대한 사회적 평가와 관계없이 절대적으로 보호된다.[1] 중대한 신체적 · 정신적 결함도 법률적으로 생명가치에 전혀 영향을 주지 않으며, 생명이라는 법익은 타인에 의한 훼손에 대하여 법익주체의 처분권한도 배제되어 있다(제252조 제1항).

1) 김일수/서보학, 11면; 박상기, 9면; 손동권/김재윤, 5면; 이재상/장영민/강동범, 10면; 이형국, 7면; 진계호/이존걸, 30면.

'절대적 생명보호의 원칙'에 대하여는 이의가 제기되고 있다. '이론적으로 절대적 생명보호의 원칙은 지극히 당연하지만 실정법상의 사형제도는 합법적인 생명박탈규정이라는 것이다. 따라서 현행법에서는 상대적 생명보호의 원칙이 타당할 뿐'이라고 한다.[2] 또한 "현대의학의 발달에 의하여 안락사, 존엄사, 장기이식이나 배아보호 등의 문제가 형법영역의 논의에 들어왔기 때문에 생명보호는 절대적 · 무조건적 보호로부터 다소간 상대화의 길을 걷게 되었다"는 견해[3]도 제시되고 있다.[4]

물론 사형제도나 안락사 외에도 현행법의 체계에서는 생명의 침해가 허용되거나 생명의 희생이 요구되는 경우가 있다. 예컨대 정당방위에 의하여 생명의 침해가 허용될 수 있으며, 국방의 의무에 의한 적군과의 교전은 헌법에 의하여 요구되는 생명의 희생에 해당한다. 그러나 이러한 합리적 생명희생의 요구 때문에 형법의 절대적 생명보호의 원칙이 훼손될 수는 없다. 형법의 살인죄의 규정에 의한 생명보호는 절대적이어야 한다. 여기서 말하는 절대성은 생명이라는 법익 자체가 원리적으로 절대적이어서 여러 생명들 사이의 이익교량이 불가능할 정도로 질적 · 양적 차이가 인정되지 않는다는 뜻으로 이해되어야 한다. 현행 헌법질서에서 '생명보호의 상대화'라는 표현은 그 자체로 부적절하다. 상대적 생명보호의 사상은 자칫 안락사의 광범위한 인정이나 사형제도의 합헌성을 당연시할 위험이 있기 때문이다.

1-2. 구성요건의 체계

[살인의 죄]

기본적 구성요건–살인죄: 제250조 제1항
가중적 구성요건–존속살해죄: 제250조 제2항
감경적 구성요건–영아살해죄: 제251조; 촉탁 · 승낙 살인죄: 제252조 제1항
독립적 구성요건–자살교사 · 방조죄: 제252조 제2항
  제252조 제1항 · 제2항에 대한 가중적 구성요건–위계 · 위력 살인죄: 제253조

  미수범: 제254조(제250조 내지 제253조에 대하여)
  살인 예비 · 음모죄: 제255조(제250조와 제253조에 대하여)
  자격정지의 병과: 제256조(제250조, 제252조, 제253조에 대하여)

제250조 제1항의 살인죄는 형법 제24장 '살인의 죄'의 정형적인 특징과 기본적인 불법내용을 정

2) 배종대, 25면; 동취지, 김성천/김형준, 3면; 조준현, 43면. 유사한 관점에서 최대한 생명보호의 원칙이라는 용어를 사용하는 입장으로는 임웅, 10면; 정성근/박광민, 40면.

3) 김성돈, 36면.

4) 현대의학의 발전이 생명이라는 개념 자체를 변경시킬 수는 있지만 절대로 생명가치를 상대화시킬 수는 없다. 더욱이 현대의학의 발전 이전에도 정당방위에 의한 생명의 침해는 허용되었지만, 이를 생명가치의 상대화라고 할 수는 없다.

함으로써 당해 범죄유형의 가벌성에 대한 최소한의 조건들을 내포하는 '살인의 죄'의 기본적 구성요건이다. 제250조 제2항의 존속살해죄 및 제251조의 영아살해죄와 제252조 제1항의 촉탁 · 승낙에 의한 살인죄는 기본적 구성요건인 살인죄에 특정한 표지가 추가되어 가중적 또는 감경적으로 변형되는 변형구성요건에 해당한다. 존속살해죄는 가중적 변형구성요건이며, 영아살해죄와 촉탁 · 승낙에 의한 살인죄는 감경적 변형구성요건이다. 그러나 제252조 제2항의 자살교사 · 방조죄는 살인죄의 기본적 구성요건을 포함하지 않으므로 변형구성요건에 해당하지 않으며, 기본적 구성요건인 살인죄와는 다른 독립적 구성요건에 해당한다. 제253조의 위계 · 위력에 의한 살인죄는 제252조 제1항과 제2항에 대한 가중적 구성요건이다. 이들 살인의 죄에 대하여는 그 미수범이 처벌되며(제254조), 제250조와 제253조에 대하여는 그 예비 · 음모도 처벌된다(제255조). 또한 제250조, 제252조 및 제253조의 경우에 유기징역에 처할 때에는 10년 이하의 자격정지를 병과할 수 있다(제256조).

독일형법이 살인죄를 모살(Mord)과 고살(Totschlag)로 구별하여, 고살을 기본적 구성요건으로 하고 모살을 가중적 구성요건으로 규정하고 있는 반면에, 형법은 독일형법에서의 고살과 모살을 모두 살인죄에 포함시키고 있다. 이러한 형법의 태도에 대하여 법관에게 지나친 재량의 범위를 인정한다[5]는 비판이 있다. 이에 대해서는 형법이 중살인죄에 해당하는 내란목적살인죄(제88조), 강간살인죄(제301조의 2), 인질살해죄(제324조의 4), 강도살인죄(제338조) 등을 별도로 규정하고 있으므로 모살을 특별히 규정할 필요가 없다는 반대의 견해[6]가 있다. 또는 살인의 다양한 동기를 획일적으로 규범화하는 것이 타당하지 않다는 견해[7]도 있다. 그러나 형법에서 살인죄보다 중하게 처벌되는 중살인죄의 규정이 특별히 필요하다고 볼 수는 없다. 다만 입법론적으로는 독일형법 제213조와 같은 경살인죄를 규정함으로써, 법관의 방만한 재량의 범위를 축소시킬 필요가 있다. 예컨대 살인죄에 대한 집행유예의 선고는 제53조의 작량감경에서 고려된 조건들이 다시 제51조의 양형의 조건으로 사용됨으로써 실질적으로는 2중으로 평가되는 경우에만 가능하므로, 이 경우 법관은 항상 재량의 범위를 초과하게 된다.

특정범죄가중처벌 등에 관한 법률(특가법) 제5조의9 제1항이 보복살인죄를 가중처벌하기 때문에 형법에서 모살규정이 없다는 말이 더 이상 타당하지 않다는 견해[8]도 있다. 특가법상 보복살인죄는 살인죄의 가중적 변형구성요건에 해당한다는 것이다. 이러한 해석은 충분히 가능할 수 있다. 그러나 특가법상의 보복살인죄는 오직 형사사법의 확보를 방해하는 보복살인의 경우에만 한정하여 특별히 가중하여 처벌한다는 점에서 일반적인 가중요소(qualifizierende Merkmale)의 추가에 의하여 가중처벌하는 독일의 모살규정과는 차이가 있다. 또한 입법론적으로 다른 보복살인에 비하여 형사사법의 확보를 방해하는 보복살인의 경우에만 특히 중한 불법을 인정

5) 오영근, 13면 이하; 임웅, 12면.
6) 박상기, 11면; 배종대, 31면; 손동권/김재윤, 7면; 이재상/장영민/강동범, 11면.
7) 박상기, 11면; 동취지, 이재상/장영민/강동범, 11면.
8) 배종대, 31면.

할 수 있는지 의문이 제기된다.[9] 이러한 점에서 특가법상의 보복살인죄는 살인죄의 가중적 구성요건이라기보다 특별법에 의한 특별목적의 처벌규정으로 해석된다. 따라서 특가법상의 보복살인죄는 특별한 목적을 위한 양형규정일 뿐 가중적으로 변형된 불법구성요건이라고 볼 수는 없다.

2. 살인죄

2-1. 구성요건

제250조 제1항은 살인죄에 관하여 "사람을 살해한 자는 사형, 무기 또는 5년 이상의 징역에 처한다"고 규정하고 있다.

2-1-1. 객관적 구성요건

2-1-1-1. 행위주체

살인죄는 자연인이면 누구나 행위주체가 될 수 있는 일반범이다. 누구나 주체가 될 수 있는 일반범의 행위주체에 대해서는 특별한 설명을 필요로 하지 않는다.

2-1-1-2. 행위객체

살인죄의 행위객체는 사람이다. 사람은 자연인인 타인을 의미하며, 자신은 포함되지 않는다. 살인죄에서의 생명보호는 절대적이므로 생명이 있는 자연인인 한 생존능력이나 생존가치는 문제가 되지 않는다. 빈사상태의 사람이거나 기형아 · 불구자 · 불치병자나 사형판결이 확정된 자 또는 생존가망성이 없는 영아[10]나 생명유지장치에 의하여 생명이 유지되고 있는 환자도 살인죄의 행위객체가 된다.

사람이란 생명이 있는, 즉 출생부터 사망까지의 자연인을 의미한다. 출생 이전인 태아는 낙태죄의 객체가 되며, 사망 이후에는 사체이므로 사체 등의 오욕죄(제159조) 등의 객체가 될 뿐이다. 따라서 사람의 범위는 그 시기와 종기에 의하여 결정된다.

---

9) 동취지, 배종대, 31면은 보복살인죄가 '각종의 특별형법이 무분별하게 만들어지는 과정에서 생겨난 의도하지 않은 모살규정'이라고 한다.

10) 대법원 2005.4.15., 2003도2780: "약물에 의한 유도분만의 방법으로 낙태시술을 하였으나 태아가 살아서 미숙아 상태로 출생하자, 정상적으로 생존할 확률이 적다고 하더라도 그 상태에 대한 확인이나 최소한의 의료행위도 없이 적극적으로 염화칼륨을 주입하여 미숙아를 사망에 이르게 하였다면 피고인에게는 미숙아를 살해하려는 범의가 인정된다."

2-1-1-2-1. 사람의 시기

① 진통설　진통설은 규칙적인 진통을 동반하여 태아가 태반으로부터 이탈하기 시작한 때를 사람의 시기로 본다(통설).[11] 진통설은 분만개시설이라고도 한다. 제251조의 영아살해죄가 분만중의 영아도 행위의 객체로 규정하고 있으므로, 형법에서 사람의 시기는 분만개시설에 의하지 않을 수 없다(논리해석). 또한 진통설은 태아가 태반으로부터 이탈하기 시작하면 이미 사람으로 보기 때문에, 형법의 절대적 생명보호원칙의 정신에도 충실할 수 있다.

② 일부노출설　일부노출설은 두부노출설이라고도 하며, 태아의 신체 일부가 모체로부터 노출된 때를 사람의 시기로 본다. "살해행위와 낙태행위의 본질적인 차이점이 침해되는 객체의 노출 여부에 있다"는 점에서 일부노출설은 살인죄의 구성요건적 행위와 관련하여 아주 중요한 논점을 제시하고 있다. 그러나 일부노출 이전이라도 분만중의 영아를 살해하는 경우는 제251조에 의하여 영아살해죄가 성립하게 되는데, 일부노출설은 이를 설명할 수 없다. 따라서 형법의 해석으로 일부노출설을 지지하는 학자는 없다.

③ 전부노출설　태아의 신체 전부가 모체로부터 노출된 때를 사람의 시기로 보는 견해이다. 민법의 해석에서는 전부노출설에 의해서 사람의 시기를 결정하고 있다.

④ 독립호흡설　태아가 자기의 독립된 폐로 호흡할 때를 사람의 시기로 보는 견해이다. 일반적으로 아이가 출생하여 첫 울음을 터트릴 때가 독립된 폐로 호흡할 때이며, 이 때 사산의 여부가 명백하다는 것이다.

제251조의 영아살해죄는 분만직후의 영아 뿐 아니라 분만중의 영아도 행위객체로 규정함으로써, 분만중의 객체는 태아가 아니라 사람임을 분명히 하고 있다. 분만중이란 분만개시부터 분만완료 때까지를 의미하므로 분만개시부터 그 객체는 사람으로 평가된다. 분만은 개방진통(분만1기)에 의하여 개시된다. 개방진통이 자연적으로 시작되었는지 또는 의약품 등에 의하여 인공적으로 유도되었는지는 문제가 되지 않는다.[12]

제왕절개에 의한 출생의 경우는 분만을 대신하는 의사의 수술, 정확하게는 자궁의 절개시점이 사람의 시기라고 한다(통설).[13] 이에 반하여 복부의 절개시점이 사람의 시기라는 견해[14]도 있다. 만약 제왕절개에 의한 출생의 경우에 분만을 대신하는 의사의 수술이 사람의 시기를 결정하는 기준이 되어야 한다면, 자궁의 절개가 아니라 복부의 절개가 수술의 시작이며, 이 때 사람의 시기를 인정하는

---

11) 대법원 1982.10.12., 81도2621: "조산원이 분만중인 태아를 질식사에 이르게 한 때에는 업무상과실치사죄가 성립한다."; 대법원 1998.10.9., 98도949; 대법원 2007.6.29., 2005도3832.

12) Vgl. Eser, S-S StGB, Vorbem. §§ 211 ff. Rdnr. 13.

13) Eser, S-S StGB, Vorbem. §§ 211 ff. Rdnr. 13; Tröndle/Fischer, StGB, Vor. § 211 Rdnr. 2; Jänke LK StGB, § 211 Rdnr. 3; Wessels/Hettinger, BT-I, Rdnr. 13; Karlsruhe NStZ 85, 315.

14) 오영근, 16면.

것이 합리적이라고 할 수 있다. 그러나 이러한 입장들은 타당하다고 할 수 없다. 형법에서는 제250조 제1항과 제251조와의 구조관계를 근거로 분만중의 객체가 사람(영아)으로 해석되는데, 제왕절개의 경우는 분만중의 객체를 사람으로 해석할 근거가 사라지기 때문이다. 영아살해죄의 규정이 없는 일본형법에서는 통설이 일부노출설에 따라 사람의 시기를 인정하고 있다. 또한 복부나 자궁의 절개가 항상 제왕절개수술의 목적으로만 이루어지는 것이 아니기 때문에 사람의 시기를 결정하는 기준으로는 부적절하다.[15] 특히 이들 견해들은 사람의 시기를 정함에 있어서 그 대상을 기준으로 하는 것이 아니라, 의사의 인위적인 수술을 기준으로 한다는 점에서 부당하다. 따라서 사람의 시기를 결정하는 기준은 당해 객체를 대상으로 해야 하며, 정상적인 분만과정을 거치지 아니하는 제왕절개수술의 경우에는 태아신체의 일부가 노출되는 시점을 사람의 시기로 판단하는 일부노출설의 입장이 타당하다. 태아의 신체일부가 노출된 경우는 일단 자연적 의미에서도 사람으로 판단된다. 분만이 현실적으로 진행되지 아니하는 경우에 제왕절개수술을 위한 자궁의 절개시점을 형법 제251조의 분만중이라고 해석하는 것은 허용되지 않는 법률의 유추에 해당하여 죄형법정주의에도 반한다. 자연분만의 경우 산모의 진통이 사람의 시기를 결정하는 기준이 된다는 것도 산모가 그 기준이 된다는 것이 아니라, 태아가 모체로부터 분리를 시작한다는 점에서 그 기준이 되어야 한다. 이러한 관점에서 산모가 진통을 시작한 이후에 문제가 발생하여 제왕절개수술을 하는 경우는 태아를 기준으로 개방진통을 시작한 시점이 사람의 시기가 되어야 한다. 또한 낙태시술로 태아를 배출하는 경우에도 살아 있는 태아의 일부가 노출되었을 때[16]는 사람의 시기로 평가해야 하므로 태아의 일부가 노출되기 이전에 살해한 경우에만 낙태죄의 성립이 가능하게 된다.

살인죄 · 상해죄 · 과실치사상죄 등에서 행위의 객체인 사람임을 요하는 시기는 행위나 결과발생의 시점이 아니라 침해행위가 작용하는 시점이 기준이 되어야 한다.[17][18] 예컨대 태아에게 영향을 주는 행위로 인하여 기형으로 출생하거나 또는 사람으로 출생한 이후에 그 영향으로 사망한 경우에는 상해죄 · 살인죄 · 과실치사상죄가 성립하지 않는다. 이 경우 살인죄 · 과실치사죄의 성립을 인정하는 견해[19]가 있으나 타당하지 않다. 이 경우 침해행위가 작용하는 시점은 그 객체가 태아인 시점이므로 태아에게 작용하는 침해행위를 살해행위라고 할 수는 없기 때문이다.

---

15) Vgl. Eser, S-S StGB, Vorbem. §§ 211, Rdnr. 13에서는 제왕절개수술의 경우 자궁절개시를 기준으로 해야 한다는 입장에서, 복부절개시를 기준으로 하는 견해에 대하여 복부절개가 항상 제왕절개수술의 목적으로 이루어지는 것은 아니라고 비판한다. 그러나 자궁의 암세포를 제거하는 수술도 있으므로, 이러한 비판은 자궁절개시를 기준으로 하는 견해에 대한 비판으로도 유효하다.

16) 일부 노출된 객체에 대한 생명침해 공격은 낙태행위가 아니라 살인행위로 평가된다.

17) 김성천/김형준, 10면; 이재상/장영민/강동범, 15면.

18) Wessels/Hettinger, BT-I, Rdnr. 13 mwN.; Lackner/Kühl, Vor. § 211, Rdnr. 3; BGHSt 31, 348.

19) 김일수, 한국형법 III, 51면 이하.

2-1-1-2-2. 사람의 종기

형법의 생명보호는 사람이 사망함으로써 종결한다. 사람의 종기는 사망한 때이며, 사망에 의하여 사람과 사체가 구별된다. 어느 시점을 사망으로 볼 것인가에 대하여는 학설의 다툼이 있다.

① 호흡종지설　호흡이 영구적으로 정지한 때를 사망으로 보는 견해이다. 그러나 정지된 호흡은 인공호흡에 의하여 회복될 수 있으며, 자가호흡이 불가능한 경우에도 기계에 의하여 기계호흡이 가능하게 되었으므로, 호흡종지설에 의하여 사람의 종기를 결정하는 것은 부적절하다.

② 맥박종지설　심장의 고동이 영구적으로 정지한 때를 사망으로 보는 견해[20]이다. 맥박종지설은 종래 다수설[21]에 의하여 지지되었던 이론이다. 특별한 의학지식이 없더라도 호흡이 멈추고 맥박까지 정지하면 생명현상이 종지되었다고 판단하는 것이 일반인의 지배적인 법의식과 일치한다는 것이다. 그러나 현대 의학의 발달은 정지된 심장도 심장맛사지나 전기쇼크 등으로 다시 활동할 수 있게 되었으며, 신체 외부에서 작용하는 기계적 인공심장도 등장하게 되어, 뇌의 활동이 정지된 사람도 기계에 의한 호흡과 맥박을 계속할 수 있게 되었다. 따라서 맥박종지설도 사람의 종기를 결정하는 기준으로 부적절하다.

③ 뇌사설　뇌의 종국적인 사망, 즉 뇌기능의 완전한 소멸을 사망으로 보는 견해[22]이다. 1968년 세계의사학회의 시드니선언 이후 독일에서는 통설[23]이 뇌사설을 지지하고 있다. 뇌사설의 장점은 무엇보다도 현대의학으로 뇌의 사망을 회생시킬 수 없다는 점에 있다.

보통의 자연사인 경우에는 호흡과 맥박이 종지된 후 5분 내지 10분이 지나면 뇌기능이 소멸하게 된다. 그러나 현대 의학의 발달은 뇌사자의 정지된 호흡과 맥박을 회생시켜 일정기간 기계에 의한 심폐기능을 유지시키거나 또는 본래 뇌의 사망보다 일찍 종지될 심폐기능을 뇌의 사망 이후까지 연장시킬 수 있게 되었다. 이와 같이 뇌사자의 심폐기능을 유지시킴으로써 뇌사자의 장기를 다른 사람에게 이식이 가능하도록 보존할 수 있게 된 것이다. 이러한 현대 의학의 발달은 사람의 종기에 관한 맥박종지설과 뇌사설의 격렬한 대립의 원인이 되었다. 맥박종지설은 뇌사설에 대하여 "뇌사를 확인할 수 있는 방법과 기준이 불확실하며, 장기이식을 위하여 뇌사인정이 악용될 위험성이 있다"고 비판한다. 이에 반하여 뇌사설은 "현대 의학으로 뇌기능의 소멸을 회생시킬 방법이 없으므로 뇌사가 확실한 사망기준이 된다"고 하며, 또한 장기이식에 의한 생명구조를 곤란하게 하는 심장사의 기준은 비합리적이라고 한다. 그러나 사람의 종기를 판단하는 기준이 현실적 필요성에 의지한다면

20) 권오걸, 5면 이하; 김성돈, 41면 이하; 김일수/서보학, 15면; 백형구, 18면; 오영근, 17면 이하; 이영란, 24면 이하; 정영일, 6면; 조준현, 47면; 진계호/이존걸, 32면.

21) 강구진 I, 24면; 김종원(상), 30면; 서일교, 19면; 정영석, 217면; 황산덕, 159면.

22) 김성천/김형준, 12면; 손동권/김재윤, 9면; 이재상/장영민/강동범, 17면 이하; 이형국, 14면; 임웅, 17면 이하; 정성근/박광민, 45면; 중립적 입장으로는 박상기, 17면; 배종대, 28면 이하.

23) Vgl. Eser, S-S StGB, Vorbem. §§ 211 Rdnr. 18 mwN.

인간의 존엄은 사라지게 된다. 따라서 뇌사설은 현실적 필요성이라는 근거를 포기하여야 한다. 장기이식은 어떠한 경우라도 사람의 생명을 담보로 하여서는 안 된다. 장기이식의 문제는 사람의 종기를 결정한 이후에 논의할 문제이다.

사람의 종기는 사람이 가지고 있는 모든 기관이 아니라 일정한 기관의 기능이 소멸되었을 때를 기준으로 판단해야 한다. 전통적으로 우리의 인식은 호흡이나 맥박의 종지, 즉 심폐기능의 소멸을 사망으로 판단하였으나, 심폐기능을 소생시키는 것이 가능하게 되었으므로 심폐기능은 더 이상 사람의 종기를 판단하는 기준이 될 수가 없게 되었다. 따라서 사람의 종기는 현대 의학으로 소생시킬 수 없는 '뇌기능의 소멸'을 기준으로 판단되어야 한다. 더욱이 사람의 생명은 호흡이나 심장의 고동이 아니라 뇌의 활동에 의하여 의미가 주어지므로 뇌기능이 소멸하면 사람의 생명을 보호하기 위한 전제가 소멸된 것으로 판단하는 것이 타당하다.[24] 특히 뇌사설의 입장은 1999.2.8 법률 제5858호로 제정된 '장기 등 이식에 관한 법률(장기이식법)'[25]에 의하여 실정법 체계 속에 들어오게 되었다. 장기이식법은 사람의 종기를 뇌의 사망시점으로 판단하는 중요한 근거라고 할 수 있다. 물론 '장기이식법'은 장기이식의 경우에 뇌사인정의 선행조건들과 판단기준들을 자세하게 규정하는데 목적이 있으며, 장기 등 이식의 경우에만 뇌사자를 사망한 것으로 간주하고 있다.[26] 그러나 사람의 본질은 "그 사람이 사망한 이후에 어떻게 이용되는가"와 전혀 관계없이 파악되어야하기 때문에, "장기이식의 경우에만 뇌사가 사람의 종기가 된다"고 판단해서는 안 된다. 오직 "뇌사가 사람의 종기이기 때문에 뇌사자의 장기를 이용할 수 있다"는 관점에서 이해되어야 한다.

2-1-1-3. 행위

살인죄의 구성요건적 행위는 사람을 살해하는 것이다. 살해란 고의로 사람의 생명을 자연사에 앞서서 단절시키는 모든 물리적 · 심리적 작용을 말한다. 심리적 작용에 의한 살해란 정신적 · 심리적 충격을 가함으로써 사람을 사망에 이르게 하는 것이다. 따라서 타살 · 사살 · 독살 등의 물리적 작용 이외에 정신적 충격 등의 심리적 작용에 의하여 사람의 생명을 단절시키는 행위도 살해행위에 포함된다. 살해행위는 사람의 생명을 자연사에 앞서서 단절시킴으로써 충분하며, 절대적 생명보호의 원칙에 의하여 생명단축의 기간은 전혀 문제가 되지 않는다.

피해자의 미신적 성격을 이용하여 그를 살해하려고 저주하였더니 피해자가 그 사실을 알고서 정신적 충격으로 사망한 경우에 살인죄의 성립을 인정하는 견해[27]가 있다. 이 견해에 의

24) 김성천/김형준, 12면; 손동권/김재윤, 9면; 이재상/장영민/강동범, 16면; 임웅, 17면; 정성근/박광민, 45면.

25) 장기이식법 제4조 제5호: "'살아있는 사람'이란 사람 중에서 뇌사자를 제외한 사람을 말하고, '뇌사자'란 이 법에 따른 뇌사판정기준 및 뇌사판정절차에 따라 뇌 전체의 기능이 되살아날 수 없는 상태로 정지되었다고 판정된 사람을 말한다."

26) 동법 제21조 제1항: "뇌사자가 이 법에 따른 장기 등의 적출로 사망한 경우에는 뇌사의 원인이 된 질병 또는 행위로 인하여 사망한 것으로 본다."

27) 황산덕, 159면.

하면 피해자가 자기를 저주한다는 사실을 알고서 정신적 충격으로 병원에서 치료를 받고 완치된 경우 뿐 아니라, 그러한 사실에 대하여 전혀 개의치 않는 경우도 살인미수죄가 성립한다는 결론이 된다. 이는 일반적인 법감정에 반하며 찬성할 수 없는 결론이다.

피해자가 자기를 저주한다는 사실을 알고서 정신적 충격으로 사망한 경우 통설[28]은 미신적 방법에 의한 행위는 살인의 의사를 실현하기 위한 행위라고 평가할 수 없다고 한다. 즉 미신적 방법에 의한 행위는 살인의 고의에 의한 행위로 평가되지 않는다는 입장이다. 저주행위와 피해자의 사망 사이에는 과학적인 인과관계가 부정된다[29]는 견해도 동일한 관점이라고 할 수 있다.

피해자의 미신적 성격을 이용하여 그를 살해하려고 저주하였더니 피해자가 그 사실을 알고서 정신적 충격으로 사망한 경우 피해자를 저주하는 행위 그 자체는 행위자의 의사에 의하여 지배가 가능한 형법상의 행위에 해당한다. 또한 조건설 내지 합법칙적 조건설의 관점에서 행위자의 미신적 저주와 피해자의 사망 사이의 인과관계도 부정되지 않는다. 다만 이러한 인과사건은 인간에 의한 지배가 불가능하여 객관적 귀속이 부정된다.[30] 일반적으로 인과관계나 객관적 귀속이 부정되면 기수범의 성립은 부정되고 미수범의 성립이 인정된다. 그러나 인간의 행위에 의한 인과사건의 지배가능성이 부정되는 경우는 미수범의 성립도 부정된다. 행위자가 처음부터 객관적 귀속이 부정되는 결과, 즉 '구성요건적 결과에 해당하지 아니하는 결과'를 발생시키려고 의도했으므로 해당 범죄의 고의가 부정되기 때문이다. 따라서 통설의 입장은 타당하다.

살해행위는 작위 뿐 아니라 부작위에 의해서도 가능하며, 직접적 살해행위 이외에 타인을 도구로 이용하는 간접적 살해행위도 가능하다. 다만 통설은 '피해자를 도구로 이용하는 경우'와 '국가의 재판을 이용하는 경우'를 간접적 살해방법에서 제외시키고 있다. 강요나 기망으로 피해자를 자살케 한 경우는 이론상 간접정범에 의한 살인죄가 성립할 수 있지만 형법은 이 경우를 제253조의 위계·위력에 의한 살인죄에서 규정하고 있다는 것이다. 그러나 제253조에서 의미하는 '위계 또는 위력으로 자살을 결의하게 한 때'란 위계 또는 위력의 방법으로 자살을 교사하는 경우를 말하며, 피해자 스스로가 자살에 대하여 행위를 지배하고 있는 경우이다. 형법 제253조는 이러한 교사행위를 제250조의 예에 의하여 처벌하고 있으며, 이러한 의미에서 제253조는 필요적 공범을 규정한 것이다. 이

---

28) 김일수, 한국형법 III, 56면; 김일수/서보학, 16면; 손동권/김재윤, 10면; 이재상/장영민/강동범, 18면; 사회적 정형성이 결여되어 구성요건적 행위가 아니라는 입장으로는 오영근, 18면; 동취지, 권오걸, 6면; 김성돈, 34면; 생명침해의 위험성이 없는 행위라는 입장의 임웅, 19면; 동취지, 정성근/박광민, 47면; 무형적 방법에 의한 살해행위의 가능성을 부정하는 입장으로는 박상기, 18면.

29) 배종대, 32면; 조준현, 48면.

30) 사회적 행위론의 입장에서 행위는 인간의 의사에 의하여 지배되었거나 지배가능한 사회적으로 의미 있는 인간의 태도이다. 그러나 인간의 행위에 의한 인과사건의 지배가능성이 부정되는 경우에도 형법상의 행위가 부정되는 것은 아니다. 즉 "행위 자체가 인간의 의사에 의하여 지배가능하였는가"와 "인과사건이 '인간의 행위'에 의하여 지배가능하였는가"는 다른 문제이다.

에 반하여 이용자가 피해자의 자살에 대한 행위지배(강요지배 · 착오지배에 의한 의사지배)를 가지고 있다면, 이용자는 제253조가 아니라 제250조의 간접정범이 되어야 한다. 특히 피해자가 일반적으로 자살의 의미를 이해하지 못하는 책임무능력자인 경우라면 당연히 살인죄의 간접정범이 되어야 한다.[31)32)]

또한 통설은 무고나 위증의 방법으로 재판을 이용하여 사람을 살해하는 경우에 살인죄의 간접정범의 성립을 부정한다. 실체진실의 발견이 법원의 직권에 의하여 이루어지는 형사소송법에서는 고발인이나 증인이 재판을 지배하였다고 할 수 없기 때문이라고 한다. 그러나 재판을 이용하여 사람을 살해하려는 고발인이나 증인이 재판하는 사람을 이용하여 전체행위를 지배하는 경우는 얼마든지 가능하다.[33)] 판사의 착오를 유발하는 경우는 착오지배를 통한 배후인의 행위지배가 가능하며, 또한 판사나 그의 가족에 대한 살해의 위협은 강요지배를 통한 행위지배가 충분히 인정될 수 있다.

2-1-1-4. 결과의 발생

살인죄는 침해범이며 결과범이다. 그러므로 피해자가 사망했을 때 범죄가 완성되어 기수에 이르게 된다. 범인이 살인의 고의로 살해행위에 나아갔으나 피해자가 사망하지 않은 경우는 미수에 불과하다. 사망은 살해행위와 인과관계가 있고 객관적으로 범인에게 귀속이 가능한 경우에만 구성요건적 결과의 발생으로 평가될 수 있으므로 인과관계나 객관적 귀속이 부정되는 경우는 미수에 불과하게 된다.

2-1-2. 주관적 구성요건

살인죄는 주관적 구성요건요소로서 고의를 요한다. 살인죄의 객관적 구성요건요소를 모두 인식하고 살해행위에 나아갈 때 살해의사가 있는 것이며, 이 때 살인고의가 인정된다. 살인고의는 사람을 살해하여 사망에 이르게 한다는 인식과 의사이다.

2-2. 위법성

살인죄의 구성요건에 해당하는 행위는 일단 위법성이 추정된다. 그러나 일정한 경우에는 살인죄의 구성요건에 해당하는 행위도 위법성이 조각될 수 있다. 살인죄에 대한 위법성조각사유로는 일반적인 위법성조각사유와 특히 안락사의 경우가 문제된다.

2-2-1. 일반적 위법성조각사유

사람의 생명을 침해하는 행위도 그것이 부당한 침해에 대한 필요한 방위행위라면 제21조의 정당

31) 동지, 김성돈, 43면.

32) Vgl. Roxin, LK StGB, § 25 Rdnr. 127, 125 ff. mwN.

33) 임웅, 27면.

방위에 의하여 허용된다. 또한 살인죄의 부진정부작위범에서는 의무의 충돌인 경우 생명에 대한 구조의무 불이행이 허용될 수 있다.

그밖에 살인죄의 구성요건에 해당하는 행위는 일반적으로 위법성조각사유로 허용되기가 곤란하다. 사람의 생명은 절대적이며 비대체적인 법익이기 때문이다. 제22조의 긴급피난행위는 허용될 여지가 없다. 긴급피난은 우월적 이익의 원칙에 의하여 인정되는 허용규범인데, 생명의 희생으로 보호될 만한 현저히 우월한 이익이 존재하지 않는다. 형법의 절대적 생명보호의 원칙에 의하여 법률은 어떤 이익을 보호하기 위해서도 생명의 희생을 요구할 수가 없으므로 이익교량에 의한 생명침해행위가 허용될 수가 없다.[34] 법익주체가 생명침해를 동의한 경우라도 타인의 생명을 침해하는 행위는 제24조의 피해자의 승낙에 의해서 허용될 수 없다. 제252조 제1항은 촉탁 · 승낙에 의한 살인죄를 별도로 규정하기 때문이다.

제20조의 정당행위에 의하여 살인죄의 구성요건에 해당하는 행위가 허용될 수 있는지는 문제된다. 통설은 이를 긍정하고 있으며, 전시에 적을 사살하는 전투행위가 그 대표적인 경우라고 한다. 이 경우를 물론 제20조의 '법률에 의한 정당행위'라 말할 수도 있다. 그러나 군인의 전투행위는 본질적으로 헌법 제39조 제1항에 의하여 국방의 의무를 이행하는 행위이다. 국방의 의무는 정당한 국가방위의 관점에서 위법성조각사유의 관점 이전에 생명의 침해를 허용하는 헌법적 가치판단으로서 의미가 있다.

> 제20조의 규정이 없더라도 법률에 의한 행위라면 당연히 금지규범 위반이 허용된다. 물론 그 법률은 헌법질서에 합치하는 법률이라야 한다. 이러한 관점에서 헌법적 가치판단 이외에 '제20조의 법률에 의한 정당행위'로 생명의 침해를 허용할 수는 없다. 경찰관직무집행법 제11조에 의한 경찰관의 무기사용도 법령에 의한 행위로 이해하는 견해[35]가 있으나, 이 경우도 정당방위 상황 이외에는 사람의 생명침해를 허용할 수 없다고 해야 한다.[36] 사형수에 대한 사형집행행위도 법률에 의한 정당행위로 설명(통설)하고 있으나, 사형제도를 위헌으로 보는 관점[37]에서는 찬성할 수 없는 결론이다. 사형제도와 사형집행이 그 정당성을 확보하기 위해서는 국방의 의무와 같은 생명침해에 대한 헌법의 독자적인 가치평가를 필요로 한다.
>
> 모터싸이클경주나 자동차경주, 격투운동경기 또는 사망의 위험을 각오한 수술 도중 사망한 경우에 상대선수나 수술의사의 행위는 위법성의 조각이 아니라 구성요건의 단계에서 고찰되어야 한다. 이러한 경우 피해자 각자는 스스로 위험에 들어갔으며, 이러한 위험에의 참가를 현행법체계에서 금지하고 있지 않다면 사회적 상당성의 관점에서 허용된 위험으로 행위불법이 부정되어야 한다. 이들 경우를 제20조의 '업무로 인한 정당행위'나 '사회상규에 위

34) 법률은 10명의 생명이나 긴 생명을 보호하기 위하여 1명의 생명이나 짧은 생명의 희생을 요구할 수 없다.
35) 김성돈, 46면; 배종대, 34면; 손동권/김재윤, 13면; 이영란, 29면.
36) 동지, 이재상/장영민/강동범, 21면.
37) 이에 관하여는 이정원/류석준, 형법총론, '제5편, 제1장, 제1절 1-2-3. 사견' 참조.

배되지 아니하는 정당행위'로 위법성조각의 관점에서 파악하는 것은 타당하지 않다. 사회적으로 상당한, 따라서 본래 적법한 행위는 법익침해행위가 아니다. 전형적인 불법을 기술한 구성요건은 처음부터 이러한 행위를 포함할 수 없다.

2-2-2. 안락사

안락사(Euthanasie)란 불치 또는 빈사의 환자에게 그 고통을 제거하여 편안한 죽음을 맞이할 수 있도록 하는 의학적 조치를 말한다. 안락사의 조치가 생명의 단축을 수반하면, 이는 일단 생명을 침해하는 행위로서 살인죄의 구성요건에 해당하게 된다. 따라서 생명단축을 수반하는 안락사가 위법성조각사유로서 허용될 수 있는지 문제된다. 종래 다수설[38]은 안락사를 일정한 요건하에서 사회상규에 위배되지 아니하는 정당행위로 위법성이 조각된다고 해석하였다. 안락사가 정당행위로서 위법성이 조각되기 위한 일정한 요건은 ① 환자가 불치의 질병으로 사기에 임박하였을 것, ② 환자의 고통이 극심할 것, ③ 환자의 고통을 제거하기 위한 조치일 것, ④ 환자의 진지한 촉탁 또는 승낙이 있을 것, ⑤ 원칙적으로 의사에 의하여 시행될 것, ⑥ 그 방법이 윤리적으로 정당할 것 등이라고 한다.

일반적으로 안락사의 문제는 유형별로 분류하여 고찰되고 있다. 그러나 안락사에 대한 유형별 분류와 그 위법성조각의 법적 성질에 대하여는 학설이 일치하지 않고 있다.

① 진정안락사(echte Euthanasie) 진정안락사는 생명의 단축 없이 진통제 등을 투여하여 편안하게 자연사를 맞이할 수 있도록 하는 의학적 조치이다. 진정안락사는 본질적으로 생명의 단축을 수반하지 않으므로 생명을 침해하는 행위가 아니며, 살인죄의 구성요건해당성이 부정된다.

② 직접적 안락사(aktive Euthanasie) 직접적 안락사(적극적 안락사)는 불치나 빈사상태인 사람의 고통을 제거하기 위하여 직접적 · 적극적으로 환자의 생명을 단축시키는 것을 말한다. 종래 다수설[39]은 일정한 요건하에서 직접적 안락사가 사회상규에 위배되지 아니하는 정당행위로 허용될 수 있음을 인정하였으며, 현재도 일부 학설[40]에서 직접적 안락사가 허용될 수 있다고 본다. 그러나 형법의 생명보호는 일반인 뿐 아니라 불치병자나 빈사상태의 사람에게도 절대적으로 동일해야 하므로, 직접적 안락사는 예외적인 경우라 할지라도 허용되어서는 안 된다. 다수설[41]과 판례[42]도 직접적 안락사를 허용하지 않는다.

③ 간접적 안락사(indirekte Euthanasie) 간접적 안락사는 고통제거를 위한 조치에서 피할 수 없는 부수결과로 의도적이 아닌 생명단축이 수반되는 경우를 말한다. 이러한 간접적 안락사는 허용될 수 있다는

38) 김봉태(공저), 93면; 김종원(상), 33면; 유기천(상), 29면; 정영석, 223면.

39) 김봉태(공저), 93면; 김종원(상), 33면; 유기천(상), 29면; 정영석, 223면.

40) 김성돈, 49면; 오영근, 37면; 이영란, 30면 이하; 임웅, 26면 이하; 정성근/박광민, 49면; 정영길, 12면.

41) 권오걸, 10면; 김성천/김형준, 18면; 김일수/서보학, 18면; 박상기, 20면; 배종대, 36면; 손동권/김재윤, 14면; 이재상/장영민/강동범, 22면; 이형국, 20면.

42) 대법원 1957.7.26., 4290형상126.

것이 거의 일치된 학설의 입장이다. 그러나 간접적 안락사의 법적 성격에 관하여는 견해의 다툼이 있다. 다수설[43]에 의하면 간접적 안락사는 사회상규에 위배되지 아니하는 정당행위로서 위법성이 조각된다고 한다. 다른 일부 학설[44]은 간접적 안락사가 피해자의 승낙에 의하여 허용될 수 있다고 본다. 이와 같이 학설에서는 일반적으로 간접적 안락사를 허용규범에 의한 위법성조각사유로 파악하고 있다. 독일의 다수설[45]도 간접적 안락사를 위법성조각의 긴급피난으로 파악하고 있다. 그렇다면 간접적 안락사는 일단 살인죄의 구성요건에 해당하는 법익침해행위가 된다.

그러나 극심한 고통에 시달리는 빈사의 환자에게 생명단축의 부수효과를 피할 수 없는 강력한 진통제 등을 사용하는 의료행위가 법익침해행위로서 살인죄의 구성요건에 해당하게 되는지 의문이 제기된다. 독일의 일부 학설[46]은 간접적 안락사를 구성요건의 단계에서 해결하고 있다. 즉 간접적 안락사는 '허용된 위험(erlaubtes Risiko)'으로 구성요건에 해당하지 않는 행위라고 한다.[47] 또는 "간접적 안락사는 사회적인 행위의 의미에서 생명이라는 법익의 침해에 향하여진 행위(생명을 단축시키는 행위)가 아니라 오로지 고통제거를 위한 행위이며, 생명단축의 결과는 이 과정에서 수반되는 피할 수 없는, 결코 의도적이지 아니한 결과이므로 행위불법을 부정해야 한다"는 견해[48]가 있다. 즉 간접적 안락사에 대해서는 규범의 보호목적의 관점에서 법익침해가 부정되어야 한다는 것이다. 그밖에 간접적 안락사의 경우에 대해서 살인고의를 부정하는 견해[49]도 있다.

간접적 안락사는 본질적으로 환자의 극심한 고통을 제거 내지 완화하는, 그러나 부수효과로서 생명단축이 수반될 수 있는 의료행위이다. 이러한 의료행위는 그 사회적 효용성에 의하여 처음부터 금지할 수 없는 행위이며, 부수효과로서의 생명단축은 허용된 위험에 불과하다. 따라서 이러한 의료행위에는 살인죄의 행위불법도 살인고의도 인정되지 않는다. 만약 이러한 의료행위를 일단 법익침해행위(구성요건 해당행위)로 이해한다면 형법의 절대적 생명보호의 원칙에 의하여 위법성조각사유로서의 논증이 곤란해진다.[50] 간접적 안락사는 '사망의 위험을 각오한 수술'의 경우와 동일한 관점에서 허용된 위험의 법리에 의하여 파악하는 것이 타당하다.[51]

---

43) 김일수, 한국형법 III, 61면 이하; 김일수/서보학, 18면; 손동권/김재윤, 14면; 오영근, 36면 이하; 이재상/장영민/강동범, 22면; 진계호/이존걸, 37면; 동취지, 김성천/김형준, 17면.

44) 박상기, 20면; 동취지, 배종대, 35면 이하.

45) Vgl. Otto, BT, § 6 Rdnr. 42 mwN.; Kutzer, Strafrechtlichen Grenzen der Sterbehilfe, NStZ 1994, 115; Schreiber, Das Recht auf den eigenen Tod, NStZ 1986, 340; BGHSt 42, 301, 305 mit Anm. Döllinger JR 1998, S. 160; BGH NJW 2001, 1803.

46) Vgl. Eser, S-S StGB, Vorbem. §§ 211 ff. Rdnr. 26 mwN.

47) Eser, S-S StGB, Vorbem. §§ 211 ff. Rdnr. 26 mwN.; Engisch, Aufklärung und Sterbehilfe bei Krebs, FS für Bockelmann, S. 25, 70 f.

48) Jänke, LK StGB, Vorbem. 211 Rdnr. 15, 17.

49) Bockelmann, Strafrecht des Arztes, 1968, S. 25, 70 f.

50) 허용규범은 거의 모든 경우 이익교량의 관점이 무시될 수 없다. 그러나 본질적으로 사람의 생명에 대하여는 이익교량이 곤란하다. 죽어가는 생명에 대한 이익교량이 가능하다는 관점에서 긴급행위로서의 간접적 안락사를 초법규적 위법성조각사유로 인정하는 것은 절대적 생명보호의 원칙을 훼손하는 결과를 초래한다.

51) 동지, 이형국, 18면.

④ 소극적 안락사(passive Euthanasie) 소극적 안락사[52]는 불치나 빈사의 사람이 자연사에 이르도록 소극적으로 생명유지조치를 취하지 않는 것을 말한다. 소극적 안락사는 사회상규에 위배되지 아니하는 정당행위의 관점[53]에서 위법성조각사유라는 것이 일반적인 학설의 입장이다(통설).[54] 인간의 존엄은 인간답게 살 권리 뿐 아니라 인간답게 죽을 권리를 포함하기 때문에 의사는 환자의 의사에 반한 치료행위로 고통의 연장을 강요할 수 없고, 소생이나 치료가능성이 소멸되고 사기에 임박한 환자에 대하여는 의사의 치료의무도 끝나게 된다는 것이다. 일부 학설[55]에서는 소극적 안락사가 피해자의 승낙에 의하여 위법성이 조각될 수 있다고 본다.

위법성조각의 여부는 구성요건해당성이 먼저 확정된 이후에 나타나는 믄제이다. 그러므로 소극적 안락사는 그것이 살인죄의 구성요건에 해당하는 행위인지가 먼저 규명되어야 한다. 소극적 안락사가 살인죄의 구성요건에 해당하기 위해서는 부진정부작위범의 구성요건을 충족하여야 한다. 따라서 생명유지조치를 취하지 아니한 치료의사의 행위는 작위에 의한 생명침해와 동일한 불법평가가 가능한 보증인의 의무위반이어야 한다. 그러나 "소생이나 치료가능성이 소멸되고 사기에 임박한 환자에 대하여는 의사의 치료의무가 끝나게 된다"는 통설의 입장에 따라서도 소극적 안락사의 경우에는 치료의사의 작위의무가 존재하지 않는다. 또한 "죽음에 임박한 상태에서 인간으로서의 존엄과 가치를 지키기 위하여 연명치료의 거부 또는 중단에 대한 결정은 헌법상 기본권인 자기결정권의 한 내용으로서 보장된다"[56]는 것이 헌법재판소의 판단이며, 이러한 관점에서라면 소극적 안락사의 상황에서는 치료의사에게 치료의무를 부과할 수 없게 된다. 따라서 소극적 안락사는 위법성조각의 문제가 아니라, 작위의무가 부과될 수 없기 때문에 부진정부작위범에 의한 살인죄의 구성요건해당성이 부정된다.[57]

⑤ 적극적 치료중단(tätiger Behandlungsabbruch) 소극적 안락사의 한 종류로서 적극적인 치료중단의 경우가

52) 일반적으로 소극적 안락사와 적극적 치료중단에 대해서 존엄사라는 용어가 사용되고 있다: 배종대, 35면; 오영근, 37면; 이재상/장영민/강동범, 22면; 이형국, 각론연구 I, 20면 이하.

53) 동취지, 대법원 2009.5.21., 2009다17417 전원합의체 판결: "이미 의식의 회복가능성을 상실하여 더 이상 인격체로서의 활동을 기대할 수 없고 자연적으로는 이미 죽음의 과정이 시작되었다고 볼 수 있는 회복불가능한 사망의 단계에 이른 후에는, 의학적으로 무의미한 신체 침해 행위에 해당하는 연명치료를 환자에게 강요하는 것이 오히려 인간의 존엄과 가치를 해하게 되므로, 이와 같은 예외적인 상황에서 죽음을 맞이하려는 환자의 의사결정을 존중하여 환자의 인간으로서의 존엄과 가치 및 행복추구권을 보호하는 것이 사회상규에 부합되고 헌법정신에도 어긋나지 아니한다. 그러므로 회복불가능한 사망의 단계에 이른 후에 환자가 인간으로서의 존엄과 가치 및 행복추구권에 기초하여 자기결정권을 행사하는 것으로 인정되는 경우에는 특별한 사정이 없는 한 연명치료의 중단이 허용될 수 있다."; 동지, 대법원 2016.1.28., 2015다9769.

54) 제한적 입장으로는 백형구, 23면.

55) 박상기, 20면; 손동권/김재윤, 14면.

56) 헌재 2009.11.26., 2008헌마385: "장차 죽음에 임박한 상태에 이를 경우에 대비하여 미리 의료인 등에게 연명치료 거부 또는 중단에 관한 의사를 밝히는 등의 방법으로 죽음에 임박한 상태에서 인간으로서의 존엄과 가치를 지키기 위하여 연명치료의 거부 또는 중단을 결정할 수 있다 할 것이고, 위 결정은 헌법상 기본권인 자기결정권의 한 내용으로서 보장된다 할 것이다."

57) 동지, 김일수/서보학, 18면; 이형국, 21면; 김재봉, 치료중단과 소극적 안락사, 형사법연구 제12호, 1999, 171면; 전지연, 현행형법에 따른 안락사의 허용여부에 대한 검토, 명형식교수화갑논문집, 1998, 172면 이하.

있다. 적극적인 치료중단은 불치나 빈사의 사람이 자연사에 이르도록 치료의사가 적극적으로 생명유지장치를 제거하는 것이다. 이 경우 무의미한 생명유지장치를 제거하는 치료의사의 행위는 작위가 아니라 부작위로 평가된다. 즉 사람을 사망에 이르게 하는 작위행위가 아니라 구조행위를 계속하지 아니하는 부작위로 평가된다.[58] 따라서 적극적 치료중단의 경우는 ④에서 설명한 소극적 안락사와 동일한 경우이다. 다만 치료의사 이외의 제3자가 생명유지장치를 제거하는 행위는 부작위가 아니라 사람의 생명을 침해하는 작위행위로 평가되며, 이 경우는 직접적 안락사에 해당하게 된다.

2-3. 죄 수

사람의 생명은 일신전속적 법익이므로 살인죄의 죄수는 피해자의 수에 따라 결정되며, 접속범이나 연속범의 이론은 적용되지 아니한다. 다만 하나의 행위로 수인을 살해한 때에는 상상적 경합범이 된다. 동일한 기회에 동일인에 대한 살인예비 · 살인미수 및 살인기수의 죄 또는 상해와 살인죄는 보충관계에 의한 법조경합으로 하나의 살인죄만 성립한다. 또한 살인죄에 전형적으로 수반되는 의복의 손괴 등은 불가벌적 수반행위에 불과하다.

3. 존속살해죄

3-1. 존속살해죄 일반

3-1-1. 의 의

존속살해죄는 자기 또는 배우자의 직계존속을 살해함으로써 성립한다(제250조 제2항). 존속살해죄는 살인죄에 비하여 피해자와의 일정한 신분관계로 형이 가중되는 부진정신분범에 해당한다. 존속살해죄의 가중사유에 대하여는 학설의 다툼이 있다. 다수설[59]에 의하면 자기 또는 배우자의 직계존속을 살해한 경우는 살인죄에 비하여 중한 책임이 인정된다고 한다. 행위자의 패륜적인 중한 심정반가치에 의하여 형이 가중된다는 것이다. 그러나 일정한 불법을 저지르는 행위자에게는 특별히 책임이 면제되거나 조각되는 경우를 제외하고는 항상 해당 불법을 저지르는 심정반가치가 인정되고 있다. 그러므로 책임가중만을 이유로 가중처벌되는 구성요건이라면 기본적 구성요건에 비하여 오직 중한 심정반가치만이 인정되는 경우이며, 불법의 내용은 기본적 구성요건과 동일해야 한다.

그러나 패륜성은 객관적인 사회적 가치로도 평가될 수 있다. 우리 사회에서의 보편적 윤리는 사

58) 이에 관하여는 이정원/류석준, 형법총론, '제3편, 제3장, 1-3. 작위와 부작위의 구별' 참조.

59) 손동권/김재윤, 16면; 이재상/장영민/강동범, 24면; 이형국, 25면; 임웅, 31면; 정성근/박광민, 50면; 정영일, 7면; 조준현, 55면; 진계호/이존걸, 39면.

회생활의 객관적인 기본질서를 형성할 수 있으며, 이러한 기본질서를 파괴하는 행위에 대해서는 불법한 행위반가치가 인정될 수 있다. 더욱이 '법률적으로 인지절차가 완료되기 이전에 부를 살해한 경우' 또는 '어려서부터 친부모와 같이 돌봐 준 나이 차이가 많이 나는 형제자매 등과 같은 사람을 살해한 경우'에는 존속살해의 경우와 비교하여 동등할 정도의 중한 심정반가치가 인정될 수 있음에도 불구하고 존속살해죄가 아니라 살인죄가 성립할 뿐이다. 그렇다면 존속살해죄를 오직 중한 심정반가치에 의하여 형이 가중되는 가중적 구성요건이라고 평가할 수는 없다. 따라서 존속살해죄는 생명침해에 추가적으로 패륜성이라는 객관적인 사회적 가치에 대한 침해가 결합함으로써 중한 불법이 인정되는 가중적 구성요건으로 해석되어야 한다.[60]

3-1-2. 위헌성 문제

존속살해죄가 직계비속이라는 행위자의 신분을 이유로 차별하는 규정이 아닌지 문제된다. 이에 관하여 헌법 제11조 제1항의 사회적 신분에 의한 차별금지는 상대적 평등을 의미하며 합리적 근거에 의한 차별을 금지하는 것이 아니므로 존속살해죄의 가중처벌규정은 위헌이 아니라고 한다(통설).[61] 그러나 상대적 평등은 합리적인 근거에 의한 차별을 의미하므로 본질적으로 동등한 것을 자의로 차별하거나 또는 본질적으로 동등하지 아니한 것을 자의로 동등하게 취급하는 것은 평등원칙에 반한다. 이 때 본질적으로 동등한가의 판단에 대해서는 합리적인 근거를 필요로 한다. 합리적인 근거 없이 달리 취급하는 것은 '자의적'이기 때문이다. 이에 관하여 헌법 제11조 제1항은 성별이나 종교 또는 사회적 신분이 상대적으로 달리 취급해야 할 합리적인 근거가 될 수 없음을 명백히 하고 있다. 이러한 의미에서 헌법 제11조 제1항을 '절대적 차별금지조항'이라고 한다.[62] 따라서 이 한도에서 상대적 평등은 허용되지 않으며, 직계비속을 다른 사람과 법률적으로 차별하여서는 안 된다. 이에 반하여 사회질서를 파괴하는 사람과 그렇지 않은 사람은 동등하게 취급될 수 없다.[63] 즉 자기 또는 배우자의 직계존속을 살해하는 자가 '사람의 살해' 이외에 '사회질서의 파괴'라는 추가된 불법내용을 실현했다면 달리 취급될 수 있다. 따라서 존속살해죄의 평등원칙과 관련된 위헌성 여부는 '존속의 살해'가 보통의 생명침해 이외에 사회질서의 파괴라는 추가적인 불법내용을 포함하는지에 의하여 결정될 수 있다.[64]

---

60) 동지, 권오걸, 11면; 김성돈, 52면; 김일수, 한국형법 III, 66면; 김일수/서보학, 20면.

61) 헌재 2002.2.28., 2000헌바53.

62) Vgl. Pieroth/Schlink, Grundrechte, Staatsrecht II, 5. Aufl., 1989, S. 117; Stein, Staatsrecht, 12. Aufl., 1990, S. 239; Gallwas, Grundrechte, 1985, S. 46.

63) 이는 모든 신분범에서도 동일하다. 신분범에서의 행위자는 신분에 의한 차별을 받는 것이 아니라 법적 의무를 위반하였기 때문에 처벌된다. 예컨대 공무원이기 때문에 수뢰죄로 처벌되는 것이 아니라 청렴의무에 위배하여 뇌물을 받았기 때문에 처벌되는 것이다.

64) 배종대, 40면 이하에서는 위헌설과 합헌설이 모두 가능하다는 입장을 취한다. 그러나 위헌이면 합헌이 될 수 없고, 합헌이면 위헌이 될 수 없으므로 이 견해는 타당하지 않다. 다만, 배종대, 43면에서는 법과 도덕의 준별이라는 관점에서 형법이론적 부당성을 지적하면서 존속살해죄의 폐지를 주장하고 있다.

직계존속에 대한 패륜적 행위에 대하여는 객관적인 사회질서의 파괴라는 측면에서 행위반가치 평가가 가능할 수 있다. 이 한도에서 직계존속의 생명이나 신체의 침해에 대한 가중처벌이 평등원칙에 반한다고 할 수는 없다. 그러나 살인죄의 불법내용은 패륜성에 의한 사회질서의 파괴행위에 대한 반가치가 그 속에 충분히 용해될 만큼 중대하다. 즉 '패륜성에 의한 사회질서 파괴'가 추가된 '생명침해'의 불법내용과 그것이 추가되지 아니한 '생명침해'의 불법내용 사이에는 본질적인 차이가 존재하지 않는다. 그렇다면 존속살해죄는 본질적으로 동등한 것을 자의적으로 차별하여 취급하는 것이라고 보아야 한다. 이러한 관점에서 존속살해죄는 평등원칙에 반한 위헌법률이라는 비난을 면할 수 없다.[65] 또한 존속살해죄에 대하여는 살인죄의 처벌규정으로도 얼마든지 불법에 대한 비난이 충분히 가능하다. 더욱이 존속살해죄의 경우라도 불법이나 책임의 양이 살인죄에 비하여 가벼운 경우[66]도 존재한다. 이 때 존속살해죄의 가중처벌은 형법의 책임주의 및 헌법상 비례의 원칙의 관점에서도 의문이 제기된다.[67]

3-2. 구성요건

3-2-1. 객관적 구성요건

3-2-1-1. 행위주체

존속살해죄의 행위주체는 피해자의 직계비속이나 직계비속의 배우자이다. 일정한 신분이 있는 자만이 범할 수 있는 신분범이며, 신분에 의하여 형이 가중되는 부진정신분범에 해당한다. 여기서의 신분은 피해자(행위객체)와 관련된 신분이므로, 자세한 내용은 행위객체에서 설명한다.

3-2-1-2. 행위객체

존속살해죄의 행위객체는 자기 또는 배우자의 직계존속이다. 배우자나 직계존속은 법률적인 개념으로 파악된다.

① 직계존속　직계존속은 부계 뿐 아니라 모계를 포함한다. 직계존속은 법률적 개념이므로 사실상의 부자관계인 경우라도 인지절차가 완료되어야 존비속관계가 인정된다. 생모와 자의 관계는 출산에 의하여 모자관계가 성립하며, 별도의 인지절차를 필요로 하지 않는다.[68] 사실상 존비속관계가 아니어도 입양절차가 완료되면 존비속관계가 성립한다. 그러나 가족부의 기재만을 기준으로 존

---

65) 동지, 임웅, 33면 이하.

66) 예컨대 수년간 성폭행한 계부를 살해한 사건 대법원 1992.12.22., 92도2540.

67) 입법론적으로 존속살해죄의 폐지를 주장하는 견해로는 김성돈, 53면; 배종대, 43면; 오영근, 32면; 정성근/박광민, 53면; 이형국, 26면; 진계호/이존걸, 40면.

68) 대법원 1980.10.13., 80도1731.

비속관계가 발생하는 것은 아니다.[69] 따라서 버려진 아이를 가족부에 친자로 입적시켰어도 당사자 사이에 양친자관계를 창설하려는 명백한 의사가 결여된 경우에는 법정혈족인 양친자관계가 발생하지 않는다.[70] 다만 당사자 사이에 양친자관계를 창설하려는 명백한 의사와 기타 입양의 성립요건이 모두 구비된 경우에는 입양신고 대신 친생자 출생신고를 함으로써 형식에 다소 잘못이 있더라도 입양의 효력이 발생한다.[71]

종래 타가에 양자로 입양된 자가 실부모를 살해한 경우는 "입양에 의하여 친자관계가 해소되는 것은 아니므로 존속살해죄가 성립한다"는 것이 판례[72]의 입장이었다. 그러나 개정민법은 친양자제도를 신설하였으며, 제908조의3 제2항에 의하여 친양자의 입양 전의 친족관계는 친양자 입양이 확정된 때에 종료하게 된다. 따라서 타가에 친양자로 입양된 자가 실부모를 살해한 경우는 일반살인죄가 성립하게 되었다.[73] 또한 계모자관계와 적모 · 서자관계는 직계존비속관계에 포함되지 않는다.

② 배우자　배우자의 개념도 법률적인 개념이다. 따라서 배우자는 법률상의 배우자를 의미하며, 사실혼의 배우자는 포함되지 않는다. 또한 이혼에 의하여 혼인관계는 소멸되므로 이혼한 전배우자의 직계존속을 살해하는 경우는 일반살인죄가 성립할 뿐이다. 즉 존속살해죄의 대상은 배우자의 직계존속이며, 배우자였던 자의 직계존속은 포함되지 않는다. 배우자 일방이 사망한 경우도 실질적인 혼인관계는 소멸되므로 사망한 배우자의 직계존속을 살해한 때에는 일반살인죄가 성립한다. 그러나 동일한 기회에 배우자와 배우자의 직계존속을 연속적으로 살해하는 경우는 존속살해죄가 성립한다(통설).

> 배우자의 일방이 사망한 경우 배우자의 직계존속이라는 인척관계는 생존배우자가 재혼해야 소멸하므로, 인척관계가 소멸하기 이전에 배우자였던 자의 직계존속을 살해하면 존속살해죄가 성립한다는 견해[74]가 있다. 존속살해죄에서는 현존하는 일상생활상의 인척관계가 중요하다는 것이다. 그러나 존속살해죄의 행위객체에 배우자의 직계존속을 포함시킨 것은 단순히 인척관계라는 점에 의한 것이 아니라, 현재 동거동락하는 배우자의 직계존속도 자신의 직계존속과 동일하게 존중하라는 규범의 목적에 의한 것이다. 또한 존속살해죄에 대한 위헌여부가 논란이 되고 있는 상황에서 이러한 경우까지 존속살해죄의 적용범위를 확장할 이유는 없다.

69) 대법원 1983.6.28., 83도996: "호적부상 피해자와 모 사이에 태어난 친생자로 등재되어 있으나 피해자가 집을 떠난 사이 모가 타인과 정교관계를 맺어 피고인을 출산하였다면 피고인과 피해자 사이에는 친자관계가 없으므로 존속상해죄는 성립될 수 없다."

70) 대법원 1981.10.13., 81도2466; 서울고법 1982.2.16., 81노2953.

71) 대법원 1977.7.26., 77다492; 대법원 1981.10.13., 81도2466; 대법원 2007.11.29., 2007도8333, 2007감도22.

72) 대법원 1967.1.31., 66도1483.

73) 동지, 김성돈, 54면; 정성근/박광민, 54면 각주 47).

74) 김일수/서보학, 22면.

3-2-2. 주관적 구성요건

존속살해죄의 고의는 자기 또는 배우자의 직계존속을 살해한다는 인식과 의사를 말한다. 따라서 자기 또는 배우자의 직계존속에 대한 인식이 없으면 일반살인죄가 성립할 뿐이다.

존속살해죄의 고의로 살인죄의 결과를 발생시킨 경우, 예컨대 패륜아 X가 일찍 상속을 받기 위하여 어두운 방에서 취침 중인 친척을 자신의 부로 오인하고 살해한 경우(객체의 착오)가 문제된다. 소수설[75]은 이 경우 일반살인죄의 성립을 인정한다. 그러나 이는 존속살해죄를 가중적 구성요건이 아닌 단순한 양형규정으로 파악할 때에만 가능한 결론이다.

만약 존속살해죄를 살인죄에 비하여 책임이 가중된 가중적 구성요건으로 파악한다면 존속살해죄나 살인죄는 동일한 불법의 실현을 의미하게 되며, 이 경우 행위자의 심정반가치는 존속살해죄의 책임이 인정되므로 존속살해죄 기수의 책임을 부담해야 할 것이다.

그러나 존속살해죄는 불법이 가중된 가중적 구성요건으로 파악해야 한다. 따라서 이 경우 행위자는 중한 불법의 고의로 경한 불법을 실현하였기 때문에 존속살해죄 (불능)미수와 살인죄 기수의 상상적 경합으로 처벌하는 것이 타당하다.[76] 존속살해죄를 불법이 가중된 가중적 구성요건으로 이해하면서도 이 경우 존속살해죄의 불능미수와 과실치사죄의 상상적 경합을 인정하는 견해[77]가 있다. 그러나 존속살해죄의 고의에는 살인죄의 고의가 완전히 포함되어 있다. 따라서 실현된 살인죄에 대해서는 행위자의 과실이 아니라 고의가 인정된다. 다만 직계존속을 향하여 저격하였으나 총이 빗나가 일반인이 사망한 경우(방법의 착오)는 존속살해미수죄와 과실치사죄의 상상적 경합이 인정된다(구체적 부합설).

3-3. 제33조 단서의 적용관계

존속살해죄에 신분이 없는 자가 공범(교사범 방조범)으로 가담한 경우에는 제33조 단서가 적용된다. 신분자가 존속살해죄를 범하도록 교사 또는 방조한 비신분자는 제33조 단서에 의하여 일반살인죄의 교사범 또는 방조범으로 종속성이 완화된다.

직계비속이 자신의 직계존속을 살해하도록 비신분자를 교사 · 방조한 경우 또는 비신분자와 공동으로 자신의 직계존속을 살해한 경우, 제33조 단서에 의하여 신분자인 직계비속은 존속살해죄의 교사 · 방조 또는 공동정범이라는 것이 일반적인 학설의 입장이다(통설). 그러나 제33조 단서는 부진정신분범에 비신분자가 가담하는 경우에 종속성의 완화를 규정한 것이다. 부진정신분범에서 일반범의 범죄를 교사 · 방조한 신분자는 고의 있는 신분 없는 도구를 이용하여 범죄를 범하는 간접정범이 된다. 정범이 인정되는 한 흡수관계에 의한 법조경합으로 공범의 성립은 문제가 되지 않는다. 따라서 이 경우 제33조 단서가 적용될 여지는 없다.

---

75) 오영근, 29면; 이재상/장영민/강동범, 28면; 정성근/박광민, 55면; 정영일, 8면; 진계호/이존걸, 42면.

76) 동지, 권오걸, 13면; 김성돈, 55면; 김성천/김형준, 26면; 김일수/서보학, 22면; 박상기, 23면; 배종대, 45면; 손동권/김재윤, 19면; 이영란, 34면; 이형국, 28면; 임웅, 36면.

77) 김일수, 한국형법 III, 71면; 백형구, 26면.

또한 비신분자가 신분자와 공동으로 죄를 범한 경우에도 비신분자는 살인죄의 공동정범이 될 뿐이다. 정범은 각자의 행위지배에 따라 정범으로서의 책임을 부담해야한다. 즉 부진정신분범에서 공동정범으로 가담하는 자들은 각자의 신분에 따라 범죄를 지배하기 때문에, 각자의 신분에 의한 행위지배로 실현된 범죄의 정범으로 처벌되는 것은 당연하다. 따라서 이 경우에도 제33조 단서가 적용될 여지는 없다.

4. 영아살해죄

4-1. 영아살해죄 일반

영아살해죄는 직계존속이 치욕을 은폐하기 위하거나 양육할 수 없음을 예상하거나 기타 참작할 만한 동기로 분만중 또는 분만직후의 영아를 살해하는 범죄이다. 형법은 영아살해죄를 10년 이하의 징역형으로 감경하여 처벌한다. 그러나 영아살해죄가 일반살인죄에 비하여 경한 불법의 실현으로 평가되지는 않는다. 영아살해죄는 출산으로 인한 비정상적인 심신상태하에서 일정한 동기가 있는 경우에 행위자의 심정반가치가 일반살인죄에 비하여 현저하게 경하기 때문에 책임이 감경되는 감경적 구성요건에 해당한다(통설). 따라서 영아살해죄의 '…치욕을 은폐하기 위하거나 양육할 수 없음을 예상하거나 기타 참작할 만한 동기…'는 특별책임요소이며, 불법 구성요건요소가 아니다.

4-2. 구성요건

4-2-1. 객관적 구성요건

4-2-1-1. 행위주체

제251조에 의하여 영아살해죄의 행위주체는 직계존속이다. 영아살해죄에서 직계존속의 의미에 관하여는 학설의 다툼이 있다. 통설은 법률상의 직계존속 외에 사실상의 직계존속도 영아살해죄의 행위주체가 될 수 있다고 해석한다. 이는 인지절차를 완료하지 아니한 사실상의 부를 행위주체에 포함시키기 위한 해석으로 판단된다. 그렇다면 영아살해죄에서의 직계존속은 존속살해죄에서의 직계존속보다도 훨씬 넓은 개념이 된다. 따라서 본죄의 행위주체에는 인지하지 아니한 부의 법률상 및 사실상의 부모나 양부모까지도 포함된다. 이러한 해석[78]은 결국 영아의 성명이 경시되는 결과를

78) 이러한 관점에서 영아살해죄를 산모의 정신상태 뿐 아니라 친족의 명예까지 고려하여 책임이 감경되는 구성요건으로 파악하는 견해로는 김일수/서보학, 24면; 정성근/박광민, 56면; 진계호/이존걸, 43면.

초래한다. 판례[79]는 영아살해죄에서의 직계존속을 법률상의 직계존속에 한정[80]하고 있다. 그러나 영아살해죄의 행위주체에 대하여는 더욱 엄격한 축소해석이 필요하다.

1998년의 형법개정으로 영아살해죄를 폐지하기 이전에 독일 구형법은 명문으로 영아살해죄의 행위주체를 산모로 한정하고 있었다. 영아살해죄는 출산으로 인한 비정상적인 심신상태에서의 행위를 이유로 행위자에게 경한 책임을 인정하려는 목적에서 규정되었기 때문이다. 이러한 목적은 형법에서도 동일하다고 해석된다. 영아살해죄는 '일반살인죄와 불법내용이 동일하며, 오직 행위자의 경한 심정반가치에 의한 감경적 구성요건'이라고 해석해야만 형법의 절대적 생명보호의 원칙에 합당하기 때문이다. 따라서 영아살해죄에서의 직계존속은 본조의 목적론적 의미에 따라 산모로 축소해석하여야 한다.[81]

> 영아살해죄는 과거 낡은 보수적 사고와 사회적 · 경제적 곤궁상황에서나 상정할 수 있었던 동기를 특별책임요소로 규정하고 있다. 그러나 이러한 상황은 충분히 극복되었을 뿐 아니라, 저항능력 없는 피해자에 대하여 보호의무자에 의한 비정하고 잔혹한 공격이라는 점에서 오히려 중한 책임의 부과도 가능한 범죄행위라고 해야 한다. 따라서 영아살해죄를 경하게 처벌할 이유가 전혀 존재하지 않는다. 입법론적으로 영아살해죄는 폐지하는 것이 마땅하다.[82]

4-2-1-2. 행위객체

영아살해죄의 객체는 분만중 또는 분만직후의 영아이다. 분만중이란 분만개시부터 분만이 완료될 때까지를 말한다. 제251조에 의하여 형법은 분만개시를 사람의 시기로 파악하고 있다. 분만직후는 분만으로 인한 산모의 불안정한 정신상태가 지속되는 동안, 즉 분만중과 동일한 또는 유사한 흥분상태가 지속되는 동안을 의미한다(통설). 영아살해죄는 출산으로 인한 비정상적인 심신상태에서의 행위에 대하여 경한 책임을 인정하려는 목적에서 규정되었으므로 분만직후의 개념은 시간적 개념이 아니라 심리적 개념으로 파악되어야하기 때문이다.[83]

4-3. 책 임

영아살해죄에서 '치욕을 은폐하기 위하거나 양육할 수 없음을 예상하거나 기타 참작할 만한 동

---

79) 대법원 1970.3.10., 69도2285.

80) 조준현, 60면.

81) 동지, 배종대, 47면; 이영란, 35면 이하; 이재상/장영민/강동범, 29면; 입법론적 관점으로는 박상기, 24면; 손동권/김재윤, 21면.

82) 동지, 김성돈, 56면; 오영근, 33면; 임웅, 38면.

83) 특히 이러한 점에서 영아살해죄의 행위주체는 산모에 한정되어야 한다. 통설이 분만직후의 개념을 심리적 개념으로 파악하면서, 영아살해죄의 행위주체를 법률상 및 사실상의 직계존속으로 해석하는 것은 모순된 논리의 전개이다.

기'에 대해서는 이를 주관적 구성요건요소라는 견해[84], 제53조의 작량감경 규정이라는 견해[85]가 있다. 그러나 본죄의 동기는 불법구성요건요소가 아니라, 특별히 책임이 감경되는 특별책임요소라고 해야 한다.[86] 출산과정의 불안정한 심신상태에서 '치욕을 은폐하기 위하거나 양육할 수 없음을 예상하거나 기타 참작할 만한 동기'로 영아를 살해한 경우는 살인죄에 비하여 경한 책임이 인정되는 것이다.

일반적으로 특별책임요소는 입법례에 따라 객관적 또는 주관적으로 규정될 수 있다. 특별책임요소가 객관적으로 규정되어 있으면 외형상 불법의 요소로 보여질 수 있지만, 당해 요소가 실질적으로 불법의 내용을 특징지우는 것이 아니라 순수하게 심정반가치를 특징지우는 책임관계적 특성을 가지고 있다면 그 요소는 책임요소이다. 특별책임요소가 객관적으로 규정된 경우는 당해 요소를 단순히 인식하고 행위하면 족하며, 특별히 그것에 동기가 되어 범행할 필요는 없다. 행위자가 특별책임요소를 인식하기만 했다면, 법률은 행위자가 그러한 특별책임요소의 동기로 행동했다고 간주하기 때문이다.

> 1998년 형법개정으로 폐지되기 이전에 독일 구형법의 영아살해죄는 특별책임요소를 객관적으로 규정하고 있었다. 독일 구형법은 '산모가 혼인 외의 자를 분만중 또는 분만직후에 살해한 때'를 영아살해죄로 규정함으로써 산모가 분만중 혼인 외의 자를 살해하면 특별책임감경을 인정하였다. 독일 구형법에 의해서도 혼인 외의 자를 살해하는 것과 일반살인과는 불법의 차이가 전혀 인정되지 않으므로 영아살해죄는 순수하게 책임이 감경되는 감경적 구성요건이었다. 따라서 '혼인 외의 자'는 불법구성요건요소가 아니라 순수한 책임요소이며, 독일 구형법은 이러한 특별책임요소를 순수하게 객관적으로 규정하고 있었다. 따라서 행위자가 '혼인 외의 자'라는 사실만 인식하면 법률에 의하여 불안정한 심신상태에서의 범행으로 간주됨으로써 감경된 책임이 인정되었다.

영아의 생명이나 일반인의 생명은 동일한 가치의 법익이며, 영아살해죄와 일반살인죄의 불법내용은 동일하다. 다만 산모가 분만에 의한 불안정한 심신상태에서 '치욕을 은폐하기 위해서나 양육할 수 없음을 예상하거나 기타 참작할 만한 동기'로 영아를 살해하면 특별히 감경된 책임의 혜택을 받게 된다. 이와 같이 형법은 영아살해죄에서 특별책임요소를 주관적으로 규정하고 있다. 특별책임요소가 주관적으로 규정된 경우는 행위자가 당해 요소를 단순히 인식했다는 사실만으로는 특별히 감경된 책임의 혜택을 받을 수 없으며, 구체적으로 행위자가 특히 당해 요소에 동기가 되어 행위한

84) 권오걸, 14면 이하; 김성돈, 57면; 김성천/김형준, 29면; 배종대, 47면 이하; 오영근, 33면; 이영란, 36면 이하; 정성근/박광민, 57면; 정영일, 10면; 조준현, 60면.

85) 손동권/김재윤, 22면; 이재상/장영민/강동범, 30면.

86) 동지, 김일수, 한국형법 III, 78면 이하; 김일수/서보학, 25면; 박상기, 25면 이하; 이형국, 33면 이하; 임웅, 39면.

경우에만 특별히 감경된 책임의 혜택을 받을 수 있게 된다. 따라서 개별적 · 구체적으로 행위자가 특별책임요소의 동기로 행동했는지 여부가 심사되어야 한다. 영아살해죄에서 특별책임요소의 상황이 존재함에도 이를 인식하지도 못한 경우는 구체적으로 행위자가 특별책임요소의 동기를 가지는 것이 원천적으로 불가능하다.

영아살해죄에서 특별책임요소의 상황이 존재하지 않음에도 이를 존재한다고 오인하고, 이에 동기가 되어 영아를 살해한 경우가 문제된다. 이 경우 구체적인 행위자의 패닉상황은 영아살해죄의 특별책임요소의 상황이 존재하는 경우와 동일하기 때문이다. 이는 기대가능성의 상황에 관한 착오의 문제가 된다.[87] 따라서 특별한 동기상황에 대한 착오가 회피불가능한 경우에는 살인죄와 관련한 적법행위의 기대가능성이 부정되지 않을 수 없으며, 영아살해죄의 책임비난만이 가능하게 된다. 그러나 이러한 착오가 회피가능한 경우는 일반살인죄와 관련한 적법행위의 기대가능성이 부정되지 않는다. 물론 이 경우에도 구체적인 행위자의 패닉상황은 특별책임요소의 상황이 존재하는 경우와 동일하지만, 그러한 착오가 회피가능했다는 점에서 일반살인죄와 관련한 적법행위의 기대가능성이 부정되지 않는다. 따라서 이 경우는 살인죄로 처벌되어야 한다. 물론 구체적인 행위자의 불안한 심리상황은 양형에서 고려될 수 있을 뿐이다.

영아살해죄의 특별책임요소는 동시에 제53조에 의한 작량감경의 사유에 해당할 수 있다. 이 경우 영아살해죄에서 책임감경으로 고려된 사유가 재차 제53조에 의한 작량감경의 사유로 사용될 수 있는지 문제된다. 긍정설[88]은 영아살해죄의 책임감경사유와 제53조의 작량감경의 사유는 그 성질과 내용이 일치하는 것이 아니므로 제53조에 의한 작량감경이 가능하다고 한다. 이에 반하여 부정설[89]은 동일한 사유가 이중으로 평가될 수 없다는 입장이다. 물론 동일한 사유가 이중으로 평가되어서는 안 된다. 반면에 영아살해죄의 책임감경사유가 제53조의 작량감경사유와 항상 일치하는 것은 아니다. 영아살해죄의 성립에는 하나의 책임감경사유로도 충분하므로 수개의 사유가 있는 경우에는 제53조에 의한 작량감경이 가능하다고 해야 한다.[90]

4-4. 제33조 단서의 적용관계

영아살해죄에 비신분자가 공범(교사범·방조범) 또는 (공동)정범으로 가담한 경우에 제33조 단서가 적용된다는 것이 일반적인 학설의 입장이다(통설). 그러나 영아살해죄에서 비신분자가 공범으로 가담하는 경우에는 각자가 자기의 책임을 부담하면 족하므로 제33조 단서는 적용되지 않는다. 영아살해죄는 그 불법내용이 일반살인죄와 동일하다. 따라서 영아살해죄에 비신분자가 교사범 또는 방조범으로 가담하는 경우에 비신분자는 일반살인죄의 불법에 가담하는 것이 된다(제한적 종속형식). 여기서는 제33조 단서

87) 이에 관하여는 이정원/류석준, 형법총론, '제2편, 제4장, 제5절, 2-2-3. 면책적 긴급피난의 상황에 대한 착오' 참조.
88) 배종대, 48면; 백형구, 30면; 이재상/장영민/강동범, 30면; 정성근/박광민, 57면.
89) 권오걸, 15면; 박상기, 26면; 오영근, 34면; 동취지, 조준현, 61면.
90) 동지, 김성천/김형준, 30면; 손동권/김재윤, 22면; 이형국, 35면; 임웅, 40면; 진계호/이존걸, 45면.

에 의한 종속성의 완화가 불필요하며, 각자 자신의 책임을 부담하면 충분하다.

신분자가 제251조의 동기에 의하여 비신분자로 하여금 분만중 또는 분만직후의 영아를 살해하도록 교사 · 방조한 경우, 또는 비신분자와 공동으로 영아를 살해한 경우는 본질적으로 제33조 단서의 종속성완화와는 무관하다. 신분자가 비신분자를 교사 · 방조한 경우에도 신분자는 일반살인죄에 대한 교사 · 방조의 불법내용에 제251조의 동기에 의한 책임비난을 받음으로써 충분하다. 이 때 신분은 제251조의 책임감경의 동기를 형성하는데 필수적인 책임신분에 불과하다. 영아살해죄에 비신분자가 공동정범으로 가담한 경우에도 공동정범으로 저지른 범죄는 살인죄의 불법이며, 각자는 자기의 책임을 부담하면 충분하다.

5. 촉탁 · 승낙에 의한 살인죄

5-1. 촉탁 · 승낙에 의한 살인죄 일반

촉탁 · 승낙에 의한 살인죄는 사람의 촉탁 또는 승낙을 받아 그를 살해함으로써 성립하는 범죄이며, 동의살인죄라고도 한다. 독일형법은 '범인의 살의가 피해자의 진지한 요구로 결심된 경우'를 촉탁살인죄로 규정함으로써 촉탁에 의한 살인죄만 규정하고 있는 반면에, 형법은 촉탁에 의한 살인죄뿐 아니라 승낙에 의한 살인죄도 함께 규정하고 있다. 형법 제252조 제1항에 의하여 촉탁 · 승낙에 의한 살인죄는 1년 이상 10년 이하의 징역에 처해지는 감경적 구성요건에 해당한다.

촉탁 · 승낙에 의한 살인죄는 살인죄에 비하여 불법이 감경된 감경적 구성요건이다(통설). 의사에 반한 생명침해와 의사에 의한 생명침해는 그 불법이 동일하지 않기 때문이다. 이에 반하여 촉탁 · 승낙에 의한 살인죄는 책임이 감경된 감경적 구성요건이라는 견해[91]가 있다. 포기된 생명에 대한 침해를 경한 불법이라고 파악하는 것은 절대적 생명보호원칙에 반한다는 것이다. 그러나 이러한 관점은 "촉탁 · 승낙에 의한 살인죄가 살인죄와 비교하여 동일한 불법이 인정된다"는 근거가 될 수 있을 뿐이며, 책임감경에 대한 근거가 될 수는 없다. 그밖에 촉탁 · 승낙에 의한 살인죄를 불법의 감경과 동시에 연민의 동기에 의하여 책임이 감경되는 감경적 구성요건'으로 파악하는 견해[92]가 있다. 이는 독일 다수설[93]의 입장이기도 하다.

독일형법이 명문으로 '범인의 살의가 피해자의 진지한 요구로 결심된 경우'에 한하여 촉탁살인죄의 성립을 인정하기 때문에, 촉탁살인죄의 해석에서 일단 책임의 감경을 인정하는 것은 가능하다. 그러나 독일형법의 촉탁살인죄에 대한 해석에 있어서도 피해자의 법익포기에 의한 불법의 감경이

91) 배종대, 49면.
92) 박상기, 28면; 이형국, 38면; 정영일, 10면.
93) Vgl. Eser, S-S StGB, § 216 Rdnr. 1 mwN.

부정되어서는 안 된다. '의사에 반한 생명침해가 의사에 의한 생명침해보다 더 나쁜 행위'라는 법률의 객관적 반가치 판단에 대해서는 이의를 제기하기 어렵다. 또한 절대적 생명보호의 원칙도 생명침해에 대하여 항상 양적으로 동일한 반가치 판단을 요구하는 것은 아니다. 예컨대 살인교사죄와 자살교사죄는 교사자의 입장에서 동일하게 타인의 생명에 대한 행위이지만 동일한 불법으로 평가되지 않는다. 이러한 입장에서 촉탁살인죄의 불법감경을 부정하는 견해는 타당하지 않다.

형법은 촉탁에 의한 살인과 승낙에 의한 살인을 동일한 차원에서 규정하고 있으며, 독일형법과 달리 행위자에게 '피해자의 진지한 요구에 의한 범행결의'가 있을 것을 명문으로 요구하고 있지도 않다. 따라서 형법의 촉탁 · 승낙에 의한 살인죄에 대한 해석으로 감경된 불법 외에 추가적으로 감경된 행위자의 심정반가치를 인정할 필요는 없다. 다만 촉탁살인과 승낙살인을 동일시하는 형법의 태도에 대하여는 입법론적인 의문이 제기된다.[94]

5-2. 구성요건

5-2-1. 객관적 구성요건

촉탁 · 승낙에 의한 살인죄는 구성요건적 행위가 '촉탁 · 승낙에 의한 살해'라는 점에서 살인죄와 구별된다. 촉탁 · 승낙에 의하여 자기 또는 배우자의 직계존속을 살해한 경우라도 이를 가중하여 처벌하는 규정은 없으며, 본죄가 성립할 뿐이다.

촉탁은 피해자의 직접적이고 명시적인 살해부탁을 의미한다. 그러나 학설에서는 촉탁이란 이미 죽음을 결의한 피해자의 요구에 의하여 살해의 결의를 하는 것이라고 한다(통설). 피해자의 살해부탁에 의하여 행위자에게 범행의사가 생긴 경우에만 촉탁이라는 것이다. 행위자가 사전에 이미 살해의 결의를 하고 있었다면 피해자가 명시적이고 진지한 살해부탁을 하는 경우라도 촉탁이 아니라 승낙이라고 한다.[95] 물론 형법이 촉탁살인과 승낙살인을 동일한 범죄로 구성하기 때문에 통설의 견해가 특별히 문제를 발생시키는 것은 아니다. 그러나 이미 사전에 피해자 살해를 결의하고 있었다 하여도 피해자의 촉탁으로 이에 응하는 경우를 굳이 촉탁에서 배제할 이유가 무엇인지 의문이다. 특히 연민으로 피해자를 안락사 시키려던 자가 피해자의 진지한 촉탁에 응한 경우라면 촉탁살인으로 이해하는 것이 합리적이다. 따라서 제252조 제1항의 촉탁은 피해자의 직접적이고 명시적인 살해부탁을 의미하며, 행위자가 살해를 결의하는 시점과는 무관하다고 해석하여야 한다.

통설의 해석은 '상대방의 명시적이고 진지한 촉탁에 의하여 살인이 결심된 경우'만을 촉탁살인죄로 규정한 독일형법 제216조의 내용이다. 독일형법은 촉탁 이전에 살인을 결의하고

94) 동지, 박상기, 29면; 이형국, 42면.

95) 촉탁이든 승낙이든 사전에 피해자를 살해할 결의를 가지고 있었던 경우에는 살인죄를 인정하는 견해로는 정영일, 21면.

있었던 경우에 촉탁살인죄로 감경혜택을 주지 않으려는 점을 법문에 명시한 것이다. 그러나 형법의 해석에서 특별한 근거 없이 독일형법의 조문을 고려할 필요는 없다.

승낙은 행위자의 살해의 의사표시에 대하여 피해자가 동의하는 것을 말한다. 개념적으로 촉탁이 직접적이고 명시적이어야 하는 반면에, 승낙은 묵시적 승낙으로 충분하다. 묵시적 승낙을 허용하지 않으려는 견해[96]가 있으나, 실질적인 피해자의 동의라면 명시적 승낙과 묵시적 승낙 사이에는 질적인 차이가 인정되지 않는다.[97]

피해자의 촉탁 또는 승낙은 자유의사에 의한 하자 없는 진지한 촉탁 · 승낙을 의미한다. 따라서 촉탁 · 승낙은 피해자의 진의에 의한 것이어야 하며, 촉탁 · 승낙자의 의사결정능력이나 판단능력에 하자가 없어야 한다. 본죄의 구성요건적 행위는 촉탁 · 승낙에 의한 살해이므로 촉탁 · 승낙은 실행행위 이전에 존재해야 한다. 또한 촉탁 · 승낙은 언제든지 철회가 가능하다.

5-2-2. 주관적 구성요건

본죄의 고의는 촉탁 · 승낙에 의하여 사람을 살해한다는 인식과 의사이다. 촉탁 또는 승낙은 본죄의 객관적 구성요건요소로서 고의의 인식 대상이 된다.

피해자의 진지한 촉탁이나 승낙이 없음에도 행위자가 이를 있다고 오인한 때에는 제15조 제1항에 의하여 행위자가 인식한 경한 범죄(촉탁 · 승낙에 의한 살인죄)만이 성립한다(통설). 이 경우 촉탁 · 승낙에 의한 살인죄의 미수와 과실치사죄의 상상적 경합을 인정하는 견해[98]가 있으나 타당하다고 할 수 없다. 우선 촉탁 · 승낙에 의한 살인의 고의로 사람을 살해한 자를 미수로 처벌하는 것은 부당하다. 또한 이 견해는 행위자가 촉탁 · 승낙에 의한 살인의 고의로 촉탁 · 승낙한 피해자를 살해한 경우를 기수로 처벌하고, 동일한 고의로 촉탁이나 승낙을 하지 아니한 피해자를 살해한 경우를 미수로 처벌함으로써 형벌의 균형을 무너뜨리고 있다.

촉탁이나 승낙이 있음에도 행위자가 이를 인식하지 못한 경우에 대해서도 학설의 다툼이 있다. 이 경우 살인죄의 성립을 인정하는 견해[99]가 있다. 그러나 이는 촉탁 · 승낙에 의한 살인죄를 책임이 감경된 구성요건으로 파악할 경우에만 가능한 결론이다. 촉탁 · 승낙에 의한 살인죄를 불법이 감경된 구성요건으로 파악한다면, 이 경우 살인죄의 불법은 완전히 실현된 것이 아니므로 살인죄의 기수를 인정할 수 없다.

---

96) 박상기, 28면 이하; 백형구, 31면; 오영근, 35면; 진계호/이존걸, 47면.

97) 김성돈, 59면; 김성천/김형준, 33면; 김일수/서보학, 27면; 이영란, 39면; 이재상/장영민/강동범, 32면; 이형국, 40면; 임웅, 42면; 정성근/박광민, 60면; 조준현, 62면.

98) 배종대, 50면.

99) 김성천/김형준, 33면; 박상기, 31면; 이영란, 39면; 이재상/장영민/강동범, 33면; 정성근/박광민, 61면; 진계호/이존걸, 47면 이하.

이 경우 촉탁 · 승낙에 의한 살인죄의 성립을 인정하는 견해[100]가 있다. 그러나 이 견해는 살인죄의 고의로 행위하는 행위반가치를 고려하지 못하고 있으므로 타당하지 않다. 촉탁 · 승낙에 의한 살인죄를 불법이 감경된 구성요건으로 보는 입장이라면 우선 살인죄에 관하여 행위불법은 존재하고 있으나 결과불법이 완전히 실현되지 않은 경우이므로 살인죄의 미수를 인정해야 한다.[101] 또한 이 경우는 촉탁 · 승낙에 의한 살인죄에 관한 한 모든 행위불법과 결과불법이 실현되고 있으며, 살인죄의 고의는 촉탁 · 승낙에 의한 살인죄의 고의를 포함하기 때문에 촉탁 · 승낙에 의한 살인죄의 기수가 인정되어야 한다.[102] 따라서 살인죄의 미수와 촉탁 · 승낙에 의한 살인죄 기수의 상상적 경합이 인정된다.[103]

6. 자살교사 · 방조죄

6-1. 의 의

자살교사 · 방조죄는 사람을 교사 또는 방조하여 자살하게 함으로써 성립하는 범죄이며, 자살관여죄라고도 한다. 다수설[104]은 본죄를 살인죄의 감경적 구성요건으로 파악하고 있다. 그러나 자살교사 · 방조죄는 살인죄의 기본적 구성요건을 포함하지 않기 때문에 변형구성요건에 해당하지 않으며, 살인죄와는 다른 독립적 구성요건에 해당한다.[105]

형법에는 자살이나 자살미수 자체를 처벌하는 규정이 없다. 형법이 자살을 형벌로서 금지하지 않는 것은 자살이 타인의 법익을 건드리지 않기 때문이다. 그러나 형법은 제252조 제2항에서 자살을 교사하거나 방조하는 행위를 자신의 생명이 아니라 타인의 생명에 관여하는 행위로서 생명침해 행위의 일종으로 평가한다.[106] 그러므로 자살을 교사하거나 방조하는 행위는 타인의 불법에 가담하는 협의의 공범행위가 아니라, 그 자체가 정범행위이다. 이 때 자살자는 처벌되지 않는 필요적 공범에 해당한다.

---

100) 백형구, 32면.

101) 김일수, 한국형법 III, 86면; 심헌섭, 양해 · 승낙 · 추정적 승낙, 고시계 1977.2, 86면; 오영근, 36면은 살인죄의 불능미수를 인정한다.

102) 배종대, 50면은 이 경우 살인죄의 미수 외에, 촉탁 · 승낙에 의한 살인죄와 관련하여서는 행위자의 고의를 부정하여 과실치사죄의 성립만을 인정하고 있다. 그러나 이는 살인죄의 고의가 촉탁 · 승낙에 의한 살인죄의 고의를 포함한다는 점을 간과한 결론으로 부당하다.

103) 동지, 권오걸, 20면; 김성돈, 59면; 김일수/서보학, 28면; 손동권/김재윤, 25면; 이형국, 41면; 임웅, 42면.

104) 배종대, 50면; 손동권/김재윤, 6면; 오영근, 14면; 이재상/장영민/강동범, 12면; 이형국, 8면; 임웅, 12면; 정성근/박광민, 40면; 진계호/이존걸, 48면.

105) 동지, 김성돈, 37면; 김일수, 한국형법 III, 47면; 김일수/서보학, 12면; 박상기, 11면; 이영란, 21면.

106) 자살은 자살자의 자유로운 의사결정에 의하여 자신의 생명을 단절시키는 행위로서 특히 자기책임의 원리가 작용하는 영역에 있다. 따라서 독일형법에서는 자살행위에의 순수한 가담행위를 처벌하지 않는다.

6-2. 구성요건

자살교사 · 방조죄는 살인죄에 대한 독립적 구성요건에 해당한다. 즉 살인죄에 특별한 구성요건요소가 추가되어 변형된 감경적 구성요건이 아니다. 따라서 자살교사 · 방조죄의 구성요건은 살인죄와는 다른 구성요건요소들로 이루어져 있다.

6-2-1. 객관적 구성요건

6-2-1-1. 행위주체

자살교사 · 방조죄는 자연인이면 누구나 행위주체가 될 수 있는 일반범이다. 따라서 본죄의 행위주체에 대해서 특별한 설명을 요하지 않는다.

6-2-1-2. 행위객체

행위객체도 행위자 외의 자연인인 사람이며, 자기 또는 배우자의 직계존속도 여기에 포함된다.[107] 다만 본죄의 객체는 자살하는 자이므로, 자살의 의미를 이해하고 판단할 능력을 가진 자에 한한다. 따라서 판단능력이나 의사결정능력이 없는 어린이나 정신병자는 본죄의 객체가 될 수 없다.

6-2-1-3. 행 위

본죄의 구성요건적 행위는 타인을 교사하거나 방조하여 자살케 하는 것이다. 자살의 교사란 자살의 의사가 없는 자에게 자살을 결의하게 하는 것을 말하다. 자살방조는 이미 자살을 결의하고 있는 자에게 자살을 용이하게 하거나 자살결의를 강화시키는 것이며, 모든 유형적 · 무형적 · 물리적 · 정신적 방법을 포함한다. 자살교사 · 방조행위는 협의의 공범행위인 교사 · 방조행위와 동일하게 이해된다. 따라서 자살교사행위는 명백한 정신적 접촉을 통하여 자살의 의사형성에 영향을 줄 수 있는 수단이어야 한다. 단순히 자살충동을 자극할 만한 상황을 만들어 놓았다는 것은 명백한 정신적 연결이 결여되어 자살교사의 수단으로 충분하지 않다.[108] 또한 자살방조행위는 자살자의 자살기도행위나 사망결과에 대해서 기회증대라는 관점의 인과관계가 요구된다.[109] 자살방조행위는 자살자의 자살기도행위나 사망결과에 작용하는 영향력이라는 측면에서 불법의 객관적인 질(Qualitat)을 갖추어야하기 때문이다. 예컨대 자살을 기도하려는 친구에게 “부디 좋은 곳으로 가라”는 인사말을 한 것이 자살방조죄로 평가될 수는 없다. 따라서 자살방조행위는 자살자에게 자살실현의 기회를 현실적으로

---

107) 따라서 자기 또는 배우자의 직계존속의 자살을 교사 또는 방조하는 경우에도 이를 가중하여 처벌하는 규정은 없다.

108) 이에 관하여는 이정원/류석준, 형법총론, ‘제2편, 제6장, 제4절, 2-1-1. 교사행위, (2) 교사행위의 수단’ 참조.

109) 이에 관하여는 이정원/류석준, 형법총론, ‘제2편, 제6장, 제5절, 2-1-1. 방조자의 방조행위, (2) 방조행위와 인과관계’ 참조.

증대시키는 경우로 한정된다.[110][111] 또한 인터넷 자살사이트에 독극물 판매하기 위하여 글을 게시[112] 했어도, 현실적으로 이를 판매하거나 또는 상담 등을 통하여 자살결의를 강화시킴으로써 구체적인 자살자의 자살실현의 기회를 현실적으로 증대시키지 않는 한 자살방조죄는 성립하지 않는다.

본죄는 자살의 교사 · 방조에 의하여 피교사 · 피방조자로 하여금 자살하도록 해야 한다. 즉 피교사 · 방조자로 하여금 자살하도록 하는 것도 본죄의 구성요건적 행위의 일부가 된다. 피교사 · 방조자의 자살행위는 교사 · 방조행위와 인과적 연관관계가 있어야 한다. 또한 자살이란 자유로운 의사에 의한 생명의 단절을 의미하므로 자살의 의미를 이해할 능력이 없는 자를 교사 · 방조한 경우는 본죄가 아니라 살인죄의 간접정범이 된다.

일반적으로 구성요건적 행위의 일부를 실현하면 실행의 착수가 인정된다. 따라서 자살의 교사 · 방조에 의하여 본죄의 실행의 착수를 인정하는 것이 일반적인 학설의 입장이다(통설). 그러나 이러한 통설의 견해는 타당하다고 할 수 없다. 통설에 의하면 살인죄를 범하도록 교사 · 방조하는 경우 교사의 미수는 예비 · 음모에 준하여 처벌되고(제31조 제2항, 제3항) 방조의 미수는 처벌되지 않는데 반하여, 자살을 교사 · 방조하였으나 그러한 교사 · 방조가 전혀 효과가 없는 경우에도 본죄의 미수범으로 처벌해야 하는 결과를 초래한다. 이는 논리해석에 반하는 결과로서 형벌의 균형을 무너뜨리게 된다.

본죄의 실행착수는 미수범의 본질과 본죄의 보호법익을 논리체계적으로 이해할 때 명확하게 확정될 수 있다. 미수범의 처벌근거는 법규범에 반항하는 의사의 실현이 외부에 표현되어 법적 평화의 위험을 초래하는 데에 있다. 따라서 기도된 범죄의 실현에 이르게 될 위험이 있다고 판단되는 시점에 실행의 착수가 인정된다. 이는 범인의 범행의사를 기준으로 개별적인 행위의 객체 또는 구성요건 실현에 대한 직접적인 위험이 인정될 때(주관적 객관설)를 기준으로 판단한다. 또한 자살교사 · 방조죄의 보호법익은 자살자의 생명이다. 자살자의 생명에 대한 직접적인 위험이 인정되는 시점은 자살을 교사하거나 방조하는 시점이 아니라, 교사 · 방조에 의하여 피교사 · 방조자가 자살을 시도할 때이다.[113] 따라서 본죄의 실행의 착수는 피교사 · 방조자가 자살행위에 착수하는 시점으로 보아야 한다.[114]

---

110) 이러한 관점에서 유서대필행위를 자살방조죄로 판단한 대법원 1992.7.24., 92도1148에 대해서는 의문이 제기된다. 대필유서가 자필유서와 비교하여 자살의 기회를 증대시켰다고 판단되지는 않기 때문이다. 이에 관하여는 박상기, 33면 이하 참조.

111) 대법원 2015.5.14., 2014도2946는 유서대필 재심사건에서 "대필에 대하여 합리적 의심의 여지가 없을 정도로 충분히 증명되었다고 볼 수 없다"는 이유로 무죄를 선고하였다. 이 재심판결에서는 유서대필이 자살방조로 평가될 수 있는지에 관하여는 아무런 판단을 하지 않았다.

112) 대법원 2005.6.10, 2005도1373은 "피고인이 인터넷 사이트 내 자살 관련 카페 게시판에 청산염 등 자살용 유독물의 판매광고를 한 행위가 단지 금원 편취 목적의 사기행각의 일환으로 이루어졌고, 변사자들이 다른 경로로 입수한 청산염을 이용하여 자살한 사정 등에 비추어, 피고인의 행위는 자살방조에 해당하지 않는다"고 판시하였다. 그러나 이 판례사안에서라면, 피고인이 실제로 청산염 등 자살용 유독물을 판매하기 위한 광고이었다 할지라도, 변사자들이 다른 경로로 입수한 청산염을 이용하여 자살한 것이므로 자살방조죄는 성립하지 않는다.

113) 이와 같이 구성요건적 행위의 일부가 실현되었어도 실행의 착수를 인정할 수 없는 경우는 얼마든지 가능하다. 예컨대 강도살인죄나 강도강간죄 또는 준강도죄 등의 경우에도 전제된 일부 구성요건(강도 · 절도)을 완전히 충족했다고 하여 범죄의 실행착수가 인정되지는 않는다.

114) 동지, 김성천/김형준, 38면; 백형구, 34면 이하; 이형국, 48면 이하. 자살방조의 경우로 한정하는 견해로는 손동권/김재윤,

6-2-1-4. 결과의 발생

본죄의 구성요건적 결과는 자살자의 사망이다. 자살자의 사망에 의하여 본죄는 기수에 이르게 된다. 자살자의 사망은 자살행위와 인과관계가 있어야 하며, 자살행위는 자살의 교사 · 방조행위와 인과적이어야 한다. 또한 자살자의 사망은 교사 · 방조자에게 객관적으로 귀속이 가능한 경우에 구성요건적 결과로 평가된다. 예컨대 음독으로 자살을 기도한 자가 병원으로 후송되는 도중에 교통사고로 사망한 경우 또는 병원에서 화재로 사망한 경우는 교사 · 방조자에게 귀속될 자살자의 사망으로 평가되지 않는다.

6-2-2. 주관적 구성요건

본죄의 고의는 타인이 자살하도록 교사 · 방조하는 고의와, 그 타인이 자살에 의하여 사망에 이르게 할 고의를 포함한다. 따라서 피교사자가 사망에 이르기 전에 구조할 의도(미수의 고의)로 자살을 교사하는 경우에는 고의가 인정되지 않는다.[115]

6-3. 관련문제

6-3-1. 촉탁 · 승낙에 의한 살인죄와 본죄의 구별

자살관여죄와 촉탁 · 승낙에 의한 살인죄의 구별에 관하여는 학설의 다툼이 있다. 특히 역할분배에 의하여 자살관여자에게 자살자의 자살행위 자체에 대한 행위지배(기능적 행위지배)가 인정되는 경우가 문제된다. 예컨대 호수에 투신하려는 자의 손을 뒤로 묶어주는 행위기여가 그러하다. 일부의 학설[116]은 자살의 행위수행에 대하여 누가 주도적 역할을 했는가에 의하여 자살방조죄와 촉탁 · 승낙에 의한 살인죄가 결정될 수 있다고 본다(주도적 역할설). 이에 의하면 위의 사례는 자살방조죄에 해당하게 된다.

타인의 생명을 침해하는 정범(공동정범)으로서의 행위기여는 사람을 살해하는 행위에 해당한다. 또한 촉탁살인은 촉탁을 받아 그 사람을 살해하는 행위이다. 이에 반하여 자살방조는 자살행위에 조력하는 행위일 뿐이며, 그 자체로는 사람을 살해하는 행위가 아니다. 이러한 점에서 촉탁살인죄와 자살방조죄는 정범과 공범을 구별하는 행위지배를 기준으로 판단하여야 한다(행위지배설).[117] 따라서 위의 사례는 촉탁살인죄에 해당한다. 이러한 '행위지배설'에 대하여 '주도적 역할설'의 입장에서는 자살방조죄를 독립된 범죄로 보아야지 공범의 한 형태로 보는 것은 타당하지 않다고 비판한다.[118] 그러나

28면.

115) 예컨대 간호대학 학생이 위세척을 실습하기 위하여 치사량 미달의 수면제를 복용케 하는 경우는 본죄가 아니라 상해죄가 성립할 뿐이다. 이 경우 행위자의 의도에 반하여 피해자가 사망한 경우라도 상해죄와 과실치사죄의 상상적 경합이 된다.

116) 김성돈, 61면; 김일수, 한국형법 III, 92면 이하; 김일수/서보학, 30면; 백형구, 33면; 정성근/박광민, 63면; 정영일, 12면.

117) 김성천/김형준, 37면; 배종대, 52면; 손동권/김재윤, 29면; 오영근, 39면; 이재상/장영민/강동범, 36면 이하; 이형국, 47면; 임웅, 46면; 진계호/이존걸, 51면.

118) 김성돈, 61면; 김일수, 한국형법 III, 93면; 김일수/서보학, 30면; 동취지, 백형구, 33면.

자살교사 · 방조죄는 그 본질에 있어서 자살을 행하는 정범의 형태가 아니라, 타인의 자살행위를 야기하거나 촉진하는 공범의 형식이다. 다만 형법 제252조 제2항은 이를 정범의 형식으로 규정하고 있을 뿐이다. 따라서 자살을 교사하고, 나아가 그의 촉탁을 받아 살해한 경우는 정범과 공범의 관계와 같이 보충관계에 의한 법조경합으로 촉탁살인죄만 성립할 뿐이라고 해야 한다.[119)][120)]

6-3-2. 합의동사의 문제점

합의동사는 합의에 의한 공동자살을 의미한다. 합의동사에서 한 사람만 살아난 경우 어떠한 법률적 평가가 가능한지 문제된다. 종래에는 합의동사가 단순한 자살의 공동정범이므로 처벌할 수 없다는 견해[121)]가 있었으나, 현재는 이를 지지하는 학자는 없다. 합의동사의 문제는 살아난 사람이 사망한 자의 죽음에 어떠한 행위기여를 제공했는지에 따라 법률적 평가가 달라진다. 사망한 자의 자살을 교사 · 방조한 경우는 본죄가 성립하며, 사망한 자의 촉탁 · 승낙을 받아 살해한 경우는 촉탁 · 승낙에 의한 살인죄가 성립한다. 합의동사를 가장하여 위계의 방법으로 자살케 하거나 또는 살해의 촉탁 · 승낙을 받아 살해한 경우는 제253조의 위계 등에 의한 살인죄가 성립한다. 사망한 자의 교사 · 방조에 의하여 자살을 시도했던 자가 살아난 경우는 처벌되지 않는다.

7. 위계 · 위력에 의한 살인죄

위계 · 위력에 의한 살인죄는 촉탁 · 승낙에 의한 살인죄(제252조 제1항)나 자살교사죄(제252조 제2항)를 위계나 위력의 방법으로 실현하는 경우에 성립하는 범죄이다. 제252조의 죄에 대하여 행위방법의 차이에 의한 불법이 가중되는 가중적 구성요건에 해당한다. 그러나 본죄는 살인죄의 기본적 구성요건인 살인죄와의 관계에서 이원적으로 변형구성요건과 독립적 구성요건으로서의 성격을 가진다. 위계 · 위력에 의한 촉탁 · 승낙살인죄의 경우는 변형구성요건으로서의 성질을 가지며, 위계 · 위력에 의한 자살교사죄의 경우는 독립적 구성요건의 성질을 가진다. 위계 · 위력에 의한 살인죄는 제250조의 예에 의한다. 따라서 행위객체가 자기 또는 배우자의 직계존속인 경우는 존속살해죄의 예에 의한다.

위계는 상대방의 부지나 착오를 이용하는 방법이며, 예컨대 합의동사를 가장하는 방법 등이 여기에 해당한다. 위력은 사람의 의사에 상당한 영향을 줄 수 있는 유형적 · 무형적 힘을 말하며, 여기에는 사회적 · 경제적 지위를 이용하는 방법도 포함된다. 다만 위계나 위력의 방법에 의하여 착오지

119) 김성돈, 61면; 김일수, 한국형법 III, 93면; 배종대, 52면; 백형구, 36면; 이재상/장영민/강동범, 37면; 이형국, 50면; 임웅, 46면.

120) 김일수/서보학, 31면은 자살교사죄의 독자성을 인정함으로써 이 경우 자살교사미수죄와 촉탁살인죄의 실체적 경합을 인정한다.

121) 정창운, 30면.

배나 강요지배를 근거지울 정도로 상대방의 의사를 제압한 경우는 본죄가 아니라 살인죄의 간접정범이 성립한다. 예컨대 합의동사를 가장하여 상대방을 자살케 하는 경우는 본죄가 성립하지만, 자살의 의미를 모르는 미성년자를 기망으로 자살케 한 경우는 기망자의 행위지배(착오지배에 의한 의사지배)가 인정되어 살인죄의 간접정범이 성립한다.

제2절 상해와 폭행의 죄

1. 상해와 폭행의 죄 일반론

1-1. 의 의

상해와 폭행의 죄는 사람의 신체에 대한 침해를 내용으로 하는 범죄로서, 신체의 완전성 내지 불가침성을 보호하기 위하여 규정된 죄이다. 형법은 상해죄와 폭행죄를 엄격하게 구별하여 규정하고 있다. 즉 폭행치상죄와 상해미수죄를 규정함으로써 폭행치상죄는 상해죄와 다르고, 상해미수죄는 폭행죄와 다르다는 점을 명백히 하고 있다.

> 독일형법 제223조는 건강침해(Gesundheitsbeschädigung)행위와 신체학대(körperliche Mißhandlung)행위를 신체침해죄(Körperverletzung)로 규정함으로써 상해죄와 폭행죄를 구별하지 않는다. 일본형법에서는 상해죄와 폭행죄를 구별하여 규정하고 있지만, 폭행치상죄와 상해미스죄는 별도로 규정하고 있지 않다. 따라서 일본형법에서는 해석상 폭행치상죄=상해죄, 상해미수죄=폭행죄의 결론이 되고 있다. 스위스형법에서는 상해죄와 폭행죄를 구별하여 규정하고 있으며, 각각 그 미수죄를 처벌하고 있지만 폭행치상죄는 별도로 규정하고 있지 않다.[122]

상해죄와 폭행죄의 구별에 관하여는 학설의 대립이 있다. 제1설[123]에 의하면 상해죄는 신체의 건강을 침해하는 범죄이고, 폭행죄는 신체의 건재를 침해하는 범죄라고 한다. 상해죄와 폭행죄는 모두 침해범이며, 상해죄가 신체의 완전성에 대한 중대한 침해인 반면에 폭행죄는 경미한 침해라는 것이다. 제2설[124]은 상해죄나 폭행죄 모두 신체의 완전성이 보호법익이라는 점에서 동일하며, 다만

122) 이에 관하여는 이정원, 상해와 폭행의 죄의 구조와 문제점-독일형법 신체침해죄와의 비교를 중심으로-, 성균관법학 제21권 제1호, 2009.04, 323면 이하, 326면 이하 참조.

123) 권오걸, 26면; 김성천/김형준, 54면; 박상기, 38면; 이재상/장영민/강동범, 42면.

124) 배종대, 55면; 백형구, 41면.

상해죄가 침해범인 반면에 폭행죄는 형식범이라고 한다. 즉 상해정도에 이르지 않은 신체에 대한 유형력의 행사가 폭행이라는 것이다. 제3설[125]은 절충적인 입장에서 상해죄의 보호법익은 신체의 건강, 폭행죄의 보호법익은 신체의 건재로 구별되며, 상해죄는 침해범, 폭행죄는 형식범이라고 한다.

제2설의 입장에는 찬성할 수 없다. 신체의 완전성을 해하는 행위 자체가 폭행이고, 그러한 행위에 의하여 침해의 결과(상해)를 발생시키는 범죄가 상해죄라면, 결국 폭행죄는 상해죄의 미수라는 결과가 될 뿐이기 때문이다. 또한 현실적으로 형법의 폭행죄가 피해자의 신체를 건드리지도 못한 행위까지 처벌하려는 규정인지 의문이 제기된다. 예컨대 주먹을 휘둘렀으나 피해자가 피한 경우, 뒤에서 돌을 던졌으나 피해자가 이를 알아차리지도 못하고 그대로 간 경우가 그러하다. 이러한 비판 내용은 폭행죄를 형식범으로 파악하는 제3설에 대해서도 유효하다.

따라서 우선 상해죄와 폭행죄를 모두 침해범으로 파악하는 제1설의 입장에 찬성하지 않을 수 없다. 그러나 입법론적으로 상해죄와 폭행죄의 구별은 불만이다. 현실적으로 폭행행위와 상해행위 그리고 폭행고의와 상해고의는 경계의 확정이 불가능하다. 결국 범인의 악성을 주관적으로 판단하는 심정법학에 의해서만 구획이 가능할 뿐이다. 오히려 폭행과 상해를 통합한 기본적 신체침해죄로 구성하고 중한 신체침해죄 및 경한 신체침해죄로 구획하는 것이 법기술적으로 보다 합리적이라고 판단된다.[126] 특히 보호법익의 관점에서 관찰하면 폭행죄는 상해죄와 질적으로는 동일하며, 단지 반가치의 양적인 면에서만 차이를 나타내는 등급관계(Stufenverhältnis)에 있을 뿐이다. 즉 폭행죄는 상해죄의 비독자적 변형구성요건[127]으로서 구성하는 것이 합리적이다. 현행법은 이러한 관계를 아주 자의적으로 분리하여 독립적 구성요건으로 규정하고 있다.

125) 김성돈, 67면; 김일수/서보학, 45면; 손동권/김재윤, 33면; 오영근, 43면; 이영란, 46면; 이형국, 56면 이하; 임웅, 52면; 정성근/박광민, 68면; 정영일, 15면, 26면; 진계호/이존걸, 56면.

126) 일반적으로는 행위자의 고의 내용을 거의 심사하지 아니하고, 상해결과의 유무에 따라 상해죄와 폭행죄를 적용해 온 것이 오랜 실무관행이다.

127) 이에 관하여는 이정원/류석준, 형법총론, '제2편, 제2장, 제1절, 2-3. 비독자적 변형구성요건' 참조.

1-2. 구성요건의 체계

[상해와 폭행의 죄]

[상해죄]

기본적 구성요건 – 상해죄: 제257조 제1항;
특별양형규정 – 중상해죄: 제258조 제1항, 제2항
가중적 구성요건 – 존속(중)상해죄: 제257조 제2항, 제258조 제3항; 특수(중)상해: 제258조의2
(존속)상해치사죄: 제259조; (존속, 중, 특수)상습상해죄: 제264조

미수범: 제257조 제3항 (제257조 제1항, 제2항에 대하여),
제258조 제3항 (제258조의2 제1항에 대하여)
동시범의 특례: 제263조
자격정지의 병과: 제265조 (제257조 제2항, 제258조, 제258조의2, 제264조에 대하여)

[폭행죄]

기본적 구성요건 – 폭행죄: 제260조 제1항
가중적 구성요건 – 존속폭행죄: 제260조 제2항; 특수폭행죄: 제261조;
폭행치사상죄: 제262조; (존속, 특수)상습폭행죄: 제264조

반의사불벌죄: 제260조 제3항 (제260조 제1항, 제2항에 대하여)
자격정지의 병과: 제265조 (제260조 제2항, 제261조, 제264조에 대하여)

형법 제25장 '상해와 폭행의 죄'에서는 상해죄와 폭행죄를 구별하여 규정하고 있다. 상해의 죄에 대한 정형적인 특징과 기본적인 불법내용을 정하는 기본적 구성요건은 제257조 제1항의 상해죄이다. 제258조 제1항과 제2항의 중상해죄는 기본적 구성요건에 대한 변형구성요건이 아니라 특별양형규정으로 해석된다.[128] 상해죄의 가중적 구성요건으로는 불법이 가중된 제257조 제2항의 존속상해죄와 이에 대한 특별양형규정으로서 제258조 제3항의 존속중상해죄가 있다. 제258조의2 특수상해죄는 행위방법의 위험성으로 상해죄와 중상해죄에 대하여 불법이 가중된 가중적 구성요건이며, 폭력행위 등 처벌에 관한 법률(폭처법)의 특수상해죄가 폐지되면서 개정형법이 신설한 규정이다. 특수상해죄에서는 존속에 대한 가중처벌규정이 없다. 또한 제259조의 상해치사죄 및 존속상해치사죄는 결과적가중범으로서 불법이 가중된 가중적 구성요건이다. 제264조의 상습상해죄는 책임이 가중되는 가중적 구성요건으로서 상해죄, 존속상해죄, 중상해죄, 존속중상해죄, 특수상해죄, 특수중상해죄를 상습적으로 범한 경우에 그 죄에 정한 형의 2분의 1까지 가중하여 처벌한다. 상해죄와 존속상해죄에 대하여는 제257조 제3항에서 그 미수범을 처벌하고 있으며, 특수상해죄와 특수중상해죄

128) 다수설은 중상해죄를 부진정결과적가중범으로 해석한다.

에 대하여는 제258조의2 제3항에서 그 미수범을 처벌하고 있다. 존속상해죄, (존속)중상해죄, 특수상해죄, 상습상해죄에 대해서는 10년 이하의 자격정지가 병과될 수 있다. 상해의 결과에 대하여는 동시범의 특례가 적용된다(제263조).

폭행의 죄에서 기본적 구성요건은 제260조 제1항의 폭행죄이다. 제260조 제2항의 존속폭행죄는 불법이 가중된 가중적 구성요건이며, 제261조의 특수폭행죄는 행위방법의 위험성에 의하여 불법이 가중된 가중적 구성요건이다. 제262조의 폭행치사상죄는 결과적가중범으로서 불법이 가중된 가중적 구성요건이며, 제264조는 상습성에 의하여 책임이 가중되는 가중적 구성요건이다. 또한 폭행죄와 존속폭행죄는 피해자의 명시적 의사에 반하여 처벌할 수 없는 반의사불벌죄이며(제260조 제3항), 존속폭행죄, 특수폭행죄, 상습폭행죄에 대해서는 10년 이하의 자격정지가 병과될 수 있다(제265조).

특가법 제5조의10 제1항은 운행 중인 자동차의 운전자를 폭행 또는 협박한 자를 5년 이하의 징역 또는 2천만원 이하의 벌금형으로 처벌한다. 동조 제2항은 제1항의 죄를 범하여 사람을 상해에 이르게 한 경우를 3년 이상의 징역형으로, 사망에 이르게 한 경우를 무기 또는 5년 이상의 징역형으로 처벌한다.

집단적 또는 상습적으로 범하는 폭력행위와 흉기 그 밖의 위험한 물건을 휴대하여 범하는 폭력행위 등에 대해서는 폭처법이 적용된다(제1조). 폭처법의 폭력범죄는 제2조 제2항 제1호의 형법 제260조 제1항(폭행), 제283조 제1항(협박), 제319조(주거침입 퇴거불응), 제366조(재물손괴 등)의 죄; 제2호의 제260조 제2항(존속폭행), 제276조 제1항(체포감금), 제283조 제2항(존속협박), 제324조 제1항(강요)의 죄; 제3호의 제257조 제1항(상해) · 제2항(존속상해), 제276조 제2항(존속체포 존속감금), 제350조(공갈)의 죄이다.

다만 폭처법에서 특별한 추가표지 없이 형법의 규정과 동일한 범죄행위에 법정형만 가중하던 규정들이 헌재의 위헌결정[129]으로 모두 폐지되었다. 동법 제2조 제2항에서는 2인 이상 공동으로 폭력범죄를 범하는 경우 형법에서 정한 형의 2/1까지 가중한다. 동법 제2조 제3항(일반 폭력범죄)과 제3조 제4항(특수 폭력범죄)에서는 폭처법의 폭력범죄로 2회 이상 징역형을 받은 사람이 다시 폭력범죄를 범하여 누범으로 처벌받을 경우 각각 제1호 내지 제3호의 구분에 따라 가중처벌한다. 동법 제2조 제4항은 폭력범죄에 대하여 반의사불벌죄의 규정을 적용하지 않는다. 동법 제4조는 폭력범죄를 목적으로 하는 단체 등의 구성과 활동을 처벌하고 있다.

폭처법 제2조 제2항의 '2인 이상 공동으로' 폭력범죄를 범하는 경우는 형법 제30조가 적용되는 각각의 폭력범죄에 불과하고, 그렇다면 폭처법 제2조 제2항도 헌법재판소가 위헌으로 결정한 '특별한 추가표지 없이 형법의 규정과 동일한 범죄행위에 법정형만 가중한 규정'으로

129) 헌재, 2015.9.24., 2014헌바173; 헌재, 2016.2.25., 2015헌마1511.

위헌규정이라고 해야 한다. 다만 판례[130]는 폭처법 제2조 제2항의 공동을 '동일 장소에서 동일기회의 협력'으로 파악함으로써 공동정범의 공동과는 다른 것으로 판시한 바 있으며, 특히 폭처법 제2조 제2항의 공동을 합동범에 관한 현장적 공동정범설의 관점에서 동일하게 판시한 경우[131]도 있다. 그러나 판례가 폭처법의 '공동'을 합동범의 '합동'과 동일시하기 위해서는 그에 합당한 근거와 이유를 제시하여야만 한다. 다만 공동정범에는 해당할 수 있지만 '동일 장소에서 동일기회의 협력'이 부정되어 폭처법의 공동폭력범죄의 성립이 부정되는 판례는 발견할 수 없다. 따라서 판례의 공동폭렵범죄에서 공동에 대한 판시내용의 실체를 확인하기는 곤란하다. 판례 중에서는 폭처법의 공동폭력범죄와 공동정범의 공동을 동일 · 유사한 관점에서 판시한 판례[132]도 발견된다.

2. 상해죄

2-1. 구성요건

2-1-1. 객관적 구성요건

2-1-1-1. 행위객체

본죄는 사람의 신체를 상해함으로써 성립하므로 사람의 신체가 본죄의 행위객체이다. 사람의 신체이어야 하므로 태아의 신체는 본죄의 객체가 되지 않는다. 따라서 임신 중의 영향에 의하여 기형아로 출생한 경우는 상해죄에 해당하지 않는다. 상해죄는 법익침해행위가 사람의 신체에 작용하여

---

130) 대법원 1986.6.10., 85도119: "폭처법 제2조 제2항의 "2인 이상이 공동하여"라고 함은 그 수인간에 소위 공범관계가 존재하는 것을 요건으로 하는 것이며, 수인이 동일 장소에서 동일기회에 상호 다른 자의 범행을 인식하고 이를 이용하여 범행을 한 경우임을 요하고, 형법 제30조의 소위 공동정범은 공범자 전원간에 범죄에 대한 공동가공의 의사가 있는 경우 즉 범행자 상호간에 범의의 연락이 있고 그 일부자가 범죄의 실행에 당한 경우에 성립되고, 이때에는 그 전원이 공동일체로서 범죄를 실행한 것이 되고 비록 스스로 직접 그 실행행위를 분담하지 아니한 자이더라도 그 범죄 전체에 관하여 공동정범으로서의 책임을 져야 한다."; 동취지, 대법원 1991.1.29., 90도2153; 대법원 2000.2.25., 99도4305; 대법원 2013.11.28., 2013도4430.

131) 대법원 2007.6.28., 2007도2590: "폭처법 제2조 제2항의 '2인 이상이 공동하여'라 함은 그 수인간에 소위 공범관계가 존재하는 것을 요건으로 하는 것이며, 수인이 동일 장소에서 동일기회에 상호 다른 자의 범행을 인식하고 이를 이용하여 범행을 한 경우임을 요하고, 여러 사람이 폭처법에 열거된 죄를 범하기로 공모한 다음 그 중 2인 이상이 범행장소에서 범죄를 실행한 경우에는 범행장소에 가지 아니한 자도 같은 법 제2조 제2항에 규정된 죄의 공모공동정범으로 처벌할 수 있다."

132) 대법원 2015.10.29., 2015도8429: "폭처법(공동감금)의 점에 대하여…공동정범의 성립요건 및 범위, 공모관계의 인정, 위법성의 인식가능성 등에 관한 법리를 오해한 위법이 없다."; 동취지, 대법원 2015.10.29., 2015도5355: "형법 제30조의 공동정범은 2인 이상이 공동하여 죄를 범하는 것으로서, 공동정범이 성립하기 위해서는 주관적 요건으로서 공동가공의 의사와 객관적 요건으로서 공동의사에 기한 기능적 행위지배를 통한 범죄의 실행사실이 필요하다. 공동가공의 의사는 타인의 범행을 인식하면서도 이를 제지하지 아니하고 용인하는 것만으로는 부족하고, 공동의 의사로 특정한 범죄행위를 하기 위해 일체가 되어 서로 다른 사람의 행위를 이용하여 자기의 의사를 실행에 옮기는 것을 내용으로 하는 것이어야 한다."; 대법원 2011.4.28., 2008도4721: 공동퇴거불응에 대하여.

상해의 결과를 발생시킨 경우에 성립되는 범죄이므로, 태아의 신체에 작용하여 기형의 결과를 발생시킨 경우는 상해죄에 포섭될 수 없다. 다만 태아상태에서의 침해행위가 출생 이후에도 작용하여 상해의 결과를 발생시킨 경우에는 상해죄가 성립한다. 이 경우는 행위에 의한 작용이 태아의 신체가 아니라 사람의 신체에서 일어나고 있기 때문이다.

또한 사람의 신체는 타인의 신체를 의미한다. 따라서 자상행위는 상해죄에 해당하지 않는다. 그러나 피해자의 자상행위를 이용하여 간접정범의 형태로 상해죄를 범할 수는 있다. 착오지배나 강요지배에 의하여 피해자의 자상행위를 지배한 자는 상해죄의 간접정범이 된다. 또한 자상행위는 특별법(병역법 제86조 군형법 제41조)에 의하여 처벌되는 경우가 있다.

자기 또는 배우자의 직계존속에 대하여 상해죄를 범한 경우는 10년 이하의 징역이나 1천5백만원 이하의 벌금으로 가중처벌된다. 존손상해죄는 '신체침해와 패륜성에 의한 사회질서 파괴'가 결합하여 불법내용이 가중되는 가중적 구성요건이다. 존속살해죄에서는 '생명침해'의 불법이 워낙 중대해서 '패륜성에 의한 사회질서 파괴'라는 경한 가중요소에 의한 불법가중을 과잉금지위배로 판단하였으나, '신체침해'의 불법에 '패륜성에 의한 사회질서 파괴'가 결합할 경우에는 불법가중을 인정하는 것도 가능하다. 그밖에 존속에 관한 내용은 존속살해죄에서의 설명과 같다.

2-1-1-2. 행위

본죄의 구성요건적 행위는 사람의 신체에 대하여 상해의 결과를 발생시키는 상해행위이다. 따라서 본죄의 행위는 구성요건적 결과인 상해의 의미를 먼저 규명함으로써 이해될 수 있다. 상해의 의미에 대해서는 다음과 같은 학설의 대립이 있다.

① 신체의 완전성설　신체의 완전성설은 신체의 완전성에 대한 침해가 상해라고 한다. 폭행죄는 형식범이고, 상해죄는 결과범 · 침해범이라는 입장에서 신체의 완전성에 대한 침해가 상해라는 입장이다. 이에 의하면 모발 · 손톱 · 발톱의 절단 등과 같은 신체외관의 훼손도 신체의 완전성을 침해하는 행위로서 상해행위가 된다. 독일의 통설[133]은 폭행과 상해를 통합한 신체침해죄의 구성요건적 행위를 신체의 완전성설의 입장에서 이해하고 있다.

② 생리적 기능훼손설　생리적 기능훼손설은 생리적 기능훼손을 상해라고 한다(통설). 사람의 신체를 손상 · 절단하거나, 육체적 · 정신적 질병상태를 야기하거나 악화시키는 행위가 생리적 기능을 훼손(건강침해)하는 상해행위이며, 생리적 기능훼손의 정도에 이르지 않는 신체의 완전성을 침해하거나 위태롭게 하는 행위가 폭행행위라고 한다.

③ 절충설　절충설[134]은 신체외모의 현저한 변화도 상해에 포함시켜야 한다는 견해이며, 신체의 완전성설과 생리적 기능훼손설을 절충하는 입장이다. 경미한 상처 등의 생리적 기능훼손은 폭행에

133) Vgl. Eser, S-S StGB, § 223 Rdnr. 2 mwN.

134) 배종대, 56면 이하; 조준현, 73면 이하.

해당하며, 중대한 외관의 변경은 상해에 해당한다고 한다.

실질적으로 상해죄와 폭행죄는 비독자적 변형구성요건의 관계로 구성되어야 한다. 그러나 형법은 이들의 관계를 명문으로 분리하였다. 따라서 상해와 폭행의 의미를 질적으로 구별하는 개념정립에는 상당한 어려움과 곤란함이 존재한다.

우선 신체의 완전성의 침해를 상해로 파악하는 신체의 완전성설이나 절충설에는 찬성할 수 없다. 중대한 외모의 변화가 상해라는 인식을 일반적이라고 할 수는 없기 때문이다. 일부 견해[135]는 여성의 현저한 모발절단이나 얼굴에 멍이 들게 하는 것도 상해라고 하고 있으나, 찬성할 수 없다. 모발의 절단이나 얼굴을 멍들게 하는 경우 그 대상이 남자연예인 · 여자일반인, 교수 · 학생, 법률가 · 형사피고인, 어른 · 어린이에 따라 어떠한 기준으로 상해와 폭행을 구별할 것인지 의문이 제기된다. 따라서 완전히 만족할 수는 없지만, 현재로서는 생리적 기능훼손설을 지지하지 않을 수 없다. 이에 따라 상해는 신체를 손상 · 절단하거나, 육체적 · 정신적 질병상태를 야기하거나 악화시키는 행위로 해석되며, 경미한 외상은 신체학대인 폭행에 불과하다고 보아야 한다. 다만 단순한 신체학대를 초과하는 외상은 생리적 기능을 훼손하는 행위로 보아야 할 것이다.

이러한 상해의 결과를 발생시키는 행위가 상해행위이며, 그 방법에는 제한이 없다. 유형적 · 물리적 방법 외에도 무형적 · 정신적 방법인 경악이나 공포심을 유발하여 신경쇠약 · 정신장애 등을 야기하는 경우도 상해에 해당한다.

2인 이상이 공동하여 상해죄나 존속상해죄를 범한 경우에는 폭처법에 의하여 가중처벌된다(제2조 제2항 제3호).

2-1-1-3. 결과의 발생

본죄는 침해범이며 결과범이다. 따라서 구성요건적 결과가 발생하여야 본죄는 기수에 이르게 된다. 본죄의 구성요건적 결과는 피해자의 신체의 상해, 즉 신체의 생리적 기능훼손이다. 이러한 생리적 기능훼손은 상해행위와 인과관계가 있고, 행위자에게 객관적으로 귀속될 결과이어야 한다. 상해행위가 상해의 결과를 발생시키지 못한 경우이거나 인과관계 또는 객관적 귀속이 부정되는 경우는 상해미수에 해당하다.

2-1-2. 주관적 구성요건

본죄의 고의는 사람의 생리적 기능을 훼손한다는 인식과 의사이다. 사람의 생리적 기능을 훼손시키려는 의도가 없는 경우는 폭행죄나 폭행치상죄가 성립할 뿐이다.[136]

---

135) 배종대, 56면; 조준현, 74면.

136) 그러나 상해를 발생시킬 의도가 없는 폭행고의는 현실적으로 흔한 경우가 아니다. 폭력행위에는 최소한 상해의 미필적 고의가 존재하기 때문이다.

2-2. 위법성

상해죄에 대한 위법성조각사유와 관련하여 특히 문제가 되는 경우는 피해자의 승낙, 의료행위, 운동경기 중의 상해 및 징계행위가 있다.

2-2-1. 피해자의 승낙

상해죄의 구성요건에 해당하는 행위는 법률에 특별한 규정이 없는 한 피해자의 승낙에 의하여 허용될 수 있다. 그러나 "승낙에 의한 상해는 그것이 사회상규에 위배됨이 없을 때에만 위법성이 조각된다"는 것이 거의 일치된 학설의 입장이다(통설). 신체의 완전성은 생명 다음으로 중요한 법익이라는 점에서 상해에 대한 승낙이 반윤리적인 경우에는 승낙의 효력을 부정해야 한다는 것이다. 이러한 관점은 "피해자의 승낙에 의한 신체침해행위는 비록 그 행위가 승낙에 의하여 이루어졌다 하더라도 선량한 풍속에 위배되는 경우에는 위법하다"고 규정[137]한 독일형법 제226a조의 영향이라고 보여 진다. 그러나 형법에는 이러한 규정이 없으며, 명백한 법률의 규정 없이 위법성조각사유를 사회상규나 윤리에 의하여 제한한다는 것은 '사회상규에 의한 불법행위'를 인정하는 결과를 초래한다. 이는 죄형법정주의에 정면으로 배치된다.[138]

2-2-2. 의사의 치료행위

의사의 치료행위는 그것이 주관적 치료목적과 객관적 의술법칙에 부합하는 한, 치료의 성공 여부와 관계없이 제20조의 업무로 인한 정당행위로서 본인의 의사에 반한 경우에도 위법성이 조각된다는 견해[139]가 있다. 이는 종래 통설[140]과 판례[141]의 입장이었다. 그러나 이에 대해서는 환자의 자기결정권을 무시하는 결과가 되어 부당하다는 비판이 제기되고 있다.[142] 또한 "성공한 치료행위는 건강을 침해한 것이 아니라 이를 회복 · 개선하는 것이므로 상해죄의 객관적 구성요건에 해당하지 아니하며, 실패한 치료행위라도 그것이 의술의 법칙에 따른 이상 상해의 고의를 인정할 수 없다"는 견해[143]가 있다. 의사의 치료행위는 그것이 의술의 법칙에 따른 이상 그 성공 여부와 관계없이 상해죄의 구성요건에 해당하지 않는다는 것이다. 그러나 '의사의 설명의무를 전제로 한 피해자의 승낙' 없이 행하는 치료행위는 위법성이 조각되지 아니하는 불법한 치료행위로서 상해죄의 구성요건해당성이 부정될 수는 없다.

---

137) 독일형법에서 피해자의 승낙은 총칙상의 일반적인 규정이 없고, 이 규정으로부터 인정되는 위법성조각사유이다.

138) 이에 관하여는 이정원/류석준, 형법총론, '제2편, 제3장, 제5절, 2-2-1-2, 처분할 수 있는 법익, (2) 신체' 참조.

139) 배종대, 58면.

140) 강구진 I, 62면; 서일교, 30면; 유기천, 형법총론, 193면; 정영석, 형법총론, 145면; 황산덕, 176면.

141) 대법원 1976.6.8., 76도144; 대법원 1978.11.14., 78도2388.

142) 박상기, 44면; 이재상/장영민/강동범, 49면; 임웅, 64면.

143) 김일수, 한국형법 III, 150면; 김일수/서보학, 51면; 이재상/장영민/강동범, 50면; 조준현, 79면; 진계호/이존걸, 62면.

본질적으로 의사의 치료행위는 피해자의 승낙 또는 추정적 승낙에 의하여 위법성이 조각될 수 있다.[144] 판례[145]도 동일한 입장이다. 경우에 따라서는 긴급피난[146]으로 위법성이 조각되거나 또는 허용된 위험[147]으로 구성요건의 단계에서 구성요건해당성이 배제될 수도 있다. 이에 반하여 비록 의사의 치료행위가 환자만을 위한 행위라 할지라도 환자가 원치 않는 치료행위는 그것이 긴급피난에 해당하지 않는 한 허용될 수 없다(상해죄, 강요죄).

치료행위 이외에 미용을 위한 성형수술이나 혈액제공자로부터의 채혈 또는 장기이식에서 장기제공자로부터의 장기적출 등과 같은 의료행위의 경우에는 피해자의 승낙에 의해서만 위법성이 조각될 수 있다.[148] 이러한 의료행위의 경우에도 의료행위에 수반되는 통상의 상해, 예컨대 채혈 중에 나타날 수 있는 경미한 정맥의 파열은 허용된 위험으로 폭행죄나 상해죄의 구성요건에 해당하지 않는다.

2-2-3. 운동경기 중의 상해

운동경기, 특히 격투경기에서의 상해는 허용된 위험의 법리에 의하여 상해죄의 구성요건에 해당하지 않는다. 이러한 경우는 피해자 각자가 스스로 위험영역에 들어갔으며, 이러한 위험에의 참가를 현행법체계에서는 금지하고 있지 않으므로 허용된 위험으로 행위불법이 부정되어야 한다.[149]

2-2-4. 징계행위

징계행위는 객관적으로 징계의 목적을 달성하는 데에 불가피하며, 주관적으로 교육의 목적을 달성하기 위한 행위로서 관습법에 의한 위법성조각사유에 해당한다. 그러나 의도적으로 피해자에게 상해의 결과를 발생시킨 경우는 객관적으로 교육목적달성에 불가피하지도 않으며 주관적으로도 교육의 목적을 달성하기 위한 행위라고 평가될 수 없다. 의도하지 아니한 상해(과실치상)의 결과에 대해서는 징계행위로서 위법성이 조각되지 않는다. 과실행위에 대해서는 징계행위의 주관적 정당화요소가 충족될 수 없기 때문이다. 다만 이러한 경우에는 허용된 위험의 법리에 의해서 객관적인 주의의무위반이 부정될 수 있을 뿐이다. 물론 징계행위에서 의도하지 않았던 상해의 결과에 대해서는 "허용된 위험에 해당하는지 또는 불법한 주의의무위반에 해당하는지"가 구체적 사안의 종합적인 가치판단에 따라 결정될 수 있다. 과실범죄의 특성상 예외적으로 허용되는 주의의무위반행위에 대해서는 법률이 처음부터 주의의무를 부과할 수 없기 때문이다.[150]

144) 동지, 김성천/김형준, 63면; 박상기, 44면; 손동권/김재윤, 40면; 오영근, 48면; 이영란, 51면; 이형국, 62면 이하; 임웅, 64면; 정성근/박광민, 73면; 정영일, 17면.

145) 대법원 1993.7.27., 92도2345.

146) 예컨대 자살기도자에 대한 치료행위 등.

147) 예컨대 내시경 검사시에 통상 발생되는 위벽에의 경미한 상처 등.

148) 박상기, 45면; 배종대, 58면; 오영근, 48면; 이영란, 52면; 이재상/장영민/강동범, 50면; 정영일, 17면.

149) 이에 관하여는 상기 '제1편, 제1장, 제1절, 2-2-1. 일반적 위법성조각사유' 참조.

150) 이에 관하여는 이정원/류석준, 형법총론, '제3편, 제1장, 3. 과실범에서의 위법성' 참조.

3. 중상해죄

3-1. 의 의

중상해죄는 사람의 신체를 상해하여 생명에 대한 위험을 발생하게 하거나(제258조 제1항), 불구 또는 불치나 난치의 질병에 이르게 함으로써(제258조 제2항) 성립하는 범죄이다. 형법은 일반상해죄에 대하여 7년 이하의 징역이나 10년 이하의 자격정지 또는 1천만원 이하의 벌금형을 선택적으로 규정한 반면에, 중상해죄에 대하여는 1년 이상 10년 이하의 징역형으로 가중하여 처벌하고 있다. 중상해죄를 가중처벌하는 이유는 중한 결과가 발생하였다는 점에 있다. 제258조 제3항의 존속중상해죄는 중상해죄에 대한 가중적 구성요건으로 2년 이상 15년 이하의 징역형으로 가중하여 처벌하고 있다.

3-2. 중상해죄의 법적 성격

중상해죄의 법적 성격에 관하여는 학설의 다툼이 있다. 중상해죄의 법적 성격과 관련하여 제258조 제2항에는 일반적인 학설의 입장이 법문에 더욱 분명하게 표현되어 있으므로 제258조 제2항에 의한 중상해죄의 법적 성격을 먼저 설명하기로 한다.

3-2-1. 제258조 제2항에 의한 중상해죄의 법적 성격

제258조 제2항에 의한 중상해죄는 상해로 인하여 '불구 또는 불치나 난치의 질병'이라는 결과가 야기된 경우에 가중처벌한다. 이러한 법문의 구성에 의하여 중상해죄는 일단 기본범죄로서 상해죄를 범하여 중한 상해의 결과를 야기한 경우에 가중처벌하는 결과적가중범으로 표현되어 있다. 따라서 중상해죄를 결과적가중범으로 해석하는 것이 일반적인 학설의 입장이다(통설). 다만 중한 결과는 과실에 의한 경우 뿐 아니라 고의에 의한 경우에도 중상해죄의 성립이 인정되어야 하므로, 중상해죄는 부진정결과적가중범이라고 한다. 통설의 입장에 원칙적으로 찬성하면서, 일반상해의 과정 없이 직접 중상해의 고의로 중상해의 결과를 발생시킨 경우에도 중상해죄가 성립한다는 견해[151]가 있다. 따라서 중상해죄는 부진정결과적가중범 및 중상해 고의범의 성격을 가진 구성요건이라고 한다.

그러나 중상해죄를 부진정결과적가중범으로 해석하는 것은 불가능하다. 중한 결과에 대하여 고의가 인정될 때에는 그 고의가 비록 기본 범죄 이후에 형성[152]된 것일지라도 그 행위는 단순한 고의의 중상해행위에 불과하며, 이것을 부진정결과적가중범으로 파악할 수는 없다. 예컨대 상해치사죄는 가능하지만, 상해살인죄나 유기살인죄 등의 성립은 불가능하다. 중한 결과에 대한 고의가 기본범죄에 대한 고의를 완전히 포함하는 경우는 논리적으로 부진정결과적가중범이 성립할 수 없게 된다.

중상해죄를 이원적으로 진정결과적가중범과 고의의 중상해죄로 해석할 여지는 남아 있지만, 이

151) 김일수, 한국형법 III, 156면 이하; 김일수/서보학, 53면; 동취지, 손동권/김재윤, 43면.
152) 예컨대 일반상해의 고의로 행동하다가 피해자에 대한 증오가 살아나 중한 상해결과에 대한 고의를 가지고 행위한 경우.

러한 해석도 적절하지 않다. 중상해죄가 단순한 고의범죄라면 중상해의 고의로 중상해의 결과를 발생시키지 못한 경우는 중상해죄의 미수이어야 하는데, 형법에는 중상해죄의 미수를 처벌하는 규정이 없다. 따라서 고의의 중상해죄 미수는 일반상해죄라는 결론에 이르게 되며, 중상해죄 미수와 일반상해죄 사이에는 행위불법(고의)의 차이가 인정되지 않는다. 즉 이들 사이에는 불법의 질적 차이가 인정되지 않는다. 또한 폭행의 고의로 중상해의 결과를 야기한 경우도 제262조에 의하여 중상해죄로 처벌되는데, 그렇다면 중상해죄는 기본범죄(상해죄)에 대한 고의마저도 필요 없는 결과적가중범이라는 기이한 결론이 된다.

일반 상해와 중한 상해 사이에 불법의 질적 차이를 인정하려는 통설의 관점은 타당하다고 할 수 없다. 일반 상해와 중한 상해 사이에는 오직 불법의 양적 차이만이 존재할 뿐이다. 이러한 점에서 중상해죄는 단순한 양형규정으로 이해하여야 한다. 이에 따라 중상해죄는 상해고의에 의하여 성립하며, 상해의 고의가 있는 한 중상해결과에 대한 고의 · 과실은 전혀 문제가 되지 않는다. 이에 대해서는 "단순한 결과책임을 인정함으로써 책임주의에 반한다"는 비판이 제기되고 있으나, 이러한 비판은 타당하지 않다. 중상해죄도 상해의 고의로 상해의 결과를 발생시킨 자에 대하여 형사책임을 인정하는 것에 불과하며, 이 때 피해자의 상해정도가 양형에서 고려되는 것은 당연하기 때문이다. 또한 폭행치상에 의하여 중한 상해의 결과를 발생시킨 경우는 제258조에 의하여 특별양형이 예정된 상해죄의 규정에 따라 처벌하면 충분하다.

종합적으로, 중상해죄는 상해죄와 질적으로 다른 불법내용을 규정한 것이 아니라, 상해결과의 양적 차이를 양형에서 고려하도록 법관에게 의무를 부과하는 규정으로 해석된다. 이와 같이 중상해죄는 상해죄의 가중적 구성요건이 아니라 비독자적 변형구성요건[153)]인 특별양형규정이다. 이러한 비독자적 변형구성요건에서 추가된 특정한 표지는 행위의 반가치 내용을 전혀 변형시키지 못하므로 추가된 표지에 대한 인식은 고의의 내용에 포함되지 않는다.[154)] 따라서 상해의 고의로 사람의 신체를 상해한 자는 발생된 중한 상해결과에 대한 인식이나 예견가능성과 관계없이 중상해죄로 처벌되어야 한다.

3-2-2. 제258조 제1항에 의한 중상해죄의 법적 성격

제258조 제1항의 중상해죄는 상해로 인하여 '생명에 대한 위험'을 발생시킨 경우에 가중처벌한

153) 비독자적 변형구성요건은 기본적 구성요건과 질적으로는 동일하며 단지 반가치의 양적인 면에서만 차이를 나타내는 등급관계(Stufenverhältnis)에 있을 뿐이다: 이에 관하여는 이정원/류석준, 형법총론, '제2편, 제2장, 제1절, 2-3 비독자적 변형구성요건' 참조.

154) 예컨대 특가법 제2조 제1항 제1호 내지 제3호에서는 뇌물의 가액에 따라 각각 다른 법정형을 규정하고 있는데, 이러한 구성요건은 각호 상호간 및 기본적 구성요건인 형법의 뇌물죄와의 관계에서 단지 등급관계에 있을 뿐이며 질적인 차이는 존재하지 않기 때문에 비독자적 변형구성요건이 된다. 따라서 특가법상 수뢰죄에서는 일반 수뢰고의 이외에 특가법상의 특별한 고의를 필요로 하는 것은 아니다.

다. 학설에서는 제258조 제1항의 중상해죄를 부진정결과적가중범[155] 내지 고의의 중상해죄[156]로 파악하고 있다. 그러나 '생명의 위험'에 대한 고의는 최소한 살인의 미필적 고의가 인정되는 경우로서 중상해죄가 아니라 살인미수죄의 성립이 인정되어야 한다. 이러한 관점에서 제258조 제1항의 중상해죄를 '생명의 위험'에 대한 고의와 연결시키는 부진정결과적가중범이나 고의의 중상해죄로 파악하는 견해는 타당하다고 할 수 없다.

본죄는 생명에 대한 안전이 아니라 중대한 신체의 침해를 방지하려는 목적에서 중상해죄를 규정한 것이므로(목적론적해석), 생명에 대한 위험이라는 구체적 결과는 생명에 대한 위험이 인정될 정도의 중대한 상해결과를 의미한다고 해석해야 한다. 또한 생명이라는 법익과 관련된 상해죄에서의 결과적가중범은 이미 상해치사죄에 의하여 해결되고 있으므로 중상해죄에 의한 중복된 법익보호가 필요한 것은 아니다(논리해석). 따라서 제258조 제1항은 '생명에 대한 위험의 발생'을 요건으로 하는 구체적 위험범이 아니라 '생명에 대한 위험이 발생될 정도의 중대한 신체의 침해'를 요하는 침해범으로 해석된다.

제258조 제1항의 '생명에 대한 위험'을 '생명에 대한 위험이 인정될 정도의 중대한 상해'로 해석하면, 일반 상해와 중대한 상해 사이에 불법의 양적 차이 이외에 불법의 질적 차이를 인정하는 것은 매우 곤란하다. 이러한 점에서 제258조 제1항의 중상해죄도 생명에 대한 위험이 발생될 정도의 중대한 신체침해의 결과가 발생된 경우에 법관에게 특별한 양형의 의무를 부과하는 특별양형규정으로 해석하는 것이 합당하다. 이와 같이 해석할 경우 제258조 제1항의 중상해죄는 상해죄의 비독자적 변형구성요건에 해당한다.

3-3. 중한 결과

중상해죄에서의 상해의 결과는 중대한 신체침해의 결과이어야 한다. 중대한 신체침해의 결과는 제258조 제1항의 '생명에 대한 위험의 발생'과 동조 제2항의 '불구 또는 불치나 난치의 질병'이다.

3-3-1. 생명에 대한 위험의 발생

제258조 제1항에 의하여 중상해죄에서의 상해결과는 '생명에 대한 위험의 발생'이다. 학설에서는 이론 없이 이를 '생명에 대한 구체적 위험의 발생'으로 해석하고 있다(통설). 그러나 '중상해죄의 법적 성격'에서 살펴본 바와 같이, 제258조 제1항의 중상해죄는 구체적 위험범이 아니라 침해범으로 해석되어야 한다. 중상해죄는 생명에 대한 안전이 아니라 중대한 신체의 침해를 방지하려는 목적에서 규정된 구성요건이므로, 여기서의 '생명에 대한 위험의 발생'은 '치명적인 중대한 상해결과'를 의미하는 것으로 파악해야 한다.

---

155) 김성돈, 73면; 박상기, 47면; 배종대, 60면; 오영근, 52면; 이재상/장영민/강동범, 52면; 이형국, 70면; 임웅, 67면; 정성근/박광민, 75면.

156) 김일수, 한국형법 III, 156면 이하; 김일수/서보학, 53면.

3-3-2. 불구 또는 불치나 난치의 질병

불구란 신체조직의 중요한 부분이 상실되거나 그 고유기능이 상실된 경우를 말한다. 신체조직의 중요부분은 피해자의 개인적 사정이 아니라 그 부분의 객관적 기능을 기준으로 판단하여야 한다(통설). 신체조직의 중요부분 여부에 관하여 피해자의 구체적 생활관계, 특히 피해자의 직업 등을 고려하여 규범적으로 판단하는 견해[157]가 있으나, 타당하다고 할 수 없다. 누구에게나 개인적으로 신체의 모든 조직은 소중하기 때문이다. 또한 일부의 학설[158]에서는 신체조직의 중요부분의 상실을 신체의 외부적 부분에 한정하고 있으나, 타당하다고 할 수 없다. 그 부분의 객관적 기능이 중요하다고 판단된다면 외부적 부분 뿐 아니라 신체 내부의 장기의 상실도 불구개념에서 제외시킬 이유는 없다.[159] 불치나 난치의 질병은 의학적으로 치료가능성이 없거나 희박한 경우를 말한다.

3-4. 적용범위

중상해죄의 적용범위는 제262조와 관련하여 문제가 되고 있다. 제262조는 폭행의 고의로 중상해의 결과를 발생시킨 경우 중상해죄의 예에 의하도록 규정하기 때문이다.

종래 제262조에 의하여 중상해죄는 폭행의 고의로 중상해의 결과를 발생시킨 경우에도 성립한다는 견해[160]도 있었으나, 이 경우 폭행치상죄가 성립할 뿐이라는 것이 일반적인 학설의 입장이다. 즉 중상해죄는 폭행의 고의에 의해서는 성립할 수 없으며, 다만 제262조에 의하여 중상해죄에 의한 처벌이 가능하다고 한다(통설). 그러나 제258조는 범죄성립의 문제가 아니라 양형의 문제이다. 제262조가 폭행치상을 상해죄의 예에 의하도록 한 이상, 중상해의 결과에 대하여는 중상해죄의 양형이 부과됨은 당연하다.

4. 특수상해죄

특수상해죄는 단체 또는 다중의 위력을 보이거나 위험한 물건을 휴대하여 상해죄나 중상해죄를 범한 경우에 성립하는 범죄이다. 특수상해죄는 행위방법의 위험성에 의하여 불법이 가중되는 가중적 구성요건이다. 이러한 방법에 의한 상해는 피해자의 의사를 제압하여 방어기회를 상실케 함으로써 무방비 상태에서 상해가 이루어지며, 그 위험성도 증대하게 되므로 중한 행위반가치가 인정된다.

---

157) 김일수, 한국형법 III, 157면.

158) 김성천/김형준, 67면; 김일수, 한국형법 III, 157면 이하; 이재상/장영민/강동범, 52면; 이형국, 71면; 정성근/박광민, 75면; 진계호/이존걸, 65면.

159) 동지, 권오걸, 33면; 김성돈, 74면; 김일수/서보학, 53면; 박상기, 48면; 배종대, 61면; 오영근, 53면; 임웅, 68면; 정영일, 19면; 조준현, 82면.

160) 유기천(상), 52면.

> 특수상해죄는 2016.1.6.의 개정형법에서 신설한 규정이다. 폭처법에서는 특별한 추가표지 없이 형법의 규정과 동일한 범죄행위에 법정형만 가중하던 규정들이 헌재의 위헌결정[161]으로 모두 폐지되었으며, 이 때 폭처법상의 특수상해죄[162] 도 함께 폐지되어 개정형법이 이를 신설한 것이다.

특수상해죄의 행위객체는 사람의 신체이다. 특수상해죄는 존속에 대한 가중처벌규정을 가지고 있지 않으므로, 자기 또는 배우자의 직계존속도 여기에 포함된다. 종래 구폭처법에서는 특수상해죄와 특수존속상해죄를 구별하여 각각 다른 법정형을 규정하였는데, 이 규정들이 폐지되면서 형법이 신설한 특수상해죄에서는 이들을 구별하지 아니하였다. 그 결과 존속에 대한 상해죄는 10년 이하의 징역 또는 1천5백만원 이하의 벌금으로 처벌되는데 반하여, 존속에 대한 특수상해죄는 1년 이상 10년 이하의 징역으로 처벌되고 있어 이들 사이의 불법차이가 법정형에 충분히 반영되어 있지 않다. 물론 이에 대해서는 존속상해죄의 가중처벌규정을 폐지함으로써 해결하는 방법도 있다.

특수상해죄의 구성요건적 행위는 단체 또는 다중의 위력을 보이거나 위험한 물건을 휴대하여 상해죄를 범하는 것이다. '단체 또는 다중의 위력을 보이거나 위험한 물건을 휴대하여'에 관하여는 특수폭행죄에서 설명한다.

5. 동시범의 특례

5-1. 의 의

2인 이상이 공동하여 범죄를 실행한 때에는 각자가 실현된 범죄의 정범으로 처벌되며, 이는 공동정범이다. 공동하여 범죄를 실행한다는 것은 공동의 의사에 의한 범죄의 실현을 말하며, 공동의 의사가 결여된 경우는 각자가 단독범에 불과하게 된다. 2인 이상이 공동의 의사 없이 동시 또는 이시(異時)에 죄를 범한 경우를 소위 독립행위의 경합 내지 동시범이라 한다. 독립행위의 경합에 관하여 제19조는 "동시 또는 이시의 독립행위가 경합한 경우에 그 원인된 행위가 판명되지 아니한 때에는 각 행위를 미수범으로 처벌한다"고 규정하고 있다. 이는 형법의 In-Dubio-Satz에 의한 당연한 규정이다. 그러나 제263조는 "독립행위가 경합하여 상해의 결과를 발생하게 한 경우에 있어서 원인된 행위가 판명되지 아니한 때에는 공동정범의 예에 의한다"고 규정하고 있다. 이 규정에 의하여 상해의 결과에 대하여 원인된 행위가 판명되지 아니한 때에는 기수범의 책임을 부담하게 된다. 따라서 제263조는 제19조의 예외규정이 된다. 학설에서는 제263조가 입증의 곤란을 회피하기 위한 형사정

161) 헌재, 2015.9.24., 2014헌바173; 헌재, 2016.2.25., 2015헌마1511.

162) 헌재, 2015.9.24., 2014헌바173에서 폭처법의 특수상해죄는 합헌으로 결정되었으나, 위헌으로 결정된 다른 규정들과의 균형상 폭처법상의 특수상해죄를 폐지하고 법정형을 낮추어 형법에 신설하였다.

책적 예외규정이라는 데에 의견이 일치하고 있으나, 찬성할 수 없는 관점이다.

5-2. 법적 성질

제263조의 법적 성질에 관하여는 견해가 대립되고 있다. 법률상 추정설[163]은 제263조를 상해의 결과에 대한 입증의 어려움을 구제하기 위하여 법률적으로 공동정범을 추정하는 규정으로 파악한다. 또한 소송법적으로 거증책임을 전환하는 규정이며 동시에 실체법적으로 공동정범의 범위를 확장시키기 위한 법률상의 의제규정[164]이라는 이원설[165]이 있다. 그러나 공동정범은 법률의 추정이나 의제에 의하여 인정될 수 없다는 입장에서, 제263조는 자기의 행위로 상해의 결과가 발생하지 않았다는 입증책임을 피고인에게 부담시키는 거증책임의 전환규정, 즉 소송법적 규정이라는 것이 다수설[166]의 입장이다.

공동정범의 법률상 추정이나 의제는 결국 '범죄 없는 형벌'을 인정하는 것으로서 죄형법정주의에 반한다. 따라서 동시범의 특례규정에 대한 실체법적 접근은 정당성을 확보할 수가 없다. 또한 제263조를 순수한 절차법적인 거증책임의 전환으로 보는 다수설도 타당하지 않다. 이 규정이 절차법적 규정이라 하더라도 그것은 순수한 기술적인 절차법적 규정이 아니라 본질적으로 죄와 형에 직접적인 영향을 주는 절차법적 규정이며, 죄와 형에 직접적인 영향을 주는 절차법적 규정이라면 죄형법정주의의 제한으로부터 자유로울 수 없기 때문이다.[167] 따라서 동시범의 특례규정은 실체법적으로도 또한 소송법적으로도 부당하다.[168] 동시범의 특례규정은 실체법적으로 결과를 발생시키지 아니한 행위를 기수죄로 처벌하고 있으며, 소송법적으로 무죄추정의 원리와 in dubio pro reo의 원칙에 정면으로 배치되고 있다. 이 규정은 어떻게 해석하여도 '범죄 없는 형벌'을 인정하는 위헌규정에 불과하다. 입증의 곤란함은 상해의 결과 뿐 아니라 형법의 모든 영역에 산재하고 있으며, 입증의 곤란함을 해결할 수 있는 형법의 유일한 대원칙이 in dubio pro reo의 원칙이다.

> 독일형법 제231조는 사망이나 중상해의 결과를 초래한 싸움에 참여하는 행위 자체를 추상적 위험범(형식범)으로 처벌하고 있다. 물론 고의 또는 과실로 사망이나 중상해의 결과를 초래한 자는 이에 대한 형사책임을 부담하게 된다. 우리 형법의 동시범의 특례규정을 대신하는 입법으로 고려해 볼만한 규정이다.

163) 강구진 I, 70면; 기수범추정설이라는 견해로는 백형구, 52면; 인과관계의 사실상 추정이라는 견해로는 손동권/김재윤, 53면.
164) 김성돈, 79면.
165) 김종원(상), 64면; 이형국, 66면; 정성근/박광민, 81면.
166) 권오걸, 38면; 김성천/김형준, 75면; 박상기, 53면; 이재상/장영민/강동범, 58면; 임웅, 75면; 정영일, 23면 이하; 조준현, 88면; 진계호/이존걸, 72면; 동취지, 증거책임제출설을 주장하는 오영근, 75면; 이영란, 62면.
167) 이에 관하여는 이정원/류석준, 형법총론, '제1편, 제2장, 2-4-3. 절차법적 규정과 소급효' 참조.
168) 동지, 배종대, 66면 이하; 오영근, 62면; 동취지, 김일수/서보학, 59면은 부득이하게 처벌의 흠결을 피하기 위하여 과실부분에 한해서만 제한적으로 인정할 수 있다고 한다(제한적 거증책임전환설).

5-3. 요건과 적용범위

5-3-1. 요 건

① 독립행위의 경합　독립행위가 경합하여야 한다. 여기서 독립행위는 상해의 결과를 발생시키는 행위를 말한다. 독립행위는 동시나 근접한 시간에 행하여짐을 요한다는 견해[169]와 시간적 · 장소적으로 근접한 동일기회의 행위이어야 한다는 견해[170]가 있으나, 판례[171]와 다수설[172]은 동시의 독립행위 뿐 아니라 이시의 독립행위가 경합한 경우도 포함하는 것으로 본다.

② 상해의 결과　상해의 결과가 발생하여야 한다. 그러나 여기서의 상해결과는 독립행위 중의 일부와 인과관계가 인정되고, 객관적으로 귀속이 가능한 결과에 한정된다. 예컨대 독립행위의 경합으로 일시 기절한 피해자를 병원으로 옮기던 중에 교통사고가 발생하여 상해의 결과가 발생된 경우는 여기에 포함되지 않는다.

③ 원인된 행위의 불판명　원인된 행위의 불판명은 "원인된 행위가 전혀 판명되지 않았다"는 의미가 아니라, 원인된 행위는 판명되었지만 그 행위를 누가 했는지가 불명인 경우이다. 만약 상해결과의 원인된 행위가 전혀 판명되지 않았다면 그 결과는 아무도 발생시키지 않은 것이므로 본조의 적용에서 배제되어야 한다.

5-3-2. 적용범위

본조가 상해죄나 폭행치상죄에 적용된다는 데에 대하여는 이론이 없다. 그러나 상해치사죄나 폭행치사죄의 경우에도 본조가 적용되는지에 관하여는 학설의 다툼이 있다. 판례[173]는 폭행치사죄나 상해치사죄의 경우에도 상해의 결과는 발생된 것이므로 본조가 적용되어야 한다고 본다. 또한 폭행치사죄의 경우[174]는 상해의 결과가 없으므로 본조의 적용이 불가능하고, 상해치사죄의 경우는 상해부분에서만 본조의 적용이 가능하다는 견해[175]도 있다. 이 견해에 의하면 상해치사죄의 경우 사망의 결과에 대하여 인과관계가 있고 예견가능성이 있는 경우에만 상해치사죄의 공동정범이 된다고 한다. 그러나 상해의 결과에 대한 원인된 행위가 판명되지 아니한 행위자에게 어떠한 방법으로 피해자의 사망결과에 대한 인과관계와 예견가능성을 판명하려는 것인지 의문이 제기된다.

상해의 결과가 아닌 사망의 결과에까지 본조의 적용을 확대하는 것은 유추적용금지원칙에 반하

---

169) 권오걸, 39면; 김성돈, 80면; 박상기, 54면; 임웅, 76면.

170) 정성근/박광민, 83면; 동취지, 김성천/김형준, 75면; 조준현, 89면.

171) 대법원 1981.3.10., 80도3321; 대법원 2000.7.28., 2000도2466.

172) 김일수/서보학, 59면; 배종대, 67면; 백형구, 53면; 손동권/김재윤, 51면; 오영근, 62면; 이재상/장영민/강동범, 58면; 이형국, 66면; 정영일, 24면; 진계호/이존걸, 72면.

173) 대법원 1981.3.10., 80도3321; 대법원 1985.5.14., 84도2118; 대법원 2000.7.28., 2000도2466.

174) 폭행치사죄의 경우에도 적용이 가능하다는 견해로는 정성근/박광민, 82면.

175) 김일수, 한국형법 III, 169면; 이재상/장영민/강동범, 59면; 정영일, 25면; 진계호/이존걸, 73면.

며(통설), 위헌으로 의심되는 규정을 확대하는 것은 헌법합치적 해석에 배치된다.

강간치상죄나 강도치상죄의 경우에는 본조가 적용될 수 없다는 데에 견해가 일치하고 있다.[176] 본조는 폭행과 상해의 죄에서의 특례이므로 보호법익을 달리하는 범죄에는 적용이 불가능하다.

6. 폭행죄

폭행죄는 사람의 신체에 대하여 폭행을 가함으로써 성립한다. 제260조 제1항은 단순하게 폭행을 가하는 행위 자체를 범죄의 실현으로 법문을 구성하고 있으므로, 폭행죄는 형식범이라는 것이 학설의 일반적인 입장이다(통설). 그러나 폭행죄는 형식범이나 추상적 위험범이 아니라, 폭행에 의하여 신체의 건재를 침해하는 범죄라고 해석하여야 한다.[177]

> 상기의 '1-1. 상해와 폭행의 죄의 의의'에서 살펴본 바와 같이 보호법익의 관점에서 관찰하면, 폭행죄는 상해죄와 질적으로는 동일하며 단지 반가치의 양적인 면에서만 차이를 나타내는 등급관계(Stufenverhältnis)에 있을 뿐이다. 따라서 입법론적으로는 폭행죄를 상해죄의 비독자적 변형구성요건으로서 구성하는 것이 합리적이다. 그러나 형법은 폭행죄를 상해죄로부터 임의로 분리하여 각각 독립적인 범죄로 구성하고 있다.

자기 또는 배우자의 직계존속에 대하여 폭행죄를 범한 경우는 5년 이하의 징역이나 7백만원 이하의 벌금으로 가중처벌된다. 존손폭행죄는 '신체침해와 패륜성에 의한 사회질서 파괴'가 결합하여 불법내용이 가중되는 가중적 구성요건이다.

6-1. 폭행죄의 행위

6-1-1. 폭행의 의의

형법은 폭행죄 외에도 여러 구성요건에서 내용을 달리하는 폭행개념을 사용하고 있다.

① 최광의의 폭행개념을 사용하는 구성요건은 소요죄(제115조)와 다중불해산죄(제116조)이다. 여기서의 폭행은 사람에 대한 유형력의 행사 뿐 아니라 물건에 대한 유형력의 행사도 포함한다. 예컨대 건물에의 불법난입이나 불법점거도 여기서의 폭행에 해당한다. 강요죄(제324조)에서의 폭행도 최광의의

176) 대법원 1984.4.24., 84도372; 서울고법 1990.12.6., 90노3345.
177) 동지, 박상기, 38면; 이재상/장영민/강동범, 42면.

폭행으로 해석된다.[178)]

② 광의의 폭행개념을 사용하는 구성요건으로는 공무집행방해죄(제136조)와 특수도주죄(제146조)가 있다. 여기서의 폭행은 사람에 대한 유형력의 행사로서 직접적인 유형력 뿐 아니라 간접적인 유형력도 포함한다. 따라서 물건에 대한 유형력의 행사라도 그것이 간접적으로 사람에 대한 것이라면 여기서의 폭행으로 충분하다. 예컨대 순찰차를 발로 찬다든가, 공무소 내에서 근무자의 책상이나 집기 등에 대한 유형력의 행사가 여기에 해당한다.

③ 협의의 폭행개념은 본죄와 특수공무원폭행죄(제125조)에서 사용된다. 협의의 폭행은 사람의 신체에 대한 직접적인 유형력의 행사에 제한된다.

④ 최협의의 폭행은 상대방의 반항을 불가능하게 하거나 또는 반항을 현저히 곤란하게 할 정도의 강력한 유형력의 행사를 의미한다. 강도죄(제333조)나 강간죄(제297조)에서의 폭행이 여기에 해당한다.

이러한 폭행개념의 구별은 그 자체로 확실한 개념정립이 될 수는 없다. 폭행의 개념은 개별적인 구성요건에서 특별한 규범의 목적이 고려되어 구체적으로 확정될 수 있을 뿐이다. 따라서 여기서 소개된 개념의 구별은 각각의 폭행개념에 대한 최소한도의 외곽선을 표현할 뿐이다.[179)] 폭행죄에서의 폭행은 협의의 폭행으로 사람의 신체에 대하여 직접적인 유형력을 행사하는 것이다.

6-1-2. 폭행의 방법

일반적인 학설의 입장에서는 폭행의 방법에 제한을 두고 있지 않다(통설). 작위 뿐 아니라 부작위에 의한 폭행도 가능하며, 침을 뱉는 행위도 폭행에 해당하고, 계속 전화를 걸어 벨을 울리는 행위도 폭행이라고 한다. 또한 폭행은 신체의 접촉을 요하지 않으므로 돌을 던져 맞지 않은 경우도 폭행에 해당한다고 한다.[180)] 폭행은 사람에 대하여 육체적 · 정신적 고통을 가하는 행위이므로 물리적 폭행 뿐 아니라 심리적 폭행도 포함된다고 한다. 예컨대 피해자에게 공포심을 유발시키는 행위나 폭언은 심리적 유형력에 해당한다는 것이다. 이러한 통설의 태도는 헌법상 기본권제한의 원리인 과잉금지의 원칙이나 형법의 비범죄화(Entkriminalisierung)의 요청을 무시한 법률해석으로 타당하다고 할 수 없다.

폭행죄에서의 폭행은 사람의 신체에 대한 직접적인 유형력의 행사로 신체의 건재를 침해하는 행위이어야 한다. 또한 신체의 건재를 침해하는 행위는 허용된 위험의 한계를 초과해야만 불법의 영역에 들어올 수 있다. 즉 상당한 정도를 초과하여 신체의 건재를 현저하게[181)] 침해하는 행위만이 폭

178) 통설은 강요죄(제324조)에서의 폭행을 광의의 폭행으로 해석한다. 이에 관하여는 아래 '제2장, 제2절, 2-3-1. 강요의 수단(폭행 · 협박)' 참조.

179) 통설의 폭행개념 분류에 대한 비판으로는 오영근, 66면 참조.

180) 대법원 1990.2.13., 89도1406.

181) 대법원 1986.10.14., 86도1796: "상대방의 시비를 만류하면서 조용히 얘기나 하자며 그의 팔을 2, 3회 끌은 사실만 가지고

행죄의 구성요건적 행위인 폭행에 해당할 수 있다.[182)]

폭행이란 사람의 신체에 대한 직접 유형력의 행사가 되는 방법이어야 한다. 따라서 부작위에 의한 폭행은 불가능하다. 부작위에 의한 폭행은 작위에 의한 폭행과의 동가치성(행위정형의 동가치성)이 인정될 수 없기 때문이다. 또한 사람의 신체에 대한 직접적인 유형력의 행사가 폭행이므로 간접적인 유형력의 행사, 예컨대 들고 가는 가방을 발로 차는 행위는 여기에 해당하지 않는다. 다만 사람의 신체에 대한 직접적인 유형력 행사는 그 유형력이 직접 피해자의 신체의 건재를 침해하도록 작용함으로써 충분하다. 예컨대 휠체어를 밀침으로써 휠체어에 탄 사람을 넘어뜨리는 행위는 직접적인 유형력의 행사에 해당한다.[183)] 그러나 돌을 던졌으나 명중하지 않은 경우 또는 폭력을 휘둘렀으나 피해자가 피한 경우는 개념적으로 신체의 건재를 침해하지 못한 폭행의 미수에 불과하며, 형법은 폭행의 미수를 처벌하지 않는다.[184)]

물건에 대한 유형력의 행사는 폭행죄의 폭행이 아니다. 예컨대 인분을 마당에 투여하거나, 방문을 걷어차는 행위는 폭행에 해당하지 않는다. 또한 폭행죄의 폭행은 유형력의 행사이므로 무형력의 행사는 폭행에서 제외된다. 정신적 · 심리적 작용에 의하여 고통을 가하는 행위는 폭행이 아니라 학대에 해당한다. 이러한 무형력에 의하여 사람의 생리적 기능을 훼손하면 상해죄에 해당할 수 있다. 광범위한 폭행의 범위를 제한하기 위하여도 폭행은 유형력에 한정하는 것이 타당하다. 다만 유형력의 범위는 넓은 의미로 이해하는 것이 필요하다. 예컨대 가스총이나 공포탄을 발사하는 행위 또는 고함을 지르는 행위가 직접적으로 사람의 신체에 작용하여 심각한 육체적 고통을 가하거나 일시적으로 기절시키는 정도이면 신체의 건재를 침해하는 폭행행위로 평가할 수 있다. 침을 뱉는 행위나 폭언[185)]은 신체의 완전성을 침해하는 행위가 아니라 사람의 명예감정을 침해하는 행위이다. 혐오감 · 불쾌감을 주는 행위는 신체의 안전성을 침해하는 행위가 아니라 경범죄처벌법 위반행위에 불과하다(제3조 제1항 제19호).

는 사람의 신체에 대한 불법한 공격이라고 볼 수 없어 형법 제260조 제1항 소정의 폭행죄에 해당한다고 볼 수 없다."

182) 동취지, 오영근, 64면 이하.

183) 대법원 1972.11.28., 72도2201은 아이를 업고 있는 사람을 밀어 넘어뜨려 그 결과 아이가 사망한 경우에 폭행치사죄의 성립을 인정하고 있다. 이 때 아이를 업은 사람은 아이에게 직접적으로 작용하는 폭행에 사용된 (생명 없는)기계적 도구에 해당한다.

184) 폭행죄를 형식범으로 보는 통설의 입장에서는 이 경우 폭행죄의 성립을 인정한다. 그러나 현행법의 해석에서 유형력의 행사가 피해자의 신체에 도달하기 이전에 폭행죄의 성립을 인정하는 것은 의문이다. 일상용어로서 폭행개념이 너무 광범위하므로 형법상의 폭행은 유형력 행사가 피해자의 신체의 건재를 침해하는 것으로 해석함이 타당하다.

185) 대법원 2003.1.10., 2000도5716: "거리상 멀리 떨어져 있는 사람에게 전화기를 이용하여 전화하면서 고성을 내거나 그 전화 대화를 녹음 후 듣게 하는 경우에는 특수한 방법으로 수화자의 청각기관을 자극하여 그 수화자로 하여금 고통스럽게 느끼게 할 정도의 음향을 이용하였다는 등의 특별한 사정이 없는 한 신체에 대한 유형력의 행사를 한 것으로 보기 어렵다."; 대법원 2009.10.29., 2007도3584.

6-2. 위법성

폭행죄의 구성요건에 해당하는 행위는 위법성조각사유에 의하여 허용될 수 있다. 피해자의 승낙이나 징계행위가 폭행죄에 대한 위법성조각사유로 적용될 수 있다. 학설에서는 거의 이론 없이 피해자의 승낙에 의한 위법성조각의 요건으로 그 법익이 사람의 신체인 경우에 사회상규를 통한 제한을 가하고 있다(통설). 그러나 사회상규에 의하여 위법성조각사유를 제한하는 것은 사회상규로 불법행위를 인정하는 결과가 되어 죄형법정주의에 반한다.[186]

부당한 침해에 대하여 경미한 유형력의 행사로 대응한 경우는 '사회상규에 위배되지 아니하는 정당행위'라는 것이 일반적인 학설의 입장이다(통설).[187] 그러나 이러한 대응은 그것이 정당한 권리행사라면 처음부터 구성요건해당성이 배제되는 사회적으로 상당한 행위이거나[188] 또는 일반법인 정당행위가 아니라 특별법인 정당방위를 적용해야 한다.[189]

6-3. 피해자의 명시적 의사

폭행죄와 존속폭행죄는 피해자의 명시적 의사에 반하여 공소를 제기할 수 없는 반의사불벌죄이다(제260조 제3항). 피해자의 의사표시가 없는 경우는 처벌할 수 있으나, 처벌불원의사를 표시하거나 처벌의사표시를 철회한 경우는 공소를 제기할 수 없다. 다만 2인 이상 공동하여 폭행죄나 존속폭행죄를 범하는 경우는 폭처법의 적용을 받게 되며, 이 경우는 동법 제2조 제4항에 의하여 제260조 제3항의 적용이 배제된다.

7. 특수폭행죄

7-1. 의 의

특수폭행죄는 단체 또는 다중의 위력을 보이거나 위험한 물건을 휴대하여 폭행죄나 존속폭행죄를 범한 경우에 성립하는 범죄이다. 특수폭행죄는 행위방법의 위험성에 의하여 불법이 가중되는 가중적 구성요건이다. 이러한 방법에 의한 폭행은 피해자의 의사를 제압하여 방어기회를 상실케 함으로써 무방비 상태에서의 신체침해가 이루어지며, 그 위험성도 증대하게 되므로 중한 행위반가치가 인정된다.

---

186) 이에 관하여는 상기 '2-2-1. 피해자의 승낙' 참조.

187) 대법원 1980.9.24., 80도1898; 대법원 1989.11.14 89도2426; 대법원 1992.3.27., 91도2831; 대법원 1999.10.12., 99도3377; 대법원 2010.2.11., 2009도12958.

188) 동취지, 조준현, 94면.

189) 동지, 김일수/서보학, 67면; 정성근/박광민, 89면.

7-2. 객관적 구성요건

7-2-1. 행위객체

특수폭행죄의 객체는 사람의 신체이며, 자기 또는 배우자의 직계존속도 여기에 포함된다. 즉 특수폭행죄는 존속에 대한 가중처벌규정을 가지고 있지 않다. 종래 구폭처법에서는 특수폭행죄와 특수존속폭행죄를 구별하여 각각 다른 법정형을 규정하였는데, 형법의 규정과 동일한 범죄행위에 법정형만 가중하던 특가법의 규정들이 헌재의 위헌결정[190]으로 모두 폐지되었다. 그 결과 존속에 대한 폭행죄는 5년 이하의 징역 또는 7백만원 이하의 벌금으로 처벌되는데 반하여, 존속에 대한 특수폭행죄는 5년 이하의 징역 또는 또는 1천만원 이하의 벌금으로 처벌되고 있어 이들 사이의 불법차이가 법정형에 충분히 반영되어 있지 않다. 또는 존속폭행죄의 가중처벌규정을 폐지함으로써 해결하는 방법도 있다.

7-2-2. 행 위

특수폭행죄의 구성요건적 행위는 단체 또는 다중의 위력을 보이거나 위험한 물건을 휴대하여 폭행하는 것이다.

7-2-2-1. 단체 또는 다중의 위력

① 단체　단체란 공동목적을 가진 다수인의 계속적인 결합체를 말한다. 공동의 목적을 가진 경우라도 일시적 결합체는 단체가 아니라 다중에 해당한다. 단체는 불법단체 뿐 아니라 정당이나 노동조합과 같은 적법한 단체도 포함한다. 다만 여기서의 단체는 위력을 보일 수 있는 정도의 다수인의 결합체이어야 한다. 그러나 단체의 구성원이 같은 장소에 집결할 필요는 없으며, 단체의 위력을 보임으로써 충분하다.

② 다중　다중은 공동의 목적이나 계속성이 결여되어 단체를 이루지 못한 다수인의 집합을 말한다. 다수인의 수는 구체적인 상황에서 위력을 보일 수 있는 정도이어야 한다.

③ 위력　위력은 사람의 의사를 제압할 수 있는 세력을 의미한다. "위력을 보인다"라 함은 이러한 위력을 상대방에게 인식시키는 것을 말한다. 위력을 상대방에게 인식시키는 방법은 일반적으로 현장이나 근접한 장소에 집결하는 것이다. 그러나 단체인 경우는 단체위력의 고지로도 충분하다.

7-2-2-2. 위험한 물건의 휴대

① 위험한 물건　위험한 물건이란 물건의 객관적 성질과 사용방법에 따라서는 사람을 살상할

190) 헌재, 2015.9.24., 2014헌바173; 헌재, 2016.2.25., 2015헌마1511.

수 있는 물건을 말한다.[191] 사용방법은 객관적인 사용방법 뿐 아니라 구체적 사건에서 당해 물건을 사용한 방법도 고려되어야 한다. 예컨대 가위는 사용방법에 따라 위험한 물건에 해당하지만, 피해자의 머리카락을 절단하는 경우라면 위험한 물건에 해당하지 않는다.[192] 또한 위험한 물건을 휴대한 상해에서는 이러한 물건의 사용에 의하여 신체침해의 위험성이 증가한다는 데에 본질적인 불법가중의 이유가 있다. 따라서 모조권총이나 분해되어 있는 소총은 위험한 물건에 해당하지 않는다. 신체의 일부는 물건이 아니므로, 손과 발은 아무리 단련되어 있어도 위험한 물건에 해당하지 않는다.

본죄의 위험한 물건은 제331조의 특수절도죄나 제334조의 특수강도죄에서의 흉기와 어떠한 차이가 있는지 문제된다. 이에 관하여는 "살상이나 손괴의 목적으로 제작되고 그 목적수행에 적합한 물건이 흉기이므로 흉기는 위험한 물건과 구별된다"[193]는 견해[194]와 "형법의 해석에서 흉기와 위험한 물건은 특별히 구별되지 않으므로 양자는 동의어에 불과하다"는 견해[195]의 대립이 있다. 특수절도 · 강도죄에서의 흉기도 일반적으로 사람의 신체를 훼손할 수 있는 일체의 물건을 의미한다고 해석되므로, 양자를 특별히 구별할 필요는 없다.

② 휴대 　문리적으로 휴대란 소지, 즉 몸에 지닌다는 뜻이다. 따라서 위험한 물건은 동산에 한하며, 특수폭행죄에서의 위험한 물건은 휴대로서 족하기 때문에 범인이 그 물건을 사용했는지의 여부와 피해자가 위험한 물건을 인식했는지의 여부도 문제가 되지 않는다[196]고 한다(통설). 이와 같은 통설에 의한다면 사람의 머리를 벽이나 바위에 짓찧는 폭행이나 사람을 진열장 유리창으로 던지는 경우는 특수폭행죄에 해당하지 않게 된다. 이러한 해석은 너무나 형식적이어서 찬성할 수 없다.

특수폭행죄는 위험한 물건을 위험한 방법으로 사용함으로써 사람의 신체침해의 위험성을 증가

---

191) 대법원 2002.9.6., 2002도2812: "'위험한 물건'이라 함은 흉기는 아니라고 하더라도 널리 사람의 생명, 신체에 해를 가하는 데 사용할 수 있는 일체의 물건을 포함한다고 풀이할 것이므로, 본래 살상용 · 파괴용으로 만들어진 것뿐만 아니라 다른 목적으로 만들어진 칼, 가위, 유리병, 각종 공구, 자동차 등은 물론 화학약품 또는 사주된 동물 등도 그것이 사람의 생명 · 신체에 해를 가하는 데 사용되었다면 본조의 '위험한 물건'이라 할 것이며, 한편 이러한 물건을 '휴대하여'라는 말은 소지뿐만 아니라 널리 이용한다는 뜻도 포함하고 있다."; 대법원 2008.1.17., 2007도9624; 대법원 2010.4.29., 2010도930; 대법원 2018.7.24., 2018도3443.

192) 대법원 2010.4.29., 2010도930: "경륜장 사무실에서 술에 취해 소란을 피우면서 '소화기'를 집어던졌지만 특정인을 겨냥하여 던진 것이 아닌 점 등을 종합하여, 위 '소화기'는 폭력행위 등 처벌에 관한 법률 제3조 제1항의 '위험한 물건'에 해당하지 않는다."; 대법원 2004.5.14., 2004도176: 당구큐대로 머리를 가볍게 톡톡 때린 경우; 대법원 2008.1.17., 2007도9624: 당구공으로 머리를 툭툭 건드린 경우; 대법원 2009.3.26., 2007도3520: 자동차로 자동차를 가볍게 충격한 경우.

193) 대법원 2012.06.14., 2012도4175: "형법은 흉기와 위험한 물건을 분명하게 구분하여 규정하고 있는바, 형벌법규는 문언에 따라 엄격하게 해석 · 적용하여야 하고 피고인에게 불리한 방향으로 지나치게 확장해석하거나 유추해석해서는 아니 된다. 그리고 형법 제331조 제2항에서 '흉기를 휴대하여 타인의 재물을 절취한' 행위를 특수절도죄로 가중하여 처벌하는 것은 흉기의 휴대로 인하여 피해자 등에 대한 위해의 위험이 커진다는 점 등을 고려한 것으로 볼 수 있다. 이에 비추어 위 형법 조항에서 규정한 흉기는 본래 살상용 · 파괴용으로 만들어진 것이거나 이에 준할 정도의 위험성을 가진 것으로 봄이 상당하고, 그러한 위험성을 가진 물건에 해당하는지 여부는 그 물건의 본래의 용도, 크기와 모양, 개조 여부, 구체적 범행 과정에서 그 물건을 사용한 방법 등 제반 사정에 비추어 사회통념에 따라 객관적으로 판단할 것이다"

194) 권오걸, 51면; 김성돈, 90면; 김성천/김형준, 89면; 김일수/서보학, 70면; 배종대, 76면; 백형구, 63면 이하, 143면; 오영근, 55면, 253면; 정성근/박광민, 93면; 정영일, 21면, 154면.

195) 손동권/김재윤, 310면; 이재상/장영민/강동범, 67면; 이형국, 88면; 임웅, 88면; 조준현, 97면; 진계호/이존걸, 82면.

196) 대법원 1984.4.10., 84도353; 대법원 2003.1.24., 2002도5783.

시키는 가중적 구성요건으로 해석되어야 한다. 이러한 특수폭행죄의 특별한 보호기능을 충분히 고려하는 입장에서 본조의 '위험한 물건의 휴대'는 위험한 물건을 위험한 방법으로 사용하는 것을 의미한다[197]고 해석해야 한다.[198] 유사한 관점에서 "위험한 물건의 '휴대'는 범행현장에서 사용하려는 의도 아래 흉기 기타 위험한 물건을 소지하는 경우를 의미하며, 범행과는 구관하게 위험한 물건을 소지하게 된 경우는 여기에 해당하지 않는다"는 것이 대법원[199]의 입장이다. 다만 위험한 물건을 위험한 방법으로 사용하여 폭행하는 경우는 대부분 행위자의 상해고의가 인정되므로 '특수상해미수죄'의 성립이 인정되어야 할 것이다. 따라서 특수폭행죄는 상해의 결과를 발생시킬 의도가 없는 경우에만 적용이 가능하다.

8. 폭행치사상죄 · 상해치사죄

제259조 제1항의 상해치사죄는 상해죄를 범하여 피해자에게 사망의 결과를 발생시킨 경우에 가중처벌하는 결과적가중범이며, 동조 제2항은 존속에 대한 상해치사죄를 가중처벌한다.

제262조의 폭행치사상죄는 폭행죄를 범하여 피해자에게 상해나 사망의 결과를 발생시킨 경우에 가중처벌하는 결과적가중범이다. 제262조는 폭행치사상죄를 제257조 내지 제259조의 예에 의하여 처벌하도록 규정한다. 따라서 폭행치상죄는 상해죄, 존속상해죄, 중상해죄, 존속중상해죄, 특수상해죄, 특수중상해죄의 예로 처벌되며, 폭행치사죄는 상해치사죄와 존속상해치사죄의 예로 처벌된다. 그러나 제257조 제3항과 제258조의2 제3항의 미수범에 관한 처벌규정은 적용될 여지가 없다.

> 최근 대법원[200]은 특수폭행치상의 범죄사실과 관련하여, 종래에 형법 제262조, 제261조, 제257조 제1항의 예에 의하여 처벌이 가능하여 벌금형이 가능하던 것을, 검사가 2016.1.6. 형법개정으로 신설된 형법 제258조의2 제1항의 예에 의하여 처벌해야 하므로 벌금형의 처벌이 불가능하다고 주장하며 적용법조를 '형법 제262조, 제261조, 제258조의2 제1항'으로 특정, 기소하여, 형법 제262조의 "제257조 내지 제259조의 예에 의한다"의 해석 및 공소장 기재 적용법조의 기속력이 문제된 사안에서, 공소장 기재 적용법조에 구속되지 않고 형법 제257조 제1항의 예에 의하여 처벌하는 것으로 해석해야 한다고 판단하여, 이와 달리 본 원심판결을 파

197) 대법원 1997.5.30., 97도597: "…'휴대하여'라는 말은 소지뿐만 아니라 널리 이용한다는 뜻도 포함하고 있다. 따라서 승용차의 앞 범퍼 부분으로 피해자를 들이받아 폭행했다면 본조의 죄책을 진다."; 동지, 2001.2.23., 2001도271; 대법원 2003.1.24., 2002도5783; 대법원 2008.2.28., 2008도3; 대법원 2010.11.11., 2010도10256.

198) 입법론적으로 '사용하여'로 변경해야 한다는 입장으로는 김일수/서보학, 71면; 오영근, 56면 각주 1). '보여'로 변경해야 한다는 입장으로는 박상기, 63면; 백형구, 64면; 임웅, 81면.

199) 대법원 1990.4.24., 90도401; 대법원 2004.6.11., 2004도2018; 대법원 2007.3.30., 2007도914.

200) 대법원 2018.7.24., 2018도3443.

기하였다. 대법원은 신설된 258조의2를 적용하는 것이 법원의 해석으로 특수폭행치상에 대한 가중규정을 신설한 것과 같은 결과가 되어 죄형법정주의원칙에도 반한다는 근거를 제시하고 있다. 또한 경미한 사안의 특수폭행치상에 대해서는 벌금형의 선택이 필요하다는 입장이다. 이러한 대법원의 견해는 폭행치상죄를 상해죄와 비례하여 동등한 차원으로 가중처벌하려는 입법자의 의사나 본죄의 목적론적 의미를 몰각하는 해석으로 타당하다고 할 수 없다. 특히 경미한 특수상해죄에 대해서도 벌금형을 선택할 수 없도록 한 것이 입법자의 의도라고 해야 한다.

9. 상습폭행 · 상해죄

상습폭행 · 상해죄는 상습으로 폭행죄, 존속폭행죄, 특수폭행죄, 상해죄, 존속상해죄, 중상해죄, 존속중상해죄, 특수상해죄를 범한 경우에 성립하며, 그 죄에 정한 형의 2분의 1까지 가중하여 처벌된다(제264조). 상습범은 범죄의 반복으로 징표되는 범죄적 성향이나 습벽에 의하여 특징지워지는 특별한 범죄이다. 따라서 상습범은 범죄적 성향이나 습벽이라는 심정반가치에 대한 추가된 표지에 의하여 책임이 가중되는 가중적 구성요건이다. 또한 상습범은 일정한 범죄적 성향 내지 습벽에 의하여 범죄를 반복하는 것이므로 반복되는 범죄는 동일한 범죄 또는 동종의 범죄이어야 한다.

상습범에 대한 가중처벌에 대해서는 책임과 운명을 혼동한 것으로 부당하며 책임주의와 배치된다는 비판이 제기되고 있다(통설). 이러한 비판은 타당하다. 형법에서의 책임은 행위자의 불법한 행위에 대한 법적 비난이다. 불법한 행위에 대한 완전한 법적 비난을 초과하여, 불법한 행위와 별개인 행위자 개인에 대한 비난가능성을 초과된 책임으로 인정하는 것은 형법의 책임주의를 무너뜨리게 된다. 책임 없는 형벌은 단순히 부당함에 그치는 것이 아니라, 죄형법정주의에 위배되어 위헌법률이 된다. 상습범에 대한 중한 책임비난은 법정형의 범위에서만 이루어져야 할 것이다.

범죄의 성향이나 습벽이 있는 자가 동종의 범죄를 수차례 범한 경우에는 수개의 상습범죄를 집합범으로 보아 포괄일죄로 인정하는 것이 일반적인 학설의 입장이다(통설).[201] 그러나 상습성만을 이유로 수죄를 일죄라고 할 수는 없으며, 상습범에게 이러한 특혜를 줄 이유가 없으므로 수회의 상습범죄에 대해서는 실체적 경합을 인정하는 것이 타당하다.[202]

201) 대법원 2007.6.29., 2006도7864; 대법원 2010.2.11., 2009도12627; 대법원 2011.11.24., 2009도980; 대법원 2012.8.17., 2012도6815; 대법원 2013.8.23., 2011도1957; 대법원 2015.10.15., 2015도9049; 대법원 2017.4.26., 2017도1270; 대법원 2018.4.24., 2017도10956.

202) 동지, 김성돈, 83면; 김성천/김형준, 73면; 이재상/장영민/강동범, 70면. 이론적으로는 경합범설이 옳지만, 특별법의 과도

제3절 과실치사상의 죄

1. 과실치사상죄

과실치사상죄는 과실로 사람을 사망에 이르게 하거나 사람의 신체에 상해를 야기함으로써 성립하는 범죄이다. 과실치사상의 죄는 주의의무위반과 피해자의 사망 또는 상해라는 결과의 발생을 필요로 한다. 결과가 발생되지 아니한 경우, 발생된 결과가 주의의무위반과 인과적인 연관관계가 없는 경우, 발생된 결과가 객관적으로 행위자에게 귀속될 결과가 아닌 경우이는 범죄가 성립하지 않는다. 형법은 과실범의 미수를 처벌하지 않기 때문이다.

형법은 과실치상죄를 5백만원 이하의 벌금이나 구류 또는 과료에 처하고 있으며(제266조 제1항), 피해자의 명시적 의사에 반하여 공소를 제기할 수 없는 반의사불벌죄로 규정하고 있다(제266조 제2항). 과실치사죄는 2년 이하의 금고나 7백만원 이하의 벌금형으로 처벌된다(제267조).

수인의 공동행위로 고의 없이 사람을 상해하거나 사망에 이르게 한 경우에도 각자는 자신의 주의의무위반에 의한 단독범으로서의 책임을 부담한다.[203] 과실범의 공동정범은 존재하지 않으며, 각자는 단독범에 해당한다. 주의의무위반에 의한 행위 자체는 공동으로 할 수 있지만, 그 행위에 대해서는 각자가 단독으로 주의의무를 위반하는 것이다. 다만 판례[204]는 행위공동설을 기초로 과실범의 공동정범을 인정한다. 하나의 과실행위로 수인에게 상해를 입히거나 사망에 이르게 한 경우는 상상적 경합이 된다.

2. 업무상과실 · 중과실치사상죄

업무상과실치사상죄와 중과실치사상죄는 과실치사상죄에 대한 가중적 구성요건이다. 형법은 업무상과실 · 중과실치사상죄의 경우를 5년 이하의 금고 또는 2천만원 이하의 벌금형으로 가중하여 처벌하고 있다(제268조).

2-1. 업무상 과실치사상죄

한 가중처벌을 방지하기 위한 해결책으로 포괄일죄설을 취하는 견해로는 박상기, 56면.

203) 이에 관하여는 이정원/류석준, 형법총론, '제2편, 제6장, 제3절, 3-1-2. 주관적 요건과의 관련문제 (2) 과실범의 공동정범' 참조.

204) 대법원 1979.8.21., 79도1249; 대법원 1982.6.8., 82도781; 대법원 1994.5.24., 94도660; 대법원 1996.8.23., 96도1231; 대법원 1997.11.28., 97도1740; 대법원 2009.6.11., 2008도11784; 대법원 2017.4.28., 2015도12325.

2-1-1. 의 의

업무상과실치사상죄는 업무상의 과실에 의하여 사람을 사상에 이르게 함으로써 성립하는 범죄이다. 업무상과실이 보통의 과실에 비하여 중한 주의의무위반[205]이 요구되는 것은 아니며, 업무자에게는 일반인에 비하여 높은 예견가능성이 인정되기 때문에 동일한 주의의무위반에 대해서도 중한 행위반가치에 의한 중한 불법이 인정된다.[206] 법률은 업무자에 대하여 업무자의 주의의무를 부과하고 있는 것이며, 업무자의 주의의무는 신분자의 의무와 결합된 가중된 주의의무를 의미한다. 이에 반하여 "업무상과실은 높은 예견가능성에 의하여 행위자의 심정반가치인 책임이 가중된다"는 견해[207]가 있으나 타당하다고 할 수 없다. 업무상과실은 업무자 누구에게나(Jemandmögliche) 객관적으로 요구되는 주의의무를 위반한 과실이기 때문에 불법의 영역에 속한다.

2-1-2. 업 무

형법에서 일반적인 업무의 의미는 '사람의 사회생활상의 지위에서 계속적으로 행하는 사무'로 정의되고 있다. 따라서 업무는 일반적으로 '사회생활상의 지위'와 '계속성' 및 '사무'라는 요소로 구성된다. 그러나 형법에서 업무의 의미는 각 개별적인 구성요건의 특성, 특히 규범의 보호기능에 따라 달리 이해된다. 그러므로 이러한 업무의 일반적인 정의는 각 업무범죄에서의 업무를 해석하는 기초만 제공할 뿐이다.

업무상과실치사상죄에서의 업무는 사람의 생명이나 신체의 위험을 초래하는 사무를 의미한다. 따라서 여기서의 업무는 사람의 생명이나 신체의 안전을 중심으로 파악해야 한다. 이에 따라 업무상과실치사상죄의 업무는 다음과 같은 요소로 구성된다.

① 사회생활상의 지위 업무는 사람의 사회생활상의 지위에서의 사무이다. 여기서의 '사회생활상의 지위'는 넓은 의미로 이해된다. 따라서 누구나 행하는 일상생활에서의 역할만이 제외된 의미로 이해하면 충분하다. 예컨대 식사 · 수면 · 보행 · 육아 · 가사 등은 누구나 행하는 일상생활에서의 역할이므로 이는 사회생활상의 지위에서 행하는 사무에서 제외된다.[208]

② 계속성 업무는 객관적으로 상당한 횟수 반복하여 행하여지거나 또는 반복하여 계속할 의사로 행하여진 사무이다. 반복할 의사가 없는 한두번의 시도는 계속성이 결여되어 업무에 해당하지

205) 김성천/김형준, 103면; 김일수/서보학, 81면; 임웅, 99면; 진계호/이존걸, 93면 이하.

206) 동지, 김성돈, 98면; 손동권/김재윤, 79면; 배종대, 83면; 이재상/장영민/강동범, 76면; 다만 업무를 이유로 한 일률적인 가중처벌이 부당하다는 입장으로는 박상기, 70면.

207) 오영근, 74면; 이영란, 85면; 이형국, 103면; 정성근/박광민, 101면; 조준현, 111면.

208) 대법원 2009.5.28., 2009도1040: "업무상과실치상죄에 있어서의 '업무'란 사람의 사회생활면에서 하나의 지위로서 계속적으로 종사하는 사무를 말하고, 여기에는 수행하는 직무 자체가 위험성을 갖기 때문에 안전배려를 의무의 내용으로 하는 경우는 물론 사람의 생명 · 신체의 위험을 방지하는 것을 의무내용으로 하는 업무도 포함되는데, 안전배려 내지 안전관리 사무에 계속적으로 종사하여 위와 같은 지위로서의 계속성을 가지지 아니한 채 단지 건물의 소유자로서 건물을 비정기적으로 수리하거나 건물의 일부분을 임대하였다는 사정만으로는 업무상과실치상죄에 있어서의 '업무'로 보기 어렵다."; 동지, 대법원 2017.12.5., 2016도16738.

않는다.[209] 그러나 단한번의 행위라도 계속할 의사에 의한 행위는 계속성이 인정된다. 예컨대 개업 첫날의 의료행위에는 계속성이 인정된다.

③ 사무　업무는 사회생활상의 지위에서 계속적으로 행하는 사무이다. 그러나 여기서의 사무는 사람의 생명이나 신체의 위험을 초래하는 사무[210]에 한정된다.[211] 사람의 생명이나 신체의 위험을 초래하는 사무인 한, 업무는 넓은 의미로 이해된다. 본무 뿐 아니라 부수적 사무도 포함하며, 공무든 사무이든 영리 · 비영리 또는 적법한 사무이든 불법한 사무[212]이든 관계가 없다.

2-2. 중과실치사상죄

중과실치사상죄는 중대한 과실로 사람을 사상에 이르게 한 경우이다. 중과실이란 주의의무위반의 정도가 현저한 경우로서 중한 행위반가치가 인정되어 불법이 가중된 가증적 구성요건이다. 주의의무위반의 현저성은 구체적 사건에서 사회통념에 의하여 판단된다.

2-3. 교통사고처리특례법

제차의 운전자가 업무상과실 · 중과실치사상죄를 범한 경우에는 교통사고처리특례법의 적용을 받게 된다. 제268조는 반의사불벌죄가 아니지만 교통사고처리특례법은 업무상과실치상죄 또는 중과실치상죄[213]를 범한 운전자에 대하여 피해자의 명시한 의사에 반하여 공소를 제기할 수 없으며(제3조 제2항), 교통사고를 일으킨 차가 보험이나 공제에 가입한 때에는 피해자의 의사에 관계없이 공소를 제기할 수 없도록 규정하고 있다(제4조 제1항). 다만 업무상과실치상죄 또는 중과실치상죄를 범한 운전자가 피해자를 구호하는 등 도로교통법 제54조 제1항에 따른 조치를 하지 아니하고 도주하거나 피해자를 사고 장소로부터 옮겨 유기하고 도주한 경우와 도로교통법 제44조 제2항을 위반하여 음주측정 요구에 따르지 아니한 경우 및 교통사고처리특례법 제3조 제2항에서 규정하는 일정한 사유에 해당하는 경우는 피해자의 의사에 관계없이 공소제기가 가능하다(제3조 제2항 단서).

---

209) 대법원 1966.5.31., 66도536: 호기심에 의한 1회의 운전은 업무가 아니라고 한다.

210) 대법원 2005.9.9., 2005도3108: "건설회사가 건설공사 중 타워크레인의 설치작업을 전문업자에게 도급주어 타워크레인 설치작업을 하던 중 발생한 사고에 대하여, 건설회사의 현장대리인에게 타워크레인의 설치작업을 관리하고 통제할 실질적인 지휘 · 감독권한이 있었던 것으로는 보이지 아니하므로, 지휘 · 감독관계를 전제로 이에 따라 부과되는 업무상과실치사상의 죄책을 물을 수 없다."

211) 대법원 1988.10.11., 88도1273; 대법원 2007.5.31., 2006도3493; 대법원 2009.5.28., 2009도1040; 대법원 2017.12.5., 2016도16738.

212) 예컨대 무면허운전 등이 대표적인 경우이다.

213) 업무상과실치사죄와 중과실치사죄는 여기에 해당하지 않는다.

제4절 낙태의 죄

1. 낙태의 죄 일반론

1-1. 의 의

낙태의 문리적 의미는 태아를 그 생명의 터전인 모체로부터 분리하는 것이다. 따라서 낙태의 죄는 태아를 자연분만기에 앞서 인위적으로 모체 밖으로 배출하거나 또는 태아를 모체 안에서 살해하는 것을 내용으로 하는 범죄라는 것이 학설의 일반적인 입장이다(통설). 그러나 낙태의 죄는 태아의 생명을 보호하기 위하여 규정된 구성요건인데, 현대의학의 발달은 단순하게 태아를 자연분만기에 앞서 인위적으로 모체 밖으로 배출하는 행위를 모두 낙태죄의 구성요건적 낙태행위로 평가할 수 없도록 하였다. 예컨대 산모의 자연분만에 대한 공포에 의하여 또는 미신적 사고로 아이의 출생시점을 조절하려는 목적에서 자연분만에 앞선 제왕절개수술이 실질적으로 성행하고 있다. 또한 향후 의학기기의 발달은 산모의 체내보다 더 안전한 인큐베이터의 발명도 가능하다. 따라서 이러한 행위들을 모두 전형적 불법행위인 낙태로 평가할 수는 없게 되었다. 종래에는 모체로부터 자연분만기에 앞선 태아의 배출이 실제로 태아의 사망을 의미하였으며, 따라서 이러한 행위를 태아의 생명을 위협하는 낙태행위로 평가할 수 있었다. 그러나 현대에는 모든 자연분만기에 앞선 태아의 배출이 실제로 태아의 사망을 의미하지는 않는다. 이러한 점에서 통설은 낙태의 현실적 의미를 충분히 고려하지 못한 것으로 보여 진다.

낙태의 죄는 임신중절에 의하여 태아를 살해하는 것을 내용으로 하는 범죄라고 파악하는 견해[214)]가 있다. 모체의 건강을 위하여 태아의 생명에 지장을 주지 않고 조기출산케 하는 인공출산은 낙태의 범주에 들어갈 수 없다는 입장이다. 이러한 관점은 통설의 결함을 해소하고 있으나, 낙태죄의 본질적인 불법내용을 모두 포함하지는 못하고 있다. 태아의 생명을 침해하기 위하여 자연분만기 이전에 인위적으로 태아를 모체 밖으로 배출하였으나, 배출된 객체가 사망하지 아니한 경우 또는 배출된 객체의 사망이 행위자에게 귀속될 수 없는 결과인 경우에는 충분한 가벌성이 인정되는 행위임에도 불구하고 낙태의 미수로서 불가벌이기 때문이다.[215)]

본질적으로 낙태는 태아를 살해하기 위한 임신중절을 말한다. 그러므로 태아를 살해하려는 목적이 결여된 조기출산은 낙태의 범주에 포함시켜서는 안 된다. 반면에 태아를 살해하기 위하여 임신중절을 하는 경우는 태아의 사망이라는 결과를 기다릴 필요 없이 낙태죄의 성립을 인정하여야 한다. 따라서 낙태죄는 태아를 살해하려는 목적으로 저질러지는 인공임신중절이라고 이해하여야 한

214) 이재상/장영민/강동범, 89면; 조준현, 120면.

215) 형법은 낙태죄의 미수를 처벌하지 않는다.

다. 즉 낙태의 목적론적인 의미는 태아를 살해하려는 목적에서 저질러지는 행위이다. 이러한 의미에서 낙태죄는 목적범으로 해석되어야 한다.[216] 물론 태아의 생명을 보호법익으로 하는 낙태죄의 속성상 태아를 모체 내에서 살해하는 경우가 낙태개념에서 배제될 수는 없다. 이 한도에서는 낙태죄가 침해범으로 해석될 수 있지만, 태아의 사망과 동시에 사실상 임신이 단절된다는 의미에서 이를 '태아를 살해하려는 목적으로 저질러지는 임신중절의 완성'의 범주에 포함시키면 충분하다.

1-2. 보호법익

태아는 주체성이 없으므로 보호의 객체가 될 수 없다는 것을 이유로 낙태죄의 보호법익이 부녀의 신체라는 견해가 있었다. 그러나 형법의 법익보호는 주체성이 아니라 보호가치와 관련을 가지며, 또한 태아가 비록 사람으로서의 주체성은 부정된다 하더라도 인간의 직접 전단계의 객체로서 적어도 그것의 생명은 법에 의하여 보호받을 이익이 충분히 인정된다.

낙태죄에서는 태아의 생명이 주된 보호법익이지만 동시에 부녀의 신체도 부차적인 보호법익이라는 것이 일반적인 학설의 입장이다(통설). 형법은 낙태의 죄에 대하여 임부의 동의 유무에 따라 형의 경중에 차이를 두고 있으며, 낙태치사상죄를 무겁게 처벌하고 있기 때문이라고 한다. 그러나 이러한 통설의 입장은 타당하다고 할 수 없다. 보호법익은 기본적 형태를 기준으로 판단해야하기 때문이다. 낙태치상죄가 무겁게 처벌되는 것은 낙태로 인하여 부녀에게 상해를 입혔기 때문에 무겁게 처벌되는 것이지, 부녀의 신체가 낙태죄 자체의 부차적인 보호법익이기 때문은 아니다.[217] 또한 동의낙태죄에 비하여 부동의낙태죄가 중하게 처벌되는 것은 산모가 자신의 태아에 대하여 가지는 이해관계 의하여 태아의 생명보호의 정도에서 차이가 있기 때문이다. 즉 모체 내에서 보호하려는 태아의 생명에 대한 침해와 모체 내에서 보호하지 않으려는 태아의 생명에 대한 침해 사이에는 충분한 불법의 경중을 인정할 수 있다. 특히 사람(임부)의 신체에 대해서는 독자적인 규정(상해죄 폭행죄)을 통하여 형법이 보호하고 있다는 점에서 이를 낙태죄의 부차적인 보호법익으로 해석하는 것은 적절하지 않다. 더욱이 낙태죄의 기본적 구성요건에 해당하는 동의낙태죄에서는 낙태시술에서 일반적으로 수반되는 임부의 신체침해에 대하여 법익주체의 유효한 동의가 있으므로 형벌로써 보호해야 할 법익이 별도로 존재하지도 않는다. 따라서 낙태죄의 보호법익은 오직 태아의 생명이라고 해석하여야 한다.[218]

> 낙태시술에서는 자궁내벽의 훼손과 같이 일반적으로 임부의 신체에 대한 침해가 수반되며, 부동의낙태죄에서는 이러한 임부의 신체침해에 대하여 유효한 피해자의 승낙이 결여되

216) 낙태죄의 구성요건에는 초과주관적 구성요건요소인 목적이 명문으로 규정되어 있지 않지만, 본 규정의 보호목적을 고려하면 이러한 해석은 얼마든지 가능하다. 예컨대 절도죄의 구성요건에도 불법영득의 의사가 명문으로 규정되어 있지 않지만, 통설은 불법영득의 의사를 절도죄의 초과주관적 구성요건요소로 해석하고 있다.

217) 강간치사죄는 무겁게 처벌되지만 강간죄의 부차적인 보호법익이 사람의 생명은 아니다.

218) 동지, 김성천/김형준, 42면; 자기낙태죄, 동의낙태죄, 업무상동의낙태죄에 대해서 동일한 입장으로는 김일수/서보학, 35면; 정현미, 낙태죄와 관련한 입법론, 형사법연구 제22호 특집호, 2004, 697면; 동취지, 정성근/박광민, 110면.

어 있다. 만약 통설의 견해와 같이 임부의 신체를 낙태죄의 부차적인 보호법익으로 해석한다면, 부동의낙태죄에서는 태아의 생명 뿐 아니라 낙태시 통상 수반되는 임부의 신체침해도 포함된 것으로 판단해야 한다. 따라서 부동의낙태죄에서 임부의 신체에 대한 통상적인 상해는 법조경합에 불과하게 된다. 그러나 상해죄는 부동의낙태죄에 비하여 훨씬 중한 법정형을 규정하고 있다. 특히 부동의낙태죄에서는 대부분 '위험한 물건의 휴대'가 인정될 것이므로, 이에 대해서는 제258조의2 특수상해죄가 적용될 수 있다. 이와 같이 중한 법정형이 예정된 특수상해행위가 3년 이하의 징역형에 불과한 경한 부동의낙태죄에 용해될 수는 없다. 부동의낙태죄에 의하여 임부의 신체에 대한 독자적인 법익보호가 포기되는 것은 부당하다.

입법기술적으로는 부동의낙태죄가 낙태시술에서 일반적으로 수반되는 임부의 신체침해를 포괄할 수 있도록 규정해야 한다. 부동의낙태죄에서는 결합범의 형식으로 태아의 생명과 임부의 신체를 동시에 보호해야하기 때문이다. 그러기 위해서는 부동의낙태죄의 법정형을 상해죄보다 중하게 규정해야 한다. 이와 같이 부동의낙태죄의 법정형을 상향조정할 경우, 부동의낙태치사상죄에서도 부동의낙태치상죄는 삭제되어야 한다. 이는 부분적으로 상해치상죄를 규정한 결과가 되기 때문이다. 또한 부동의낙태치사죄에 대해서는 최소한 상해치사죄보다 중한 법정형으로 규정해야 한다.

낙태죄에서는 법익의 보호정도에 대해서도 학설의 다툼이 있다. 낙태죄를 침해범으로 보는 침해범설과 위험범으로 보는 위험범설의 대립이 그것이다. 낙태죄가 태아를 자연분만기에 앞서 인위적으로 모체 밖으로 배출하거나 태아를 모체 안에서 살해하는 것을 내용으로 하는 범죄라고 파악하는 통설에서는 위험범설의 입장이 된다. 위험범설 중에서도 다수설[219)]은 자연분만기 이전에 태아를 모체로부터 배출하는 행위에 의하여 낙태죄의 성립을 인정함으로써 추상적 위험범설을 취한다. 또한 태아의 생명 · 신체에 어떤 침해도 수반하지 않는 인공출산은 낙태개념에 포함되지 않는다는 입장에서 낙태죄를 구체적 위험범으로 파악하는 견해[220)]도 있다. 이에 반하여 낙태죄를 임신중절에 의하여 태아의 생명을 침해하는 범죄로 파악하는 입장에서는 낙태죄를 침해범으로 해석한다.[221)] 그러나 낙태죄의 의의에서 살펴본 바와 같이, 낙태는 태아의 생명을 침해하려는 목적에서 행하는 임신중절이며, 이러한 목적에서 저질러진 임신중절행위는 그 자체가 위험한 행위로서 처벌된다. 따라서 낙태죄는 목적범이고, 추상적 위험범이며 형식범으로 해석된다.

---

219) 권오걸, 67면; 김성돈, 105면 이하; 김성천/김형준, 43면; 김일수/서보학, 36면; 박상기, 78면; 백형구, 78면; 오영근, 79면; 이형국, 121면; 임웅, 113면; 정성근/박광민, 110면; 정영일, 35면; 진계호/이존걸, 109면.

220) 배종대, 102면; 이영란, 99면.

221) 이재상/장영민/강동범, 90면, 99면; 조준현, 124면.

1-3. 구성요건의 체계

[낙태의 죄]

기본적 구성요건 – 보통낙태죄(동의낙태죄: 제269조 제2항; 자기낙태죄: 제269조 제1항)
가중적 구성요건 – 업무상동의낙태죄: 제270조 제1항; 부동의낙태죄: 제270조 제2항;
낙태치사상죄: 제269조 제3항, 제270조 제3항

자격정지의 병과: 제270조 제4항(제270조 제1항, 제2항, 제3항의 죄에 대하여)

제27장 '낙태의 죄'에서 기본적 구성요건에 관하여는 학설의 다툼이 있다. 종래에는 제270조 제2항의 부동의낙태죄를 기본적 구성요건으로 보는 견해[222]도 있었으나, 현재는 제269조의 자기낙태죄와 동의낙태죄를 기본적 구성요건으로 보는 견해[223]와 제269조 제1항의 자기낙태죄를 기본적 구성요건으로 파악하는 견해[224]의 대립이 있다.

낙태의 죄의 정형적인 특징과 기본적인 불법내용은 태아의 생명을 침해하려는 목적의 임신중절이다. 다만 부녀의 의사에 반한 낙태 또는 낙태행위로 인하여 부녀에게 생명이나 신체에 대한 침해를 야기하는 경우에는 중한 불법을 인정할 수 있다. 이러한 관점에서 독일형법은 다음과 같은 형식의 구성요건체계를 갖추고 있다. 독일형법 제218조 제1항에서 낙태죄를 기본적 구성요건으로 규정하고, 동조 제2항에서 '임신한 부녀의 의사에 반한 낙태'와 '경솔하게 부녀의 생명이나 신체에 대한 위험을 야기한 경우' 등을 낙태죄의 중한 경우로 가중처벌하며, 제3항에서는 자기낙태죄를 감경하여 처벌한다. 따라서 독일형법에서 낙태죄의 기본적 구성요건은 '낙태하는 것'이며, '낙태하는 것'이라는 기본적 구성요건에 일정한 표지가 추가되어 변형구성요건을 형성하게 된다. 독일형법에서는 자기낙태죄를 제외하고 그 미수죄를 처벌하고 있다.

형법의 낙태죄도 독일형법과 유사한 관점에서 이해하는 것이 가능하다. 제269조 제1항의 자기낙태죄와 제2항의 동의낙태죄를 포괄하여 '낙태하는 것'으로 이해하고, 변형구성요건들의 규정을 고려하는 방법이다. 이러한 관점에서 제269조 제2항의 동의낙태죄가 낙태죄의 기본적 구성요건이라고 보아야 한다. 동조 제1항의 자기낙태죄는 기본적 구성요건의 또 다른 실현방법으로 해석된다. 변형구성요건으로는 동의낙태죄의 기본구조에 업무상낙태 · 부동의 낙태 · 낙태치사상의 불법표지가 추가되어 가중적 변형구성요건을 형성하게 된다.

제270조 제1항의 업무상낙태죄는 신분관계에 의한 의무위반으로 불법이 가중되는 변형구성요건

222) 강구진 I, 114면; 김종원(상), 80면.
223) 김성돈, 106면; 김성천/김형준, 44면; 김일수/서보학, 35면; 이영란, 99면; 정성근/박광민, 112면.
224) 손동권/김재윤, 92면; 오영근, 79면; 이재상/장영민/강동범, 90면; 이형국, 121면; 임웅, 114면; 정영일, 35면; 진계호/이존걸, 109면.

이며, 동조 제2항의 부동의낙태죄는 임신한 부녀의 동의가 없는 낙태에 대하여 중한 불법을 인정하는 가중적 구성요건이다. 또한 제269조 제3항은 동의낙태죄를 범하여 부녀에게 사상의 결과를 발생시킨 경우에 형을 가중하는 결과적가중범이고, 제270조 제3항은 업무상낙태 · 부동의낙태죄를 범하여 부녀에게 사상의 결과를 발생시킨 경우에 형을 가중하는 결과적가중범이다. 제270조 제4항에서는 제270조 제1항, 제2항, 제3항의 죄에 대하여 7년 이하의 자격정지를 병과하고 있다.

이 책에서는 현행법의 낙태죄를 태아의 생명을 침해할 목적으로 행하는 임신중절이라는 형식범으로 해석하였다. 이러한 해석은 형법이 낙태미수를 처벌하지 않는다는 사실도 그 배경이 된다.[225] 임신중절행위로 태아의 생명이 침해되지 아니한 경우도 처벌할 수 있다면 낙태죄를 굳이 '태아의 생명을 침해할 목적'을 요하는 목적범으로 구성할 필요도 없다. 형법은 낙태미수를 처벌하지 않는데 반하여, 독일형법은 자기낙태를 제외하고 낙태미수를 처벌하고 있다. 태아의 생명 침해 여부에 따라 기수와 미수를 구별하는 것이 훨씬 간명하고 불법의 정도를 합리적으로 구획하는 것이므로 가벌적인 낙태미수를 인정하는 독일형법의 태도는 입법론적으로 타당하다.

1-4. 모자보건법 제14조의 인공임신중절수술

모자보건법 제14조는 '인공임신중절수술의 허용한계'라는 표제하에 의학적 · 우생학적 · 윤리적인 일정한 사유가 있는 경우에 본인과 배우자의 동의에 의한 의사의 인공임신중절수술을 허용하고 있다. 모자보건법 제14조는 낙태죄의 특수한 위법성조각사유가 된다. 모자보건법 제14조가 정하고 있는 인공임신중절수술의 허용요건은 다음과 같다.

1-4-1. 의학적 · 우생학적 · 윤리적인 사유

① 의학적 사유　임신의 지속이 보건의학적 이유로 모체의 건강을 심히 해하고 있거나 해할 우려가 있는 경우(제14조 제1항 제5호)에는 인공임신중절수술이 허용된다. 여기서 모체의 건강에는 신체적 건강뿐 아니라 정신적 건강도 포함될 수 있다. 그러나 정신적 건강의 범위를 부녀의 현재와 미래의 생활관계까지 고려함으로써 의학적 기준을 의학적 및 사회적 기준으로 확장하는 견해[226]가 있으나 이는 부당하다.[227] 모자보건법 제14조가 경제적 · 사회적 사유를 특별히 규정하지 않았다는 것은 이러한 경우 임신중절수술을 불허한다는 의미로 해석해야하기 때문이다.

② 우생학적 사유　본인 또는 배우자가 대통령령이 정하는 우생학적 또는 유전학적 정신장애나

225) 동취지, 전지현, 낙태의 해석론과 입법론, 한국형법학의 새로운 지평, 심온 김일수 교수 화갑기념논문집, 2006.12, 371면.

226) 이재상/장영민/강동범, 92면, 93면. 입법론적으로 경제적 · 사회적 사유를 추가할 필요가 있다는 견해로는 임웅, 118면.

227) 김일수/서보학, 39면; 진계호/이존걸, 121면; 보다 엄격한 입장으로는 박상기, 84면; 배종대, 108면; 오영근, 85면 이하; 동취지, 오상원, 비교법적 시각에서 본 태어나지 않은 생명의 보호가치와 보호를 위한 법제화모델, 형사법연구 제16호 특집호, 2001.12, 363면.

신체질환이 있는 경우(제14조 제1항 제1호)와 본인 또는 배우자가 대통령령이 정하는 전염성 질환이 있는 경우(제14조 제1항 제2호)에는 인공임신중절수술이 허용된다. 우생학적 · 유전학적 질환이나 전염성 질환은 의학적으로 태아에 미치는 위험성이 높은 질환이어야 한다(동법시행령 제15조 제2항, 제3항). 이는 정상적인 양육과 생활이 불가능한 사람으로의 출생을 강요할 수 없다는 취지에서 규정된 허용사유이다. 이에 대하여 생명에 대한 가치판단은 허용될 수 없다는 입장에서 우생학적 사유에 의한 인공임신중절수술의 허용을 비판하는 견해[228]가 있다. 그러나 사람의 생명과 태아의 생명은 결코 동일하지 않으며,[229] 또한 장래 부모의 책임과 과도한 부담, 그리고 형법의 비범죄화의 요청 등을 고려하면 이러한 비판은 타당하다고 할 수 없다.

③ 윤리적 사유　강간 또는 준강간에 의하여 임신된 경우(제14조 제1항 제3호)와 법률상 혼인할 수 없는 혈족 또는 인척간에 임신된 경우(제14조 제1항 제4호)에도 인공임신중절수술이 허용된다. 이러한 경우에는 임신의 지속이나 출산의 요구가 오히려 법질서에 반하거나 또는 책임 없는 부녀에 대한 강요가 되기 때문에 인공임신중절수술이 허용된다.

1-4-2. 본인과 배우자의 동의

모자보건법 제14조 제1항 제1호 내지 제5호의 사유가 있는 경우에는 본인과 배우자의 동의에 의하여 인공임신중절수술을 할 수 있다. 배우자는 법률상의 배우자 뿐 아니라 사실상의 혼인관계에 있는 자를 포함한다(제14호 제1항 본문). 배우자가 사망 · 실종 · 행방불명 기타 부득이한 사유로 동의할 수 없는 경우에는 본인의 동의로 충분하다(제14조 제2항). 본인 또는 배우자가 심신장애로 의사표시를 할 수 없을 때에는 그 친권자 또는 후견인의 동의로, 친권자 또는 후견인이 없는 때에는 부양의무자의 동의로 본인 또는 배우자의 동의에 갈음한다(제14조 제3항). 본인과 배우자의 동의는 판단능력 있는 자의 자유로운 의사이어야 한다.

1-4-3. 의사에 의한 인공임신중절의 시술

인공임신중절수술은 의사에 의한 시술이어야 한다. 여기서의 의사는 의료업무상 인공임신중절수술의 시술에 대한 권리와 의무를 수행하는 통상 산부인과 의사이어야 한다.[230] 모자보건법상의 인공임신중절수술의 개념이 명백하게 시술의사의 범위를 제한한다고 해석되기 때문이다. 따라서 산부인과 의사 외에는 모자보건법 제14조가 아니라, 긴급피난 등 일반적인 위법성조각사유에 의해서

---

228) 김일수, 낙태와 살인의 한계-모자보건법 개정안의 모색, 한국형사법학의 새로운 지평, 유일당 오선주교수 정년기념논문집, 2001.02, 287면; 배종대, 107면.

229) 형법은 낙태죄의 기본적 구성요건인 자기낙태죄와 동의낙태죄에 대하여 1년 이하의 징역이나 2백만원 이하의 벌금형을 규정한 반면에, 폭행죄에 대하여는 2년 이하의 징역이나 5백만원 이하의 벌금형을 규정하고 있다. 즉 형법은 폭행죄보다도 낙태죄의 불법내용을 경하게 평가하고 있다.

230) 반대견해로는 오영근, 85면; 이재상/장영민/강동범, 91면; 정성근/박광민, 115면.

만 인공임신중절수술이 가능하다. 태아의 생명을 특히 보호하려는 입장에서는 입법론적으로 인공임신중절수술에 대한 확인의사와 시술의사가 분리되어야 한다는 의견[231]이 제시되고 있다.

1-4-4. 기 간

모자보건법시행령 제15조 제1항은 임신한 날로부터 24주 이내에 한하여 인공임신중절수술을 허용하고 있다. 우생학적 사유인 경우 24주의 인공임신중절수술 허용기간은 적절한 것으로 판단된다. 그러나 윤리적 사유의 경우에 24주의 인공임신중절수술 허용기간은 너무 길다. 또한 보건의학적 사유의 경우에는 기간에 관계없이 인공임신중절수술이 허용될 수 있어야 한다.

독일 형법에서 낙태죄에 대한 불가벌 요건은 소위 기간해결방식(Fristenmodell)과 적응해결방식(Indikationenmodell)을 거쳐 현재는 적응해결방식을 결합한 상담모델방식(Beratungsmodell)으로 입법화 되었다. 처음 독일형법에서는 낙태죄에 대한 불가벌의 요건으로 기간해결방식을 채택하였다.[232] 기간해결방식은 산모의 낙태자유를 인정하여 일정한 기간(12주) 내의 인공임신중절행위를 낙태죄의 불법구성요건에서 배제하는 방식이다(구성요건해당성 배제사유). 이러한 독일형법의 기간해결방식은 태아에 대한 국가의 생명보호 해태를 이유로 1975.2.25. 독일의 연방헌법재판소에 의하여 위헌판결 [233]을 받게 되었다. 기간해결방식에 대한 독일 연방헌법재판소의 위헌판결에 따라 독일형법에서는 낙태죄에 대한 허용규정(위법성 조각사유)으로 제218조a에 소위 적응해결방식을 규정하였다. [234] 독일형법의 적응해결방식은 형법의 낙태죄에 대한 위법성조각사유로서 모자보건법이 참조하여 채택한 방식이다.

현재 독일형법은 낙태죄에 대한 불가벌의 요건으로 적응해결방식을 결합한 상담모델방식(Beratungsmodell)으로 입법화 하였다. 통일 당시 구서독 지역에서는 낙태죄에서 적응해결방식을 규정한 반면에 구동독 지역에서는 기간해결방식을 적용하고 있었으며, 이후 격렬한 논의를 통하여 12주 이내의 상담조건부 낙태를 불가벌로 규정하는 '임산부 및 가정원조법(Schwangeren- und Familienhilfegesetz)'을 제정하였다. 그러나 이 법률은 1993.5.28. 연방헌법재판소의 위헌판결 [235]에 의하여 그 주요부분이 무효로 선언되었다. [236] 이로써 독일의 낙태죄에 대한 기간해결방식은 2번에 걸쳐 연방헌법재판소의 위헌판결을 받게 되었다. 이후 이 규정들은 격렬하고 광범위한 논쟁을 거쳐 1995.8.21. '임산부 및 가정원조개정법(SFHÄndG)'을 통하여 재개정되었으며, 동

231) 배종대, 109면.

232) 5. StrRG v. 18. 6. 1974.

233) BVerfGE 39, 1; 오상원, 전게논문, 354면.

234) 15. StÄG v. 18. 5. 1976.

235) Brend Schünemann/조훈, 임신중절에 있어서의 규범과 법익 – 낙태에 대한 1993.5.28. 독일연방헌법재판소 판결(BVerfGE 88, 203)과 관련하여, 형사법연구 제16호 특집호, 2001.12, 313면 이하 참조.

236) BVerfGE 88, 203.

법 제8조의 내용은 현행 독일형법 제218조 내지 제219조b에 모두 포함되었다.[237] 이로써 현행 독일형법은 낙태죄에 대한 불가벌의 요건으로 적응해결방식과 상담도델방식(Beratungsmodell)을 결합한 방식을 채택하게 되었다.

독일형법 제218조a에서는 임산부의 요구와 독일형법 제219조 제2항 제2문에 의한 확인서를 통해 최소 수술 3일 이전에 상담을 거친 사실을 의사에게 입증하고 의사에 의해서 시술된 임신 12주 이내의 낙태를 불가벌로 규정하였다(동조 제1항). 이는 상담조건부 기간해결방식이며, 낙태죄의 구성요건해당성배제사유라고 할 수 있다. 여기에 종전의 적응해결방식 중 보건의학적 사유(동조 제2항)와 윤리적 사유(동조 제3항)를 그대로 유지하였다. 다만 종전 낙태죄에 대한 적응해결방식으로서 22주 이내에 허용되던 우생학적 사유와 12주 이내에 허용되던 일반적 긴급사유[238]는 채택하지 아니 하였다. 이로써 독일형법은 낙태죄에 대한 불가벌의 요건으로 구성요건해당성배제사유인 상담조건부 기간해결방식의 상담모델방식(Beratungsmodell)과 위법성조각사유인 적응해결방식(Beratungsmodell)을 결합하여 규정하였다.

현행 독일형법 제218조a는 낙태죄에 대한 불가벌의 요건으로 구성요건해당성을 배제하는 상담조건부 기간해결방식과 위법성조각사유인 적응해결방식을 결합하여 규정하고 있다. 그러나 실질적으로는 낙태죄에 대한 불가벌의 요건으로 상담조건부 기간해결방식의 상담모델방식만을 채택한 것으로 평가된다. 우선 적응해결방식으로 규정한 윤리적 사유는 실제로 상담모델방식에 완전히 포함되는 경우에 불과하다. 의사의 진단결과 강간 등 성폭력범죄에 의한 임신의 유력한 근거가 있고 착상 이후 12주 이상 경과하지 않은 경우라면 상담모델방식을 이용하는 것이 임산부의 입장에서도 훨씬 수월하고 유리하기 때문이다. 또한 보건의학적 사유의 경우는 긴급피난으로도 허용될 수 있을 뿐 아니라, 이 역시 상담모델방식을 이용하는 것이 훨씬 편리할 것으로 판단된다. 결국 독일형법 제218조a는 독일연방헌법재판소가 2번에 걸쳐서 위헌으로 판단한 기간해결방식을 채택한 것이며, 이는 낙태의 자유를 요구하는 여론에 굴복한 입법이라는 비판을 면할 수 없다. 당시 연방헌법재판소에서도 다수 여론의 요구를 몰랐을 리 없었겠지만, 연방헌법재판소의 2번에 걸친 위헌판결은 태아의 생명에 대하여 헌법가치를 정당하게 평가한 것으로 이해하여야 한다.

2. 낙태죄

낙태죄의 정형적인 특징과 기본적인 불법내용은 태아의 생명을 침해하려는 목적의 임신중절이며, 태아의 생명을 침해하려는 목적의 낙태는 타인이 행하거나 임부 자신이 행하거나 동일하다.[239] 다만

237) Merkel, Nomos Kommentar, Vorbem. §§ 218 ff. Rdnr 12.

238) 독일 구형법 제218조a 제2항 제3호(die allgemeine Notlagenindikation): 임산부의 일반적인 사회적 상황과 그녀의 가정적 충돌상황이라는 일반적인 긴급사유.

239) 동취지, 김성돈, 106면; 김성천/김형준, 44면; 김일수/서보학, 35면; 이영란, 99면; 정성근/박광민, 112면.

일정한 업무에 종사하는 자가 행하는 낙태, 임신한 부녀의 동의 없이 행하는 낙태 및 낙태행위로 인하여 부녀의 생명이나 신체의 침해를 야기하는 경우에는 가중적 변형구성요건에 해당하게 된다.

> 형법은 낙태의 죄의 기본적 구성요건인 낙태죄를 자신이 행하는 자기낙태죄와 타인이 행하는 동의낙태죄로 구획하면서, 동일한 법정형으로 처벌하고 있다. 그러나 동의낙태죄와 자기낙태죄는 불법내용이나 책임내용에 있어서 현저한 차이가 있다. 자기낙태죄는 태아에 대해서 가지는 이해관계라는 측면에서 동의낙태죄에 비하여 경한 불법이 인정될 뿐 아니라, 장래 출생할 아이에 대한 모의 무한책임 등 심리적 부담에 의한 경한 책임이 인정된다. 따라서 낙태의 죄에서는 (동의)낙태죄를 기본적 구성요건으로 하고, 자기낙태죄를 감경적 구성요건으로 구축할 필요가 있다.[240]

2-1. 자기낙태죄

제269조 제1항은 낙태죄의 한 경우로서 부녀가 약물 기타 방법으로 낙태하는 자기낙태죄를 규정하고 있다. 자기낙태죄는 1년 이하의 징역 또는 2백만원 이하의 벌금형으로 처벌된다.

2-1-1. 객관적 구성요건

2-1-1-1. 행위주체

자기낙태죄의 행위주체는 부녀이다. 여기서의 부녀는 임신한 부녀를 의미하며, 임신한 부녀 자신만이 행위의 주체가 될 수 있다. 이러한 의미에서 자기낙태죄는 신분범에 해당한다. 자신만이 행위주체가 될 수 있으므로 타인은 간접정범의 형태로도 자기낙태죄를 범할 수 없다.

2-1-1-2. 행위객체

본죄의 행위객체는 생명 있는 태아이다. 낙태죄의 행위객체는 생명 있는 태아이면 충분하며, 그 발육의 정도는 문제가 되지 않는다. 그러나 모체의 자궁에 착상하지 못한 수정란은 아직 태아가 아니다. 즉 태아의 시기는 수정란이 자궁에 착상한 때이다(통설). 따라서 수정란이 자궁에 착상하지 못하게 하는 수태조절은 낙태가 아니다. 산모의 분만이 개시되면 태아가 아니라 사람이 된다. 태아의 종기는 사람의 시기이며, 산모의 개방진통이 개시되는 시점이다. 자연분만이전에 인위적인 방법으로 태아를 배출한 경우는 태아의 일부노출[241]에 의하여 사람이 되며, 그 이전에는 낙태죄의 객체인 태아이다.

---

240) 동취지, 이영란, 낙태죄 입법정책에 관한 소고, 형사법연구 제16호 특집호, 2001.12, 347쪽.
241) 이에 관하여는 상기 제1장 '2-1-1-2-1. 사람의 시기' 참조.

2-1-1-3. 행 위

① 낙태 자기낙태죄의 구성요건적 행위는 낙태이다. 낙태는 자연분만기에 앞서 태아를 모체 밖으로 배출하거나 모체 내에서 태아를 살해하는 행위라는 것이 통설의 입장이다. 그러나 '낙태죄의 의의'에서 살펴본 바와 같이 낙태죄는 태아의 생명을 침해하기 위하여 임신을 중절하는 범죄이다. 따라서 낙태죄의 구성요건적 행위인 낙태는 태아의 생명을 침해하려는 목적에 의한 행위이어야 한다. 모체 내에서 태아를 살해하는 경우 뿐 아니라 태아가 미성숙으로 사망하도록 자연분만기 이전에 인위적으로 모체 외부로 배출하는 행위가 낙태에 해당한다.

② 낙태의 방법 낙태의 수단 · 방법에는 제한이 없다. 약물을 사용하거나 기타 다른 방법도 가능하다(제269조 제1항). 임신한 부녀 스스로 약물을 복용하는 경우 뿐 아니라, 타인(제269조 제2항)이나 의사 등에게(제270조 제1항) 요구하여 낙태하는 경우에도 임신한 부녀에게는 자기낙태죄가 성립한다. 이 때 제269조 제2항의 동의낙태죄나 제270조 제1항의 업무상낙태죄는 대향범의 관계에서 규정된 필요적 공범이므로 내부관계에서는 총칙의 공범(교사범 방조범)규정이 적용되지 않는다. 따라서 동의낙태죄나 업무상낙태죄를 요구하는 부녀의 행위는 당해 범죄의 교사범에 해당하지 않는다. 또한 임신한 부녀의 촉탁에 의하여 동의낙태죄나 업무상낙태죄를 범한 자도 임신한 부녀의 자기낙태죄와 관련하여 정범이나 공범이 성립하지 않는다. 이러한 경우에 한하여 자기낙태죄도 대향범의 관계가 인정되는 필요적 공범으로서의 성격을 가지고 있다. 이 때 임신한 부녀는 동의낙태죄나 업무상낙태죄를 범한 자를 고의 있는 신분 없는 도구로 이용하여 간접정범의 형태로 자기낙태죄를 범하게 된다. 이러한 의미에서 자기낙태죄는 자수범이 아니다.[242)]

③ 기수시기 낙태는 태아의 생명을 침해하기 위한 임신중절을 의미하므로, 낙태죄는 추상적 위험범이며 형식범이다. 따라서 태아의 생명을 침해하려는 목적에 의한 행위로 임신이 단절된 이상 낙태죄는 기수에 이르게 된다.[243)] 이 때 실제로 태아가 사망했는지의 여부와 관계없이 또는 인과관계나 객관적 귀속의 유무와 관계없이 낙태죄는 기수에 이르게 된다. 그러므로 태아의 생명을 침해하기 위하여 태아를 모체로부터 배출한 후 살해한 경우는 낙태죄와 살인죄 내지 영아살해죄의 실체적 경합이 된다(통설). 이 경우 낙태죄를 침해범으로 파악하는 입장에서는 낙태미수가 불가벌이므로 살인죄의 성립만을 인정한다.[244)] 그러나 낙태죄를 침해범으로 해석하면 '낙태죄의 의의'에서 살펴본 바와 같이 법익보호에 결함을 보이게 된다. 태아를 모체 내에서 살해한 경우는 태아의 사망과 동시에 임신이 단절되므로, 이 때 낙태죄는 기수에 이르게 된다.

---

242) 다만 자기가 아닌 자는 자기낙태죄의 정범적격이 없기 때문에, 임신한 부녀와 공동하여 낙태한 경우는 동의낙태죄의 단독정범 또는 자기낙태죄의 방조범이 성립할 뿐이다.

243) 대법원 2005.4.15., 2003도2780: "낙태죄는 태아를 자연분만기에 앞서서 인위적으로 모체 밖으로 배출하거나 모체 안에서 살해함으로써 성립하고, 그 결과 태아가 사망하였는지 여부는 낙태죄의 성립에 영향이 없다."

244) 손동권/김재윤, 95면; 이재상/장영민/강동범, 99면; 조준현, 124면.

2-1-2. 주관적 구성요건

① 고의 본죄의 일반적인 주관적 구성요건요소는 고의이며, 임신중절의 인식과 의사가 낙태고의의 내용이 된다. 부녀가 수태조절의 의도로 약물을 복용하였으나, 수정란은 이미 착상되어 있었고 약물의 작용으로 낙태가 된 경우에는 구성요건적 사실(객체)의 착오로 고의가 부정되어 본죄가 성립하지 않는다. 낙태행위가 국가정책에 부응하기 때문에 허용된다고 오인한 경우는 법률의 착오이며, 이러한 착오는 정당한 이유가 있는 경우에 한하여 책임이 조각될 수 있을 뿐이다(제16조).

② 목적 낙태죄의 주관적 구성요건요소는 고의 이외에 초과주관적 구성요건요소로서 태아의 생명을 침해할 목적을 필요로 한다. 따라서 임신중절행위에 대하여 태아의 생명을 침해하려는 행위자의 목적이 결여된 경우는 낙태죄가 성립하지 않는다. 그러나 이러한 목적의 달성 여부는 본죄의 성립에 영향을 주지 않는다.

2-2. 동의낙태죄

동의낙태죄는 자기낙태죄와 함께 낙태죄의 정형적인 특징과 기본적인 불법내용을 정하는 기본적 구성요건의 하나이다. 동의낙태죄는 부녀의 촉탁 또는 승낙을 받아 낙태하게 함으로써 성립한다.

동의낙태죄에서 '낙태하게 함'이란 행위자가 임산부에 대하여 임신중절이 되도록 시술하는 것을 의미한다. 따라서 임산부 스스로가 낙태하도록 교사하거나 방조하는 경우는 자기낙태죄의 공범에 불과하며, 동의낙태죄는 성립하지 않는다.

3. 업무상낙태죄

업무상낙태죄는 의사 · 한의사 · 조산사 · 약제사 또는 약종상이 부녀의 촉탁이나 승낙을 받아 낙태하게 함으로써 성립한다. 업무상낙태죄는 행위자의 신분에 의한 특수한 의무위반으로 불법이 가중되는 부진정신분범이다. 업무상낙태죄에 대하여는 업무자의 낙태가 중하게 처벌될 이유가 없다는 입법론적인 비판[245]이 제기되고 있다. 동의낙태죄 이외에 가중처벌하는 업무상낙태죄를 추가로 인정할 필요가 없다는 점에서 이러한 비판은 타당하다. 다만 태아의 생명보호를 위하여 동의낙태죄의 법정형은 상향해야 할 필요가 있다.

245) 영리적 낙태행위만 가중처벌해야 한다는 견해로는 손동권/김재윤, 98면; 동취지, 이재상/장영민/강동범, 100면; 비전문가에 의한 동의낙태죄가 더 위험하다는 입장으로는 조준현, 130면 이하. 일반인에 의한 낙태는 거의 불가능하다는 입장에서 이에 반대하는 견해로는 이영란, 107면.

4. 부동의낙태죄

부동의낙태죄는 부녀의 촉탁 또는 승낙 없이 낙태하게 함으로써 성립한다. 본죄는 일반범이므로 행위주체에 제한이 없다. 따라서 제270조 제1항의 일정한 업무자도 부녀의 촉탁 또는 승낙 없이 낙태하게 한 때에는 본죄에 해당한다. 본죄는 부녀의 촉탁 또는 승낙이 없음으로 충분하며, 부녀의 의사에 반할 필요는 없다.

부동의낙태죄에서는 낙태에서 통상 수반되는 임부의 신체침해에 대하여 법익주체의 유효한 승낙이 없으므로 이에 대한 형법적 평가를 필요로 한다. 특히 임신후 상당한 기간이 경과한 경우는 낙태행위로 수반되는 임부의 신체침해가 상당히 심각함에도 불구하고 부동의낙태죄의 법정형이 3년 이하의 징역형으로 규정되어 있을 뿐이다. 부동의낙태죄와 상해죄 사이의 법정형을 비교하면, 부동의낙태죄가 임부의 의사에 반한 신체훼손을 포함한다는 해석이 불가능하다. 따라서 현행법의 해석으로는 부동의낙태죄와 상해죄의 상상적 경합을, 경우에 따라서는 실체적 경합을 인정해야 한다. 물론 입법론적으로는 부동의낙태죄가 낙태에서 수반되는 전형적인 임부의 신체훼손을 포괄할 수 있도록 부동의낙태죄의 법정형을 상향조정해야 한다.[246] 이 경우 부동의낙태죄는 태아의 생명과 임부의 신체를 동시에 보호하는 결합범으로의 성격이 인정될 수 있다.

5. 낙태치사상죄

제269조 제3항과 제270조 제3항의 낙태치사상죄는 낙태죄를 범하여 부녀에게 사상의 결과를 발생시킨 경우에 형을 가중하는 결과적가중범이다. 제269조 제3항의 낙태치사상죄는 기본범죄가 동의낙태죄인 경우이고, 제270조 제3항의 낙태치사상죄는 기본범죄가 업무상낙태죄와 부동의낙태죄인 경우이다. 이 중에서 동의낙태치사상죄와 업무상낙태치사상죄는 결과적가중범으로서 해석하는데 특별한 문제가 없다. 따라서 이들 결과적가중범에서의 중한 결과는 기본범죄에 내포된 전형적인 위험이 실현된 경우를 말한다. 낙태시술에서 통상 나타나는 부녀의 신체침해에 대해서는 법익주체의 유효한 승낙이 있었으므로 결과적가중범에서의 불법한 중한 결과로 평가되지 않는다.

부동의낙태치사상죄에는 구조적인 문제가 들어있다. 부동의낙태죄에서는 낙태시에 통상 나타나는 부녀의 신체침해에 대하여 그 법익주체의 동의가 결여되어, 기본범죄를 실현할 때 이미 고의에 의한 상해가 인정되고 있기 때문이다. 따라서 부동의낙태치상죄를 별도로 인정하는 것은 부분적으

246) 독일형법의 부동의낙태죄(6월 이상 5년 이하의 자유형)는 신체침해죄(5년 이하의 자유형)에 비하여 중한 법정형을 규정한 것에 반하여, 형법의 부동의낙태죄(3년 이하의 징역)는 상해죄(7년 이하의 징역, 10년 이하의 자격정지 또는 1천만원 이하의 벌금형)에 비하여 훨씬 경한 법정형을 규정하고 있다.

로 상해치상죄라는 기이한 범죄형태를 인정하는 결과가 된다. 또한 부동의낙태치사죄에 대해서는 최소한 상해치사죄보다 중한 법정형이 요구된다.

낙태죄는 미수를 처벌하지 않는다. 따라서 기본범죄가 미수로서 불가벌인 경우에도 낙태치사상죄가 성립할 수 있는지 문제된다. 일부의 견해[247)]는 기본범죄인 낙태죄의 기수 · 미수를 불문하고 낙태치상죄가 성립할 수 있다고 본다. 그러나 결과적가중범은 기본범죄를 범하여 중한 결과를 발생시킨 경우에 성립하는 범죄이므로 기본범죄를 범하지 않은 경우에는 결과적가중범이 성립할 여지가 없다고 해야 한다(통설). 제269조 제3항과 제270조 제3항도 '…죄를 범하여'라고 규정함으로써 이를 명백히 하고 있다. 따라서 낙태죄가 미수에 그치고 부녀에게 상처만 입힌 경우는 과실치상죄의 성립만이 인정된다.

> 현행법의 해석에서는 낙태행위가 미수에 그치고 부녀에게 사상의 결과를 발생시킨 경우 낙태치사상죄의 성립을 인정할 수 없다. 그러나 이러한 결론은 부동의낙태미수에 의하여 부녀에게 사상의 결과를 발생시킨 경우와 동의낙태기수에 의하여 부녀에게 사상의 결과를 발생시킨 경우 사이에서 현저한 형벌의 불균형이 나타나게 된다. 입법론적으로는 이러한 불균형을 시정하기 위해서라도 낙태미수죄를 처벌하는 것이 타당하다.

247) 권오걸, 74면; 김일수/서보학, 43면; 배종대, 115면; 백형구, 89면; 이형국, 133면.

제5절 유기와 학대의 죄

1. 유기의 죄 일반론

1-1. 의 의

유기죄는 보호를 필요로 하는 자를 보호의무 있는 자가 유기함으로써 성립하는 범죄이다. 사람의 생명과 신체라는 법익은 중요한 법익이므로 법익의 침해 이전에 법익의 위태화도 처벌의 필요성이 인정되고 있다. 유기죄는 이러한 사람의 생명과 신체의 위태화를 처벌하기 위하여 규정된 구성요건이다. 따라서 유기죄의 보호법익은 사람의 생명과 신체의 안전이며, 보호정도는 추상적 위험범으로 구성되어 있다.

일반적으로 유기라 함은 '내다 버림'이라는 작위의 개념으로 이해되고 있으며, 동시에 '돌보지 않음'이라는 부작위의 개념으로도 이해된다. 그러나 '내다 버림'이라는 작위의 개념도 '내다 버림으로써 돌보지 않음'이라는 의무위반이 그 실질적인 내용의 핵심을 이루고 있다. 마치 과실행위에서 '주의의무위반'이라는 의무위반이 범죄실현의 핵심적인 내용을 이루는 것과 유사하다.

1-2. 구성요건의 체계

[유기와 학대의 죄]

기본적 구성요건 – 유기죄: 제271조 제1항
감경적 구성요건 – 영아유기죄: 제272조
가중적 구성요건 – 존속유기죄: 제271조 제2항; – 가중 – (존속)중유기죄: 제271조 제3항, 제4항;
(존속)유기치사상죄: 제275조
독립적 구성요건 – 학대죄: 제273조 제1항 – 가중 – 존속학대죄: 제273조 제2항
– 가중 – (존속)학대치사상죄: 제275조
독립적 구성요건 – 아동혹사죄: 제274조

유기의 죄의 기본적 구성요건은 제271조 제1항의 유기죄이다. 제272조의 영아유기죄는 영아살해죄와 동일한 차원에서 주관적으로 규정된 특별책임요소에 의하여 책임이 감경된 감경적 구성요건이다. 제271조 제2항의 존속유기죄는 신분에 의하여 불법이 가중된 가중적 구성요건이며, 제275조의 유기치사상죄와 존속유기치사상죄는 유기의 죄를 범하여 사람의 신체에 대한 상해나 사망의 중한 결과를 발생시킨 경우에 가중처벌되는 결과적가중범이다. 다만 유기치상죄와 존속유기치상죄는

부진정결과적가중범으로 해석된다.

제271조 제3항의 중유기죄와 동조 제4항의 존속중유기죄의 성격에 대하여는 중상해죄의 성격과 동일하게 이해하고 있는 것이 학설의 일반적인 입장이다. 따라서 통설은 중유기죄를 사람의 생명에 대한 구체적 위험을 발생시킨 경우에 가중처벌되는 부진정결과적가중범으로 해석한다(통설). 소수설[248)]은 중유기죄를 고의의 구체적 위험범으로 해석하고 있다. 그러나 중유기죄는 내용적 오류 뿐 아니라 그 법정형에서도 오류가 있으며, 입법론적으로는 폐지되어야 할 규정으로 보여 진다. 자세한 내용은 중유기죄에서 설명한다.

형법은 유기와 학대의 죄를 하나의 장에서 같이 규정하고 있으나, 학대죄는 유기죄와는 별개인 독립적 구성요건에 해당한다. 제273조 제1항의 학대죄를 기본적 구성요건으로 하고, 동조 제2항에서는 존속학대죄를 가중적 변형구성요건으로 규정하고 있다. 또한 제275조에 의한 학대치사상죄와 존속학대치사상죄는 결과적가중범에 해당한다. 다만 학대치상죄와 존속학대치상죄는 부진정결과적가중범으로 해석된다.

제274조의 아동혹사죄는 학대죄의 변형구성요건이 아니라 별개의 독립적 구성요건에 해당한다.

2. 유기죄

2-1. 의 의

제271조 제1항에 의하여 유기죄는 노유 · 질병 기타 사정으로 부조를 요하는 자를 보호할 법률상 또는 계약상의 의무 있는 자가 유기함으로써 성립한다. 본죄는 일정한 신분이 있는 자만이 범할 수 있는 진정신분범이며, 형식범 · 추상적 위험범이다.

2-2. 행위주체

제271조 제1항에 의하여 유기죄의 행위주체는 '부조를 요하는 자를 보호할 법률상 · 계약상 의무 있는 자'이다. 제271조 제1항은 보호의무자의 범위를 법률상 또는 계약상의 보호의무자로 한정하고 있으나, 종래의 통설[249)]은 널리 사무관리 · 관습 또는 조리에 의한 보호의무도 인정하였다. 그러나 법률 · 계약 또는 사회상규라는 형식적 기준으로 보호의무를 판단해서는 유기죄의 보호목적을 올바르게 규명할 수 없다. 유기죄에 있어서 규범의 보호목적에 일치하는 보호의무의 범위는 실질적 기준에 따라 결정되어야 한다. 다만 이러한 보호의무의 발생근거에 관한 실질적 기준은 기존의 형식적 기준을 토대로 이에 대한 비판과 함께 설명한다.

248) 백형구, 103면.

249) 김종원(상), 90면; 서일교, 54면; 유기천(상), 86면; 정영석, 249면; 황산덕, 194면.

2-2-1. 법률상의 보호의무

제271조 제1항의 보호의무는 법령에 의하여 발생할 수 있다. 법령은 공법이든 사법이든 문제가 되지 않는다. 예컨대 경찰관직무집행법 제4조에 의한 경찰관의 보호조치의무나 도로교통법 제54조에 의한 사고운전자의 구호의무는 공법에 의한 보호의무에 해당하며, 민법 제974조에 규정된 친족관계에 의한 부양의무는 사법상의 보호의무에 해당한다.

그러나 민법상의 부양의무로부터 즉시 보호의무가 발생되는 것은 아니다. 유기죄의 보호법익이 사람의 생명 · 신체의 안전이므로 요부조자를 사실상 보호하고 있는 부양의무자가 우선적으로 보호의무를 부담하게 된다. 따라서 민법상의 선순위 부양의무자가 있더라도 후순위 부양의무자가 사실상 요부조자를 보호하고 있다면 후순위 부양의무자가 보호의무자가 된다.

또한 요부조자를 보호하기 위한 법령일지라도 단순한 신고의무는 보호의무와 구별된다. 예컨대 경범죄처벌법 제3조 제1항 제6호는 '자기가 관리하고 있는 곳에 도움을 받아야 할 노인 · 어린이 · 장애인 · 다친 사람 또는 병든 사람이 있는 것을 아는 사람'에 대하여 지체 없이 관계공무원에게 신고할 의무를 부과하고 있다. 그러나 이러한 신고의무위반은 경범죄처벌법 위반에 불과하다. 규범의 목적이 사람의 생명과 신체의 안전을 보호하려는 법령이라 할지라도 그러한 법령으로부터 즉시 보호의무가 발생하는 것은 아니다. 오히려 "규범의 보호목적이 행위자에게 보호의무를 부과하고 있는지"가 당해 법규정의 해석을 통하여 밝혀져야 한다.

따라서 법률상 보호의무의 발생 여부는 개별적인 법률의 해석에 의하여 결정된다. 이와 같이 유기죄에서의 보호의무는 '법률'이라는 형식적 기준이 아니라, '사람의 생명과 신체의 안전을 보호해야 할 의무가 규정된 법률'이라는 실질적 기준에 의하여 결정되어야 한다. 이러한 관점에서 유기죄의 보호의무가 부진정부작위범에서의 보증인의 의무와 일치한다는 견해[250]는 매우 설득력이 있다. 사람의 생명 · 신체의 안전을 보호할 의무는 사람의 생명 · 신체에 대한 침해의 결과를 방지할 보증인의 의무와 달리 평가될 수 없기 때문이다.

> 사람의 생명을 침해할 의사로 요부조자를 구조하지 아니하는 보증인에 대하여는 살인죄의 부진정부작위범이 성립한다. 이에 반하여 사람의 생명에 대한 침해의 의사가 없는 경우 또는 이를 증명할 수 없는 경우에는 유기죄의 성립이 가능하다. 이러한 점에서 유기죄는 독자적 성격의 구성요건이라기 보다는 부진정부작위범에 의한 살인미수죄에서 행위자의 살인고의를 현실적으로 증명하기 곤란한 경우에 보충적으로 적용이 가능한 구성요건으로서 의미가 있다.
>
> 사람의 신체를 침해할 의사로 요부조자를 구조하지 아니하는 보증인에 대해서는 유기죄와 부진정부작위범에 의한 상해미수죄의 상상적 경합을 인정해야 한다. 유기죄는 사람의 생명

250) 유기천(상), 87면 이하; 임웅, 130면; 동취지, 이형국, 141면.

과 신체의 안전을 보호법익으로 하므로 살인죄와의 관계에서는 보충관계에 의한 법조경합이 인정되지만, 단순하게 사람의 신체만을 보호법익으로 하는 상해죄와는 보충관계가 인정될 수 없기 때문이다. 또한 형의 균형상 존속유기죄는 10년 이하의 징역 또는 1,500만원 이하의 벌금형(제271조 제2항)으로 처벌되는데 반하여, 존속상해미수죄는 존속유기죄와 동일한 형(제257조 제2항)에 임의적 감경(제25조 제2항)을 요하므로 상해고의가 유기고의를 포함할 수 없다.

2-2-2. 계약상의 보호의무

유기죄의 보호의무는 계약에 의해서도 발생할 수 있다. 그러나 계약상의 보호의무도 형식적 의미로 이해할 것이 아니라 실질적 의미로 이해해야 한다. 대부분 계약상의 보호의무는 특별한 보호의무나 보조의무를 자의로 인수하는 자의 자유로운 인수에 의하여 발생하게 된다.[251] 이 때 보호의무의 발생근거는 계약체결의 민사법적 유효성이 아니라, 관련된 보호의무의 사실상의 인수가 기준이 된다.

간호사는 환자나 그 보호자와의 명시적 계약에 의하여 자의로 환자에 대한 보호의무를 인수하며, 이 때 간호사에게는 환자에 대한 보호의무가 발생하게 된다. 이러한 보호의무의 인수는 명시적 계약 뿐 아니라 묵시적 계약에 의하여도 가능하다. 예컨대 사용자는 동거하는 피용자의 생명이나 신체의 안전에 대한 보호의무를 부담하게 되는데, 이는 사용자와 피용자 사이의 묵시적 계약에 의한 보호의무의 인수로 평가된다.

2-2-3. 사무관리 · 관습 · 조리에 의한 보호의무

종래의 통설[252]은 유기죄에서의 보호의무를 법률상 · 계약상의 보호의무 이외에 널리 사무관리 · 관습 또는 조리에 의한 보호의무도 인정하였다. 제271조 제1항에서의 법률상 · 계약상의 보호의무는 단순한 예시규정에 불과하다는 것이다. 그러나 현재는 유기죄에서의 보호의무를 법률상 · 계약상의 보호의무로 제한하는 것이 학설의 일반적인 입장이다(통설).[253] 구형법과 달리 현행법이 보호의무의 범위를 법률상 · 계약상의 보호의무로 한정하여 규정하고 있기 때문에 사무관리 · 관습 또는 조리에 의한 보호의무를 인정하는 것은 죄형법정주의에 반한다는 것이다.

물론 종래의 통설과 같이 사무관리 · 조리 또는 관습에 의하여 보호의무를 인정하는 것은 사무관리 · 조리 또는 관습에 의한 처벌을 인정하는 것이므로 죄형법정주의에 반한다. 반면에 현재의 통설과 판례는 보호의무의 범위를 제271조 제1항의 규정에 따라 형식적으로 법률상 · 계약상의 보호의무에 한정함으로써 유기죄에서의 보호의무의 범위를 정확하게 포착하지 못하고 있다. 따라서 일부

251) 이에 관하여는 이정원/류석준, 형법총론, '제3편, 제3장, 3-3-1. (3) 특별한 보호의무나 보조의무의 인수' 참조.
252) 김종원(상), 90면; 서일교, 54면; 유기천(상), 86면; 정영석, 249면; 황산덕, 194면.
253) 대법원 1977.1.11., 76도3419.

의 학설[254]에서는 원칙적으로 현재의 통설과 판례의 입장에 찬성하면서 법률상 · 계약상의 보호의무를 확대해석함으로써 그 밖의 보호의무도 제한적으로 인정하고 있다.[255] 이러한 견해는 제271조 제1항에서 규정된 '법률상 · 계약상의 보호의무'를 적어도 목적론적으로 이해하고 있으며, 따라서 이 한도에서 통설에 비하여 합리적 결론에 도달할 수 있다.

그러나 유기죄에서의 보호의무는 부진정부작위범에서의 '사람의 생명과 신체에 대한 침해의 결과를 방지할 보증인의 의무'와 달리 해석될 이유가 없다.[256] 더욱이 보증인의 의무도 제18조의 규정에 의한 보호의무라는 점에서 유기죄의 '법률상 보호의무'라는 법문의 의미에 반하지 않는다. 따라서 유기죄에서 실질적인 기준에 의한 보호의무의 발생근거는 부진정부작위범에서의 보증인의 의무와 동일한 차원에서 이해하면 충분하다. 다만 이때의 보증인의 의무는 보증인지위의 발생근거에 관한 실질설[257]의 관점에서 이해되어야 한다.

2-3. 행위객체

본죄의 행위객체는 노유, 질병 기타의 사정으로 인하여 부조를 요하는 요부조자이다. 유기죄에서의 요부조자는 다른 사람의 도움 없이는 자신의 생명이나 신체에 대한 위험을 스스로 극복할 수 없는 자를 말한다. 부조를 요하는 원인으로는 노유나 질병 등이 있다. 여기서 노유는 연령에 의하여 획일적으로 결정되는 것이 아니라 구체적 상황에서 자신의 생명과 신체에 대한 위험을 스스로 극복할 수 있는가를 기준으로 판단해야 한다. 질병은 정신적 · 육체적 질환을 의미하며, 여기서의 기준도 생명 · 신체에 대한 위험의 극복가능성이다. 형법은 노유나 질병 이외에 '기타의 사정'도 부조를 요하는 원인으로 규정하고 있다. 다만 기타의 사정은 구성요건 내재성[258]에 의하여 노유나 질병에 의한 요부조와 동일한 정도의 사정이어야 한다. 예컨대 명정자, 마취나 최면상태에 있는 자, 불구자 또는 분만중의 부녀자 등이 여기에 해당할 수 있다. 다만 행위객체가 행위자의 직계존속이거나 또는 행위자의 배우자의 직계존속인 경우는 존속유기죄가 성립한다(제271조 제2항).

254) 김일수, 한국형법 III, 226면 이하; 이형국, 141면: "최소한도 유기죄의 본질에 비추어 부진정부작위범의 형태로 범행하여도 그 당벌성이 인정되는 범위에서는 보호의무의 근거가 되는 사유는 역시 보호의무의 근거로 될 수 있다."

255) 대법원 2008.2.14., 2007도3952: "형법 제271조 제1항에서 말하는 법률상 보호의무 가운데는 민법 제826조 제1항에 근거한 부부간의 부양의무도 포함되며, 나아가 법률상 부부는 아니지만 사실혼 관계에 있는 경우에도 위 민법 규정의 취지 및 유기죄의 보호법익에 비추어 위와 같은 법률상 보호의무의 존재를 긍정하여야 하지만, 사실혼에 해당하여 법률혼에 준하는 보호를 받기 위하여는 단순한 동거 또는 간헐적인 정교관계를 맺고 있다는 사정만으로는 부족하고, 그 당사자 사이에 주관적으로 혼인의 의사가 있고 객관적으로도 사회관념상 가족질서적인 면에서 부부공동생활을 인정할 만한 혼인생활의 실체가 존재하여야 한다."

256) 동지, 유기천(상), 87면 이하; 임웅, 130면; 동취지, 이형국, 141면; 입법론적으로 박상기, 87면.

257) 이에 관하여는 이정원/류석준, 형법총론, '제3편, 제3장, 3-3. 보증인의 지위의 발생근거' 참조.

258) 구성요건 내재성에 관하여는 이정원/류석준, 형법총론, '제1편, 제2장, 2-3-2. 유추적용금지와 구성요건 내재적인 유추' 참조.

2-4. 행 위

유기죄의 구성요건적 행위는 유기이다. 유기는 요부조자를 보호 없는 상태에 두는 행위이다. 이때 유기자의 유기행위가 요부조자의 생명 · 신체에 대한 위험을 가져오는지는 문제가 되지 않는다. 본죄는 단순하게 요부조자를 보호 없는 상태에 두는 유기행위 자체를 법률이 위험하다고 판단함으로써 범죄가 완성되는 형식범이며 추상적 위험범이기 때문이다.

요부조자를 보호 없는 상태에 두는 유기는 ① 요부조자를 보호받는 상태에서 적극적으로 보호 없는 상태로 옮기는 행위, ② 요부조자를 두고 떠나거나 ③ 요부조자가 있는 곳으로 돌아오지 않음으로써 요부조자를 돌보지 않는 행위, ④ 요부조자와 장소적으로 함께 있으면서도 돌보지 않는 행위 등이 있다.

학설에서는 이러한 유기행위를 개념적으로 분류하는데 있어서 차이를 보이고 있다. 다수설[259]은 ① 요부조자를 보호받는 상태에서 적극적으로 보호 없는 상태로 옮기는 '적극적 유기'와 ② 요부조자를 종래의 상태에 두고 떠나거나 또는 ④ 생존에 필요한 보호를 하지 않는 '소극적 유기'로 구별한다. 적극적 유기는 협의의 유기이고, 광의의 유기는 소극적 유기를 포함한다고 한다. 또한 적극적 유기와 소극적 유기를 불문하고 작위 뿐 아니라 부작위에 의한 유기가 가능하다고 한다. 예컨대 유모차에 타고 있는 어린 아이를 보호할 의무 있는 자가 그 유모차가 경사지에서 굴러 위험스럽게 되는 것을 방치하는 경우는 부작위에 의한 적극적 유기에 해당하고, ③ 타지에 갔던 보호의무자가 요부조자를 돌 볼 장소로 돌아오지 아니하는 경우는 부작위에 의한 소극적 유기에 해당한다고 한다.

소수설[260]은 ② 요부조자를 종래의 상태에 두고 떠나는 경우만을 소극적 유기로 보고, ① 적극적 유기와 소극적 유기를 작위에 의한 광의의 유기라고 한다. 또한 ③④ 생존에 필요한 보호를 하지 아니하는 경우는 부작위에 의한 유기이며, 최광의의 유기는 적극적 유기와 소극적 유기 및 부작위에 의한 유기를 포함한다고 한다.

유기의 일반적인 사전적 의미는 '내다 버림'이라는 작위의 개념으로 이해되고 있으며, 동시에 '돌보지 않음'이라는 부작위의 개념으로도 이해되고 있다. 그러나 '내다 버림'이라는 작위의 개념도 '내다 버림으로써 돌보지 않음'이라는 의무위반이 그 실질적인 내용의 핵심이다. 따라서 유기죄는 요부조자를 보호하라는 명령규범의 의무위반을 통해서 범죄가 실현되는 진정부작위범의 형태로 이해되어야 한다.[261] 다만 요부조자를 '돌보지 않음'이라는 유기의 방법으로는 적극적으로 요부조자를 내다 버리는 방법 뿐 아니라 소극적으로 보호의무자가 떠나버리거나 돌아오지 않거나 또는 요부조

259) 권오걸, 78면 이하; 김성돈, 119면; 김일수/서보학, 91면; 박상기, 88면; 손동권/김재윤, 104면; 이영란, 115면; 이재상/장영민/강동범, 108면 이하; 이형국, 142면; 정성근/박광민, 125면; 진계호/이존걸, 126면.

260) 김성천/김형준, 117면 이하; 배종대, 119면; 임웅, 130면 이하.

261) 동지, 조준현, 138면.

자와 같이 있으면서 돌보지 아니하는 모든 방법이 가능하다. 유기죄는 진정부작위범으로 해석된다. 진정부작위범은 법률의 명령을 위반하는 것 자체가 범죄의 실현에 이르게 되는 형식범이다. 따라서 본죄는 구성요건적 유기(보호의무위반)행위 자체를 법률이 위험한 행위로 평가하는 추상적 위험범이다. 그러므로 타인의 구조를 기대할 수 있거나 또는 타인의 구조가 없으면 스스로 구조할 의사로 근처에 머물고 있어도 유기죄의 성립에는 영향을 주지 않는다.

2-5. 주관적 구성요건

본죄의 주관적 구성요건은 유기의 고의이다. 유기의 고의는 보호의무 있는 자가 요부조자를 돌보지 않는다는 인식과 의사이다.[262] 행위자에게 보호의무를 발생케 하는 상황에 대한 착오는 구성요건적 사실의 착오로서 고의가 조각된다. 그러나 보호의무의 의미(보호의무의 내용과 범위)에 관한 착오는 법률의 착오로서 제16조에 따라 정당한 이유가 있는 경우에 한하여 책임이 조각될 뿐이다.

유기죄는 생명과 신체의 안전을 보호법익으로 하는 범죄이므로 살인죄와는 보충관계에 의한 법조경합의 관계에 있다. 그러므로 유기자가 피유기자의 생명에 대한 침해의 가능성을 인식하고도 유기한 경우는 살인의 미필적 고의가 인정되므로 살인죄가 성립하며 유기죄나 유기치사죄는 성립하지 않는다.

> 대법원[263]은 여호아의 증인의 교리에 어긋난다는 이유로 최선의 치료방법인 수혈을 거부·방해함으로써 딸을 사망케 한 피고인을 유기치사죄로 판시하였으나, 여기에는 행위자의 고의를 심사하지 아니한 오류가 있다. 현대의 의학상식으로 수혈을 거부하고 방해하면 피해자가 사망하리라는 것은 명백하므로, 여기서는 최소한 살인의 미필적 고의가 인정되기 때문이다. 만약 모가 그녀의 종교적 신념에 의하여 "열심히 기도하는 것만이 딸을 살릴 수 있는 유일한 길이며, 수혈은 오히려 딸을 사망에 이르게 하는 지름길이다"라고 생각했다면 여기에는 유기의 고의도 인정되지 않을 것이다. 유기치사죄는 "수혈을 받지 않으면 딸의 생명·신체에 대한 위험이 있을 수 있지만 모의 종교적 기도 등 다른 방법에 의하여 절대로 딸이 사망하지 않으리라"고 신뢰한 경우, 즉 유기에 대한 고의와 딸의 사망에 대한 인식 있는 과실의 경우에만 성립이 가능하다. 그러나 이러한 경우는 비현실적일 뿐 아니라, 대법원의 판결에서도 이에 대한 심사가 결여되어 있다.

2-6. 유기죄의 문제점

독일형법은 유기죄에 관하여 일반범으로서의 유기죄와 신분범으로서의 유기죄를 분리하여 규정

262) 대법원 1988.8.9., 86도225: "유기죄에 있어서는 요부조자에 대한 보호책임의 발생원인이 된 사실이 존재한다는 것을 인식하고, 이에 기한 부조의무를 해태한다는 의식이 있음을 요한다."; 동지, 대법원 2008.2.14., 2007도3952.

263) 대법원 1980.9.24, 79도1387.

하고 있다. 이에 따라 유기의 행위도 '보호 없는 상태로 옮김(Versetzen in einer hilflose Lage)'이라는 유기행위와 '위험 속에 방치(Imstichlassen in einer hilflose Lage)'라는 유기행위로 구별하고 있다. '보호 없는 상태로 옮김'에 의한 유기죄는 행위주체에 제한이 없는 일반범으로 구성되어 있으며, '위험 속에 방치'에 의한 유기죄는 행위주체를 보호의무자로 한정하는 진정신분범으로 구성되어 있다. 독일의 학설[264)]은 일반적으로 '옮김'과 '방치'라는 유기행위를 모두 작위행위로 이해하고 있으며, 경우에 따라서는 부작위에 의한 유기가 가능하다고 본다. 예컨대 요부조자를 유기하는 제3자의 행위를 방지하지 아니한 보증인은 '내다 버림'이라는 유기행위를 부진정부작위범의 형태로 저지르는 경우이며, 보호의무자가 요부조자를 보호하러 돌아오지 않는 경우 또는 같이 있으면서 보호조치를 취하지 않는 경우가 부작위에 의한 방치라고 한다. 그러나 유기죄의 보호기능은 "요부조자를 보호하라"는 법적 명령에 있으며, 따라서 유기의 본질적 의미는 요부조자를 '돌보지 않음'이라는 부작위로 이해하여야 한다.

독일의 학설과 같이 '보호 없는 상태로 옮김'이라는 유기행위와 '위험 속에 방치'라는 유기행위를 작위행위로 파악한다면 유기의 본질적 의미와 유기죄의 보호기능을 올바르게 이해할 수 없다. 요부조자를 유기하는 제3자의 행위를 방지하지 아니한 보증인의 경우를 부진정부작위범의 형태로 해석하는 것은 독일형법이 유기죄를 일반범과 신분범으로 분리해서 규정한 규범의 의미를 왜곡하는 결과가 된다. 이 경우는 보호의무자가 요부조자를 보호하지 않는 '방치'의 경우에 불과하다. 독일형법이 '보호 없는 상태로 옮김'이라는 유기행위를 신분범이 아니라 일반범으로 규정한 것은 요부조자를 보호받지 못하는 장소로 이전하는 보호의무자 이외의 제3자의 행위에 대해서도 보호의무자의 의무위반과 동일한 불법을 인정하는 법적 평가로서 의미가 있다.

이러한 관점에서 형법이 적극적 유기를 진정신분범으로 규정한 것에 대하여는 입법론적인 의문이 제기된다. 예컨대 추운 겨울날 밤 행위자의 집 앞에서 술에 취해 쓰러져 자고 있는 사람을 차후에 귀찮은 일이 생길까 우려하여 다른 길가로 옮겨놓는 행위에 대하여는 보호의무자의 의무위반과 동일한 불법이 인정되며, 따라서 형법은 이러한 행위를 형벌로 금지할 필요가 있다. 이러한 '보호 없는 상태로 옮김'이라는 적극적 유기행위에 대하여는 일반범으로서의 구성요건을 마련하여야 할 것이다.

반면에 '요부조자를 돌보지 않음'이라는 유기행위에 대하여는 진정부작위범으로서의 의무위반의 내용을 명백히 할 필요가 있다. 내용이 없는 법률 · 계약이라는 형식적 기준이 아니라, 보다 실질적인 보호의무의 범위를 설정하여야 할 것이다. 독일형법 제221조 제1항 제2호에서는 '요부조자를 실질적으로 보호하고 있거나 또는 부조를 책임져야 할 보호의무'로 규정하고 있다.

마지막으로 소위 '착한 사마리아인의 구조조항'에 관한 문제이다. 독일형법 제323c조는 재난이나 공동의 위험 또는 위난의 경우에 자신의 현저한 위험이나 다른 중요한 의무의 위반 없이 요부조자를 구조할 수 있음에도 불구하고 구조하지 아니한 자를 1년 이하의 징역이나 벌금형으로 처벌하고

---

264) Vgl. Eser, S-S StGB, § 221 Rdnr. 6 ff. mwN.

있다. 형법은 이러한 일반적인 구조조항을 가지고 있지 않다. 그러나 개개인은 우리 공동사회의 일원으로서 타 공동사회인의 불행에 대하여 최소한도의 구조의무를 부담하는 것은 당연하며 필요하다.[265]

3. 중유기죄 · 존속중유기죄

제271조 제3항과 제4항은 유기와 존속유기의 죄를 범하여 사람의 생명에 대한 위험을 발생하게 한 경우에 가중하여 처벌하고 있다. 이를 중유기죄라 한다. 제271조 제3항의 중유기죄와 제4항의 존속중유기죄의 성격에 대하여 학설에서는 이론없이 중상해죄의 성격과 동일하게 이해하고 있다. 따라서 중유기죄를 사람의 생명에 대한 구체적 위험을 발생시킨 경우에 가중처벌되는 부진정결과적가중범이라는 것이 일반적인 학설의 입장이다(통설). 소수설[266]에서는 중유기죄를 고의의 구체적 위험범으로 해석하고 있다.

통설과 같이 중유기죄를 부진정결과적가중범으로 해석하면 중한 결과에 대하여 과실이 있는 경우는 물론 고의가 있는 경우에도 중유기죄가 성립한다는 결론이 된다. 그러나 사람의 생명에 대하여 구체적 위험을 발생시키려는 고의는 최소한 살인의 미필적 고의에 해당하며, 이 경우는 살인미수죄 내지 존속살해미수죄가 성립하여야 할 것이므로 중유기죄는 성립할 여지가 없게 된다. 이러한 비판은 중유기죄를 고의의 구체적 위험범으로 해석하는 소수설에 대하여도 유효하게 적용된다. 따라서 중유기죄는 중한 결과에 대하여 오직 과실이 있는 경우에만 성립이 가능한 구성요건이 된다. 이 한도에서 중유기죄는 유기죄를 범하여 과실로 사람의 생명에 대하여 위험을 발생시킨 경우에 성립하는 범죄로 파악된다.

중유기죄에서 생명에 대한 구체적 위험은 제258조 제1항의 중상해의 결과, 즉 생명에 대한 위험이 인정될 정도의 중대한 상해결과[267]를 의미한다. 따라서 제275조 제1항 · 제2항의 유기 · 존속유기치상죄는 유기죄를 범하여 보통의 상해결과를 야기한 범죄인 반면에, 제271조 제3항 · 제4항의 중유기 · 존속중유기죄는 유기죄를 범하여 중상해의 결과를 야기한 범죄가 된다. 이와 같이 중유기죄는 내용적으로 유기중치상죄에 해당한다. 그럼에도 불구하고 내용적으로 유기중치상죄에 해당하는 중유기죄와 유기치상죄의 법정형은 동일하며, 내용적으로 존속유기중치상죄에 해당하는 존속중유기죄는 존속유기치상죄보다 오히려 경한 법정형을 규정하고 있다. 이와 같이 중유기죄는 내용적으로 뿐 아니라 그 법정형에서도 오류가 있다. 또한 입법론적으로도 상해의 결과를 야기함으로써 성립하는 기타의 결과적가중범과 비교하여, 유독 유기치상죄의 경우에만 중상해를 야기한 경우에 특

265) 김일수, 한국형법 Ⅲ, 227면.

266) 백형구, 103면.

267) 이에 관하여는 상기 '제1편, 제1장, 제2절, 3-2-2. 제258조 제1항에 의한 중상해죄의 법적 성격' 참조.

별히 가중처벌해야 할 이유는 없다. 따라서 중유기죄를 규정한 제271조 제3항 · 제4항은 삭제하는 것이 타당하다.

4. 영아유기죄

제272조의 영아유기죄는 직계존속이 치욕을 은폐하기 위하거나 양육할 수 없음을 예상하거나 특히 참작할 만한 동기로 인하여 영아를 유기한 때에 성립한다. 영아유기죄는 영아살해죄와 동일한 차원에서 특별책임요소에 의하여 책임이 감경되는 감경적 구성요건으로 구성되어 있으나, 그 타당성에 관하여는 의문이 제기된다. 우선 영아살해죄의 행위객체는 분만중 또는 분만직후의 영아에 한정된 반면에, 영아유기죄에서의 영아는 이와 같이 해석되지 않는다. 따라서 영아유기죄의 영아는 일반적 개념으로 젖먹이 아이로 보아야 할 것이다(통설). 또한 본죄의 목적론적 의미에서 행위주체의 범위도 산모에 한정되지 않는다. 그렇다면 영아유기죄에서는 '치욕을 은폐하기 위하거나 양육할 수 없음을 예상하거나 특히 참작할 만한 동기'가 영아살해죄에서와 같이 행위자의 책임을 감경하는 특별책임요소로서 기능할 수 없게 된다. 독일형법 제221조 제2항은 요부조자에 대한 부모나 양육 · 후견의무자의 유기를 오히려 가중하여 처벌하고 있다. 논리적으로도 요부조자에 대한 부모나 양육 · 후견의무자의 보호의무는 다른 보호의무에 비하여 더욱 중하게 취급하는 것이 타당하다.

5. 유기치사상죄 · 존속유기치사상죄

제275조의 유기치사상죄는 유기죄 · 존속유기죄 · 영아유기죄 · 학대죄 · 존속학대죄를 범하여 사람을 사상에 이르게 함으로써 성립하는 범죄이다. 자기 또는 배우자의 직계존속에 대하여는 존속유기치사상죄가 성립한다. 일반적으로 유기치사상죄는 진정결과적가중범으로 해석되고 있다. 따라서 중한 결과에 대하여 고의가 있는 경우는 살인죄 또는 상해죄가 성립할 뿐이며, 유기죄나 학대죄는 여기에 흡수된다고 한다.[268] 물론 유기죄와 살인죄의 관계에서 법조경합을 인정하는 것은 타당하다고 할 수 있다.[269]

그러나 유기죄를 범하는 자에게 상해의 고의가 있었던 경우에는 유기치상죄의 성립이 부정되지 않는다. 생명과 신체의 안전을 보호법익으로 하는 유기죄의 고의가 단순하게 사람의 신체만을 보호

268) 김성돈, 125면; 김일수/서보학, 95면; 배종대, 121면; 손동권/김재윤, 107면; 이영란, 118면; 이재상/장영민/강동범, 111면; 정성근/박광민, 128면; 조준현, 144면; 진계호/이존걸, 128면.

269) 박상기, 94면; 임웅, 133면은 이 경우 유기죄와 살인죄 · 상해죄의 상상적 경합을 인정하고 있으나, 유기죄와 살인죄는 보충관계에 의한 법조경합이 인정되어야 한다.

법익으로 하는 상해죄의 고의에 포함될 수는 없기 때문이다. 특히 (尊属)유기치상죄는 (尊属)상해죄에 비하여 중한 법정형을 규정하고 있다. 따라서 유기의 고의로 요부조자를 유기한 자가 피해자의 상해에 대해서 과실이 있는 경우에만 중한 (尊属)유기치상죄를 적용하면 형벌의 균형이 무너진다. 따라서 (尊属)유기치상죄는 피해자의 상해에 대해서 고의가 있는 경우에도 성립하는 부진정결과적가중범으로 해석하여야 한다.

또한 영아유기치사죄의 법정형은 영아살해죄의 법정형보다 중하므로 영아유기치사죄 역시 영아살해에 대해서 고의가 있는 경우에도 성립하는 부진정결과적가중범으로 해석하는 것이 가능하다. 그러나 이러한 해석의 결과는 영아살해죄를 경하게 처벌하려는 규정의 목적을 몰각시킨다. 따라서 영아를 유기하여 살해한 경우에는 영아유기치사죄의 성립을 부정하고, 영아살해죄의 성립만을 인정해야 한다. 이는 유기고의가 살해고의에 완전히 포함되는 고의에 불과하다는 관점에서도 타당하다. 이와 같이 해석할 경우에도 형법의 구조상 영아유기치상죄 및 진정결과적가중범으로서의 영아유기치사죄의 성립은 가능할 수 있다. 그러나 이는 영아살해죄와의 균형상 책임을 초과하는 과도한 처벌의 결과가 된다. 따라서 이때는 헌법합치적 해석에 따라 영아유기죄 및 과실치사상죄의 성립만을 인정해야 한다.

6. 학대죄

제273조의 학대죄는 자기의 보호 또는 감독을 받는 사람을 학대함으로써 성립하는 범죄이다. 본죄의 보호법익에 대하여는 유기죄와 동일하게 사람의 생명과 신체의 안전이라는 견해[270]와 생명 · 신체의 안전 및 널리 인격권도 보호법익이 된다는 견해[271]가 있다. 그러나 생명의 안전은 주로 유기죄의 보호법익이 되므로 본죄의 보호법익은 신체의 안전으로 이해하는 것이 타당하다. 또한 인간의 인격권은 본죄의 구성요건에 의하여 보호되는 반사적 이익에 불과하다. 살인죄 · 상해죄 · 폭행죄 · 유기죄에서도 인간의 인격권은 그 보호법익이 아니라 이들 구성요건에 의하여 보호되는 반사적 이익에 불과하다고 보아야 한다. 그러므로 학대죄는 유기죄와는 별개인 독립적 구성요건에 해당한다.

본죄는 법익보호의 정도에 따라 추상적 위험범으로 해석된다. 학대행위 자체로 본죄는 완성되며, 별도의 법익침해나 결과의 발생을 요건으로 하지 않는다. 따라서 본죄는 형식범이 된다.

270) 배종대, 121면; 백형구, 105면; 정성근/박광민, 129면; 정영일, 45면; 조준현, 141면.

271) 권오걸, 81면; 김성돈, 115면; 김일수/서보학, 87면; 박상기, 92면; 손동권/김재윤, 108면; 오영근, 92면; 이영란, 118면; 이재상/장영민/강동범, 112면; 이형국, 147면; 임웅, 134면; 진계호/이존걸, 131면.

6-1. 행위주체와 객체

본죄의 행위주체는 사람을 보호하거나 감독하는 자이다. 보호 내지 감독의 원인은 묻지 않으며, 사실상 사람을 보호하거나 감독하는 지위에 있으면 충분하다. 따라서 본죄는 진정신분범이다.

본죄의 행위객체는 행위자에 의하여 사실상 보호되거나 감독받는 자이다. 다만 행위객체가 18세 미만인 경우는 아동복지법의 적용을 받으며, 행위자의 직계존속이나 행위자의 배우자의 직계존속인 경우는 본조 제2항의 존속학대죄가 성립한다.

6-2. 행 위

본죄의 구성요건적 행위는 학대이다. 학대는 사람에게 육체적 고통 뿐 아니라 정신적 고통을 가하는 행위도 포함한다는 것이 일반적인 학설의 입장이다(통설).[272] 학대는 제125조와 제277조의 가혹행위보다 경미한 개념으로 보아야하기 때문에 정신적 고통을 가하는 처우도 학대의 개념에 포함시켜야 한다는 것이다. 이에 반하여 정신적 고통을 가하는 처우를 학대의 개념에서 제외시키는 견해[273]가 있다. 본죄의 보호법익이 인간의 인격권이라 할지라도 그것은 유기의 일종이라고 볼 수 있는 정도에 이르러야 한다는 것이다. 따라서 사람의 생명 · 신체의 안전을 위태롭게 할 육체적 고통을 가하는 처우만이 학대에 해당하고, 정신적 고통을 가하는 처우는 여기에서 제외된다고 한다.

일반적인 학대의 언어적 의미는 육체적 고통 외에 정신적 고통을 가하는 일체의 처우이다. 그러나 학대죄가 유기의 죄와 동일한 장에서 규정되어 있다는 점에서 학대죄에서의 학대를 일반적 개념으로 파악할 수는 없다(논리해석). 이러한 의미에서 학대죄의 보호법익은 사람의 신체에 대한 안전으로 이해할 수 있다. 다만 정신적 · 심리적 고통을 가하는 처우라고 하여 모두 학대의 개념에서 제외시킬 수는 없다. 정신적 · 심리적 고통을 가하는 처우가 객관적으로 신체의 안전을 위협할 정도인 경우, 예컨대 정신질환 · 정서불안 · 신경과민 등 정신적 질병야기의 위험성이 있는 경우에는 학대의 개념에 포함시킬 수 있다. 이는 육체적 고통을 가하는 처우의 경우에도 동일하다. 육체적 고통을 가하는 경우에도 그것은 객관적으로 신체의 안전을 위협할 정도에 이르러야 한다. 따라서 학대의 의미는 객관적으로 신체의 안전을 위협할 정도의 육체적 · 정신적 · 심리적 고통을 가하는 처우로 이해하여야 한다.[274]

---

272) 대법원 1986.7.4., 84도2922; 대법원 2000.4.25., 2000도223; 대법원 2015.7.9., 2013도7787; 대법원 2015.12.23., 2015도13488; 4 대법원 2016.8.30., 2015도3095; 대법원 2017.6.15., 2017도3448.

273) 이재상/장영민/강동범, 112면.

274) 동지, 김성돈, 122면 이하; 임웅, 135면; 정성근/박광민, 131면.

7. 아동혹사죄

제274조의 아동혹사죄는 자기의 보호 또는 감독을 받는 16세 미만의 자를 그 생명 또는 신체에 위험한 업무에 사용할 영업자 또는 그 종업자에게 인도하거나 인도받음으로써 성립한다. 본죄의 보호법익은 아동의 복지권 및 생명 · 신체의 안전이며, 보호정도는 추상적 위험범으로 해석된다. 따라서 아동혹사죄에서 16세 미만의 자가 현실적으로 생명 · 신체에 위험한 업무에 종사하였는지 또는 생명 · 신체에 대한 위험이나 침해의 결과가 발생하였는지 여부는 문제가 되지 않는다. 아동혹사죄는 학대죄와는 별개인 독립적 구성요건에 해당한다. 본죄의 구성요건적 행위는 아동을 생명 또는 신체에 위험한 업무에 사용할 영업자 또는 그 종업자에게 인도하거나 인도받는 것이므로, 단순히 인도계약을 체결하는 것만으로는 족하지 않고 현실적인 인도가 있을 것을 요한다.

본죄의 '위험한 업무'의 범위는 근로기준법 제65조[275]와 관련하여 논의되고 있다. 다만 본죄는 근로기준법 제65조 위반의 경우보다 중한 형이 규정되어 있으므로, 본죄의 업무는 근로기준법 제65조의 '대통령령으로 정한 도덕상 또는 보건상 유해 · 위험한 사업'에 비하여 축소된다는 것이 일반적인 학설의 입장이다(통설). 이에 반하여 본죄의 객체가 16세 미만의 자이므로 근로기준법의 금지직종보다 그 범위가 확대되어야 한다는 견해[276]도 있다. 그러나 근로기준법 제65조는 근로기준법의 적용 대상이 되는 사업에 제한되며, 그 직종도 대통령령으로 정해지는데 반하여, 본죄는 이러한 제한이 없으며, 영업의 적법 · 불법도 불문한다. 반면에 본죄의 업무는 '사람의 생명 · 신체에 위험한 업무'로 제한되는데 반하여, 근로기준법 제65조의 사업은 '보건상 뿐 아니라 도덕상의 유해 · 위험한 사업'도 포함한다. 따라서 본죄의 업무범위가 근로기준법 제65조의 금지직종과 비교하여 확대 또는 축소해석되어야 할 것은 아니다. 오히려 본죄의 보호목적에 일치하는 업무으 범위가 해석을 통하여 정해져야 한다.[277]

275) 근로기준법 제65조는 임신 중이거나 산후 1년이 지나지 아니한 여성과 18세 미만자를 대통령령으로 정한 도덕상 또는 보건상 유해 · 위험한 사업에 사용하는 경우와, 임산부가 아닌 18세 이상의 여성을 대통령령으로 정한 보건상 유해 · 위험한 사업 중 임신 또는 출산에 관한 기능에 유해 · 위험한 사업에 사용하는 경우를 금지하고 있으며, 이에 위반하는 경우는 동법 제109조에 의하여 3년 이하의 징역이나 3천만원 이하의 벌금형으로 처벌한다.

276) 황산덕, 196면.

277) 동취지, 조준현, 143면.

제2장 자유에 대한 죄

자유에 대한 죄는 헌법이 보장하는 기본적 인권 중의 하나인 자유권에 대한 침해 내지 위태화를 내용으로 하는 범죄이다. 형법에서 규정하고 있는 자유에 대한 죄로는 제29장의 체포와 감금의 죄, 제30장의 협박의 죄, 제31장의 약취와 유인의 죄, 제32장의 강간과 추행의 죄 및 제37장 일부의 강요의 죄가 있다. 자유에 대한 죄 중에서도 협박의 죄와 강요의 죄는 일반적인 의사결정의 자유와 의사활동의 자유를 보호하기 위하여 규정된 죄이며, 체포 · 감금의 죄와 약취 · 유인의 죄는 사람의 장소선택의 자유를 보호하기 위하여 규정된 죄이고, 강간과 추행의 죄는 개인의 성적 자기결정의 자유를 보호하기 위하여 규정된 죄이다.

제1절 협박의 죄

1. 협박의 죄 일반론

1-1. 의 의

협박죄는 사람을 협박함으로써 성립하는 범죄이다. 협박죄는 개인의 의사가 부당하게 외부적 영향을 받지 않도록 개인의 의사의 자유 내지 의사결정의 자유를 보호법익으로 하는 범죄이다. 협박죄의 법익보호의 정도에 관하여는 침해범설을 취하는 것이 일반적인 학설의 입장이다(통설). 형법이 협박미수죄를 처벌하고 있으며, 협박미수죄의 합리적인 해석은 협박죄를 침해범으로 이해할 경우에 가능하다는 것이다.

통설의 입장과 같이 형법이 협박죄의 미수를 처벌함으로써 협박죄는 침해범으로 규정된 것으로 보여 진다(역사적 해석). 그러나 협박죄의 보호법익은 의사의 자유 내지 의사결정의 자유인데, 이러한 법익에 대해서는 그 침해와 위태화 사이에 기수와 미수의 불법차이를 인정하는 것이 부적절하고 타당하지 않다. 예컨대 피해자로 하여금 공포심을 느끼기에 충분한 해악을 고지하였으나 우연히 피해자가 강심장이기 때문에 협박죄가 미수라는 것은 비논리적이다. 또한 피해자가 현실적으로 공포심을 일으켰는지에 의하여 기수 · 미수를 구별하는 것은 법적 안정성의 관점에서도 부당하며, 형법을 심정법학으로 이끌게 된다. 실질적으로도 의사의 자유와 의사결정의 자유라는 법익은 그 개념구조상 침해의 단계가 아니라 위태화의 단계에서 보호의 필요성이 충분히 인정된다. 개인의 의사가 부당하게 외부적 영향을 받지 않도록 보호하는 범죄구성요건이라면 부당하게 개인의 의사에 영향을 주는 행위 자체를 금지해야 한다. 이러한 점에서 협박죄는 추상적 위험범으로 해석하는 것이 합리적이다(목적론적해석).[1] 판례[2]도 전원합의체 판결로 종래의 입장을 변경하여 협박죄를 추상적 위험범으로 판단하였다.

1-2. 구성요건의 체계

[협박의 죄]

기본적 구성요건 – 협박죄: 제283조 제1항
가중적 구성요건 – 존속협박죄: 제283조 제2항; 특수협박죄: 제284조; 상습협박죄: 제285조

미수범: 제286조 (제283조 내지 제285조에 대하여)
반의사불벌죄: 제283조 제3항 (제283조 제1항과 제2항에 대하여)

협박의 죄에서 기본적 구성요건은 제283조 제1항의 협박죄이며, 제283조 제2항의 존속협박죄는 불법이 가중된 가중적 구성요건이다. 협박죄와 존속협박죄는 반의사불벌죄이다(제283조 제3항). 제284조의 특수협박죄는 행위방법의 위험성에 의하여 불법이 가중된 가중적 구성요건이며, 제285조의 상습협박죄는 상습성에 의하여 책임이 가중되는 가중적 구성요건이다. 이들 협박의 죄에 대하여는 미수범이 처벌된다(제286조).

2인 이상 공동하여 협박죄나 존속협박죄를 범하는 경우는 폭처법의 적용을 받으며, 이 경우는 동법 제2조 제4항에 의하여 형법 제283조 제3항의 적용이 배제된다.

2. 협박죄

2-1. 객관적 구성요건

1) 동지, 김성돈, 128면; 김성천/김형준, 144면; 박상기, 101면 이하; 구체적 위험범이라는 견해로는 정영일, 54면.

2) 대법원 2007.9.28., 2007도606 전원합의체 판결: "일반적으로 사람으로 하여금 공포심을 일으키게 하기에 충분한 것이어야 하지만, 상대방이 그에 의하여 현실적으로 공포심을 일으킬 것까지 요구하는 것은 아니며, 그와 같은 정도의 해악을 고지함으로써 상대방이 그 의미를 인식한 이상, 상대방이 현실적으로 공포심을 일으켰는지 여부와 관계없이 그로써 구성요건은 충족되어 협박죄의 기수에 이르는 것으로 해석하여야 한다."; 동지, 대법원 2008.5.29., 2006도6347; 대법원 2008.12.11., 2008도8922; 대법원 2011.1.27., 2010도14316; 대법원 2012.8.17., 2011도10451.

2-1-1. 행위객체

협박죄의 행위객체는 자연인인 사람이며 법인은 포함되지 않는다.[3] 협박죄의 객체인 사람은 해악의 고지에 의하여 공포심을 일으킬만한 정신적 능력을 요한다(통설). 따라서 영아, 완전한 명정자, 수면자 등은 본죄의 객체가 될 수 없다.[4] 다만 협박에 의하여 공포심을 일으킬 가능성이 인정되는 경우라면 최소한의 정신적 능력만으로도 협박죄의 행위객체로서 충분하다.

행위의 객체가 자기 또는 배우자의 직계존속인 경우는 존속협박죄(제283조 제2항)가 성립하며, 대한민국에 체재하는 외국의 원수와 대한민국에 파견된 외국사절인 경우는 각각 외국원수 · 외국사절에 대한 폭행 등 죄(제107조 제1항, 제108조 제1항)가 성립한다.

2-1-2. 행 위

2-1-2-1. 형법상 협박의 개념

협박은 해악을 고지하는 것이다. 형법은 협박개념을 여러 구성요건에서 사용하고 있다. 형법에서 사용하고 있는 협박개념은 폭행개념에 대응하여 다음과 같이 구별된다. 그러나 여기서의 협박개념의 구별도 폭행개념의 구별과 마찬가지로 그 자체로는 확실한 개념정립이 될 수가 없으며, 개별적인 구성요건에서 특별한 규범의 목적이 고려됨으로써 구체적으로 확정될 수 있을 뿐이다.

① 광의의 협박개념을 사용하는 구성요건으로는 본죄와 소요죄(제115조), 다중불해산죄(제116조), 공무집행방해죄(제136조)와 특수도주죄(제146조)가 있다. 여기서의 협박은 사람에게 해악을 고지함으로써 충분하며, 현실적으로 피해자에게 공포심이 일어났는지는 문제가 되지 않는다.

② 협의의 협박개념은 강요죄(제324조) 및 공갈죄(제350조)에서 사용된다. 협의의 협박은 사람에게 해악을 고지하여 공포심을 일으키는 것을 말한다.

③ 최협의의 협박은 상대방의 반항을 불가능하게 하거나(강도죄: 제333조) 또는 반항을 현저히 곤란하게 할 정도(강간죄: 제297조)의 강력한 해악의 고지를 의미한다.

2-1-2-2. 해악의 고지

협박죄에서의 협박은 광의의 협박으로 사람에게 공포심을 일으킬 수 있는 해악을 고지하는 것이다.[5] 그러므로 해악의 고지가 결여된 폭언은 협박이 아니다. 해악의 내용이 명백하게 표시될 필요는 없으며, 단지 상대방이 추측할 수 있도록 암시하는 것으로 충분하다. 또한 해악은 현실적으로 발생할 가능성이 있음을 요하지 않는다. 상대방이 해악의 발생가능성을 인식하면 족하다. 행위자가

---

3) 대법원 2010.7.15., 2010도1017: "협박죄는 자연인만을 그 대상으로 예정하고 있을 뿐 법인은 협박죄의 객체가 될 수 없다."

4) 협박죄에서 행위객체의 범위를 전혀 제한하지 아니하는 입장으로는 김성천/김형준, 146면.

5) 대법원 2007.9.28, 2007도606 전원합의체 판결; 동지, 대법원 2008.5.29, 2006도6347; 대법원 2008.12.11, 2008도8922; 대법원 2011.1.27, 2010도14316; 대법원 2012.8.17., 2011도10451.

진실로 그러한 해악을 실현하려는 의사가 있느냐는 문제가 되지 않는다. 이 경우에도 상대방이 행위자에게 주관적 실현의사가 있다고 추측할 정도면 충분하다. 그러나 행위자에게 해악을 실현할 의사가 없음이 객관적으로 명백한 때에는 협박이라고 할 수 없다.

협박에서 의미하는 해악은 그 해악의 실현이 행위자의 의사에 의하여 좌우될 수 있는 것이어야 한다.[6] 행위자의 의사에 의하여 좌우될 수 없는 해악을 고지하는 것은 단순히 위험을 경고(Warnung)하는 것에 불과하며, 협박에 해당하지 않는다. 이 경우 상대방이 공포심을 일으켰어도 그 공포심은 객관적인 사실인 위험 그 자체에 의하여 야기된 것이므로 이를 단순하게 상대방에게 알리는 것을 협박이라고 할 수는 없다. 행위자가 좌우할 수 있는 해악이란 행위자가 직접 해악을 가한다는 의미가 아니다. 그러한 해악에 대하여 행위자가 영향력을 행사할 수 있는 한, 협박죄에서 의미하는 유효한 해악의 고지가 된다. 또한 해악에 대하여 행위자의 영향력이 행사될 수 있다는 것도 현실적으로 영향력의 행사가 가능할 필요는 없으며, 상대방이 행위자의 영향력 행사가 가능하다고 여길 정도면 충분하다.

해악의 고지방법에는 제한이 없으며, 상대방이 해악의 내용을 인식할 수 있는 모든 방법이 유효하다. 언어나 문서 또는 거동이나 태도에 의한 고지도 가능하며, 직접적 · 간접적인 방법 뿐 아니라 명시적 · 묵시적인 방법에 의한 고지가 모두 포함된다. 문서에 의한 경우는 익명이나 허무인 명의로 해악을 고지하여도 협박으로 충분하다. 그러나 부작위에 의한 해악의 고지는 불가능하다.[7] 부작위에 의한 해악의 고지란 제3자가 피해자에게 해악을 고지하려 할 때 이를 방지할 보증인의 의무위반이라는 의미인데, 이러한 방법의 협박은 불가능하다고 보아야 한다.

단체나 다중의 위력을 보이거나 위험한 물건을 휴대하여 협박하는 경우는 제284조의 특수협박죄에 해당한다. 특수협박죄에서는 존속에 대한 가중처벌규정이 없다. 2인 이상이 공동하여 협박하는 경우는 폭처법이 적용된다(제2조 제3항).

2-1-2-3. 해악의 내용

독일형법의 협박죄에서는 해악의 내용을 범죄행위로 한정하고 있다.[8] 이에 반하여 형법은 협박죄에서 해악의 내용에 제한을 두고 있지 않다. 따라서 일체의 해악의 고지가 협박으로 가능하다(통설). 예컨대 뒤를 돌봐주지 않겠다는 부작위[9]를 내용으로 하는 해악의 고지도 협박으로 가능하며, 해

---

6) 대법원 2002.2.8., 2000도3245: "조상천도제를 지내지 아니하면 좋지 않은 일이 생긴다는 취지의 해악의 고지는 길흉화복이나 천재지변의 예고로서 행위자에 의하여 직접, 간접적으로 좌우될 수 없는 것이고 가해자가 현실적으로 특정되어 있지도 않으며 해악의 발생가능성이 합리적으로 예견될 수 있는 것이 아니므로 협박으로 평가될 수 없다."

7) 부작위에 의한 해악의 고지도 가능하다는 견해로는 김일수/서보학, 100면; 임웅, 152면; 정영일, 56면.

8) 독일형법 제241조는 '상대방이나 또는 그와 밀접한 관계에 있는 사람에 대하여 범죄를 범할 것이라고 협박하거나(제1항) 또는 범죄를 범할 것을 가장하여 협박하는 경우(제2항)'를 협박죄로 규정하고 있다.

9) 권오걸, 91면; 박상기, 99면; 김성돈, 130면; 손동권/김재윤, 115면; 오영근, 107면; 이재상/장영민/강동범, 117면; 임웅, 139면; 정성근/박광민, 149면; 진계호/이존걸, 153면.

악 내용의 불법 여부도 문제가 되지 않는다. 또한 해악은 상대방에 대한 직접적인 해악 뿐 아니라 그와 밀접한 관계에 있는 제3자[10]에 대한 해악의 고지도 포함한다.

다만 협박의 범위를 무한정 확장할 수는 없다. 따라서 이에 대하여는 사회적 상당성의 관점에서 합리적인 제한을 가할 필요성이 있다. 즉 불법한 구성요건적 행위인 협박은 사회적 상당성의 기준에 따라 상대방에게 공포심을 줄 수 있는 '상당한 정도의 해악'으로 제한되어야 한다.[11] 이러한 기준에 대한 판단은 객관적이어야 한다. 따라서 객관적으로 공포심을 주기에 불충분한 해악을 고지하였으나 심약한 상대방이 공포심을 일으킨 경우는 협박이 아니다. 다만 행위자가 알고 있는 상대방에 대한 개인의 특수사정은 행위자의 특별지식으로 고려되어야 한다.

2-1-2-4. 목적과 수단의 관계

정당한 권리를 행사하기 위한 수단으로 협박하는 경우는 제20조의 사회상규에 위배되지 아니하는 정당행위라는 것이 학설의 일반적인 입장이다(통설). 즉 '목적과 수단의 관계(Zweck-Mittel-Relation)'에 비추어 해악의 고지가 합법적인 권리의 행사로서 사회상규에 반하지 아니한 때에는 협박죄의 위법성이 조각된다는 것이다. 대법원도 일반적으로 정당한 권리행사인 협박을 위법성조각의 정당행위의 관점[12]에서 판시하고 있으나, 이를 구성요건해당성 차원에서 협박죄가 성립하지 않는 것으로 판시[13]한 경우도 있다.

협박죄에서 '목적과 수단의 관계'를 위법성조각사유의 관점에서 이해하는 통설과 판례의 태도는 타당하지 않다. 이러한 관점은 이론 없이 배척된 벨첼의 개방적 구성요건이론[14]을 다시 채택하는 결과가 되기 때문이다. '목적과 수단의 관계'에 의하여 정당한 권리행사로 평가되는 행위는 사회적 상당성이 인정되는 행위이며, 사회적으로 상당한 행위는 처음부터 적법한 행위이므로, 형법은 이러한 행위를 구성요건에 포함시킬 수 없다. 사회적으로 상당한 행위에도 일정한 위험이 포함될 수 있

---

10) 대법원 2012.8.15., 2011도10451: "피고인이 경찰서 지령실에 전화를 걸어 경찰관에게 특정 정당의 경기도당 당사를 폭파하겠다고 말한 행위는, 그 정당에 관한 해악을 고지한 것으로 경찰관에 관한 해악을 고지한 것이 아니고, 그 정당에 대한 해악의 고지가 경찰관 개인에게 공포심을 일으킬 만큼 그와 밀접한 관계에 있다고 보기도 어려워 협박에 해당한다고 볼 수 없다."

11) 동취지, 배종대, 130면; 이영란, 136면; 이형국, 160면.

12) 대법원 2007.9.28., 2007도606: "해악의 고지가 정당한 권리행사나 직무집행으로서 사회상규에 반하지 아니하는 때에는 협박죄가 성립하지 아니하나, 외관상 권리행사나 직무집행으로 보이더라도 실질적으로 권리나 직무권한의 남용이 되어 사회상규에 반하는 때에는 협박죄가 성립한다고 보아야 할 것인바, 구체적으로는 그 해악의 고지가 정당한 목적을 위한 상당한 수단이라고 볼 수 있으면 위법성이 조각되지만, 위와 같은 관련성이 인정되지 아니하는 경우에는 그 위법성이 조각되지 아니한다."; 동지, 대법원 1984.6.26., 84도648; 대법원 1995.9.29., 94도2187; 대법원 2002.2.8., 2001도6468; 대법원 2011.7.14., 2011도639.

13) 대법원 2011.5.26., 2011도2412: "해악의 고지가 있다 하더라도 그것이 사회의 관습이나 윤리관념 등에 비추어 사회통념상 용인될 정도의 것이라면 협박죄는 성립하지 않으나, 이러한 의미의 협박행위 내지 협박의 고의가 있었는지 여부는 행위의 외형 뿐 아니라 그러한 행위에 이르게 된 경위, 피해자와의 관계 등 전후 상황을 종합하여 판단해야 할 것이다."; 동지, 대법원 1998.3.10., 98도70.

14) 이에 관하여는 이정원/류석준, 형법총론, '제2편, 제2장, 제1절, 3-4. Welzel의 개방적 구성요건이론' 참조.

으나, 정상적인 사회활동에 포함된 이러한 위험은 허용된 위험으로서 구성요건해당성이 배제된다. 이와 같이 '목적과 수단의 관계'에 의하여 사회적으로 상당한 협박은 '예외적인 허용규범에 의하여 허용되는 행위'로 평가되는 것이 아니라, '처음부터 적법하기 때문에 어떠한 구성요건에도 포함시킬 수 없는 행위'라고 보아야 한다. 따라서 사회적으로 상당한 행위인 정당한 권리행사는 정상적인 사회활동으로서 협박죄의 구성요건해당성이 배제된다.

목적과 수단의 관계에 비추어 사회적으로 상당한 행위로서 처음부터 협박죄의 구성요건적 행위인 협박에 포함시킬 수 없는 행위는 다음의 요건을 필요로 한다. ① 목적이 비난가능해서는 안 된다. 여기서의 비난가능성은 사회윤리적 평가가 기준이 된다. 예컨대 약속한 성관계를 이행하도록 요구하는 협박은 목적이 비난가능한 불법한 협박에 해당한다. ② 수단이 비난가능해서도 안 된다. 예컨대 정당한 채무변제의 요구일지라도 범죄 등을 범할 것이라고 협박하는 경우는 수단이 비난가능한 불법한 협박에 해당한다. ③ 목적보다 수단이 중한 때에도 권리남용으로서 사회적 상당성이 인정되지 않는다. 예컨대 임금협상을 하면서 회사방화 등의 협박을 하는 것은 목적보다 중한 수단으로서 불법한 협박에 해당한다. ④목적과 수단이 내적 관련이 없는 경우에도 사회적 상당성이 인정되지 않는다. 예컨대 회사돈을 횡령한 여직원에게 성관계를 거부하면 고발하겠다는 협박은 불법한 협박에 해당한다.

본질적으로 순수한 협박개념에는 목적관점이 포함되지 않는다. 만약 협박에 어떠한 목적관점을 포함시킨다면, 그것은 단순한 협박이 아니라 강제 내지 강요의 수단이 된다. 예컨대 강간죄 · 강도죄 · 공갈죄 · 강요죄 등에서의 협박이 그것이다. 따라서 원칙적 · 입법론적으로 협박죄에서는 목적과 수단의 관계가 특별히 문제되지 않아야 한다.

다만 형법은 강요죄를 '폭행 또는 협박으로 사람의 권리행사를 방해하거나 의무 없는 일을 하게 함으로써 성립하는 범죄'로 구성하고 있다. 따라서 폭행 또는 협박으로 '의무 있는 일'을 강요하는 경우는 형법의 구조상 강요죄에 포섭되지 않으며, 단순한 폭행죄나 협박죄에 해당할 수 있게 된다.[15] 이 경우 '의무 있는 일'을 하게 하는 협박행위는 구체적 사안에 따라 목적과 수단의 관계에 의하여 정당한 권리행사로 평가될 수가 있으며, 이와 같이 정당한 권리행사로 평가된 협박행위는 사회적으로 상당한 행위로서 협박죄의 구성요건해당성이 배제된다. 따라서 목적과 수단의 관계에 의하여 협박죄의 구성요건해당성이 배제되는 경우는 오직 협박으로 '의무 있는 일'을 하게 하는 경우로 한정된다.[16]

---

15) 대법원 2008.5.15., 2008도1097: "폭행 또는 협박으로 법률상 의무 있는 일을 하게 한 경우에는 폭행 또는 협박죄만 성립할 뿐 강요죄는 성립하지 아니한다."; 동지, 대법원 2012.11.29., 2010도1233.

16) 그러나 이러한 경우라면 협박죄의 범위를 제한할 것이 아니라, 강요죄의 범위를 제한하는 것이 논리적이다. 따라서 형법이 폭행 · 협박으로 피해자가 원치 않는 의무 있는 일을 하게 하는 경우를 강요죄의 구성요건에서 제외시킨 것은 의문이며, 이에 대해서는 입법의 재고를 요한다.

2-1-2-5. 기수시기

협박죄를 침해범으로 해석하는 통설에 의하면, 해악의 고지에 의하여 상대방이 공포심을 느꼈을 때 본죄의 기수를 인정한다. 그러나 협박죄는 추상적 위험범으로 파악하는 것이 타당하다. 위험범설에 의하면 협박죄는 사람으로 하여금 공포심을 일으키게 하기에 충분한 해악을 고지함으로써 기수에 이르게 된다.[17] 상대방이 그 의미를 인식할 수 있도록 해악을 고지함으로써 충분하며, 상대방이 현실적으로 공포심을 일으켰는지 여부는 문제가 되지 않는다.[18]

형법은 협박죄의 미수를 처벌한다(제286조). 통설인 침해범설은 해악의 고지가 상대방의 공포심을 유발하지 못한 경우에 본죄의 미수를 인정한다. 그러나 협박죄를 위험범으로 파악하면 미수범을 매끄럽게 해석하기가 곤란하다. 대법원도 협박죄를 침해범으로 파악하던 종래의 입장을 전원합의체 판결로 변경하면서, 협박죄의 미수는 '해악의 고지가 현실적으로 상대방에게 도달하지 아니한 경우'와 '도달은 하였으나 상대방이 이를 지각하지 못하였거나 고지된 해악의 의미를 인식하지 못한 경우' 등에 적용될 뿐이라고 판시[19]하였다. 위험범설을 취하는 학설에서도 협박죄의 미수는 해악의 내용이 상대방에게 도달하기 전단계까지 성립할 수 있다고 한다.[20] 그러나 주관적 객관설의 관점이라면 해악의 고지가 상대방에게 도달하기 이전에 협박죄의 실행의 착수를 인정하는 것은 타당하다고 할 수 없다. 오히려 협박죄의 미수에 대해서는 실질적인 의미를 부여하기가 곤란하다고 해야 한다. 오직 객관적으로 공포심을 야기하기에 불충분한 해악을 고지하는 경우에 불능미수의 성립가능성만이 문제될 수 있을 뿐이다. 입법론적으로는 협박죄의 미수범 처벌규정을 삭제하는 것이 타당하다.

2-2. 주관적 구성요건

본죄의 주관적 구성요건요소는 협박의 고의이다. 협박의 고의란 상대방에게 공포심을 야기하기에 충분한 해악을 고지한다는 인식과 의사를 말한다. 그러나 행위자의 주관적인 해악의 실현의사는 고의의 내용이 아니다. 따라서 행위자가 진정으로 해악을 실현할 의사가 없는 경우에도 협박고의는 인정된다.

2-3. 위법성

협박죄의 구성요건에 해당하는 행위도 일반적인 위법성조각사유에 의하여 허용될 수 있음은 당연하다. 현재의 부당한 침해에 대한 상당한 반격행위로써 해악의 고지는 정당방위에 해당한다.

---

17) 대법원 2007.9.28., 2007도606 전원합의체 판결; 동지, 대법원 2008.5.29., 2006도6347; 대법원 2008.12.11., 2008도8922; 대법원 2011.1.27., 2010도14316.

18) 동지, 김성돈, 132면; 김성천/김형준, 146면; 박상기, 101면 이하; 정영일, 58면 이하.

19) 대법원 2007.9.28., 2007도606 전원합의체 판결: "협박죄는 사람의 의사결정의 자유를 보호법익으로 하는 위험범이라 봄이 상당하고, 협박죄의 미수범 처벌조항은 해악의 고지가 현실적으로 상대방에게 도달하지 아니한 경우나, 도달은 하였으나 상대방이 이를 지각하지 못하였거나 고지된 해악의 의미를 인식하지 못한 경우 등에 적용될 뿐이다."

20) 박상기, 101면 이하; 동지, 김성돈, 132면 각주 12); 정영일, 58면.

정당한 권리를 행사하기 위한 수단으로써 협박을 하는 경우에 대하여 통설은 목적과 수단의 관점에서 정당행위로 파악하고 있으나, 정당한 권리행사는 사회적으로 상당한 행위로서 처음부터 위법하지 아니한 적법한 행위이다. 전형적인 불법행위를 기술하는 구성요건은 이러한 행위를 처음부터 포함할 수 없으므로, 이와 같이 사회적으로 상당한 행위에 대해서는 구성요건해당성이 배제된다.

제2절 강요의 죄

1. 강요의 죄 일반론

1-1. 의 의

제324조의 강요죄는 폭행 또는 협박으로 사람의 권리행사를 방해하거나 의무 없는 일을 하게 함으로써 성립하는 범죄이다. 형법은 강요의 죄를 재산에 대한 죄인 제37장 권리행사를 방해하는 죄의 장에 함께 규정하고 있다. 이러한 형법의 편제에도 불구하고 강요죄는 개인의 의사결정 내지 의사활동의 자유를 보호법익으로 하는 죄로 이해되고 있다(통설). 입법론적으로 협박죄와 강요죄는 개인의 의사의 자유를 보호법익으로 하는 죄로서 동일한 장에서 함께 규정하는 것이 바람직하다.

> 구형법은 협박죄의 미수범은 처벌하고 협박죄보다 중한 범죄인 강요죄의 미수범은 처벌하지 않았다. 이와 반대로 독일형법에서는 협박죄의 미수범을 처벌하지 않으며, 강요죄의 미수범은 처벌한다. 개정형법은 협박죄 · 강요죄 모두에 대하여 그 미수범을 처벌하고 있다.

강요의 죄는 의사결정의 자유 뿐 아니라 그 활동의 자유도 보호법익으로 한다. 본죄는 법익보호의 정도에 따라 침해범으로 해석되며, 강요에 의하여 '권리행사의 방해' 또는 '의무 없는 일을 하게 함'이라는 결과의 발생을 요하는 결과범으로 해석된다(통설).

또한 형법은 강요죄를 '폭행 또는 협박으로 사람의 권리행사를 방해하거나 의무 없는 일을 하게 함으로써 성립하는 범죄'로 규정함으로써 '폭행 또는 협박으로 의무 있는 일을 하게 하는 경우'를 강요죄에서 배제하고 있다. 이러한 형법의 태도는 강요의 본질적 의미와 일치하지 않으며, 이에 따라 형벌의 공백을 드러내게 된다. 입법론적 재고를 요하는 부분이다.

1-2. 구성요건의 체계

[강요의 죄]

기본적 구성요건 – 강요죄: 제324조 제1항
가중적 구성요건 – 특수강요죄: 제324조 제2항; 중강요죄: 제326조; 인질강요죄: 제324조의2; 인질상해 · 치상죄: 제324조의3; 인질살해 · 치사죄: 제324조의4

미수범: 제324조의5 (제324조 내지 제324조의4에 대하여)
임의적 형감경사유: 제324조의6 (인질강요죄에서 인질을 안전한 장소로 풀어준 때)

강요의 죄에서 기본적 구성요건은 제324조 제1항의 강요죄이며, 동조 제2항의 특수강요죄는 행위방법에 의하여 불법이 가중된 가중적 구성요건이다. 제326조의 중강요죄는 결과적가중범으로서 불법이 가중된 가중적 구성요건이다.

제324조의2 내지 제324조의4에서는 인질범죄에 대한 대책으로 인질강요죄에 관한 규정을 신설하였다. 인질강요죄는 사람을 체포 · 감금 · 약취 · 유인하여 이를 인질로 삼아 강요죄를 범하는 경우로서, 행위방법에 의하여 불법이 가중되는 가중적 구성요건에 해당한다. 인질강요죄는 체포 · 감금 · 약취 · 유인죄와 강요죄의 결합범으로 구성되어 있다. 제324조의3과 제324조의4에 의한 인질상해 · 치상죄와 인질살해 · 치사죄는 인질강요죄와 상해죄 · 살인죄의 결합범이거나 그 결과적가중범으로서 불법이 가중된 가중적 구성요건에 해당한다. 인질강요죄, 인질상해 · 치상죄를 범한 자와 그 죄의 미수범이 인질을 안전한 장소로 풀어준 때에는 그 형을 감경할 수 있다(제324조의6). 제324조 내지 제324조의4의 죄에 대하여는 미수범이 처벌된다(제324조의5).

2인 이상 공동하여 강요죄를 범한 경우에는 폭처법이 적용된다(제2조 제2항 제2호). 제366조의 인질강도죄는 재물 또는 재산상의 이익의 제공을 강요하는 인질강요죄로 볼 수 있으나, 인질강도죄는 재산범죄이므로 강요죄와 그 보호법익을 달리하는 별개의 범죄로 해석된다. 또한 제123조의 직권남용죄와 제136조의 공무집행방해죄도 공무원에 의한 또는 공무원에 대한 강요죄의 성격을 가지고 있으나, 강요죄와는 그 보호법익을 달리하는 별개의 범죄이다.

2. 강요죄

2-1. 의 의

강요죄는 폭행 또는 협박으로 사람의 권리행사를 방해하거나 의무 없는 일을 하게 함으로써 성립하는 범죄이다. 강요죄는 협박죄와 같이 개인의 의사결정의 자유를 보호법익으로 하는 죄이며, 그 중에서도 특히 의사활동의 자유를 보호법익으로 한다. 따라서 강요죄는 의사결정 내지 의사활동의 자유를 침해하는 침해범으로 구성되어 있으며, 개정형법은 구형법과 달리 강요죄의 미수범을 처벌함으로써 이를 명백히 하였다. 2인 이상 공동하여 강요죄를 범한 경우에는 폭처법이 적용된다(제2조 제2항).

2-2. 행위객체

강요죄의 행위객체는 자연인인 사람이며, 법인은 포함되지 않는다. 강요죄의 행위객체는 협박죄와 동일하게 의사의 자유를 가진 자로 제한하는 것이 학설의 일반적인 입장이다(통설). 물론 수면자나 기절한 자 또는 최면상태에 있는 자와 같이 완전한 의사무능력 상태에 있는 자를 강요죄의 행위객체에 포함시킬 수는 없다.[21] 그러나 해악의 고지에 대하여 정신적 반응이 필요한 협박죄에서와는 달리, 폭행 · 협박에 대하여 육체적 반응이 필요한 강요죄에서는 완전한 의사무능력자가 아니라면 강요죄의 행위객체에서 제외시킬 이유가 없다. 예컨대 명정자나 정신병자를 완력으로 강요하거나 또는 길을 막아 가지 못하게 하는 행위는 강요죄에 해당한다고 해석하여야 한다.[22]

2-3. 행 위

2-3-1. 강요의 수단

본죄의 구성요건적 행위는 폭행 또는 협박으로 권리행사를 방해하거나 의무 없는 일을 하게 하는 것이다. 강요의 수단은 폭행 또는 협박이다.

2-3-1-1. 폭 행

폭행이란 일반적으로 사람에 대한 유형력의 행사를 말한다. 통설은 강요죄에서의 폭행개념을 광의의 폭행으로 이해하고 있다. 따라서 강요죄에서의 폭행은 반드시 사람의 신체에 대한 직접적인 유형력의 행사에 한하지 않으며, 물건에 대한 폭행이라도 그것이 간접적으로 사람에 대한 유형력의 행사라면 여기에 해당한다(통설). 또한 "폭행이란 사람의 의사결정이나 의사활동을 강제하는 일체의 유형력의 행사이므로, 상대방에게 공포심을 갖게 하여 그의 의사결정 내지 의사활동에 영향을 미칠 정도인 한 그 유형력이 직접 사람에게 행하여졌든지 물건에 가하여졌든지 불문한다"고 하여 강요죄에서의 폭행을 최광의의 폭행으로 설명하는 견해[23]도 있다. 이러한 견해는 "사람의 의사결정이

21) 자연인이면 누구나 강요죄의 행위객체가 될 수 있다는 견해로는 김성천/김형준, 212면.

22) 동지, 권오걸, 100면.

23) 이형국, 167면; 동취지, 이영란, 143면.

나 의사활동을 강제하는 폭력의 수단으로 점점 지능적이고 교활한 방법[24]이 동원된다"는 점에서 수긍할만하다. 특히 독일의 다수설[25]은 강요의 수단인 폭력(Gewalt)의 개념을 '현재의 상당한 해악으로 타인의 의사나 태도에 대하여 강제의 작용을 하는 모든 수단'으로 이해함으로써 유형력의 행사라는 요건으로부터도 벗어나고 있다.

이러한 폭행개념의 확장은 강요죄의 본질이 개인의 의사결정과 의사활동의 자유를 침해하는 죄이며, 따라서 그 수단의 핵심도 신체활동의 자유가 아니라 의사활동의 자유를 침해하는 것이면 충분하다는 점에 있다. 따라서 강요의 수단인 폭행이 반드시 사람에 대한 직접적 또는 간접적인 유형력의 행사에 제한될 필요는 없으며, 물건에 대한 유형력의 행사일지라도 그것이 사람의 의사결정이나 의사활동의 자유를 침해할 정도로 심리적 작용을 가할 수 있다면 충분하다고 해석된다.[26] 예컨대 자해 · 자손행위를 수단으로 하는 강요행위 또는 도로 · 궤도 · 건물 등의 무단점거를 수단으로 하는 강요행위는 사람에 대한 간접적인 유형력의 행사가 아니라 단순히 물건에 대한 유형력의 행사로 파악되지만, 강요의 수단인 폭행으로 충분하다고 해석된다. 이러한 의미에서 강요죄에서의 폭행개념은 최광의의 폭행으로 해석된다.[27]

그러나 독일의 다수설과 같이 폭행개념을 유형력의 행사로부터 분리시킬 수는 없다. 우선 일상적인 언어의 의미에서 유형력으로 평가되지 않는 무형력은 폭행의 범주에 들어오지 않는다. 또한 일반적으로 무형력에 의한 강제효과는 직접적이 아니라 간접적이다. 예컨대 효과적인 강요행위의 목적을 달성하기 위하여 혐오 · 공포스러운 모습을 보이는 경우, 집단의 위력을 보이는 경우, 지속적 · 반복적 괴롭힘을 수단으로 하는 경우, 신분적 지위를 이용한 위력을 수단으로 하는 경우[28] 또는 폭언 등의 수단으로 수치심을 유발하는 경우 등은 유형력의 행사가 아니므로 폭행의 개념에 포함시킬 수 없다.[29] 또한 이러한 수단들은 상대방의 의사결정이나 의사활동을 직접적으로 강제하는 것이 아니므로 그 강제효과도 간접적인 심리적 영향력에 불과하다. 만약 이러한 무형력을 강요의 수단에 포함시킨다면 강요죄의 범위는 무한히 확대된다. 따라서 강요수단으로서의 폭행은 유형력의 행사로 제한되어야 한다.[30]

폭행은 의사활동을 강제하는 강제적 폭력의 행사 뿐 아니라 의사활동의 강제를 넘어서 신체활동을 강제하는 절대적 폭력의 행사를 포함한다. 예컨대 수면제 등을 복용시켜 권리행사를 방해하는

---

24) Vgl. Eser, S-S StGB, Vorbem. §§ 234 ff. Rdnr. 6.

25) Vgl. Tröndle/Fischer, StGB § 240 Rdnr. 5 ff.; Schäfer, LK StGB, § 240 Rdnr. 5 ff.; Eser, S-S StGB, Vorbem. §§ 234 ff. Rdnr. 6 mwN.

26) 동취지, 박상기, 105면; 이영란, 143면; 이형국, 167면; 임웅, 159면; 정성근/박광민, 155면.

27) 동취지, 이영란, 143면; 이형국, 167면.

28) 권오걸, 102면.

29) 이들 중 특정한 경우에는 거동이나 태도에 의한 해악의 고지로 협박개념에 포함될 수 있을 것이다.

30) 무형력에 의한 강요행위에 대해서는 위력 또는 위계을 수단으로 하는, 예컨대 제314조의 업무방해죄나 제315조의 경매 · 입찰방해죄 등의 특별구성요건에 의하여 해결하여야 할 것이다.

경우가 그러하다.

2-3-1-2. 협박

강요의 수단인 협박은 해악을 고지하여 상대방에게 공포심을 일으키는 것을 말한다. 강요죄에서의 협박은 협의의 협박을 의미한다(통설). 해악의 고지가 있었지만 상대방이 공포심을 일으키지 아니하고 동정이나 연민 또는 양보의 차원에서 의사를 변경한 경우에는 강요수단인 협박의 정도로서 충분하지 않다.[31] 강요죄에서 협박의 정도는 '해악의 고지가 상대방의 의사결정에 영향을 줄 수 있을 정도로 공포심을 유발'하여야 한다(통설).[32] 강요죄에서 협박당하는 사람으로 하여금 공포심을 일으키게 하는 정도의 해악의 고지인지 여부는 그 행위 당사자 쌍방의 직무, 사회적 지위, 강요된 권리, 의무에 관련된 상호관계 등 관련 사정을 고려하여 판단되어야 한다.[33]

대법원은 "주식회사 A는 X컨트리클럽을 인수하여 Y컨트리클럽으로 명칭을 변경하여 운영함으로써 X컨트리클럽의 회원들은 당연히 Y컨트리클럽의 회원으로서의 지위를 가지게 되었음에도 불구하고, 골프시설의 운영자가 종전 골프회원에게 불리하게 변경된 내용의 회칙에 대하여 동의한다는 내용의 등록신청서를 제출하지 아니하면 회원으로 대우하지 아니하겠다고 통지한 것이 강요죄에 해당한다"[34]고 판시하였다. 그러나 이는 채권자들의 분노를 야기하는 단순한 조건부 채무불이행의 고지로서 공포심을 야기하는 강요행위로 평가할 수 없다.

또한 "환경단체 소속 회원들이 축산 농가들의 폐수 배출 단속활동을 벌이면서 폐수 배출 현장을 사진촬영하거나 지적하는 한편 폐수 배출사실을 확인하는 내용의 사실확인서를 징구하는 과정에서 서명하지 아니할 경우 고발조치하겠다고 겁을 주고, 위 단속행위와 사실확인서를 작성할 권한 있는 듯이 행세하는 등의 일련의 행위가 '협박'에 의한 강요행위에 해당한다"[35]고 판시하였다. 이 경우는 '권한 있는 듯이 행세하는 등의 일련의 기망행위'가 효과적인 협박을 위한 하나의 수단으로 이루어진 경우로서 강요죄에 해당할 수 있다. 이때는 협박이 사실확인서 서명에 대한 피강요자의 의사형성에 작용하고 있다. 만약 해악의 고지가 기망을 위한 효과적인 방법에 불과한 경우라면 기망이 피해자의 의사형성에 작용하기 때문에 강요죄의 성립은 부정된다.

---

31) 대법원 2008.11.27., 2008도7018: "직장에서 상사가 범죄행위를 저지른 부하직원에게 징계절차에 앞서 자진하여 사직할 것을 단순히 권유하였다고 하여 이를 강요죄에서의 협박에 해당한다고 볼 수는 없다."

32) 대법원 2003.9.26., 2003도763: "강요죄에서의 협박은 객관적으로 사람의 의사결정의 자유를 제한하거나 의사실행의 자유를 방해할 정도로 겁을 먹게 할 만한 해악을 고지하는 것을 말한다."; 대법원 2007.6.1., 2006도1125; 대법원 2008.11.27., 2008도7018; 대법원 2010.4.29., 2007도7064; 대법원 2013.4.11., 2010도13774; 대법원 2017.10.26., 2015도16696.

33) 대법원 1991.5.10., 90도2102; 대법원 1998.3.10., 98도70; 대법원 2007.6.1., 2006도1125; 대법원 2010.4.29., 2007도7064; 대법원 2011.5.26., 2011도2412; 대법원 2013.1.31., 2012도2409; 대법원 2013.4.11., 2010도13774.

34) 대법원 2003.9.26., 2003도763.

35) 대법원 2010.4.29., 2007도7064.

2-3-1-3. 폭행 · 협박의 대상

강요죄에서 폭행의 대상은 문제가 되지 않는다. 강요죄의 폭행은 최광의의 폭행이므로 상대방의 의사결정이나 의사활동을 직접적으로 강제할 수 있는 한 사람 뿐 아니라 물건도 모두 폭행의 대상이 되기 때문이다. 이에 반하여 통설은 강요죄에서의 폭행을 광의의 폭행으로 파악한다. 따라서 폭행의 대상도 문제가 된다. 다만 소위 삼각강요를 인정함으로써 폭행 · 협박을 당한 사람과 피강요자가 일치할 필요가 없다고 한다(통설). 강요죄에서의 폭행개념이 점차 심리적인 강제효과를 중심으로 이해되고, 더 나아가 신체적 강제와 심리적 강제를 동일시하는 것이 오늘날의 경향이라고 한다.[36] 그러나 이러한 관점이라면 강요죄의 폭행을 최광의의 폭행으로 이해하는 것이 통일적이고 합리적인 입장이 될 것이다.

협박의 대상도 특별하게 문제가 되지 않는다. 다만 제3자에 대한 협박의 경우에는 피강요자의 의사결정이나 의사활동에 대하여 강제효과를 발생시킬 수 있을 정도의 밀접한 인간관계가 필요하다.

2-3-2. 강요의 내용

강요죄의 구성요건적 행위는 폭행 또는 협박을 수단으로 사람의 권리행사를 방해하거나 의무 없는 일을 하게 하는 것이다. 구형법은 강요의 내용을 권리행사를 방해하는 것으로만 규정하고 있었으나, 통설은 의무 없는 일을 하게 하는 것도 권리행사의 방해로 해석하였다. 개정형법은 이러한 통설의 입장을 수용하여, '권리행사방해' 외에 '의무 없는 일을 하게 하는 것'도 강요의 내용으로 규정하였다.

권리행사를 방해한다 함은 행사할 수 있는 권리를 행사하지 못하게 하는 것을 말한다. 행사할 수 있는 권리는 반드시 법령의 근거가 있을 필요는 없으며, 그 권리행사가 법률행위이든 또는 사실행위이든 문제가 되지 않는다. 의무 없는 일을 하게 함은 의무 없는 자에게 일정한 작위 · 부작위 또는 이를 수인하도록 하는 것이다.

그러나 의무 있는 일을 하도록 강요하는 경우[37]가 강요의 내용에 포함되지 아니한 것은 입법론적으로 부당하다. 의무 있는 일이라도 의무이행의 촉구를 폭행 · 협박으로 강제하는 경우는 강요죄의 불법내용이 되어야하기 때문이다. 현실적으로 특히 문제되는 사안으로는 소위 심부름센터의 폭행 · 협박에 의한 과도한 채권추심이 여기에 해당한다. 현행법의 해석으로 의무 있는 일을 하도록 폭행 · 협박을 가한 경우는 폭행죄 내지 협박죄가 될 뿐이다. 그러나 폭행죄에서의 폭행개념과 강요죄에서의 폭행개념은 동일하지 않으므로 협의의 폭행 이외의 폭행으로 의무 있는 일을 강요하는 경우는 폭행죄에도 해당하지 않게 되어 커다란 형벌의 공백이 생기게 된다.

---

36) 권오걸, 101면; 박상기, 105면; 이영란, 143면; 이형국, 167면; 정성근/박광민, 155면.

37) 대법원 2008.5.15., 2008도1097: "폭행 또는 협박으로 법률상 의무 있는 일을 하게 한 경우에는 폭행 또는 협박죄만 성립할 뿐 강요죄는 성립하지 아니한다."; 동지, 대법원 2012.11.29., 2010도1233.

2-4. 결과의 발생

강요죄는 구성요건적 결과의 발생을 요하는 결과범이다. 강요죄의 구성요건적 결과는 '권리행사 방해' 또는 '의무 없는 일을 하게 하는 것'이다. 이러한 강요의 결과는 폭행 · 협박과 인과관계가 있어야 하며, 강요자에게 객관적으로 귀속될 수 있어야 한다.

> 독일형법 제240조 제4항은 타인에게 성적 행위를 강요한 경우, 임산부에게 낙태를 강요한 경우 및 공무원의 지위나 권능을 남용하여 강요한 경우를 특별히 중한 경우(Ein besonders schwerer Regelfall)로서 중한 양형이 가능하도록 규정하고 있다. 강요의 결과는 그 불법의 양적 측면에서 특별히 중한 경우가 얼마든지 있으므로, 독일형법의 태도는 입법기술적으로 타당하다고 보여 진다.

2-5. 실행의 착수와 기수시기

강요죄의 실행의 착수는 강요행위가 아니라 폭행 또는 협박을 기준으로 판단되어야 한다. 권리행사를 방해하거나 의무 없는 일을 하게 할 의도로 폭행 또는 협박을 시작하는 때에 이미 본죄의 실행의 착수가 있게 된다. 폭행 · 협박에 앞서 권리행사를 방해하거나 의무 없는 일을 하게 한 경우에도 폭행 · 협박이 시작되지 않았다면 아직 강요죄는 개시되지 아니한 것이다. 폭행 · 협박이 없는 한, 이는 강제적 요구가 아니라 단순한 비강제적 요구에 지나지 않기 때문이다.

강요죄는 피강요자의 권리행사가 방해되었거나 의무 없는 일을 함으로써 기수에 이르게 된다. 고속도로상에서 헤드라이트를 켜고 경적을 울리며 밀착 · 위협 운전하는 대형 트레일러 운전자[38]의 경우에 위협을 당하는 운전자가 현실적으로 길을 비키는 등으로 강요를 당했을 때 강요죄는 기수에 이르게 된다. 또는 이 경우 피강요자가 겁에 질려 꼼짝도 못하고 그대로 주행하였을 경우라도, 피강요자가 자유의사에 따라 달리 운전하지 못했다는 관점에서 강요의 결과는 발생한 것으로 보아야 한다.

2-6. 위법성

강요죄의 구성요건에 해당하는 행위는 일반적인 위법성조각사유에 의하여 허용될 수 있다. 응급환자를 수송하기 위하여 지나가는 승용차의 운전자를 강요하는 행위는 긴급피난으로 위법성이 조각될 수 있다. 또한 근로자의 단결권이나 단체행동권에 수반된 강요행위는 그것이 권리남용이 되지 않는 한 법률에 의한 행위로서 위법성이 조각된다.

강요죄에 있어서도 협박죄에서와 동일하게 목적과 수단의 관계에 의한 비난가능성을 기초로 위법성의 범위를 한정하는 것이 학설의 일반적인 입장이다(통설). 이러한 통설의 태도는 목적과 수단의 관계에 의한 비난가능성에 의하여 강요죄의 위법성을 인정하는 독일형법 제240조 제2항의 영향으

---

38) Vgl. BGHSt 29, 263.

로 생각된다. 그러나 이미 상기의 협박죄에서 살펴본 바와 같이[39] 목적과 수단의 관계에 비추어 사회적으로 상당한 행위는 처음부터 위법하지 아니한, 따라서 구성요건적 행위인 강요에 해당할 수 없는 경우로 이해하여야 한다.[40]

그러나 형법상 강요죄의 해석에서 목적과 수단의 관계에 의한 비난가능성의 판단은 불필요한 기준이다. 사람의 정당한 권리행사를 방해하거나 의무 없는 일을 하게 할 목적으로 폭행 · 협박의 수단을 사용하는 것은 언제나 비난가능하기 때문이다. 즉 목적과 수단 모두가 비난가능하기 때문이다. 오직 정당하게 의무 있는 일을 하게 할 목적으로 폭행 · 협박의 수단을 사용하는 경우에는 목적과 수단의 관계에 의한 사회적 상당성을 판단할 실익이 있는 것이지만, 형법에서는 이러한 경우가 강요죄에 포함되어 있지 않다.

2-7. 죄 수

본죄는 개인의 자유를 보호하기 위하여 규정된 범죄 중에서 가장 일반적인 범죄로 해석된다. 따라서 체포 · 감금의 죄, 약취 · 유인의 죄 및 강간 · 강제추행의 죄와 본죄는 특별관계에 의한 법조경합이 인정된다.

또한 폭행 · 협박죄는 본죄의 수단에 불과하다. 일반적으로 일정한 구성요건의 수단이 독자적인 범죄구성요건을 구성하는 경우에 두 범죄는 특별관계에 의한 법조경합이 인정된다. 따라서 본죄는 협박죄에 대한 특별법으로서 법조경합이 인정된다. 다만 강요죄에서의 폭행은 폭행죄에서의 폭행보다 그 범위가 넓다. 따라서 본죄와 폭행죄는 두 범죄가 일치하는 한도에서만 특별관계에 의한 법조경합이 인정된다. 예컨대 사람에 대한 간접적인 유형력의 행사로 의무 없는 일을 하도록 강요하는 경우는 법조경합의 문제가 발생하지 않는다.

3. 중강요죄

중강요죄는 강요죄를 범하여 사람의 생명에 대한 위험을 발생시킴으로써 성립하는 범죄이다. 본죄는 강요죄를 범하여 사람의 생명에 대한 구체적 위험이라는 중한 결과를 발생시킨 경우에 가중처벌되는 결과적가중범이다. 학설에서는 본죄를 부진정결과적가중범으로 해석하고 있으나(통설), 타당하다고 할 수 없다. 범인이 사람의 생명에 대한 구체적 위험에 대하여 고의를 가진 경우에는 (존속)살인미수죄의 성립을 인정하여야 하므로 본죄는 진정결과적가중범으로 해석하여야 한다.[41]

39) 이에 관하여는 상기 제1절 협박죄 '2-1-2-3. 해악의 내용'과 '2-3. 위법성' 참조.

40) 이영란, 145면; 동취지, 오영근, 128면.

41) 동지, 박상기, 114면; 정영일, 63면.

4. 인질강요죄

4-1. 의 의

인질강요죄는 사람을 체포 · 감금 · 약취 또는 유인하여 이를 인질로 삼아 제3자에 대하여 권리행사를 방해하거나 의무 없는 일을 하게 함으로써 성립하는 범죄이다(제324조의2). 인질강요죄는 개정형법이 인질범죄에 대한 대책으로 신설한 범죄구성요건이다. 그러나 사람을 인질로 삼아 의무 있는 일을 하게 한 경우가 인질강요죄에 포함되지 않았다는 것은 입법론적으로 부당하다. 입법의 재고를 요한다.

본죄는 약취 · 유인 · 체포 · 감금죄와 강요죄의 결합범으로 구성되어 있으므로, 약취 · 유인 · 체포 · 감금죄와 강요죄는 목적과 수단의 관계에 있게 된다. 다만 약취 · 유인 · 체포 · 감금행위는 계속범의 성질을 가지므로 범죄행위의 계속 중에 이를 이용하여 강요행위를 하는 경우에도 약취 · 유인 · 체포 · 감금행위를 수단으로 하는 인질강요죄의 성립이 인정된다.[42] 따라서 약취 · 유인 · 체포 · 감금이 반드시 강요의 목적으로 저질러질 필요는 없으며, 단순히 사람을 약취 · 유인 · 체포 · 감금한 자가 차후에 이를 인질로 하여 제3자를 강요한 경우에도 본죄는 성립한다(통설).

4-2. 강요의 대상

인질강요죄에서는 명문으로 강요의 대상을 제3자로 규정하고 있다. 따라서 본죄의 강요의 대상에는 약취 · 유인 · 체포 · 감금된 자가 포함되지 않는다. 그러나 이러한 형법의 태도는 의문이다.[43] 약취 · 유인 · 체포 · 감금된 자에 대한 직접적인 강요가 제3자에 대한 강요와 비교하여 그 불법과 책임의 내용에서 차이가 없기 때문이다. 또한 약취 · 유인 · 체포 · 감금된 자로 하여금 제3자의 권리행사를 방해하도록 범인이 인질을 강요한 경우(연쇄강요)가 인질강요죄의 직접적인 실현(직접정범)이 아니라 간접적인 실현(간접정범)으로 구성되어야 하는 구성요건의 체계도 적절하지 못하다. 이 부분에 대하여도 입법의 재고를 요한다.

강요의 대상인 제3자는 자연인 뿐 아니라 국가기관이나 법인 또는 법인격 없는 단체를 포함한다는 것이 학설의 일반적인 입장이다(통설). 그러나 이러한 통설의 입장에 대해서는 의문이 제기된다. 본죄는 사람의 의사결정 내지 의사활동의 자유를 보호법익으로 하는 죄이기 때문이다. 따라서 강요의 대상인 제3자는 자연인이어야 한다. 다만 국가기관이나 법인 또는 법인격 없는 단체의 사무에 관하여 의사결정이나 의사활동을 하는 자는 자연인이므로 당연히 강요의 대상인 제3자에 포함된다.

---

42) 김일수/서보학, 107면; 오영근, 131면; 정영일, 62면.

43) 동지, 박상기, 112면 이하.

4-3. 실행의 착수와 기수시기

본죄의 실행의 착수시기에 대해서는 약취 · 유인 · 체포 · 감금행위를 기준으로 판단하는 견해[44]와 강요행위를 기준[45]으로 판단하는 견해의 대립이 있다. 그러나 강요행위를 기준으로 하는 견해는 강요의 목적으로 약취 · 유인 · 체포 · 감금행위를 하는 경우(범행계획에 따라 구성요건적 행위의 일부를 실현한 경우)에도 범죄의 개시를 인정할 수 없으므로 타당하다고 할 수 없다. 이 경우는 약취 · 유인 · 체포 · 감금행위를 기준으로 실행의 착수를 판단해야 한다. 이에 반하여 강요의 목적 없이 약취 · 유인죄나 체포 · 감금죄를 범한 자가 차후에 이를 인질로 삼아 강요행위를 하는 경우에는 약취 · 유인 · 체포 · 감금행위의 개시가 아니라 강요행위를 기준으로 실행의 착수를 판단하는 것이 타당하다.[46]

인질강요죄의 기수시기와 관련하여 '인질의 석방을 대가로 강요행위를 함으로써 사람의 의사활동의 자유나 의사결정의 자유가 침해될 때' 본죄의 기수를 인정하는 견해[47]가 있다. 인질범의 요구를 거절하는 경우에도 범인의 요구가 도달했다면 본죄의 기수를 인정해야 한다는 것이다. 그러나 본죄는 명문으로 '권리행사 방해' 또는 '의무 없는 일을 행함'이 구성요건적 결과로서 요구되고 있다. 따라서 본죄는 피강요자가 강요당한 바와 같이 현실적으로 권리행사를 방해받거나 의무 없는 일을 행하였을 때 기수가 된다(통설).

4-4. 형의 감경

본죄를 범한 자 또는 그 미수범이 인질을 안전한 장소로 풀어준 때에는 그 형을 감경할 수 있다(제324조의6). 이는 인질범죄에 있어서 인질을 보호하기 위한 형사정책적 목적에서 마련된 규정이며, 순수한 양형규정이라고 해야 한다. 따라서 본조에 의한 임의적 형의 감경은 인질범죄의 기수와 미수를 불문하고, 범인이 강요의 목적을 달성한 경우(범죄의 종료)에도 본조가 적용된다고 해석된다.[48] 이러한 점에서 본조는 중지미수와 성격을 완전히 달리하고 있으며, 인질범죄의 중지미수에 대하여도 본조는 적용될 수 있다고 해석된다. 또한 인질을 안전한 장소로 풀어주는 행위는 부작위에 의하여도 가능하다. 예컨대 인질이 안전한 장소로 도주하는 것을 방임하는 경우가 그러하다.

본조에 의한 임의적 형의 감경은 자의성을 요건으로 하지 않는다는 것이 일반적인 학설의 입장이다(통설). 따라서 일정한 장애요인에 의하여 인질을 안전한 장소로 풀어준 때에도 본조가 적용될 수 있다고 한다. 본조의 적용에서 가능한 해석이지만, 입법론적으로는 장애요인에 의하여 인질을 풀어준 때에도 형의 감경이 필요한지 의문이다. 다만 현행법의 해석에 있어서도 범인이 도주하면서

44) 권오걸, 110면; 김성천/김형준, 220면 이하; 김일수/서보학, 107면; 박상기, 113면; 손동권/김재윤, 182면; 임웅, 164면; 정성근/박광민, 161면.

45) 김성돈, 142면; 배종대, 139면 이하; 백형구, 271면; 이재상/장영민/강동범, 156면; 이형국, 172면; 진계호/이존걸, 164면.

46) 동지: 오영근, 132면; 이영란, 148면; 조준현, 163면.

47) 인질의 석방을 대가로 강요행위를 함으로써 사람의 의사활동의 자유나 의사결정의 자유를 침해할 때 기수가 된다는 견해로는 박상기, 114면.

48) 제324조의6의 규정으로부터 이와 다른 해석의 실마리는 보이지 않는다.

인질을 데려가지 못한 경우나 인질이 도주한 경우 등은 본조의 '인질을 안전한 장소로 풀어준 때'에 해당하지 않는다.

4-5. 인질상해 · 치상죄와 인질살해 · 치사죄

인질상해 · 치상죄는 인질강요죄를 범한 자가 인질을 상해하거나 상해에 이르게 함으로써 성립하는 범죄이다(제324조의3). 인질상해죄는 인질강요죄와 상해죄의 결합범이며, 인질치상죄는 인질강요죄의 결과적가중범으로서 불법이 가중된 가중적 구성요건이다. 제324조의3은 '제324조의2의 죄를 범한 자가…'라고 하여 인질강요죄의 미수범을 포함하지 않는 듯이 규정하고 있다.[49] 그러나 인질강요죄의 미수범을 처벌하는 형법의 취지에 비추어 그 미수범이 인질을 상해하거나 상해에 이르게 한 경우에도 본조에 해당한다고 보아야 한다.[50] 인질상해 · 치상죄를 범한 자와 그 죄의 미수범이 인질을 안전한 장소로 풀어준 때에는 그 형을 감경할 수 있다(제326조의6).

인질살해 · 치사죄는 인질강요죄를 범한 자가 인질을 살해하거나 사망에 이르게 함으로써 성립하는 범죄이다(제324조의4). 인질살해죄는 인질강요죄와 살인죄의 결합범이며, 인질치사죄는 인질강요죄의 결과적가중범에 해당한다. 인질살해 · 치사죄도 '제324조의2의 죄를 범한 자가…'라고 하여 인질강요죄의 미수범을 포함하지 않는 듯이 규정하고 있으나, 인질강요죄의 미수범이 인질을 살해하거나 사망에 이르게 한 경우에도 본조에 해당한다고 보아야 한다.

제324조의5의 미수범 처벌규정은 제324조의3과 제324조의4를 포함하고 있다. 이에 관하여 결과적가중범의 미수는 생각할 여지가 없으므로 여기서의 미수범은 인질상해죄와 인질살해죄의 미수범만을 의미한다고 해석하는 견해[51]가 있다. 판례[52]도 결과적가중범의 미수를 인정하지 않는다. 그러나 개정형법 제342조는 결과적가중범에 대한 미수죄의 성립을 배제한 단서조항을 삭제함으로써 결과적가중범의 미수를 인정할 수 있게 되었다. 또한 입법론적으로도 결과적가중범에서 기본범죄의 미수와 기수의 경우는 구별되어야 마땅하다.[53] 따라서 인질치상죄와 인질치사죄의 미수범도 인정되며, 그 기준은 인질강요행위의 기수 · 미수에 의하여 판단되어야 한다.[54] 또한 인질상해죄와 인질살해죄의 미수는 상해와 살인의 기수 · 미수 뿐 아니라 인질강요행위의 기수 · 미수에 의하여도 판단되어야 한다.

---

49) 입법론적으로 인질강요죄의 미수범도 포함시켜야 한다는 견해로는 오영근, 133면.

50) 이 경우 인질강요상해죄 내지 인질강요치상죄의 성립을 부정하고 인질강요죄의 미수와 상하죄 내지 과실치상죄의 실체적 또는 상상적 경합을 인정하는 견해로는 김성천/김형준, 222면; 박상기, 116면.

51) 권오걸, 113면; 김성돈, 144면; 김일수/서보학, 109면; 이형국, 174면; 정성근/박광민, 162면 이하; 조준현, 165면; 진계호/이존걸, 166면.

52) 대법원 1971.7.25., 71도1294; 대법원 1984.7.24., 84도1209; 대법원 1985.10.22., 85도2001; 대법원 1988.8.23., 88도1212; 대법원 1995.4.7., 95도94.

53) 이에 관하여는 이정원/류석준, 형법총론, '제3편, 3-3. 결과적가중범의 미수' 참조.

54) 동지, 김일수, 한국형법 III, 279면 이하; 손동권/김재윤, 183면; 임웅, 165면, 166면; 정영일, 63면.

제3절 체포와 감금의 죄

1. 체포와 감금의 죄 일반론

1-1. 의 의

체포와 감금의 죄는 사람을 체포하거나 감금함으로써 개인의 신체적 활동 내지 행동의 자유를 침해하는 것을 내용으로 하는 범죄이며, 사람의 신체적 활동 내지 행동의 자유 중에서도 체류장소를 결정하는 자유를 보호법익으로 하는 죄이다. 다만 체포 · 감금의 죄는 일정한 장소에 체류할 자유가 아니라 그 장소에 체류하지 아니할 자유를 침해하는 범죄이다. 따라서 일정한 장소에 들어오지 못하게 하는 경우는 강요죄에 해당하며, 일정한 장소로부터 떠나지 못하게 하는 경우에 체포 · 감금의 죄가 성립하게 된다.

체포 · 감금의 죄는 장소이전의 자유를 보호법익으로 하지만, 이러한 자유도 넓은 의미에서 의사결정의 자유 내지 의사활동의 자유에 포함된다. 따라서 강요죄와 체포 · 감금의 죄는 일반법과 특별법의 관계가 된다.

1-2. 구성요건의 체계

[체포와 감금의 죄]

기본적 구성요건 – 체포 · 감금죄: 제276조 제1항
가중적 구성요건 – 존속체포 · 감금죄: 제276조 제2항; (존속)중체포 · 감금죄: 제277조;
특수체포 · 감금죄: 제278조; 상습체포 · 감금죄: 제279조;
체포 · 감금 등의 치사상죄: 제281조

미수범: 제280조 (제276조 내지 제279조에 대하여)
자격정지의 병과: 제282조 (제276조 내지 제281조에 대하여)

체포와 감금의 죄에서 기본적 구성요건은 제276조 제1항의 체포 · 감금죄이다. 제276조 제2항의 존속체포 · 감금죄는 신분관계에 의하여 불법이 가중되는 가중적 구성요건이다. 제277조 제1항의 중체포 · 감금죄는 사람을 체포 · 감금하여 가혹행위를 하는 경우로서, 가혹행위라는 행위의 결합에 의하여 불법이 가중되는 가중적 구성요건이다. 제277조 제2항의 존속중체포 · 감금죄는 중체포 · 감금죄가 신분관계에 의하여 불법이 가중되는 가중적 구성요건에 해당한다. 제278조의 특수체포 · 감금죄는 단체 또는 다중의 위력을 보이거나 위험한 물건을 휴대하여 체포 · 감금죄, 존속체포 · 감금

죄, 중체포 · 감금죄, 존속중체포 · 감금죄를 범하는 경우 그 죄에 정한 형의 2분의 1까지 가중하여 처벌하며, 중한 행위방법에 의하여 불법이 가중된 가중적 구성요건에 해당한다. 제279조의 상습체포 · 감금죄는 상습으로 체포 · 감금죄, 존속체포 · 감금죄, 중체포 · 감금죄 또는 존속중체포 · 감금죄를 범한 경우로서 범인의 상습성에 의하여 책임이 가중되는 가중적 구성요건에 해당한다. 상습체포 · 감금죄는 특수체포 · 감금죄의 예에 의한다. 이들 범죄에 대하여는 미수범이 처벌된다(제280조).

제281조의 체포 · 감금 등 치사상죄는 사람의 사망이나 상해라는 중한 결과에 의하여 가중처벌되는 결과적가중범이다. 다만 체포 · 감금치상죄는 중한 결과에 대하여 과실이 있는 경우 뿐 아니라 고의가 있는 경우에도 성립하는 부진정결과적가중범에 해당한다. 본장의 죄에 대하여는 10년 이하의 자격정지를 병과할 수 있다(제282조).

> 2인 이상 공동하여 체포 · 감금죄나 존속체포 · 감금죄를 범한 경우는 폭처법의 적용을 받는다(제2조 제2항 제2호, 제3호). 재판, 검찰, 경찰 기타 인신구속에 관한 직무를 행하는 자 또는 이를 보조하는 자가 그 직권을 남용하여 사람을 체포 · 감금한 때에는 제124조의 불법체포 · 감금죄(직권남용 감금죄)가 성립한다.

2. 체포 · 감금죄

2-1. 의 의

제276조의 체포 · 감금죄는 사람을 체포 또는 감금함으로써 개인의 신체적 활동 내지 행동의 자유를 침해하는 것을 내용으로 하는 범죄이다. 본죄의 보호법익은 개인의 장소적 이전의 자유이며, 법익보호의 정도는 침해범으로 해석된다. 또한 본죄는 계속범의 성질을 가지고 있다. 본죄의 미수범은 처벌된다(제280조). 자기 또는 배우자의 직계존속에 대하여 체포 · 감금죄를 범한 경우는 가중처벌된다(제276조 제2항).

2-2. 행위객체

본죄의 행위객체는 자연인인 사람이다. 다만 본죄의 행위객체가 어느 정도로 장소이전의 의사를 가져야 하는지에 관하여는 학설의 대립이 있다.

2-2-1. 이전의사 불요설

본죄의 성립에 있어서 피해자의 장소이전의 의사는 필요하지 않다는 견해[55][56]가 있다. 모든 자연

55) 김성천/김형준, 131면; 오영근, 99면.

56) Welzel, Das deutsche Strafrecht, S. 328.

인이 본죄의 객체가 된다는 것이다. 따라서 명정자, 수면자, 정신병자, 불구자는 물론 유아도 본죄의 객체가 될 수 있다고 한다. 영아를 어머니와 함께 감금한 경우에는 어머니 뿐 아니라 영아에 대한 감금죄도 성립한다는 것이다.[57]

그러나 이전의사 불요설은 타당하다고 할 수 없다. 장소이전의 의사 뿐 아니라 장소이전의 능력도 없는 자에 대하여 장소적 이전의 자유를 침해하는 체포 · 감금죄의 성립을 인정할 수는 없기 때문이다.

2-2-2. 잠재적 이전의사설

학설에서는 일반적으로 본죄의 행위객체인 자연인의 범위를 '자연적 · 잠재적 의미에서 행동의 자유를 가진 자'로 이해하고 있다(통설).[58] 이에 따라 정신병자[59] · 명정자 · 수면자 · 불구자는 본죄의 객체가 되지만, 잠재적 이전의 자유도 가지지 못하는 유아에 대해서는 본죄가 성립할 수 없다고 한다. 통설에 의하면 유아는 잠재적 이전의 자유를 가지지 못하지만, 수면자는 이를 가질 수 있다. 수면자도 잠에서 깨어난 이후에는 이전의사를 가질 수 있다는 의미에서 수면자에게 잠재적 이전의사를 인정하는 것이라고 보여 진다.

> 독일의 통설[60]과 판례[61]도 잠재적 자유의사설의 입장이다. 이러한 입장에서 감금 등 자유박탈죄(Freiheitsberaubung)의 객체는 '자연적 의미에서 임의로 자신의 체류장소를 이전할 수 있는 능력을 가진 자연인'이라고 한다. 그러므로 어린이나 정신병자 또는 명정자도 자유박탈죄의 객체가 된다고 한다. 그러나 이러한 능력을 가질 수 없는 유아는 본죄의 객체가 될 수 없으며, 수면자나 무의식자는 수면이나 무의식에 있는 동안 본죄의 객체가 될 수 없다고 한다. 독일의 잠재적 이전의사설에서는 수면자나 무의식자를 '자연적 의미에서 행동의 자유를 가지지 못한 자'로 이해하며, 따라서 수면이나 무의식에 있는 동안에는 당연히 '잠재적 행동의 자유'도 가질 수 없게 된다. 다만 자유박탈죄는 피해자의 자유가 박탈된 동안 반드시 장소이전의 의사를 가져야 하는 것은 아니므로, 피해자가 감금사실을 몰랐거나 또는 실제로 장소이전의 의사가 없는 경우에도 자유박탈죄의 성립에는 영향이 없다고 한다. 현재 장소이전의 의사가 없을지라도 언제든지 장소이전을 할 수 있는 자연적 의미의 행동의 자유를 가지고 있다면 잠재적 이전의사 내지 잠재적 행동의 자유를 가진 것이기 때문이다. 따라서 자유박탈죄는 현실적인 이전의 자유 뿐 아니라 개인의 잠재적 이전의 자유를 침해하는 범죄라고 한다.

---

57) 오영근, 99면.

58) 동취지, 조준현, 166면: 추상적 신체활동가능성.

59) 대법원 2002.10.11., 2002도4315.

60) Vgl. Eser, S-S StGB, § 239 Rdnr. 1, 3 mwN.; Tröndle/Fischer, StGB, § 239 Rdnr. 4 ff.; Sonnen, NK StGB, § 239 Rdnr. 7, 23; Wessels/Hettinger, BT/I, Rdnr. 370.

61) RGSt 61, 239; BGHSt 14, 314; BGHSt 32, 187; Bay JZ 52, 237; Köln NJW 86, 333.

통설의 잠재적 행동의 자유에 대한 관점은 체포 · 감금죄를 합리적으로 해석하는데 한계가 있게 된다. 예컨대 방해받지 않는 편안한 수면을 보호해 주기 위해서 잠을 자는 동안 문을 걸어잠근 경우를 감금죄로 파악해야 하는 것은 타당하다고 할 수 없다. 수면자나 무의식자의 경우 수면이나 무의식에 있는 동안에는 자연적 의미의 행위능력이 없으며, 자연적 의미의 행등의 자유도 없는 수면자나 무의식자에 대해서는 잠재적 행동의 자유도 부정하는 것이 타당하다.

또한 잠재적 이전의사설은 피해자가 감금사실을 모르는 경우 또는 장소이전을 전혀 원하지 않는 경우에도 피해자에게 잠재적인 이전의 자유는 있는 것이므로 감금죄의 성립을 인정하게 된다. 그러나 이와 같이 피해자에게 현재 장소이전의 의사가 없는 것이 분명한 경우에도 장소이전의 자유를 침해하는 것으로 평가하는 것이 타당한지 의문이 제기된다. 이러한 의문으로부터 가상적 이전의사설이 등장하게 된다.

2-2-3. 가상적 이전의사설

가상적 내지 추정적 이전의사설[62]은 "타인의 자율성(Autonomie)의 침해 없이 자유권을 보호법익으로 하는 범죄의 성립이 가능한가"라는 의문에서 출발한다. 체포 · 감금죄는 잠재적인 장소변경의 의사를 보호하는 규정이 아니라, 현실적인 장소변경의 의사와 이러한 현실적인 의사가 없는 경우에는 가상적[63] 내지 추정적[64] 장소변경의 의사를 보호하는 구성요건이라고 한다. 따라서 체포 · 감금죄는 피해자가 현실적으로 체류장소를 이전하려는 의사가 있거나, 또는 적어도 가상적 내지 추정적 이전의사를 가져야만 성립할 수 있다고 본다.

가상적 이전의사설에 의하면 유아나 그 밖의 만성적인 의사무능력자 또는 수면자나 무의식자는 전혀 장소변경의 의사를 가질 수 없으므로 항상 체포 · 감금죄의 객체가 될 수 없다. 또한 감금사실을 모르는 경우나 피해자가 장소의 이전을 전혀 원하지 않는 경우는 가상적인 장소이전의 의사도 인정할 수 없게 된다. 그러나 실질적인 장소이전의 의사 대신에 가상적인 장소이전의 의사를 인정할 수 있다면 체포 · 감금죄가 성립한다. 예컨대 질병에 의하여 이전의 자유가 없는 사람의 경우에는 가상적인 장소이전의 의사를 인정할 수 있다. 또한 현실적인 장소이전의 의사를 가지고 있지 아니한 경우라도 그것이 범인의 작용에 의해서 야기되었다면 가상적인 장소이전의 의사를 인정할 수 있게 된다. 예컨대 범인의 작용에 의하여 감금사실을 모르는 자 또는 범인에 의하여 야기된 무의식인 자의 경우가 여기에 해당한다.[65]

62) Horn/Wolter, SK StGB, § 239 Rdnr. 2a ff.; Bloy, Freiheitsberaubung ohne Verletzung fremder Autonomie ?, in ZStW 96, S. 721 ff.; RGSt 33, 236.

63) Vgl. Horn/Wolter, SK StGB, § 239 Rdnr. 2a ff.

64) Vgl. Bloy, ZStW 96, S. 721 ff.

65) Horn/Wolter, SK StGB, § 239 Rdnr. 3 f.

2-2-4. 사 견

가상적 이전의사설의 입장은 본질적으로 타당하다. 체포 · 감금죄는 단순한 위험범이 아니라 법익의 침해를 요하는 침해범으로 해석되기 때문이다. 체포 · 감금죄는 장소이전의 자유를 침해하는 범죄로서, 본죄의 객체는 장소이전의 의사를 가진 자로 한정된다. 다만 이러한 의사는 가상적 내지 추정적 의사로 충분하다. 따라서 법익의 침해가 부정되는 경우에는 미수범의 성립이 가능할 뿐이다.

가상적 이전의사설에 따라 유아나 완전히 의사능력 없는 정신병자 또는 수면자나 무의식자는 본죄의 객체에서 제외된다.[66] 이들에게는 현실적 이전의사 뿐 아니라, 가상적 · 추정적 이전의사도 없기 때문이다. 수면자나 무의식자에 대하여는 수면이나 무의식의 상태로부터 벗어난 때에 본죄의 성립이 가능하게 된다. 다만 피해자의 수면이나 무의식이 범인에 의하여 야기된 경우는 가상적 이전의사가 인정되므로 본죄가 성립하게 된다. 질병에 의하여 이전의 자유가 없는 사람이나 완전한 의사무능력이 아닌 정신병자의 경우에는 최소한 가상적인 장소이전의 의사를 인정할 수 있으므로 본죄가 성립할 수 있다. 그러나 감금사실을 모르는 피해자나 처음부터 장소이전의 의사가 없는 피해자의 경우는 가상적인 이전의 의사도 인정되지 않는다. 피해자의 장소이전의 의사는 피해자가 감금사실을 안 때 또는 새로이 장소이전의 의사가 생긴 때 존재하게 된다.

현실적 이전의사 뿐 아니라 가상적 · 추정적 이전의사도 인정할 수 없는 '유아'나 '완전히 의사능력 없는 정신병자', '수면자'나 '무의식자' 또는 '감금사실을 모르는 피해자'나 '처음부터 장소이전의 의사가 없는 피해자'는 본죄의 행위객체에서 제외된다. 따라서 체포 · 감금행위의 시작부터 종료까지 이러한 상태의 피해자를 대상으로 체포 · 감금을 의도한 경우라면, 행위자는 피해자의 장소이전의 자유를 침해할 의도가 처음부터 없었던 것이므로 본죄의 고의가 부정된다. 특히 장소이전의 자유를 회복할 가능성이 없는 '유아'나 '완전히 의사능력 없는 정신병자'에 대한 체포 · 감금행위의 경우가 그러하다.

그러나 '수면자'나 '무의식자' 또는 '감금사실을 모르는 피해자'나 '처음부터 장소이전의 의사가 없는 피해자'에 대한 범행의 경우는 이와 다르다. 이들에 대한 체포 · 감금행위는 이들이 장소적 이전의사를 회복한 이후의 객체를 대상으로 범행을 하는 것이다. 따라서 이러한 행위의 대상은 본죄의 행위객체로서의 적격이 인정되며, 체포 · 감금행위를 시작할 때 실행의 착수도 인정된다.

> 예컨대 피해자가 눈치 채기 이전에 다시 자물쇠를 풀어놓을 의도로 피해자 몰래 방문의 자물쇠를 잠근 경우는 체포 · 감금의 고의가 부정되어 본죄가 성립하지 않는다. 이 경우는 장소이전의 의사를 회복하기 이전의 대상을 목표로 하기 때문에, 체포 · 감금죄의 행위객체로서의 적격이 인정되지 않는다. 그러나 피해자가 알아 챈 이후에도 계속 감금할 의도로 방문의 자물쇠를 채웠으나, 나중에 생각이 바뀌어 피해자가 알아채기 이전에 자물쇠를 풀어놓은 경

---

66) 동지, 김일수/서보학, 111면; 동취지, 정영일, 48면.

우는 본죄의 중지미수에 해당하게 된다. 이 경우는 장소이전의 의사를 회복한 이후의 대상을 목표로 체포 · 감금행위를 한 것이므로, 본죄의 행위객체로서의 적격이 인정되며, 체포 · 감금시에 실행의 착수도 인정된다.

2-3. 행 위

본죄의 구성요건적 행위는 체포 또는 감금이다. 체포란 직접적이고 현실적으로 사람의 신체를 구속함으로써 사람의 장소이전의 자유를 침해하는 행위를 말한다. 직접적이고 현실적으로 사람의 신체를 구속하는 수단 · 방법에는 제한이 없다. 포박 등 유형적 방법 외에 협박이나 사술 등 무형적 방법도 가능하며, 범인이 직접 체포하는 외에 타인을 도구로 이용하여 간접정범의 형태로도 사람을 체포할 수 있다. 예컨대 정을 모르는 경찰관을 이용하는 경우가 그러하다. 또한 작위 뿐 아니라 부작위에 의한 체포도 가능하다. 긴급체포한 사람을 진범이 아님을 알면서도 계속 체포상태를 유지하는 경우가 그러하다. 체포 · 감금죄는 계속범의 성질을 가지고 있으므로 일시적으로 사람의 길을 막는 행위는 체포가 아니라 강요에 해당한다.

감금은 일정한 장소로 제한하여 사람의 장소이전의 자유를 침해하는 행의를 말한다. 감금은 일정한 장소적 제한을 통하여 사람의 활동의 자유를 침해한다는 점에서 체포와 구별된다. 감금의 수단과 방법은 제한이 없다. 출구를 봉쇄하거나 탈출수단을 제거하는 유형적 · 무형적 모든 방법이 감금수단으로 유효하다. 문을 잠그거나 감시인을 두거나 일정한 장소에 포박해 놓거나 마취제나 수면제를 투여하는 방법으로 감금하는 것이 가능하다. 감금은 탈출이 절대적으로 불가능할 것을 요하지 않으며, 탈출을 현저히 곤란케 하는 것으로 충분하다. 지붕 위의 사람이 내려오지 못하도록 사다리를 치우는 경우 또는 자동차에서 내리기 곤란할 정도의 속도로 주행하는 경우[67]는 물론, 목욕하는 부녀의 옷을 가져가서 나가지 못하게 하는 경우도 감금에 해당한다. 사실상 탈출이 가능했지만 피해자가 출구를 모르거나 또는 공포심으로 나갈 수 없게 만든 경우[68]에도 감금에 해당한다. 그러나 구두를 감추어 나가지 못하도록 하는 행위는 탈출을 현저히 곤란케 하였다고 볼 수 없으므로 감금에 해당하지 않는다. 감금은 작위 뿐 아니라 부작위[69]에 의하여도 가능하며, 타인을 도구로 이용하는 간접정범의 형태[70]로도 가능하다. 감금에 있어서 사람의 행동의 자유의 박탈은 반드시 전면적이어야 할 필요가 없으므로 감금된 특정구역 내부에서 일정한 생활의 자유가 허용되는 경우에도 감금

67) 대법원 1983.4.26., 83도323; 대법원 1984.8.21., 84도155; 대법원 2000.2.11., 99도5286.

68) 대법원 1991.8.27., 91도1604: "피해자가 만약 도피하는 경우에는 생명 · 신체에 심한 해를 당할지도 모른다는 공포감에서 도피하기를 단념하고 있는 상태하에서 그를 호텔로 데리고 가서 함께 유숙한 후 그와 함께 항공기로 국외에 나간 행위는 감금죄를 구성한다."

69) 대법원 2017.8.18., 2017도7134: 환자로부터 퇴원 요구가 있는데도 구 정신보건법에 정해진 절차를 밟지 않은 채 방치한 경우.

70) 대법원 2006.5.25., 2003도3945: 진술조서 등이 허위로 작성된 정을 모르는 검사와 영장전담판사를 기망하여 구속영장을 발부받은 후 그 영장에 의하여 피해자를 구금한 경우.

죄의 성립에는 지장이 없다.[71]

2-4. 기수시기

일부의 학설[72]에서는 행동의 자유가 침해된 때에 본죄의 기수를 인정한다. 본죄는 행동의 자유를 침해하는 범죄라는 것을 이유로 한다. 이에 따라 명정자 · 수면자 · 무의식자는 물론 장소이전의 의사가 없는 자 및 감금사실을 모르는 자에게도 체포 · 감금에 의하여 본죄가 기수에 이른다고 한다. 그러나 잠재적 자유란 현재로는 가상적이나 추정적으로도 존재하지 않는 자유를 의미하므로 현재의 침해는 불가능하다. 이 견해는 본죄를 침해범으로 이해하는 한편, 현재의 침해가 없는 경우에도 본죄의 기수를 인정하기 때문에 타당하다고 할 수 없다.

다른 일부 학설[73]에서는 본죄를 자연적 · 잠재적 행동의 자유를 침해하는 범죄로 이해하는 한편, 피해자의 장소이전의 의사를 침해할 때 본죄가 기수에 이른다고 한다. 따라서 수면자나 무의식자를 체포 · 감금하는 경우에는 체포 · 감금의 순간에 실행의 착수를 인정하며, 잠에서 깨거나 의식이 회복되었을 때 본죄의 기수를 인정한다. 이러한 결론은 기본적으로 타당하지만, 피해자의 수면상태나 무의식상태를 범인이 유발한 경우에도 피해자가 잠에서 깨거나 의식이 회복되기 이전에는 자연적 · 잠재적 행동의 자유를 갖지 못하므로 체포 · 감금 시점에 본죄의 기수를 인정하지 못하는 결함이 있다.

본죄는 사람을 체포 · 감금함으로써 장소이전의 자유를 침해한 때에 기수가 된다. 따라서 수면자나 무의식자에 대한 체포 · 감금의 경우에는 이들이 수면이나 무의식의 상태에서 깨어날 때 장소이전의 자유에 대한 침해가 인정되며, 이 때 본죄의 기수가 인정된다. 다만 수면이나 무의식을 범인이 유발한 경우에는 체포 · 감금의 시점에 본죄의 기수를 인정해야 한다. 피해자의 장소이전의 의사는 가상적 · 추정적 의사로도 충분하기 때문이다. 체포 · 감금된 자가 감금된 사실을 전혀 알지 못하거나 또는 감금된 사실을 알고도 장소이전의 의사가 없는 경우는 본죄의 미수에 불과하다. 따라서 알지 못하는 사이에 문을 잠갔다가 피해자가 이를 인식하기 이전에 다시 문을 열어놓은 때에는 (중지)미수에 불과하다. 또한 본죄는 계속범이므로 순간적인 자유박탈은 본죄의 미수에 불과하게 된다. 예컨대 범인이 피해자를 체포하였으나 피해자가 이를 뿌리치고 탈출한 경우가 여기에 해당한다.[74] 다만 범인이 처음부터 순간적인 자유박탈만을 의도한 경우는 본죄의 고의가 부정되어 미수범도 성

71) 대법원 2000.3.24., 2000도102: "감금되었다는 기간 중에 ○○○파 사람들과 술집에서 술을 마시고, 아는 사람들이나 검찰청에 전화를 걸고, 새벽에 한증막에 갔다가 잠을 자고 돌아오기도 하였지만, 피해자는 위 피고인들이나 그 하수인들과 같은 장소에 있거나 감시되어 행동의 자유가 구속된 상태였음을 인정할 수 있으므로, 원심의 사실인정과 판단에 사실오인이나 감금죄에 관한 법리오해의 위법이 없다."; 동지, 대법원 1984.5.15., 84도655; 대법원 1998.5.26., 98도1036.

72) 김성돈, 149면; 성천/김형준, 134면; 박상기, 121면; 손동권/김재윤, 123면; 오영근, 100면; 이영란, 127면; 이재상/장영민/강동범, 126면; 이형국, 181면 이하; 정성근/박광민, 139면; 정영일, 51면; 조준현, 167면.

73) 김김일수/서보학, 113면 이하; 배종대, 145면; 백형구, 287면; 임웅, 142면 이하; 진계호/이존걸, 141면.

74) 대법원 2018.2.28., 2017도21249.

립하지 않는다. 이 경우는 오직 강요죄나 폭행죄에 불과할 뿐이다.

2-5. 위법성

체포 · 감금행위도 위법성조각사유에 의하여 허용될 수 있다. 예컨대 검사나 사법경찰관의 영장에 의한 구속이나 현행범인의 체포는 형사소송법이 규정하고 있는 위법성조각사유이다.

피해자의 동의는 위법성조각사유가 아니라 구성요건해당성을 배제하는 양해에 해당한다.[75] 위계의 방법도 자유박탈의 수단이 되며, 이 경우 피해자의 동의는 정당화사유라는 견해[76]가 있으나, 타당하다고 할 수 없다. 위계에 의하여 피해자가 자신의 감금에 동의한 경우는 피해자에게 장소이전의 의사가 없는 경우이므로 본죄의 구성요건에 해당하지 않는다. 오직 피해자가 기망당한 사실을 인식하고 새로이 장소이전의 의사를 가지게 된 이후에 이를 제지하는 경우에만 강요죄나 본죄의 성립이 가능할 뿐이다. 위계에 의하여 피해자가 감금사실조차 알지 못한 경우에는 피해자의 가상적 · 추정적 장소이전의 자유를 침해한 경우로서 본죄가 성립한다.

2-6. 죄 수

본죄는 계속범이다. 따라서 본죄는 체포 · 감금에 의하여 기수가 되며, 체포 · 감금의 상태가 해제될 때 종료된다. 또한 체포죄와 감금죄는 같은 성질의 범죄이므로 사람을 체포하여 감금한 경우는 포괄하여 하나의 감금죄만 성립한다. 체포 · 감금의 수단으로 폭행 · 협박을 가한 경우에 폭행과 협박은 불가벌적 수반행위로서 본죄만 성립한다.[77] 체포 · 감금 중에 피감금자를 폭행 · 협박하는 경우는 제276조 제1항의 중체포 · 감금죄에 해당한다. 체포 · 감금 중에 살인 · 강간의 죄를 범한 경우는 별도의 죄로서 본죄와 실체적 경합을 인정하는 것이 합리적이다. 다만 살인이나 강간을 가혹행위가 아니라고 할 수는 없으므로, 이 경우는 중체포 · 감금죄와 살인죄 · 강간죄의 상상적 경합을 인정해야 한다. 또한 강간의 수단으로 피해자를 감금한 경우에도 중체포 · 감금죄와 강간죄의 상상적 경합을 인정해야 한다.[78] 그러나 감금행위가 단순히 강도상해 범행의 수단이 되는데 그치지 아니하고 강도상해의 범행이 끝난 뒤에도 계속된 경우에는 별개의 새로운 감금죄의 성립을 인정해야 한다.[79]

---

75) 김성천/김형준, 135면; 손동권/김재윤, 124면; 이영란, 128면; 이재상/장영민/강동범, 127면; 이형국, 각론연구 I, 225면; 정성근/박광민, 140면; 진계호/이존걸, 147면.

76) 배종대, 146면; 백형구, 289면; 오영근, 100면; 조준현, 168면; 동취지, 임웅, 143면.

77) 대법원 1982.6.22., 82도705.

78) 대법원 1983.4.26., 83도323; 대법원 1984.8.21., 84도1550; 대법원 1997.1.21., 96도2715; 대법원 2003.5.30., 2003도1256 등은 강간죄와 감금죄의 상상적 경합을 인정한다.

79) 대법원 2003.1.10., 2002도4380.

3. 중체포 · 감금죄

제277조 제1항의 중체포 · 감금죄는 사람을 체포 · 감금하여 가혹한 행위를 함으로써 성립하는 범죄이다. 동조 제2항의 존속중체포 · 감금죄는 자기 또는 배우자의 직계존속을 체포 · 감금하여 가혹한 행위를 한 경우로서 가중처벌된다.

가혹한 행위는 사람에게 육체적 · 정신적 고통을 가하는 일체의 행위를 말한다. 폭행 · 협박은 물론, 음식을 주지 않거나 잠을 재우지 않는 행위 또는 여자의 옷을 벗겨 수치심을 일으키는 행위 등이 여기에 해당한다. 다만 체포 · 감금의 수단인 일반적인 폭행 · 협박 등의 행위는 불가벌적 수반행위로서 본죄의 가혹한 행위에 포함되지 않는다. 가혹한 행위에 대한 범인의 의사는 본죄의 종료 이전에 존재하면 충분하다. 처음부터 가혹한 행위를 하려는 의사를 가진 경우 뿐 아니라 체포 · 감금 이후에 가혹한 행위를 할 의사를 가진 경우에도 본죄의 성립에 영향이 없다.

4. 체포 · 감금 등의 치사상죄

체포 · 감금 등의 치사상죄는 체포 · 감금죄, 중체포 · 감금죄, 특수체포 · 감금죄, 상습체포 · 감금죄 및 그 미수죄(제276조 내지 제280조의 죄)를 범하여 사람을 사상에 이르게 함으로써 성립하며(제281조 제1항), 자기 또는 배우자의 직계존속에 대한 경우에는 가중처벌된다(동조 제2항). 다만 체포 · 감금 등의 치상죄는 상해의 결과에 대하여 과실이 있는 경우 뿐 아니라 고의가 있는 경우에도 성립하는 부진정결과적가중범으로 해석되며, 체포 · 감금 등의 치사죄는 사망의 결과에 대하여 과실이 있는 경우에만 성립하는 진정결과적가중범이다. 따라서 사람을 살해하려는 고의가 있는 경우는 체포 · 감금 등의 죄와 살인죄의 실체적 경합이 된다. 체포 · 감금 중의 가혹한 행위로 인하여 사상의 결과가 발생된 경우에도 본죄가 성립한다.

제4절 약취, 유인 및 인신매매의 죄

1. 약취, 유인 및 인신매매의 죄 일반론

1-1. 의 의

약취와 유인 및 인신매매의 죄는 사람을 약취 또는 유인하여 자기 또는 제3자의 실력적 지배하에 둠으로써 개인의 신체적 활동 내지 행동의 자유를 침해하는 것을 내용으로 하는 범죄이다. 약취 · 유인 · 인신매매의 죄는 개인의 신체적 활동 내지 행동의 자유를 침해하는 범죄라는 점에서 체포 · 감금의 죄와 성질을 같이 한다. 그러나 체포 · 감금의 죄가 일정한 장소에 체류하지 아니할 자유를 침해하는 범죄로서 일정한 장소를 기준으로 성립하는데 반하여, 약취 · 유인의 죄는 이러한 장소의 제한 없이 피해자를 자기나 제3자 또는 매매인수자의 실력적 지배하에 둠으로써 성립한다.

약취 · 유인죄의 보호법익은 사람의 신체적 활동 내지 행동이라는 개인의 자유권이다. 다만 미성년자에 대한 약취 · 유인죄는 미성년자 본인의 자유권 뿐 아니라 보호자의 감독권 내지 교육권도 보호법익으로 한다. 인신매매죄의 보호법익은 사람의 신체적 활동 내지 행동이라는 개인의 자유권 이외에 인격권도 부차적인 보호법익이라고 해야 한다. 약취 · 유인의 죄는 법익의 보호정도에 의하여 침해범으로 해석된다. 인신매매죄는 개인의 자유권에 대한 침탈이 유지 · 강화되는 점에서 침해범으로 해석된다. 따라서 약취 · 유인 · 인신매매죄의 죄는 피인취자를 자기나 제3자 또는 매매인수자의 실력적 지배하에 둠으로써 기수에 이르게 된다.

1-2. 구성요건의 체계

[약취와 유인의 죄]

[약취와 유인의 죄]

– 미성년자 약취 · 유인죄: 제287조

– 추행 · 간음 · 결혼 · 영리목적 약취 · 유인죄: 제288조 제1항

– 노동력 착취 · 성매매와 성적 착취 · 장기적출목적 약취 · 유인죄: 제288조 제2항

– 국외이송목적 약취 · 유인죄: 제288조 제3항 전단

[인신매매의 죄]

기본적 구성요건 – 인신매매죄: 제289조 제1항

가중적 구성요건 – 추행 · 간음 · 결혼 · 영리목적 인신매매죄: 제289조 제2항; 노동력 착취 · 성매매 및 성적 착취 · 장기적출목적 인신매매죄: 제289조 제3항; 국외이송목적 인신매매죄: 제289조 제4항 전단

[국외이송죄]

– 피약취 · 유인자 국외이송죄: 제288조 제3항 후단

– 피인신매매자 국외이송죄: 제289조 제4항 후단

[가중적 구성요건–약취 · 유인 · 매매 · 이송 등 상해 · 시상, 살인 · 치사죄: 결과적가중범과 결합범]

– 약취 · 유인 · 매매 · 이송 등 상해 · 시상죄: 제290조 제1항, 제2항

– 약취 · 유인 · 매매 · 이송 등 살인 · 시사죄: 제291조 제1항, 제2항

[약취 · 유인 · 매매 · 이송된 사람의 수수 · 은닉죄]

– 약취 · 유인 · 매매 · 이송된 사람의 수수 · 은닉죄: 제292조 제1항

– 약취 · 유인 · 매매 · 이송된 사람 모집 · 운송 · 전달죄: 제292조 제2항

미수범: 제294조 (제287조부터 제289조까지, 제290조 제1항, 제291조 제1항, 제292조 제1항에 대하여)

예비 · 음모죄: 제296조 (제287조부터 제289조까지, 제290조 제1항, 제291조 제1항, 제292조 제1항에 대하여)

벌금의 병과: 제295조 (제288조부터 제291조까지, 제292조 제1항과 그 미수범에 대하여)

임의적 형 감경사유: 제295조의2 (약취 · 유인 · 매매 · 이송된 사람을 안전한 장소로 풀어준 때)

세계주의: 제296조의2 (제287조부터 제292조까지 및 제294조에 대하여)

다수설[80]은 제287조의 미성년자 약취 · 유인죄를 약취와 유인 및 인신매매의 죄에서의 기본적 구

80) 김일수/서보학, 118면; 배종대, 151면; 손동권/김재윤, 131면; 이영란, 152면; 이재상/장영민/강동범, 133면; 이형국, 190면; 정성근/박광민, 165면; 정영일, 64면; 조준현, 174면; 진계호/이존걸, 169면.

성요건으로 해석한다. 그러나 형법은 '약취와 유인 및 인신매매의 죄'에서 기본적 구성요건을 마련하고 있지 않다. 기본적 구성요건은 일정한 범죄유형의 정형적인 특징과 기본적인 불법내용을 정함으로써 당해 범죄유형의 가벌성에 대한 최소한의 제 조건들을 내포하는 구성요건을 말하는데, 미성년자 약취 · 유인죄는 미성년이라는 행위객체의 추가표지에 의하여 이미 약취 · 유인죄에서의 공통적인 기본 불법내용을 초과하고 있다. 이와 같이 형법은 '약취 · 유인죄'의 기본이 될 수 있는 '사람을 약취 · 유인하는 행위'에 대하여 형벌의 부과를 포기(비범죄화)하였으며, 특정한 약취 · 유인의 유형만을 형벌의 대상으로 규정하였다. 형법에서는 미성년자 약취 · 유인죄(제287조), 추행 · 간음 · 결혼 · 영리목적 약취 · 유인죄(제288조 제1항), 노동력착취 · 성매매와 성적 착취 · 장기적출목적 약취 · 유인죄(제288조 제2항), 국외이송목적 약취 · 유인죄(제288조 제3항 전단)를 각각 독립적 구성요건[81]으로 규정하고 있다. 이와 별도로 인신매매죄와 국외이송죄 및 약취 · 유인 · 매매 · 이송된 사람 수수 · 은닉죄를 독립적으로 규정하고 있다. 형법의 '약취 · 유인 · 인신매매의 죄'는 다음과 같은 구성요건체계의 특성을 갖는다.

형법의 '약취, 유인 및 인신매매의 죄'는 '약취 · 유인죄'와 '인신매매죄' 및 이들 범죄의 사후행위인 '국외이송죄'와 방조행위인 '수수 · 은닉죄'를 별개의 독립된 범죄로 구성한다. 이들 4가지 범죄유형은 각각 독자적인 범죄유형의 특성을 가지고 있다.

① 약취와 유인의 죄에는 제287조의 미성년자 약취 · 유인죄, 제288조 제1항의 추행 · 간음 · 결혼 · 영리목적 약취 · 유인죄, 동조 제2항의 노동력착취 · 성매매와 성적 착취 · 장기적출목적 약취 · 유인죄, 동조 제3항 전단의 국외이송목적 약취 · 유인죄가 있다. 이들 약취 · 유인죄에 대해서는 가중적 구성요건으로서 제290조 제1항의 약취 · 유인치상죄와 동조 제2항의 약취 · 유인상해죄 및 제291조 제1항의 약취 · 유인치사죄와 동조 제2항의 약취 · 유인살인죄가 있다. 약취 · 유인치사상죄는 결과적가중범이고, 약취 · 유인상해죄와 약취 · 유인살인죄는 결합범이다.

② 인신매매의 죄에서는 제289조 제1항의 인신매매죄를 기본적 구성요건으로 규정하고 있으며, 동조 제2항의 추행 · 간음 · 결혼 · 영리목적 인신매매죄, 동조 제3항의 노동력착취 · 성매매와 성적 착취 · 장기적출목적 인신매매죄, 동조 제4항 전단의 국외이송목적 인신매매죄를 가중적 구성요건으로 규정하고 있다. 또한 이들 인신매매죄에 대한 가중적 구성요건으로 제290조 제1항의 인신매매치상죄와 동조 제2항의 인신매매상해죄 및 제291조 제1항의 인신매매치사죄와 동조 제2항의 인신매매살인죄가 있다. 인신매매치사상죄는 결과적가중범이고, 인신매매상해죄와 인신매매살인죄는 결합범이다.

③ 국외이송죄는 제288조 제3항 후단의 피약취 · 유인자 국외이송죄와 제289조 제4항 후단의 피인신매매자 국외이송죄가 있다. 이들 국외이송죄는 약취 · 유인죄와 인신매매죄 이후의 사후행위를 형법이 특별히 규정한 독립적 구성요건이다. 이들 국외이송죄에 대한 가중적 구성요건으로는 제290조 제1항의 국외이송치상죄와 동조 제2항의 국외이송상해죄 및 제291조 제1항의 국외이송치사

81) 동지, 김성천/김형준, 157면; 박상기, 125면.

죄와 동조 제2항의 국외이송살인죄가 있다. 국외이송치사상죄는 결과적가중범이고, 국외이송상해죄와 국외이송살인죄는 결합범이다.

④ 약취 · 유인 · 매매 · 이송된 사람 수수 · 은닉죄는 약취 · 유인죄와 인신매매죄 및 국외이송죄의 방조에 해당하는 행위를 형법이 특별히 규정한 독립적 구성요건이다. 제292조 제1항은 약취 · 유인 · 매매 · 이송된 사람 수수 · 은닉죄을 규정하고 있으며, 동조 제2항은 약취 · 유인 · 매매 · 이송되는 사람 모집 · 운반 · 전달죄를 규정하고 있다.

제287조부터 제289조까지, 제290조 제1항, 제291조 제1항, 제292조 제1항의 죄에 대해서는 그 미수범(제294조)과 예비 · 음모죄(제296조)가 처벌되고 있다. 또한 제288조부터 제291조까지, 제292조 제1항의 죄와 그 미수범에 대해서는 5천만원 이하의 벌금을 병과할 수 있다. 제287조부터 제290조까지, 제292조와 제294조의 죄를 범한 사람이 약취 · 유인 · 매매 또는 이송된 사람을 안전한 장소로 풀어 준 때에는 그 형을 감경할 수 있다(제295조의2). 또한 제287조부터 제292조까지 및 제294조는 대한민국 영역 밖에서 죄를 범한 외국인에게도 적용하는 세계주의가 채택되어 있다(제296조의2).

약취와 유인의 죄는 일정한 경우에 특정범죄가중처벌 등에 관한 법률 제5조의2에서 가중처벌되고 있으며, 특정강력범죄의 처벌에 관한 특례법(제2조 제1항 제2호)의 적용을 받는다.

2. 미성년자 약취 · 유인죄

2-1. 의 의

형법은 '약취와 유인의 죄'에서 기본적 구성요건을 마련하고 있지 않다. 기본적 구성요건은 일정한 범죄유형의 정형적인 특징과 기본적인 불법내용을 정함으로써 당해 범죄유형의 가벌성에 대한 최소한의 제 조건들을 내포하는 구성요건을 말하는데, 미성년자 약취 · 유인죄는 미성년이라는 행위객체의 추가표지에 의하여 이미 약취 · 유인죄에서의 공통적인 기본 불법내용을 초과하고 있다. 또한 미성년자 약취 · 유인죄는 다른 약취 · 유인죄와 그 보호법익도 달리하므로 본죄를 약취 · 유인의 죄의 기본적 구성요건으로 해석할 수는 없다.

독일형법은 미성년자 약취죄를 '위계 · 협박 · 폭력으로 18세 미만의 자' 또는 '친척이 아닌 아동'을 부모 · 부모일방 · 후견인 · 보호자에게서 약취하거나 억류하는 행위로 규정하고 있으므로 미성년자 약취죄의 보호법익은 보호자의 감독권 내지 교육권으로 이해되고 있다.[82] 그러나 형법은 본죄를 '미성년자를 약취 또는 유인한 자'라고 규정하고 있으므로 본죄의 일차적인 보호법익을 미성년자의 자유권으로 해석하지 않을 수 없다. 다만 본죄는 정신적 · 육체적 미숙에 의하여 경험과 지식

---

82) Vgl. Eser, S-S StGB, § 235 Rdnr. 1 mwN.

이 부족한 미성년자의 자유를 보호하려는 데에 목적이 있다.[83] 따라서 피해자인 미성년자의 동의 여부와 관계없이 본죄의 성립이 인정되어야 한다. 이러한 경우는 보호자의 감독권 내지 교육권도 본죄의 보호법익이 된다.[84] 이러한 관점에서 보호자의 감독권 내지 교육권도 본죄의 부차적인 보호법익이라는 것이 학설의 일반적인 입장이다(통설).

본죄의 보호법익에 대하여 미성년자 본인의 자유권과 보호자의 감독권을 동일한 차원에서, 또는 미성년자 본인의 자유권을 오히려 부차적인 보호법익으로 이해하는 견해[85]가 있다. 이 견해는 미성년자의 동의가 있어도 보호자의 감독권에 반한 경우에는 본죄가 성립한다는 의미에서 이해가 가능하다. 그러나 이 경우에도 보호자의 감독권이 미성년자의 자유권보다 우선하는 것이 아니라, 보호자의 감독권을 통하여 미성년자의 부족한 판단능력을 보충함으로써 결국 미성년자의 자유권을 보호하는 것으로 이해하여야 한다. 즉 제287조 법문의 구조상 미성년자의 자유권을 본죄의 일차적인 보호법익으로 해석하는 것이 타당하다. 따라서 미성년자의 의사에 반하여 미성년자를 약취 · 유인하는 경우는 그것이 동시에 보호자의 감독권을 침해하는 행위일지라도 우선은 미성년자의 자유권을 침해하는 행위로 이해하여야 한다.

대법원[86]은 '베트남 국적의 모가 부의 의사에 반하여 생후 약 13개월 된 아들을 주거지에서 데리고 나와 약취하고 이어서 베트남에 함께 입국함으로써 국외에 이송한 사안'에서 "미성년의 자녀를 부모가 함께 동거하면서 보호 · 양육하여 오던 중 부모의 일방이 상대방 부모나 그 자녀에게 어떠한 폭행, 협박이나 불법적인 사실상의 힘을 행사함이 없이 그 자녀를 데리고 종전의 거소를 벗어나 다른 곳으로 옮겨 자녀에 대한 보호 · 양육을 계속하였다면, 그 행위가 보호 · 양육권의 남용에 해당한다는 등 특별한 사정이 없는 한 설령 이에 관하여 법원의 결정이나 상대방 부모의 동의를 얻지 아니하였다고 하더라도 그러한 행위에 대하여 곧바로 형법상 미성년자에 대한 약취죄의 성립을 인정할 수는 없다"고 판시하였다. 그러나 '부모 중 일방이 상대방과 동거하며 공동으로 보호 · 양육하던 유아를 국외로 데리고 나갔다면, '사실상의 힘'을 수단으로 사용하여 유아를 자신 또는 제3자의 사실상 지배하에 옮긴 것이며, 특별한 사정이 없는 한 다른 공동친권자의 유아에 대한 보호 · 양육권을 침해한 것'[87]이므로 본죄의 구성요건해당성이 부정될 수는 없다. 이때는 경우에 따라 긴급피난 등 예외적인 위법성조각사유의 적용 여부가 고려될 수 있을 뿐이다.

83) 김일수/서보학, 119면; 배종대, 151면; 이영란, 153면; 정성근/박광민, 166면.

84) 대법원 2003.2.11., 2002도7115: "미성년자약취죄의 입법 취지는 심신의 발육이 불충분하고 지려와 경험이 풍부하지 못한 미성년자를 특별히 보호하기 위하여 그를 약취하는 행위를 처벌하려는 데 그 입법의 취지가 있으며, 미성년자의 자유 외에 보호감독자의 감호권도 그 보호법익으로 하고 있다.", 대법원 2013.6.20., 2010도14328 전원합의체 판결.

85) 박상기, 126면; 동취지, 권오걸, 129면; 조준현, 175면.

86) 대법원 2013.6.20., 2010도14328 전원합의체 판결.

87) 대법원 2013.6.20., 2010도14328 전원합의체 판결, 신영철 · 김용덕 · 고영한 · 김창석 · 김신의 대법관의 반대의견.

2-2. 객관적 구성요건

2-2-1. 행위주체

본죄는 일반범이므로 행위주체에는 제한이 없다. 따라서 미성년자의 친권자 · 후견인 · 보호자라고 하여도 동일한 차원의 보호자가 수인이 있는 경우에는 다른 보호자 등의 감독권과 관련하여 본죄의 주체가 될 수 있다.[88)]

2-2-2. 행위객체

본죄의 객체는 미성년자이다. 미성년자는 민법 제4조에 의하여 19세에 이르지 아니한 자를 말한다. 혼인한 19세에 이르지 아니한 자도 미성년자이며, 따라서 본죄의 객체가 된다(통설). 이에 반하여 민법 제826조의2의 성년의제규정이 혼인한 미성년자를 성년으로 보기 때문에 혼인한 미성년자는 당연히 본죄의 객체가 될 수 없다는 견해[89)]가 있다. 그러나 민법의 성년의제규정은 민법상의 특별한 문제를 해결하기 위하여 실제로는 미성년이지만 성년으로 의제하는 특별규정이다. 법익에 대한 보호의 관점과 그 방법이 본질적으로 다른 형법의 범죄구성요건의 해석에서 반드시 민법의 특별의제규정을 적용해야 할 이유는 없다. 13세 미만의 미성년자의 약취 · 유인에 대해서는 특가법 제5조의2에 의하여 가중처벌된다.[90)] 2016.1.6. 일부개정 특가법 제5조의2는 '미성년자의 약취 · 유인' 가중처벌을 '13세 미만의 미성년자 약취 · 유인'으로 변경하였다.

2-2-3. 행 위

본죄의 행위는 약취 또는 유인이다. 약취 · 유인은 사람을 자유로운 생활관계 또는 보호관계로부터 자기 또는 제3자의 사실적 지배하에 옮기는 행위이다.[91)] 약취와 유인을 포괄하여 인취라고도 한다.

약취는 일반적으로 폭행이나 협박을 수단으로 하고, 유인은 기망이나 유혹을 수단으로 한다는 점에서 차이가 있다. 다만 약취의 수단인 폭행 · 협박의 의미는 '물리적 또는 정신적으로 작용하는 모든 강제적인 힘'으로 이해하는 것이 정확하다. 예컨대 폭행 · 협박 없이도 수면상태 또는 심실상실상태에 있는 사람이나 유아를 자기 또는 제3자의 실력적 지배하에 옮기는 행위도 약취에 해당한다.

---

88) 대법원 2008.1.31., 2007도8011: "미성년자를 보호감독하는 자라 하더라도 다른 보호감독자의 감호권을 침해하거나 자신의 감호권을 남용하여 미성년자 본인의 이익을 침해하는 경우에는 미성년자 약취 · 유인죄의 주체가 될 수 있다."

89) 권오걸, 131면; 김성돈, 158면; 김일수, 한국형법 III, 306면; 이재상/장영민/강동범, 135면.

90) 특가법 제5조의2(약취 · 유인죄의 가중처벌): ① 13세 미만의 미성년자 약취 · 유인의 1.재물이나 재산상 이익 취득목적, 2.살해목적에 따라 가중처벌; ② 13세 미만의 미성년자 약취 · 유인을 이용하여 1.재물이나 재산상 이익 취득 · 요구, 2.미성년자 살해, 3.미성년자를 폭행 · 상해 · 감금 · 유기 · 가혹한 행위, 4.제3호의 죄로 미성년자를 치사케 한 경우 각각 가중처벌; ③ 제1항 · 제2항 죄 방조하여 미성년자 은닉 또는 귀가방해; ④ 삭제(2013.4.5.) ⑤ 삭제(2013.4.5.); ⑥ 미수범; ⑦ 범인도피; ⑧ 예비 · 음모.

91) 대법원 1990.2.13., 89도2558; 대법원 1991.8.13., 91도1184; 대법원 2004.10.28., 2004도4437; 대법원 2008.1.17., 2007도8485; 대법원 2009.7.9., 2009도3816; 대법원 2013.6.20., 2010도14328 전원합의체 판결.

약취의 수단인 폭행 · 협박의 정도는 상대방을 실력적 지배하에 둘 수 있는 정도면 충분하며, 상대방의 반항을 억압할 정도일 것임을 요하지 않는다.[92] 유인의 수단인 기망은 허위의 사실로 사람을 착오에 빠뜨리는 것이며, 유혹은 감언으로 사람을 현혹시켜 판단을 그릇되게 하는 것[93]을 말한다. 따라서 유혹의 내용이 허위일 필요는 없다.[94]

약취와 유인의 수단인 폭행 · 협박 · 기망은 피인취자인 미성년자 뿐 아니라 보호자에 대하여도 행하여질 수 있다. 그러나 유인의 수단인 유혹은 반드시 미성년인 피인취자에 대하여 행해져야 한다. 미성년자의 보호자에 대한 유혹을 미성년자 유인행위로 볼 수는 없기 때문이다.

약취 · 유인은 폭행 · 협박이나 기망 · 유혹을 수단으로 하여 피인취자를 자기 또는 제3자의 사실적 지배하에 두는 것이다. 피인취자를 자기 또는 제3자의 사실적 지배하에 두기 위하여 장소적 이전이 필수적인 것은 아니다. 피인취자에 대한 장소적 이전 없이도 그 보호자의 실력적 지배를 제거함으로써 인취가 가능하기 때문이다.[95]

미성년자 약취 · 유인죄는 계속범이므로, 피인취자에 대한 사실적 지배는 어느 정도의 시간적 계속을 필요로 한다(통설).[96] 본죄는 계속범으로서 피인취자가 자유를 회복하였을 때 종료하며, 이 때 공소시효가 진행된다.

2-3. 주관적 구성요건

본죄는 주관적 구성요건으로서 고의를 필요로 한다. 본죄의 고의는 미성년자의 약취 또는 유인에 대한 인식과 의사이다. 미성년자 약취 · 유인의 동기는 고의의 내용이 아니다. 따라서 미성년자를 부모보다 더 잘 보호하고 양육하기 위하여 약취 · 유인하는 행위도 본죄를 구성하게 된다. 다만 미성년자 약취 · 유인이 추행 · 간음 · 결혼 · 영리를 목적으로 하거나 노동력착취 · 성매매와 성적 착취 · 장기적출 또는 국외이송을 목적으로 한 경우는 제288조의 추행 등 목적 약취 · 유인죄가 성립한다. 그밖에 미성년자 약취 · 유인이 재물이나 재산상의 이익의 취득이나 미성년자 살해를 목적

---

92) 대법원 1990.2.13., 89도2558; 대법원 1991.8.13., 91도1184; 대법원 2004.10.28., 2004도4437; 대법원 2009.7.9., 2009도3816.

93) 대법원 1982.4.27, 82도186: "…위 피해자가 스스로 가출하여…마산지관에 입관할 것을 호소하였다고 하더라도 피고인들의 독자적인 교리설교에 의하여 하자 있는 의사로 가출하게 된 것이라면 미성년자 유인죄에 해당한다."; 同旨 대법원 1976.9.14., 76도2072; 대법원 1996.2.27., 95도2980; 대법원 2007.5.11., 2007도2318.

94) 대법원 1996.2.27., 95도2980.

95) 대법원 2008.1.17., 2007도8485: "미성년자가 혼자 머무는 주거에 침입하여 그를 감금한 뒤 폭행 또는 협박에 의하여 부모의 출입을 봉쇄하거나, 미성년자와 부모가 거주하는 주거에 침입하여 부모만을 강제로 퇴거시키고 독자적인 생활관계를 형성하기에 이르렀다면 비록 장소적 이전이 없었다 할지라도 형법 제287조의 미성년자약취죄에 해당함이 명백하지만, …"

96) 서울고법 2011.5.26., 2011노573: "간음하기 위하여 일시적으로 장소를 이동할 때 기망 또는 유혹의 수단을 사용한 것에 불과하다면 간음목적유인죄의 유인행위에 해당하지는 않는다고 보는 것이 타당하다."; 동취지, 대법원 2008.1.17., 2007도8485: "…일시적으로 부모와의 보호관계가 사실상 침해 · 배제되었다 할지라도, 그 의도가 미성년자를 기존의 생활관계 및 보호관계로부터 이탈시키는 데 있었던 것이 아니라 단지 금품 강취를 위하여 반항을 제압하는 데 있었다거나 금품 강취를 위하여 고지한 해악의 대상이 그곳에 거주하는 미성년자였던 것에 불과하다면, 특별한 사정이 없는 한 미성년자를 약취한다는 범의를 인정하기 곤란할 뿐 아니라, 보통의 경우 시간적 간격이 짧아 그 주거지를 중심으로 영위되었던 기존의 생활관계로부터 완전히 이탈되었다고 평가하기도 곤란하다."

으로 한 경우는 특가법 제5조의2 제1항에 의하여 가중처벌된다.

2-4. 추행 등 목적 약취 · 유인죄

약취 · 유인이 추행 · 간음 · 결혼 · 영리를 목적으로 하거나 노동력착취 · 성매매와 성적 착취 · 장기적출 또는 국외이송을 목적으로 하는 경우는 제288조의 추행 등 목적 약취 · 유인죄가 성립한다. 추행 등 목적 약취 · 유인죄에서는 피해자가 미성년일 것을 요하지 않는다. 약취와 유인의 개념은 미성년자 약취 · 유인죄에서의 그것과 같다. 추행 · 간음 · 결혼 · 영리 목적 약취 · 유인죄는 1년 이상 10년 이하의 징역으로 처벌되며, 노동력착취 · 성매매와 성적 착취 · 장기적출 목적 약취 · 유인죄와 국외이송을 목적 약취 · 유인죄는 2년 이상 15년 이하의 징역으로 처벌된다.

2-5. 위법성

본죄의 구성요건에 해당하는 행위도 허용규범에 의하여 위법성이 조각될 수 있다. 예컨대 자발적으로 인신매매의 대상이 되어 해외이송에 나아가려는 미성년자를 구하기 위한 행위라면 그것이 비록 본죄의 구성요건에 해당하여도 긴급피난으로 위법성이 조각될 수 있다.

피해자의 승낙이 본죄의 위법성을 조각할 수 있는지에 관하여는 학설의 다툼이 있다. 이에 관하여는 미성년자와 보호자의 동의가 모두 있는 경우에 한하여 본죄의 구성요건해당성이 배제된다는 견해[97]와 위법성이 조각된다는 견해[98]가 있다. 그러나 이들 견해에는 찬성할 수 없다. 예컨대 보다 나은 양육을 위하여 제3자에게 양육을 의뢰하는 보호자의 의사가 있는 경우는 미성년자가 이를 거부하여도 본죄가 성립할 수 없기 때문이다. 만약 보호자가 불법한 의도로 미성년자의 약취 · 유인에 동의한 경우라면 이에 대한 다른 구성요건, 예컨대 제288조 이하의 약취 · 유인 · 매매 · 이송죄나 유기죄 또는 아동혹사죄 등의 성립이 가능할 수 있을 것이다. 보호자의 감독권을 침해하지 않는 경우는 미성년자인 피인취자의 동의 여부와 관계없이 본죄는 성립하지 않는다고 보아야 한다.

동일한 관점에서 미성년자 본인과 보호자 양측의 동의가 있는 경우 및 보호자의 동의가 있는 경우는 본죄의 구성요건해당성이 조각된다는 견해[99]가 있다. 이 견해의 결론이 부분적으로 가능하다고 할 수는 있다. 그러나 이 견해도 약취.유인죄의 본질을 올바르게 설명하는 것으로 볼 수는 없다. 우선 약취죄는 피해자의 의사에 반한 실력적 지배를 의미한다. 따라서 미성년자인 피해자의 동의에 의한 약취란 개념적으로 불가능하다. 약취의 수단은 폭행 · 협박이며, 폭행이나 협박 등의 강제력으로 동의를 받았어도 이는 피해자의 내적 부동의를 의미하기 때문이다. 또한 유인죄는 피해자의 하자있는 의사일지라도 그 의사에 반하지 아니하는 실력적 지배를 의미한다. 그러므로 미성년자 유인

97) 김일수/서보학, 123면; 박상기, 135면; 백형구, 298면; 오영근, 115면; 이형국, 각론연구 I, 242면; 정성근/박광민, 170면 이하; 진계호/이존걸, 179면.

98) 김성돈, 160면; 김성천/김형준, 164면; 배종대, 154면; 손동권/김재윤, 137면; 임웅, 173면; 조준현, 177면.

99) 이재상/장영민/강동범, 138면.

죄는 피해자의 동의에도 불구하고 성립하는 범죄가 된다.[100] 이와 같이 피인취자의 동의가 언제나 본죄에 대한 구성요건해당성배제사유가 된다고 볼 수는 없다.

2-6. 형의 감경

본죄를 범한 자가 약취 · 유인된 사람을 안전한 장소로 풀어준 때에는 그 형을 감경할 수 있다(제295조의2). 이는 인신매매죄와 국외이송죄에서 매매 · 이송된 사람을 안전한 장소로 풀어준 때에도 동일하게 적용된다. 이 규정도 인질강요죄에서의 인질석방감경규정과 동일한 차원에서 피인취자의 안전을 보호하기 위한 형사정책적 목적에서 마련된 규정이다.

2-7. 세계주의

2013.4.5.의 개정형법은 제296조의2에서 세계주의를 신설하였다. 제31장 '약취, 유인 및 인신매매의 죄'에서는 제296조의 예비죄를 제외하고 대한민국 영역 밖에서 죄를 범한 외국인에게도 형법이 적용된다. 인신매매에 대한 세계적 추세에 부응하는 세계주의의 채택은 환영할만하다. 다만 여기서 가벌적인 예비죄를 제외시킬 특별한 이유가 있었는지 의문이 제기된다.

3. 인신매매의 죄

제31장에서는 약취 · 유인의 죄와 분리된 독자적인 인신매매의 죄를 규정하고 있다. 인신매매에서 피해자를 인수자에게 인계하는 자는 사전에 이미 피해자를 실력적으로 지배하고 있어야 하기 때문에 일반적으로 그 수단이 되는 약취 · 유인은 인신매매죄의 사전행위라고도 할 수 있다. 이와 같이 인신매매죄에서는 인신매매 이전에 피해자의 신체적 활동 내지 행동의 자유가 이미 인계자의 실력적 지배하에 놓여있게 되며, 인신매매를 통하여 이러한 자유권의 침탈은 인수자에게 옮겨가면서 유지 · 강화된다. 이러한 관점에서 인신매매죄의 보호법익은 피해자의 신체적 활동 내지 행동의 자유이라고 해석할 수 있다.

인신매매는 피해자가 스스로 인신매매를 의뢰하는 경우에도 가능하다. 이 경우는 피해자가 스스로 인신매매자의 실력적 지배로 들어가기 때문에 이 순간에 피해자의 자유권침해를 인정하기는 곤란하다. 하지만 인신매매를 통하여 인계된 이후에 피해자의 자유권 침탈은 유지 · 강화될 수밖에 없게 된다. 이 한도에서 피해자의 자유권은 본죄의 보호법익 범위에 들어있다. 또한 역사적으로 인신매매행위는 인간의 존엄이라는 본질적 기본권을 침해하는 행위로 평가된다. 인신매매행위는 인간을 주체로 인정하지 않고 매매의 대상으로 취급하고 있으며, 이러한 인격의 객체화는 형벌로 금지

100) 대법원 2001.7.13, 2001도2595; 대법원 2003.2.11, 2002도7115.

될 필요가 있다. 이러한 관점에서 인신매매죄의 보호법익은 사람의 신체적 활동 내지 행동이라는 개인의 자유권 뿐 아니라 인격권 내지 인간의 존엄도 그 보호법익이라고 해야 한다.

> 대법원은 "서울에서 봉제공장의 공원으로 일하던 18세 가량의 소녀로서 특별한 사정이 없는 한 그 정도의 연령이면 인격의 자각이 있고 법질서에 보호를 호소할 수 있는 판단능력을 가지고 있다고 보아야 할 것이라고 인정하여 인신매매의 객체가 될 수 없다"는 취지로 판시한 원심[101]을 파기하면서, "인신매매죄의 성립여부는 그 주체 및 객체에 중점을 두고 볼 것이 아니라 매매의 일방이 어떤 경위로 취득한 피해자에 대한 실력적 지배를 대가를 받고 그 상대방에게 넘긴다고 하는 행위에 중점을 두고 판단하여야 하므로 매도인이 매매 당시 피해자를 실력으로 지배하고 있었는가 여부 즉 계속된 협박이나 명시적 혹은 묵시적인 폭행의 위협 등의 험악한 분위기로 인하여 보통의 피해자라면 법질서에 보호를 호소하기를 단념할 정도의 상태에서 그 신체에 대한 인계인수가 이루어졌는가의 여부에 달려있다"고 판시[102]하였다. 그러나 가족을 위하여 스스로 인신매매를 원하는 소위 심청이의 경우에도 인신매매죄의 성립을 부정할 이유가 없다. 인신매매죄는 피해자의 신체적 활동 내지 행동이라는 자유권 이외에 인간의 존엄이나 인격권도 그 보호법익이라고 해야 하기 때문이다.

인신매매의 죄는 제289조 제1항의 인신매매죄를 기본적 구성요건으로 한다. 동조 제2항의 추행 · 간음 · 결혼 · 영리목적 인신매매죄, 동조 제3항의 노동력착취 · 성매매와 성적 착취 · 장기적출목적 인신매매죄, 동조 제4항의 국외이송목적 인신매매죄는 가중적 구성요건에 해당한다. 이들 가중적 구성요건은 인신매매죄에 추가표지인 각각의 목적에 따라 가중되는 변형구성요건이다. 다만 제289조 제1항의 인신매매죄가 기본적 구성요건으로서 의미가 있는지는 매우 의문이다. 현대의 문명을 고려하면 사람을 매매하는 과정에서 영리의 목적이 배제되는 경우란 좀처럼 상정될 수 없기 때문이다.

4. 국외이송죄와 약취 · 유인 · 매매 · 이송된 사람 수수 · 은닉죄

제288조 제3항 후단과 제289조 제4항 후단에서는 약취 · 유인 · 매매된 사람을 국외로 이송함으로써 성립하는 국외이송죄를 규정한다. 국외이송죄는 약취 · 유인죄와 인신매매죄의 사후행위를 별도의 독립적 구성요건으로 규정한 것이다.

제292조 제1항의 약취 · 유인 · 매매 · 이송된 사람 수수 · 은닉죄는 약취 · 유인죄, 인신매매죄,

101) 서울고등법원 1991.4.12., 91노461.
102) 대법원 1992.1.21., 91도1402 전원합의체 판결.

국외이송죄의 피해자를 수수하거나 은닉하는 사후방조행위를 별도의 독립적 구성요건으로 규정하고 있다. 동조 제2항의 모집 · 운송 · 전달죄는 약취 · 유인죄, 인신매매죄, 국외이송죄를 범할 목적으로 사람을 모집, 운송, 전달하는 사전방조행위를 별도의 독립적 구성요건으로 규정하고 있다. 제292조 제1항의 수수 · 은닉죄는 그 미수범과 예비죄를 처벌하고 있으나, 동조 제2항의 모집 · 운송 · 전달죄는 그 미수범과 예비죄를 별도로 처벌하지 않는다(제294조 제296조).

제5절 강간과 추행의 죄

1. 강간과 추행의 죄 일반론

1-1. 의 의

강간과 추행의 죄는 개인의 성적 자유인 성적 자기결정의 자유를 침해하는 범죄이다. 여기서 성적 자기결정의 자유란 원치 않는 성행위를 하지 않을 수 있는 소극적 자유를 의미한다. 강간과 추행의 죄는 개인의 성적 자유에 관한 개인적 법익에 대한 죄이다.

일본 형법은 강간과 추행의 죄를 외설 · 간음 및 중혼의 죄의 장에서 사회적 법익에 대한 죄로 규정하고 있으며, 독일 구형법에서도 강간과 추행의 죄를 풍속에 대한 범죄로서 사회적 법익에 대한 죄로 규정하였다. 독일 개정형법은 이를 '성적 자기결정에 대한 죄(Strafteten gegen die sexuelle Selbstbestimmung)'로 그 표제를 바꾸어 개인적 법익에 대한 죄로 규정하였다. 구형법도 '강간과 추행의 죄'를 '정조에 관한 죄'라는 표제하에 규정하고 있었으며, 구형법의 정조에 관한 죄는 개인적 법익 외에 성풍속이라는 사회적 법익에 대한 죄로서의 성격도 포함하고 있었다. 개정형법은 구형법의 정조에 관한 죄를 '강간과 추행의 죄'로 그 표제를 변경하였다.

1-2. 구성요건의 체계

[강간과 추행의 죄]

기본적 구성요건 – 강간죄: 제297조; 유사강간죄: 제297조의2; 강제추행죄: 제298조
(각 독립적 구성요건)
독립적 구성요건 – 제299조: 준강간죄; 준유사강간죄; 준강제추행죄
– 제305조: 의제강간죄; 의제유사강간제; 의제강제추행죄
가중적 구성요건 – 제301조: (준 · 의제)강간상해 · 치상죄; 유사강간상해 · 치상죄;
강제추행상해 · 치상죄
– 제301조의2: (준 · 의제)강간살인 · 치사죄; 유사강간살인 · 치사죄;
강제추행살인 · 치사죄
독립적 구성요건: 간음 · 추행죄 – 미성년자 등에 대한 간음 · 추행죄: 제302조;
업무상위력 등에 의한 간음죄: 제303조 제1항; 피구금자간음죄: 제303조 제2항

미수범: 제300조 (제297조, 제297조의2, 제298조, 제299조에 대하여)
상습범: 제305조의2 (제297조, 제297조의2, 제298조부터 제300조까지, 제302조, 제303조, 제305조에 대하여)

강간과 추행의 죄에서 기본적 구성요건은 제297조의 강간죄와 제297조의2의 유사강간제 및 제298조의 강제추행죄이다.[103] 이에 반하여 강제추행죄를 기본적 구성요건으로 보고 유사강간제와 강간죄를 가중적 구성요건으로 파악하는 견해[104]도 있다. 강제추행죄가 성적 자기결정의 자유를 침해하는 고유한 형태의 범죄이고, 유사강간죄와 강간죄는 사람을 유사간음 내지 간음함으로써 사람의 성적 자유를 현저히 침해하는 범죄라는 것이다. 물론 이와 같이 이해하는 것도 가능하며, 특히 입법론적으로는 강간과 추행의 죄를 정비하여 향후 이와 같은 방향에서 규정해야 할 것으로 판단된다.

그러나 형법은 '강간과 추행의 죄'라는 표제를 사용함으로써 본장의 죄를 2원적으로 규정하면서, 강간죄를 '강간과 추행의 죄'의 대표적인 범죄유형으로 전면에 배치하고 있다. 여기에 개정형법은 이들의 중간개념으로서 강간개념을 전제로 하는 유사강간개념을 추가하였다. 이러한 형법의 형식적 구조에 의하면 '강간과 추행의 죄'는 기본적 구성요건인 강간죄에 감경적 추가표지를 통한 유사강간죄와 강제추행죄로 구성되어야 한다. 다만 강간과 추행의 죄에서 강제추행죄에 가중적 추가표지를 통하여 유사강간죄와 강간죄로 구성하는 것은 어느 정도 가능할 수 있지만, 강간죄에 감경적

103) 김성돈, 174면; 김일수/서보학, 129면; 박상기, 142면; 배종대, 160면, 168면; 백형구, 309면; 손동권/김재윤, 148면; 이형국, 211면; 임웅, 190면; 조준현, 187면.

104) 김성천/김형준, 174면; 오영근, 134면; 이영란, 169면; 이재상/장영민/강동범, 159면; 정성근/박광민, 184면; 정영일, 72면; 진계호/이존걸, 185면.

추가표지를 통하여 유사강간죄와 강제추행죄로 구성하는 것은 사실상 불가능하다.[105] 반면에 유사강간죄와 강간죄에 대해서는 강제추행죄의 불법을 가중하는 가중적 추가표지가 무엇인지 정확하지도 않다. 따라서 현재는 잠정적으로 강간죄와 유사강간죄 및 강제추행죄 각각의 독자성을 인정하여 독립적인 범죄형태로 이해하는 것이 합리적이다.

독일 개정형법 제177조는 성적 침해와 성적 강요 및 강간의 죄를 통합함으로써 동조 제1항의 '인식할 수 있는 의사에 반한 성적 행위(sexuelle Handlungen gegen den erkennbaren Willen)'[106]를 기본적 구성요건으로 규정하였으며, 6월 이상 5년 이하의 유기징역으로 처벌한다. 동조 제2항에서는 반대의사를 형성하거나 표현할 수 없는 피해자의 상황을 이용하거나, 피해자의 동의를 확인했어도 의사의 형성과 표현에 있어서 현저히 제한된 신체적 · 심리적 상황을 이용하거나, 공포순간을 이용하거나, 저항시 받게 될 상당한 해악의 위협상황을 이용하거나, 인지되는 해악의 협박으로 강요[107]한 성적 행위를 동일하게 취급하고 있다. 제1항과 제2항에서는 비동의 성적 침해와 성적 강요행위를 동일시하고 있으며, 제3항에서는 이들의 미수범을 처벌하고 있다. 동조 제4항에서는 피해자의 질병이나 장애로 인하여 의사형성과 표현이 부적합한 경우를 1년 이상의 유기징역으로 가중처벌한다.

동조 제5항에서는 폭력을 행사하거나 생명 · 신체에 대한 현재의 위해로 협박하거나 피해자가 무방비로 행위자에게 방치된 상황을 이용한 경우를 1년 이상의 유기징역으로 가중처벌한다. 이는 강제적 성적 침해로서 형법의 강제추행죄에 해당한다. 제6항은 특별히 중한 경우를 2년 이상의 유기징역으로 가중처벌하는 예시규정(Regelbeispiele)이다. 특별히 중한 경우는 성교행위[108]나 신체삽입을 수반하는 성교행위와 유사한 경멸적인 성적 행위 및 수인이 공동으로 범하는 경우이다. 제7항은 무기나 위험한 물건을 휴대하거나, 타인의 저항을 폭력이나 폭력을 수반한 협박으로 저지하거나 극복하기 위해서 그 밖의 물건이나 도구를 휴대하거나, 피해자에게 중대한 건강침해를 야기하는 경우를 3년 이상의 유기징역으로 가중처벌한다. 제8항에서는 행위시 무기 기타 위험한 물건을 사용하거나, 심각하게 신체적으로 학대하거나 사망의 위험을 야기한 경우에 5년 이상의 유기징역으로 가중처벌한다. 제9항에서는 제1항과 제2항의 경한 경우를 3월 이상 3년 이하의 징역으로 감경처벌하고, 제4항과 제5항의 경한 경우를 6월 이상 10년 이하의 징역으로 감경처벌하며, 제7항과 제8항의 경한 경우를 1년 이상

105) 유사강간에 해당하는 동성애자에 의한 성폭력행위나 성도착증자에 의한 비정상적인 성기결합 이외의 변태적 성폭행행위와 비교하여 강간죄가 더욱 중대한 성적 자기결정권의 침해방법이라고 할 수는 없다.

106) 이러한 성적 행위를 범인이 행하거나 피해자로 하여금 행하도록 시키거나, 제3자에게 또는 제3자로부터 성적 행위의 실행이나 수인을 결심시키는 행위가 구성요건적 행위이다.

107) 인지되는 해악의 협박(durch Drohung mit einem empfindlichen Übel)은 강요죄의 수단이다.

108) 독일 구형법 제177조 제2항의 성교행위(Beischlafvollziehung mit dem Opfer)는 제1항의 폭행 · 협박을 수단으로 하는 강제적 성적 침해행위의 특별히 중한 경우의 하나이었다. 따라서 독일 구형법 제177조 제2항의 성교행위는 폭행 · 협박을 수단으로 하는 강간을 의미하였다. 그러나 독일 개정형법 제177조 제6항은 제5항의 강제적 성적 침해행위에 대한 특별히 중한 경우가 아니라, 동조 제1항과 제2항의 비동의 성적 침해의 특별히 중한 경우를 의미한다. 따라서 제6항 특별히 중한 경우의 성교행위는 비동의면 충분하며, 반드시 폭행 · 협박을 수단으로 할 필요는 없다.

> 10년 이하의 징역으로 감경처벌한다. 이와 같이 독일 개정형법에서는 성적 자기결정권을 침해하는 범죄의 기본형식을 비동의 성적 침해로 구성하고 있으며, 이에 대하여 여러 단계의 가중적 구성요건과 경미한 비동의 성적 침해의 감경적 구성요건도 마련하였다. 동조 제6항의 성교행위는 신체삽입을 수반하는 성교행위와 유사한 경멸적인 성적 행위 및 수인이 공동으로 범하는 성적 행위와 동일하게 취급되는 특별히 중한 경우의 하나일 뿐이다.

각각 독립적 구성요건인 제297조의 강간죄, 제297조의2의 유사강간죄, 제298조의 강제추행죄에는 각각 독립적 구성요건인 제299조와 제305조의 형태가 적용된다. 제299조의 준강간죄와 제305조의 의제강간죄는 실제로는 강제수단이 결여된 간음죄이나, 법률이 강간죄에 준하여 또는 강간죄로 의제하여 취급하는 독립적 구성요건이다. 이러한 제299조와 제305조에 의한 독립적 구성요건의 형태는 유사강간죄와 강제추행죄에도 그대로 반영되어, 준유사강간죄와 의제유사강간죄 및 준강제추행죄와 유사강제추행죄로 적용된다.

가중적 구성요건으로서 제301조의 강간 · 유사강간 · 강제추행 상해 · 치상죄는 결합범 내지 중한 결과에 의하여 가중처벌되는 결과적가중범이다. 제301조의 기본범죄에는 준강간 · 준유사강간 · 준강제추행 및 의제강간 · 의제유사강간 · 의제강제추행을 포함한다. 제301조의2 제1문의 강간 · 유사강간 · 강제추행 살인죄는 강간 · 유사강간 · 강제추행죄와 살인죄의 결합범이며, 동조 제2문의 강간 · 유사강간 · 강제추행 치사죄는 진정결과적가중범에 해당한다. 제301조의2의 기본범죄에도 준강간 · 준유사강간 · 준강제추행 및 의제강간 · 의제유사강간 · 의제강제추행이 포함된다.

형법은 간음 · 추행죄를 규정하고 있다. 강간죄(강제간음죄) · 유사강간죄 · 강제추행죄는 폭행 · 협박이라는 강제수단을 사용하여 간음 · 유사간음 · 추행하는 범죄이지만, 간음 · 추행죄는 폭행 · 협박이라는 강제수단이 없는 비강제적 간음죄나 추행죄라는 점에서 차이가 있다. 이러한 구조 때문에 강간죄 · 유사강간죄 · 강제추행죄는 마치 간음 · 추행죄에 대한 가중적 구성요건으로 보여 질 수 있다. 그러나 형법은 단순한 간음 · 추행행위를 벌하지 아니하며, 오직 특수한 간음 · 추행만을 불법구성요건으로 규정하고 있다. 따라서 각각의 특수한 간음 · 추행죄는 각각 독립적 구성요건으로 해석된다. 이러한 간음 · 추행죄로는 제302조의 미성년자 · 심신미약자에 대하여 위계 · 위력으로 간음 · 추행하는 미성년자 등에 대한 간음 · 추행죄 및 제303조의 업무상위력 등에 의한 간음죄로서 동조 제1항의 피보호 · 감독자간음죄와 동조 제2항의 피구금자간음죄가 있다. 제303조에서는 업무상위력 등에 의한 추행죄는 별도로 규정하지 아니하였으므로, 성폭력처벌법에서 이들 추행죄들을 별도로 규정하고 있다. 제299조의 준강간 · 준유사강간 · 준강제추행죄와 제305조의 의제강간 · 의제유사강간 · 의제강제추행죄도 그 본질에 있어서는 강제수단이 없는 간음죄 내지 추행죄이지만, 형법은 이들 범죄를 강간 · 유사강간 · 강제추행죄에 준하여 또는 강간 · 유사강간 · 강제추행죄로 간주하여 취급하고 있다.

형법 제300조는 강간 · 유사강간 · 강제추행죄 및 준강간 · 준유사강간 · 준강제추행죄의 미수범을 처벌하고 있다. 제305조의 의제강간 · 의제유사강간 · 의제강제추행죄는 미수범 처벌규정에 포함되어 있지 않다. 제305조에서는 존재하지 아니하는 강제수단이 법률에 의해서 간주되는 경우이기 때문에 미수를 인정할 실익도 크지 않지만, 제305조는 강간죄 등의 예에 의하므로 당연히 제300조에 의하여 그 미수범이 처벌된다. 제305조의2는 강간 · 유사강간 · 강제추행죄와 준강간 · 준유사강간 · 준강제추행죄 및 그 미수죄, 미성년자 등에 대한 간음 · 추행죄, 업무상위력 등에 의한 간음죄, 의제강간 · 의제유사강간 · 의제강제추행죄의 상습범을 가중처벌하고 있다. 개정형법은 본장의 죄에서 친고죄 규정을 폐지하였고, 헌재의 위헌결정[109]에 의하여 혼인빙자간음죄를 폐지하였다.

강간과 추행의 죄의 특별법으로서 '성폭력범죄의 처벌 등에 관한 특례법(성폭력처벌법)'은 제2장 제3조 이하에서 성폭력범죄의 처벌 및 절차에 관한 특례를 규정하고 있다. 동법 제3조 제1항에서는 '주거침입 · 야간주거침입절도 · 특수절도 강간 등의 죄'를 가중처벌하고 있으며, 동조 제2항에서는 '특수강도강간 등의 죄'를 가중처벌하고 있다. 제4조에서는 흉기 기타 위험한 물건을 휴대하거나 2인 이상이 합동하여 강간 등의 죄를 범하는 '특수강간 등의 죄'를 규정하고 있다. 또한 제5조에서는 법률상 또는 사실상의 4촌 이내의 혈족 · 인척과 동거하는 친족이 강간 등의 죄를 범하는 '친족관계에 의한 강간 등의 죄'를 규정하였으며, 여기서는 유사강간을 특별히 구획하지 아니하였다. 동법 제6조에서는 신체적인 또는 정신적인 장애가 있는 사람에 대한 강간죄 · 유사강간죄 · 강제추행죄와 이에 상응하는 준강간죄 · 준유사강간죄 · 준강제추행죄 및 위계 · 위력에 의한 간음죄 · 유사간음죄 · 추행죄를 규정하였다. 또한 동조 제7항에서는 장애인의 보호 · 교육시설의 장 또는 종사자에 대한 가중처벌을 규정하고 있다. 동법 제7조에서는 13세 미만의 미성년자에 대해서도 강간죄 · 유사강간죄 · 강제추행죄와 이에 상응하는 준강간죄 · 준유사강간죄 · 준강제추행죄 및 위계 · 위력에 의한 간음죄 · 유사간음죄 · 추행죄를 규정하였다. 또한 동법 제10조는 형법 제303조가 업무상위력 등에 의한 간음죄만을 규정하고 있는 것을 보충하기 위하여, 위계 · 위력에 의한 피보호 · 감독자 추행죄와 피구금자 추행죄를 규정하였으며, 동법 제11조에서는 공중밀집장소에서의 사람에 대한 추행죄를 규정하였다. 성폭력처벌법에서도 친고죄 규정을 폐지함으로써 모든 성폭력범죄는 비친고죄가 되었다.

동법 제12조는 '성적 목적을 위한 다중이용장소 침입행위'를 성폭력범죄의 일종으로 규정하고 있다. 다중이용장소 침입죄는 본질적으로 음란죄의 일종이지만, 불특정 다수피해자에 대하여 성적 목적을 달성하기 위해서 범해지는 점에서 추행죄와 유사하게 취급되는 특수한 범죄형태이다. 그러나 다중이용장소 침입죄는 이해할 수 없는 규정이다. 주거침입 · 퇴거불응죄는 3년 이하의 징역이나 500만원 이하의 벌금으로 처벌되는데 반하여, 주거침입 · 퇴거불응죄의 특별법에 해당하는 다중이용장소 침입 · 퇴거불응죄는 1년 이하의 징역이나 300만

109) 헌재 2009.11.26., 2008헌바58.

원 이하의 벌금으로 처벌되는 감경적 구성요건이기 때문이다. 그러나 내용적으로 성적 목적을 위한 다중이용장소 침입 · 퇴거불응행위는 불법 가중적 추가표지에 해당한다. 동법 제13조는 '통신매체를 이용한 음란죄'를 규정하고 있다. 통신매체 이용 음란죄는 본질적으로 추행죄가 아니라 음란죄이지만 성적 욕망[110]을 유발하거나 만족시키려는 추행목적의 범죄로서 추행죄에 준하여 취급되는 특수한 범죄형태이다. 또한 동법 제14조에서는 '카메라 등을 이용한 촬영죄'를 규정하고 있다. 동조 제1항은 카메라 등을 이용하여 피해자의 의사에 반하여 촬영하거나[111] 그 촬영물을 반포 · 판매 · 임대 · 제공[112] 또는 공공연하게 전시 · 상영한 자를 처벌하며, 동조 제2항은 의사에 반하지 아니한 촬영이라도 사후에 그 의사에 반하여 그 촬영물을 반포 · 판매 · 임대 또는 공공연하게 전시 · 상영한 자를 감경처벌하고, 동조 제3항은 영리목적으로 그 촬영물을 정보통신망을 이용하여 유포하는 경우를 가중처벌한다. 카메라 등 이용촬영 · 유포죄도 본질적으로는 음란죄이지만, 피해자의 의사에 반한 범죄로서 추행죄에 준하여 취급되는 특수한 범죄형태이다. 성폭력처벌법 제15조에서는 동법 제3조부터 9조까지의 죄 및 제14조의 죄[113]의 미수범도 처벌하고 있다.

아동 · 청소년[114]의 성보호에 관한 법률(청소년 성보호법) 제7조는 아동 · 청소년에 대한 강간 · 유사강간 · 강제추행죄와 준강간 · 준유사강간 · 준강제추행죄 및 위계 · 위력에 의한 간음 · 유사간음 · 추행죄를 간음 · 유사간음 · 추행의 유형별로 동일한 법정형을 규정하고 있다. 즉 간음의 유형은 5년 이상의 유기징역, 유사간음의 유형은 3년 이상의 유기징역, 그리고 추행의 유형에 대해서는 1년 이상의 유기징역이나 5백만원 이상 2천만원 이하의 벌금형으로 처벌하고 있다. 아동 · 청소년에 대해서는 '의사에 반한 성적 행위'와 '의사결정에 영향을 준 성적 행위' 사이에 근본적인 불법의 차이를 인정하지 않으며, 각각에 대하여 동일한 정도의 성보호를 필요로 한다는 의미이다. 동법 제8조 제1항에서는 19세 이상의 사람이 장애인인 13세 이상의 아동 · 청소년을 간음하거나 장애 아동 · 청소년으로 하여금 다른 사람을 간음하게 하는 경우

110) 대법원 2018.9.13., 2018도9775: "'성적 욕망'에는 성행위나 성관계를 직접적인 목적이나 전제로 하는 욕망뿐만 아니라, 상대방을 성적으로 비하하거나 조롱하는 등 상대방에게 성적 수치심을 줌으로써 자신의 심리적 만족을 얻고자 하는 욕망도 포함된다. 또한 이러한 '성적 욕망'이 상대방에 대한 분노감과 결합되어 있다 하더라도 달리 볼 것은 아니다."

111) 대법원 2018.3.15., 2017도21656는 영상을 휴대전화의 화면을 계속적으로 캡처하여 이를 저장한 것은 각 동영상의 피해자들이 영상통화를 하면서 스스로 촬영한 동영상을 전송받아 이를 저장한 것에 불과하다는 이유로 카메라 등 이용촬영죄의 성립을 부정하였다; 동지, 대법원 2005.10.13., 2005도5396; 대법원 2013.6.27., 2013도4279. 다만 이러한 영상을 유통하면 정보통신망법 제74조 제1항 제2호에 의하여 처벌된다.

112) 대법원 2018.8.1., 2018도1481: "수치심을 유발할 수 있는 피해자의 신체를 의사에 반하여 촬영한 후 이를 피해자 본인에게 전송한 사안에서 촬영물을 반포 · 판매 · 임대 · 제공 또는 공공연하게 전시 · 상영하는 행위까지 처벌하는 것이 촬영물의 유포행위를 방지함으로써 피해자를 보호하기 위한 것임에 비추어 볼 때, 촬영의 대상이 된 피해자 본인은 성폭력처벌법 제14조 제1항에서 말하는 '제공'의 상대방인 '특정한 1인 또는 소수의 사람'에 포함되지 않는다고 봄이 타당하다."

113) 대법원 2011.6.9., 2010도10677: "휴대폰을 이용하여 동영상 촬영을 시작하여 일정한 시간이 경과하였다면 설령 촬영 중 경찰관에게 발각되어 저장버튼을 누르지 않고 촬영을 종료하였더라도…촬영 후 일정한 시간이 경과하여 영상정보가 기계장치 내 주기억장치 등에 입력됨으로써 기수에 이르는 것이고, 촬영된 영상정보가 전자파일 등의 형태로 영구저장되지 않은 채 사용자에 의해 강제종료되었다고 하여 미수에 그쳤다고 볼 수는 없다."

114) 아동 · 청소년의 성보호에 관한 법률 제2조 제1호: 아동 · 청소년이라 함은 19세 미만의 자를 말한다. 다만, 19세에 도달하는 해의 1월 1일을 맞이한 자를 제외한다.

를 3년 이상의 유기징역에, 동조 제2항은 장애 아동 · 청소년을 추행한 경우 또는 장애 아동 · 청소년으로 하여금 다른 사람을 추행하게 하는 경우를 10년 이하의 징역 또는 1,500만원 이하의 벌금에 처하도록 규정하고 있다. 또한 동법 제8조의2에서는 13세 이상 16세 미만 아동、청소년이 궁박한 상태에 있을 때 이를 이용하여 간음 · 추행하는 경우에 동법 제8조의 장애인인 아동 · 청소년에 대한 간음 · 추행과 동일하게 처벌하고 있다. 13세 이상 16세 미만 아동、청소년이 궁박한 상태에 있을 때 이를 이용하여 간음 · 추행하는 경우는 장애인인 아동 · 청소년에 대한 간음 · 추행과 동일한 정도로 성적 행위에 대한 책임 있는 의사결정의 제약이 인정되므로 동법 제8조와 동일하게 처벌하려는 규정이다. 제9조와 저10조에서는 제7조와의 결합범 내지 결과적가중범으로 '강간 등 상해 · 치상죄'와 '강간 등 살인 · 치사죄'를 규정하고 있다.

동법 제11조는 '아동 · 청소년이용음란물의 제작 · 배포 등 죄'를,[115] 그리고 제12조에서는 '아동 · 청소년 매매 · 이송행위'를, 제13조 · 제14조 · 제15조에서는 '아동 · 청소년에 대한 성매매와 성매매 관련행위 등'을 아동 · 청소년에 대한 성적 착취 및 성적 학대행위로서 처벌하고 있다. 동법 제17조에서는 '피해자 등에 대한 강요행위'를 처벌함으로써 합의강요로부터 피해자나 그 보호자를 보호하고 있다.

동법 제49조는 성폭력처벌법이나 아동 · 청소년 대상 성폭력범죄를 저지른 자 등 정보의 공개대상자에 대한 '등록정보 공개'를 규정하고 있으며, 제50조는 고지정보를 고지대상자가 거주하는 읍 · 면 · 동의 지역주민 등에게 고지하도록 하는 '등록정보의 고지'를 규정하고 있다. 고지명령은 여성부장관이 집행하며(제51조 제1항), 공개명령은 여성가족부장관이 정보통신망을 이용하여 집행한다(제52조 제1항).

성폭력범죄에 대해서는 특정범죄자에 대한 보호관찰 및 전자장치 부착 등에 관한 법률(전자장치부착법)의 적용을 받는다. 전자장치부착법에서의 특정범죄란 성폭력범죄, 미성년자 대상 유괴범죄와 살인범죄 및 강도범죄를 말한다(제2조 제1호). 검사는 성폭력범죄로 징역형의 실형을 선고받은 사람이 그 집행을 종료한 후 또는 집행이 면제된 후, 제1호의 10년 이내에 성폭력범죄를 저지른 때, 제2호의 성폭력범죄로 이 법에 따른 전자장치를 부착받은 전력이 있는 사람이 다시 성폭력범죄를 저지른 때, 제3호의 성폭력범죄를 2회 이상 범하여 그 습벽이 인정된 때, 제4호의 19세 미만의 사람에 대하여 성폭력범죄를 저지른 때, 제5호의 신체적 또는 정신적 장애가 있는 사람에 대하여 성폭력범죄를 저지른 때의 어느 하나에 해당하고, 성폭력범죄를 다시 범할 위험성이 있다고 인정되는 사람에 대하여 전자장치를 부착하도록 하는 명령을 법원에 청구할 수 있다(제5조 제1항). 이 때 제3호의 '유죄의 확정판결을 받은 전과사실을 포함하여 성폭력범죄를 2회 이상 범하여 그 습벽이 인정된 때'에는 소년법에 의한 보호처분을 받은 전력

115) 대법원 2018.9.13., 2018도9340: "카카오톡 메신저로 아동 · 청소년에게 지시하여 스스로 자기의 신체를 대상으로 한 음란물을 촬영하도록 한 경우, 이러한 촬영을 마쳐 재생이 가능한 형태로 저장이 된 때에 제작은 기수에 이르고 반드시 피고인이 그와 같이 제작된 아동 · 청소년이용음란물을 재생하거나 피고인의 기기로 재생할 수 있는 상태에 이르러야만 하는 것은 아니다."

은 포함되지 않는다.[116)]

2. 강간죄

2-1. 의 의

강간죄는 폭행 또는 협박으로 사람을 강간함으로써 성립하며, 성적 자기결정의 자유를 침해하는 범죄이다. 따라서 본죄의 보호법익은 성적 자기결정권이며, 법익의 보호정도는 침해범으로 해석된다. 본죄는 성적 자기결정의 자유를 침해하는 범죄이며, 폭행 · 협박을 수단으로 한다는 점에서 강제추행죄와 동일하지만, 강간죄는 구성요건적 행위의 양태가 강제추행이 아니라 강제간음이라는 점에서 강제추행죄와 본질적인 차이가 있다.

2-2. 객관적 구성요건

2-2-1. 행위주체

본죄는 일반범으로서 행위주체에 제한이 없다. 개정형법은 본죄의 행위객체를 부녀에서 사람으로 변경하였으므로 남녀를 불문한다. 물론 여성(남성)에 대한 신체적인 강간은 남성(여성)만이 할 수 있다. 그러나 여성(남성)도 남성(여성)을 도구로 이용하여 간접정범의 형태로 본죄를 범할 수 있으며, 또는 실행의 분담을 통하여 남성(여성)과 공동하여 본죄를 범할 수 있다. 예컨대 남성(여성)이 여성(남성)을 강간하는 것이 가능하도록 여성(남성)이 피해자를 폭행 · 협박하는 경우가 그러하다.

2-2-2. 행위객체

본죄의 객체는 사람이며, 남녀를 불문하고 본죄의 객체가 된다. 본죄의 행위객체인 사람은 성년 · 미성년이나 기혼 · 미혼 또는 음행의 상습 여부나 성교능력의 유무에 관계없이 본죄의 객체가 된다. 부부관계에서의 배우자도 본죄의 객체가 될 수 있는지에 관하여는 긍정설[117)]과 부정설[118)]의 대립이 있다. 그러나 부부관계에서의 성관계를 본죄의 행위객체나 주체의 관점에서 이해하는 것은

---

116) 대법원 2012.3.22., 2011도15057, 2011전도249 전원합의체 판결: "피부착명령청구자가 소년법에 의한 보호처분을 받은 전력이 있다고 하더라도, 이는 유죄의 확정판결을 받은 경우에 해당하지 아니함이 명백하므로, 피부착명령청구자가 2회 이상 성폭력범죄를 범하였는지를 판단함에 있어 그 소년보호처분을 받은 전력을 고려할 것이 아니다."

117) 권오걸, 160면; 김성돈, 176면; 김성천/김형준, 177면; 박상기, 144면; 배종대, 162면; 백형구, 313면; 오영근, 137면; 이영란, 174면 이하; 정영일, 72면 이하; 조준현, 190면 이하; 진계호/이존걸, 193면; 조국, 아내 강간의 성부와 강간죄에서의 폭행 · 협박의 정도에 관한 검토, 형사정책 제13권 1호, 2000, 18면.

118) 김일수/서보학, 132면; 손동권/김재윤, 151면; 이재상/장영민/강동범, 162면 각주 6); 이형국, 213면 이하; 임웅, 199면; 정성근/박광민, 188면.

부정확하다. 부정설의 관점이라도 배우자일방이 제3자와 공동으로(공동정범) 또는 제3자를 도구로 이용하여(간접정범) 상대배우자를 강간하는 것은 얼마든지 가능하기 때문이다. 따라서 이 문제는 행위객체의 관점이 아니라 본죄의 구성요건적 행위의 관점에서 고찰되어야 한다. 이에 관하여는 구성요건적 행위에서 살펴보기로 한다.

강간죄는 개념적으로 동성의 사람에 의한 직접적인 신체적 강간이 불가능하다. 따라서 여성(남성)으로 성전환수술을 받은 자에 대하여 남성(여성)에 의한 강간죄의 성립이 가능한지 문제된다. 처음에 판례[119]는 이 경우에 강간죄의 성립을 부정하였다. 그러나 이후 대법원[120]에서는 성전환자에 대한 성별정정을 허용하였으며, 이를 근거로 성전환자를 여성으로 인식하여 강간한 사안에서 강간죄의 성립을 인정한 판례[121]가 등장하였다. 성의 결정에 있어서는 생물학적 요소와 정신적 · 사회적 요소를 종합적으로 고려하여야 한다는 것이다.[122] 이러한 판례의 변경은 학설에드 직접적인 영향을 미치게 되었다. 이에 따라 "피해자가 지금까지 자신을 여성으로 인식하고 성장해 왔으며 신체적 성징도 여성으로 나타나 성전환수술을 받은 경우에 이들을 보호할 필요가 있으며, 또한 가해자도 강간의 의사로 행동한 것이므로 강간죄의 성립을 인정해야 한다"는 것이 학설의 일반적인 입장이다(통설).

그러나 강간죄의 행위객체인 사람의 성은 피해자 개인의 인식으로 결정되는 개념이 아니다. 만약 이러한 피해자의 인식에 의하여 강간죄의 성립이 인정된다면, 남성(여성)으로 인식하고 살아가는, 그러나 아직 남성(여성)으로의 성전환수술을 받지 아니한 여성(남성)에 대하여 남성(여성)이 범한 강간은 분명한 이성 사이의 성기결합에도 불구하고 유사강간이라는 불합리한 결론에 이르게 된다. 또한 현대 의학에서 성전환수술[123]은 단지 인위적 · 물리적으로 외부적인 남녀의 형태를 변경한 경우로서 아직 남녀로서의 생리적 · 육체적 동일성이 인정되지 않는다.[124] 특히 최근의 대법원[125]에서는 성전

119) 대법원 1996.6.11., 96도791: "성전환 수술로 인하여 외견상 여성으로서의 체형을 갖추고 성격도 여성화되어 개인적으로 여성으로서의 생활을 영위해 가고 있다 할지라도, 기본적인 요소인 성염색체의 구성이나 본래의 내 · 외부성기의 구조, 정상적인 남자로서 생활한 기간, 성전환 수술을 한 경위, 시기 및 수술 후에도 여성으로서의 생식능력은 없는 점, 그리고 이에 대한 사회 일반인의 평가와 태도 등 여러 요소를 종합적으로 고려하여 보면 사회통념상 여자로 볼 수는 없다."

120) 대법원 2006.6.22. 자 2004스42 전원합의체 결정.

121) 대법원 2009.9.10., 2009도3580: "피해자가 성장기부터 남성에 대한 불일치감과 여성으로의 성귀속감을 나타냈고, 성전환 수술로 인하여 여성으로서의 신체와 외관을 갖추었으며, 수술 이후 30여 년간 개인적 · 사회적으로 여성으로서의 생활을 영위해 가고 있는 점 등을 고려할 때, 사회통념상 여성으로 평가되는 성전환자로서 강간죄의 객체인 '부녀'에 해당한다."

122) 대법원 2009.9.10., 2009도3580: "종래에는 사람의 성을 성염색체와 이에 따른 생식기 · 성기 등 생물학적인 요소에 따라 결정하여 왔으나, 근래에 와서는 생물학적인 요소뿐 아니라 개인이 스스로 인식하는 남성 또는 여성으로의 귀속감 및 개인이 남성 또는 여성으로서 적합하다고 사회적으로 승인된 행동 · 태도 · 성격적 특징 등의 성역할을 수행하는 측면, 즉 정신적 · 사회적 요소들 역시 사람의 성을 결정하는 요소 중의 하나로 인정받게 되었으므로, 성의 결정에 있어 생물학적 요소와 정신적 · 사회적 요소를 종합적으로 고려하여야 한다."

123) 일반적으로 성전환수술은 성도착증환자에 대한 치료의 일환이라고 한다.

124) 개정형법이 행위객체를 부녀에서 사람으로 변경함으로써 이 문제가 깨끗하게 해결되었다는 견해로는 배종대, 161면; 이영란, 174면; 동취지, 정성근/박광민, 188면 이하. 그러나 강간개념이 남녀의 성기결합으로 판단되는 한 여전히 성전환자의 성기가 남녀 성기 중 어디에 해당하는지 결정되어야 한다.

125) 대법원 2011.9.2. 자 2009스117 전원합의체 결정: "성전환수술에 의하여 출생 시의 성과 다른 반대의 성으로 성전환이 이미 이루어졌고, 정신과 등 의학적 측면에서도 이미 전환된 성으로 인식되고 있다면, 전환된 성으로 개인적 행동과 사회

환자가 혼인 중에 있거나 미성년자인 자녀가 있는 경우에 성별정정을 불허하였는데, 이 역시 강간죄의 해석과는 관련이 없다고 해야 한다.

법적으로 성별정정을 인정하는 대법원의 결정은 형법해석에서도 당연히 영향을 미치지 않을 수 없다. 그럼에도 불구하고 성별정정의 필요성과 성적 자기결정권의 보호필요성은 동일하다고 할 수 없다. 다만 이러한 문제점들은 현행법의 강간과 추행의 죄 자체가 가지고 있는 결함이라고 할 수 있다. 형법이 성적 자기결정권을 침해하는 범죄를 남자와 여자의 성기결합에 의한 강간과 강제추행으로 2분한 자체의 모순이다. 개정형법이 강간죄의 행위객체를 사람으로 변경하고 강간 보다 경한 유사강간개념을 신설했지만, 유사강간 역시 '강간이 아니어서 강간보다 경한' 남녀의 성기결합 이외의 '중한 강제추행'일 뿐이다. 따라서 강간과 추행의 죄를 남녀의 성기결합 유무로 2분하는 구조는 변경되지 않았다. 강간죄와 비례할 만한 비정상적인 변태적 성적 자기결정권의 침해는 여성 뿐 아니라 남성에 대해서도 가능하다. 강간행위는 성적 자기결정권에 대한 중한 침해형식 중 하나일 뿐이다. 남성피해자의 '동성에 의한 변태적 유사강간'은 '이성에 의한 강간'보다 훨씬 중한 성적 자기결정권을 침해하는 행위이다. 남성피해자의 입장에서 강간보다 중한 유사강간을 경하게 처벌하는 것은 성적 자기결정권에 대한 형법적 판단의 오류이다. 따라서 입법론적으로 강간과 추행의 죄는 완전하게 '성적 자기결정권을 침해하는 범죄'의 형태로 구성되어야 한다. 성적 자기결정권의 침해를 '강간'과 '이에 비례하는 중한 성적 자기결정권을 침해하는 행위'를 포괄하여 하나의 '중한 성적 가지결정권을 침해하는 범죄'로 구성해야 한다. 이와 함께 '경한 성적 자기결정권을 침해하는 행위'도 구성한다면, '강간과 추행의 죄'는 '성적 자기결정권을 침해하는 죄'로 그 성격과 표제가 정비될 수 있다.

2-2-3. 행 위

강간죄의 구성요건적 행위는 폭행 · 협박을 수단으로 사람을 강간하는 것이다.

2-2-3-1. 폭행 · 협박

강간의 수단인 폭행은 사람에 대한 유형력의 행사이며, 협박은 사람에 대하여 해악을 고지하는 것을 말한다. 다만 폭행은 피해자에 대한 폭행에 제한된다. 피해자가 공포심을 일으킬만한 제3자에 대한 폭행은 본죄의 의미에서 협박에 해당하기 때문이다. 본죄의 폭행 · 협박은 최협의의 개념으로 상대방의 반항을 불가능하게 하거나 또는 현저히 곤란케 할 정도의 강력한 폭행 · 협박을 의미한다(통설).[126]

적 활동을 하는 데에까지 법이 관여할 방법은 없다. 그러나 성전환자가 혼인 중에 있거나 미성년자인 자녀가 있는 경우에는, 가족관계등록부에 기재된 성별을 정정하여, 배우자나 미성년자인 자녀의 법적 지위와 그에 대한 사회적 인식에 곤란을 초래하는 것까지 허용할 수는 없으므로, 현재 혼인 중에 있거나 미성년자인 자녀를 둔 성전환자의 성별정정은 허용되지 않는다."

126) 대법원 1988.11.8., 88도1628; 대법원 2004.6.25., 2004도2611; 대법원 2007.1.25., 2006도5979; 대법원 2010.11.11., 2010도

> 본죄의 보호법익이 성적 자기결정권이므로 피해자의 의사를 중심으로 판단해야 하며, 여기서의 폭행 · 협박은 피해자의 저항을 극복하기 위한 수단일 뿐이므로 그 정도는 중요하지 않다는 입장도 있다. 따라서 "성교를 위하여 방문이나 승용차의 문을 잠그는 행위, 한적한 곳으로 피해자를 데리고 간 행위만으로도 충분하다"[127]고 한다. 그러나 강간죄의 의미에서 폭행 · 협박의 정도에 이르지 못하는 위력으로 간음하는 경우는 강간죄를 구성하지 못하며, 원칙적으로 불가벌이다. 오직 피보호 · 감독자(제303조 제1항)와 미성년자 · 심신미약자(제302조)에 대하여 위력으로 간음하는 경우만이 강간죄보다 경한 처벌의 대상이 될 뿐이다. 따라서 강간죄의 성립에서 폭행 · 협박의 정도가 중요하지 않다는 견해는 타당하다고 할 수 없다.

본죄의 폭행에는 상대방의 저항을 불가능하게 하는 물리적 · 절대적 폭력뿐만 아니라 상대방의 반항을 포기케 하는 강제적 폭력도 포함된다. 상대방의 저항을 포기케 하는 강제적 폭력은 성적 자기결정권을 침해하는 수단으로 충분하기 때문이다. 절대적 폭력을 행사하는 경우로는 피해자를 포박하거나 폭행으로 혼절시키는 경우, 수면제 · 마취제를 복용시키는 경우[128] 또는 최면을 거는 경우 등이 있다.

폭행 또는 협박이 피해자의 반항을 불가능하게 하거나 현저히 곤란하게 할 정도는 구체적인 상황에서 종합적으로 판단하여야 한다. 당해 폭행 · 협박의 내용과 정도, 유형력을 행사하게 된 경위, 피해자와의 관계, 당시의 상황 등 구체적인 제반사항을 종합하여 판단해야 한다.[129]

2-2-3-2. 강간

강간이란 강제적 간음, 즉 폭행 · 협박을 수단으로 피해자의 저항을 억압하여 가해자의 성기와 이성 피해자의 성기를 삽입하게 하는 것을 말한다. 강제적 간음이 강간이므로 피해자의 동의가 있으면 본죄의 구성요건적 행위인 강간의 요건을 충족할 수 없다. 따라서 본죄에서 피해자의 동의는 구성요건해당성을 조각하는 양해가 된다. 다만 구성요건해당성을 배제하는 양해는 법익주체의 내적 동의를 의미하므로, 폭행 · 협박에 의한 경우에는 내적 동의가 부정되어 양해의 요건을 충족할 수 없다. 그러나 강간의 개념이 필연적으로 피해자의 반항의사를 요하는 것은 아니며, 피해자가 강요된 또는 굴복된 상태에 있으면 충분하다. 혼절이나 수면 · 마취 또는 최면에 의하여 피해자가 의식을 가지지 못한 경우에도 강간죄는 성립한다.

폭행 · 협박은 강제간음을 위한 강제의 수단이어야 한다. 폭행 · 협박과 강제간음은 기능적 행위

9633; 대법원 2013.5.16., 2012도14788; 대법원 2017.10.12., 2016도16948.

127) 박상기, 146면; 조국, 형사법의 성편향, 2003, 48면.

128) 기망을 통하여 수면제 · 마취제 등을 복용시킨 경우는 폭행이 없으므로, 상해죄와 준강간죄가 성립한다는 견해로는 오영근, 138면. 그러나 수면이나 마취상태를 만드는 행위는 그 자체가 절대적 폭력의 행사이므로, 본죄의 폭행에 해당한다.

129) 대법원 2001.2.23., 2000도5395; 대법원 2004.6.25., 2004도2611; 대법원 2007.1.25., 2006도5979; 대법원 2010.11.11., 2010도9633; 대법원 2013.5.16., 2012도14788; 대법원 2017.10.12., 2016도16948.

분담의 형태로 각각 다른 사람에 의하여 행하여질 수 있다.

> 폭행 · 협박과 간음 사이에 시간적 간격이 있는 경우 이를 강간의 수단으로 볼 수 있는지 문제된다. 판례[130]는 간음이 협박에 의하여 이루어 진 경우 협박과 간음 사이에 시간적 간격이 있어도 강간의 수단이 될 수 있다고 한다. 그러나 협박의 내용이 동일한 경우, 그 협박 내용을 다시 거론하지 않더라도 거동에 의한 협박이 인정될 수 있으면 새로이 협박을 한 것으로 판단해야 한다. 따라서 동일한 협박내용을 가지고 피해자를 수차례 불러 내 간음한 경우는 수회의 강간죄의 성립을 인정해야 한다. 판례의 사안과 같이 피해자를 불러내는 행위는 "응하지 않으면 심각한 결과를 초래할 수 있는 혼인 외 성관계를 폭로하겠다"라는 거동에 의한 협박이 인정된다.

부부사이에서도 자신의 배우자에 대하여 강간죄의 정범이 될 수 있다. 예컨대 배우자 일방이 제3자와 공동으로(공동정범) 또는 제3자를 도구로 이용하여(간접정범) 자신의 배우자를 강간할 수 있다. 따라서 직접 부부사이의 성범죄에 관하여는 행위주체 내지 객체의 관점이 아니라, 구성요건적 행위의 관점에서 고찰되어야 한다. 정상적인 부부 상호간의 성적 자기결정권은 도덕적 · 윤리적 내지 에티켓의 문제에 불과할 뿐이다. 부부사이에서 상호간의 성관계 내지 성행위는 간음이나 추행으로 평가되지 않으며,[131] 폭행 · 협박으로 자신의 배우자에게 성관계를 강요한 경우는 폭행죄 또는 협박죄가 될 뿐이라고 해야 한다.[132]

> 독일 개정형법 제177조는 성적 강요행위가 부부 사이에서도 가능하도록 변경하였다. 이는 성적 강요죄에서 부부관계라는 사회적 관점을 완전히 배제함으로써 성적 강요죄를 순수하게 개인의 성적 자기결정권의 보호만을 목적으로 규정한 것이지만, 내용적으로는 지나치다. 정상적인 부부 사이에서 에티켓에 불과한 성 관련 문제를 형벌을 통해 규제하는 것은 불필요한 더 많은 갈등상황만 조장할 뿐이다.

독일형법의 개정은 형법의 해석에서도 많은 영향을 주었으며, 이에 따라 부부 사이에서 강간죄

---

130) 대법원 2007.1.25., 2006도5979: "가해자가 폭행을 수반함이 없이 오직 협박만을 수단으로 피해자를 간음한 경우에는 협박과 간음 사이에 시간적 간격이 있더라도 협박에 의하여 간음이 이루어진 것으로 인정될 수 있다."

131) 다만 간음 · 추행으로 평가될 수 없는 부부 사이의 성행위 내지 성관계라도 여기에 제3자가 개입되면 간음 · 추행으로 평가된다.

132) 동지, 임웅, 199면; 동취지, 김일수/서보학, 132면; 손동권/김재윤, 151면; 이재상/장영민/강동범, 162면 각주 6); 이형국, 213면 이하; 정성근/박광민, 188면.

의 성립을 긍정하는 견해[133]가 우세하게 되었다. 대법원[134]도 전원합의체 판결로 종래의 입장을 변경하여 부부 사이에서 강간죄의 성립을 인정하였다. 물론 법적으로 아직 부부 사이라 할지라도 실질적으로 별거 등 정상적인 부부관계가 인정될 수 없는 상태에서는 상대방의 성적 자기결정권의 보호가 필요하다고 해야 한다. 이러한 관점에서 "실질적인 부부관계가 인정될 수 없는 상태에 이르렀다면 법률상의 배우자인 처도 강간죄의 객체가 된다"는 종래 판례[135]의 입장은 타당하다. 그러나 보편적이고 정성적인 부부 사이에서의 성적 자기결정권은 형법이 아니라 그들 스스로에게 맡겨져야 한다.[136] 따라서 부부강간을 인정하는 학설과 대법원의 입장에는 찬성할 수 없다.

> 대법원은 전원합의체 판결로 부부강간을 인정하면서도 그 인정범위가 확대되는 것에 대한 경계를 드러내고 있다.[137] "부부사이의 성생활에 대한 국가의 개입은 가정의 유지라는 관점에서 최대한 자제하여야 한다는 전제에서, 부부강간은 폭행 또는 협박의 내용과 정도가 피해배우자의 성적 자기결정권을 본질적으로 침해하는 정도에 이르러야 한다"는 것이다. 예상하건데 부부강간을 인정하는 학설이나 대법원의 입장에서도 개인의 부부싸움에 개입하는 상황이 되는 것은 극도로 경계할 것으로 판단된다. 그럼에도 불구하고 부부강간의 경우는 일반강간에 비하여 폭행 또는 협박의 내용과 정도가 중해야 한다는 비논리적 방법으로 부부강간의 범위를 축소하려는 착상은 괴이하다. 더욱이 부부준강간이나 부부강제추행은 어떤 방법으로 범죄성립의 배제 내지 축소할 수 있는 것이지 의문이 제기된다.

---

133) 권오걸, 160면; 김성돈, 176면; 김성천/김형준, 177면; 박상기, 144면; 배종대, 162면; 백형구, 313면; 오영근, 137면; 이영란, 174면 이하; 정영일, 72면 이하; 조준현, 190면 이하; 진계호/이존걸, 193면; 조국, 아내 강간의 성부와 강간죄에서의 폭행 · 협박의 정도에 관한 검토, 형사정책 제13권 1호, 2000, 18면.

134) 대법원 2013.5.16., 2012도14788 전원합의체 판결: "부부 사이에 민법상의 동거의무가 인정된다고 하더라도 거기에 폭행, 협박에 의하여 강요된 성관계를 감내할 의무가 내포되어 있다고 할 수 없다. 혼인이 개인의 성적 자기결정권에 대한 포기를 의미한다고 할 수 없고, 성적으로 억압된 삶을 인내하는 과정일 수도 없기 때문이다."; 동지, 부산지법 2009.1.16, 2008고합808; 서울고법 2011.9.22, 2011노2052.

135) 대법원 2009.2.12., 2008도8601: "혼인관계가 존속하는 상태에서 남편이 처의 의사에 반하여 폭행 또는 협박으로 성교행위를 한 경우 강간죄가 성립하는지 여부는 별론으로 하더라도, 적어도 당사자 사이에 혼인관계가 파탄되었을 뿐만 아니라 더 이상 혼인관계를 지속할 의사가 없고 이혼의사의 합치가 있어 실질적인 부부관계가 인정될 수 없는 상태에 이르렀다면, 법률상의 배우자인 처도 강간죄의 객체가 된다."; 동취지, 대법원 1970.3.10, 70도29.

136) 대법원 2013.5.16., 2012도14788 전원합의체 판결, 이상훈, 김용덕 대법관의 반대의견: "강간죄는 제정 당시부터 '배우자가 아닌 사람에 의한 성관계'를 강요당한다는 침해적인 요소를 고려하여 형량을 정하였는데, 특별한 구성요건의 변화 없이 형법 제32장의 제목 변경만으로 강간죄를 부부관계에까지 확대하는 것은 강간죄의 규정 취지와 달리 부부관계에 대하여 과도한 처벌이 이루어지게 되어 죄형균형의 원칙을 벗어나게 된다. 혼인생활과 가족관계의 특수성이 갖는 이익과 성적 자기결정권이 갖는 이익의 형량 등을 고려하여 강간죄에 의한 처벌 여부를 가려야 한다면, 차라리 일반적인 강간죄가 성립된다고 보지 않고 그 폭행 또는 협박에 상응한 처벌을 하는 것이 다양한 유형의 성적 자기결정권 침해에 대처할 수 있고 처의 혼인생활 및 권리 보호에 충실할 수 있다."

137) 대법원 2013.5.16., 2012도14788 전원합의체 판결: "다만 남편의 아내에 대한 폭행 또는 협박이 피해자의 반항을 불가능하게 하거나 현저히 곤란하게 할 정도에 이른 것인지 여부는, 부부 사이의 성생활에 대한 국가의 개입은 가정의 유지라는 관점에서 최대한 자제하여야 한다는 전제에서, 그 폭행 또는 협박의 내용과 정도가 아내의 성적 자기결정권을 본질적으로 침해하는 정도에 이른 것인지 여부, 남편이 유형력을 행사하게 된 경위, 혼인생활의 형태와 부부의 평소 성행, 성교 당시와 그 후의 상황 등 모든 사정을 종합하여 신중하게 판단하여야 한다."

2-2-3-3. 실행의 착수와 기수시기

제300조에 의하여 본죄는 미수범이 처벌되므로, 실행의 착수와 기수시기가 문제된다. 본죄는 폭행 · 협박의 개시에 의하여 실행의 착수가 인정된다. 보통 결합범의 경우에는 구성요건적 행위의 일부를 개시함으로써 실행의 착수가 인정되지만, 본죄의 경우에는 준강간죄와의 관계상 폭행 · 협박을 개시하지 않는 한 실행의 착수가 인정되지 않는다.[138] 본죄의 기수시기는 남녀성기가 결합되는 순간이다.

2-3. 주관적 구성요건

본죄의 주관적 구성요건인 고의는 폭행 · 협박에 의하여 사람을 강간한다는 인식과 의사이다. 상대방의 동의(양해)는 객관적인 구성요건적 상황에 관한 사실이므로 이에 대한 착오는 구성요건적 고의에 직접 영향을 미치게 된다.

2-4. 죄 수

동일한 기회에 동일한 피해자에 대하여 수회 강간하는 경우는 단순일죄라는 것이 학설의 일반적인 입장이다(통설). 그러나 강간죄는 일신전속적 법익에 대한 죄이며, 또한 그 범죄의 특성상 수회의 간음행위가 단순하게 1개의 행위로 평가될 수는 없다.[139] 따라서 동일한 기회에 동일한 피해자에 대한 수회의 간음행위를 단순일죄로 파악하기는 곤란하고 접속범인 포괄일죄로 보아야 한다. 물론 동일한 피해자에 대한 수회의 간음행위라도 동일한 기회가 아니라면, 즉 별도의 폭행 · 협박을 통하여 이루어진 경우라면 수죄에 해당한다.

> 판례도 동일한 기회에 동일한 피해자에 대한 강간의 경우를 단순일죄로 파악한다. 따라서 '1회의 간음이 있은 후 200미터쯤 오다가 다시 간음한 때에도 그 범행시간과 장소로 보아 두 번째의 간음행위가 처음 행위의 계속으로 볼 수 있으면 단순일죄'라고 한다.[140] 그러나 '피해자를 1회 강간하여 상처를 입게 한 후, 약 1시간 후에 피해자를 피고인의 작은방으로 끌고 가서 다시 1회 강간한 행위는 그 범행시간과 장소를 달리하고 있을 뿐만 아니라 각 별개의 범의에서 이루어진 행위로서 실체적 경합'이라고 하였다.[141] 그러나 여기서는 동일한 기회에 동일한 피해자에 대한 간음행위로서 각각 별개의 범의에서 이루어진 행위로 평가하기는 곤란하므로 접속범인 포괄일죄를 인정하는 것이 타당하다.[142]

---

138) 대법원 1990.5.25., 90도607.

139) 동취지, 임웅, 203면.

140) 대법원 1970.9.29., 70도1516.

141) 대법원 1987.5.12., 87도694.

142) 동지, 오영근, 140면. 연속범으로 파악하는 이영란, 177면; 임웅, 203면.

본죄와 폭행 · 협박죄는 특별관계에 의한 법조경합이 된다. 강간을 위한 주거침입행위는 성폭력처벌법 제3조 제1항의 특수주거침입강간죄가 성립한다.[143] 강간의 수단으로 피해자를 감금한 경우는 중감금죄와 강간죄의 상상적 경합이 인정된다.[144] 강간행위는 감금 중의 가혹행위로 평가되기 때문이다. 피해자를 감금한 후 강간의 고의가 생겨 피해자를 강간한 경우에도 중감금죄와 강간죄의 상상적 경합이 인정된다. 그러나 감금행위가 단순히 강간의 수단이 되는데 그치지 아니하고 강간이 끝난 뒤에도 계속된 경우에는 별개의 새로운 감금죄의 성립이 인정된다.[145]

3. 강제추행죄

3-1. 의 의

강제추행죄는 폭행 또는 협박으로 사람을 추행함으로써 성립하며, 강간죄와 동일하게 성적 자기결정의 자유를 침해하는 범죄이다. 그러나 강제추행죄는 구성요건적 행위의 양태가 강제간음이 아니라 강제추행이라는 점에서 강간죄와 본질적인 차이가 있다. 다만 이러한 행위양태의 차이에 의하여 그 강제의 수단인 폭행 · 협박의 정도에 있어서도 차이가 있는지에 관하여는 학설의 다툼이 있다.

3-2. 객관적 구성요건

3-2-1. 행위객체

본죄는 폭행 · 협박으로 사람에 대하여 추행을 함으로써 성립한다. 본죄의 행위객체는 사람이다. 강간죄와는 달리 본죄에서는 행위객체로서 성전환자에 대한 특별한 문제도 생각할 필요가 없다. 본죄의 성립에서는 개념적으로 이성의 존재를 필요로 하지 않기 때문이다.

3-2-2. 행 위

본죄의 구성요건적 행위는 폭행 또는 협박에 의한 (강제)추행이다.

3-2-2-1. 폭행 · 협박

강제추행의 수단은 폭행 · 협박이다. 강제추행의 수단인 폭행 · 협박의 정도에 관하여는 학설의

143) 대법원 1999.4.23., 99도354.

144) 대법원 1983.4.26., 83도323; 대법원 1984.8.21., 84도1550; 대법원 1997.1.21., 96도2715; 대법원 2003.5.30., 2003도1256 등은 강간죄와 감금죄의 상상적 경합을 인정한다.

145) 강도상해와 감금죄에 관하여 대법원 2003.1.10., 2002도4380.

대립이 있다. 다수설[146]은 본죄에 있어서도 강간죄에서의 폭행 · 협박과 동일하게 '상대방의 반항을 불가능하게 하거나 현저히 곤란하게 할 정도'에 이를 것을 요한다고 본다. 본죄가 강간죄에 비하여 법정형이 낮은 것은 행위불법의 차이에서 유래하는 것이므로, 그 수단인 폭행 · 협박의 정도까지 낮게 잡아야 할 이유가 없다고 한다. 강제추행죄에서 그 수단인 폭행 · 협박의 정도를 낮게 잡을수록 그만큼 형벌권 남용의 위험성이 높아진다는 것이다.[147]

소수설에서는 강간죄와 비교하여 본죄의 경한 법정형과 추행개념의 광범위성을 고려하여 본죄의 폭행 · 협박의 정도를 강간죄의 그것에 비하여 현저히 낮게 잡고 있다. 일설[148]에서는 "일반인으로 하여금 항거에 곤란함을 느끼게 할 정도[149] 또는 상대방의 의사에 임의성을 잃게 할 정도면 족하다"고 한다. 다른 일설[150]에서는 이보다 더욱 낮은 정도로 "상대방의 의사에 반한 폭행 · 협박으로 충분하다"고 한다. 이는 "상대방의 의사에 반하는 유형력의 행사가 있는 이상 그 힘의 대소강약은 불문한다"는 판례[151]와 동일한 입장이라고 할 수 있다.

폭행 · 협박의 강제수단으로 사람을 추행하는 경우는 피해자의 성적 자기결정권을 침해하는 강제추행죄로 형벌의 대상이 된다. 이에 반하여 폭행 · 협박의 강제수단이 배제된 단순한 성추행은 형벌의 대상이 아니며, 제한된 범위에서 민사법상의 불법행위(Sexual Harassment)를 형성할 뿐이다. 다만 예외적으로 추행행위가 형벌의 대상이 될 수 있는데, 여기에는 '특별히 보호가 필요한 자'에 대하여 '위계 · 위력이라는 수단의 행사'를 필요로 한다. 제302조의 미성년자 · 심신미약자에 대한 추행죄와 성폭력처벌법 제10조 제1항의 업무 · 고용 기타 관계로 인한 피보호 · 감독자에 대한 추행죄가 그러하다. 성폭력처벌법 제10조 제2항의 피구금자 추행죄에서는 '위계 · 위력이라는 수단'을 요구하지 않는데, 피구금자와 간수자 사이에는 당연히 위력관계가 존재하기 때문에 굳이 이를 추가적으로 요구할 필요가 없다.[152]

---

146) 김일수/서보학, 139면; 배종대, 169면; 백형구, 333면; 오영근, 143면; 이재상/장영민/강동범, 167면; 이형국, 219면; 정성근/박광민, 196면; 정영일, 75면 이하; 조준현, 196면; 진계호/이존걸, 189면.

147) 김일수/서보학, 139면; 배종대, 169면; 백형구, 333면.

148) 김일수, 한국형법 III, 348면; 손동권/김재윤, 158면 이하; 이영란, 182면.

149) 대법원 2012.7.26., 2011도8805: "강제추행죄는 폭행 또는 협박을 가하여 사람을 추행함으로써 성립하는 것으로서 그 폭행 또는 협박이 항거를 곤란하게 할 정도일 것을 요한다. 그리고 그 폭행 등이 피해자의 항거를 곤란하게 할 정도의 것이었는지 여부는 그 폭행 등의 내용과 정도는 물론, 유형력을 행사하게 된 경위, 피해자와의 관계, 추행 당시와 그 후의 정황 등 모든 사정을 종합하여 판단하여야 한다."; 동지, 대법원 2006.2.23., 2005도9422; 대법원 2007.1.25., 2006도5979.

150) 김성돈, 185면; 김성천/김형준, 188면; 박상기, 156면 이하; 임웅, 211면.

151) 대법원 2012.6.14., 2012도3893: "강제추행죄는 상대방에 대하여 폭행 또는 협박을 가하여 항거를 곤란하게 한 뒤에 추행행위를 하는 경우뿐만 아니라 폭행행위 자체가 추행행위라고 인정되는 경우도 포함되며, 이 경우의 폭행은 반드시 상대방의 의사를 억압할 정도의 것임을 요하지 않고 상대방의 의사에 반하는 유형력의 행사가 있는 이상 그 힘의 대소강약을 불문한다."; 동지, 대법원 1983.6.28., 83도399; 대법원 1992.2.28., 91도3182; 대법원 1994.8.23., 94도630; 대법원 2002.4.26., 2001도2417; 대법원 2014.12.24., 2014도731; 대법원 2015.9.10., 2015도6980.

152) 성폭력처벌법 제11조는 대중교통수단, 공연 · 집회장소 그밖에 공중이 밀집하는 장소에서 사람을 추행하는 경우를 처벌하고 있는데, 복잡한 공중밀집장소에서 피해자의 심리적 위축 및 사실규명과 적발의 곤란함 등을 이유로 추가적 요건 없이 형벌의 대상으로 하고 있다. 특히 공중밀집장소 추행죄는 추행죄와 음란죄가 결합된 범죄형태라는 점에서 기타 추행죄와는 그 성질을 달리한다.

형법은 이와 같이 특별한 보호가 필요한 특정한 행위객체에 한하여 인정하는 위계 · 위력에 의한 추행과 강제추행을 구별하고 있으며, 이러한 위계 · 위력에 의한 추행죄를 강제추행죄에 비하여 현저히 경하게 처벌하고 있다. 이러한 점에서 강제추행죄의 수단인 폭행 · 협박은 위계 · 위력이라는 수단보다 훨씬 강력해야 한다. 만약 소수설이나 판례와 같이 '단순히 상대방의 의사에 임의성을 잃게 할 정도'의 폭행 · 협박만으로 추행의 강제를 인정한다면, 위계 · 위력에 의한 추행죄와 형의 균형을 유지할 수 없게 된다. 따라서 강제추행죄의 폭행 · 협박은 강간죄에서의 폭행 · 협박과 동일하게 '상대방의 반항을 불가능하게 하거나 현저히 곤란하게 할 정도'라고 파악하는 다수설의 견해가 타당하다.

> 판례는 일관되게 "상대방의 의사에 반하는 유형력의 행사가 있는 이상 그 힘의 대소강약은 불문한다"고 판시하고 있다. 그러나 판례사안의 내용을 살펴보면, 행위자가 강제의 수단으로 물리적 폭력(절대적 폭력)을 행사하는 경우들이다. 예컨대 강제로 껴안고 입을 맞추는 경우,[153] 순간적으로 뒤에서 유방을 만진 경우,[154] 또는 갑자기 피해자의 상의를 걷어 올려서 유방을 만지고 하의를 끄집어 내리는 등의 경우[155] 등은 행위자가 직접 물리적 힘(절대적 폭력)을 사용하는 경우로서 이들이 최협의의 폭행에 해당함에는 의문이 없다. 또한 심각한 혼외정사를 폭로하겠다는 협박[156]도 최협의의 협박에 해당한다.

3-2-2-2. 강제추행

추행은 일반인의 성적 수치심이나 혐오의 감정을 일으키는 음란행위로서 현저하게 성적 자유를 침해하는 행위이다(통설). 본죄는 목적범이나 경향범[157]이 아니므로, 추행의 개념은 행위자의 주관적 동기나 목적 또는 내적 경향과 관계없이 객관적으로 확정된다(통설). 따라서 본죄의 추행개념에는 행위자가 성욕의 자극 또는 성적 만족의 목적 없이[158] 복수[159]나 호기심에서 추행하는 경우는 물론, 폭행 자체가 추행행위로 인정되는 경우[160]도 포함된다.

---

153) 대법원 1983.6.28., 83도399.

154) 대법원 2002.4.26., 2001도2471.

155) 대법원 1994.8.23., 94도630.

156) 대법원 2007.1.25., 2006도5979.

157) 본죄를 목적범 내지 경향범으로 파악하는 견해로는 김일수/서보학, 140면; 조준현, 198면; 동취지, 이를 고의의 내용으로 이해하는 견해로는 임웅, 214면.

158) 대법원 2009.9.24., 2009도2576: "미성년자에 대한 추행죄는 '13세 미만의 아동이 외부로부터의 부적절한 성적 자극이나 물리력의 행사가 없는 상태에서 심리적 장애 없이 성적 정체성 및 가치관을 형성할 권익'을 보호법익으로 하는 것으로서, 그 성립에 필요한 주관적 구성요건으로 성욕을 자극 · 흥분 · 만족시키려는 주관적 동기나 목적이 있어야 하는 것은 아니다."; 동지, 대법원 2006.1.13., 2005도6791; 동취지, 대법원, 2018.9.13., 2018도9775.

159) 대법원 2018.9.13., 2018도9775: "'성적 욕망'에는 성행위나 성관계를 직접적인 목적이나 전제로 하는 욕망뿐만 아니라, 상대방을 성적으로 비하하거나 조롱하는 등 상대방에게 성적 수치심을 줌으로써 자신의 심리적 만족을 얻고자 하는 욕망도 포함된다. 또한 이러한 '성적 욕망'이 상대방에 대한 분노감과 결합되어 있다 하더라도 달리 볼 것은 아니다."

160) 대법원 1994.8.23., 94도630; 대법원 2002.4.26., 2001도2417; 대법원 2012.6.14., 2012도3893; 대법원 2014.12.24., 2014도

그러나 객관적으로 일반인에게 성적 수치심 내지 혐오의 감정을 일으키는 추행의 개념은 너무 광범위하므로 형법의 보충성의 원리 내지 비범죄화의 요청에 의하여 제한되어야 한다. 따라서 본죄의 추행은 일반인의 성적 수치심이나 혐오의 감정을 일으키는 음란행위 중에서도 현저하게 성적 자유를 침해하는 행위로 제한되어야 한다.[161] 성적 자유를 침해하는 행위의 현저성(Erheblichkeit)은 구체적 상황에서 사회통념에 의하여 판단되어야 한다.[162] 이 때 '행위의 정도'와 '행위의 지속성' 등은 추행의 현저성을 판단하는 중요한 기준이 된다.[163]

추행행위의 현저성과 관련하여 "육체적 접촉을 요한다"는 견해[164]가 있다. 육체적 접촉이라는 제한을 통하여 본죄의 추행과 심리적 추행을 구별할 수 있다고 한다. 또한 육체적 접촉을 통하여 성적 욕구를 충족하려는 행위자의 의도는 강제추행 고의의 중요한 내용이 되므로 육체적 접촉 없이 피해자에게 옷을 벗게 한 행위는 강제추행죄가 아니라 강요죄에 해당한다고 한다. 그러나 본죄의 추행개념을 제한하고자 하는 이러한 견해는 강제추행죄를 법문에 반하여 본죄를 목적범으로 만들고 있다. 강제추행죄는 불법한 행위자의 성적 자극이나 만족을 처벌하려는 범죄가 아니라, 피해자의 성적 자유를 침해하는 행위를 처벌하려는 규정이다. 따라서 추행개념의 중요성 내지 현저성도 행위자의 내적 동기나 경향으로부터 독립하여 객관적인 규범적 가치판단에 의하여, 즉 구체적 상황에서 사회통념에 의하여 판단되어야 한다. 따라서 육체적 접촉이 없어도 피해자에게 자신의 자위행위를 보게 하는 행위[165] 등은 강제추행죄에 해당한다고 보아야 한다.

731; 대법원 2015.9.10., 2015도6980.

161) 대법원 2015.9.10., 2015도6980: "피고인이 밤에 술을 마시고 배회하던 중 버스에서 내려 혼자 걸어가는 17세의 피해녀를 발견하고 마스크를 착용한 채 뒤따라가다가 인적이 없고 외진 곳에서 가까이 접근하여 껴안으려 하였으나, 갑이 뒤돌아보면서 소리치자 그 상태로 몇 초 동안 쳐다보다가 다시 오던 길로 되돌아간 사안에서, … 피고인은 갑을 추행하기 위해 뒤따라간 것으로 추행의 고의를 인정할 수 있고, 피고인이 가까이 접근하여 갑자기 뒤에서 껴안는 행위는 일반인에게 성적 수치심이나 혐오감을 일으키게 하고 선량한 성적 도덕관념에 반하는 행위로서 갑의 성적 자유를 침해하는 행위여서 그 자체로 이른바 '기습추행' 행위로 볼 수 있으므로, 피고인의 팔이 갑의 몸에 닿지 않았더라도 양팔을 높이 들어 갑자기 뒤에서 껴안으려는 행위는 갑의 의사에 반하는 유형력의 행사로서 폭행행위에 해당하며, 그때 '기습추행'에 관한 실행의 착수가 있는데, 마침 갑이 뒤돌아보면서 소리치는 바람에 몸을 껴안는 추행의 결과에 이르지 못하고 미수에 그쳤으므로, 피고인의 행위는 아동 · 청소년에 대한 강제추행미수죄에 해당한다."

162) 대법원 2002.4.26., 2001도2417: "추행이라 함은 객관적으로 일반인에게 성적 수치심이나 혐오감을 일으키게 하고 선량한 성적 도덕관념에 반하는 행위로서 피해자의 성적 자유를 침해하는 것이라고 할 것인데, 이에 해당하는지 여부는 피해자의 의사, 성별, 연령, 행위자와 피해자의 이전부터의 관계, 그 행위에 이르게 된 경위, 구체적 행위태양, 주위의 객관적 상황과 그 시대의 성적 도덕관념 등을 종합적으로 고려하여 신중히 결정되어야 한다."; 대법원 2007.1.25., 2006도5979; 대법원 2008.3.13., 2007도10050; 대법원 2009.9.24., 2009도2576; 대법원 2010.2.25., 2009도13716; 대법원 2014.12.24., 2014도731; 대법원 2015.9.10., 2015도6980.

163) 권오걸, 176면; 김일수/서보학, 137면 이하; 박상기, 157면; 배종대, 169면 이하; 이재상/장영민/강동범, 168면; 이형국, 220면; 임웅, 213면; 정성근/박광민, 197면; 진계호/이존걸, 190면.

164) 배종대, 169면 이하.

165) 대법원 2010.2.25., 2009도13716: "피고인이 엘리베이터 안에서 피해자를 칼로 위협하는 등의 방법으로 꼼짝하지 못하도록 하여 자신의 실력적인 지배하에 둔 다음 자위행위 모습을 보여준 행위는 강제추행죄의 추행에 해당한다."

정상적인 부부 상호간의 성적 자기결정권은 도덕적 · 윤리적 내지 에티켓의 문제이지 불법을 형성하는 요인이 될 수 없다. 따라서 정성적인 부부사이의 성적 행위는 그것이 폭행 · 협박에 의하여 이루어졌다고 할지라도 본죄의 구성요건적 행위인 추행으로 평가되지 않는다. 이 경우는 오직 폭행죄나 협박죄의 성립만이 가능하다. 다만 실질적인 부부관계가 인정될 수 없는 상태에서는 상대방의 상적 자기결정권에 대한 보호가 필요하며, 이 한도에서는 강제추행죄가 성립될 수 있다. 본죄에서도 부부관계는 행위의 주체나 객체의 관점이 아닌 구성요건적 행위의 관점에서 이해되어야 한다.

4. 유사강간죄

개정형법은 제297조의2의 유사강간죄를 신설하여 2년 이상의 징역으로 처벌하고 있다. 유사강간죄는 폭행 또는 협박으로 사람에 대하여 구강 · 항문 등 성기를 제외한 신체의 내부에 성기를 넣거나 성기 · 항문에 성기를 제외한 손가락 등 신체의 일부 또는 도구를 넣는 행위이다. 구강 · 항문 등 성기를 제외한 신체의 내부에 성기를 넣는 행위는 여성 성기를 제외한 신체내부에 남성 성기를 삽입하는 행위이다. 성기 · 항문에 성기를 제외한 손가락 등 신체의 일부 또는 도구를 넣는 행위는 항문이나 여성 성기에 남성 성기를 제외한 신체의 일부 또는 도구를 삽입하는 행위이다.

유사강간은 강간의 일종인 경한 강간[166]인지, 강간이 아닌 중한 강제추행인지 문제된다. 형법은 남녀의 성기결합인 강간을 성적 자기결정권을 침해하는 가중 중한 형태로 파악하면서, 그 이외의 강제적 성적 행위를 강제추행으로 분류하였다. 그러나 강간 이외의 강제적 성적 행위의 범위가 너무 넓으므로 이를 적절하게 구획할 필요가 있었다. 유사강간은 강제추행 중에서 강제적 성적 행위의 강도가 강한 부분을 분리하여 구획한 신체삽입이 수반되는 행위이다. 이와 같이 유사강간은 남녀의 성기결합 이외의 강제추행으로부터 분리되었으므로 강간이 아닌 중한 강제추행으로 파악하는 것이 타당하다.

유사강간은 광범위한 강제추행을 분리했다는 점에서 어느 정도 수긍이 가능하다. 그러나 형법의 '강간과 추행의 죄'는 본질적으로 '성적 가기결정권을 침해하는 죄'로 구성해야 한다.

'성적 가기결정권 침해'는 그 주체의 의사에 반한 성적 침해행위이며, 이러한 법익주체의 의사에 반한 '성적 가기결정권 침해'에 대해서는 모두 형벌의 대상이 되어야 한다. 또한 그 수단이 폭행 · 협박인 강제적 성적 침해행위, 즉 현행법의 강제추행죄에 해당하는 행위는 가중처벌되는 중한 '성적 가기결정권 침해'로 구성되어야 한다. 또한 법익주체의 의사에 반한 성적 침해행위 중에서 남녀 성기의 결합이나 이와 유사한 신체삽입을 수반하는 변태적 성적 행위도 가중처벌되는 중한 '성적 가기결정권 침해'로 구성될 수 있다. 이와 함께 의사에 반한 성적 침해행위 중에서 경한 사안들은

166) 이재상/장영민/강동범, 161면.

감경적 구성요건으로 구획하는 것도 필요하다.[167]

개정형법은 변화되는 현대의 성의식을 따라가지 못하고 종래의 강간개념에 종속되어 유사강간 개념을 신설하였다. 현대의 성의식은 법익주체의 의사에 반한 성교행위를 강간으로 이해하고 있다. 반드시 그 수단이 폭행 · 협박에 한정되지 않는다. 또한 전형적인 남녀성기의 결합보다도 변태적인 남성 성기나 이와 유사한 기구의 신체삽입행위는 피해남녀의 성적 자기결정권에 대한 극심한 침해행위로 인정되고 있다.

또한 현실적으로 성적 자기결정권의 침해는 역사적으로 뿐 아니라 생물학적인 관점에서도 남녀 사이에 본질적인 차이가 인정된다. 본질적인 차이가 인정됨에도 이를 동일하게 취급하는 것은 오히려 평등권에 반한다. 즉 거부의사에도 불구하고 남성에 대한 여성의 성교행위와 그 반대의 경우에 대해서 동일한 불법을 인정하는 것은 현실의 왜곡이다. 또한 친밀의 표현으로 의사에 반하여 이성의 팔장을 끼거나 손을 잡는 행위에 대해서 남녀의 행위가 각각 달리 평가되어야 하는 것은 당연하다. 물론 이러한 관점들을 법규정이 모두 표현하는 것은 불가능할 것이다. 따라서 '의사에 반한 여자에 대한 성교행위'라는 협의의 강간과 '의사에 반한 남성 성기나 이와 유사한 기구를 남녀의 신체에 삽입하는 행위'라는 유사강간을 포괄하는 새로운 강간개념이 필요하다. 이러한 새로운 강간개념에 내포된 남녀 차이에 관한 역사적 · 생물학적 관점은 성적 자기결정권을 침해하는 범죄에 대한 기본이 될 수 있다. 이러한 관점에서 남성의 의사에 반한 여성의 성교행위는 새로운 강간개념에 포함될 수 없고, 의사에 반한 성적 침해행위이거나 그 수단이 폭행 · 협박인 경우는 강제적 성적 침해행위로 규율하면 충분하다.

5. 준강간죄와 준강제추행죄

5-1. 의 의

준강간죄와 준강제추행죄는 사람의 심신상실 또는 항거불능의 상태를 이용하여 간음 또는 추행함으로써 성립하는 범죄이다. 형법은 사람의 심신상실 또는 항거불능의 상태를 이용하여 간음 또는 추행하는 경우를 폭행 · 협박의 수단으로 피해자의 의사를 굴복시켜 강간 · 유사강간 · 강제추행하는 경우와 동등한 불법이 인정된다고 평가하기 때문에 강간죄 · 유사강간죄 · 강제추행죄에 준하여 처벌하고 있다(제299조).

준강간죄와 준강제추행죄가 자수범인지에 관하여는 학설의 다툼이 있다. 소수설[168]은 본죄를 자수범으로 해석한다. 본죄는 행위자가 간음 · 유사간음 · 추행을 실행해야만 성립할 수 있으며, 직접

167) 이에 관하여는 앞의 '제5절, 1-2. 구성요건의 체계' 중 독일 개정형법 참조.

168) 이재상/장영민/강동범, 170면; 조준현, 200면.

간음 · 유사간음 · 추행을 행하지 않는 공동정범이나 간접정범의 형태로는 범할 수 없다고 한다. 예컨대 정신병자로 하여금 심신상실 또는 항거불능인 자를 간음케 하는 경우에는 교사범의 성립만이 가능하다는 것이다. 그러나 형법의 해석에서 준강간죄와 준강제추행죄를 자수범으로 해석할 합리적인 이유가 없다(통설). 형법은 준강간죄 · 준강제추행죄를 강간죄 · 유사강간죄 · 강제추행죄에 준하여 처벌함으로써 피해자의 심신상실 · 항거불능의 상태를 이용하여 간음 · 유사간음 · 추행하는 경우를 폭행 · 협박으로 피해자의 의사를 억압하여 강간 · 유사강간 · 강제추행하는 경우에 준하는 불법을 인정하고 있는 것이다. 그밖에 준강간 · 준유사강간 · 준강제추행과 강간 · 유사강간 · 강제추행의 본질적인 차이는 인정되지 않는다. 따라서 준강간죄와 준강제추행죄에 대해서도 강간죄 · 유사강간죄 · 강제추행죄와 동일하게 간음 · 유사간음 · 추행의 동기 · 목적 또는 행위자의 내적 경향 등이 본죄의 성립에 어떤 영향도 주지 못한다고 해석하여야 한다. 예컨대 피해자에 대한 복수의 동기에서 제3자를 강요함으로써 심신상실 · 항거불능의 피해자를 간음케 하는 경우에 본죄의 간접정범을 부정할 이유가 없다.

본죄는 자수범이 아니라 지배범의 일종이라고 해석하는 한편, 본죄를 '목적수행적 행위표지를 지닌 경향범'으로 해석하여 본죄의 성립에 초과주관적 불법요소로서 '성적 추행의 특별한 행위경향'을 요구하는 견해[169]가 있다. 그러나 본죄의 성립에 목적수행적 행위표지인 초과주관적 구성요건요소가 요구된다고 해석한다면, 오히려 본죄를 자수범으로 해석해야 합리적일 것이다. 본죄는 자수범이 아니므로 본죄의 성립에 목적수행적 행위표지인 초과주관적 구성요건요소를 요구하는 것은 타당하지 않다.

5-2. 행위객체

본죄의 객체는 심신상실 또는 항거불능의 상태에 있는 사람이다.

5-2-1. 심신상실

심신상실의 상태란 심리적 · 정신적 장애로 인하여 의사결정능력이 결여된 상태를 말한다. 여기서 심신상실이란 대부분 제10조 제1항의 정신장애로 인한 책임무능력인 생물학적 또는 정신병리학적 비정상의 상태를 의미할 것이지만 반드시 여기에 한하지 않으며, 일시적 · 잠정적인 의사능력의 결여상태를 포함한다. 따라서 병적 정신장애 또는 명정이나 약물에 의한 환각상태 외에도 일시적으로 의식을 잃고 있는 경우도 포함된다. 이에 반하여 본죄의 심신상실에는 제10조 제2항의 정신장애로 인한 한정책임능력의 상태를 포함한다는 견해[170]가 있다. 즉 간음 · 추행을 당함에 있어서 그 뜻을 정확히 이해하지 못하고 동의하였는지 반항하였는지 명백히 알 수 없는 상태도 본죄의 심신상실

169) 김일수, 한국형법 III, 351면 이하; 356면; 김일수/서보학, 142면.
170) 이재상/장영민/강동범, 171면.

에 해당한다는 것이다. 그러나 제302조가 심신미약자에 대하여 위계 또는 위력으로 간음 · 추행하는 경우를 별도로 규정하고 있으므로, 준강간 · 준강제추행죄에서의 심신상실의 상태가 심신미약의 경우를 포함한다고 해석할 수는 없다(통설). 즉 위계나 위력의 수단을 사용함이 없이 심신미약자에 대하여 성적 행위를 하는 경우에 강간죄 · 유사강간죄 · 강제추행죄에 준하는 불법이 인정된다고 할 수는 없다.

5-2-2. 항거불능

항거불능의 상태란 심신상실 이외의 사유로 범인의 간음 · 추행행위에 대하여 저항이 불가능한 경우 또는 저항이 현저히 곤란한 경우를 말한다. 본래 항거불능의 문리적 의미는 저항이 불가능한 경우이다. 그러나 형법은 본죄를 강간죄 · 유사강간죄 · 강제추행죄에 준하여 취급하고 있으므로 본죄의 항거불능은 저항이 현저히 곤란한 경우를 포함한다고 해석하여야 할 것이다. 여기서의 항거불능은 육체적 항거불능과 심리적 항거불능을 모두 포함한다. 예컨대 수면 중[171]이거나 포박되어 있거나 수회의 강간으로 기진되어 있는 경우는 육체적 항거불능의 상태에 해당하며, 의사가 자기를 신뢰하고 있는 환자에게 치료를 가장하여 간음 · 추행하는 경우는 심리적 항거불능에 해당한다.[172]

의사가 치료를 가장하여 간음 · 추행하는 경우에 본죄의 성립을 부정하는 견해[173]가 있다. 본죄의 항거불능이란 피해자가 항거하고자 해도 불가능한 경우를 의미하는 것이므로, 피해자가 항거할 것인가를 판단할 사정을 애당초 인식하지 못한 까닭에 항거하지 아니한 경우는 여기서의 항거불능에 해당하지 않는다는 것이다. 그러나 본죄의 항거불능은 피해자의 상황인식 여부와는 상관없이 항거불능 그 자체만으로 충분하다고 해야 한다.[174]

> 판례는 7~8세 정도 지능의 정신지체장애 1급[175]의 피해자와 정신분열병이라는 정신상의 장애[176]가 있는 피해자에 대하여 항거불능의 상태를 부정하였으며, 피해자들이 본인이나 가족의 병을 낫게 하려는 마음에서 목사인 피고인의 요구에 응한 경우[177]에서도 본죄의 성립을 부정하였다. 이에 반하여 교회 노회장에 대한 교회 여신도들의 종교적 믿음이 무너지는 충격 등 정신적 혼란으로 인한 항거불능의 상태를 인정함으로써 본죄의 성립을 인정하였다.[178]

171) 대법원 2000.1.14., 99도5187; 대법원 2012.6.28., 2012도2631.
172) 김일수/서보학, 141면; 배종대, 173면; 손동권/김재윤, 162면; 오영근, 146면; 이재상/장영민/강동범, 171면; 이형국, 222면 이하; 정성근/박광민, 199면; 정영일, 79면; 진계호/이존걸, 207면.
173) 김성돈, 189면; 임웅, 217면.
174) 음주대취하거나 수면제를 복용하여 항거불능의 상태인 경우에도 피해자는 항거할 것인가를 판단할 사정을 애당초 인식하지 못하고 있다.
175) 대법원 2004.5.27., 2004도1449.
176) 대법원 2003.10.24., 2003도5322.
177) 대법원 2000.5.26., 98도3257.
178) 대법원 2009.4.23., 2009도2001.

5-3. 행 위

본죄의 행위는 심신상실 또는 항거불능의 상태를 이용하여 간음 내지 추행하는 것이다. 여기에는 유사간음도 포함된다. 심신상실 또는 항거불능의 상태를 이용한다 함은 행위자가 피해자의 심신상실 또는 항거불능의 상태를 인식하였을 뿐만 아니라 그러한 상태 때문에 간음 또는 추행이 가능하였거나 용이하였음을 의미한다. 그러나 범인이 피해자의 심신상실이나 항거불능의 상태를 직접 야기하는 경우는 준강간죄 · 준강제추행죄가 아니라 강간죄 · 유사강간죄 · 강제추행죄에 해당한다. 예컨대 피해자에게 수면제나 마취제를 투여하는 경우가 그러하다.

6. 미성년자 의제강간죄와 의제강제추행죄

형법 제305조의 '미성년자에 대한 간음 · 추행죄'는 13세 미만의 사람을 간음 또는 추행함으로써 성립한다. 이를 소위 미성년자 의제강간 · 의제강제추행죄라고 한다. 13세 미만의 사람에 대하여 간음 · 유사간음 · 추행하는 경우는 실제로 폭행 · 협박으로 피해자를 억압하여 강간 · 유사강간 · 강제추행하는 것은 아니지만 강간 · 유사강간 · 강제추행으로 의제하는 것이다. 따라서 13세 미만의 자에 대하여 폭행 · 협박으로 강간 · 유사강간 · 강제추행하는 경우는 의제할 필요 없이 곧바로 강간 · 유사강간 · 강제추행죄가 성립하게 된다.

본죄의 미수범은 처벌된다. 제305조는 미수범을 처벌하는 제300조에 포함되어 있지 않으나, 본죄는 강간죄 · 유사강간죄 · 강제추행죄를 의제하는 규정이므로 당연히 제300조에 의하여 미수범이 처벌된다. 판례[179]도 동일한 입장이다.

7. 강간 등 상해 · 치상죄, 강간 등 살인 · 치사죄

제301조의 강간 등 상해 · 치상죄와 제301조의2의 강간 등 살인 · 치사죄는 강간 · 유사강간 · 강제추행죄와 준강간 · 준강제추행죄 또는 그 미수죄를 범한 자가 피해자를 상해하거나 상해에 이르게 함으로써 또는 살해하거나 사망에 이르게 함으로써 성립하는 범죄이다.

제301조와 제301조의2의 기본범죄에는 제305조의 죄를 포함하고 있지 않다. 따라서 의제강간 · 의제강제추행 치사상죄 등의 성립이 가능한지 문제된다. 의제강간 · 의제강제추행죄는 폭행 · 협박의 강제수단을 사용하지 않으므로 일반적으로는 기본범죄에 내포된 치사상의 결과를 생각할 여지는 없다. 그러나 결합범으로써 의제강간 · 의제강제추행 상해 · 살인죄의 성립은 가능하며, 간음 ·

179) 대법원 2007.3.15., 2006도9453.

추행행위 자체에 의한 파열 등의 신체훼손이나 사망이라는 중한 결과의 발생도 충분히 가능하다. 따라서 판례가 제305조에 대한 미수범을 인정하는 것과 동일한 취지[180]로 제305조를 범한 자 및 그 미수범도 당연히 제301조와 제301조의2의 기본범죄의 범위에 포함된다고 보아야 한다.[181]

강간 등 치상죄와 강간 등 치사죄는 진정결과적가중범이다. 따라서 고의에 의한 강간죄 등 기본범죄의 기수 · 미수죄를 범하여 과실에 의한 피해자의 상해 또는 사망의 중한 결과를 발생시켜야 한다. 결과적가중범은 결과범이므로, 피해자의 상해 또는 사망의 중한 결과는 기본범죄와 인과관계 및 객관적 귀속이 인정되어야 한다. 피해자의 상해 또는 사망이라는 중한 결과는 강간 등 기본범죄에 내포되어 있는 전형적인 위험의 실현인 경우에 객관적 귀속이 가능하다.

> 폭행에 의하여 코피가 나고 콧등이 부어오른 경우 또는 음부 등의 상처나 처녀막 파열과 같이 외상[182]이 있는 경우, 수면장애 · 식욕감퇴 등의 기능장애,[183] 성병의 감염이나 히스테리 증상 등과 같은 질병[184]의 야기는 강간 등의 범죄에 내포된 전형적인 위험의 실현이므로 강간 등 치상죄가 성립한다. 그러나 강간 등의 범죄에 내포된 전형적인 위험의 실현인 경우에도 '그 상처가 굳이 치료를 받지 않더라도 일상생활을 하는데 아무런 지장이 없고 시일이 경과함에 따라 자연적으로 치유될 수 있는 정도'[185]는 생리적 기능훼손인 상해에 해당하지 않는다. 따라서 강간 도중에 피해자의 목과 어깨를 입으로 빨아서 생긴 반상출혈상,[186] 강간 과정에서 손바닥에 2cm 정도의 긁힌 상처 또는 외음부 충혈[187]이나 경부 및 전흉부 피하출혈과 통증[188] 등의 상처에 의해서는 강간치상죄가 성립하지 않는다.

강간 등의 기본범죄에 내포되어 있는 전형적인 위험의 실현인 중한 결과는 직접 강간이나 강제추행행위 자체에 의하여 또는 그 수단인 폭행에 의하여 발생된 경우 뿐 아니라, 널리 강간 · 강제추행의 기회에 이루어지면 족하다. 예컨대 '피해자가 강간이나 강제추행을 면하기 위하여 범인이 전화하는 사이에 열려 있는 창문으로 뛰어내려 사망한 경우'[189]에도 강간치사죄가 성립한다. 그러나

180) 대법원 2007.3.15., 2006도9453: "…동조에서 규정한 형법 제297조와 제298조의 '예에 의한다'는 의미는 미성년자의제강간 · 강제추행죄의 처벌에 있어 그 법정형뿐만 아니라 미수범에 관하여도 강간죄와 강제추행죄의 예에 따른다는 취지로 해석되고,…"

181) 동지, 이재상/장영민/강동범, 173면.

182) 대법원 1983.7.12., 83도1258; 대법원 1989.12.22., 89도1079; 대법원 1991.10.22., 91도1832; 대법원 1995.7.25., 94도1351; 대법원 1997.9.5., 97도1725; 대법원 2000.2.11., 99도4794.

183) 대법원 1969.3.11., 69도161; 대법원 1999.1.26., 98도3732.

184) 대법원 1970.2.10., 69도2213; 대법원 1996.11.22., 96도1395; 대법원 2017.6.29., 2017도3196.

185) 대법원 1989.1.31., 88도831; 대법원 2003.9.26., 2003도4606; 대법원 2004.3.11., 2004도483; 대법원 2005.5.26., 2005도1039; 대법원 2009.7.23., 2009도1934; 대법원 2011.5.26., 2010도10305.

186) 대법원 1986.7.8., 85도2042; 대법원 1991.11.8., 91도2188.

187) 대법원 1987.10.26., 87도1880; 대법원 1989.1.31., 88도831; 대법원 2003.9.26., 2003도4606.

188) 대법원 1994.11.4., 94도 1311; 대법원 2009.7.23., 2009도1934.

189) 대법원 1978.7.11., 78도1331; 대법원 1995.5.12., 95도425; 대법원 1996.7.12., 96도1142.

'피해자가 이미 급박한 위해상태에서 벗어나 있어 3층 창문을 통하여 뛰어 내리거나 또는 이로 인하여 상처를 입게 되리라고 예견할 수 없는 경우'[190]에는 본죄가 성립하지 않는다.

강간 등 상해죄와 강간 등 살인죄는 강간죄 등의 기본범죄와 상해죄 내지 살인죄의 결합범이다. 강간 등의 죄와 상해죄 · 살인죄는 모두 고의에 의하여 저질러져야 하며, 상해 · 살인의 결과는 강간 등의 기본범죄와 결합된 범죄이어야 한다. 따라서 강간 등의 기본범죄가 종료된 이후에 새로운 고의에 의하여 상해죄 · 살인죄를 저지른 경우에는 강간 등 상해죄 · 살인죄가 성립하지 않고 강간 등의 죄와 상해죄 · 살인죄의 실체적 경합이 된다.

강간 등 치상죄와 강간 등 치사죄는 진정결과적가중범이며 그 미수범을 처벌하는 규정이 없다. 그러나 강간 등 상해죄 내지 강간 등 살인죄는 고의의 결합범이므로 이들 죄의 미수범에 대한 처벌은 얼마든지 가능하며 또한 그 가벌성도 충분히 인정된다. 그러나 형법은 이에 대한 미수범 처벌규정을 두고 있지 않다.

이에 반하여 성폭력처벌법 제15조는 동법 제8조의 강간 등 상해 · 치상죄와 와 제9조의 강간 등 살인 · 치사죄에 대하여 그 미수범을 처벌하고 있다. 그러나 동법 제8조와 제9조의 죄 중 강간 등 치상 · 치사죄에 대한 미수범의 처벌은 불가능하다. 강간 등 치상 · 치사죄에서 중한 결과인 상해 · 사망의 결과가 발생하지 아니하면 결과적가중범은 아예 성립하지 않게 되며, 또한 기본범죄가 미수인 경우에는 동법 제8조 · 제9조에 의하여 강간 등 치상 · 치사죄가 이미 기수에 이르기 때문이다. 따라서 강간 등 상해죄와 강간 등 살인죄에 대해서만 상해나 사망의 결과가 발생하지 아니한 경우에 미수범이 성립한다. 강간 등의 죄가 미수인 경우에도 상해나 사망의 결과가 발생하면 동법 제8조와 제9조에 의하여 강간 등 상해 · 살인죄는 기수가 된다.

8. 간음죄와 추행죄

폭행 · 협박이라는 강제수단이 포함되지 아니한 간음과 추행이라는 개념은 피해자의 동의 여부와 관계없이 충족될 수 있는 개념이라는 점에서 강간 · 강제추행의 개념과 본질적인 차이가 있다. 이러한 간음 · 추행행위에 대하여 형법은 일반적으로 형벌의 부과를 자제하고 있다. 보충성의 원리에 입각하여 대부분 어느 정도의 보호가 필요한 사회적 약자에 대하여 위계 · 위력의 수단이 동반된 특수한 경우에 한정하여 형벌을 부과하고 있다. 형법이 인정하고 있는 간음 · 추행죄는 제302조의 미성년자 등에 대한 간음 · 추행죄와 제303조의 업무상위력 등에 의한 간음죄로서 제1항의 피보호 · 감독자 간음죄와 제2항의 피구금자 간음죄가 있다.

190) 대법원 1985.10.8., 85도1537; 대법원 1993.4.27., 92도3229; 서울중앙지법 2010.10.15., 2010고합815, 1303.

성폭력처벌법 제10조는 형법 제303조가 업무상위력 등에 의한 간음죄만을 규정하고 있는 것을 보충하기 위하여, 위계 · 위력에 의한 피보호 · 감독자 추행죄와 피구금자 추행죄를 규정하였으며, 동법 제11조에서는 공중밀집장소에서의 사람에 대한 추행죄를 규정하였다.

8-1. 미성년자 · 심신미약자 간음 · 추행죄

본죄는 미성년자 또는 심신미약자에 대하여 위계 또는 위력으로써 간음 또는 추행함으로써 성립하는 범죄이다(제302조).

본죄의 객체는 미성년자 또는 심신미약자이다. 여기서 미성년자는 13세 이상 19세 미만의 자를 말하며, 심신미약자는 연령에 관계없이 정신기능의 장애로 정상적인 판단능력이 부족한 자를 말한다. 다만 13세 이상 19세 미만의 미성년자에 대해서는 청소년성보호법이 적용되며, 본죄의 심신미약자는 성폭력처벌법 제6조가 적용될 수 있다. 본죄의 심신미약자가 성폭력처벌법 제6조의 정신적인 장애가 있는 사람이 아니라고 할 수는 없기 때문이다. 따라서 제302조는 사실상 사문화된 규정이다.

13세 이상 19세 미만의 아동 · 청소년에 대한 간음 · 추행죄는 청소년성보호법 제7조 제5항에서 규정하고 있다. 위계 또는 위력으로써 아동 · 청소년에 대한 간음 · 유사간음 · 추행은 아동 · 청소년에 대한 강간 · 유사강간 · 강제추행과 동일한 형으로 처벌된다. 청소년성보호법은 아동 · 청소년에 대한 성폭력범죄와 관련하여 피해자를 폭행 · 협박으로 굴복시키는 경우와 위계 · 위력으로 굴복시키는 경우를 동일하게 평가하고 있다.

성폭력처벌법 제6조 제5항과 제6항에서는 위계 · 위력으로써 신체적인 또는 정신적인 장애가 있는 사람을 간음하는 경우에 5년 이상의 유기징역에, 추행의 경우에 1년 이상의 유기징역이나 1천만원 이상 3천만원 이하의 벌금으로 처벌한다. 이 경우 유사간음은 별도로 구획하지 아니하였다. 동조 제7항에서는 장애인의 보호 · 교육 등을 목적으로 하는 시설의 장 또는 종사자가 보호 · 감독의 대상인 장애인에 대하여 제1항부터 제6항까지의 죄를 범한 경우에 그 형의 1/2까지 가중처벌하도록 규정하고 있다.

민법 제826조의2가 혼인한 미성년자를 성년으로 의제하고 있으므로, 혼인한 미성년자는 본죄의 객체가 될 수 없다는 견해[191]가 있다. 그러나 민법의 성년의제규정은 민사법상의 문제를 해결하기 위한 예외적인 의제규정일 뿐이며, 미혼인 다른 미성년자와 비교하여 높은 성적 자기결정능력을 인정하는 규정은 아니다. 따라서 본죄에서 혼인한 미성년자를 제외하는 견해는 본조의 목적론적 의미를 간과하고 있다. 본조의 미성년자는 기혼 · 미혼과 관계없이 순수하게 연령에 의하여 결정하여야

191) 권오걸, 188면; 김일수/서보학, 150면; 이재상/장영민/강동범, 177면.

한다.[192]

본조의 심신미약자에 대해서도 학설의 다툼이 있다. 일부의 견해는 본조의 심신미약은 제10조 제2항 한정책임능력자의 심신미약보다 넓은 개념으로 이해하고 있다.[193] 그러나 이러한 확대해석을 위해서는 보다 명확한 근거가 필요하다. 명확한 근거 없이 행위자의 가벌성을 넓히는 심신미약의 범위를 확대하는 해석은 행위자보호를 보장하는 형법의 보장적 기능에 역행한다. 따라서 본조의 심신미약을 제10조 제2항의 심신미약보다 확대하여 해석할 이유는 없다.[194]

본죄의 행위는 위계 · 위력으로 피해자를 간음 · 추행하는 것이다. 따라서 위계 · 위력은 간음 · 추행의 수단이어야 한다. 위계의 방법으로 피해자를 일정한 장소로 나오게 한 경우라도 그것이 직접 간음 · 추행의 수단이 아닌 경우는 본죄가 성립하지 않는다.[195]

위계라 함은 상대방을 착오에 빠지게 하여 정상적인 판단을 못하게 하는 것을 말하며, 기망 뿐 아니라 유혹도 포함한다. 위력은 상대방의 자유로운 의사결정을 현저히 방해할 정도의 지위 내지 권세 등과 같은 힘을 말한다. 여기에는 폭행 · 협박과 같은 힘도 포함되지만 이는 강간죄 · 유사강간 · 강제추행죄에서의 폭행 · 협박의 정도에 이르지 않아야 한다. 폭행 · 협박의 정도가 상대방의 의사를 억압할 정도에 이르게 되면 강간 · 유사강간 · 강제추행죄가 성립한다.

8-2. 업무상 위력 등에 의한 간음죄

제303조의 업무상위력 등에 의한 간음죄는 동조 제1항의 피보호 · 감독자 간음죄와 제2항의 피구금자 간음죄를 포함한다. 형법은 업무상위력 등에 의한 간음죄만을 규정하고 있으며, 업무상위력 등에 의한 추행죄는 성폭력처벌법 제10조에서 규정하고 있다.

제303조 제1항의 피보호 · 감독자 간음죄는 업무 · 고용 기타 관계로 인하여 자기의 보호 또는 감독을 받는 사람을 위계 · 위력에 의하여 간음함으로써 성립한다. 업무관계는 공적 업무 뿐 아니라 개인적 업무를 포함하며, 고용관계는 사용자와 피용자의 관계를 말한다. 기타 관계는 업무관계나 고용관계는 아니지만 이와 유사한 사실상의 관계로서, 업무 · 고용관계에서 피보호 · 감독자와의 종속관계 정도가 인정될 수 있어야 한다. 예컨대 처가 운영하는 미장원[196]에 고용된 종업원이 여기에 해당할 수 있다. 본죄의 구성요건적 행위는 위계 · 위력에 의한 간음이다.

제303조 제2항의 피구금자 간음죄는 법률에 의하여 구금된 사람을 감호하는 자가 그 사람을 간음함으로써 성립한다. 본죄의 객체인 법률에 의하여 구금된 사람란 피의자 · 피고인 · 수형자 또는

192) 동지, 김성돈, 195면; 김성천/김형준, 206면; 박상기, 162면; 배종대, 178면; 백형구, 325면; 이형국, 230면; 정성근/박광민, 205면; 정영일, 81면; 진계호/이존걸, 211면.

193) 김성돈, 195면; 손동권/김재윤, 169면; 이재상/장영민/강동범, 177면; 이형국, 230면.

194) 권오걸, 188면; 김성천/김형준, 207면; 김일수, 한국형법 III, 366면 이하; 박상기, 162면; 백형구, 325면; 이영란, 189면; 임웅, 224면; 조준현, 210면; 진계호/이존걸, 211면.

195) 대법원 2001.12.24., 2001도5074; 대법원 2002.7.12., 2002도2029.

196) 대법원 1976.2.10., 74도1519.

노역장에 유치된 자 등을 의미한다. 본죄는 간음의 수단으로 위계 · 위력의 방법을 요하지 않으며, 피해자의 동의 여부도 본죄의 성립에 영향을 미치지 않는다. 또한 본죄는 피구금자를 감호하는 자가 직접 간음행위를 하여야 성립하기 때문에 신분범이며 자수범으로 해석된다. 따라서 자신이 직접 간음행위를 하지 않는 간접정범이나 공동정범의 형태로 본죄를 범할 수는 없다.

성폭력처벌법 제10조 제1항과 제2항에서는 형법 제303조가 업무상위력 등에 의한 간음죄에서 피보호 · 감독자 간음죄와 피구금자 간음죄만 규정하고 있는 것을 보충하기 위하여, 위계 · 위력에 의한 피보호 · 감독자 추행죄와 피구금자 추행죄를 규정하였다. 제10조 제2항의 피구금자 추행죄에서는 위계 · 위력의 행사를 필요로 하지 않는다.

제3장 명예와 신용에 대한 죄

제1절 명예에 관한 죄

1. 명예에 관한 죄 일반론

1-1. 의 의

명예에 관한 죄는 사람의 인격적 가치인 명예라는 법익을 위태롭게 하는 것을 내용으로 하는 범죄이다. 형법은 제33장 명예에 관한 죄에서 명예훼손의 죄와 모욕죄를 규정하고 있다. 명예훼손죄는 공연히 사람의 명예를 훼손할 만한 사실을 적시함으로써 사람의 명예를 훼손하는 범죄이며, 모욕죄는 공연히 사람을 모욕함으로써 성립하는 범죄이다.

1-2. 보호법익

1-2-1. 명예의 개념

명예에 관한 죄의 보호법익은 명예이다. 현재 학계의 견해에 의하면 명예의 개념은 그 내용에 따라 내적 명예, 외적 명예와 명예감정으로 분류되고 있다.

① 내적 명예　내적 명예란 고유한 의미에서의 명예를 말한다. 사람이면 누구나 처음부터 가지고 있는 인격의 내부적 가치를 의미하며, 추상적 의미의 명예이다. 이러한 너적 명예는 외부로부터 침해될 성질의 것이 아니어서 형법의 보호대상이 되지 않는다고 한다.

② 외적 명예　외적 명예는 사람의 인격적 가치에 대한 외부로부터의 평가를 의미한다. 사람의 인격적 가치에 대한 사회적 평가를 훼손시키는 행위가 명예훼손행위이므로, 명예훼손죄의 보호법익은 외적 명예라고 한다.

③ 명예감정　명예감정이란 자기의 인격적 가치에 대한 주관적인 평가 내지 감정을 말한다. 그러나 이러한 명예감정은 형법의 보호대상이 되지 않는다고 한다. 유아 · 정신병자 · 법인 등의 경우와 같이 주관적 명예감정이 없는 경우도 있으며, 명예감정이란 그 자체가 과대 · 과소평가될 수 있기 때문이라고 한다.

명예훼손죄 뿐 아니라 모욕죄의 보호법익도 사람의 외적명예라고 해석하는 것이 학설의 일반적인 입장이다(통설).[1] 명예훼손죄 뿐 아니라 모욕죄에서도 공연성이 요구된다는 것을 근거로 한다. 기본적으로 통설의 입장을 지지하면서도 규범적 명예개념을 포함시켜야 한다는 견해[2]와 모욕죄의 보호법익은 명예감정이라는 견해[3]가 있다. 또한 명예에 관한 죄의 보호법익은 주관적 명예를 배제한 내적명예와 외적 명예라는 견해[4]도 있다.

독일 학계에서는 명예에 관한 죄에서의 명예개념을 사실적 명예개념과 규범적 명예개념 및 사실적 · 규범적 명예개념으로 분류하여 설명하고 있다.[5] 사실적 명예개념은 주관적인 명예감정과 개인에 대한 평판을 의미한다고 한다. 그러나 주관적인 명예감정은 결여되거나 또는 과장될 수 있으며, 개인에 대한 평판 역시 사실과 다르게 좋거나 나쁠 수가 있으므로 법률에서는 이러한 사실적 명예개념을 사용하기가 곤란하다고 한다.[6]

종래 독일의 다수설[7]은 명예개념을 '인간의 내적 가치(내적명예)와 타인에 의한 평판(외적명예)을 포괄하는 복합적인 사실적 · 규범적 법익'으로 이해하였다. 이 때 내적 명예는 부분적으로 모욕죄의 대상이 되며, 외적 명예는 명예훼손죄의 대상이 된다고 하였다. 이에 대하여 "타인에 의한 평판은 오직 그가 실제로 받아야 할 만큼만 법률의 보호를 누리는 반면에, 인간의 내적 가치는 전혀 타인에 의하여 훼손될 성질의 것이 아니다"라는 비판이 제기되었다.[8] 따라서 명예개념을 인격적 · 사회적 중요가치(Personaler und sozialer Geltungswert)로 이해하는 규범적 명예개념설[9]이 유력하게 주장되고 있다.

규범적 명예개념설에 의하면 명예에 대한 죄의 보호대상은 '인간존엄에 근거하여 인간에게 당연히 인정되는 중요한 가치' 내지 '이러한 가치로부터 도출되는 부당하게 멸시되지 아니할 존중대우의 요구'라고 한다. 이러한 '중요한 가치' 내지 '존중대우의 요구'는 인격의 관점에서 뿐 아니라 사회적 승인관계에서도 인정되어야 한다고 본다.

명예에 관한 죄에서 그 보호법익을 단순하게 외적 명예라고 할 수 있는지에 관하여는 의문이 제기된다.[10] 명예에 관한 죄에서의 명예를 이와 같이 사실적 개념으로 이해한다면, 명예의 주체인 피해자에게 당연한 사실을 적시하는 경우에는 명예의 침해가 없거나 불가능하다는 결론이 된다. 그러

1) 대법원 2008.12.11., 2008도8917; 대법원 2009.9.24., 2009도6687; 대법원 2011.8.18., 2011도6904; 대법원 2012.5.9., 2010도2690; 대법원 2014.9.4., 2012도13718; 대법원 2015.9.10., 2015도2229; 대법원 2015.12.24., 2015도6622; 대법원 2016.12.27., 2014도15290; 대법원 2017.4.13., 2016도15264.

2) 동취지, 김성천/김형준, 239면 이하.

3) 이영란, 198면.

4) 김일수/서보학, 155면.

5) Vgl. Lenkner, S-S StGB, Vorbem. §§ 185 ff. Rdnr. 1.

6) Lenkner, S-S StGB, Vorbem. §§ 185 ff. Rdnr. 1.

7) Tröndle/Fischer, StGB, § 185 Rdnr. 2 mwN.; BGHSt 36, 149; BayOLG 86, 192; 김일수, 한국형법 III, 378면.

8) Lenkner, S-S StGB, Vorbem. §§ 185 ff. Rdnr. 1.

9) Vgl. Herdegen, LK StGB, Vor § 185 Rdnr. 8 ff. mwN.; Rudolphi, SK StGB, Vor § 185 Rdnr. 2 ff.; Lenkner, S-S StGB, Vorbem. §§ 185 Rdnr. 1; BGHSt 1, 189.

10) 예컨대 험한 욕을 함으로써 피해자를 모욕하는 경우에는 피해자가 아니라 오히려 험한 욕을 하는 행위자의 인격적 가치에 대한 사회적 평가(명예)가 저하될 것이다.

나 제307조 제1항의 명예훼손죄는 진실한 사실을 적시하는 경우에도 성립하므로 명예개념을 이와 같이 해석할 수는 없다. 따라서 명예에 관한 죄에서의 명예개념은 독일의 규범적 명예개념설과 같이 인격적 · 사회적 중요가치라는 순수한 규범적 개념으로 이해하여야 한다. 즉 개인에게 뿐 아니라 사회적 승인관계에서도 인정되는 '인격의 중요한 가치' 내지 '이러한 가치로부터 도출되는 존중대우의 요구'가 명예에 관한 죄의 규정을 통하여 보호되는 명예라는 법익이라고 해야 한다.

1-2-2. 명예의 주체

1-2-2-1. 자연인

명예는 인간존엄에 근거하여 인정되는 인격적 법익이므로 모든 자연인은 연령이나 정신상태와 관계없이 명예의 주체가 된다. 따라서 유아 · 어린이 · 정신병자도 명예의 주체가 된다.

1-2-2-2. 사자

제308조는 공연히 허위의 사실을 적시하여 '사자의 명예'를 훼손하는 경우를 사자명예훼손죄로 규정하고 있으며, 이 규정과 관련하여 사자도 명예의 주체가 될 수 있는지에 대한 학설의 다툼이 있다.

제308조는 명문으로 '사자의 명예'라고 규정하고 있으며, 또한 사람이 사망하였을지라도 그의 인격적 가치는 남는 것이므로 역사적 가치로서의 사자의 명예를 보호할 필요가 있다는 것이 학설의 일반적인 입장이다(통설). 물론 "사람이 사망하여도 그의 인격적 가치가 남는다"는 점, 그리고 이에 따라 "죽은 사람일지라도 '인격의 중요한 가치' 내지 '이러한 가치로부터 도출되는 존중대우의 요구'가 예외적으로 인정될 수 있다"는 점을 부정할 수 없다. 또한 제308조의 '사자의 명예'에서 의미하는 명예의 대상은 사자임이 명백하다.

그러나 죽은 사람이 직접 형법에 의하여 보호되는 법익의 주체가 될 수 있는지에 관하여는 의문이 제기된다. 사자에게는 법에 의하여 의무를 부과할 수도 또한 권리를 부여할 수도 없기 때문이다.[11] 사자는 최후의 수단(ultima ratio)인 형벌에 의하여 보호되어야 할 법익을 소유할 수 없으므로 당연히 이러한 법익의 주체도 될 수 없다.[12] 따라서 제308조의 '사자의 명예'에서 의미하는 명예와 명예에 관한 죄에서의 보호법익인 명예는 명백히 구별되어야 한다. 제308조의 '사자의 명예'에서 의미하는 명예는 보호의 대상이 아니라 행위의 대상 내지 수단일 뿐이다. 즉 사자명예훼손죄는 '사자의 명예'를 훼손하는 방법으로 '유족이나 이해관계인이 사자에 대해서 갖는 추모의 감정 내지 존경의 감정'을 침해 내지 위태화 하는 범죄이다. 이는 형법이 사자명예훼손죄를 친고죄(제312조)로 규정하고 있으며, 형사소송법은 사자명예훼손죄에 대한 고소권자를 '친족 또는 자손'으로 규정하고 있다(형소법 제227조)

11) 반면에 나중에 사람으로 출생할 태아에 대해서는 법에 의하여 보호될 이익이 충분히 인정된다.

12) 김성돈, 209면; 박상기, 172면; 배종대, 183면.

는 점에 의해서도 명백하다. 소추조건으로서의 고소는 순순한 기술적 절차법이 아니라 행위의 가벌성과 관련한 절차법적 규정이므로 사자명예훼손죄에서 고소가 없다면 공소제기의 이익이 없다는 의미로 이해된다. 또한 고소권자가 없는 경우에는 이해관계인의 신청에 의하여 검사가 10일 이내에 고소할 수 있는 자를 지정(형소법 제228조)하도록 규정하고 있다. 따라서 이해관계인도 사자명예훼손죄에 대한 고소권자가 될 수 있다. 이러한 관점에서 사자명예훼손죄는 단순히 '죽은 자의 명예를 보호하기 위하여 규정된 범죄'가 아니라 '일차적으로 유족, 이차적으로 이해관계인이 사자에 대해서 갖는 추모의 감정 내지 존경의 감정'을 침해 내지 위태화하는 범죄로 해석되어야 한다.[13)]

1-2-2-3. 법인 기타의 단체

법인이나 법인격 없는 단체도 법적으로 승인된 사회적 기능을 담당하고 통일된 의사를 형성할 수 있는 한 명예의 주체가 된다는 것이 학설의 일반적인 입장이다(통설). 예컨대 정당, 노동조합, 상공회의소, 주식회사, 병원 등도 명예의 주체가 된다는 것이다. 그러나 가족 또는 개별적인 취미모임인 사교단체 등은 법에 의하여 인정된 사회적 기능을 담당하고 있지 않으므로 명예의 주체가 될 수 없다고 한다. 이에 반하여 법인이나 단체의 명예주체성을 부정하는 견해[14)]가 있다. 법률이 아닌 도그마틱으로 개인을 초월하여 단체의 명예주체성을 인정하고, 이에 따라 명예에 관한 죄의 적용범위를 확대하는 것은 부당하다는 것이다. 인간존엄으로부터 나오는 개인의 명예와 동등한 가치를 부여할 수 있는 단체의 명예는 오직 법률이 정해야 할 문제라는 것이다.

명예는 인간의 존엄에 근거하여 인정되는 중요한 가치이며, 일차적으로는 개인에게 인격의 관점에서 인정되는 법익이다. 또한 개인의 인격은 그 자체에 대한 가치와 더불어 타인과의 관계에서 인격의 발현(Persänlichkeitsentfaltung)을 통하여 구체화 될 수 있다. 이러한 점에서 명예라는 법익은 '인격의 중요한 가치' 뿐 아니라 '존중대우의 요구'를 포함하는 것이며, 이는 인격의 관점에서의 명예 뿐 아니라 사회적 승인관계에서도 인정되어야 한다. 인격발현의 경시는 그 자체가 명예의 침해 내지 위태화가 되기 때문이다.[15)] 또한 사회적 승인관계에서의 '중요한 가치' 내지 '존중대우의 요구'는 개인 뿐 아니라 공동사회에서 존재하고 활동할 수 있는 단체나 제도에 대해서도 인정되어야 한다. 공동사회에서 인격체로서 존재하고 활동할 수 있는 단체나 제도도 명예라는 법익의 관점에서는 그의 사회적으로 중요한 인격적 가치가 인정되고 있으며, 이러한 중요가치로부터 존중대우의 요구가 타당하기 때문이다. 이러한 점에서 법인이나 단체의 명예도 개인의 명예와 달리 취급될 이유는 없다. 또한 행위자의 측면에서도 자연인에 대한 명예침해와 단체에 대한 명예침해 사이에 불법의 차이가 인정

13) 동취지, 김성돈, 209면; 박상기, 172면 이하; 동일한 입장에서 그러나 형법의 보충성의 원칙에 의하여 사자명예훼손죄의 폐지를 주장하는 견해로는 배종대, 184면.

14) 배종대, 184면 이하; 오영근, 158면.

15) Vgl. Herdegen, LK StGB, Vor § 185 Rdnr. 9.

되지 않는다. 이는 이미 오래된 판례[16)]에 의하여도 인정되고 있으며, 민사판례[17)] 에서는 법인에 대한 명예훼손이 개인에 대한 명예훼손과 동일하게 민사법상의 불법행위로 인정되고 있다. 형법이 명예에 관한 죄에서 '사람의 명예를 훼손한 자' 내지 '사람을 모욕한 자'로 규정하고 있으나, 이러한 사정은 제313조 신용훼손죄에서의 '사람의 신용'이나 제314조 업무방해죄의 '사람의 업무'에 있어서도 동일하다.

따라서 법적으로 승인된 사회적 기능을 담당하고 통일된 의사를 형성할 수 있는 한 법인과 법인격 없는 단체도 명예의 주체가 된다는 통설의 견해는 타당하다. 명예라는 관점에서 그 인격가치와 존중대우의 요구가 가능할 정도로 공동사회에서 정형적으로 존재하고 활동할 수 있는 단체나 제도는 당연히 명예의 주체가 되어야 한다.

국가나 지방자치단체가 명예의 주체가 될 수 있는지 문제된다. 이에 대하여 대법원[18)]은 "국민의 기본권을 보호 내지 실현해야 할 책임과 의무를 지고 있는 공권력의 행사자인 국가나 지방자치단체는 기본권의 수범자일 뿐 기본권의 주체가 아니고, 정책결정이나 업무수행과 관련된 사항은 항상 국민의 광범위한 감시와 비판의 대상이 되어야 하며 이러한 감시와 비판은 그에 대한 표현의 자유가 충분히 보장될 때에 비로소 정상적으로 수행될 수 있으므로, 국가나 지방자치단체는 국민에 대한 관계에서 형벌의 수단을 통해 보호되는 외부적 명예의 주체가 될 수는 없고, 따라서 명예훼손죄나 모욕죄의 피해자가 될 수 없다"고 판시하였다. 그러나 제105조의 국기 · 국장모독죄는 '대한민국을 모욕할 목적으로…'라고 규정하고 있으므로, 이러한 대법원의 입장은 제105조의 명문규정에 배치되는 해석이다. 국가나 지방자치단체도 당연히 명예의 주체가 될 수 있다. 다만 국가나 지방자치단체는 대법원의 입장과 같이 '항상 국민의 광범위한 감시와 비판의 대상'이 되어야하기 때문에 허위가 아닌 사실의 적시에 대해서는 광범위한 공익성이 인정될 수 있을 뿐이다.

1-2-3. 명예주체의 특정과 집합명칭에 의한 명예훼손

명예에 관한 죄에서 명예주체인 피해자는 특정되어야 한다. 피해자의 특정은 반드시 성명을 명시할 필요는 없고, 구체적 상황에서 어느 특정인을 지목하는 것인지 알 수 있을 정도면 충분하다. 그러나 경우에 따라서는 어느 특정인을 지목하는 것인지를 명백히 알 수 없는 경우에도 명예주체의

16) 대법원 1959.12.23., 4291형상539은 명예훼손죄나 모욕죄의 대상으로서의 사람은 자연인에 한하지 않고 인격을 가진 단체도 포함된다고 판시하였다; 동취지, 대법원 2014.9.4., 2012도13718; 서울중앙지법 2014.10.24., 2014노2406.

17) 대법원 1965.11.30., 65다1707; 대법원 1988.6.14., 87다카1450; 대법원 1996.6.28., 96다12696; 대법원 2004.11.12., 2002다46423; 대법원 2008.10.9., 2006다53146; 대법원 2018.4.12., 2015다45857

18) 대법원 2018.12.13., 2016도14678: "정부 또는 국가기관은 형법상 명예훼손죄의 피해자가 될 수 없으므로(형법과 정보통신망법은 명예훼손죄의 피해자를 '사람'으로 명시하고 있다), 정부 또는 국가기관의 업무수행과 관련된 사항에 관한 표현으로 그 업무수행에 관여한 공직자에 대한 사회적 평가가 다소 저하될 수 있다고 하더라도, 그 내용이 공직자 개인에 대한 악의적이거나 심히 경솔한 공격으로서 현저히 상당성을 잃은 것으로 평가되지 않는 한, 그로 인하여 곧바로 공직자 개인에 대한 명예훼손이 된다고 할 수 없다."; 2016.12.27., 2014도15290.

특정이 인정될 수 있다. 예컨대 "정부의 어느 40대 젊은 장관이 뇌물을 받았다"[19]라는 허위사실의 적시는 정부의 40대 젊은 장관 모두가 혐의를 받게 되는 경우로서 명예주체의 특정이 인정되는 경우이다. 이러한 경우에 명예주체의 특정은 구체적인 상황에서 지목된 인적 범위가 소규모이어야 하며, 그 인적 범위의 모든 구성원들이 쉽게 확정될 수 있을 정도로 알려져 있고 특정되어 있어야 한다.

명예의 주체인 피해자의 특정은 다수인을 집단적으로 지칭하는 경우에도 인정될 수 있다. 이를 소위 '집합명칭에 의한 명예훼손'이라 한다. 이때는 집단의 구성원이 일반인과 명백하게 구별될 수 있을 정도로 집단명칭이 특정되어야 한다.[20] 따라서 상인, 의사, 경찰관, 변호사, 서울시민[21] 등과 같은 지칭은 그 집단이 특정되었다고 볼 수 없다. 또한 명예침해의 표현도 집단의 구성원 모두를 지적하는 내용이어야 하며, 예외를 인정할 수 있는 평균적 판단으로는 족하지 않다.

1-3. 구성요건의 체계

[명예에 관한 죄]

기본적 구성요건 – 명예훼손죄: 제307조 제1항
가중적 구성요건 – 허위사실적시 명예훼손죄: 제307조 제2항;
출판물 등에 의한 명예훼손죄: 제309조 제1항 – 가중 – 허위사실적시: 동조 제2항
독립적 구성요건 – 사자명예훼손죄: 제308조
독립적 구성요건 – 모욕죄: 제311조

위법성조각사유: 제310조 (제307조 제1항에 대하여)
친고죄: 제312조 제1항 (제308조와 제311조에 대하여)
반의사불벌죄: 제312조 제2항 (제307조와 제309조에 대하여)

명예에 관한 죄에서 기본적 구성요건은 제307조 제1항의 명예훼손죄이다. 제307조 제2항은 허위사실을 적시하여 사람의 명예를 훼손하는 죄로서 동조 제1항의 죄에 비하여 불법이 가중된 가중적 구성요건이다. 제309조는 비방목적의 출판물 등에 의한 명예훼손죄로서 행위방법에 의하여 불법이 가중된 가중적 구성요건이다. 제309조의 비방목적의 출판물 등에 의한 명예훼손죄도 적시하는 사실이 허위인 경우에는 가중처벌된다(동조 제2항). 제308조의 사자명예훼손죄와 제311조의 모욕죄는 명예훼손죄와는 다른 독립적 구성요건이다.

제310조는 제307조 제1항의 명예훼손죄에 대하여 위법성이 조각될 수 있는 특수한 위법성조각사

19) Vgl. BGHSt 19, 235.
20) 대법원 2000.10.10., 99도5407.
21) 대법원 1960.11.26., 4293형상244.

유를 규정하고 있다. 또한 제308조의 사자명예훼손죄와 제311조의 모욕죄는 친고죄이며(제312조 제1항), 제307조의 명예훼손죄와 제309조의 비방목적의 출판물에 의한 명예훼손죄는 반의사불벌죄이다(제312조 제2항).

2. 명예훼손죄

2-1. 의 의

명예훼손죄는 공연히 진실(제307조 제1항) 또는 허위(동조 제2항)의 사실을 적시하여 사람의 명예를 훼손함으로써 성립하는 범죄이다. 본죄는 피해자의 명예가 훼손될만한 진실 또는 허위의 사실을 적시함으로써 성립하며, 현실적으로 피해자의 명예가 훼손됨을 요하지 않는다. 따라서 본죄는 단순한 형식범이며, 추상적 위험범이다. 또한 본죄는 반의사불벌죄로서 피해자의 명시한 의사에 반하여 공소를 제기할 수 없다(제312조 제2항).

제307조 제1항은 '공연히 사실을 적시하여 사람의 명예를 훼손한 자'라고 규정함으로써 마치 '명예의 훼손'이 본죄의 구성요건적 결과 내지 법익의 침해라고 법문이 구성되어 있다. 이러한 법문의 구성에도 불구하고 본죄는 추상적 위험범으로 해석된다(통설). 본죄를 추상적 위험범으로 해석해야 하는 이유에 대하여는 '명예라는 법익이 인간의 존엄에 기초한 가장 예민한 인격적 가치이기 때문'이라는 견해[22]와 '소송상 명예훼손의 입증곤란성 때문'이라는 견해[23]가 있다. 그러나 명예라는 법익만을 인간의 존엄에 기초한 가장 예민한 인격적 가치라고 파악할 수는 없다. 본죄가 추상적 위험범으로 해석되는 근거는 명예개념의 특성에서 찾아야 한다. 명예를 "현실적으로 침해되었는가"라는 사실적인 측면에서 판단하게 되면 명예개념은 사실적인 개념이 될 수밖에 없다. 그러나 명예를 사실적 개념으로 이해하면, 예컨대 패륜아를 패륜아라고 지적하는 것은 명예침해가 아니라는 결론이 된다. 이러한 결론은 부당하다. 따라서 명예는 규범적 개념으로 이해되어야 한다. 명예는 '인격의 중요한 가치' 내지 '이러한 가치로부터 도출되는 존중대우의 요구'이므로 이를 경시하는 태도는 곧바로 명예침해(위태화)행위가 된다. 따라서 명예훼손죄에서는 현실적으로 명예의 침해가 있었는가는 문제가 되지 않으며, 오직 명예를 훼손할 만한 사실을 공연히 적시함으로써 기수에 이르게 되는 추상적 위험범으로 해석된다. 본죄를 구체적 위험범으로 해석하는 견해[24]도 있으나, 이 견해도 불특정 또는 다수인이 인식할 수 있는 상태를 구체적 위험으로 파악하기 때문에 내용적으로는 추상적 위험범설과 동일하다.

---

22) 김일수, 한국형법 III, 379면.

23) 김종원(상), 157면; 정영일, 86면.

24) 배종대, 190면.

2-2. 객관적 구성요건

본죄는 일반범이므로 행위주체에 제한이 없다. 행위객체는 사람의 명예이며, 여기에는 법인이나 단체의 명예도 포함된다. 본죄의 구성요건적 행위는 사람의 명예를 훼손할 만한 진실 또는 허위의 사실을 공연히 적시하는 것이다.

2-2-1. 공연성

'공연히'란 불특정 또는 다수인이 인식할 수 있는 상태를 말한다. 불특정이거나 다수인이면 공연성이 인정된다. 따라서 특정 소수인만이 인식할 수 있는 상태는 공연성이 인정되지 않는다. 이는 사적인 자리에 불과하기 때문이다.[25] 여기서 불특정인이란 상대방이 특수한 관계로 한정된 범위에 속하는 사람이 아니라는 의미이며, 다수인이란 단순한 복수인이 아니라 상당한 다수인을 의미한다. 또한 '인식할 수 있는 상태'는 불특정 또는 다수인이 구체적으로 인식할 필요는 없고, 인식이 가능한 상태면 충분하다.

판례[26]는 특정 한 사람에게 사실을 적시한 경우에도 그 사람이 불특정 또는 다수인에게 전파할 가능성이 있으면 공연성을 인정하고 있다. 이를 소위 전파성의 이론이라 한다.

> 판례는 예외적으로 행위자나 피해자의 가족,[27] 친척,[28] 피해자와 동업관계에 있고 친한 사람,[29] 피해자가 근무하는 학교법인의 이사장[30] 등에게 사실을 적시한 경우, 고소할 목적으로 발언을 유도하여 비밀녹음을 하는 사람들을 상대로 한 발언[31] 또는 특별한 이유를 설시함이 없이[32] 전파가능성을 부정하였다.

종래에는 판례의 전파성 이론을 지지하던 소수의 견해[33]가 있었으며, 현재도 "형법의 규정은 궁극적으로 사람의 사회적 가치 내지 평가를 저하시키는 결과를 염두에 두고 있으므로 불특정 또는 다수에게 전파될 가능성이 있으면 본죄의 공연성은 충족되며, 이는 본죄의 추상적 위험범의 성격과

25) 배종대, 188면; 정성근/박광민, 216면.

26) 대법원 2006.5.25., 2005도2049; 대법원 2008.10.23., 2008도6515; 대법원 2008.11.27., 2008도6728; 대법원 2010.10.28., 2010도2877; 대법원 2011.9.8., 2010도7497; 대법원 2017.4.13., 2016도15264; 대법원 2017.6.15., 2016도8557; 대법원 2018.6.15., 2018도4200

27) 대법원 1978.4.25., 75도473; 대법원 1984.3.27., 84도86; 대법원 1984.4.10., 84도49; 대법원 1989.7.11., 89도886.

28) 대법원 1981.10.27., 81도1023; 대법원 1982.4.27., 82도371.

29) 대법원 1983.9.27., 83도2040; 대법원 1983.10.25., 83도2190; 대법원 2000.2.11., 99도4579; 대법원 2006.9.22., 2006도4407; 대법원 2011.9.8., 2010도7497.

30) 대법원 1984.2.28., 83도891.

31) 대법원 1996.4.12., 94도3309; 동취지, 대법원 2010.10.28., 2010도2877: 사실을 발설하였는지에 관한 질문에 대답하는 과정에서 명예훼손 사실을 발설한 경우; 대법원 2018.6.15., 2018도4200.

32) 대법원 2010.9.30., 2010도74; 대법원 2010.11.11., 2010도8265.

33) 황산덕, 224면; 정영석, 283면; 서일교, 102면.

도 일치하는 해석이 된다"고 하여 전파성 이론을 지지하는 견해[34]가 있다. 전파성이론이 직접인식상태요구설과 사실상 큰 차이가 없다는 견해[35]도 있다.

전파성 이론에 대하여는 대략 다음과 같은 비판이 제기되고 있다. 전파가능성은 객관적 기준의 결여로 자의적 적용의 위험성이 있으며, 그 결과 일상생활에서의 표현의 자유까지 제한되어 형법의 보충성의 원리에 반하고, 범죄의 성립이 상대방의 전파가능성에 의하여 결정된다면 결국 단순한 결과책임 내지 우연책임과 다르지 않다는 점이다(통설). 이러한 통설의 비판은 전적으로 타당하다. 표현이 가능한 자는 모두 자기가 들은 사실을 전파할 가능성이 있으므로 전파가능성은 명예훼손죄에서 공연성을 요건을 폐지하는 결과를 초래하고 있다.

판례의 전파성 이론은 명예훼손죄에서의 정범과 공범의 구별을 오인한 결과로 판단된다. 최초의 발설자로부터 사람의 명예를 훼손할 만한 사실을 전해들은 사람이 이를 불특정 또는 다수인에게 전파했을 경우에는 최초의 발설자가 아니라 전파자가 사람의 명예를 훼손한 것이다. 형법이 명예훼손죄에서 공연성을 요구하는 것은 최초의 발설자와 전파자 사이의 대화를 적법한 사적인 의사표현행위로 판단한다는 의미이다. 만약 최초의 발설자가 사람의 명예를 훼손하려는 고의로 전파자의 전파행위를 의도하고 있었다면[36] 전파자가 불특정 또는 다수에게 전파하는 순간에 최초의 발설자는 명예훼손죄의 방조범이 되고, 그 이전에는 불가벌인 방조의 미수에 불과하다. 이 경우 교사범의 성립도 가능할 수 있지만 교사범이 인정되기 위하여는 최초의 발설자에게 전파자로 하여금 범죄의 실행을 결의시키려는 명백한 정신적 연결에 의한 교사행위가 필요하다.[37]

2-2-2. 사실의 적시

2-2-2-1. 사실

적시의 대상이 되는 객체는 사실이다. 사실이란 과거나 현재의 구체적인 사건이나 상태를 의미한다. 구체적 사실의 적시가 아닌 경멸적인 표현은 모욕죄에 해당할 뿐이다. 여기서의 사실은 사람의 명예를 훼손할 만한 사실, 즉 개인에게 뿐 아니라 사회적 승인관계에서도 인정되는 '인격의 중요한 가치' 내지 '이러한 가치로부터 도출되는 존중대우의 요구'를 훼손할 만한 구체적인 사실을 말한다.[38] 따라서 명예훼손죄에서 적시의 사실은 피해자의 악행, 추행에 관한 사실이든 또는 성격 · 경력 · 건강 등에 관한 사실이든 그 대상에는 제한이 없다.

---

34) 김성천/김형준, 248면; 박상기, 176면 이하; 중립적 입장으로는 손동권/김재윤, 191면.

35) 김일수/서보학, 159면.

36) 이러한 의도가 인정되지 않는다면 완전하게 적법한 사적인 의사표현행위에 불과하며, 사적 대화에 대해서는 법률이 개입할 여지가 없다.

37) 이에 관하여는 이정원/류석준, 형법총론, '제2편, 제6장, 제4절, 2-1-1. 교사행위, (2) 교사행위의 수단' 참조.

38) 이에 관하여는 상기 '1-2-1. 명예의 개념' 참조.

그러나 '사람의 명예를 훼손할 만한 사실'은 '사람의 인격적 가치에 대한 사회적 평가를 저하시킬 만한 사실'이라는 것이 학설의 일반적인 입장이다(통설). 이에 의하면 평판이 아주 나쁜 사람은 더 이상 사회적 평가가 저하될 여지가 없으므로 명예훼손죄가 성립할 수 없다는 결론이 된다. 이러한 관점에서 사람의 명예를 훼손할 만한 사실을 적시하는 경우라도 그것이 공지의 사실이면 불가벌적 불능범에 불과하다는 견해[39]도 있다. 이는 명예개념을 순수하게 사실적 개념으로 이해한 결과로서 타당하다고 할 수 없다.[40] 공지의 사실이라도 이러한 사실의 적시는 명예주체의 '인격적 가치로부터 도출되는 존중대우의 요구'를 침해할 수 있으므로 명예훼손죄의 성립을 부정할 이유가 없다. 본죄는 추상적 위험범이므로 공지의 사실이라도 피해자의 인격가치에 대한 존중대우의 요구[41]를 무시하는 행위는 명예훼손죄에 해당한다. 통설과 판례[42]도 공지의 사실을 적시하는 경우에 명예훼손죄의 성립을 인정하고 있다.

사실은 가치판단과 구별된다. 순수한 가치판단은 주관적 확신에 의한 평가이므로 이는 의사의 자유 내지 표현의 자유의 영역에 속하며, 명예훼손죄를 구성하는 사실의 적시에 포함되지 않는다. 따라서 장래의 사태나 상황은 순수한 가치판단의 문제이므로 명예훼손죄에서의 사실에 포함되지 않는다. 그러나 많은 경우에 있어서 가치판단은 사실을 전제로 하거나 또는 사실의 적시와 결합하여 나타나게 된다.[43] 이러한 경우에는 전제된 사실 내지 결합된 사실의 적시 그 자체만 가지고 명예훼손죄의 성립 여부를 판단할 수는 없다.[44] 주된 내용이 가치판단이고 또한 가치판단에 '전제된 사실 내지 결합된 사실'의 적시가 가치판단에 있어서 불가결한 요소가 된다면 이는 사람의 표현의 자유에 속하게 된다.

적시된 사실이 진실인 경우에는 제307조 제1항의 명예훼손죄가 성립하며, 허위인 경우에는 동조 제2항의 허위사실 적시에 의한 명예훼손죄가 성립한다. 동조 제2항의 허위사실 적시에 의한 명예훼손죄는 제1항의 명예훼손죄에 비하여 적시되는 사실이 허위라는 불법추가표지에 의하여 불법이 가중되는 가중적 구성요건이다.

---

39) 이미 신문에 기사화된 공지의 사실이면 더 이상 적시의 사실이 될 수 없고 불가벌적 불능범에 지나지 않는다는 견해로는 김일수, 한국형법 III, 388면; 오영근, 162면.

40) 예컨대 인터넷 상에서 이슈화된 공지의 사실이라면 아무리 퍼 나르기를 해도 명예훼손죄가 성립하지 않는다는 결론은 부당하다. 이를 허용한다면 영원히 잊혀 지지 않도록 계속 재론하는 행위를 규율할 방법이 없다.

41) 예컨대 피해자는 공지의 사실이라도 재론되지 않도록 요구할 수 있다.

42) 대법원 1993.3.23., 92도455; 대법원 1994.4.12., 93도3535; 대법원 2008.7.10., 2008도2422.

43) 대법원 2003.5.13., 2002도7420: "피고인이 경찰관을 상대로 진정한 사건이 혐의가 인정되지 않아 내사종결 처리되었음에도 불구하고 공연히 '사건을 조사한 경찰관이 내일부로 검찰청에서 구속영장이 떨어진다'고 말한 것은 현재의 사실을 기초로 하거나 이에 대한 주장을 포함하여 장래의 일을 적시한 것으로 볼 수 있어 명예훼손죄에 있어서의 사실의 적시에 해당한다."

44) 대법원 2003.5.13., 2002도7420: "장래의 일을 적시하는 것이 과거 또는 현재의 사실을 기초로 하거나 이에 대한 주장을 포함하는지 여부는 그 적시된 표현 자체는 물론 전체적인 취지나 내용, 적시에 이르게 된 경위 및 전후 상황, 기타 제반 사정을 종합적으로 참작하여 판단하여야 한다."

독일형법 제186조의 명예훼손죄(Übe Nachrede)에서는 사람의 명예를 훼손하는 주장이나 유포에 적시된 사실이 '증명할 수 있는 진실이 아니라는 것(Wenn nicht diese Tatsache erweislich wahr ist)'을 객관적 처벌조건으로 규정하고 있다. 따라서 사람의 명예를 훼손하는 주장이나 유포에 적시된 사실이 진실이라는 점을 증명함으로써 독일형법 제186조의 명예훼손죄에 의한 처벌을 면할 수 있게 된다. 다만 독일형법 제192조는 적시된 사실에 대한 진실의 증명에도 불구하고 사실의 주장이나 유포 또는 그러한 상황으로부터 모욕(Beleidigung)이 인정되는 경우에는 독일형법 제185조 모욕죄의 적용을 배제하지 않는다"고 규정하고 있다. 따라서 증명된 진실한 사실로 사람의 명예를 훼손한 경우에 형법에서는 제307조 제1항의 명예훼손죄에 해당하지만, 독일형법에서는 명예훼손죄가 아니라 모욕죄의 성립가능성을 열어놓고 있다.

2-2-2-2. 적시

사실의 적시는 사실을 제3자에게 알리는 것이다. 사실의 적시에는 피해자가 특정되어야 한다. 사실을 적시하는 방법에는 제한이 없다. 구두에 의하든, 문서 · 도화에 의하든 또는 신문 · 라디오 · TV 등 언론매체를 이용하든, 기타 출판물에 의하든 관계가 없다. 거동에 의한 사실의 적시도 가능하다. 예컨대 손가락으로 특정한 사람을 지목함으로써 명예를 훼손할 만한 사실이 적시되는 경우가 그러하다. 다만 비방의 목적으로 신문 · 잡지 · 라디오 기타 출판물에 의하여 사실을 적시하는 경우에는 제309조에 의한 명예훼손죄가 성립한다. 본죄는 형식범이므로 명예를 훼손할 만한 사실을 공연히 적시함으로써 기수에 이르게 된다.

2-3. 주관적 구성요건

본죄의 주관적 구성요건인 고의는 사람의 명예를 훼손할 만한 사실을 적시하는 것에 대한 인식과 의사이다. 제307조 제1항과 제2항에 의하여 적시하는 사실의 진실 여부는 객관적 행위상황이므로, 이에 대한 인식도 고의의 내용이 된다. 따라서 허위의 사실을 진실로 오인하고 공연히 적시한 경우는 제307조 제1항의 명예훼손죄만이 성립한다(제15조 제1항). 진실한 사실을 허위의 사실로 오인한 경우에도 제307조 제1항의 명예훼손죄만 성립한다. 이 경우는 논리적으로 제307조 제2항의 (불능)미수가 문제될 수 있으나, 형법은 본죄의 미수를 처벌하지 않는다.

2-4. 위법성

2-4-1. 일반적 위법성조각사유

명예훼손죄의 구성요건에 해당하는 행위도 일반적인 위법성조각사유에 의하여 허용될 수 있다. 특히 문제가 되는 위법성조각사유는 제24조의 피해자의 승낙과 제20조의 정당행위이다.

2-4-1-1. 피해자의 승낙

명예훼손죄에서 피해자의 동의가 어떤 법적 성질을 가지는가에 대하여는 학설의 대립이 있다. 소수설[45]은 본죄에서 법익주체의 동의를 구성요건해당성 배제사유로 본다. 명예는 개인이 처분할 수 있는 법익이므로 피해자의 동의가 있는 경우에는 결과반가치가 결여될 뿐 아니라, 그것을 인식한 행위자에게는 행위반가치 마저 인정할 수 없기 때문이라는 것이다. 그러나 법익주체의 동의가 있어도 명예를 훼손할 만한 사실의 적시에 의하여 명예라는 인격적 가치에 대한 훼손(위태화)은 인정된다. 따라서 명예훼손죄는 법익주체의 동의가 있어도 구성요건해당성이 인정되지만, 제24조의 피해자의 승낙에 의하여 위법성이 조각되는 것으로 보아야 한다(통설).

2-4-1-2. 정당행위[46]

형사재판에서 검사의 변론요지의 진술이나 증인의 증언 또는 피고인 · 변호인의 방어권의 행사는 그것이 비록 사람의 명예를 훼손할 만한 사실의 적시가 있어도 형사소송법에 의한 행위로서 위법성이 조각된다. 일정한 행위가 법률에서 허용되고 있다면, 그 행위는 제20조와 관계없이 해당법률에 의하여 당연히 위법성이 조각된다. 또한 언론기관이 언론의 자유권의 범위에서는 타인의 명예를 훼손하는 경우에도 헌법에 의한 기본권의 행사로서 위법성이 조각될 수 있다.[47] 이는 현실적으로 제310조의 해석에 있어서 최소한 언론의 자유를 고려하는 방향으로 적용될 수 있다.

2-4-2. 제310조에 의한 특수 위법성조각사유

2-4-2-1. 의의

제310조는 '위법성의 조각'이라는 표제하에 "제307조 제1항의 행위가 진실한 사실로서 오로지 공공의 이익에 관한 때에는 벌하지 아니한다"고 규정하고 있다. 이 규정은 명예훼손죄에서의 특수한 위법성조각사유로 해석된다.

2-4-2-2. 요건

제307조 제1항의 행위가 본조에 의하여 위법성이 조각되기 위해서는 객관적으로 적시된 사실이 '진실한 사실'이어야 하며, 오로지 '공공의 이익'에 관련되어야 한다. 또한 주관적으로는 오로지 공공의 이익에 관한 진실한 사실을 적시한다는 의사 뿐 아니라 공공의 이익을 위한 행위의사가 있어야 한다.

---

45) 권오걸, 220면; 김일수, 한국형법 III, 394면; 오영근, 163면.

46) 이에 관하여는 이정원/류석준, 형법총론, '제2편, 제3장, 제6절 정당행위' 참조.

47) 이에 관하여는 이정원/류석준, 형법총론, '제2편, 제3장, 제6절, 3. 업무로 인한 행위' 참조.

2-4-2-2-1. 진실한 사실의 적시

진실한 사실은 세부적인 부분에서 다소 과장된 표현[48]에 의한 차이가 있어도 전체적으로 보아 중요부분이 사실과 합치될 정도면 충분하다. 본조는 진실한 사실을 적시한 경우에만 적용되므로 허위사실을 적시한 경우에는 적용되지 않는다.

2-4-2-2-2. 오로지 공공의 이익에 관한 것

사실의 적시가 오로지 공공의 이익에 관한 것이어야 한다. 여기서 공공의 이익이란 국가나 사회 또는 일반 다수인의 이익을 말한다. 공공의 이익에 관한 것이라 함은 적시된 사실 자체가 공적 생활에 관한 사실 뿐 아니라 사적 생활에 관한 사실이라도 공공의 이익과 관련된 것이면 충분하다. 또한 공공의 이익은 침해되는 개인의 명예보다 우월해야 한다.[49] 이는 위법성의 본질로부터 요구되는 당연한 요건이라고 해야 한다. 작은 공공의 이익을 위하여 보다 큰 개인의 명예침해행위를 허용하는 것은 위법성의 본질에 반하기 때문이다.

본조의 법문에서는 '오로지' 공공의 이익에 관한 경우에 한하여 위법성이 조각되는 것으로 표현하고 있지만, 여기서의 '오로지'는 본조의 위법성조각사유를 적용할 경우에 "특히 개인의 명예보호에 주의를 요한다"는 것을 강조하는 의미로 이해된다. 즉 '공공의 이익'과 '침해되는 개인의 명예' 사이의 이익형량에서 특별한 주의를 요한다는 의미로 해석된다. 따라서 여기서의 '오로지'는 주된 내용이 공공의 이익에 관한 것이면 충분하다.[50]

2-4-2-2-3. 주관적 정당화요소

본조에 의한 위법성의 조각은 주관적으로 오로지 공공의 이익에 관한 진실한 사실을 적시한다는 의사 뿐 아니라 공공의 이익을 위한 행위의사가 있어야 한다. 이는 본조의 주관적 정당화요소에 해당한다. 본조의 '오로지'의 내용은 강조의 의미에 불과하다. 따라서 "공공의 이익이 유일한 행위의 사이어야 한다"는 의미는 아니며, 공공의 이익이 행위자의 주된 행위의사이면 충분하다. 주된 행위의사가 공공의 이익에 관한 것인 한, 이와 상반관계에 있는 '사람을 비방할 의사'는 원칙적으로 부정된다는 것이 판례[51]의 입장이다.

---

48) 대법원 2002.9.24., 2002도3570; 대법원 2003.11.13., 2003도3606; 대법원 2005.4.29., 2003도2137; 대법원 2007.1.26., 2004도1632; 대법원 2011.6.10., 2011도1147; 대법원 2012.5.9., 2010도2690.

49) 대법원 2006.5.25., 2005도2049; 대법원 2008.3.14., 2006도6049; 대법원 2011.6.10., 2011도1147; 대법원 2011.11.24., 2010도10864; 대법원 2017.4.26., 2016도18024; 대법원 2017.6.15., 2016도8557.

50) 대법원 2003.11.13., 2003도3606; 대법원 2005.4.29., 2003도2137; 대법원 2007.1.26., 2004도1632; 대법원 2011.6.10., 2011도1147; 대법원 2011.11.24., 2010도10864; 대법원 2017.6.15., 2016도8557.

51) 대법원 2005.10.14., 2005도5068; 대법원 2008.11.13., 2006도7915; 대법원 2010.11.25., 2009도12132; 대법원 2011.6.10., 2011도1147; 대법원 2011.11.24., 2010도10864; 대법원 2012.11.29., 2012도10392.

2-4-2-3. 법적 효과

2-4-2-3-1. 실체법상의 효과

본조는 그 표제에서 명문으로 '위법성의 조각'이라 표현하고 있으며, 이에 따라 본조를 위법성조각사유로 해석하는 데에 이론이 없다. 따라서 제310조의 요건이 갖추어진 경우에 제307조 제1항의 구성요건에 해당하는 행위는 위법성이 조각된다.

명예훼손죄에서 오로지 공공의 이익을 위하여 허위의 사실을 진실한 사실로 오인하고 적시한 경우가 특히 문제된다. 이에 대하여 적시사실의 진실성에 대한 착오는 제307조 제1항과 제307조 제2항의 적용에 관한 문제이고, 제310조의 적용에서는 진실성에 관한 착오가 특별히 문제되지 않는다는 견해[52]가 있다. 따라서 허위의 사실을 진실로 오인한 경우는 공익성의 여부에 따라 제310조의 적용 여부가 결정된다고 한다.

물론 명예훼손죄에서 허위의 사실을 진실로 오인한 경우는 일단 제15조 제1항에 의하여 제307조 제1항의 구성요건에 해당한다. 따라서 이에 대해서는 제310조의 적용가능성이 심사되어야 한다. 이때 적시된 사실의 진실성은 제310조의 요건이므로, 이에 대한 착오는 위법성조각사유의 전제사실에 관한 착오의 문제가 된다.

오로지 공공의 이익을 위하여 허위의 사실을 진실한 사실로 오인하고 적시한 경우는 위법성조각사유의 전제사실에 관한 착오로서 구성요건적 사실의 착오규정을 유추적용하여 고의를 조각해야 한다.[53] 다만 다수설인 법효과제한적 책임설에서는 고의불법을 인정하고 고의책임만을 배제하게 된다.[54] 고의를 조각하거나 고의책임을 배제하는 경우 과실범의 성립은 가능하지만, 과실의 명예훼손에 대해서는 처벌규정이 없다.

이에 대해서는 언론기관이 취재원의 진실성 여부를 신중하게 심사하지 않음으로써 허위의 사실을 진실이라 여기고 보도한 경우에 처벌하지 못하는 결함이 있다는 비판이 있다. 따라서 이 경우는 엄격책임설에 따라 법률의 착오로 해결할 것을 주장[55]한다. 엄격책임설에 의할 경우 취재원의 진실성 여부를 신중하게 심사하지 아니한 언론기관에 대해서는 착오의 정당한 이유를 인정할 수 없으며, 따라서 고의의 명예훼손죄가 성립하게 된다.

그러나 취재원을 성실하게 조회 · 검토하지 아니함으로써 허위의 사실을 몰랐다는 것은 제307조 제2항의 허위사실적시 명예훼손에 대한 과실의 불법만이 인정될 뿐이다. 제307조 제1항의 진실한 사실적시의 명예훼손에 관한 한 행위자는 공공의 이익을 위하여 진실한 사실을 적시한다는 인식과 의사를 가지고 행위한 것이므로, 비록 적시한 사실이 허위라 하더라도 명예훼손에 대한 고의의 행

52) 박상기, 181면; 손동권/김재윤, 201면.

53) 동지, 김일수, 한국형법 Ⅲ, 400면.

54) 김성천/김형준, 259면; 이재상/장영민/강동범, 197면; 이형국, 252면; 진계호/이존걸, 232면.

55) 권오걸, 228면; 김성돈, 220면 이하.

위반가치를 인정할 수 없게 된다.[56] 고의의 행위반가치가 부정되는 보도자의 행위를 고의의 명예훼손죄로 처벌하는 것은 부당하다. 이에 대해서는 보충성의 원칙이 적용되는 형법이 아니라, 민사법상 과실의 불법행위에 대한 손해배상의 책임을 부담시킴으로써 충분하다. 따라서 성실한 검토의무를 해태한 보도자에 대해서는 제307조 제2항에 대한 과실범 처벌규정이 없는 한 형법적으로는 불가벌이어야 한다.

엄격책임설의 결론이 타당할 수 있다는 관점에서, 보도자의 성실한 검토의무를 요건으로 허용된 위험의 법리를 적용하려는 견해[57]가 있다. 판례[58]도 유사하게 "적시된 사실이 공공의 이익에 관한 것이면 진실한 것이라는 증명이 없다 할지라도 행위자가 진실한 것으로 믿었고 또 그렇게 믿을 만한 상당한 이유가 있는 경우에는 위법성이 없다"고 판시하였다. 이 견해는 오로지 공공의 이익을 위하여 성실한 검토의무를 이행하고도 허위의 사실을 진실한 사실로 오인하고 한 경우에 허용된 위험의 법리에 의하여 명예훼손죄의 성립을 부정하는 반면에, 성실한 검토의무를 이행하지 아니한 보도자를 제307조 제1항에 따라 처벌[59]하려는 의도를 가지고 있다. 즉 보도자의 성실한 검토의무를 제310조의 특별한 주관적 정당화요소로 해석함으로써, 이를 구비하지 아니한 불성실한 보도자는 제307조 제1항에 따라 처벌된다는 것이다.[60]

일단 이러한 이론구성은 구성요건해당성 배제사유인 사회적 상당성 니지 허용된 위험을 의미하는 것이 아니라, 제310조의 위법성조각사유에 대하여 추가적인 요건을 상정한 것으로 보여 진다. 그러나 사회적 상당성 내지 허용된 위험은 구성요건해당성의 범위를 축소하는 이론이지, 위법성조각사유의 범위를 축소함으로써 구성요건해당상의 범위를 확대시키는 이론은 아니다. 허용된 위험의 법리로 구성요건해당성의 범위를 확대시키는 것은 죄형법정주의에 정면으로 배치된다. 또한 명백히 과실에 불과한 경솔한 행위에 대해서 굳이 고의불법을 인정할 필요가 있는지 의문이다. 형벌은 최후의 수단이다. 현재의 법체계에서도 경솔한 보도자에 대해서는 민사법의 불법행위로 손해배상의 책임이 인정된다. 손해배상책임의 인정은 어쩌면 법익보호에 있어서 더 효과적일 수도 있다.

반대로 진실한 사실을 허위의 사실로 오인하고 적시한 경우는, 제307조 제2항에 대한 미수범 처벌규정이 없으므로, 제307조 제1항의 죄가 성립하게 된다.

---

56) 구성요건해당성의 단계에서 형성된 진실한 사실적시에 의한 명예훼손의 고의불법은 진실성과 공공성에 관한 행위의사(주관적 적법요소, 주관적 정당화요소)에 의하여 상쇄되므로, 이에 대해서는 고의 행위반가치가 인정되지 않는다.

57) 김일수/서보학, 166면; 임웅, 245면 이하.

58) 대법원 1993.6.22., 92도3160; 대법원 1996.4.23., 96도519; 대법원 1996.8.23., 94도3191; 대법원 2007.12.14., 2006도2074; 대법원 2008.11.27., 2007도5312; 대법원 2017.4.26., 2016도18024.

59) 김일수/서보학, 166면; 임웅, 245면 이하.

60) 임웅, 246면; 결과적으로 동취지, 김일수/서보학, 166면.

만약 진실한 사실을 허위의 사실로 오인하고 적시한 경우에 적시된 사실이 오로지 공공의 이익에 관한 것이라면, '적시된 사실의 진실성'과 '공공의 이익'에 의하여 일단 제310조의 객관적 요건을 모두 구비하게 된다. 그러나 이 경우는 제310조의 주관적 정당화요소가 결여되었기 때문에 제310조에 의하여 위법성이 조각될 수 없다. 이론적으로는 이러한 경우 허용규범의 객관적 요건의 존재에 의하여 결과반가치가 상쇄되고 허위사실 적시에 의한 명예훼손의 행위반가치만 남게 되어 제307조 제2항의 (불능)미수가 된다.[61] 그러나 제307조 제2항에 대해서는 미수범 처벌규정이 없으므로 불가벌이다.

2-4-2-3-2. 소송법상의 효과

종래의 통설[62]은 본조가 적시된 사실의 진실성에 관한 입증책임을 피고인에게 부담시키는 거증책임 전환규정이라고 해석하였으며, 판례[63]도 동일한 입장이다. 이에 반하여 진실성의 입증책임이 검사에게 있다고 해석하는 것이 현재 일치된 학설의 입장이다(통설). 명문의 규정 없이 위법성조각사유의 객관적 요건에 대한 입증책임을 피고인에게 부담시키는 것은 무죄추정의 원리 및 in dubio pro reo 원칙에 반한다. 따라서 통설의 입장은 타당하며, 제310조에 대하여 소송법적인 효과는 전혀 인정되지 않는다.

거증책임의 전환은 명예훼손에서 적시된 사실의 진실성에 대한 증명이 없는 경우에만 의미를 가질 수 있다. 그런데 명예훼손죄에서 적시된 사실의 진실성에 대한 증명이 없는 경우라면 구성요건해당성의 단계에서는 제307조 제1항의 명예훼손죄의 성립만이 가능하게 된다. 이 때 진실성에 관한 입증책임을 피고인에게 부담시키는 것은 공익성이 인정되는 경우라도 제310조의 적용을 배제한다는 의미가 된다. 이러한 결론은 동일한 내용을 가지고 구성요건해당성의 확정에서 진실성을 인정하는 한편, 위법성의 단계에서 진실정을 부정하는 모순을 드러내게 된다.

독일형법 제186조의 명예훼손죄(Üble Nachrede)는 사람의 명예를 훼손하는 주장이나 유포에 적시된 사실이 '증명할 수 있는 진실이 아니라는 점(wenn nicht diese Tatsache erweislich wahr ist)'을 객관적 처벌조건으로 규정하고 있다. 따라서 적시된 사실에 대한 진실성의 증명에 의하여 독일형법 제186조에 의한 처벌을 면할 수 있게 된다. 이러한 독일형법의 명예훼손죄에서는 진실성에 관한 입증책임을 피고인이 부담하는 결과가 되고 있다.[64] 그러나 진실임이 증명된 사실의 적시를 명예훼손죄의 적용대상에서 제외하려는 독일 형법의 입장에서는 "진실임이 증명되지 아니한 사실로 사람의 명예를 훼손하지 말라"는 금지규범의 형태로 명예훼손죄를 구성하고 있을 뿐이다.

61) 이에 관하여는 이정원/류석준, 형법총론, '제2편, 제3장, 제1절, 3-3. 주관적 정당화요소' 참조.
62) 서일교, 106면; 유기천(상), 140면; 정영석, 289면; 황산덕, 229면.
63) 대법원 1996.10.25., 95도1473; 대법원 2004.5.28., 2004도1497; 대법원 2007.5.10., 2006도8544.
64) Vgl. Lenkner, S-S StGB, § 186 Rdnr. 16 mwN.

3. 출판물에 의한 명예훼손죄

제309조의 출판물에 의한 명예훼손죄는 사람을 비방할 목적으로 신문 · 잡지 또는 라디오 기타 출판물에 의하여 공연히 사람의 명예를 훼손할 만한 허위 또는 진실한 사실을 적시함으로써 성립하는 범죄이다. 본죄는 제307조의 명예훼손죄에 비하여 '비방의 목적'이라는 초과주관적 구성요건요소를 요한다는 점과 사실의 적시가 '신문 · 잡지 또는 라디오 기타 출판물'이라는 광범위한 유포 · 전파매체를 사용한다는 점에서 행위불법이 가중된 가중적 구성요건이다. 그러나 출판물에 의한 명예훼손이라도 비방의 목적이 없는 경우는 본죄가 아니라 제307조의 명예훼손죄에 해당할 뿐이다. 적시하는 사실이 허위인 경우는 진실인 경우에 비하여 무겁게 처벌되는 점에 있어서는 제307조와 동일하다. 또한 본죄도 제307조와 동일하게 반의사불벌죄로 규정되어 있다(제312조 제2항).

본죄에서 사실적시의 수단은 신문 · 잡지 또는 라디오 기타 출판물이다. 본죄의 기타 출판물은 단순히 프린트하거나 손으로 쓴 것으로는 부족하고 적어도 인쇄한 정도에 이를 것을 요한다.[65] 본죄의 신문 · 잡지 또는 라디오 기타 출판물을 열거규정으로 해석하여 TV 등은 여기에 포함되지 않는다는 견해[66]가 있다. 그러나 본죄의 신문 · 잡지 또는 라디오는 기타 출판물의 예시에 지나지 않는다.[67] 따라서 TV나 영화 뿐 아니라 대중에게 무차별 배포가 가능한 매체도 여기에 해당할 수 있다. 기타 출판물은 신문 · 잡지 또는 라디오 등과 동일한 정도로 일반 대중에게 배포가 가능한 매체로 이용될 수 있는지를 기준으로 판단하여야 한다. 사람을 비방할 목적으로 정보통신망을 이용하여 명예훼손죄를 범한 경우는 정보통신망 이용촉진 및 정보보호 등에 관한 법률(정보통신망법) 제70조의 적용을 받는다.

> 출판물에 의한 명예훼손죄에서 초과주관적 구성요건요소인 비방의 목적이 무엇을 의미하는지 문제된다. 명예훼손죄의 속성상 명예훼손의 고의에는 특별한 사정(여컨대 공익성)이 없는 한 내용적으로 비방의 목적이 내포되어 있기 때문이다. 현실적으로 진실한 사실의 적시가 공공의 이익을 위한 것일 때에는 사람의 명예훼손에 대한 인식과 의사를 긍정할 수 있어도 비방의 목적을 긍정할 수는 없을 것이다.[68] 따라서 출판물에 의하여 사람의 명예를 훼손할 만한 진실한 사실을 적시하는 경우에도 오로지 공공의 이익을 위한 때에는 제310조에 의하여 위법성이 조각될 수 있다.

65) 대법원 1986.3.25., 85도1143; 대법원 1997.8.26., 97도133; 대법원 1998.10.9., 97도158; 대법원 2000.2.11., 99도3048.

66) 김성돈, 226면; 오영근, 170면; 임웅, 252면; 정성근/박광민, 226면; 정영일, 95면; 조준현, 235면.

67) 동지, 권오걸, 235면; 김성천/김형준, 264면; 김일수/서보학, 169면; 박상기, 185면; 백형구, 357면; 진계호/이존걸, 236면; 제한적 입장으로는 이형국, 257면.

68) 대법원 2005.10.14., 2005도5068: "사람을 비방할 목적은 가해의 의사 내지 목적을 요하는 것으로서 공공의 이익을 위한 것과는 행위자의 주관적 의도의 방향에 있어 서로 상반되는 관계에 있다고 할 것이므로, 적시한 사실이 공공의 이익에 관한 것인 경우에는 특별한 사정이 없는 한 비방할 목적은 부인된다고 봄이 상당하다."; 대법원 2008.11.13., 2006도7915; 대법원 2010.11. 25., 2009도12132; 대법원 2011.6.10., 2011도1147; 대법원 2012.11.29., 2012도10392.

이에 반하여 사람의 명예를 훼손하는 허위사실을 출판물을 통하여 유포하는 경우에는 피해자를 비방하려는 목적이 부정될 수 없다. 허위사실적시에 의한 명예훼손죄의 고의에는 당연히 비방의 목적이 내용적으로 포함될 수밖에 없기 때문이다. 따라서 출판물에 의한 허위사실적시의 명예훼손죄에서는 고의를 초과하는 비방의 목적을 초과주관적 구성요건요소로 상정하기가 곤란하다. 또한 출판물을 통한 사람의 명예를 훼손하는 진실한 사실의 적시가 공공의 이익과 전혀 관련이 없는 경우에도 행위자의 고의에는 피해자에 대한 비방의 목적이 내용적으로 포함될 수밖에 없다. 실제로 제309조에서 규정하고 있는 비방의 목적은 제310조의 적용을 위한 인위적이고 기술적인 구성부분일 뿐이다. 즉 제310조의 적용대상을 제307조 제1항으로 한정하고 있기 때문에 불가피하게 필요한 구성부분이다. 만약 제310조가 제307조 제1항의 조건을 삭제하고, 진실성과 공익성을 요건만으로 위법성의 조각을 인정한다면 제309조의 구성에서 비방목적은 불필요하다. 실제로는 명예훼손 고의의 구성부분으로 파악되는 비방목적을 명예훼손죄의 초과주관적 구성요건요소로 규정하는 것은 적절하지 못하다.

4. 사자명예훼손죄

본죄는 공연히 '사자의 명예'를 훼손할 만한 허위의 사실을 적시함으로써 성립하는 범죄이다. 학설에서는 일반적으로 사자의 명예를 본죄의 보호대상으로 이해한다(통설). 그러나 본죄에서의 '사자의 명예'는 보호의 대상이 아니라 행위의 대상일 뿐이다. 따라서 본죄는 '사자의 명예'를 훼손하는 방법으로 유족이나 이해관계인이 사자에 대하여 가지는 추모의 감정 내지 존중의 감정을 침해 내지 위태화하는 범죄로 해석되어야 한다.[69] 이러한 의미에서 본죄는 제307조 제2항의 감경적 구성요건이 아니라, 이와는 독립된 독립적 구성요건으로 해석된다.

본죄는 '사자의 명예'를 훼손하는 방법으로 일차적으로는 유족, 이차적으로는 이해관계인이 사자에 대하여 가지는 추모의 감정 내지 존중의 감정을 침해 내지 위태화하는 범죄이다.[70] 따라서 제312조는 본죄를 친고죄로 규정하고 있다. 또한 본죄에 대한 고소권자는 그 친족이나 자손(형소법 제227조)이며, 고소권자가 없는 경우에는 이해관계인의 신청에 의하여 검사가 고소할 수 있는 자를 지정(형소법 제228조)하여야 한다.

---

69) 동지, 김성돈, 209면, 223면; 동일한 입장에서 그러나 형법의 보충성의 원칙에 의하여 사자명예훼손죄의 폐지를 주장하는 견해로는 배종대, 200면; 동취지, 본죄를 유족의 추모감정이 아니라 일반대중의 가치관 내지 정서를 존중하기 위해서 규정된 죄로 파악하는 견해로는 박상기, 183면 이하.

70) 이에 관하여는 상기 '1-2-2-2. 사자' 참조.

5. 모욕죄

5-1. 의 의

모욕죄는 공연히 사람을 모욕함으로써 성립하는 범죄이다. 본죄는 친고죄로서 고소가 있어야 공소를 제기할 수 있다(제312조 제1항).

학설에서는 일반적으로 본죄의 보호법익이 외적 명예라는 점에서 명예훼손죄와 동일하다고 본다(통설). 본죄도 명예훼손죄와 동일하게 구성요건요소로서 공연성을 요구하기 때문이라는 것이다. 그러나 상기 '1-2-1. 명예의 개념'에서 설명한 바와 같이 외적 명예는 사실적 개념이며, 개인에 대한 실제적인 평판은 사실과 다르게 좋거나 나쁠 수가 있으므로 법률에서 이러한 사실적 명예개념을 사용하기가 곤란하다.[71] 따라서 모욕죄에서의 보호법익도 명예훼손죄에서의 보호법익과 동일하게 명예, 즉 개인에게 뿐 아니라 사회적 승인관계에서도 인정되는 '인격의 중요한 가치' 내지 '이러한 가치로부터 도출되는 존중대우의 요구'라고 파악하여야 한다. 다만 명예훼손죄가 이러한 가치 내지 존중대우의 요구를 훼손할 만한 사실을 적시함으로써 성립되는 범죄인 반면에, 모욕죄는 사람을 경멸하거나 멸시함으로써 인격가치 내지 존중대우의 요구를 침해 내지 위태화하는 범죄이다.[72]

5-2. 객관적 구성요건

본죄의 구성요건적 행위는 '공연히 사람을 모욕'하는 것이다. 본죄도 명예훼손죄에서와 동일하게 구성요건요소로서 공연성을 요구하고 있다. 따라서 모욕죄에서의 공연성의 내용도 '불특정 또는 다수인이 인식할 수 있는 상태'라고 이해하는 것이 일반적인 입장이다(통설).[73]

공연성의 요건에 의하여 본죄의 보호법익을 외적 명예로 해석하는 것이 통설의 입장이다. 그러나 대부분 모욕행위에 의해서 실제로 외적 명예가 훼손되는 사람은 모욕당하는 사람이 아니라 모욕행위를 하는 사람이다. 모욕에는 사실의 적시가 없으므로 피해자의 외적명예가 손상될 이유가 없다. 오히려 사람을 경멸하는 표현행위 자체가 표현자의 외적 평가를 손상시킬 뿐이다. 이러한 점에서 본죄의 보호법익을 외적 명예로 보는 통설의 견해는 타당하다고 할 수 없다.

일반적으로 공연한 모욕은 특정한 소수의 사람 앞에서의 모욕에 비하여 더 굴욕적일 수도 있다. 그러나 개인에 따라서는 애인과 같은 특정한 사람 앞에서의 모욕이 그러한 특정한 사람이 포함되지 아니한 공연한 모욕보다 더 큰 굴욕감을 유발할 수도 있다. 무엇보다도 일반상식에 의하면 모욕은 명예훼손과는 달리 공연성을 요구할 성질의 행위가 아니다. 따라서 입법론적으로 모욕죄는 구성요

---

71) Vgl. Lenkner, S-S StGB, Vorbem. §§ 185 ff. Rdnr. 1 mwN.

72) 명예개념에서 규범적 요소를 일부 인정하는 견해로는 김일수/서보학, 155면.

73) 대법원 1956.12.7., 4289형상280; 대법원 1984.4.10., 83도49; 대법원 1990.9.25., 90도873.

건에서 공연성을 삭제하는 것이 타당하다.[74][75] 군형법 제54조 제1항의 상관모욕죄는 공연성을 요건으로 하지 않으며,[76] 제107조 제2항의 외국원수에 대한 모욕죄와 제108조 제2항의 외국사절에 대한 모욕죄도 공연성을 요건으로 하지 않는다.

모욕은 사실의 적시 없이 사람을 경멸하는 표현행위를 말하며, 사실의 적시가 없다는 점에서 명예훼손행위와 구별된다. 사실의 적시가 동시에 사람을 경멸하는 표현행위를 포함하는 경우에는 특별관계에 의한 법조경합으로 명예훼손죄만 성립한다.[77] 그러나 사실의 적시가 있는 경우에도 그것이 구체적 사실이 아닌 때에는 본죄가 성립한다.[78] 사람을 경멸하는 표현방법에는 제한이 없다. 언어 · 서면 · 도화 뿐 아니라 침을 뱉거나 뺨을 때리는 등의 거동에 의한 모욕도 가능하다. 다만 그것은 객관적으로 현저하게[79] 사람을 경멸하는 내용으로 표현되어야 한다.[80]

독일형법에서는 사람을 경멸하는 표현을 법익주체에게 인식시켜야 한다고 해석한다.[81] 형법의 모욕죄의 해석에서 '사람을 경멸하는 표현에 대한 법익주체의 인식 여부'에 관하여는 제시된 견해가 없다. 이는 형법의 모욕죄가 공연성을 요구하기 때문에 사람을 경멸하는 표현에 대한 인식의 문제는 '불특정 또는 다수인이 인식할 수 있는 상태'로 충분하기 때문이다. 현행법의 해석에서 이러한 견해에 대하여 이의를 제기하기는 곤란하다. 그러나 법익주체가 자신을 경멸하는 표현을 인식하지 못한 경우에도 일반적인 관점에서 모욕이라 할 수 있는지 의문이 제기된다. 형법의 모욕죄 규정은 일반인의 상식적 관점과 일치하고 있지 않다. 이러한 점에서 모욕죄의 공연성 판단에서는 전파성이론이 적용될 여지가 없으며, 전파가능성으로 모욕죄의 공연성을 인정한 판례도 발견되지 않는다.

---

74) 동지, 박상기, 191면.

75) 모욕죄의 공연성을 명예훼손죄의 공연성보다 확대하는 입장으로는 김일수/서보학, 172면 이하.

76) 대법원 2015.9.24., 2015도11286: "군형법 제64조 제1항 은 '상관을 그 면전에서 모욕한 사람'을 처벌한다고 규정하고 있을 뿐 제64조 제2항 과 달리 공연한 방법으로 모욕할 것을 요구하지 아니하므로, 상관을 면전에서 모욕한 경우에는 공연성을 갖추지 아니하더라도 군형법 제64조 제1항의 상관모욕죄가 성립한다."

77) 독일형법에서는 적시한 사실이 진실이라고 증명된 경우에는 명예훼손죄가 되지 않고 모욕죄가 성립할 수 있을 뿐이다(독일형법 제192조, 제185조).

78) 대법원 1983.10.25., 83도1520; 대법원 1985.10.22., 85도1629; 대법원 1987.5.12., 87도739; 대법원 1989.3.14., 88도1397; 대법원 1994.10.25., 94도1770; 대법원 2003.11.28., 2003도3972.

79) 모욕의 범위가 상당히 광범위하므로 사회적 상당성과 비범죄화의 요청을 고려하여, 모욕죄에서의 모욕은 '현저하게 사람을 경멸하는 표현행위'로 제한하여 해석할 필요가 있다.

80) 대법원 2007.2.22, 2006도8915: "부모가 그런 식이니 자식도 그런 것이라는 표현으로 인하여 상대방의 기분이 다소 상할 수 있다고 하더라도 그 내용이 너무나 막연하여 그것만으로 곧 상대방의 명예감정을 해하여 형법상 모욕죄를 구성한다고 보기는 어렵다."; 동지, 대법원 2008.12.11., 2008도8917; 대법원 2014.3.27., 2011도15631; 대법원 2014.9.4., 2012도13718; 대법원 2015.9.10., 2015도2229; 대법원 2015.12.24., 2015도6622.

81) Vgl. Lenkner, S-S StGB, § 185 Rdnr. 9 mwN.

제2절 신용 · 업무와 경매에 관한 죄

1. 신용 · 업무와 경매에 관한 죄 일반론

형법 제34장의 신용 · 업무와 경매에 관한 죄에서는 제313조의 신용훼손죄, 제314조의 업무방해죄 및 제315조의 경매 · 입찰방해죄를 규정하고 있다. 이들 죄들은 각각 신용을 훼손하거나, 업무를 방해하거나 경매 · 입찰의 공정성을 침해함으로써 경제활동에서의 안전을 위태롭게 하는 범죄이다. 다만 업무방해죄, 신용훼손죄 및 경매 · 입찰방해죄는 그 행위방법과 구체적인 보호법익의 차이에 의하여 각각 독립적 구성요건으로 해석된다.

신용 · 업무와 경매에 관한 죄의 본질에 관하여 다수설[82]은 재산죄와 자유에 대한 죄의 성격을 함께 가지고 있는 죄로 이해하고 있다. 즉 경제활동에서의 사람의 신용도 명예라고 해야 하고, 업무방해죄에서의 업무도 경제적 업무 뿐 아니라 사회적 활동으로서의 업무를 포함하며, 경매 · 입찰방해죄도 재산죄로서의 성격[83]과 아울러 사람의 경제활동에서 부당한 영향을 방지하려는 데에 본질이 있다는 점에서 자유에 대한 죄로서의 성격을 함께 가지고 있다고 한다.

경제활동은 재산의 획득을 목표로 하는 행위이므로 재산죄로서의 성격도 가질 수 있으며, 또한 경제활동이란 사람의 인격발현의 중요한 한 형태가 되므로 인격적 법익과도 관련을 가질 수 있다. 또한 업무방해죄에서 사회적 활동으로서의 업무가 배제되지도 않는다. 다만 본장의 죄는 기본적으로 그리고 공통적으로 사람의 경제활동의 안전을 보호하기 위하여 규정된 죄이다.[84] 개인의 경제활동의 안전은 법에 의하여 보호받을 가치가 충분히 인정되고 있으며, 그 자체로 개인적 보호법익이 될 수 있다. 따라서 본장의 죄는 재산범죄로부터의 독립된 특성이 인정되어야 한다.

본장의 죄 중에서 신용훼손죄와 업무방해죄가 개인의 경제활동의 안전을 보호하기 위한 죄임에 반하여, 경매 · 입찰방해죄는 일반인의 경제활동의 안전, 즉 공공의 경제활동에 대한 안전을 보호하기 위한 죄로 해석된다. 경매 · 입찰방해죄의 구성요건적 행위는 '경매 또는 입찰의 공정을 해'하는 것이며, 이러한 행위는 본질적으로 경매와 입찰이 갖는 공정성에 대한 사회적 신뢰를 해하는 범죄인 것이다. 따라서 경매 · 입찰방해죄는 사회적 법익에 대한 죄로 파악하는 것이 타당하다.[85] 다만 경매 · 입찰방해죄도 결국은 사람들의 경제활동의 안전을 보호한다는 측면에서 업무방해죄나 신용훼손죄와 공통점을 가지므로 본장에서 함께 규정된 것이다.

---

82) 배종대, 205면; 손동권/김재윤, 213면; 오영근, 174면; 이재상/장영민/강동범, 205면; 임웅, 258면; 정성근/박광민, 231면 이하; 조준현, 241면; 진계호/이존걸, 243면; 동취지, 이형국, 264면.

83) 신용 · 업무와 경매에 관한 죄의 본질을 재산범죄로 파악하는 견해로는 이영란, 220면.

84) 동취지, 김성돈, 231면; 김일수/서보학, 174면; 박상기, 196면; 정영일, 103면.

85) 동지, 김성천/김형준, 273면; 박상기, 196면.

2. 신용훼손죄

2-1. 의 의

본죄는 허위의 사실을 유포하거나 기타 위계로써 사람의 신용을 훼손함으로써 성립하는 범죄이다. 본죄의 보호법익은 넓은 의미로 사람의 경제활동의 안전이며, 구체적으로는 사람의 신용이다. 신용이란 사람의 경제적 활동에 있어서 지불능력이나 지불의사에 대한 사회적 신뢰를 말한다.[86] 신용의 주체는 자연인 뿐 아니라 법인도 포함하며, 법인격 없는 단체라도 실제로 경제적 활동을 할 수 있는 한 신용의 주체가 된다.

2-2. 구성요건

본죄의 구성요건적 행위는 허위의 사실을 유포하거나 기타 위계로써 사람의 신용을 훼손하는 것이다. 이러한 법문의 구성에도 불구하고 본죄는 이론없이 추상적 위험범으로 해석되고 있다. 따라서 본죄는 사람의 신용을 훼손할 만한 허위의 사실을 유포하거나 기타 위계를 행사함으로써 성립하게 된다.[87]

① '허위사실의 유포'는 진실이 아닌 사실을 불특정 또는 다수인에게 전파하는 것을 말한다.[88] 본죄는 공연성을 요하지 않으므로 허위의 사실을 직접 불특정 다수인에게 유포하는 경우 뿐 아니라 불특정 또는 다수인에게 전파될 것을 인식하면서 특정인에게 고지하는 경우도 여기에 해당한다. 유포하는 사실이 진실인 경우에는 본죄가 성립하지 않으며, 오직 제307조 제1항에 의한 명예훼손죄의 성립 여부만이 문제된다.

② '기타 위계'는 사람을 착오에 빠지게 하는 일체의 기망수단을 말한다. 예컨대 거래당사자의 일방을 기망하여 다른 일방의 신용을 훼손하는 경우가 그러하다. 사람의 신용을 훼손할 수 있는 한 위계의 대상자와 신용훼손을 당하는 자가 일치할 필요도 없다.[89]

③ '신용의 훼손'은 사람의 경제적 활동에 있어서 지불능력이나 지불의사에 대한 사회적 신뢰를 저하시키는 것을 말한다. 그러나 '신용의 훼손'은 현실적으로 사람의 신용을 저하시킬 것을 요하지 않으며, 사람의 신용을 훼손할 만한 허위사실의 유포 내지 기타 위계가 있으면 충분하다.

2-3. 죄 수

공연히 허위의 사실을 유포하여 사람의 신용을 훼손하는 경우는 본죄 이외에 제307조 제2항의

---

86) 대법원 2006.5.25., 2004도1313; 대법원 2011.5.13., 2009도5549; 대법원 2011.9.8., 2011도7262.

87) 대법원 2011.9.8., 2011도7262.

88) 대법원 1983.2.8., 82도2486; 대법원 1994.1.28., 93도1278; 대법원 2006.5.25., 2004도1313; 대법원 2006.12.7., 2006도3400; 대법원 2008.11.27., 2008도6728; 서울중앙지법 2010.12.2., 2010노380.

89) 김성돈, 233면; 배종대, 206면; 이형국, 267면; 정성근/박광민, 234면; 정영일, 105면; 진계호/이존걸, 245면.

허위사실적시에 의한 명예훼손죄가 문제된다. 종래 통설[90]은 이 경우 두 범죄의 상상적 경합을 인정하였으며, 현재도 소수의 견해[91]가 이를 지지하고 있다. 그러나 사람의 신용은 명예의 특수한 경우이며, 이 경우 명예훼손은 신용훼손의 수단에 불과하다. 따라서 본죄와 제307조 제2항의 죄는 특별관계에 의한 법조경합으로 보아야 한다(통설). 그러나 출판물에 의하여 허위사실을 유포함으로써 신용을 훼손한 경우는 본죄와 제309조 제2항의 상상적 경합을 인정해야 한다.[92] 제309조 제2항의 특별한 행위불법을 본죄가 포함할 수는 없기 때문이다.[93]

3. 업무방해죄

3-1. 의 의

본죄는 허위의 사실을 유포하거나 기타 위계 또는 위력으로 사람의 업무를 방해함으로써 성립하는 죄이다(제314조 제1항). 개정형법은 컴퓨터등 정보처리장치 또는 전자기록등 특수매체기록을 손괴하거나 정보처리장치에 허위의 정보 또는 부정한 명령을 입력하거나 기타 방법으로 정보처리에 장애를 발생하게 하여 사람의 업무를 방해하는 경우(동조 제2항)를 새로운 업무방해죄의 유형으로 추가하였다. 본죄도 그 법문에서는 '업무를 방해한 자'라고 규정하고 있으나, 본죄를 추상적 위험범으로 해석하는 것이 일반적인 학설의 입장이다(통설).[94] 따라서 본죄는 사람의 업무를 방해할 만한 허위의 사실을 유포하거나 기타 위계 또는 위력을 행사함으로써 충분하며, 현실적으로 사람의 업무가 방해되었을 필요는 없다.

본죄의 보호대상은 인격의 자유로운 발현형태의 하나인 사람의 사회적 활동으로서의 업무이다. 사회생활에서의 자유로운 활동은 인격의 자유로운 발현으로서 개인의 인격권에 해당한다. 사람의 사회적 활동인 업무는 반드시 경제적 활동에 제한될 필요가 없으므로, 본죄는 경제적 활동의 안전 외에 사회적 활동의 안전도 보호법익으로 한다.

3-2. 업무의 개념

본죄의 업무는 사람이 그의 사회적 지위에서 계속적으로 종사하는 사무를 말한다. 따라서 여기서의 업무는 '사람이 사회적으로 가지는 지위'[95]와 '계속성'을 요건으로 한다. 사람이 사회적 지위로

90) 서일교, 112면; 유기천(상), 171면; 이건호, 300면; 정영석, 291면; 정창운, 110면; 황산덕, 234면.

91) 박상기, 198면; 백형구, 364면; 손동권/김재윤, 215면; 정성근/박광민, 234면.

92) 동지, 손동권/김재윤, 215면; 이재상/장영민/강동범, 208면.

93) 이 경우에도 법조경합으로 본죄의 성립만을 인정하는 견해로는 권오걸, 246면; 김일수/서보학, 176면.

94) 본죄를 구체적 위험범으로 해석하는 견해로는 배종대, 206면.

95) 대법원 2013.6.14., 2013도3829: "초등학생들이 학교에 등교하여 교실에서 수업을 듣는 것은 헌법 제31조가 정하고 있는 무상으로 초등교육을 받을 권리 및 초·중등교육법 제12, 13조가 정하고 있는 국가의 의무교육 실시의무와 부모들의 취학의

부터 가지는 사무인 한 경제적 활동으로서의 업무 외에 사회적 활동으로서의 업무[96]도 포함하며, 주된 업무 뿐 아니라 부수적 업무[97]도 포함한다. 본죄의 업무에서 보수나 영리목적의 유무는 문제가 되지 않는다. 자동차 운전이나 골프, 사냥 등 사람의 일상활동이나 취미활동은 사람의 경제적 내지 사회적 활동이 아니므로 본죄의 업무에 포함되지 않는다. 또한 본죄의 업무는 계속성을 요건으로 한다. 계속성이 결여된 1회적 · 일시적인 사무는 여기의 업무에 해당하지 않는다.[98] 계속적인 사무인지 또는 일시적인 사무인지를 판단함에 있어서는 전체적인 관찰에 의하여야 하며, 문제된 해당 행위 하나만을 따로 떼어내어 판단해서는 안 된다. 개별적인 관찰에 의하면 일회성의 사무일지라도 그것이 전체업무의 일부로 보여 진다면 계속적인 업무로 보아야 한다.[99]

대법원은 ① 공장의 이전을 위력으로 방해한 사건에서 이를 일시적인 사무로 보아 업무방해죄를 부정[100]한 반면에, ② "직장의 경비원이 근로자들에게 유인물을 배포하는 행위는 그것이 경비원으로서 본래의 계속적인 직무가 아니지만, 상사의 명령에 의해 수행된 업무라면 설사 일시적인 것이라 하여도 본죄의 업무에 해당한다"[101]고 판시하고 있다. 그러나 상사의 명령에 의해 수행되었다[102] 는 것만으로 계속성의 근거가 될 수는 없다. 예컨대 상사의 명령에 의하여 골프가방을 챙기는 일이 여기서의 업무에 해당할 수는 없기 때문이다. 따라서 오직 전체적인 관찰에 의하여 '전체업무의 일부'인가를 기준으로 업무의 계속성이 판단되어야 한다.[103] 여기서는 상사의 명령에 의해서 수행한 행위가 그 상사의 업무를 대행한다는 점에서 업무에 해당할 수 있다. 또한 공장의 이전은 공장의 건립이나 운영 등과 마찬가지로 계속적인 공장 업무행위의 일부이기 때문에 여기서의 업무에 해당한다고 보아야 한다.[104]

무 등에 기하여 학생들 본인의 권리를 행사하는 것이거나 국가 내지 부모들의 의무를 이행하는 것에 불과할 뿐 그것이 '직업 기타 사회생활상의 지위에 기하여 계속적으로 종사하는 사무 또는 사업'에 해당한다고 할 수 없다."

96) 대법원 1991.11.12., 91도2211: "대학원 입시문제의 유출은 위계로써 입시감독업무를 방해한 업무방해죄에 해당한다."; 동지, 대법원 1993.12.28., 93도2669; 대법원 1994.3.11., 93도2305; 대법원 1995.12.5., 94도1520; 대법원 1995.10.12., 95도1589; 대법원 2015.4.23., 2013도9828.

97) 대법원 1961.4.12., 4292형상769; 대법원 1985.4.9., 84도300; 대법원 1992.2.11., 91도1834; 대법원 1993.2.9., 92도2929; 대법원 2007.6.14., 2007도2178; 대법원 2008.5.29., 2007도5037; 대법원 2012.5.24., 2009도4141.

98) 대법원 1993.2.9., 92도2929: "건물 임대인이 구청장의 조경공사 촉구지시에 따라 임대 건물 앞에서 1회적인 조경공사를 하는데 불과한 경우에는 업무방해죄의 업무에 해당되지 않는다."; 대법원 2004.10.28., 2004도1256: "주주로서 주주총회에서 의결권 등을 행사하는 것은 주식의 보유자로서 그 자격에서 권리를 행사하는 것에 불과할 뿐 그것이 '직업 기타 사회생활상의 지위에 기하여 계속적으로 종사하는 사무 또는 사업'에 해당한다고 할 수 없다."

99) 대법원 1992.2.11., 91도1834; 대법원 2005.4.15., 2004도8701; 대법원 2007.6.14., 2007도2178.

100) 대법원 1989.9.12., 88도1752: "공장의 이전사무는 성질상 새로운 전자부품 제조업무를 준비하기 위한 일시적인 사무는 될지언정 전자부품 제조업무에 부수되는 계속성을 지닌 업무라고는 볼 수 없다."; 대법원 1985.4.9., 84도300.

101) 대법원 1971.5.24., 71도399.

102) 공장의 이전도 상사의 명령에 의하여 수행된다는 것은 당연한 일이다.

103) 대법원 1995.12.12., 95도1589: "그 행위 자체는 1회성을 갖는 것이라고 하더라도 계속성을 갖는 본래의 업무수행의 일환으로서 행하여지는 것이라면, 업무방해죄에 의하여 보호되는 업무에 해당된다."

104) 대법원 2005.4.15., 2004도8701: "회사가 사업장의 이전을 계획하고 그 이전을 전후하여 사업을 중단 없이 영위할 목적으로 이전에 따른 사업의 지속적인 수행방안, 새 사업장의 신축 및 가동개시와 구 사업장의 폐쇄 및 가동중단 등에 관한 일

본죄의 업무는 행위의 대상인 동시에 보호의 대상이 되므로, 여기서의 업무는 형법에 의하여 보호할 가치 있는 업무에 한정된다.[105] 본죄의 업무는 그 사무가 사실상 평온상태에서 계속적으로 이루어진 사회적 활동으로서 타인의 위법한 행위에 의한 침해로부터 보호받을 가치가 있는 것이면 충분하며, 그 업무의 기초가 된 계약 또는 행정행위 등이 반드시 적법하여야 하는 것은 아니다. 형식적 적법성을 결한 사무인 경우에도 명백하고 중대한 위법이 없는 경우에는 업무방해죄의 보호대상이 될 수 있다.[106]

본죄의 업무에 공무가 포함되는지에 관하여는 학설의 다툼이 있다. 소극설[107]은 본죄의 업무에 공무를 포함시키지 않는다. 업무방해죄는 개인의 경제활동이나 인격활동의 자유를 보호하기 위하여 규정된 범죄이므로 공무방해에 대해서는 공무방해죄를 적용시켜야 한다는 것이다. 또한 공무방해죄의 행위유형이 폭행 · 협박 · 위계로써 업무방해죄의 행위유형이 허위사실유포 · 위계 · 위력인 것에 비하여 제한적인 것은 허위사실유포나 위력에 의한 공무방해를 처벌하지 않겠다는 입법자의 의도로 해석해야 한다는 것이다. 대법원은 전원합의체 판결[108]로 종래의 입장을 변경하여 소극설의 입장을 지지하였다.

적극설[109]은 본죄의 업무에 공무를 포함시킨다. 본죄의 업무로부터 공무를 제외시킬 적극적인 이유가 없을 뿐 아니라, 만약 공무가 여기의 업무에서 제외된다면 허위사실유포에 의한 공무집행방해의 경우에는 공무집행방해죄나 업무방해죄 어디에도 해당하지 아니하여 공무가 일반업무보다 경시되는 불합리한 결과가 된다는 것을 이유로 한다. 또한 두 범죄가 동시에 성립하는 경우에는 법조경합에 의하여 공무집행방해죄의 성립만을 인정하면 충분하다고 한다. 절충설[110]은 공무의 범위를 제

련의 경영상 계획의 일환으로서 시간적 · 절차적으로 일정기간의 소요가 예상되는 사업장 이전을 추진, 실시하는 행위는 그 자체로서 일정기간 계속성을 지닌 업무의 성격을 지니고 있을 뿐만 아니라 회사의 본래 업무인 목적 사업의 경영과 밀접불가분의 관계에서 그에 수반하여 이루어지는 것으로 볼 수 있으므로 이 점에서도 업무방해죄에 의한 보호의 대상이 되는 업무에 해당한다."

105) 대법원 2010.6.10., 2010도935: "도로관리청 또는 그로부터 권한을 위임받아 과적차량 단속을 위한 적재량 측정의 업무를 수행하는 자라고 하더라도, 적재량 측정을 강제할 수 있는 법령상의 근거가 없는 한, 측정에 불응하는 자를 고발하는 것은 별론으로 하고, 측정을 강제하기 위한 조치를 취할 권한은 없으므로, 이를 위한 조치가 정당한 업무집행이라고 볼 수는 없다."; 동지, 대법원 2001.11.30., 2001도2015; 대법원 2002.8.23., 2001도5592; 대법원 2006.3.9., 2006도382; 대법원 2007.1.12., 2006도6599; 대법원 2007.8.23., 2006도3687; 대법원 2011.10.13., 2011도7081.

106) 대법원 1986.12.23., 86도1372; 대법원 1991.2.12., 90도2501; 대법원 1995.6.30., 94도3136; 대법원 1996.11.12., 96도2214; 대법원 2006.3.9., 2006도382; 대법원 2010.5.27., 2008도2344.

107) 권오걸, 253면; 김성돈, 237면; 박상기, 202면; 배종대, 209면; 백형구, 366면; 손동권/김재윤, 220면; 오영근, 180면; 이영란, 227면; 이재상/장영민/강동범, 211면; 조준현, 249면; 진계호/이존걸, 251면.

108) 대법원 2009.11.19., 2009도4166 전원합의체 판결: "형법이 업무방해죄와는 별도로 공무집행방해죄를 규정하고 있는 것은 사적 업무와 공무를 구별하여 공무에 관해서는 공무원에 대한 폭행, 협박 또는 위계의 방법으로 그 집행을 방해하는 경우에 한하여 처벌하겠다는 취지라고 보아야 한다. 따라서 공무원이 직무상 수행하는 공무를 방해하는 행위에 대해서는 업무방해죄로 의율할 수는 없다고 해석함이 상당하다."; 동지, 대법원 2010.2.25., 2008도9049; 대법원 2011.7.28., 2009도11104.

109) 김성천/김형준, 235면; 김일수/서보학, 178면 이하; 임웅, 265면 이하; 정영일, 107면.

110) 김일수, 한국형법 III, 427면 이하; 이형국, 270면; 정성근/박광민, 238면.

한하여 본죄의 업무에 포함시키고 있다. 즉 관공서의 용인에 의한 공무수행이나 우편배달부 등 공무원이 아닌 자에 의한 공무수행 또는 민간자율방범대원의 방범보조활동 등과 같은 비권력적 공무수행의 경우와 공무원에 의한 권력작용 중에서도 폭행 · 협박 · 위계 이외의 수단으로 공무를 방해하는 경우는 본죄의 업무에 포함시켜야 한다는 것이다.[111)]

업무방해죄는 개인의 경제적 활동이나 사회적 활동을 통한 인격의 발현을 보호하려는 목적에서 규정된 인격적 법익에 대한 죄이다. 따라서 본죄의 업무는 개인의 인격발현의 한 형태인 개인의 경제적 · 사회적 활동을 의미한다. 이에 반하여 공무방해에 관한 죄는 공무원을 보호하기 위하여 규정된 죄가 아니라, 공무원에 의하여 집행되는 공무 그 자체, 즉 국가나 공공기관의 기능을 보호하기 위하여 규정된 국가적 법익에 대한 죄이다. 이러한 의미에서의 공무가 업무방해죄의 업무에 포함된다는 것은 잘못된 관점이다. 다만 공무를 집행하는 공무원이 개인적으로 사회적 활동(개인적 인격발현)을 하고 있다는 점은 분명하다. 즉 공무를 집행하는 공무원 개인은 공무를 통하여 자신의 사회적 활동을 하고 있다. 이러한 의미에서 공무를 집행하는 공무원 개인에 대하여도 그의 인격발현은 보호되어야 하며, 이는 업무방해죄의 규범의 보호범위 안에 있다. 이러한 관점에서, 즉 공무도 개인의 사회적 활동이라는 측면에서 공무가 업무의 범위에서 배제되어서는 안 된다.[112)] 따라서 공무집행방해의 경우에 공무를 집행하는 개인에 대하여는 필수적으로 업무방해가 수반되며, 두 죄가 경합하는 경우는 특별관계에 의한 법조경합이 될 뿐이다.

3-3. 행 위

본죄의 구성요건적 행위는 허위의 사실을 유포하거나 기타 위계 또는 위력으로 사람의 업무를 방해하거나(제314조 제1항), 컴퓨터등 정보처리장치 또는 전자기록등 특수매체기록을 손괴하거나, 정보처리장치에 허위의 정보 또는 부정한 명령을 입력하거나 기타 방법으로 정보처리에 장애를 발생하게 하여 사람의 업무를 방해하는 것이다(동조 제2항).

3-3-1. 허위사실의 유포나 기타 위계 또는 위력에 의한 업무방해

허위사실의 유포와 기타 위계는 신용훼손죄에서 설명한 바와 같다. 허위사실의 유포에 의하여 사람의 업무를 방해하는 경우에 행위자는 유포하는 사실이 허위라는 점을 적극적으로 인식하여야 한다는 것이 대법원[113)]의 입장이다.[114)] 그러나 사람의 업무를 방해할 만한 사실을 유포하는 경우에 유포하는 사실이 허위일 수 있다는 인식과 이에 대한 감수의사로 충분히 본죄의 고의가 인정될 수

111) 다만 김일수, 한국형법 III, 427면 이하; 이형국, 270면은 폭행 · 협박 · 위계 이외의 수단으로 공무집행을 방해한 경우에만 본죄의 업무에 포함시킨다.

112) 이는 대법원 2009.11.19, 2009도4166 전원합의체 판결에서 대법관 양승태, 안대희, 차한성의 반대의견의 내용이다.

113) 대법원 1994.1.28., 93도1278; 대법원 2006.5.25., 2004도1313; 대법원 2008.11.27., 2008도6728.

114) 김성천/김형준, 227면; 박상기, 202면; 배종대, 210면.

있다고 해야 한다.

판례는 다음의 경우에 위계에 의한 업무방해죄의 성립을 인정하고 있다. ① 타인에 의하여 대작된 석사학위논문을 제출[115]하는 경우나 입시부정[116]은 위계에 의한 업무방해죄에 해당한다. ② 노동운동을 하기 위하여 위장취업을 하는 경우[117] 또는 노동조합 간부들이 회사와 협의 없이 일방적으로 휴무를 결정한 후 유인물을 배포하여 유급 휴일로 오인한 근로자들이 출근하지 아니하여 공장의 가동을 불능케 한 것[118]은 위계에 의한 업무방해죄에 해당한다. ③ 경쟁사가 제작한 기계화시스템의 문제점을 강조하기 위하여 인위적으로 타이어 공기압을 낮추어 현장시험을 하게 한 경우에는 위계에 의한 업무방해죄가 성립한다.[119]

위력은 사람의 의사를 제압할 만한 유형 · 무형의 힘을 말한다.[120] 폭행이나 협박 뿐 아니라 사회적 · 경제적 · 정치적 세력을 이용하는 경우도 여기에 포함된다. 그러나 위력에 의하여 현실적으로 피해자의 의사가 제압될 필요는 없다. 음식점 · 다방에서 고함을 지르고 난동을 부린 경우,[121] 출입구에 바리케이트를 치고 모든 출입자를 통제하는 경우,[122] 영업을 하지 못하도록 단전조치를 하는 경우[123] 또는 출입통제업무를 완력으로 방해한 경우[124] 등은 위력에 의한 업무방해죄에 해당한다.

종래의 판례[125]는 집단적 불법파업에 대하여 원칙적으로 다중의 위력에 의한 업무방해죄의 성립을 인정하였으나, 전원합의체 판결[126]로 입장을 변경하여 '집단적 노무제공의 거부가 사용자의 사업

115) 대법원 1996.7.30., 94도2708; 대법원 2009.9.10., 2009도4772; 동취지, 대법원 2010.3.25., 2008도4228: "업무담당자가 관계 규정이 정한 바에 따라 그 요건의 존부에 관하여 나름대로 충분히 심사를 하였으나 신청사유 및 소명자료가 허위임을 발견하지 못하여 그 신청을 수리하게 될 정도에 이르렀다면 이는 업무담당자의 불충분한 심사가 아니라 신청인의 위계행위에 의하여 업무방해의 위험성이 발생된 것이다."; 대법원 2007.12.27., 2007도5030; 대법원 2008.6.26, 2008도2537.

116) 대법원 1991.11.12., 94도2510; 대법원 1993.12.28., 93도2669; 대법원 1994.3.11., 93도2305; 대법원 1994.12.12., 94도2510; 대법원 2008.1.17., 2006도1721; 대법원 2010.3.25., 2009도8506.

117) 대법원 1992.6.9., 91도2221: "노동운동을 할 목적으로 자신의 신분을 숨긴 채 타인 명의로 허위의 학력, 경력을 기재한 이력서와 생활기록부 등을 제출하여 채용시험에 합격한 경우 위계에 의한 업무방해죄에 해당한다."

118) 대법원 1992.3.31., 92도58.

119) 대법원 1994.6.14., 93도288.

120) 대법원 2016.10.27., 2016도10956: "업무방해죄의 '위력'이란 사람의 자유의사를 제압 · 혼란하게 할 만한 일체의 세력으로, 유형적이든 무형적이든 묻지 아니하고, 현실적으로 피해자의 자유의사가 제압되어야만 하는 것도 아니지만, 범인의 위세, 사람 수, 주위의 상황 등에 비추어 피해자의 자유의사를 제압하기 족한 정도가 되어야 하는 것으로서, 그러한 위력에 해당하는지는 범행의 일시 · 장소, 범행의 동기, 목적, 인원수, 세력의 태양, 업무의 종류, 피해자의 지위 등 제반 사정을 고려하여 객관적으로 판단하여야 한다."; 2005.5.27., 2004도8447; 대법원 2009.9.10., 2009도5732; 대법원 2013.11.28., 2013도4430.

121) 대법원 1961.2.24., 4293형상864; 대법원 2004.10.15., 2004도4467.

122) 대법원 1991.2.12., 90도2501; 대법원 1991.6.11., 91도753; 대법원 2002.4.26., 2001도6903.

123) 대법원 1983.11.8., 83도1798.

124) 대법원 1991.9.10., 91도1666; 대법원 1995.10.12., 95도1589.

125) 대법원 1991.4.23., 90도2961; 대법원 1991.11.8., 91도326; 대법원 2004.5.27., 2004도689; 대법원 2006.5.12., 2002도3450; 대법원 2006.5.25., 2002도5577.

126) 대법원 2011.3.17., 2007도482 전원합의체 판결: "근로자는 원칙적으로 헌법상 보장된 기본권으로서 근로조건 향상을 위한 자주적인 단결권 · 단체교섭권 및 단체행동권을 가지므로(헌법 제33조 제1항), 쟁의행위로서 파업이 언제나 업무방해죄에 해당하는 것으로 볼 것은 아니고, 전후 사정과 경위 등에 비추어 사용자가 예측할 수 없는 시기에 전격적으로 이루

계속에 관한 자유의사가 제압 · 혼란될 수 있다고 평가할 수 있는 경우'에 한하여 업무방해죄의 성립을 인정하고 있다.

본죄는 추상적 위험범이므로 사람의 업무를 방해할 만한 허위의 사실을 유포하거나 기타 위계 또는 위력을 행사함으로써 충분하며, 현실적으로 사람의 업무가 방해되었을 필요는 없다.[127)]

> 대법원[128)]은 "업무방해죄의 성립에 있어서는 업무방해의 결과가 실제로 발생함을 요하는 것은 아니고 업무방해의 결과를 초래할 위험이 발생하면 충분하다고 할 것이나, 결과발생의 염려가 없는 경우에는 본 죄가 성립하지 않는다"고 판시하였다. 그러나 본죄는 추상적 위험범이므로, 업무방해의 결과나 업무방해의 구체적 위험은 본죄의 구성요건요소가 아니다. 이 판례사안에서는 업무를 방해할 만한 허위사실 유포나 위계 또는 위력이 부정되는, 즉 본죄의 구성요건적 행위가 부정되는 사안이다.

3-3-2. 컴퓨터 업무방해

제314조 제2항의 컴퓨터 업무방해죄는 '컴퓨터등 정보처리장치 또는 전자기록등 특수매체기록을 손괴하거나 정보처리장치에 허위의 정보 또는 부정한 명령을 입력하거나 기타 방법으로 정보처리에 장애를 발생하게 하여 사람의 업무를 방해하는 것'이다. 컴퓨터 업무방해는 제1항의 '기타 위계'에 포함될 수 있는 업무방해의 방법이지만, 개정형법이 이를 새로운 업무방해죄의 유형으로 본조 제2항에 신설하였다.

본죄의 행위객체는 정보처리장치와 특수매체기록이라는 것이 학설의 일반적인 입장이다(통설). 그러나 본죄의 행위객체는 본질적으로 사람의 업무라고 해석해야 한다.[129)] 다만 컴퓨터등 정보처리장치와 전자기록등 특수매체기록도 업무방해를 위한 행위수단으로서 본죄의 행위객체가 된다. 컴퓨터나 전자기록은 정보처리장치 내지 특수매체기록의 예시에 불과하다 따라서 기타 정보처리장치나 전기적 기록 또는 광기술에 의한 기록 등도 여기에 포함된다.

정보처리장치나 특수매체기록의 손괴 또는 정보처리장치에 허위의 정보나 부정한 명령의 입력, 기타 방법으로 정보처리에 장애를 발생시키는 일체의 행위는 본죄의 구성요건적 행위가 된다. 정보처리장치나 특수매체기록의 손괴는 물리적 파손 외에 그 효용을 해하는 일체의 행위를 포함한다. 정보처리장치에 허위의 정보나 부정한 명령을 입력시키는 것은 정보처리에 장애를 발생시키는 방

어져 사용자의 사업운영에 심대한 혼란 내지 막대한 손해를 초래하는 등으로 사용자의 사업계속에 관한 자유의사가 제압 · 혼란될 수 있다고 평가할 수 있는 경우에 비로소 집단적 노무제공의 거부가 위력에 해당하여 업무방해죄가 성립한다고 보는 것이 타당하다."; 대법원 2011.10.27., 2009도3390; 대법원 2011.10.27., 2010도7733.

127) 대법원 2002.3.29., 2000도3231; 대법원 2004.3.26., 2003도7927; 2005.5.27., 2004도8447; 대법원 2009.9.10., 2009도5732; 대법원 2013.11.28., 2013도4430; 대법원 2016.10.27., 2016도10956:

128) 대법원 2005.10.27., 2005도5432.

129) 동지, 김일수/서보학, 183면; 손동권/김재윤, 229면; 이형국, 275면 이하.

법의 예시가 된다. 그밖에 기타 방법으로 정보처리에 장애를 발생시키는 경우로는 예컨대 전원이나 통신회선의 절단, 동작환경의 파괴 또는 컴퓨터 바이러스를 침투시키거나 처리불능의 대량정보를 입력시키는 경우 등이 있다. 다만 컴퓨터 업무방해죄가 정보통신망법 제70조의2와 제71조 제1항 제10호의 위반죄[130]에 해당하는 경우는 양죄의 상상적 경합이 인정된다. 정보통신망법 제70조의2와 제71조는 컴퓨터 업무방해죄보다 중한 법정형을 규정하고 있지만, 동법 제70조의2와 제71조가 컴퓨터 업무방해죄의 불법내용을 모두 포괄하고 있지는 않기 때문이다.[131]

> 컴퓨터 해킹을 통하여 타인의 업무정보에 접근하는 행위는 중대하고 심각한 업무방해의 위험을 초래할 수 있다. 이러한 경우 해킹 자체가 정보처리장치에 비밀번호나 이를 대체하는 명령 등 부정한 명령을 입력해야 가능한 경우도 있으며, 또는 타인의 정보처리장치에 침투한 이후 부정한 명령을 입력하는 경우도 있다. 이러한 경우에는 해킹 자체가 본죄에 해당할 수 있다. 그러나 타인의 업무정보에 접근한다는 것이 곧바로 일반적인 업두방해의 불법을 구비한다고 판단하기는 어렵다. 업무방해는 타인의 업무정보에 접근한 이후에 이를 파괴하거나 수집하거나 이용하거나 유통시키는 행위일 것이다. 물론 해킹에 관하여는 정보통신망법[132]이 규율하고 있지만, 여기에는 기본적으로 업무방해의 불법내용이 포함되어 있지 않다. 또한 컴퓨터 업무방해죄의 구성요건으로 이러한 문제점들이 명백하게 해결되고 있지도 않다. 따라서 컴퓨터 업무방해죄는 정보침해 업무방해죄의 형태로 구성하는 것이 바람직하다. 타인의 정보를 열람하고 이들을 불법하게 수집 · 처리(변경삭제) · 이용 · 유통시키는 행위가 사람의 업무를 방해하는 경우를 통일적으로 규정하는 것이 하나의 방법이 될 수 있다.

업무방해의 의미는 앞에서 살펴본 바와 같다. 본죄도 추상적 위험범이므로 사람의 업무를 방해할 수 있는 정보처리장치나 특수매체기록의 손괴 또는 정보처리장치에 허위의 정보나 부정한 명령의 입력, 기타 방법으로 정보처리에 장애를 발생시키는 일체의 행위를 함으로써 충분하며, 현실적으로 사람의 업무가 방해되었을 필요는 없다(통설).[133] 본죄를 추상적 위험범으로 해석하면서도, 정보처리에 장애의 발생을 요한다는 관점에서 결과범으로 해석하는 견해[134]가 있다. 그러나 '정보처리장

---

130) 제70조의2(벌칙) 제48조제2항을 위반하여 악성프로그램을 전달 또는 유포하는 자는 7년 이하의 징역 또는 7천만원 이하의 벌금에 처한다. 제71조(벌칙) 다음 각 호의 어느 하나에 해당하는 자는 5년 이하의 징역 또는 5천만원 이하의 벌금에 처한다. 제10호: 제48조 제3항을 위반하여 정보통신망에 장애가 발생하게 한 자.

131) 박상기, 210면; 임웅, 268면은 이 경우 정보통신망법 제70조의2, 제71조 위반죄의 성립을 인정한다.

132) 제71조 ① 다음 각 호의 어느 하나에 해당하는 자는 5년 이하의 징역 또는 5천만원 이하의 벌금에 처한다. 제9호: 제48조 제1항을 위반하여 정보통신망에 침입한 자. ② 제1항 제9호의 미수범은 처벌한다. 제72조 (벌칙) ① 다음 각 호의 어느 하나에 해당하는 자는 3년 이하의 징역 또는 3천만원 이하의 벌금에 처한다. 제2호. 제49조의2 제1항을 위반하여 다른 사람의 개인정보를 수집한 자, 제5호: 제66조를 위반하여 직무상 알게 된 비밀을 타인에게 누설하거나 직무 외의 목적으로 사용한 자.

133) 본죄를 구체적 위험범으로 해석하는 견해로는 배종대, 214면.

134) 박상기, 210면; 임웅, 269면.

치나 특수매체기록의 손괴 또는 정보처리장치에 허위의 정보나 부정한 명령의 입력, 기타 방법으로 정보처리에 장애를 발생시키는 것' 전체가 컴퓨터 업무방해죄의 구성요건적 행위로 평가되어야 한다.[135] 따라서 정보처리에 장애를 발생시키지 못한 것[136]은 본죄의 구성요건적 행위의 미종료로 판단되어야 한다.

3-4. 위법성

본죄의 구성요건에 해당하는 행위도 일반적인 위법성조각사유에 의하여 위법성이 조각될 수 있다. 타인의 업무를 방해하는 행위라도 정당방위[137]나 자구행위[138]의 경우에는 위법성이 조각된다. 또한 적법한 노동쟁의의 경우에도 헌법 제33조 또는 노동조합 및 노동관계조종법(노동조합법) 제4조의 정당행위로 위법성이 조각된다. 업무도 법익주체가 처분할 수 있는 법익이므로 유효한 피해자의 승낙[139]에 의하여 본죄의 위법성을 조각할 수 있다(통설). 업무방해죄에서 법익주체의 동의를 구성요건해당성 배제사유인 양해로 파악하는 견해[140]도 있으나, 법익주체의 동의 여부와 관계없이 업무방해행위의 구성요건적 실체를 부정할 수는 없다고 해야 한다.

4. 경매 · 입찰방해죄

4-1. 의 의

경매 · 입찰방해죄는 위계 또는 위력, 기타 방법으로 경매 또는 입찰의 공정을 해함으로써 성립하는 범죄이다. 본죄는 개인의 경제활동의 안전과 자유를 보호하기 위한 죄라는 것이 학설의 일반적인 입장이다(통설). 그러나 신용훼손죄와 업무방해죄가 신용과 업무수행이라는 개인의 경제활동의 안전을 보호하기 위한 죄임에 반하여, 본죄는 일반인의 경제활동의 안전, 즉 공공의 경제활동에 대한 안전을 보호하기 위한 죄로 해석된다.[141] 따라서 본죄는 경매와 입찰이 갖는 공정성에 대한 사회적 신뢰를 방해하는 사회적 법익에 대한 죄이다.

---

135) 동지, 김성돈, 246면.

136) 대법원 2004.7.9., 2002도631; 대법원 2006.3.10., 2005도382; 대법원 2009.4.9., 2008도11978; 대법원 2010.9.30., 2009도12238; 대법원 2012.5.24., 2011도7943; 대법원 2013.3.28., 2010도14607.

137) 대법원 1989.3.14., 87도3674.

138) 대법원 1980.9.9., 79도249; 대법원 1994.4.12., 93도2690. 다만 대법원 2004.8.20., 2003도4732는 시장번영회 회장이 이사회의 결의와 시장번영회의 관리규정에 따라서 관리비 체납자의 점포에 대하여 실시한 단전조치를 정당행위로 판시하였다.

139) 대법원 1983.2.8., 82도2486.

140) 김성천/김형준, 234면; 오영근, 182면.

141) 동지, 김성천/김형준, 722면; 박상기, 196면.

4-2. 구성요건

본죄의 구성요건은 위계 또는 위력, 기타 방법으로 경매 또는 입찰의 공정을 해하는 것이다. 위계 · 위력의 의미는 신용훼손죄에서 설명한 것과 동일하다. 위계 · 위력의 방법 외에도 경매 · 입찰의 공정을 해할 수 있는 수단은 기타 방법에 포함될 수 있다. 다만 기타의 방법은 위계 · 위력에 의하여 입찰의 공정을 해할 수 있는 경우와 동일한 불법평가가 가능한 방법이어야 한다.[142)]

경매는 매도인이 다수인으로부터 구두의 청약을 받고 최고가액의 청약자에게 승낙하는 매매를 말하며, 입찰이란 경쟁계약에 참가한 다수인에 대하여 문서로 계약의 내용을 표시하게 하여 가장 유리한 청약자로 하여금 계약을 성립시키는 것이다. 국가나 공공단체 뿐 아니라 개인에 의하여 행하여지는 경매나 입찰도 여기에 해당한다.

경매 · 입찰의 "공정을 해한다"함은 공정한 자유경쟁이 방해될 우려가 있는 상태를 야기하는 것이다. 자유경쟁을 통한 적정한 가격형성을 방해하는 경우가 경매 · 입찰의 공정을 해하는 경우에 해당한다. 그러나 본죄는 추상적 위험범이므로 경매 · 입찰의 공정을 해하는 의계 · 위력 등의 행사로 본죄는 기수에 이르게 되며, 현실적으로 경매 · 입찰의 공정성이 훼손될 필요는 없다.[143)]

4-3. 담합행위

담합행위란 경매 · 입찰에 참가하는 자가 서로 모의하여 그 중에서 특정한 자를 경락자나 낙찰자로 하기 위하여 나머지 참가자들이 일정한 가격 이상이나 이하로 호가 · 입찰하지 아니할 것을 협정하는 것을 말한다. 일반적으로 이러한 담합행위는 위계에 의한 경매 · 입찰방해죄에 해당하며, 입찰 참가자들 중 일부 사이에만 담합이 이루어진 경우라도 입찰방해죄가 성립한다.[144)] 본죄는 추상적 위험범이므로 담합행위를 할 때, 즉 담합한대로 경매 · 입찰에 참여한 때 기수에 이르게 된다.

담합행위와 신탁입찰은 구별된다. 신탁입찰이란 각자가 일부씩 입찰에 참가하면서 그 중의 1인을 대표자로 하여 단독으로 입찰케 하는 것이다. 신탁입찰은 담합행위가 아니며, 정상적인 경제활동이므로 본죄에 해당하지 않는다.

담합행위의 경우에도 담합의 목적이 오직 동업자 사이의 무모한 출혈경쟁의 방지에 있고, 담합가액도 주문자의 예정가격 내에서 적정한 가액의 범위에서 이루어진 경우[145)]에는 사회적으로 상당한 정상적인 개인의 경제활동으로 인정되므로 본죄의 구성요건에 해당하지 않는다. 그러나 가장경쟁자를 조작하여 단독입찰을 경쟁입찰로 가장하는 것은 본죄에 해당한다.[146)]

---

142) 이에 관하여는 이정원/류석준, 형법총론, '제1편, 제2장, 2-3-2. 유추적용금지와 구성요건 내재적 유추' 참조.

143) 대법원 1993.2.23., 92도3395; 대법원 1994.5.24., 94도600; 대법원 2006.6.9., 2005도8498; 대법원 2007.5.31., 2006도8070; 대법원 2008.5.29., 2007도5037; 대법원 2010.10.14., 2010도4940.

144) 대법원 2006.6.9., 2005도8498; 대법원 2006.12.22., 2004도2581; 대법원 2009.5.14., 2008도11361.

145) 대법원 1971.4.20., 70도2241; 대법원 1982.11.9., 81도537; 대법원 1994.12.2., 94다41454; 대법원 1997.3.28., 95도1199.

146) 대법원 1967.12.29., 67도1195; 대법원 1988.3.8., 87도2646; 대법원 1994.11.8., 94도2142; 대법원 1999.10.12., 99도2309; 대법원 2003.9.26., 2002도3924.

제4장 사생활의 평온에 대한 죄

형법은 사생활의 평온에 대한 죄로 제35장의 비밀침해의 죄와 제36장의 주거침입의 죄를 규정하고 있다. 형법은 개인의 비밀영역을 보호함으로써 평온한 사생활의 유지가 가능하도록 비밀침해의 죄를 규정하고 있다. 비밀침해의 죄는 사생활에서의 비밀의 침해를 내용으로 하는 범죄이다. 또한 형법은 주거라는 일정한 개인의 장소적 영역을 보호함으로써 평온한 사생활의 유지가 가능하도록 주거침입의 죄를 규정하고 있다. 주거침입의 죄는 일정한 개인의 장소적 영역을 침입함으로써 사생활의 평온을 교란시키는 것을 내용으로 하는 범죄이다.

제1절 비밀침해의 죄

비밀침해의 죄는 제316조의 비밀침해죄와 제317조의 업무상비밀누설죄로 구성되어 있으며, 모두 친고죄로 규정되어 있다. 비밀침해죄는 봉함 기타 비밀장치를 개봉하거나 기술적 수단을 이용하여 그 내용을 알아내는 것을 내용으로 하는 범죄이며, 업무상비밀누설죄는 특정한 업무자가 업무처리 중 또는 직무상 알게 된 타인의 비밀을 누설하는 것을 내용으로 하는 범죄이다.

1. 비밀침해죄

1-1. 의 의

비밀침해죄는 봉함 기타 비밀장치한 사람의 편지 · 문서 · 도화를 개봉하거나(제316조 제1항), 봉함 기타 비밀장치한 사람의 편지 · 문서 · 도화 또는 전자기록 등 특수매체기록을 기술적 수단을 이용하여 그 내용을 알아냄으로써(동조 제2항) 성립하는 범죄이다.

비밀침해죄의 보호법익은 개인의 비밀이다(통설). 본죄의 보호법익에 대해서 비밀장치된 비밀의 불가침성이라는 견해[1] 또는 자신이 작성 · 소유 · 보관하는 편지 등에 대한 배타적 권리라는 견해[2]

1) 김성천/김형준, 277면. 다만 같은 책 276면에서는 비밀을 침해하는 범죄의 보호법익을 정보에 관한 자기결정권이라고 한다. 그러나 비밀침해의 죄를 자유에 대한 죄로 해석하는 것은 부적절하다.

2) 박상기, 216면.

등도 주장되고 있으나, 이들 견해 역시 개인의 비밀을 전제로 하고 있다. 또한 비밀침해죄의 보호법익을 사생활의 평온으로 해석하는 견해[3]도 있으나, 이 역시 개인의 비밀보호를 통한 사생활의 평온으로 이해하는 것이다. 다만 개인의 비밀은 그 자체로 충분히 법에 의하여 보호를 누릴 수 있는 이익으로 판단되므로, 비밀침해죄의 보호법익은 개인의 비밀이라고 파악하는 것이 정확하다.

본죄에서 비밀의 주체에 대해서는 학설의 다툼이 있다. 다수설[4]은 자연인과 법인 · 단체뿐 아니라 국가 · 공공단체도 본죄의 비밀주체가 될 수 있다고 본다. 이에 반하여 국가나 공공단체는 본죄의 비밀주체가 될 수 없다는 견해[5]가 있다. 본죄는 개인적 법익에 대한 죄이며 친고죄라는 것을 이유로 한다. 또한 법인이나 단체는 사생활(privacy)을 가질 수 없으므로 자연인만이 비밀의 주체가 될 수 있다는 견해[6]도 있다.

비밀의 주체와 비밀의 내용을 구별하는 학설도 있다. 비밀의 내용에는 그것이 개인에 관한 것이든 또는 법인 · 단체나 국가 · 공공단체에 관한 것이든 제한을 두지 않으면서, 비밀의 주체를 자연인에 한정하는 견해[7]가 그것이다. 국가 또는 공공단체의 비밀도 개인이 간직하고 보관하는 경우에는 본죄의 보호대상이 된다는 것이다. 그러나 이와 같이 비밀의 내용과 비밀의 주체를 구별하는 견해는 타당하다고 할 수 없다. 비밀의 주체는 그 비밀을 유지할 권한과 그 비밀의 유지를 이익으로 하는 자를 의미하기 때문이다. 예컨대 국가나 공공단체의 비밀이 그 내용이라면, 국가나 공공단체에게 그 비밀을 유지할 권한과 비밀유지의 이익이 인정된다. 국가나 공공단체의 비밀을 자연인이 간직하고 보관하는 경우라도 보관자는 그 비밀의 주체가 될 수 없다. 자연인이 제3자의 비밀을 보관하는 경우에도 비밀의 주체는 제3자이지, 보관자가 비밀의 주체가 되는 것은 아니다. 이러한 점에서 비밀의 주체와 비밀내용의 주체는 동의어에 불과하다.

비밀침해죄에서 비밀의 주체에 관한 논의는 "자연인의 비밀, 법인 · 단체의 비밀, 국가 · 공공단체의 비밀 중 어느 범위까지 비밀보호죄에서 보호되는가"라는 논의이다. 비밀침해죄는 개인적 법익 중 제35장 비밀침해에 관한 죄에서 규정하고 있으며, 사생활의 평온에 대한 죄로 해석되고 있다. 따라서 비밀침해죄는 원칙적으로 사생활(privacy)의 이익을 가지는 자연인의 비밀을 그 대상으로 한다. 그러나 비밀침해죄는 국가 · 공공기관이나 법인 · 단체의 비밀을 제외하려는 어떠한 법문도 포함시키지 않았다. 오히려 비밀침해죄에서는 비밀개념을 단순히 형식적인 '봉함 기타 비밀장치'로 규정하였다.[8] 이러한 점에서 국가 · 공공기관이나 법인 · 단체의 비밀을 비밀침해죄의 보호대상에서 제외시킬 이유는 없다.

---

3) 김일수/서보학, 190면; 정영일, 119면; 동취지, 조준현, 277면.

4) 김성천/김형준, 277면; 손동권/김재윤, 241면 이하; 이영란, 239면; 이재상/장영민/강동범, 226면; 정영일, 119면; 조준현, 280면.

5) 배종대, 223면; 정성근/박광민, 253면.

6) 오영근, 192면; 임웅, 274면; 동취지, 진계호/이존걸, 268면.

7) 권오걸, 272면; 김성돈, 253면; 김일수/서보학, 191면; 박상기, 217면; 이형국, 284면.

8) 박상기, 216면.

본죄에서 비밀은 "봉함 기타 비밀장치가 되어 있다"는 단순한 형식적 의미에 불과하다. 따라서 개인의 비밀은 그것이 반드시 개인 사이에 교환되었거나 또는 개인이 보관하는 것이어야 할 필요가 없다. 또한 비밀의 내용이 사적인 것인지 또는 공적인 것인지도 문제가 되지 않으며, 비밀의 주체도 문제가 되지 않는다. 이러한 봉함 내지 기타 비밀장치를 개봉하거나 기술적 방법에 의하여 그 내용을 알아내는 것은 곧바로 개인의 비밀에 대한 침해행위로 평가된다. 따라서 본죄는 추상적 위험범이다. 다만 공무원이 그 직무에 관하여 봉함 기타 비밀장치한 문서 · 도서 또는 전자기록 등 특수매체기록을 개봉 내지 기술적 수단을 이용하여 그 내용을 알아낸 경우는 제140조의 공무상 비밀표시무효죄에 해당한다.

사적인 대화를 도청하거나 은밀하게 녹음함으로써 사적 대화의 비밀을 침해하는 경우는 통신비밀보호법 제16조에 의하여 처벌된다(제3조, 제14조).

1-2. 구성요건

1-2-1. 행위객체

본죄의 행위객체는 봉함 기타 비밀장치한 타인의 편지 · 문서 · 도화 또는 전자기록 등 특수매체기록이다.

1-2-1-1. 편지 · 문서 · 도화 또는 전자기록 등 특수매체기록

편지는 특정인 사이에서 의사를 전달하는 문서를 말한다. 반드시 우편에 의할 필요는 없으며 인편에 의한 경우에도 편지에 해당한다. 문서는 문자 기타 부호에 의하여 특정인의 의사가 표시된 것이며, 도화는 그림으로 표시된 사진이나 도표 등을 말한다. 사람의 의사가 표시되지 아니한 도표나 사진은 여기서의 도화에 해당하지 않는다는 것이 학설의 일반적인 입장이다(통설). 그러나 도화는 사람의 의사표시를 요하지 않으며, 단순히 그림으로 표시된 사진이나 도표로 충분하다고 해석하여야 한다.[9] 예컨대 사진이나 그림으로 자신의 불륜 등 이중생활을 은밀하게 보관하는 사람의 비밀이 여기에서 배제될 이유가 없기 때문이다.

전자기록 등 특수매체기록은 전자적 기록 뿐 아니라 전기적 기록이나 광기술을 이용한 저장기록으로서 사람의 지각으로 인식할 수 없는 기록을 말한다. 예컨대 컴퓨터기록, 녹음테이프나 비디오테이프 등이 여기에 해당한다.

1-2-1-2. 봉함 기타 비밀장치

편지 · 문서 · 도화 또는 전자기록 등 특수매체기록은 봉함 기타 비밀장치한 것에 한하여 본죄의

9) 동지, 박상기, 218면; 오영근, 194면; 임웅, 275면; 정영일, 121면.

객체가 된다. 즉 본죄의 객체는 제3자의 접근을 배제하는 비밀장치를 한 객체에 한한다. 따라서 비밀장치가 되어 있지 아니한 우편엽서나 봉하지 아니한 서찰 등은 본죄의 객체에 포함되지 않는다.

봉함이란 봉투를 풀로 붙이는 방법 등에 의하여 외피를 파손하지 않고서는 그 내용을 알 수 없거나 곤란하게 하는 것이다. 기타 비밀장치는 봉함 이외의 방법으로 내용을 알지 못하게 하는 일체의 방법을 말한다. 봉인하거나 못으로 박아두거나 열쇠로 잠가 둔 경우 뿐 아니라 끈으로 매어 놓은 경우에도 기타 비밀장치에 해당한다. 개봉한 편지를 책상서랍이나 금고 등에 넣어 놓은 경우도 기타 비밀장치에서 배제할 이유가 없다. 전자기록 등 특수매체기록의 비밀장치는 컴퓨터 자체의 물리적 잠금장치 뿐 아니라 키워드나 비밀번호 기타 감식장치 등 정보의 열람을 위한 특수한 작동체계를 설정한 경우도 포함한다.

1-2-2. 행 위

제316조 제1항의 구성요건적 행위는 봉함 기타 비밀장치한 편지 · 문서 · 도화를 '개봉'하는 것이다. 개봉이란 봉함 기타 비밀장치를 파손하거나 제거하여 그 내용을 알 수 있는 상태로 만드는 것이다. 개봉의 방법에는 제한이 없다. 풀로 붙인 부분을 뜯거나 묶인 끈을 풀거나 열쇠로 여는 방법 등이 여기에 해당한다. 본죄는 봉함 기타 비밀장치를 개봉함으로써 기수에 이르게 되며, 반드시 그 내용을 알아낼 필요는 없다.[10] 따라서 본죄는 추상적 위험범으로 해석된다(통설).

동조 제2항의 구성요건적 행위는 봉함 기타 비밀장치한 편지 · 문서 · 도화 또는 전자기록 등 특수매체기록을 '기술적 수단을 이용하여 그 내용을 알아내는 것'이다. 봉함 기타 비밀장치한 객체의 내용을 알아내는 방법으로는 기술적 수단을 이용하여야 한다. 엑스레이 기기 등 투시기를 이용하거나 약물 등을 이용하는 경우가 여기에 해당한다. 그러나 봉함된 편지나 문서 등을 단순하게 불빛에 투시하여 그 내용을 알아낸 경우는 여기에 포함되지 않는다. 기술적 수단을 이용하여 비밀을 침해하는 경우에 비하여 이러한 경우는 형벌의 대상이 될 정도의 불법을 구비하지 못하기 때문이다.

제316조 제2항이 그 구성요건적 행위를 '그 내용을 알아내는 것'으로 규정하고 있으므로 본죄를 '행위자가 타인의 비밀내용을 지득함으로써 성립하는 침해범'으로 해석하는 것이 학설의 입장이다(통설). 이러한 통설에 의하면 봉함 기타 비밀장치한 편지 · 문서 · 도화 또는 전자기록 등 특수매체기록을 기술적 수단을 이용하여 그 내용을 인식이 가능하도록 만든 경우에도 지적능력이나 시력 등 행위자의 인식능력이나 외부적 사정, 예컨대 확대경이나 암수표 등 보조도구의 부재에 의하여 그 내용을 인식할 수 없는 경우에는 불가벌이 된다.[11] 특히 전자기록 등 특수대체기록의 비밀장치를 해제하여 행위자의 저장매체로 복사한 경우에도 아직 내용을 열어보지 않았다면 본죄로 처벌되지 않는다. 그러나 개정형법은 편지 · 문서 등의 개봉 없이 기술적 수단을 이용하여 그 내용을 알아 낸

10) 비밀침해의 구체적 위험을 요구하는 견해로는 배종대, 223면.

11) 본죄는 미수범을 처벌하지 않는다.

경우에 처벌의 흠결을 해소하기 위하여 제316조 제2항의 행위유형을 신설한 것이며, 비밀침해죄의 처벌을 행위자가 비밀내용을 인식한 경우로 축소하기 위해서 제2항을 신설한 것은 아니다. 또한 제316조 제2항을 해석하는데 있어서는 제1항과의 관계도 고려되어야 한다(논리해석).[12] 제316조 제2항의 죄를 침해범으로 해석하는 관점은 제1항에 대하여 비밀침해 없는 비밀침해죄를 인정하는 결과가 될 뿐이다.

사생활의 평온을 위한 개인의 비밀보호의 필요성은 타인의 비밀내용에 대한 행위자의 인식 여부에 의하여 결정되는 것이 아니다. 비밀침해죄에서는 타인의 비밀영역에 들어갈 수 있도록 비밀장치를 해제함으로써 이미 개인비밀에 대한 침해행위로 평가되어야 한다. 예컨대 컴퓨터기록 등 특수매체기록의 비밀장치를 해제하여 그 내용을 알 수 있는 상태로 만드는 것에 의하여 본죄는 기수에 이르게 된다.[13] 또한 엑스레이 기기 등을 이용하여 그 내용을 촬영하였거나 약물을 이용하여 봉함된 편지 · 문서 등의 내용을 알 수 있는 상태로 만든 이상, 그 내용에 대한 행위자의 인식 여부를 불문하고 본죄의 기수를 인정하여야 한다.

1-3. 위법성

친권자가 미성년인 자녀에게 온 편지를 개봉하는 것은 친권의 행사로 민법 제913조에 의하여 위법성이 조각될 수 있다. 또한 형의 집행 및 수용자의 처우에 관한 법률(형집행법) 제43조 제4항에 의한 수형자의 서신검열, 형사소송법 제120조에 의한 압수 · 수색영장집행에 필요한 개봉, 우편법 제28조와 제35조에 의한 법규위반이나 반환불능 우편물의 개봉 등은 법률의 규정에 의한 위법성조각사유가 된다. 비밀침해죄의 구성요건에 해당하는 행위에 대하여 통일적인 허용규정은 통신비밀보호법에서 규정하고 있다.

본죄와 관련하여 법익주체의 동의는 위법성조각사유로서의 승낙이 아니라, 구성요건해당성을 배제하는 양해가 된다. 법익주체의 동의가 있게 되면 그 사람의 비밀을 침해하는 것이 불가능하기 때문이다. 그러나 남편이 부재중에 남편에게 온 편지를 남편의 일을 처리하기 위하여 개봉하는 것은 남편의 승낙이 추정되기 때문에 추정적 승낙으로 위법성이 조각될 수 있다.[14] 이 경우는 오직 피해자의 실질적 이익을 위한 행위로서 위법성이 조각된다. 추정적 승낙의 경우에는 법익주체의 동의가 현실적으로 존재하는 것은 아니기 때문에 일단 본죄의 구성요건해당성은 인정되고 있다.

1-4. 친고죄

비밀침해죄는 고소가 있어야 공소를 제기할 수 있다(제318조). 고소권자는 비밀침해죄의 피해자

---

12) 논리해석에 관하여는 이정원/류석준, 형법총론, '제1편, 제2절, 2-3-4. 법률의 해석방법' 참조.

13) 동지, 박상기, 220면; 오영근, 194면 이하.

14) 이에 관하여는 이정원/류석준, 형법총론, '제2편, 제3장, 제5절, 3-2. 추정적 승낙의 법적 성질' 참조.

(형소법 제233조)이며, 고소할 자가 없는 경우에 이해관계인의 신청이 있으면 10일 이내에 검사가 고소할 수 있는 자를 지정하여야 한다(형소법 제228조).

발신인과 수신인이 있는 편지의 경우에 누가 피해자로서 고소권을 가지는가에 대하여는 학설의 대립이 있다. 편지의 발송시점을 기준으로 발송시점 이전에는 발신인, 그 이후에는 수신인이 피해자라는 견해[15]와 도착시점을 기준으로 도착시점 이전에는 발신인, 그 이후에는 수신인이 피해자라는 견해[16]가 있다. 이에 반하여 편지 등의 비밀은 발송인과 수신인에게 공통된 것이므로 발송이나 도착시점에 관계없이 발신인과 수신인 모두가 피해자라는 것이 학설의 일반적인 입장이다(통설).

비밀침해죄에서의 피해자는 비밀의 주체이다. 다만 본죄는 비밀개념을 봉함 기타 비밀장치라는 형식적 의미로 규정하였다. 따라서 본죄의 피해자는 실질적인 비밀주체와 관계없이 형식적인 봉함 기타 비밀장치에 대한 권한에 의하여 결정되어야 한다. 봉함된 편지를 개봉함으로써 타인의 비밀을 침해하는 경우에 편지의 내용과 관련된 모든 자가 비밀침해죄의 피해자가 될 수는 없다.[17] 편지의 내용과 관련된 자 또는 도달시점 이전의 수신인은 형소법 제228조에서의 이해관계인[18]이 될 수 있을 뿐이다. 또한 편지의 수신인이 편지를 수신한 이후에는 더 이상 봉함 기타 비밀장치라는 형식적인 비밀에 대한 발신인의 권한이 인정될 수 없다. 다만 편지의 도달시점 이전에는 수신인 이외의 다른 사람이 편지내용에 접근하는 것을 원치 않는 발신인의 봉함 기타 비밀장치에 대한 권한이 인정된다. 따라서 편지 등의 비밀침해에 대한 피해자로서의 고소권자는 도달시점을 기준으로 결정해야 한다.

2. 업무상 비밀누설죄

2-1. 의 의

업무상비밀누설죄는 일정한 직업에 종사하는 자 또는 종사했던 자가 업무처리 중 알게 된 타인의 비밀을 누설함으로써 성립하는 범죄이다. 본죄의 보호법익도 일차적으로는 타인의 비밀이다. 또한 특정한 직업에 종사하고 있거나 종사했던 자의 비밀유지에 대한 일반의 기대 내지 신뢰라는 이익도 본죄의 부수적 보호법익이 된다(통설).[19] 일정한 직업에 종사하고 있거나 종사했던 자는 업무상 타인의 은밀한 사적 영역의 비밀까지 알 수 있으며, 이러한 타인의 비밀에 대하여는 묵시의 의무를 유지해야 한다. 다만 형법은 업무상비밀누설죄의 행위주체를 엄격하게 제한하여 규정함으로써 특

15) 황산덕, 244면; Samson, SK StGB, § 205 Rdnr. 4.

16) Lenkner, S-S StGB, § 205 Rdnr. 4; Tröndle/Fischer, StGB, § 205 Rdnr. 3.

17) 통설의 입장에서도 박상기, 226면은 이러한 문제점을 지적하고 있다.

18) 발신인과 수신인이 없는 일반 문서나 도화 등의 경우에도 문서나 도화 등에 대하여 권한 있는 사람만이 피해자가 되며, 그 이외에 예컨대 문서나 도화에서 직접 표시된 다른 사람은 해당 비밀침해죄와 관련하여 단지 이해관계인에 불과하다.

19) 업무자의 직무윤리를 부수적 보호법익으로 보는 견해로는 조준현, 283면.

정한 업무자에 대해서만 비밀유지의무를 부과하고 있다. 이러한 형법의 태도에 의하여 '특정한 직업에 종사하고 있거나 종사했던 자의 비밀유지에 대한 일반의 기대 내지 신뢰라는 이익'을 단순하게 본죄의 부수적 보호법익으로 해석하는 것은 사실상 곤란하다.[20] 다만 '비밀유지에 대한 일반의 신뢰 내지 기대'를 본죄의 부수적 보호법익으로 해석할 수 있는 근거는 형법이 본죄를 개인적 법익에 대한 죄의 장에서 규정하고 있다는 형식에 있을 뿐이다.[21]

2-2. 행위주체

본죄의 행위주체는 의사 · 한의사 · 치과의사 · 약제사 · 약종상 · 조산사 · 변호사 · 변리사 · 공인회계사 · 공증인 · 대서업자와 그 직무상의 보조자(제318조 제1항)와 종교의 직에 있는 자(동조 제2항) 또는 그 직에 있었던 자이다. 본죄는 진정신분범에 해당한다. 따라서 여기에 열거된 신분을 구비하지 아니한 자가 타인의 비밀을 누설하여도 비밀누설죄는 성립하지 아니하며, 경우에 따라 제307조 제1항의 명예훼손죄의 성립만이 가능하다. 본죄를 자수범으로 해석하는 견해[22]도 있으나, 본죄의 신분자는 비신분자를 이용하여 본죄를 범할 수 있으므로 본죄는 자수범이 아니다.[23]

> 제317조가 업무상비밀누설죄의 행위주체를 나열식으로 규정하기 때문에 본죄의 행위주체에 대한 합리적인 확장은 불가능하다. 이는 독일형법 제203조에 있어서도 동일하다. 그러나 이러한 나열식 규정은 변동하는 사회에 대한 적응을 불가능하게 하여 법익보호에 충분하지 못한 결함이 있다.[24] 반면에 업무의 범위를 불문하고 모든 업무자의 업무 중에 지득한 타인의 비밀에 대한 누설을 일반적으로 처벌한다면, 죄형법정주의의 명확성의 원칙에 반하게 되어 형법의 보장적 기능이 무너진다. 이러한 문제점들을 동시에 해결하는 방법은 업무상비밀누설죄의 행위주체를 어느 정도 개방적인 규범적 법률개념으로 규정하는 한편, 다른 개별법률에서 비밀유지의무를 부과하는 방법에 의하여 이러한 개방적 법률개념의 내용을 충족시킬 수 있다. 예컨대 형법의 업무상비밀누설죄를 "법률에 의하여 업무상 지득한 타인의 비밀을 유지해야 할 자가 이를 누설한 때에는…"로 규정하면서, 일정한 업무를 허가하는 행정법규 등에서 비밀유지의무를 부과한다면 형법의 법익에 대한 보호과제와 보장적 기능을 동시에 충족시킬 수 있을 것이다.

---

20) Lenkner, S-S StGB, § 203 Rdnr. 3은 오히려 '특정한 업무자의 비밀유지에 대한 일반의 기대 내지 신뢰라는 이익'이 본죄의 일차적인 보호법익이라고 해석한다.

21) 본죄의 보호법익을 개인의 비밀로만 해석하는 견해로는 배종대, 228면; 백형구, 400면; 오영근, 196면.

22) 박상기, 223면; 배종대, 228면; 백형구, 400면; 이영란, 244면; 이재상/장영민/강동범, 230면; 임웅, 281면; 조준현, 283면; 진계호/이존걸, 274면.

23) 권오걸, 277면; 김성돈, 257면; 김성천/김형준, 284면; 김일수/서보학, 195면; 손동권/김재윤, 246면; 오영근, 198면; 정성근/박광민, 257면; 정영일, 123면.

24) 배종대, 229면에서는 '변호사가 아닌 변호인이나 소송대리인, 세무사, 흥신소 종업원, 상담원' 등을 본죄의 행위주체에 포함시킬 수 있다는 입법론적 의견을 제시하고 있다; 동지, 김성돈, 257면 각주 17); 김일수/서보학, 195면; 박상기, 223면; 오영근, 197면; 이재상/장영민/강동범, 225면.

공무원이나 공무원이었던 자가 법령에 의한 직무상의 비밀을 누설한 경우는 제127조의 공무상 비밀누설죄가 성립하며, 외교상의 비밀을 누설한 경우는 제113조에 의한 외교상의 비밀누설죄가 성립한다.

2-3. 행위객체

본죄의 행위객체는 업무처리 중 또는 직무상 지득한 타인의 비밀이다. 업무처리 중 또는 직무상 지득한 비밀이어야 하기 때문에 직무와 관계없이 알게 된 타인의 비밀은 여기에 해당하지 않는다.

비밀침해죄에서의 '봉함 기타 비밀장치'라는 형식적 비밀개념과는 달리, 본죄의 비밀은 실질적인 개념이다. 본죄의 비밀은 오직 제한된 사람들에게만 알려져 있고, 그러한 비밀의 유지가 비밀주체에게 보호가치 있는 이익이 되는 사실을 의미한다.[25] 따라서 공지의 사실은 여기서의 비밀에 해당하지 않는다. 비밀의 주체가 비밀인 사실을 알고 있는지의 여부는 문제가 되지 않는다. 본인이 모르고 있는 사실도 얼마든지 여기의 비밀에 해당할 수 있다. 또한 비밀의 유지가 비밀주체에게 보호가치 있는 이익이 되는 경우에 한하여 본죄의 비밀에 해당할 수 있다. 비밀의 유지가 비밀주체에게 전혀 보호가치 있는 이익이 아닌 경우에는 형법이 개입할 여지가 없기 때문이다. 일정한 사실에 대한 비밀의 유지가 비밀주체에게 보호가치 있는 이익으로 평가되기 위해서는 행위주체의 주관적인 비밀유지의 의사와 객관적인 보호가치가 인정되어야 한다(통설). 비밀의 내용은 사생활에 관한 것이든 공적 생활에 관한 것이든 관계가 없다.

비밀의 주체는 자연인 뿐 아니라 법인이나 단체를 포함한다(통설). 비밀의 주체를 자연인에 한정하는 견해[26]가 있으나, 본죄가 보호하는 비밀에서 개인의 비밀과 법인 · 단체의 비밀을 달리 취급할 이유는 없다. 법인이나 법인격 없는 단체도 구조적으로 허용되는 한도에서 법률에 의한 권리 · 의무의 주체가 되기 때문이다.

국가나 공공단체가 본죄에서 비밀의 주체가 될 수 있는지 문제되나, 일반적으로 학설에서는 이를 부정한다(통설). 본죄는 개인적 법익에 대한 죄라는 것을 이유로 한다. 국가비밀은 국가적 법익으로 별도의 규정[27]을 통하여 보호되고 있으므로 이 한도에서 통설의 입장은 타당하다. 그러나 공공단체, 예컨대 농협중앙회, 적십자사, 국립대학 등의 비밀은 국가의 비밀과 같이 특별히 보호되고 있지 않다. 또한 공공단체의 비밀을 법인이나 단체의 비밀과 달리 취급해야 할 아무런 이유도 없다. 물론 공공단체는 그 특성상 국민에 대하여 투명성을 확보해야 한다. 그러나 이러한 문제점은 본죄의 비밀개념의 범위에 의하여 충분히 해결된다. 비밀주체에게 보호가치 있는 이익이 되는 사실만이 본죄의 비밀에 해당하기 때문이다. 따라서 공공단체도 본죄의 비밀주체에 포함시키는 것이 타당하다.

---

25) Vgl. Lenkner, S-S StGB, § 203 Rdnr. 5 ff.

26) 오영근, 198면.

27) 예컨대 형법 제113조, 제127조, 형사소송법 147조, 국가공무원법 제60조, 지방공무원법 제52조, 군인복무기본법 제28조 등.

비밀의 주체인 자연인이 사망한 후에도 특정한 업무자의 비밀유지의무가 지속되는지 문제된다. 일설[28]은 비밀의 주체를 생존한 자연인에 한정함으로써 이를 부정하고 있다. 그러나 '비밀유지에 대한 일반의 신뢰 내지 기대'를 본죄의 부수적 보호법익으로 해석하는 한, 자연인이 사망한 후에도 특정한 업무자의 비밀유지의무는 지속된다[29]고 해석하여야 한다.[30] 독일형법 제203조 제4항은 명문으로 비밀의 주체가 사망한 이후에도 업무상비밀누설죄의 성립을 인정하고 있다.

2-4. 행 위

본죄의 구성요건적 행위는 비밀의 '누설'이다. 누설이란 비밀의 내용을 제3자에게 알리는 것이다. 비밀의 내용을 공연히 알리는 경우는 본죄와 명예훼손죄의 상상적 경합이 된다. 누설하는 방법은 구두나 서면에 의하여 할 수 있다.

> 비밀의 누설은 작위 뿐 아니라 부작위에 의해서도 가능하다는 것이 학설의 일반적인 입장이다(통설). 예컨대 비밀을 기재한 서류를 방치하여 다른 사람이 읽게 하는 경우가 그러하다고 한다. 그러나 이러한 방치가 적극적인 경우는 '서류를 열람시킴'이라는 작위행위로 평가되어야 한다. 반면에 방치가 '단순히 치우지 않음'으로 평가되는 경우에는 부작위에 해당할 수 있으나, 이러한 형태의 부작위가 누설행위로 평가될 수는 없다. 본죄는 구성요건적 행위만으로 범죄가 기수에 이르게 되는 형식범이며, 누설이라는 구성요건적 행위의 정형에 의하여 불법이 형성되는 범죄로 파악되기 때문이다. 부진정부작위에 의한 비밀누설을 인정할 경우 그 범위의 설정이 불가능하여 죄형법정주의에 반하며, 동가치 판단도 불가능하다.[31] 만약 특정한 업무자에게 그가 업무상 지득한 비밀에 대한 제3자로부터의 접근을 차단하도록 의무를 부과하려면, 이는 진정부작위범 형태의 구성요건을 추가로 또는 별도로 구성하여야 한다. 따라서 본죄의 누설은 부작위라는 행위방법에 의한 실현이 불가능하다고 해석하여야 한다.

본죄를 구체적 위험범, 결과범으로 해석하는 견해[32]가 있다. 그러나 본죄는 비밀의 누설에 의해서 완성되므로 추상적 위험범, 형식범으로 해석해야 한다. 본죄는 비밀의 누설이라는 구성요건적 행위 자체를 비밀에 대한 추상적 위험으로 인정한 것이다. 따라서 본죄는 비밀의 누설이 제3자에게 도달하면 기수에 이르게 되며, 제3자가 현실적으로 비밀의 내용을 인식할 필요는 없다(통설).

---

28) 김일수/서보학, 196면; 배종대, 229면; 백형구, 401면; 정성근/박광민, 258면; 진계호/이존걸, 275면.

29) 대법원 2018.5.11., 2018도2844: "의료인과 환자 사이에 형성된 신뢰관계와 이에 기초한 의료인의 비밀누설 금지의무는 환자가 사망한 후에도 그 본질적인 내용이 변한다고 볼 수 없다."

30) 동지, 김성돈, 258면; 박상기, 224면; 이영란, 245면; 정영일, 123면.

31) 이에 관하여는 이정원/류석준, 형법총론, '제3편, 제3장, 3-3-1. 특별한 법익보호을 위한 특별한 보호의무, (4) 특별한 의무와 결부된 행위자의 신분' 참조.

32) 김일수/서보학, 197면 이하; 배종대, 228면; 백형구, 402면; 손동권/김재윤, 247면.

공무상비밀누설죄는 비밀을 누설하는 자만 처벌하고 누설받는 자는 처벌하지 않는 필요적 공범이므로 비밀을 누설받는 자에 대하여는 협의의 공범이 성립하지 않는다는 것이 판례[33]의 입장이다. 이는 업무상비밀누설죄의 경우에도 다르지 않을 것이다. 그러나 비밀누설죄를 필요적 공범으로 파악하는 판례의 태도는 타당하다고 할 수 없다. 비밀누설범죄에서 비밀을 누설받는 행위가 범죄완성을 위한 대향적 협력행위로 평가될 수는 없기 때문이다. 이는 폭행 · 협박의 범죄행위에서 폭행당함 · 협박받음이라는 수동적 대상과 동일할 뿐이다. 업무상 · 공무상 비밀누설죄에서는 비밀이 필요한 자가 업무상 · 공무상 비밀보유자를 교사하여 비밀을 습득하고자 하는 것이 일반적이며, 이때는 업무상 · 공무상 비밀누설교사죄의 성립을 인정해야 한다.

2-5. 위법성

본죄의 구성요건에 해당하는 행위는 위법성조각사유에 의하여 허용될 수 있다. 법률의 규정에 의한 의사의 신고의무,[34] 소송법에 의한 변호사의 변론행위 등은 본죄에 대한 대표적인 허용규정이 된다. 또한 성병의 감염을 막기 위하여 환자의 배우자에게 이 사실을 전달하거나, 운전기사의 정신장애 등을 관계기관에 신고하는 경우는 긴급피난에 의하여 위법성이 조각될 수 있다.

형소법 제149조에 의한 증언거부권을 행사하지 아니하고 증언함으로써 타인의 비밀을 누설한 경우에 위법성이 조각될 수 있는지에 관하여는 학설의 다툼이 있다. 다수설[35]은 "증언거부권을 행사하지 아니하면 증언의무가 있으며, 이 때 국가가 서로 모순되는 의무를 국민에게 부과할 수 없으므로 당연히 본죄의 위법성이 조각된다"고 한다. 그러나 증언을 거부할 수 있음에도 불구하고 증언함으로써 타인의 비밀을 누설한 이상 형사소송법의 증언의무규정에 의하여 본죄의 위법성이 조각될 수는 없다.[36] 다만 이때는 구체적인 경우에 따라 이익교량에 의한 긴급피난으로 위법성이 조각될 수 있을 뿐이다.[37][38]

법익주체의 동의가 있는 경우 피해자의 승낙으로 본죄의 위법성이 조각된다는 견해[39]가 있으나, 본죄에서 법익주체의 동의는 양해로서 구성요건해당성 배제사유로 보아야 한다.[40] 비밀주체에게

33) 대법원 2017.6.19., 2017도4240: "직무상 비밀을 누설하는 행위만을 처벌하고 있을 뿐 직무상 비밀을 누설받은 상대방을 처벌하는 규정이 없는 점에 비추어, 직무상 비밀을 누설받은 자에 대하여는 공범에 관한 형법총칙 규정이 적용될 수 없다."; 동지, 대법원 2009.6.23., 2009도544; 대법원 2011.4.28., 2009도3642.

34) 감염병의 예방 및 관리에 관한 법률(감염병예방법) 제11조 · 제12조, 결핵예방법 제29조, 후천성면역결핍증 예방법(에이즈 예방법) 제5조 등.

35) 권오걸, 280면; 김성돈, 259면; 배종대, 230면 이하; 백형구, 404면; 손동권/김재윤, 248면 이하; 이영란, 247면; 이재상/장영민/강동범, 233면; 정성근/박광민, 260면; 조준현, 286면; 진계호/이존걸, 277면.

36) 김성천/김형준, 288면; 김일수/서보학, 198면; 박상기, 226면; 오영근, 200면; 이형국, 291면; 임웅, 284면.

37) 동지, 김일수/서보학, 199면; 박상기, 226면; 오영근, 200면; 임웅, 284면.

38) 이는 독일 통설의 입장이다. Vgl. Lenkner, S-S StGB, § 203 Rdnr. 29 mwN.

39) 권오걸, 279면; 김성돈, 259면.

40) 동지, 김성천/김형준, 288면; 손동권/김재윤, 248면; 오영근, 199면; 이영란, 246면; 이형국, 291면; 임웅, 283면; 정성근/박

보호가치 있는 이익이 되는 사실만이 본죄의 비밀에 해당하며, 따라서 피해자의 동의가 있으면 더 이상 본죄의 비밀에 해당하지 않기 때문이다.

제2절 주거침입의 죄

1. 주거침입의 죄 일반론

1-1. 의 의

형법은 주거라는 일정한 개인의 장소적 영역을 보호함으로써 평온한 사생활의 유지가 가능하도록 주거침입의 죄를 규정하고 있다. 주거침입의 죄는 일정한 개인의 장소적 영역을 침입함으로써 사생활의 평온을 교란시키는 것을 내용으로 하는 개인적 법익에 대한 죄이다.

독일형법은 주거침입의 죄를 공공의 질서에 대한 죄, 즉 사회적 법익에 대한 죄의 장에서 규정하고 있으며, 일본형법과 우리의 구형법에서도 동일한 편제를 가지고 있었다. 그러나 독일에서도 주거침입의 죄는 공공질서나 개인적 자유 · 재산에 대한 죄가 아니라, 개인의 주거권이라는 '장소적 자유영역에 관한 특별한 종류의 개인적 법익'[41]에 대한 죄로 해석하는 데에 학설이 일치하고 있다.

1-2. 보호법익

주거침입죄의 보호법익에 대해서는 주거권설, 사실상 평온설, 절충설 및 구별설의 대립이 있다.

① 주거권설 주거권설은 주거침입죄의 보호법익을 '장소적 자유영역에 관한 특수한 개인적 법익 중의 하나인 주거권'이라고 한다. 다만 주거침입죄를 통하여 보호받는 주거권은 포괄적이고 적극적인 의미에서 '주거에 대한 지배 내지 관리의 권한'이 아니라, 단지 소극적으로 '방해받지 않는 자유공간의 확보'라는 부분적 관점에서 이해되어야 한다.[42] '특별한 보호가치가 있는 주거에서 장소적 평온의 확보' 내지 '타인의 체재 여부에 대한 주거권자의 결정'이라는 내용을 가진 '주거권'이 주

광민, 259면; 진계호/이존걸, 277면.

41) Vgl. Lenkner/Sternberg-Lieben, S-S StGB, § 123 Rdnr. 1 mwN.

42) Lenkner/Sternberg-Lieben, S-S StGB, § 123 Rdnr. 1; Tröndle/Fischer, StGB, § 123 Rdnr. 1; Lackner/Kühl, StGB, § 123 Rdnr. 1.

거침입죄의 보호법익이라고 한다.[43)44)]

② 사실상 평온설 사실상 평온설은 주거침입죄의 보호법익이 권리로서의 주거권이 아니라, 그 주거를 지배하고 있는 공동생활자 모두의 사실상의 평온이라는 견해이다(통설).[45)]

> 주거권설이 주거권을 형식적으로 이해하는 반면에, 사실상 평온설은 주거권을 실질적으로 파악하는 이론이라는 견해[46)]가 있다. 사실상 평온설에서의 주거권은 '살 수 있는 권리'라는 것이다. 그러나 실내공사 중과 같이 사실상 살 수 없는 평온하지 아니한 공간에서도 주거권은 인정되어야 한다.

③ 절충설 절충설은 주거권을 주거침입죄의 주된 보호법익으로 하고, 여기에 사실상 평온을 절충시키는 이론이다. 이에 따라 주거침입죄의 보호법익은 일정하게 구획된 개인의 생활 또는 업무의 장소에서 개인이 누릴 수 있는 법적 지위 내지 사실상의 평온이라고 한다.[47)] 절충설에서는 주거권설과 사실상 평온설을 결합시킴으로써 각 학설의 결함을 해소할 수 있다고 한다.

④ 구별설 구별설은 개인의 사적 장소와 공중의 출입이 허용된 개방된 장소를 구별하여, 개인의 사적 장소에 대해서는 주거의 사실상 평온이, 공중의 출입이 허용된 개방된 장소에 대해서는 업무상 평온과 비밀이 보호법익이라고 한다.[48)]

주거침입죄는 사생활의 평온에 대한 죄이며, 특히 일정한 공간인 주거에서 사생활의 평온의 유지를 목적으로 한다. 따라서 주거침입죄의 보호법익은 '일정한 공간에서의 사생활의 평온'이다. 이러한 '일정한 공간에서의 사생활의 평온'을 주거권이라고 한다.[49)] 문제는 이러한 주거권을 "어떻게 이해해야 하는가"이다.[50)] 사실상 평온설은 이러한 주거권을 사실적 개념으로 이해하는 관점이다. 따라서 사실상 평온설이 주거권을 사실적 개념으로 이해하여 본죄를 침해범 내지 결과범으로 해석한다면, 명예개념에서 제기된 문제점들이 여기서도 동일하게 나타나게 된다. 예컨대 부재중이어서 사실상 평온을 해할 수 없는 주거에 들어가는 경우 또는 이사 중이거나 내부공사 중이어서 사실상 평온하지 못한 주거에 들어가는 경우에는 주거침입죄가 성립할 수 없다는 불합리한 결론이 된다.

43) 박상기, 229면; 이재상/장영민/강동범, 234면.

44) Vgl. Lenkner/Sternberg-Lieben, S-S StGB, § 123 Rdnr. 1 mwN.; Wessels/Hettinger, BT/I, Rdnr. 573.

45) 대법원 2006.9.14., 2006도2824; 대법원 2007.7.27., 2006도3137; 대법원 2008.5.8., 2007도11322; 대법원 2009.9.10., 2009도4335; 대법원 2010.4.29., 2009도14643; 대법원 2012.5.24., 2010도9963.

46) 배종대, 233면.

47) 김일수, 한국형법 III, 472면.

48) 임웅, 286면 이하.

49) 개인적 법익에는 생명 · 신체 · 자유 · 명예 · 재산 이외에 사생활의 평온이 있다. 주거권은 사생활의 평온이라는 개인적 법익 중 일부인 일정한 공간에서의 사생활의 평온이다.

50) 이러한 점에서 주거권을 주거침입죄의 보호법익이 아니라고 하는 견해는 용어에 대하여 오해하고 있다.

또한 이러한 사실적 개념인 주거권, 즉 사실상 평온을 부분적으로 인정하는 절충설이나 구별설도 부분적으로 동일한 문제를 갖게 된다.

일정한 공간에서 사생활의 평온이라는 주거권은 '특별한 보호가치가 있는 주거에서 장소적 평온의 확보' 내지 '타인의 체재 여부에 대한 주거권자의 결정'이라는 보호범위를 가진다. 이러한 규범의 보호범위는 구체적인 경우에서 합리적인 판단을 필요로 한다. 따라서 주거침입죄의 보호법익인 주거권은 규범적 개념으로 이해되어야 한다(규범적 주거권설). 학설에서는 이와 같은 주거권에 대한 규범적 관점의 설명을 주거권설로 명명한다.[51]

1-3. 구성요건의 체계

[주거침입의 죄]

기본적 구성요건 – 주거침입죄: 제319조 제1항
가중적 구성요건 – 특수주거침입죄: 제320조
독립적 구성요건 – 퇴거불응죄: 제319조 제2항
가중적 구성요건 – 특수퇴거불응죄: 제320조
독립적 구성요건 – 신체 · 주거수색죄: 제321조

미수범: 제322조 (제319조 내지 제321조에 대하여)

주거침입의 죄에서 기본적 구성요건은 제319조 제1항의 주거침입죄이며, 동조 제2항의 퇴거불응죄와 제321조의 신체 · 주거수색죄는 각각 독립적 구성요건이다. 제320조의 특수주거침입 · 퇴거불응죄는 단체 또는 다중의 위력을 보이거나 위험한 물건을 휴대하여 주거침입죄나 퇴거불응죄를 범하는 경우로서 행위방법에 의하여 불법이 가중되는 가중적 구성요건이다. 이들 범죄에 대해서는 미수범이 처벌되고 있다(제322조).

2. 주거침입죄

2-1. 의 의

본죄는 사람의 주거, 관리하는 건조물, 선박이나 항공기 또는 점유하는 방실에 침입함으로써 성립하는 범죄이다. 단체 또는 다중의 위력을 보이거나 위험한 물건을 휴대[52]하여 본죄를 범하는 경

51) 주거침입죄의 보호법익에 관한 학설은 모두 주거권을 설명하는 이론이다. 따라서 이 이론만을 주거권설이라고 할 수는 없다.

52) 대법원 1994.10.11., 94도1991: "수인이 흉기를 휴대하여 타인의 건조물에 침입하기로 공모한 후 그중 일부는 밖에서 망을

우는 특수주거침입죄(제320조)가 성립한다. 2인 이상 공동하여 주거침입죄나 퇴거불응죄를 범한 경우 폭처법 제2조 제2항 제1호가 적용된다.

본죄는 단순히 타인의 특정한 장소적 영역에 침입함으로써 성립한다. 사생활의 평온이 현실적으로 침해되거나 또는 침해결과의 발생을 요하지 않는 형식범이며 추상적 위험범이다.[53] 이에 반하여 본죄를 침해범 · 결과범으로 해석하는 견해[54]가 있다. 이러한 입장의 근본적인 근거는 본죄의 미수범이 처벌된다는 점에 있다. 그러나 미수범은 결과가 발생하지 아니한 경우 뿐 아니라 행위를 종료하지 못한 경우에도 성립하므로 본죄의 미수범 처벌규정이 본죄를 결과범 · 침해범으로 해석해야 할 필수적인 이유는 될 수 없다.[55] 또한 본죄를 결과범 · 침해범으로 해석하면 치명적인 형벌의 공백이 나타나게 된다. 예컨대 일정한 목적[56]으로 주거권자의 부재중에 또는 주거권자가 알지 못하는 사이에 주거 등에 들어갔다 나온 경우에는 사생활의 평온이 전혀 침해되지 않는다. 그러나 이러한 경우에도 주거침입죄의 성립을 인정해야 한다. 만약 본죄를 침해범으로 해석한다면 이러한 경우에는 미수죄의 성립도 인정할 수 없게 된다. 이 경우에는 행위자에게 사생활의 평온을 교란할 침해범의 고의를 인정할 수가 없기 때문이다.

침해범설은 본죄의 미수범 처벌을 근거로 하고 있지만, 미수범 처벌에 대해서는 입법론적인 비판을 면할 수 없다. 왜냐 하면 본죄는 형식범이며 추상적 위험범으로 해석되어야 할 뿐만 아니라 경미한 범죄이므로 본죄의 미수범을 처벌하는 것은 형법의 보충성의 원칙이나 비범죄화의 요청에 비추어 부당하기 때문이다.

2-2. 행위객체

본죄의 행위객체는 사람의 주거, 관리하는 건조물, 선박이나 항공기 또는 점유하는 방실이다.

2-2-1. 사람의 주거

사람의 주거는 사람이 일상생활을 영위하기 위한 장소적 공간을 의미한다.[57] 이에 반하여 "형법이 본죄의 객체에서 '점유하는 방실'을 별도로 규정하고 있으므로 주거는 반드시 사람의 기와침식

보고 나머지 일부만이 건조물 안으로 들어갔을 경우에 있어서 특수주거침입죄의 구성요건이 충족되었다고 볼 수 있는지의 여부는 직접 건조물에 들어간 범인을 기준으로 하여 그 범인이 흉기를 휴대하였다고 볼 수 있느냐의 여부에 따라 결정되어야 한다."

53) 권오걸, 282면; 김성천/김형준, 290면; 손동권/김재윤, 258면; 정영일, 126면; 조준현, 289면; 동취지, 박상기, 226면; 이재상/장영민/강동범, 236면.

54) 김일수/서보학, 201면, 207면; 오영근, 203면; 임웅, 287면, 293면; 정성근/박광민, 262면; 진계호/이존걸, 279면.

55) 본죄가 추상적 위험범인 결과범이라는 견해로는 김성돈, 262면, 268면.

56) 예컨대 사모하는 여인의 방을 몰래 둘러보고 싶었기 때문에 또는 걸인이 별채나 별장 또는 선박 등에서 주인 몰래 수면을 취하기 위해서 등의 목적.

57) 김성천/김형준, 291면; 배종대, 234면; 이재상/장영민/강동범, 236면; 조준현, 289면.

(起臥寢食)에 사용하는 공간만을 의미한다"는 것이 다수설[58]의 입장이다. 그러나 '사람의 주거'와 '점유하는 방실'의 부분적 중첩이 본죄의 해석에서 불편을 가져오지 않으며, 또한 침식을 하지 않고 낮에만 기거하는 공간을 주거에서 제외시켜야 할 이유가 없다.

주거에는 건물 뿐 아니라 그 부속물(계단, 복도, 지하실, 정원)[59]도 포함되며, 부동산 뿐 아니라 동산(주거용 차량, 컨테이너박스)도 주거에 해당한다. 공동주택도 주거에 해당하므로 공동주택의 복도나 계단[60] 또는 지하주차장이나 엘리베이터[61]도 그 부속물로서 주거에 포함된다. 주거의 사용기간은 문제가 되지 않는다. 일시적으로 비워둔 집이나 일정 기간만 사용하는 별장도 주거에 해당한다. 주거의 시설이나 구조도 문제가 되지 않으므로 천막이나 판자집 또는 토굴도 주거에 해당한다.

2-2-2. 관리하는 건조물, 선박이나 항공기

여기서 관리하는 건조물은 부당한 타인의 출입을 배제하는 인적 · 물적 설비를 갖춘 주거 외의 건물과 그 부속물을 말한다. 수위 · 경비원 · 관리인 등을 두는 경우는 인적 설비에 의한 관리이며, 자물쇠로 잠그거나 문에 못질을 하는 경우는 물적 설비에 의한 관리에 해당한다. 그러나 출입금지 팻말만으로는 관리에 해당한다고 할 수 없다. 건조물은 지붕이 있고 담이나 기둥으로 토지에 정착된 것으로써 사람이 출입할 수 있는 구조를 가지고 있어야 한다.[62] 예컨대 공장 · 극장 · 창고 · 대학 강의실 등이 여기에 해당한다. 건조물에도 건물 뿐 아니라 그 부속물이 포함된다.[63] 다만 건조물의 부속물은 주거 등 건조물에 인접한 그 주변의 토지로서 외부와의 경계에 담 등이 설치되어 그 토지가 건조물의 이용에 제공되고 또 외부인이 함부로 출입할 수 없다는 점이 객관적으로 명확하게 드러나야 한다.[64]

---

58) 권오걸, 283면; 김성돈, 263면; 김일수/서보학, 202면; 박상기, 229면; 손동권/김재윤, 252면; 오영근, 203면; 이영란, 250면; 이형국, 296면; 임웅, 288면; 정성근/박광민, 263면; 정영일, 126면 이하; 진계호/이존걸, 281면.

59) 대법원 2001.4.24., 2001도1092: "주거침입죄에 있어서 주거라 함은 단순히 가옥 자체만을 말하는 것이 아니라 그 위요지를 포함하므로, 이미 수일 전에 2차례에 걸쳐 피해자를 강간하였던 피고인이 대문을 몰래 열고 들어와 담장과 피해자가 거주하던 방 사이의 좁은 통로에서 창문을 통하여 방안을 엿본 경우 주거침입죄에 해당한다."

60) 대법원 2009.8.20., 2009도3452: "주거침입죄에서 주거란 단순히 가옥 자체만을 말하는 것이 아니라 그 정원 등 위요지를 포함한다. 따라서 다가구용 단독주택이나 다세대주택 · 연립주택 · 아파트 등 공동주택 안에서 공용으로 사용하는 계단과 복도는, 주거로 사용하는 각 가구 또는 세대의 전용 부분에 필수적으로 부속하는 부분으로서 그 거주자들에 의하여 일상생활에서 감시 · 관리가 예정되어 있고 사실상의 주거의 평온을 보호할 필요성이 있는 부분이므로, 특별한 사정이 없는 한 주거침입죄의 객체인 '사람의 주거'에 해당한다."

61) 대법원 2009.9.10., 2009도4335.

62) 대법원 1989.2.28., 88도2430: 알미늄 샷시로 만든 1.5평의 담뱃가게; 대법원 2005.10., 2005도5351: 컨테이너박스.

63) 대법원 2004.6.10., 2003도6133: "전국공무원 노동자대회 전야제에 참가하기 위하여 들어 간 대학교 종합운동장은 대학교의 강의동을 비롯한 건조물에 인접한 부분이고, 대학교와 외부와의 경계에는 정문을 비롯하여 문과 담 등이 설치되어 있어 대학교 구내와 외부와는 명확히 구분되어 있다."

64) 대법원 2010.4.29., 2009도14643: "건조물의 이용에 기여하는 인접의 부속 토지라고 하더라도 인적 또는 물적 설비 등에 의한 구획 내지 통제가 없어 통상의 보행으로 그 경계를 쉽사리 넘을 수 있는 정도라고 한다면 일반적으로 외부인의 출입이 제한된다는 사정이 객관적으로 명확하게 드러났다고 보기 어려우므로, 이는 다른 특별한 사정이 없는 한 주거침입죄의 객체에 속하지 아니한다고 봄이 상당하다."

대법원[65]은 피고인들이 야간이나 이른 아침에 경비원의 통제를 피하여 담을 넘는 등의 방법으로 공사현장에 무단으로 들어간 뒤 타워크레인에 올라가 이를 점거한 사안에서 "타워크레인은……건조물에 해당하지 아니하고, 컨테이너 박스 등으로 가설된 현장사무실 또는 경비실 자체에 들어가지 아니하였다면, 피고인들이 위 공사현장의 구내에 들어간 행위를 위 공사현장 구내에 있는 건조물인 위 각 현장사무실 또는 경비실에 침입한 행위로 보거나, 위 공사현장 구내에 있는 건축 중인 건물에 침입한 행위로 볼 수 없다"고 판시하였다. 그러나 건조물에는 그 부속물도 포함되므로, 담을 넘어 건조물이 있는 공사현장으로 들어갔다면 주거침입죄의 성립을 인정해야 한다.

주거침입죄의 목적론적 의미를 고려하면 선박이나 항공기는 적어도 사람의 주거에 상응하는 정도의 규모가 되어야 한다(통설). 따라서 소형 모터보트나 카누 등은 여기에 해당하지 않는다.

2-2-3. 점유하는 방실

점유하는 방실은 건조물 내에서 사실상 지배 · 관리하는 구획을 말한다. 예컨대 점포, 연구실, 호텔, 투숙 중인 여관이나 호텔의 방 등이 점유하는 방실에 해당한다. 그러나 룸싸롱이나 노래방 또는 비디오방의 구획된 방이 점유하는 방실에 해당할 수는 없다. 주거침입죄의 목적론적 의미에서 이러한 공간은 단지 일시적 휴식이나 오락에 공하는 장소로서 주거의 이익이 없기 때문이다. 여기서는 룸싸롱 · 노래방 · 비디오방의 업소인 건조물에 침입한 주거침입죄가 문제된다. 업소의 주인은 해당 공간을 손님들에게 제공하기 위한 주거의 이익을 가진 주거권자이며, 주거침입죄의 피해자도 그 구획된 방실을 이용하는 자가 아니라 업소주인이라고 해야 한다. 동일한 관점에서 공중전화 부스나 공중화장실의 용변칸도 점유하는 방실이라고 할 수 없다.

판례[66]는 공중화장실의 용변칸도 주거침입죄의 객체로 판시했으나, 공중화장실의 용변칸을 주거권의 보호대상이 되는 주거공간으로 볼 수는 없다. 또한 배변만을 위한 용변칸의 일시적 용도는 주거침입죄의 계속범의 특성과도 융합되지 않는다. 특히 여성용 용변칸에 있는 여성이 남성의 출입과 체류를 허용하는 주거권을 가질 수도 없다. 이러한 것들을 고려하면 일시적 배변의 용도에만 공하는 용변칸을 주거침입죄의 객체로 해석할 수는 없다. 용변칸의 침입은 상황에 따라 강요죄나 강제추행죄 또는 강간미수죄 등으로 평가되어야 한다.

---

65) 대법원 2005.10., 2005도5351.

66) 대법원 2003.5.30., 2003도1256: "피고인이 피해자가 사용 중인 공중화장실의 용변칸에 노크하여 남편으로 오인한 피해자가 용변칸 문을 열자 강간할 의도로 용변칸에 들어간 것이라면 피해자가 명시적 또는 묵시적으로 이를 승낙하였다고 볼 수 없어 주거침입죄에 해당한다."

2-3. 행 위

본죄의 구성요건적 행위는 침입이다. 침입이란 신체적 침입으로써, 타인의 주거 등에 주거권자의 의사에 반하여 들어가는 것을 의미한다.

2-3-1. 신체적 침입

주거침입죄에서 침입은 신체적 침입을 의미한다. 따라서 밖에서 돌을 던지거나, 소리를 지르거나, 창문으로 들여다보거나 전화를 거는 것은 침입이라고 할 수 없다. 침입은 신체의 일부가 타인의 주거 등에 들어감으로써 충분하며, 이 때 본죄는 기수가 된다. 다만 본죄는 계속범으로서의 특성을 가지므로, 처음부터 순간적인 신체진입만을 의도한 경우라면 본죄의 성립을 인정할 수 없게 된다.[67] 예컨대 주거 등에 순간적으로 얼굴을 들이밀거나 방안의 물건을 절취하기 위해서 창문을 통하여 팔을 집 안으로 뻗는 행위는 본죄의 침입에 해당한다고 할 수 없다. 이에 반하여 계속적인 신체적 진입을 의도했던 경우라면 신체적 침입 즉시 퇴각되었어도 본죄의 성립을 인정해야 한다.

주거침입죄의 미수죄를 처벌하지 아니하는 독일형법과는 달리 본죄는 미수범을 처벌하고 있다. 판례[68]와 일부 학설[69]에서는 신체의 일부가 타인의 주거 등에 들어간 경우에 주거의 사실상 평온이 침해되었는가를 기준으로 본죄의 기수를 인정한다. 따라서 신체의 일부가 타인의 주거에 침입했어도 주거의 사실상 평온이 침해되지 않았다면 본죄의 미수를 인정하게 된다. 그러나 이와 같이 주거의 사실상 평온의 침해를 기준으로 기수와 미수를 구별한다면, 예컨대 부랑자가 주인이 출근한 사이 주거 등에 침입하여 잠만 자고 나온 경우를 본죄의 미수로 인정해야 하는 불합리한 결과를 초래한다. 현실적으로 판례에서도 사실상 사생활의 평온이 침해되지 아니한 경우에 주거침입죄의 성립을 인정[70]함으로써 주거의 사실상 평온이 침해되었는가를 기준으로 본죄의 기수를 인정하는 것과 모순된 입장을 취하고 있다.

침입의 개념은 '사람의 신체가 주거 등에 완전히 들어가는 것'이라고 해석함으로써 신체의 일부가 들어간 경우는 본죄의 미수라는 것이 일반적인 학설의 입장이다(통설). 그러나 이러한 통설에 의하면 행위자가 처음부터 신체의 일부만 들어갈 의도로 행동할 경우에는 미수범도 성립하지 않는다는 결론이 된다.[71] 또한 신체의 반을 출입문 안쪽으로 진입시킨 상태에서 출입문을 닫지 못하도록 하는 행위에 대해서는 본죄의 성립을 인정하는 것이 타당하다.

이와 같이 주거침입의 고의로 신체의 일부가 타인의 주거에 침입한 경우에 주거침입죄의 미수가

67) 이때는 주거침입 고의가 인정되지 않는다.

68) 대법원 1995.9.15., 94도2561; 서울북부지법 2008.9.2., 2008노777.

69) 권오걸, 291면; 김성천/김형준, 303면; 임웅, 293면; 정영일, 131면; 조준현, 295면.

70) 대법원 2001.4.24., 2001도1092: 대문을 몰래 열고 들어와 담장과 피해자가 거주하던 방 사이의 좁은 통로에서 창문을 통하여 방안을 엿본 경우; 대법원 2009.8.20., 2009도3452: 다가구용 단독주택인 빌라의 잠기지 않은 대문을 열고 들어가 공용계단으로 빌라 3층까지 올라갔다가 1층으로 내려온 경우.

71) 미수의 고의는 범죄를 완성하지 않으려는 의도이므로 고의가 부정된다. 따라서 이 경우는 미수범도 성립하지 않는다.

능성을 인정하거나 미수를 인정하는 견해는 타당하다고 할 수 없다. 본죄의 침입은 신체의 일부가 타인의 주거 등에 들어감으로써 충분하다고 해석하여야 한다.[72] 따라서 이러한 관점에서는 주거침입죄의 미수를 인정하기가 곤란하다. 주거의 침입은 신체의 일부가 타인의 주거에 들어감으로써 즉시 완성되는 형식범이며 추상적 위험범이기 때문이다. 입법론적으로는 경한 범죄에 속하는 추상적 위험범인 주거침입미수의 가벌성을 인정할 필요는 없을 것으로 판단된다.

판례[73]는 주거로 들어가는 문의 시정장치를 부수거나 문을 여는 등 침입을 위한 구체적 행위를 시작하면 주거침입죄의 실행의 착수를 인정하고 있으며, 일부의 학설[74]에서도 이러한 판례의 입장을 지지하고 있다. 또한 판례는 아파트의 베란다 철제난간까지 올라가 유리창문을 열려고 시도한 경우,[75] 출입문이 열려 있으면 안으로 들어가겠다는 의사 아래 출입문을 당겨보는 경우[76]에 주거침입죄의 실행의 착수를 인정하고 있다. 이에 반하여 침입 대상인 아파트에 사람이 있는지를 확인하기 위해 그 집의 초인종을 누른 행위,[77] 다세대주택에 침입하여 물건을 절취하기 위하여 가스배관을 타고 오르다가 순찰 중이던 경찰관에게 발각되어 그냥 뛰어내린 경우,[78] 담장이 없는 빌라 건물의 외벽 가스배관을 타고 이동하면서 침입할 범행대상을 물색하던 중 발각된 경우[79] 에는 주거침입죄의 실행의 착수를 부정하고 있다.

그러나 이와 같은 주거침입죄에서 실행의 착수에 관한 판례의 기준이 무엇인지 의문이 제기된다. 또한 형식범이고 추상적 위험범이면서 경미한 범죄인 주거침입죄의 미수를 처벌하는 것은 보충성의 원칙상 타당하다고도 할 수 없다. 주거침입의 의사[80]로 신체의 일부가 타인의 주거 등에 들어감으로써 신체적 침입이 이루어진 이상[81] 주거침입죄의 기수를 인정하여야

72) 김성천/김형준, 303면; 임웅, 293면; 정영일, 128면; 조준현, 295면.

73) 대법원 1995.9.15., 94도2561: "주거로 들어가는 문의 시정장치를 부수거나 문을 여는 등 침입을 위한 구체적 행위를 시작하였다면 주거침입죄의 실행의 착수는 있었다고 보아야 한다."; 동지, 대법원 2003.10.24., 2003도4417; 대법원 2008.3.27., 2008도917; 대법원 2009.12.24., 2009도9667.

74) 권오걸, 290면; 김일수/서보학, 208면; 오영근, 282면; 정성근/박광민, 255면; 정영일, 240면.

75) 대법원 2003.10.24., 2003도4417: "야간에 아파트에 침입하여 물건을 훔칠 의도하에 아파트의 베란다 철제난간까지 올라가 유리창문을 열려고 시도하였다면 야간주거침입절도죄의 실행에 착수한 것으로 보아야 한다."

76) 대법원 2006.9.14., 선고 2006도2824: "출입문이 열려 있으면 안으로 들어가겠다는 의사 아래 출입문을 당겨보는 행위는 바로 주거의 사실상의 평온을 침해할 객관적인 위험성을 포함하는 행위를 한 것으로 볼 수 있어 그것으로 주거침입의 실행에 착수한 것으로 보아야 한다."

77) 대법원 2008.4.10., 2008도1464: "침입 대상인 아파트에 사람이 있는지를 확인하기 위해 그 집의 초인종을 누른 행위만으로는 침입의 현실적 위험성을 포함하는 행위를 시작하였다거나, 주거의 사실상의 평온을 침해할 객관적인 위험성을 포함하는 행위를 한 것으로 볼 수 없다."

78) 대법원 2008.3.27., 2008도917: "야간에 다세대주택에 침입하여 물건을 절취하기 위하여 가스배관을 타고 오르다가 순찰 중이던 경찰관에게 발각되어 그냥 뛰어내렸다면, 야간주거침입절도죄의 실행의 착수에 이르지 못했다."

79) 대구지법 2006.8.18., 2006고합323,337: "담장이 없는 빌라 건물의 외벽 가스배관을 타고 이동하면서 침입할 범행대상을 물색하던 중 발각된 경우, 야간주거침입절도죄의 실행에 착수한 때에 해당하는지 않는다."

80) 주거침입의 의사란 어느 정도 시간적 계속성이 인정되는 침입의사를 의미한다. 따라서 순간적인 침입의사는 주거침입의 의사가 아니다.

81) 주거침입의 의사로 얼굴이나 팔 등을 주거권자의 의사에 반하여 타인의 주거 등에 진입시킨 이상 주거침입죄의 성립을 부

하며, 아직 신체적 침입이 이루어지지 않았다면 시정장치를 손괴하거나 유리창문을 열려고 시도하거나 출입문을 당겨보는 행위는 주거침입을 위한 준비행위에 불과하다고 해야 한다.

2-3-2. 주거권자의 의사

침입이란 타인의 주거 등에 주거권자의 의사에 반하여 들어가는 것을 의미한다.[82] 여기서 '의사에 반한다'라 함은 '권리자의 의사에 의하지 않음'을 의미한다.[83] 권리자의 반대의사는 명시적 뿐 아니라 추정적 의사로 충분하다.[84] 따라서 피해자가 수면 중이거나 부재중이어도 침입에 해당한다.

2-3-2-1. 주거권자

여기서 주거권자는 그 장소에 대하여 프라이버시의 이익을 갖는 자를 말한다. 일정한 공간에서 장소적 평온을 요구할 수 있는 자 내지 그 장소에서 타인의 출입과 체재 여부에 대하여 결정할 수 있는 자이다.

주거권은 적법하게 점유를 개시하여 사실상 주거에 거주하는 이상 그 주거를 점유할 권리 여부는 문제가 되지 아니한다. 예컨대 임대차나 전세계약이 만료된 이후에도 주거에 사실상 거주하고 있으면 주거권자에 해당한다. 따라서 임대차 기간이 만료된 후에도 임차인이 계속 거주하고 있는 건물에 소유자가 마음대로 들어가면 본죄가 성립하게 되며, 임차인이 소유자가 폐쇄한 출입구를 뜯고 들어가도 본죄는 성립하지 아니한다. 호텔이나 여관의 투숙한 방에 대하여는 투숙자 뿐 아니라 소유자나 관리자도 제3자에 대한 관계(외부관계)에서 주거권이 인정된다. 따라서 호텔이나 여관의 소유자나 관리자의 의사에 반하여 투숙객이 성매매나 혼숙을 목적으로 이성 미성년자를 몰래 불러들인 경우, 투숙객의 방으로 몰래 들어간 이성 미성년자의 행위는 비록 투숙객의 동의가 있었어도 주거침입죄에 해당한다. 그러나 호텔이나 여관의 소유자 · 관리자와 투숙객 사이의 내부관계에서는 투숙객이 소유자 · 관리자에 대하여 독립적인 주거권자가 된다.

2-3-2-2. 공동주거권자

하나의 주거에 수인이 같이 거주할 때에는 각자가 공동주거권자로서 주거권을 갖게 된다. 이 경우 공동주거권자들 내부관계에서는 각자의 주거권이 다른 공동주거권자의 권리를 침해해서는 안 된다는 제한을 받게 된다. 즉 공동주거권자의 일방은 다른 공동주거권자의 주거권을 배제할 수 없

정할 수는 없다. 이에 관하여는 대전고법 2002.5.31., 2002노114 판례사안 참조.

82) 대법원 2004.8.30., 2004도3212: "대학교가 교내에서의 집회를 허용하지 아니하고 집회와 관련된 외부인의 출입을 금지하였는데도 집회를 위하여 그 대학교에 들어간 것이라면 비록 대학교에 들어갈 때 구체적으로 제지를 받지 아니하였다고 하더라도 대학교 관리자의 의사에 반하여 건조물에 들어간 것으로서 건조물침입죄가 성립한다."; 동지, 대법원 2003.5.13., 2003도604.

83) Vgl. Rudolphi/Stein, SK StGB, § 123 Rdnr. 13.

84) Vgl. Wessels/Hettinger, BT/I, Rdnr. 585.

다. 따라서 공동주거권자 일방이 다른 공동주거권자의 의사에 반하여 주거에 들어가도 주거침입죄에 해당하지 않는다.

공동주거권자와 제3자의 외부관계는 공동주거권자들 사이의 법률관계를 기준으로 판단해야 한다. 공동주거권자들 사이의 법률관계는 제3자의 출입과 체재에 관하여 "각각의 공동주거권자 단독으로 결정할 수 있는지 또는 공동으로 결정해야 하는지"의 기준이 된다. 또한 제3자의 출입과 체재 여부에 관한 결정의 한계는 공동주거권자 사이의 법률관계를 기준으로 다른 공동주거권자의 인용의 기대가 불가능(Unzumutbarkeitsklausel)한 경우에 인정된다. 따라서 원칙적으로 각각의 공동주거권자에게는 독립적인 주거권이 인정된다. 타방 공동주거권자의 의사에 반한 경우라도 일방 공동주거권자의 동의에 의하여 제3자가 주거 등에 들어왔을 때에는 본죄가 성립하지 않는다. 그러나 기대불가능성의 관점에서 다른 공동주거권자에게 제3자의 출입과 체재에 대한 인용이 요구될 수 없는 경우에는 그 제3자가 일방 주거권자의 동의에 의하여 주거에 들어왔어도 본죄가 성립한다고 해야 한다.[85] 예컨대 배우자 일방과 간통의 목적으로 주거에 들어오는 것을 타방 배우자는 인용할 필요가 없으며, 따라서 이 경우에는 본죄의 성립을 인정해야 한다.[86] 판례[87]도 동일한 입장이다.

다수설[88]은 남편이 출타 중에 부인과의 간통을 위하여 부인의 동의로 주거에 들어와도 본죄가 성립하지 않는다고 한다. 본죄의 보호법익이 사실상 평온이라는 입장에서 주거권자가 현실적으로 출입에 동의했다면 사실상의 평온이 침해되지 않는다는 것을 근거로 한다. 특히 이러한 입장의 관철을 위하여 "남편이 부재중인 경우에는 본죄가 성립하지 않지만, 남편이 현재 주거에 있는 상태에서는 남편의 추정적 의사에 반하기 때문에 본죄가 성립한다"는 견해[89]도 있다. 그러나 본죄는 형식범, 추상적 위험범이다. 따라서 본죄는 주거에 대한 사실상의 평온이 현실적으로 침해되는 것을 요구하지 않는다. 주거권자의 부재중에도 본죄는 항상 성립할 수 있다. 예컨대 대낮 빈집털이 절도의 경우에 주저침입죄가 부정될 수는 없다. 본질적으로 사실상 평온의 현실적 침해라는 기준에 의해서 본죄의 성립 여부를 판단하는 다수설의 견해는 타당하다고 할 수 없다.

주거권자가 주거권의 행사를 타인에게 위탁한 경우에도 위탁의 범위에서 공동주거권이 인정된다. 따라서 이 경우에도 기대불가능성이라는 일반조항에 의하여 주거침입죄의 범위가 결정된다. 기대불가능성의 판단기준은 물론 공동주거권자 사이의 법률관계이다. 따라서 수탁자가 위탁의 범위를 넘어서 주거권을 행사한 경우에도 기대가능성의 범위에서는 본죄가 성립하지 않는다. 예컨대 가정부가 자신의 부모나 친구를 주거에 들어오도록 한 경우에는 비록 주인의 의사에 반할지라도 본죄

85) 이는 독일 통설의 입장이다: Vgl. Lenkner/Sternberg-Lieben, S-S StGB, § 123 Rdnr. 18 mwN.

86) 권오걸, 290면; 김성돈, 267면 이하; 박상기, 233면; 손동권/김재윤, 258면; 이재상/장영민/강동범, 240면; 정성근/박광민, 266면; 정영일, 130면; 조준현, 293면.

87) 대법원 1984.6.26., 83도685.

88) 김일수/서보학, 207면; 배종대, 238면; 백형구, 388면; 오영근, 207면; 이형국, 298면; 진계호/이존걸, 286면.

89) 김일수, 한국형법 III, 480면; 김성천/김형준, 301면; 임웅, 293면.

의 성립은 부정된다. 그러나 주인 여자의 간통증거를 찾으려는 심부름센터직원이 주거에 들어오는 경우에는 비록 가정부가 이에 동의했어도 본죄가 성립한다.

2-3-2-3. 주거권자의 의사

본죄의 침입은 주거권자의 의사에 반하여 주거 등에 들어가는 것이다.[90] 따라서 피해자인 주거권자의 동의가 있으면 본죄의 구성요건적 행위인 침입의 요건을 충족시키지 못하게 된다. 따라서 본죄의 피해자의 동의는 위법성을 조각하는 승낙이 아니라 구성요건해당성을 배제하는 양해로 평가된다.

양해는 사실적 개념으로서 의사능력 있는 자의 현실적인 내적 동의를 말한다.[91] 양해라는 법익주체의 내적 동의가 현실적으로 존재하고 있으면 언제나 유효한 양해가 된다. 따라서 법익주체의 의사의 하자, 판단능력의 미흡, 의사의 명시적 표시여부 등은 양해의 성립에 영향을 주지 못한다. 또한 행위자의 기망도 법익주체의 양해에 영향을 주지 못한다. 다만 강요나 강박에 의한 피해자의 동의는 양해가 아니다. 이 경우는 법익주체의 내적 동의로 평가될 수 없기 때문이다.

이에 반하여 행위자가 직접적으로 주거권자의 하자 있는 동의를 이끌어 낸 경우에는 주거권자의 추정적 의사에 합치하지 않는 한 침입이라는 것이 다수설[92]과 판례[93]의 입장이다. 따라서 입장권이 없는 입장이나 대리시험 또는 도청기를 설치하기 위하여 타인의 건조물 등에 들어간 경우는 침입에 해당한다고 한다. 그러나 기망이나 현혹에 의한 경우라도 주거권자는 착오에 의하여 기망자의 출입을 내적으로 동의하고 있으므로 침입에 해당할 수는 없다. 따라서 입장권 없이 입장하는 경우에는 사기죄, 대리시험을 위하여 시험장에 입실한 경우에는 업무방해죄 내지 위계에 의한 공무집행방해죄, 도청하기 위한 경우는 통신비밀보호법에 의한 처벌은 별도로 하고, 주거침입죄는 성립할 여지가 없다.[94] 특히 입장권 없이 입장하는 경우에 통설과 같이 주거침입죄의 성립을 인정한다면, 입장을 허가한 피해자의 의사에 의한 처분행위를 부정하는 결과가 된다. 그렇다면 이 경우 사기죄의 인정이 곤란하게 되며, 절도죄는 재물죄이므로 결국 재산죄에 관하여는 형벌의 공백이 생기게 된다.

---

90) 대법원 1984.2.14., 83도2897: "인근동리에 사는 고모의 아들인 피해자의 집에 잠시 들어가 있는 동안에 동 피해자에게 돈을 갚기 위하여 찾아온 동 피해자의 이질의 돈을 절취하였다면 피고인이 당초부터 불법목적을 가지고 위 피해자의 집에 들어갔거나 그의 의사에 반하여 그의 집에 들어간 것이 아니어서 주거침입죄 부분의 공소사실은 범죄의 증명이 없는 때에 해당한다."

91) 이에 관하여는 이정원/류석준, 형법총론, '제2편, 제3장, 제5절, 1-2-2. 양해와 승낙의 법적 성적, (1) 양해의 법적 성격' 참조.

92) 권오걸, 288면; 김일수, 한국형법 III, 481면; 배종대, 239면; 손동권/김재윤, 254면 이하; 오영근, 207면; 이영란, 254면; 이형국, 298면; 정성근/박광민, 266면; 정영일, 129면; 조준현, 291면; 진계호/이존걸, 283면.

93) 대법원 1967.12.19., 67도1281; 대법원 1978.10.10., 75도2665; 대법원 1979.10.10., 79도1882; 대법원 1997.3.28., 95도2674; 대법원 2003.5.30., 2003도1256; 대법원 2007.8.23., 2007도2595.

94) 김성천/김형준, 298면; 김일수/서보학, 205면 이하; 박상기, 231면; 이재상/장영민/강동범, 242면 이하; 하태훈, 승낙의 의사표시의 흠결과 주거침입죄의 성부, 형사판례연구(6), 1998.7, 232면.

일반적인 기망과 범죄목적의 기망을 구별하여 일반적인 기망의 경우에는 주거침입죄의 성립을 부정하는 반면에, 범죄목적의 기망인 경우는 프라이버시의 침해가 있었는가를 기준으로 본죄의 성립 여부를 결정하는 견해[95]가 있다. 예컨대 뇌물공여의 목적을 숨긴 경우는 주거권자에 대한 프라이버시의 침해가 없으므로 본죄의 성립이 부정된다는 것이다. 그러나 이는 주거권자가 공여뇌물을 수령할 의도가 있는 경우에만 프라이버시의 침해가 없다고 할 수 있을 뿐이다. 도대체 어떤 근거와 기준으로 범죄 종류를 구별하여 주거침입죄의 성립 여부를 결정하려는 것인지 의문이 제기된다. 그밖에 일반적인 기망과 범죄목적의 기망을 구별하는 근거가 무엇인지 의문이다. 예컨대 집요한 채권추심의 목적을 숨기고 외판원으로 가장하여 주거에 들어간 경우와 절도의 목적을 숨기고 이웃집을 방문한 경우를 달리 취급해야 하는 이유가 무엇인지 의문이다.

주거권자의 동의와 관련하여 공중에 출입이 허용된 장소의 경우가 문제된다. 이 경우는 사전에 주거권자의 동의가 전제되어 있기 때문이다. 판례[96]와 소수설[97]에서는 공중에 출입이 허용된 장소라 할지라도 부정행위를 할 목적으로 들어간 경우 주거침입죄의 성립을 인정한다. 그러나 단순히 목적이 불법하다는 것만으로 주거침입죄의 성립을 인정할 수는 없다(통설). 공중에 출입이 허용된 장소에 들어가는 것은 주거권자의 의사에 반하지 않으므로 침입에 해당할 수 없기 때문이다. 다만 통설 중에서도 '행위자가 직접적으로 주거권자의 하자 있는 동의를 이끌어 낸 경우'는 주거침입죄를 인정하면서도, '공중의 출입이 허가된 장소에 범죄목적으로 들어 간 경우'에 주거침입죄를 부정하는 견해[98] 는 논리의 일관성을 유지하지 못한다는 비판을 변할 수 없다.

공중에 출입이 허용된 장소라 할지라도 화장실 창문 등을 통하여 몰래 잠입[99]한다든지 또는 복면을 하거나 흉기를 들고 난입하는 경우[100]는 침입에 해당한다.

주거권자가 타인의 출입이나 체재를 동의했다면 본죄의 침입개념을 충족할 수 없으므로 본죄가 성립하지 않는다. 또한 본죄는 중대한 범죄는 아니다. 따라서 입법론적으로는 본죄를 친고죄나 반의사불벌죄로 규정할 필요가 있다.[101] 독일형법은 본죄를 친고죄로 규정하고 있다.

95) 김성돈, 266면; 임웅, 290면 이하.

96) 대법원 1967.12.19, 67도1281; 대법원 1979.10.10, 79도1882; 대법원 1997.3.28, 95도2674; 대법원 2007.3.15, 2006도7079.

97) 권오걸, 288면; 김성돈, 266면 이하; 백형구, 389면; 이영란, 255면; 조준현, 291면 이하.

98) 배종대, 239면; 손동권/김재윤, 255면, 256면; 오영근, 207면, 208면; 이형국, 298면; 임웅, 290면, 292면; 정성근/박광민, 266면, 267면; 정영일, 129면, 130면; 진계호/이존걸, 283면, 285면.

99) 대법원 1990.3.13., 90도173; 대법원 1995.9.15., 94도3336; 대법원 2007.8.23., 2007도2595.

100) 대법원 1983.3.8., 82도1363; 대법원 1996.5.10., 96도419.

101) 동지, 김일수, 한국형법 Ⅲ, 475면 이하; 임웅, 287면.

2-3-3. 부작위에 의한 침입

본죄의 구성요건적 행위인 침입은 부작위에 의하여도 가능하다는 것이 학설의 일반적인 입장이다(통설). 그러나 주거에서의 사생활의 평온에 대한 죄와 관련하여 형법은 퇴거불응죄를 진정부작위범의 형태로 규정하고 있다. 또한 부진정부작위범에 관한 실질설[102]의 입장에서 주거침입죄는 형식범이며 추상적 위험범이므로 부진정부작위 형태에 의한 정범의 성립은 불가능하다. 예컨대 경비원이나 수위가 제3자에 의한 주거침입을 방지하지 아니한 경우는 제3자가 주거침입자이고 경비원이나 수위는 주거침입죄의 방조범에 불과하다.[103] 경비원이 제3자의 침입을 방지하지 않았다는 것은 침입을 용이하게 해주는 행위이지, 그 자체가 침입행위가 될 수는 없다. 이러한 형식범에서는 일단 침입이라는 행위정형의 동가치를 인정하는 것이 불가능하다. 주거침입죄는 침입이라는 특별한 행위반가치를 불법내용으로 하는 범죄이다.

따라서 허가를 받고 들어온 자가 그 시간을 넘어서 머무르는 행위는 그 자체로 주거침입이 아니라, 퇴거요구에 불응하면 퇴거불응죄가 성립하게 된다.[104] 이는 착오로 타인의 주거에 들어온 자가 자신의 착오를 인식했지만 그대로 머무르는 경우에도 동일하다. 침입당시 고의가 없는 행위를 사후에 이를 인용한다고 하여 본죄의 성립을 인정할 수는 없다. 따라서 침입이라는 행위정형의 동가치가 인정될 수 없는 이러한 경우를 부진정부작위범으로 처벌해서는 안 된다. 또한 폐장 이후에 절도죄를 범하기 위하여 백화점에 들어와서 폐장시간까지 숨어 있는 경우는 폐장시간의 퇴거요구에 응하지 아니하는 퇴거불응죄에 해당한다. 또는 들어갈 수 없는 은밀한 곳에 숨어 있는 경우라면 '나가지 않음'이라는 부작위가 아니라 '숨어들음 내지 잠입'이라는 작위(침입)행위로 평가되어야 한다. 따라서 이 경우는 작위에 의한 주거침입죄가 성립한다.

2-4. 위법성

주거침입죄의 구성요건에 해당하는 행위도 일반적인 위법성조각사유에 의하여 허용될 수 있다. 민·형사소송법상의 강제처분이나 강제집행 등은 법률에 의한 행위로서 위법성이 조각된다. 현재의 위난을 피하기 위하여 타인의 주거에 들어가는 경우에는 긴급피난으로 허용될 수 있다.[105] 동파된 수도를 고치기 위하여 비어 있는 이웃집에 들어가는 경우는 추정적 승낙에 의하여 위법성이 조

102) 이에 관하여는 이정원/류석준, 형법총론, '제3편, 제3장, 1-2-2. 실질설' 참조.

103) 동지, 박상기, 230면; 백형구, 389면.

104) 오영근, 205면; 이영란, 252면; 정영일, 129면; 진계호/이존걸, 282면 이하.

105) 대법원 2004.2.13., 2003도7393: "연립주택 아래층에 사는 피해자가 위층 피고인의 집으로 통하는 상수도관의 밸브를 임의로 잠근 후 이를 피고인에게 알리지 않아 하루 동안 수돗물이 나오지 않은 고통을 겪었던 피고인이 상수도관의 밸브를 확인하고 이를 열기 위하여 부득이 피해자의 집에 들어간 행위는 정당행위에 해당한다." 그러나 이 경우는 정당방위 내지 긴급피난으로 보는 것이 타당하다.

각될 수 있다. 그러나 이 경우 위법성조각의 실질적인 근거를 피해자의 동의의 관점에서 파악해서는 안 되며, 오직 피해자의 실질적 이익을 위한 행위라는 관점에서 파악해야 한다.[106]

3. 퇴거불응죄

본죄는 적법하게 타인의 주거 등에 들어간 자가 주거권자의 퇴거요구에 응하지 않음으로써 성립하는 범죄이다. 본죄는 진정부작위범이다. 퇴거요구자는 주거권자이며, 주거권자를 대리하거나 주거권을 위탁받은 자도 퇴거요구를 할 수 있다. 그러나 퇴거요구는 공법상 또는 사법상의 권리에 의하여 제한될 수 있다. 예컨대 음식점에 들어온 사람은 식사를 마칠 때까지 퇴거요구에 응할 필요가 없다. 부작위범에서의 부작위는 "가능한 작위를 하지 않음"을 의미한다. 따라서 본죄는 퇴거요구에 응할 수 있음에도 응하지 않음으로써 성립한다. 본죄는 퇴거요구에 응하지 않음으로써 즉시 기수에 이르게 된다. 따라서 본죄의 미수범을 처벌하는 규정(제322조)은 입법의 오류이다(통설).

4. 신체 · 주거수색죄

본죄는 사람의 신체, 주거, 관리하는 건조물, 자동차, 선박이나 항공기 또는 점유하는 방실을 수색함으로써 성립한다. 수색이란 사람 또는 물건을 발견하기 위하여 일정한 장소를 조사하는 것을 말한다. 주거침입죄에서의 행위객체인 건조물이나 선박은 주거침입죄의 목적론적 의미에 따라 일정한 설비나 규모를 요하는데 반하여, 본죄의 행위객체인 건조물 · 자동차 · 항공기 · 선박에 대해서는 이와 같은 일정한 설비나 규모를 요하지 않는다. 본죄의 규범의 보호목적의 관점에서 일정한 설비나 규모가 수색의 대상이 될 수는 없기 때문이다.

---

106) 이에 관하여는 이정원/류석준, 형법총론, '제2편, 제3장, 제5절, 3-2. 추정적 승낙의 법적 성질' 참조.

제5장 재산에 대한 죄

재산에 대한 죄는 개인의 재산을 보호법익으로 하는 죄이다. 형법은 재산에 대한 죄로 제38장의 절도와 강도의 죄, 제39장의 사기와 공갈의 죄, 제40장의 횡령과 배임의 죄, 제41장의 장물에 관한 죄, 제42장의 손괴의 죄 및 제37장의 권리행사를 방해하는 죄를 규정하고 있다. 재산에 대한 죄에서 이와 같은 형법의 편제는 법익에 대한 침해방법을 기준으로 분류하였다는 점에 특징이 있다. 즉 제38장의 절도와 강도의 죄는 피해자의 의사에 반한 재산침해행위로서 소위 탈취죄라고 하는 반면에, 제39장의 사기와 공갈의 죄는 피해자의 하자있는 의사에 의한 처분행위를 통하여 타인의 재산권을 침해하는 행위로서 편취죄라고 한다. 또한 제40장의 횡령과 배임의 죄는 신임관계에 위배하여 타인의 재산권을 침해하는 행위이며, 제42장의 손괴의 죄는 재물의 효용을 해함으로써 타인의 재산권을 침해하는 행위이다.

이들 재산에 대한 죄는 보호법익의 구체적인 내용에 따라, 재물의 소유권을 보호법익으로 하는 절도죄 · 횡령죄 · 손괴죄 · 장물죄, 전체로서의 재산권을 보호법익으로 하는 강도죄 · 사기죄 · 공갈죄 · 배임죄, 소유권 이외의 물권이나 채권을 보호법익으로 하는 권리행사방해죄로 분류된다. 또한 재산에 대한 죄는 행위객체를 기준으로 분류될 수 있다. 절도죄 · 횡령죄 · 장물죄 · 손괴죄는 재물을 대상으로 하는 재물죄이고, 배임죄는 재산상의 이익을 대상으로 하는 이득죄이며, 강도죄 · 사기죄 · 공갈죄는 재물과 재산상의 이익을 모두 그 대상으로 하는 재물죄인 동시에 이득죄이다.

제1절 절도의 죄

1. 절도의 죄 일반론

1-1. 의 의

절도의 죄는 타인의 재물을 절취함으로써 성립하는 범죄이다. 행위대상은 재물에 한정되며, 재물의 소유권을 그 보호법익으로 한다. 절도죄의 구성요건적 행위는 절취행위로서 탈취죄에 해당하며, 타인의 재물을 불법하게 영득하려는 의사를 요한다.

절도의 죄는 재물에 대한 실질적인 경제적 가치를 보호법익으로 하는 것이 아니라, 그 재물에 대한 형식적인 소유권을 보호법익으로 한다.[1] 이에 반하여 절도죄는 재물에 대한 소유권을 주된 보호법익으로 하지만 점유권도 부수적인 보호법익이라는 견해[2]가 있다. 이는 특히 "적법한 권원에 의한 점유자가 제3자로부터 불법하게 점유를 침탈당하는 경우에 형법의 점유권자 보호가 충분하지 못하다"는 점에서 주장되고 있다. 그러나 이러한 경우에도 재물의 소유자가 피해자인 절도죄는 성립하고 있으며, 적법한 점유를 침탈당한 자는 당해 절도범죄에 의한 반사적 피해자에 불과하다. 이는 제329조가 절도죄의 객체를 타인(타인소유)의 재물로 규정하고 있다는 점에서도 명백하다. 만약 형법이 제3자에 의한 불법한 점유침탈에 대하여 적법한 점유자를 특히 보호하려 한다면, 이는 형법의 구조상 절도죄의 규정이 아니라 권리행사방해죄의 규정을 통하여 해결해야 한다.

보호법익이 보호받는 정도에 의하여 절도죄를 위험범이라고 해석하는 견해[3]가 있다. 절도죄에 의하여 범인이 외관상 소유자의 지위를 취득할 수는 있어도 이로 인하여 피해자가 소유권을 상실하지 않는다는 것을 이유로 한다.[4] 동일한 관점에서 소유권에 관한 한 위험범이고 점유권에 관한 한 침해범이라는 견해[5]도 있다. 그러나 절도죄에 의하여 재물의 소유자는 소유권의 내용인 사용·수익·처분이 방해되고 있으며, 따라서 소유권의 완전한 행사가 사실상 침해되었다. 그러므로 절도죄는 침해범이며 결과범으로 해석하여야 한다(통설).

1-2. 구성요건의 체계

[절도의 죄]

기본적 구성요건 – 절도죄: 제329조
가중적 구성요건 – 야간주거침입절도죄: 제330조; 특수절도죄: 제331조; 상습절도죄: 제332조
독립적 구성요건 – 자동차 등 불법사용죄: 제331조의2; 상습자동차 등 불법사용죄: 제332조

미수범: 제342조 (제329조 내지 제332조에 대하여)
자격정지의 병과: 제345조 (제329조 내지 제332조에 대하여)
친족상도례: 제344조, 제328조 (제329조 내지 제332조의 죄와 그 미수죄에 대하여)
동력: 제346조 (관리할 수 있는 동력의 재물 간주)

1) 김성천/김형준, 312면; 김일수/서보학, 223면; 박상기, 247면; 배종대, 246면; 이영란, 275면; 이재상/장영민/강동범, 250면; 정영일, 137면; 조준현, 303면; 진계호/이존걸, 317면.
2) 권오걸, 303면; 김성돈, 276면; 손동권/김재윤, 271면; 이형국, 312면; 임웅, 310면 이하; 정성근/박광민, 293면; 동취지, 사실상의 소유상태로 해석하는 견해로는 오영근, 237면.
3) 김성천/김형준, 312면; 이재상/장영민/강동범, 250면.
4) 점유권과 관련하여서도 범인은 재물절취로 재물을 불법 점유할 뿐 재물을 점유할 권리를 취득하는 것은 아니다. 또한 피해자도 재물을 사실상 점유할 수 없을 뿐 점유할 권리를 상실하는 것도 아니다.
5) 임웅, 310면; 동취지, 손동권/김재윤, 263면.

절도의 죄에서 기본적 구성요건은 제329조의 절도죄이다. 제330조의 야간주거침입절도죄, 제331조의 특수절도죄는 행위방법에 의하여 불법이 가중되는 가중적 구성요건이며, 제332조의 상습절도죄는 책임이 가중된 가중적 구성요건이다. 제331조의2의 자동차 등 불법사용죄는 소위 사용절도를 처벌하기 위하여 개정형법이 신설한 규정으로써 절도죄와는 성질이 다른 독립적 구성요건에 해당한다. 자동차 등 불법사용죄의 상습범도 제332조에 의하여 가중처벌된다.

절도의 죄에 대하여는 미수범이 처벌되며(제342조), 절도의 죄와 그 미수범의 죄에 대하여는 자격정지가 병과될 수 있다(제345조). 또한 절도의 죄에 대하여는 제328조에 의한 친족상도례가 적용된다(제344조). 절도의 죄에서 관리할 수 있는 동력은 재물로 간주된다(제346조).

2. 절도죄

2-1. 행위객체

본죄의 행위객체는 타인의 재물이다.

2-1-1. 재 물

2-1-1-1. 재물의 개념

본래 재물은 유체물을 의미한다. 그러나 제346조는 절도와 강도의 죄에서 관리할 수 있는 동력을 재물로 간주하고 있으며, 이 규정을 각각 사기와 공갈의 죄, 횡령과 배임의 죄 및 손괴의 죄에서 준용하고 있다. 이러한 제346조의 재물간주규정과 관련하여 재물개념을 어떻게 이해할 것인지에 대해서는 유체성설과 관리가능성설의 대립이 있다.

관리가능성설[6]은 본죄의 재물을 민법 제98조의 물건(유체물 및 전기 기타 관리할 수 있는 자연력)과 동일하게 이해한다. 본죄의 재물은 유체물과 관리가능한 무체물을 포함하는 개념이며, 제346조는 단순한 주의규정에 불과하다는 것이다. 특히 형법은 권리행사방해죄와 장물죄에서 제346조를 준용하고 있지 않으므로 권리행사방해죄에서의 물건과 장물죄에서의 장물의 해석에서 관리가능성설은 의미가 있다고 한다. 유체성설[7]은 본죄의 재물을 유체물로 이해하며, 제346조를 관리가능한 동력도 유체물과 동일하게 취급하려는 예외적인 특별규정으로 본다.

제346조의 역사적 · 논리적 · 목적론적 의미는 "본래 재물(유체물)의 개념에 포함시킬 수 없는 동력

6) 백형구, 118면; 오영근, 218면 이하; 이영란, 262면; 이재상/장영민/강동범, 253면; 이형국, 318면; 임웅, 314면; 정성근/박광민, 279면; 진계호/이존걸, 290면.

7) 김성돈, 278면; 김일수, 한국형법 III, 527면; 김일수/서보학, 225면; 박상기, 241면; 배종대, 249면; 손동권/김재윤, 274면.

도 유체물과 동일한 정도의 관리가 가능하고, 유체물과 동일한 정도의 형법적 보호가 필요한 경우는 재물로 간주한다"는 것으로 이해된다. 따라서 유체물을 제외한 '관리할 수 있는 동력'은 절취행위의 대상으로서도 예외적인 해석을 필요로 한다. 예컨대 타인의 전기를 몰래 사용하는 행위를 절취의 본래적 의미(타인점유의 배제와 새로운 점유의 설정)와 동일하게 해석할 수는 없다.[8] 또한 모든 관리가능한 무체물(관리하는 타인의 비밀이나 정보 등)을 절도죄의 객체로 볼 수도 없다. 무엇보다도 형법은 동력의 재물간주규정을 개별적인 준용규정을 통하여 그 적용범위를 한정하고 있다. 이러한 점에서 유체성설이 타당하다.

> 관리가능성설은 "형법이 권리행사방해죄와 장물죄에서 제346조를 준용하고 있지 않으므로 권리행사방해죄에서의 물건과 장물죄에서의 장물의 해석에서 실익이 있다"고 주장한다.[9] 그러나 장물죄의 본범에 대해서는 제346조가 적용되거나 준용됨으로써 관리가능한 동력이 장물에 포함되므로 이 한도에서 관리가능성설의 특별한 실익은 존재하지 않는다. 또한 권리행사방해죄에서의 물건에도 관리가능한 동력을 포함시킬 실익은 존재하지 않는다. 물론 전기 등의 관리할 수 있는 동력이 자기소유 타인점유와 유사한 형태로 존재할 수는 있으며, 이때 권리행사방해죄의 대상이 될 수도 있다. 예컨대 한국전력이 부당하게 단전조치를 취하는 경우가 그러하다. 그러나 이러한 행위가 권리행사방해 행위인 취거 · 은닉 · 손괴행위에 포섭되어 권리행사방해죄가 성립될 수 있는지 의문이 제기된다. 또는 전기 등의 사용권자가 이를 제3자에게 사용토록 하는 경우를 자기소유 타인점유의 전기라고 할 수 있는지 의문이다. 만약 이러한 경우들을 형법에 의하여 보호할 필요가 있다면 이는 물건개념의 확장이라는 방법이 아니라 다른 특별규정을 통해서 해결하여야 할 것이다. 형벌의 필요성만 가지고 형벌의 범위를 확장하는 것은 죄형법정주의에 반한다.

2-1-1-2. 유체물과 관리가능한 동력

본죄의 객체인 재물은 유체물과 제346조의 관리할 수 있는 동력이다.

2-1-1-2-1. 유체물

유체물은 일정한 공간을 차지하고 있는 물체를 말한다. 반드시 고체에 한정되지 않으며, 액체나 기체도 유체물에 해당한다. 다만 모든 유체물이 본죄의 객체가 될 수는 없으며, 물리적인 관리가 가능한 유체물만이 본죄의 재물에 해당한다. 물리적인 관리가 불가능한 유체물은 본죄의 행위인 절취의 대상이 될 수 없기 때문이다. 따라서 해 · 달 · 별 · 바닷물 · 공기는 본죄의 재물에 해당하지 않는다. 권리는 유체물이 아니지만, 권리가 문서 등에 유체화되면 본죄의 재물에 해당한다. 예컨대 어

---

8) 민법 제98조도 유체물 외에 전기 기타 관리할 수 있는 자연력을 물건에 포함시키겠다는 예외적인 의미로 이해되어야 한다. 전기 기타 관리할 수 있는 자연력을 대상으로 하는 권리(특히 소유권이나 점유권)가 유체물에 대한 권리와 동일할 수는 없기 때문이다. 전기 기타 관리할 수 있는 자연력은 소유권이나 점유권의 대상이라기보다는 주로 사용권의 대상으로 보여 진다.

9) 오영근, 218면 이하; 이재상/장영민/강동범, 252면; 임웅, 313면; 정성근/박광민, 279면.

음 · 수표 · 상품권 등이 그러하다. 정보도 그 자체로는 재물에 해당하지 않지만, 정보를 기재한 자료는 유체물에 해당한다.[10)]

사람의 인체는 유체물이지만 권리의 대상이 아니므로 본죄의 재물이 될 수 없다. 따라서 인체의 일부나 인체에 완전히 부착된 치료보조장치(예컨대 의치 등)는 본죄의 재물에 해당하지 않는다. 그러나 인체에 부착된 치료보조장치라도 그 부착의 정도나 용도 등을 고려한 목적론적 해석에 의하여 구체적인 경우에 재물성이 인정될 수 있다. 독자적인 생리적 기능 없이 오직 외관상의 용도에 공하는 물건은 영득범죄나 손괴범죄의 대상인 재물에 해당할 수 있다. 예컨대 가발이나 의수 · 의족[11)] 등이 여기에 해당한다. 또한 안경이나 콘택트렌즈 등도 그 부착정도에 의하여 인체의 일부가 아닌 영득범죄나 손괴죄의 대상인 재물로 평가된다. 사체는 영득의 대상이 될 수 있으나, 제161조 사체 등의 영득죄의 범위에서는 본죄의 객체가 될 수 없다. 다만 사체나 유골도 의학실험이나 학술연구의 대상인 때에는 본죄의 객체가 된다.

2-1-1-2-2. 관리할 수 있는 동력

제346조에 의하여 관리할 수 있는 동력도 본죄의 재물로 간주된다. 여기서의 관리는 물리적 관리를 의미하며, 사무적 관리를 포함하지 않는다. 사무적 관리를 포함할 경우에는 재물과 재산상의 이익의 구별이 불가능해지기 때문이다. 따라서 물리적 관리가 불가능한 권리[12)]나 정보[13)]는 본죄의 객체가 되지 않는다.

동력은 전기 · 수력 · 압력 · 인공냉기 · 인공온기 등의 에너지를 의미한다. 본죄에서 이러한 에너지는 영득의 대상이 되어야하기 때문에 피해자의 관리로부터 완전하게 행위자의 관리로 이전시킬 수 있는 대상에 한하여 본죄의 객체가 될 수 있다. 피해자의 관리를 배제시킬 수 있는데 불과한 에너지는 손괴죄의 대상인 재물이 될 수 있을 뿐이다.

> 전파는 관리가능성이 없으므로 본조에 의하여 재물로 간주될 수 없다는 것이 일반적인 학설의 입장이다(통설). 그러나 유선방송이나 일반전화의 경우에는 선을 연결하는 방법에 의하

10) 대법원 2008.2.15., 2005도6223: "사원이 회사를 퇴사하면서 부품과 원료의 배합비율과 제조공정을 기술한 자료와 회사가 시제품의 품질을 확인하거나 제조기술 향상을 위한 각종 실험을 통하여 나타난 결과를 기재한 자료를 가져간 경우 이는 절도에 해당한다."; 동지, 대법원 1986.9.23., 86도1205.

11) 의수나 의족은 사람의 일정한 활동이나 장소적 이동을 가능케 하는 기능의 치료보조도구로 생각될 수도 있지만, 이러한 기능 역시 독자적인 생리적 기능으로 평가될 수는 없으므로 신체의 일부로 볼 수는 없다. 의족이나 의수도 예컨대 기능이 탁월한 지팡이 정도의 기능에 불과할 뿐이다. 그러나 과학의 발달에 의하여 사람의 신경체계와 완전히 연결될 수 있는 의수나 의족이 개발된다면 신체의 일부로 볼 수 있게 될 것이다.

12) 대법원 1994.3.8., 93도2272.

13) 대법원 2002.7.12., 2002도745: "컴퓨터에 저장되어 있는 '정보' 그 자체는 유체물이라고 볼 수도 없고, 물질성을 가진 동력도 아니므로 재물이 될 수 없다 할 것이며, 또 이를 복사하거나 출력하였다 할지라도 그 정보 자체가 감소하거나 피해자의 점유 및 이용가능성을 감소시키는 것이 아니므로 그 복사나 출력 행위를 가지고 절도죄를 구성한다고 볼 수도 없다."; 동취지, 대법원 1996.8.23., 95도192.

여 도용이 가능하며, 이러한 형태는 전기절도의 경우와 완전히 동일한 방법이 된다. 또한 휴대전화의 발달은 무선전화의 도용도 가능하게 하였다. 현대과학의 발달은 어느 정도 관리가 가능한 전파를 등장시켰다. 따라서 전파의 관리가능성을 부정함으로써 제346조의 재물간주 규정에서 전파를 제외시킨 관점은 그 타당성이 약화될 수밖에 없게 되었다.[14]

제346조의 '동력'을 일정한 에너지에 국한시킴으로써 전파를 본조의 대상에서 배제[15]시키는 관점도 너무 형식적이다. 본조의 목적론적 의미는 "유체물의 점유와 동일할 정도로 관리가 가능한 무체물도 재물로 간주한다"고 이해하는 것이 타당하다.[16] 제346조에서는 관리할 수 있는 동력이 재물이기 때문에 절도죄의 객체로 규정한 것이 아니라, 실제로는 재물이 아니지만 그 물리적 관리가능성에 의하여 재물과 동일한 법적 보호를 누릴 수 있도록 한 것이다.

한편 대법원[17]은 남의 집에 몰래 들어가 국제전화를 한 피고인에게 절도죄에 관하여 무죄를 선고한 원심을 확정했다. "타인의 전화기를 무단으로 사용하는 행위는 상대방과의 통신을 매개하여 주는 역무, 즉 전기통신사업자에 의하여 가능하게 된 전화기의 음향송수신 기능을 부당하게 이용하는 것으로 이러한 내용의 역무는 무형적 이익에 불과하고 물리적 관리의 대상인 재물이 될 수 없다"는 것이다. 이러한 대법원의 관점은 사실관계를 정확하게 판단한 것이다. 그러나 관리할 수 있는 동력, 예컨대 전기의 절취도 실제로는 비용을 지불하지 않고 전기공급서비스를 취하는 행위라는 점에서 이와 거의 동일하다. 전기절취의 경우도 재물의 영득이 아니라 이익의 취득에 해당할 뿐이다.

실제로 일정한 정도의 물리적 관리는 동력에 대해서만 가능한 것이 아니다. 전기의 공급 이외에도 전화이용의 공급이나 유선방송이용의 공급 등은 유체물인 수돗물이나 가스의 공급과 완전히 동일한 물리적 관리에 의한 것이다. 그러나 이러한 재화의 침해를 절도죄로 규율하는 것은 적절하지 않다.[18] 입법론적으로는 이들 재화의 부정이용을 처벌할 수 있는 규정을 마련하는 것이 필요하다.[19]

2-1-1-3. 재물과 경제적 가치

본죄에서의 재물이 경제적 가치를 필요로 하는지 문제된다. 재산범죄의 대상인 재물은 일반적으로 경제적 가치를 가지고 있다. 그러나 재물이 반드시 경제적 가치를 필요로 하는 것은 아니므로 경제적 가치 외에 주관적 가치(신분증, 부모나 애인의 사진 · 편지)나 소극적 가치(타인에 의한 이용을 배제해야 할 가치)만으로도 충분히 법적 보호의

14) 오영근, 220면은 과학기술의 발달에 의하여 전파나 자기 등에 대한 관리가 가능해지면 재물이 될 수 있다고 한다.

15) 김성천/김형준, 315면은 전파의 관리가능성을 인정하지만, 동력이 아니라는 이유로 재물성을 부정한다.

16) 다만 개정형법 제348조의2는 '부정한 방법으로 대가를 지급하지 아니하고 공중전화를 이용하여 재산상의 이익을 취득하는 경우'를 편의시설부정이용죄로 규정하고 있다.

17) 대법원 1998.6.23., 98도700; 사기죄의 성립을 부정한 판례로는 대법원 1999.6.25., 98도3891.

18) 전화나 유선방송 등의 부정이용행위는 편의시설 부정이용죄에 편입시키는 것도 하나의 방법이 될 수 있다.

19) 전기절취도 전기공급의 부정이용행위를 처벌하는 방향으로 나아가야 할 것이다.

대상이 될 수 있다(통설).[20] 대법원[21]도 "절도죄의 객체인 재물은 반드시 객관적인 금전적 교환가치를 가질 필요는 없고 소유자·점유자가 주관적인 가치를 가지고 있는 것으로 족하고, 이 경우 주관적·경제적 가치의 유무를 판별함에 있어서는 그것이 타인에 의하여 이용되지 않는다고 하는 소극적 관계[22]에 있어서 그 가치가 성립하더라도 관계없다"는 입장이다.

> 경제적 가치는 물론 주관적 가치도 없는 물건도 재물로서 본죄의 객체가 된다는 견해[23]가 있다. 절도죄는 소유권 범죄로서 재물에 대한 지배라는 형식적·법적 지위를 보호하는, 즉 형식적 영득을 문제삼는 범죄이기 때문이라고 한다. 다만 이 경우는 피해자의 승낙이나 추정적 승낙에 의하여 구성요건해당성 또는 위법성이 조각될 뿐이라고 한다. 그러나 경제적 가치는 물론 주관적 가치도 없는 물건이라면 형법의 보호대상이 되는 개인적 보호법익으로 평가될 수는 없다.[24] 이는 보호가치의 관점에서 뿐 아니라 형법의 보충성의 원리에 의하여도 당연하다. 따라서 경제적 가치 및 주관적 가치도 인정되지 않는 물건은 본죄의 재물에 해당하지 않는다.

2-1-1-4. 재물과 부동산

부동산이 영득범죄(절도죄 횡령죄)의 대상인 재물에 해당할 수 있는지 문제된다. 형법의 해석에서는 부동산도 횡령죄의 객체가 된다고 본다. 그러나 부동산이 절도죄의 객체가 될 수 있는지에 대하여는 학설의 대립이 있다. 소수설[25]은 부동산의 불법점거에 대한 형법적 보호가 필요하다는 입장에서 부동산도 절도죄의 객체가 된다고 해석한다. 이에 반하여 부동산은 절도죄의 객체가 되지 않는다는 것이 학설의 일반적인 입장이다(통설).

절도죄는 로마법 이래 동산에만 국한된 범죄였다(역사적 해석). 또한 부동산이 유체물이라 하여도 그 소유권에 대한 관리는 주로 법적·사무적 관리에 한정된다. 따라서 부동산에 대해서는 절취행위를 통한 물리적 침탈형태[26]가 거의 불가능하며, 사기·공갈·배임행위 등에 의한 법적·사무적 관리침해가 가능할 뿐이다. 현행법의 해석에서 부동산을 절도죄의 객체에 포함시킬 필요성이나 이유는 존

---

20) 재산범죄의 재물은 경제적 가치 있는 물건이어야 한다는 견해로는 오영근, 219면 이하.

21) 대법원 1969.12.9., 69도1627; 대법원 1976.1.27., 74도3442; 대법원 1981.3.24., 80도2902; 대법원 1996.5.10., 95도3057; 대법원 2004.10.28., 2004도5183; 대법원 2007.8.23., 2007도2595.

22) 대법원 1976.1.27., 74도3442: 발행자가 회수하여 세조각으로 찢어버림으로서 폐지로 되어 쓸모없는 것처럼 보이는 약속어음; 대법원 1996.5.10., 95도3057: 자동차출고의뢰서 용지; 대법원 1996.9.10., 95도2747: 주권포기각서; 대법원 1998.11.24., 98도2967: 위조된 유가증권; 대법원 2000.2.25., 99도5775: 법원으로부터 송달된 심문기일소환장; 대법원 2007.8.23., 2007도2595: 부동산매매계약서 사본.

23) 이재상/장영민/강동범, 256면; 동취지, 손동권/김재윤, 276면.

24) 김일수/서보학, 227면; 배종대, 250면; 이형국, 319면; 임웅, 316면; 정성근/박광민, 281면; 조준현, 306면 이하; 진계호/이존걸, 298면.

25) 오영근, 239면; 임웅, 318면 이하; 정성근/박광민, 283면; 정영일, 144면.

26) 부동산의 소유권에 대한 물리적 관리침해는 경계침범죄(제370조)를 통하여 보호되고 있다.

재하지 않는다. 토지에 정착된 유체물(수목, 과수)은 토지로부터 분리[27]되면 동산인 재물이므로 절도죄의 객체가 된다.[28]

독일형법은 명문으로 절도죄와 강도죄 및 횡령죄의 객체를 동산인 재물로 한정함으로써 부동산을 영득범죄의 객체에서 배제시키고 있다. 독일형법에서는 부동산의 불법한 탈취나 편취행위를 '기망에 의한 사기죄'나 '공갈에 의한 공갈죄와 강도적 공갈죄' 또는 '신임관계 위반에 의한 배임죄'로 처벌함으로써 부동산에 대한 재산침해행위를 모두 이득죄로 구성하고 있다. 이러한 구성은 입법론적으로 타당하다. 부동산의 법적 소유관계는 물리적 관리가 아니라 법적 · 사무적 관리이기 때문에 이를 영득범죄의 대상인 재물로 평가하기는 곤란하다. 형법에서 부동산 횡령죄는 보관의 개념을 물리적 보관이 아니라 법적 보관으로 해석함으로써 가능하게 되었다. 그러나 이러한 해석은 영득개념을 왜곡시키고 있다. 이러한 문제점에 대한 입법론적 비판은 각각 관계되는 곳에서 다시 살펴보기로 한다.

2-1-2. 타인의 재물

본죄의 재물은 타인의 재물이다. 타인의 재물이란 타인의 소유에 속하는 물건을 말한다. 타인의 단독소유에 속하는 물건 뿐 아니라 타인과의 공유(민법제262조)[29] · 합유(민법제271조)[30] · 총유(민법제275조)에 속하는 물건도 타인의 재물에 해당한다. 여기서 재물의 타인성은 민법의 소유권개념을 기초로 판단되며,[31] 형법의 특수한 소유권개념은 별도로 존재하지 않는다.[32] 민법의 소유권개념은 형식적 · 법률적 판단을 기초로 한다. 따라서 자신이 점유하는 할부로 구입한 물건에 대하서는 유보된 소유권만 인정되므로 아직 타인의 재물이며, 타인이 보관하는 질권이 설정된 물건에 대해서는 제한된 소유권에도 불구하고 여전히 자신의 재물이다. 다만 등기나 등록의 공시방법이 있는 물건에 대해서는 소유권유보부매매가 허용되지 않는다.[33] 양도담보로 제공된 물건은 대내관계에서 채무자의 소유[34]이

27) 분리행위는 별도의 재물손괴행위가 될 수 있다.

28) 대법원 1980.9.30., 80도1874; 대법원 1998.4.24., 97도3425.

29) 대법원 1987.12.8., 87도1831; 대법원 1994.11.25., 94도2432; 대법원 2009.10.15., 2009도7423; 대법원 2011.6.10., 2010도17684.

30) 대법원 1982.11.23., 81도1694; 대법원 2008.12.11., 2008도8279; 대법원 2015.6.11., 2015도3160.

31) 대법원 1998.4.24., 97도3425: "권원 없이 심은 수목의 소유권은 토지소유자에게 있으므로, 권원 없이 심은 나무에서 과실을 수확한 행위는 절도죄에 해당한다."; 대법원 2004.3.12., 2002도5090: "명의대여가 반사회질서행위가 아니라면 명의대여 약정에 따른 신청에 의하여 발급된 영업허가증과 사업자등록증을 피해자가 인도받음으로써 영업허가증과 사업자등록증은 피해자의 소유가 되었다고 할 것이므로, 이를 명의대여자가 가지고 간 행위는 절도죄에 해당한다."

32) 다만 채권양도인이 양도 통지 전에 채무자로부터 채권을 추심하여 금전을 수령한 경우에는 예외적으로 민법상 소유권과는 다른 형법상 소유권 개념을 인정할 필요가 있다는 취지의 판례로는 대법원 1999.4.15., 97도666 전원합의체 판결; 동취지, 대법원 2007.5.11., 2006도4935; 대법원 2011.5.13., 2011도1442.

33) 대법원 2010.2.25., 2009도5064: "자동차, 중기, 건설기계 등은 비록 동산이기는 하나 부동산과 마찬가지로 등록에 의하여 소유권이 이전되고, 등록이 부동산 등기와 마찬가지로 소유권이전의 요건이므로, 역시 소유권유보부매매의 개념을 원용할 필요성이 없다."; 동취지, 대법원 2014. 9.25., 2014도8984.

34) 대법원 2009.2.12., 2008도10971: "채무자가 채권자에게 동산을 양도담보로 제공하고 점유개정의 방법으로 점유하고 있는

지만, 채권자는 제3자에 대한 관계에 있어서 담보목적물의 소유자로서 그 권리를 행사할 수 있다.[35)]

자신의 단독소유의 물건과 무주물은 타인의 재물이 아니므로 본죄의 객체가 되지 않는다. 포획되지 아니한 야수나 어류 · 식물 등과 같이 아직 누구의 소유에도 속하지 않은 물건이 여기에 해당한다.[36)] 또한 소유자가 유효하게 소유권을 포기한 물건도 무주물에 해당한다.

본죄의 객체인 타인소유의 재물과 관련하여 금제품과 불법원인급여에 의한 재물이 특히 문제가 되고 있다.

2-1-2-1. 금제품

금제품은 무기 · 마약 · 위조통화 등과 같이 원칙적으로 소유 또는 소지가 금지된 물건을 말한다. 이러한 금제품이 본죄의 객체가 되는지에 관하여는 소극설과 적극설 및 절충설의 대립이 있다.

① 소극설 "금제품은 소유권의 객체가 될 수 없고 경제적 이용가능성도 없으므로 본죄의 객체가 될 수 없다"는 입장[37)]이다.

② 적극설 "금제품이라도 국가의 소유는 인정되고 있으며, 적법한 절차에 의하여 몰수되기 전까지는 그 소유 내지 소지가 보호될 수 있다"는 입장에서 본죄의 성립을 인정하는 견해[38)]이다.

③ 절충설 "위조통화나 아편흡식기 등과 같이 소유권의 객체가 될 수 없는 물건은 본죄의 객체가 될 수 없지만, 불법으로 소지한 무기 등과 같이 단순히 점유가 금지된 물건은 본죄의 객체가 된다"는 견해[39)]이다.

본죄는 소유권을 보호법익으로 한다. 따라서 처음부터 소유권의 객체가 될 수 없는 물건은 본죄의 보호목적의 범위 밖에 있게 된다. 다만 소지나 점유만이 금지된 물건은 본죄의 객체가 될 수 있다. 따라서 절충설의 입장이 타당하다고 해야 한다.

경우에는 그 동산의 소유권은 여전히 채무자에게 유보되어 있는 것이어서 채무자는 자기의 물건을 보관하고 있는 셈이 되므로, 양도담보의 목적물을 제3자에게 처분하거나 담보로 제공하였다 하더라도 횡령죄를 구성하지 아니한다."

35) 대법원 2008.11.27., 2006도4263: "양도담보권자인 채권자가 제3자에게 담보목적물인 동산을 매각한 경우, 제3자는 채권자와 채무자 사이의 정산절차 종결 여부와 관계없이 양도담보 목적물을 인도받음으로써 소유권을 취득하게 되고, 양도담보의 설정자가 담보목적물을 점유하고 있는 경우에는 그 목적물의 인도는 채권자로부터 목적물반환청구권을 양도받는 방법으로도 가능하다. 채권자가 양도담보 목적물을 위와 같은 방법으로 제3자에게 처분하여 그 목적물의 소유권을 취득하게 한 다음 그 제3자로 하여금 그 목적물을 취거하게 한 경우, 그 제3자로서는 자기의 소유물을 취거한 것에 불과하므로, 채권자의 이 같은 행위는 절도죄를 구성하지 않는다."

36) 대법원 1983.2.8., 82도696: "양식어업권의 면허를 받았다는 사실만으로 당해 구역 안에서 자연적으로 번식하는 수산 동·식물에 관하여 당연히 소유권이나 점유권을 취득한다고 할 수는 없으므로 양식면허구역 안에 들어가 자연서식의 바지락을 채취하였다고 하더라도 수산업법위반은 별론으로 하고 절도죄는 성립하지 않는다."; 동지, 대법원 2010.4.8., 2009도11827.

37) 서일교, 133면.

38) 권오걸, 311면; 김성돈, 282면; 김성천/김형준, 320면; 김일수/서보학, 228면; 박상기, 243면; 손동권/김재윤, 286면; 오영근, 225면; 임웅, 321면; 정성근/박광민, 284면; 정영일, 139면.

39) 김일수, 한국형법 III, 530면; 배종대, 251면; 백형구, 119면; 이영란, 277면 이하; 이재상/장영민/강동범, 259면; 이형국, 319면; 조준현, 309면; 진계호/이존걸, 299면.

대법원[40]은 발매할 권한 없이 발매기를 임의 조작함으로써 스키장의 리프트탑승권이 찍혀 나오게 하는 행위를 유가증권 위조행위로 판단하는 한편, 발매기로부터 찍혀 나온 위조유가증권인 리프트탑승권을 빼내어 가지고 간 행위를 절취행위로 판단함으로써 금제품에 대한 적극설의 입장을 취하였다. 그러나 여기서 권한 없이 정보를 입력하여 리프트탑승권이 찍혀 나오게 한 행위는 현금자동지급기에 부정사용하는 카드를 투입하여 현금을 빼내는 행위와 같이 리프트탑승권을 절취하는 절도죄[41]의 성립이 인정된다. 이 때 발매기로부터 찍혀 나온 리프트탑승권은 위조유가증권이 아니라 정상적인 유가증권이라고 해야 하며, 따라서 금제품의 문제는 발생할 여지가 없다.

2-1-2-2. 불법원인급여재물

불법원인으로 행위자가 제공한 재물이 본죄의 객체가 될 수 있는지 문제된다. 예컨대 매음을 대가로 지불한 재물[42]이나 도박에서 잃은 재물이 여기에 해당한다. 이에 관하여 불법원인으로 행위자가 급여한 재물도 본죄의 객체가 된다는 견해[43]가 있다. 기본계약이 무효라 하여 그 이행행위까지 무효가 되는 것은 아니므로 매음을 위하여 교부한 돈을 절취한 때에도 절도죄가 성립한다는 것이다.

재산범죄 중에서 영득범죄는 재물의 소유권을 침해하는 범죄이며, 소유권 개념은 민법의 형식적 · 법률적 판단을 기초로 한다. 형법에서의 특수한 소유권개념은 별도로 존재하지 않는다. 따라서 불법원인으로 행위자가 제공한 재물이 본죄의 객체가 될 수 있는지 여부는 재물의 소유권이 누구에게 있는가에 달려 있다. 불법원인에도 불구하고 교부한 재물의 소유권이 수익자에게 이전된다면 해당 재물은 타인의 재물로서 본죄의 객체가 된다. 불법원인에 의하여 교부한 재물의 소유권이 이전되는지 여부는 물권행위의 '유인성설'과 '무인성설'에 따라 결론이 달라진다.

물권행위의 유인성설에 의하면 불법원인급여재물은 인도에도 불구하고 재물에 대한 소유권이 여전히 급여자에게 있게 되어 본죄의 객체가 될 수 없다. 예컨대 매음을 대가로 금전을 지불한 자가 그 금전을 절취한 경우에도 본죄는 성립하지 않게 된다. 그러나 모든 사람에게 배타적 효력을 가지는 물권적 법률관계가 당사자 사이에서만 유효한 채권적 원인행위에 의하여 영향을 받는 것은 타당하다고 할 수 없다. 물권행위의 무인성설에 의하면 불법원인에 의한 경우라도 동산인 재물은 인도에 의하여 소유권이 이전되며 그 재물은 타인성을 구비하게 되어 본죄의 객체가 된다.

종래 대법원[44]은 물권행위의 유인성을 근거로 "불법원인급여자는 부당이득반환청구권이 아닌 물

---

40) 대법원 1998.11.24., 98도2967: "유가증권도 그것이 정상적으로 발행된 것은 물론 비록 작성권한 없는 자에 의하여 위조된 것이라고 하더라도 절차에 따라 몰수되기까지는 그 소지자의 점유를 보호하여야 한다는 점에서 형법상 재물로서 절도죄의 객체가 된다."

41) 학설에 따라서는 컴퓨터 사용사기죄의 성립을 인정할 수 있다.

42) BGHSt 6, 377(sog. Dirnenlohn-Fall).

43) 배종대, 253면; 백형구, 129면; 손동권/김재윤, 286면; 이재상/장영민/강동범, 258면; 이형국, 319면; 조준현, 317면.

44) 대법원 1977.5.24., 75다1394.

권적 청구권을 청구원인으로 하여 급여한 물건의 반환을 청구할 수 있다"고 판시하였으나, 전원합의체판결로 견해를 변경[45]하여 "그 반사적 효과로서 급여한 물건의 소유권은 급여를 받은 상대방에게 귀속한다"고 판시하였다. 이에 따라 불법원인으로 행위자가 급여한 재물은 타인성을 구비하게 되어 본죄의 객체가 된다.[46]

그러나 '무능력 · 사기 · 강박 · 착오 등 원인행위의 취소원인이 물권행위에도 공통되는 경우' 또는 '민법 제103조와 제104조에 의한 무효원인이 원인행위와 물권행위에 공통되는 경우'는 원인행위 뿐 아니라 소유권의 이전 자체도 무효가 되므로 행위자가 급여한 재물은 급여자 자신의 재물로서 본죄의 객체가 되지 않는다. 언제 이와 같이 원인행위 뿐 아니라 그 이행행위도 무효가 되는지는 당해 금지규범의 목적과 의미에 따라 판단되어야 한다.[47] 예컨대 '마약류 불법거래방지에 관한 특례법(마약거래방지법)'에 의하면 마약거래는 그 원인행위 뿐 아니라 이행행위도 무효라고 해석되므로 마약대금의 인도로 그 금전의 소유권이 이전되지 않는다.[48]

다만 대법원[49]은 '급여자의 불법보다 수익자의 불법이 현저히 큰 경우에는 그 이행행위 자체도 무효'라고 한다. 찬성할 수 없는 이러한 대법원의 입장은 관계되는 곳에서 다시 검토하기로 한다.

2-2. 행 위

본죄의 구성요건적 행위는 타인의 재물을 절취(Wegnahme)하는 것이다. 절취라 함은 재물에 대한 타인의 점유를 배제(der Bruch fremden Gewahrsams)하여 새로운 점유를 설정(die Begründung neuen Gewahrsams)하는 것이다.

2-2-1. 점 유

2-2-1-1. 의의

형법에서 특수한 소유권개념이 없는 것과는 달리, 형법에서의 점유개념은 민법의 점유와 차이가

45) 대법원 1979.11.13., 79다483 전원합의체 판결: "민법 제746조는 단지 부당이득제도만을 제한하는 것이 아니라 동법 제103조와 함께 사법의 기본이념으로서, 결국 사회적 타당성이 없는 행위를 한 사람은 스스로 불법한 행위를 주장하여 복구를 그 형식 여하에 불구하고 소구할 수 없다는 이상을 표현한 것이므로, 급여를 한 사람은 그 원인행위가 법률상 무효라 하여 상대방에게 부당이득반환청구를 할 수 없음은 물론 급여한 물건의 소유권은 여전히 자기에게 있다고 하여 소유권에 기한 반환청구도 할 수 없고 따라서 급여한 물건의 소유권은 급여를 받은 상대방에게 귀속된다."

46) 대법원 1999.6.11, 99도275: "급여한 물건의 소유권은 급여를 받은 상대방에게 귀속되는 것이므로, 갑이 을로부터 제3자에 대한 뇌물공여 또는 배임증재의 목적으로 전달하여 달라고 교부받은 금전은 불법원인급여물에 해당하여 그 소유권은 갑에게 귀속되는 것으로서 갑이 위 금전을 제3자에게 전달하지 않고 임의로 소비하였다고 하더라도 횡령죄가 성립하지 않는다."; 동지, 대법원 2008.10.9, 2007도2511; 대법원 2017.4.26., 2016도18035; 대법원 2017.4.26., 2017도1270.

47) Vgl. Eser, S-S StGB, § 242 Rdnr. 12.

48) Vgl. BGHSt 31, 145(147).

49) 대법원 1999.9.17., 98도2036: "포주가 윤락녀와 사이에 윤락녀가 받은 화대를 포주가 보관하였다가 절반씩 분배하기로 약정하고도 보관중인 화대를 임의로 소비한 경우, 포주와 윤락녀의 사회적 지위, 약정에 이르게 된 경위와 약정의 구체적 내용, 급여의 성격 등을 종합해 볼 때 포주의 불법성이 윤락녀의 불법성보다 현저히 크므로 화대의 소유권이 여전히 윤락녀에게 속한다."

있다. 형법에서의 점유는 일반적으로 사실상의 재물지배를 의미한다. 따라서 형법에서는 사실상의 재물지배가 결여된 민법의 간접점유(민법 제194조)나 상속에 의한 점유의 이전(민법제193조)이 인정되지 않으며, 민법상 점유를 가지지 아니하는 점유보조자(민법제195조)도 형법에서는 제3자에 대하여 점유자가 될 수 있다. 다만 형법의 점유개념은 개별적인 구성요건마다 그 기능에 의하여 내용상의 차이를 가진다.

① 탈취죄(절도죄/강도죄)에서의 점유는 주로 행위대상으로서의 기능을 가진다. 여기서는 절취나 강취 등 탈취행위를 근거지우는 작용을 하게 된다. 이는 형법에서 의미하는 가장 일반적인 내용의 점유이다.

② 권리행사방해죄에서의 점유는 본질적으로 보호법익으로서의 기능을 가진다. 따라서 여기서의 점유는 적법한 권원에 의한 것이어야 한다.

③ 횡령죄에서의 점유는 행위주체인 신분요소로서의 기능을 가진다. 여기서의 점유는 피해자를 위한 위탁관계에 기초해야 하며, 점유의 개념도 사실상의 지배 뿐 아니라 법률상의 지배까지 포함한다.

2-2-1-2. 형법에서의 점유개념

형법에서 점유의 개념요소는 객관적 · 물리적 요소와 주관적 · 심리적 요소 및 사회적 · 규범적 요소로 파악하는 것이 일반적인 학설의 입장이다(통설). 사실상의 재물지배는 점유개념의 객관적 · 물리적 요소이고, 재물지배의사는 점유개념의 주관적 · 심리적 요소이며, 사실상의 재물지배와 재물지배의사의 내용은 다시 사회적 · 규범적 요소에 의하여 결정되어야 한다는 것이다.

> 독일의 다수설[50)]은 형법상의 점유개념을 지배의사에 의한 사실상의 재물지배로 이해하면서, 사실상의 재물지배를 일상생활의 자연적 관점에서 판단하고 있다. 장소적 간격에 의하여 재물에 대한 점유의 이완이 있는 경우에도 이를 일상생활의 자연적 관점에서 판단함으로써, 재물의 관리자가 사회 전형적 범위에서 재물을 사실상 처리할 수 있다면 재물에 대한 사실상의 지배를 인정한다. 반면에 독일의 소수설[51)]은 형법상 점유개념을 원칙적으로 사람과 재물 사이의 규범적 관계로 이해한다. 이러한 규범적 관계는 법률을 근거로 한다는 의미가 아니라, 법률 이전에 존재하는 일정한 물건과 특정한 사람 사이의 규범적 · 사회적 관점에 근거한 종속관계를 의미한다는 것이다.[52)] 따라서 독일의 소수설에서는 사람과 물건 사이의 관계를 사회적 · 규범적 관점에서 파악하고 있다. 이와 같이 절도죄에서의 점유개념을 '지배의사에 의한 사실상의 재물지배'로 파악하는 것이 독일의 일치된 학설의 입장이다. 다만 '지배의사에

50) Vgl. Eser, S-S StGB, § 242 Rdnr. 24 ff.; Ruß, LK StGB, § 242 Rdnr. 18 ff.; Tröndle/Fischer, StGB, § 242 Rdnr. 9; BGHSt 16, 273 f.; BGH GA 79, 391.

51) Vgl. Hoyer, SK StGB, § 242, Rdnr. 20 ff.; Welzel, Der Gewahrsamsbegriff und die Diebstähl in Selbstbedienungsladen, GA 1960, S. 257 ff.; Gössel, Über die Vollendung des Diebstahls, ZStW 85(1973), S. 619 ff.

52) Vgl. Hoyer, SK StGB, § 242 Rdnr. 20 ff.

의한 사실상의 재물지배'를 어떤 관점에서 판단해야 하는지에 관하여는 견해의 대립이 있다. 다수설은 이를 '일상생활의 자연적 관점'에서 판단하고 있으며, 소수설에서는 이를 '사회적 · 규범적 관점'에서 판단한다.

형법상 점유를 '지배의사에 의한 사실상의 재물지배'로 파악하는 독일 학설의 입장은 기본적으로 타당하다고 할 수 있다. 따라서 형법상 점유는 사실상의 재물지배인 객관적 · 물리적 요소와 재물지배의사라는 주관적 · 심리적 요소로 구성된다. 다만 지배의사에 의한 사실상의 재물지배를 '일상생활의 자연적 관점'에서 판단해야 하는지 또는 '사회적 · 규범적 관점에서 판단해야 하는지 문제된다. 이 문제는 점유의 개별적 구성요소에서 살펴보기로 한다.

2-2-1-2-1. 객관적 · 물리적 요소

형법상의 점유개념은 객관적 · 물리적 요소로서 사실상의 재물지배를 요한다. 이러한 사실상의 재물지배는 정상적인 상황에서 재물에 대한 물리적 · 현실적인 작용가능성에 본질적인 장애가 없을 때 인정된다. 형법상 점유가 인정되기 위해서는 사람과 재물 사이의 밀접한 장소적 관계의 설정이 필요하다. 사람의 주거 · 공장 · 영업장소 등은 전형적인 점유영역이며, 사람의 신체 · 의복 · 가방에 들어 있는 물건에 대해서는 특히 밀접한 재물지배관계가 인정된다.[53)]

사실상의 재물지배는 법률적 필요성이 아니라 오직 실질적인 작용가능성에 의하여 인정되기 때문에 재물에 대한 지배권한의 적법 · 불법은 문제가 되지 않는다. 따라서 절도범에게도 절취한 재물에 대한 점유가 인정되며, 제3자도 절도범의 장물을 절취할 수 있다.

또한 사람과 재물 사이에 장소적 간격이 있는 경우라도 재물의 관리자가 사회 전형적 범위에서 재물을 사실상 처리할 수 있다면 재물에 대한 사실상의 지배가 인정된다. 따라서 재물의 지배자에게 설정된 점유는 '지배관계의 단순한 이완'이나 '재물에 대한 사실상의 지배력에 잠정적인 장애'가 있을지라도 이로 인하여 영향을 받지 않는다. 예컨대 주차시킨 자동차, 농토에 놓아 둔 농기구, 집으로 돌아오는 습성을 가진 동물, 가정부에게 건네 준 반찬값, 호텔 · 여관 · 음식점에서 손님에게 사용하도록 넘겨 준 TV · 이불 · 접시 · 숟가락 등에 대해서는 재물과의 장소적 이완이나 사실상 지배력의 잠정적인 장애에도 불구하고 점유가 유지된다. 또한 여행이나 병원에 입원하고 있는 중에 관리인이나 이웃에게 집의 관리를 위임한 경우에도 집에 있는 재물에 대하여 지배권자는 점유를 유지한다.

한편 물건을 잘못 두고 오거나 잃어버린 경우에 일반적으로 원점유자는 그 재물에 대한 점유를 상실하게 된다. 그러나 원점유자가 그러한 사실과 장소를 알고 있는 경우에는 점유가 이탈되지 않

---

53) Vgl. Wessels/Hillenkamp, BT/II, Rdnr. 79.

으며, 원점유자의 사실상 재물지배가 인정된다.[54)]

여관 · 극장 · 당구장[55)]이나 열차에서 잃어버린 물건에 대하여 원점유자는 점유를 상실하게 되며, 당해 장소적 점유영역의 지배자가 그 재물에 대한 점유를 가지게 된다. 이들 영역의 지배자는 손님이나 승객이 잃어버린 물건을 보관해야 할 자로서 일반적 점유의사 내지 예견된 획득의사에 의하여 일반적으로 사실상의 재물지배가 인정되기 때문이다.[56)] 반면에 대학의 교정이나 슈퍼마케트 · 백화점 · 지하철[57)] · 시내버스 등과 같이 불특정 · 다수인의 왕래가 빈번한 장소이거나 또는 점유영역의 지배자에 의하여 사실상 일반적인 지배가 곤란한 장소의 경우에는 점유영역의 지배자가 물건을 발견하고 그 물건에 대한 지배를 결심했을 때 재물에 대한 점유가 인정될 수 있다.

이와 같이 사실상의 재물지배는 '일상생활의 자연적 관점'에 따른 판단으로 충분히 인정될 수 있다. 따라서 사실상의 재물지배를 일상생활의 자연적 관점에서 판단하든 또는 사회적 · 규범적 관점에서 판단하든 특별한 차이는 나타나지 않는다. 다만 범인이 감춘 재물을 주거권자가 우연히 발견하고 회수한 경우를 일상생활의 자연적 관점에서 판단하면, 자신의 주거영역에서 잃어버린 물건을 찾은 경우와 마찬가지로 사실상의 재물지배를 상실한 순간을 인정할 수 없게 된다. 따라서 이 경우는 행위자가 감춘 물건을 주거권자가 회수하는 행위를 사회적 · 규범적 관점에서 판단해야만 이를 범인에 의하여 상실된 주거권자의 사실상의 재물지배를 회복하는 행위로 평가할 수 있게 된다. 이러한 점에서 형법상 점유개념은 일정한 물건과 특정한 사람 사이의 규범적 · 사회적 관점[58)]에 근거한 종속관계로 이해하는 것이 타당하다.[59)]

> 대법원[60)]은 임차인이 임대계약 종료 후 식당건물에서 퇴거하면서 종전부터 사용하던 냉장고의 전원을 켜 둔 채 그대로 두었다가 약 1개월 후 철거해 가는 바람에 그 기간 동안 전기가 소비된 사안에서, 규범적 · 사회적 관점을 토대로 "임차인이 퇴거 후에도 냉장고에 관한 점

54) 대법원 1984.2.28., 84도38: "강간피해자가 도피하면서 현장에 두고 간 손가방은 사회통념상 피해자의 지배하에 있는 물건이다."

55) 대법원 1988.4.25., 88도409; 대법원 2007.3.15., 2006도9338(PC방에 두고 간 핸드폰).

56) 대법원 1993.3.16., 92도3170은 "고속버스 운전사는 고속버스의 간수자로서 차내에 있는 승객의 물건을 점유하는 것이 아니고 승객이 잊고 내린 유실물을 교부받을 권능을 가질 뿐이므로 유실물을 현실적으로 발견하지 않는 한 이에 대한 점유를 개시하였다고 할 수 없고, 그 사이에 다른 승객이 유실물을 발견하고 이를 가져갔다면 절도에 해당하지 아니하고 점유이탈물횡령죄에 해당한다"고 판시하였다. 그러나 고속버스의 간수자라면 당연히 그의 점유영역에서 일반적 점유의사 내지 예견된 획득의사에 의한 사실상의 재물지배를 인정하여야 할 것이다.

57) 대법원 1999.11.26., 99도3963; 서울지법 2000.3.9., 99노10778.

58) 대법원 2016.12.15., 2016도15492: "절취란 타인이 점유하고 있는 재물을 점유자의 의사에 반하여 그 점유를 배제하고 자기 또는 제3자의 점유로 옮기는 것을 말하고, 어떤 물건이 타인의 점유하에 있는지 여부는, 객관적인 요소로서의 관리범위 내지 사실적 관리가능성 외에 주관적 요소로서의 지배의사를 참작하여 결정하되 궁극적으로는 당해 물건의 형상과 그 밖의 구체적인 사정에 따라 사회통념에 비추어 규범적 관점에서 판단하여야 한다."; 동지, 대법원 1999.11. 12., 99도3801; 대법원 2006.9.28., 2006도2963; 대법원 2008.7.10., 2008도3252.

59) 동취지, 김성천/김형준, 322면 이하.

60) 대법원 2008.7.10., 2008도3252.

유 · 관리를 그대로 보유하고 있었다고 보아야 하므로, 냉장고를 통하여 전기를 계속 사용하였다고 하더라도 이는 당초부터 자기의 점유 · 관리하에 있던 전기를 사용한 것일 뿐 타인의 점유 · 관리하에 있던 전기가 아니어서 절도죄가 성립하지 않는다"고 판시하였다. 그러나 임대차계약의 종료 이후 대형냉장고의 전원을 뽑지 않았다는 것은 오히려 규범적 · 사회적 관점에서 부작위에 의한 절취행위를 인정해야 할 사안으로 보여 진다. 다만 여기서는 행위자의 경솔함이 인정될 뿐이므로 절도고의를 부정하는 것이 타당하다. 만약 행위자의 의도적 행위가 증명된다면 절도죄의 성립을 부정할 수는 없다.

감춘 물건의 점유와 관련하여 '일상생활의 자연적 관점'에서 점유개념을 판단하는 독일의 다수설에서는 '타인에 의한 처리가능성의 방해가 배타적 점유영역의 파괴(als Einbruch in einen Tabubereich)로 이해되는 경우'에 '재물에 대한 새로운 점유설정'을 인정한다. 즉 감춘 행위를 통해서 원점유자의 재물에 대한 점유관계가 파괴된 것으로 인정되어야 '새로운 점유설정'이 인정된다는 것이다. 따라서 감춘 물건을 나중에 가져오는 데에 어떤 장애가 없는 경우에 한하여 행위자의 재물에 대한 '새로운 점유설정'을 인정하게 된다.[61] 이에 대하여 규범적 · 사회적 관점을 기준으로 점유개념을 판단하는 독일 소수설에서는 "일상생활의 자연적 관점에 의한다면, 행위자가 숨겨 놓은 물건을 주거권자가 우연히 발견하여 회수한 경우에는 주거권자가 행위자의 배타적 점유영역(sog. Tabusphäre)을 침입한 것이 아니므로 처음부터 행위자의 재물에 대한 사실상의 지배를 인정할 수 없게 된다"[62]고 비판한다. 이러한 독일 소수설의 비판에 대하여 독일의 다수설에서는 "주거권자가 숨겨진 물건을 발견하여 회수하는 순간에 행위자가 설정한 사실상의 점유지배가 종결[63]하는 것이므로 그때까지는 행위자의 사실상의 재물지배를 인정할 수 있다"[64]고 한다. 따라서 독일의 다수설에서는 감춘 물건을 원점유자가 우연히 발견하여 회수한 경우에 독일의 소수설과 각각 다른 용어를 사용할 뿐 실질적인 차이는 없다고 한다.[65]

2-2-1-2-2. 주관적 · 정신적 요소

지배의사 없는 지배관계는 존재할 수 없으므로 사실상의 재물지배는 지배의사에 의한 것이어야 한다. 따라서 지배의사는 형법상 점유개념의 주관적 · 정신적 요소가 된다. 이러한 지배의사는 재물에 대한 순수한 사실상의 지배의사로서 민법상의 행위능력을 요하지 않는다. 따라서 어린이나 정신병자도 지배의사를 가질 수 있다.

① 일반적 점유의사 재물에 대한 지배의사는 '일반적 점유의사'로 충분하다. 특정한 점유영역

61) Vgl. Eser, S-S StGB, § 242 Rdnr. 39; Maurach/Schroeder/Maiwald, BT/I, S. 328, 330.

62) Vgl. Hoyer, SK StGB, § 242 Rdnr. 25 ff.

63) 이러한 경우에는 "사후적으로 점유의 상실(nachträglich Gewahrsamsverlust)이 일어난다"고 한다: Vgl. Maurach/Schroeder/Maiwald, BT/I, S. 328, 330.

64) Eser, S-S StGB, § 242 Rdnr. 24; Maurach/Schroeder/Maiwald, BT/I, S. 328, 330; Ruß, LK StGB, § 242 Rdnr. 18.

65) Vgl. Eser, S-S StGB, § 242 Rdnr. 24; Ruß, LK StGB, § 242 Rdnr. 18.

안에서는 개개의 재물에 대한 개별적인 지배의사가 없어도 형법상 유효한 점유가 인정된다. 따라서 일정한 점유영역 안에서는 잃어버렸거나 잊혀진 재물에 대해서도 지배의사가 미치게 된다.

숨겨놓은 재물에 대해서는 그로 인하여 점유권자의 사실상의 처리가능성이 배제되지 않는 한 형법상 유효한 점유가 인정된다는 것이 일상생활의 자연적 관점의 입장이다. 이에 반하여 사회적 · 규범적 관점에서는 이 경우 행위자가 물건을 숨기는 행위에 의해서 원점유자의 점유는 상실하게 되며, 원점유자가 자신의 주거공간에서 이를 우연히 발견하고 회수하는 경우에는 이를 통하여 범인에 의하여 상실된 주거권자의 사실상의 재물지배를 회복하는 행위로 판단한다.

② 잠재적 점유의사 재물에 대한 지배의사는 '잠재적 점유의사'로 충분하다. 형법상 점유는 현실적인 재물지배에 대한 인식이나 중단 없는 재물에 대한 감시를 요하지 않는다. 따라서 수면자나 무의식자에게도 당연히 형법상의 점유가 인정되며, 무의식자가 의식을 회복하지 못하고 사망한 경우에도 사망시점까지는 유효한 재물의 점유가 인정된다.[66] 사자는 잠재적 점유의사도 가질 수 없으므로 재물을 점유할 수 없다.[67] 이 때 "사자의 재물이 점유이탈물인지 또는 다른 사람(가족, 대리인)에게 점유가 이전되는지"는 구체적인 상황[68]에 따라 결정되어야 하며, 민법상 상속에 의한 점유이전은 인정되지 않는다. 재물을 불법영득하기 위해서 사람을 살해한 경우에는 피해자가 사망하는 순간에 재물에 대한 새로운 점유설정이 인정된다.

판례[69]는 일정한 한도에서 사자의 점유를 인정하고 있다. 사자에 대한 점유보호가 현실적인 사회관념에 합치하는 경우에는 시간적 · 장소적 근접성이 있는 동안 사자의 점유가 인정될 수 있다는 것이다.[70] 그러나 점유의사 뿐 아니라 사실상 재물지배도 불가능한 사자의 점유를 인정하는 것은 타당하다고 할 수 없다. '영득의사 없이 피해자를 살해한 자가 새로운 영득의사에 의하여 재물을 취거한 경우'는 점유이탈물횡령죄에 해당할 뿐이다.

③ 예견된 획득의사 재물에 대한 지배의사는 '예견된 획득의사'로도 충분하다. 여기서의 지배

---

66) Vgl. Eser, S-S StGB, § 242 Rdnr. 30; BGH NJW 85, 1911.

67) 김성돈, 286면; 김일수/서보학, 230면; 백형구, 131면; 손동권/김재윤, 281면; 오영근, 229면; 이재상/장영민/강동범, 262면 이하; 이형국, 315면; 조준현, 319면.

68) 예컨대 사망자가 사망한 영역을 관할하는 자가 있는 경우에는 관할자에게 점유이전이 인정된다.

69) 대법원 1993.9.28., 93도2143: "피해자를 살해한 방에서 사망한 피해자 곁에 4시간 30분쯤 있다가 그곳 피해자의 자취방 벽에 걸려 있던 물건들을 영득의사로 가지고 나온 경우 피해자가 생전에 가진 점유는 사망 후에도 여전히 계속되는 것으로 보아야 한다."

70) 김성천/김형준, 327면; 박상기, 252면; 배종대, 260면; 이영란, 285면; 임웅, 325면; 정성근/박광민, 300면; 정영일, 141면; 진계호/이존걸, 324면.

의사는 자신의 지배영역 안에 도달되는 모든 물건에 대하여 미치게 된다. 예컨대 우편함에 배달된 우편물이나 신문, 바다에 쳐 놓은 그물 안에 들어온 물고기, 또는 가게 문을 열기 전에 가게 앞에 배달된 물품 등에 대하여는 점유영역의 권리자가 부재중이든 또는 이에 대한 인식 여부와 관계없이 형법상의 점유가 인정된다. 빌려준 자동차를 사전에 약속한대로 소유자의 주거 앞에 세워 놓았을 때에는 소유자가 이 사실을 알지 못한 경우에도 소유자는 자동차에 대한 점유를 회복하게 된다.[71)] 그러나 토지소유자가 모르는 사이에 그의 정원에 던져 놓거나 숨겨 놓은 물건에 대하여는 예견된 획득의사가 없으므로 그 물건에 대한 토지소유자의 점유는 인정되지 않는다. 이때에는 토지소유자가 물건을 발견하고 그 물건에 대한 지배를 결심했을 때에 재물에 대한 점유가 인정된다.[72)]

2-2-2. 타인의 점유

본죄의 객체인 타인의 재물은 타인의 점유하에 있어야 한다. 타인의 재물이라도 자신이 점유하는 경우에는 횡령죄의 객체가 될 뿐이며, 누구의 점유에도 속하지 않은 물건은 점유이탈물횡령죄의 객체가 될 뿐이다. 여기서 타인의 점유란 행위자의 단독점유에 속하지 아니하는 경우로서 타인이 단독으로 점유하거나 행위자와 타인이 공동으로 점유하는 경우를 말한다.

2-2-2-1. 타인의 점유와 공동점유

공동점유는 다수인이 공동으로 재물을 사실상 지배하는 것이다. 다수인이 공동으로 점유하는 재물을 공동점유자 1인이 자신의 단독점유로 옮기는 것은 다른 공동점유자의 점유를 침해하는 것이 된다. 따라서 공동점유는 공동점유자 상호간에 타인의 점유에 해당한다. 동업관계에 있는 조합원[73)] 이나 동거하는 부부[74)] 등은 공동점유자에 해당한다. 다만 동거하는 부부라도 특유재산에 대해서는 특유재산권자의 단독점유가 인정된다.[75)]

일반적으로는 이와 같은 공동점유를 대등관계에서의 공동점유라고 하면서 상하관계의 공동점유와 구별하고 있다. 상점주인과 종업원은 상하관계의 공동점유자로서 하위점유자(점원)는 상위점유자(상점주인)에 대한 관계에서 보호받지 못한다고 한다. 그러나 이러한 대등관계와 상하관계의 공동점

---

71) BGH GA 62, 78.

72) Eser, S-S StGB, § 242 Rdnr. 242.

73) 대법원 1982.12.28., 82도2058; 대법원 1987.12.8., 87도1831; 대법원 1990.9.11., 90도1021; 대법원 1995.10.12., 94도2076.

74) 대법원 1984.1.31., 83도3027: "인장이 들은 돈궤짝을 사실상 별개 가옥에 별거 중인 남편이 그 거주가옥에 보관 중이었다면 처가 그 돈궤짝의 열쇠를 소지하고 있었다고 하더라도 그 안에 들은 인장은 처의 단독보관하에 있는 것이 아니라 남편과 공동보관하에 있다고 보아야 할 것이므로, 공동보관자중의 1인인 처가 다른 보관자인 남편의 동의 없이 불법영득의 의사로 위 인장을 취거한 이상 절도죄를 구성한다."

75) 대법원 1985.3.26., 84도365: "민화가 피고인의 오빠가 매수한 것이라면 이는 동인의 특유재산으로서 이에 대한 점유 · 관리권은 동인에게 있다 할 것이고 범행당시 비록 동인이 집에 없었다 하더라도 그것이 동인소유의 집 벽에 걸려있었던 이상 동인의 지배력이 미치는 범위안에 있는 것이라 할 것이므로 동인의 소지에 속하고 그 부부의 공동점유하에 있다고 볼 수는 없어 이를 절취한 행위에 대하여는 친족상도례가 적용된다."

유의 구별은 불필요[76]하며, 논리적으로도 타당하다고 할 수 없다. 논리적으로 대등관계든 상하관계든 공동점유는 타인의 점유부분이 있어야하기 때문이다. 또한 상하관계의 공동점유의 경우에 사회적 · 규범적 관점에서 일방의 단독점유를 인정해야 한다면 이를 굳이 공동점유로 표현할 필요는 없다. 따라서 상하관계의 공동점유의 경우에도 점유개념의 구조에 의하여 실질적인 점유자를 판단해야 한다.[77] 이러한 관점에서 주종관계의 공동점유도 인정할 필요가 없다. 이 경우는 소위 주된 점유자의 단독점유에 불과하며, 종된 점유자(점유보조자)에게는 점유의 보조기능만이 인정될 뿐이다.

따라서 주인과 종업원 · 가정부의 관계에서는 주인만이 물건을 단독으로 점유하게 된다. 종업원이나 가정부는 주인의 점유영역을 침입하여 독자적인 점유영역을 형성할 경우(예컨대 물건을 숨겨 놓는 경우)에 해당 물건에 대한 점유를 가질 수 있다. 이에 반하여 은행 · 역 · 백화점 등에서 독자적인 책임 하에 금전을 관리하는 출납직원은 그 금전에 관하여 독자적인 점유를 가진다. 이 경우 출납직원의 금전에 대한 단독점유는 소속 주인이나 회사와의 위탁관계에 의하여 형성된다. 이러한 특별한 위임관계가 인정되는 경우에는 주인과 종업원 사이에서도 종업원의 단독점유가 인정된다.[78] 물건의 운반을 위탁한 경우에 운반 중의 화물에 대한 점유관계는 위탁자의 운반자에 대한 감독과 통제의 정도에 따라서 결정될 수 있다. 판례는 화물자동차의 운전사가 운반 중의 화물을 영득한 경우를 감독과 통제가 불가능한 경우로 보아 횡령죄[79]의 성립을 인정하는 반면, 철도공무원이 운반 중의 화물을 영득한 경우에 대해서는 절도죄[80]의 성립을 인정하였다.

2-2-2-2. 타인의 점유와 용기의 내용물

시정된 용기 내지 봉함된 포장물을 위탁받은 경우에 그 내용물이 누구의 점유에 속하는지 문제된다. 일설[81]에서는 위탁의 취지와 내용에 따라 형식적 위탁의 경우는 위탁자에게, 실질적 위탁의 경우는 수탁자에게 그 내용물의 점유가 있다고 한다. 이에 반하여 시정 또는 봉함된 용기의 크기나 부동산 등에의 부착 여부에 의한 이동가능성의 정도 또는 열쇠소지 등에 의한 접근가능성 등을 기

76) Vgl. Hoyer, SK StGB, § 242 Rdnr. 38 ff. mwN.

77) 이러한 점에서 형법상 점유개념을 사람과 재물 사이의 사회적 · 규범적 종속관계로 이해하는 사회적 · 규범적 점유개념설은 특히 의미가 있다.

78) 대법원 1982.3.9., 81도3396: "피고인에게 금고열쇠와 오토바이열쇠를 맡기고 금고 안의 돈을 배달될 가스대금으로 지급할 것을 지시한 후 외출하였고, 피고인이 혼자서 점포를 지키다가 금고 안에서 현금을 꺼내어 오토바이를 타고 도주한 경우는 횡령죄에 해당한다."; 대법원 1986. 8.19., 86도1093: "피해자 소유의 오토바이 열쇠를 다방의 주방장인 피고인이 갖고 있으면서 차를 배달하는데 사용하고 있었다면,…피고인과 피해자 사이에 오토바이의 보관에 따른 신임관계를 위배한 것이 되어 횡령죄를 구성함은 변론으로 하고 적어도 절도죄는 구성하지 않는다."

79) 대법원 1982.11.23., 82도2394: "짐꾼에게 단독으로 어느 점포로부터 물건을 운반해 달라고 의뢰한 경우 운반자는 점유보조자가 아니라 보관자에 해당한다."

80) 대법원 1967.7.8., 65도798: "운송중인 철도청의 수탁화물은 교통부의 기관에 의하여 점유 · 보관되는 것이라 할 수 있으므로..."

81) 김일수/서보학, 234면; 박상기, 254면; 배종대, 261면; 이형국, 317면; 진계호/이존걸, 325면.

준으로 그 내용물의 점유를 판단하는 견해[82][83]가 있다. 봉함된 용기의 크기나 부동산 등에의 부착에 의하여 용기가 움직일 수 없을 때에는 그 내용물이 열쇠소지자의 단독점유에 속하며, 용기가 독자적으로 움직일 수 있을 때에는 수탁자의 단독점유에 속한다고 한다.

그러나 봉함된 포장물의 보관을 위탁받은 경우에 실질적 위탁과 형식적 위탁의 구별은 그 내용물에의 접근가능성을 기초로 판단해야 하므로 두 학설은 완전히 동일한 결론에 이르게 된다. 시정된 용기 또는 봉함된 포장물을 위탁받은 경우는 사회적 · 규범적인 재물의 종속관계를 실질적 또는 형식적 위탁관계로 판단하여야 하며, 내용물에 대한 접근가능성이라는 사실적 요소는 그 규범적 판단의 기초가 된다.[84] 예컨대 우편배달원이 보관 중인 봉투는 그 내용물에 대한 접근가능성이라는 사실적 요소에 의하여 실질적 위탁으로 판단된다. 따라서 그 내용물도 우편배달원의 단독점유에 속하므로 이를 영득할 경우는 횡령죄에 해당하게 된다. 그러나 은행 · 역 · 백화점 등의 개인보관함의 경우에 그 점유영역의 관리자는 단지 형식적인 관리만 하고 있을 뿐이며, 실질적인 재물지배자는 열쇠소지자인 위탁자에게 있으므로 그 점유영역의 관리자가 보관함의 내용물을 영득할 경우는 절도죄가 성립한다.

> 시정된 용기 내지 봉함된 포장물을 위탁받은 경우 내용물을 포함한 전체 물건이 수탁자의 보관이라는 견해[85]도 있으나, 타당하다고 할 수 없다. 사실상의 재물지배는 일상생활의 자연적 관점이 아니라 사회적 · 규범적 관점에서 판단해야하기 때문이다.

2-2-3. 타인점유의 배제

절취행위의 제1의 요소는 재물에 대한 타인의 점유를 배제하는 것이다. 점유배제란 점유자의 의사에 반하여 재물에 대한 사실상의 지배를 제거하는 것이다. 따라서 점유의 배제는 점유자의 의사에 반해야 하며, 점유자의 동의는 본죄의 구성요건해당성을 조각시키는 양해가 된다. 점유자의 동의가 조건부인 경우에는 그 조건을 충족시키면 점유의 배제라고 볼 수 없다. 예컨대 자동판매기로부터 지정된 화폐를 이용하여 물건을 빼내는 행위는 타인점유의 배제가 아니다. 다만 가짜 동전으로 물건을 빼낸 경우는 절도죄가 아니라 개정형법의 편의시설부정이용죄(제348조의2)에 해당한다.[86]

본죄는 타인의 점유를 배제하기 위한 행위를 개시함으로써 실행의 착수가 인정된다. 타인점유배제행위의 개시는 실행의 착수에 대한 일반원칙인 주관적 객관설에 의하여 판단한다. 행위자의 주

---

82) 김성천/김형준, 330면 이하; 백형구, 132면; 오영근, 231면; 이재상/장영민/강동범, 267면; 임웅, 330면; 조준현, 325면.

83) 이는 독일 다수설의 입장이다: Vgl. Eser, S-S StGB. § 242 Rdnr. 34; Ruß, LK StGB, § 242 Rdnr. 31; Wessels/Hillenkamp, BT/II, Rdnr. 93 ff.; BGHSt 22, 180.

84) 동취지, 김성돈, 289면; 정성근/박광민, 304면.

85) 권오걸, 323면; 손동권/김재윤, 284면; 이영란, 284면.

86) 독일 다수설은 독일형법 제265조a 편의시설부정이용죄를 절도죄의 보충규정으로 해석함으로써, 이 경우 절도죄의 성립을 인정한다: Vgl. Eser, S-S StGB, § 242 Rdnr. 36 mwN.; Wessels/ Hillenkamp, BT/II, Rdnr. 108; BGH MDR 52, 563.

관적인 범행계획에 따라 타인의 점유를 배제하기 위한 직접적인 행위를 한 때에 본죄의 실행착수를 인정할 수 있다. 이에 따라 절취할 재물에 접근[87]하거나 이를 물색[88]할 때 실행의 착수가 인정된다.

절도죄에서 실행의 착수에 관한 구체적인 판례 사안으로는 다음과 같은 것이 있다. 소매치기를 하기 위하여 호주머니 겉을 더듬을 때,[89] 자동차 안의 물건을 훔치기 위하여 문잡이를 당긴 때,[90] 라디오를 절취하려고 라디오의 줄을 건드린 때[91]에 절도죄의 실행의 착수를 인정하고 있다. 또한 담을 넘어 들어가 훔칠 물건을 찾기 위하여 담에 붙어 걸어간 때[92]에도 절도죄의 실행의 착수를 인정한다. 이에 반하여 "노상에 세워 놓은 자동차 안에 있는 물건을 훔칠 생각으로 자동차의 유리창을 통하여 그 내부를 손전등으로 비추어 본 것에 불과한 경우는 비록 유리창을 따기 위해 면장갑을 끼고 있었고 칼을 소지하고 있었다 하더라도 절도죄의 실행의 착수를 인정할 수 없다"[93]고 하며, '피해자를 골목길로 유인하여 돈을 절취할 기회를 엿본 경우'[94]나 '피해자의 부엌문에 시정된 열쇠고리의 장식을 뜯는 행위'[95]만으로는 절도죄의 실행의 착수를 인정하지 않는다. 그밖에 절도죄를 범하기 위하여 주간에 주거에 침입했다는 사실만 가지고는 절도죄의 실행착수를 인정하지 않는 것이 일관된 판례[96]의 입장이다. 이러한 판례의 태도에 대하여 대부분의 학설에서도 특별한 이의를 제기하고 있지 않다.

그러나 이와 같은 판례의 입장은 미수범의 처벌이유를 충분히 고려하지 못한 해석으로 타당하다고 할 수 없다. 미수범의 처벌이유는 범행의사가 외부에 명백하게 표시됨으로써 법익에 대한 객관적 위험성이 인정되기 때문이다. 절도를 위한 주거침입이나 문호 등의 손괴행위는 명백한 범행의사의 외부적 표현과 객관적 위험성이 충분히 인정되며, 이러한 행위는 이미 범행계획에 따른 실행행위의 일부를 실현한 것으로 판단된다. 물론 절도를 위한 탐사로서의 주거침입은 범행계획에 의하면 절도죄의 실행착수가 될 수 없다. 따라서 객관적 위험성의 판단기준은 주관적인 범행계획이어야 한다(주관적 객관설). 특히 제330조의 야간주거침입절도죄나 제331조 제1항의 특수절도죄에서는 주거침입 또는 문호 · 장벽 · 건조물의 일부 손괴가 해당 범죄의 실행의 착수로 인정되는 반면에, 동일한 행위가 주간에 이루어진 경우에 절도죄

87) 대법원 1965.6.22., 65도427; 대법원 1983.3.8., 82도2944; 대법원 2010.4.29, 2009도14554.

88) 대법원 1966.9.20., 66도1108; 대법원 1984.3.13., 84도71; 대법원 1987.1.20., 86도2199; 대법원 1992.9.8., 92도1650; 대법원 2003.6.24., 2003도1985; 대법원 2009.12.24., 2009도9667.

89) 대법원 1984.12.11., 84도2524.

90) 대법원 1986.12.23., 86도2256.

91) 대법원 1966.11.29., 66도875.

92) 대법원 1989.9.12., 89도1153.

93) 대법원 1985.4.23., 85도464; 동취지, 대법원 2010.4.29., 2009도14554: "아파트 신축공사 현장 안에 있는 건축자재 등을 훔칠 생각으로 공범과 함께 마스크를 착용하고 위 공사현장 안으로 들어간 후 창문을 통하여 신축 중인 아파트의 지하실 안쪽을 살핀 행위는 특수절도죄의 실행의 착수에 해당하지 않는다."

94) 대법원 1983.3.8., 82도2944.

95) 대법원 1989.2.28., 88도1165; 대법원 2009.12.24., 2009도9667.

96) 대법원 1986.10.28., 86도1753; 대법원 1992.9.8., 92도1650; 대법원 2008.11.27., 2008도7820; 대법원 2009.12.24., 2009도9667; 대법원 2010.4.29., 2009도14554.

의 실행의 착수를 인정하지 못하는 것은 절도에 관한 죄의 불법구조를 이해하지 못한 결과이다. 논리체계적 해석방법과 목적론적 해석방법에 의하면, 기본적 구성요건인 절도죄에 대한 실행의 착수를 인정할 수 없는 상황이라면 가중적 구성요건인 제330조의 야간주거침입절도죄나 제331조 제1항의 특수절도죄에서도 실행의 착수를 인정할 수 없어야 할 것이다. 그러나 통설과 판례는 동일한 상황에서 기본적 구성요건에 대하여는 실행의 착수를 부정하고, 가중적 구성요건에 대하여는 실행의 착수를 인정하는 오류를 범하고 있다. 통설과 판례의 입장변화를 기대한다. 물론 입법론적으로는 야간주거침입절도죄를 주거침입절도죄로 변경하는 것이 합리적이라고 본다. 절도죄에서 야간절도와 주간절도 사이의 불법의 차이보다는 일반절도와 주거침입절도 내지 문호 · 장벽 · 건조물의 일부 손괴의 특수절도 사이의 불법의 차이가 현저히 크다고 평가되기 때문이다.

2-2-4. 새로운 점유의 설정

2-2-4-1. 새로운 점유의 설정 일반

절취행위는 재물에 대한 타인의 점유를 배제하여 새로운 점유(사실상의 재물지배)를 설정함으로써 완성된다. 따라서 재물에 대한 새로운 점유의 설정은 절취행위의 제2의 요소가 된다. 재물에 대한 타인의 점유만 제거하고 새로운 점유를 설정하지 않는 경우는 절도죄가 성립하지 않는다. 예컨대 양어장을 열어 물고기가 바다에 나가도록 하는 경우가 그러하다. 새로운 점유의 설정은 반드시 행위자의 사실상의 지배하에 두는 경우 뿐 아니라 제3자의 지배하에 두어도 충분하다. 또한 새로운 점유의 설정이 영구적이고 종국적일 필요도 없다.

새로운 점유의 설정은 보통 타인점유의 제거와 동시에 나타난다. 그러나 "새로운 점유의 설정이 반드시 타인점유배제와 동시에 이루어질 필요는 없다"는 것이 일반적인 학설의 입장이다(통설).[97] 예컨대 나중에 가져오기 위하여 달리는 자동차나 열차에서 타인의 재물을 떨어뜨리는 경우가 그러하다고 한다. 이 경우 새로운 점유의 설정 이전에는 절도미수죄에 불과하다고 한다. 그러나 이러한 통설의 입장은 부당하다. 절취행위에서 타인점유제거와 새로운 점유설정 사이에 공백이 있어서는 안된다. 만약 타인점유제거와 새로운 점유설정 사이에 공백이 있게 되면, 그 사이에는 논리적으로 해당 재물이 누구의 점유에도 속하지 아니하는 점유이탈물이 되어야하기 때문이다. 따라서 새로운 점유는 적어도 타인점유제거를 완성함으로써 설정되어야 한다. 절취행위는 재물에 대한 타인의 점유를 제거함으로써 새로운 점유를 설정하는 행위인 것이다. 달리는 자동차나 열차에서 물건을 떨어뜨린 경우에도 떨어뜨린 장소에 공범자들이 기다리고 있거나 또는 자신만이 알 수 있는 곳에 떨어뜨린 경우는 완전히 새로운 점유의 설정으로 인정되어야 한다. 이는 나중에 가져올 요량으로 피해자

97) Eser, S-S StGB, § 242 Rdnr. 43; Ruß, LK StGB, § 242 Rdnr. 75; Tröndle/Fischer, StGB, § 242 Rdnr. 13.

의 점유영역 안에 숨긴 물건의 경우에도 동일하다. 물건을 자신만이 알 수 있는 공간에 숨김으로써 새로운 점유가 설정되고 절도죄는 기수에 이르게 된다.

> 대법원[98]은 피고인이 더덕을 찾기 위하여 나무막대로 땅을 파다가 땅속에서 탄통 8개를 발견하고 뚜껑을 열어 그 안에 군용물인 탄약이 들어 있음을 확인하고도 이를 지휘관에게 보고하는 등의 절차를 거치지 아니하고 전역일에 이를 가지고 나갈 목적으로 그 자리에 다시 파묻어 은닉한 사건에서 절도죄의 성립을 부정하였다. 누군가가 땅 속에 탄통을 파묻어 은닉하였다면 그 탄통은 그 사람만의 지배영역에 있는 것이므로, 그 탄통은 최초로 은닉한 자의 점유로 인정된다. 여기서는 피고인이 탄통을 처음 있던 장소에 그대로 파묻어 두었으므로, 누군가의 점유를 침탈하여 새로운 점유를 설정한 것은 아니다. 만약 피고인이 탄통을 다른 장소에 묻었거나, 또는 전역 후 탄통을 가져갔다면 타인점유의 배제와 새로운 점유의 설정이 인정된다.

2-2-4-2. 기수시기

종래 본죄의 기수시기에 관하여는 접촉설 · 은닉설 · 이전설 등의 대립이 있었으나, 현재는 재물에 대한 지배력을 장악하는 시점을 본죄의 기수로 인정한다(통설). 일반적으로 이를 취득설로 명명하고 있으나, 개념의 본질상 장악설이라는 용어가 적절하다.[99] 본죄는 재물을 사실상 지배할 수 있는 지배력을 장악함으로써 기수에 이르게 된다. 이러한 의미에서 본죄의 기수시점인 '재물에 대한 지배력의 장악'은 보통 본죄의 구성요건적 행위의 완성인 '재물에 대한 새로운 점유의 설정'과 동일한 시점이 된다. 따라서 본죄의 구성요건적 행위의 완성은 일반적으로 결과의 발생으로 평가된다.

언제 재물에 대한 지배력을 장악하게 되는지는 점유개념을 판단하는 기준에 의한다. 구체적인 상황에서 지배의사에 의한 사실상의 재물지배를 사회적 · 규범적 관점에서 판단한다. 이에 따라 타인의 점유를 배제하여 특히 밀접한 재물지배관계가 인정되는 경우(예컨대 사람의 신체 또는 의복의 주머니나 들고 있는 가방에 재물을 집어넣는 경우)에 본죄는 기수에 이르게 된다. 이 경우 행위자가 감시자에 의하여 사전에 이미 관찰되고 있었기 때문에 현장에서 곧바로 적발된 경우에도 본죄는 기수가 된다. 감시에 의하여 즉시 발견된다는 것은 재물에 대한 반환가능성의 문제에 불과하기 때문이다.[100] 따라서 광에 있는 백미를 자루에 담아 나오다가 발각된 경우도 절도기수죄에 해당한다.[101] 또한 피해자의 점유영역 안에서 자신만이 발견할 수

98) 대법원 1999.11.12., 99도3801.

99) 이를 Apprehensionstheorie라 하는데, Apprehension은 라틴어의 apprehendere에서 연유하고 있으며, 이는 "ad. (zu)"+ "prehendere (greifen)"의 합성어로서 "장악하다"의 의미를 가지고 있다.

100) BGHSt 16, 271.

101) 대법원 1964.12.8., 64도577: "공동피고인과 함께 피해자 집에 침입하여 그 집 광에서 공동피고인이 자루에 담아 내주는 백미를 받아 그 집을 나오려 하다가 피해자에게 발각된 경우에는 특수절도죄의 기수가 된다."; 대법원 1991.4.23., 91도476: "피해자 경영의 까페에서 야간에 아무도 없는 그 곳 내실에 침입하여 장식장 안에 들어 있던 정기적금통장 등을 꺼내 들고 까페로 나오던 중 발각되어 돌려 준 경우 피고인은 피해자의 재물에 대한 소지(점유)를 침해하고, 일단 피고인

있는 장소에 피해자의 재물을 숨겨 놓은 경우에도 이미 재물에 대한 지배력을 획득하게 됨으로써 절도기수죄에 해당한다.

점유개념을 '일상생활의 자연적 관점'을 기준으로 판단하는 독일의 다수설[102]에 의하면 숨겨 놓은 물건을 확보하는 데에 어떤 장애가 있는 경우에는 새로운 점유의 설정을 인정할 수 없다고 한다. 예컨대 슈퍼마켓에서 작은 물건을 주머니나 가방에 넣는 경우에는 행위자가 비록 감시카메라로 감시당하고 있을지라도 그의 새로운 점유설정을 인정할 수 있지만, 물건이 주머니나 가방에 넣기에는 너무 크기 때문에 쇼핑카트의 아래에 놓고 보자기 등으로 덮어놓은 경우에는 계산대를 무사히 통과함으로써 새로운 점유의 설정이 인정될 수 있다고 한다. 또한 공장의 직원이 물건을 들고 담을 넘어가기에는 너무 무겁기 때문에 공장 안쪽에 물건을 숨겨 놓은 경우도 아직 새로운 점유의 설정이 인정될 수 없다고 한다.[103]

우리의 다수설[104]도 동일한 관점에서 "재물의 크기와 무게에 비추어 쉽게 운반할 수 없는 물건, 예컨대 기계 · 카페트 · 가구 · 쌀가마니와 같은 것은 적어도 피해자의 지배범위를 벗어나야 본죄가 기수에 이른다"고 한다. 그러나 장악설 내지 취득설은 이전설에 대하여 "본죄의 기수시기를 너무 늦게 인정하는 형사정책적 결점이 있다"고 비판하면서, 재물의 크기나 무게에 의하여 장소적 이전을 기준으로 본죄의 기수시기를 판단하는 오류를 범하고 있다. 따라서 일부 견해[105]는 크기가 큰 물건은 자동차에 적재가 완료된 상태와 같이 상대방의 지배범위를 벗어날 수 있는 상태가 되었을 때 본죄의 기수를 인정한다. 이 견해는 다수설에 비하여 진일보한 입장이라고 할 수 있다. 그러나 이러한 경우에도 본죄의 기수시기는 오직 재물에 대한 지배관계의 장악을 기준으로 판단하여야 한다.

지배관계의 장악 여부는 사회적 · 규범적 관점을 기준으로 판단하여야 한다. 또한 지배관계의 장악은 타인에 의한 방해의 완전한 배제를 전제로 하는 것이 아니다. 행위자가 자신만이 재물에 대한 지배관계를 확보할 수 있을 정도로 피해자의 지배영역 안에 숨겨 놓은 경우에는 재물에 대한 지배관계의 장악으로 본죄의 기수를 인정하여야 한다. 이 때 재물의 크기나 무게는 문제가 되지 않으며, "피해자의 지배범위를 벗어났는지"의 여부도 문제가 되지 않는다. "피해자의 지배범위를 벗어날 수 있는 상태가 되었는지"도 역시 문제가 되지 않는다. 예컨대 여러 개의 물건을 자동차에 적재하는 경우는 1개만 적재해도 그 물건에 대한 새로운 점유설정을 인정해야 한다. 그러나 물건을 쇼핑카트의 아래에 놓고 보자기 등으로 덮어놓은 경우는 지배관계의 장악으로 인정하기 곤란하다. 피해자의 점유영역 안에서 보자기 등으

자신의 지배 내에 옮겼다고 볼 수 있으니 절도의 미수에 그친 것이 아니라 야간주거침입절도의 기수라고 할 것이다."

102) Vgl. Eser, S-S StGB, § 242 Rdnr. 24 ff.; Maurach/Schroeder/Maiwald, BT/I, S. 330 f.; Ruß, LK StGB, § 242 Rdnr. 18 ff.; Tröndle/Fischer, StGB, § 242 Rdnr. 9; BGHSt 16, 273 f.; BGH GA 79, 391.

103) Eser, S-S StGB, § 242 Rdnr. 39; Maurach/Schroeder/Maiwald, BT/I, S. 328, 330.

104) 김일수/서보학, 237면 이하; 오영근, 247면; 이영란, 287면; 이재상/장영민/강동범, 270면; 이형국, 322면; 진계호/이존걸, 329면.

105) 권오걸, 332면; 김성돈, 291면; 박상기, 256면; 배종대, 263면; 임웅, 334면 이하; 정성근/박광민, 308면.

로 덮어놓은 경우는 일반 거래관행이라는 사회적 · 규범적 관점에서 재물에 대한 타인의 지배영역을 침입하여 새로운 지배를 설정한 것으로 평가되지 않기 때문이다. 자동차 절취의 경우에는 '운행가능한 상태에서의 출발'을 자동차에 대한 지배력의 장악으로 보는 것이 타당하다.[106] 시동이 걸려있는 자동차 절취의 경우에는 운전석에 올라 탄 것만으로 타인의 지배영역을 침입하여 새로운 지배를 설정한 것으로 평가되지 않는다.

2-3. 주관적 구성요건

본죄의 주관적 구성요건으로는 고의와 불법영득의 의사를 요한다. 고의는 타인의 재물을 절취한다는 인식과 의사로서 일반적인 주관적 구성요건요소이다. 그밖에 본죄에서는 불법하게 타인의 재물을 영득하려는 불법영득의사가 초과주관적 구성요건요소로서 요구된다.

2-3-1. 고 의

고의는 객관적 구성요건요소를 모두 인식하고 구성요건을 실현하려는 의사를 의미한다. 재물의 타인성도 본죄의 객관적 구성요건요소이므로 이에 대한 인식도 고의의 내용이 된다. 예컨대 타인의 재물을 자신의 재물로 오인하고 취거한 경우는 구성요건적 사실의 착오로서 고의가 부정된다. 그러나 객관적 구성요건요소라도 그 의미에 대한 인식은 고의의 대상이 아니다. 예컨대 재물의 타인성의 의미는 민사법규범의 내용으로서 이에 대한 인식의 결여는 법률의 착오에 해당한다.[107]

2-3-2. 불법영득의 의사

2-3-2-1. 영득의사 일반

독일형법이 절도죄에서 불법영득의사를 명문으로 규정하는데 반하여, 형법은 이를 명문으로 요구하고 있지 않다. 따라서 절도죄의 해석에서 고의 이외에 불법영득의사가 필요한지에 대하여는 학설의 대립이 있다.

절도죄에서 불법영득의사가 필요하지 않다는 소수설[108]에 의하면 불법영득의사는 절도죄에서 고의의 내용에 불과하다고 한다. ① 형법은 절도죄에 대하여 불법영득의사를 명문으로 요구하고 있지 않으며, ② 절도죄의 보호법익은 점유권이므로 점유침해의사로 충분하고, ③ 중대한 가치감소를 초

106) 대법원 1994.9.9., 94도1522: "자동차를 절취할 생각으로 자동차의 조수석문을 열고 들어가 시동을 걸려고 시도하는 등 차 안의 기기를 이것저것 만지다가 핸드브레이크를 풀게 되었는데 그 장소가 내리막길인 관계로 시동이 걸리지 않은 상태에서 약 10미터 전진하다가 가로수를 들이받는 바람에 멈추게 되었다면 절도의 기수에 해당한다고 볼 수 없을 뿐 아니라 도로교통법 소정의 자동차의 운전에 해당하지 아니한다."

107) 통설은 "의미에 대한 인식도 고의의 내용이 된다"고 하면서, "의미의 인식은 문외한으로서의 소박한 인식으로 족하다"고 한다. 이러한 통설에 대한 상세한 비판은 이정원/류석준, 형법총론, '제2편, 제2장, 제3절, 2-1-4. 의미의 인식 ?' 참조.

108) 배종대, 264면; 오영근, 234면 이하; 정성근/박광민, 316면 이하.

래하는 사용절도도 처벌할 필요성이 있으며, ④ 다수설에 의하면 손괴나 은닉의 의사로 재물을 취거한 이후에 영득의사가 생긴 경우를 절도죄로 처벌할 수 없으므로 부당하다고 한다. 이에 반하여 학설에서는 일반적으로 절도죄에서 초과주관적 구성요건요소로서 불법영득의사를 요한다고 해석한다(통설).[109] ① 절도죄의 보호법익은 소유권이며, 소유권을 침해하는 범죄에서 불법영득의사를 요구하는 것은 당연하고, ② 소수설이 중대한 가치감소를 초래하는 사용절도도 처벌할 필요성이 있다고 주장하지만 이는 영득의사 내용의 해석에 불과한 문제이며, ③ 피해자의 점유회복 가능성이라는 점에서 손괴죄가 절도죄보다 오히려 불법이 무겁지만, 형법이 절도죄를 더 무겁게 벌하는 것은 불법영득의사에 의한 행위반가치가 손괴죄에 비하여 무겁기 때문이라고 한다. 더욱이 개정형법은 제331조의2에서 자동차 등 불법사용죄라는 사용절도를 명문으로 규정하였기 때문에 소수설의 근거는 타당성을 상실하게 되었다고 한다.

형법의 불법구조에서 '일반 주관적 구성요건요소인 고의'와 고의를 초과하는 내적 경향(범행결과나 목표에 대한 특별한 의도)인 '초과주관적 구성요건요소'는 다음과 같은 점에서 구체적인 차이가 있다. 고의의 내용이 현실적으로 완전히 실현되지 아니한 경우는 미수범에 불과하게 된다. 고의는 모든 객관적 구성요건요소(객관적 행위상황)를 인식하고 이를 실현할 의도를 의미하므로 이것이 완전히 실현되지 아니하면 범죄의 미완성에 불과하기 때문이다. 이에 반하여 초과주관적 구성요건요소인 범행결과나 목표에 대한 행위자의 특별한 의도는 그것이 현실적으로 실현될 필요 없이 기수범이 성립한다. 예컨대 판매할 목적으로 음화 등을 제조하면, 현실적으로 판매에 성공했는지 여부와 관계없이 음화제조죄(제244조)의 기수가 인정된다.

예컨대 갑이 5살 어린아이 A를 이용하여 A의 소꿉친구인 B의 집에서 재물을 가져오도록 하였는데, A는 그 재물을 갑이 아니라 A의 모에게 가져다주었을 경우, 갑은 불법영득의 의사로 A를 도구로 이용하여 절도죄(간접정범)를 범하였으나, 그 재물의 영득에는 실패하였다. 불법영득의 의사를 고의의 내용으로 파악하는 소수설에 의하면 이 경우 행위자는 자신의 고의(불법영득)의 내용을 실현하지 못한 것이 된다. 따라서 갑은 절도미수죄로 처벌될 수 있을 뿐이다. 반면에 불법영득의사를 초과주관적 구성요건요소로 해석하면 행위자는 불법영득의 의사와 절도의 고의로 재물에 대한 타인의 점유를 배제하여 새로운 점유를 설정하였으므로 절도죄는 기수에 이르게 된다. 이 때 범인이 현실적으로 재물을 영득하였는지 여부는 문제가 되지 않는다. 불법영득의 의사를 가지고 특정 재물에 대한 원점유자의 점유를 배제하여 새로운 점유를 설정하였음에도 불구하고 절도기수죄를 인정할 수 없는 소수설의 입장은 타당하다고 할 수 없다. 따라서 불법영득의사는 고의의 내용이 아니라 초과주관적 구성요건요소로 해석하여야 한다. 이러한 문제는 간접정범의 경우 뿐 아니라 직접정범의 경우에도 동일하게 나타

109) 대법원 2000.10.13., 2000도3655; 대법원 2006.3.9., 2005도7819; 대법원 2008.10.23., 2008도7471; 대법원 2009.12.10., 2008도10669; 대법원 2011.8.18., 2010도9570; 대법원 2012.7.12., 2012도1132; 대법원 2014.2.21., 2013도14139.

난다. 예컨대 훈련된 동물을 이용하여 타인의 재물을 절취하는 경우에 그 동물이 재물을 물고 나오다가 다른 곳으로 도망간 경우가 그러하다.

2-3-2-2. 제3자 영득의사

영득의사는 소유자를 배제하여 외형상 · 형식상 소유자의 지위를 취하려는 의사이다. 자기영득의사는 자신이 이러한 지위를 취하려는 의사이다. 따라서 제3자에게 교부하기 위해서 재물을 절취하는 경우에도 재물의 교부자로서 표시되는 때에는 교부자가 소유자로서의 지위를 행사하는 것이므로 재물절취시 자기영득의사가 인정된다. 이에 반하여 제3자가 알지 못하는 사이에 익명으로 제3자에게 주기 위해서 재물을 절취하는 경우는 교부자에게 자신이 소유자로서의 지위를 취하려는 자기영득의사가 부정된다.

독일 구형법이 절도죄에서 자기영득의사만 규정하였던 것을 개정형법에서는 '자기 또는 제3자에게 위법하게 재물을 영득하게 할 의사'로 개정하였다. 이에 따라 제3자가 알지 못하는 사이에 익명으로 제3자에게 주기 위해서 재물을 절취하는 행위도 절도죄에 포섭될 수 있게 되었다. 종래 형법의 해석에서 제3자 영득의사는 거론되지 않았으나, 독일형법의 개정 이후 제3자 영득의사를 인정하는 견해[110]가 등장하였다. 우리의 법감정으로 절도죄에서 제3자 영득의사를 배제할 이유는 없을 것으로 판단된다. 제3자 영득의사에 의한 절도죄에서 기수시기는 제3자 영득의사로 타인의 재물을 취거한 때이다. 이 때 그 제3자가 재물을 영득했는지 여부는 절도죄의 기수에 영향을 미치지 않는다.

2-3-2-3. 영득의사의 내용

대법원[111]에 의하면 영득의사는 '권리자를 배제하여 타인의 물건을 자기의 소유물과 같이 그 경제적 용법에 따라서 이용하고 처분할 의사'이다. 그러나 절도죄의 객체인 재물이 반드시 경제적 가치를 요하는 것은 아니므로 '경제적 용법에 따라서 이용하려는 의사'를 영득의사의 내용에 포함시킬 필요는 없다.[112] 영득범죄에서 영득의사는 재물에 대한 권리자를 배제하여 자신이 마치 소유자처럼 그 재물을 이용 · 처분하려는 의사라고 할 수 있다. 이에 따라 영득의사(Zueignungsabsicht)는 재물에 대한 종전의 권리자를 배제하려는 소극적 의사(Enteignung)와 외형상 · 형식상 소유자의 지위를 행사하려는 적극적 의사(Aneignung)로 구성되어 있다.

---

110) 김성천/김형준, 342면; 김일수/서보학, 244면; 박상기, 260면; 임웅, 345면.

111) 대법원 1992.9.8., 91도3149; 대법원 1996.5.10., 95도3057; 대법원 1999.4.9., 99도519; 대법원 2000.10.13., 2000도3655; 대법원 2006.3.24., 2005도8081; 대법원 2014.2.21., 2013도14139.

112) 대법원 2012.7.12., 2012도1132: "절도죄의 성립에 필요한 불법영득의 의사란 권리자를 배제하고 타인의 물건을 자기의 소유물과 같이 이용 · 처분할 의사를 말하고, 영구적으로 물건의 경제적 이익을 보유할 의사임은 요하지 않으며, 일시 사용의 목적으로 타인의 점유를 침탈한 경우에도 사용으로 인하여 물건 자체가 가지는 경제적 가치가 상당한 정도로 소모되거나 또는 상당한 장시간 점유하고 있거나 본래의 장소와 다른 곳에 유기하는 경우에는 이를 일시 사용하는 경우라고는 볼 수 없으므로 영득의 의사가 없다고 할 수 없다."; 동지, 대법원 2008.3.14., 2007도10435; 대법원 2014.8.20., 2012도12828.

2-3-2-3-1. 영득의사의 소극적 요소(Enteignung)

영득의사의 소극적 요소는 재물에 대한 종전의 권리자의 지위를 지속적으로 제거 내지 배제하려는 의사를 말한다. 이러한 영득의사의 소극적 요소는 '지속적(auf Dauer)'으로 권리자의 지위를 배제하려는 의사로 충분하며, 반드시 영구적인 배제의사일 필요는 없다. 예컨대 타인의 신분증을 필요한 기간 동안만 사용한 이후에 우체통에 집어넣어 반환할 의사로 취거하는 경우에도 영득의사의 소극적 요소를 충족하게 된다. 이러한 점에서 일시적 내지 잠정기간(vorübergehend)만 권리자의 지위를 배제하려는 사용절도와 구별될 수 있다.

2-3-2-3-2. 영득의사의 적극적 요소(Aneignung)

영득의사의 적극적 요소는 타인의 재물에 대하여 외형상 · 형식상 소유자의 지위(Quasi-Eigentümer-Stellung)를 얻고자 하는 의사를 말한다. 예컨대 타인의 재물을 소비 · 판매 · 증여 · 임대 · 보관하려는 의사가 영득의사의 적극적 요소에 해당한다. 이러한 외형상 · 형식상 소유자의 지위를 얻고자 하는 의사는 지속적일 필요가 없으며, 일시적 · 순간적이라도 관계가 없다. 예컨대 현장에서 먹어 치우는 경우에도 영득의사의 적극적 요소가 인정된다.

영득의사의 적극적 요소에 의하여 절도죄는 손괴죄와 구별된다. 손괴죄에서도 종전 권리자의 지위를 제거하려는 의사가 있지만, 외형상 소유자와 같이 그 재물을 이용 · 사용하려는 의사가 결여되어 있다. 예컨대 A가 B의 집에서 B의 반지를 은밀한 장소에 숨긴 경우에도 불법영득의 의사에 의하여 절도죄와 손괴죄가 구별된다. A가 나중에 가져오기 위해서 반지를 숨겨놓은 경우는 불법영득의 의사가 인정되어 절도죄에 해당한다. 그러나 반지를 자랑하는 B가 미웠기 때문에 반지를 사용하지 못하도록 숨겨놓은 경우는 재물의 효용을 해하는 은닉에 해당하여 손괴죄에 해당한다. 동일한 이유로 X가 광산의 다이너마이트를 취거하여 폭발시킨 경우에도, X가 광산의 폭발소리에 수면을 설쳤기 때문에 화가 나서 광산의 다이너마이트를 제거하려는 의도로 폭발시켰다면 손괴죄에 해당한다. 그러나 X가 살인 · 손괴 등의 범죄를 저지를 의도로 다이너마이트를 취거하였다면 영득의사의 적극적 요소가 인정되어 절도죄에 해당한다. 따라서 먹기 위한 식품절취의 경우 또는 연료로 사용하기 위한 연료절취의 경우에도 영득의사가 인정되므로 절도죄에 해당한다.

병영에서 지급된 물건을 분실한 병사가 그 물건의 반환시 책임과 배상을 면하기 위하여 동료사병의 물건을 취거한 경우에는 영득의사의 적극적 요소가 인정되지 않는다.[113] 또한 소유자에게 돌려주고 현상금을 받기 위해서 재물을 취거한 경우에도 영득의사의 적극적 요소가 부정되어 절도죄는 성립하지 않는다. 이에 반하여 원래의 소유자에게 매각하고 대금을 편취하려는 의도로 재물을 취거한 경우는 영득의사가 인정된다. 이 경우는 행위자가 재물을 원래 소유자에게 반환하는 것이 아니라 자기가 마치 소유자인양 매각함으로써 재물에 대한 외형상 · 형식상 소유자의 지위를 취하고 있

113) 대법원 1965.2.24., 64도795; 대법원 1977.6.7., 77도1069.

기 때문이다. 행위자의 이러한 의도는 재물 그 자체에 대한 영득의사가 된다.[114]

A가 B에게 질권을 설정하고 인도한 재물을 A의 친구 갑이 A를 위하여 이를 취거해 A에게 가져다주는 경우, 갑은 타인소유 · 타인점유의 재물을 취거하였으므로 이는 우선 절취행위의 제1요소인 타인점유의 제거에 해당한다. 또한 갑은 타인점유를 배제하여 그 재물을 소지하게 되었으므로 절취행위의 제2요소인 새로운 점유의 설정도 긍정된다. 다만 갑은 재물에 대한 권리자의 지위를 배제하여 외형상 · 형식상의 소유자로서의 지위를 행사하려는 의사가 없었고, 재물을 소유자인 A에게 돌려주었다. 따라서 영득의사가 부정되어 절도죄는 성립하지 않게 된다. 권리행사방해죄는 자기소유 · 타인점유의 물건만을 대상으로 하기 때문에 여기에도 해당하지 않는다. 이와 같은 B의 정당한 점유를 침해한 갑의 행위는 민사상 책임 이외에 형법상 어떤 범죄에도 해당하지 아니한다. 입법론적으로는 권리행사방해죄가 이러한 정당한 타인의 점유를 침탈하는 행위를 당연히 포함하도록 구성해야 한다. 권리행사방해죄는 정당한 점유를 보호법익으로 하기 때문이다.

2-3-2-4. 영득의 대상

2-3-2-4-1. 영득의 대상

영득의 대상인 영득의사의 객체가 무엇인지에 관하여는 종래 물체설과 가치설 및 결합설의 대립이 있었다. 물체설은 영득의 대상이 물체 그 자체라고 보는 입장이다. 물체 그 자체에 대하여 권리자를 배제하고 소유자와 유사한 지위를 획득하려는 의사가 영득의사라고 한다. 가치설은 영득의 대상을 물체 속에 화체되어 있는 경제적 가치로 이해한다. 영득의 대상이 물체 그 자체라는 것은 의미가 없고, 오히려 물체 속에 화체되어 있는 경제적 가치에 대하여 권리자를 배제하고 소유자와 유사한 지위를 획득하려는 의사가 영득의사라는 것이다. 그러나 물체설은 가치를 모두 영득하고 물체만 반환할 경우(예컨대 예금통장의 경우)에 절도죄의 성립을 인정할 수 없으므로 타당하다고 할 수 없으며, 가치설에 의하면 주관적 가치만 인정되고 경제적 가치가 없는 물건에 대한 절도를 인정할 수 없으므로 타당하다고 할 수 없다. 따라서 현재는 물체설과 가치설을 결합한 결합설이 일반적인 지지를 받고 있다(통설).[115]

결합설에 의하면 영득의사의 대상을 물체 또는 그 물체가 가지고 있는 가치라고 이해한다. 물체와 가치는 동전의 앞뒤 면과 같이 두 가지 측면의 하나에 불과하기 때문에 어느 한 쪽에 편중해서 생각할 수는 없고 양쪽을 결합하여 판단해야 한다는 것이다. 이에 따라 물체 그 자체를 취하는 경우

114) 이재상/장영민/강동범, 277면은 이 경우를 '재물이 가지고 있는 특수한 기능가치'를 영득한 것이라고 설명한다. 그러나 여기서는 물체의 기능가치가 아니라, 물체 그 자체를 영득하는 것이다.

115) 대법원 1961.6.28., 4294형상179; 대법원 1981.10.13., 81도2394; 대법원 1995.7.28., 95도997; 대법원 1998.11.10., 98도2642; 대법원 2000.3.28., 2000도493; 대법원 2006.3.9., 2005도7819; 대법원 2011.8.18., 2010도9570.

뿐 아니라 물체에 화체되어 있는 가치만을 취하고 물체를 반환하는 경우에도 영득의사가 인정된다. 다만 결합설을 취할 경우에도 가치개념을 어떻게 이해하는가에 따라 가치설의 결함을 그대로 가질 수 있다. 따라서 결합설의 입장에서는 영득의 대상인 가치를 '물체와 기능에 따라 개념적으로 결합되어 있는 특수한 기능가치'[116]로 이해함으로써, 단순한 재물의 사용가치를 영득의 대상에서 제외시키고 있다.

2-3-2-4-2. 관련문제

① 예금통장을 취거하여 현금을 인출한 후 통장을 반환하는 경우 행위자는 처음부터 예금통장을 반환하려고 하였으며 영득하려는 의사를 가지고 있지 않았다. 따라서 예금통장이라는 물체 그 자체에 대해서는 영득의사가 인정되지 않는다. 오직 예금통장과 개념적으로 결합된 기능가치(인출금액)를 영득하려는 의사에 의하여 예금통장에 대한 영득의사가 인정된다. 따라서 예금통장에 대한 절도죄가 성립한다.

> 예금통장을 절취한 이후에 예금을 인출하는 행위는 피해자에 대한 관계에서 별도의 범죄를 구성하지 않는다. 이 경우 절도의 피해자가 이 사실을 은행에 신고하여 인출금액의 지불이 은행 측의 부담으로 된 경우에만 사기죄가 성립할 수 있을 뿐이다.[117] 이에 반하여 통설과 판례[118]는 예금통장에 대한 절도죄와 예금인출에 대한 사기죄의 경합범을 인정하고 있다(통설). 그러나 이미 인출금액이라는 예금통장의 기능가치에 대한 영득의사가 인정되어 절도죄가 성립했다면, 절도피해자의 부담으로 되는 인출금액에 대해서는 별도의 사기죄가 성립할 여지는 없다고 해야 한다. 범인의 현금인출은 통장의 기능가치를 절취하여 이를 재산으로 현실화 하는 과정에 불과하므로 절도죄의 불가벌적 사후행위라고 해야 한다. 통설과 판례는 인출금액에 대하여 부당하게 중복된 평가[119]를 하고 있다. 다만 범인의 예금환급금 수령증을 위조하는 행위에 대해서는 별도의 사문서위조죄와 동행사죄가 성립한다. 사문서위조죄와 동행사죄는 사회적 법익에 관한 죄이므로 별개의 독립된 법익에 대한 새로운 침해행위로 평가되기 때문이다.

② 신분증을 취거하여 사용한 후 반환한 경우 신분증이라는 물체에 대한 영득의사가 인정되지 않으며, 또한 신분증과 개념적으로 결합된 특수한 기능가치를 영득한 것도 아니므로 영득의사가 부

116) 김성돈, 295면; 김일수/서보학, 242면 이하; 손동권/김재윤, 300면; 이재상/장영민/강동범, 276면; 임웅, 341면.

117) 이는 독일 통설의 입장이다: Vgl. Wessels/Hillenkamp, BT/II, Rdnr. 161; Eser, S-S StGB, § 242 Rdnr. 50; Ruß, LK StGB, § 242 Rdnr. 60; Tröndle/Fischer, StGB, § 242 Rdnr. 19; RGSt 39, 239; BGH NStZ 1993, 591.

118) 대법원 1974.11.26., 74도2817; 대법원 1990.7.10., 90도1176.

119) 통설과 판례는 인출금액에 대하여 한편으로는 예금통장에 화체된 기능가치로 평가하면서, 다른 한편으로는 편취의 객체로 이해함으로써 중복된 법적 평가를 하고 있다.

정된다.[120] 따라서 신분증 취거에 관한 한 절도죄가 성립하지 않으며, 불가벌인 사용절도에 불과하다. 예컨대 갑이 동료 을의 신분증을 절취하여 을의 봉급을 수령하고 신분증을 다시 을의 책상서랍에 넣어놓은 경우에 있어서 갑의 신분증 취거행위는 무죄이며, 봉급편취에 관하여는 사기죄가 성립한다.

그러나 신분증을 취거하여 사용하다가 반환한 경우라도 잠정적인 사용이 아닌 지속적인 사용의 경우에는 물체에 대한 영득의사가 인정된다. 지속적으로 원점유자의 지위를 배제하여 그 동안 외형상 · 형식상 소유자의 지위를 얻으려는 영득의사가 인정되기 때문에 절도죄가 성립하게 된다.

③ 현금카드를 취거하여 현금을 인출한 후 반환하는 경우 이로 인하여 카드의 기능가치를 감소시키거나 카드의 소유권을 부정하는 것이 아니므로 영득의사가 인정되지 않는다(통설).[121] 현금인출카드는 카드에 특수한 기능가치가 내재되어 있는 것이 아니라, 이를 이용하여 현금을 인출하는 것을 가능하게 하는 도구에 불과하기 때문이다. 따라서 이 경우 카드의 취거에 관한 한 불가벌인 사용절도에 불과하다.[122] 다만 타인의 현금카드와 비밀번호를 이용하여 현금을 인출하는 행위는 마치 자물쇠와 다이얼로 시정된 금고를 여는 행위와 동일하다. 따라서 이 경우 현금의 영득에 관하여 절도죄가 성립한다.[123] [124]

> 타인의 현금카드로 현금자동지급기에서 현금을 인출하는 행위 그 자체가 개정형법의 컴퓨터 사용사기죄(제347조의2)에 해당할 수 있는지 문제된다. 특히 2001년 12월 29일의 개정형법은 개정 전의 '허위의 정보 또는 부정한 명령의 입력'을 '허위의 정보 또는 부정한 명령을 입력하거나 권한 없이 정보를 입력 · 변경'으로 개정함으로써 종래 "본죄에 진실한 정보의 부정사용이 포함되는지"에 관한 논란을 해소시켰다. 이에 따라 일부의 학설[125]에서는 타인의 현금카드와 비밀번호를 이용하여 현금인출기로부터 현금을 인출하는 행위를 컴퓨터 사용사기죄로 해석하고 있다. 그러나 개정 전의 해석에 있어서도 '진실한 정보의 부정사용'을 제347조의2가 규정한 '부정한 명령의 입력'에서 제외시킬 이유는 없었다. 일반적으로 컴퓨터는 정확한 정보가 입력되지 않으면 작동하지 않는다. 따라서 부정한 명령의 입력은 거의 대부분 진실한 정보의 부정입력이 될 것이다. 만약 '부정한 명령'의 입력을 '허위명령=틀린 명령'의 입력으로 해석한다면, 제347조의2 규정이 의도하는 법익보호를 포기하는 해석이 되었을 것이다.

120) 대법원 1971.10.19., 70도1399.

121) 이 경우 신용카드에 대한 영득의사를 인정하는 견해로는 권오걸, 342면; 박상기, 342면; 조준현, 335면.

122) 대법원 1998.11.10., 98도2642; 대법원 1999.7.9., 99도857; 대법원 2000.3.28., 2000도493; 대법원 2006.3.9., 2005도7819.

123) 김성돈, 381면; 박상기, 342면; 백형구, 185면; 손동권/김재윤, 399면; 이영란, 362면; 정영일, 150면 이하; 진계호/이존걸, 419면.

124) 대법원 1995.7.28., 95도997; 대법원 1998.11.10., 98도2642; 대법원 1999.7.9., 99도857; 대법원 2002.7.12., 2002도2134; 대법원 2003.5.13., 2003도1178; 대법원 2006.7.27., 2006도3126; 대법원 2008.6.12., 2008도2440.

125) 권오걸, 472면; 김일수/서보학, 362면; 배종대, 357면; 오영근, 316면 각주 1), 321면; 이재상/장영민/강동범, 373면 이하; 이형국, 388면; 정성근/박광민, 396면.

제347조의2 규정의 개정에도 불구하고 불법하게 타인의 현금카드로 현금자동지급기에서 현금을 인출하는 경우를 컴퓨터 사용사기죄에 포함시킬 수 없는 이유는 본조가 여전히 행위객체를 재산상 이익에 한정하기 때문이다. 입법론적으로는 컴퓨터 사용사기죄의 행위객체를 재산상 이익에 한정할 이유는 없다. 따라서 재차 개정을 통하여 제347조의2에 재물을 행위객체에 포함시킨다면, 절도죄와 컴퓨터 사용사기죄는 특별관계에 의한 법조경합으로 해석될 것이다.

2-3-2-5. 영득의 불법

절도죄에서 초과주관적 구성요건요소는 불법영득의사이므로, 영득의사는 객관적으로 위법해야 한다.[126] 재물에 대하여 완전하고 이의 없는 인도청구권이 있는 경우에는 그 재물에 대한 영득이 객관적으로 위법하다고 할 수 없다. 이와 같이 재물에 대한 완전한 반환청구권이 있을 경우에는 그 재물에 대한 영득이 실질적 소유권질서와 일치하는 것이므로 소유권 침해범죄인 절도죄의 성립을 인정할 수 없게 된다(통설). 다만 종류채권의 경우에 채권자가 채무자의 재물을 임의로 취거하여 채권을 만족하였다면, 채권자는 채무자의 선택권한을 침해한 것이 되므로 채권자의 재물영득은 객관적으로 위법하게 된다.[127]

> 독일에서는 "현금채권을 종류채권과 동일하게 취급할 수 있는지"에 관하여 학설의 다툼이 있다. 독일의 판례[128]는 현금채권의 경우를 종류채권과 동일하게 취급하여 채권자가 채무자의 현금을 취거한 경우에 채무자의 선택권한을 침해한 것으로서 영득의 불법을 인정하였다. 그러나 현금은 그 물체보다 가치로서의 강한 특성을 가진 재물이며, 채무자의 선택권한이 현실적으로 의미가 없다. 따라서 완전하고 이의 없는 청구권이 있는 경우에는 현금의 취거에 대하여 실질적인 재산침해를 인정할 수 없다고 해야 한다. 따라서 독일의 통설 [129]에서는 현금에 대하여 가치총계의 특성에 의한 특별한 지위를 인정한다. 절취된 현금의 가치총계에 대하여 완전하고 이의 없는 청구권이 있는 경우에는 영득의 불법을 부정하는 것이며, 이를 소위 가치총계이론(Wertsummentheorie)이라고 한다. 영득의 불법과 관련하여 가치총계이론은 타당하다고 할 수 있다.

이에 반하여 판례[130]와 소수설[131]은 불법영득의사를 절취의 불법으로 이해한다. 이 견해에 의하면

126) Vgl. Eser, S-S StGB, § 242 Rdnr. 59; Wessels/Hillenkamp, BT/II, Rdnr. 187.

127) Wessels/Hillenkamp, BT/II, Rdnr. 189.

128) BGHSt 17, 87; BHG GA 1969, 306.

129) Hoyer, SK StGB, § 242 Rdhr. 86 mwN.; Eser, S-S StGB, § 242 Rdnr. 59; Lackner/Kühl, STGB, § 242 5d; Roxin, Geld als Objekt von Eigentums- und Vermögensdelkten, FS Für H. Mayer, S. 467; Wessels/Hillenkamp, BT/II, Rdnr. 189.

130) 대법원 1973.2.28., 72도2538; 대법원 2001.10.26., 2001도4546; 대법원 2010.2.25., 2009도5064.

131) 김성돈, 296면; 손동권/김재윤, 299면; 조준현, 338면.

영득의사의 불법은 독자적인 불법구성요건요소가 아니라 일반적인 위법성의 요소[132)]가 될 뿐이며, 이러한 불법은 전체행위에 대한 평가로서 표현의 강조적 기능 이외에 구성요건 내부에서 차지하는 독자적인 기능이 없게 된다. 따라서 이 견해는 점유자의 의사에 반한 절취행위에 대하여 위법성조각사유가 없는 한 항상 불법영득의사를 인정하게 된다.

생각건대 불법영득의사는 초과주관적 구성요건요소이며, 절도죄의 전형적인 불법내용을 정하는 불법요소이다. 이를 단순히 위법성의 요소로 이해해야 한다면 불법영득의사를 초과주관적 구성요건요소로 해석할 이유가 없게 된다. 또한 완전하고 이의 없는 인도청구권을 가진 자가 그 물건을 취거하는 경우는 실질적으로 타인의 재산권을 침해하는 행위가 아니다. 절도죄를 재산범죄로 이해한다면 타인의 재산권에 대한 침해가 없는 행위를 절도죄로 파악할 수는 없다. 따라서 불법영득의사는 영득이 불법한 경우라고 해석하여야 한다.

2-3-2-6. 사용절도와의 구별

사용절도(Gebrauchanmaßung)란 불법영득의사 없이 타인의 재물을 일시적으로 사용한 후 소유자에게 반환하는 행위를 말한다. 따라서 사용절도는 반환의사를 전제로 한다. 사용절도는 영득의사가 결여되어 있다는 점에서 절도죄와 구별된다. 영득의사와 관련하여 절도죄에서는 타인점유를 지속적(auf Dauer)으로 배제하려는 의사가 요구되는 데에 반하여, 사용절도에서는 타인점유의 배제가 일시적(vorübergehend)이어야 한다. 또한 사용절도에서는 외형상·형식상 소유자의 지위를 얻으려는 영득의사의 적극적 요소가 결여되어 있다. 타인의 도장을 취거하여 위조문서를 만들고 반환하는 경우 또는 읽거나 복사한 후에 반환하려는 의사로 책을 취거한 경우에는 행위자의 재물에 대한 영득의사가 인정되지 않으므로 재물취거행위에 관한 한 범죄가 성립하지 않는다. 그러나 일시적 사용이라도 사용한 후에 그 재물을 아무데나 방치함으로써 반환의사가 인정되지 않는 경우는 영득의사가 인정되어 절도죄가 성립하게 된다.[133)]

반환의사가 있다고 하여 재물취거행위가 언제나 사용절도로 되는 것은 아니다. 반환의사에 의한 일시적 사용이라도 물체의 기능가치가 저하되는 경우는 영득의사가 인정되기 때문이다. 예컨대 서점의 책을 취거하여 복사한 후 반환하는 경우라도 복사과정에서 책의 상품가치가 저하될 정도로 구겨진다는 것을 충분히 인식하고 있는 경우에는 영득의사가 인정된다. 또한 반환의사가 있어도 재물의 지속적인 사용은 그 기간 동안의 영득의사가 인정되어 절도죄가 성립하게 된다. 예컨대 축구중계방송을 보기 위하여 옆집의 TV를 취거하는 행위는 일시적 사용인 사용절도이지만, 돈이 생길 때까지 시청하다가 반환하기 위하여 옆집의 TV를 취거하는 경우는 영득의사가 인정된다.

---

132) 이에 관하여는 이정원/류석준, 형법총론, '제2편, 제2장, 제1절, 3-4. Welzel의 개방적 구성요건이론'에서의 '위법성의 요소' 참조.

133) 대법원 1984.12.26., 84감도392; 대법원 1988.9.13., 88도917; 대법원 2002.9.6., 2002도3465; 대법원 2012.7.12., 2012도1132.

이웃집 자동차를 잠시 이용하고 반환할 목적으로 취거하였으나 반환하기가 귀찮아서 사용하다 버린 경우는 객관적인 사건 진행과 행위자의 고의의 관점에서 두 개의 사건으로 분리해야 한다. 먼저 잠시 사용하고 반환할 목적으로 이웃집 자동차를 취거한 행위가 문제되며, 다음으로 이를 버린 행위가 문제된다. 첫 번째 부분은 제331조의2의 자동차 등 불법사용죄에 해당할 뿐이다. 행위자는 절도의 고의와 불법영득의사 없이 오직 자동차 불법사용의 고의로 타인의 자동차를 취거하였기 때문이다. 두 번째 부분인 불법사용하던 타인의 자동차를 버린 부분에서는 당해 자동차를 행위자가 사실상 점유하고 있으므로 여기서는 절취행위가 존재하지 않게 된다. 이는 제366조의 손괴죄에 해당하는 행위일 뿐이다. 따라서 이 경우는 자동차 등 불법사용죄와 손괴죄의 경합범이 인정된다. 잠시 불법사용하던 타인의 자동차를 처분한 경우에도 동일한 관점에서 이해하여야 한다. 이 경우는 자동차 등 불법사용죄와 점유이탈물횡령죄의 실체적 경합을 인정해야 한다. 현재 형법의 점유이탈물횡령죄는 그 행위객체를 유실물 · 표류물 기타 타인의 점유를 이탈한 재물도 포함하는 것으로 규정하고 있으나, 기타 타인의 점유를 이탈한 재물은 위탁에 의하지 아니하고 점유하는 재물로 해석해야 한다.[134] 이 경우에도 자동차를 처분하는 시점에서 행위자는 자동차를 현실적으로 점유하고 있기 때문에, 절취행위가 결여되어 절도죄는 성립하지 않는다.

이러한 사용절도는 원칙적으로 처벌되지 않지만, 개정형법은 제331조의2에서 자동차 · 선박 · 항공기 · 원동기장치자전차의 사용절도를 처벌하는 규정을 신설하였다.

2-4. 죄 수

일정한 장소에서 수개의 재물을 절취하는 경우에는 재물의 수나 피해자의 수에 관계없이 행위의 단일성이 인정된다. 또한 자연적 의미에서 수개의 행위라도 단일의사에 의하여 시간적 · 장소적으로 밀접하게 연결된 경우는 법적 · 사회적 의미에서 단일행위로 평가된다(접속범).[135]

절도범이 획득한 도품을 환가처분하거나 반환을 거부하거나 손괴하는 행위는 절취물을 소유자와 같이 처리하는 행위이므로 불가벌적 사후행위[136]에 불과하다. 이러한 행위들의 불법내용 내지 책임내용은 모두 주된 범죄인 절도죄의 처벌에 의하여 평가되고 있기 때문이다. 불가벌적 사후행위로 평가되기 위해서는 본죄와 보호법익을 같이하고 침해의 양을 초과해서는 안 된다. 따라서 사후행위가 다른 법익이나 다른 사람의 법익을 침해하는 경우, 예컨대 절취한 전당표로 전당물을 편취하는 경우[137] 또는 절취한 재물을 담보로 제공하고 금원을 편취한 경우[138]에는 새로운 법익의 침해로서

134) 독일형법 제246조 제1항은 비위탁물횡령죄를 기본적 구성요건으로 규정하고 있으며, 동조 제2항에서는 위탁물횡령죄를 가중적 구성요건으로 규정하고 있다. 독일형법의 비위탁물횡령죄는 형법의 점유이탈물횡령죄와 유사 내지 동일한 규정이다.

135) 대법원 1970.7.21., 70도1133; 동취지, 대법원 1979.10.10., 79도2093; 대법원 1991.6.25., 91도64; 대법원 1996.7.30., 96도1285.

136) 이에 관하여는 이정원/류석준, 형법총론, '제4편, 제2장, 2-2-2. 불가벌적 사후행위' 참조.

137) 대법원 1980.10.14., 80도2155.

138) 대법원 1980.11.25., 80도2310.

별죄를 구성하게 된다. 또한 본죄에 의하여 침해한 법익의 범위를 초과하는 경우에도 별죄를 구성한다. 예컨대 문서를 절취하여 피해자의 재물을 편취하거나, 절취한 재물을 피해자에게 다시 매각함으로써 새로이 금원을 편취하는 경우가 여기에 해당한다.

3. 야간주거침입절도죄

제330조의 야간주거침입절도죄는 야간에 사람의 주거, 간수하는 저택, 건조물이나 선박 또는 점유하는 방실에 침입하여 타인의 재물을 절취함으로써 성립하는 범죄이다. 즉 야간에 주거 등에 침입하여 절도죄를 범함으로써 성립하는 범죄이므로 야간이라는 요소는 주거침입과 관련을 가져야 한다. 판례도 동일한 입장이다. 다만 판례[139]는 이러한 관점에서 주간에 타인의 주거 등에 침입하여 야간에 절도죄를 범한 경우에 대하여 본죄의 성립을 부정하고 있다. 그러나 주거침입죄는 계속범이므로 주간에 주거에 숨어들어 야간에 재물을 절취하는 경우에도 야간주거침입의 상태에서 절취행위를 하기 때문에 본죄의 성립이 부정되지 않는다. 따라서 본죄는 '야간이라는 시간적 제약을 받는 주거침입죄'와 '절도죄'의 결합범이 된다(통설).

이에 반하여 본죄를 소유권 외에 주거권자의 법적 · 사실적 평온을 보호법익으로 하는 독자적인 구성요건으로 이해하면서 "주거침입행위와 절취행위 모두가 야간에 이루어진 경우에만 본죄가 성립한다"는 견해[140]가 있다. 또한 "본죄는 절취행위가 야간에 이루어진 경우에만 성립하므로 야간에 주거에 침입하여 주간에 재물을 절취한 경우는 본죄가 성립하지 아니하고, 주거침입죄와 절도죄의 경합범이 된다"는 견해[141]가 있다. 이 두 견해는 "절취행위가 야간에 이루어진 경우에만 본죄가 성립한다"는 결론에서는 차이가 없다. 주거침입죄는 계속범이므로 절취행위시점이 야간이면 당연히 그 시점(야간)에는 주거침입의 상태가 계속되고 있기 때문이다. 그러나 이들 견해는 제330조의 문리적 의미 뿐 아니라 목적론적 의미와도 일치하지 않는다. 본조는 '주거 등에 침입하여 야간에 타인의 재물을 절취한 자'로 규정한 것이 아니라, '야간에 주거 등에 침입하여 타인의 재물을 절취한 자'로 규정하고 있다. 또한 야간이라는 요소는 재물이라는 개인의 재산영역보다 사생활의 평온이라는 개인의 자유영역에서의 불법내용과 관련을 가질 수 있다. 따라서 야간이라는 상황을 주거침입 이외에 절취행위와 결합시킬 필요는 없다.

---

139) 대법원 2011.4.14., 2011도300: "형법은 야간에 이루어지는 주거침입행위의 위험성에 주목하여 그러한 행위를 수반한 절도를 야간주거침입절도죄로 중하게 처벌하고 있는 것으로 보아야 하고, 따라서 주거침입이 주간에 이루어진 경우에는 야간주거침입절도죄가 성립하지 않는다."

140) 김일수, 한국형법 Ⅲ, 559면, 561면; 김일수/서보학, 307면; 손동권/김재윤, 307면; 정영일, 151면.

141) 박상기, 263면; 백형구, 140면; 이영란, 293면; 유기천(상), 214면.

본죄의 야간은 천문학적 관점에서 일몰 후 일출 전 사이로 해석된다(통설). 종래에는 이를 심리학적으로 이해하여 "본죄의 입법취지가 야간의 불안상태를 이용한 평온의 교란을 무겁게 처벌하려는 데에 있으므로 본죄의 야간은 일반인이 심리적으로 야간이라고 볼 수 있는 상태를 의미한다"는 견해[142]가 있었다. 현재에도 천문학적 야간개념에 심리적 야간개념을 고려하여, "일몰 후라도 아직 상당한 저녁놀이 계속되어 야간이라고 평가할 수 없을 정도의 시간은 본죄의 야간에 해당하지 않는다"는 견해[143]가 있다. 그러나 이러한 심리학적 야간개념은 법적 안정성이라는 측면에서 형법에서 사용하기가 곤란하다.

제330조는 주거침입의 대상을 '사람의 주거, 간수하는 저택, 건조물이나 선박 또는 점유하는 방실'로 규정함으로써 제319조의 '사람의 주거, 관리하는 건조물, 선박이나 항공기 또는 점유하는 방실'과 차이가 있다. 그러나 제330조가 항공기를 본죄의 객체에서 제외시키려는 의도라고 해석할 수는 없으며, 이는 개정 당시의 단순 누락으로 보는 것이 타당하다.

본죄의 실행의 착수는 주거침입의 개시에 의하여 판단되어야 한다. 주거침입의 개시는 반드시 야간에 이루어질 필요는 없지만 주거침입과 야간은 상황적으로 결합되어야만 한다. 따라서 야간에 물건을 절취할 의도로 주간에 주거에 잠입하여 숨어 있는 경우에도 주거침입 상태에서 야간이 되는 시점에 본죄의 실행의 착수를 인정할 수 있게 된다.

본죄의 기수시기는 절취의 완성시점이다. 타인의 재물에 대하여 새로운 점유가 설정되면 범인의 주거로부터의 퇴거 여부와 관계없이 본죄는 기수에 이르게 된다.

> 대법원[144]은 '야간에 아파트에 침입하여 물건을 훔칠 의도하에 아파트의 베란다 철제난간까지 올라가 유리창 문을 열려고 시도한 경우'에 야간주거침입절도죄의 실행의 착수를 인정하였다. 또한 '출입문이 열려 있으면 안으로 들어가겠다는 의사 아래 출입문을 당겨보는 행위를 주거의 사실상의 평온을 침해할 객관적인 위험성이 포함된 행위로 보아 야간주거침입절도죄의 실행의 착수'[145]를 인정하였다.

입법론적으로는 본죄를 주거침입절도죄로 변경할 필요가 있다. 절도죄에서 야간절도와 주간절도 사이의 불법의 차이보다는 일반절도와 주거침입절도 사이의 불법의 차이가 현저히 크다고 평가되기 때문이다.

142) 유기천(상), 214면.
143) 김일수, 한국형법 Ⅲ, 560면.
144) 대법원 2003.10.24., 2003도4417.
145) 대법원 2006.9.14., 2006도2824.

4. 특수절도죄

제331조의 특수절도죄는 행위방법에 의하여 불법이 가중되는 절도죄와 야간주거침입절도죄에 대한 가중적 구성요건이다. 본조 제1항은 주거침입의 방법으로 야간에 문호 또는 장벽 기타 건조물의 일부를 손괴하고 주거 등에 침입하여 타인의 재물을 절취하는 경우를 특수절도죄로 가중하여 처벌하고 있으며, 제2항은 흉기를 휴대하거나 2인 이상이 합동하여 타인의 재물을 절취하는 경우의 특수절도죄를 규정하였다.

4-1. 제331조 제1항의 특수절도죄

제331조 제1항의 특수절도죄는 '야간에 문호 또는 장벽 기타 건조물의 일부를 손괴[146]하고 제330조의 장소에 침입하여 타인의 재물을 절취'함으로써 성립하는 범죄이다. 본죄의 문리적 의미는 주거침입의 방법으로 야간에 문호 · 장벽 기타 건조물의 일부를 손괴하여야 하므로, 야간이라는 요소는 문호 등의 손괴행위와 주거침입행위 모두와 관련되어야 한다. 그러나 본죄를 이와 같이 해석하면, 주간에 문호 등을 손괴하고 주거에 잠입하여 숨어 있다가 야간에 타인의 재물을 절취한 경우는 손괴죄와 야간주거침입절도죄의 실체적 경합이 될 것이며, 이러한 결론은 오히려 특수절도죄의 형보다도 중한 형이 된다.[147] 이러한 결론은 부당하다. 본항의 특수절도죄보다도 불법내용이 경하기 때문에 본죄가 성립하지 않는 경우를 본죄보다 무겁게 처벌하는 것은 형의 균형을 무너뜨리는 결과가 되기 때문이다. 따라서 본항의 특수절도죄에는 문호 등의 손괴행위가 야간주거침입절도죄의 수단이 된 경우도 포함된다고 해석하여야 한다(논리해석).

본죄의 실행의 착수시기는 문호 등을 손괴하기 시작한 때이며 기수시기는 절취가 완성된 때이다.

4-2. 제331조 제2항의 특수절도죄

제331조 제2항의 특수절도죄는 흉기를 휴대하거나 2인 이상이 합동하여 절도죄를 범함으로써 성립한다.

4-2-1. 흉기휴대절도

제331조 제2항 전단의 특수절도죄는 흉기를 휴대하고 절도죄를 범함으로써 성립하는 죄이며, 행위수단의 객관적 위험성에 의하여 불법이 가중되는 가중적 구성요건이다.

---

146) 대법원 2015.10.29., 2015도7559은 피고인이 야간에 피해자들이 운영하는 식당의 창문과 방충망을 창틀에서 분리하였을 뿐 물리적으로 훼손하여 효용을 상실하게 한 것은 아니라는 이유로 이 부분 공소사실을 유죄로 판단한 제1심판결을 파기하고 무죄를 선고하였다.

147) 손괴죄와 야간주거침입절도죄의 실체적 경합은 13년 이하의 유기징역이며, 이는 특수절도죄의 1년 이상 10년 이하의 유기징역보다 중한 형이 된다(제50조 제2항).

흉기란 본래 사람의 살상이나 재물의 손괴를 목적으로 제작되고 이에 적합한 물건을 의미한다. 본죄의 흉기를 이와 같이 해석하는 견해[148]도 있으며, 판례[149]도 동일한 입장이다. 그러나 본죄에서 행위수단의 객관적 위험성이라는 목적론적 의미는 흉기를 이와 같이 제한하지 않는다. 따라서 여기의 흉기에는 사람의 살상 등을 목적으로 제작된 무기는 물론, 이러한 목적으로 제작된 물건이 아니라도 사용하기에 따라서는 사람의 살상이나 재물의 손괴에 이용될 수 있는 위험한 물건도 포함한다.[150] 또한 흉기가 반드시 기구일 필요는 없으며, 화학물질이나 독가스와 같은 액체나 기체도 흉기에 해당한다. 그러나 객관적으로 위험하지 아니한 모조권총 등은 여기에 포함되지 않는다.

본죄는 흉기를 휴대하여 절도죄를 범함으로써 성립한다. 휴대는 몸 가까이 소지하는 것을 말하며, 반드시 자신이 흉기를 휴대할 필요는 없다. 다른 공동(합동)정범이 흉기를 휴대함으로써 족하다. 시간적으로는 행위시에 흉기를 휴대하여야 하며, 실행에 착수한 때부터 절취의 기수에 이르기까지의 시간 내에 흉기를 휴대하면 족하다.

본죄의 고의는 흉기를 휴대하고 절도죄를 범한다는 인식과 의사이다. 따라서 흉기휴대에 대한 인식도 고의의 내용이 된다. 다른 공동(합동)정범이 흉기를 휴대한 경우는 이를 인식하여야 본죄의 고의가 인정된다.

흉기휴대 특수절도죄의 고의를 인정하기는 현실적으로 거의 불가능하다. 의식적으로 흉기를 휴대하는 자는 거의 모두가 이를 사용하려는 의사를 가지고 있기 때문에 절도의 고의가 아니라 강도의 고의가 인정된다. 예컨대 강도고의로 총기를 들고 상점에 난입하였으나 주인이 외출중이어서 폭행 · 협박 없이 재물만 들고 나온 경우는 흉기휴대절도죄의 기수가 아니라 특수강도미수죄의 성립을 인정하는 것이 타당하다. 그러나 일반적으로는 폭행 · 협박이 없으면 강도죄의 실행착수를 인정하지 않기 때문에 이 경우는 흉기휴대 특수절도죄의 기수로 해석하는 것이 통설의 입장이다. 이러한 통설의 입장은 타당하다고 할 수 없다. 주관적 객관설의 입장에서 재물강취의 실행착수를 형식적이고 획일적인 폭행 · 협박의 개시만으로 판단할 수는 없기 때문이다. 주관적 객관설의 기준으로 강도계획을 가지고 명백하게 강도범행의 일부를 실현한 경우라면 폭행 · 협박 없이도 강도미수를 인정할 수 있어야 할 것이다. 통설과 판례의 변화를 기대한다. 이러한 관점에서 본다면 본죄는 in dubio pro reo의 법칙에 의하여 행위자의 강도고의를 증명할 수 없을 경우에만 적용이 가능한 보충적 구성요건으로서의 의미가 있을 뿐이다.

148) 권오걸, 51면; 김성돈, 90면; 김성천/김형준, 89면 이하; 김일수/서보학, 70면, 251면; 배종대, 76면 이하; 백형구, 63면 이하; 오영근, 253면, 253면; 정성근/박광민, 93면; 정영일, 154면.

149) 대법원 2012.06.14., 2012도4175: "형법은 흉기와 위험한 물건을 분명하게 구분하여 규정하고 있는바,…위 형법 조항에서 규정한 흉기는 본래 살상용 · 파괴용으로 만들어진 것이거나 이에 준할 정도의 위험성을 가진 것으로 봄이 상당하고,…"

150) 손동권/김재윤, 310면; 이재상/장영민/강동범, 285면; 이형국, 339면; 임웅, 355면; 조준현, 348면; 진계호/이존걸, 338면.

4-2-2. 합동절도

제331조 제2항 후단은 2인 이상이 합동하여 타인의 재물을 절취하는 특수절도죄를 규정하고 있다. 이를 합동절도라고 한다. 형법에서는 특수절도죄 외에도 특수강도죄와 특수도주죄에서 합동범에 관한 규정을 두고 있으며, 성폭력처벌법 제4조 특수강간 등 죄에서도 합동범을 규정하고 있다.

4-2-2-1. 합동의 의미

본죄의 합동의 의미에 관하여는 학설의 대립이 있다. 공모공동정범설과 가중적 공동정범설 및 현장설이 그것이다.

① 공모공동정범설[151]은 합동범을 '집단범죄에 대한 형사정책적 요청에 따라 집단의 수괴나 배후인물과 같은 무형적 공동정범과 공모공동정범을 처벌하기 위하여 규정된 것'으로 해석한다. 이 견해는 공동정범의 범위에 포함되지 못하는 관여자까지 공모참여라는 사실 하나만으로 합동범으로 가중처벌하는 점에서 타당하다고 할 수 없다.

② 가중적 공동정범설[152]은 합동범과 공동정범을 동일하게 이해하면서, 절도죄 · 강도죄 · 도주죄에 있어서의 공동정범은 전형적인 집단범죄이므로 형사정책적으로 특별히 그 형을 가중한 것이라는 견해이다. 그러나 집단범죄가 절도죄 · 강도죄 · 도주죄에 한정된 개념은 아니며, 합동범을 공동정범보다 무겁게 처벌한다면 공동정범에서 요구되는 이상의 추가적인 요건을 필요로 해야 한다. 따라서 가중적 공동정범설도 타당하다고 할 수 없다.

③ 현장설은 합동의 의미를 시간적 · 장소적 협력으로 해석한다. 다수인이 현장에서 협력하여 절도죄 · 강도죄 · 도주죄를 범할 때에는 구체적 위험성이 현저히 증가하기 때문에 형법은 이를 합동범으로 특별히 가중하여 처벌한다는 것이다(통설). 따라서 현장에서 공동하지 아니한 공동정범은 합동범이 될 수 없다. 종래의 판례[153]도 통설과 동일한 의미의 현장설을 지지하였으나, 전원합의체 판결[154]을 통하여 현장에서 합동하지 아니한 합동절도의 공동정범을 인정함으로써 종래의 태도를 변경하였다. 다만 판례에서도 합동의 의미를 현장설의 관점에서 이해하고 있으며, 이러한 대법원의 입장을 현장적 공동정범설[155]이라고 한다.

현행법의 해석으로는 현장설이 타당하다. 형법이 합동범에 대해서 공동정범에 비하여 무거운 처벌을 인정하고 있으므로 이에 합당한 가중적 추가표지가 필요하다고 해야 한다. 따라서 현장에서 시간적 · 장소적으로 협력하지 아니한 자는 합동범의 추가적인 불법가중요소를 결하기 때문에 본죄

151) 김종수, 형사법연구(상), 1978, 161면 이하.

152) 김종원, 194면; 황산덕, 284면.

153) 대법원 1982.1.12., 81도2991; 대법원 1989.3.14., 88도837; 대법원 1992.7.28., 92도917; 대법원 1994.11.25., 94도1622; 대법원 1996.3.22., 96도313.

154) 대법원 1998.5.21., 98도321 전원합의체 판결.

155) 동일한 관점에서 현장적 공동정범설을 주장하는 김성돈, 306면; 김일수, 한국형법 III, 569면 이하; 김일수/서보학, 252면; 손동권/김재윤, 312면.

의 정범이 될 수 없다. 이러한 관점에서 합동범은 집합범인 필요적 공범으로 해석해야 한다.

다만 다수인이 현장에서 합동하여 죄를 범할 때에도 왜 절도죄 · 강도죄 · 도주죄 · 강간죄에 대해서만 구체적 위험성이 현저히 증가되는 것인지 의문이 제기된다. 절도죄 · 강도죄 · 도주죄 · 강간죄에 대한 형사정책적 이유 이외에는 일반적으로 합동에 대해서 추가적 불법가중요소라고 평가하는 데에는 한계가 있다. 이러한 점에서 현장적 공동정범설을 취하는 판례의 입장도 이해못할 바도 아니다. 입법론적으로는 합동범을 폐지하든가, 아니면 가중적 불법내용을 충분히 제시할 수 있는 분명한 합동범의 추가표지, 예컨대 지속적인 범죄단체의 일원으로써 시간적 · 장소적 협력 등의 추가표지를 마련해야 할 것이다. 독일형법의 조직단체절도(Bandendiebstahl)에서도 시간적 · 장소적 협동을 요한다는 것이 독일의 일치된 학설[156]의 입장이지만, 독일의 조직단체절도는 지속적인 절도단체의 일원으로써 협동해야하기 때문에 우연한 현장에서의 협동은 제외된다.

4-2-2-1. 합동범과 공동정범 · 공범

합동범에 대하여 현장설을 취하게 되면, 현장에서의 시간적 · 장소적 협동을 요하게 되므로 현장에서 협동하지 않는 자는 본죄의 공동정범이 될 수 없다(통설). 따라서 다수인이 현장에서 합동하여 절도죄를 범하도록 조직과 기획을 담당한 인물은 절도죄의 공동정범과 특수절도교사 · 방조죄의 상상적 경합이 인정된다. 현장에서의 시간적 · 장소적 협력 없이도 합동절도죄를 범하도록 교사하거나 방조하는 것은 얼마든지 가능하기 때문에 합동범에 대해서도 총칙상의 공범규정은 적용될 수 있다.

"직접 실행행위에 참여하지 아니하면서 배후에서 합동절도의 범행을 조종하는 수괴는 그 행위의 기여도가 강력함에도 불구하고 공동정범으로 처벌할 수 없다면 불합리하다"는 것을 이유로 합동범의 공동정범을 인정하는 견해[157]가 있다. 판례[158]도 동일한 입장이다. 그러나 이러한 현장적 공동정범설의 관점은 부당하다. 시간적 · 장소적 협력 없이 공동정범의 법리에 의하여 합동범이 성립할 수 있다면, 그 자체로 합동범은 공동정범과 동일하게 된다. 그렇다면 합동범은 결국 가중적 공동정범일 뿐이며, 현장성을 합동범의 개념요소로 볼 수 없게 된다. 즉 2인 이상이 현장에서 합동하는 경우에 그 현장에서 합동하지 아니하는 공동정범자를 인정한다면, 그 현장에서 합동하지 아니하는 공동정범자의 행위기여가 현장에서 합동하

156) Vgl. Eser, S-S StGB, § 242 Rdnr. 26.

157) 김성돈, 306면; 김일수, 한국형법 III, 569면 이하; 김일수/서보학, 252면; 손동권/김재윤, 312면.

158) 대법원 2011.5.13., 2011도2021: "3인 이상의 범인이 합동절도의 범행을 공모한 후 적어도 2인 이상의 범인이 범행 현장에서 시간적, 장소적으로 협동관계를 이루어 절도의 실행행위를 분담하여 절도 범행을 한 경우에, 그 공모에는 참여하였으나 현장에서 절도의 실행행위를 직접 분담하지 아니한 다른 범인에 대하여도 그가 현장에서 절도 범행을 실행한 위 2인 이상의 범인의 행위를 자기 의사의 수단으로 하여 합동절도의 범행을 하였다고 평가할 수 있는 정범성의 표지를 갖추고 있는 한 공동정범의 일반 이론에 비추어 그 다른 범인에 대하여 합동절도의 공동정범으로 인정할 수 있다."; 同旨, 대법원 1998.5.21., 98도321 전원합의체 판결.

는 행위기여와 동일하게 평가된다는 의미가 된다. 현장적 공동정범의 관점은 합동범에서 합동의 의미를 공허하게 만들고 있다.

5. 자동차 등 불법사용죄

5-1. 자동차 등 불법사용죄 일반

개정형법 제331조의2는 권리자의 동의 없이 타인의 자동차, 선박, 항공기 또는 원동기장치자전차를 일시 사용하는 행위를 규제하기 위하여 자동차 등 불법사용죄를 신설하였다. 사용절도는 영득의사가 없어 원칙적으로 처벌되지 않지만, 자동차 · 선박 · 항공기 · 원동기장치자전차에 대해서는 사용절도행위도 특별히 처벌할 수 있도록 규정한 것이다. 이는 현대사회에서 자동차와 자가운전자의 증가에 따른 자동차의 불법사용과 이로 인한 피해와 피해자의 감정을 고려한 입법이다.[159]

본죄의 보호법익에 대하여는 소유권설과 사용권설의 대립이 있다. 사용권설[160][161]은 본죄의 보호법익을 자동차 등의 사용권이라고 본다. 본죄는 절도죄에 대하여 독자적인 성격을 가진 독자적 범죄라는 것을 이유로 한다. 그러나 사용권도 소유권을 전제로 하는 것이며, 만약 본죄의 보호법익을 사용권으로 해석하면 소유권자도 사용권자에 대하여 본죄를 범할 수 있게 되어 예외적으로 자동차 등의 사용절도를 처벌하려고 한 취지에 반한다. 또한 본죄는 행위객체를 '타인의 자동차' 등으로 규정할 뿐 아니라 제38장 '절도와 강도의 죄'에 규정되어 있으므로(논리해석) 본죄를 권리행사방해죄의 특수한 경우로 해석해서는 안 된다. 따라서 본죄의 보호법익은 소유권[162][163]이라고 보아야 한다.

5-2. 구성요건

본죄는 권리자의 동의 없이 자동차 등을 일시 사용함으로써 성립한다. 여기서 '권리자'란 자동차 등의 소유권자를 말한다. 사용권자의 동의가 없는 경우에도 소유권자의 동의를 받은 경우는 본죄가 성립하지 아니한다. 이 경우 소유권자는 권리행사방해죄의 직접정범이나 간접정범으로 처벌될 수 있으며, 소유권자의 동의로 자동차 등을 사용한 자는 경우에 따라 권리행사방해죄의 방조범으로 처벌될 수 있을 뿐이다.

본죄는 권리자의 동의가 없어야 성립하게 된다. 따라서 권리자의 동의는 본죄의 구성요건해당성

159) 법무부, 개정이유서, 175면. 독일형법에서는 1953년 8월 4일의 형법개정에서 자동차 등 불법사용죄를 규정하였다.

160) 권오걸, 359면; 김성돈, 307면; 김성천/김형준, 356면; 김일수/서보학, 254면; 백형구, 146면; 손동권/김재윤, 314면; 오영근, 258면; 이형국, 343면; 임웅, 360면; 정성근/박광민, 330면.

161) Vgl. Wessels/Hillenkamp, BT/II, Rdnr. 394.

162) 박상기, 269면; 배종대, 284면; 이재상/장영민/강동범, 292면; 정영일, 155면; 조준현, 354면; 진계호/이존걸, 342면 이하.

163) Vgl. Eser, S-S StGB, § 248b Rdnr. 1.

을 배제하는 양해에 해당한다. 다만 '권리자의 동의'는 본죄의 목적론적 의미에 따라 특히 보충성의 원리나 비범죄화의 요청을 충분히 고려하여 해석하여야 한다. 이에 따라 본죄는 자동차 등의 사용을 권리자의 동의 없이 개시하는 경우에만 성립한다고 해석하여야 한다. 그밖에 권리자의 동의하에 자동차 등을 사용하다가 사용권한을 초과하여 사용하는 경우는 본죄에서 요구되는 불법의 정도에 미치지 못한다고 해석된다. 예컨대 사용기간을 초과하여 사용하거나, 사용용도 외로 사용하거나(영업용 택시를 개인적 용도로 사용하는 경우) 또는 사용권한을 부여받은 자가 자신의 부인에게 사용하게 하는 경우 등은 본죄에 해당하지 아니한다(통설).[164] 이러한 경우들은 민사법상의 계약위반이 될 뿐이다.

자동차 등의 사용은 일시적(vorübergehend)이어야 한다. 반환의사가 있어도 타인의 자동차 등을 지속적(auf Dauer)으로 사용하는 경우는 영득의사가 인정되어 절도죄가 성립한다. 또한 '일시적'이란 요건에 의하여 본죄는 반환의사를 전제로 한다. 자동차 등을 일시적으로 사용할지라도 아무데나 방치함으로써 반환의사가 인정되지 않으면 절도죄가 성립한다.

본죄는 미수범(제342조)을 처벌하므로 자동차 등에 타거나 시동을 걸 때 실행의 착수가 있고, 사회통념상 어느 정도의 거리를 운행할 때 또는 권리자의 사용권을 침해한 때 기수라는 것이 다수설[165]의 입장이다. 유사한 관점에서 본죄를 결과범으로 해석함으로써 여기서의 '일시적 사용'을 '권리자의 사용권을 방해했다고 평가할 수 있는 시간대'로 해석하는 견해[166]가 있다. 그러나 본죄의 '일시적 사용'은 구성요건적 행위를 의미하는 것으로 보아야 한다. 이러한 일시적 사용으로, 즉 자동차 등의 사용개시에 의하여 본죄는 기수에 이르게 된다.[167] 따라서 본죄는 형식범으로 해석하여야 한다. 더욱이 제342조의 미수범 처벌규정은 본죄가 신설되기 이전부터 존재하였었기 때문에 제342조를 본죄의 미수범을 처벌하기 위한 규정으로 해석하는 것은 타당하다고 할 수 없다.

본죄에서 일시적 사용이란 자동차 등을 통행수단으로 이용하는 것을 의미한다. 따라서 자동차 등을 장소적 공간으로만 이용하는 경우, 예컨대 자동차에서 잠시 체류하거나 잠을 자거나 물건 등을 은닉하는 경우는 여기의 사용에 해당하지 아니한다. 단순하게 자동차의 시동만 걸어본 것도 본죄의 사용에 해당하지 아니한다. 본죄는 계속범이므로 자동차 등의 사용을 개시함으로써 기수에 이르게 되며 사용을 끝낼 때, 즉 자동차 등을 권리자에게 반환할 때 종료하게 된다.

6. 친족상도례

164) Vgl. Eser, S-S StGB, § 248b Rdnr. 4a.

165) 권오걸, 362면; 오영근, 260면; 이형국, 345면; 임웅, 361면; 정성근/박광민, 331면; 정영일, 157면; 조준현, 356면; 진계호/이존걸, 344면.

166) 김일수, 한국형법 Ⅲ, 573면; 김일수/서보학, 255면.

167) 동취지, 김성돈, 308면; 김성천/김형준, 357면; 박상기, 272면.

6-1. 친족상도례의 의의

형법은 강도의 죄와 손괴의 죄를 제외한 친족 사이의 재산범죄에 대하여 형을 면제하거나 고소가 있어야 공소를 제기할 수 있도록 특례를 인정하고 있다(제344조 제328조). 이를 친족상도례라고 한다.

제344조가 준용하는 제328조 제1항은 직계혈족, 배우자, 동거친족, 동거가족 또는 그 배우자 간의 재산범죄에 대하여 그 형을 면제하도록 규정하고 있으며, 동조 제2항에서는 제1항 이외의 친족간의 재산범죄에 대하여 고소가 있어야 공소를 제기할 수 있도록 규정하고 있다. 또한 동조 제3항에서는 신분관계가 없는 공범에 대하여 제1항과 제2항의 적용을 배제하도록 규정하고 있다.

6-2. 친족상도례의 법적 성질

친족상도례는 재산범죄로 인한 친족간의 내부문제에 대하여 형벌에 의한 법의 간섭을 되도록 배제하려는 정책적 고려로 제328조 제1항에서 그 형을 면제하고 있다. 본항의 법문에서는 "…의 죄는 그 형을 면제한다"고 규정함으로써 죄의 성립을 인정하고, 다만 그 죄에 대하여 형을 면제하고 있다. 따라서 제1항의 규정이 인적 처벌조각사유라는 데에 대하여는 이론이 없다. 동조 제2항의 친족간의 죄에 대해서는 고소가 있어야 공소를 제기할 수 있도록 친고죄로 규정하고 있다.

6-3. '친족간'의 죄

제344조의 친족상도례는 친족간의 죄에 대하여 적용된다. 여기서 친족간의 죄가 무엇을 의미하는지 문제된다. 다수설[168)]과 판례[169)]에 의하면 친족소유 · 친족점유의 재물을 절취하는 경우에만 친족상도례가 적용될 수 있다고 한다. 따라서 친족이 점유하는 타인소유의 재물이나 타인이 점유하고 있는 친족소유의 재물을 절취한 경우는 친족상도례의 규정이 적용될 수 없다고 한다. 그러나 절도죄는 본질적으로 영득범죄이며, 영득이란 소유권을 침해하는 행위이다. 따라서 범인의 영득행위에 의한 피해자는 명백하게 재물의 소유자이다. 재물에 대한 점유보호는 권리행사방해죄의 영역이다. 따라서 재물의 소유자가 적법한 점유자로부터 재물을 취거하여도 절도죄는 성립하지 않는다. 절도죄에 의하여 재물의 점유자도 보호되는 것은 절도죄의 처벌에 의한 반사적 보호라고 보아야 한다. 이러한 관점에서 절도죄에 대한 친족상도례의 적용은 범인과 재물소유자 사이에 친족관계가 있으면 충분하며 친족이 점유하는 재물일 필요는 없다고 해석하여야 한다.[170)]

가족[171)]과 친족[172)]의 범위는 민법을 기준으로 정해진다. 따라서 사돈지간은 개정민법 제769조에

---

168) 권오걸, 368면; 김성돈, 313면; 박상기, 275면; 손동권/김재윤, 319면; 오영근, 262면; 이형국, 334면; 임웅, 349면; 정성근/박광민, 290면; 진계호/이존걸, 314면.

169) 대법원 1980.11.11., 80도131; 대법원 2008.7.24., 2008도3438.

170) 김성천/김형준, 344면; 김일수/서보학, 221면; 배종대, 290면; 이재상/장영민/강동범, 295면; 정영일, 159면; 조준현, 342면.

171) 민법 제779조(가족의 범위) ① 다음의 자는 가족으로 한다. 1.배우자, 직계혈족 및 형제자매; 2.직계혈족의 배우자, 배우자의 직계혈족 및 배우자의 형제자매; ② 제1항 제2호의 경우에는 생계를 같이 하는 경우에 한한다.

172) 민법 제777조(친족의 범위) 친족관계로 인한 법률상 효력은 이 법 또는 다른 법률에 특별한 규정이 없는 한 다음 각 호에

따라 인척에 해당하지 않으므로 친족상도례가 적용되지 않는다.[173] 또한 법률혼이 아닌 사실혼 관계에서는 친족상도례가 적용되지 않는다.[174] 친족상도례의 입법취지상 사실혼 관계도 시켜야 한다는 견해[175]와 준법률혼에 속하는 사실혼을 포함시키는 견해[176]도 있으나, 당위적 측면보다는 정책적 측면에서 인정되는 친족상도례의 적용범위를 법적 안정성을 희생하면서까지 확대할 이유는 없다.

종래 "입양의 경우에 생가와의 친족관계는 소멸되지 않으므로 양자로 입양된 자가 실부모의 재물을 절취한 경우에도 친족상도례가 적용된다"[177]고 해석되었다. 그러나 개정민법은 친양자제도를 신설하였으며, 제908조의3 제2항에서는 "친양자의 입양 전의 친족관계는 제908조의2 제1항의 청구에 의한 친양자 입양이 확정된 때에 종료한다"고 규정하였다. 따라서 타가에 친양자로 입양된 자가 실부모의 재물을 절취한 경우에는 친족상도례가 적용되지 않게 되었다.[178] 친족관계는 행위시에 존재하여야 한다. 다만 범행 이후에 재판상 인지의 확정판결을 받은 경우에는 인지의 소급효가 친족상도례 규정에 미친다는 것이 판례[179]의 입장이며, 이는 친족상도례 규정의 목적론적 의미와 일치하는 합당한 해석이다.

제328조 제1항의 '직계혈족, 배우자, 동거친족, 동거가족 또는 그 배우자 간의 죄'에서 '그 배우자'는 동거가족의 배우자만을 의미하는 것이 아니라, 직계혈족, 동거친족, 동거가족 모두의 배우자를 의미한다.[180]

친족관계에 대한 행위자의 착오는 법률관계에 아무런 영향을 미치지 못한다. 처벌조건이나 소추조건은 범죄의 성립과 무관하며, 특례의 적용도 친족관계의 객관적 존재만으로 충분하다. 따라서 친족관계가 있다고 오인하고 재물을 절취한 경우는 친족상도례의 적용을 받을 수 없으며, 친족관계를 인식하지 못하고 재물을 절취한 경우에는 친족상도례의 적용을 받게 된다. 또한 친족상도례는 친족관계 있는 정범과 공범에게만 적용된다(제328조 제3항).

해당하는 자에 미친다. 1.8촌 이내의 혈족; 2.4촌 이내의 인척; 3.배우자.

173) 대법원 2011.4.28., 2011도2170.

174) 권오걸, 366면; 김성돈, 312면; 박상기, 275면; 배종대, 289면; 손동권/김재윤, 320면; 이영란, 273면; 이재상/장영민/강동범, 295면; 정성근/박광민, 289면; 정영일, 159면; 진계호/이존걸, 313면.

175) 김성천/김형준, 345면; 오영근, 261면; 임웅, 348면.

176) 김일수/서보학, 220면.

177) 대법원 1967.1.31., 66도1483.

178) 정성근/박광민, 288면 각주 39).

179) 대법원 1997.1.24., 96도1731.

180) 대법원 2011.5.13.,2011도1765.

제2절 강도의 죄

1. 강도의 죄 일반론

1-1. 의 의

강도의 죄는 폭행 또는 협박으로 타인의 재물을 강취하거나 기타 재산상의 이익을 취득하거나 제3자로 하여금 이를 취득케 함으로써 성립하는 범죄이다. 강도의 죄는 재물 뿐 아니라 재산상의 이익도 그 대상으로 한다. 따라서 본죄는 재물죄인 동시에 이득죄이며, 전체로서의 재산권을 그 보호법익으로 한다. 본죄는 재물 이외에 재산상의 이익을 객체로 하고, 폭행 또는 협박을 그 수단으로 하며, 친족상도례의 적용이 없다는 점에서 절도죄와 구별된다. 따라서 절도죄의 가중적 구성요건이 아니라 절도죄와는 별개의 독립된 범죄이다. 강도죄는 재산죄와 폭행 · 협박죄의 결합범으로 이해되고 있다.

1-2. 구성요건의 체계

[강도의 죄]

기본적 구성요건 – 강도죄: 제333조
가중적 구성요건 – 특수강도죄: 제334조; 강도강간죄: 제339조;
해상강도죄: 제340조 제1항; 상습강도죄: 제341조
강도상해 · 치상죄: 제337조; 해상강도상해 · 치상죄: 저340조 제2항
강도살인 · 치사죄: 제338조; 해상강도살인 · 치사 · 강간죄: 제340조 제3항
독립적 구성요건 – 준강도죄: 제335조; 인질강도죄: 제336조

미수범: 제342조 (제333조 내지 제341조: 모든 강도죄에 대하여)
예비 · 음모죄: 제343조 (제333조 내지 제341조: 모든 강도죄에 대하여)
자격정지의 병과: 제345조 (제333조 내지 제341조: 모든 강도죄에 대하여)
동력: 제346조 (관리할 수 있는 동력의 재물 간주)

강도의 죄에서 기본적 구성요건은 제333조의 강도죄이다. 제334조의 특수강도죄와 제340조의 해상강도죄는 행위방법에 의하여 불법이 가중되는 가중적 구성요건이며, 제341조의 상습강도죄는 책임이 가중된 가중적 구성요건이다. 제337조의 강도상해 · 치상죄와 제338조의 강도살인 · 치사죄 및 제339조의 강도강간죄는 결합범 내지 결과적가중범의 형식으로 불법이 가중되는 가중적 구성요

건이다. 제340조 제1항의 해상강도죄에 대한 결합범 내지 결과적가중범의 형식으로 불법이 가중되는 가중적 구성요건으로는 동조 제2항의 해상강도상해 · 치상죄와 동조 제3항의 해상강도살인 · 치사 · 강간죄가 있다. 제335조의 준강도죄와 제336조의 인질강도죄는 강도죄와 다른 독립적 구성요건에 해당한다.

강도의 죄에 대하여는 미수범(제342조)과 예비 · 음모(제343조)가 처벌되며, 강도의 죄와 그 미수범에 대하여는 자격정지가 병과될 수 있다(제345조). 또한 강도의 죄에 있어서도 관리할 수 있는 동력은 재물로 간주된다(제346조). 강도의 죄에 대하여는 친족상도례의 규정이 준용되지 않는다.

2. 강도죄

2-1. 객관적 구성요건

강도죄의 객관적 구성요건은 폭행 또는 협박으로 타인의 재물을 강취하거나 기타 재산상의 이익을 취득하거나 제3자로 하여금 이를 취득케 하는 것이다.

2-1-1. 행위객체

본죄의 행위객체는 재물 기타 재산상의 이익이다.

2-1-1-1. 재물

본죄에서 재물의 개념은 절도죄에서의 그것과 같다. 즉 타인소유 및 타인점유에 속하는 유체물과 기타 관리할 수 있는 동력을 말한다. 부동산은 유체물이지만 절도죄의 객체에는 포함되지 않는다. 그러나 부동산이 본죄의 객체에 포함된다는 점에 대하여는 거의 이론이 없다(통설).[181] 다만 부동산을 본죄에서의 재물로 해석[182]할 필요는 없으며, 재산상의 이익으로 해석함으로써 충분하다.[183] 본죄의 구성요건적 행위와 관련하여 부동산은 재물의 강취라기보다 재산상 이익의 취득으로 고찰되기 때문이다.

2-1-1-2. 재산상 이익

재산상 이익은 재물 이외의 재산적 가치 있는 이익을 말한다. 재물도 재산상 이익의 일종이지만,

181) 부동산에 대한 강도죄의 성립을 부정하는 견해로는 박상기, 243면, 277면; 조준현, 359면.

182) 부동산에 대한 재물강도죄의 성립을 긍정하는 견해로는 권오걸, 373면; 오영근, 264면; 이영란, 303면; 임웅, 368면; 정성근/박광민, 334면; 정영일, 160면.

183) 김성돈, 317면; 김일수/서보학, 259면; 배종대, 292면; 백형구, 151면; 손동권/김재윤, 325면; 이재상/장영민/강동범, 296면; 이형국, 349면; 진계호/이존걸, 351면.

이는 재물죄의 객체로서 독자적인 의미를 가지므로 여기에서 제외된다. 형법의 재산상 이익을 어떻게 이해할 것인가에 대하여는 법률적 재산설, 경제적 재산설, 법률적 · 경제적 재산설 및 개인적 재산설의 대립이 있다.

① 법률적 재산설 법률적 재산설은 형법의 재산개념을 사법상의 개인의 모든 권리와 의무로 이해한다. 재산상 이익을 순수하게 법률적으로 파악하며, 경제적 가치의 유무를 문제 삼지 않는다. 이 견해에 의하면 전혀 경제적 가치가 없는 경우에도 그것이 개인의 사법상 권리의 대상이 되는 한 재산상 이익에 해당하고, 경제적 가치가 있는 개인의 지위라도 사법상의 권리에 해당하지 않으면 재산상의 이익이 아니라고 한다.

그러나 재산개념은 일차적으로 경제적 관점에서 고찰되어야 한다. 경제적 가치가 없는 개인의 지위 등에 대한 침해행위는 재산범죄가 아니라 자유나 명예 등에 대한 죄에서 규율되어야 한다.

② 경제적 재산설 경제적 재산설은 형법의 재산개념을 '모든 경제적 교환가치 있는 개인의 이익'으로 이해한다. 경제적 재산설은 재산개념을 순수하게 경제적 이익의 관점에서 파악하기 때문에 그 법적 성격을 전혀 고려하지 않는다. 따라서 금지된 거래나 비윤리적인 거래에 의하여 무효인 청구권 또는 불법적이거나 허용되지 아니하는 방법으로 획득한 가치 등도 재산에 해당한다. 경제적 재산설의 중요한 귀결은 "어떠한 재산침해행위에 대해서도 형법으로부터의 자유로운 영역을 인정하지 않는다"는 것이다. 경제적 재산설은 판례[184]와 다수설[185]에 의하여 지지되고 있으며, 독일에서는 판례[186]와 소수설[187]이 지지하고 있다.

③ 법률적 · 경제적 재산설 절충설인 법률적 · 경제적 재산설은 형법의 재산개념을 법률적으로 허용되는 모든 경제적 가치로 이해한다. 절충설은 경제적 가치가 재산이라는 점에서 재산개념을 일차적으로 경제적 관점에서 파악하고 있다. 다만 법질서 통일의 관점에서 법질서가 명백히 인정하지 아니하는 지위까지 형법의 재산개념에 포함시킬 수 없다고 한다. 따라서 형법에서 보호의 대상이 되는 재산상의 이익은 법질서에 의하여 인정된 경제적 가치에 한정된다. 절충설은 소수설[188]에 의하여 지지되고 있으며, 독일에서는 다수설[189]이 지지하고 있다.

---

184) 대법원 1987.2.10, 86도2472: "사법상 반드시 유효한 재산상의 이득에 한하지 않으며, 외견상 재산상 이득을 얻은 것이라고 인정할 수 있는 사실관계로 족하다"; 대법원 1987.10.13, 87도1240: 피해자가 부당한 방법으로 소지하게 된 어음; 동지, 대법원 1994.2.28, 93도428; 대법원 1997.2.25, 96도3411.

185) 권오걸, 375면; 김성돈, 318면; 박상기, 245면; 손동권/김재윤, 325면 이하; 이영란, 266면; 이재상/장영민/강동범, 301면; 임웅, 308면; 정성근/박광민, 286면; 정영일, 161면; 조준현, 361면; 진계호/이존걸, 301면.

186) RGSt 44, 230; 66, 285; BGHSt 1, 264; 3, 99; 16, 220; 26, 347; 34, 199; 38, 186.

187) Tröndle/Fischer, StGB, § 263 Rdnr. 54 ff.; Krey/Hellmann, BT/II, Rdnr. 433.

188) 김성천/김형준, 363면; 김일수/서보학, 259면 이하; 배종대, 293면; 이형국, 351면; 동취지, 경지적 재산설도 형법적으로 보호할 만한 이익만 보호한다는 관점에서 경제적 재산설과 법률적 · 경제적 재산설을 동일시하는 견해로는 오영근, 222면.

189) Wessels/Hillenkamp, BT/II, Rdnr. 535 f. mwN.; Cramer/Perron, S-S StGB, § 263 Rdnr. 82 ff.; Lackner, LK StGB, 10. Aufl., § 263, Rdnr. 124; Hoyer, SK StGB, § 263 Rdnr. 112 ff. 일반적으로 교과서에서는 경제적 재산설을 독일의 통설로 소개하고 있으나, 법률적 · 경제적 재산설이 독일의 통설이다. 이에 관하여는 Cramer, a. a. O., Rdnr. 82 참조.

④ 개인적 재산설　형법의 재산개념에 대하여 독일에서는 개인적 재산설이 일부 학자[190]들에 의하여 주장되고 있다. 개인적 재산설은 법률적 재산설의 '형식적인 손해산정'과 객관적인 가치척도에 의한 '추상적 손해산정' 사이의 조화를 시도함으로써, 개인의 인격발현이라는 관점을 기초로 하여 재산의 기능을 중심으로 재산개념을 파악한다. 이에 따라 개인적 재산설은 객관적인 가치상실의 관점보다 재산이전을 통해서 나타나는 재산주체에 대한 경제력 침해의 관점에서 재산의 손실을 판단한다. 손해의 산정에서 우선적으로 '재산주체에 대한 경제력의 감소'와 '재산의 처분에 의하여 달성하려는 목적'의 관점에서 재산개념을 정립하는 이론이다. 따라서 객관적인 가치감소가 없는 경우에도 재산주체에 대한 경제력의 감소가 인정되는 경우[191]와 재산의 처분이 재산주체의 목적에 반하는 경우[192]에도 재산의 손실이 인정하게 된다. 개인적 재산설은 개개인의 경제적 활동영역을 강력하게 보호하려는 이론으로서 '개별화 재산개념' 또는 '기능적 재산개념'이라고도 불리어 진다.

물론 개인적 재산개념의 전제가 되는 "경제적 필요성이나 목적은 재산주체에 의하여 설정된다"는 점이 부정될 수는 없다. 그러나 이러한 재산주체의 목적들도 '경제적 합리성'의 기준에 의하여 판단되어야 한다. 그렇지 않으면 재산범죄에서 개인의 경제적 자율성에 대한 형법의 보호정도를 초과하게 되어, 결국 재산범죄를 단순히 개인의 재산처분에 대한 자유권을 침해하는 범죄로 만들게 된다.[193]

형법상 재산범죄에서의 재산개념은 우선적으로 경제적 가치를 전제로 한다. 그러나 여기서의 경제적 가치를 객관적인 재산상의 가치로만 이해할 수는 없다. 예컨대 객관적으로 10만원짜리 물건을 폭행 · 협박으로 다른 사람에게 10만원에 강매하는 경우에는 재산주체에 대한 재산침해를 인정하여야하기 때문이다. 따라서 여기서의 경제적 가치는 객관적인 재산상의 가치 외에 재산주체의 경제적 필요성이나 목적에 의해서도 결정될 수 있다. 다만 이러한 경제주체의 목적은 사회적 상당성 내지 경제적 합리성을 기초로 판단되어야 한다. 일반적이고 정상적인 모든 상거래를 재산침해로 볼 수는 없기 때문이다.

우선 금지된 거래나 비윤리적인 거래에 의하여 무효인 청구권 또는 불법적이거나 허용되지 아니하는 방법으로 획득한 가치 등은 형법의 재산개념에 포함시킬 수 없다. 재물개념과는 달리 재산개념은 대부분 무형적이며 무한적일 수밖에 없으며, 이러한 무형적 · 무한적 재산은 경제원칙에 의하

---

190) Kindhäuser, NK StGB, 11. Aufl., § 263 Rdnr. 44; Schünemann, LK StGB, § 263 Rdnr. 134; Hefendehl, Vermögensgefärdung und Exspektanzen, 1994, S. 93 ff.; Alwart, JZ 86, 563; Geerds, Jura 94, 309; Otto, Die Struktur des strafrechtlichen Vermögensschutzes, 1970, S. 34 ff., 69.

191) 예컨대 물건의 구매자에게 물건의 사용가치의 측면에서 충분한 필요성이 인정된다 할지라도 그 물건의 경제적 가치나 필요성에 의한 순위등급이 금전에 비하여 후순위가 인정된다면, 개인적 재산설은 물건구입에 대하여 재산상의 손실을 인정한다. 따라서 이러한 물건구매가 기망이나 공갈 등에 의하여 이루어진 경우에는 사기죄나 공갈죄가 성립하게 된다.

192) 예컨대 재테크를 배우려는 주부가 이해 불가능한 경제전문서적을 구입한 경우에도 경제적 손실이 인정된다.

193) Vgl. Cramer/Perron, S-S StGB, § 263 Rdnr. 81 mwN.

여 획득하고 향유할 수 있을 뿐이다. 따라서 재산개념은 법률이 명백하게 인정하지 아니하는 경제적 가치에까지 확장될 수는 없다. 그렇지 않으면 개인의 재산상 이익을 보호하기 위하여 규정된 재산범죄에 대한 구성요건들이 경제원칙을 파괴하는 결과를 가져오게 된다. 예컨대 무자료 주류거래권을 강취 · 갈취 · 편취하는 행위를 강도죄 · 공갈죄 · 사기죄로 처벌한다면, 피해자의 측면에서도 불법인 무자료 주류거래권을 형법이 보호하는 결과가 된다. 그러므로 재산개념은 경제적 가치를 본질로 하는 한편, 법률적 관점에 의한 제한이 필수적이다. 이는 재산개념의 무형성 · 무한성에 따른 법률적 제한으로 이해되어야 한다. 이에 반하여 외형적으로 실체를 가지고 있는 재물개념에 대하여는 이러한 제한이 불필요하다. 이와 같이 재산범죄에서의 재산개념은 법률적 · 경제적 · 개인적 관점을 통합적으로 고려하되 경제적 합리성의 기준에 의하여 판단되어야 한다.

독일형법과 달리, 형법은 강도죄에서 동산인 재물 이외에 부동산을 포함하는 재산상의 이익을 행위의 객체로 규정함으로써 공갈죄와의 경계설정을 어렵게 만들었다. 강도죄는 탈취죄로서 피해자의 의사에 반한 재물 등의 강취죄인 반면에, 공갈죄는 편취죄로서 피해자의 하자 있는 의사에 의한 처분행위를 구성요건요소로 한다는 점에서 근본적인 차이가 있다. 그러나 피해자의 처분행위 없이 폭행 · 협박으로 타인의 부동산이나 재산상의 이익을 강취한다는 것은 논리적으로 생각하기 어렵다. 따라서 형법의 해석으로는 강도죄와 공갈죄를 폭행 · 협박의 정도로 구별하고 있다. 그러나 이러한 구별은 탈취죄와 편취죄의 특징을 약화시키는 결과가 되고 있다. 독일형법에서는 이러한 경우를 강도적 공갈죄로 규정함으로써 탈취죄와 편취죄의 특징을 유지하고 있다.

2-1-2. 행 위

본죄의 구성요건적 행위는 사람에 대한 폭행 또는 협박을 수단으로 타인의 재물을 강취하거나 재산상의 이익을 취득하거나 제3자로 하여금 이를 취득케 하는 것이다.

2-1-2-1. 폭행 · 협박

2-1-2-1-1. 폭행 · 협박의 의의

사람에 대한 폭행 또는 협박은 재물 내지 재산상 이익을 강취하기 위한 수단이다.

본죄의 폭행은 사람에 대한 유형력의 행사를 말한다. 단순히 물건에 대한 유형력의 행사는 본죄의 폭행에 해당하지 않는다. 따라서 야간에 창문이나 방문을 파괴하고 침입하여 물건을 취거하는 경우는 특수절도죄만 성립하며, 양복이나 핸드백을 면도칼로 찢고 재물을 추거하는 경우에도 특수절도죄가 성립할 뿐이다. 그러나 직접적으로 물건에 대한 유형력의 행사라도 그것이 사람에 대한 것일 경우에는 본죄의 폭행에 해당할 수 있다. 예컨대 사람을 방이나 옷장 등에 감금하거나 음료수

잔에 수면제를 혼입하는 경우 등이 여기에 해당한다. 다만 물건에 대한 유형력의 행사가 사람에 대하여 작용하는 경우에도 그것이 단순한 부수적 작용에 불과한 경우에는 본죄의 폭행에 해당하지 아니한다. 예컨대 피해자의 가방을 세게 잡아채는 경우에 범인의 유형력 행사가 피해자의 신체에 작용했을지라도, 이 때 피해자의 신체에 작용하는 유형력은 직접적으로 물건(가방)에 작용하는 유형력의 단순한 부수적 작용에 불과하다.[194] 따라서 이 경우는 강도죄가 아니라 절도죄가 성립할 뿐이다. 그러나 피해자가 이를 예상하고 가방을 꼭 잡고 있는 경우에 강제로 빼앗아 가는 경우에는 물건에 대한 유형력의 행사가 직접적으로 사람에 대하여 작용하는 경우로서 단순한 부수적 작용으로 평가되지 아니한다.[195] 따라서 이 경우는 강도죄가 성립하게 된다. 본죄의 폭행은 반드시 어떠한 특별한 힘의 전개를 요하는 것은 아니며, 오직 피해자에게 향하여진 강제작용으로서 충분하다. 따라서 은밀하게 수면제를 복용시키는 것도 여기의 폭행에 해당한다. 그러나 단순한 심리적 강제는 폭행이 아니라 협박에 해당할 뿐이다.

협박은 해악을 고지하여 상대방에게 외포심을 일으키게 하는 것을 말한다. 해악의 내용에는 제한을 두지 않는 것이 일반적인 학설의 입장이다(통설). 일반적으로 생명이나 신체에 대한 위해를 의미하지만 반드시 여기에 제한되는 것은 아니라고 한다. 이에 반하여 독일형법의 강도죄는 재물강취의 수단인 협박에 관하여 '생명 또는 신체에 대한 현재의 위해'로 규정함으로써 해악의 내용도 생명이나 신체에 제한되며, 고지하는 해악도 현재의 위해로서 현재성을 구비하여야 한다. 이러한 독일형법의 태도는 강도수단인 폭행 · 협박의 정도와 관련하여 매우 실용적이다. 특히 강도죄와 공갈죄의 본질적인 차이를 피해자의 처분행위의 유무로 파악한다면, 피해자의 처분의사의 실체를 인정할 수 없을 정도의 협박은 생명 · 신체에 대한 현재의 위해를 고지하는 경우 외에는 생각하기 곤란하다. 예컨대 명예나 재산에 대한 현재의 위해나 생명 · 신체에 대한 경우라도 장래의 위해를 고지하는 것만으로 피해자의 의사자유 내지 선택가능성을 완전히 제거한다고 볼 수는 없기 때문이다. 따라서 본죄의 협박은 생명 · 신체에 대한 현재의 위해를 고지하는 것이라고 해석하여야 한다.[196] 그러나 본죄의 협박은 이러한 해악의 고지로 충분하며, 현실적으로 해악을 가할 능력이나 의사를 요하는 것은 아니다. 폭행 · 협박의 상대방이 반드시 재물 등의 소지자일 것을 요하는 것도 아니다.[197]

194) 대법원 2003.7.25., 2003도2316: "날치기와 같이 강력적으로 재물을 절취하는 행위는 때로는 피해자를 전도시키거나 부상케 하는 경우가 있고, 구체적인 상황에 따라서는 이를 강도로 인정하여야 할 때가 있다 할 것이나, 그와 같은 결과가 피해자의 반항억압을 목적으로 함이 없이 점유탈취의 과정에서 우연히 가해진 경우라면 이는 절도에 불과한 것으로 보아야 한다."

195) 대법원 2007.12.13., 2007도7601: "날치기 수법의 점유탈취 과정에서 이를 알아채고 재물을 뺏기지 않으려는 상대방의 반항에 부딪혔음에도 계속하여 피해자를 끌고 가면서 억지로 재물을 빼앗은 행위는 피해자의 반항을 억압한 후 재물을 강취한 것으로서 강도에 해당한다."

196) 동지, 박상기, 278면.

197) 대법원 1967.6.13., 67도610.

2-1-2-1-2. 폭행 · 협박의 정도

본죄의 폭행 · 협박은 최협의의 폭행 · 협박으로서 상대방을 억압하여 반항을 불가능하게 할 정도의 강력한 폭행 · 협박을 의미한다.[198] 이와 같이 강력한 폭행 · 협박에 의하여 본죄는 공갈죄와 구별된다. 피해자가 폭행 · 협박에 의하여 재물을 교부하거나 재산상의 이익을 제공하는 경우에 "피해자의 재물 등 제공행위가 굴복된 의사에 의한 피해자의 처분행위로 평가되는지(공갈죄)" 또는 "피해자의 의사에 반한 범인의 탈취행위로 평가되는지(강도죄)"는 폭행 · 협박의 정도에 의하여 구별될 수 있다. 이에 따라 범인이 피해자의 재물 등을 취거하는 경우에도 그 수단이 되는 폭행 · 협박의 정도가 상대방을 억압하여 반항을 불가능하게 할 정도에 이르지 아니한 때에는, 재물 등을 취거하는 행위가 피해자의 부작위 내지 묵인에 의한 처분행위로 인정되어 공갈죄가 성립하게 된다.

본죄의 폭행 · 협박은 반항이 불가능할 정도로 상대방을 억압하여야 한다. 여기서 반항의 불가능이란 상대방의 현실적인 반항 뿐 아니라 가상적인 반항을 불가능하게 하는 경우를 포함한다. 따라서 상대방이 폭행을 인식하지 못한 경우에도 본죄가 성립할 수 있다. 예컨대 수면 중에 있는 사람이나 명정자 또는 의식 없는 사람을 결박하고 재물을 탈취하는 경우에도 본죄가 성립한다. 반항불가능의 판단은 피해자의 주관에 따라 결정할 것이 아니라 구체적 상황을 종합적으로 고려하여 객관적으로 판단하여야 한다. 행위당시의 구체적 상황을 토대로 피해자의 수 · 연령 · 성별, 행위의 시간 · 장소, 폭행 · 협박의 양태 등을 종합적으로 고려하여 판단하여야 한다.

2-1-2-2. 재물의 강취 또는 재산상 이익의 취득

본죄는 폭행 · 협박에 의하여 재물을 강취하거나 재산상의 이익을 취득하거나 제3자로 하여금 이를 취득하게 하여야 한다.

재물의 강취는 피해자에 대한 폭행 · 협박으로 의사에 반하여 재물에 대한 타인의 점유를 배제하여 새로운 점유를 설정하는 것을 말한다. 재물을 탈취하는 경우 뿐 아니라 피해자가 재물을 교부하는 경우에도 의사에 반한 재물의 교부는 본죄의 강취에 해당한다.

본죄는 재물강취 외에 폭행 · 협박으로 재산상의 이익을 취득하는 경우에도 성립한다. 예컨대 채무면제 또는 소유권이전등기나 저당권설정등기에 대한 말소의 의사표시를 하게 하는 경우 등이 여기에 해당한다. 그러나 폭행 · 협박으로 노무를 제공하게 하는 경우에는 일반적으로 자유에 대한 죄인 강요죄가 성립할 뿐이다. 다만 이 경우에도 노무의 제공이 경제원칙에 의하여 재산개념에 포함될 수 있다면 본죄가 성립할 수 있다. 일반적 · 원칙적으로 노무에 대하여 대가를 지불해야 하는 경우에는 피해자에게 정당한 대가의 획득을 포기시킴으로써 본죄가 성립하게 된다.

재산상 이익을 취득하기 위하여 피해자의 의사표시 내지 처분행위가 반드시 필요한 것은 아니다

---

198) 대법원 1993.3.9., 92도2884; 대법원 2001.3.23., 2001도359; 대법원 2004.10.28., 2004도4437; 대법원 2007.12.13., 2007도7601; 대법원 2013.12.12., 2013도11899.

(통설). 물론 재산상 이익의 취득은 일반적으로 피해자의 의사표시 내지 처분행위에 의하여 가능하게 된다. 그러나 예컨대 채무면탈을 목적으로 채권자를 살해하는 경우는 피해자의 의사표시 내지 처분행위의 실체를 인정할 수 없는 경우이다. 더욱이 일반적으로 피해자의 처분행위가 있는 경우에도 그것은 피해자의 의사에 반한 외형적 · 형식적 처분행위로서 법률적 처분행위로 평가되지 않는다. 따라서 재산상의 이익을 취득할 목적으로 사람을 살해한 경우는 강도살인죄가 성립하게 된다.

> 판례[199]는 "채무를 면탈할 의사로 채권자를 살해하였으나 채무의 존재가 명백할 뿐만 아니라 채권자의 상속인이 존재하고 그 상속인에게 채권의 존재를 확인할 방법이 확보되어 있다면 일시적으로 채권자 측의 추급을 면한 것에 불과하므로 강도살인죄가 성립할 수 없다"는 입장이다.[200] 이에 반하여 "피해자 이외의 사람들에게는 피해자가 채권을 가지고 있음이 알려져 있지 아니한 경우에는 피해자의 상속인이 있어도 그 채권을 행사할 가능성이 없다"는 것을 이유로 강도살인죄의 성립을 인정하고 있다.[201] 그러나 상속인에 의한 추급가능성의 문제는 피해자의 사망으로 인한 채권면탈 이후의 문제이다. 상속인에 의한 추급가능성이 일단 성립한 강도살인죄에 영향을 미칠 수는 없다고 해야 한다. 따라서 채무면탈의 수단으로 피해자를 살해한 경우는 항상 강도살인죄의 성립을 인정해야 한다.

재물과 재산상 이익을 제3자로 하여금 취득하게 하는 경우에도 본죄가 성립한다. 제333조의 법문은 '재물을 강취하거나 재산상의 이익을 취득하거나 제3자로 하여금 이를 취득하게 하는 것'으로 규정하고 있으나, 본죄의 목적론적 의미는 '재물을 제3자로 하여금 취득하게 하는 경우'를 포함한다고 해석된다.

2-1-2-3. 폭행 · 협박과 재물강취 내지 재산상 이익의 취득

2-1-2-3-1. 수단과 목적의 관계

폭행 · 협박은 재물강취 내지 재산상 이익의 취득을 위한 수단이어야 하므로, 이들은 수단과 목적의 관계에 있어야 한다. 재물강취 등의 목적 없이 폭행 · 협박을 하여 피해자가 항거불능의 상태에 빠진 후에 재물탈취의 고의가 생겨 재물을 취거한 경우는 폭행 · 협박죄와 절도죄의 경합범이 성

199) 대법원 2004.6.24., 2004도1098: "채무의 존재가 명백할 뿐만 아니라 채권자의 상속인이 존재하고 그 상속인에게 채권의 존재를 확인할 방법이 확보되어 있는 경우에는 비록 그 채무를 면탈할 의사로 채권자를 살해하더라도 일시적으로 채권자 측의 추급을 면한 것에 불과하여 재산상 이익의 지배가 채권자 측으로부터 범인 앞으로 이전되었다고 보기는 어려우므로, 이러한 경우에는 강도살인죄가 성립할 수 없다."; 대법원 2010.9.30., 2010도7405.

200) 동취지, 재산상 이익의 취득 개연성을 요구하는 견해로는 김일수/서보학, 265면; 정성근/박광민, 341면.

201) 대법원 1999.3.9., 99도242: "술집에 피고인과 술집 주인 두 사람밖에 없는 상황에서 술값의 지급을 요구하는 술집 주인을 살해하고 곧바로 피해자가 소지하던 현금을 탈취한 경우 강도살인죄가 성립한다."; 동지, 대법원 1985.10.22., 85도1527: 택시요금 면탈과 택시기사 살해.

립할 뿐이다.[202)]

> 대법원은 "강간피해자가 도피하면서 놓고 간 손가방에서 돈을 꺼낸 경우는 절도죄에 해당한다"[203)]고 판시한 반면에, 강간범이 강간 이후에 재물탈취의 고의로 항거불능의 피해자에게서 재물을 취거한 경우에 강간죄와 강도죄의 실체적 경합[204)]을 인정하였다. 이러한 대법원의 입장을 지지하는 견해[205)]도 있다. 강간의 수단인 폭행 · 협박으로 인하여 피해자의 반항이 계속 억압된 상태에 있다는 것을 근거로 한다. 그러나 강도죄는 항거불능의 피해자로부터 재물을 탈취하는 범죄가 아니라, 폭행 · 협박을 수단으로 재물을 강취하는 범죄이다. 따라서 강간 이후 재물을 탈취하는 경우라도 폭행 · 협박과 재물강취 사이에 수단과 목적의 관계를 인정할 수 없다면 강간죄와 절도죄의 경합범을 인정해야 한다(통설).

폭행 · 협박과 재물강취 내지 재산상 이익의 취득 사이에 시간적 · 장소적 연관이 없는 경우에는 수단과 목적의 관계가 인정될 수 없다.[206)] 재물강취 등이 완성되기 이전에 폭행 · 협박이 이루어져야 수단과 목적의 관계가 인정될 수 있으며, 재물탈취 이후에 폭행 · 협박이 이루어진 경우에는 준강도죄의 성립이 가능할 뿐이다.

2-1-2-3-2. 인과관계

재물강취 내지 재산상 이익의 취득은 폭행 · 협박의 수단에 의한 결과이어야 한다. 따라서 재물강취 등의 수단으로 폭행 · 협박이 이루어진 경우에도 이들 사이에 인과관계가 없으면 강도죄는 미수에 불과하게 된다. 예컨대 강도의 고의로 폭행 · 협박을 하였으나 상대방이 전혀 공포심을 일으키지 아니하고 단지 연민으로 재물을 교부한 경우는 강도미수죄에 해당한다.

> '강도의 고의로 폭행 · 협박을 하였으나 상대방이 의사를 억압당함이 없이 단지 공포심에 의하여 재물 등을 제공한 경우'에 대하여 강도미수죄의 성립만을 인정하는 것이 학설의 일반적인 입장이다(통설). 그러나 형법은 강도죄를 탈취죄로 규정하면서 공갈죄를 편취죄로 규정함으로써 그 범죄적 특성에서 이들 범죄들을 완전히 달리 취급하고 있다. 특히 이들 경우에 강도죄와 관련된 행위부분은 강도고의에 의한 폭행 · 협박의 개시가 인정되므로 이 부분에 관한 한 강도미수죄가 인정된다. 나머지 행위부분은 피해자가 외포심에서 처분행위를 통

202) 대법원 2009.1.30., 2008도10308.

203) 대법원 1984.2.28., 84도38; 동취지, 대법원 2009.1.30., 2008도10308.

204) 대법원 1977.9.28., 77도1350; 대법원 1988.9.9., 88도1240; 대법원 2010.12.9., 2010도9630.

205) 권오걸, 296면; 임웅, 370면.

206) 대법원 1995.3.28., 95도91: "반항 불가능한 정도에 이른 폭행 · 협박이 있은 후 그로부터 상당한 시간이 경과한 후 폭행 · 협박이 있은 곳과는 다른 장소에서 금원을 교부받은 경우는...피해자의 의사에 반하여 반항이 불가능한 상태에서 강취된 것이라기보다는 피해자의 하자 있는 의사에 의하여 교부된 즉 갈취당한 것으로 보인다."

하여 재물 등을 제공한 것이며, 이에 대해서는 공갈기수죄의 성립이 인정된다. 행위자의 강도고의에는 공갈고의가 포함되기 때문이다. 따라서 이들 경우에는 강도미수죄와 공갈기수죄의 상상적 경합을 인정하여야 한다.[207] 이에 대하여 "폭행 · 협박을 이중평가한다"는 비판[208]이 제기되고 있으나, 상상적 경합을 이중평가로 파악하는 관점은 타당하다고 할 수 없다. 또한 통설의 입장 중에서도 이 경우 강도미수죄와 공갈기수죄를 특별관계에 의한 법조경합으로 강도미수죄의 성립만을 인정하는 견해[209]가 있다. 그러나 강도미수죄가 공갈기수죄를 포함할 수는 없다고 해야 한다.[210] 이 경우 공갈죄의 성립만을 인정하는 견해[211]도 있으나, 이는 강도의 고의로 행동하는 행위자의 행위반가치를 고려하지 못한 결론으로 타당하다고 할 수 없다. 동일한 관점에서 '강도의 고의로 행하여진 폭행 · 협박이 객관적으로 공갈의 정도에 불과하였지만 상대방이 공포심에 의하여 재물 등을 제공한 경우'에는 강도(불능)미수죄와 공갈기수죄의 상상적 경합이 인정된다.[212] 다수설[213]은 이 경우 공갈죄의 성립만을 인정하고 있으나, 이는 행위자의 행위반가치를 고려하지 못한 결론으로 타당하다고 할 수 없다.

2-1-2-4. 실행의 착수

본죄는 일반적으로 폭행 · 협박을 개시할 때 실행의 착수가 인정된다(통설). 이에 대하여는 이론이 없다. 그러나 오직 폭행 · 협박의 개시만을 기준으로 본죄의 실행착수를 판단하려는 입장에 대하여는 의문이 제기된다. 예컨대 복면을 하고 무기를 소지한 강도들이 기습적으로 은행을 습격하는 경우에는 아직 폭행 · 협박이 없었을지라도 은행의 문 앞에 접근하는 순간에 주관적 객관설의 입장에서 특수강도죄의 실행의 착수를 인정하여야 한다. 또한 현금이송차를 털기 위하여 다른 동료가 숨어 기다리는 곳에서 현금이송차를 세우는 순간에도 실행의 착수를 인정할 수 있다. 더욱이 강도의 고의로 강도죄의 구성요건적 행위의 일부를 실현한 경우에도 강도미수죄를 인정하여야 할 것이다. 예컨대 강도의 고의로 무장을 하고 사무실에 침입하였으나 경비원이 대취하여 자고 있으므로 물건만 들고 나온 경우에도 특수강도미수죄를 인정하여야 한다. 이 경우 단순히 특수절도죄의 성립만을 인정하는 것은 범인의 고의에 의한 행위반가치를 전혀 고려하지 못한 결함이 있게 된다. 따라서 강도죄에 있어서도 실행착수는 미수범의 일반적 기준인 주관적 객관설의 입장에서 판단하여야 한다. 즉 범인의 구체적인 범행계획에 따라 강도죄의 구성요건을 실현하기 위한 직접적인 행위를 개시한

207) 동지, 백형구, 154면.

208) 오영근, 268면; 이영란, 307면.

209) 김성천/김형준, 366면; 이재상/장영민/강동범, 306면; 진계호/이존걸, 354면.

210) 물론 강도기수죄는 공갈기수죄를 포함할 수 있다.

211) 손동권/김재윤, 327면 이하.

212) 이 경우 특별관계에 의한 법조경합으로 강도미수죄의 성립만을 인정하는 견해로는 김성천/김형준, 366면; 오영근, 268면. 강도죄의 불능미수가 되거나 공갈죄가 된다는 견해로는 이영란, 307면.

213) 김일수/서보학, 262면; 배종대, 295면; 이재상/장영민/강동범, 306면; 이형국, 353면; 정성근/박광민, 336면; 진계호/이존걸, 354면.

때에 실행의 착수가 인정되어야 한다. 물론 강도죄의 구성요건을 실현하기 위한 직접적인 행위는 일반적 · 원칙적으로 폭행 · 협박의 개시에 의하여 인정될 수 있다. 반면에 절도죄를 실행하는 도중에 필요하면 강도로 변하겠다는 의사를 가지고 있는 경우에는 범인이 강도로 돌변하지 않는 한 절도죄에 해당할 뿐이다.

2-1-3. 결과의 발생

본죄는 결과범으로서 재물의 강취나 재산상 이익의 취득으로 기수에 이르게 된다. 제3자에게 재물이나 재산상의 이익을 취득하게 하는 경우에도 이와 같다.

> 재산범죄는 기본적으로 피해자의 재산을 침해함으로써 완성되는 재산침해범죄이다. 따라서 재산범죄에서 피해자의 재산침해는 구성요건적 결과이어야 한다. 그러나 형법의 재산범죄는 대부분 범인의 재산취득을 구성요건적 결과로 규정하고 있다. 물론 재산범죄의 해석에서는 그 목적론적 의미에 따라 불법영득이나 불법한 이익의 취득을 대부분 초과주관적 구성요건요소로 해석하고 있다. 입법론적으로는 재산범죄에 합당한 개정이 요구된다.

2-2. 주관적 구성요건

2-2-1. 고 의

본죄의 일반적인 주관적 구성요건요소는 강도의 고의이다. 본죄의 고의는 폭행 · 협박으로 타인의 재물을 강취하거나 재산상의 이익을 취득하거나 제3자로 하여금 이를 취득하게 한다는 인식과 의사를 말한다.

2-2-2. 불법영득의사와 불법이득의사

본죄는 재물강취와 관련하여 초과주관적 구성요건요소로서 불법영득의 의사를 요하며, 재산상 이익의 취득과 관련하여 불법이득의 의사를 요한다는 것이 학설의 일반적인 입장이다.[214] 이에 반하여 소수설[215]은 불법영득의 의사나 불법이득의 의사를 본죄의 고의의 내용으로 본다.

그러나 본죄는 재물의 불법영득이나 '불법한' 재산상 이익의 취득을 객관적 구성요건요소로 규정하고 있지 않으므로[216] 이에 대한 인식과 의사를 본죄의 고의의 내용으로 볼 수는 없다. 만약 소수설

---

214) 대법원 1986.06.24., 86도776; 대법원 1995.7.11., 95도910; 대법원 1997.7.25., 97도1142; 대법원 2004.6.24., 2004도1098; 대법원 2010.9.30., 2010도7405.

215) 배종대, 298면; 오영근, 269면, 각주 2); 정성근/박광민, 342면.

216) 제333조는 강도죄를 폭행 · 협박으로 '타인의 재물을 강취하거나 재산상의 이익을 취득하는 것'으로 규정하고 있으며, 타인의 재물을 '불법하게' 영득하거나 '불법하게' 재산상의 이익을 취득하는 것으로 규정한 것은 아니다.

과 같이 불법영득의사나 불법이득의사를 본죄의 고의의 내용으로 이해하면 불법영득이나 불법이득을 완성하지 못한 경우[217]에는 본죄의 기수를 인정할 수 없게 된다.[218] 이는 부당하다. 본죄는 불법영득을 본죄의 객관적 구성요건요소로 규정하고 있지 않으므로 범인이 불법영득의사와 강도의 고의로 타인의 재물을 강취한 경우에는 본죄의 구성요건을 완전히 충족시킨 경우로서 강도죄의 기수를 인정해야 한다.[219]

물론 본죄가 초과주관적 구성요건요소로서 불법영득의사나 불법이득의사를 명문으로 규정하고 있는 것은 아니다. 그러나 실질적으로 타인의 재산권을 침해하려는 의도가 없는 행위를 재산범죄인 강도죄로 처벌하는 것은 타당하지 않다.[220] 따라서 완전하고 이의 없는 청구권이 인정되는 재물 내지 재산상 이익을 강취한 경우에는 본죄가 아니라 폭행 · 협박죄[221]로 처벌되어야 하며, 불법영득의사 내지 불법이득의사는 본죄의 초과주관적 구성요건요소로 해석되어야 한다.

불법영득의사는 본죄의 초과주관적 구성요건요소로서 특별한 문제없이 해석될 수 있다. 문제는 불법이득의 의사이다. 형법은 재물강취 외에 폭행 · 협박으로 재산상의 이익을 취득하는 경우에도 본죄의 성립을 인정하기 때문에 재산상 이익의 취득은 본죄의 객관적 구성요건요소이며, 재산상 이익을 취득하려는 의사는 본죄의 고의의 내용이 된다.[222] 따라서 이 한도에서 본죄의 고의는 이득의사와 중첩되며, 불법이득의 의사는 오직 이득의 불법에 관하여만 의미를 가지게 된다. 이에 따라 불법이득의 의사는 정당한 권한 없이 재산상의 이익을 취득하려는 의사를 의미한다. 재산상의 이익을 취득할 정당한 권한이 있는 경우에는 불법이득의 의사가 부정된다. 강도죄가 재산범죄인 한 실질적으로 타인의 재산권을 침해하려는 의도가 없는 경우를 강도죄로 처벌할 수는 없기 때문이다.

> 다만 입법론적으로는 이익의 취득을 본죄의 구성요건적 결과로 규정한 것은 의문이다. 불법이득의사에 의하여 폭행 · 협박으로 상대방에게 재산상 손해를 가한 경우라면 재산상 이익의 취득 여부와 관계없이 본죄의 기수를 인정하는 것이 타당하기 때문이다. 즉 피해자에게 재산상 손실을 초래했지만, 아직 그 손해에 의한 이익이 범인에게 도달하지 아니한 경우가

217) 정신병자를 이용하여 타인의 재물을 강취하려 하였으나 정신병자가 재물을 강취한 이후에 이를 강물에 던져 버린 경우 또는 완전하고 이의 없는 인도청구권을 가진 물건에 대하여 사전에 이를 알지 못하고 폭행과 협박으로 그 재물을 강취한 경우 등.

218) 상기 '제5장, 제1절, 2-3-2-1. 영득의사 일반' 참조.

219) 해당 재물에 대하여 완전하고 이의 없는 반환청구권을 가지고 있어도 이를 알지 못하고 "불법하게 영득하겠다"는 의사로 행위한 경우에는 객관적 상황이 불법한 영득이 아니어도 고의에 의한 재물강취행위는 완료된 것이며, 다만 초과주관적인 '불법영득의사'가 실현되지 아니한 것이다. 목적범에서 목적달성여부가 범죄의 기수에 영향을 주지 않는 것과 마찬가지로, 불법영득의 실현 여부는 강도기수죄에 영향을 주지 못한다.

220) 상기 '제5장, 제1절, 2-3-2-1. 영득의사 일반'과 '2-3-2-4. 영득의 불법' 참조.

221) 강요죄는 권리행사를 방해하거나 의무 없는 일을 강요 하는 것이므로 이 경우 강요죄가 성립할 여지는 없게 된다. 이에 관하여는 상기 '제2장, 제2절, 2-3-2. 강요의 내용(권리행사방해와 의무 없는 일을 하게 함)' 참조.

222) 동취지, 김성돈, 324면.

그러하다.[223)]

2-2-3. 제3자 불법영득의사와 제3자 불법이득의사

2-2-3-1. 제3자 불법영득의사

독일개정형법은 절도죄에서와 동일하게 강도죄에서도 자기영득의사만 규정하던 것을 '자기 또는 제3자에게 위법하게 재물을 영득하게 할 의사'로 개정하였다. 이에 반하여 형법은 예전부터 강도죄를 '폭행 또는 협박으로 타인의 재물을 강취하거나 기타 재산상의 이익을 취득하거나 제3자로 하여금 이를 취득하게 한 자'로 규정하기 때문에 제3자 불법영득의사가 당연히 인정된다고 해석된다.[224)] 다만 강도죄에서 '제3자로 하여금 이를 취득하게 한 자'의 내용은 초과주관적 구성요건요소가 아니라 객관적 구성요건요소인 구성요건적 결과에 관한 것이다. 따라서 이러한 '제3자 취득'은 고의의 인식대상이어야 한다.

그러나 본죄에서 '제3자로 하여금 이를 취득하게 한 자'를 '제3자로 하여금 재물 또는 재산상 이익을 취득하게 한 자'로 해석해야 한다면, 제3자가 재물을 현실적으로 취득해야만 본죄가 기수에 이르게 된다. 따라서 제3자에게 재물을 취득하게 하려고 폭행 · 협박으로 재물을 강취하였으나 아직 제3자에게 교부하지 않는 경우는 강도미수죄에 해당하게 된다. 이러한 결론은 부당하며, 강도죄의 본질에도 일치하지 못한 해석이 된다.

강도죄에서는 제3자에게 재물을 취득시키기 위해서 폭행 · 협박으로 재물을 강취하면 본죄의 기수를 인정해야 한다. 즉 제3자 불법영득의사로 재물을 강취하면 본죄의 기수를 인정해야 하며, 제3자가 현실적으로 재물을 영득했는지 여부는 본죄의 기수에 영향을 미치지 못하는 것으로 해석하여야 한다. 따라서 본죄에서 '제3자로 하여금 이를 취득하게 한 자'는 재물을 제외하고 '제3자로 하여금 재산상 이익을 취득하게 한 자'로 해석하여야 한다. 또한 본죄에서 '재물을 강취하거나'는 '자기 또는 제3자 불법영득의사로 재물을 강취한 자'로 해석해야 할 것이다.

2-2-3-2. 제3자 불법이득의사

강도죄는 재산상 이익을 취득하게 하는 것을 객관적 구성요건요소인 구성요건적 결과로 규정하고 있다. 이는 제3자에게 재산상 이익을 취득하게 하는 경우에도 동일하다. 이 한도에서 제3자의 재산상 이익의 취득은 고의의 내용이 되며, 초과주관적 구성요건요소로서 제3자 불법이득의사는 이득의 불법에 대해서만 의미를 가지게 된다.

---

223) 물론 더 본질적으로 재물이 아닌 재산상 이익은 강취의 대상이 아니라 갈취의 대상이어야 한다. 독일형법은 이 경우를 강도적 공갈죄로 규정하고 있다.

224) 김성천/김형준, 342면; 김일수/서보학, 244면; 박상기, 260면; 임웅, 345면.

제3자에게 불법한 재산상 이익을 취득하게 할 의사로 행위자가 피해자를 폭행 · 협박하여 재산상 손해를 발생시킨 경우, 그 제3자가 재산상 이익을 현실적으로 취득하지 못한 경우에도 강도죄는 기수가 되어야 한다. 따라서 강도죄에서는 불법이득의사를 순수하게 초과주관적 구성요건요소로 구성할 필요가 있다. 즉 자기 또는 제3자 불법영득의사로 재물을 강취하거나 자기 또는 제3자 불법이득의사로 상대방에게 재산상 손해를 가하는 경우를 강도죄로 규정할 필요가 있다. 물론 입법론적으로는 동산인 재물 이외에 부동산이나 재산상 이익에 관하여 강도적 공갈죄와 같은 가중적 공갈죄로 구성하는 것이 합리적이다.

2-2-4. 재산범죄와 초과주관적 구성요건요소

형법의 재산범죄는 기본적으로 재산침해범죄이다. 따라서 피해자에게 재산침해가 발생하면 재산범죄의 기수를 인정해야 한다. 재산범죄로 인하여 범인이 재물이나 재산상 이익을 취했는지 여부는 재산범죄의 완성과는 직접 관계가 없다고 해야 한다. 다만 영득범죄는 재물에 대한 불법영득을 위해서 상대방의 재물에 대한 소유권을 침해하는 행위이며, 이득범죄는 불법이득을 위해서 상대방에게 재산상 손해를 가하는 것이다. 이러한 구조에 의해서 재산범죄에서는 기본적으로 피해자의 재산침해에 관한 것을 객관적 구성요건요소로 구축하고, 범인의 재산획득에 관한 것을 초과주관적 구성요건요소로 구축한 것이다.

형법의 재산범죄가 이와 같은 기본구조를 외면하는 규정으로 해석되어서는 안 된다. 따라서 절도죄는 범인이 타인의 재물을 영득함으로써 완성되는 것이 아니라, 재물을 불법영득하기 위해서 피해자의 재물을 탈취함으로써 완성되는 범죄로 해석되어야 한다. 강도죄에서도 이러한 재산범죄의 구조적 개념이 그대로 유지되어야 한다. 재물을 불법영득하기 위해서 또는 불법한 재산상 이익을 취득하기 위해서 피해자의 재물을 탈취하거나 피해자에게 재산상 손해를 가함으로써 강도죄가 완성되는 것으로 해석되어야 한다. 이는 전체로서의 재산을 행위객체로 하는 사기죄에 있어서도 동일하다. 형법의 재산범죄에 대한 법문은 이와 다르게 규정되어 있으나, 이는 입법 당시 재산범죄에 대한 구조적 이해의 부족 상황에서 일반적인 언어 사용법에 따라 법문이 구성되었기 때문이다.

2-3. 죄 수

본죄는 본질적으로 재산범죄이지만, 폭행 · 협박을 수단으로 한다는 점에서 일신전속적 법익에 대한 죄로서의 성질도 가지게 된다. 따라서 동일한 시간과 장소에서 수인에게 폭행 · 협박으로 재물 등을 강취한 경우에는 수개의 강도죄가 성립한다.[225] 다만 하나의 폭행 · 협박으로 수인으로부터 재

225) 대법원 1991.6.25, 91도643: "강도가 동일한 장소에서 동일한 방법으로 시간적으로 접착된 상황에서 수인의 재물을 강취하였다고 하더라도, 수인의 피해자들에게 폭행 또는 협박을 가하여 그들로부터 그들이 각기 점유관리하고 있는 재물을 각각 강취하였다면, 피해자들의 수에 따라 수개의 강도죄를 구성하는 것이고, 다만 강도범인이 피해자들의 반항을 억압하는 수단인 폭행 · 협박행위가 사실상 공통으로 이루어졌기 때문에, 법률상 1개의 행위로 평가되어 상상적 경합으로 보아야 될 경우가 있는 것은 별문제이다."

물 등을 강취한 경우는 상상적 경합이 된다.[226] 1인이 관리하는 수인 소유의 재물을 강취한 때에는 단순일죄가 된다.[227] 또한 동일한 기회에 가족구성원 모두를 폭행 · 협박하여 재물을 강취한 경우에도 행위단일이 인정되어 단순일죄에 불과하게 된다.[228] 이 때 강취한 재물들의 소유자가 1인인지 또는 수인인지는 문제가 되지 아니한다.

본죄에 대하여 폭행죄 · 협박죄 또는 절도죄는 특별관계에 의한 법조경합으로 별죄를 구성하지 아니한다. 본죄에 의하여 강취한 재물을 처분하는 행위는 새로운 법익을 침해하지 않는 한 불가벌적 사후행위에 불과하다.

3. 특수강도죄

제334조의 특수강도죄는 제1항의 야간에 주거 등에 침입하여 강도죄를 범하는 경우와 제2항의 흉기를 휴대하거나 2인 이상이 합동하여 강도죄를 범하는 경우를 규정하고 있다. 이들 특수강도의 행위상황은 야간주거침입절도죄와 특수절도죄에서 살펴본 바와 같다.

제334조 제1항의 특수강도죄에서 실행의 착수를 판단하는 기준에 관하여는 학설의 다툼이 있다. 제334조 제1항의 특수강도죄에서는 실행의 착수시점이 주거 등에 침입할 때가 아니라, 폭행 · 협박을 개시하는 때라는 점에서 야간주거침입절도죄에서의 행위상황과 다르다는 것이 일반적인 학설의 입장이다(통설). 강도의사와 절도의사는 폭행 · 협박에 의해서 확실하게 구별될 수 있다는 것이다. 이러한 결론은 어떠한 경우라도 강도죄의 실행의 착수는 폭행 · 협박을 개시하는 때라는 것을 관철하려는 입장이다.

그러나 실행의 착수는 범행계획에 의하여 구성요건의 실현을 위한 직접적 행위(주관적 객관설)가 있으면 인정되어야 한다. 또한 야간주거침입시에 강도의사와 절도의사가 확실하지 아니한 경우라면 in dubio pro reo의 원칙에 따라 절도고의를 인정하면 충분하다. 특히 흉기와 수갑 등의 포박도구까지 준비하고 야간에 주거 등에 침입하는 행위와 같이 강도고의가 확인된 경우까지 특수강도의 실행의 착수를 인정하지 못하는 관점은 타당하다고 할 수 없다. 따라서 강도의 고의로 범행계획에 따라 야간에 주거 등에 침입한 경우는 이미 특수강도죄의 일부를 실현한 경우로서 당연히 본죄의 실행의 착수가 인정되어야 한다.[229]

판례는 제334조 제1항의 특수강도죄에서 실행의 착수를 폭행 · 협박을 기준으로 판단한 경우[230]

226) 대법원 1991.6.25., 91도643.

227) 대법원 1979.10.10., 79도2093.

228) 대법원 1996.7.30., 96도1285.

229) 동지, 권오걸, 390면; 김성천/김형준, 371면; 정영일, 165면.

230) 대법원 1991.11.22, 91도2296: "야간에 흉기를 휴대한 채 타인의 주거에 침입하여 집안의 동정을 살피는 것만으로는 특수

도 있고 야간주거침입을 기준으로 판단한 경우[231]도 있어 일관된 입장을 보이지 못하고 있다.

4. 준강도죄

4-1. 의 의

준강도죄는 절도가 재물의 탈환을 항거하거나 체포를 면탈하거나 죄적을 인멸할 목적으로 폭행 또는 협박을 가함으로써 성립하는 범죄이다. 사후강도죄라고도 한다. 본죄는 절도죄와 폭행 · 협박죄가 결합되어 있다는 점에서 강도죄와 유사하지만, 그 결합형식의 차이에 의하여 강도죄와는 다른 독립적 구성요건에 해당한다. 다만 본죄는 재물절취행위와 폭행 · 협박행위의 결합에 의하여 그 불법의 정도가 강도죄와 동일하게 평가되기 때문에 강도죄에 준하여 처벌하고 있다.

본죄는 초과주관적 구성요건요소로서 일정한 목적을 요하는 목적범이다. 본죄는 범인이 의도하는 목적의 종류에 따라 각각 다른 특성을 나타낸다. 재물탈환항거의 목적으로 폭행 · 협박을 하는 경우는 재산범죄로서의 특성이 강하며, 체포면탈이나 죄적인멸의 목적인 경우는 폭력범죄로서의 특성이 강하다. 다만 재물탈환항거의 목적에 의한 폭행 · 협박의 경우에도 폭력범죄로서의 성질이 부정될 수는 없으며, 체포면탈이나 죄적인멸의 목적인 경우에도 재산범죄로서의 성질이 부정될 수는 없다.

4-2. 객관적 구성요건

4-2-1. 행위주체

4-2-1-1. 절도

본죄는 절도범이 일정한 목적을 위하여 폭행 · 협박을 행사함으로써 성립하는 범죄이다. 따라서 본죄의 행위주체는 절도범에 한정된 신분범이다. 여기서의 절도는 단순절도 뿐 아니라 야간주거침입절도와 특수절도를 포함한다.

일정한 경우에는 강도도 준강도죄의 행위주체가 될 수 있다. 강도죄는 절도죄를 포함하는 범죄

강도의 실행에 착수한 것이라고 할 수 없으므로 위의 특수강도에 착수하기도 전에 저질러진 위와 같은 강간행위가 구 특정범죄가중처벌등에관한법률 제5조의6 제1항 소정의 특수강도강간죄에 해당한다고 할 수 없다."

231) 대법원 1992.7.28, 92도917: "형법 제334조 제1항 소정의 야간주거침입강도죄는 주거침입과 강도의 결합범으로서 시간적으로 주거침입행위가 선행되므로 주거침입을 한 때에 본죄의 실행에 착수한 것으로 볼 것인바, 같은 조 제2항 소정의 흉기휴대 합동강도죄에 있어서도 그 강도행위가 야간에 주거에 침입하여 이루어지는 경우에는 주거침입을 한 때에 실행에 착수한 것으로 보는 것이 타당하다."

이기 때문이다. 예컨대 강도가 체포면탈 등의 목적을 위하여 흉기를 휴대하고 폭행 · 협박을 하는 경우는 특수강도의 준강도죄가 성립한다.[232] 그러나 강도가 체포면탈 등의 목적을 위하여 폭행 · 협박을 하는 경우 또는 흉기휴대 특수강도가 체포면탈 등의 목적을 위하여 흉기를 휴대하고 폭행 · 협박을 하는 경우는 강도죄 내지 특수강도죄의 단순일죄가 된다. 준강도죄는 강도죄에 대하여 단지 흡수관계에 의한 법조경합이 될 뿐이다.

> 강도는 본죄의 행위주체가 될 수 없다는 견해[233]가 있다. 따라서 이 견해는 강도가 체포면탈 등의 목적을 위하여 흉기를 들고 폭행 · 협박하는 경우에 강도죄와 특수폭행 · 협박죄의 성립을 인정한다. 그러나 절도가 흉기를 들고 폭행 · 협박하면 특수준강도가 되고, 강도가 흉기를 들고 폭행 · 협박하면 특수폭행 · 협박이 되는 것은 균형이 맞지 않는다. 또한 최소한 재물강취행위를 개시한 강도만이 본죄의 행위주체가 될 수 있다는 견해[234]도 있으나, 여기서도 야간주거침입을 개시한 절도가 흉기를 들고 폭행 · 협박하면 특수준강도가 되고, 폭행 · 협박을 개시한 강도가 흉기를 들고 폭행 · 협박하면 특수폭행 · 협박이 되는 형벌의 불균형이 발생한다. 그밖에 이 경우 특수강도죄[235]의 성립을 인정하는 견해도 있으나, 특수강도죄가 되기 위해서는 흉기휴대 폭행 · 협박이 재물강취 등과 목적 · 수단의 관계에 있어야 하고, 인과관계가 인정되어야 한다. 사후의 흉기휴대 폭행 · 협박은 재물절취와 이러한 관계를 인정할 수 없기 때문에 특수강도죄의 성립을 인정하는 것은 타당하지 않다.

4-2-1-2. 절도의 미수범

본죄의 행위주체인 절도는 최소한 미수의 단계에 이르러야 한다. 본죄의 절도는 기수범에 한정되지 않으며 미수범을 포함한다.[236] 범죄론의 구조상 실행의 착수에 의하여 일반적으로 (절도)범죄가 성립하며, 또한 형법은 절도의 미수범을 처벌하고 있기 때문이다. 따라서 절도미수범이 체포면탈 등의 목적으로 폭행 · 협박을 하면 본죄가 성립한다. 그러나 절도의 예비 · 음모는 본죄의 행위주체인 절도에 해당하지 아니한다. 또한 본죄의 행위주체는 종료시점 이전의 절도에 제한된다. 본죄가 강도죄에 준한 불법내용을 가지기 위해서는 재물절취행위와 시간적 · 장소적으로 결합된 폭행 · 협박이 있어야하기 때문이다. 따라서 절도범이 재물에 대하여 완전한 점유를 확보한 이후에는 재물탈환항거 등의 목적으로 폭행 · 협박을 하여도 본죄가 성립하지 않는다.

독일형법 제252조의 강도적 절도죄(Räuberischer Diebstahl), 즉 준강도죄는 절취한 재물의 확보를 위하여

232) 동지, 김성천/김형준, 373면; 배종대, 309면 이하; 손동권/김재윤, 338면; 이재상/장영민/강동범, 310면; 이형국, 357면.

233) 김성돈, 329면; 김일수/서보학, 269면 이하; 박상기, 284면; 임웅, 376면; 정성근/박광민, 345면; 조준현, 375면; 진계호/이존걸, 372면.

234) 오영근, 273면 이하; 이영란, 313면.

235) 권오걸, 396면; 정영일, 167면.

236) 대법원 1968.9.6., 68도1014; 대법원 1990.2.27., 89도2532; 대법원 2003.10.24., 2003도4417; 대법원 2004.11.18., 2004도5074.

폭행 · 협박을 행하는 경우에만 성립하는 것으로 규정함으로써 절도미수범을 준강도의 행위주체에서 제외시키고 있다. 형법의 해석에서도 독일형법의 규정과 같이 절도의 미수범을 본죄의 행위주체에서 제외시키는 견해[237]가 있다. 이러한 입장은 "재물탈환항거의 목적으로 폭행 · 협박을 하는 경우는 강도죄와의 내용적 동일성을 인정할 수 있지만, 체포면탈이나 죄적인멸의 목적으로 폭행 · 협박하는 경우는 강도죄와의 내용적 동일성이 인정될 수 없다"는 관점에서 수긍할만하다. 그러나 형법은 재물탈환항거와 체포면탈 · 죄적인멸을 동일한 차원에서 초과주관적 구성요건요소인 목적으로 규정하고 있으므로 이러한 해석은 불가능하다. 형법은 강도죄와 내용적으로 동일한 재물탈환항거를 목적으로 하는 폭행 · 협박 뿐 아니라, 절도범의 체포면탈 · 죄적인멸의 목적에 의한 폭행 · 협박도 형사정책적으로 특별히 강도죄에 준하여 취급하고 있다. 입법론적으로 "본죄의 행위주체를 절도기수범으로 명시할 필요성이 있다"는 견해[238]도 있으나, 반드시 타당하다고 할 수만은 없다. 체포면탈 · 죄적인멸의 목적에 의한 폭행 · 협박도 재물절취행위와 결합된 절도범에 의한 폭행 · 협박이라는 점에서 형사정책적으로 강도죄에 준한 불법의 정도는 얼마든지 인정할 수 있기 때문이다.

4-2-1-3. 절도의 정범

본죄의 행위주체인 절도는 정범만을 의미한다. 따라서 절도의 교사범이나 방조범이 자신의 체포를 면할 목적으로 또는 정범의 체포를 면탈시킬 목적으로 폭행 · 협박을 하는 경우는 본죄에 해당하지 않는다. 이에 반하여 절도의 방조범도 본죄의 행위주체가 될 수 있다는 견해[239]가 있다. 예컨대 장물의 운반에 조력하는 절도의 방조범이 재물의 탈환을 항거할 목적으로 폭행 · 협박을 하는 경우[240] 또는 절도죄의 정범이 안전하게 도주할 수 있도록 폭행 · 협박을 함으로써 정범을 방조하는 경우[241] 에 본죄가 성립할 수 있다는 것이다. 이러한 견해는 준강도죄의 목적론적 의미를 간과하고 있다. 본죄가 강도죄에 준하여 처벌되는 이유는 재물절취행위와 폭행 · 협박행위의 결합에 의하여 그 불법의 정도가 강도죄와 동일하게 평가되기 때문이다. 그러나 재물절취행위에 대한 방조행위와 폭행 · 협박행위의 결합은 강도죄와 동일한 정도의 불법이 인정될 수 없다. 따라서 본죄의 행위주체인 절도는 정범만을 의미한다고 해석하여야 한다.

> 절도의 교사범이나 방조범이 정범의 체포를 면탈시킬 목적으로 폭행 · 협박을 하는 경우는 절도에 대한 교사 · 방조행위, 폭행 · 협박을 통한 절도정범에 대한 방조행위, 폭행 · 협박행위 및 범인도피행위가 문제된다. 그러나 절도정범을 교사 · 방조한 자가 또다시 폭행 · 협

237) 김일수, 한국형법 Ⅲ, 596면 이하.

238) 이형국, 359면.

239) Maurach/Schroeder/Maiwald, Lehrbuch, BT I, 8 Aufl., 1995, S. 382.

240) BGHSt 6, 248; BHG MDR bei Dalligner 67, 727.

241) BGH MDR bei Holtz 91, 105 mit Anm. Ennuschat JR 91, 500.

박을 통하여 정범의 절도에 조력하는 행위는 단순한 법조경합 내지 단순일죄에 불과하며,[242] 이러한 절도의 교사 · 방조죄와 폭행 · 협박죄 및 범인도피죄는 상상적 경합[243]이 된다. 절도의 교사 · 방조범이 자신의 체포를 면할 목적으로 폭행 · 협박을 하는 경우는 절도의 교사 · 방조죄와 폭행 · 협박죄의 실체적 경합이 된다.

절도의 공동정범이나 간접정범은 당연히 본죄의 행위주체인 절도에 해당하므로 절도의 공동정범이나 간접정범이 체포면탈 등의 목적으로 폭행 · 협박을 하면 본죄가 성립한다. 절도죄의 간접정범에 의한 준강도죄의 성립가능성을 부정하는 견해[244]도 있으나, 범행매개자의 체포면탈이나 도품의 보존을 위해서 절도죄의 간접정범이 행한 폭행 · 협박은 준강도죄로 평가되어야 한다.

4-2-2. 행 위

4-2-2-1. 폭행 또는 협박

본죄의 행위는 절도가 일정한 목적으로 폭행 또는 협박을 하는 것이다. 폭행 · 협박의 정도는 강도죄의 그것과 같다. 상대방을 억압하여 반항을 불가능하게 하거나 반항을 억압할 정도의 강력한 폭행 · 협박을 필요로 한다.[245] 여기서 반항을 억압할 정도란 일반적 · 객관적으로 반항이 불가능할 정도의 폭행 · 협박을 행사함으로써 충분하며, 현실적으로 상대방의 반항을 억압할 필요는 없다.[246]

본죄의 폭행 · 협박은 절도의 기회에 이루어져야 한다.[247] 본죄가 강도죄에 준한 불법내용을 가지기 위해서는 재물절취행위와 시간적 · 장소적으로 결합된 폭행 · 협박이 있어야하기 때문이다. 따라서 재물절취가 종료된 이후에는 본죄가 성립할 여지가 없다. 그러나 절도범이 추적되고 있는 동안에는 절도범죄가 종료될 수 없으며, 이 때 체포면탈 등의 목적으로 폭행 · 협박을 하게 되면 본죄가 성립한다. 절도범인이 일단 체포되었으나 아직 신병확보가 확실하지 않은 단계에서 체포상태를 면하기 위해 폭행하는 경우에도 본죄가 성립한다.[248]

---

242) 타인이 죄를 범하도록 교사한 자가 정범의 범죄실행을 방조하는 경우는 보충관계에 의한 법조경합에 불과하며, 정범의 범죄실행에 대한 수차례의 방조행위도 하나의 방조행위(행위단일)에 불과하다.

243) 이에 관하여는, 이정원/류석준, 형법총론, '제4편, 제2장, 4-2-1. 행위의 단일성(행위의 부분적 동일성에 의한 상상적 경합)' 참조.

244) 김성돈, 329면.

245) 이에 관하여는 상기 강도죄의 '2-1-2-1. 재물 또는 재산상 이익의 강취수단(폭행 · 협박)' 참조.

246) 대법원 1981.3.24., 81도409: "준강도죄에 있어서의 폭행이나 협박은 상대방의 반항을 억압하는 수단으로서 일반적 객관적으로 가능하다고 인정하는 정도의 것이면 되고 반드시 현실적으로 반항을 억압하였음을 필요로 하는 것은 아니다."; 대법원 1985.5.14., 85도619; 대법원 1985. 11.12., 85도2115; 대구고법 1998.9.15., 98노308; 서울고등법원 1998.9.29., 98노1856.

247) 대법원 1987.10.26, 87도1662; 대법원 1999.2.26, 98도3321; 대법원 2001.10.23, 2001도4142; 대법원 2009.7.23, 2009도5022.

248) 대법원 2009.7.23, 2009도5022: "절도의 기회라고 함은 절도범인과 피해자 측이 절도의 현장에 있는 경우와 절도에 잇달아 또는 절도의 시간 · 장소에 접착하여 피해자 측이 범인을 체포할 수 있는 상황, 범인이 죄적인멸에 나올 가능성이 높

4-2-2-2. 미수

본죄는 미수범을 처벌한다.[249] 그러나 본죄의 미수와 기수를 판단하는 기준이 무엇인지에 관하여는 학설의 대립이 있다.

폭행 · 협박행위기준설[250]은 폭행 · 협박의 기수 · 미수를 기준으로 본죄의 기수 · 미수를 판단한다. 강도죄에서는 폭행 · 협박에 의한 '재물강취'가 주된 행위가 되는 반면에, 준강도죄에서는 일정한 목적에 의한 절도기수 · 미수범의 '폭행 · 협박'이 주된 행위가 된다는 것을 이유로 한다. 그러나 이 견해는 준강도죄를 재산범죄 보다도 가중된 특별한 폭력범죄로 파악하기 때문에 타당하다고 할 수 없다. 절취행위기준설설[251]은 절취행위의 기수 · 미수를 기준으로 본죄의 기수 · 미수를 판단한다. 대법원도 전원합의체판결[252]로 종래의 입장[253]을 변경하여 절취행위의 기수 · 미수를 기준으로 본죄의 기수 · 미수를 판단하였다. 절도의 미수단계에서 체포면탈 등의 목적으로 폭행 · 협박을 하는 경우가 본죄의 기수범으로 처벌된다면 강도죄와 비교하여 형의 불균형을 초래하기 때문에 부당하다는 것이다. 이 견해는 준강도죄를 본질적으로 재산범죄로 파악하고 있다. 그러나 폭행 · 협박이 본죄에서 요구되는 정도에 이르지 못한 경우에 본죄의 기수를 인정할 수는 없다.

준강도죄를 강도죄의 예에 의하여 처벌하는 것은 폭행 · 협박을 통해 절도의 완성이나 도주를 꾀한다는 점에서 강도죄와 동일한 불법이 인정되기 때문이다. 즉 준강도를 재산죄로서의 본질을 무시하고 가중된 폭력행위죄로만 파악하는 것은 타당하다고 할 수 없다. 따라서 절취행위의 기수 · 미수는 당연히 본죄의 기수 · 미수를 결정하는 기준이 되어야 한다. 또한 본죄의 폭행 · 협박의 정도가 강도죄에서 요구되는 정도에 이르지 못한 경우[254]에도 강도죄와 동일한 불법이 인정될 수 없다. 그러므로 폭행 · 협박의 기수 · 미수도 본죄의 기수 · 미수를 결정하는 기준이 되어야 한다.[255]

> 절취행위기준설 중에서는 폭행 · 협박이 본죄에서 요구되는 정도에 이르지 못한 경우에 처음부터 본죄의 성립가능성을 부정하는 입장[256]이 있다. 그러나 범인이 준강도의 고의와 목적을 가지고 폭행 · 협박을 개시한 이상 본죄의 미수를 부정할 수는 없다고 해야 한다.

은 상황에 있는 경우를 말하고, 그러한 의미에서 피해자 측이 추적태세에 있는 경우나 범인이 일단 체포되어 아직 신병확보가 확실하다고 할 수 없는 경우에는 절도의 기회에 해당한다."; 동지, 대법원 2001.10.23, 2001도4142.

249) 구형법 제335조와 제342조에서는 본죄에 대한 미수범 처벌규정이 누락되어 있었으나, 본죄의 미수범이 처벌된다는 점에 대하여는 이론이 없었다. 1995.12.29의 개정형법 제342조는 본죄의 미수범이 처벌될 수 있도록 규정하였다.

250) 배종대, 312면 이하; 본죄의 행위객체를 절도기수범으로 제한하는 입장에서 김일수, 한국형법 Ⅲ, 600면 이하.

251) 김성천/김형준, 377면; 김성돈, 332면; 김일수/서보학, 274면; 손동권/김재윤, 342면 이하; 이재상/장영민/강동범, 312면 이하; 정성근/박광민, 349면 이하; 조준현, 379면; 진계호/이존걸, 375면.

252) 대법원 2004.11.18., 2004도5074 전원합의체 판결; 동지, 서울고등법원 1998.9.29., 98노1856.

253) 대법원 1964.11.24., 64도504; 대법원 1969.10.23., 69도1353.

254) 준강도의 고의와 목적을 가지고 폭행을 개시하였으나 곧바로 제압된 경우.

255) 동지, 권오걸, 403면; 박상기, 287면; 오영근, 276면; 이영란, 317면; 이형국, 359면; 임웅, 341면; 정영일, 169면.

256) 김성돈, 332면; 손동권/김재윤, 342면.

4-3. 주관적 구성요건

본죄는 절도가 '재물의 탈환을 항거하거나 체포를 면탈하거나 죄적을 인멸할 목적'으로 폭행 · 협박을 함으로써 성립한다.[257] 여기서 '재물의 탈환을 항거하거나 체포를 면탈하거나 죄적을 인멸할 목적'은 본죄의 초과주관적 구성요건요소가 된다. 이러한 목적을 위하여 폭행 · 협박을 함으로써 충분하며, 목적의 달성 여부는 본죄의 성립에 아무런 영향을 주지 못한다.

4-4. 정범과 공범

준강도죄에 대해서도 공동정범이나 간접정범의 성립은 가능하다. 공동의사에 의하여 1인이 행한 준강도 목적의 폭행 · 협박으로 모든 공동자는 준강도의 공동정범이 된다. 또한 정신병자를 이용하여 준강도를 범하도록 한 경우에도 도구로 이용되는 정신병자의 폭행 · 협박으로 배후자는 준강도죄의 간접정범이 된다.

공동정범자 1인이 행한 폭행 · 협박이나 도구로 이용되는 타인이 행한 폭행 · 협박에 의하여 다른 공동정범자나 간접정범이 준강도죄로 처벌될 수 있는지 문제된다. 판례[258]는 일관된 입장으로 다른 공동정범자 1인이 행한 폭행 · 협박에 대한 예견가능성을 근거로 본죄의 공동정범을 인정하고 있다. 또한 판례[259]는 공동정범자 1인이 행한 폭행 · 협박 뿐 아니라 폭행에 의한 상해의 결과까지 예견가능성[260]을 근거로 준강도상해죄의 성립을 인정한다.

그러나 준강도죄는 고의범이며 목적범이다. 준강도죄의 성립에는 객관적 행위상황에 대한 인식과 범죄실현의사를 요하며, 더 나아가 일정한 주관적 · 내적 경향인 목적을 요한다. 예견가능성에는 현실적인 인식조차 결여되어 있으며, 인식하지 못한 범죄에 대한 행위지배는 어떠한 경우에도 인정될 수 없다. 따라서 절도의 공동정범자 1인이 행한 또는 도구로 이용되는 타인이 행한 폭행 · 협박이 다른 공동정범자나 간접정범에게 충분히 예견이 가능하였을지라도 본죄가 성립할 여지는 없다고 해야 한다(통설).

준강도죄에 대해서도 교사범이나 방조범의 성립은 가능하다. 그러나 절도죄의 교사범이나 방조

---

257) 절도가 발각되자 강도로 돌변하는 경우는 재물탈환항거 · 체포면탈 · 죄적인멸의 목적이 아니라 재물강취의 수단으로 폭행 · 협박을 하는 것이므로 강도죄에 해당한다.

258) 대법원 1984.10.10., 84도1887; 대법원 1984.12.26., 84도2552; 대법원 1988.2.9., 87도2460; 대법원 1989.3.28., 88도2291; 대법원 1989.12.12., 89도1991; 대법원 1991.11.26., 91도2267.

259) 대법원 1989.12.12., 89도1991: "피고인과 원심피고인들이 타인의 재물을 절취하기로 공모한 다음 피고인은 망을 보고 원심피고인들이 재물을 절취한 다음 달아나려다가 피해자에게 발각되자 체포를 면탈할 목적으로 피해자를 때려 상해를 입혔다면 피고인도 이를 전혀 예견하지 못했다고 볼 수 없어 강도상해죄의 죄책을 면할 수 없다"; 동지, 대법원 1984.10.10., 84도1887; 대법원 1991.11.26., 91도2267; 대법원 1992.4.14., 92도408.

260) 예견가능성을 부정한 판례로는 대법원 1984.2.28, 83도3321: "절도를 공모하고 망을 보던 피고인이 다른 공모자의 폭행행위에 대하여 사전양해나 의사의 연락이 전혀 없었고, 예기치 않았던 인기척 소리가 나므로 상당한 거리를 도주한 이후에 다른 공모자가 피해자에게 붙들리자 체포를 면탈할 목적으로 피해자에게 폭행을 가하여 상해를 입힌 것에 대하여 피고인은 그동안 상당한 거리를 도주하였을 것이라 추정되는 상황에서는 다른 공모자의 폭행행위를 전연 예기할 수 없었다고 보여지므로 피고인에게 준강도상해죄의 공동책임을 지울 수 없다."

범은 정범이 독자적으로 행한 체포면탈이나 재물탈환 항거 목적의 폭행·협박에 대해서 책임을 지지 않는다. 이는 정범의 폭행·협박에 대하여 예견가능성이 있는 경우라도 동일하다.

4-5. 준강도죄의 처벌

제335조의 준강도죄는 전2조의 강도죄와 특수강도죄의 예에 의하여 처벌된다. 강도죄와 특수강도죄의 예에 의하여 처벌하므로, 강도상해·치상죄와 강도살인·치사죄 및 강도강간죄의 규정도 적용된다.

특수강도죄의 예에 의한 처벌에 관하여는 '폭행·협박시의 가중유형을 기준으로 판단하는 견해[261][262]와 절취행위시의 가중유형을 기준으로 판단하는 견해[263][264]의 대립이 있다. 그러나 전자는 준강도죄를 특수한 폭력범죄로만 파악하는 점에서 문제가 있으며, 후자는 흉기휴대 내지 2인 이상의 합동이라는 가중유형이 절취행위 보다도 폭행·협박과의 관련성이 더욱 크다는 점을 고려하지 아니한 문제가 있다. 이러한 점에서 제334조 제1항의 야간주거침입의 특수준강도는 절취행위시의 가중유형을 기준으로 판단하고, 제2항의 흉기휴대 내지 합동의 특수준강도는 폭행·협박의 방법에 따라 판단하는 견해[265]도 있다. 그러나 본질적으로 준강도죄에 대해서는 재산범죄와 폭력범죄로서의 특성을 모두 인정해야 한다. 예컨대 야간주거침입절도가 일출 이후에 주거로부터 퇴거하다가 재물탈환항거 등의 목적으로 폭행·협박을 하는 경우에도 제334조 제1항의 예로 처벌되는 특수준강도죄가 인정되어야 하며, 흉기휴대 내지 합동절도가 단순 폭행·협박을 하는 경우에도 동조 제2항의 예로 처벌되는 특수준강도죄가 인정되어야 한다. 따라서 특수강도죄의 예에 의하여 처벌되는 특수준강도는 절도에 관하여 가중사유가 있는 경우 뿐 아니라, 폭행·협박의 방법에 가중사유가 있는 경우에도 가능하다고 해야 한다.[266]

준강도죄는 강도죄의 예에 의해서 처벌되지만, 준강도를 범할 목적의 예비·음모행위는 강도예비·음모죄의 예로 처벌되지 않는다.[267] 준강도는 사후의 폭행·협박이 있기 전까지는 그 본질이 절도라고 보아야하기 때문이다.

---

261) 김성돈, 334면; 이재상/장영민/강동범, 314면; 조준현, 386면.

262) 대법원 1973.11.13., 73도1553 전원합의체 판결: "절도범인이 처음에는 흉기를 휴대하지 아니하였으나, 체포를 면탈할 목적으로 폭행 또는 협박을 가할 때에 비로소 흉기를 휴대 사용하게 된 경우에는 형법 제334조의 예에 의한 준강도가 된다."

263) 이영란, 318면; 임웅, 382면.

264) 대법원 1973.11.13., 73도1553 전원합의체 판결, 대법관 민문기·임항준·이일규의 소수의견: "준강도죄를 규정한 형법 제335조에는 범죄의 주체는 절도범인이요, 목적이 있어야 하며 행위는 폭행, 협박으로만 되어 있지 행위의 정도, 방법 따위에 대하여는 언급이 없으므로 목적이나 행위로서는 단순강도의 준강도냐 또는 특수강도이냐를 구별 지을 근거가 없으므로 행위의 주체인 절도의 태양에 따라 구별지어야 한다."

265) 권오걸, 407면.

266) 동지, 손동권/김재윤, 345면.

267) 대법원 2006.9.14., 2004도6432: "강도예비·음모죄가 성립하기 위해서는 예비·음모 행위자에게 미필적으로라도 '강도'를 할 목적이 있음이 인정되어야 하고 그에 이르지 않고 단순히 '준강도'할 목적이 있음에 그치는 경우에는 강도예비·음모죄로 처벌할 수 없다."

4-6. 죄 수

강도의 죄에 대하여 본죄는 보충관계에 의한 법조경합이 된다. 따라서 강도가 체포면탈 등의 목적으로 폭행 · 협박을 하는 경우는 강도죄만 성립할 뿐이다. 절도죄나 폭행 · 협박죄는 본죄에 대하여 특별관계에 의한 법조경합에 불과하다.

5. 인질강도죄

인질강도죄는 사람을 체포 · 감금 · 약취 또는 유인하여 이를 인질로 삼아 재물 또는 재산상의 이익을 취득하거나 제3자로 하여금 이를 취득하게 함으로써 성립하는 범죄이다. 본죄는 체포 · 감금죄 내지 약취 · 유인죄와 공갈죄의 결합범으로서 강도죄와는 다른 독립적 구성요건이며, 그 본질에 있어서는 공갈죄의 가중적 구성요건에 해당한다.[268] 다만 형법은 강도의 죄의 장에서 강도죄와 동일한 형으로 인질강도죄[269]를 규정함으로써 본죄를 의제강도죄로 취급하고 있다.

> 구형법은 '사람을 약취하여 그 석방을 대상으로 재물을 취득한 자'를 약취강도죄로 규정하고 있었다. 개정형법은 죄명을 약취강도죄에서 인질강도죄로 변경하고, 행위방법을 약취 이외에 체포 · 감금 · 유인의 경우를 포함시켰으며, 재물취득 외에 재산상 이익의 취득과 제3자로 하여금 이를 취득하게 하는 경우를 포함시켰다. 이에 따라 인질강도죄는 약취 · 유인죄 내지 체포 · 감금죄와 공갈죄의 결합범으로 구성되었으며, 그 본질이 공갈죄의 가중적 구성요건으로서의 체계를 갖추게 되었다.

인질인 피해자가 13세 미만의 미성년자인 경우에는 특가법 제5조의2 제2항 제1호에 의하여 가중처벌된다. 특가법 제5조의2 제1항 제1호와 제2항 제1호는 재물 또는 재산상 이익의 취득을 목적으로 13세 미만의 미성년자를 약취 · 유인한 경우를 규정하고 있으나, 이는 실질적으로 인질강도죄에 해당한다. 동법 제5조의2 제1항 제1호는 인질강도미수죄이며, 동법 제5조의2 제2항 제1호의 재물 또는 재산상의 이익을 취득한 경우는 인질강도기수죄, 이를 요구한 경우는 인질강도미수죄로 해석된다.

---

268) 김성돈, 336면; 김일수/서보학, 275면; 박상기, 288면; 배종대, 317면; 이재상/장영민/강동범, 315면; 이형국, 361면; 임웅, 382면; 정성근/박광민, 351면; 진계호/이존걸, 378면.

269) 본죄의 본질을 강도죄로 파악하는 견해로는 오영근, 278면; 조준현, 386면.

6. 강도상해 · 치상죄, 강도살인 · 치사죄

6-1. 구성요건

강도상해 · 치상죄는 강도가 사람을 상해하거나 상해에 이르게 함으로써 성립하는 범죄이다. 강도상해죄는 고의의 강도죄와 고의의 상해죄의 결합범이며, 강도치상죄는 상해의 결과가 과실에 의하여 발생할 것을 요하는 진정결과적가중범에 해당한다. 형법은 강도상해죄와 강도치상죄를 동일한 규정에서 동일한 형으로 처벌하고 있다. 강도살인 · 치사죄도 이와 동일한 구조를 가지고 있다. 다만 형법은 강도살인죄와 강도치사죄를 동일한 규정에서 그러나 그 법정형을 달리하여 처벌하고 있다.

본죄의 행위주체는 강도이며, 여기에는 특수강도 · 준강도 · 인질강도가 모두 포함된다. 강도는 기수범 뿐 아니라 미수범도 본죄의 주체가 된다. 상해나 치상 내지 사망이나 치사의 결과는 반드시 강도의 수단인 폭행 · 협박으로 인한 것임을 요하지 않으며, 강도의 기회에 발생된 것으로 족하다.[270] 강도의 기회란 강도범행의 실행중이거나 그 실행 직후 또는 실행의 범의를 포기한 직후로서 사회통념상 범죄행위가 완료되지 아니한 단계를 의미한다.[271]

판례[272]는 공동정범 중의 1인이 강도의 기회에 발생시킨 상해나 치상의 결과에 대하여 다른 공동정범자가 예견가능한 경우에는 강도상해죄에 대한 공동정범의 성립을 인정하고 있다. 그러나 예견가능성이 고의를 대체할 수는 없으므로 이 경우에는 강도치상죄의 성립을 인정하여야 한다.

6-2. 미 수

강도상해 · 치상죄와 강도살인 · 치사죄도 미수범 처벌규정에 포함되어 있다. 다만 본죄 중에서 결합범에 해당하는 강도상해 · 살인죄의 미수범과 진정결과적가중범에 해당하는 강도치상 · 치사죄의 미수범은 각각 다른 관점에서 고찰되어야 한다.

270) 대법원 2014.9.26., 2014도9567: "반드시 강도범행의 수단으로 한 폭행에 의하여 상해를 입힐 것을 요하는 것은 아니고 상해행위가 강도가 기수에 이르기 전에 행하여져야만 하는 것은 아니므로, 강도범행 이후에도 피해자를 계속 끌고 다니거나 차량에 태우고 함께 이동하는 등으로 강도범행으로 인한 피해자의 심리적 저항불능 상태가 해소되지 않은 상태에서 강도범인의 상해행위가 있었다면 강취행위와 상해행위 사이에 다소의 시간적 · 공간적 간격이 있었다는 것만으로는 강도상해죄의 성립에 영향이 없다."; 동지, 대법원 1992.4.14., 92도408; 대법원 1984.12. 11., 84도2324; 대법원 1992.1.21., 91도2727.

271) 대법원 1996.7.12., 96도1108: "피고인이 너무 힘이 세고 반항이 심하여 수갑도 채우지 못한 채 피고인을 순찰차에 억지로 밀어 넣고서 파출소로 연행하고자 하였는데, 그 순간 피고인이 체포를 면하기 위하여 소지하고 있던 과도로 옆에 앉아 있던 경찰관을 찔러 사망케 하였다면 위 살인행위는 강도행위와 시간상 및 거리상 극히 근접하여 사회통념상 범죄행위가 완료되지 아니한 상태에서 이루어진 것이라고 보여 지므로(위 살인행위 당시에 피고인이 체포되어 신체가 완전히 구속된 상태이었다고 볼 수 없다), 피고인을 강도살인죄로 적용하여 처벌한 것은 옳다."; 동지, 대법원 2004.6.24., 2004도1098; 대법원 2014.9.26., 2014도9567.

272) 대법원 1981.7.28., 81도1590; 대법원 1984.10.10., 84도1887; 대법원 1990.11.27., 90도2262; 대법원 1990.12.26., 90도2362; 대법원 1998.4.14., 98도356; 대법원 2004.10.28., 2004도4437.

진정결과적가중범에 해당하는 강도치상죄와 강도치사죄의 미수는 논리적으로 존재할 수 없다는 것이 일반적인 학설의 입장이다(통설). 따라서 기본범죄인 강도죄가 미수인 경우에도 피해자에 대한 상해 · 사망결과의 발생에 의하여 강도치상 · 치사죄는 기수가 된다고 한다.

그러나 결과적가중범에 해당하는 강도치상죄(제337조) · 강도치사죄(제338조) · 해상강도치상죄(제340조 제2항) · 해상강도치사죄(제340조 제3항)는 개정형법 제342조의 미수범 처벌규정어 포함되었으므로, 이들 죄에 대한 미수범은 중한 결과의 불발생이 아니라 기본범죄가 미수인 경우에 인정할 수 있게 되었다. 또한 기본범죄가 중한 죄인 특정한 결과적가중범에서는 기본범죄의 기수와 미수를 달리 취급해야 할 필요성도 존재한다. 특히 결과적가중범에서 기본범죄를 중지한 경우는 기수의 경우와 구별되어야 한다. 예컨대 강도를 시도한 범인이 피해자에게 상처를 입혔으나 그 이후에 자의로 강도를 중지한 경우는 강도를 강행한 강도치상죄의 기수와 비교하여 불법의 현저한 차이가 인정된다. 이러한 점에서 '개정형법의 태도를 이론적으로 진일보한 것'으로 평가하는 견해[273]도 있다. 따라서 진정결과적가중범인 강도치상 · 치사죄의 미수는 기본범죄인 강도죄가 미수에 그친 경우에 인정될 수 있다고 해야 한다.[274]

결합범인 강도상해 · 살인죄에 있어서도 강도상해 · 살인미수죄는 강도행위의 기수 · 미수가 아니라 상해 · 살인의 기수 · 미수에 의하여 판단하는 것이 학설의 일반적인 입장이다.[275] 따라서 강도미수범이 피해자를 상해하거나 살해한 경우에도 강도상해 · 살인죄의 기수를 인정한다. 그러나 결합범인 강도상해 · 살인죄에서 해당 범죄의 전체 불법내용을 완전하게 구비하지 못한 행위를 미수범 처벌규정이 존재함에도 불구하고 명문의 규정 없이[276] 기수로 처벌하는 것은 타당하다고 할 수 없다. 따라서 강도상해 · 살인죄에 대한 미수죄의 판단은 상해 · 살인의 기수 · 미수 뿐 아니라 강도행위의 기수 · 미수도 그 기준이 되어야 한다.[277] 이와 유사한 구조를 가지고 있는 준강도죄의 미수와 관련하여 대법원에서도 전원합의체 판결[278]로 종래의 입장을 변경하여 기본범죄인 절취행위의 미수를 기준으로 준강도죄의 미수를 인정하였다.

7. 강도강간죄

273) 김일수, 한국형법 Ⅱ, 457면 이하.
274) 동지, 김일수, 한국형법 Ⅲ, 608면; 임웅, 386면.
275) 대법원 1969.3.18., 69도154; 대법원 1971.1.26., 70도2518; 대법원 1986.7.23., 86도1526; 대법원 1988.2.9., 87도2492.
276) 결과적가중범이나 결합범이 기본범죄로서 미수죄를 포함시킬 경우 이를 명시하는 것이 일반적인 입법추세이다.
277) 다만 입법론적으로 강도살인죄는 사망의 결과발생 여부에 따라 그 미수를 판단하는 것도 가능하며, 이 경우에는 강도미수죄를 그 결합범의 일부로 명시하는 것이 필요하다.
278) 대법원 2004.11.18., 2004도5074 전원합의체 판결.

7-1. 구성요건

본죄는 강도가 사람을 강간함으로써 성립하는 범죄이다. 형법은 강도죄와 강간죄의 결합범인 본죄를 형사정책적으로 특별히 가중하여 처벌하고 있다.

본죄의 행위주체는 강도이며, 강도의 실행에 착수한 이상 기수 · 미수를 불문한다. 본죄는 강도가 사람을 강간하는 것이므로, 강간범이 강도로 나아간 때에는 본죄가 성립하지 아니하고 강간죄와 강도죄의 경합범이 된다. 그러나 강간의 종료 전에 강도행위를 함으로써 강도의 신분을 가질 때에는 본죄가 성립한다.[279)]

본죄는 강도가 사람을 강간하는 범죄이므로, 폭행 · 협박은 재물탈취와 목적과 수단의 관계에서 인과관계가 인정되어야 한다. 다만 강간의 수단으로 폭행 · 협박을 행한 자가 강간의 종료 전에 재물을 탈취한 경우에는 특별한 사정이 없는 한 그 폭행 · 협박과 재물탈취 사이에 목적과 수단의 관계에서 인과관계가 인정된다고 해야 한다.[280)] 강간행위 자체를 폭행이라고 보아야하기 때문이다. 그러나 강간행위를 종료한 이후에 저항의지를 상실한 피해자로부터 단순히 재물을 탈취하는 경우는 강간죄와 절도죄의 경합범이 된다. 여기서는 강간의 수단이었던 폭행 · 협박과 재물탈취 사이에 목적과 수단에 의한 인과관계가 인정되지 않기 때문이다. 따라서 강간 이후에 새로이 재물탈취의 의사가 생긴 경우는 피해자의 항거불능의 상태를 이용하여 재물을 탈취하였어도 강간죄와 절도죄의 경합범을 인정하여야 한다.[281)]

> 대법원[282)]은 강간범이 피해자의 항거불능상태를 이용하여 재물을 탈취한 경우 강간죄와 강도죄[283)]의 경합범이 된다고 판시하였다.[284)] 그러나 단지 항거불능의 상태를 이용한 재물의 탈취가 강도죄를 구성할 수는 없다. 강도죄는 폭행 · 협박과 재물탈취 사이에 수단과 목적의 관계가 인정되어야하기 때문이다. 따라서 이 판례사안에서는 강간죄와 절도죄의 경합범이 인정되어야 한다. 그러나 본질적으로 강도강간죄의 구조에 대해서는 입법론적인 의문이 제기된다. 우선 강도죄와 강간죄의 결합에 있어서 그 순서가 본죄의 불법내용에 어떠한 영향을 줄 수 있는지 의문이다. 강도강간죄는 '동일한 기회에 강도죄와 강간죄를 범한 자'로 규정하는 것이 바람직하다. 또한 강간범인이 새로운 고의로 피해자의 항거불능상태를 이용하여 재

279) 대법원 1988.9.9., 88도1240; 대법원 2002.2.8., 2001도6425; 대법원 2010.7.15., 2010도3594; 대법원 2010.12.9., 2010도9630.

280) 대법원 2010.12.9., 2010도9630: "강간범이 강간행위 후에 강도의 범의를 일으켜 그 피해자의 재물을 강취하는 경우에는 강도강간죄가 아니라 강간죄와 강도죄의 경합범이 성립될 수 있을 뿐이지만, 강간행위의 종료 전 즉 그 실행행위의 계속 중에 강도의 행위를 할 경우에는 이때에 바로 강도의 신분을 취득하는 것이므로 이후에 그 자리에서 강간행위를 계속하는 때에는 강도가 피해자를 강간한 때에 해당하여 형법 제339조에 정한 강도강간죄를 구성한다."

281) 동지, 김일수, 한국형법 III, 612면 이하; 김성돈, 344면; 정성근/박광민, 358면.

282) 대법원 1977.9.28., 77도1350.

283) 대법원 2010.12.9., 2010도9630: 판결요지 [2] "강간범인이 피해자를 강간할 목적으로 폭행, 협박에 의하여 반항을 억압한 후 반항억압 상태가 계속 중임을 이용하여 재물을 탈취하는 경우에는 재물탈취를 위한 새로운 폭행, 협박이 없더라도 강도죄가 성립한다."

284) 김일수/서보학, 282면.

물을 탈취하는 경우도 강도강간죄에 비하여 결코 경한 불법이 인정되지는 않는다. 따라서 강간죄를 범한 자가 피해자의 항거불능상태를 이용하여 재물을 탈취하는 경우도 강도강간죄에 준하여 처벌하도록 규정하는 것이 바람직하다.

7-2. 죄수와 미수

판례[285]는 강도가 사람을 강간하려다 미수에 그치고 폭행으로 피해자를 상해 · 사망에 이르게 한 경우에 대해서 강도강간미수죄와 강도치사 · 치상죄의 상상적 경합을 인정하고 있다. 이러한 판례의 입장을 지지하는 견해[286]도 있으나, 치사 · 치상의 결과가 강도에 의한 경우에는 강도강간미수죄와 강도치사 · 치상죄의 상상적 경합을 인정하고, 강간에 의한 경우에는 강도강간미수죄와 강간치사 · 치상죄의 상상적 경합을 인정하는 것이 학설의 일반적인 입장이다(통설). 또한 강도치사 · 치상죄의 성립을 인정하는 것은 이중평가[287]라는 관점에서 강도강간미수죄만을 인정하거나 과실치사 · 치상죄와의 상상적 경합을 인정하는 견해[288]도 있다. 그러나 강도강간죄는 강도죄와 강간죄가 각각 분리된 경합범죄가 아니라 이들이 결합한 하나의 결합범이다. 따라서 이 경우는 행위의 부분적 동일성에 의하여 강도강간미수죄와 강도치사 · 치상죄 및 강간치사 · 치상죄의 상상적 경합을 인정하여야 한다.[289]

강도가 사람을 강간하고 상해하거나 살해한 경우는 강도강간의 고의와 살인 · 상해의 고의가 전후 별개의 것이라는 이유로 본죄와 강도살인 · 상해죄의 실체적 경합을 인정하는 견해[290]와 본죄와 강도살인 · 상해죄의 행위의 부분적 동일성에 의한 상상적 경합을 인정하는 견해[291]가 대립한다. 그러나 강도강간죄, 강도살인 · 상해죄, 강간살인 · 상해죄는 각각 강도죄와 강간죄, 강도죄와 살인 · 상해죄, 강간죄와 살인 · 상해죄가 결합한 하나의 결합범들이다. 따라서 강도강간죄를 범하는 기회에 저질러진 상해죄나 살인죄에 대해서는 행위의 부분적 동일성에 의하여 본죄와 강도살인 · 상해죄 및 강간살인 · 상해죄의 상상적 경합을 인정해야 한다. 만약 강도강간죄를 범한 이후에 형성된 별개의 새로운 고의로 강도강간의 기회라고 볼 수 없는 상황에서 상해죄나 살인죄를 범한 경우라면 강도강간죄와 상해죄 · 살인죄의 실체적 경합을 인정해야 할 것이다. 예컨대 현장을 떠났던 강도강간범이 피해자의 신고가 두려워 범행현장으로 되돌아와 피해자를 살해한 경우가 여기에 해당할 수 있다.

---

285) 대법원 1988.6.28., 88도820; 대법원 2010.4.29., 2010도1099.

286) 김일수, 한국형법 Ⅲ, 613면.

287) 그러나 상상적 경합은 이중평가를 피하기 위한 죄수론의 원칙이라고 해야 한다.

288) 오영근, 288면.

289) 동지, 임웅, 392면.

290) 권오걸, 421면; 김성천/김형준, 388면; 김일수/서보학, 283면; 박상기, 294면; 손동권/김재윤, 358면; 임웅, 392면; 정성근/박광민, 359면.

291) 김성돈, 345면; 배종대, 307면; 이재상/장영민/강동범, 322면; 이형국, 367면; 진계호/이존걸, 368면.

강도강간죄의 법정형은 지나칠 정도로 중하기 때문에 강도강간죄를 범한 자가 피해자를 상해하거나 상해에 이르게 한 경우라도 형이 가중되지는 않는다. 강도상해죄나 강간상해죄의 법정형이 강도강간죄의 법정형을 초과하지 않기 때문이다. 또한 특수강도나 그 미수범이 피해자를 강간한 경우에는 피해자를 사망에 이르게 한 경우라도 형이 가중되지는 않는다. 특수강도 이외의 단순강도가 강간죄를 범하고 피해자를 사망에 이르게 한 경우에도 강도치사죄나 강간치사죄의 법정형이 강도강간죄의 법정형을 초과하지 못하고 있다. 다만 이 경우 ① 피해자가 장애인이나 13세 미만인 때에는 성폭력처벌법 제9조 제3항에 의해서 사형, 무기징역 또는 10년 이상의 징역형으로 처벌된다. 그밖에 ② 강간살인죄나 강도살인죄의 법정형은 사형 또는 무기징역으로 강도강간죄의 법정형보다 무겁다. 이와 같이 ① 강도강간범이 장애인 또는 13세 미만의 피해자를 치사케 한 경우와 ② 강도강간범이 피해자를 살해한 경우에만 강도강간죄 보다 중한 처벌가능성이 인정될 뿐이다.

본죄의 기수 · 미수는 강도의 기수 · 미수를 불문하고 강간의 기수 · 미수에 의하여 판단하는 것이 학설의 일반적인 입장이다(통설).[292] 그러나 본죄의 미수는 강간의 기수 · 미수 뿐 아니라 강도의 기수 · 미수에 의해서도 결정되어야 한다. 결합범인 강도강간죄에서 해당 범죄의 전체 불법내용을 완전하게 구비하지 못한 행위를 미수범 처벌규정이 존재함에도 불구하고 명문의 규정 없이 기수로 처벌하는 것은 타당하다고 할 수 없다. 특히 강도죄와 강간죄는 그 법정형에서 불법의 정도를 동일한 것으로 평가하고 있음에도 불구하고 본죄에서 강도가 미수인 경우와 강간이 미수인 경우를 달리 취급하는 것은 부당하다.

성폭력처벌법 제3조 제2항에서는 특수강도 및 그 미수범이 강간, 유사강간, 강제추행, 준강간, 준강제추행의 죄를 범한 때에는 사형, 무기 또는 10년 이상의 징역형으로 처벌한다.

8. 해상강도죄

본죄는 다중의 위력으로 해상에서 선박을 강취하거나 선박 내에 침입하여 타인의 재물을 강취함으로써 성립하는 범죄이다. 경찰권이 미치기 어려운 영해나 공해상에서의 소위 해적행위에 대한 강력한 대책으로 마련된 규정이다. 본죄는 행위방법에 의하여 불법이 가중된 강도죄의 가중적 구성요건에 해당한다. 또한 본죄에 대하여는 그 가중적 구성요건으로 해상강도상해 · 치상죄(제340조 제2항)와 해상강도살인 · 치사 · 강간죄(제340조 제3항)가 규정되어 있으며, 이들은 강도상해 · 치상죄(제337조)와 강도살인 · 치사죄(제338조) 및 강도강간죄(제339조)에 대해서도 가중적 구성요건이 된다.

292) 대법원 2010.4.29., 2010도1099.

제3절 사기의 죄

1. 사기의 죄 일반론

1-1. 의 의

사기의 죄는 사람을 기망하여 재물을 편취하거나 재산상의 이익을 취득하거나 제3자로 하여금 재물의 교부를 받게 하거나 재산상의 이익을 취득하게 하는 범죄이다. 재물 뿐 아니라 재산상의 이익도 본죄의 행위객체에 포함되므로 재물죄인 동시에 이득죄이다. 사기죄는 상대방의 하자있는 의사에 의한 처분행위를 통하여 재물 내지 재산상의 이익을 취득하는 편취죄라는 점에서 상대방의 의사에 반하여 재물 등을 탈취하는 탈취죄(절도죄 강도죄)와 구별된다. 상대방의 하자있는 의사에 의한 처분행위를 통하여 재물 내지 재산상의 이익을 취득한다는 점에서 사기죄는 공갈죄와 공통적인 특징을 갖는다. 사기죄와 공갈죄의 이러한 공통적인 특성 때문에 형법은 사기와 공갈의 죄를 제39장에서 함께 규정하고 있다. 다만 사기죄가 기망을 수단으로 하는 반면에 공갈죄는 공갈(폭행협박)을 수단으로 하는 점에서 차이가 있다.

사기의 죄의 보호법익은 전체로서의 재산권이다. 본죄는 재물을 편취하거나 재산상의 이익을 취득하여야 기수에 이르게 되는 침해범이며 결과범이다.

1-2. 구성요건의 체계

[사기의 죄]

기본적 구성요건 – 사기죄: 제347조
독립적 구성요건 – 컴퓨터 등 사용사기죄: 제347조의2; 준사기죄: 제348조;
편의시설부정이용죄: 제348조의2; 부당이득죄: 제349조
가중적 구성요건 – 상습사기의 죄: 제351조(제347조 내지 제349조의 죄에 대하여)

미수범: 제352조 (제347조 내지 제348조의2, 제351조에 대하여)
자격정지의 병과: 제353조 (제347조 내지 제349조, 제351조: 본장의 죄에 대하여)
친족상도례: 제354조 (제347조 내지 제349조, 제351조: 본장의 죄에 대하여)
동력: 제354조 (관리할 수 있는 동력의 재물 간주)

사기의 죄에서 기본적 구성요건은 제347조의 사기죄이다. 컴퓨터 등 사용사기죄(제347조의2), 준사기죄(제348조), 편의시설부정이용죄(제348조의2)와 부당이득죄(제349조)는 각각 사기죄와는 다른 독립적 범죄

유형에 해당한다. 제351조의 상습사기의 죄는 이들 사기의 죄에 대하여 책임이 가중된 가중적 구성요건이다. 제349조의 부당이득죄를 제외한 사기의 죄에 규정된 모든 죄에 대해서는 미수범(제352조)이 처벌된다. 또한 사기의 죄에 규정된 모든 죄에 대해서는 친족상도례(제328조)와 동력에 관한 규정(제347조)이 준용되며(제354조), 10년 이하의 자격정지가 병과될 수 있다(제353조).

사기죄는 그 이익의 가액(50억원 이상인 경우 무기 또는 5년 이상의 징역, 5억원 이상 50억원 미만인 경우 3년 이상의 징역)에 따라 특정경제범죄가중처벌 등에 관한 법률(특경법) 제3조 제1항의 적용을 받게 되며, 이득액 이하에 상당하는 벌금이 병과될 수 있다(동조 제2항).

2. 사기죄

2-1. 의 의

사기죄는 사람을 기망하여 재물의 교부를 받거나 재산상의 이익을 취득하거나, 제3자로 하여금 재물의 교부를 받게 하거나 재산상의 이익을 취득하게 함으로써 성립한다. 따라서 사기죄에서는 범인의 기망행위가 있어야 하고, 기망행위에 의하여 상대방이 착오에 빠지고, 착오에 의하여 처분행위를 하고, 착오자의 처분행위에 의하여 범인이 재물의 교부를 받거나 재산상의 이익을 취득하거나 제3자로 하여금 이를 취득하게 함으로써 피해자에게 재산상 손해가 발생하여야 한다. 이와 같은 객관적 행위상황은 사기죄의 객관적 구성요건요소이다.

2-2. 행위객체

본죄의 행위객체는 재물 또는 재산상의 이익이다. 본죄의 행위객체인 재물은 절도죄에서의 재물과 같다. 즉 타인이 점유하는 타인의 재물만이 본죄의 객체가 될 수 있다. 자신이 점유하는 타인의 재물은 횡령죄의 객체가 될 뿐이며, 타인이 점유하는 자신의 재물은 권리행사방해죄의 객체가 될 뿐이다. 재물개념도 절도죄에서 설명한 것과 동일하다. 즉 유체물과 관리가능한 동력(제354조)이 본죄의 재물에 해당한다. 다만 부동산은 유체물이면서도 절도죄에서는 행위객체에서 제외되었고 강도죄에서는 재산상 이익의 개념에 포함되었으나, 본죄에서는 재물의 개념에 포함된다.

재산상의 이익은 강도죄에서 설명한 바와 같다. 재물을 제외한 법률적으로 허용된 모든 경제적 가치가 재산상의 이익에 해당한다.

2-3. 행 위

본죄의 구성요건적 행위는 상대방을 기망하여 착오를 일으키게 하고, 상대방으로 하여금 착오에 의한 처분행위를 하도록 하는 것이다. 따라서 '기망행위'와 '피기망자의 착오' 및 착오에 의한 '처분행위'라는 일련의 행위가 본죄의 구성요건적 행위이며, 피기망자와 착오자 및 처분행위자는 일치하여야 한다.

2-3-1. 기망행위

기망이란 상대방을 허위의 사실로 속이거나 진실한 사실을 왜곡 · 은폐함으로써 상대방에게 착오를 일으키게 하는 일체의 행위를 말한다. 여기서 "착오를 일으키게 한다"는 것은 착오의 유발 뿐 아니라 이미 착오상태에 있는 상대방에 대하여 그 착오상태를 벗어나지 못하게 하는 경우를 포함한다.

2-3-1-1. 기망행위의 대상

독일형법은 사기죄의 구성요건적 행위를 '허위의 사실로 속이거나 또는 진실한 사실을 왜곡 · 은폐하는 것'으로 규정함으로써 기망의 대상을 사실에 국한시키고 있다. 이에 반하여 형법은 '사람을 기망하여'라고 규정함으로써 기망행위의 대상이 사실에 한정되는지 또는 가치판단에 관한 것까지 포함하는지에 대하여 학설의 다툼이 있다. 적극설[293]은 "사실 뿐 아니라 가치판단도 기망의 대상이 된다"고 해석한다. 형법의 사기죄는 독일형법과 달리 기망의 대상을 사실에 한정하고 있지 않으므로 "허위의 표시가 상대방을 착오에 빠지게 함에 충분한가"에 의하여 기망 여부를 판단해야 한다는 것이다. 이에 반하여 소극설[294]은 기망의 대상을 사실에 한정하고 있다.

개인적 · 주관적 가치판단은 본질적으로 기망이 될 수 없다. 개인적 · 주관적 가치판단은 그것이 객관적인 사실과 다르고, 이를 통하여 상대방이 착오에 빠질 수 있을지라도 형법의 기망행위에 포함될 수 없다. 만약 상대방을 착오에 빠뜨릴 위험성이 있다고 하여 가치판단의 표현을 형법적으로 금지한다면, 이는 헌법이 보장하고 있는 표현의 자유의 본질적 내용까지 침해하게 된다.

일반적으로 거의 모든 경우에 사람이 행하는 표현행위에는 사실과 가치판단이 결합되어 있다. 이 경우에도 가치판단의 부분에 대하여는 기망이 될 수 없다. 기망이 될 수 있는 부분은 '사실'에 관한 부분일 뿐이다. 이러한 입장에서 "가치판단이라도 사실의 중요한 부분을 내포한다면 기망행위가 될 수 있다"는 견해[295]도 결국은 '가치판단에 내포되어 있는 중요한 사실'만을 기망의 대상으로 파악하는 이론으로 이해된다. 또한 외형적 · 형식적으로는 개인의 주관적 가치판단일지라도 표현자가 이를 자신의 내적 생각과 다르게 표현한다면, 이는 실질적으로 '내적 사실'에 대한 기망이 된다. 예컨대 보석감정사가 내적으로 특정 보석을 A등급으로 평가했음에도 불구하고 이를 C등급으로 표현하는 것은 외형적 · 형식적으로는 개인의 주관적 가치판단으로 보일지라도 실질적으로는 '내적 사실'을 허위로 표현하는 기망에 해당한다.

사기죄에서 기망행위의 대상은 오직 사실에 한정된다. 기망행위의 대상인 사실은 외적 사실과

---

293) 손동권/김재윤, 366면; 오영근, 298면.

294) 김성천/김형준, 395면; 이재상/장영민/강동범, 332면; 이형국, 377면; 정영일, 180면; 조준현, 405면.

295) 권오걸, 436면 이하; 김성돈, 353면; 김일수, 한국형법 III, 707면 이하; 김일수/서보학, 340면; 박상기, 303면; 배종대, 323면 이하; 이영란, 337면; 임웅, 403면; 정성근/박광민, 370면; 진계호/이존걸, 387면.

내적 사실을 포함한다. 또한 사실이란 현재나 과거의 사건 · 관계 · 상태 등을 의미한다. 미래에 관한 것은 사실이 될 수 없다. 이는 예측 내지 전망에 관한 것으로서 가치판단의 문제일 뿐이다. 다만 미래에 관한 예측이나 전망일지라도 현재 자신의 생각과 다르게 표시하는 것은 '현재의 내적 사실'을 은폐하거나 허위로 표시하는 것으로서 사기죄의 기망행위에 해당한다. 예컨대 처음부터 변제의사 없이 돈을 빌리는 행위는 현재 행위자의 내적 사실(변제의사)을 은폐하는 기망행위에 해당한다. 또한 "자신이 하나님인 사실이 알려져 세계 각국에서 금은보화가 모이면 마지막 날에 1인당 1천억원씩을 나누어 주겠다"는 소위 승리재단 사건[296]에서도 기망자의 현재 내적 사실을 허위로 속이는 기망행위에 해당한다. 그러나 순수한 개인적 · 주관적 의견의 진술인 가치판단은 형법의 기망행위에 해당할 수 없다. 예컨대 일정한 주식의 주가변동에 관한 전망이나 화가의 그림을 매우 아름답다고 평하는 것 또는 백화점 점원의 물건에 대한 설명과 평가 등은 기망이 아니다.

기망의 대상인 사실과 그 사실을 구성하는 재료 내지 소재는 구별되어야 한다. 기망의 대상인 사실을 구성하는 소재는 제한이 없다고 해야 한다. 미래의 사실이든 가치판단이든 이를 소재로 하여 자신의 내적 사실을 은폐하거나 허위의 사실로 속이는 것은 기망에 해당한다.

2-3-1-2. 기망행위의 방법

기망행위는 허위의 사실로 속이거나 진실한 사실을 왜곡 내지 은폐함으로써 상대방의 착오를 유발하거나, 이미 착오상태에 있는 상대방에 대하여는 그러한 착오상태를 유지하도록 하는 것이다. 이러한 기망행위는 명시적인 의사표시에 의하여 이루어지는 것이 일반적이다. 명시적 의사표시 외에도 묵시적인 행동에 의한 기망이나 부작위에 의한 기망도 가능하다.

① 명시적 기망행위와 묵시적 기망행위 명시적 기망행위는 허위의 사실을 주장하는 의사표시에 의하여 이루어진다. 허위의 사실은 객관적 진실에 반하는 것을 말한다. 의사표시에는 언어에 의한 경우 뿐 아니라 문서에 의한 경우도 포함된다. 묵시적 기망행위는 언어나 문서에 의한 적극적인 의사표시 없이 행동에 의하여 상대방에게 허위의 사실을 인식시키는 것을 말한다. 예컨대 은밀하게 상품의 가격표를 바꾸어 붙이는 행위나 중고차 주행거리상태를 조작하는 경우 등이 묵시적 기망행위에 해당한다. 이와 같이 기망행위는 명시적이든 묵시적이든 관계가 없다. 기망행위는 오직 "범인의 태도에 일정한 설명가치가 인정되고, 이것이 상대방의 착오에 작용하였는가"에 의하여 결정된다.[297] 이러한 행위자의 태도는 사회통념을 기준으로 판단하여야 한다.

296) 대법원 1995.4.28., 95도250; 대법원 1997.6.27., 97도508. 이 판례에 대해서 오영근, 405면은 "미래의 사실에 대해서도 기망을 할 수 있다"는 입장이다. 그러나 이러한 미래의 사실은 기망자가 현재 자신의 내적 사실을 속이는 재료 내지 소재에 불과하다.

297) Wessels/Hillenkamp, BT/II, Rdnr. 498; Cramer/Perron, S-S StGB, § 263 Rdnr. 11 ff.; OLG Hamm NJW 68, 1894; LG Marburg MDR 73, 66.

사회통념의 기준에 의하면 재물을 처분하려는 자는 재물에 대한 처분권한이나 소유권 이전의 권한이 있음을 표시한 것이며, 어음이나 수표의 발행인은 지급일에 결제된다는 것을 표시한 것이다. 또한 호텔에 숙박하거나 음식점에서 음식을 주문하는 자는 대금지불의 의사나 능력을 묵시적으로 표시한 것이다. 그러나 여러 날 호텔에 투숙하고 있는 자가 투숙 중에 지불불능의 상태가 되었음에도 불구하고 투숙을 지속하는 것이 계속적인 지불능력을 묵시적으로 표시하는 것으로 인정되지는 않는다. 이 문제는 부작위에 의한 기망행위와 관련하여 자세히 설명한다.

② 부작위에 의한 기망행위　기망행위는 부작위에 의해서도 가능하다. 부작위에 의한 기망행위는 부진정부작위범의 일반원리에 따라 인정된다. 따라서 부작위에 의한 기망행위는 '재산손실의 결과를 초래하는 피해자의 착오를 방지해야 할 보증인이 피해자의 착오를 방지할 수 있음에도 불구하고 피해자의 착오상태를 방치한 때'에 인정된다. 그밖에 이러한 부작위는 사회적 의미에서 작위에 의한 기망행위와의 동가치성이 인정되어야 한다.

부작위에 의한 기망행위로 사기죄가 성립하기 위해서는 범인이 상대방의 착오를 제거할 보증인의 지위에 있어야 한다. 판례[298]와 소수설[299]에 의하면 이러한 보증인의 지위는 법령 · 계약 · 선행행위 뿐 아니라 신의성실의 원칙에 의하여도 발생할 수 있다고 한다. 이에 반하여 "일반적인 신의성실의 원칙에 반한 불고지 내지 묵비가 보증인의 의무위반으로 평가될 수는 없으며, 부작위에 의한 기망행위는 특별한 신뢰관계를 위반한 경우로 제한하여야 한다"는 것이 다수설[300]의 입장이다. 독일의 다수설[301]도 엄격하게 제한된 예외적인 경우에 한하여 신의성실의 원칙으로부터 보증인의 지위가 발생될 수 있다고 본다. 그러나 일반적인 거래관계에서 거래상대방을 위한 보증의무는 도출되기 어렵다. 그러므로 일반적인 거래관계에서 부작위에 의한 기망행위는 부정되며, 오직 범인의 태도가 허위의 사실을 표현하는 설명가치가 인정되고 있는지에 따라 묵시적 기망행위가 문제될 뿐이다.

대법원은 매매[302] 나 임대차계약[303] 등에서 거래에 중요한 사실을 묵비한 형위를 부작위의 기망행위로 판단하였다. 그러나 진실한 사실을 은폐하고 계약을 체결하는 행위는 일반적으로 문서에 의한 기망의 의사표시로서 명시적 기망행위로 파악해야 한다. 물론 이 경우 진실을 은폐하는 묵비 부분

298) 대법원 2000.3.15., 99도2884: "부작위에 의한 기망은 법률상 고지의무 있는 자가 일정한 사실에 관하여 상대방이 착오에 빠져 있음을 알면서도 이를 고지하지 아니함을 말하는 것으로서, 일반거래의 경험칙상 상대방이 그 사실을 알았더라면 당해 법률행위를 하지 않았을 것이 명백한 경우에는 신의칙에 비추어 그 사실을 고지할 법률상 의무가 인정되는 것이다."; 동지, 대법원 2007.4.12., 2007도1033; 대법원 2009.3.26., 2008도6641; 대법원 2014.2.27., 2011도48; 대법원 2014.5.16., 2013도12003; 대법원 2015.5.28., 2014도8540; 대법원 2016.1.14., 2015도9497; 대법원 2017.4.26., 2017도1405.

299) 권오걸, 442면; 이영란, 340면; 임웅, 405면 이하; 정영일, 181면; 조준현, 407면.

300) 김성돈, 356면; 김일수, 한국형법 III, 710면 이하; 김일수/서보학, 343면; 박상기, 309면 이하; 배종대, 325면 이하; 이재상/장영민/강동범, 336면; ; 정성근/박광민, 375면; 진계호/이존걸, 388면.

301) Vgl. Cramer/Perron, S-S StGB, § 263 Rdnr. 23 mwN.

302) 대법원 1992.8.14., 91도2202; 대법원 1993.7.13., 93도14; 대법원 1998.4.14., 98도231; 대법원 1999.2.12., 98도3549; 대법원 2004.5.27., 2003도4531; 대법원 2009.1.30., 2008도9985

303) 대법원 1981.8.20., 81도1638; 대법원 1986.9.9., 86도956; 대법원 1998.12.08., 98도3263; 대법원 2015.5.28., 2014도8540.

은 계약체결로부터 일정한 설명가치가 인정되는 한도에서 묵시적 기망행위로 평가될 수 있다. 그러나 이 때 진실한 사실을 은폐한 계약체결행위가 명시적 기망행위인지 아니면 묵시적 기망행위인지는 법적으로 특별히 중요하지 않다. 명시적이든 묵시적이든 모두 작위의 기망행위로 평가되기 때문이다.[304] 물론 계약체결 이후에 계약이행이 불가능한 상황이 발생하였음에도 이를 상대방에게 알리지 아니하고 계약이행으로 진행시킨 경우라면 특별한 신뢰관계 위반을 인정할 수 있는 한도에서 부작위에 의한 사기죄의 성립이 인정된다.

대법원[305]은 허위서류를 꾸며놓고 허위의 답변을 함으로써 어업피해보상금을 수령한 행위에 대해서도 정상적으로 양식어업을 하는 것으로 오인한 피해조사연구원에게 진실한 사실을 묵비한 부작위로 판단하였다. 그러나 여기서 사기죄의 기망행위는 준비된 허위자료를 이용하여 허위의 답변, 즉 의사표시를 통하여 이루어지고 있으며, 이는 명백하게 작위의 명시적 기망행위이다. 만약 이와 같이 중요한 사실을 은폐한 적극적인 문서나 언어의 의사표시를 부작위의 기망행위로 평가해야 한다면, 허위의 사실을 적극적으로 문서나 언어로 표시하는 경우에도 진실한 사실을 은폐한다는 점에서 동일하게 부작위의 기망행위로 평가해야 할 것이다. 그렇다면 사기죄는 진정부작위범이라는 결론이 된다. 그러나 사기죄를 이와 같이 해석해서는 안 된다. 허위의 사실로 속이거나 진실한 사실을 왜곡 내지 은폐하는 기망행위는 기본적으로 작위행위로 파악해야 한다.

③ 묵시적 기망행위와 부작위에 의한 기망행위의 구별　부작위에 의한 기망행위와 묵시적 기망행위는 다음과 같이 구별된다. 범인의 태도에 일정한 설명가치가 인정되고, 이러한 범인의 태도가 상대방의 착오에 작용하였다면, 이는 묵시적 기망행위에 해당한다. 반면에 부작위에 의한 기망행위는 범인의 태도에 일정한 설명가치가 인정되지 않으며, 상대방의 착오도 범인의 태도와 무관한 경우이다. 범인의 작용과 관계없이 형성되는 착오 내지 착오의 유지를 방지해야 할 의무를 위반하는 것이 부작위에 의한 기망에 해당한다. 결국 묵시적 기망행위와 부작위에 의한 기망행위의 구별은 "사회통념의 기준에 의하여 행위자의 태도에 일정한 설명가치가 인정되고 있는지"에 달려있다. 즉 범인의 태도가 사회통념에 따라 허위사실의 표현으로 평가되는지의 여부에 의하여 구별된다.

이러한 기준에 의하여 가공일을 고쳐서 식품을 판매한 백화점 점원의 행위[306]는 전형적인 묵시적 기망행위에 해당한다.[307] 지급기일에 지급될 수 있다는 확신 없이 이러한 내용을 고지하지 아니하고 어음을 할인받은 경우[308] 또는 대출금을 정상적으로 결재할 의사나 능력 없이 자기명의의 신용카드를 사용하여 현금서비스 및 물품을 구입하는 행위[309]에 있어서도 행위자의 태도에 일정한 설명가치

304) 예컨대 위조복사문서의 경우에도 "문서의 내용을 삭제하고 복사했는가" 아니면 "새로운 내용을 추가하여 복사했는가"는 법적으로 아무런 차이가 없다.

305) 대법원 2004.06.11., 2004도1553.

306) 대법원 1995.7.28., 95도1157; 대법원 1995.8.22., 95도594; 대법원 1996.2.13., 95도2121.

307) 가공일을 고쳐서 진열해 놓는 행위는 고쳐놓은 일자에 가공된 식품이라는 설명가치가 인정된다.

308) 대법원 1996.4.9., 95도2466; 대법원 2005.8.19., 2004도6859.

309) 대법원 1993.7.27., 93도1408; 대법원 1997.2.14., 96도2904.

[310]가 인정되며, 따라서 묵시적 기망행위로 판단된다.

무전취식과 무전숙박의 경우도 묵시적 기망행위에 해당한다.[311] 그러나 여러 날 호텔에 투숙하고 있는 자가 투숙 중에 지불불능이 되었고, 그 상태에서 처음에 합의된 대로 계속하여 투숙하는 경우에는 기망에 해당하지 않는다. 처음 합의된 대로 계속하여 투숙하는 것이 사회통념의 관점에서 계속적인 지불능력의 묵시적 표현으로 평가되지도 않으며, 또한 투숙객이 호텔 운영자의 착오를 방지할 보증인이 될 수도 없으므로 이러한 사실의 묵비가 부작위에 의한 기망행위로 평가될 수 없다. 따라서 이 경우는 단순한 채무불이행에 불과하다. 그러나 지불불능이 된 상태에서 호텔투숙기간을 연장하는 것은 언어나 문서에 의한 기간연장의 적극적 의사표시이므로 명시적 기망행위로 평가된다.

초과하여 지불된 금원을 수령한 경우에도 이를 묵비하는 것이 사기죄를 구성하지는 않는다. 초과 지불된 금원을 수령하는 행위에는 허위의 사실을 묵시적으로 표현한다는 일정한 설명가치가 인정되지 않으며, 또한 이러한 사실의 묵비가 보증의무의 위반으로 평가될 수도 없기 때문이다.[312] 또한 초과 지불된 금원은 위탁관계에 의하여 보관하는 것이 아니므로 위탁관계위반이라는 불법도 인정되지 않는다. 따라서 횡령죄도 성립하지 아니한다. 결국 이 경우는 제360조의 '기타 타인의 점유를 이탈한 재물을 횡령'하는 경우로 해석하는 것이 타당하다.[313]

> 대법원[314]은 초과 지급된 금원을 수령한 행위에 대하여, '매매잔금을 교부받기 전 또는 교부받던 중에 초과지급 사실을 알게 되었을 경우'에는 사기죄의 성립이 인정되지만, '매매잔금을 건네주고 받는 행위를 끝마친 후에야 비로소 초과 지급된 사실을 알게 되었을 경우'에는 점유이탈물횡령죄가 될 수 있음은 별론으로 하고 사기죄는 성립할 수 없다고 한다. 다수설[315]에서도 이러한 판례의 입장을 지지하고 있다. 그러나 초과 지급된 금원을 수령한 행위에서 '상대방에게 이를 고지하여 초과 지급되지 않도록 해야 할 의무'와 '초과지급된 사실을 알고

---

310) 어음을 할인받는 행위자의 태도에는 지급기일에 지급될 수 있다는 설명가치가 인정되며, 신용카드를 사용하는 행위자의 태도에는 대출금을 정상적으로 결재할 의사나 능력이 있다는 설명가치가 인정되고 있다.

311) 다만 무임승차나 무전취식은 사기죄가 아니라 경범죄처벌법 제3조 제1항 제39호 위반에 불과하다. 이러한 경미한 경우는 형법의 보충성의 원리에 의한 비범죄화의 요청에 의하여 사기죄의 구성요건해당성을 결한다고 해석된다. 다만 단순한 승차나 식사를 초과하는 경우는 사기죄에 해당할 수 있다.

312) 김성돈, 337면; 김일수/서보학, 344면; 박상기, 306면; 배종대, 326면; 오영근, 299면 각주 1); 이재상/장영민/강동범, 337면; 이형국, 379면; 정성근/박광민, 376면.

313) 김성돈, 337면; 김일수/서보학, 344면; 오영근, 299면 각주 1); 이형국, 379면; 정성근/박광민, 376면.

314) 대법원 2004.05.27., 2003도4531: "매매잔금을 교부받기 전 또는 교부받던 중에 초과지급 사실을 알게 되었을 경우에는 특별한 사정이 없는 한 피고인으로서는 피해자에게 사실대로 고지하여 피해자의 그 착오를 제거하여야 할 신의칙상 의무를 지므로 그 의무를 이행하지 아니하고 피해자가 건네주는 돈을 그대로 수령한 경우에는 사기죄에 해당될 것이지만, 매매잔금을 건네주고 받는 행위를 끝마친 후에야 비로소 초과 지급된 사실을 알게 되었을 경우에는 고지의무 불이행이 더 이상 그 초과된 금액 편취의 수단으로서의 의미는 없으므로, 교부하는 돈을 그대로 받은 그 행위는 점유이탈물횡령죄가 될 수 있음은 별론으로 하고 사기죄를 구성할 수는 없다"

315) 권오걸, 444면; 김성천/김형준, 405면; 손동권/김재윤, 368면; 이영란, 340면; 임웅, 408면 이하; 정영일, 181면; 진계호/이존걸, 388면.

서 이를 반환함으로써 상대방의 착오 및 재산상 손해를 제거해야 할 의무'의 차이가 무엇인지 의문이 제기된다.[316] 이에 대하여 대법원은 해당판례에서 "초과 지급된 금원을 수령한 이후에는 고지의무 불이행이 더 이상 그 초과된 금액 편취의 수단으로서의 의미는 없다"는 근거를 제시하고 있으나, "고지의무 불이행이 초과지급 현장에서 피해자의 반환청구권 행사를 불가능하게 한다"는 점에서는 금액편취의 의미가 동등한 정도로 충분하다고 해야 한다. 판례와 다수설이 동등한 정도의 의무위반에 대해서 합리적 근거도 없이 10년 이하의 징역형이 부과되는 사기죄와 1년 이하의 징역이나 500만원 이하의 벌금형으로 처벌되는 점유이탈물횡령죄로 구별한 것은 타당하다고 할 수 없다. 그러나 무엇보다도 거래 상대방이 잔금지급에 있어서 실수하지 않도록 해야 할 법적 보조의무를 형벌로써 부과하는 것은 과잉금지원칙에 위배되는 법해석으로 찬성할 수 없다.

2-3-1-3. 기망행위의 정도

사기죄의 기망행위는 상대방을 허위의 사실로 속이거나 진실한 사실을 왜곡 · 은폐하여 상대방에게 착오를 일으키게 하는 일체의 행위로서 일반 거래상 상당한 정도로 신의칙에 반하는 행위를 말한다. 일반 거래관계에서 어느 정도의 거래위험은 누구나 감수해야하기 때문이다. 상거래의 관행상 어느 정도의 과장된 광고나 선전은 상대방의 착오를 유발하였어도 사기죄의 기망행위로 평가되지 않는다. 따라서 사기죄를 구성하는 기망행위는 거래상 중요한 사항에 관한 구체적인 사실에 대하여 신의성실의 원칙을 상당한 정도로 위반하는 경우에 한한다.[317]

2-3-2. 피기망자의 착오

본죄의 기망행위는 상대방을 허위의 사실로 속이거나 진실한 사실을 왜곡 · 은폐함으로써 상대방에게 착오를 일으키게 하는 일체의 행위를 말한다. 범인의 기망행위가 상대방의 착오를 일으키지 못한 경우는 행위를 종료하지 못한 것으로서 본죄의 미수에 불과하다. 또한 피기망자는 범인의 기망행위에 의하여 착오를 일으켜야 한다. 따라서 피기망자의 착오와 범인의 기망행위 사이에는 인과관계가 요구된다.

착오는 피기망자의 인식과 사실이 일치하지 않는 것이다. 이러한 착오는 범인의 기망행위로 인한 것이어야 하지만 기망이 착오에 대한 유일한 조건일 것을 요하는 것은 아니다. 따라서 기망과 착오의 내용이 구체적으로 일치할 필요는 없다.

---

316) 후일 초과지급된 사실을 발견하고 이를 소비하는 경우에도 부작위에 의한 기망을 인정하는 견해로는 조준현, 411면.

317) 대법원 2010.9.9., 2010도7298: "상품의 선전 · 광고에 있어 다소의 과장이나 허위가 수반되었다고 하더라도 일반 상거래의 관행과 신의칙에 비추어 시인될 수 있는 정도의 것이라면 이를 가리켜 기망하였다고는 할 수가 없고, 거래에 있어 중요한 사항에 관한 구체적 사실을 신의성실의 의무에 비추어 비난받을 정도의 방법으로 허위로 고지하여야만 비로소 과장, 허위광고의 한계를 넘어 사기죄의 기망행위에 해당한다고 할 것이다."; 동지, 대법원 2004.1.15, 2001도1429; 대법원 2007.1.25, 2004도45; 대법원 2008.10.23., 2008도6549; 대법원 2009.10.15., 2009도7459.대법원 2015.5.28., 2014도8540.

착오의 내용이 "법률행위의 중요부분에 관한 것이어야 하는지 또는 동기의 착오를 포함하는지" 문제된다. 이는 기망의 내용과 동일한 차원의 문제이다. 종래 판례[318]는 "용도를 속이고 돈을 빌린 경우라도 변제능력과 의사가 부정되지 않는 한 사기죄를 구성하지 아니한다"고 판시하였으나, 그 이후 태도를 변경하여 "용도를 속이고 돈을 빌린 경우에도 사기죄가 성립한다"[319]고 판시함으로써 동기의 착오에 의한 사기죄의 성립을 인정하였다.

학설에서도 착오가 반드시 법률행위의 중요부분에 대한 것임을 요하지 않고 동기의 착오로 족하다는 것이 일반적인 입장이다(통설). 이에 반하여 "기망행위가 거래관계에 있어서 신의칙에 반하는 정도에 이를 것을 요하는 것과 같이 단순한 동기의 착오는 착오라 할 수 없다"는 견해[320]가 있다. 그러나 허위의 사실에 의하여 동기의 착오를 유발시키는 행위가 사기죄의 기망행위에서 제외될 이유가 없으며, 또한 동기의 착오가 본죄의 착오에서 제외될 이유도 없다. 예컨대 처음부터 자선사업에 사용하려는 의도 없이 자선금을 수집하여 착복하는 경우[321]나 공무원을 사칭하여 특혜의 대가로 돈을 받는 경우 등에서는 본죄의 기망행위와 이에 의한 착오가 명백하게 인정되고 있다. 다만 이러한 용도사기의 경우는 기망행위의 정도의 관점에서 특별한 주의가 필요하다. 즉 동기의 착오를 유발하는 기망행위도 일반 거래상 상당한 정도로 신의칙에 반하는 행위로 제한된다. 일반 거래관계에서 어느 정도의 거래위험은 누구나 감수해야하기 때문이다.

사회통념에 의하여 사물관념적 공동의식(sachgedankliches Mitbewu ß tsein)이나 통상의 부수지식(ständiges Begleitwissen)과 일치하지 아니하는 경우에도 본죄의 착오에 해당한다. 예컨대 식당에서 주문을 받은 경우에는 손님의 지불의사와 지불능력이 인정되는데, 이를 사물관념적 공동의식이라고 한다. 또한 "차표 없이 승차한 사람이 있는냐"고 물었을 때에 답변이 없을 경우는 모두 차표를 가지고 있는 것으로 생각하게 되는데, 이를 통상의 부수지식이라고 한다.

2-3-3. 처분행위

본죄의 구성요건적 행위는 상대방을 기망하여 착오를 유발시켜 착오에 의한 처분행위를 하도록 하는 것이다. 따라서 범인의 기망행위와 피기망자의 착오 및 처분행위는 인과적인 연관관계가 있어

---

318) 대법원 1984.1.17., 83도2818: "피고인이 말한 차용금 용도의 목적이 실현되지 않더라도 어차피 금원을 대여하기로 합의하여 이를 교부한 경우에는 피고인이 말한 차용금 용도가 거짓이었다 하여도 이 기망행위와 피해자의 재산적 처분행위와의 사이에는 상당인과관계가 있다고 보기 어렵고, 위 금원이 차용금에 불과하다면 피고인이 당초부터 변제할 의사와 능력이 없이 차용한 것이라고 인정되지 않는 한 사기죄를 구성한다고 볼 수 없다."

319) 대법원 1996.2.7., 95도2828: "사기죄의 실행행위로서의 기망은 반드시 법률행위의 중요 부분에 관한 허위표시임을 요하지 아니하고 상대방을 착오에 빠지게 하여 행위자가 희망하는 재산적 처분행위를 하도록 하기 위한 판단의 기초가 되는 사실에 관한 것이면 족한 것이므로 용도를 속이고 돈을 빌린 경우에 있어서 만일 진정한 용도를 고지하였더라면 상대방이 돈을 빌려주지 않았을 것이라는 관계에 있는 때에는 사기죄의 실행행위인 기망이 있는 것으로 보아야 한다."; 동지, 대법원 1995.9.15, 95도707; 대법원 1999.2.12, 98도3549; 대법원 2002.7.26., 2002도2620; 대법원 2004.4.9., 2003도7828; 대법원 2007.10.25., 2005도1991; 대법원 2011.9.8., 2011도3489.

320) 이영란, 343면; 이재상/장영민/강동범, 339면; 이형국, 381면.

321) 대법원 2007.10.25., 2005도1991.

야 한다.

2-3-3-1. 처분행위 일반

본죄의 처분행위는 직접 재산상의 손해를 초래하는 작위, 수인 또는 부작위를 말한다. 재물을 교부하는 행위는 전형적인 작위에 의한 처분행위이며, 계약의 체결이나 노무의 제공 또는 채무면제의 의사표시나 판결의 선고와 같은 국가권력의 행사 등도 재산상의 손해를 초래하는 작위에 의한 처분행위에 해당한다. 범인이 재물을 가져가는 것을 묵인 내지 수인하는 경우도 본죄의 처분행위에 해당한다. 예컨대 자동차의 소유자로 행세하는 사람이 주차된 자동차를 가져가는 것에 대하여 주차장 관리인이 동의하는 경우가 그러하다. 다만 여기서의 동의는 자유로운 의사에 의하여 이루어져야 한다. 또한 행사할 수 있는 청구권 등의 권리를 행사하지 아니하는 경우는 부작위에 의한 처분행위에 해당한다. 이러한 처분행위는 민법상의 개념이 아니라 순수한 사실상의 개념이다. 따라서 민사법상의 유효 · 무효 또는 취소할 수 있는 법률행위 뿐 아니라 민법상 행위능력이 없는 자의 처분행위 등 순수한 사실행위도 여기에 포함된다.

2-3-3-2. 처분행위와 처분의사

본죄에서 피기망자의 처분행위에 처분의사가 필요한지에 관하여는 학설의 다툼이 있다. 다수설[322]은 피기망자의 처분행위에 처분의사가 필요하다고 본다. 하자 있는 의사에 의한 재산이전과 상대방의 의사에 반한 탈취범죄를 구별하기 위해서는 처분의사가 필요하다는 것이다. 이에 반하여 소수설[323]에서는 본죄에서 피기망자의 처분행위에 처분의사가 필요하지 않다고 한다. 재산상 손해를 초래하는 재산적 처분행위이면 족하므로 처분행위가 의식적인지 여부는 문제가 되지 않는다는 것이다.

본죄에 있어서 재산상의 이익에 대한 처분행위(사기이득)에는 처분행위자의 처분의사가 불필요하다. 예컨대 청구권 등 권리를 행사하지 아니하는 부작위의 경우[324] 또는 기망에 의하여 세탁기 물품주문서를 시험사용을 위한 무상의 권리증서라 생각하고 서명하는 작위의 경우[325]는 권리자의 인식여부와 관계없이 본죄의 처분행위에 해당한다. 다만 재물의 교부나 재물취거에 대하여 수인하는 경우(사기취재)는 피기망자의 처분행위에 대한 인식이 필요하다.[326][327] 재물의 교부나 재물취거에 대하여 수인하는 경우에 피기망자의 처분의사가 결여되어 있다면, 이는 피기망자의 처분행위가 아니라 기망자의 절취행위가 되기 때문이다. 다만 사기취재의 경우에도 완전한 법률관계변동의 의사를 요하

322) 김성돈, 361면 이하; 김성천/김현준, 411면; 배종대, 338면; 손동권/김재윤, 381면; 오영근, 302면; 임웅, 411면; 정성근/박광민, 378면 이하; 정영일, 183면; 조준현, 418면; 진계호/이존걸, 396면.

323) 권오걸, 451면; 박상기, 321면; 이영란, 345면; 이재상/장영민/강동범, 345면.

324) 대법원 2007.7.12., 2005도9221; 대법원 2009.3.26., 2008도6641.

325) BGHSt 22, 88; OLG Hamm 65, 702.

326) 동지, 김일수, 한국형법 III, 721면; 김일수/서보학, 347면.

327) Cramer/Perron, S-S StGB, § 263 Rdnr. 60.

는 것은 아니며, 사실상의 점유이전의사로 충분하다고 해야 한다.

종래 대법원[328]은 사기죄의 처분의사와 관련하여 사기이득과 사기취재를 구별하지 아니하고 "처분행위라고 하는 것은 재산적 처분행위로서 주관적으로 피기망자가 처분의사 즉 처분결과를 인식하고 객관적으로는 이러한 의사에 지배된 행위가 있을 것을 요한다"는 입장이었으나, 최근에 전원합의체 판결로 "처분결과에 대한 인식이 결여된 경우에도 처분의사가 인정된다"고 하여 종래의 입장을 변경하였다. 즉 대법원[329]은 '피고인 등이 토지의 소유자이자 매도인인 갑 등에게 토지거래허가 등에 필요한 서류라고 속여 근저당권설정계약서 등에 서명 · 날인하게 하고 인감증명서를 교부받은 다음, 이를 이용하여 매도인 소유 토지에 피고인을 채무자로 한 근저당권을 을 등에게 설정하여 주고 돈을 차용하는 방법으로 재산상 이익을 취득한 사건'에서 "피기망자가 처분결과, 즉 문서의 구체적 내용과 법적 효과를 미처 인식하지 못하였으나 처분문서에 서명 또는 날인하는 행위에 관한 인식이 있었다면 피기망자의 처분의사를 인정할 수 있다"고 판시하였다. 사기죄에서 피기망자의 처분의사는 기망행위로 착오에 빠진 상태에서 형성된 하자 있는 의사이므로 불완전하거나 결함이 있을 수밖에 없으며, 이것이 오히려 당연하다는 것이다. 따라서 처분의사는 착오에 빠진 피기망자가 어떤 행위를 한다는 인식이 있으면 충분하고, 그 행위가 가져오는 결과에 대한 인식까지 필요한 것은 아니라고 한다.

이러한 대법원의 전원합의체 판결의 입장은 타당하다고 할 수 있다. 그러나 이러한 의사라면 이를 굳이 처분의사라고 해야 할 이유가 무엇인지 의문이다. 오히려 사기이득의 경우에는 재산처분의사를 요하지 않는다고 파악하는 것이 간명할 것이다. 특히 기망으로 청구권의 존재조차 알지 못한 경우[330]와 같이 피기망자의 처분의사를 인정할 수 없는 경우에도 처분행위 및 본죄의 성립을 부정해서는 안 된다.

대법원 2017.2.16., 2016도13362 전원합의체 판결에서 이상훈 · 김용덕 · 김소영 · 조희대 · 박상옥 · 이기택의 반대의견에 의하면 절도와 사기는 피해자의 처분행위를 기준으로 하여 구분되며, 자기손상행위로서 처분행위의 본질이 충족되기 위해서는 피해자에게 자기 재산처분에 대한 결정의사가 필수적이라고 한다. 피해자가 자신의 재산과 관련하여 무엇을 하였는지조차 전혀 인식하지 못하는 모습의 사기죄는 자기손상범죄로서의 본질에 반한다는 것이다. 이러한 반대의견은 사기취재의 경우 어느 정도 타당성이 인정될 수 있다. 그러나 사기취재의 경우에도 피기망자의 처분의사가 완

328) 대법원 1987.10.26., 87도1042; 대법원 1999.7.9., 99도1326; 대법원 2001.7.13., 2001도1289; 대법원 2007.3.30., 2005도5972; 대법원 2011.4.14., 2011도769.

329) 대법원 2017.2.16., 2016도13362 전원합의체 판결.

330) 대법원 2007.7.12, 2005도9221: "출판사 경영자가 출고현황표를 조작하는 방법으로 실제출판부수를 속여 작가에게 인세의 일부만을 지급한 경우, 작가가 나머지 인세에 대한 청구권의 존재 자체를 알지 못하는 착오에 빠져 이를 행사하지 아니한 것이 사기죄에 있어 부작위에 의한 처분행위에 해당한다."; 대법원 2009.3.26, 2008도6641.

전한 법률관계변동의 의사를 요하는 것은 아니며, 사실상의 점유이전의사로 충분하다고 해야 한다. 또한 반대의견은 사기죄에서 처분행위와 자기손상행위를 거의 동일시하는데, 삼각사기의 경우를 고려하면 이러한 관점이 반드시 타당하다고 할 수는 없으며, 삼각사기에서의 처분행위도 사기취재의 경우는 타인의 재산처분에 대한 사실상의 지위로 충분하다고 해야 한다.

2-3-3-3. 직접 재산상 손해를 초래하는 처분행위

본죄의 처분행위는 직접적으로 재산상의 손해를 초래하는 행위이어야 한다. 여기서 직접적이란 범인의 독자적인 추가행위 없이 피기망자의 처분행위만으로 재산상의 손해가 초래되는 경우를 말한다.[331] 따라서 피기망자의 외형적인 처분행위의 결과로 단지 범인에 의한 재물취거행위가 가능하게 되었거나 다른 범죄행위의 시도가 가능하게 된 경우라면 피기망자의 행위는 본죄의 처분행위에 해당하지 않는다. 이 경우 직접 재산상 손해를 초래한 행위는 피기망자의 처분행위가 아니라 이후에 추가된 범인의 재물취거행위나 다른 범죄행위이다. 예컨대 손님이 옷을 입어보도록 손님에게 옷을 넘겨주는 백화점 점원의 행위는 본죄의 처분행위에 해당하지 않으며, 범인에 의한 물품주문서의 위조가 가능하도록 하는 피기망자의 서명행위[332]도 본죄의 처분행위에 해당하지 아니한다. 특히 전자의 경우에는 소위 트릭절도와 본죄의 구별이 문제된다.

[사기죄와 소위 트릭에 의한 절도죄의 구별]

범인이 기망을 통하여 상대방에게 착오를 유발하고, 상대방이 착오에 의하여 재물을 넘겨준 경우에는 사기죄와 소위 트릭절도죄의 구별이 문제된다. 사기죄는 직접적으로 재산상의 손해를 초래하는 피기망자의 처분행위를 요건으로 함에 반하여, 절도죄는 상대방의 의사에 반한 재물의 취거를 요건으로 한다. 따라서 사기죄와 트릭절도죄는 피기망자의 재산처분행위로부터 직접 재산상 손실이 초래되고 있는지 아니면 이후의 행위자의 재물탈취행위로부터 초래되는지에 따라 구획된다.

① 피기망자의 행위를 통하여 재물의 취거가 가능하도록 상대방을 기망하는 경우는 트릭절도에 해당하게 된다. 이 경우는 행위자의 추가적인 재물탈취행위에 의하여 비로소 재산상의 손해가 발생하기 때문이다. 피기망자의 행위는 직접적으로 재산상의 손해를 초래하고 있지 않으므로, 이러한 피기망자의 행위는 사기죄의 처분행위에 해당하지 아니한다. 예컨대 보석상에서 구경하도록 건네준 보석을 가짜와 바꿔치기 하는 경우는 트릭절도죄에 해당한다. 이 경우 직접적인 재산상의 손해는 보석상 주인이 보석을 구경하도록 건네주는 행위에 의해

331) 다만 여러 사람에 의한 여러 단계의 처분행위가 필요하고, 효과적인 재산상의 손해가 최종 단계의 처분행위에서 발생되는 경우도 있다. 예컨대 피기망자인 사장이 범인의 기망에 의하여 재산상의 손해를 초래하는 처분행위를 지시하는 경우가 그러하다. 그러나 이러한 경우는 처분행위의 여부가 문제되는 것이 아니라, 본죄의 기수시기만이 문제될 뿐이다.

332) OLG Hamm wistra 82, 152: 고객으로 하여금 물품주문서에 서명토록 한 이후, 고객이 주의를 기울이지 않는 틈에 물품주문수량에 동그라미 하나를 추가함으로써 주문물량을 10배로 위조한 경우에 고객의 서명행위는 본죄의 처분행위에 해당하지 않는다고 한다.

서가 아니라, 범인의 추가적인 가짜와의 바꿔치기(재물절취)에 의하여 발생된다. 이는 백화점에서 입어보기 위하여 건네 준 옷을 입고 도주한 경우에도 동일하다.

② 시운전을 빙자하여 교부받은 자동차 · 자전거 등을 몰고 달아나는 경우에 대하여 사기죄가 성립한다는 견해[333]가 있다. 그러나 피기망자가 자동차 등을 행위자에게 교부하는 행위는 불완전한 점유변경으로 평가된다. 이러한 피기망자의 행위와 재산상의 손해 사이에는 직접성이 인정되지 않는다. 이 경우는 범인이 자동차 등을 몰고 달아나는 행위에 의하여 완전한 점유침탈이 이루어지고 있으므로 절도죄의 성립이 인정된다.[334]

③ 이삿짐센터의 전화를 옆에서 듣고서 먼저 도착하여 이삿짐을 싣고 도주하는 경우에는 사기죄의 성립을 인정해야 한다. 여기서는 범인이 이삿짐 운송을 위탁받은 운전자로 행세함으로써 이삿짐에 대한 완전한 점유이전이 이루어지고 있으며, 이러한 점유이전행위는 사기죄에서 의미하는 재산상의 손실을 초래하는 처분행위로 평가된다.[335]

④ 수사관을 가장하여 도품을 압수하는 경우에는 일단 피기망자가 재물을 교부함으로써 또는 기망자에 의한 재물취거에 대하여 피기망자가 이를 수인함으로써 점유의 변경이 이루어지고 있다. 따라서 외형상으로는 타인점유를 제거하는 절취행위의 가능성이 결여된 것으로 보여 진다. 반면에 이와 같은 점유의 변경은 피기망자의 자유로운 의사에 의한 것이 아니므로 사기죄에서의 처분행위에 해당하지 않는다는 것이 독일 학계의 일반적인 입장[336]이다. 피기망자는 "압수에 대한 저항이 무의미하며 허용되지도 않는다"는 인식의 압력으로 재물에 대한 점유를 상실하게 된다는 것이다. 따라서 이 경우는 사기죄에서 의미하는 피기망자의 자의에 의한 처분행위가 아니라, 오직 기망자에 의한 재물취거행위가 인정된다고 한다.[337][338] 이 때 피기망자가 적극적인 행위로, 예컨대 기망자에게 직접 물건을 건네주거나 용기를 열어주는 방법으로 점유이전에 협력하였어도 기망자의 재물취거행위를 부정할 수는 없다고 한다.

그러나 여기서 피기망자가 재물의 압수에 대한 저항이 무의미하다고 생각했을지라도 압수에 대한 동의가 내적 부동의를 의미하지는 않는다. 즉 피기망자는 기망자를 '압수할 권한을 가진 자'로 오인하였기 때문에 당연히 재물을 그에게 교부한 것이다. 이 때 "재물을 그대로 보존하고 싶다"는 피기망자의 희망이 재물교부에 대한 자의성을 부정할 수는 없다. 이는 교통경찰을 사칭하여 음주운전자나 신호위반차량의 운전자로부터 벌금이나 뇌물을 받는 경우에도 동일하다. 이 경우에도 교통위반 운전자는 어쩔 수 없이 기망자에게 재물을 교부하고 있을 뿐이지만, 재물의 교부는 어디까지나 자의에 의한 처분행위에 해당한다. 따라서 수사관

333) 손동권/김재윤, 384면; 이재상/장영민/강동범, 347면; 조준현, 420면.
334) 동지, 김일수/서보학, 347면; 박상기, 313면 각주 1); 오영근, 302면; 임웅, 411면; 진계호/이존걸, 399면.
335) 김일수, 한국형법 III, 537면은 절도죄의 성립을 인정하고 있다. 그러나 이 경우는 피해자의 점유이전행위로 인하여 더 이상 범인에 의한 점유침탈행위가 불가능하다.
336) Vgl. Cramer/Perron, S-S StGB, § 263 Rdnr. 63 mwN.; Wessels/Hillenkamp, BT/II, Rdnr. 627 ff.; Tiedemann, LK StGB, § 263 Rdnr. 101.
337) Vgl. Wessels/Hillenkamp, BT/II, Rdnr. 629 ff.; Cramer/Perron, S-S StGB, § 263 Rdnr. 63.
338) 김일수, 한국형법 III, 537면, 719면, 721면 이하; 배종대, 339면.

을 가장하여 재물을 압수하는 경우는 사기죄에 해당한다.[339)]

⑤ 물건을 구입할 생각 없이 상점에서 선정한 물건을 포장하여 교부받은 후 계산대가 복잡한 틈을 이용하여 도주하는 경우에는 사기죄가 성립한다. 이 경우 재물의 교부는 완전한 점유의 이전을 의미하기 때문에 더 이상 기망자에 의한 추가적인 절취행위는 불필요하다. 범인이 현장으로부터 도주하는 행위는 이미 편취한 재물의 완전한 확보를 위한 행동일 뿐이다. 따라서 피기망자에 의한 물건의 교부는 직접적으로 재산상의 손해를 초래하게 된다.

동일한 상황에서 원래는 계산하려 하였지만 계산대가 복잡하여 도주의 고의가 생긴 경우는 단순한 채무불이행에 불과하다. 재물의 교부 이전에는 행위자의 기망행위가 존재하지 않으며, 상대방의 착오나 착오에 의한 처분행위도 없으므로 사기죄는 성립하지 않는다. 또한 이미 물건의 점유가 도주자에게 이전되었으므로 행위자의 절취행위도 불가능하다. 횡령죄에도 해당하지 않는다. 물건은 매매 당사자의 의사의 합치에 의하여 적법하게 행위자에게 인도되었으므로 이미 물건의 소유권은 행위자에게 이전되었기 때문이다. 또한 매수인의 대금결재는 타인의 사무가 될 수 없기 때문에 배임죄도 성립하지 않는다.

2-3-3-4. 삼각사기와 처분행위

본죄의 처분행위자는 범인의 기망에 의하여 착오를 일으킨 자이며, 피기망자와 착오자 및 처분행위자는 동일인이어야 한다. 그러나 처분행위자가 재산상의 피해자와 일치할 필요는 없다. 따라서 피기망자가 타인의 재산상의 손실을 초래하는 처분행위를 하는 경우에도 본죄는 성립한다. 예컨대 점원이 위조수표를 받은 경우가 여기에 해당한다. 이와 같이 피기망자인 처분행위자와 재산상의 피해자가 일치하지 않는 경우가 있는데, 이를 삼각사기(Dreieckbetrug)라고 한다.

피해자가 피기망자로서 자신의 재산을 처분하는 경우와는 달리, 삼각사기에 의하여 본죄가 성립하기 위해서는 피기망자인 처분행위자에게 피해자 재산에 대한 처분행위와 관련하여 일정한 지위가 인정되어야 한다. 이러한 처분행위자의 피해자 재산처분에 대한 일정한 지위는 법적 권한이어야 하는지 또는 재산처분에 대한 사실상의 지위로 충분한지 문제된다.

사기죄에서 피기망자의 재산처분행위는 그것이 반드시 적법하고 유효한 처분행위일 필요는 없으며, 사실상 재산처분의 효과만 있으면 충분하다. 다만 재산상 이익을 편취하는 사기이득의 경우는 반드시 처분행위자에게 피해자의 재산처분에 대한 법적 권한이 있어야 한다. 처분행위자에게 피해자의 재산상 이익에 대하여 법적 처분권한이 없으면 애당초 사실상의 처분행위도 할 수 없기 때문이다.

재산상 이익을 편취하는 사기이득의 경우와는 달리 재물을 편취하는 사기취재의 경우에는 처분행위자의 일정한 지위에 관하여 학설의 다툼이 있다. 권한설 내지 위임설[340)]은 "타인의 재산에 대하

339) 동지, 김성돈, 362면; 정성근/박광민, 379면.

340) Hoyer, SK StGB, § 263 Rdnr. 92 ff., 94.

여 법적 처분권한이 있는 자만이 사기죄의 처분행위자가 될 수 있다"고 본다.[341] 권한설은 "본죄의 행위객체가 재물인지 또는 재산상의 이익인지에 따라 처분행위자가 달리 해석되어서는 안 된다"는 것을 이유로 한다.

그러나 사기취재의 경우에는 타인재물에 대하여 사실상 처분할 수 있는 자의 처분행위에 의해서도 피해자에게 직접 재산상의 손해가 초래되므로 얼마든지 본죄의 성립이 가능하다. 예컨대 사장의 심부름으로 가장하여 회사의 경리사원으로부터 사장 개인용도의 현금을 교부받는 경우, 고용운전기사를 기망하여 자동차를 교부받는 경우 또는 운전기사가 가정부나 비서를 기망하여 현금이 들어 있는 사장의 가방이나 지갑을 교부받는 등의 경우에도 사기죄의 성립을 인정해야 한다. 이와 같이 삼각사기에서 사기이득의 경우와 사기취재의 경우에 처분행위자가 다르게 이해되어야 하는 것은 행위객체의 특성의 차이에 의하여 나타나는 현상에 불과하다. 재산상 이익을 제3자가 사실상 처분하기 위해서는 사실상 처분에 대한 법적 권한이 필요하기 때문이다. 권한설은 본죄의 처분행위자를 법적 처분권한을 가진 자로 한정함으로써 무의미하게 사기취재죄의 범위를 제한하고 있다. 이는 현상적으로 사기죄의 직접정범을 절도죄의 간접정범으로 해석함으로써, 범죄실현 형태에서 주도적 역할을 담당하는 직접정범을 보충적 역할의 간접정범으로 대체하는 결과를 초래하게 된다. 권한설은 사기죄의 처분행위자를 형사법적 관점이 아닌 민사법적 관점에서 판단하므로 형사법 문제의 해결방법으로는 적절하지 않다.

사기취재에 있어서의 처분행위자는 '사실상 타인의 재산에 대하여 처분행위를 할 수 있는 자'로 이해하여야 한다. 여기서 '사실상 처분행위를 할 수 있는 자'란 행위 이전에 타인의 재산영역과 밀접한 관계에 있음으로써 '당해 재산과의 근접관계' 및 '당해 재산에 대한 사실상의 처분능력'이 있는 자, 즉 당해 재산에 대하여 보호관계나 감독관계에서 당해 재산과 관련하여 피해자의 영역 안에 있는 자를 말한다.[342] 일반적으로 학설에서는 이와 같은 영역설 내지 사실상 지위설을 지지하고 있다(통설). 예컨대 공동점유자 · 고용인 · 점원 · 정원사 · 운전기사 · 가정부 등이 여기에 해당한다. 또한 단순한 심부름꾼이나 점유감독자도 피해자의 재물에 대하여 사실상의 감독관계에 있는 경우에는 본죄의 처분행위자에 해당한다. 그러나 당해 재산과 관련하여 보호관계나 감독관계가 인정되지 않는 경우에는 타인의 재산에 대해서 사실상의 처분행위도 불가능하다. 예컨대 범인이 운전기사를 기망하여 주인집 옷장 속의 명품코트를 교부받은 경우는 본죄의 처분행위가 부정되어 간접정범에 의한 절도죄가 성립한다.

이에 따라 피기망자가 법률이나 공적 사무, 민사법상의 법률행위 또는 최소한 묵시적으로 부여된 위임 등을 근거로 피해자 재산의 처분이나 피해자 재물의 점유변경에 대하여 법적으로 권한이 있는 경우에는 당연히 피기망자의 피해자 재산처분에 대한 일정한 지위가 인정된다. 예컨대 파산관

341) 동취지, 소위 계약관계설: 배종대, 341면 이하.

342) 이는 독일 통설의 입장이다: Wessels/Hillenkamp, BT/II, Rdnr. 637 ff. mwN.; Cramer/Perron, S-S StGB, § 263 Rdnr. 66 ff.

리인, 유언집행인, 법정 · 임의대리인 또는 이와 유사한 지위를 가진 자 등이 여기에 해당한다.[343] 이러한 지위를 가진 자를 기망하여 피해자 소유의 재물을 교부받는 경우에는 소위 삼각사기죄가 성립한다. 또한 법적 처분권한 외에도 순수하게 사실상 타인의 재물을 처분할 수 있는 자, 즉 당해 재물에 대하여 보호관계나 감독관계에서 당해 재물과 관련하여 피해자의 영역 안에 있는 자도 사기죄의 처분행위자에 포함될 수 있다. 다만 재산상 이익과 관련하여 제3자는 법적 권한 없이 사실상 처분행위를 할 수 없을 뿐이다.[344]

2-3-3-5. 소송사기와 처분행위

소송사기란 법원을 기망하여 승소판결을 받는 경우를 말한다. 소송사기는 삼각사기의 전형적인 경우이다. 여기서 피기망자는 법원이며, 법원의 판결은 피해자의 재산에 대한 처분행위가 된다. 소송사기는 원고 뿐 아니라 피고에 의해서도 가능하다. 방어적인 위치에 있는 피고일지라도 적극적인 방법으로 법원을 기망하여 승소확정판결을 받은 경우는 사기죄에 해당하게 된다.[345] 다만 소송사기의 경우에는 누구든지 자기에게 유리한 법률상의 주장을 하게 되는 민사쟁송의 성격상 그 적용에 있어서 엄격성[346]이 요구된다. 직접 재산상 손해를 초래하는 행위만이 사기죄의 처분행위에 해당하므로, 소송사기에 있어서 법원의 재판은 직접 재산상 손해를 초래하는 피해자의 처분행위에 갈음하는 내용과 효력이 있어야 한다.[347]

> '사자를 상대로 한 제소'[348]나 '설치되어 있지 아니한 회사의 상조회와 같이 실재하지 않는 자에 대한 제소'[349]로 재산상의 이익을 취득하려는 경우는 판결이 선고되더라도 그 판결에 대하여 피해자의 처분행위에 갈음하는 내용과 효력을 인정할 수 없기 때문에 본죄에 해당하지

---

343) Vgl. Wessels/Hillenkamp, BT/II, Rdnr. 639.

344) 대법원 2001.4.27., 99도484는 권한설의 관점에서 판시하고 있으나, 사기이득의 경우에는 법적 처분권한 있는 자만이 사실상 처분할 수 있는 자의 지위에 있게 될 뿐이다.

345) 대법원 1998.2.27., 97도2786: "방어적인 위치에 있는 피고라 하더라도 허위내용의 서류를 작성하여 이를 증거로 제출하거나 위증을 시키는 등의 적극적인 방법으로 법원을 기망하여 착오에 빠지게 한 결과 승소확정판결을 받음으로써 자기의 재산상의 의무이행을 면하게 된 경우에는 그 재산가액 상당에 대하여 사기죄가 성립한다고 할 것이고, 그와 같은 경우에는 적극적인 방법으로 법원을 기망할 의사를 가지고 허위내용의 서류를 증거로 제출하거나 그에 따른 주장을 담은 답변서나 준비서면을 제출한 경우에 사기죄의 실행의 착수가 있다고 볼 것이다."; 동지, 대법원 2004.3.12., 2003도333; 대법원 2009.12.10., 2009도9982.

346) 대법원 2003.5.16., 2003도373; 대법원 2004.6.25., 2003도7124; 대법원 2007.4.13., 2005도4222; 대법원 2009.9.24., 2008도11788; 대법원 2009.12.10., 2009도9982; 대법원 2011.9.8., 2011도7262.

347) 대법원 1992.12.11., 92도743; 대법원 1997.7.8., 97도632; 대법원 2002.1.11., 2000도1881; 대법원 2009.9.24., 2009도5900; 대법원 2012.5.24., 2010도12732; 대법원 2013.11.28., 2013도459.

348) 대법원 2002.1.11., 2000도1881: "피고인의 제소가 사망한 자를 상대로 한 것이라면 이와 같은 사망한 자에 대한 판결은 그 내용에 따른 효력이 생기지 아니하여 상속인에게 그 효력이 미치지 아니하고 따라서 사기죄를 구성한다고 할 수 없다."; 대법원 1986.10.28., 84도2386; 대법원 1987.12.22., 87도852; 대법원 1997.7.8., 97도632.

349) 대법원 1992.12.11., 92도743.

않는다. 부동산 경매절차에서 피고인들이 허위로 유치권을 신고한 경우[350] 법원은 이를 매각물건명세서에 기재하고 그 내용을 매각기일공고에 적시하나, 이는 경매목적물에 대하여 유치권 신고가 있음을 입찰예정자들에게 고지하는 것에 불과할 뿐 처분행위로 볼 수는 없다.

법원을 기망하는 허위의 사실로 제소하는 경우라도 그 판결의 효력이 소송당사자 사이에만 미치고 제3자인 현재의 소유자에게 미치지 않는다면 사기죄가 성립하지 않는다. 대법원은 ①'피고인이 타인과 공모하여 그 공모자를 상대로 제소하여 의제자백의 판결을 받아 이에 기하여 소유권이전등기를 한 경우,'[351] ②제3자 소유의 토지에 대하여 공모자들이 매매를 원인으로 한 소유권이전등기의 소를 제기한 후 소송상 화해조서를 작성한 경우,[352] ③신축건물의 원시취득소유가가 있음에도 건축허가명의자와 그 채권자가 공모하여 건축허가명의자를 상대로 강제경매를 신청한 경우[353] 등에서 그 판결의 효력이 소송당사자 사이에만 미치고 제3자인 현재의 소유자에게는 미치지 않는 것이어서 본죄에 해당하지 않는다고 판시하였다.

소송사기에서 법원의 판결은 피기망자의 처분행위에 해당하며, 그것이 사기죄의 처분행위가 되려면 직접 재산상 손해를 초래하는 판결이어야 한다. 따라서 판결이 선고되더라도 그 판결에 대하여 피해자의 처분행위에 갈음하는 내용과 효력을 인정할 수 없다면 사기죄는 성립할 수 없다. 그러나 효력이 인정되지 아니하는 법원의 판결을 이용하여 새로이 등기공무원 등을 기망함으로써 소유권이전등기를 경료하는 경우 또는 제3자를 기망하여 이를 매각하는 경우에는 새로운 사기죄가 성립한다고 해야 한다.

허위의 주장을 하면서 소유권보존등기 명의자를 상대로 보존등기의 말소를 구하는 소송을 제기

---

350) 대법원 2009.9.24., 2009도5900.

351) 대법원 1997.12.23, 97도2430: "피고인이 타인과 공모하여 그 공모자를 상대로 제소하여 의제자백의 판결을 받아 이에 기하여 부동산의 소유권이전등기를 하였다고 하더라도 이는 소송 상대방의 의사에 부합하는 것으로서 착오에 의한 재산적 처분행위가 있다고 할 수 없어 동인으로부터 부동산을 편취한 것이라고 볼 수 없고, 또 그 부동산의 진정한 소유자가 따로 있다고 하더라도 피고인이 의제자백판결에 기하여 그 진정한 소유자로부터 소유권을 이전받은 것이 아니므로 그 소유자로부터 부동산을 편취한 것이라고 볼 여지도 없다."; 동취지, 서울형사지법 1994.3.23, 93노3308.

352) 대법원 1987.8.18., 87도1153: "국가 등의 소유인 토지들이 미등기임을 기화로 갑과 공모하여 을을 그 소유자로 내세운 다음 갑이 을을 상대로 위 토지들에 대하여 매매를 원인으로 한 소유권이전등기절차이행의 소를 제기하여 소송진행중 쌍방의 소송대리인등에게 화해하도록 하여 재판부로 하여금 을이 대금수령과 상환으로 갑에게 위 토지들에 대한 소유권이전등기절차를 이행한다는 취지의 화해조서를 작성하게 한 경우, 이와 같은 소송상 화해의 효력은 소송당사자들 사이에만 미치고 제3자인 토지소유자에게는 미치지 아니하며 그 화해조서에 기하여 위 토지들에 대한 제3자의 소유권이 갑에게 이전되는 것도 아니므로 피고인의 위와 같은 행위가 사기죄를 구성한다고 할 수 없다."

353) 대법원 2013.11.28., 2013도459: "자기의 비용과 노력으로 건물을 신축하여 그 소유권을 원시취득한 미등기건물의 소유자가 있고 그에 대한 채권담보 등을 위하여 건축허가명의만을 가진 자가 따로 있는 상황에서, 건축허가명의자에 대한 채권자가 위 명의자와 공모하여 명의자를 상대로 위 건물에 관한 강제경매를 신청하여 법원의 경매개시결정이 내려지고, 그에 따라 위 명의자 앞으로 촉탁에 의한 소유권보존등기가 되고 나아가 그 경매절차에서 건물이 매각되었다고 하더라도, 위와 같은 경매신청행위 등이 진정한 소유자에 대한 관계에서 사기죄가 된다고 볼 수는 없다. 왜냐하면 위 경매절차에서 한 법원의 재판이나 법원의 촉탁에 의한 소유권보존등기의 효력은 그 재판의 당사자도 아닌 위 진정한 소유자에게는 미치지 아니하는 것이어서, 피기망자인 법원의 재판이 피해자의 처분행위에 갈음하는 내용과 효력이 있는 것이라고 보기는 어렵기 때문이다."

하는 경우에 있어서 종래의 판례[354]는 본죄의 성립을 부정하였다. 등기말소가 어떠한 권리를 회복 또는 취득하거나 의무를 면하는 것이 아니라는 것을 이유로 한다. 그러나 대법원은 전원합의체 판결[355]로 입장을 변경하여 본죄의 성립을 인정하였다. 법원을 기망하여 유리한 판결을 얻음으로써 '대상 토지의 소유권을 편취하는 과정에서 방해를 제거하고 그 소유명의를 얻을 수 있는 지위'라는 재산상 이익의 취득을 인정한 것이다.

이러한 대법원의 전원합의체 판결을 통한 입장변경에 대해서는 의문이 제기된다. 행위자는 대상 토지의 소유권을 편취하려는 의도로 행위하고 있으며, 이러한 의도가 해당 판례사안에서 문제의 핵심이다. 사기죄의 처분행위는 직접 대상토지의 소유권에 관한 재산상 손해를 초래하는 처분행위[356]이어야 한다. 법원을 기망하여 얻은 등기말소는 토지소유권 편취를 위한 과정의 준비에 불과하다. 이는 마치 보험사기에서 공모자 사이의 자동차추돌행위와 동일하게 평가된다. 대상 전원합의체 판결의 김황식 대법관의 반대의견[357]은 종래의 입장과 동일한 취지이면서도, 소송을 제기한 시점에 실행의 착수를 인정할 수 있다는 관점이다. 그러나 이러한 반대의견 역시 보험사기에서 공모자 사이의 자동차추돌행위를 실행의 착수로 보는 관점으로 타당하다고 할 수 없다.

2-4. 구성요건적 결과

본죄의 구성요건적 결과는 재물을 교부받거나 재산상의 이익을 취득하는 것이다. 제3자로 하여금 재물의 교부를 받거나 재산상의 이익을 취득하게 하는 경우에도 동일하다. 재물 또는 재산상 이익의 취득은 '범인의 기망행위'와 '이로 인한 피기망자의 착오' 및 '착오에 의한 피기망자의 처분행위'를 통하여 피해자가 받게 되는 재산상 손해에 의한 것이어야 한다. 따라서 피해자의 재산상 손해와 범인이나 제3자가 취득하는 재물 내지 재산상 이익은 동전의 양면과 같은 관계에 있으며, 재물

---

354) 대법원 1983.10.25, 83도1566: "가사 그 타인이 승소한다고 가정하더라도 등기명의인들의 등기가 말소될 뿐이고 이로써 그 타인이 위 부동산에 대하여 어떠한 권리를 회복 또는 취득하거나 의무를 면하는 것은 아니므로 법원을 기망하여 재물이나 재산상 이익을 편취한 것이라고 볼 수 없을 것이니 위와 같은 말소등기청구소송의 제기만으로는 사기의 실행에 착수한 것이라고 할 수 없다."

355) 대법원 2006.4.7, 2005도9858 전원합의체 판결: "소유권보존등기 명의자를 상대로 보존등기의 말소를 구하는 소송을 제기한 경우 그 소송에서 위 토지가 피고인 또는 그와 공모한 자의 소유임을 인정하여 보존등기 말소를 명하는 내용의 승소 확정판결을 받는다면, 이에 터 잡아 언제든지 단독으로 상대방의 소유권보존등기를 말소시킨 후 위 판결을 부동산등기법 제130조 제2호 소정의 소유권을 증명하는 판결로 하여 자기 앞으로의 소유권보존등기를 신청하여 그 등기를 마칠 수 있게 되므로, 이는 법원을 기망하여 유리한 판결을 얻음으로써 '대상 토지의 소유권에 대한 방해를 제거하고 그 소유명의를 얻을 수 있는 지위'라는 재산상 이익을 취득한 것이고, 그 경우 기수시기는 위 판결이 확정된 때이다."; 동지, 대법원 2009.4.9, 2009도128; 대법원 2011.12.13., 2011도8873.

356) 이에 관하여는 상기 '(3) 직접 재산상 손해를 초래하는 처분행위' 참조. 여기서는 대상토지에 대한 소유권을 이전시키거나 이와 동일하게 평가되는 처분행위.

357) 대법원 2006.4.7, 2005도9858 전원합의체 판결, 김황식 대법관 반대의견: "등기명의인의 보존등기가 말소될 뿐이고 이로써 피고인 또는 그 공모자가 부동산에 대하여 어떠한 권리를 취득하거나 의무를 면하는 것이 아니어서 그 자체만으로는 법원을 기망하여 재물이나 재산상 이익을 편취한 것이라고 볼 수 없다. 다만, 부동산을 편취하기 위해 허위소송을 제기하여 소유권보존등기의 말소를 명하는 확정판결을 얻어낸 경우 그 확정판결이 선고되는 과정에 피고인의 기망행위가 존재하는 이상, 실행의 착수시점은 소송을 제기한 시점이라고 보아야 하므로…"

내지 재산상의 이익은 피해자의 재산상 손해와 소재의 동질성(Stoffgleichheit)이 인정되어야 한다. '피해자의 재산상 손해' 및 이와 소재의 동질성이 인정되는 범인이나 제3자가 취득한 '재물 내지 재산상 이익'은 본죄의 구성요건적 결과이다.

피해자의 재산상 손해와 관련하여 "사기죄의 본질은 기망에 의한 재물이나 재산상의 이익의 취득에 있고 상대방에게 현실적으로 재산상의 손해가 발생함을 그 요건으로 하지 않는다"는 것이 일관된 판례[358)]의 입장이다.[359)] 이에 반하여 '범인이나 제3자가 취득한 재산상의 이익과 동일한 소재의 피해자의 재산상 손해가 본죄의 구성요건요소'라는 것이 일반적인 학설의 입장이다(통설). 그러나 전체재산의 관점에서 피해자에게 재산상 손해가 없는 경우에는 여기서 파생되는 행위자의 이익도 존재할 수 없게 된다. 또한 전체재산의 관점에서 양 당사자 사이에 증감되는 재산이 없는 경우는 재산침해범죄인 사기죄로 평가할 수 없다.

사기죄는 전체로서의 재산권을 보호법익으로 하는 재산침해범죄이다. 따라서 피해자의 재산권을 침해하면 본죄의 기수를 인정하는 것이 타당하다. 피해자의 재산권을 침해한 이상 범인이 아직 재물이나 재산상 이익을 취득하지 못한 경우라도 재산침해범죄의 기수를 인정해야 한다. 따라서 입법론적으로 재산침해범죄인 사기죄에서는 재물 내지 재산상 이익의 취득이 아니라 재산상 손해의 발생을 구성요건적 결과로 규정하는 것이 타당하다.[360)] 이러한 의미에서 독일형법은 불법이득의 의사를 사기죄의 객관적 구성요건요소가 아닌 초과주관적 구성요건요소로 규정하고 있다.

> 대법원[361)]은 무면허의료행위에 대해서 보건범죄단속에 관한 특별조치법위반죄와 사기죄의 실체적 경합을 인정하면서, "피고인이 그 취업기간 동안에 내과 전문의에 상당하는 의료기술을 가지고 진료행위를 하였고 이로 인하여 새한병원을 경영하는 상피고인이 성종이 많은 의료수가를 받게 되어 전체적으로 재산상 손해를 입은 바 없다 할지라도 이는 사기죄의 성립에 영향이 없다"고 판시하였다. 그러나 이 판례사안에서 공동피고인인 새한병원의 경영주를 피해자로 하는 사기죄는 성립하지 않는다. 여기서는 의료비를 지불하는 환자나 의료보험회사를 피해자로 하는 사기죄가 성립하게 된다. 치료받은 환자의 치료비지불에 대한 개별적 목적과 특성을 고려하면 무면허의사에 의한 치료에 대해서 치료비를 지불하는 것은 재산상의 손해로 평가된다. 판례가 "사기죄의 성립에서 피해자의 재산상 손해가 불필요하다"고 판시한 사안들은 대부분 손해의 내용을 잘못 파악한 경우들이다.

---

358) 대법원 2005.10.28., 2005도5774; 대법원 2007.1.25., 2006도7470; 대법원 2009.1.15., 2006도6687; 대법원 2009.10.15., 2009도7459; 대법원 2010.12.9., 2010도12928; 대법원 2011.11.24., 2009도980; 대법원 2012.1.27., 2011도14247; 대법원 2014.10.15., 2014도9099; 대법원 2017.12.22., 2017도12649.

359) 학설에서도 백형구, 180면; 오영근, 305면 이하.

360) 동지, 박상기, 323면, 326면; 동취지, 손동권/김재윤, 385면.

361) 대법원 1982.6.22., 82도777.

2-4-1. 재산상의 손해

2-4-1-1. 재산상 손해의 의의

재산상의 손해란 재산가치의 감소를 의미한다. 재산가치의 감소는 전체계산의 원칙에 따라 처분행위 전후의 재산상태를 비교함으로써 결정된다. 그러므로 처분행위에 의하여 재산이 감소하였어도 이에 직접적으로 결부된 재산의 증가가 있었을 경우에는 재산상의 손해가 없게 된다.[362] 다만 기망행위를 근거로 피해자에게 부여될 수 있는 취소권이나 손해배상청구권과 같은 사법적 구제수단은 발생된 재산상의 손해에 대한 정산에서 고려되지 아니한다. 이는 처분행위에 대한 반대급부가 아니라, 처분행위로 이미 발생된 손해를 구제하기 위한 사법적 권리에 불과하기 때문이다.

사기죄에서는 그 대가가 일부 지급되거나 담보가 제공된 경우에도 편취액은 피해자로부터 교부된 재산으로부터 그 대가 또는 담보 상당액을 공제한 차액이 아니라 교부받은 재산 전부라는 것이 대법원[363]의 일관된 입장이다. 이와 동일하게 "담보권이 손해를 정산하지는 못한다"는 견해[364]도 있다. 그러나 담보권은 피기망자의 처분행위로 발생된 손해를 구제하기 위한 사법적 구제수단이 아니라 그 자체가 처분행위에 대한 반대급부이다. 따라서 담보권은 본죄의 재산상 손해의 산정에서 고려되어야 한다.

다만 대법원[365]은 전원합의체 판결로 특경법 제3조의 이득액 산정에서 피보전채권액 등 반대급부 상당액을 공제함으로써 종래의 입장을 변경하였다. 이득액에 따라 무겁게 처벌되는 특경법에서는 이득액을 엄격하고 신중하게 산정해야 한다는 것이다. 그럼에도 불구하고 여전히 "사기죄에서는 상당한 대가가 지급되었다거나 피해자의 전체 재산상에 손해가 없더라도 사기죄가 성립한다"는 입장[366]을 견지하고 있다. 이와 같이 동일한 내용을 상호 모순되도록 적용하는 판례의 입장은 타당하다고 할 수 없다. 대법원은 죄형균형의 원칙이나 책임주의

---

362) 동취지, 김성천/김형준, 418면; 김일수/서보학, 354면.

363) 대법원 2017.12.22., 2017도12649: "금원 편취를 내용으로 하는 사기죄에서는 기망으로 인한 금원 교부가 있으면 그 자체로써 피해자의 재산침해가 되어 바로 사기죄가 성립하고, 상당한 대가가 지급되었다거나 피해자의 전체 재산상에 손해가 없다 하여도 사기죄의 성립에는 영향이 없다. 그러므로 사기죄에서 그 대가가 일부 지급되거나 담보가 제공된 경우에도 편취액은 피해자로부터 교부된 금원으로부터 그 대가 또는 담보 상당액을 공제한 차액이 아니라 교부받은 금원 전부라고 보아야 한다."; 동지, 대법원 2005.10.28., 2005도5774; 대법원 2006.5.26., 2006도1614; 대법원 2006.11.24., 2005도5567; 대법원 2007.1.25., 2006도7470; 대법원 2010.5.27., 2007도10056; 대법원 2010.12.9., 2010도12928.

364) 권오걸, 465면; 김성돈, 365면; 손동권/김재윤, 385면 이하; 이재상/장영민/강동범, 347면 이하; 임웅, 421면; 진계호/이존걸, 401면.

365) 대법원 2007.4.19, 2005도7288 전원합의체 판결: "특정경제범죄 가중처벌 등에 관한 법률 위반죄에 있어서는 편취한 재물이나 재산상 이익의 가액이 5억 원 이상 또는 50억 원 이상이라는 것이 범죄구성요건의 일부로 되어 있고 그 가액에 따라 그 죄에 대한 형벌도 가중되어 있으므로, 이를 적용함에 있어서는 편취한 재물이나 재산상 이익의 가액을 엄격하고 신중하게 산정함으로써, 범죄와 형벌 사이에 적정한 균형이 이루어져야 한다는 죄형균형 원칙이나 형벌은 책임에 기초하고 그 책임에 비례하여야 한다는 책임주의 원칙이 훼손되지 않도록 유의하여야 한다."; 동지, 대법원 2010.12.9, 2010도12928; 대법원 2011.6.30, 2011도1651.

366) 대법원 2010.12.9., 2010도12928; 대법원 2017.12.22., 2017도12649.

의 원칙이 특경법에만 적용되는 원칙이 아님을 유의해야 할 필요가 있다.

2-4-1-2. 재산상 손해의 판단기준

본죄의 재산상 손해의 산정에는 전체계산의 원칙에 따라 직접적으로 손해를 보정하는 처분행위의 대가가 고려되어야 한다. 이러한 재산상 손해의 산정은 객관적 · 개별적 판단기준에 의한다. 즉 객관적 가치척도를 기준으로 재산상 손해를 판단하지만, 여기에는 피해자의 개별적 필요성이나 개인적 특성이 포함되어야 한다. 물론 이러한 개별적 필요성이나 개인적 특성은 피해자의 주관적 관점이 아니라, 일반 거래관행을 고려한 객관적 관찰자의 이성적 판단에 따라 결정되어야 한다.[367)][368)]

이에 따라 계약체결상의 사기에서는 양 당사자의 계약상 의무를 비교함으로써 재산상 손해가 결정될 수 있으며, 그 판단기준은 개별적 필요성과 당사자 사이의 개인적 특성을 포함하는 객관적 가치척도에 의한다. 또한 계약이행상의 사기에서는 이행되어야 할 급부와 실질적으로 이행된 급부를 비교함으로써 재산상 손해가 결정될 수 있다.

2-4-1-3. 구체적인 경우의 재산상 손해

2-4-1-3-1. 백화점 변칙세일

백화점 변칙세일의 경우에 본죄가 성립할 수 있는지 문제된다. 예컨대 50% 세일이라는 백화점의 광고를 믿고 물품을 구매하였으나, 실제로는 원래가격에 구입한 경우가 그러하다. 판례는 동일한 수수료매장 형태의 백화점 변칙세일의 사안에 대하여 허위 · 과장광고의 한계[369)]를 기준으로 사기죄의 기망행위를 인정[370)]하기도 하였으며, 부정[371)]하기도 하였다. 그러나 변칙세일의 경우라도 행위자의 기망행위와 고객의 착오 및 착오에 의한 처분행위의 실체를 부정할 수는 없다. 여기서는 오직 피기망자인 고객의 처분행위가 재산상 손해를 초래하는지 문제될 뿐이다.

백화점 변칙세일의 경우 구매자가 원가격을 모두 지불해야 한다면 그 물품을 구입하지 않았을 것이라는 사정은 인정될 수 있다. 그러나 구매자는 물품구매가격의 지불(처분행위)에 대하여 동일한 가

367) 박상기, 323면.

368) Wessels/Hillenkamp, BT/II, Rdnr. 533 ff.

369) 대법원 1997.9.9., 97도1561; 대법원 2002.2.5., 2001도5789; 대법원 2004.1.15., 2001도1429; 대법원 2007.1.25., 2004도45; 대법원 2008.7.10., 2008도1664; 대법원 2008.10.23., 2008도6549; 대법원 2010.9.9., 2010도7298.

370) 대법원 1992.9.14., 91도2994: "종전에 출하한 일이 없던 신상품에 대하여 첫 출하시부터 종전가격 및 할인가격을 비교표시하여 막바로 세일에 들어가는 이른바 변칙세일은 진실규명이 가능한 구체적 사실인 가격조건에 관하여 기망이 이루어진 경우로서 그 사술의 정도가 사회적으로 용인될 수 있는 상술의 정도를 넘은 것이어서 사기죄의 기망행위를 구성한다."

371) 서울지법 1990.2.19. 선고 89고단1111: "소비자가 그 상품의 구입에 있어 단순히 할인판매라는 하나의 사유만으로 이를 구입하게 된 것이라고 단정할 수 없고 그 상품에 대한 수요, 품질, 가격, 구매능력 등 여러 사정이 종합적으로 고려되어 구입여부를 결정하는 것이 오히려 일반적이라 할 것이므로 소비자가 특정상품을 구입함에 있어 할인판매 여부에 관한 오인이 있었다 하여 이를 기망행위에 의한 착오상태에서 처분행위를 한 것으로 단정할 수 없다."

치의 물품을 반대급부로서 취득하였으며, 개별적 필요성의 관점에서도 재산상 손해의 존재는 인정될 수 없다. 즉 구매자에게는 그의 처분행위에도 불구하고 전체재산에서 재산상 손해가 발생하고 있지 않다. 또한 구매자가 손해를 입었다고 느끼는 주관적 감정도 본죄의 손해산정의 기준이 될 수는 없다. 50% 저렴하게 물품을 구입할 수 있었다는 구매자의 이익에 대한 기대도 본죄의 객체가 될 수는 없다. 본죄는 경제적 의사결정의 자유를 침해하는 것을 내용으로 하는 범죄가 아니라 재산범죄이기 때문이다. 백화점 변칙세일의 경우 구매자는 사기에 의한 의사표시를 이유로 민법 제110조에 의한 취소권이나 취소권의 행사에 따른 부당이득반환청구권[372]이나 손해배상청구권[373] 등을 행사할 수는 있지만, 법률적으로 인정되는 이러한 모든 권리나 청구권 등이 본죄의 손해산정의 근거가 될 수는 없다. 따라서 백화점 변칙세일은 사기죄를 구성하지 않는다고 해야 한다.

2-4-1-3-2. 개별적 필요성 내지 목적

처분행위와 그 대가에 의한 재산이 거래가치의 관점에서 일치할지라도 특별한 상황에서는 재산상의 손해가 인정될 수 있다. 피해자가 대가로 취득한 재산을 거래의 전제가 된 목적으로 충분히 사용할 수 없는 경우에는 재산상 손해가 인정된다. 예컨대 피해자가 목적하는 용량에 현저히 부족한 기계[374]나 이해가 불가능한 전문서적을 기망에 의하여 구입한 경우에는 개별적 필요성의 관점에서 재산상 손해가 인정된다. 또한 물건의 특성이나 원산지 · 제조회사 등이 경제의 거래관점에서 객관적으로 동일한 가치의 다른 물건에 비하여 높은 가치가 인정된다고 기망한 경우에도 재산상 손해가 인정된다. 예컨대 백두산 돌맹이로 기망하였기 때문에 높은 가격에 구입한 경우는 구입한 돌맹이의 성분과 구조가 객관적으로 백두산 돌맹이와 동일하더라도 재산상의 손해가 인정된다.[375]

2-4-1-3-3. 구걸사기와 기부금사기

목적의 일탈과 무의미한 경제적 지출이 결합하는 경우에는 해당 재산과의 개인적 관계와 개인적 특성의 관점에서 재산상 손해가 인정될 수 있다. 따라서 구걸이나 기부금을 빙자하여 재물을 교부받는 경우에도 교부자의 재산상 손해가 인정된다. 그러나 모든 주관적 목적이 재산상 손해산정의 기준이 될 수는 없다. 재산상 손해의 산정에 모든 주관적 목적을 고려하게 되면, 이는 필연적으로 손해개념의 주관화를 초래하게 되어 결국 "손해를 보았다"는 피해자의 감정이 재산상 손해를 의미하게 된다. 따라서 목적의 일탈이 재산상 손해로 인정되기 위해서는 그 목적이 경제적으로 중요한 목적설정으로서 구체적인 처분행위에 그것이 내재되어 있고, 이러한 목적설정에 대한 객관화가 가

372) 사기에 의한 의사표시로서 취소권을 행사하게 되면, 이에 따라 매매대금에 대한 부당이득반환청구권이 인정된다.

373) 예컨대 변칙세일을 진실로 오인하고 백화점까지 나온 경우는 여비 등 신뢰이익에 대한 손해배상청구권을 인정할 수 있을 것이다.

374) BGHSt 16, 321(325 f.): sog. Melkenmaschinen-Fall.

375) 대법원 1997.9.9., 97도1561: 한우; 동취지, 대법원 2002.2.5., 2001도5789: 산삼.

능해야 한다. 재산처분행위의 단순한 착오연관성은 피해자의 개인적 동기착오에 불과하기 때문에 객관적인 손해개념을 충족시킬 수 없다.[376] 구걸사기와 기부금사기는 유상의 매매관계에서도 인정될 수 있다. 예컨대 소년 · 소녀가장 돕기 바자회를 통하여 물건을 판매하는 때에도 일정한 기부금을 포함하여 판매하는 경우에는 목적일탈이 재산상 손해를 형성할 수 있다. 그러나 단순히 판매량의 증대만을 위한 경우는 처분행위와 이로 인한 대가의 완전한 경제적 가치의 상쇄가 인정된다. 따라서 이 경우는 재산상 손해가 부정되어 사기죄가 성립하지 않는다.[377]

2-4-1-3-4. 불법원인급여

불법한 원인이나 비윤리적인 목적으로 처분행위를 하는 경우에 재산상 손해가 인정될 수 있는지 문제된다. 예컨대 처음부터 편취할 의도로 도박자금을 빌리는 경우, 여러 피해자로부터 밀수자금을 교부받는 경우 또는 매춘부가 화장실을 다녀오겠다는 구실로 도주하려는 의도를 가지고 고객으로부터 현금을 교부받는 경우 등이 여기에 해당한다.

이 경우 불법원인급여물에 대하여는 반환청구권이 인정되지 않으므로 재산상 손해가 인정되지 않으며, 따라서 사기미수죄가 성립할 뿐이라는 견해[378]가 있다. 그러나 불법원인급여물이므로 반환청구권이 없고 따라서 피해자의 재산상 손해가 발생하지 않는다는 사실을 알고 있는 범인이라면 이 경우 처음부터 재산상 손해를 발생시키려는 의도가 없는 것이므로 미수죄도 성립할 여지가 없게 된다. 오직 피해자에게 재산상 손해가 발생하지 않는다는 사실을 모르는 범인에 대하여만 본죄의 (불능)미수가 인정될 수 있을 뿐이다. 따라서 이 견해는 타당하다고 할 수 없다. 불법원인급여물을 편취한 경우에는 사기죄의 성립을 인정하는 것이 일반적인 학설의 입장이다(통설). 이러한 경우에도 기망행위에 의하여 피해자에게 재산상 손해를 입힌 것을 부정할 수는 없으며, 또한 사기죄의 성립 여부는 민사법상의 반환청구권의 유무와 관계없이 형법의 독자적 관점에서 판단해야하기 때문이라고 한다.

일반적으로 이러한 경우에 사기죄의 성립을 부정하는 입장은 법질서 통일의 관점을 원용하고 있다. 그러나 법질서 통일의 관점이란 "민법에서 인정하지 아니하는 불법원인급여물에 대한 반환청구권이 횡령죄를 통하여 형벌로 그 반환이 강제되어서는 안 된다"는 의미이다.

불법원인급여물도 재물에 해당하는 한, 그 재물의 교부라는 피기망자의 처분행위에 의하여 피해자의 재산상 손해가 인정되는 이상 재산범죄인 사기죄의 성립을 부정할 이유는 없다. 동일한 이유에서 불법원인급여물을 절취하는 경우에도 절도죄의 성립을 부정할 이유가 없다. 재물범죄에서 유체물인 재물은 외형적으로 쉽게 구별될 수 있기 때문이다. 그러나 재물개념과는 달리 재산개념은

376) Wessels/Hillenkamp, BT/II, Rdnr. 552 f.

377) Wessels/Hillenkamp, BT/II, Rdnr. 552 mwN.; Cramer/Perron, S-S StGB, § 263 Rdnr. 105.

378) 안경옥, 사기죄의 기수, 형사판례연구(6), 328면.

그 광범위성에 의하여 법률이 명백하게 인정하지 아니하는 경제적 이익에까지 범위가 확대될 수는 없다.[379] 이러한 관점에서 불법원인급여와 사기죄의 관계도 그 대상이 재물인가 재산상 이익인가에 따라 달리 판단되어져야 한다. 즉 기망에 의한 처분행위로 '재물이 교부된 경우'에는 그것이 불법원인급여물이라고 하여 사기죄의 성립이 부정될 이유가 없다(재물사취).[380] 피해자가 불법원인으로 재물을 교부한 경우라도 재물의 교부는 직접 피해자의 재산상 손해를 초래한다. 따라서 이 경우는 의심할 여지없이 사기죄가 성립하게 된다.[381] 그러나 불법원인급여가 재물이 아닌 경우는 이와 다르다. 예컨대 처음부터 매음의 대가를 지불할 의사 없이 성관계를 맺은 후 도주하는 경우(성관계 사취)가 그러하다. 이 경우 피해자는 기망에 의하여 성관계를 제공하였지만, 성관계의 제공은 법률이 명백하게 인정하지 아니하는 이익으로서 재산개념에 포함될 수 없다. 예컨대 연예기획사 대표를 사칭하여 여배우지망자와 성관계를 한 경우가 사기죄로 평가될 수는 없다. 대가 없는 성관계의 제공이 재산상 손해를 의미하는 것으로 파악할 수는 없기 때문이다.[382] 따라서 이 경우는 사기죄가 성립하지 않는다. 판례[383]는 이 경우에도 경제적 재산설의 관점에서 사기죄의 성립을 인정하고 있으나, 형법이 매음행위 자체를 재산으로 인정하여 이를 형벌로써 보호하는 것은 타당하다고 할 수 없다.

> 절도죄의 공동정범이 훔친 물건을 동일하게 분배하기로 합의하였으나, 장물을 처분한 자가 처분금액을 2분의 1로 기망하여 결국 처분금액의 4분의 1만을 다른 공동정범자에게 교부한 경우에도 사기죄는 성립하지 않는다. 이 경우 피기망자의 기망자에 대한 청구권은 법률이 명백하게 인정하지 아니하는 이익으로서 재산개념에 포함될 수 없으므로 피기망자의 재산상 손해는 인정되지 않는다.

2-4-1-3-5. 국가적 · 공공적 법익의 침해와 재산상 손해

기망행위에 의하여 국가적 또는 공공적 법익을 침해하는 경우라도 그와 동시에 형법상 사기죄의 보호법익인 재산권을 침해하는 것과 동일하게 평가할 수 있는 때에는 행정법규에서 사기죄의 특별관계에 해당하는 처벌 규정을 별도로 두고 있지 않는 한 사기죄가 성립할 수 있다.[384] 그러나 중앙행

379) 이에 관하여는 상기 '제5장, 제2절, 2-1-1-2. 재상의 이익' 참조.

380) 일반적으로도 공무원 사칭이나 알선 등을 빙자하여 뇌물 등 재물을 사취하는 경우는 아주 보편적인 사기수단에 해당한다.

381) 대법원 2006.11.23., 2006도6795: "도박자금으로 사용하기 위하여 금원을 차용한 경우, 불법원인급여에 해당하여 급여자가 수익자에 대한 반환청구권을 행사할 수 없다고 하더라도, 수익자가 기망을 통하여 급여자로 하여금 불법원인급여에 해당하는 재물을 제공하도록 하였다면 사기죄가 성립한다."

382) 강도죄와 강간죄는 재산범죄와 성적 자기결정권에 대한 죄로 명백히 구별되며, 이미 폐지된 혼인빙자간음죄도 사기죄와 명백히 구별된다. 이에 관하여는 이정원, 불법원인급여와 재산범죄의 성립여부, 비교형사법연구 제4권 제2호, 673면 이하 참조.

383) 대법원 2001.10.23., 2001도2991: "사기죄의 객체가 되는 재산상의 이익이 반드시 사법상 보호되는 경제적 이익만을 의미하지 아니하고, 부녀가 금품 등을 받을 것을 전제로 성행위를 하는 경우 그 행위의 대가는 사기죄의 객체인 경제적 이익에 해당하므로, 부녀를 기망하여 성행위 대가의 지급을 면하는 경우 사기죄가 성립한다."

384) 대법원 2002.12.24., 2002도5085; 대법원 2008.11.27., 2008도7303; 대법원 2017.10.26., 2017도10394; 대법원 2019.12.24.,

정기관이나 지방자치단체의 장 등 법률에 따라 금전적 부담의 부과권한을 부여받은 자가 재화 또는 용역의 제공과 관계없이 특정 공익사업과 관련하여 권력작용으로 부담금을 부과하는 것은 일반 국민의 재산권을 제한하는 침해행정에 속하는데, 이러한 침해행정 영역에서 일반 국민이 담당 공무원을 기망하여 권력작용에 의한 재산권 제한을 면하는 경우에는 부과권자의 직접적인 권력작용을 사기죄의 보호법익인 재산권과 동일하게 평가할 수 없는 것이므로, 행정법규에서 그러한 행위에 대한 처벌규정을 두어 처벌함은 별론으로 하고, 사기죄는 성립할 수 없다.[385] 따라서 기망행위에 의하여 국가적 또는 공공적 법익이 침해되었다는 사정만으로는 사기죄가 성립하지 않는다.[386]

2-4-1-3-6. 재산의 위험과 재산상 손해

재산상의 구체적 위험이 재산상 손해에 포함될 수 있는지 문제된다. 예컨대 처음부터 신용카드의 사용대금을 결재할 의사 없이 자신의 재산상황을 허위로 기재하고 신용카드를 발급받은 경우에 본죄의 재산상 손해를 인정할 수 있는지에 관한 문제이다. 이에 관하여 "본죄의 재산상 손해는 경제적 관점에서 재산상태가 악화되었다고 볼 수 있는 재산가치에 대한 구체적 위험이 발생하면 족하다"는 것이 다수설[387]의 입장이다.

독일 왕정재판소[388]는 소위 흠집이론(Makeltheorie)을 통하여 재산상의 구체적 위험을 본죄의 재산상 손해에 포함시켰다. 동산인 타인의 재물을 자신의 재물로 기망하여 매각한 경우에 구매자가 선의인 경우에는 그 물건을 선의취득할 수 있지만, 이러한 경우에도 매수인은 물건의 원소유자로부터 악의의 매수인으로서 피소될 수 있으며, 이 때 선의의 매수인은 소송에 있어서 방어의 비용이나 또는 당해 물건을 재판매하는 데에 일정한 장애를 가질 수 있다는 것이다. 따라서 이러한 흠집은 진정한 소유자로부터 물건을 구입한 경우에 비하여 재산상 손해로 인정될 수 있다고 한다. 이러한 왕정재판소의 흠집이론을 독일 연방법원은 '손해와 동일시할 수 있는 구체적인 재산상 위험'이라는 관점에서 수정하여[389] 지지하고 있다.[390] 이에 따라 구체적인 개별적 경우의 특성과 순수한 경제적 고려를 통하여 구체적인 재산상 위험이 재산상

2019도2003.

385) 조세에 관한 대법원 2008.11.27., 2008도7303; 동취지, 대법원 2002.12.24., 2002도5085; 대법원 2017.10.26., 2017도10394; 대법원 2019.12.27., 2019도2003.

386) 대법원 2020.2.6., 2015도9130. "공사도급계약 당시 관련 영업 또는 업무를 규제하는 행정법규나 입찰 참가자격, 계약절차 등에 관한 규정을 위반한 사정이 있더라도 그러한 사정만으로 공사도급계약을 체결한 행위가 기망행위에 해당한다고 단정해서는 안 되고, 그 위반으로 말미암아 계약 내용대로 이행되더라도 공사의 완성이 불가능하였다고 평가할 수 있을 만큼 그 위법이 공사의 내용에 본질적인 것인지 여부를 심리 · 판단하여야 한다"; 동지, 대법원 2019.12.27., 2015도10570.

387) 권오걸, 466면; 김성돈, 365면; 김성천/김형준, 418면; 박상기, 324면; 손동권/김재윤, 386면; 이재상/장영민/강동범, 349면; 이형국, 383면; 임웅, 420면; 정성근/박광민, 383면.

388) RGSt 73, 61.

389) BGHSt 3, 370와 BGHSt 15, 83은 왕정재판소의 흠집이론을 부정하고 있다.

390) BGHSt 21, 112; 15, 24; 34, 394.

손해와 동일시 할 수 있는지를 판단하고 있다.

현대 사회구조의 변화에 의하여 많은 구체적 위험이 직접 법익의 중대한 침해를 유발하게 되었으며, 현대의 특별형법들은 많은 영역에서 침해범에서 위험범으로 이동을 하게 되었다. 특히 환경형법이나 경제형법 분야에서 이러한 현상은 두드러진다. 이러한 현상에 의하여 죄형법정주의의 명확성의 원칙과 형법의 법익보호 임무는 심각한 충돌을 일으키게 된다. 이러한 관점에서 재산상의 구체적 위험을 본죄의 재산상 손해개념에 포함시키려는 입장의 법익보호목적은 충분히 납득할만하다. 특히 현대 신용사회로의 급격한 이전은 앞으로 점점 더 이러한 관점을 요구하게 될 것이다. 그러나 이러한 목적추구는 형법의 보장적 기능을 위태롭게 한다. 따라서 법문에 반하여 본죄를 구체적 위험범으로 해석하는 입장에는 찬성할 수 없다. 만약 사기죄에서 특별한 구체적 위험을 보호하려면 특별구성요건을 설치하여야 할 것이다. 형법이 명문으로 요구하는 법익침해나 결과발생의 요건[391]을 해석에 의하여 삭제함으로써 처벌범위를 확장하는 것은 명백하게 금지된 유추적용이다.[392]

2-4-2. 재산상 이익의 취득(재산상 손해와의 소재 동질성)

본죄는 행위자나 제3자가 재물의 교부를 받거나 재산상 이익을 취득함으로써 기수에 이르게 된다.[393] 그러나 이러한 재산상 이익은 임의의 모든 이익이 아니라 피해자에게 발생된 재산상 손해에 의한 것이어야 한다. 즉 행위자나 제3자가 취득한 재산상 이익은 피해자의 재산상 손해와 소재의 동질성이 인정되어야 한다.

피해자의 재산상 손해와 범인이나 제3자의 재산상 이익의 소재 동질성과 관련하여 다음과 같은 사례를 분석해 보기로 한다.

골동품전문가인 A는 B의 귀중한 골동품을 쓸모없고 불길한 물건이라고 평가하여, B로 하여금 그 물건을 파괴하도록 하였다. 실제로 그 골동품은 국내에서 단 2개만 존재하는 귀한 물건으로서 나머지 하나의 소유자인 C가 자신의 물건에 대한 평가액을 높이기 위하여 골동품전문가인 A에게 거금을 주고 꾸민 일이었다.

이 경우 A는 허위의 사실로 B를 기망하였으며, B는 착오로 재산상 손해를 초래하는 행위를 하였다. 이에 의하여 A는 C로부터 거금의 사례비를 받게 되었다. 그러나 B의 재산상 손해와 A의 재산상 이익 사이에는 소재의 동질성이 인정되지 않으므로 이에 관한 한 제347조 제1항의 사기죄는 성립하지 않는다. 한편 A의 기망행위와 B의 처분행위로 C는 재산상의 이익을

---

391) 재산상 손해와 소재의 동질성이 인정되는 재물의 교부받음 또는 재산상 이익의 취득. 이에 관하여는 아래 '2-4-2. 재산상 이익의 취득' 참조.

392) 동지, 김일수, 한국형법 Ⅲ, 729면 이하; 배종대, 348면; 진계호/이존걸, 402면 이하.

393) 다만 입법론적으로는 재산상 이익의 취득을 객관적 구성요건요소가 아니라 초과주관적 구성요건요소로 구성하는 것이 타당하다.

취득하였다. 이 경우 제347조 제2항의 사기죄가 성립할 수 있는지 문제된다. 물론 B의 재산상 손해에 의하여 C가 재산상 이익을 취득한 것은 사실이다. 그러나 C의 재산상 이익은 B의 재산상 손해에 의해서 첨가된 재산이 아니라, 주변환경의 변화에 의해서 평가된 반사적 이익 그 자체에 불과하다. 여기서의 재산상 손해와 재산상 이익 사이에도 소재의 동질성은 인정되지 않는다. 따라서 제347조 제2항의 사기죄도 성립하지 않는다. 이 경우 A의 행위는 피해자를 도구로 이용한 손괴죄의 간접정범에 해당하며, C는 손괴죄의 교사범이 된다.

일반적으로 재산상 이익의 취득은 피해자의 재산상 손해의 발생으로 충족된다. 예컨대 재물을 교부받거나 노무를 제공받거나 채무를 면제받는 경우 등이 여기에 해당한다. 이러한 재산상 이익의 취득은 법률상 유효할 것을 요하지 아니한다.

기망에 의해 채무변제의 유예를 받는 것이 재산상 이익의 취득에 해당할 수 있다는 것이 학설의 일반적인 입장이다(통설). 대법원의 일관된 판례[394]도 "채무자가 채권자에 대하여 소정기일까지 지급할 의사와 능력이 없음에도 종전채무의 변제기를 늦출 목적에서 어음을 발행하여 교부한 경우 사기죄가 성립한다"고 판시하고 있다. 그러나 이러한 통설과 판례의 태도는 의문이다. 채무변제의 유예는 그 자체로 재산상 손해나 이익이 인정될 수 없기 때문이다.[395] 물론 채무변제의 유예에 의하여 채권 자체가 무효화 되거나 강제집행 대상의 소멸이나 변형에 의하여 채권 자체가 현저히 위태롭게 되는 경우[396]에는 재산상 손해를 인정할 수 있다. 독일의 판례[397]도 "기망을 통한 이행지체는 지속적인 이행지체에 의하여 채권 자체가 무효화 되거나 현저히 위태롭게 되는 경우에 한하여 재산상 손해를 인정할 수 있다"고 한다.

판례[398]는 '약속어음 만기일에 변제할 수 있는 자력이 없는 유령회사명의의 약속어음을 새로 발행하고 그 지급기일을 연장받은 경우'에 사기죄를 인정하고 있다. 다만 판례는 "기존 채무의 변제조로 약속어음 또는 당좌수표를 교부한 경우, 당사자가 기존채무를 소멸시키기로 하는 특약을 하지 않는 한 위 교부만에 의하여는 기존채무가 소멸하지 아니하고, 위 약속어

394) 대법원 1983.11.8., 83도1723; 대법원 1997.7.25., 97도1095; 대법원 1998.12.9., 98도3282; 대법원 2005.9.15., 2005도5215; 대법원 2007.3.30., 2005도5972.

395) 동취지, 대법원 1999.7.9., 99도1326: "변제기를 연장하였다고 하여 그 연장기간에 대한 이자가 당연히 변제되는 것이 아닌 이상, 연장기간 동안의 이자 중 지급받지 못한 부분에 대한 사기죄가 성립되기 위해서는 그 부분에 대한 피기망자의 재산적 처분행위가 있어야 한다."; 대법원 1998.12.9., 98도3282: "채무이행을 연기받은 사기죄는 성립할 수 있으나, 채무이행을 연기받은 것에 의한 재산상의 이익액은 이를 산출할 수 없으므로 이는 특경법 제3조 제1항 제2호의 이득액을 계산함에 있어서는 합산될 것이 아니라고 할 것이다."

396) 대법원 1983.11.8., 83도1723: 우선변제 약속하며 지불의사와 능력 없이 약속어음과 각서를 교부하고 강제경매신청을 취하하도록 한 사안; 대법원 2007.3.30., 2005도5972: 양주대금 채무유예조로 딱지어음 제공 사안; 동지, 대법원 2005.9.15., 2005도5215.

397) BGH wistra 86, 170.

398) 대법원 1998.12.9, 98도3282; 동취지, 대법원 1997.7.25, 97도1095.

음 또는 당좌수표가 결제되었을 때 비로소 기존채무가 소멸한다"[399]는 관점에서 단순한 채무변제의 유예만을 사기죄로 인정하고 있다. 그러나 대상판례의 사안는 외형적으로 단순한 채무변제의 유예로 보일지라도,[400] 실질적으로는 유령회사명의의 약속어음을 새로 발행하고 그 지급기일을 연장한 채권으로 변형되었는데,[401] 그 변형된 채권은 변형 전의 채권에 비하여 현저히 위태롭게 변형된 경우라고 해야 한다.

2-5. 주관적 구성요건

본죄는 주관적 구성요건으로 고의를 필요로 한다. 본죄의 고의는 상대방을 기망하여, 상대방의 착오에 의한 처분행위로 피해자에게 재산상의 손해를 초래하고, 이에 의하여 재물의 교부를 받거나 재산상의 이익을 취득한다는 인식과 의사를 말한다. 그밖에 본죄는 초과주관적 구성요건요소로서 불법이득의 의사를 필요로 한다.

본죄의 초과주관적 구성요건요소와 관련하여, 사기취재의 경우에는 불법영득의 의사[402]를 요한다는 것이 일반적인 학설의 입장이다(통설).[403] 그러나 상대방이 재산처분행위로 재물을 교부한 경우에는 "종래의 권리자의 지위를 배제한다"는 영득의사의 소극적 요소가 인정될 수 없다. 따라서 사기죄에서는 초과주관적 구성요건요소로서 불법영득의사를 요구할 수 없다고 해야 한다.[404] 이러한 의사는 불법이득의사의 하나로 파악되어야 한다.

형법은 명문으로 재산상 이익의 취득을 구성요건요소로 규정함으로써 재산상 이익의 취득이 있어야 본죄가 기수에 이르게 된다. 본죄에서 재산상 이익의 취득은 객관적 구성요건요소이며, 이에 대한 인식과 의사는 고의의 내용이 된다. 이와 같이 사기죄에서 불법이득의 의사는 고의의 내용과 일부분이 중첩되어 있으므로 본죄에서 초과주관적 구성요건요소로서 불법이득의 의사는 오직 이득의 불법에 관하여만 의미를 가질 수 있다.

독일형법 제263조는 '자기 또는 제3자가 불법한 이득을 취할 의도로 사람을 기망하여 재산적 손해를 가하는 행위'를 사기죄로 규정함으로써 불법이득의 의사를 명문으로 규정하고 있다. 또한 독일형법의 사기죄는 피해자에게 재산상의 손해를 가함으로써 기수에 이르게 된다.

399) 대법원 1998.12.9, 98도3282.

400) 이는 민사법적 판단을 위한 형식적 사실이라고 할 수 있다.

401) 이는 형사법적 판단을 위한 실질적 전제라고 해야 한다.

402) 불법영득의사를 고의의 내용으로 보는 입장으로는 배종대, 359면 이하; 오영근, 307면 각주 2); 정성근/박광민, 385면.

403) 대법원 2006.3.10., 2005도9387; 대법원 2006.5.26., 2006도1614; 대법원 2008.2.29., 2006도5945; 대법원 2009.1.30., 2008도9985; 대법원 2009.4.9., 2009도128; 대법원 2011.11.24., 2010도15454; 대법원 2012.5.24., 2011도15639; 대법원 2014.2.27., 2011도48; 대법원 2015.9.10., 2015도8592.

404) 동지, 김일수/서보학, 355면; 동취지, 박상기, 325면.

따라서 독일형법과 형법의 사기죄는 다음과 같은 차이를 가지게 된다. 예컨대 A가 B를 기망하였고 착오에 빠진 B가 C를 시켜 재물을 A에게 보냈으나 C가 그 재물을 가지고 도주한 경우, 독일형법에 의하면 사기기수죄에 해당하지만, 형법에 의하면 사기미수죄가 된다.

불법이득의 의사는 정당한 권한 없이 재물의 교부를 받거나 재산상의 이익을 취득하려는 의사를 의미한다. 재물을 교부거나 재산상의 이익을 취득할 정당한 권한이 있는 경우에는 이득의사의 불법이 부정된다. 불법이득의사가 부정되면 사기죄가 성립할 여지가 없게 된다. 사기죄가 재산범죄인 한 불법하게 타인의 재산권을 침해하려는 의도가 없는 경우를 사기죄로 처벌할 수 없기 때문이다.

2-6. 관련문제

2-6-1. 실행의 착수와 기수시기

본죄의 실행의 착수는 사기의 고의로 상대방에 대하여 기망행위를 개시한 때이다. 소송사기의 경우는 법원에 소를 제기한 때에 실행의 착수가 인정된다. 보험사기의 경우는 보험회사에 보험금의 지급을 청구할 때에 실행의 착수가 인정되며,[405] 보험금을 청구하기 위한 준비행위만 가지고는 본죄의 실행의 착수가 인정되지 아니한다. 예컨대 화재보험금을 편취할 의도로 방화하는 행위 또는 자동차 보험금을 편취할 의도로 자동차를 충돌시키는 행위만으로는 보험사기의 실행착수가 인정되지 않는다.

소송사기와 관련하여 지급명령을 신청하거나 가압류 · 가처분 또는 재판상의 화해를 신청한 경우에 본죄의 실행의 착수를 인정할 수 있는지 문제된다. 먼저 허위의 채권으로 지급명령을 신청한 경우는 본죄의 실행의 착수가 인정된다. 지급명령이 독촉절차에 불과할지라도 채무자가 이의신청을 하게 되면 소를 제기한 것으로 간주되고, 이의신청이 없거나 각하된 때에는 확정판결과 동일한 효과를 가지기 때문이다.[406] 그러나 가압류 · 가처분은 강제집행의 보전방법에 불과하고 그 기초가 되는 허위의 채권에 의하여 실제로 청구의 의사표시를 한 것이라고 할 수 없으므로 소의 제기 없이 가압류신청을 한 것만으로는 사기죄의 실행에 착수한 것이라고 할 수 없다.[407] 또한 법정화해는 그 자체가 새로운 법률관계를 창설하는 것이므로

---

405) 대법원 1999.3.12., 98도3443: "태풍 피해복구보조금 피해신고는 국가가 보조금의 지원 여부 및 정도를 결정함에 있어 그 직권조사를 개시하기 위한 참고자료에 불과하므로 허위의 피해신고만으로는 위 보조금 편취범행의 실행에 착수한 것이라고 볼 수 없다."; 동지, 대법원 2003. 6.13., 2003도1279: "장애인단체 지회장이 더 많은 지원금을 받기위해 제출한 허위의 보조금 정산보고서는 보조금의 지원 여부 및 금액을 결정하기 위한 참고자료에 불과하고 직접적인 서류라고 할 수 없으므로 편취범행의 실행착수로 볼 수 없다."

406) 김성천/김형준, 415면; 김일수/서보학, 349면 이하; 백형구, 179면; 이재상/장영민/강동범, 342면; 임웅, 415면 이하; 정영일, 189면.

407) 대법원 1982.10.26., 82도1529; 대법원 1988.9.13., 88도55.

화해신청시 기재한 금액이 실제거래내역과 일치하지 않더라도 사기죄가 성립하지 않는다.[408)]

제347조 제1항은 사람을 기망하여 '재물의 교부를 받거나 재산상의 이익을 취득하는 행위'를 사기죄로 처벌한다. 따라서 본죄의 기수시기는 행위자나 제3자가 재물을 교부받거나 재산상의 이익을 취득한 때이다.[409)] 부동산에 대한 재물의 교부시점은 피해자의 권리이전의 의사표시로는 부족하고 소유권이전등기의 경료를 요한다. 그러나 일반적인 학설의 입장에서는 "본죄의 기수시기는 재산상 손해가 발생한 때이며, 반드시 행위자나 제3자가 불법한 이익을 취득할 것을 요하지 않는다"고 한다(통설). 물론 입법론적으로는 피해자에게 재산상 손해가 발생함으로써 재산침해범죄인 본죄가 완성되도록 규정하는 것이 타당하다.[410)] 그러나 형법이 명문으로 재산상 이익의 취득을 구성요건요소로 규정한 이상 재산상 이익의 취득 없이 본죄의 기수를 인정하는 것은 죄형법정주의에 반한다.

소송사기에서는 승소판결의 확정으로 본죄가 기수에 이르게 된다(통설).[411)] 소송사기는 삼각사기의 전형적인 경우로서 법원이 피해자의 재산영역에서의 처분행위자로 해석되므로 법원의 판결이 처분행위에 해당한다. 또한 범인은 승소판결의 확정으로 재산획득과 관련된 유리한 지위를 차지하게 되므로, 이는 범인에 대한 재산상 이익의 취득과 피해자에 대한 재산상 손해로 인정된다.

2-6-2. 친족상도례

본죄에 대하여는 친족상도례의 규정이 적용된다(제354조, 제328조). 삼각사기의 경우는 범인과 피해자 사이에 친족관계가 존재하여야 하며, 피기망자와의 친족관계를 요하지 아니한다.[412)] 이 경우 피기망자와의 친족관계도 필요하다는 견해[413)]가 있다. 그러나 피기망자는 재산침해범죄의 수단으로 이용되었을 뿐이므로[414)] 피기망자를 재산침해범죄의 피해자로 보는 관점은 타당하다고 할 수 없다.

손자가 할아버지 소유 예금통장을 절취하여 이를 현금자동지급기에 넣고 조작하는 방법으로 예금 잔고를 자신의 거래은행계좌로 이체한 경우 피해자[415)]는 금융기관이므로 친족상도례의 규정이

408) 대법원 1968.2.27., 67도1579.

409) 동지, 백형구, 181면; 오영근, 309면; 정영일, 189면; 조준현, 420면.

410) 동지, 박상기, 323면, 326면; 동취지, 손동권/김재윤, 385면.

411) 대법원 1978.4.11., 77도3707; 대법원 1980.4.22., 80도533; 대법원 1983.4.26., 83도188; 대법원 1997.7.11., 95도1874; 대법원 2004.6.24., 2002도4151; 대법원 2006.4.7., 2005도9858 전원합의체 판결.

412) 김성돈, 369면; 김일수/서보학, 361면; 박상기, 327면; 손동권/김재윤, 392면; 이영란, 354면; 이재상/장영민/강동범, 354면; 정성근/박광민, 367면.

413) 임웅, 409면.

414) 대법원 2014.9.26., 2014도8076: "법원을 기망하여 제3자로부터 재물을 편취한 경우에 피기망자인 법원은 피해자가 될 수 없고 재물을 편취당한 제3자가 피해자라고 할 것이므로 피해자인 제3자와 사기죄를 범한 자가 직계혈족의 관계에 있을 때에는 그 범인에 대하여는 친족상도례가 적용된다."; 동지, 대법원 1976.4.13., 75도781.

415) 대법원 2007.3.15, 2006도2704: "예금계좌 명의인의 거래 금융기관에 대한 예금반환 채권은 이러한 행위로 인하여 영향을 받을 이유가 없는 것이므로, 거래 금융기관으로서는 예금계좌 명의인에 대한 예금반환 채무를 여전히 부담하면서도 환거래관계상 다른 금융기관에 대하여 자금이체로 인한 이체자금 상당액 결제채무를 추가 부담하게 됨으로써 이체된 예금

적용되지 않는다.

친족상도례는 형법의 사기죄 뿐 아니라 특정경제범죄 가중처벌 등에 관한 법률에 의한 사기죄의 경우에도 적용된다. 사기죄의 성질은 특정경제범죄 가중처벌 등에 관한 법률에 의해 가중처벌되는 경우에도 그대로 유지되고 동법에 친족상도례의 적용을 배제한다는 명시적인 규정이 없기 때문이다.[416]

2-6-3. 다른 범죄와의 관계

타인의 사무를 처리하는 자가 본인을 기망하여 재산상의 이익을 취득한 경우에는 사기죄와 배임죄의 상상적 경합이 된다(통설).[417] 대법원도 동일하게 신용협동조합 전무가 조합의 담당직원을 기망하여 예금인출금 또는 대출금 명목으로 금원을 교부받은 사안[418]에서 사기죄와 배임죄의 상상적 경합을 인정하고 있다. 반면에 본인에 대한 배임행위가 본인 이외의 제3자에 대한 사기죄를 구성하는 경우[419]에는 사기죄와 배임죄의 실체적 경합을 인정하고 있다. 그러나 이 경우는 제40조의 '하나의 행위가 수개의 죄에 해당하는 경우'이다. 상상적 경합의 사건에 실체적 경합으로 무겁게 처벌하기 위해서는 실체적 경합의 근거보다 상상적 경합을 배척하는 근거가 분명하게 제시되었어야 한다.

위조통화를 행사하여 타인의 재물을 편취하는 경우 위조통화행사죄와 사기죄의 상상적 경합을 인정하는 것이 학설의 일반적인 입장이다(통설). 위조통화행사가 기망행위의 내용이 된다는 것을 근거로 한다. 판례[420]는 이 경우 위조통화행사죄와 사기죄의 실체적 경합을 인정한다. 두죄가 보호법익을 달리한다는 것을 근거로 한다. 그러나 위조통화를 행사함에 있어서는 항상 행위자가 피해자를 기망하여 반대급부를 취하게 되므로 위조통화행사죄는 이와 같은 타인의 재산권 침해행위를 이미 예정하고 있다. 즉 사기죄의 불법내용은 위조통화행사죄의 전형적인 수반행위로서 위조통화행사죄에 용해될 정도로 결합되어 있다. 따라서 사기죄는 위조통화행사죄에 대하여 흡수관계에 의한 법조경합이 되어야 한다.

사기도박의 경우는 사기죄만 성립할 뿐이다. 여기서는 우연성에 의하여 승패가 결정되는 도박죄의 구성요건해당성이 결여되기 때문이다.

상당액의 채무를 이중으로 지급해야 할 위험에 처하게 된다."

416) 대법원 2000.10.13., 99오1; 대법원 2010.2.11., 2009도12627; 대법원 2011.5.13., 2011도1765; 대법원 2013.9.13., 2013도7754; 동지, 흉기휴대 특수공갈죄에 대해서도 대법원 2010.7.29., 2010도5795.

417) 사기죄의 성립만을 인정하는 반대견해로는 오영근, 310면.

418) 대법원 2002.7.18., 2002도669 전원합의체 판결.

419) 대법원 2010.11.11., 2010도10690: "전세임대차계약을 체결할 권한이 없음에도 임차인들을 속이고 전세임대차계약을 체결하여 그 임차인들로부터 전세보증금 명목으로 돈을 교부받은 행위는 건물주인 공소외인이 민사적으로 임차인들에게 전세보증금반환채무를 부담하는지 여부와 관계없이 사기죄에 해당하고, 이 사건 건물에 관하여 월세임대차계약을 체결하여야 할 업무상 임무를 위반하여 전세임대차계약을 체결하여 그 건물주로 하여금 전세보증금반환채무를 부담하게 한 행위는 위 사기죄와 별도로 업무상배임죄에 해당하며, 각 죄는 서로 구성요건 및 그 행위의 태양과 보호법익을 달리하고 있어 상상적 경합범의 관계가 아니라 실체적 경합범의 관계에 있다."

420) 대법원 1979.7.10., 79도840: "양죄는 그 보호법익을 달리하고 있으므로 위조통화를 행사하여 재물을 불법영득한 때에는 위조통화행사죄와 사기죄의 양죄가 성립된다."

3. 컴퓨터 등 사용사기죄

3-1. 의 의

제347조의2는 '컴퓨터 등 정보처리장치에 허위의 정보 또는 부정한 명령을 입력하거나 권한 없이 정보를 입력 · 변경하여 정보처리를 하게 함으로써 재산상의 이익을 취득하거나 제3자로 하여금 취득하게 하는 행위'를 컴퓨터 등 사용사기죄로 규정하여 사기죄와 동일한 형으로 처벌한다. 본죄의 '컴퓨터 등 정보처리장치를 이용한 재산편취는 '기망행위에 의한 재산침해와 유사하므로, 형법은 본죄를 사기죄의 일종으로 '사기의 죄'의 장에서 규정하였다. 다만 본죄는 사기죄의 기본적 구성요건을 포함하지 않으므로 사기죄의 독립적 구성요건에 해당하고, 사기죄에 대해서는 보충관계에 의한 법조경합이 인정된다.

3-2. 구성요건

3-2-1. 행위객체

본죄는 재물을 제외한 재산상의 이익만을 그 대상으로 하는 순수한 이득죄이다. 따라서 행위객체는 재산상 이익에 제한된다. 물론 재물의 교부받음도 재산상 이익의 취득에 포함될 수 있지만, 제347조와 평행선에서 규정된 제347조의2는 명문으로 본죄의 객체에서 재물을 제외하고 재산상 이익으로만 한정하여 규정하였다. 또한 형법은 재산범죄에서 재물과 재산상 이익을 명백하게 구별하고 있다. 이러한 점에서 본죄의 객체는 재물을 제외한 재산상 이익으로 한정하여야 한다.

재물을 본죄의 행위객체에서 제외시킨 것에 대해서는 입법론적 논란이 되고 있다. 본죄와 제347조의 사기죄가 평행선상에서 규정되어 있다는 점에서는 재물도 본죄의 행위객체에 포함시키는 것이 타당할 수 있다. 또한 본죄의 핵심적인 불법내용은 불법한 컴퓨터조작을 통한 재산범죄의 실현이라는 데에 있으므로, 입법론적으로는 재물도 본죄의 행위객체에 포함시키는 것이 합리적일 수 있다. 이에 반하여 타인의 현금카드로 현금자동지급기로부터 현금을 인출하는 행위는 타인의 재물을 불법하게 영득하는 절취행위로 보여 진다. 즉 컴퓨터의 정보처리를 이용하여 재물을 취득하는 경우는 컴퓨터의 정보처리를 이용하여 재물에 접근함으로써 이를 탈취하는 절도죄로 고찰된다. 더욱이 현대과학의 발달에 의하여 점점 더 금고의 개폐형태는 컴퓨터 정보처리를 이용하게 된다. 이러한 사물논리적 구조에 입각하여 불법한 컴퓨터 조작에 의한 재물취득행위는 불법영득행위로서 절도죄의 범주에서 해결하는 것이 더 합리적이라고 본다.

3-2-2. 행 위

본죄의 행위는 컴퓨터등 정보처리장치에 허위의 정보 또는 부정한 명령을 입력하거나 권한 없이 정보를 입력 · 변경하여 정보처리를 하게 하는 것이다. 이는 사기죄의 '상대방을 기망하여 착오에 의한 처분행위를 하게 하는 것'과 비례되는 본죄의 구성요건적 행위이다.

'허위정보의 입력'은 진실에 반하는 정보를 입력하는 것이며, 입금되지 아니한 입금정보를 입력하는 경우가 여기에 해당한다. '부정한 명령'의 입력은 '사무처리의 목적에 비추어 줄 수 없는 명령'을 입력하는 것이며, 출금정보가 입력되지 않도록 하는 명령을 입력하는 경우가 여기에 해당한다. 허위정보의 입력도 '사무처리의 목적에 비추어 줄 수 없는 명령'을 입력하는 경우이므로 넓은 의미에서 '부정한 명령의 입력'에 해당한다고 보아야 한다. '권한 없는 정보의 입력 · 변경'은 진실한 정보의 부정사용을 의미한다. 2001년 12월 29일의 개정형법 이전의 구형법에서는 본죄의 행위를 '허위의 정보 또는 부정한 명령을 입력하여'로만 규정함으로써 "본죄에서 진실한 정보의 부정사용이 포함되는지"[421]에 관한 논란이 있었는데, 개정형법은 여기에 '권한 없이 정보를 입력 · 변경하여'라는 행위유형을 추가함으로써 이러한 논란을 해소시켰다. 그러나 본질적으로 진실한 정보의 부정사용도 사무처리의 목적에 비추어 '줄 수 없는 명령'임에 틀림없는 한 넓은 의미의 '부정한 명령의 입력'으로 해석하여야 한다. 이러한 관점에서 '허위정보의 입력'이나 '권한 없는 정보의 입력 · 변경'도 '부정한 명령'의 한 형태로 해석되어야 한다.

2001년 12월 29일의 개정형법에 따라 일부 학설[422]에서는 타인의 현금카드와 비밀번호를 이용하여 현금인출기로부터 현금을 인출하는 행위를 컴퓨터 등 사용사기죄로 해석하고 있다. 그러나 제347조의2 법문의 개정에도 불구하고 불법하게 타인의 현금카드로 현금자동지급기에서 현금을 인출하는 경우는 본죄에 포함되지 않는다. 본조가 여전히 행위객체를 재산상 이익에 한정하고 있으며, 사물논리적 관점에서도 이 경우는 컴퓨터의 정보처리를 이용하여 재물에 접근함으로써 이를 탈취하는 절취행위로 파악되기 때문이다. 따라서 이 경우는 절도죄로 해석해야 한다.[423] 판례[424]도 동일한 입장이다. 다만 판례[425]는 예금주인 현금카드 소유자로부터 일정액의 현금을 인출해 오라는 부탁과 함께 현금카드를 건네받아 그 위임받은 금액을 초과한 현금을 인출한 행위를 본죄로 판단하였

---

421) 이를 부정하였던 입장으로는 김영환, 신용카드 부정사용에 관한 형법해석론의 난점, 형사판례연구(3), 318면; 장영민, 개정형법의 컴퓨터범죄, 고시계 1996.2, 48면; 하태훈, 현금자동인출기 부정사용에 대한 형법적 평가, 형사판례연구(4), 330면.

422) 권오걸, 472면 이하; 김일수/서보학, 362면, 365면; 배종대, 357면; 오영근, 316면 각주 1); 이재상/장영민/강동범, 358면; 이형국, 388면; 임웅, 442면 이하; 정성근/박광민, 396면.

423) 동지, 김성돈, 381면, 385면; 김성천/김형준, 430면; 박상기, 339면; 백형구, 185면; 손동권/김재윤, 399면; 이영란, 359면, 362면; 정영일, 192면; 조준현, 441면; 진계호/이존걸, 419면, 424면.

424) 대법원 1995.7.28., 95도997; 대법원 1998.11.10., 98도2642; 대법원 1999.7.9., 99도857; 대법원 2002.7.12., 2002도2134; 대법원 2006.7.27., 2006도3126.

425) 대법원 2006.3.24., 2005도3516: "예금주인 현금카드 소유자로부터 일정한 금액의 현금을 인출해 오라는 부탁을 받으면서 이와 함께 현금카드를 건네받은 것을 기화로 그 위임을 받은 금액을 초과하여 현금을 인출한 경우에는 그 인출한 현금 총액 중 인출을 위임받은 금액을 넘는 부분의 비율에 상당하는 재산상 이익을 취득한 것으로 볼 수 있으므로 이러한 행위는 그 차액 상당액에 관하여 컴퓨터등 사용사기죄에 해당된다."

다. 인출한 현금 총액 중 인출을 위임받은 금액을 넘는 부분의 비율에 상당하는 재산상 이익을 취득한 것으로 볼 수 있다는 것이다. 그러나 이러한 모순된 관점은 타당하다고 할 수 없다. 대법원은 본죄의 행위객체에 관하여 통일된 입장을 확립할 필요가 있다.

분실하거나 도난당한 신용카드 · 직불카드를 사용하는 경우 및 강취 · 횡령하거나 사람을 기망 · 공갈하여 취득한 신용카드 · 직불카드를 사용하는 경우는 여신전문금융업법 제70조 제1항 제3호와 제4호에 의하여 처벌된다. 다만 여기서 강취, 횡령, 기망 또는 공갈로 취득한 신용카드는 소유자 또는 점유자의 의사에 기하지 않고, 그의 점유를 이탈하거나 그의 의사에 반하여 점유가 배제된 신용카드를 가리킨다.[426)]

대법원[427)]은 "강취한 신용카드를 온라인 현금자동지급기에 주입하고 비밀번호 등을 조작하여 피해자의 예금을 인출한 행위는 (구)신용카드업법 제25조 제1항 소정의 부정사용의 개념에 포함된다"고 판시하였다. 여기서는 신용카드에 들어 있는 현금카드의 기능을 (구)신용카드업법상 신용카드의 부대업무로 판단함으로써 이 경우를 신용카드의 부정사용으로 판단하였다. 그 이후 대법원[428)]은 "절취한 직불카드를 온라인 현금자동지급기에 넣고 비밀번호 등을 입력하여 피해자의 예금을 인출한 행위는 여신전문금융업법 제70조 제1항 소정의 부정사용의 개념에 포함될 수 없다"고 판시하였다. (구)신용카드업법에서와는 달리 여신전문금융업법에서는 직불카드가 겸할 수 있는 현금카드의 기능이 법령에 규정된 신용카드의 기능에 포함되지 않는다고 판단한 것이다. 즉 하나의 카드에 직불카드와 현금카드의 기능이 겸용되어 있더라도 직불카드와 현금카드의 기능은 전혀 별개의 기능이므로, 여기서는 직불카드의 부정사용이 인정될 수 없다는 것이다. 단순히 예금을 인출하는 현금카드의 기능이 여신전문금융업법의 보호목적에 포함될 수는 없으므로, 신용카드 등에 겸용으로 사용할 수 있는 현금카드 기능을 신용카드의 부대업무로 보는 것은 타당하다고 할 수 없다. 따라서 직불카드나 신용카드를 절취하여 그 카드가 겸할 수 있는 현금카드 기능을 이용하여 현금을 인출한 행위는 여신전문금융업법의 신용카드 부정사용에 포섭되지 않는다. 이 경우는 불법하게 타인의 현금카드로 현금자동지급기에서 현금을 인출하는 경우로서 절도죄의 성립을 인정해야 한다.

판례는 갈취한 타인의 현금카드를 사용하여 현금자동지급기에서 예금을 인출한 경우에 공갈죄 이외에 별도의 절도죄의 성립을 부정[429)]하면서, 강취한 타인의 현금카드를 사용한 경우에는 강도죄와는 별도로 절도죄의 성립을 인정[430)]하고 있다. 갈취한 현금카드로 예금을 인출

426) 대법원 2006.7.6., 2006도654; 대법원 2007.5.10., 2007도1375.

427) 대법원 1998.2.27., 97도2974.

428) 대법원 2003.11.14., 2003도3977.

429) 대법원 2007.5.10., 2007도1375: "갈취한 타인의 현금카드로 예금 인출 행위는 하자 있는 의사표시이기는 하지만 피해자의 승낙에 기한 것이고, 피해자가 그 승낙의 의사표시를 취소하기까지는 현금카드를 적법, 유효하게 사용할 수 있으므로, 은행으로서도 피해자의 지급정지 신청이 없는 한 그의 의사에 따라 그의 계산으로 적법하게 예금을 지급할 수밖에 없다."; 동지, 대법원 2007.4.13., 2007도1377.

430) 대법원 2007.5.10., 2007도1375: "피해자로부터 현금카드를 강취하였다고 인정되는 경우에는 피해자로부터 현금카드의

하는 행위는 하자 있는 의사표시이기는 하지만 피해자의 승낙에 기한 것이지만, 강취한 현금카드는 피해자로부터 현금카드의 사용에 관한 승낙의 의사표시가 있었다고 볼 여지가 없다는 것을 근거로 한다. 동일한 관점에서 갈취한 신용카드 · 직불카드를 사용하는 행위는 여신전문금융업법 제70조 제1항 제4호의 신용카드 부정사용죄에 해당하지 않는다.[431)]

'정보처리를 하게 함'이란 사기죄에서의 '착오에 의한 처분행위'와 비례되는 작용으로써 피해자의 재산상 손해를 초래하는 정보처리를 의미한다.

3-2-3. 구성요건적 결과와 주관적 구성요건

본죄는 재산상의 이익을 취득하거나 제3자로 하여금 이를 취득하게 함으로써 성립한다. 이러한 재산상의 이익은 피해자의 재산상 손해와 소재의 동질성이 인정되어야 한다. 재산상 이익의 취득은 본죄의 구성요건적 결과에 해당한다. 따라서 재산상 이익의 취득으로 본죄는 기수에 이르게 된다. 본죄의 구성요건적 결과와 주관적 구성요건은 사기죄의 그것과 같다.

4. 준사기죄

4-1. 구성요건

제348조는 미성년자의 지려천박 또는 사람의 심신장애를 이용하여 재물의 교부를 받거나 재산상의 이익을 취득한 자(동조 제1항) 또는 제3자로 하여금 재물의 교부를 받게 하거나 재산상의 이익을 취득하게 한 자(동조 제2항)를 준사기죄로 처벌하고 있다. 본죄는 미성년자의 지려천박 또는 사람의 심신장애를 이용하여 재물의 교부를 받거나 재산상의 이익을 취득하는 행위에 대하여 기망행위를 수단으로 하는 사기죄에 준하는 불법내용을 인정하는 규정이다. 준사기죄도 사기죄의 기본적 구성요건을 포함하는 범죄는 아니므로 사기죄와는 다른 독립적 구성요건이다. 미성년자의 지려천박 또는 사람의 심신장애를 이용하는 경우에도 이러한 자를 기망하여 재물의 교부를 받거나 재산상의 이익을 취득하는 경우는 본죄가 아니라 제347조의 사기죄가 성립한다. 따라서 본죄는 사기죄에 대하여 보충관계에 의한 법조경합이 인정된다.

사용에 관한 승낙의 의사표시가 있었다고 볼 여지가 없고, 강취한 현금카드를 사용하여 현금자동지급기에서 예금을 인출한 행위는 피해자의 승낙에 기한 것이라고 할 수 없으므로, 현금자동지급기 관리자의 의사에 반하여 그의 지배를 배제하고 그 현금을 자기의 지배하에 옮겨 놓는 것이 되어서 강도죄와는 별도로 절도죄를 구성한다."

431) 대법원 2006.7.6., 2006도654: "유흥주점 업주가 과다한 술값 청구에 항의하는 피해자들을 폭행 또는 협박하여 피해자들로부터 일정 금액을 지급받기로 합의한 다음, 피해자들이 결제하라고 건네준 신용카드로 합의에 따라 현금서비스를 받거나 물품을 구입한 경우, 신용카드에 대한 피해자들의 점유가 피해자들의 의사에 기하지 않고 이탈하였거나 배제되었다고 보기 어려워 여신전문금융업법상의 신용카드 부정사용에 해당하지 않는다."

본죄는 미성년자의 지려천박 또는 사람의 심신장애를 이용하여 재물의 교부를 받거나 재산상의 이익을 취득함으로써 기수에 이르게 되는 침해범이며 결과범이다(통설). 이에 반하여 본죄의 행위객체가 이미 착오에 빠져 있다고 보아야하기 때문에 일정한 행위가 있으면 본죄가 완성되고, 기망-착오-처분행위-재산상 손해와 이들 사이의 인과관계는 본죄의 요건이 아니라는 입장에서 본죄를 위험범으로 해석하는 견해[432]도 있다. 그러나 이러한 해석은 피해자의 재산권침해를 의미하는 '재물의 교부나 재산상 이익의 취득'이라는 법문에 반한다.

본죄에서 '미성년자의 지려천박'이란 미성숙으로 인하여 독립하여 사리를 판단할 수 없는 정도의 상태, 즉 기망행위에 의하지 않아도 처분행위를 할 상태를 말한다. '심신장애'는 정신장애의 상태로서 독자적으로 사리를 판단할 수 없는 정도의 상태를 의미한다.

미성년자의 지려천박 또는 사람의 심신장애에 의한 재산처분행위에 대하여 범인의 의사지배에 의한 행위지배가 인정되는 경우는 논리적으로 절도죄의 간접정범이 성립하게 된다. 그러나 형법은 사기죄를 절도죄에 비하여 무겁게 처벌하기 때문에 형벌의 불균형이 나타난다. 이에 대하여는 입법론적인 재고를 요한다.

4-2. 준사기죄의 문제점

미성년자의 지려천박 또는 사람의 심신장애를 이용하는 경우라도 제347조의 요건을 모두 충족한 경우는 당연히 사기죄가 성립한다. 이 한도에서 준사기죄는 특별한 의미가 없다. 미성년자의 지려천박 또는 사람의 심신장애를 이용하여 재산처분행위를 야기한 경우라면 기본적으로 사기죄에서 요구되는 일련의 기망 - 착오 - 처분행위가 인정될 수 있다.

상대방을 전혀 기망하지 아니하였는데도 지려천박의 미성년자나 심신장애자가 자신에게 재산처분행위를 하였고, 행위자가 이를 거부하지 아니하고 수령한 경우라면 원칙적으로 민사법상의 문제에 불과하다. 경우에 따라서는 점유이탈물횡령죄의 성립이 가능할 수 있다. 행위자가 지려천박의 미성년자나 심신장애자의 재산상 손해를 방지해야 할 의무가 있는 경우라면 배임죄의 성립도 가능하다.

행위자가 미성년자의 지려천박이나 사람의 심신장애를 이용하여 처분행위를 유발함으로써 이득을 챙긴 경우임에도 불구하고 사기죄에서 요구되는 일련의 기망 - 착오 - 처분행위가 인정되지 않는다면 이는 일반적인 거래행위일 뿐이다. 이러한 일반거래에서 미성년자 등을 보호하기 위해서 민법에서는 미성년자, 피성년후견인, 피한정후견인 제도를 두어 이들을 민사거래의 위험으로부터 보호하고 있다. 만약 이러한 경우에 행위자가 '현저하게 공정성을 잃은 부당한 이득'을 챙긴 경우라면 이는 사기죄의 특성보다 부당이득죄의 특성을 가진 불법행위로서 부당이득죄에서 규율하는 것이

432) 김일수, 한국형법 Ⅲ, 743면; 이재상/장영민/강동범, 360면.

논리적이다. 따라서 미성년자의 지려천박이나 사람의 심신장애를 이용하여 이득을 챙기는 행위는 사기죄와 부당이득죄로 규율하고, 준사기죄는 폐지하는 것이 타당하다.

5. 편의시설 부정이용죄

5-1. 의 의

개정형법 제348조의2는 부정한 방법으로 대가를 지급하지 아니하고 자동판매기, 공중전화 기타 유료자동설비를 이용하여 재물 또는 재산상의 이익을 취득한 자를 편의시설 부정이용죄로 처벌하고 있다.

본죄는 절도죄나 사기죄의 보충적 구성요건으로 신설되었다. 공중전화의 경우와 같이 유료자동설비에 의하여 편익이나 재산상 이익을 취하는 경우는 그것이 재물이 아니기 때문에 절도죄에 해당하지 않고, 또한 사람을 기망하는 경우가 아니기 때문에 사기죄도 성립하지 아니하므로, 이러한 경우에 편의시설 부정이용죄가 적용된다는 것이다.[433] 물론 절도죄와 사기죄 사이에서 형벌의 흠결을 보충하려는 목적이 편의시설 부정이용죄의 입법배경이 되었다는 사실을 부인할 수는 없다. 그러나 편의시설 부정이용죄를 절도죄의 보충적 규정으로 해석하면 절도죄가 성립하는 한도에서 편의시설 부정이용죄의 적용이 배제되어야 하는 문제가 발생한다. 예컨대 자동판매기에서 가짜주화로 물건을 빼내는 행위는 절도죄의 구성요건에 해당하기 때문에 편의시설 부정이용죄의 성립이 부정된다는 것이다.[434] 그러나 이와 같은 해석은 편의시설 부정이용죄의 목적론적 의미에 반한다. 본죄는 부정한 방법으로 자동판매기 등을 이용하여 재물이나 편익 등을 취하는 경미한 범죄행위에 대하여 형벌을 축소하려는 목적도 가지고 있다.[435] 따라서 편의시설을 이용하여 대가를 지불하지 아니하고 재물을 취득하는 행위가 절도죄에 해당할지라도, 이러한 경미한 범죄행위에 대해서는 경한 본죄가 적용되어야 한다. 이러한 점에서 본죄는 절도죄에 대하여 특별관계를 인정해야 한다(통설).

이와 동일한 관점에서 본죄는 컴퓨터 사용사기죄에 대해서도 특별관계를 인정해야 한다.[436] 유료자동설비가 컴퓨터등 정보처리를 통하여 작동하더라도 경미한 범죄인 본죄를 적용해야하기 때문이다. 이에 반하여 본죄와 컴퓨터 사용사기죄를 보충관계로 파악함으로써 컴퓨터 사용사기죄의 성립을 인정하는 견해[437]도 있으며, 자동설비에 설치된 인식기능의 이용인가 또는 정보조작의 경우인가

433) 법무부, 형법개정법률안 제안이유서, 1992, 183면.
434) 독일의 다수설은 이 경우 절도죄의 성립을 인정한다: Vgl. Eser, S-S StGB, § 242 Rdnr. 36 mwN.
435) 형사법개정특별심의위원회 회의록 제45차 소위원회, 298면.
436) 동지, 김성돈, 391면; 김일수/서보학, 371면; 손동권/김재윤, 405면; 임웅, 451면; 진계호/이존걸, 431면.
437) 박상기, 347면; 이형국, 396면; 정성근/박광민, 406면.

에 따라 본죄와 컴퓨터 사용사기죄를 구별하는 견해[438]도 있다. 그러나 이러한 견해들은 형벌을 축소하려는 본죄의 목적론적 의미를 간과한 해석으로 타당하다고 할 수 없다.

5-2. 구성요건

5-2-1. 행위객체

본죄의 행위객체는 재물 또는 재산상 이익이다. 컴퓨터등 사용사기죄가 재산상 이익만을 대상으로 하는 순수한 이득죄로 규정한 반면에, 본죄는 재물과 재산상 이익을 모두 행위객체로 규정함으로써 재물죄인 동시에 이득죄로 규정하였다.

5-2-2. 행 위

본죄의 구성요건적 행위는 자동판매기, 공중전화 기타 유료자동설비를 부정한 방법으로 대가를 지급하지 아니하고 이용하는 것이다.

5-2-2-1. 자동판매기, 공중전화 기타 유료자동설비

유료자동설비는 대가의 지불에 의하여 일정한 물건이나 편익을 제공하는 설비를 말한다. 자동판매기나 공중전화는 유료자동설비의 예시에 지나지 않는다.

본죄는 컴퓨터등 정보처리장치에 해당하지 않는, 즉 독자적인 정보처리능력이 없는 유료자동설비를 함부로 도용하는 행위로 이해하는 것이 일반적이다.[439] 그러나 컴퓨터산업의 발달에 의하여 값싸고 간단한 정보처리장치가 일반에 보급됨으로써 간단한 유료자동설비에도 일정한 정보처리장치가 보편화되었다. 예컨대 신용카드를 이용한 공중전화나 주민등록표의 발급 등이 그것이다. 또한 본질적으로는 자동기기가 전자식인가 또는 기계식인가에 따라 자동기기를 이용한 재산침탈행위의 범죄성격이 달라질 이유가 없다. 따라서 본죄의 유료자동설비를 정보처리능력이 없는 설비로 해석할 수는 없게 되었다. 이러한 점에서 컴퓨터등 정보처리장치에 부정한 명령 등을 입력함으로써 재산상 이익을 취득하는 경우에도 그것이 유료자동설비인 한 컴퓨터 사용사기죄에 대하여 본죄의 특별관계를 인정해야 한다.

부정한 방법으로 대가를 지급하지 아니하고 타인의 전화나 휴대폰을 이용하여 재산상의 이익을 취득하는 경우에도 본죄가 성립할 수 있는지 문제된다. 예컨대 타인의 주거에 침입하거나 타인의 전화선을 연결함으로서 무단으로 일반전화를 사용하는 경우 또는 타인의 휴대폰에 정착된 칩의 특

438) 권오걸, 497면; 동취지, 오영근, 327면; 정영일, 195면.

439) 권오걸, 494면; 박상기, 329면; 오영근, 327면; 이재상/장영민/강동범, 356면; 정성근/박광민, 398면, 404면; 진계호/이존걸, 424면; 이정훈, 편의시설부정이용죄, 컴퓨터 등 사용사기죄와의 관계를 중심으로, 비교형사법연구 제4권 제2호, 2002, 685면; 동취지, 이영란, 364면; 정영일, 195면.

수번호를 복제한 뒤 자신의 휴대폰 칩에 입력시켜 통화요금을 피해자에게 떠넘긴 경우[440] 등이 그러하다. 일단 타인의 일반전화나 타인의 휴대폰을 본죄의 유료자동설비로 해석하기는 곤란하다. 더욱이 이러한 행위양태가 '유료자동설비를 부정한 방법으로 작동시키는 경우'에 포섭될 수도 없다. 따라서 타인의 전화나 휴대폰을 이용하여 재산상의 이익을 취득하는 경우에 본죄의 성립을 인정할 수는 없다.

일반전화나 휴태폰의 통화서비스는 물리적으로 관리가 가능하다. 이와 같은 관리가능한 무채물을 부정사용하는 경우, 이는 관리가능한 무체물의 영득이라기보다 실제로는 비용을 지불하지 아니하고 전화이용공급서비스라는 재산상 이익을 취하는 행위로 판단된다. 이러한 문제는 전기절취의 경우에도 동일하게 발행한다. 전기의 절취도 실제로는 비용을 지불하지 아니하고 전기공급서비스를 취하는 행위라는 점에서 재물의 영득이 아니라 이익의 취득으로 고찰된다. 따라서 이 경우는 전기의 탈취라는 부분이 아니라, 비용을 지불하지 않았다는 부분에 의해서여 재산침해범죄가 발생하고 있다.

입법론적으로는 일정한 공급서비스에 대하여 대가를 지불하지 아니하는 행위를 절도죄가 아니라 편의시설 부정이용죄의 범주에서 해결하는 것이 합리적이라고 판단된다. 즉 유료자동설비 이외에 대가지급에 의하여 서비스를 공급하는 편의시설도 본죄에 포함시킬 필요가 있다. 이와 같은 입법이 이루어진다면 제346조의 재물간주규정도 폐지할 수 있게 되며, 재물개념도 유체물에 한정할 수 있게 될 것이다.

5-2-2-2. 부정한 방법으로 대가를 지불하지 아니함

부정한 방법으로 대가를 지불하지 아니하는 것은 유료자동설비를 부정한 방법으로 작동시키는 것을 의미한다. 따라서 자동판매기 등을 손괴하고 그 안의 물건을 가져가는 경우는 본죄가 아니라 절도죄의 성립이 인정된다. 본죄가 '사기의 죄'의 장에서 규정된 논리체계적 의미나 본죄의 목적론적 의미에서 본죄는 사기죄에서 '피기망자의 착오에 의한 처분행위'와 비례할 수 있는 '유료자동설비를 부정한 방법으로 작동시키는 경우'에 한하여 적용된다고 해석하여야 한다.

부정한 방법으로 대가를 지불하지 아니하는 것은 행위자가 부정한 방법으로 대가를 지불하지 아니하는 것을 의미한다. 따라서 제3자에게 대가지불을 전가하는 방법으로 유료자동설비를 부정이용하는 경우에도 본죄의 성립이 인정되어야 한다.

판례는 절취한 후불식 전화카드를 전화통화에 이용한 경우에 편의시설부정이용죄의 성립을 부정[441]하는 한편, 절취한 타인의 후불식 통신카드를 공중전화기에 넣어 사용한 행위에 대

440) 이 경우 본죄의 성립을 인정하는 견해로는 박상기, 348면 이하; 정영일, 196면. 어떠한 범죄의 성립도 인정될 수 없다는 견해로는 권오걸, 495면; 임웅, 452면 이하.

441) 대법원 2001.9.25, 2001도3625: "타인의 전화카드(한국통신의 후불식 통신카드)를 절취하여 전화통화에 이용한 경우에는

해서 사문서부정행사죄[442]의 성립을 인정하고 있다.[443] 그러나 이 경우에도 공중전화를 부정한 방법으로 작동시켜 부정한 방법으로 대가를 타인에게 전가함으로써 행위자가 대가를 지급하지 아니하고 재산상의 이익을 취득한 것이므로 사문서부정행사죄와 본죄의 상상적 경합이 인정되어야 한다.[444] 이러한 행위는 물론 컴퓨터등 사용사기죄의 '권한 없이 정보를 입력하여 정보처리를 하게 함으로써 재산상 이익을 취득하는 행위'에 포섭될 수 있다. 그러나 본조는 컴퓨터등 사용사기에 해당하는 행위 중에서도 편의시설의 부정이용행위만을 특별히 경하게 처벌하는 특별규정으로 해석하여야 한다.[445] 이러한 해석은 선불카드 등의 자기띠 부분을 변경하여 증액시킴으로써 초과사용하는 경우에도 동일하게 해석된다.[446] 물론 이 경우 선불카드 등의 자기띠 부분을 변경하여 증액시키는 행위는 별도의 사전자기록위작 · 변작죄에 해당한다.

5-2-3. 구성요건적 결과와 주관적 구성요건

본죄는 재물 또는 재산상의 이익을 취득함으로써 성립한다. 제3자로 하여금 재물이나 재산상 이익을 취득하게 하는 경우는 본죄에서 제외되어 있으나, 이 경우를 본죄에서 제외시킬 이유는 없다.

재물이나 재산상의 이익의 취득은 본죄의 구성요건적 결과에 해당한다. 따라서 재물 또는 재산상 이익의 취득으로 본죄는 기수에 이르게 된다. 본죄의 구성요건적 결과와 주관적 구성요건은 사기죄의 그것과 같다.

6. 부당이득죄

부당이득죄는 사람의 궁박한 상태를 이용하여 현저하게 부당한 이익을 취득하거나(제349조 제1항) 제3자로 하여금 부당한 이익을 취득하게 함(동조 제2항)으로써 성립하는 범죄이다. 자유경쟁을 원리로 하는

통신카드서비스 이용계약을 한 피해자가 그 통신요금을 납부할 책임을 부담하게 되므로, 이러한 경우에는 피고인이 '대가를 지급하지 아니하고' 공중전화를 이용한 경우에 해당한다고 볼 수 없어 편의시설부정이용의 죄를 구성하지 않는다."

442) 대법원 2002.6.25, 2002도461: "사용자에 관한 각종 정보가 전자기록되어 있는 자기띠가 카드번호와 카드발행자 등이 문자로 인쇄된 플라스틱 카드에 부착되어 있는 전화카드의 경우 그 자기띠 부분은 카드의 나머지 부분과 불가분적으로 결합되어 전체가 하나의 문서를 구성하므로, 전화카드를 공중전화기에 넣어 사용하는 경우 비록 전화기가 전화카드로부터 판독할 수 있는 부분은 자기띠 부분에 수록된 전자기록에 한정된다고 할지라도, 전화카드 전체가 하나의 문서로서 사용된 것으로 보아야 하고 그 자기띠 부분만 사용된 것으로 볼 수는 없으므로 절취한 전화카드를 공중전화기에 넣어 사용한 것은 권리의무에 관한 타인의 사문서를 부정행사한 경우에 해당한다."

443) 권오걸, 496면; 이재상/장영민/강동범, 363면; 이형국, 395면; 정성근/박광민, 405면; 진계호/이존걸, 430면; 동취지, 오영근, 327면.

444) 동지, 김성돈, 392면; 김성천/김형준, 436면; 박상기, 347면 이하; 정영일, 196면.

445) 이 경우 본죄의 성립을 부정하고 컴퓨터등 사용사기죄의 성립을 인정하는 견해로는 김일수/서보학, 370면; 손동권/김재윤, 405면 이하.

446) 동지, 김성돈, 391면; 김일수/서보학, 370면 이하; 손동권/김재윤, 405면; 오영근, 328면; 임웅, 454면; 진계호/이존걸, 431면.

자본주의 경제체제에서 폭리행위를 일반적으로 처벌할 수는 없으며, 이러한 경우는 일반적으로 사법의 영역에서 무효나 취소권 등을 통하여 해결하게 된다. 그러나 사람의 궁박한 상태를 이용하여 현저하게 부당한 이익을 취하는 경우는 형벌에 의한 금지가 필요하다.

본죄는 사람의 궁박한 상태를 이용하여 현저하게 부당한 이익을 취득함으로써 성립한다. 사람의 '궁박한 상태'는 경제적 곤궁상태 뿐 아니라 정신적 · 육체적 곤궁상태도 포함한다. '부당한 이익'은 급부와 이익 사이에 상당성이 결여된 경우를 말한다. 부당한 이익의 '현저성'은 구체적인 상황에 따라 개별적으로 판단하여야 한다.[447] 사람의 궁박한 상태를 '이용한다' 함은 상대방의 궁핍상태를 이익을 취득하는 수단으로 삼는 것을 말한다.

> 판례[448]는 공동주택 및 판매시설 건축사업의 대상이 된 대지지분 등 부동산의 소유자가 사업자의 매도 제안을 거부하다가 통상 가격의 약 45배의 대금에 이를 매도한 사안에서 부당이득죄의 성립을 부정하고 있다. 소위 알박기 사례와 관련하여 자유시장 경제질서의 범주에서 계약자유의 원칙에 따라 신중하게 판단함으로써 토지소유자의 과도한 매매금액에도 불구하고 부당이득죄의 성립을 부정하는 것이 대법원의 일반적인 입장[449]이다.
>
> 이에 반하여 A건설회사의 공동주택신축사업 계획을 미리 알고 있던 B가 사업부지 내의 토지소유자 C를 회유하여 A와 맺은 토지매매 약정을 깨고 자신에게 이를 매도 및 이전등기하게 한 다음 이를 A에게 재매도하면서 2배 이상의 매매대금과 양도소득세를 부담시킨 사안에서 부당이득죄의 성립을 긍정[450]하였고, "아파트 건설사업에서 토지소유권을 시급히 확보해야 하는 사정을 이용하여, 목적 토지의 공유지분권자인 문중 대표자가 자기 지분에 대해 문중 명의 매매계약과 따로 별도의 매매계약을 체결하고 나머지 지분권자들의 3배 이상의 매매대금을 수령한 사안에서 부당이득죄의 성립을 인정[451]하였다. 또한 주택조합이 피고인 소유의 부동산에 아파트단지를 건축하려는 사정을 알고는 낙찰허가결정까지 이루어진 위 부동산을 공범들로부터 자금을 끌어들여 경매를 취소시킨 후 조합에 거액을 요구하며 협상을 끌다가 결국 사업승인신청이 반려될 위기에 놓인 조합의 궁박한 상태를 이용하여 시가 14억원 상당의 부동산을 32억원에 매도한 경우에 부당이득죄의 성립을 인정하였다.[452] 현저하게 부

447) 대법원 2005.4.15., 2004도1246: "부동산의 매매와 관련하여 피고인이 취득한 이익이 현저하게 부당한지 여부는 우리 헌법이 규정하고 있는 자유시장 경제질서와 여기에서 파생되는 계약자유의 원칙을 바탕으로 피고인이 당해 토지를 보유하게 된 경위 및 보유기간, 주변 부동산의 시가, 가격결정을 둘러싼 쌍방의 협상과정 및 거래를 통한 피해자의 이익 등을 종합하여 구체적으로 신중하게 판단하여야 한다."; 동지, 대법원 2007.12.28., 2007도6441; 대법원 2008.12.11., 2008도7823; 대법원 2009.1.15., 2008도1246; 대법원 2010.5.27., 2010도778.

448) 대법원 2008.12.11, 2008도7823.

449) 대법원 2005.4.15., 2004도1246; 대법원 2005.9.29., 2005도4239; 대법원 2006.9.8., 2006도3366; 대법원 2008.12.11., 2008도7823; 대법원 2009.1.15., 2008도1246; 대법원 2009.1.15., 2008도8577; 대법원 2010.5.27., 2010도778.

450) 대법원 2008.5.29., 2008도2612.

451) 대법원 2007.12.28., 2007도6441.

452) 서울중앙지법 2004.2.17, 2004노412.

당한 이익인지 여부를 판단함에 있어서는 단순히 시가와 이익 사이의 배율로만 판단할 것은 아니고, 이익 자체의 절대적인 액수도 고려하여야 한다는 것을 근거로 하였다.

본죄는 현저하게 부당한 이익을 취득함으로써 성립하는 결과범이며 침해범이다(통설). 이에 반하여 "피해자에게 재산상의 위험이 있으면 족하다"는 입장에서 본죄를 위험범으로 해석하는 견해[453]가 있다. 그러나 본죄의 법문에서는 명백하게 '부당한 이익을 취득한 자'로 규정하고 있다. 따라서 부당한 이익의 취득 없이 본죄의 구성요건해당성이 인정될 수는 없다.

본죄는 미수범을 처벌하지 않는다. 따라서 사람의 궁박한 상태를 이용하여도 부당한 이익을 취득하지 못한 경우는 처벌되지 않는다.

입법론적으로는 본죄의 미수를 처벌할 필요가 있다. 피해자가 궁박한 상태에서 재산손실을 핍박당하고 있는 상황은 형벌로 구제가 필요할 뿐 아니라, 재산손실이 발생한 이후에는 이를 회복하는 것이 불가능하거나 복잡하고 어렵기 때문이다. 또한 본죄의 법정형은 편의시설 부정이용죄에 접근되어 있으나, 준사기죄의 법정형 쪽으로 접근시켜 상향할 필요가 있다. 사람의 궁박한 상태를 이용한 폭리적 착취행위는 편의시설 부정이용죄보다 준사기죄의 불법내용과 유사하기 때문이다.

---

453) 김일수, 한국형법 Ⅲ, 751면 이하; 이재상/장영민/강동범, 364면.

제4절 공갈의 죄

1. 공갈의 죄 일반론

1-1. 의 의

공갈의 죄는 사람을 공갈하여 재물의 교부를 받거나 재산상의 이익을 취득하거나 제3자로 하여금 재물의 교부를 받게 하거나 재산상의 이익을 취득하게 하는 범죄를 말한다. 재물 뿐 아니라 재산상의 이익도 본죄의 행위객체에 포함되므로 재물죄인 동시에 이득죄이다. 공갈죄는 상대방에게 폭행 · 협박을 가한다는 점에서 강도죄와 유사한 구조를 가지게 된다.[454] 다만 강도죄는 폭행 · 협박으로 상대방을 억압하여 재물이나 재산상의 이익을 강취하는 범죄임에 반하여, 공갈죄는 폭행 · 협박으로 상대방의 외포심을 야기하여 처분행위를 하게 한다는 점에서 구별된다.[455] 따라서 공갈죄도 사기죄와 동일하게 상대방의 하자있는 의사에 의한 처분행위를 통하여 재물 내지 재산상 이익을 취득한다는 점에서 편취죄이며, 상대방의 의사에 반하여 재물 등을 탈취하는 탈취죄(절도죄 강도죄)와 구별된다. 이러한 공통적인 특성 때문에 형법은 사기와 공갈의 죄를 제39장에서 함께 규정하고 있다. 다만 사기죄가 기망을 수단으로 하는 반면에 공갈죄는 공갈(폭행협박)을 수단으로 하는 점에서 차이가 있다.

공갈의 죄의 보호법익은 전체로서의 재산권이다. 본죄는 재물의 교부를 받거나 재산상의 이익을 취득함으로써 기수가 되는 침해범이며 결과범이다.

1-2. 구성요건의 체계

[공갈의 죄]

기본적 구성요건 – 공갈죄: 제350조
가중적 구성요건 – 특수공갈죄: 제350조의2; 상습(특수)공갈죄: 제351조

미수범: 제352조 (제350조, 제350조의2, 제351조에 대하여)
자격정지의 병과: 제353조 (제350조, 제350조의2, 제351조에 대하여)
친족상도례: 제354조 (제350조, 제350조의2, 제351조에 대하여)
동력: 제354조 (관리할 수 있는 동력의 재물 간주)

454) 이러한 유사한 구조에 의하여 독일형법은 강도죄와 공갈죄를 제20절 '강도와 공갈의 죄(Raub und Erpressung)'에서 함께 규정하고 있다.

455) 독일형법에서는 강도죄의 행위객체를 동산인 재물로 한정한다는 점에서 형법의 강도죄와 본질적인 차이가 있다. 재산상 이익을 강취하는 경우 형법에서는 강도죄가 되는데 반하여, 독일형법에서는 강도적 공갈죄(독일형법 제255조: Räuberische Erpressung)에 해당한다.

공갈의 죄에서 기본적 구성요건은 제350조의 공갈죄이며, 제350조의2의 특수공갈죄는 행위방법의 위험성에 의하여 불법이 가중된 가중적 구성요건이다. 제351조의 상습공갈죄는 공갈죄와 특수공갈죄에 대하여 책임이 가중된 가중적 구성요건이다. 공갈의 죄에 대하여는 미수범(제352조)이 처벌되며, 친족상도례(제328조)와 동력에 관한 규정(제346조)이 준용된다(제354조). 공갈의 죄에 대하여는 10년 이하의 자격정지가 병과될 수 있다(제353조).

공갈죄는 폭처법의 폭력범죄에 해당한다. 따라서 2인 이상 공동하여 공갈죄를 범한 경우는 폭처법 제2조 제2항 제3호에 의하여 1/2까지 가중한다. 또한 그 이익의 가액에 따라 특경법 제3조의 적용을 받게 되며, 이득액 이하에 상당하는 벌금이 병과될 수 있다.

특수공갈죄는 폭처법의 특수공갈죄가 폐지되면서 개정형법이 신설한 규정이다. 폭처법의 특수공갈죄가 폐지되기 이전에 판례는 흉기휴대 특수공갈죄[456]에 대해서도 명시적 배제규정이 없음을 이유로 친족상도례가 적용된다고 판시하였다. 그러나 폭력범죄 중의 하나인 공갈죄 또는 최소한 특수공갈죄에 대해서는 강도죄와 동등한 차원에서 친족상도례의 적용을 배제하는 입법론적 고려가 필요하다.

2. 공갈죄

2-1. 객관적 구성요건

공갈죄는 사람을 공갈하여 재물의 교부를 받거나 재산상의 이익을 취득하거나, 제3자에게 이를 취득하게 함으로써 성립하는 범죄이다. 공갈죄에서도 ① 폭행 · 협박으로, ② 상대방에게 외포심을 유발하여, ③ 외포심에 의한 처분행위를 하게 함으로써 ④ 피해자에게 재산상 손해를 가하고 이에 의하여 재물의 교부를 받거나 재산상의 이익을 취득하는 일련의 과정이 사기죄의 그것과 일치하고 있다.

본죄의 구성요건적 행위는 공갈이다. 공갈이란 재물의 교부를 받거나 재산상의 이익을 취득하기 위하여 폭행 또는 협박으로 상대방에게 외포심을 일으키게 하는 것을 말한다. 여기서의 폭행 · 협박의 개념은 상대방의 의사나 자유를 제한하는 정도로 족하며, 상대방의 반항을 억압할 정도에 이를 것을 요하지 않는다는 점에서 강도죄의 폭행 · 협박과 구별된다. 공갈죄의 구성요건적 행위인 폭행 · 협박은 강요죄의 그것과 일치하고 있으며, 강요의 내용이 재물의 교부나 재산상 이익의 제공이라는 점에서만 강요죄와 차이가 있다. 이러한 점에서 본죄는 강요죄에 대하여 특별관계에 의한 법

456) 대법원 2010.7.29., 2010도5795: "흉기 기타 위험한 물건을 휴대하고 공갈죄를 범하여 '(구)폭력행위 등 처벌에 관한 법률' 제3조 제1항, 제2조 제1항 제3호에 의하여 가중처벌되는 경우에도 형법상 공갈죄의 성질은 그대로 유지되는 것이고, 특별법인 위 법률에 친족상도례에 관한 형법 제354조, 제328조의 적용을 배제한다는 명시적인 규정이 없으므로, 형법 제354조는 '폭력행위 등 처벌에 관한 법률 제3조 제1항 위반죄'에도 그대로 적용된다."

조경합이 인정된다. 본죄의 폭행개념은 강요죄에서의 그것과 같이 최광의의 폭행으로 이해되어야 한다.[457] 따라서 본죄의 수단인 폭행은 반드시 사람에 대한 유형력의 행사에 제한될 필요는 없으며, 물건에 대한 유형력의 행사일지라도 그것이 사람의 재산처분의 자유를 침해할 정도로 심리적 작용을 가할 수 있다면 공갈의 수단으로 충분하다. 다만 공갈의 수단인 폭행에는 강도죄와의 관계에서 상대방의 반항을 억압할 정도의 강력한 폭행이나 절대적 폭력(vis absoluta)의 행사는 제외된다. 본죄의 협박은 협의의 협박으로서 강요죄의 협박개념과 동일하다. 해악을 고지하여 상대방으로 하여금 공포심을 일으켜야 한다.

본죄에서 폭행 · 협박, 상대방의 공포심 유발 및 공포심에 의한 재산처분행위 사이에는 인과적인 연관관계에 있어야 하며, 이는 사기죄에서의 그것과 동일하다.

본죄는 직접적으로 피해자의 재산상 손해를 초래하는 피공갈자의 재산처분행위가 있어야 성립한다.[458] 여기서의 재산처분행위는 직접 피해자의 재산상 손해를 초래하는 작위, 부작위 또는 수인을 의미한다. 따라서 피공갈자가 범인의 폭행 · 협박으로 야기된 공포심에 의하여 범인의 직접적인 재물취거행위를 묵인하는 경우에도 본죄의 재산처분행위가 될 수 있다. 그러나 범인의 재물취거행위에 대한 묵인이 폭행 · 협박에 의하여 반항을 억압당한 결과로서 피공갈자의 재산처분행위로 평가될 수 없는 경우에는 본죄가 아니라 강도죄가 성립하게 된다.

> 이에 관하여 "사기죄와 달리 공갈죄에서는 반드시 피공갈자의 재산처분행위와 피해자의 재산상 손해 사이의 직접성이 요구될 필요가 없다"는 견해[459]가 있다. 그러나 피공갈자의 재산처분행위에 의하여 직접 야기된 손해가 아니라면 그 손해는 공갈죄에 의한 손해로 평가될 수 없다. 따라서 재산처분행위와 재산상 손해 사이의 직접성은 당연히 요구된다. 다만 여기서는 "범인의 직접적인 재물취거행위를 묵인하는 경우가 피공갈자의 재산처분행위로 평가될 수 있는지"가 문제될 뿐이다.[460]

본죄의 구성요건적 결과는 공갈에 의하여 재물의 교부를 받거나 재산상의 이익을 취득하는 것이다. 이러한 재산상의 이익은 피공갈자의 재산처분행위에 의한 피해자의 재산상 손해와 소재의 동질성이 인정되어야 한다. 공갈죄의 성립에서 재산상의 손해가 필요하지 않다는 견해[461] 도 있으나, 재산상의 손해가 결여된 재산범죄는 그 자체로 모순이다(통설). 이러한 구성요건적 결과는 사기죄의 그것과 동일하다.

---

457) 이에 대하여는 상기 '제2장, 제2절 2-3-1. 강요의 수단(폭행 · 협박)' 참조.

458) 김성돈, 400면; 김성천/김형준, 445면; 김일수/서보학, 378면; 박상기, 356면 이하; 배종대, 371면 이하; 손동권/김재윤, 414면; 이형국, 404면; 정성근/박광민, 415면 이하.

459) 강구진 I, 340면; 이재상/장영민/강동범, 381면 이하.

460) 동지, 박상기, 356면 이하; 정성근/박광민, 415면 이하.

461) 백형구, 195면; 오영근, 336면; 정영일, 201면 이하.

2-2. 주관적 구성요건

본죄의 주관적 구성요건요소의 구조도 사기죄의 그것과 동일하다. 본죄의 구성요건은 사람을 공갈하여 재물의 교부를 받거나 재산상의 이익을 취득하려는 인식과 의사, 즉 공갈의 고의를 요한다.

본죄는 초과주관적 구성요건요소로서 불법이득의 의사를 요한다. 본죄에서도 재산상 이익의 취득이 객관적 구성요건요소가 되기 때문에, "본죄의 고의와 불법이득의 의사는 일부분이 중첩되어 있다"는 점과 "이에 따라 불법이득의 의사는 이득의 불법에 관하여만 의미가 있다"라는 점은 사기죄에서 설명한 내용과 동일하다.[462] 또한 상대방의 처분행위로 재물을 교부받은 경우는 "종래의 권리자의 지위를 배제한다"는 영득의사의 소극적 요소가 인정될 수 없다. 따라서 사기죄에서와 동일하게 공갈죄에서도 초과주관적 구성요건요소로서 불법영득의사는 요구될 수 없으며, 이는 불법이득의사의 하나로 파악되어야 한다.

불법이득의 의사는 정당한 권한 없이 재물의 교부를 받거나 재산상의 이익을 취득하려는 의사를 의미하며, 재물의 교부를 받거나 재산상 이익을 취득할 정당한 권한이 있는 경우에는 불법이득의 의사가 부정된다. 따라서 정당한 권리행사로서 상대방을 공갈하여 재물의 교부를 받거나 재산상의 이익을 취득한 경우에는 공갈죄의 성립이 부정된다. 타인의 재산권을 침해하지 아니하는 경우를 재산범죄로 처벌할 수는 없기 때문이다. 이 경우는 폭행 · 협박죄 내지 강요죄[463]의 성립이 인정될 수 있다.[464]

이에 반하여 "정당한 권리의 행사인 경우에도 그 권리실행의 수단 · 방법이 사회통념상 허용되는 범위를 초과하는 때에는 공갈죄의 성립을 인정해야 한다"는 견해[465]가 있다. 판례[466]도 동일한 입장이다. 그러나 이러한 입장은 실질적으로 타인의 재산권을 침해하지 아니하는 재산범죄를 인정하기 때문에 타당하다고 할 수 없다. 특히 불법이득의 의사를 본죄의 초과주관적 구성요건요소로 인정한다면, 이득의 불법이 부정됨으로써 공갈죄의 불법내용을 갖추지 못한 경우를 공갈죄로 처벌할 수는 없다.

> 여기서 정당한 권리행사라 함은 재물이나 재산상 이익에 대하여 '이의 없는 청구권'에 의한 정당한 권한이 인정되는 경우를 말한다. 재물이나 재산상 이익의 청구권에 관하여 다툼이

---

462) 이에 관하여는 상기 '제5장, 제3절, 2-5. 주관적 구성요건' 참조.

463) 타인의 재산권을 침해하지 아니하고 의사활동의 자유를 침해하는 권리행사를 방해하거나 의무 없는 일을 하게 하는 것은 가능하며, 이 경우 강요죄가 성립할 수 있다.

464) 권오걸, 510면; 김성천/김형준, 448면; 김일수/서보학, 380면; 박상기, 358면 이하; 이영란, 376면; 이재상/장영민/강동범, 383면; 이형국, 404면; 임웅, 465면; 진계호/이존걸, 443면. 다만 배종대, 374면은 이 경우 공갈죄의 고의를 부정함으로써 동일한 결론에 이르고 있다.

465) 김성돈, 402면; 김일수, 한국형법 III, 761면; 백형구, 197면; 손동권/김재윤, 417면; 오영근, 337면; 정성근/박광민, 419면; 정영일, 202면; 조준현, 455면.

466) 대법원 1984.3.27., 83도3204; 대법원 1990.3.27., 89도2036; 대법원 1991.11.26., 91도2344; 대법원 1996.9.24., 96도2151; 대법원 2000.2.25., 99도4305.

있음에도 불구하고 이를 폭행 · 협박으로 확보하는 것은 당연히 공갈죄에 해당한다. 판례는 재물이나 재산상 이익에 대하여 아무런 권한이 없음에도 불구하고 권한을 빙자하여 공갈죄를 범한 사안[467]에 대해서도 "권리행사를 빙자하여 협박을 수단으로 상대방을 겁을 먹게 하였고 권리실행의 수단 방법이 사회통념상 허용되는 정도나 범위를 넘는다면 공갈죄가 성립한다"고 판시하고 있다.

2-3. 다른 범죄와의 관계

기망과 공갈의 두 가지 수단을 병용하여 재물의 교부를 받거나 재산상의 이익을 취득한 경우는 객관적인 처분행위자의 의사형성에 대한 작용을 기준으로 사기죄와 공갈죄의 성립이 구별된다. 이에 따라 기망이 효과 있는 공갈의 수단으로 사용되어 상대방이 외포심에서 재산처분행위를 한 경우는 공갈죄만 성립하며, 공갈이 단지 기망의 수단이 된 경우는 사기죄의 성립만이 인정된다. 기망과 공갈이 각각 독자적으로 작용하여 상대방의 재산처분행위가 있었던 경우에는 공갈죄와 사기죄의 상상적 경합이 인정된다.

공무원이 상대방을 공갈하여 재물의 교부를 받은 경우는 직무관련성의 여부에 따라 공갈죄와 수뢰죄의 상상적 경합이 되거나 공갈죄만 성립하게 된다. 장물을 갈취한 경우에는 공갈죄만 성립하고 장물죄는 성립하지 않는다(통설). 이 경우 공갈죄와 장물죄의 상상적 경합을 인정하는 견해[468]도 있다. 그러나 장물죄는 장물범과 이전 점유자 사이의 합의에 의한 공동작용이어야 하므로, 이 경우는 장물죄의 성립이 부정된다.

467) 대법원 1991.12.13., 91도2127; 대법원 1993.9.14., 93도915; 대법원 1996.3.22., 95도2801; 대법원 2007.10.11., 2007도6406.
468) 권오걸, 513면; 백형구, 196면.

제5절 횡령의 죄

1. 횡령의 죄 일반론

1-1. 의 의

횡령죄는 타인의 재물을 보관하는 자가 그 재물을 횡령하거나 반환을 거부하는 것을 내용으로 하는 범죄이다. 본죄의 행위객체는 재물에 한정되며, 재산상 이익은 제외된다. 따라서 본죄는 순수한 재물죄이다. 또한 본죄는 재물을 횡령하거나 반환을 거부함으로써 타인의 재물에 대한 소유권을 침해하는 영득범죄에 해당한다. 이러한 점에서 본죄는 절도죄와 공통점을 가지고 있다.[469] 따라서 본죄의 보호법익은 재물의 소유권이다. 법익의 보호의 정도에 관하여는 본죄를 추상적 위험범으로 해석하는 견해[470]도 있으나, 본죄는 미수범을 처벌할 뿐 아니라, 타인의 재물을 횡령하거나 반환을 거부하면 불법영득을 인정해야 하므로 침해범설[471]이 타당하다.

본죄와 절도죄는 재물에 대한 타인의 소유권을 침해하는 영득범죄라는 점에서 공통점이 있다. 그러나 절도죄가 재물에 대한 타인의 점유를 제거하는 방법으로 소유권을 침해하는 반면에, 횡령죄는 자기가 보관하는 타인의 재물을 횡령하거나 반환을 거부함으로써 타인의 소유권을 침해하는 죄이다. 따라서 본죄는 절도죄에 비하여 타인의 소유권침해에 대한 위험성의 정도가 강하다고 한다. 본죄는 타인의 재물을 자신이 보관하고 있으므로 재물에 대한 타인점유 제거라는 과정이 불필요하다는 것이다. 그럼에도 불구하고 형법은 본죄를 절도죄에 비하여 경하게 처벌하고 있는데, 형법이 횡령죄를 절도죄에 비하여 경하게 처벌하는 이유는 자신이 점유하는 재물을 영득하는 것이므로 그 방법이 평화적일 뿐 아니라 그 동기가 유혹적이라는 점에 있다고 한다.[472] 그러나 형법은 횡령죄와 배임죄를 '횡령과 배임의 죄'의 장에서 함께 규정하고 있다. 이는 횡령죄와 배임죄가 신임관계를 배반하는 죄라는 점에서 공통적인 특성이 있기 때문이다. 그렇다면 신임관계를 배반하는 횡령죄가 절도죄에 비하여 결코 경한 범죄로 평가될 이유는 없다. 이에 대해서는 입법론적 재고를 요한다.

형법은 신임관계를 배반하는 죄라는 공통적인 특성에 의하여 횡령죄와 배임죄를 동일한 조문에서 함께 규정하고 있다. 다만 횡령죄의 객체가 재물임에 반하여 배임죄의 객체는 재산상의 이익이다. 이러한 점에서 횡령죄와 배임죄를 특별법과 일반법의 관계로 파악하는 것이 일반적인 학설의

469) 독일형법은 절도죄와 횡령죄가 영득범죄라는 공통적인 특징에 의하여 '제19절 절도와 횡령의 죄(Diebstahl und Unterschlagung)'에서 이들을 함께 규정하고 있다.

470) 김성천/김형준, 455면; 박상기, 362면; 이영란, 380면; 이재상/장영민/강동범, 388면; 임웅, 470면; 정영일, 204면.

471) 권오걸, 515면; 김성돈, 407면; 김일수/서보학, 285면; 배종대, 377면; 백형구, 200면; 오영근, 342면; 이형국, 411면; 정성근/박광민, 426면; 조준현, 457면; 진계호/이존걸, 449면.

472) 이영란, 380면; 이재상/장영민/강동범, 388면; 동취지, 권오걸, 514면; 김성돈, 406면; 진계호/이존걸, 448면.

입장이다(통설). 그러나 횡령죄는 영득범죄로서의 특성 때문에 배임죄의 특별법으로 해석될 수는 없다. 형법상 신임관계를 배반하는 죄는 횡령죄와 배임죄로 양분되어 있다. 따라서 두 범죄는 상호간에 보충관계가 인정된다.[473]

이와 같이 횡령죄는 영득범죄로서의 특성과 신임관계를 배반하는 죄로서의 성질을 모두 가지고 있다. 그러나 종래에는 "횡령죄의 본질적인 특성(본질)이 무엇인가"에 관하여 월권행위설과 영득행위설의 대립이 있었다. 월권행위설[474]은 '물건에 대한 권한을 초월하여 위탁에 의한 신임관계를 깨뜨리는 행위'를 횡령죄의 본질로 파악함으로써 "횡령죄의 성립에 불법영득의 의사가 필요하지 않다"고 이해하였다. 현재는 이러한 월권행위설을 지지하는 학자가 없다. 타인의 소유권을 침해하는 영득범죄로서의 특성을 횡령죄에서 배제시킬 수는 없기 때문이다.

1-2. 구성요건의 체계

[횡령의 죄]

기본적 구성요건 – 횡령죄: 제355조 제1항
가중적 구성요건 – 업무상횡령죄: 제356조
독립적 구성요건 – 점유이탈물횡령죄: 제360조

미수범: 제359조 (제355조 제1항과 제356조에 대하여)
자격정지의 병과: 제358조 (제355조 제1항과 제356조에 대하여)
친족상도례: 제361조 (모든 횡령의 죄에 대하여)
동력: 제361조 (관리할 수 있는 동력의 재물 간주)

횡령의 죄에서 기본적 구성요건은 제355조 제1항의 횡령죄이며, 제356조의 업무상횡령죄는 불법이 가중된 가중적 구성요건이다. 제360조의 점유이탈물횡령죄는 위탁에 의한 신임관계를 배신하는 죄로서의 특성이 없으므로 횡령죄와는 독립된 독립적 구성요건에 해당한다.

독일형법 제246조는 횡령죄(Unterschlagung)를 타인의 재물을 영득하는 범죄로 규정하고 있으며, 동조 제2항에서는 그 재물이 위탁물일 경우를 가중하여 처벌하고 있다. 이러한 구조에서 위탁물횡령죄는 가중적 구성요건에 해당하게 된다. 형법의 횡령죄는 독일형법의 가중적 횡령죄인 위탁물횡령죄와 일치하고 있다. 따라서 형법의 해석에서 "점유이탈물횡령죄가 횡령죄의 감경적 구성요건이 아닌가"하는 의문이 제기될 수 있다. 그러나 독일형법과 규정의 구

473) 횡령죄가 성립하면 배임죄가 성립할 여지가 없으며, 배임죄가 성립하면 횡령죄가 성립할 여지가 없게 된다.
474) 정영석, 373면.

조가 다른 형법에서 이러한 해석은 불가능하다. 종래에는 점유이탈물횡령죄를 횡령죄의 감경적 구성요건으로 이해하는 견해[475]도 있었으나, 현재는 점유이탈물횡령죄를 독립적 구성요건으로 보는 것이 이론 없는 학설의 입장이다. 점유이탈물횡령죄에는 횡령죄의 기본적 구성요건의 내용이 포함되어 있지 않다는 점에서 독립적 구성요건으로 보아야 한다.

횡령죄와 업무상횡령죄에 대하여는 미수범(제359조)이 처벌되며, 10년 이하의 자격정지가 병과(제358조)될 수 있다. 그러나 점유이탈물횡령죄에 대하여는 미수범 처벌규정과 자격정지 병과규정이 적용되지 않는다. 횡령죄와 업무상횡령죄 및 점유이탈물횡령죄에 대하여는 친족상도례(제328조)와 동력에 관한 규정(제346조)이 준용된다(제361조).

횡령죄와 업무상횡령죄는 그 이익의 가액에 따라 가중하여 처벌하는 특경법 제3조의 적용을 받는다. 또한 동조 제2항에 의하여 이득액 이하에 상당하는 벌금이 병과될 수 있다.

2. 횡령죄

횡령죄는 자기가 점유하는 타인의 재물을 횡령하거나 반환을 거부함으로써 타인의 재물에 대한 소유권을 침해하는 범죄이다. 따라서 횡령죄는 영득범죄라는 점에 그 본질적 특성이 있다.

2-1. 객관적 구성요건

2-1-1. 행위주체

본죄는 행위주체가 타인의 재물을 보관하는 자에 한정된 신분범이다. 여기서의 보관에는 제360조의 점유이탈물횡령죄와의 관계에 의하여 타인의 점유를 이탈한 타인의 재물을 보관하는 경우는 제외된다. 따라서 본죄의 행위주체는 '위탁관계에 의하여 타인의 재물을 보관하는 자'로 한정된다.

2-1-1-1. 보관

본죄의 보관은 동산인 재물에 관한 한 기본적으로 절도죄에서 설명한 형법상의 점유개념과 동일하게 이해될 수 있다. 따라서 민법상 점유를 가지지 못하는 점유보조자도 보관자가 될 수 있다. 그러나 절도죄에서의 점유가 행위객체로서의 의미를 가지는데 반하여, 본죄의 점유는 신분요소로서의 기능을 한다. 또한 본죄에서는 동산의 보관 뿐 아니라 부동산의 보관도 문제가 된다. 따라서 여

475) 유기천(상), 269면.

기서의 보관은 위탁관계에 의한 점유에 제한되는 한편, 사실상의 재물지배 뿐 아니라 법률상의 지배를 포함한다는 점에서 절도죄에서의 점유와 차이가 있다. 절도죄에서는 점유가 (절취)행위의 대상이 된다는 점에서 사실상의 재물지배에 제한되지만, 본죄에서의 점유는 신분요소로서의 기능을 한다는 점에서 '사실상의 재물에 대한 처분의 지위'를 기준으로 결정된다.

2-1-1-1-1. 동산인 재물의 보관

위탁관계에 의하여 동산인 재물을 사실상 지배하고 있는 경우는 본죄의 보관에 해당한다. 이에 관하여는 절도죄에서의 점유개념과 일치하고 있다. 다만 예금통장이나 창고증권의 소지인은 비록 재물에 대한 사실상의 지배가 없어도 예금이나 증권에 들어 있는 재물을 자유롭게 처분할 수 있는 지위에 있을 경우[476] 재물에 대한 법률상의 지배를 가지게 된다. 따라서 이 경우도 본죄의 보관자에 해당하게 된다.

2-1-1-1-2. 부동산의 보관

부동산인 재물의 보관은 동산의 경우와는 달리 그 부동산에 대한 사실상의 재물지배를 기준으로 할 것이 아니라 '사실상 재물에 대한 처분의 지위', 즉 법률상의 지배를 기준으로 결정된다.[477] 따라서 부동산의 보관자는 원칙적으로 등기부상의 등기명의인이다. 그러나 등기명의인이 아니어도 미등기건물에 대해서는 위탁관계에 의하여 현실로 부동산을 관리 · 지배하는 자[478]가 보관자에 해당하며, 소유명의자의 위임에 의하여 현실로 부동산을 관리 · 지배하는 자[479]도 본죄의 보관자에 해당할 수 있다. 미성년자의 친권자나 후견인도 미성년자 소유의 부동산을 용이하게 처분할 수 있는 법률상의 권한에 의하여 당해 부동산에 대한 보관자가 된다. 이는 차량 등과 같이 등록이 필요한 동산에 있어서도 동일하다.

> 종래 판례 [480]는 횡령죄에서 차량 등과 같이 소유권의 취득에 등록이 필요한 동산의 보관은 차량 등에 대한 사실상의 점유 여부가 아니라 등록에 의하여 차량 등을 제3자에게 법률상

476) 대법원 2014.2.27., 2011도832는 "사무적으로 관리가 가능한 채권이나 그 밖의 권리 등은 재물에 포함된다고 해석할 수 없다"고 하여 대우건설이 한화시스템윈스 앞으로 착오로 중복 발행한 2차 전자채권을 국민은행으로부터 할인받은 후 한화시스템윈스의 국민은행계좌에 입금된 할인금을 인출한 사안에서 횡령죄의 성립을 부정하였다. 그러나 이와 같이 행위자가 전자채권의 재물을 자유롭게 처분할 수 있었다면 그 재물의 보관자로 보는 것이 타당하다.

477) 대법원 1996.1.23., 95도784; 대법원 2000.4.11., 2000도565; 대법원 2004.5.27., 2003도6988; 대법원 2005.6.24., 2005도2413; 대법원 2007.5.31., 2007도1082; 대법원 2010.6.24., 2009도9242; 대법원 2013.2.21., 2010도10500; 대법원 2013.5.9., 2013도2857.

478) 대법원 1990.3.23., 89도1911: "건축허가명의를 수탁받은 회사의 실질적 경영자는 소유권보존등기가 되지 않은 신축건물의 보관자로서 횡령죄의 주체가 된다."; 동지, 대법원 1993.3.9, 92도2999.

479) 대법원 2010.1.28., 2009도1884: "등기부상 소유명의인의 '배우자'로서 소유명의인의 위임에 의하여 그 부동산의 실질적인 지배 · 관리권 및 대외적인 처분권을 갖고 있는 경우, 횡령죄의 주체인 '부동산의 보관자'에 해당한다."

480) 대법원 1978.10.10., 78도1714; 대법원 2006.12.22., 2004도3276.

유효하게 처분할 수 있는 권능 유무에 따라 결정하여야 한다고 판시하였다. 그러나 대법원은 전원합의체 판결[481]로 "소유권의 취득에 등록이 필요한 타인 소유의 차량을 인도받아 보관하고 있는 사람이 이를 사실상 처분하면 횡령죄가 성립하며, 그 보관 위임자나 보관자가 차량의 등록명의자일 필요는 없다"고 하여 종래의 입장을 변경하였다.

그러나 부동산의 임차인은 타인의 부동산을 사실상 지배하고 있지만 이를 현실적으로 처분할 지위에 있는 자는 아니므로 당해 부동산의 보관자가 될 수 없다. 단순히 등기서류만을 보관하고 있는 자도 당해 부동산에 대한 법률적 지배는 인정되지 않는다. 또한 부동산에 대한 처분권능이 없는 자도 당해 부동산의 보관자가 될 수 없다.[482] 부동산에 대한 처분권능이 없는 자가 이를 처분하는 행위는 사기죄에 해당할 수 있다.

① 판례[483]는 처음에 명의신탁부동산이 대외관계에서 수탁자의 소유라는 이유로 횡령죄의 성립을 부정하였으나, 그 이후 전원합의체 판결[484]로 이전의 입장을 변경하여 명의신탁의 경우에 수탁자를 당해 부동산의 보관자로 판단함으로써 횡령죄의 성립을 인정해오고 있다.[485] 명의신탁의 경우 대내관계에서는 수탁자가 보관하는 신탁자의 재물이라는 것을 이유로 한다. 이러한 판례의 입장은 '부동산 실권리자명의 등기에 관한 법률(부동산실명법)'의 시행에 의해서 더욱 분명한 지지를 받을 수 있게 되었다. 부동산실명법에 의하여 동법의 적용에서 예외가 인정되는 경우, 예컨대 매도담보나 신탁법 · 자본시장법에 의한 신탁부동산 등의 경우(동법 제2조 제1호 단서) 또는 종중부동산이나 배우자소유 부동산의 경우(동법 제8조)에 있어서 등기명의인은 당해부동산의 보관자가 된다. 또한 부동산실명법 제4조는 명의신탁약정의 효력에 관하여, 명의신탁약정(동조 제1항)과 명의신탁약정에 따라 행하여진 등기에 의한 부동산에 관한 물권변동을 무효로 하며(동조 제2항), 그러나 이러한 무효를 제3자에게 대항하지 못하도록(동조 제3항) 규정하고 있다. 즉 부동산명의신탁의 경우 대내관계에서는 타인의 재물인 신탁부동산에 대해서 대외관계에

481) 대법원 2015.6.25., 2015도1944 전원합의체 판결: 지입회사에 소유권이 있는 차량에 대하여 지입회사로부터 운행관리권을 위임받은 지입차주가 지입회사의 승낙 없이 그 보관 중인 차량을 사실상 처분하거나 지입차주로부터 차량 보관을 위임받은 사람이 지입차주의 승낙 없이 그 보관 중인 차량을 사실상 처분한 경우; 동지, 대법원 2013.12.12., 2012도16315: 피해자 소유 차량을 이용하여 차량대여 대행업소를 운영하던 중 형사사건으로 체포 · 구금되자, 투자자인 피고인에게 위 차량대여 대행업소 운영에 관한 권한을 위임하였고, 이를 기화로 피해자 소유 차량을 그의 사무실이 있는 건물의 지하주차장으로 이동시킨 후, 피해자의 직원들로부터 차량을 돌려달라는 요구를 받고도 반환을 거절한 경우.

482) 대법원 2000.4.11., 2000도565: "부동산을 공동으로 상속한 자들 중 1인이 부동산을 혼자 점유하던 중 다른 공동상속인의 상속지분을 임의로 처분하여도 그에게는 그 처분권능이 없어 횡령죄가 성립하지 아니한다."; 대법원 2004.5.27., 2003도6988: "지하주차장의 공유자 중 1인이 다른 공유자의 지분을 임의로 임대하고 그 임차료를 임의로 소비한 경우, 그에게는 그 처분권능이 없어 횡령죄가 성립하지 아니한다."

483) 대법원 1970.8.31., 70도1434.

484) 대법원 1971.6.22., 71도740 전원합의체 판결.

485) 대법원 1987.12.8., 87도1690; 대법원 1999.11.26., 99도2651; 대법원 2002.2.22., 2001도6209; 대법원 2008.2.29., 2007도11029; 대법원 2009.8.20., 2008도12009; 대법원 2010.1.28., 2009도1884; 대법원 2010.9.30., 2010도8556; 대법원 2013.2.21., 2010도10500; 대법원 2013.5.9., 2013도2857.

서는 명의수탁자가 유효한 법률상의 지배를 하게 된다. 따라서 명의신탁부동산을 수탁자가 임의로 처분한 행위는 횡령죄에 해당한다.

② 다만 부동산실명법 제4조 제2항 단서에 의하여 소위 선의의 계약명의신탁의 경우[486]에는 당해 부동산에 대한 물권변동이 유효한 반면에, 신탁자와 수탁자 사이의 명의신탁 약정은 무효가 된다. 이러한 경우에 수탁자는 전소유자인 매도인 뿐 아니라 신탁자에 대한 관계에서도 유효하게 당해 부동산의 소유권을 취득하게 된다. 따라서 수탁자는 타인의 재물을 보관하는 자라고 볼 수 없으므로 횡령죄는 성립하지 않는다.[487] 이와 같은 소위 계약명의신탁에서는 매도인이 악의인 경우에도 횡령죄는 성립하지 않는다. 이 경우 명의신탁자는 부동산매매계약의 당사자가 되지 않으며, 명의신탁약정은 부동산실명법 제4조 제1항에 의하여 무효가 되므로, 당해 부동산의 소유권은 매도인이 그대로 보유하게 된다. 즉 명의신탁자는 다른 특별한 사정이 없는 한 부동산 자체를 매도인으로부터 이전받아 취득할 수 있는 권리 기타 법적 가능성을 가지지 못한다. 따라서 이 경우 명의수탁자는 명의신탁자에 대한 관계에서 횡령죄에서의 '타인의 재물을 보관하는 자'에 해당하지 않는다.[488]

③ 계약명의신탁과는 달리 중간생략등기형 명의신탁에서 수탁자가 신탁부동산을 임의처분한 경우에 종래 대법원[489]은 횡령죄의 성립을 인정하였으나, 전원합의체 판결[490]로 입장을

486) 부동산의 소유자가 신탁자와 수탁자 사이의 부동산명의신탁약정을 알지 못하고 명의수탁자를 계약당사자로 하여 소유권이전등기를 경료해 준 경우.

487) 대법원 2000.3.24., 98도4347; 대법원 2006.9.8., 2005도9733; 대법원 2009.9.10., 2009도4501; 대법원 2010.11.11., 2008도7451.

488) 대법원 2012.12.13., 2010도10515: "명의신탁자와 명의수탁자가 이른바 계약명의신탁약정을 맺고 명의수탁자가 당사자가 되어 그러한 명의신탁약정이 있다는 사실을 알고 있는 소유자로부터 부동산을 매수하는 계약을 체결한 후 그 매매계약에 따라 명의수탁자 앞으로 당해 부동산의 소유권이전등기가 행하여졌다면 '부동산 실권리자명의 등기에 관한 법률' 제4조 제2항 본문에 의하여 명의수탁자 명의의 소유권이전등기는 무효이고 당해 부동산의 소유권은 매도인이 그대로 보유하게 된다. 나아가 그 경우 명의신탁자는 부동산매매계약의 당사자가 되지 아니하고 또 명의신탁약정은 위 법률 제4조 제1항에 의하여 무효이므로, 그는 다른 특별한 사정이 없는 한 부동산 자체를 매도인으로부터 이전받아 취득할 수 있는 권리 기타 법적 가능성을 가지지 못한다. 따라서 이때 명의수탁자가 명의신탁자에 대한 관계에서 횡령죄에서의 '타인의 재물을 보관하는 자'의 지위에 있다고 볼 수 없다. 한편 부동산매매계약에 있어서 매수인이 된 사람이 비록 제3자와의 약정에 기하여 계약자 명의를 제공한 것이라고 하더라도 다른 특별한 사정이 없는 한 그와 같은 명의 대여의 약정은 그들 사이의 내부적인 관계에 불과하고 자신의 명의로 위 계약을 체결한 사람이 매매당사자가 된다고 할 것이다."; 동지, 대법원 2000.3.24., 98도4347; 대법원 2012.2.23., 2011도15857; 대법원 2012.11.29., 2011도7361; 대법원 2016.8.24., 2014도6740.

489) 대법원 2001.11.27., 2000도3463; 대법원 2002.2.22., 2001도6209; 대법원 2002.8.27., 2002도2926; 대법원 2003.5.16., 2002도619; 대법원 2005.3.24., 2004도1789; 대법원 2008.2.29., 2007도11029; 대법원 2008.4.10., 2008도1033; 대법원 2010.1.28., 2009도1884; 대법원 2010.9.30., 2010도8556.

490) 대법원 2016.5.19., 2014도6992 전원합의체 판결: "부동산을 매수한 명의신탁자가 자신의 명의로 소유권이전등기를 하지 아니하고 명의수탁자와 맺은 명의신탁약정에 따라 매도인에게서 바로 명의수탁자에게 중간생략의 소유권이전등기를 마친 경우, 부동산실명법 제4조 제2항 본문에 의하여 명의수탁자 명의의 소유권이전등기는 무효이고, 신탁부동산의 소유권은 매도인이 그대로 보유하게 된다. 따라서 명의신탁자로서는 매도인에 대한 소유권이전등기청구권을 가질 뿐 신탁부동산의 소유권을 가지지 아니하고, 명의수탁자 역시 명의신탁자에 대하여 직접 신탁부동산의 소유권을 이전할 의무를 부담하지는 아니하므로, 신탁부동산의 소유자도 아닌 명의신탁자에 대한 관계에서 명의수탁자가 횡령죄에서 말하는 '타인의 재물을 보관하는 자'의 지위에 있다고 볼 수는 없다."; 동지, 대법원 2016.5.26., 2015도89; 대법원 2016.8.24., 2014도6740.

변경하여 횡령죄의 성립을 부정하였다. 명의신탁자와 수탁자 사이에 존재하는 사실상의 위탁관계라는 것은 부동산실명법에 반하여 범죄를 구성하는 불법적인 관계에 지나지 아니할 뿐 이를 형법상 보호할 만한 가치 있는 신임에 의한 것이라고 할 수 없으며, 부동산실명법에 위반하여 무효인 명의신탁약정을 근거로 명의신탁자를 수탁자와의 관계에서 사실상 내지 실질적 소유권자로 형법이 보호하는 것은 부동산실명법의 규정과 취지에 명백히 반하여 허용될 수 없다고 한다. 또한 중간생략등기형 명의신탁은 매도인이 계약명의신탁약정을 알고 있는 악의의 계약명의신탁과 현실적으로도 구별이 거의 불가능하다고 한다. 대법원 전원합의체 판결의 이와 같은 근거는 모두 그 타당성이 인정된다. 다만 이러한 대법원의 입장이라면 부동산실명법에서 예외를 인정하는 경우 이외에는 모두가 부동산실명법에 반하는 불법한 명의신탁약정이므로 횡령죄의 보호대상이 되는 신임관계가 부정되어야 할 것이다. 대법원은 부동산실명법 위반의 명의신탁에서 수탁자가 신탁부동산을 임의처분한 경우 횡령죄의 성립 여부가 결정되는 기준이 무엇인지 분명히 할 필요가 있다. 즉 '당사자 사이에서 부동산에 대한 사무편의를 위한 ① 일반명의신탁의 경우' 신탁부동산을 임의처분한 수탁자에 대하여 횡령죄의 성립을 긍정하는 기준과 '부동산거래에서 ② 악의 또는 선의의 계약명의신탁과 ③ 중간생략등기형 명의신탁의 경우' 신탁부동산을 임의처분한 수탁자에 대하여 횡령죄의 성립을 부정하는 기준에 대한 명확한 근거와 경계설정이 요구된다. 부동산실명법이 부동산투기나 세금포탈 목적의 명의신탁 부동산을 수탁자가 횡령하는 것을 방치하는 것은 온당치 못하다. 부동산투기나 세금포탈 목적의 명의신탁 부동산소유자에 대해서는 이에 대한 법적 제재를 고려해야 하며, 부동산실명법은 부동산실명제 위반행위를 처벌함으로써 만족해야 한다.

원인무효인 소유권이전등기의 등기명의자로서 그 부동산을 법률상 유효하게 처분할 수 있는 지위에 있지 아니한 자는 횡령죄의 주체인 타인의 재물을 보관하는 자에 해당하지 않는다.[491] 또한 농가 A와 비농가 B가 농지를 공동매수하여 농가인 A 단독명의로 소유권이전등기를 한 경우에 비농가 B는 농지개혁법상 농지를 취득할 수 없으므로 농가 A는 비농가 B의 농지 공유지분권을 보관하고 있다고 할 수 없으며, 따라서 농가 A가 농지를 임의처분하였어도 횡령죄를 구성하지 않는다.[492] 그러나 농지의 명의신탁자가 농지매매증명을 발급 받을 수 있게 된 이후에 수탁자가 그 농지를 임의로 처분하면 횡령죄가 성립하게 된다.[493]

부동산의 소유명의 및 관리를 위탁받은 자가 자기명의로의 소유권이전등기를 생략한 채

491) 대법원 1987.2.10., 86도1607; 대법원 1989.2.28., 88도1368; 대법원 2007.5.31., 2007도1082; 대법원 2010.6.24., 2009도9242.

492) 대법원 1982.2.9., 81도2936; 대법원 1991.10.22., 91도1397; 대법원 1992.4.10., 91다34127.

493) 대법원 1998.7.28., 97도3283: "신탁자가 명의신탁약정 당시 농지매매증명을 발급 받을 수 없어 그 농지를 매수할 수 없었다 하더라도 그 후 농지매매증명을 발급 받을 수 있게 되었다면 수탁자에 대하여 명의신탁을 해지하고 그 농지의 반환을 구할 수 있으므로, 그 이후에는 수탁자는 신탁자를 위하여 그 농지를 보관하는 자의 지위에 서게 되며, 신탁자와 수탁자 사이에 별도의 법률행위가 없었다 하여 달리 볼 것은 아니다."; 동지, 대법원 2008.4.10., 2008도1033; 대법원 2008.2.29., 2007도11029; 대법원 2008.4.10., 2008도1033; 대법원 2010.6.24., 2009도9242.

자기 아들에게 소유권이전등기를 하여 주고 사망하였다면 비록 그 아들이 그러한 사정을 알고 있었어도 위탁자와의 관계에서 등기명의 및 관리의 수탁자로서의 지위를 취득하거나 승계하게 된다고는 할 수 없으므로 수탁자에게 그 부동산의 반환을 거부하여도 횡령죄가 성립하지 않는다.[494] 만약 수탁자가 자기명의로 소유권이전등기를 한 이후에 명의수탁자가 사망함에 따라 당해 부동산이 상속된 경우에는 상속인이 수탁관리자로서의 지위를 포괄승계한 것이므로, 상속인이 이를 임의로 처분하면 횡령죄가 성립하게 된다.[495] 그러나 수탁자가 자기명의로 소유권이전등기를 한 이후에 이를 다시 그의 아들에게 소유권이전등기[496]를 하여 주고 사망한 경우라면 수탁자의 아들이 유효하게 당해 부동산에 대한 소유권을 취득[497]하기 때문에 수탁자의 아들에게는 횡령죄가 성립할 여지가 없다.

2-1-1-2. 위탁관계에 의한 보관

2-1-1-2-1. 위탁관계

본죄의 행위주체인 타인재물의 보관자는 위탁관계에 의한 보관자를 의미한다. 위탁관계는 사용대차 · 임대차 · 위임 · 임치 · 고용 등의 계약이나 사무관리 · 후견 등의 법률규정에 의하여 발생하게 된다. 위탁관계는 반드시 상대방의 위탁행위에 기인한 것임을 필요로 하지 않는다.[498] 따라서 계약이나 법률 외에도 널리 일반거래의 관점에서 신임관계가 발생하면 위탁관계로서 족하다(통설). 대법원[499]도 사무관리 · 관습 · 조리 · 신의칙에 의한 위탁관계의 성립을 인정하고 있다. 이에 대하여 신의칙에 의한 위탁관계의 성립을 인정하는 한편, 관습이나 조리에 의한 위탁관계의 성립을 부정하는 견해[500]가 있다. 관습 · 조리에 의한 위탁관계를 인정하는 것은 점유이탈물횡령죄와의 구별을 모호하게 한다는 것을 이유로 한다. 그러나 이는 관습이나 조리가 신의칙을 판단하는 기준이 된다는 점을 간과한 견해로서 타당하지 않다.

494) 대법원 1987.2.10, 86도2349; 동지, 대법원 1983.2.8, 82도2502.

495) 대법원 1996.1.23., 95도784: "임야의 사정명의자(조선총독부에서 실시한 토지조사사업에 의거 최초 토지 등의 소유자로 등재된 자)로서 명의수탁자인 조부가 사망함에 따라 그의 자인 부가, 또 위 부가 사망함에 따라 피고인이 각 그 상속인이 됨으로써 피고인은 위 임야의 수탁관리자로서의 지위를 포괄승계한 것이어서, 피고인은 위 임야를 유효하게 처분할 수 있는 보관자로서의 지위를 취득하였다고 할 것이다."

496) 아들에게 소유권이전등기를 하는 시점에 수탁자에게 신탁자의 부동산에 대한 횡령죄가 성립한다.

497) 부동산실명법이 의하면 명의신탁약정이 대내관계에서는 무효라도 대외관계에서는 유효하므로, 수탁자의 아들은 이 경우 유효하게 당해 부동산의 소유권을 취득한다.

498) 대법원 1985.9.10., 84도2644: "횡령죄에 있어서 타인을 위하여 재물을 보관하게 된 원인은 반드시 소유자의 위탁행위에 기인한 것임을 필요로 하지 않으므로 피고인이 진양화인케미칼 회사로부터 피해자 등을 대신하여 그들의 공동지분이 있는 대리점 개설 보증금을 반환받아 은행에 예금하고 있었다면 피고인은 피해자를 위하여 그 지분상당의 금원을 보관 중이었다 할 것이다."

499) 대법원 1985.4.9., 84도300; 대법원 1994.9.23., 93도919; 대법원 1996.5.14., 96도410; 대법원 1999.4.15., 97도666; 대법원 2006.1.12., 2005도7610; 대법원 2011.3.24., 2010도17396; 대법원 2013.12.12., 2012도16315; 대법원 2015.2.12., 2014도11244; 대법원 2015.6.25., 2015도1944 전원합의체 판결.

500) 김일수, 한국형법 Ⅲ, 627면.

대법원은 송금절차의 착오로 자신의 은행구좌에 잘못 입금된 금원을 인출하여 소비한 경우[501]에 신의칙상 보관관계를 인정함으로써 횡령죄의 성립을 인정하였다.[502] 그러나 잘못 입금된 금원을 인출하는 행위는 초과 거스름돈을 영득하는 행위와 같이 위탁관계에 의하지 아니하고 자신의 점유에 들어온 재물을 영득하는 경우라고 해야 한다.[503] 따라서 이 경우는 점유이탈물횡령죄에 해당한다.[504] 이 경우 사기죄의 성립을 인정하는 견해[505]가 있으나 타당하지 않다. 자신의 계좌에서 잘못 송금된 현금을 인출하는 경우에 사기죄의 성립을 인정하는 것은 범인이 타인의 현금카드로 타인의 계좌에서 현금을 인출하는 절도죄의 경우와 비교하여 현저한 형벌의 불균형을 초래한다.

대법원[506]은 A가 보이스피싱 조직에게 은행계좌를 개설하여 그 접근매체를 양도하였고, 보이스피싱 조직원의 기망에 의하여 피해자가 사기피해금을 이체하였는데, 계좌명의인 A가 다른 접근매체를 이용하여 사기피해금의 일부를 인출한 사안에서 보이스피싱조직에 대한 횡령죄의 성립을 부정하고 피해자에 대한 횡령죄의 성립을 인정하였다. 대법원의 이러한 결론은 '은행계좌를 개설하여 그 접근매체를 보이스피싱조직에게 양도한 A의 행위'에 대하여 사기방조죄를 부정[507]하는 관점을 전제로 한다. 그러나 보이스피싱 사기 등의 재산범죄에서 필수적 전제가 되는 은행계좌 접근을 지원하는 행위에 대해서 그 방조범의 성립을 부정하는 것은 타당하다고 할 수 없다. 위 전원합의체 판결의 다수의견에 대하여 피해자에 대한 횡령죄의 성립을 부정하고 보이스피싱조직에 대한 횡령죄의 성립을 긍정하는 김소영, 박상옥, 이기택, 김재형 대법관의 별개의견과, 보이스피싱조직 및 피해자에 대한 횡령죄의 성립을 모두 부정하는 조희대 대법관의 반대의견이 있으나, 이들 의견 역시 계좌명의자 A에 대한 사기방조죄를 부정하는 관점에서 출발하기 때문에 특별한 의미를 부여하기가 곤란하다. 위 판례사안은 사기방조범이 사기범의 범죄수익을 빼내는 행위에 불과하다.

---

501) 대법원 2010.12.9., 2010도891: "예금계좌에 돈이 착오로 잘못 송금되어 입금된 경우에는 그 예금주와 송금인 사이에 신의칙상 보관관계가 성립한다고 할 것이므로, 피고인이 송금 절차의 착오로 인하여 피고인 명의의 은행 계좌에 입금된 돈을 임의로 인출하여 소비한 행위는 횡령죄에 해당하고, 이는 송금인과 피고인 사이에 별다른 거래관계가 없다고 하더라도 마찬가지이다."; 동지, 대법원 2005.10.28., 2005도5975; 대법원 2006.10.12., 2006도3929; 대법원 2018.7.19., 2017도17494 전원합의체 판결.

502) 권오걸, 539면; 박상기, 384면.

503) 원인 없이 자신이 보관하게 된 타인의 재물은 점유이탈물횡령죄에서의 '타인의 점유를 이탈한 재물'에 해당한다.

504) 동지, 김일수, 한국형법 Ⅲ, 627면; 김일수/서보학, 288면; 정성근/박광민, 459면.

505) 이재상/장영민/강동범, 395면; 진계호/이존걸, 454면.

506) 대법원 2018.7.19., 2017도17494 전원합의체 판결, 다수의견: "계좌명의인은 피해자와 사이에 아무런 법률관계 없이 송금·이체된 사기피해금 상당의 돈을 피해자에게 반환하여야 하므로, 피해자를 위하여 사기피해금을 보관하는 지위에 있다고 보아야 하고, 만약 계좌명의인이 그 돈을 영득할 의사로 인출하면 피해자에 대한 횡령죄가 성립한다."

507) 대법원 2018.7.19., 2017도17494 전원합의체 판결, 다수의견: "이때 계좌명의인이 사기의 공범이라면 자신이 가담한 범행의 결과 피해금을 보관하게 된 것일 뿐이어서 피해자와 사이에 위탁관계가 없고, 그가 송금·이체된 돈을 인출하더라도 이는 자신이 저지른 사기범행의 실행행위에 지나지 아니하여 새로운 법익을 침해한다고 볼 수 없으므로 사기죄 외에 별도로 횡령죄를 구성하지 않는다."

2-1-1-2-2. 불법원인위탁

본죄의 위탁관계는 불법원인에 의한 위탁의 경우에도 인정될 수 있는지 문제된다. 예컨대 뇌물의 전달을 위탁받은 경우나 장물의 보관을 위탁받은 경우가 그러하다. 이 경우 적극설[508]은 횡령죄의 성립을 인정한다. 불법원인위탁의 경우에 민법의 규정에 의하여 위탁자가 물건의 반환을 청구할 수 없다고 하여도 그 소유권까지 상실하는 것은 아니므로 수탁자는 타인의 재물을 보관하는 자에 해당하며, 횡령죄에서 위탁에 의한 신임관계는 위탁에 대한 법률적 권한 유무와 관계없이 위탁이라는 사실관계로 충분하다는 것을 이유로 한다.

적극설 중에서는 "불법원인위탁 뿐 아니라 위탁자의 소유권 이전의사가 인정되는 불법원인급여의 경우에도 동일하다"는 입장[509]도 있다. 이러한 입장은 급여자가 소유권이전의사로 물건을 인도하였어도 불법원인에 의하여 그 물권변동 자체가 무효이므로 물건에 대한 소유권은 여전히 급여자에게 있다는 것을 이유로 한다. 그러나 이러한 경우를 횡령죄로 취급하는 것은 본죄의 본질을 오해한 결과로서 타당하지 않다. 이미 급여자가 소유권 이전의사로 인도한 물건이라면 이를 중복하여 영득하는 것은 불가능할 뿐 아니라, 이에 대해서 급여자와 수익자 사이의 '신뢰를 기초로 한 위탁관계' 역시 인정할 여지가 없기 때문이다.

소극설[510]은 불법원인위탁의 경우에 본죄의 위탁관계와 이에 의한 횡령죄의 성립을 부정한다(통설). 민법상 반환의무가 없는 자에게 형법이 형벌에 의하여 반환을 강제하는 것은 법질서 전체의 통일을 깨뜨리는 결과를 가져오는 한편, 위탁의 취지인 뇌물전달 등의 불법한 목적에 그 재물을 사용하도록 강제하는 불합리한 결과를 초래한다는 것을 이유로 한다. 이는 타당하다. 만약 형법이 불법원인위탁물의 반환을 형벌로서 강제한다면 민법 제746조를 폐지하는 결과를 초래한다. 재산범죄로서 사법상의 재산권 침해행위를 형벌로서 금지하는 규정인 횡령죄가 정당한 이유에 의해서 제정된 민법의 규정을 폐지할 수는 없다. 판례[511]도 불법원인위탁의 경우에 횡령죄의 성립을 부정하고 있다.

대법원[512]은 "수익자의 불법성이 급여자의 그것보다 현저히 큰 데 반하여 급여자의 불법성은 미약한 경우에도 급여자의 반환청구가 허용되지 않는다면 공평에 반하고 신의성실의 원칙에도 어긋나므로, 이러한 경우에는 민법 제746조 본문의 적용이 배제되어 급여자의 반환

508) 백형구, 203면 이하; 임웅, 498면; 정영일, 210면.

509) 강구진 I, 353면 이하.

510) 강동범, 소위 불법원인급여와 횡령죄의 성부, 형사판례연구(1), 194면.

511) 대법원 1988.9.20., 86도628; 대법원 1999.6.11., 99도275; 대법원 2013.8.14., 2013도321; 대법원 2017.4.26., 2017도1270; 대법원 2017.4.26., 2016도18035; 대법원 2017.10.26., 2017도9254.

512) 대법원 1999.9.17., 98도2036.

청구는 허용된다"[513]는 관점에서, 윤락녀가 받은 화대의 1/2을 보관하다 이를 임의로 소비한 포주에 대해서 횡령죄의 성립을 인정하였다.[514] 그러나 여기서 윤락녀가 포주에게 보관시킨 금원은 불법원인위탁물이라고 볼 수 없다.[515] 이 경우 고객이 윤락녀에게 지급한 금원은 불법원인급여물에 해당하지만, 윤락녀가 이를 소비하거나 타인에게 제공하거나 위탁한 경우는 불법원인급여 · 위탁물이 될 수 없다. 불법원인급여 · 위탁물은 직접 불법을 원인으로 하는가에 따라 결정되어야 한다. 그렇지 않으면 "한 번 불법원인급여물은 영원히 불법원인급여물에서 벗어날 수 없다"는 불합리한 결과가 된다.[516]

불법원인위탁의 경우에 횡령죄의 행위반가치를 인정하고 결과반가치를 부정함으로써 불능미수를 인정하는 견해[517]가 있다. 이 견해에 대해서는 우선 적극설에 대한 비판이 그대로 유효하다. 또한 반환의무 없는 재물을 횡령하거나 반환을 거부하는 행위에 대하여 영득의 불법을 인정할 수도 없다. 불법이 부정되는 영득행위를 하는 자에 대해서는 불법영득고의(횡령고의)를 인정할 수가 없으므로 횡령죄의 행위반가치를 인정할 수 없으며, 따라서 미수죄의 성립도 불가능하다.

2-1-2. 행위객체

2-1-2-1. 타인의 재물

본죄의 행위객체는 자기가 보관하는 '타인의 재물'이다. 재물에 한정되며, 재산상의 이익은 본죄의 객체에서 제외된다. 본죄의 재물개념은 절도죄에서 설명한 내용과 동일하다. 다만 본죄의 재물에는 동산 뿐 아니라 부동산도 포함된다. 권리나 정보 등은 당연히 재물에 해당하지 않는다.

판례[518]는 "사무적으로 관리가 가능한 채권이나 그 밖의 권리 등은 횡령죄의 재물에 포함되지 않는다"고 한다. 이러한 관점에서 '대우건설이 한화시스템윈스 앞으로 착오로 중복 발행한 2차 전자채권을 국민은행으로부터 할인받은 후 한화시스템윈스의 국민은행계좌에 입

---

513) 대법원 1997.10.24., 95다49530: 도박채무를 부동산으로 변제한 경우; 대법원 2007.2.15., 2004다50426 전원합의체 판결: 사회통념상 허용되는 한도를 초과하여 현저하게 고율로 정해진 금전 소비대차계약; 동지, 대법원 2008.5.15., 2007다23807; 대법원 2009.6.11., 2009다12399.

514) 학설에서도 권오걸, 537면; 김성천/김형준, 471면; 손동권/김재윤, 430면; 이재상/장영민/강동범, 397면.

515) 신뢰관계를 기초로 보관시킨 윤락녀의 위탁재물을 포주가 임의로 소비하면 횡령죄가 성립한다.

516) 이정원, 불법원인급여와 재산범죄의 성립 여부, 비교형사법연구 제4권 제2호, 670면 이하 참조.

517) 김일수, 한국형법 III, 630면 이하; 김일수/서보학, 291면.

518) 대법원 1994.3.8., 93도2272: 광업권; 대법원 2005.2.18., 2002도2822: "주식은 자본구성의 단위 또는 주주의 지위(주주권)를 의미하고, 주주권을 표창하는 유가증권인 주권과는 구분이 되는바, 주권은 유가증권으로서 재물에 해당되므로 횡령죄의 객체가 될 수 있으나, 자본의 구성단위 또는 주주권을 의미하는 주식은 재물이 아니므로 횡령죄의 객체가 될 수 없다."; 대법원 2014.2.27., 2011도832: 착오로 중복 발행된 2차 전자채권.

금된 할인금을 인출한 사안'[519]에서 횡령죄의 성립을 부정하였다. 그러나 이와 같이 행위자가 전자채권의 재물을 자유롭게 처분할 수 있었다면 행위자를 그 재물의 보관자로 보는 것이 타당하다. 채권은 어음과 마찬가지로 그것이 실물이 없는 전자채권이나 전자어음이라 할지라도 그 내용물에 대한 물리적 관리도 가능한 재물이라고 해야 한다.

재물은 타인의 재물이어야 한다. 타인의 재물은 자신의 단독소유에 속하지 아니하는 물건을 의미한다. 따라서 타인의 단독소유에 속하는 재물 뿐 아니라 자신과 타인의 공유 · 합유 · 총유에 속하는 재물도 타인의 재물에 해당한다. 재물의 타인성은 민법의 소유권개념에 의하여 결정되며, 형법의 독자적인 소유권개념은 존재하지 않는다. 동산인 재물은 인도에 의하여, 부동산인 재물은 등기에 의하여 소유권이 이전된다.

판례[520]는 채권양도인이 양도 통지 전에 채무자로부터 채권을 추심하여 금전을 수령한 경우[521]에 횡령죄의 성립을 인정하였다. 이 경우 양도인과 양수인 사이에서 그 금전의 소유권은 양수인에게 귀속된다는 것이다. 양도인이 채권양도통지를 하기 전에 채무자로부터 채권을 추심하여 금전을 수령한 경우, 아직 대항요건을 갖추지 아니한 이상 채무자의 양도인에 대한 변제는 유효하고, 그 결과 양수인에게 귀속되었던 채권은 소멸하지만, 이는 이미 채권을 양도하여 그 채권에 관하여 아무런 권한도 가지지 아니하는 양도인이 양수인에게 귀속된 채권에 대한 변제로서 수령한 것이므로, 채권양도의 당연한 귀결로서 그 금전을 자신에게 귀속시키기 위하여 수령할 수는 없는 것이고, 오로지 양수인에게 전달해 주기 위하여서만 수령할 수 있을 뿐이라고 한다.[522] 이 때 그러한 상태를 형법상으로 보호한다는 의미에서 민법상 소유권과는 다른 형법상 소유권 개념을 인정할 필요가 있다는 보충의견도 제시되었다.[523]

그러나 채권양도인은 채권양도 이후에 양수인의 재산보호를 위하여 스스로 채무자로부터 채권을 추심하지 않아야 할 의무를 부담하게 된다. 채권양도인이 이와 같은 신뢰관계를 배신하고 양도통지 전에 채무자로부터 채권을 추심함으로써 이익을 취하고 양수인에게 손해를 가하는 것은 배임죄에 해당한다. 그럼에도 불구하고 채무자가 채권자에게 유효한 채무의 변제로서 교부한 금전의 소유권은 채권자에게 귀속하는 것이므로, 채권양도의 경우에만 특수

519) 대법원 2014.2.27., 2011도832.

520) 대법원 1999.4.15., 97도666 전원합의체 판결; 대법원 2007.5.11., 2006도4935.

521) 물론 처음부터 채권양도통지 전에 채무자로부터 채권을 추심하여 금원을 사취하려는 의도로 행위한 경우에는 사기죄만 성립하게 된다. 대법원 2011.5.13., 2011도1442: "차용금 편취의 점과 담보로 양도한 채권을 추심하여 임의 소비한 횡령의 점은 양도된 채권의 가치, 채권양도에 관한 피고인의 진정성 등의 사정에 따라 비양립적인 관계라 할 것이어서 위 공사대금 채권을 양도한 후 공사대금을 수령하여 임의 소비한 행위는 금전 차용 후 담보로 제공한 양도채권을 추심받아 이를 빼돌리려는 사기범행의 실행행위에 포함된 것으로 봄이 상당하므로 사기죄와 별도로 횡령죄는 성립되지 않는다."

522) 대법원 1999.4.15., 97도666 전원합의체 판결 다수의견; 동지, 대법원 2007.5.11., 2006도4935.

523) 대법원 1999.4.15., 97도666 전원합의체 판결 보충의견.

한 형법상의 소유권개념을 인정하는 것은 타당하다고 할 수 없다.[524)]

2-1-2-2. 유보부소유권과 담보부소유권

할부판매와 같은 유보부소유권과 양도담보와 같은 담보부소유권도 재물의 타인성을 판단하는 데에는 완전한 소유권으로 취급된다. 따라서 할부판매의 경우에는 매수인이 할부대금을 완납할 때까지 매도인이 목적물의 소유권을 가지게 된다. 다만 등기나 등록의 공시방법이 있는 물건에 대해서는 소유권유보부매매가 허용되지 않는다.[525)] 양도담보의 경우에는 채무자가 목적물에 대한 소유권을 가지며, 채권자는 담보의 범위 안에서만 권리(양도담보권)를 가진다. 그러나 대외관계에 있어서 채무자는 목적물의 소유권을 이미 채권자에게 양도한 무권리자가 되고, 그 정산절차를 마치기 전이라도 양도담보권자인 채권자는 제3자에 대한 관계에 있어서 담보목적물의 소유자로서 그 권리를 행사할 수 있다.[526)] 또한 가등기담보법은 민법 제608조의 규정에 의하여 그 효력이 상실되는 대물반환의 예약(환매, 양도담보 등 명목 불문)에 포함되거나 병존하는 채권담보의 계약을 모두 담보계약으로 보고(제2조 제1호), 이러한 담보계약과 그 담보의 목적으로 경료된 가등기 또는 소유권이전등기의 효력에 관하여 청산절차를 거치게 하였다(제3조이하). 따라서 매도담보나 채권담보의 목적으로 이루어진 환매특약부매매의 경우에도 양도담보의 경우와 동일하게 취급된다. 물론 가등기담보법은 부동산에 대한 채권담보의 경우를 규정한 것이지만, 이 법에 의하여 매도담보의 법리가 근본적으로 수정되었다. 따라서 매도담보나 채권담보 목적의 환매특약부매매의 경우는 동산과 부동산을 불문하고 물건 등의 소유권이 채무자에게 있게 된다. 그러나 환매특약부매매가 채권담보의 목적이 아닌 경우에는 매수인이 목적물에 대한 소유권을 가지므로 매수인이 환매특약에 반하여 목적물을 제3자에게 처분하여도 횡령죄는 성립할 여지가 없다.

2-1-2-3. 금전, 유가증권 기타 대체물

금전이나 유가증권 기타 대체물도 재물이므로 위탁받은 타인의 금전 기타 대체물의 반환을 거부하거나 횡령하는 경우는 본죄가 성립한다. 따라서 금전이나 유가증권 기타 대체물이 봉함금이나 공탁금 등과 같이 특정물로서 위탁된 경우에는 타인의 재물을 보관하는 경우로서 횡령죄의 대상이 된다. 반면에 계약에 의하여 수치인이 임치물을 소비할 수 있는 소비임치의 경우는 금전 기타 대체물의 소유권이 수치인에게 이전되므로 횡령죄는 성립할 여지가 없게 된다.

---

524) 대법원 1999.4.15., 97도666 전원합의체 판결 반대의견.

525) 대법원 2010.2.25., 2009도5064: "자동차, 중기, 건설기계 등은 비록 동산이기는 하나 부동산과 마찬가지로 등록에 의하여 소유권이 이전되고, 등록이 부동산 등기와 마찬가지로 소유권이전의 요건이므로, 역시 소유권유보부매매의 개념을 원용할 필요성이 없다."; 동취지, 대법원 2014.9.25., 2014도8984.

526) 대법원 1977.11.8., 77도1715; 대법원 1983.3.8., 82도1829; 대법원 1983.8.23., 80도1545; 대법원 1989.4.11., 88도906; 대법원 2004.6.25., 2004도1751; 대법원 2008.11.27., 2006도4263.

일정한 용도에 사용하기 위하여 위탁된 금전 기타 대체물을 수탁자가 임의로 소비한 경우 횡령죄가 성립할 수 있는지에 관하여는 긍정설과 부정설의 다툼이 있다. 부정설[527]은 "금전이나 유가증권 기타 대체물을 위탁하는 경우는 이들이 가지고 있는 고도의 유통성 내지 대체성에 의하여 점유이전과 함께 소유권도 이전하는 것으로 해석하여야 하고, 특히 금전임치의 경우는 재물의 개성보다는 가치 또는 그 금액이 문제되므로 그것이 비록 일정한 용도와 목적의 제한이 있더라도 수치인이 소유권을 취득하는 소비임치가 원칙이라"고 한다. 따라서 이 경우 배임죄는 성립할 수 있어도 횡령죄는 성립하지 않는다고 한다. 이에 반하여 긍정설[528]은 "금전 기타 대체물도 재물인 에는 틀림이 없으며, 일정한 용도 · 목적을 정하여 위탁한 경우에는 그 용도 · 목적에 사용될 때까지 금전 기타 대체물의 소유권이 위탁자에게 있는 것이므로 횡령죄의 성립이 가능하다"고 한다. 판례[529]도 이 경우 긍정설의 입장에서 횡령죄의 성립을 인정하고 있으며, 특정의 용도나 목적을 위하여 보관중인 금전을 그 용도나 목적이 소멸된 후에 보관자가 임의 소비한 경우[530]에도 횡령죄의 성립을 인정하고 있다.

원칙적으로 긍정설의 입장이 타당하다. 다만 재물의 타인성을 그 재물이 가지는 고도의 유통성이나 대체성을 기준으로 획일적으로 판단하는 것은 타당하지 않다. 동산인 재물은 소유권 이전의사에 의한 인도에 의하여 소유권이 이전될 수 있을 뿐이기 때문이다. 또한 횡령죄에 특수하게 적용되는 소유권개념은 별도로 존재할 수 없다. 따라서 위탁된 금전이나 유가증권 기타 대체물의 경우에도 소유권이전이 있었는가를 구체적 상황에서 위탁의 취지나 목적을 개별적으로 판단함으로써 횡령죄의 성립 여부가 결정되어야 한다. 이러한 입장에서 일정한 용도에 사용하기 위하여 위탁된 금전 기타 대체물의 경우는 일반적으로 소유권이전이 없는 경우로 이해된다. 따라서 수치인이 이를 임의로 소비한 때에는 횡령죄의 성립이 인정된다. 다만 일정한 용도에 사용하기 위하여 위탁된 금전을 일시적으로 사용하고 반환할 의사가 있었던 경우는 영득의사가 부정되어 횡령죄가 성립하지 아니한다.[531] 판례[532]는 일반적으로 "사후에 이를 반환하거나 변상 · 보전하려는 의사가 있다고 하여 불법영득의 의사가 없다고 할 수는 없다"는 입장이다. 그러나 영득의사란 지속적으로 권리자를 배제하려는 의사를 의미하므로, 일시적 사용 후 반환하려는 의사가 인정되는 한 사용절도와 마찬가지로 영득의사는 부정되어야 한다.

527) 배종대, 386면 이하; 오영근, 351면; 이영란, 392면; 이재상/장영민/강동범, 406면; 이형국, 415면; 임웅, 500면 이하.

528) 권오걸, 531면; 김성돈, 417면; 김성천/김형준, 467면; 김일수/서보학, 295면 이하; 박상기, 376면; 손동권/김재윤, 433면; 정성근/박광민, 438면; 정영일, 369면; 조준현, 467면; 진계호/이존걸, 462면.

529) 대법원 2008.2.29., 2007도9755; 대법원 2008.5.29., 2006도3742; 대법원 2010.9.30., 2010도987; 대법원 2011.10.13., 2009도13751; 대법원 2013.11.14., 2013도8121; 대법원 2014.1.16., 2013도11014; 대법원 2014.2.27., 2013도12155; 대법원 2015.6.11., 2015도1504; 대법원 2017.3.22., 2016도17465.

530) 대법원 2002.11.22., 2002도4291: "특정의 용도나 목적을 위하여 보관중인 금전을 그 용도나 목적이 소멸된 후에 보관자가 임의 소비한 경우 그 임의소비를 승낙하기까지는 횡령죄의 적용에 있어서는 여전히 위탁자의 소유물이라고 할 것이다."

531) 대법원 1989.10.10., 87도1901; 대법원 1995.2.10., 94도2711; 대법원 1995.10.12., 94도2076; 대법원 2002.2.5., 2001도5439; 대법원 2002.11.26., 2002도5130; 대법원 2004.12.24., 2003도4570.

532) 대법원 2012.1.27., 2011도14247; 대법원 2012.6.14., 2010도9871; 대법원 2014.5.16., 2013도15895.

계주가 계원으로부터 징수한 계불입금,[533] 입사보증금,[534] 지입차주들이 자동차회사에 납부한 금전[535] 또는 익명조합의 조합원이 영업을 위하여 출자한 금전[536] 등의 경우에는 소유권 이전의사가 인정되므로 횡령죄는 성립하지 아니한다. 또한 프렌차이즈 가맹점주인이 판매하여 보관 중인 물품판매 대금은 가맹점주인의 소유이므로, 가맹점주인이 이를 임의로 소비하여도 프랜차이즈 계약상의 채무불이행에 불과하며 횡령죄는 성립하지 아니한다.[537] 그러나 위탁매매의 경우에는 위탁품과 그 위탁품의 판매대금이 다른 특약[538]이나 특별한 사정이 없는 한 위탁자의 소유에 있는 것이므로 수탁자가 이를 소비하면 횡령죄가 성립하게 된다.[539] 또한 주식회사의 주식이 사실상 1인의 주주에 귀속하는 1인 회사에 있어서도 그 주식회사 소유의 금원을 임의로 소비할 경우는 횡령죄가 성립한다.[540]

2-1-3. 행 위

본죄의 구성요건적 행위는 횡령이다. 횡령이란 자신이 점유하는 타인의 재물을 불법하게 영득하는 행위이다. 형법은 횡령 외에 반환거부를 별도의 행위유형으로 규정하고 있으나, 반환거부가 횡령의 한 형태라는 점에 대하여는 이론이 없다. 반환거부도 자신이 점유하는 타인의 재물을 불법하게 영득하는 행위의 한 형태이기 때문이다. 다만 횡령이란 자신이 보관하는 타인의 재물을 영득한다는 점에서 객관적으로 불법영득의 의사를 외부에 인식할 수 있는 방법으로 표현함으로써 족하다. 예컨대 소비 · 착복 · 은닉 · 반환거부 또는 점유의 부인 등과 같은 사실행위와 매매 · 증여 · 대여 · 담보제공 등과 같은 법률행위가 횡령에 해당한다. 횡령으로서의 법률행위는 유효 · 무효 또는 취소할 수 있는지 여부와 관계없이 본죄가 성립한다. 그러나 재물의 손괴는 영득행위에 해당하지 않는다.

2-1-4. 구성요건적 결과

본죄의 횡령개념이 구성요건적 행위만을 의미하는 것인지 또는 타인재물의 영득이라는 구성요건적 결과를 포함하는 것인지 문제된다. 특히 제359조는 본죄의 미수를 처벌하고 있으므로 본조의 해석과 관련하여 학설의 대립이 있다.

---

533) 대법원 1976.5.11., 76도730; 대법원 1994.3.8., 93도2221; 대법원 1995.9.29., 95도1176.

534) 대법원 1979.6.12., 79도656.

535) 대법원 1973.5.22., 73도550; 대법원 1977.5.24., 76도62; 대법원 1992.4.28., 90도2415; 대법원 1997.9.5., 97도1592.

536) 대법원 1973.1.30., 72도2704.

537) 대법원 1996.2.23., 95도2608; 대법원 1998.4.14., 98도292.

538) 대법원 1982.11.23., 82도1887; 대법원 1990.3.27., 89도813.

539) 대법원 1982.2.23., 81도2619; 대법원 2013.3.28., 2012도16191; 동취지, 대법원 2003.6.24., 2003도1741; 대법원 2003.9.26., 2003도3394; 대법원 2004.3.12., 2004도134; 대법원 2004.4.9., 2004도671; 대법원 2005.11.10., 2005도3627; 대법원 2011.6.10., 2010도17202.

540) 대법원 1987.2.24., 86도999; 대법원 1989.5.23., 89도570; 대법원 1995.3.14., 95도59; 대법원 1996.8.23., 96도1525; 대법원 1999.7.9., 99도1040; 대법원 2006.6.16., 2004도7585; 대법원 2006.11.10., 2004도5167; 대법원 2010.4.29., 2007도6553; 대법원 2011.11.24., 2009도980; 대법원 2017.11.9., 2015도12633.

소위 표현설[541]은 횡령의 개념을 영득의사의 표현으로 이해한다. 본죄는 자신이 보관하는 타인의 재물을 영득하려는 의사를 객관적으로 외부에 표현함으로써 기수에 이르게 되는 형식범이며, 추상적 위험범[542]이라고 한다.[543] 따라서 횡령죄에서 전형적인 미수죄의 성립은 구조적으로 부적절하며, 중지미수 또는 불능미수만이 가능하다고 한다. 예컨대 우편배달부가 배달 중의 봉투를 뜯었다가 재물을 꺼내지 않고 다시 봉한 경우 또는 자신의 소유물이나 무주물을 타인의 재물로 오인하고 영득하는 경우 등이 여기에 해당한다는 것이다. 이에 반하여 소위 실현설[544] 은 횡령의 개념을 영득의사의 실현으로 이해한다. 본죄는 침해범이므로 영득의사가 실현되어야 기수에 이르게 된다는 것이다. 따라서 자신이 보관하는 타인의 재물에 대하여 매매계약만을 체결한 경우 또는 소유권이전등기를 신청하였지만 아직 등기가 되지 않은 경우는 본죄의 미수에 해당한다고 한다. 실현설에 의하면 본죄는 타인재물의 영득(횡령)이라는 구성요건적 결과를 요하는 결과범이 된다.

횡령죄는 타인재물을 불법영득(횡령)함으로써 완성되는 영득범죄이다. 따라서 영득의사의 객관적 표현만으로 타인재물에 대한 영득이 이루어지지 않는 경우를 횡령죄의 완성으로 판단할 수는 없다. 이러한 점에서 실현설이 타당하다. 다만 절도죄는 불법영득의 의사로 타인의 재물을 절취함으로써 성립하지만, 이미 타인의 재물을 보관하고 있는 자가 그 재물을 영득하려면 영득의사를 객관적으로 표현함으로써 타인재물에 대한 영득이 이루어질 수 있다. 횡령죄에서는 이와 같이 영득의사의 객관적 표현으로 타인재물의 영득이 인정되는 경우에 기수를 인정해야 한다. 이러한 관점에서 "반환거부행위는 횡령행위와 같다고 볼 수 있는 정도이어야 한다"고 판시한 대법원[545]의 태도는 타당하다. 따라서 본죄에서는 '객관적으로 불법영득의 의사를 인식할 수 있는 방법으로 외부에 표현하는 행위(횡령행위)'를 구성요건적 행위로 이해하는 한편, '타인재물의 불법영득(횡령)'을 구성요건적 결과로 이해하여야 한다. 이에 따라 타인재물의 반환을 거부하였으나 소유권자가 강제로 재물을 취거한 경우에는 구성요건적 행위가 결과를 발생시키지 못한 경우로서 본죄의 미수라고 해야 한다. 또한 매매의 의사표시나 매매계약만을 체결한 경우 또는 소유권이전등기가 완료되지 않은 경우에도 본죄의 미수에 해당한다. 행위자가 보관하는 타인의 통장에서 현금을 인출하는 경우에도 예금청구서를 작성

541) 김성천/김형준, 479면, 486면; 박상기, 387면; 손동권/김재윤, 445면; 이영란, 395면 이하; 이재상/장영민/강동범, 408면; 임웅, 503면; 정영일, 217면.

542) 대법원 2009.2.12., 2008도10971: "횡령죄는 다른 사람의 재물에 관한 소유권 등 본권을 그 보호법익으로 하고, 본권이 침해될 위험성이 있으면 그 침해의 결과가 발생되지 아니하더라도 성립하는 이른바 위태범이다."; 동지, 대법원 2002.11.13., 2002도2219.

543) 김성천/김형준, 455면; 박상기, 362면; 이영란, 380면; 이재상/장영민/강동범, 388면; 임웅, 470면; 정영일, 204면.

544) 권오걸, 545면; 김성돈, 423면; 김일수/서보학, 308면; 배종대, 396면; 백형구, 204면; 오영근, 360면 이하; 이형국, 420면; 정성근/박광민, 443면; 진계호/이존걸, 469면.

545) 대법원 2013.8.23., 2011도7637: "단순히 반환을 거부한 사실만으로는 횡령죄를 구성하는 것은 아니며, 반환거부의 이유 및 주관적인 의사 등을 종합하여 반환거부행위가 횡령행위와 같다고 볼 수 있을 정도이어야만 한다."; 동지, 대법원 1993.6.8., 93도874; 대법원 1992.11.27., 92도2079; 대법원 1998.7.10., 98도126; 대법원 2002.9.4., 2000도637; 대법원 2003.5.16., 2002도619; 대법원 2004.4.9., 2004도671; 대법원 2006.2.10., 2003도7487; 대법원 2008.12.11., 2008도8279; 대법원 2009.4.23., 2007도9924.

하거나 청구서를 은행창구직원에게 제시하는 때에는 아직 미수의 단계이며, 현금을 교부받는 순간에 본죄는 기수에 이르게 된다.

2-2. 주관적 구성요건

본죄의 주관적 구성요건은 횡령의 고의이다. 횡령의 고의는 '타인 재물의 불법영득(횡령)에 대한 인식과 의사'를 의미한다.

본죄에서 초과주관적 구성요건요소로서 불법영득의사를 요하는지에 관하여는 학설의 대립이 있다. 필요설[546]은 본죄의 성립에서 횡령고의 이외에 초과주관적 구성요건요소로서 불법영득의사가 필요하다고 해석한다. 그러나 횡령이란 타인의 재물을 불법하게 영득하는 것, 즉 타인의 재물을 불법하게 자신이 가지려는 것을 의미하며, 이에 대한 인식과 의사가 횡령의 고의에 해당한다. 따라서 불법영득의사는 횡령고의의 내용이 된다.[547]

이에 따라 곧바로 채워 놓을 의도로 자신이 보관하는 타인의 금원 중에서 일부를 소비한 경우에는 횡령의 고의(고의의 내용인 불법영득의사)가 부정되어 횡령죄가 성립하지 않는다. 또한 임치권자가 채무의 변제가 있을 때까지 임치물의 반환을 거부하는 것은 불법영득의사(횡령고의)가 인정되지 않으므로 본죄가 성립하지 않는다. 이들 경우에는 타인의 재물을 불법하게 자신이 가지려는 횡령의 고의가 인정되지 않는다.

2-3. 관련문제

2-3-1. 정범과 공범

횡령죄의 행위주체는 타인의 재물을 보관하는 자이며, 타인의 재물을 보관하는 지위는 본죄의 구성적 신분에 해당한다. 따라서 본죄는 진정신분범이다. 진정신분범의 경우 신분 없는 자는 본죄의 정범이 될 수 없으나, 공범(교사범 방조범)으로 가담하는 것은 얼마든지 가능하다. 또한 신분자와 비신분자가 공동정범의 형태로 횡령죄를 범할 수 있다는 것이 일반적인 학설의 입장이다(통설). 제33조 본문이 명문으로 이를 인정하고 있기 때문이다. 그러나 진정신분범으로 규정된 범죄에 대한 행위지배는 오직 구성적 신분을 구비한 신분자에게만 가능하기 때문에 비신분자의 진정신분범에 대한 공동정범은 불가능하다고 해야 한다. 이는 현실적으로 방조행위에 불과하다.[548] 예컨대 타인의 재물을 보관하지 않는 자가 타인의 재물을 보관하는 자와 공동으로 당해 재물을 횡령하는 경우에 비신분자

546) 김성천/김형준, 481면; 김일수/서보학, 309면; 손동권/김재윤, 447면; 이재상/장영민/강동범, 409면; 이형국, 420면; 정영일, 218면; 조준현, 501면; 진계호/이존걸, 470면.

547) 권오걸, 548면; 김성돈, 424면; 박상기, 386면; 배종대, 397면 이하; 오영근, 359면 각주 1); 이영란, 394면; 임웅, 505면; 정성근/박광민, 445면.

548) 이에 관하여는 이정원/류석준, 형법총론, '제2편, 제6장, 제6절, 2. 구성적 신분과 공범' 참조.

가 위탁에 의한 신임관계를 배신하는 불법내용을 실현하는 것은 논리적으로도 또한 현실적으로도 불가능하다.

업무상보관자(업무상횡령죄)와 일반보관자(횡령죄) 사이의 정범과 공범의 관계도 문제될 수 있다. 다만 이러한 경우는 현실적으로 거의 불가능한 경우로서 오직 형식 논리적으로만 논의의 대상이 될 뿐이다. 업무상횡령죄에 공동정범이나 공범의 형태로 가담하는 비업무상 보관자는 자신의 신분에 의한 횡령죄의 공동정범 내지 제33조 단서에 의한 횡령죄의 교사 · 방조범이 성립할 수 있다.[549] 또한 횡령죄에 '재물을 보관하지 않는 자'가 가담하는 경우에는 제33조 본문에 의하여 횡령죄의 교사 · 방조범이 성립한다. 업무상횡령죄에 '재물을 브관하지 않는 자'가 가담하는 경우에는 명문의 규정이 없지만 제33조 단서에 의하여 횡령죄의 교사 · 방조범을 인정하는 것이 타당하다.[550] 이 경우 제한적 종속설에 의하면 업무상횡령죄의 교사 · 방조범의 성립을 인정해야 하지만, 업무상횡령죄에 '재물을 보관하지 않는 자'가 가담하는 경우를 비업무상 보관자가 가담하는 경우보다 중하게 처벌할 수는 없으므로 횡령죄의 한도에서 교사 · 방조범을 인정하는 것이 합리적이다.

2-3-2. 다른 범죄와의 관계

타인의 재물을 보관하는 자가 이를 자신의 재물이라고 기망하여 제3자에게 매각하는 경우는 행위의 부분적 동일성[551]에 의하여 본죄와 사기죄의 상상적 경합이 인정된다. 그러나 타인의 재물을 보관하는 자가 점유의 부인이나 반환거부를 통하여 일단 해당 재물을 영득한 이후에, 이를 제3자에게 매각하는 경우는 불가벌적 사후행위에 불과하다.[552] 물론 이 경우에도 횡령한 재물을 자신의 재물이라고 기망하여 타인에게 매각하고, 그 타인이 재물의 소유권취득에 대한 위험을 부담하게 된 때에는 별도의 사기죄가 성립하게 된다.[553]

종래 대법원[554]은 "명의신탁 받아 보관 중이던 토지를 명의신탁자의 승낙 없이 제3자에게 근저당권설정등기를 경료해 준 경우 위 토지 전체에 대한 횡령죄가 성립하고, 그 후 다시 피해자의 승낙 없이 다른 사람에게 이를 매도하더라도 이는 소위 불가벌적 사후행위에 해당하는 횡령물의 처분행위로서 별개의 횡령죄를 구성하지 아니한다"고 판시하였으나, 전원합의

549) 대법원 2015.2.26., 2014도15182; 동취지, 배임죄에 관하여 대법원 1986.10.28., 86도1517; 대법원 1997.12.26., 97도2609; 대법원 1999.4.27., 99도883.

550) 대법원 1961.10.5., 4294형상396; 대법원 1989.10.10., 87도1901.

551) 이에 관하여는 이정원/류석준, 형법총론, '제4편, 제2장, 4-2-1. 행위의 단일성, (2) 행위의 부분적 동일성' 참조.

552) 대법원 1998.2.24., 97도3282; 대법원 1999.11.26., 99도2651; 대법원 2010.2.25., 2010도93.

553) 이에 관하여는 상기 '제5장, 제1절, 2-3-2-3. 영득의 대상, (2) 관련문제 ①' 참조.

554) 대법원 1996.11.29., 96도1755; 대법원 1997.1.20., 96도2731; 대법원 1998.2.24., 97도3282; 대법원 1999.4.27., 99도5; 대법원 1999.11.26., 99도2651; 대법원 2000.3.24., 2000도310; 대법원 2006. 8.24., 2006도3636; 대법원 2006.11.9., 2005도8699.

체 판결[555]로 입장을 변경하여 '종중으로부터 토지를 명의신탁받아 보관 중이던 피고인이 개인 채무 변제에 사용할 돈을 차용하기 위해 위 토지에 근저당권을 설정하였는데, 그 후 위 토지를 제3자에게 매도한 사안'에서 토지 매도행위에 대하여 별도의 횡령죄의 성립을 인정하였다. 타인의 부동산을 보관 중인 자가 불법영득의사를 가지고 그 부동산에 근저당권설정등기를 경료함으로써 일단 횡령행위가 기수에 이르렀다 하더라도, 그 후 같은 부동산에 별개의 근저당권을 설정하거나 매각함으로써 당연히 예상될 수 있는 범위를 넘어 새로운 법익침해의 위험을 추가시키거나 법익침해의 결과를 발생시킨 것이므로 이를 불가벌적 사후행위로 볼 수 없다는 것이다. 이에 대해서는 "월등히 큰 위험을 초래하는 후행 횡령행위를 저지른 경우에는 별개의 횡령죄를 인정할 수 있다"는 별개의견[556]과, "횡령행위에 의한 법익침해의 결과나 위험은 그때 이미 위 부동산에 관한 소유권 전체에 미치게 되고, 이 경우 후행 처분행위에 의한 추가적 법익침해의 결과나 위험은 법논리상 불가능하다고 보아야 한다"는 반대의견[557]이 있다. 그러나 동일한 재물에 대하여 중복된 횡령죄를 인정하는 것은 논리적 모순[558]이며, 불법내용을 초과하는 중복처벌이므로 반대의견이 타당하다고 해야 한다.

횡령의 수단으로 기망행위를 한 경우에도 본죄만 성립하며, 별도의 사기죄는 성립하지 않는다. 예컨대 물건의 판매를 위탁받은 자가 판매가격을 속이고 위탁자에게 판매대금의 일부만 교부하는 경우가 그러하다. 판례[559]도 이 경우 횡령죄의 성립만을 인정하고 있다. 이 경우 피기망자에 의한 재산적 처분행위가 없다는 것을 이유로 한다. 그러나 기망을 통하여 청구권의 존재를 은폐함으로써 사기죄를 범하는 경우 '직접 재산적 손실을 초래하는 청구권의 불행사'는 전형적인 사기죄의 처분행위라고 해야 한다. 판례[560]도 출판사 경영자가 실제출판부수를 속여 작가에게 인세의 일부만을 지급한 사안에서 사기죄의 성립을 인정하고 있다. 따라서 이 경우 피기망자에 의한 재산적 처분행위가 없다는 것을 이유로 사기죄의 성립을 부정할 수는 없다. 여기서는 기망행위가 횡령행위의 수단으로 전체 횡령의 일부분을 구성할 뿐이라는 점에서 사기죄의 성립이 부정되는 것으로 보아야 한다.

---

555) 대법원 2013.2.21., 2010도10500 전원합의체 판결; 대법원 2015.1.29., 2014도12022.

556) 대법원 2013.2.21., 2010도10500 전원합의체 판결, 이상훈, 김용덕 대법관의 별개의견.

557) 대법원 2013.2.21., 2010도10500 전원합의체 판결, 이인복, 김신의 대법관의 반대의견.

558) 대법원의 대상 전원합의체 판결은 접속범과 연속범을 인정하면서 상습범에 대하여 포괄일죄도 인정하는 전통적인 대법원의 입장과 완전히 상반된 관점이다.

559) 대법원 1980.12.9., 80도1177: "타인의 재물을 영득하기 위한 수단으로 기망행위를 사용한 경우는 피기망자에 의한 재산적 처분행위가 없으므로 일반적으로 횡령죄만 성립하고 사기죄는 성립하지 아니한다."; 동지, 대법원 1987.12.22., 87도2168.

560) 대법원 2007.7.12, 2005도9221: "사기죄는 타인을 기망하여 착오를 일으키게 하고 그로 인한 처분행위를 유발하여 재물·재산상의 이득을 얻음으로써 성립하고, 여기서 처분행위라 함은 재산적 처분행위로서 피해자가 자유의사로 직접 재산상 손해를 초래하는 작위에 나아가거나 또는 부작위에 이른 것을 말하므로, 피해자가 착오에 빠진 결과 채권의 존재를 알지 못하여 채권을 행사하지 아니하였다면 그와 같은 부작위도 재산의 처분행위에 해당한다."; 동지, 대법원 2009.3.26., 2008도6641; 동취지, 대법원 2017.4.28., 2017도1544.

대법원[561]은 A주식회사의 대표이사가 개인채무 지급을 위하여 A회사로 하여금 약속어음을 공동발행하게 하고 위 채무에 대하여 연대보증하게 한 후에 A회사를 위하여 보관 중인 돈을 임의로 인출하여 채무를 변제한 사안에서, "피고인이 A회사의 돈을 보관하는 자의 지위에서 회사의 이익이 아니라 자신의 채무를 변제하려는 의사로 회사 자금을 자기의 소유인 경우와 같이 임의로 인출한 후 개인채무의 변제에 사용한 행위는, 약속어음금채무와 연대보증채무 부담으로 인한 회사에 대한 배임죄와 다른 새로운 보호법익을 침해하는 것으로서 배임범행의 불가벌적 사후행위가 되는 것이 아니라 별죄인 횡령죄를 구성한다"고 판시하였다. 그러나 이러한 경우라면 회사의 사무를 처리하는 자가 배임행위로 회사의 비용으로 자신의 채무를 탕감하는 배임죄를 범한 것이며, 이 과정에서 횡령은 그 수단으로 사용된 것이므로 횡령죄는 배임죄에 흡수되는 것으로 보는 것이 타당하다.[562]

장물의 보관을 위탁받은 자가 반환을 거부함으로써 이를 횡령하는 경우에는 장물죄만 성립하며, 횡령죄는 성립하지 않는다.[563]

타인 재물의 보관자가 횡령죄를 범한다는 정을 알면서 그 재물을 매입하는 경우는 장물취득죄에 해당한다는 견해[564]가 있다. 특별한 사정이 없는 한 제3자는 횡령의 방조라는 의식보다 장물취득이라는 의식하에서 그 재물을 취득하게 된다는 것이다.[565] 판례[566]도 이 경우 장물죄의 성립을 인정한다. 횡령죄가 기수에 달하는 것과 동시에 그 재물은 장물이 된다는 것을 근거로 한다. 그러나 이 경우 타인재물의 보관자는 매입자가 해당재물을 매입함으로써 영득하는 것이므로, 그 이전에는 그 재물을 장물이라고 할 수 없다. 따라서 매입자의 매입행위는 횡령죄의 방조행위일 뿐 이를 장물취득행위로 평가할 수는 없다.[567] 이 경우 장물죄 뿐 아니라 횡령방조죄도 부정하는 견해[568]가 있으나, 악의의 매수인에 대하여 횡령죄의 방조를 부정할 이유가 없다.

---

561) 대법원 2011.4.14., 2011도277: "타인의 사무를 처리하는 자가 임무에 위배하여 회사로 하여금 자신의 채무에 관하여 연대보증채무를 부담하게 한 다음, 회사의 금전을 보관하는 자의 지위에서 회사의 이익이 아닌 자신의 채무를 변제하려는 의사로 회사의 자금을 자기의 소유인 경우와 같이 임의로 인출한 후 개인채무의 변제에 사용한 행위는, 연대보증채무 부담으로 인한 배임죄와 다른 새로운 보호법익을 침해하는 것으로서 배임 범행의 불가벌적 사후행위가 되는 것이 아니라 별죄인 횡령죄를 구성한다고 보아야 하며, 횡령행위로 인출한 자금이 선행 임무위배행위로 인하여 회사가 부담하게 된 연대보증채무의 변제에 사용되었다 하더라도 달리 볼 것은 아니다."

562) Vgl. Wessels/Hillenkamp, Strafrecht BT/Ⅱ, Rdnr. 289, 300, 780; BGHSt 13, 315.

563) 이에 관하여는 상기 '2-1-1-2. 위탁관계에 의한 보관, (2) 불법원인위탁' 참조.

564) 김일수/서보학, 313면; 배종대, 401면; 백형구, 207면; 이영란, 399면; 정성근/박광민, 455면; 동취지, 권오걸, 558면.

565) 고의의 내용에 따라 장물취득죄, 횡령방조죄 또는 2범죄의 상상적 경합을 인정하는 견해로는 정영일, 224면. 그러나 여기서는 "이 경우 행위자에게 어떤 고의를 인정해야 하는가"에 대한 논의이다.

566) 대법원 2004.12.9, 2004도5904: "갑이 회사 자금으로 을에게 주식매각 대금조로 금원을 지급한 경우, 그 금원은 단순히 횡령행위에 제공된 물건이 아니라 횡령행위에 의하여 영득된 장물에 해당한다."; 대법원 2011.4.28, 2010도15350.

567) 김성돈, 428면; 박상기, 390면; 손동권/김재윤, 453면; 이재상/장영민/강동범, 414면; 이형국, 422면; 임웅, 560면; 조준현, 564면.

568) 진계호/이존걸, 475면.

3. 점유이탈물횡령죄

본죄는 유실물 · 표류물 · 매장물 또는 타인의 점유를 이탈한 재물을 횡령함으로써 성립하는 범죄이다. 본죄는 위탁에 의한 신임관계의 배반을 내용으로 하지 않는다는 점에서 횡령죄와는 다른 독립적 구성요건으로 해석된다.

본죄의 행위객체는 유실물 · 표류물 · 매장물 또는 타인의 점유를 이탈한 재물이다. 여기서 유실물 · 표류물 · 매장물은 점유이탈물의 예시에 지나지 않는다. 따라서 점유이탈물이란 널리 점유자의 의사에 의하지 아니하고 그 점유를 떠난 물건을 말한다. 누구의 점유에도 속하지 않는 재물 뿐 아니라 우연히 행위자의 점유에 들어온 물건도 점유이탈물에 해당한다. 예컨대 타인이 착오로 놓고 간 물건이나 바람에 날려 온 이웃집 세탁물 또는 점유자의 지배를 벗어난 가축 등이 여기에 해당한다. 행위자가 착오로 점유한 물건도 유실물법 제12조의 준유실물로서 본죄의 유실물에 해당한다.

> 유실물법 제10조는 관리자가 있는 선박 · 차량 · 건축물 기타 일반인의 통행을 금지한 구내에서의 습득물을 유실물로 규정하고 있으며, 동법 제12조는 착오로 인하여 점유한 물건이나 타인이 놓고 간 물건 또는 일실한 가축을 준유실물로 규정하여 본법 및 민법 제253조의 규정을 준용하도록 규정하고 있다. 또한 동법 제13조는 매장물에 관하여 제10조의 규정을 제외하고 본법을 준용하도록 규정하고 있다. 이러한 유실물법의 규정은 점유이탈물횡령죄의 해석에서 중요한 기준이 된다. 다만 민사법상의 문제를 사법적으로 해결하기 위하여 마련된 유실물법의 규정을 형법에 그대로 적용할 수는 없다. 특히 형법상의 점유개념은 민법의 점유개념과는 상이한 내용을 가지고 있다. 따라서 건물 등의 관리인은 그 곳에 유실된 물건을 점유하기 때문에 습득자가 이를 가져가면 점유이탈물횡령죄가 아닌 절도죄가 성립하게 된다.[569] 다만 판례[570]에 의하면 고속버스의 관수자는 유실물을 현실적으로 발견하지 않는 한 이에 대한 점유의 개시를 인정할 수 없다고 한다. 그러나 일정 시간동안 독점적으로 당해 공간을 실질적으로 관리하는 고속버스의 관리자에게 그 공간의 물건에 대한 사실상의 재물지배를 부정하는 것은 타당하다고 할 수 없다.[571] 오히려 불특정 · 다수인이 수시로 왕래하는 지하철 · 시내버스 · 백화점 · 극장 등의 경우에 그 공간의 관리자에게 유실물에 대한 사실상의 재물지배를 인정하기가 곤란할 것이며, 이러한 장소에서의 유실물을 횡령하는 경우는 절도죄가 아니

569) 대법원 1988.4.25., 88도409: "어떤 물건을 잃어버린 장소가 당구장과 같이 타인의 관리 아래 있을 때에는 그 물건은 일응 그 관리자의 점유에 속한다 할 것이고, 이를 그 관리자가 아닌 제3자가 취거하는 것은 유실물횡령이 아니라 절도죄에 해당한다."; 대법원 2007.3.15., 2006도9338: PC방에 두고 간 타인의 핸드폰을 취한 행위.

570) 대법원 1993.3.16., 92도3170: "고속버스의 운전사는 고속버스의 관수자로서 차내에 있는 승객의 물건을 점유하는 것이 아니고 승객이 잊고 내린 유실물을 교부받을 권능을 가질 뿐이므로 유실물을 현실적으로 발견하지 않는 한 이에 대한 점유를 개시하였다고 할 수 없고, 그 사이에 다른 승객이 유실물을 발견하고 이를 가져갔다면 절도에 해당하지 아니하고 점유이탈물횡령에 해당한다."

571) 동지, 김일수, 한국형법 III, 660면; 하태훈, 형법상의 점유개념, 형사판례연구 3, 1995, 171면 이하.

라 점유이탈물횡령죄로 취급하는 것이 타당할 것이다.[572] 또한 집으로 돌아가는 습성이 있는 가축이 행위자의 점유영역으로 들어 온 경우에 이를 자기의 영역에 가두는 행위는 절도죄에 해당한다.

제6절 배임의 죄

1. 배임의 죄 일반론

1-1. 의 의

배임죄는 타인의 사무를 처리하는 자가 그 임무에 위배하는 행위로써 재산상의 이익을 취득하거나 제3자로 하여금 이를 취득하게 하여 본인에게 손해를 가하는 것을 내용으로 하는 범죄이다. 본죄의 행위객체는 재산상의 이익에 한정되며, 재물은 제외된다. 따라서 본죄는 순수한 이득죄이다. 또한 본죄는 본인과의 신임관계에 위배하여 본인에게 재산상의 손해를 가한다는 점에서 타인의 재산권을 침해하는 범죄이다. 이러한 점에서 본죄는 신의성실에 위배하여 타인의 재산권을 침해하는 사기죄와 유사한 성질을 가진다. 이와 같은 유사한 성질에 의하여 독일형법과 일본형법은 사기죄와 배임죄를 같은 장에서 규정하고 있다. 그러나 형법은 본죄를 횡령죄와 같은 장에서 규정함으로써, 본죄와 횡령죄가 위탁에 의한 신임관계를 위배하여 재산권을 침해하는 점에서 공통적인 특징을 가진 범죄로 해석된다. 다만 횡령죄가 위탁에 의한 신임관계에 위배하여 재물을 영득함으로써 재산권을 침해하는 범죄임에 반하여, 배임죄는 타인의 사무를 처리하는 자가 그 임무에 위배하는 행위로 재산권을 침해하는 범죄라는 점에서 차이가 있다.

본죄의 보호법익은 재산권이고, 법익보호의 정도에 따라 본죄는 침해범으로 해석된다(통설).[573] 본죄의 구성요건이 명문으로 '재산상 이익을 취득하여 본인에게 손해를 가한 때'로 규정하기 때문이다. 판례[574]와 소수설[575]은 본죄의 손해를 '손해의 구체적 위험'으로 해석함으로써 본죄를 구체적 위

572) 대법원 1999.11.26., 99도3963: "지하철의 전동차 바닥이나 선반 위에 있던 물건은 승무원이 이를 발견하기 전까지는 점유이탈물에 해당한다."; 서울지법 2000.3.9., 99노10778: "절취당한 후 10개월 이상 상가 주차장에 방치되었던 자동차를 제3자가 임의로 가지고 간 경우, 점유이탈물횡령죄가 성립한다."

573) 대법원 2017.7.20., 2014도1104 전원합의체 판결, 박보영, 고영한, 김창석, 김신의 대법관의 별개의견.

574) 대법원 2017.7.20., 2014도1104 전원합의체 판결; 동지, 대법원 2013.10.17., 2013도6826; 대법원 2014.8.20., 2012도12828; 대법원 2015.11.26., 2014도17180; 대법원 2017.3.22., 2016도17465; 대법원 2017.9.21., 2014도9960; 대법원 2017.10.12., 2017도6151; 대법원 2018.5.17., 2017도4027.

575) 박상기, 395면; 이재상/장영민/강동범, 419면, 431면; 정영일, 225면.

험범으로 해석한다. 그러나 법문에 반하여 본죄를 구체적 위험범으로 해석하는 입장은 타당하다고 할 수 없다.

1-2. 배임죄의 연혁

연혁적으로 형법의 배임죄는 1953년의 제정형법 당시부터 횡령과 배임의 죄의 장에서 규정되어 있었다. 그러나 배임죄는 다른 전통적인 재산범죄에 비하여 그 역사가 상당히 짧다. 독일에서는 1813년에 제정된 바이에른 형법전 제398조를 통하여 처음으로 특별한 성실의무와 연계된 독자적인 배임죄를 만들었으며, 1851년에 제정된 프로이센 형법전은 개별 법률의 다양한 배임죄 조문들을 한 개의 규정으로 압축하였다. 그 이후 1870년의 북부 독일연방 형법전에서는 단순한 재산가치의 횡령이 불가벌로 되는 것을 해소할 목적으로 '권한의 남용(Mi ß brauch einer Bevollmächtigung)'도 배임행위로 추가하였으며, 이 규정의 형식은 그대로 1871년의 제국형법전에 도입되었다. 여기서는 다양한 주체들을 구체적으로 열거하여 이들이 의도적으로 피보호자나 피보호재산에 대해서 손해를 가하는 행위를 배임죄로 처벌하였다. 그러나 이러한 배임죄 규정은 구성요건의 나열식 구조 때문에 그 적용 폭이 지나치게 협소하다는 문제점이 드러났다. 따라서 1933년의 입법에서는 당벌적이고 배신적인 재산침해행위들을 가능한 한 빠짐없이 포함시키기 위해 의도적으로 현행법과 같은 광범위한 구성요건을 제정하게 되었다.[576] 이와 같이 배임죄는 권한남용 배임죄로부터 출발하여 배신 배임죄로 확립되었다.[577]

이와 같이 광범위한 적용범위를 가진 독일 형법의 배임죄 구성요건은 동일한 구조로 일본 형법이 채택했으며, 이는 직접 우리형법에 도입되었다. 당시의 배임죄는 제37장 '사기 및 공갈의 죄'의 장에서 '타인을 위하여 그 사무를 처리하는 자가 자기 또는 제3자의 이익을 꾀하거나 또는 본인에게 손해를 가할 목적으로 그 임무에 위반한 행위를 하여 본인에게 재산상 손해를 가하는 행위'로 규정하였다.[578] 그러나 1953년의 제정형법은 당시 일본 내에서 준비하고 일본개정형법가안(각칙 1940년 3월) 제442조 제2항을 그대로 도입하여 제40장 '횡령과 배임의 죄'의 장에서 제355조 제2항에 현행법과 동일한 내용의 배임죄 규정을 두게 되었다.

그러나 정작 개정형법가안을 준비한 일본에서는 이를 채택하지 않았고, 현재까지도 '사기와 공갈의 죄'의 장에 규정된 종래의 배임죄 구조를 그대로 유지하고 있다. 따라서 독일 형법과 일본 형법의 배임죄는 동일한 구조를 유지하고 있는데 반하여, 형법의 배임죄는 이들과 다른 새로운 독자적

576) Walter Perron, Probleme und Perspektiven des Untreutatbestnades, 전남대 법학논총, 제30권 제1호, 2010.04, 14면 이하 참조.

577) 독일형법 제266조 제1항의 배임죄에서는 '법률이나 관청의 위임 또는 법률행위로 인정된 타인재산에 대한 처분권한을 남용하거나 타인에게 의무를 부과하는 권한을 남용하고 이를 통하여 타인에게 재산상 손해를 가하는' 권한남용구성요건과 '법률이나 관청의 위임, 법률행위 또는 신임관계 등에 의해서 부과된 타인의 재산상 이익을 보존해야 할 의무를 위반하고 이를 통하여 타인에게 재산상 손해를 가하는' 배신구성요건을 모두 포괄하고 있다.

578) 유기천, 형법학 각론강의(하), 1976, 부록 구형법 참조.

인 구조와 형식을 갖게 되었다.[579)]

1-3. 배임죄의 본질

배임죄의 본질에 대하여는 연혁적으로 권한남용설과 배신설의 대립이 있었다. 권한남용설은 배임죄의 본질을 권한남용으로 이해한다. 배임죄는 대외관계에서 타인의 재산을 처분할 권한을 가진 자가 그 대외적 권한을 행사함에 있어서 대내적인 의무에 위배하여 권한을 남용하는 데에 본질이 있다는 것이다. 권한남용설에 의하면 배임죄는 행위자가 타인의 재산을 처분할 권한을 행사하여 본인에게 손해를 가함으로써 성립하기 때문에 배임행위는 법률행위에 제한된다. 따라서 대리권 없는 자의 법률행위나 순수한 사실행위에 의하여 본인에게 손해를 가할 경우에는 배임죄가 성립하지 않게 된다. 이와 같이 배임행위를 법률행위로 제한하는 권한남용설에 의할 경우 배임죄의 범위가 너무 좁게 되어 형벌의 공백이 생기게 된다.

배신설은 신의성실의 의무에 위배하여 신임관계를 침해하는 데에 배임죄의 본질이 있다고 본다. 배임죄는 외부관계에서의 권한의 남용이 아니라, 타인의 재산상 이익을 보호할 내부관계에서의 의무를 위반하여 본인에게 손해를 가하는 범죄라는 것이다. 배신설에 의하면 배임죄는 외부적인 권한의 남용 뿐 아니라, 신임관계를 침해하는 단순한 사실행위에 의하여도 성립하게 된다. 배임죄의 구성요건에서 배임행위를 법률행위에 제한할 이유는 없으므로 배신설이 타당하다(통설). 판례[580)]도 배신설의 입장이다.

배임죄는 연혁적으로 권한남용 배임죄로 출발하였으나, 적용범위가 협소하다는 문제점을 해결하기 위해서 배신설에 근거를 둔 광범위한 배신 배임죄의 확립을 보게 되었다. 다만 배신설은 모든 채무불이행이 신의성실의 의무에 위배하여 신뢰관계를 침해하는 배임행위가 될 수 있으므로 배임죄의 범위를 합리적으로 제한하는 문제가 중요하게 된다.

579) 이정원, 배임죄의 구조와 문제점, 전북대 법학연구, 제34집, 2011.12, 125면 이하.

580) 대법원 2003.10.10., 2003도3516; 대법원 2004.7.9., 2004도810; 대법원 2006.5.12., 2004도491; 대법원 2011.1.20., 2008도10479; 대법원 2011.7.14., 2010도3043; 대법원 2012.2.23., 2011도16385; 대법원 2014.8.21., 2014도3363; 대법원 2018.5.17., 2017도4027.

1-4. 구성요건의 체계

[배임의 죄]

기본적 구성요건 – 배임죄: 제355조 제2항
가중적 구성요건 – 업무상배임죄: 제356조
독립적 구성요건 – 배임수증죄: 제357조 (배임수재죄 제1항; 배임증재죄: 제2항)

미수범: 제359조 (제355조 제2항, 제356조, 제357조: 모든 배임의 죄에 대하여)
자격정지의 병과: 제358조 (제355조 제2항, 제356조, 제357조: 모든 배임의 죄에 대하여)
친족상도례: 제361조 (제355조 제2항, 제356조, 제357조: 모든 배임의 죄에 대하여)
동력: 제361조 (제357조에 대하여 관리할 수 있는 동력의 재물 간주)
몰수 · 추징: 제357조 제3항 (제357조 제1항에 대하여)

배임의 죄에서 기본적 구성요건은 제355조 제2항의 배임죄이며, 제356조의 업무상배임죄는 불법이 가중된 가중적 구성요건이다. 제357조 제1항의 배임수재죄는 배임의 죄라기보다는 수뢰죄에 상응하는 비공무원의 거래청렴성을 보호하기 위한 규정이며, 동시에 배임죄와 유사한 재산죄로서의 성질도 가지므로 배임의 죄에서 규정하였다. 따라서 배임수재죄는 배임죄와는 다른 독립적 구성요건에 해당한다. 반면에 제357조 제2항의 배임증재죄는 재산범죄로서의 특징이 전혀 없으며, 오직 뇌물공여죄에 상응하는 배임수재죄의 필요적 공범에 해당한다.

배임죄와 업무상배임죄 및 배임수증죄에 대하여는 미수범(제359조)이 처벌되며, 10년 이하의 자격정지가 병과(제358조)될 수 있다. 또한 모든 배임의 죄에 대하여는 친족상도례(제328조)의 규정이 준용된다(제361조). 그러나 동력에 관한 규정(제346조)은 배임수증죄에 대하여만 준용될 수 있다(제361조). 배임수재죄에 있어서 범인이 취득한 재물은 몰수하며, 그 재물을 몰수하기 불능하거나 재산상의 이익을 취득한 때에는 그 가액을 추징한다(제357조 제3항).

배임죄와 업무상배임죄는 그 이득액에 따라 50억원 이상인 경우 무기 또는 5년 이상의 징역, 5억원 이상 50억원 미만인 경우 3년 이상의 유기징역으로 처벌하는 특경법 제3조의 적용을 받는다. 또한 동조 제2항에 의하여 이득액 이하에 상당하는 벌금이 병과될 수 있다. 그밖에 상법 제622조와 제623조에는 발기인 · 이사 기타 회사임원 등의 특별배임죄와 사채권자집회의 대표자 등의 특별배임죄가 규정되어 있다.

2. 배임죄

2-1. 객관적 구성요건

배임죄의 객관적 구성요건은 타인의 사무를 처리하는 자가 그 임무에 위배하는 행위로써 재산상의 이익을 취득하거나 제3자로 하여금 이를 취득하게 하여 본인에게 손해를 가하는 것이다.

2-1-1. 행위주체

본죄의 행위주체는 타인의 사무를 처리하는 자이다. 이러한 의미에서 본죄는 진정신분범이다. '타인의 사무를 처리하는 자'란 타인과의 신뢰관계에서 그 타인의 재산을 보호할 의무 있는 자를 의미한다. 본죄의 행위주체인 '타인의 사무를 처리하는 자'에 내포된 규범적 내용은 '타인과의 신뢰관계'와 '그 타인의 재산을 보호할 의무'이며, 이러한 규범적 내용은 배임죄 구성요건의 전체내용이 된다.

> 형법의 배임죄 구성요건은 타인의 사무를 처리하는 자의 임무위배행위를 통하여 그 타인에게 재산상 손해를 가하는 것이다. 타인의 사무처리에서 재산상 소해를 초래하는 임무위배행위가 배임행위가 된다. 이러한 배임행위에는 배임죄 구성요건의 핵심적인 내용이 모두 내포되어 있다. 다만 배임죄 구성요건의 핵심적인 내용은 일반적으로 배임죄의 행위주체에서 설명되어진다. 배임죄의 행위주체인 '타인의 사무를 처리하는 자'란 타인과의 신뢰관계에서 그 타인의 재산을 보호할 의무 있는 자를 의미하는데, 이러한 의무를 위반하면 그 타인의 재산이 보호될 수 없을 것이므로 바로 이 의무위반 행위가 배임행위에 해당한다. 이와 같이 배임행위 뿐 아니라 배임죄의 행위주체에서도 그 핵심적인 규범적 내용은 공통적으로 '타인과의 신뢰관계에서 그 타인의 재산을 보호할 의무'가 된다.

2-1-1-1. 사무처리의 근거

형법은 배임죄에서 타인사무 처리의 근거를 명문으로 규정하고 있지 않지만, 이를 배신설의 관점에서 파악하는 것이 일반적인 학설의 입장이다(통설). 배임죄에서 타인사무 처리의 근거는 대내관계에서 그 타인(본인)의 사무를 처리할 신임관계로 충분하며, 제3자와의 대외관계에서 본인을 위한 대리권과 같은 법적 권한은 필요하지 않다고 한다. 따라서 배임죄에서 타인사무 처리의 근거는 법령 · 계약 · 법률행위 등의 법적 근거 이외에 사회윤리적 신임관계나 순수한 사실상의 신임관계로 충분하다. 즉 타인의 사무처리와 관련하여 신의성실의 원칙에 비추어 신임관계가 인정되면 족하다.

회사의 법적 대표가 아닌 실질적인 소유자[581]의 경우 또는 대리권이 소멸된 이후 사무인계 사이의 사무권한 공백상태[582]의 경우에도 순수한 사실상의 신뢰관계를 근거로 타인의 사무를 처리하는

581) Lackner/Kühl, StGB, 26. Aufl., 2007, § 266 Rdnr. 10; BGH NJW 97, 66; BGH NJW 04, 2761, 2765.
582) 대법원 1999.6.22., 99도1095.

자에 해당할 수 있다. 또한 사무처리의 근거가 되는 법률행위가 무효인 경우에도 사실상의 신뢰의무가 형성될 수 있다. 예컨대 법률적으로 규정된 형식의 미비나 위탁자의 행위능력 등에 의해서 무효인 법률행위와 같이, 그 유효성이 인정될 경우 법적 신뢰의무가 발생할 수 있다면, 타인사무처리의 근거가 된 법률행위가 무효라도 사실상의 신뢰의무가 형성될 수 있다.[583] 물론 '법률위반이나 윤리위반을 목적으로 하는 법적으로 허용되지 아니하는 계약[584]이나 협정, 예컨대 마약이나 위조통화의 유통 또는 장물알선이나 불륜관계 지속의 대가 약정[585] 등의 경우는 법질서 통일의 원칙에 의해서 타인재산 보호의무의 근거가 될 수 없다.[586]

2-1-1-2. 사무처리의 내용

본죄에서 타인의 사무를 처리하는 자는 타인과의 신뢰관계에서 그 타인의 재산을 보호할 의무 있는 자를 의미하므로 본죄의 사무는 재산상의 사무에 국한된다(통설). 판례[587]도 "타인의 사무를 처리하는 자란 양자간의 신임관계에 기초를 두고 타인의 재산관리에 관한 사무를 대행하거나 타인재산의 보전행위에 협력하는 자를 말한다"고 하여 배임죄의 사무를 재산상의 사무로 이해하고 있다.

> 본죄의 사무에 관하여 "본인에게 재산상의 손실을 가하기만 하면 배임죄가 성립하므로 배임죄의 사무가 재산상의 사무에 국한될 필요가 없다"는 견해[588]가 있다. 또한 "반드시 재산상의 사무일 필요는 없지만 재산적인 이해관계를 갖는 사무이어야 한다"는 견해[589]도 있다. 의사가 환자를 치료함에 있어서 효과 있는 여러 치료방법 중 가장 비용이 많이 드는 방법으로 치료비를 챙기거나, 변호사가 결정적으로 유리한 증거를 1심에서 제출하지 아니하는 방법으로 2심의 수임료를 챙기는 경우에도 배임죄의 성립을 인정해야 한다는 것이다. 그러나 이 경우는 전형적인 사기죄로서 기망에 의한 상대방의 처분행위로 직접적인 재산침해가 일어나고 있다. 배임죄의 행위주체인 '타인의 사무를 처리하는 자'는 '그 타인의 재산을 보호 내지 보존할 의무를 수행하는 자'를 의미하므로 본죄의 사무는 재산상 사무에 국한시키는 것이 타당하다.

---

583) Vgl. Wessels/Hillenkamp, Strafrecht BT/II, Rdnr. 749; Lackner/Kühl, StGB, §266, Rn. 10; Maurach/Schroeder/Maiwald, Lehrbuch BT/I, 45/27.

584) 대법원 1996.8.23., 96도1514: "국토이용관리법 소정의 거래허가를 받은 바가 없다면, 매도인에게 매수인에 대한 소유권 이전등기에 협력할 의무가 생겼다고 볼 수 없고, 따라서 매도인이 배임죄의 주체인 타인의 사무를 처리하는 자에 해당한다고 할 수 없다."; 동지, 대법원 1995.1.20., 94도697; 대법원 1996.2.9., 95도2891; 대법원 1996.8.23., 96도1514; 대법원 1969.10.28., 69도1648: "농가와 비농가가 공동으로 출자하여 매수한 농지를 농가 단독으로 처분하여도 비농가에 대하여 배임죄를 구성하지 아니한다."; 동지, 대법원 1979.3.27., 79도141.

585) 대법원 1986.9.9., 86도1382.

586) Vgl. Lenkner/Perron, S-S StGB, § 266 Rdnr. 31; Samson/Günther, SK StGB, § 266 Rdnr. 32.

587) 대법원 2005.3.25., 2004도6890; 대법원 2007.5.10., 2006도8832; 대법원 2007.10.11., 2007도6161; 대법원 2009.5.28., 2009도2086; 대법원 2010.9.9., 2010도2985; 대법원 2012.3.15., 2010도3207; 대법원 2012.9.13., 2012도3840; 대법원 2014.2.27., 2011도3482; 대법원 2017.4.26., 2017도2181.

588) 이영란, 413면; 임웅, 523면; 동취지, 오영근, 374면.

589) 정영일, 228면.

2-1-1-3. 사무처리의 범위

타인의 재산보호에 관한 사실상의 신뢰관계는 본죄의 사무처리에 대한 근거로서 충분하다. 따라서 본죄의 해석에서는 광범위한 사무처리의 범위를 합리적으로 제한하는 문제가 특히 중요하다. 본죄에서 사무처리의 범위는 타인재산에 대한 보호의무의 범위와 일치한다. 타인재산에 대한 보호의무가 부과될 수 있는 한도까지 본죄의 사무처리가 된다.

우선 단순한 채권법상의 의무는 본죄의 타인재산에 대한 보호의무의 범위에 포함시킬 수 없다.[590] 단순한 채권법상의 채무불이행은 형법이 관여할 사항이 아니기 때문이다. 본죄의 타인재산에 대한 보호의무는 타인의 재산을 보호하고 유지해야 할 내용적으로 특별하게 가중된 의무로부터 나올 수 있을 뿐이다.[591] 이러한 의미에서 본죄의 신임관계는 부진정부작위범에서의 보증인의 지위를 판단하는 기준에 의하여 제한될 수 있다는 견해[592]는 타당하다.[593] 따라서 배임죄에서 재산보호의무는 타인재산의 보존을 전형적이고 본질적인 내용으로 하는 의무로 비교적 엄격하게 제한되어야 한다. 즉 의무의 주된 대상이 타인재산의 보존이어야 하며, 타인재산의 보존이 단순한 부수적 의무에 불과한 경우에는 가벌적인 배임죄에서 제외되어야 한다.[594] 예컨대 임차물건을 처분하여 영득하는 경우, 임차인의 임대인 소유의 물건에 대한 보존의무는 단순한 부수적 의무에 불과하기 때문에 배임죄의 재산보호의무에 해당하지 않는다.[595] 따라서 이 경우는 아예 처음부터 배임죄는 성립하지 않으며, 횡령죄만 성립하게 된다.[596]

"타인의 재산보호의무가 주된 의무인가"라는 기준에 의하면 매매계약, 임대계약, 도급계약, 근로계약 등의 계약을 이행하는 일반적인 의무는 그것이 비록 상대방의 이익을 고려해야 할지라도 배임죄의 재산보호의무에 해당하지 않는다.[597] 또한 채무자의 주된 의무는 채무변제에 있으므로, 변제기

---

590) 대법원 2004.4.27., 2003도6994; 대법원 2005.12.9., 2005도5962; 대법원 2007.3.29., 2007도766; 대법원 2008.3.27., 2008도455; 대법원 2012.11.29., 2011도7361; 대법원 2012.12.13., 2010도10515; 대법원 2014.8.21., 2014도3363; 대법원 2016.8.24., 2014도6740; 대법원 2018.7.12., 2015도464; 대법원 2020.2.20., 2019도9756 전원합의체 판결.

591) 대법원 1994.9.9., 94도902; 대법원 2004.6.17., 2003도7645; 대법원 2006.4.28., 2005도756; 대법원 2012.9.13., 2012도3840; 대법원 2013.9.27., 2013도6835; 대법원 2017.4.26., 2017도2181; 대법원 2020.2.20., 2019도9756 전원합의체 판결 참조.

592) 김성돈, 445면 이하; 김일수, 한국형법 III, 774면; 김일수/서보학, 388면; 이재상/장영민/강동범, 423면; 정성근/박광민, 470면; 진계호/이존걸, 490면.

593) 일반적 보증의무를 넘어서는 특별히 가중된 보증의무를 요구하는 입장으로는 Lenkner/Perron, S-S StGB, § 266 Rdnr. 23a; Samson/Günther, SK StGB, § 266 Rdnr. 27.

594) 권오걸, 601면; 김성천/김형준, 497면 이하; 김일수/서보학, 487면; 박상기, 399면; 배종대, 410면; 이영란, 414면; 이재상/장영민/강동범, 425면; 이형국, 433면; 임웅, 523면; 진계호/이존걸, 486면.

595) Vgl. Wessels/Hillenkamp, Strafrecht BT/II, Rdnr. 766, 769 f.; Maurach/Schroeder/Maiwald, Lehrbuch BT/I, §45 Rdnr. 31; Tröndle/Fischer, StGB, § 266 Rdnr. 36 f.; Kindhäuser, StGB Kommentar, § 266 Rdnr. 36 ff.; BGHSt 1, 186(189); 22, 190(191).

596) 즉 이 경우에 횡령죄와 배임죄의 성립을 모두 인정하면서, 특별관계에 의해서 배임죄의 적용이 배제되는 것으로 이해해서는 안 된다. 구조적으로 배임죄의 성립이 인정될 수 없는 경우이다.

597) Vgl. Wessels/Hillenkamp, Strafrecht BT/II, Rdnr. 770 Fuß n. 74; Lenkner/Perron, S-S StGB, § 266 Rdnr. 23; Samson/Günther, SK StGB, § 266 Rdnr. 28; BGHSt 22, 190(191); BGH wistra 98, 61 mit Anm. Otto, JK 98, StGB, § 266/16; BGH NStZ-RR 00, 236 mit Anm. Otto, JK 01, StGB, § 266/20.

이전에 (양도)담보물을 처분하는 경우에도 배임죄는 성립하지 않는다고 해야 한다.[598] 이와 같이 '주된 의무'라는 기준은 배임죄 판단에서 비교적 확고한 결론을 제시한다고 할 수 있다.[599]

2-1-1-4. 타인의 사무처리

배임죄의 행위주체는 타인의 사무를 처리하는 자이므로 자기의 사무[600]를 처리하는 자는 배임죄의 주체가 될 수 없다. 여기서의 타인에는 행위자 이외의 자연인 · 법인 뿐 아니라 법인격 없는 단체도 포함된다. 타인의 사무처리란 타인(본인)이 처리해야 할 사무를 그 타인을 위하여 처리하는 것을 말한다.

> 종래 대법원은 '양도담권자가 변제기 이후에 담보부동산을 채권의 변제충당과 관계없는 방법으로 처분한 경우',[601] '목적물을 부당하게 염가로 처분한 경우'[602] 또는 '목적물을 처분하여 원리금과 비용에 충당하고 여분이 있음에도 정산해 주지 않은 경우'[603]를 '타인의 사무처리'로 판단하여 배임죄의 성립을 인정하였으나, 전원합의체판결[604]로 입장을 변경하여 양도담보권자가 변제기 이후에 담보권을 실행하여 변제에 충당하고 정산하는 사무를 자기의 사무로 판단함으로써 배임죄의 성립을 부정하였다. 이후 판례는 양도담보권자가 변제기 이후에 정산의무를 이행하지 아니한 경우[605] 또는 담보목적물을 부당하게 염가로 처분한 경우에 배임죄의 성립을 부정하고 있다.[606]
>
> 다만 양도담보권자는 변제기 이후라도 담보목적물의 처분을 종료할 때까지 채무자의 채무변제가 있으면 담보목적물을 담보설정자에게 그 권리를 회복시켜 줄 의무가 있다는 점에서는 본죄의 타인의 사무를 처리하는 자에 해당한다고 한다.[607] 또한 판례는 채권자가 채권담보의 목적물을 변제기 이전에 처분하는 행위를 전형적인 배임행위로 판단하고 있다. 예컨대 가

598) BGH wistr 84, 143.

599) 독일 형법에서 재산관리의무의 해석에 관한 자세한 내용은 임정호, 배임죄의 행위주체, 형사법연구 제20권 제2호, 2008.06, 56면 이하 참조.

600) 대법원 2014.8.21., 2014도3363 전원합의체 판결: "채권담보목적으로 부동산에 관한 대물변제예약을 체결한 채무자가 대물변제하기로 한 부동산을 제3자에게 처분한 경우, 대물변제예약의 약정내용에 좇은 이행을 하여야 할 채무는 특별한 사정이 없는 한 '자기의 사무'에 해당하는 것이 원칙이다."; 동취지, 대법원 2005.9.29., 2005도4809; 대법원 2011.4.28., 2011도3247; 대법원 2015.3.26., 2015도1301.

601) 대법원 1977.5.24., 76도4180.

602) 대법원 1979.6.26., 79도1127; 대법원 1983.6.28., 82도1151.

603) 대법원 1975.5.13., 74도3125; 대법원 1979.6.12., 79도205; 대법원 1983.6.28., 82도1151; 대법원 1984.6.12., 82도2112.

604) 대법원 1985.11.26., 85도1493 전원합의체 판결: "양도담보의 담보권자가 변제기 이후에 담보권을 실행하고 나머지가 있어 이를 담보제공자에게 반환할 의무는 담보계약에 따라 부담하는 자신의 정산의무이므로, 그 정산의무를 이행하지 아니한 소위는 배임죄를 구성하지 않는다."

605) 대법원 1986.7.8., 85도554; 대법원 1987.5.12., 86도1117.

606) 대법원 1989.10.24., 87도126; 대법원 1997.12.23., 97도2430.

607) 대법원 1988.12.13., 88도184; 대법원 1990.8.10., 90도414.

등기권자가 변제기 이전에 본등기를 경료하는 행위[608] 또는 소유권이전등기를 경료받은 채권자 · 양도담보권자나 소유권이전등기 소요서류를 임치하고 있던 자가 변제기 이전에 매각하는 행위[609]는 배임행위에 해당하며, 소유권이전등기를 경료받은 채권자가 변제기 이전에 처분하는 행위도 배임행위에 해당한다고 한다.[610] 그러나 가등기담보법에 의하면 이러한 경우에 목적물의 소유권은 여전히 채무자에게 있고, 담보권자는 대외적으로 목적물을 유효하게 처분할 수 있는 지위에 있게 되어 횡령죄의 성립만이 가능하게 된다.

반면에 담보권자는 담보목적물에 대해서 채무의 변제가 있으면 이를 채무자에게 반환하거나 또는 변제기 이후에는 담보권을 실행하게 되는데, 이는 반대계약당사자인 채권자의 의무이거나 또는 당연한 권리행사이다. 따라서 담보권자의 주된 의무가 채무자의 재산보호의무라고 평가할 수는 없다. 이와 같이 채권자 자신의 사무인 반대채무를 이행하지 아니하는 행위에 대해서 배임죄의 성립을 인정하는 것은 타당하다고 할 수 없다.

이와 같이 '타인의 사무처리'인지 여부는 배임죄의 해석에서 중요한 논의의 대상이 되고 있으나, 이는 실제로 '사무처리의 범위'와 동일한 차원의 논의라고 할 수 있다. 즉 본죄의 사무는 타인의 재산을 보호하고 유지해야 할 신임관계에 근거한 재산상의 사무를 의미하므로, 타인의 사무처리는 신임관계에 의하여 그 타인의 재산보호를 전형적 · 본질적인 내용으로 하는 것이어야 하며, 타인의 재산보호가 단순히 부수적인 의무에 불과한 경우는 본죄의 '타인의 사무처리'에 해당하지 않는다.

타인의 사무처리가 동시에 자신의 사무처리가 되는 경우에도 타인의 사무처리가 본질적 내용이 되는 때에는 본죄의 '타인의 사무처리'에 해당한다는 것이 일반적인 학설의 입장이다. 예컨대 부동산의 매도인이 소유권이전등기에 협력할 의무에 위배하여 이중매매를 하는 경우가 여기에 해당한다고 한다(통설). 그러나 타인의 사무처리가 동시에 자신의 사무처리가 되는 경우에도 "그 타인의 재산보호가 주된 의무인가"를 판단함으로써 배임죄의 성립 여부가 결정되어야 할 것이다.

2-1-1-5. 사무처리의 독립성

본죄의 '타인의 사무를 처리하는 자'가 반드시 타인의 사무를 처리할 권한이 있어야 하는 것은 아니다. 그러나 타인의 사무처리에 대하여 적어도 일정한 독립성과 결정의 자유가 있어야 한다. 타인의 사무처리에 대하여 이러한 독립성과 결정의 자유가 없는 경우는 '타인의 사무처리'가 아니라 '심부름'에 불과하기 때문이다. 따라서 본인의 보조기관으로서 일정한 독립성을 갖고 있는 경우에는 본죄의 '타인의 사무를 처리하는 자'에 해당하지만,[611] 단순히 본인의 지시에 의하여 기계적 사무에

608) 대법원 1976.9.14., 76도2069; 대법원 1987.4.28., 87도265.

609) 대법원 1973.3.13., 73도181; 대법원 1988.12.13., 88도184; 대법원 1992.7.14., 92도753; 대법원 2007.1.25., 2005도7559.

610) 대법원 1992.7.14., 92도753; 동지, 대법원 1995.5.12., 95도283: "채무자에게 환매권을 주는 형식을 취하여 담보목적의 소유권이전등기를 마친 채권자가 변제기 이전에 제3자에게 근저당권을 경료하여 준 행위는 배임죄에 해당한다."

611) 대법원 1982.7.27., 81도203; 대법원 1999.7.23., 99도1911; 대법원 2000.4.11., 99도334; 대법원 2004.06.24., 2004도520; 대

종사하는 경우는 여기에 해당하지 않는다.

> 일정한 경우에는 타인의 사무처리에 관한 독자성에 의해서 배임죄와 횡령죄도 구별될 수 있다. 따라서 재산관리인의 입장에서 그 타인의 재물을 보관하는 자와 그러한 권한 없이 타인의 재물을 보관하는 자가 각각 그 재물을 횡령한 경우, 전자에 대해서는 배임죄의 성립을 인정하는 것이 타당하다.[612] 이러한 의미에서 배임죄가 횡령죄에 비하여 중한 범죄형태로 해석된다.

2-1-2. 행위객체

배임죄는 순수한 이득죄로서 그 행위객체는 재산상 이익으로 한정된다. 일반적으로 횡령죄와 배임죄는 신임관계를 배신한다는 점에서 본질이 같고, 객체의 성질에 따라 양자가 구별될 수 있을 뿐이라고 한다. 따라서 두 범죄는 특별법과 일반법의 관계에 있으므로 횡령죄가 성립하면 배임죄는 법조경합으로 특별히 문제가 되지 않는다는 것이 일반적인 학설의 입장이다(통설).

> 채권담보의 목적으로 제공된 채무자의 부동산에 대해서 소유권이전등기를 경료받은 채권자가 변제기 이전에 해당 부동산을 처분하는 행위에 대해서는 배임죄의 성립을 인정하는 것이 일관된 판례[613]의 입장이다. 채권자는 채무자가 변제기일까지 채무를 변제하면 채무자에게 소유명의를 환원하여 주기 위하여 그 소유권이전등기를 이행할 의무가 있으므로 변제기일 이전에 그 임무에 위배하여 이를 제3자에게 처분하였다면 배임죄가 성립한다는 것이다. 이에 반하여 위탁관계에 의해서 타인의 부동산에 대한 등기명의인이 해당 부동산을 불법하게 영득하면 횡령죄가 성립하며, 명의신탁부동산을 수탁자가 마음대로 처분하는 행위가 횡령죄에 해당한다는 점에 대해서는 학설과 판례[614]가 거의 일치된 입장을 보이고 있다(통설). 따라서 대법원이 배임죄로 판단한 사례군, 즉 '채권담보의 목적으로 소유권이전등기를 경료받은 부동산을 변제기 이전에 처분하는 채권자의 행위'들에 대해서는 횡령죄의 성립이 부정될 수 없다.[615] 학설에서도 "가등기담보법이 시행되면서 매도담보를 비롯한 모든 양도담보의 경

법원 2005.7.29., 2004도5685; 대법원 2007.6.1., 2005도9288.

612) 독일형법의 일반적인 해석에서는 이 경우 권한남용 형태의 배임죄의 성립을 인정하면서, 횡령죄를 흡수관계에 의한 법조경합으로 본다. 이에 관하여는 Vgl. Wessels/Hillenkamp, Strafrecht BT/II, Rdnr. 289, 300, 780.

613) 대법원 1987.4.28., 87도265; 대법원 1988.12.13., 88도184; 대법원 1989.11.28., 89도1309; 대법원 1992.7.14., 92도753; 대법원 1995.5.12., 95도283; 대법원 2007.1.25., 2005도7559.

614) 대법원 1987.12.8., 87도1690; 대법원 1999.11.26., 99도2651; 대법원 2002.2.22., 2001도6209; 대법원 2008.2.29., 2007도11029; 대법원 2009.8.20., 2008도12009; 대법원 2010.1.28., 2009도1884; 대법원 2010.9.30., 2010도8556; 대법원 2013.2.21., 2010도10500; 대법원 2013.5.9., 2013도2857.

615) 부동산횡령을 인정하는 것은 근본적으로 상당한 문제가 있다. 이러한 경우들은 오히려 사기죄의 영역에서 규율하는 것이 합리적이라고 보여 진다. 즉 담보제공 채무자에 대한 채권자의 사기죄 성립 여부 또는 사해행위취소권 등에 대해서 방어비용 등을 부담해야 할 하자 있는 물건을 기망에 의해서 처분한 채권자의 사기죄 성립 여부의 관점에서 접근해야 할 것이다.

우에 채권자가 보관중인 목적물을 처분하면 횡령죄가 성립한다"고 본다(통설). 다만 학설에서는 담보부동산을 외견상 유효하게 처분할 수 있는 지위에 있는 채권자가 변제기 이전에 이를 처분한 행위에 대해서 배임죄의 성립을 인정한 판례를 그대로 인용[616]함으로써 동일한 행위에 대해서 횡령죄와 배임죄의 성립을 모두 인정하고 있다.

그러나 채권담보의 목적으로 채무자의 부동산에 대해서 소유권이전등기를 경료받은 채권자는 채무자가 채무를 변제하면 소유명의를 채무자에게 환원시켜 주어야 하는 의무를 이행함으로써 자신을 사무를 처리하는 것이다. 또한 이와 같은 의무이행을 위해서 채무자의 재산을 보호해야 할 의무는 채권자의 소유명의 환원의무에 수반하는 단순한 부수적 의무에 불과하다. 따라서 이러한 부수적 의무를 배임죄에서 의미하는 '타인의 재산상 사무를 처리하는 의무'로 평가할 수는 없다. 대부분의 일반적인 횡령죄의 경우에 있어서도 수탁자의 위탁자 재물보호 의무는 해당 재물을 위탁자에게 반환하는 수탁자의 주된 의무에 수반하는 부수적 의무에 불과하기 때문에 배임죄의 구성요건해당성을 충족시키지 못한다.[617] 이러한 의미에서 횡령죄와 배임죄를 특별법과 일반법의 관계로 파악하는 통설의 입장은 타당하다고 할 수 없다.

2-1-3. 배임행위

배임행위는 타인의 사무를 처리하는 자가 본인에게 손해를 가하는 임무위반행위를 의미한다.[618] 본죄의 사무처리는 타인의 재산을 보호하고 유지해야 할 특별한 보증인의 지위에서의 사무처리를 말하므로, 여기서의 임무위반행위는 타인재산의 보호 · 유지에 대한 보증인의 의무위반행위를 의미한다.

예금통장에서 돈의 인출을 의뢰받은 자가 의뢰받은 액수보다 많은 돈을 인출하는 행위는 배임행위에 해당한다. 이 경우는 의뢰인의 보조기관으로 은행직원과의 법률행위를 통하여 의뢰인의 사무를 처리하는 자가 임무에 위배하는 행위로 본인에게 손해를 가하는 배임죄에 해당한다. 계주는 징수한 계금을 지정된 계원에게 지급해야 할 타인의 사무를 처리하는 자이므로 이를 임의로 소비하는 행위는 배임행위에 해당한다.[619]

---

616) 김성돈, 449면, 451면; 김성천/김형준, 496면; 김일수/서보학, 389면; 배종대, 410면; 손동권/김재윤, 465면; 오영근, 377면; 이재상/장영민/강동범, 424면; 정성근/박광민, 468면

617) BGHSt 22, 190, 191; Maurach/Schroeder/Maiwald, Lehrbuch BT/I, 9. Aufl., 2003, § 45 Rdnr. 31; Wessels/Hillenkamp, Strafrecht BT/II, Rdnr. 746, 766: Die Obhutspflicht des Sachmieters als bloße Nebenpflicht begründet keine Vermögensbetreuungspflicht: 재물 임차인의 재물보호의무는 단순한 부수적 의무로서 배임죄의 재산보호의무를 근거지울 수 없다.

618) 대법원 2017.12.22., 2017도12649: "임무위배행위는 처리하는 사무의 내용, 성질 등 구체적 상황에 비추어 법령의 규정, 계약 내용 또는 신의성실의 원칙상 당연히 하여야 할 것으로 기대되는 행위를 하지 않거나 당연히 하지 않아야 할 것으로 기대되는 행위를 함으로써, 본인과 맺은 신임관계를 저버리는 일체의 행위를 말한다."; 동지, 대법원 2011.10.27., 2009도14464; 대법원 2012.8.30., 2011도15052; 대법원 2014.6.26., 2014도753; 대법원 2017.2.3., 2016도3674; 대법원 2017.5.30., 2017도1284.

619) 대법원 1986.7.22., 86도230; 대법원 1987.2.24., 86도1744; 대법원 1994.3.8., 93도2221; 대법원 1995.9.29., 95도1176; 대법

종래 "동산인 재물을 양도담보로 제공하고 이를 점유개정에 의하여 채무자가 계속 점유하여 사용하던 중에 매각하는 행위는 배임행위에 해당한다"는 것이 판례[620]의 입장이었다. 양도담보물을 점유개정에 의해서 사용하는 자는 양도담보권자를 위해서 해당 물건을 보존해야 할 사실상의 신임관계가 인정된다는 것이다. 그러나 이 책은 "채무자의 채무변제 이외에 채권자의 담보권 보존도 채무자가 주된 의무로 처리해야 할 타인의 사무로 평가되어야 하는지" 의문[621]을 제기하였다.[622] 이에 관하여 최근 대법원은 전원합의체 판결[623]로 입장을 변경하여 이 경우 배임죄의 성립을 부정하였다. 채무자가 채무를 담보하기 동산을 채권자에게 양도하기로 약정하거나 양도담보로 제공한 경우에도 채무자가 양도담보설정계약에 따라 부담하는 의무는 채무자 자신의 급부의무로 이를 이행하는 것은 자신의 사무이고, 담보설정계약의 체결이나 담보권 설정 전후를 불문하고 당사자 관계의 전형적·본질적 내용은 여전히 금전채권의 실현 내지 피담보채무의 변제에 있으므로, 담보설정계약상의 의무를 이유로 담보를 제공한 채무자를 '타인의 사무를 처리하는 자'로 볼 수 없으며, 채무자가 담보물을 처분하였다 하여 배임죄로 처벌할 수 없다는 것이다.[624] 대법원 전원합의체 판결의 이러한 견해변경은 타당하다.

이에 반하여 동일한 경우에 채무자가 이를 재차 제3자에게 양도담보로 제공하고 점유개정의 방법으로 계속 사용하는 경우는 제1의 양도담보권자에게 담보권의 상실이나 가치감소를 초래하는 배임행위에 해당하지 않으며,[625] 채무자가 이를 재차 제3자에게 처분한 경우에도 제2의 양도담보권자는 양도담보권을 취득할 수 없으므로 이에 대해서는 배임죄가 성립하지 않는다.[626]

원 2009.8.20., 2009도3143.

620) 대법원 1983.3.8, 82도1829; 대법원 1983.11.8, 82도2119; 대법원 1989.7.25, 89도350; 대법원 1998.11.10, 98도2526; 대법원 2010.11.25., 2010도11293; 대법원 2012.9.13, 2010도11665.

621) 채무자가 점유개정에 의하여 재물을 점유하던 중에 이를 처분하는 등의 행위를 통하여 담보가치를 감소시킨 경우에도 채무자의 채권자에 대한 주된 의무는 채무변제에 한정되므로, 이 경우에도 채무자에 대해서는 단순한 채무불이행 이외에 배임죄의 성립을 인정할 수 없다고 해야 한다. 이에 관하여는 상기, 제1편, 제5장, 제6절, '2-1-1. 행위주체, (4) 타인의 사무처리' 참조.

622) 이 경우는 장래 채권의 집행을 위하여 확보된 법적 권리의 대상이 된 자기의 물건을 손괴·은닉하는 행위로서 권리행사방해죄가 성립한다고 보아야 한다.

623) 대법원 2020.2.20., 2019도9756 전원합의체 판결.

624) 대법원 2020.2.20., 2019도9756 전원합의체 판결 다수견해 참조. 이에 대하여 "점유개정에 따라 담보목적물을 직접 점유하는 채무자는 타인의 재물을 보관하는 자에 해당하므로 그가 임의로 제3자에게 담보목적물을 처분한 경우에는 횡령죄가 성립하고, 이 사건의 경우에도 횡령죄가 성립할 수 있으므로 원심판결을 파기하여야 한다"는 대법관 김재형, 대법관 김선수의 별개의견과 "담보권이 설정된 이후에는 담보를 제공한 채무자를 '타인의 사무를 처리하는 자'로 볼 수 있으므로 종래의 판례는 유지되어야 한다"는 대법관 민유숙의 반대의견이 있다.

625) 대법원 1987.5.12., 86도1117; 대법원 1989.4.11., 88도1586; 대법원 1990.2.13., 89도1931; 대법원 2004.6.25., 2004도1751; 대법원 2007.2.22., 2006도6686; 대법원 2007.2.22., 2006도8649.

626) 대법원 2004.6.25., 2004도1751: "금전채무를 담보하기 위하여 채무자가 그 소유의 동산을 채권자에게 양도하되 점유개정에 의하여 채무자가 이를 계속 점유하기로 한 경우 특별한 사정이 없는 한 동산의 소유권은 신탁적으로 이전됨에 불과하여 채권자와 채무자 사이의 대내적 관계에서 채무자는 의연히 소유권을 보유하나 대외적인 관계에 있어서 채무자는 동산의 소유권을 이미 채권자에게 양도한 무권리자가 되는 것이어서 다시 다른 채권자와 사이에 양도담보 설정계약을 체결하고 점유개정의 방법으로 인도를 하더라도 선의취득이 인정되지 않는 한 나중에 설정계약을 체결한 채권자는 양도담

판례[627]는 금전채무를 담보하기 위하여 채무자가 그 소유의 동산을 채권자에게 양도하되 점유개정에 의하여 채무자가 이를 계속 점유하기로 하였고, 양도담보권자인 채권자가 제3자에게 담보목적물인 동산을 처분하여 그 목적물의 소유권을 취득하게 한 다음 그 제3자로 하여금 그 목적물을 취거하게 한 경우, 그 제3자로서는 자기의 소유물을 취거한 것에 불과하므로, 채권자의 이와 같은 행위는 절도죄를 구성하지 않는다고 한다. 동산 양도담보의 경우 특별한 사정이 없는 한 동산의 소유권은 신탁적으로 이전되고, 채권자와 채무자 사이의 대내적 관계에서 채무자는 의연히 소유권을 보유하나 대외적인 관계에 있어서 채무자는 동산의 소유권을 이미 채권자에게 양도한 무권리자가 되므로, 동산에 관하여 양도담보계약이 이루어지고 채권자가 점유개정의 방법으로 인도를 받았다면 그 정산절차를 마치기 전이라도 양도담보권자인 채권자는 제3자에 대한 관계에 있어서는 담보목적물의 소유자로서 그 권리를 행사할 수 있다는 것이다. 이 경우 제3자는 채권자와 채무자 사이의 정산절차 종결 여부와 관계없이 양도담보 목적물을 인도받음으로써 소유권을 취득하게 되고, 양도담보의 설정자가 담보목적물을 점유하고 있는 경우에는 그 목적물의 인도는 채권자로부터 목적물반환청구권을 양도받는 방법으로도 가능하다고 한다.

그러나 가등기담보법에 의하여 매도담보 등의 법리가 변경되었다는 관점에 의한다면, 채무자 소유의 동산인 재물을 점유하는 양도담보권자가 이를 변제기 이전에 처분하는 행위는 횡령죄로 평가되어야 한다. 따라서 위 판례사안의 경우에도 양도담보권자는 위와 같이 해당 재물을 자유롭게 처분할 수 있는 법률상 지배를 가진 자이므로 채무자의 재물에 대한 횡령죄의 성립이 인정되며, 이 때 악의의 제3자에 대해서는 횡령죄의 방조범과 절도죄의 상상적 경합이 인정되어야 한다.

2-1-4. 구성요건적 결과

본죄의 구성요건적 결과는 재산상 이익을 취득하거나 제3자로 하여금 이를 취득하게 하여 본인에게 손해를 가하는 것이다. 이러한 재산상 이익의 취득과 본인의 손해는 배임행위의 결과이어야 한다.

2-1-4-1. 재산상의 손해

본죄는 배임행위에 의하여 본인에게 재산상의 손해가 발생하여야 성립한다. 여기서 재산상의 손해란 경제적 관점에서 전체재산가치의 감소를 의미한다. 전체재산가치의 감소는 기존재산의 감소

보권을 취득할 수 없는데, 현실의 인도가 아닌 점유개정으로는 선의취득이 인정되지 아니하므로, 결국 뒤의 채권자는 양도담보권을 취득할 수 없고, 따라서 이와 같이 채무자가 그 소유의 동산에 대하여 점유개정의 방식으로 채권자들에게 이중의 양도담보 설정계약을 체결한 후 양도담보 설정자가 목적물을 임의로 제3자에게 처분하였다면 양도담보권자라 할 수 없는 뒤의 채권자에 대한 관계에서는, 설정자인 채무자가 타인의 사무를 처리하는 자에 해당한다고 할 수 없어 배임죄가 성립하지 않는다."

627) 대법원 2008.11.27, 2006도4263.

뿐 아니라 취득할 이익의 상실을 포함한다. 따라서 본인에게 재산상 손해와 이에 의한 이익이 동시에 발생한 경우에는 이를 정산하여 전체재산가치의 감소가 있었는가를 판단하여야 한다.[628] 그러나 재산상 손해의 정산에 있어서 피해자가 취득한 손해배상청구권이나 원상회복청구권 등은 고려되지 아니한다. 일단 발생한 손해가 행위자의 손해배상 등을 통하여 사후에 회복되었다 하여도 배임죄의 성립에는 영향을 줄 수 없다. 일반적인 재산상 손해개념은 사기죄에서 설명한 재산상 손해와 동일하다.

> 회사의 대표자가 배임행위로 회사에 손해를 준 경우에는 당연히 배임죄가 성립한다. 실질적인 1인회사의 1인주주가 배임행위로 회사에 손해를 가한 경우에도 동일하다.[629]

본죄의 재산상 손해에는 현실적인 손해가 발생한 경우뿐만 아니라 재산상 실해 발생의 위험을 초래한 경우도 포함한다는 것이 판례[630]의 일관된 입장이며, 일부의 학설[631]에서도 이를 지지하고 있다. 물론 판례[632]는 '재산상 실해 발생의 위험'을 '본인에게 손해가 발생한 것과 같은 정도로 구체적인 위험'이 있는 경우로 엄격하게 해석한다. 그러나 본죄의 '재산상의 이익을 취득하여 본인에게 손해를 가한 때'라는 법문에 반하여 구체적 위험범으로 해석하는 것은 타당하지 않다. 본죄를 구체적 위험범으로 해석하는 것은 범죄구성요건을 완전히 충족시키지 못한 경우를 기수범으로 처벌하는 것이 되므로 죄형법정주의에 반한다. 따라서 재산상의 위험은 본죄의 재산상 손해에 해당하지 않는다고 해석하여야 한다.[633]

> 대법원은 대출행위에 대한 담보의 의미에 대하여 경우에 따라 각각 다른 관점을 보이고 있

---

628) 대법원 2011.4.28., 2009도14268: "재산상의 손실을 야기한 임무위배행위가 동시에 그 손실을 보상할 만한 재산상의 이익을 준 경우, 예컨대 배임행위로 인한 급부와 반대급부가 상응하고 다른 재산상 손해(현실적인 손해 또는 재산상 실해 발생의 위험)도 없는 때에는 전체적 재산가치의 감소, 즉 재산상 손해가 있다고 할 수 없다."; 동지, 대법원 1981.6.23., 80도2934; 대법원 1999.4.27., 99도883; 대법원 2005.4.15., 2004도7053; 대법원 2007.6.15., 2005도4338; 대법원 2013.1.24., 2012도10629; 대법원 2013.9.26., 2013도5214.

629) 대법원 1996.8.26., 96도1525; 대법원 2000.5.26, 99도2781; 대법원 2006.6.16, 2004도7585; 대법원 2006.6.16, 2004도7585; 대법원 2006.11.9, 2004도7027; 대법원 2011.3.10., 2008도6335; 대법원 2012.6.14., 2010도9871.

630) 대법원 2011.6.30., 2011도1651; 대법원 2011.12.13., 2011도10525; 대법원 2012.2.23., 2011도15857; 대법원 2012.12.27., 2012도11200; 대법원 2013.4.11., 2012도15890; 대법원 2014.2.13., 2011도16763; 대법원 2014.7.10., 2013도10516; 대법원 2015.9.10., 2015도6745; 대법원 2015.11.26., 2014도17180; 대법원 2017.2.3., 2016도3674; 대법원 2017.3.22., 2016도17465; 대법원 2017.10.12., 2017도6151.

631) 김성천/김형준, 517면 이하; 김일수, 한국형법 III, 781면; 박상기, 403면; 배종대, 421면 이하; 이재상/장영민/강동범, 430면 이하; 정영일, 237면 이하; 조준현, 524면.

632) 대법원 2017.10.12., 2017도6151: "재산상 손해가 발생하였다고 평가될 수 있는 재산상 실해 발생의 위험이란 본인에게 손해가 발생할 막연한 위험이 있는 것만으로는 부족하고 경제적인 관점에서 보아 본인에게 손해가 발생한 것과 같은 정도로 구체적인 위험이 있는 경우를 의미한다."

633) 동지, 김성돈, 455면; 김일수/서보학, 393면; 백형구, 218면; 손동권/김재윤, 471면; 오영근, 380면 각주2); 이영란, 419면; 임웅, 531면; 정성근/박광민, 475면; 진계호/이존걸, 494면.

다. 우선 무담보 · 무보증의 불량 · 부정대출행위[634]에 대하여 "배임죄에 있어서 손해를 가한 때라 함은 현실적으로 실해를 가한 경우뿐만 아니라 실해발생의 위험을 초래케 한 경우도 포함하는 것이고 손해액이 구체적으로 확정되지 않았다고 하더라도 배임죄의 성립에는 영향이 없다"고 판시하였다. 판례의 이러한 결론은 일단 타당하다. 그러나 이 경우는 단순히 실해발생의 위험을 초래한 경우가 아니라, 재산상의 손해를 발생시킨 경우이다. 대출에 대하여 보증이나 담보의 미확보는 그 자체로 재산상 손해에 해당하기 때문이다. 또한 대법원[635]은 담보를 초과한 대출의 경우에 손해발생의 위험이 있는 대출금 전액을 재산상 손해로 판단하고 있다. 여기서는 담보가 반대급부로서의 기능이 전혀 인정되지 못하고 있다. 그러나 대출에 대한 담보는 분명한 반대급부[636]이며, 따라서 충분한 담보를 확보하고 대출한 경우는 배임죄의 성립을 인정해서는 안 된다. 다만 판례[637]는 특경법을 적용하기 위한 이득액 산정에서는 반대급부를 공제하고 있다.[638]

2-1-4-2. 재산상 이익의 취득

본죄는 명문으로 '재산상의 이익을 취득하거나 제3자로 하여금 이를 취득하게 하는 것'을 구성요건요소로 규정하고 있다. 형법은 명문으로 배임죄를 가해범죄인 동시에 이득을 취하는 재산이전범죄로 규정하고 있다. 따라서 형법의 배임죄는 재산상 이익의 취득이 없으면 기수에 이를 수 없게 된다.

본죄가 구성요건적 결과로서 재산상 이익의 취득을 요구하는 것에 대해서는 입법론적 의문이 제기된다. 배임죄는 임무에 위배하여 본인에게 손해를 가함으로써 범죄의 불법내용을 충분히 인정할 수 있으므로, 배임죄는 임무에 위배하여 본인에게 손해를 가하는 가해범죄로 구성하는 것이 타당하다. 특히 배임행위로 본인에게 손해를 가한 경우에도 재산상 이익을 취득하려는 의사가 없는 경우에는 배임고의가 부정됨으로써 커다란 형벌의 공백을 가지게 된다. 예컨대 회사의 대표이사가 자신의 경영캐리어만을 위해서 방만한 임무위배 모험거래를 수행하지만, 자신이나 제3자에게 재산상 이익을 취득하게 하려는 의사는 없는 경우가 그러하다.

---

634) 대법원 1980.9.9., 79도2637; 대법원 1990.11.13., 90도1885; 대법원 2000.3.14., 99도4923; 대법원 2001.11.30., 99도4587.

635) 대법원 2006.4.27., 2004도1130: "부실대출에 의한 업무상배임죄가 성립하는 경우에는 담보물의 가치를 초과하여 대출한 금액이나 실제로 회수가 불가능하게 된 금액만을 손해액으로 볼 것은 아니고, 재산상 권리의 실행이 불가능하게 될 염려가 있거나 손해발생의 위험이 있는 대출금 전액을 손해액으로 보아야 할 것이다."; 同旨 대법원 2003.2.11, 2002도5679; 대법원 2004. 3.26, 2003도7878.

636) 대법원 2009.7.23., 2009도3712: "금융기관이 입은 손해는 아파트에 대한 대출액수와 대출 당시 부동산가액에서 대항력이 발생한 임대차보증금의 액수를 공제한 나머지 금액을 비교하여, 부동산 가액에서 위 임대차보증금 액수를 공제한 잔액 즉 잔존 담보가치가 대출액수에 미달하는 때에 그 부족분에 해당하는 금액이라고 봄이 상당하다."

637) 대법원 2011.6.30., 2011도1651; 동지, 사기죄에 관하여 대법원 2007.4.19., 2005도7288 전원합의체 판결; 대법원 2010.12.9., 2010도12928.

638) 이에 관하여는 상기 제1편, 제5장, 제3절, '2-4-1-2. 재산상 손해의 의의' 참조

2-2. 주관적 구성요건

2-2-1. 주관적 구성요건 일반

본죄는 주관적 구성요건요소로서 고의를 요한다. 본죄의 고의는 "타인의 사무를 처리하는 자가 임무에 위배하여 재산상 이익을 취득하거나 제3자로 하여금 이를 취득하게 하여 본인에게 손해를 가한다"는 인식과 의사를 의미한다. 이와 같은 배임고의는 미필적 고의로 충분하다.

2-2-2. 모험거래와 배임고의

모험거래는 본인에게 이익과 손해에 대한 전망이 불투명한 사무처리를 의미한다. 이러한 모험거래가 행위자의 임무에 위배하는 행위로서 이루어진 경우에 본죄의 성립을 인정할 수 있는지 문제된다. 이에 관하여는 우선 행위자가 모험거래를 할 수 있는지의 권한 여부가 결정되어야 한다. 모험거래를 할 수 있는 자의 행위는 임무에 위배하는 행위가 될 수 없기 때문이다. 일반적으로 이러한 모험거래를 할 수 있는 권한의 유무와 그 범위는 내부관계에 의하여 결정된다. 따라서 배임죄의 성립 여부가 문제되는 모험거래는 임무에 위배되는, 즉 권한 없는 모험거래에 한정된다.

임무에 위배한 모험거래는 주관적 요건으로 자기 또는 제3자가 이익을 취득하고 본인에게 손해를 가한다는 배임의 고의가 인정되어야 배임죄로 평가될 수 있다. 판례[639]에 의하면 이익을 취득하는 제3자가 같은 계열회사이고, 계열그룹 전체의 회생을 위한다는 목적에서 이루어진 행위라도 본인(타인)의 이익을 위한 의사는 부수적일 뿐이고 '제3자의 이득' 또는 '본인(타인)에 대한 가해'의 의사가 주된 것임이 판명되면 배임죄의 고의를 부정할 수 없다고 한다. 그러나 임무에 위배한 모험거래라면 본인에게 손해가 발생할 수 있다는 사실을 감수하는 배임의 미필적 고의는 부정될 수 없으며, 따라서 이 경우는 당연히 배임죄로 평가되어야 한다. 특히 임무에 위배한 모험거래로 본인에게 이익이 발생된 경우라도 배임미수죄의 성립이 부정되지는 않는다.

형법의 배임죄는 자기 또는 제3자의 재산상 이익의 취득을 구성요건적 결과로 규정하고 있으며, 재산상 이익의 취득에 대한 인식과 의사는 배임고의의 내용이 된다. 따라서 임무위배 모험거래의 결과를 모두 본인에게 귀속시키려는 의도를 가진 경우에는 배임고의를 인정할 수 없게 된다. 예컨대 대학의 재단이사가 교비로 주식투자 등 모험거래를 하지만 그 결과

639) 대법원 2010.12.23., 2008도8851: "배임죄가 성립하려면 주관적 요건으로서 임무위배의 인식과 그로 인하여 자기 또는 제3자가 이익을 취득하고 본인에게 손해를 가한다는 인식, 즉 배임의 고의가 있어야 하고, 이러한 인식은 미필적 인식으로도 족한 것인바, 이익을 취득하는 제3자가 같은 계열회사이고, 계열그룹 전체의 회생을 위한다는 목적에서 이루어진 행위로서 그 행위의 결과가 일부 본인을 위한 측면이 있다 하더라도 본인의 이익을 위한다는 의사는 부수적일 뿐이고 이득 또는 가해의 의사가 주된 것임이 판명되면 배임죄의 고의를 부정할 수 없다"; 대법원 1988.2.23., 87도1436; 대법원 1988.11.22., 88도1523; 대법원 1989.8.8., 89도25; 대법원 1995.11.21., 94도1598; 대법원 2004.6.24., 2004도520; 대법원 2008.5.29., 2005도4640; 대법원 2009.7.23., 2007도541.

를 모두 교비로 귀속시키고, 자신이나 제3자에게 재산상 이익을 취득하게 하려는 의도가 없는 경우에는 배임고의를 인정할 수 없는 문제가 발생한다. 이에 관하여는 입법론적 재고를 요한다.

2-3. 이중저당과 이중매매

행위자가 처음부터 목적물을 이중으로 매매하거나 저당권을 설정할 의도로 행위한 경우는 사기죄의 성립만이 문제된다. 예컨대 행위자가 저당권설정등기나 소유권이전등기가 경료되기 전에 제3자에게 1순위 저당권설정등기나 소유권이전등기를 경료해 줄 의도를 숨기는 방법으로 상대방을 기망하여 금원을 차용하거나 계약금 등을 교부받은 경우는 사기죄에 해당한다. 또한 이중저당이나 이중매매의 고의로 행위한 경우라도 행위자가 1순위 저당권자나 선매수자에게 저당권설정등기나 소유권이전등기를 경료한 때에는 배임죄가 성립할 여지가 없다.[640] 이 경우는 선의의 후순위 저당권자나 후매수자에 대하여 사기죄가 성립하게 된다.

이와 같이 행위자가 처음부터 이중저당이나 이중매매의 고의를 숨기는 방법으로 상대방 또는 제2순위 저당권자나 후매수자를 기망하는 경우는 사기죄가 성립하게 된다. 따라서 이중저당과 이중매매에 대한 배임죄의 성립 여부가 문제되는 경우는 행위자에게 이러한 사기고의가 없었던 경우에 한정된다.

2-3-1. 이중저당

상대방에게 금원을 차용하면서 저당권설정등기가 경료되지 않은 것을 기화로 제3자에게 저당권설정등기를 경료하여 주고 금원을 차용한 경우는 배임죄에 해당한다는 것이 학설의 일반적인 입장(통설)이며, 종래 판례[641]의 입장이었다. 이 경우 행위자는 1순위 저당권자의 저당권설정등기에 협력할 의무를 부담하고 있다는 점에서 타인의 사무를 처리하는 자에 해당한다는 것이다.

이러한 종래 판례 및 통설의 관점은 '채권담보목적으로 부동산에 관한 대물변제예약을 체결한 채무자가 대물로 변제하기로 한 부동산을 제3자에게 처분한 사안'에서 배임죄의 성립을 부정한 대법원 전원합의체 판결[642]을 통하여 변화를 맞게 되었다. 채무자가 채권자에 대하여 소비대차 등으로 인한 채무를 부담하고 이를 담보하기 위하여 장래에 부동산의 소유권을 이전하기로 하는 내용의 대물변제예약에서, 약정의 내용에 좇은 이행을 하여야 할 채무는 특별한 사정이 없는 한 '자기의 사

640) 대법원 1977.10.11., 77도1116; 대법원 1986.12.9., 86도1112; 대법원 1992.12.24., 92도1223; 대법원 2009.2.26., 2008도11722; 대법원 2010.4.29, 2009도14427.

641) 대법원 1993.9.28., 93도2206; 대법원 1997.6.24., 96도1218; 대법원 2008.3.27., 2007도9328; 대법원 2010.9.9., 2010도5975.

642) 대법원 2014.8.21., 2014도3363 전원합의체 판결: "대물변제예약의 궁극적 목적은 차용금반환채무의 이행 확보에 있고, 채무자가 대물변제예약에 따라 부동산에 관한 소유권이전등기절차를 이행할 의무는 궁극적 목적을 달성하기 위해 채무자에게 요구되는 부수적 내용이어서 이를 가지고 배임죄에서 말하는 신임관계에 기초하여 채권자의 재산을 보호 또는 관리하여야 하는 '타인의 사무'에 해당한다고 볼 수는 없다."; 동지, 대법원 2015.3.26., 2015도1301.

무'에 해당하는 것이 원칙이라는 것이다. 이와 같이 변천된 대법원의 관점은 최근의 대법원 전원합의체 판결[643]이 부동산 이중저당의 경우에 배임죄의 성립을 부정함으로써 재확인되었다. 배임죄가 형벌로 채무이행을 강제하는 구성요건으로 운용되는 것은 형법의 보충성의 원칙 내지 과잉금지원칙에 반하므로 허용될 수 없다는 점에서 이러한 대법원의 태도변경은 타당하다.

판례[644]는 부동산에 피해자 명의의 근저당권을 설정하여 줄 것으로 기망하여 금원을 편취한 후 그 부동산에 제3자 명의로 근저당권설정등기를 마친 경우 사기죄 이외에 별도의 배임죄의 성립을 인정하고 있다. 이러한 대법원의 입장은 절도범이 장물을 처분한 행위를 횡령죄로 처벌하는 것과 동일한 관점으로 타당하다고 할 수 없다.

그러나 제1의 저당권자에게 저당권설정등기를 경료해 주고 이를 재차 제3자에게 2순위의 저당권설정등기를 경료해 준 경우는 전혀 범죄가 되지 아니한다. 이는 동산의 경우에도 동일하다. 동산인 재물을 양도담보로 제공하고 이를 점유개정에 의하여 채무자가 계속 점유하여 사용하던 중에 이를 재차 제3자에게 양도담보로 제공하고 점유개정의 방법으로 계속 사용하는 경우에도 범죄가 성립하지 않는다.[645] 이 경우 제3자에게 "이미 해당 물건에 대해서 선양도담보권자가 있다"는 사실을 은폐한 경우는 제3자에 대하여 사기죄가 성립함은 물론이다.

2-3-2. 이중매매

상대방과 매매계약을 체결하면서 소유권이전등기가 경료되지 않은 것을 기화로 제3자에게 매도하고 소유권이전등기를 경료한 경우에는 계약내용의 이행정도에 따라 달리 평가하고 있다.

① 계약금만 수령한 경우　매도인이 계약금만 수령한 상태에서 이중으로 매도한 경우는 배임죄

643) 대법원 2020.6.18., 2019도14340 전원합의체 판결: "채무자가 저당권설정계약에 따라 채권자에 대하여 부담하는 저당권을 설정할 의무는 계약에 따라 부담하게 된 채무자 자신의 의무이다. 채무자가 위와 같은 의무를 이행하는 것은 채무자 자신의 사무에 해당할 뿐이므로, 채무자를 채권자에 대한 관계에서 '타인의 사무를 처리하는 자'라고 할 수 없다. 따라서 채무자가 제3자에게 먼저 담보물에 관한 저당권을 설정하거나 담보물을 양도하는 등으로 담보가치를 감소 또는 상실시켜 채권자의 채권실현에 위험을 초래하더라도 배임죄가 성립한다고 할 수 없다. 위와 같은 법리는, 채무자가 금전채무에 대한 담보로 부동산에 관하여 양도담보설정계약을 체결하고 이에 따라 채권자에게 소유권이전등기를 해 줄 의무가 있음에도 제3자에게 그 부동산을 처분한 경우에도 적용된다." 이러한 다수의견에 대하여는 배임죄의 성립 여부에서 부동산 이중매매와 이중저당을 같이 취급하여 부동산 이중저당의 경우에도 배임죄가 인정되어야 한다는 대법관 김재형, 민유숙, 김선수, 이동원의 반대의견이 있음.

644) 대법원 2008.3.27., 2007도9328: "부동산에 피해자 명의의 근저당권을 설정하여 줄 의사가 없음에도 피해자를 속이고 근저당권설정을 약정하여 금원을 편취한 경우라 할지라도, 이러한 약정은 사기 등을 이유로 취소되지 않는 한 여전히 유효하여 피해자 명의의 근저당권설정등기를 하여 줄 임무가 발생하는 것이고, 그럼에도 불구하고 임무에 위배하여 그 부동산에 관하여 제3자 명의로 근저당권설정등기를 마친 경우, 이러한 배임행위는 금원을 편취한 사기죄와는 전혀 다른 새로운 보호법익을 침해하는 행위로서 사기 범행의 불가벌적 사후행위가 되는 것이 아니라 별죄를 구성한다."

645) 대법원 1987.5.12., 86도1117; 대법원 1989.4.11., 88도1586; 대법원 1990.2.13., 89도1931; 대법원 2004.6.25., 2004도1751; 대법원 2007.2.22., 2006도6686; 대법원 2007.2.22., 2006도8649; 동취지, 대법원 2008.8.21., 2008도3651.

가 성립하지 않는다(통설).[646] 계약금만 교부받은 상태에서는 계약금의 배액을 지급하고 이를 해제할 수 있으므로, 매도인은 채무자로서 자기의 사무를 처리하는 자이기 때문이다.

② 중도금 또는 잔금을 수령한 경우 중도금을 수령한 이후에 목적물을 이중으로 매매하는 경우는 배임죄에 해당한다는 것이 학설의 일반적인 입장이다.[647] 이는 중도금을 수령한 이후에 가등기[648]를 설정하거나 전세권등기[649]를 경료한 경우에도 동일하다고 한다. 중도금을 수령한 이후에는 계약의 이행에 착수한 것이 되어 매도인은 계약을 일방적으로 해제할 수 없는 효과가 발생하고, 이에 따라 매도인에게는 매수인의 소유권 취득에 협력해야 할 신의칙에 의한 신임관계가 발생한다는 것이다. 이러한 '부동산 이중매매'에 관한 판례의 법리는 서면으로써 증여의 의사표시를 한 증여자가 이중으로 처분한 사안에도 적용된다고 한다.[650] 그러나 선매수자에 대한 매매계약이 무효[651]인 때에는 매도인에게 등기협력의무가 발생하지 않으므로 배임죄가 성립하지 않는다고 한다.

> 판례에 의하면 부동산 이중매매의 경우 후매수인으로부터 계약금과 중도금을 수령한 때에 본죄의 실행의 착수[652]를 인정할 수 있다고 한다.[653] 이에 대하여 후매수인에게의 등기에 착수한 때 실행의 착수를 인정하는 견해[654]가 있다. 또한 이중매매의 경우 배임죄의 기수시기는 행위자가 재산상 이익을 취득하여 본인에게 손해를 가하는 시기, 즉 후매수인에게 소유권이전등기를 마친 때라고 한다.[655]

종래 판례[656]는 중도금을 수령한 이후 동산의 이중매매에 대해서도 배임죄의 성립을 인정하였으

646) 대법원 1980.5.27., 80도290; 대법원 1984.5.15., 84도315; 대법원 1986.7.8., 85도1873; 대법원 2007.6.14., 2007도379; 대법원 2018.5.17., 2017도4027.

647) 대법원 1990.11.13., 90도153; 대법원 1993.4.9., 92도2431; 대법원 2003.3.25., 2002도7134; 대법원 2005.10.28., 2005도5713; 대법원 2008.7.10., 2008도3766; 대법원 2011.6.30., 2011도1651; 대법원 2012.1.26., 2011도15179; 대법원 2018.5.17., 2017도4027 전원합의체 판결.

648) 대법원 1982.2.23., 81도3146; 대법원 1983.6.14., 81도2278; 대법원 1993.9.28., 93도2206; 대법원 1997.6.24., 96도1218; 대법원 2010.9.9., 2010도5975.

649) 대법원 1969.9.30., 69도1001.

650) 2018.12.13., 2016도19308: '피고인이 그 소유 부동산에 관한 증여계약을 체결하고, 증여의 의사표시를 서면으로 표시하였는데, 이후 목적부동산에 관하여 금융기관에 근저당권을 설정해 주고 대출을 받은 경우'

651) 대법원 1983.7.12., 82도2941; 대법원 1986.9.9., 86도1382.

652) 대법원 1983.10.11., 83도2057; 대법원 1984.8.21., 84도691; 대법원 2003.3.25., 2002도7134; 대법원 2005.10.28., 2005도5713; 대법원 2010.4.29., 2009도14427; 대법원 2018.5.17., 2017도4027.

653) 권오걸, 621면; 김일수/서보학, 394면; 박상기, 408면; 배종대, 413면; 손동권/김재윤, 480면; 정영일, 232면; 진계호/이존걸, 503면.

654) 김성돈, 465면; 오영근, 384면; 이영란, 426면; 이재상/장영민/강동범, 437면; 이형국, 438면; 임웅, 536면; 정성근/박광민, 479면.

655) 대법원 1966.12.20., 66도1543; 대법원 1984.11.27., 83도1946; 대법원 2005.10.28., 2005도5713: 무허가건물의 경우는 인도에 의하여.

656) 대법원 1979.11.27., 76도3962; 대법원 1981.7.28., 81도966; 대법원 1983.3.8., 82도1829; 대법원 1998.11.10., 98도2526; 대법원 1999.4.15., 97도666; 대법원 2007.5.11., 2006도4935.

나, 전원합의체 판결[657]로 입장을 변경하여 "매도인이 매수인으로부터 중도금을 수령한 이후에 매매목적물인 '동산'을 제3자에게 양도하는 행위가 배임죄에 해당하지 않는다"고 판시하였다. 동산 매매에서는 매도인에게 자기의 사무인 동산인도채무 외에 별도로 매수인의 재산보호 내지 관리에 협력할 의무가 없다는 것이다.[658] 이에 따라 중도금을 수령한 이후에 동산을 이중으로 매매하여도 배임죄는 성립하지 않게 되었다.

대법원[659]은 전원합의체 판결로 중도금 수령 이후 부동산을 이중매매한 경우에 배임죄의 성립이 인정된다는 점을 확인하고 있다. 이에 대하여 위 전원합의체 판결의 반대의견[660]은 "대물변제예약[661]과 동산이중매매[662]의 사안에서 전원합의체 판결로 배임죄의 성립을 부정한 대법원판례의 흐름과도 맞지 않는 것이어서 찬성하기 어렵다"는 입장이다. 계약의 일방 당사자가 상대방에게 계약의 내용에 따른 의무를 성실하게 이행하고, 그로 인해 상대방은 계약상 권리의 만족이라는 이익을 얻는 관계에 있더라도 그것은 '자기의 사무'에 불과할 뿐이라는 것이다. 이러한 반대의견의 관점은 타당하다고 해야 한다.

종래 판례[663]는 이중매매의 경우에도 임차인의 지위를 양도하는 경우와 같이 양도인의 의무가 민사법상의 채무에 불과한 때에는 타인의 사무가 아니라 자기의 사무라는 이유로 배임죄의 성립을 부정하였는데, 이러한 근거는 소유권을 이전하는 계약이라고 하여 달라질 이유가 없다. 대법원은 부동산 이중저당의 경우에 배임죄의 성립을 부정한 최근 전원합의체 판결[664]의 관점을 부동산 이중매매의 경우에도 동일하게 적용해야 할 것이다.

657) 대법원 2011.1.20., 2008도10479 전원합의체 판결: "매매의 목적물이 동산일 경우, 매도인은 매수인에게 계약에 정한 바에 따라 그 목적물인 동산을 인도함으로써 계약의 이행을 완료하게 되고 그때 매수인은 매매목적물에 대한 권리를 취득하게 되는 것이므로, 매도인에게 자기의 사무인 동산인도채무 외에 별도로 매수인의 재산의 보호 내지 관리 행위에 협력할 의무가 있다고 할 수 없다. 동산매매계약에서의 매도인은 매수인에 대하여 그의 사무를 처리하는 지위에 있지 아니하므로, 매도인이 목적물을 매수인에게 인도하지 아니하고 이를 타에 처분하였다 하더라도 형법상 배임죄가 성립하는 것은 아니다."

658) 동지, 대법원 2020.6.4., 2015도6057: "주권발행 전 주식에 대한 양도계약에서 양도인이 양수인으로 하여금 회사 이외의 제3자에게 대항할 수 있도록 확정일자 있는 증서에 의한 양도통지 또는 승낙을 갖추지 아니하고 위 주식을 다른 사람에게 처분한 경우, 양도인이 양수인으로 하여금 회사 이외의 제3자에게 대항할 수 있도록 확정일자 있는 증서에 의한 양도통지 또는 승낙을 갖추어 주어야 할 채무를 부담한다 하더라도 이는 자기의 사무라고 보아야 하고, 이를 양수인과의 신임관계에 기초하여 양수인의 사무를 맡아 처리하는 것으로 볼 수 없다."

659) 대법원 2018.5.17., 2017도4027 전원합의체 판결.

660) 대법원 2018.5.17., 2017도4027 전원합의체 판결, 김창석, 김신, 조희대, 권순일, 박정화 대법관의 반대의견: "부동산 거래에서 매수인 보호를 위한 처벌의 필요성만을 중시한 나머지 형법의 문언에 반하거나 그 문언의 의미를 피고인에게 불리하게 확장하여 형사법의 대원칙인 죄형법정주의를 도외시한 해석일 뿐 아니라, 동산 이중매매와 부동산 대물변제예약 사안에서 매도인 또는 채무자에 대하여 배임죄의 성립을 부정하는 대법원판례의 흐름과도 맞지 않는 것이어서 찬성하기 어렵다."

661) 대법원 2014.8.21., 2014도3363 전원합의체 판결; 동지, 대법원 2015.3.26., 2015도1301.

662) 대법원 2011.1.20., 2008도10479 전원합의체 판결.

663) 대법원 1986.9.23., 86도811; 대법원 1990.9.25., 90도1216; 대법원 1991.12.10., 91도2184.

664) 대법원 2020.6.18., 2019도14340 전원합의체 판결.

3. 배임수증죄

3-1. 의 의

배임수증죄는 타인의 사무를 처리하는 자가 그 임무에 관하여 부정한 청탁을 받고 재물 또는 재산상의 이익을 취득하거나 이를 공여함으로써 성립하는 범죄이다. 배임수증죄는 '배임의 죄'라기보다는 뇌물죄에 상응하는 비공무원의 거래청렴성을 보호하기 위한 규정이다. 다만 수뢰죄에 상응하는 배임수재죄는 배임죄와 유사한 재산죄로서의 성질도 가지고 있으므로 형법은 배임수증죄를 배임의 죄에서 규정하고 있다. 그러나 배임증재죄는 재산범죄로서의 특징이 전혀 없으며, 오직 뇌물공여죄에 상응하는 배임수재죄의 필요적 공범에 해당한다. 따라서 배임수증죄는 배임죄와는 다른 독립적 구성요건에 해당한다.

3-2. 배임수재죄

배임수재죄는 타인의 사무를 처리하는 자가 그 임무에 관하여 부정한 청탁을 받고 재물 또는 재산상의 이익을 취득하거나 제3자에게 이를 취득하게 함으로써 성립하는 범죄이다. 본죄의 행위주체는 타인의 사무를 처리하는 자이다. 본죄의 '타인의 사무를 처리하는 자'는 배임죄에서와 동일하다.

본죄는 임무에 관하여 부정한 청탁을 받을 것을 요건으로 한다는 점에서 배임죄와 다르다. '임무에 관하여'라 함은 타인의 사무를 처리하는 자가 위탁받은 본래의 사무 뿐 아니라 그와 밀접한 관계에 있는 범위의 사무를 포함한다. 또한 부정한 청탁은 반드시 임무에 위배되는 내용의 청탁 뿐 아니라 널리 사회상규나 신의성실의 원칙에 반하는 내용의 청탁을 포함하며, 반드시 명시적인 청탁을 요하는 것은 아니다. 부정한 청탁이 있으면 족하며, 현실적으로 그 임무를 담당하고 있을 것을 요하지 않는다. 배임수재죄와 배임증재죄는 필요적 공범의 관계에 있지만, 증재자에게는 정당한 업무에 속하는 청탁이라도 수재자에게는 부정한 청탁이 될 수 있다.[665)]

본죄는 부정한 청탁을 받고 재물 또는 재산상의 이익을 취득하거나 제3자로 하여금 이를 취득하게 함으로써 기수에 이르게 된다. 재물 또는 재산상 이익의 취득은 현실적인 취득이어야 하며, 재물 등의 단순한 요구나 약속은 여기에 해당하지 않는다. 2016년5월29일의 개정형법은 제3자로 하여금 재물 또는 재산상 이익을 취득하게 하는 경우를 본죄에 포함시킴으로써 그 동안의 형벌공백에 관한 문제점[666)]을 해소하였다.

---

665) 대법원 1991.1.15., 90도2257; 대법원 1996.10.11., 95도2090; 대법원 2011.10.27., 2010도7624.

666) 대법원 2006.12.2., 2004도2581: "법문상 타인의 사무를 처리하는 자가 그 임무에 관하여 부정한 청탁을 받았다 하더라도 자신이 아니라 다른 사람으로 하여금 재물 또는 재산상의 이익을 취득하게 한 경우에는 위 죄가 성립하지 않음이 명백하다. 다만, 그 다른 사람이 부정한 청탁을 받은 자의 사자 또는 대리인으로서 또는 평소 부정한 청탁을 받은 자가 그 다른 사람의 생활비 등을 부담하고 있었다거나 혹은 그 다른 사람에 대하여 채무를 부담하고 있었다는 등의 사정이 있어 부정한 청탁을 받은 자가 그만큼 지출을 면하게 되는 경우 등 부정한 청탁을 받은 자가 직접 받은 것과 동일하게 평가할 수 있는 관계가 있는 경우에는 위 죄가 성립할 수 있다."; 대법원 2008.3.27., 2006도3504; 대법원 2009.3.12., 2008도1321; 대

재물 내지 재산상 이익의 취득은 부정한 청탁과의 관련성이 인정되어야 한다. 따라서 부정한 청탁이 있었어도 청탁과 관련 없이 이를 취득한 때에는 본죄가 성립하지 아니한다.[667] 본죄는 재물 또는 재산상 이익의 취득 외에 부정한 사무처리나 본인에게 손해를 가하는 것을 요건으로 하지 않는다. 본죄를 범한 외에 부정한 사무처리로 본인에게 손해를 가한 때에는 본죄와 배임죄의 경합범이 된다.

본죄는 미수범을 처벌한다(제359조). 본죄의 미수범 처벌에 대하여 "뇌물죄는 미수범을 처벌하지 않는다"는 것을 이유로 입법론적 부당성을 지적하는 견해[668]가 있었다. 그러나 뇌물죄에서는 뇌물의 수수 · 요구 · 약속을 동일하게 처벌하고 있는데, 이러한 규정이 없는 본죄에서는 재물 또는 재산상 이익의 요구나 약속[669]을 본죄의 미수로 인정할 수 있다(통설).

배임수재죄에서는 범인과 정을 아는 제3자가 취득한 재물을 몰수하며, 그 재물을 몰수하기 불능하거나 재산상의 이익을 취득한 때에는 그 가액을 추징한다(제357조 제3항). 2016년5월29일의 개정형법은 정을 아는 제3자가 취득한 재물도 몰수 · 추징할 수 있도록 개정하였다.

3-3. 배임증재

본죄는 타인의 사무를 처리하는 자에게 그 임무에 관하여 부정한 청탁을 하고 재물 또는 재산상 이익을 공여함으로써 성립하는 범죄이다. 본죄는 배임수재죄와는 달리 재산범죄로서의 특징이 전혀 없으며, 오직 증뢰죄에 상응하는 배임수재죄의 필요적 공범에 해당한다.

제7절 장물의 죄

1. 장물의 죄 일반론

1-1. 의 의

장물의 죄는 장물을 취득 · 양도 · 운반 · 보관하거나 또는 이를 알선하는 것을 내용으로 하는 범죄이다. 본죄는 재물(장물)만을 대상으로 하는 순수한 재물죄이며, 재산상의 이익이나 권리는 본죄의 행위객체가 되지 않는다. 본죄의 행위객체인 장물은 재산범죄에서 불법하게 획득한 재물을 의미하

법원 2009.6.11., 2009도1518; 대법원 2017.12.7., 2017도12129.

667) 대법원 1982.7.13., 82도874.

668) 황산덕, 325면.

669) 대법원 1999.1.29., 98도4182은 이 경우 본죄의 성립을 부정하고 있다.

며, 재산죄 또는 그 재산죄의 범인은 본범이라 한다.

장물죄는 역사적으로 범인은닉죄 내지 사후종범의 한 형태로 발전되어 왔다. 이러한 역사적 배경에 의하여 독일형법은 장물죄를 범인은닉죄의 장에서 함께 규정하고 있다. 물론 장물죄는 본범에 의하여 저질러진 범죄의 위법상태를 유지하고 있다는 점에서 범인은닉죄와 공통점을 갖고 있다. 이러한 점에서 형법도 본범과 장물범 사이에 친족관계가 있는 경우를 형의 필요적 감면사유로 규정하고 있다(제365조 제2항). 이는 친족간의 정의(情宜)를 고려하여 친족간의 범인은닉을 처벌하지 아니하는 제152조 제2항의 규정과 유사한 맥락에서 인정된 것이다.

장물죄는 본범에 의하여 저질러진 범죄의 위법상태를 유지하고 있다는 점에서 본범의 범죄를 유발하고 있다. 그러나 이러한 유발이 본범에 대한 교사에 해당하지는 않는다. 구체적인 범죄의 교사행위가 없는 한 단순히 범죄를 자극할 상황을 만들어 놓는 것은 교사행위로 평가되지 않기 때문이다. 또한 이러한 행위가 구체적인 경우에 정신적 방조행위로 평가될 수는 있지만, 형법은 장물죄를 절도죄나 횡령죄의 정범보다 무겁게 처벌하고 있으므로 "장물죄는 본범과는 독립된 범죄이며 본범의 공범이 될 수 없다"고 해석된다. 이러한 점에서 형법은 장물죄를 범인은닉죄나 본범의 사후종범이 아닌 독자적인 재산범죄의 일종으로 이해하여 다른 재산범죄와 함께 규정하고 있다. 또한 재산죄에서 친족간의 범행을 처벌조각사유 내지 친고죄로 규정한 제328조를 장물범인과 피해자 사이에 친족관계가 있을 경우에도 준용(제365조 제1항)함으로써 장물죄가 재산죄로서의 성격이 주된 성격임을 분명히 하고 있다.

본죄는 재산에 대한 죄로서 그 보호법익은 재산권이다(통설). 종래 장물에 대한 피해자의 추구권과 재산권의 안전이 본죄의 보호법익이라는 견해[670]도 있었으나, 추구권도 결국 재산권에 근거한 권리이고, 피해자에게 추구권이 없는 경우(예컨대 불법원인급여물)에도 장물죄의 성립을 인정해야 하므로 재산권을 본죄의 보호법익으로 이해하는 것이 타당하다. 법익의 보호정도에서 본죄를 추상적 위험범으로 해석하는 위험범설[671]과 장물취득 · 양도 · 운반 · 보관죄를 침해범으로 보고 장물알선죄를 위험범으로 해석하는 이분설[672]이 있으나, 본죄는 위법재산상태를 유지함으로써 피해자의 재산권을 침해하는 침해범으로 해석하는 것이 타당하다.[673] 본죄는 위법재산상태를 유지함으로써 이득을 취하려는 재산범죄로 해석되기 때문이다.[674]

670) 강구진 I, 389면; 김종원(상), 248면.

671) 김성천/김형준, 532면; 오영근, 399면; 이영란, 442면; 이재상/장영민/강동범, 446면; 임웅, 553면; 정영일, 245면; 진계호/이존걸, 519면.

672) 김일수/서보학, 406면; 박상기, 421면.

673) 권오걸, 657면; 김성돈, 477면; 배종대, 431면; 손동권/김재윤, 494면 이하; 정성근/박광민, 493면; 조준현, 557면.

674) 이에 관하여는 아래의 '1-2. 장물죄의 본질'과 '2-3. 주관적 구성요건' 참조.

1-2. 장물죄의 본질

장물죄의 본질에 대하여는 추구권설과 유지설 및 공범설의 대립이 있다. 이 중에서 공범설은 장물죄를 본범에 의한 범죄적 이익에 관여하는 간접영득죄로 이해한다. 그러나 현재 공범설을 지지하는 학자는 없다. 형법은 장물죄를 절도죄나 횡령죄보다 무겁게 처벌하기 때문이다.

추구권설[675]은 피해자가 점유를 상실한 재물에 대하여 추구 내지 회복하는 것을 곤란하게 하는 데에 장물죄의 본질이 있다는 입장이다. 추구권설은 종래 다수설[676]과 판례[677] 에 의하여 지지되었다. 그러나 추구권설에 대하여는 피해자에게 추구권이 없는 재물(예컨대 불법원인급여물)의 장물성도 부정할 수 없다는 문제가 제기되고 있다.

유지설은 장물죄의 본질이 본범에 의하여 이루어진 위법한 재산상태의 유지 내지 존속에 있다는 입장이다. 장물죄의 성립은 사법상의 추구권의 존재를 요건으로 할 것이 아니라, 위법한 재산상태를 유지한다는 형법의 독자적인 판단에 의하여 인정되어야 한다는 것이다. 독일의 통설[678]은 유지설을 지지하고 있다. 이 견해에 의하면 피해자가 재물에 대하여 추구권이 없는 경우에도 장물죄가 성립하게 된다.

일반적인 학설의 입장에서는 장물죄의 본질을 유지설과 추구권설의 결합으로 이해하고 있으며(통설), 판례[679]도 동일한 입장이다. 위법상태를 유지한다는 것은 사법상의 추구권을 곤란하게 하는 것이므로 양자는 표리관계에 있다고 한다. 또한 장물은 재산범죄에 의하여 획득한 재물로 해석하여야 하기 때문에 위법상태유지설이 반드시 타당하다고 할 수 없으며,[680] 장물양도죄는 피해자의 반환청구권을 곤란하게 한다는 점에서만 그 근거를 가질 수 있다고 한다. 반면에 장물죄는 재산범죄이므로 피해자의 장물에 대한 추구권의 유무와 관계없이 성립한다는 점에서 유지설의 타당성이 인정된다고 한다.

그러나 장물죄를 피해자의 재물에 대한 추구 내지 회복을 곤란하게 하는 범죄로 이해하는 태도에 대하여는 의문이 제기된다. 형법이 피해자의 추구권을 보호하기 위하여 장물죄를 규정한 것은 아니기 때문이다. 실질적으로도 피해자의 재물에 대한 추구 내지 회복을 어렵게 만든 것은 장물범이 아니라 오히려 본범이다. 또한 피해자의 추구권이라는 관점에서는 손괴죄가 장물죄보다 훨씬 중한 범죄이어야 한다. 행위자의 측면에서도 장물죄는 피해자의 재물에 대한 추구 내지 회복을 곤란

675) 손동권/김재윤, 496면 이하; 오영근, 401면.

676) 김종원(상), 248면; 남흥우, 220면; 이건호, 566면; 정영석, 394면; 황산덕, 327면.

677) 대법원 1972.2.22., 71도2296; 대법원 1975.12.9., 74도2804.

678) Vgl. Stree, S-S StGB, § 259 Rdnr. 1 mwN.; BGHSt 7, 137; 27, 45.

679) 대법원 1987.10.13., 87도1633: "장물인 정을 모르고 보관하던 중 장물인 정을 알게 되었고, 위 장물을 반환하는 것이 불가능하지 않음에도 불구하고 계속 보관함으로써 '피해자의 정당한 반환청구권행사를 어렵게 하여' '위법한 재산상태를 유지'시킨 경우에는 장물보관죄에 해당한다."; 대법원 2006.10.13., 2004도6084.

680) 재산범죄 이외의 범죄행위로 취득한 재물(예컨대 뇌물, 도박물, 불법영득한 사체)에 대해서도 위법상태의 유지가 가능하다는 것이다.

하게하기 위해서 저지르는 범죄가 아니라, 위법재산상태를 유지하는 대가로 이익을 취하기 위해서 저지르는 범죄이다.[681] 여기에 장물죄의 본질이 있다. 물론 형법의 장물죄는 독일형법과 달리 초과주관적 구성요건요소로서 이득의 의사를 명문으로 요구하고 있지는 않다. 바로 이러한 점에서 학설 · 판례가 추구권설을 버리지 못하는 것으로 보여 진다. 그러나 장물죄를 본질적으로 재산범죄로 이해한다면, 장물죄는 이익의 추구를 위하여 위법재산상태를 유지하는 범죄로 보아야 한다. 장물죄는 본범보다 더 사악하며, 더 중하게 처벌되어야 할 범죄로 파악해야 한다. 이러한 관점에서 장물죄는 자기 또는 제3자를 위한 이득의 의사가 있을 경우에만 성립한다고 해석함이 타당하다. 예컨대 친구의 범행을 감추어 주기 위하여 장물을 운반하여 은닉한 자는 이득의사가 없으므로 장물운반죄나 장물보관죄가 아니라 증거인멸죄로 평가되어야 한다(복적론 적해석). 반면에 친구가 위법재산상태를 유지할 수 있도록 장물을 운반하여 감추어 준 행위는 제3자 이득의사가 인정되므로 장물죄로 해석하여야 한다. 이와 같이 장물죄의 본질은 유지설의 입장에서 이해되어야 한다. 이 때 피해자의 재물에 대한 추구 내지 회복의 곤란은 위법재산상태를 유지하면서 나타나는 장물죄의 부수적인 현상에 불과하다고 해야 한다.

통설[682]의 입장에서는 "장물양도죄는 피해자의 반환청구권을 곤란하게 한다는 점에서만 그 근거를 가질 수 있다"고 한다. 그러나 장물임을 처음부터 알고서 매각하는 행위[683]나 처음에는 장물인지 몰랐으나 후에 그 내용을 알고서 제3자에게 양도하는 행위 모두가 위법재산상태를 유지하는 행위임에 틀림이 없다.

1-3. 구성요건의 체계

[장물의 죄]

기본적 구성요건 – 장물취득 · 양도 · 운반 · 보관 · 알선죄: 제362조
가중적 구성요건 – 상습장물취득 · 양도 · 운반 · 보관 · 알선죄: 제363조 제1항

과실범: 업무상과실 · 중과실 장물취득 · 양도 · 운반 · 보관 · 알선죄: 제364조
자격정지 또는 벌금의 병과: 제363조 제2항 (제363조 제1항: 상습장물죄에 대하여)
친족간의 범행: 제365조 (제362조 내지 제364조: 장물에 관한 모든 죄에 대하여)

장물의 죄에서 기본적 구성요건은 제362조 제1항의 장물취득 · 양도 · 운반 · 보관죄와 제2항의 이

681) 동지, 김성돈, 479면; 임웅, 556면.
682) 김일수/서보학, 406면; 박상기, 423면; 이재상/장영민/강동범, 449면; 정성근/박광민, 492면; 정영일, 247면; 조준현, 559면.
683) 이때는 장물을 점유하게 된 사유에 의하여 본범 내지 장물취득죄 등의 죄만 성립하고, 장물의 양도행위는 불가벌적 사후행위로 평가된다.

를 알선하는 장물알선죄이다. 제363조의 상습범은 상습으로 장물을 취득 · 양도 · 운반 · 보관 · 알선함으로써 성립하며, 상습성에 의해 책임이 가중된 가중적 구성요건이다. 동조 제2항은 상습장물죄에 대하여 10년 이하의 자격정지 또는 1,500만원 이하의 벌금을 병과할 수 있도록 규정하고 있다.

또한 장물의 죄에서는 제364조에서 업무상 또는 중대한 과실로 장물을 취득 · 양도 · 운반 · 보관 · 알선하는 경우를 과실장물죄로 처벌하고 있다. 과실장물죄는 재산범죄 중에서 유일하게 과실범을 처벌하는 규정이다. 과실장물죄는 업무상과실과 중대한 과실의 경우만을 처벌하고 있으며, 보통의 과실은 처벌의 대상이 되지 않는다.

제365조에서는 모든 장물의 죄에 대하여 친족간의 범행에 대한 특례규정을 준용하고 있다. 동조 제1항은 장물범과 피해자 사이에 친족관계가 있는 경우에 친족상도례에 관한 제328조 제1항과 제2항의 규정을 준용하고 있다. 또한 동조 제2항은 장물범과 본범 사이에 제328조 제1항의 친족관계가 있는 경우를 형의 필요적 감면사유로 규정하고 있으며, 다만 신분관계가 없는 공범에 대하여는 이를 적용하지 않는다.

2. 장물취득 · 양도 · 운반 · 보관 · 알선죄

2-1. 행위객체

본죄의 행위객체는 장물이다. 장물이란 본범이 재산범죄에 의하여 획득한 재물을 말한다. 재산범죄에 의하여 획득한 재물인 이상 피해자가 그 재물의 반환을 청구할 수 있는지는 문제가 되지 않는다.

2-1-1. 재 물

장물은 재물이다. 동산 뿐 아니라 부동산도 장물인 재물에 포함된다. 그러나 재산상 이익이나 권리는 재물이 아니므로 장물이 될 수 없다. 다만 권리가 화체된 문서는 재물에 해당한다. 관리할 수 있는 동력도 본죄의 재물에 해당한다. 본죄에 대하여 제346조를 준용하는 규정은 없으나, 본범이 획득한 관리할 수 있는 동력도 장물이므로 제346조는 본죄에 대해서도 당연히 적용된다(통설).[684]

2-1-2. 재산범죄에 의하여 획득한 재물

2-1-2-1. 재산범죄에 의하여 획득한 재물

장물은 본범이 재산범죄로 획득한 재물이다. 본범의 재산범죄는 최소한 구성요건해당성과 위법성을 구비하여야 한다. 적법하게 취득한 재물은 불법한 장물이 될 수 없기 때문이다. 그러나 본범의

684) 반대견해: 김성돈, 480면; 박상기, 425면; 배종대, 434면 이하; 손동권/김재윤, 500면.

재산범죄가 책임을 구비할 필요는 없다. 책임은 개인적 비난가능성의 문제이므로 불법한 본범에 대한 비난가능성이 불법한 장물의 성질을 변화시킬 수는 없다. 본범에 대한 처벌조건이나 소추조건도 재물의 장물성에 대하여 전혀 영향을 주지 못한다.

독일형법은 장물에 대하여 '절취하거나 타인의 재산에 대한 위법한 행위로 획득한 재물'로 규정한 반면에, 형법은 장물개념을 명문으로 규정하고 있지 않다. 그러나 장물죄를 위법한 재산범죄로 획득한 장물의 위법한 재산상태를 유지하는 재산범죄로 이해하는 한, 본범은 재산범죄로 한정되어야 한다. 따라서 장물은 절도 · 강도 · 사기 · 공갈 · 횡령 · 배임 · 장물죄 등을 범하여 획득한 재물이라고 해야 한다. 장물죄에 의하여 취득한 재물도 장물이다. 이를 소위 연쇄장물이라 한다. 특별형법의 재산범죄도 당연히 여기에 해당한다.

재산범죄가 아닌 수뢰죄나 도박죄에 의하여 취득한 재물, 사체 등 영득죄에서 영득한 재물, 위조한 문서나 통화 등은 장물이 될 수 없다. 수산업법에 위반하여 획득한 어획물, 산림자원법에 위반하여 벌채한 입목이나 굴취 · 채취한 임산물 등도 장물이 될 수 없다.

장물은 재산범죄에 의하여 획득한 재물이어야 한다. 따라서 사기범이 작성한 위조문서 등과 같이 범죄에 의하여 제작된 재물이나 또는 사기범이 범행에 필요하여 마련한 양복 등과 같이 재산범죄의 수단으로 사용된 재물은 장물이 될 수 없다. 손괴죄는 재산죄이지만 재물의 획득이 없으므로 장물죄의 본범이 될 수 없다. 권리행사방해죄, 점유강취죄 · 준점유강취죄, 강제집행면탈죄 등도 재산죄이지만 자신의 소유물을 전제로 하는 범죄로써 재물의 획득을 인정할 수 없으므로 장물죄의 본범이 될 수 없다.

이에 반하여 권리행사방해죄 등을 장물죄의 본범에 포함시키는 견해[685]가 있다. 이들 범죄도 재산범죄인 한 장물죄의 본범에서 배제할 이유가 없으며, 위법재산상태의 유지 및 반환청구권의 실현곤란이라는 측면에서도 이들 물건에 대한 장물성을 인정할 필요가 있다는 것이다. 그러나 권리행사방해죄 등에서의 재물은 본래 본범의 소유물이므로 소유자가 자신의 소유물을 획득할 수는 없다. 이들 범죄에서는 자신의 소유물이 타인의 권리의 대상이 되었을 뿐이며, 소유자인 본범은 재물이 아니라 이러한 권리나 재산상의 이익을 취득하였을 뿐이다. 장물죄는 순수한 재물죄이므로 권리나 재산상의 이익은 본죄의 객체가 될 수 없다. 따라서 권리행사방해죄 등은 장물죄의 본범이 될 수 없다.[686]

2-1-2-2. 배임죄와 재산범죄에 의하여 획득한 재물

배임죄로 획득한 재물도 장물이 될 수 있는지 문제된다. 일반적인 학설의 입장에서는 배임죄에 의하여 획득한 재물의 장물성을 부정한다(통설). 판례[687]도 동일한 입장이다. 순수한 이득죄로서의 배

685) 김성돈, 482면; 김일수/서보학, 408면; 손동권/김재윤, 499면; 정영일, 248면; 진계호/이존걸, 524면.

686) 동지, 김성천/김형준, 536면; 오영근, 403면; 이영란, 447면.

687) 대법원 1975.12.9., 74도2804; 대법원 1981.7.28., 81도618; 대법원 1983.11.8., 82도2119.

임죄에 의하여 취득하는 것은 재산상의 이익일 뿐이며, 이때의 재물은 배임죄의 수단으로 제공된 것에 불과하다는 것이다.

재산관리인이 관리물건을 처분함으로써 배임죄를 범하는 경우에, 관리물건은 배임죄로 취득한 재물이 아니라 배임죄의 수단이라는 통설과 판례의 태도는 타당하다. 그러나 이러한 경우에 배임죄의 본범은 관리물건을 취득하는 것이 아니라, 이 물건을 처분함으로써 얻게 되는 이익인 현금이나 수표 또는 경우에 따라서는 처분의 대가인 현물 등을 취득하게 된다. 이와 같이 취득한 재산상 이익을 형법은 배임죄의 구성요건요소로 규정하였다. 즉 배임죄를 순수한 가해범죄로 규정하지 아니하고, 가해범죄인 동시에 재산이전범죄인 이득범죄로 규정하고 있다. 물론 이러한 형법의 입법태도에 대해서는 의문이 제기된다. 그러나 이와 같이 배임죄에 의하여 획득한 재산상의 이익인 재물[688]에 대해서 장물성을 부정할 이유는 없다.

배임죄에 의하여 취득한 재물은 장물이라고 해석하여야 한다.[689] 배임죄 뿐 아니라 다른 전체 재산권을 보호법익으로 하는 재산범죄에 의하여 직접 취득한 재물도 장물이라고 해석하여야 한다. 또한 단순한 권리라 할지라도 권리가 '화체된' 문서는 재물로 해석되므로, 권리나 재산상 이익이라도 그것이 화체된 문서로 취득한 경우에는 장물성이 인정되어야 한다. 장물은 재산범죄로 취득한 재물이며, 영득범죄로 취득한 재물에 한정되지는 않는다. 장물죄는 이와 같은 장물의 위법재산상태를 유지함으로써 자기나 제3자에게 이익을 얻게 하는 범죄이다.

> 대법원[690]은 '갑이 권한 없이 인터넷뱅킹으로 타인의 예금계좌에서 자신의 예금계좌로 돈을 이체한 후 그 중 일부를 인출하여 그 정을 아는 을에게 교부한 경우, 갑이 컴퓨터 사용사기죄에 의하여 취득한 예금채권은 재물이 아니라 재산상 이익'이라고 판단함으로써 을에 대한 장물취득죄의 성립을 부정하였다. 이러한 대법원의 입장은 타당하다. 여기서 재산범죄인 컴퓨터 사용사기죄를 범하여 획득한 것은 은행에 대한 예금채권이며, 예금채권은 재물이 아니므로 장물이 될 수 없다.

2-1-2-3. 장물성

재산범죄로 획득한 재물은 위법재산상태가 유지되는 동안에 장물성을 가진다. 따라서 재물의 위법재산상태가 소멸하면 장물성도 소멸한다. 즉 본범이나 그 이후의 제3자가 재물에 대한 소유권을 취득하면 장물성이 소멸한다. 예컨대 본범이 피해자로부터 그 재물을 증여 또는 상속받은 경우, 가

688) 대법원 1987.4.28., 83도1568: "배임죄는 본인에게 손해를 가한 때에 기수가 되는 것이므로 본인에게 손해가 발생하기 이전에 업무상 배임행위로 취득할 유류를 그 배임행위자로부터 미리 이를 매수하기로 합의 내지 응탁한 피고인들의 행위는 배임으로 취득한 장물을 취득한 행위에 지나지 않는 것이 아니라 모두 배임행위 자체의 공동정범이 된다."

689) 동지, 권오걸, 668면.

690) 대법원 2004.4.16., 2004도353.

공에 의하여 가공자에게 재물이 귀속된 경우(민법 제259조), 제3자가 선의취득한 경우,[691] 피해자가 소유권을 포기하거나 취소기간을 도과하여 취소할 수 없게 된 경우가 여기에 해당한다. 그러나 불법원인급여물은 급여자에게 반환청구권이 없어도 재물의 위법재산상태가 소멸하는 것은 아니므로 장물성이 유지된다.

또한 장물은 본범이 취득한 원래의 재물이어야 한다. 따라서 재산범죄로 취득한 재물이 다른 물건으로 대체되었을 경우에는 소위 대체장물로서 재물의 위법재산상태가 소멸하게 되어 장물성을 상실한다. 예컨대 장물을 매각한 돈 또는 장물인 돈으로 매입한 물건과 같이 장물과 교환된 물건은 장물이 될 수 없다.

장물이 본래부터 대체성을 갖는 경우에는 단순한 외형상의 대체만으로 장물성이 소멸하지 않는다는 견해[692]가 있다. 판례[693]도 동일한 입장에서 자기앞수표나 고액권을 절취하여 소액권으로 교환한 경우나 거스름돈의 경우 또는 절취한 돈을 은행에 예금하였다가 다시 찾은 경우에도 장물성이 그대로 유지된다고 한다. 이는 영득의 불법과 관련하여 현금채권을 종류채권과 달리 취급하는 소위 가치총계이론(Wertsummentheorie)[694]을 장물죄에도 원용하는 입장이다.[695] 즉 금전의 영득은 물체의 영득이라기보다는 가치취득이라는 성질이 강하고, 행위자가 취득한 가치총액은 그 금전을 교환한 때에도 동일성이 유지되므로 장물성이 인정된다는 것이다.

그러나 가치총계이론을 행위자에게 불리하게 장물의 폭을 넓히는 방향으로 사용하는 것은 부당하다. 가치총계이론은 영득의 불법과 관련하여 현금채권의 특수성을 인정함으로써 채무자에 대한 선택권한의 침해를 부정하는 이론이다. 즉 현금채권의 특수성에 기하여 행위자에게 유리하게 불법영득의 의사를 제한하는 이론이 가치총계이론이다. 이러한 가치총계이론으로 행위자에게 불리하게 장물성의 범위를 확장한다면, 이는 허용되지 아니하는 유추가 되어 죄형법정주의에 반하다. 따라서 현금이나 수표를 잔돈으로 교환하거나 장물인 현금을 예금하는 경우에는 장물성을 상실한다[696]고 해석하여야 한다.[697]

---

691) 다만 민법 제250조에 의하여 금전 이외의 도품과 유실물에 대해서는 2년간 장물성이 소멸되지 않는다.

692) 권오걸, 667면; 김성돈, 481면; 김성천/김형준, 540면; 이재상/장영민/강동범, 455면; 정성근/박광민, 501면; 정영일, 249면; 조준현, 562면; 진계호/이존걸, 528면.

693) 대법원 2000.3.10., 98도2579; 대법원 2004.3.12., 2004도134; 대법원 2004.4.16., 2004도353.

694) 이에 관하여는 상기 '제5장, 제1절, 2-3-2-4. 영득의 불법' 참조.

695) 이는 독일 소수설의 입장이다: Eser, Strafrecht IV, S. 200; Blei, BT II, S. 251 ff.; Roxin, Geld als Objekt von Eigentums- und Vermögensdelkten, FS Für H. Mayer, S. 467, 471.

696) 동지, 김일수/서보학, 412면; 박상기, 426면; 배종대, 435면; 이영란, 451면; 오영근, 406면 이하; 이형국, 454면; 임웅, 561면.

697) 이는 독일 통설의 입장이다: Stree, S-S StGB, § 259 Rdnr. 14 mwN.; Wessels/Hillenkamp, BT/II, Rdnr. 838; Ruß, LK StGB, § 259 Rdnr. 14; Tröndle/Fischer, StGB, § 259 Rdnr. 8; Hoyer, SK StGB, § 259 Rdnr. 10; Maurach/Schroeder/Maiwald, BT I, S. 410.

2-1-2-4. 본범과의 법률적 · 시간적 관계

장물은 본범인 재산범죄에 의하여 획득한 재물이다. 따라서 본범인 재산범죄는 법률적 · 시간적으로 장물죄에 선행되어야 한다. 본범이 기수에 이른 이후에 본범에 의하여 획득한 재물은 의문의 여지없이 장물이 된다. 그러나 본범이 반드시 종료에 이를 것을 요하지는 않는다. 즉 본범의 기수 이후이면 종료 이전에도 얼마든지 장물죄가 성립할 수 있다.

본범의 미수단계에서의 재물도 장물인지 문제된다. 부정설[698] 은 본범이 기수에 이르러야 장물죄가 성립할 수 있다고 해석하기 때문에, 이 경우 본범에 대한 공범의 성립만이 가능하다고 한다. 부정설과 동일한 관점이지만 강도살인죄와 같은 결합범의 경우에는 예외를 인정하는 견해[699]도 있다. 이에 반하여 긍정설[700]은 본범의 미수단계에서의 재물도 장물이 될 수 있다고 한다. 본범이 종결되었는가를 판단함에 있어서는 본범에 의한 재물의 획득이 시간적으로 끝났는가를 기준으로 할 것이지, 그것이 기수인가 미수인가에 의하여 좌우될 성질이 아니라는 것이다.

독일의 통설[701]과 판례[702]는 장물죄에서의 장물을 본범에 의한 재물획득이 종결되었는가에 의하여 판단하고 있다. 따라서 본범이 미수인 경우에도 재물획득이 종결되었다면 그 재물은 장물이 된다. 이 때 재물획득의 종결은 본범의 재물획득과 장물취득 사이에 최소한의 시간적 간격으로 충분하다고 한다. 즉 두 행위가 연속적으로 이루어져서 본범의 재물획득행위가 장물취득행위로 전이되는 경우에도 재물획득의 종결이 인정된다고 한다.

이에 반하여 독일의 소수설[703]은 "독일 통설과 판례에 의하면 장물죄의 인정범위가 너무 좁게 된다"고 비판한다. 특히 악의의 매수인이 타인의 재물을 보관하는 자로부터 그 재물을 매입하는 경우에 횡령죄의 공범으로만 처벌하는 것은 매수인의 그 재물에 대한 정범으로서의 불법영득을 전혀 고려하지 못한 결론이라는 것이다. 따라서 본범의 재물교부행위가 악의의 매수인에게 유리한 결탁적인 불법행위를 형성한다면 본범에 의한 재물획득이 종결되기 이전이라도 장물죄의 성립을 인정해야 한다고 주장한다.[704] 즉 본범의 장물범을 위한 처분행위가 이루어진 이상 장물죄의 성립이 인정된다는 것이다.

그러나 이러한 독일의 소수설은 본범의 공범과 장물죄의 정범의 구별이 불가능할 정도로 장물죄의 범위를 확대시키기 때문에 타당하다고 할 수 없다.[705] 예컨대 독일의 소수설에 의하면 절도범의 재물획득이 가능하도록 무거운 물건을 범인과 함께 범인의 자동차에 실어주고

---

698) 권오걸, 670면; 김성천/김형준, 537면; 배종대, 437면; 이형국, 453면; 정영일, 248면; 조준현, 562면.

699) 김성돈, 483면; 김일수/서보학, 409면; 손동권/김재윤, 499면; 정성근/박광민, 498면; 진계호/이존걸, 525면.

700) 박상기, 427면; 오영근, 405면; 이영란, 447면; 이재상/장영민/강동범, 453면; 임웅, 560면.

701) Vgl. Ruß, LK StGB, § 259 Rdnr. 11 mwN.; Maurach/Schroeder/Maiwald, BT I, S. 413; Wessels/Hillenkamp, BT/II, Rdnr. 832.

702) BGHSt 13, 403; BGH NJW 59, 1377.

703) Vgl. Stree, S-S StGB, § 259 Rdnr. 15 mwN.

704) 대법원 2004.12.9., 2004도5904; 대법원 2011.4.28., 2010도15350.

705) 이에 관하여는 아래의 '2-4. 본범의 공범과 장물죄의 구별' 참조.

수고비를 받은 경우가 본범보다 중한 장물운반죄로 처벌되는 결과가 된다. 또한 독일 소수설의 "횡령죄에서 악의의 매수인의 재물에 대한 정범으로서의 불법영득을 고려해야 한다"는 견해도 장물죄의 범위를 확장시켜야 할 정당한 근거가 될 수 없다. 장물의 운반 · 보관 · 알선에서 재물의 불법영득은 존재할 수 없으며, 따라서 재물의 불법영득이 장물죄의 구성요소가 될 수는 없기 때문이다. 장물취득죄의 경우에도 재물의 불법영득은 존재하지 않는다. 왜냐하면 본범에 의하여 종전의 권리자를 배제하는 영득의 소극적 요소가 완성되었으므로, 장물범에 의하여 새로이 종전의 권리자를 배제하는 영득의 소극적 요소를 충족시킬 수는 없기 때문이다. 따라서 독일 통설과 판례의 견해가 타당하다.

본범인 재산범죄로 획득한 재물이 장물이므로 본범에 의한 재물획득이 종결되어야 장물이 될 수 있다. 이 때 본범의 범죄가 기수인지 미수인지는 중요하지 않다. 다만 재물획득과 장물취득 사이는 최소한의 시간적 간격으로 충분하다고 해야 한다. 따라서 재물획득과 장물취득이 연속적으로 이루어져서 본범의 재물획득행위가 장물취득행위로 전이되는 경우에도 재물획득의 종결이 인정된다. 예컨대 타인의 주유소에서 주유기를 조작하여 제3자에게 주유하는 경우 또는 공장의 인부가 장물아비를 공장으로 불러들여 장물아비의 자동차에 물건을 실어주는 경우가 여기에 해당한다.

그러나 타인의 재물을 보관하는 자가 그 재물을 악의의 매수인에게 매각하는 경우는 매수인의 재물취득에 의해서 본범의 재물획득이 종결되기 때문에 장물죄가 성립할 수 없게 된다. 이 경우는 횡령죄의 방조범이 성립할 뿐이다. 종래의 판례[706]는 부동산 횡령에서 악의의 매수인에 대하여 "횡령의 공모가 없는 이상 횡령죄의 공동정범이 될 수는 없다"고 판시하면서, 동시에 해당 물건의 장물성도 부정하였다.[707] 그러나 이후 대법원[708]은 이 경우 "횡령죄가 기수에 달하는 것과 동시에 그 재물은 장물이 된다"는 것을 근거로 장물죄의 성립을 인정하고 있다.

2-2. 행 위

본죄의 구성요건적 행위는 장물을 취득 · 양도 · 운반 · 보관 또는 이를 알선하는 것이다. 이러한 장물죄의 구성요건적 행위는 장물범과 이전 점유자 사이의 합의에 의한 공동작용이어야 한다.[709] 다만 장물양도의 경우는 장물범과 양수인 사이의 합의에 의한 공동작용이 된다. 예컨대 절도범의 집에서 장물을 절취하는 행위는 명백하게 절도죄에 해당하며 장물취득죄가 성립하지 않는다. 여기서의 절취행위는 이전 점유자 사이의 합의에 의한 공동작용이 아니기 때문이다.

706) 대법원 1979.11.27., 79도2410: "신탁행위에 있어서는 수탁자가 외부관계에 대하여 소유자로 간주되므로 이를 취득한 제3자는 수탁자가 신탁자의 승낙 없이 매각하는 정을 알고 있는 여부에 불구하고 장물취득죄가 성립하지 아니한다."

707) 진계호/이존걸, 475면.

708) 대법원 2004.12.9., 2004도5904: "갑이 회사자금으로 을에게 주식매각 대금조로 금원을 지급한 경우, 그 금원은 단순히 횡령행위에 제공된 물건이 아니라 횡령행위에 의하여 영득된 장물에 해당한다."; 대법원 2011.4.28., 2010도15350.

709) 동지, 배종대, 438면.

2-2-1. 취 득

취득이란 점유를 이전함으로써 재물에 대한 사실상의 처분권을 획득하는 것이다. 따라서 점유이전의 단순한 약속이나 계약의 성립만으로는 취득이 될 수 없다. 그러나 재물이 현실로 인도된 이상 반대급부의 유무나 반대급부의 실행 여부는 문제가 되지 않는다. 다만 장물의 취득은 사실상의 처분권 획득에 본질이 있으므로 여기서의 점유는 재물에 대한 사실상의 처분권 획득을 인정할 수 있는 규범적 지배로 충분하다. 따라서 시정물의 열쇄를 취득하거나 장물을 인출할 수 있는 증서를 인도받은 때에도 취득에 해당한다.

2-2-2. 양 도

양도란 장물을 제3자에게 수여하는 것을 말한다. 양도에서는 유상 · 무상 또는 양수인의 선의 · 악의가 문제되지 않는다. 양도의 경우에도 양도계약의 체결만으로는 부족하고, 점유의 이전을 필요로 한다. 여기서의 점유도 취득의 경우와 동일하게 재물에 대한 사실상의 처분권 획득을 인정할 수 있는 규범적 지배로 충분하다. 그러나 장물양도죄가 실질적인 의미를 가질 수 있는지에 관하여는 의문이 제기된다.

장물의 점유자가 처음부터 장물임을 알았을 경우에는 일반적으로 장물을 점유하게 된 사유(본범 또는 장물취득 · 보관 · 운반)에 의하여 장물죄가 성립하므로 양도행위는 독자적인 장물죄를 구성할 수 없게 된다. 이 경우 장물양도행위는 불가벌적 사후행위에 불과하게 된다. 따라서 장물양도죄는 양도자가 처음에 장물임을 모르고 취득한 이후에 그 내용을 알고서 양도하는 경우에만 가능하다고 한다(통설). 그러나 양도자가 처음에 장물임을 모르고 취득한 이후에 그 내용을 알고서 양도하는 경우에도 장물양도죄의 성립은 불가능하다고 해야 한다. 장물임을 모르고 취득한 자가 그 내용을 알게 된 이후에 별도의 장물죄의 성립을 인정하는 것은 입법자의 의도에 반하여 장물죄를 불고지죄로 만드는 결과가 되기 때문이다. 즉 장물임을 알게 된 이후에 즉시 이를 신고하면서 수사기관에 제출하지 아니하면 장물보관죄나 장물운반죄 또는 장물양도죄로 처벌되는 결과가 된다.[710] 형법이 장물죄에 규정된 형벌을 수단으로 이러한 의무를 부과하는 것은 형법의 과잉금지의 원칙 및 보충성의 원리에 반한다. 따라서 장물임을 모르고 취득한 자가 그 내용을 알게 된 이후에 별도의 장물죄의 성립을 인정해서는 안 된다. 이는 헌법합치적 해석에 의한 당연한 귀결이다.

> 처음에 장물임을 모르고 취득한 이후에 그 내용을 알고서 양도하는 경우에도 ① 장물취득에 대해서 중과실이나 업무상 과실이 인정되면 과실장물죄에 해당한다. 과실장물죄도 재산범죄이므로 이를 통하여 획득한 재물 역시 연쇄장물이며, 이를 제3자에게 양도하는 행위는 본범인 과실장물죄의 불가벌적 사후행위에 불과하게 된다. 따라서 이 경우 장물양도죄의 성

---

710) 해당 물건을 폐기한 경우에만 경우에 따라서 손괴죄의 성립만이 가능할 수 있다.

립은 불가능하다. ② 장물취득에 대해서 과실이 없는 경우라면 장물을 선의취득하거나, 또는 선의취득이 2년간 유예(민법 제250조)될 뿐이다. 장물을 선의취득하면 더 이상 장물이 아니므로 장물양도죄는 성립할 여지가 없게 된다. 또한 선의취득이 2년간 유예된 경우에도 피해자가 반환청구권을 행사하기 이전까지는 재물의 소유권이 취득자에게 있으므로 장물양도죄가 성립할 여지는 없다. ③ 장물취득에 대해서 보통의 과실이 있는 경우도 단순히 피해자의 민사법상의 반환청구권에 관한 문제에 불과하다. 이 경우만을 장물양도죄로 처벌하는 것은 결국 장물죄에 대해서만 불고지죄를 인정하는 결과가 된다. 따라서 처음에 장물임을 알지 못하고 장물을 점유하게 된 자가 장물임을 알게 된 이후의 양도행위에 대하여 별도의 장물죄의 성립은 인정되지 않는다.

처음에 장물임을 알지 못하고 보관 또는 운반하다가 장물임을 알게 된 이후[711]에 이를 제3자에게 양도하는 경우에도 장물양도죄의 성립은 불가능하다. 보관 · 운반재물을 제3자에게 양도하는 행위 자체가 횡령죄[712] 또는 점유이탈물횡령죄를 구성하기 때문이다. 보관 · 운반재물이 장물임을 알게 된 이후에 이를 원점유자에게 반환하는 행위도 장물양도죄에 해당하지 않는다. 만약 보관 · 운반재물이 장물임을 알게 된 이후에 양도하는 행위를 장물양도죄로 처벌한다면, 해당 장물을 영원히 간직하거나 또는 수사기관이나 피해자에게 반환하는 경우 외에는 모두 장물양도죄가 되는 문제가 발생한다.

결국 장물양도죄는 자신이 장물을 점유함이 없이 장물의 점유자를 위하여 자신의 이름으로 제3자에게 장물을 양도하는 경우에만 유일하게 의미를 가질 수 있다. 그러나 이러한 경우만을 위해서라면 장물양도죄보다는 장물알선죄에 포섭시키는 것이 타당하다. 장물의 점유자를 위하여 장물 점유자의 이름으로 제3자에게 장물을 양도하는 경우는 장물알선죄에 해당하므로 장물양도죄는 성립하지 않는다.

2-2-3. 운 반

운반은 장물을 장소적으로 이전하는 것을 말한다. 운반도 유상 · 무상을 불문한다. 그러나 여기서의 운반은 피해자의 위탁이나 피해자에게 반환하기 위한 운반을 포함하지 않는다. 본죄는 위법재산상태를 유지하는 죄이기 때문이다. 이러한 점에서 본죄는 자기 또는 제3자를 위한 이득의 의사를 요하는 범죄이다. 따라서 타인이 절취한 자동차에 편승하는 것은 장물운반죄에 해당하지 않는다.[713] 본범이나 장물취득범이 장물을 운반하는 것은 불가벌적 사후행위에 불과하다. 그러나 제3자가 본범과 공동하여 장물을 운반하는 경우에는 제3자에 대하여 장물운반죄가 성립한다.

711) 이 때 장물임을 알게 된 이후 계속하여 보관 · 운반한 행위는 장물죄로 평가되지 않는다. 이 경우는 이전 점유자와의 합의에 의한 공동작용이 결여되어 있기 때문이다.

712) 보관 · 운반을 의뢰한 이전점유자도 선의인 경우 횡령죄의 성립이 가능할 수 있다.

713) 대법원 1983.9.13., 83도1146.

대법원[714]은 "본범이 절취한 차량이라는 정을 알면서도 본범 등으로부터 그들이 위 차량을 이용하여 강도를 하려 함에 있어 차량을 운전해 달라는 부탁을 받고 위 차량을 운전해 준 경우 강도예비죄와 아울러 장물운반죄가 성립한다"고 판시하였다. 이러한 대법원의 입장에 의하면 차량절도범의 가족이나 주변 사람이 훔친 차량이란 사실을 알고서 운전하면 모두 장물운반죄에 해당한다. 예컨대 절도범의 부인이 쇼핑을 위해서 백화점까지 운전하거나 절취한 자동차로 친구들과 여행하던 중에 친구들이 교대로 운전하면 장물운반죄에 해당하게 된다. 이는 본범의 위법재산상태를 유지함으로써 이득을 취하는 장물죄의 본질을 간과한 것으로 타당하지 않다. 이러한 점에서 장물죄의 성립에는 초과주관적 구성요건요소로서 이득의사가 요구된다고 해석해야 한다.

2-2-4. 보 관

보관은 위탁에 의하여 장물을 자기의 점유하에 두는 것을 말한다. 보관도 유상·무상을 불문한다. 보관은 점유이전을 요한다는 점에서 취득의 경우와 동일하고, 사실상의 처분권이 없다는 점에서 취득과 구별된다. 다만 타인의 죄증을 인멸할 목적으로 장물을 보관한 경우는 이득의 의사가 없으므로 증거인멸죄만 성립할 뿐이다.[715] 장물임을 모르고 보관한 자가 그 내용을 알고서 보관하는 경우는 본죄가 성립하지 않는다. 이 경우는 이전점유자와 장물보관자 사이의 합의에 의한 공동작용이 결여되어 구성요건적 행위로서의 불법내용을 구비할 수 없기 때문이다. 따라서 장물에 대하여 유치권이나 질권을 가진 자가 장물임을 알게 된 이후에도 계속하여 보관하는 경우에는 본죄가 성립하지 않는다. 장물을 보관하는 자가 이를 횡령하거나 반환을 거부하여도 본죄 이외에 횡령죄는 성립하지 않는다.[716]

대법원[717]은 "장물인 정을 모르고 보관하던 중 발행은행에 문의하여 수표가 장물인 정을 알게 되었고, 위 장물을 반환하는 것이 불가능하지 않음에도 불구하고 계속 보관함으로써 피해자의 정당한 반환청구권 행사를 어렵게 하여 위법한 재산상태를 유지시킨 경우에는 장물보관죄에 해당한다"는 입장이다(통설). 다만 이러한 경우에도 채권의 담보 등 재물을 점유할 권한이 있는 때에는 이를 계속하여 보관하더라도 장물보관죄가 성립하지 않는다는 것이 대법원[718]의 입장이다. 동일한 관점에서 서울중앙지법[719]도 "전당포 영업자가 재물을 전당잡으

---

714) 대법원 1999.3.26, 98도3030.

715) 본죄의 성립에 이득의사를 요하지 않는다는 입장에서 본죄와 증거인멸죄의 상상적 경합을 인정하는 견해로는 권오걸, 677면; 김성돈, 489면 이하; 김일수/서보학, 451면; 손동권/김재윤, 505면; 이재상/장영민/강동범, 457면; 정성근/박광민, 505면; 조준현, 563면. 법조경합으로 장물보관죄의 성립만을 인정하는 견해로는 오영근, 411면.

716) 이에 관하여는 상기 '제5장, 제5절, 2-1-1-2. 위탁관계에 의한 보관' 참조.

717) 대법원 1987.10.13., 87도1633.

718) 대법원 1986.1.21., 85도2472.

719) 서울중앙지법 2004.8.26., 2002노5461-1.

면서 인도받을 당시에 장물인 정을 알지 못하였다면, 그 후 장물일지도 모른다고 의심하면서 소유권포기각서를 받은 행위가 장물취득죄에 해당할 여지는 없고, 또한 대여금 채권의 담보로 위 재물을 전당잡은 행위는 점유할 권한이 있는 경우에 해당하여 장물보관죄도 성립할 여지가 없다"고 판시하였다.

그러나 일단 장물임을 모르고 보관한 경우는 업무상과실 · 중과실 장물보관죄의 성립이 가능하며, 단순과실이나 무과실인 경우는 불가벌이 된다. 이러한 행위가 사후에 장물임을 알게 되어 이를 인용한다고 하여 장물보관죄가 될 수는 없다. 사후의 인식 · 인용이 고의를 대체할 수는 없기 때문이다. 판례는 사후고의를 통하여 고의의 장물죄를 인정하는 오류를 범하고 있다. 특히 업무상과실이나 중과실에 의하여 과실장물보관죄를 범한 자가 보관물건이 장물임을 알게 된 순간부터 고의의 장물보관죄로 순간적으로 변형되어야 하는 것은 납득하기 곤란하다. 과실장물보관죄를 범한 경우는 장물임을 알게 된 이후에도 계속된 과실장물보관죄로 평가하는 것이 타당하다. 이는 과실장물취득죄와의 논리적 관계를 고려하면 더욱 그러하다. 이러한 점에서 장물죄는 이전점유자와의 합의에 의한 공동작용인 경우로 한정되어야 한다.

2-2-5. 알 선

알선은 장물의 취득 · 양도 · 운반 · 보관을 매개하거나 주선하는 것을 말한다. 이러한 매개나 주선은 반드시 매개자 자신의 이름으로 할 것을 요하지 아니한다. 그러나 "장물의 취득 · 양도 · 운반 · 보관의 알선행위에 의하여 곧바로 본죄가 성립할 수 있는지"에 관하여는 학설의 대립이 있다. 일부 학설[720]은 알선행위만으로 본죄가 성립한다고 해석한다.[721] 형법의 구성요건이 알선행위를 처벌하는 것으로 규정하고 있으며, 장물의 알선행위는 그 자체로 본범을 유발할 위험성이 클 뿐만 아니라, 피해자의 반환청구권에 대한 위험이 초래되기 때문이라는 것이다. 이에 반하여 다른 일부 학설[722]은 본죄의 알선을 "본조 제1항의 행위(취득 · 양도 / 운반 · 보관)와의 균형상 현실적인 점유의 이전을 요구하지 않더라도 적어도 계약의 성립이 있어야 한다"고 해석한다. 물론 본죄의 문리적 해석에 의하면 알선행위만으로 본죄의 성립을 인정할 수 있다. 그러나 본죄를 위법재산상태를 유지함으로써 이득을 취하려는 재산범죄로 이해한다면, 장물알선행위에 의하여 장물의 취득 · 양도 · 운반 · 보관행위가 이루어져야만 본죄의 불법내용을 형성할 수 있게 된다. 이러한 관점에서 본죄의 알선은 단순한 계약의 성립만으로도 족하지 않으며, 점유의 이전을 요한다고 해석하여야 한다.[723] 알선에 의하여 단순히 계약이 성립하였다고 하여 위법재산상태의 유지가 완성되었다고 해석할 수는 없기 때문이다. 따

720) 김성천/김형준, 545면; 김일수/서보학, 415면; 박상기, 429면; 정영일, 251면.

721) 대법원 2009.4.23., 2009도1203: "장물인 귀금속의 매도를 부탁받은 피고인이 그 귀금속이 장물임을 알면서도 매매를 중개하고 매수인에게 이를 전달하려다가 매수인을 만나기도 전에 체포되었다 하더라도, 위 귀금속의 매매를 중개함으로써 장물알선죄가 성립한다."

722) 권오걸, 679면; 이형국, 457면; 임웅, 568면; 정성근/박광민, 506면.

723) 동지, 김성돈, 490면; 배종대, 442면; 손동권/김재윤, 506면; 오영근, 412면; 이영란, 455면; 이재상/장영민/강동범, 458면 이하; 조준현, 563면; 진계호/이존걸, 532면.

라서 본죄의 성립시기는 '알선에 의하여 장물의 점유가 이전된 때'라고 해석된다.

2-3. 주관적 구성요건

장물죄는 고의범이므로 모든 객관적 행위상황에 대한 인식과 의사를 요한다. 따라서 장물(행위객체)임을 인식하지 못한 경우는 본죄가 성립하지 않는다.

본죄에서 이득의사가 초과주관적 구성요건요소로 요구되는지 문제된다. 다수설[724]은 "명문으로 이득의사를 요구하는 독일형법과는 달리 형법은 이를 요구하지 않으므로 형법의 장물죄에는 이득의 의사가 필요하지 않다"고 해석한다. 그러나 본범의 피해자에게 물건을 돌려주기 위하여 장물을 취득 · 운반 · 보관하는 경우를 장물죄로 처벌할 수는 없다. 본죄는 이득을 취하기 위하여 위법한 재산상태를 유지하는 범죄이기 때문이다. 따라서 본죄는 초과주관적 구성요건요소로서 자기 또는 제3자를 위한 이득의 의사를 요한다고 해석해야 한다.[725] 다만 본죄의 초과주관적 구성요건요소인 이득의사는 '이득의 불법'을 요하지 않는다. 예컨대 본범으로부터 채무변제조의 장물을 교부받는 경우에도 장물취득죄의 성립이 인정된다. 장물죄에서의 이득의사는 위법재산상태를 유지한다는 것 자체가 위법하기 때문에 특별히 '이득의 불법'을 추가로 요구할 필요는 없다.

> 본죄의 초과주관적 구성요건요소에 대하여 "장물취득죄의 경우 불법영득의사를 요한다"는 견해[726]가 있다. 그러나 이미 본범에 의하여 종래의 권리자를 배제하는 영득의 소극적 요소가 충족되었기 때문에, 장물범이 또다시 충족시킬 종래의 권리자를 배제하는 영득의 소극적 요소가 논리적으로 존재할 수 없다. 따라서 장물죄에서는 불법영득의사가 요구될 수 없다.

2-4. 본범의 공범과 장물죄

본범과 장물죄의 법률적 · 시간적 관계에 관하여 독일의 소수설[727]에서는 "본범의 재물획득의 종료와 관계없이 본범의 재물교부행위가 악의의 매수인에게 유리한 결탁적인 불법행위를 형성한다면 장물죄의 성립을 인정해야 한다"고 주장한다. 즉 본범의 장물범을 위한 처분행위가 이루어진 이상 장물죄의 성립이 인정된다는 것이다. 이러한 견해에 의하면 방조범의 방조행위에 의하여 본범의 재물영득이 이루어진 경우[728]에도 장물취득죄 내지 장물운반죄를 인정하는 결과가 된다. 이는 '재물의 장물성이 인정되기 이전에 장물죄의 성립을 인정하는 것'이 되어 죄형법정주의에 반한다.

본범과 장물죄의 관계에서 본범(단독 · 공동 간접정범)이 장물을 취득 · 양도 · 운반 · 보관하는 것은 불가벌적

---

724) 권오걸, 680면; 김성천/김형준, 547면; 손동권/김재윤, 507면; 이재상/장영민/강동범, 460면; 임웅, 568면; 정성근/박광민, 507면.

725) 동취지, 김일수/서보학, 417면; 배종대, 442면 이하; 진계호/이존걸, 534면.

726) 김일수, 한국형법 Ⅲ, 799면; 김일수/서보학, 417면; 이영란, 456면; 임웅, 568면; 정영일, 252면.

727) Vgl. Stree, S-S StGB, § 259 Rdnr. 15 mwN.

728) 예컨대 횡령죄에서 악의의 매수인의 경우 또는 재물운반의 방조행위를 통하여 본범의 재물영득이 이루어진 경우.

사후행위에 불과하다. 그러나 본범의 공범(교사범 방조범)과 장물죄는 별개의 범죄이므로 두 범죄는 실체적 경합이 된다. 예컨대 절도를 교사하고 장물을 취득하거나 처음부터 장물취득의 의도로 절도를 교사하는 경우는 절도교사죄와 장물취득죄의 실체적 경합범이 된다.[729]

다만 방조행위의 대가로 취득한 재물의 경우에 장물죄의 성립을 인정하는 것은 본범과 장물죄의 논리적 구조를 깨뜨리는 결과가 되므로 타당하다고 할 수 없다. 예컨대 절도의 방조범이 자신에게 배당된 몫을 받는 경우가 장물취득죄로 평가되어서는 안 된다. 이 경우에 장물죄의 성립을 인정하면 장물의 분배를 통하여 대가를 받는 방조범이 본범보다 중한 장물죄로 처벌되며, 이러한 결론을 방조범 규정을 무의미하게 만든다. 따라서 공범이 공범행위의 대가로 분배받은 재물은 그 자체가 재산범죄로 취득한 재물인 장물이라고 해야 하며, 이 경우의 공범도 장물죄에서의 본범에 포함된다고 해석하여야 한다.

> 방조행위가 본범의 재물취득을 형성하는 경우, 예컨대 '횡령죄에서 악의의 매수인의 경우' 또는 '재물을 운반하는 방조행위를 통하여 본범의 재물획득이 이루어진 경우'에는 방조행위의 대상이 된 객체가 아직 장물이 아니므로 장물취득죄나 장물운반죄는 성립하지 않는다. 또한 절도죄가 기수에 이른 이후에도 방조행위의 대상인 객체는 방조행위가 행하여지는 동안 장물이라고 볼 수 없다. 예컨대 도품운송의 역할을 담당하는 절도방조범이 밖에서 대기하고 있다가 자동차에 도품을 싣고 도주하는 경우 그 재물은 장물운반죄의 객체가 아니라 절도방조행위의 대상인 객체에 불과하다고 해석하여야 한다. 물론 본범의 방조범이 방조행위와는 별도로 장물죄를 범하면 두 범죄는 실체적 경합이 된다.

2-5. 친족간의 특례

장물의 죄에 대하여는 친족간의 범행에 대한 특례규정이 적용된다. 제365조 제1항은 장물범과 피해자 사이에 친족관계가 있는 경우에 친족상도례에 관한 제328조를 준용하도록 규정하고 있다. 장물범과 피해자 사이에 직계혈족, 배우자, 동거친족, 동거가족 또는 그 배우자간의 친족관계가 있는 경우는 그 형을 면제하며(제328조 제1항), 제328조 제1항 이외의 친족관계가 있는 경우는 고소가 있어야 공소를 제기할 수 있다(제328조 제2항). 또한 제328조 제3항에서는 신분관계가 없는 공범에 대하여 제1항과 제2항의 적용을 배제하도록 규정하고 있다.[730] 이와 같이 재산죄에서 친족간의 범행을 처벌조각사유 내지 친고죄로 규정한 제328조를 장물범과 피해자 사이에 친족관계가 있을 경우에 준용함으로써 장물죄도 재산범죄로서의 성격이 주된 성격임을 분명히 하고 있다.

---

729) 대법원 1986.9.9., 86도1273: "평소 본범과 공동하여 수차 상습으로 절도등 범행을 자행함으로써 실질적인 범죄집단을 이루고 있었다 하더라도, 당해 범죄행위의 정범자(공동정범이나 합동범)로 되지 아니한 이상 이를 자기의 범죄라고 할 수 없고 따라서 그 장물의 취득을 불가벌적 사후행위라고 할 수 없다."

730) 이에 관하여는 상기 '제5장, 제1절, 6. 친족상도례' 참조.

또한 제365조 제2항은 장물범과 본범 사이에 제328조 제1항의 친족관계가 있는 경우를 형의 필요적 감면사유로 규정하고 있으며, 다만 신분관계가 없는 공범에 대하여는 이를 적용되지 않는다. 이는 친족간의 정의(情宜)를 고려하여 친족간의 범인은닉을 처벌하지 아니하는 제152조 제2항의 규정과 유사한 맥락에서 인정되는 규정이다. 장물죄는 본질적으로 재산범죄이지만, 부차적으로 범죄비호적 성격도 함께 가지고 있다.

제8절 손괴의 죄

1. 손괴의 죄 일반론

1-1. 의 의

손괴의 죄는 타인의 재물 · 문서 또는 전자기록 등 특수매체기록을 손괴 또는 은닉 기타의 방법으로 그 효용을 해하는 범죄이다. 손괴의 죄는 재물 · 문서를 객체로 하는 재물죄이지만, 영득의 의사를 요하지 않는다는 점에서 영득죄와 구별된다. 또한 '전자기록 등 특수매체기록을 손괴 또는 은닉 기타의 방법으로 그 효용을 해하는 경우'도 '재물 · 문서를 손괴 · 은닉하는 경우'와 규범적으로 동일하게 평가하여, 이를 손괴죄의 객체로 규정하였다.

손괴의 죄에는 재물손괴죄와 공익건조물파괴죄 및 경계침범죄가 각각 독립된 범죄유형으로 구성되어 있으며, 각각의 범죄유형은 그 보호법익을 달리하고 있다. 재물손괴죄는 그 본질이 소유권범죄이지만, 그것은 소유권 자체를 취득하는 범죄가 아니라 재물에 대한 이용가능성을 침해하는 범죄이다. 따라서 재물손괴죄의 보호법익은 '소유권의 이용가치' 내지 '기능으로서의 소유권'이다. 이에 반하여 공익건조물파괴죄에서는 공익건조물에 대한 '공공의 이용가치'가 그 보호법익이 된다. 따라서 공익건조물의 소유자도 본죄를 범할 수 있다. 이러한 점에서 소유권의 이용가치를 보호법익으로 하는 재물손괴죄와 차이가 있다. 경계침범죄는 토지경계의 명확성을 그 보호법익으로 한다. 토지경계의 명확성은 토지에 대한 권리의 보호와 밀접한 관계를 가지므로, 형법은 경계침범죄를 재산죄의 하나로 규정하고 있다.

1-2. 구성요건의 체계

[손괴의 죄]

기본적 구성요건 – 재물손괴죄: 제366조
가중적 구성요건 – 중손괴죄: 제368조; 특수손괴죄: 제369조 제1항

독립적 구성요건 – 공익건조물파괴죄: 제367조
가중적 구성요건 – 중공익건조물파괴죄: 제368조; 특수공익건조물파괴죄: 제369조 제2항

독립적 구성요건 – 경계침범죄: 제370조

미수범: 제371조 (제366조, 제367조, 제369조에 대하여)
동력: 제372조 (관리할 수 있는 동력의 재물 간주)

손괴의 죄에서 기본적 구성요건은 제366조의 재물손괴죄이다. 제368조 제1항의 중손괴죄는 생명 또는 신체에 대한 구체적 위험의 발생에 의하여 가중처벌되는 결과적가중범이며, 동조 제2항의 중손괴죄는 상해 또는 사망의 결과에 의하여 가중처벌되는 결과적가중범에 해당한다. 다만 생명에 대한 구체적 위험과 사망의 결과발생에 의한 중손괴죄는 진정결과적가중범으로 해석되며, 신체에 대한 구체적 위험과 상해의 결과발생에 의한 중손괴죄는 부진정결과적가중범으로 해석된다. 중손괴죄는 중한 결과에 의하여 불법이 가중된 가중적 구성요건이다. 또한 제369조 제1항의 특수손괴죄는 단체 또는 다중의 위력을 보이거나 위험한 물건을 휴대하여 손괴죄를 범하는 행위방법에 의하여 불법이 가중된 가중적 구성요건이다.

제367조의 공익건조물파괴죄는 손괴죄와는 그 보호법익이 다른 독립적 구성요건에 해당한다. 제368조의 중공익건조물파괴죄는 생명 · 신체에 대한 구체적 위험(동조 제1항)이나 상해 · 사망의 중한 결과(동조 제2항)에 의하여 가중처벌되는 제367조의 공익건조물파괴죄에 대한 결과적가중범이다. 제368조의 중공익건조물파괴죄의 구조는 중손괴죄에서 설명한 내용과 완전히 동일하다. 또한 제369조 제2항의 특수공익건조물파괴죄는 단체 또는 다중의 위력을 보이거나 위험한 물건을 휴대하여 손괴죄를 범하는 행위방법에 의하여 불법이 가중된 가중적 구성요건이다. 제370조의 경계침범죄는 토지경계의 명확성을 보호하기 위하여 규정된 재물손괴죄와는 다른 독립적 구성요건에 해당한다.

재물손괴죄와 공익건조물파괴죄 그리고 특수재물손괴죄와 특수공익건조물파괴죄의 미수범은 처벌되며(제371조), 본장의 죄에 대하여 관리할 수 있는 동력은 재물로 간주된다(제372조). 손괴의 죄에 대하여는 친족상도례의 규정이 준용되지 않는다.

2. 재물손괴죄

본죄는 타인의 재물 · 문서 또는 전자기록 등 특수매체기록을 손괴 또는 은닉 기타의 방법으로 그 효용을 해함으로써 성립하는 범죄이다. 본죄는 타인의 소유에 속하는 재물 · 문서와 전자기록 등 특수매체기록을 그 대상으로 함으로써 본질적으로 소유권범죄에 해당한다. 다만 본죄의 구성요건적 행위는 손괴 · 은닉 기타 방법으로 그 효용을 해하는 것이므로, 본죄는 재물에 대한 이용가능성을 침해하는 범죄로 이해된다.

2-1. 행위객체

본죄의 객체는 타인의 재물 · 문서와 전자기록 등 특수매체기록이다. 재물 · 문서와 전자기록 등 특수매체기록은 타인의 소유에 속하여야 한다. 타인의 소유란 타인의 단독소유이거나 타인과 공동소유인 것을 말한다. 따라서 자신의 단독소유이거나 무주물은 본죄의 객체가 될 수 없다. 타인의 소유물로 충분하며 타인의 점유에 있을 것을 요하지 않는다.[731] 따라서 자신의 토지에 경작한 타인의 농작물[732]도 본죄의 객체가 된다. 문서의 경우에도 작성명의인이 누구인가에 관계없이 타인성이 결정된다.[733]

여기서의 재물도 절도죄에서 설명한 재물개념과 동일하다. 유체물과 관리할 수 있는 동력이 재물이며, 동산 · 부동산을 모두 포함한다. 동물도 재물에 해당한다. 그러나 사체는 제161조 사체 등의 영득죄와의 관계에 의하여 본죄의 객체에 포함되지 않는다. 공익건조물도 여기에 해당한다. 다만 공익건조물의 파괴에 이른 경우는 제367조의 공익건조물파괴죄가 성립한다. 또한 공용물의 손괴 등은 본죄가 아니라 제141조 제1항의 공용서류 등의 무효죄에 해당하게 된다.

문서는 공문서 · 사문서를 불문하며, 사문서인 경우 권리 · 의무에 관한 것이든 사실증명에 관한 것이든 관계가 없다. 사적인 편지 · 도화 등도 여기의 문서에 포함된다.

전자기록 등 특수매체기록은 사람의 지각에 의하여 인식할 수 없는 컴퓨터 데이터 등의 기록을 말한다. 전자기록 외에 전기기록이나 광학기록 등도 특수매체기록에 해당한다.

본죄는 재물 · 문서와 전자기록 등 특수매체기록을 손괴 또는 은닉 기타의 방법으로 그 효용을 해하는 것이므로 효용이 완전히 상실된 재물 등은 손괴의 대상이 되지 않는다. 다만 본래의 효용이 상실된 재물이라도 다른 효용이 인정되는 경우에는 손괴죄의 대상이 된다.[734]

---

731) 대법원 1984.12.26., 84도2290.

732) 대법원 1969.2.18., 68도906; 대법원 1970.3.10., 70도82.

733) 대법원 1977.2.22, 76도4396; 대법원 1982.7.27, 82도223; 대법원 1982.12.28, 82도1807; 대법원 1985.2.26, 84도2802; 대법원 1987.4.14, 87도177.

734) 대법원 1979.7.24., 78도2138: "포도주 원액이 부패하여 포도주 원료로서의 효용가치는 상실되었으나, 그 산도가 1.8도 내지 6.2도에 이르고 있어 식초의 제조 등 다른 용도에 사용할 수 있는 경우에는 재물손괴죄의 객체가 될 수 있다."; 대법원 2010.2.25., 2009도8473: "재건축사업으로 철거가 예정되어 있었고 그 입주자들이 모두 이사하여 아무도 거주하지 않

2-2. 행 위

본죄의 구성요건적 행위는 손괴 또는 은닉 기타의 방법으로 그 효용을 해하는 것이다.

2-2-1. 손 괴

손괴란 본래 재물 등에 유형력을 가하여 부수는 것을 말한다. 유형력을 가하여 물체 자체를 소멸시키거나 훼손시키는 것은 당연히 본죄의 손괴에 해당한다. 또한 물체 자체를 부수지 않는 경우에도 재물의 목적에 합당한 이용가능성을 상실시키거나 현저하게 저하시키는 것은 손괴에 해당한다. 예컨대 시계나 기계를 분해[735]시켜 놓거나 기계에 장애물을 끼어 넣어 작동되지 않도록 하는 경우, 또는 타인 소유의 광고용 간판에 백색페인트로 도색하여 광고문안을 지워버리는 경우[736]가 그러하다. 자동차의 타이어에서 공기를 빼내는 경우에도 자동차의 목적에 합당한 이용가능성의 '현저한' 장애가 야기되었을 경우에는 손괴에 해당한다. 이용가능성의 '현저한' 장애는 공기의 재주입에 대한 시간과 노력의 비중에 의하여 결정된다. 따라서 본죄의 손괴개념은 '해당 재물에 대한 직접적인 작용'과 '이러한 작용에 의하여 야기된 재물의 완전성이나 재물의 목적에 합당한 이용가능성의 침해'라는 2가지 관점에서 결정된다.

소유자의 이익에 반하는 재물의 현저한 상태변경도 손괴에 해당할 수 있다. 예컨대 벽이나 담장 또는 우체통 등에 단단하게 달라붙는 플래카드를 붙이는 경우, 대리석 흉상에 빨간색을 칠하거나[737] 의복에 소변을 뿌려 더럽히는 경우[738]가 그러하다. 따라서 재물의 외관과 형태의 현저한 변형을 통해서도 재물의 목적에 합당한 이용가능성의 침해가 야기될 수 있다.

종래 독일의 통설[739]은 재물의 현저한 외부상태의 변경도 손괴행위로 해석하였다. 이에 반하여 "단순한 재물의 외부 형태변경은 그것이 현저한 변형일지라도 재물손괴에 해당하지 않는다"는 것이 독일 판례[740]의 입장이었다. 만약 소유자가 소유물의 외형도 목적에 합당한 이용가능성으로 이해한다면 이용가능성의 침해라는 기준은 공허한 것이 되어 법률해석의 기준이 될 수 없다는 것이다. 따라서 겉모양의 손상과 재물의 손상은 구별되어야 하며, 오직 재물이용의 용도가 명백하게 미학적 · 예술적인 목적에 있는 경우에만 예외적으로 목적에 합당한

은 채 비어 있는 아파트라 하더라도, 그 아파트 자체의 객관적 성상이 본래 사용목적인 주거용으로 사용될 수 없는 상태가 아니었고, 더욱이 그 소유자들이 재건축조합으로의 신탁등기 및 인도를 거부하는 방법으로 계속 그 소유권을 행사하고 있는 상황이었다면 위와 같은 사정만으로는 위 아파트가 재물로서의 이용가치나 효용이 없는 물건으로 되었다고 할 수 없으므로, 위 아파트는 재물손괴죄의 객체가 된다."; 동지, 대법원 2007.9.20., 2007도5207.

735) 대법원 1993.12.7., 93도2702.

736) 대법원 1991.10.22., 91도2090.

737) Vgl. RGSt 43, 204.

738) Vgl. RG HRR 1936, 853.

739) Vgl. Stree, S-S StGB, § 303 Rdnr. 8c mwN.; Tröndle/Fischer, StGB, § 303 Rdnr. 6a mwN.

740) BGHSt 29, 129; BGH NJW 80, 601; OLG Frankfurt NJW 90, 2007.

> 이용가능성의 침해가 인정될 수 있다고 한다.[741] 그러나 현대에는 제품의 개발에서 품질 못지않게 미학적 · 예술적인 외관이 중시되고 있으며, 소유자의 의사에 반하는 현저한 재물의 외관변경은 명백하게 목적에 합당한 이용가능성의 침해로 인정될 수 있다. 따라서 독일의 통설[742]은 독일 판례의 태도에 대하여 "형사정책적 관점에서 부당하다"고 비판하였다. 독일 개정형법은 이러한 상태변경설은 받아들여 제303조 제2항에 재물의 현저한 외부상태변경을 손괴죄의 구성요건적 행위로 추가하였다.

손괴는 물체의 특성이 이전보다 나쁘게 변경되는 것이다. 이전의 결함이 강화된 경우도 손괴에 해당한다. 그러나 이전의 상태보다 좋게 만드는 것은 손괴에 해당하지 않는다. 소유자의 의사에 반하여 물체를 수리한 경우에도 손괴에 해당하지 않는다. 예컨대 증거를 위하여 부수어진 상태로 놓아 둔 자동차를 수리한 경우가 그러하다. 손괴죄의 규범의 보호목적이 이러한 경우를 포함하지 않기 때문이다. 이러한 경우는 증거인멸죄 등의 성립이 가능할 수 있다.

문서의 손괴는 문서를 파괴하거나 소각하는 경우, 장부의 일부를 뜯어버리는 경우 등이 있다. 전자기록 등 특수매체기록의 손괴방법으로는 기억매체의 손괴나 정보의 삭제 또는 정보의 변경 등이 있다.

손괴행위는 작위 뿐 아니라 부작위에 의하여도 가능하다. 예컨대 타인의 동물을 보호하는 자가 먹이를 주지 않아 죽게 하는 경우가 그러하다.

2-2-2. 은 닉

은닉은 재물 등의 소재를 불분명하게 하여 발견을 곤란하게 하거나 불가능하게 함으로써 재물 · 문서 또는 전자기록 등 특수매체기록의 효용을 해하는 것이다. 은닉은 소유자의 점유영역에서 벗어날 것을 요건으로 하지 않는다. 따라서 소유자의 점유영역 안에 숨겨 두고 이를 찾지 못하게 하는 경우도 은닉에 해당한다. 재물 등의 소재를 피해자가 알고 있는 경우에도 은닉에 해당할 수 있다. 예컨대 재물 · 문서를 외형적으로 동일한 수만개의 재물 · 문서와 섞어 놓아 발견할 수 없도록 만드는 경우 또는 컴퓨터의 데이터를 모두 루트디렉토리(root directory)로 옮겨 놓음으로써 해당정보를 찾을 수 없도록 하는 경우가 그러하다.

2-2-3. 기타의 방법

기타의 방법은 재물 · 문서 또는 전자기록 등 특수매체기록의 효용을 해하는 손괴나 은닉 외의 다른 방법을 말한다. 그러나 여기서 기타의 방법은 모든 방법이 아니라 손괴 · 은닉에 의하여 재물

---

741) RGSt 43, 204; BGHSt 29, 129.

742) Vgl. Tröndle/Fischer, StGB, § 303 Rdnr. 6a mwN.; Wessels/Hillenkamp, BT/II, Rdnr. 20a f.

등의 효용을 해하는 것과 동일한 불법평가가 가능한 방법을 의미한다.[743)]

재물 등의 효용을 해하는 기타 방법은 음식용 그릇에 인분을 담거나 방뇨하여 감정상 사용할 수 없게 하는 경우, 문서의 내용을 지우거나 덧칠하는 경우 또는 컴퓨터에 프로그램을 입력하여 정보에 접근할 수 없도록 하는 경우 등이 있다. 또한 동물(조류, 양식장의 물고기, 가축)을 달아나게 하는 경우나 보석을 강이나 바다에 던져버리는 경우도 본죄의 기타 방법에 해당한다.

독일의 소수설[744)]은 소위 기능상실이론(Funktionsvereitelungstheorie)을 주장한다. 즉 손괴행위는 재물의 기능을 상실시키는 행위로 충분하다는 것이다. 이에 따라 손괴행위는 재물에 대한 유형력의 작용을 요하지 않는다고 한다. 또한 재물에 대한 단순한 타인점유의 제거행위 등도 이를 통하여 재물의 사용이 불가능하게 되는 경우는 손괴죄에 해당한다고 한다. 예컨대 조류 · 물고기 · 동물 등을 달아나게 하는 경우, 전기를 차단하여 기계를 멈추게 하는 경우 또는 보석을 강에 던져버리는 경우 등이 손괴죄에 해당한다는 것이다.[745)] 이러한 기능상실이론에 대하여 독일의 통설[746)]은 "손괴죄의 제한된 보호목적을 간과함으로써 더 이상 제어할 수 없는 형벌의 확장을 가져왔다"고 비판한다. 즉 기능상실이론은 손괴죄의 규정을 남용하고 있다는 것이다.

형법의 손괴죄는 손괴행위 외에 은닉이나 기타 방법을 포함하고 있다. 따라서 형법의 손괴죄는 독일형법에 비하여 그 적용범위가 광범위하다. 즉 재물손괴는 재물의 훼손이나 파괴에 한정되지 않으며, 은닉 뿐 아니라 다른 기타 방법에 의하여도 재물의 효용을 해하는 행위가 손괴죄의 구성요건적 행위에 해당한다. 이러한 관점에서 독일의 기능상실이론은 형법의 해석상 손괴죄의 구성요건적 행위와 일치한다. 다만 그 방법은 구성요건 내재성에 의하여 손괴 · 은닉과 동일한 불법평가가 가능한 방법이어야 한다. 이에 따라 단순히 재물에 대한 타인점유를 제거하는 행위는 의문의 여지없이 재물의 효용을 해하는 기타의 방법에 해당한다. 예컨대 동물을 달아나게 하거나, 보석을 강이나 바다에 던지는 행위가 그러하다. 부두에 매어둔 배를 풀어놓아 떠내려 보내는 행위도 동일하다. 그러나 전기를 차단하여 기계를 멈추게 하는 행위는 당연히 손괴죄를 구성하지는 않는다. 이 경우는 자동차 타이어의 공기를 빼는 행위에 대한 판단기준과 같이, 복구의 노력과 시간의 현저성에 의하여 손괴죄의 성립 여부가 결정될 수 있다. 복구의 노력과 시간의 현저성이라는 관점에서 오토바이를 지붕 위에 올려놓는 경우나 주차된 자동차의 주변에 포크레인으로 땅을 파서 자동차를 움직이지 못하게 하는 경우 등은 손괴죄에 해당한다고 해석된다.

743) 이에 관하여는 이정원/류석준, 형법총론, '제1편, 제2절, 2-3-2. 유추적용금지와 구성요건 내재적인 유추' 참조.

744) Kohlrausch-Lange, StGB, § 303 Anm. III; Maurach, Lehrbuch BT I, 1974, 5. Aufl., S. 191.

745) 독일 개정형법은 손괴행위로 재물의 훼손(Beschädigung)과 파괴(Zerstöhrung) 이외에 현저한 외형의 변화(unerhebliche Veränderung des Erscheinungsbildes)를 손괴죄의 구성요건적 행위로 추가하였지만, 여전히 손괴죄의 적용범위는 협소하므로 기능상실이론은 손괴죄의 범위를 확장시키고자 한다.

746) Vgl. Tröndle/Fischer, StGB, § 303 Rdnr 6a mwN.; Hoyer, SK StGB, § 303 Rdnr. 4 f.

3. 공익건조물파괴죄

본죄는 공익에 공하는 건조물을 파괴함으로써 성립하는 범죄이다. 공익에 공하는 건조물은 건조물이 공공의 이익을 위한 것이라는 사용목적과 일반인의 접근가능성이 인정되어야 한다. 따라서 특정한 사람의 이용만이 허용된 건조물은 공익건조물에 해당하지 않는다. 예컨대 법원도서관 등은 공용건조물이며, 공익건조물은 될 수 없다. 공익건조물파괴죄는 공익건조물에 대한 '공공의 이용가치'가 그 보호법익이므로 엄격한 의미에서 재산범죄가 아니다. 따라서 공익건조물의 소유자가 누구인가는 문제가 되지 않으며, 공익건조물의 소유자도 본죄를 범할 수 있다. 다만 공무소에서 사용되는 건조물은 제141조의 대상이 되므로 본조의 객체에서 제외된다. 본죄의 구성요건적 행위는 파괴이다. 파괴는 중요부분의 손괴를 의미한다. 타인소유의 공익건조물에 대하여 중요부분의 손괴가 없으면 제366조의 재물손괴죄에 해당할 뿐이다.

4. 경계침범죄

본죄는 경계표를 손괴 · 이동 또는 제거하거나 기타 방법으로 토지의 경계를 인식불능하게 함으로써 성립하는 범죄이다.

본죄의 객체는 토지의 경계이다. 토지의 경계란 토지에 대한 소유권 등의 권리를 표시하는 지표를 말한다. 토지에 대한 권리의 범위를 표시하는 한 사법적 권리에 대한 것이든 공법적 권리에 대한 것이든 문제가 되지 않는다. 또한 토지의 경계는 자연적 경계이든 인위적 경계이든 관계가 없다. 경계가 실체법상의 권리와 일치할 필요도 없다. 실체법상의 권리관계와 일치하지 않는 경우에도 사실상 현존하는 경계는 여기에 포함된다.[747] 그러나 주관적으로 경계라 생각하고 일방적으로 설정한 경계는 여기에 해당하지 않는다.[748]

본죄의 행위는 경계표를 손괴 · 이동 또는 제거하거나 기타 방법으로 토지의 경계를 인식불능하게 하는 것이다. 경계표는 경계를 표시하기 위하여 그 토지에 만들어진 표식 · 공작물 · 입목 기타의 물건을 말한다. 경계표가 누구의 소유에 속해 있는가는 문제가 되지 않는다. 이러한 경계표를 물리적으로 훼손하거나 다른 장소로 옮기거나 원래의 장소로부터 취거하는 것이 본죄의 구성요건적 행위가 된다. 또한 경계표를 손괴 · 이동 · 제거하는 것과 동일한 불법평가가 가능한 다른 방법으로 경계를 인식불능토록 하는 경우도 본죄에 해당한다.

747) 대법원 1986.12.9., 86도1492; 대법원 1991.9.10., 91도856; 대법원 1992.12.8., 92도1682; 대법원 1999.4.9., 99도480; 대법원 2007.12.28., 2007도9181; 대법원 2010.9.9., 2008도8973.

748) 대법원 1976.5.25., 76도2564; 대법원 1986.12.9., 86도1492.

제9절 권리행사를 방해하는 죄

1. 권리행사를 방해하는 죄 일반론

1-1. 의 의

형법 제37장은 권리행사를 방해하는 죄를 각각 독립된 3가지 범죄유형으로 규정하고 있다. 권리행사방해죄와 점유강취·준점유강취죄 및 강제집행면탈죄가 그것이다. 권리행사방해죄는 타인의 점유 또는 권리의 목적이 된 자기의 물건 또는 전자기록 등 특수매체기록을 취거·은닉·손괴하여 타인의 권리행사를 방해하는 것을 내용으로 하는 범죄이며, 점유강취죄·준점유강취죄는 강도죄·준강도죄의 수단으로 타인의 점유에 속하는 자기의 물건을 강취함으로써 타인의 권리행사를 방해하는 죄이다. 또한 강제집행면탈죄는 강제집행을 면할 목적으로 채권자를 해함으로써 채권자의 권리를 방해하는 범죄이다.

권리행사를 방해하는 죄의 보호법익은 소유권을 제외한 제한물권 또는 채권이다. 권리행사방해죄의 보호법익은 용익권·담보권·채권이며, 점유강취·준점유강취죄의 보호법익은 제한물권과 자유권이라고 할 수 있다. 또한 강제집행면탈죄의 보호법익은 채권이다.

1-2. 구성요건의 체계

[권리행사를 방해하는 죄]

기본적 구성요건 – 권리행사방해죄: 제323조
가중적 구성요건 – 중권리행사방해죄: 제326조

독립적 구성요건 – 점유강취죄: 제325조 제1항; 독립적 – 준점유강취죄: 제325조 제2항
가중적 구성요건 – 중점유강취·중준점유강취죄: 제326조

독립적 구성요건 – 강제집행면탈죄: 제327조

미수범: 제325조 3항 (제325조 제1항과 제2항에 대하여)
친족간의 범행과 고소: 제328조 (제323조에 대하여)

권리행사를 방해하는 죄에서 기본적 구성요건은 제323조의 권리행사방해죄이다. 제326조의 중권리행사방해죄는 사람의 생명에 대한 구체적 위험의 발생에 의하여 가중처벌되는 결과적가중범에 해당한다. 중권리행사방해죄는 중한 결과에 의하여 불법이 가중된 가중적 구성요건이다.

제325조의 점유강취 · 준점유강취죄는 강도죄 · 준강도죄에서의 수단으로 타인의 점유에 속하는 자기의 물건을 강취한다는 점에서 권리행사방해죄와는 다른 독립적 구성요건이다. 동조 제1항의 점유강취죄와 제2항의 준점유강취죄도 각각 독립적 구성요건에 해당한다. 제326조의 중점유강취죄 · 중준점유강취죄는 사람의 생명에 대한 구체적 위험의 발생에 의하여 가중처벌되는 결과적가중범에 해당한다. 제327조의 강제집행면탈죄도 권리행사방해죄와는 다른 독립적 구성요건에 해당한다.

점유강취죄와 준점유강취죄의 미수범은 처벌되며(제325조 제3항), 제323조의 권리행사방해죄에 대하여는 친족간의 범행에 대한 특례가 적용된다(제328조).

2. 권리행사방해죄

본죄는 타인의 점유 또는 권리의 목적이 된 자기의 물건 또는 전자기록 등 특수매체기록을 취거 · 은닉 · 손괴하여 타인의 권리행사를 방해함으로써 성립하는 범죄이다. 본죄에 대하여는 친족상도례가 적용된다(제328조).

2-1. 행위객체

본죄의 행위객체는 타인의 점유 또는 권리의 목적이 된 자기의 물건 또는 전자기록 등 특수매체기록이다.

물건(재물)과 전자기록 등 특수매체기록은 손괴죄에서 설명한 바와 같다. 동산 뿐 아니라 부동산도 포함된다. 본죄는 관리할 수 있는 동력을 재물로 간주하는 제346조를 준용하지 않고 있으나, 이를 본죄의 객체에서 제외할 이유는 없다.

물건 또는 전자기록 등 특수매체기록은 자기의 소유에 속하여야 한다. 여기서 자기의 소유란 자신의 단독소유에 속하는 물건만을 의미하며, 타인과 공동소유인 물건은 제외된다. 주식회사의 대표이사가 직무집행행위로서 타인이 점유하는 위 회사의 물건을 취거한 경우 위 물건은 권리행사방해죄에 있어서의 자기의 물건에 해당한다.[749] 회사에 지입한 굴삭기나 차량 등은 회사의 소유에 속하므로 지입차주가 회사의 의사에 반하여 이를 취거할 경우 절도죄의 성립은 별론으로 하고 본죄는 성립하지 않지만,[750] 지입차주가 점유하는 차량 등을 회사에서 취거할 경우에는 본죄에 해당하게 된다.[751]

물건 등은 타인의 점유 또는 권리의 목적이 되어야 한다. 여기서의 타인은 자연인은 물론 법인이

749) 대법원 1992.1.21., 91도1170: "주식회사의 대표이사가 대표이사의 지위에 기하여 그 직무집행행위로서 타인이 점유하는 위 회사의 물건을 취거한 경우에는, 위 행위는 위 회사의 대표기관으로서의 행위라고 평가되므로, 위 회사의 물건도 권리행사방해죄에 있어서의 자기의 물건이라고 보아야 한다"

750) 대법원 1985.9.10., 85도899; 대법원 2003.5.30., 2000도5767.

751) 대법원 2010.10.14., 2008도6578.

나 법인격 없는 단체를 포함한다. 타인의 점유는 타인의 단독점유에 속하는 경우 뿐 아니라 자기와 공동점유에 속하는 경우를 포함한다. 다만 여기서의 점유는 보호법익이 되므로 적법한 권원에 의한 점유로 제한된다. 점유의 권원은 질권 · 저당권 · 유치권[752] · 용익권 등의 물권에 기한 것이든 임대차 등의 채권에 기한 것이든 관계가 없다. 정당한 권원에 의하여 점유한 이상, 이후에 점유물을 소유자에게 반환해야 할 사유가 발생하였다는 것만으로 '정당한 권원에 의한 점유'가 부정되지는 않는다.[753]

타인의 권리의 목적은 타인의 제한물권이나 채권의 목적이 된 경우로서 점유를 수반하지 아니한 경우를 말한다(통설).[754] 예컨대 가압류된 물건이나 근저당이 설정된 물건[755] 등이 여기에 해당한다. 그러나 단순한 계약이행의 대상에 불과한 물건은 여기에 포함되지 않는다.[756] 계약이행의 대상에 불과한 물건을 손괴 · 은닉하는 행위는 단순한 채무불이행에 불과하기 때문이다. 따라서 여기서 채권의 목적이 된 자기의 물건이란 장래 채권의 집행을 위하여 확보된 법적 권리, 예컨대 가압류 · 가등기 · 근저당 등의 목적이 된 물건이라고 해석하여야 한다. 점유개정에 의하여 채무자가 점유하는 양도담보로 제공된 물건도 여기에 해당한다.[757] 점유개정으로 채무자가 점유하는 물건도 장래 양도담보권자의 채권집행을 위하여 확보된 법적 권리의 대상이 된 물건이기 때문이다.

> 판례는 변제기일까지 변제하지 못할 경우 특정한 물건의 소유권을 양도함과 동시에 이를 인도하기로 하는 법정화해를 한 경우[758] 또는 임야의 입목 벌채공사 완료에 대하여 원목인도

752) 대법원 2011.5.13., 2011도2368: "권리행사방해죄에 있어서의 타인의 점유라 함은 권원으로 인한 점유, 즉 정당한 원인에 기하여 물건을 점유하는 것을 의미하지만, 반드시 본권에 기한 점유만을 말하는 것이 아니라 유치권 등에 기한 점유도 여기에 해당한다."

753) 대법원 2010.10.14., 2008도6578: "일단 적법한 권원에 기하여 점유를 개시하였으나 사후에 점유권원을 상실한 경우의 점유, 점유권원의 존부가 외관상 명백하지 아니하여 법정절차를 통하여 권원의 존부가 밝혀질 때까지의 점유, 권원에 기하여 점유를 개시한 것은 아니나 동시이행항변권 등으로 대항할 수 있는 점유 등과 같이 법정절차를 통한 분쟁해결시까지 잠정적으로 보호할 가치있는 점유는 모두 포함된다."; 동지, 대법원 1989.7.25., 88도410; 대법원 2003.11.28., 2003도4257: "쌍무계약이 무효로 되어 각 당사자가 서로 취득한 것을 반환하여야 할 경우, 어느 일방의 당사자에게만 먼저 그 반환의무의 이행이 강제된다면 공평과 신의칙에 위배되는 결과가 되므로 각 당사자의 반환의무는 동시이행 관계에 있다고 보아 민법 제536조를 준용함이 옳다고 해석되고, 이러한 법리는 경매절차가 무효로 된 경우에도 마찬가지라고 할 것이므로, 무효인 경매절차에서 경매목적물을 경락받아 이를 점유하고 있는 낙찰자의 점유는 적법한 점유로서 그 점유자는 권리행사방해죄에 있어서의 타인의 물건을 점유하고 있는 자라고 할 것이다."; 동취지, 대법원 1977.9.13., 77도1672; 대법원 2006.3.23., 2005도4455.

754) 대법원 1991.4.26., 90도1958: "권리행사방해죄의 구성요건 중 타인의 '권리'란 반드시 제한물권만을 의미하는 것이 아니라 물건에 대하여 점유를 수반하지 아니하는 채권도 이에 포함된다."

755) 대법원 1994.9.27., 94도1439: "공장근저당권이 설정된 선반기계 등을 이중담보로 제공하기 위하여 이를 다른 장소로 옮긴 경우, 이는 공장저당권의 행사가 방해될 우려가 있는 행위로서 권리행사방해죄에 해당한다."

756) 대법원 1971.6.29., 71도926: "승낙을 얻어 타인의 변소를 사용하는 권리는 채권적인 사용관계이고 점유권을 내용으로 하는 것이 아니기 때문에 위 변소를 손괴 하여도 권리행사방해죄는 성립되지 않는다."

757) 동지, 이영란, 481면; 임웅, 591면.

758) 대법원 1968.6.18., 68도616.

계약이 성립한 경우[759] 에 대해서 본죄의 성립을 인정하였다. 그러나 여기서는 단순한 계약이행의 대상인 물건을 소유자가 처분한 경우에 불과하며, 단순한 채무불이행을 형벌의 대상으로 삼고 있어 타당하다고 할 수 없다.

2-2. 행 위

본죄의 구성요건적 행위는 취거 · 은닉 또는 손괴하여 타인의 권리행사를 방해하는 것이다. 취거란 점유자의 의사에 반하여 점유자의 사실상의 지배를 제거하여 자기 또는 제3자의 지배영역으로 옮기는 것을 말한다. 점유자의 의사에 기한 취거는 비록 그 의사가 하자 있는 의사라 하여도 취거행위가 될 수 없다.[760] 은닉은 물건의 소재를 불분명하게 하거나 그 발견을 현저히 곤란한 상태에 두는 것을 말하며, 손괴는 물건 등의 전부 또는 일부에 대하여 그 용익적 · 가치적 효용을 해하는 것을 말한다.

권리행사를 방해한다 함은 타인의 권리행사가 방해될 우려 있는 상태에 이른 것을 말하며, 현실적으로 타인의 권리행사가 방해되었을 것을 요하지 아니한다.[761] 따라서 피해자가 취거 · 은닉 또는 손괴행위를 알지 못한 경우이거나 은닉물건을 피해자가 곧바로 발견한 경우에도 본죄는 성립한다. 이러한 점에서 본죄는 추상적 위험범에 해당한다.

2-3. 입법론적 문제점

본죄는 타인이 점유하는 자기소유의 재물 등만을 대상으로 한다. 그 결과 재물 등의 소유자가 아닌 제3자가 재물 등을 취거 · 은닉 · 손괴하는 경우는 본죄에 해당하지 않게 된다.[762] 물론 제3자가 재물 등을 취거하는 경우는 절도죄에 해당할 수 있으며, 손괴 · 은닉하는 경우는 손괴죄에 해당할 수 있다. 그러나 제3자가 물건을 취거하여 소유자에게 돌려주는 경우는 영득의사가 부정되어 절도죄가 성립하지 않는다. 따라서 이러한 경우도 권리행사방해죄에 포함될 수 있도록 구성되어야 한다.

또한 본죄에 대하여는 5년 이하의 징역이나 7백만원 이하의 벌금형으로 처벌함으로써, 그 형이 절도죄보다 경하고 손괴죄보다 중하다. 즉 자신의 재물을 손괴하면 타인의 재물을 손괴한 것에 비하여 중한 처벌을 받게 되는 불합리한 결과를 초래한다.

독일형법 제289조는 담보물탈취죄(Pfandkehr)에서 "자기 또는 타인의 동산인 재물을 그 동산

759) 대법원 1991.4.26., 90도1958.

760) 대법원 1988.2.23., 87도1952.

761) 대법원 1994.9.27., 94도1439; 대법원 2016.11.10., 2016도13734; 대법원 2017.5.17., 2017도2230.

762) 대법원 2017.5.30., 2017도4578: "물건의 소유자가 아닌 사람은 소유자의 권리행사방해 범행에 가담한 경우에 한하여 그의 공범이 될 수 있을 뿐이다. 그러나 권리행사방해죄의 공범으로 기소된 물건의 소유자에게 고의가 없는 등으로 범죄가 성립하지 않는다면 공동정범이 성립할 여지가 없다."; 동지, 대법원 1984.6.26., 83도2413; 대법원 2005.9.9., 2005도626; 대법원 2005.11. 10., 2005도6604; 대법원 2006.3.23., 2005도4455; 대법원 2007.1.11., 2006도4215.

의 용익권자, 질권자 또는 그 재물에 대한 사용권이나 유치권을 가진 자로부터 위법한 의도로 소유권자를 위하여 탈취한 자는 3년 이하의 자유형 또는 벌금형에 처한다"고 규정하고 있다.

3. 점유강취죄 · 준점유강취죄

본죄는 강도 또는 준강도의 방법으로 타인의 점유에 속하는 자기의 재물을 취거함으로써 성립하는 범죄이다. 즉 폭행 · 협박으로 타인의 점유에 속하는 자기의 재물을 강취하거나, 타인의 점유에 속하는 자기의 재물을 취거함에 있어서 그 탈환을 항거하거나 체포를 면탈하거나 죄적을 인멸할 목적으로 폭행 · 협박을 가함으로써 성립하는 범죄이다.

4. 강제집행면탈죄

본죄는 강제집행을 면할 목적으로 재산을 은닉 · 손괴 · 허위양도 또는 허위의 채무를 부담하여 채권자를 해함으로써 성립하는 범죄이다. 본죄의 보호법익은 채권이다. 즉 국가의 강제집행권이 발동될 단계에 있는 채권이 본죄의 보호법익이 된다.

4-1. 행위주체

본죄의 행위주체에 대하여는 학설의 대립이 있다. 다수설[763]은 본죄의 행위주체를 채무자에 제한할 이유가 없으므로 제3자도 본죄의 주체가 될 수 있다고 해석한다. 그러나 본죄는 강제집행면탈의 목적을 요하는 목적범으로 규정하고 있으며, 따라서 강제집행의 위기에 처한 채무자를 행위주체로 상정하고 있다. 이러한 목적 없이 채무자의 강제집행 면탈행위에 관여하는 자에 대해서는 본죄의 공범(교사범, 방조범)을 인정함으로써 충분하다. 따라서 본죄의 행위주체는 강제집행을 받을 상태에 있는 채무자 및 채무자와 동일한 지위에서 이들 재산에 대하여 처분행위를 할 수 있는 자로 제한되어야 한다.[764] 예컨대 채무자의 법정대리인이나 임의대리인 또는 재산관리인 등이 본죄의 행위주체에 포함된다. 이러한 의미에서 본죄는 진정신분범에 해당한다.[765]

본죄의 행위주체인 채무자는 강제집행을 받을 상태에 있어야 한다. 객관적으로 강제집행을 받을

763) 권오걸, 718면; 김성돈, 516면; 배종대, 460면; 손동권/김재윤, 534면; 이영란, 486면; 이재상/장영민/강동범, 485면; 이형국, 483면; 정성근/박광민, 538면; 정영일, 269면; 진계호/이존걸, 564면.

764) 동지, 김성천/김형준, 577면; 김일수/서보학, 429면 이하; 박상기, 445면 이하; 임웅, 596면.

765) 본죄의 행위주체와 관련된 문제점은 이정원, 강제집행면탈죄에 대한 검토와 개선방안, 비교형사법연구 제7권 제1호, 2005, 183면 이하 참조.

상태가 아닌 경우의 채무자는 본죄의 주체가 될 수 없다. 강제집행을 받을 객관적 상태는 채권자가 강제집행 · 가압류 · 가처분을 하거나 소의 제기나 지급명령을 신청한 경우 뿐 아니라 채권확보를 위하여 소송을 제기할 기세를 보임으로써 충분하다.[766] 본죄의 강제집행은 민사집행법의 적용대상인 강제집행 또는 가압류 · 가처분 등의 집행을 가리키는 것이므로, 국세징수법에 의한 체납처분을 면탈할 목적으로 재산을 은닉하는 등의 행위[767]나 '담보권 실행 등을 위한 경매'를 면탈할 목적으로 재산을 은닉하는 등의 행위[768]는 본죄의 적용대상에 포함되지 않는다.

4-2. 행위객체

본죄의 객체는 재산이다. 재산은 재물 뿐 아니라 권리도 포함하며 동산과 부동산을 불문한다. 다만 그것은 강제집행을 받을 상태에 있어야 하므로 본질적으로 강제집행의 대상이 될 수 있는 재산이어야 한다. 따라서 본죄의 재산은 채무자의 재산이어야 한다(통설). 제3자의 재산은 강제집행의 대상이 될 수 없기 때문이다.

4-3. 행 위

본죄의 행위는 재산을 은닉 · 손괴 · 허위양도 또는 허위의 채무를 부담하여 채권자를 해하는 것이다. 은닉은 재산의 발견을 불가능하게 하거나 곤란하게 만드는 것으로써 재산의 소재 뿐 아니라 재산의 소유관계를 불분명하게 만드는 경우를 포함한다. 손괴는 재산에 대한 유형력의 작용에 의한 물리적 훼손 뿐 아니라 재산적 가치를 현저하게 감소시키는 일체의 행위가 포함된다. 허위양도는 진실에 반하여 재산을 제3자에게 이전시키는 행위, 즉 재산의 명의변경을 의미한다. 허위의 채무부담은 채무가 없음에도 있는 것처럼 가장하는 것이다.

강제집행면탈죄의 구성요건적 행위는 채권자를 해하는 재산의 은닉 · 손괴 · 허위양도 또는 허위채무부담이므로, 허위가 아닌 진의에 의한 재산양도[769]나 채무부담[770]의 경우는 본죄에 해당하지 않는다. 그러나 진의에 의한 재산의 양도가 강제집행을 면탈함으로써 채권자를 해하는 경우를 강제집행면탈죄가 포섭하지 못한다면 커다란 형벌의 공백을 가지게 된다. 예

766) 대법원 1981.6.23., 81도588; 대법원 1982.5.25., 82도311; 대법원 1986.10.28., 86도1553; 대법원 1996.1.26., 95도2526; 대법원 1998.9.8., 98도1949; 대법원 1999.2.9., 96도3141.

767) 대법원 2012.4.26., 2010도5693.

768) 대법원 2015.3.26., 2014도14909.

769) 대법원 1982.7.27., 80도382; 대법원 1983.7.26., 82도1524; 대법원 1983.9.27., 83도1869; 대법원 1986.8.19., 86도1191; 대법원 1987.9.22., 87도1579; 대법원 1998.9.8., 98도1949; 대법원 2000.7.28., 98도4558; 대법원 2000.9.8., 2000도1447; 대법원 2007.11.30., 2006도7329.

770) 대법원 1996.10.25., 96도1531: "피고인이 장래에 발생할 특정의 조건부채권을 담보하기 위한 방편으로 부동산에 대하여 근저당권을 설정한 것이라면, 특별한 사정이 없는 한 이는 장래 발생할 진실한 채무를 담보하기 위한 것으로서, 피고인의 위 행위를 가리켜 강제집행면탈죄 소정의 '허위의 채무를 부담'하는 경우에 해당한다고 할 수 없다."

컨대 채무를 변제하기보다 채무자가 진의로 자신의 부인이나 친지에게 시가보다 현저히 저렴하게 매각하는 행위나 무상으로 증여하는 행위를 강제집행면탈죄가 규율하지 못한다면 본죄의 존재의의가 사라지게 된다. 따라서 입법론적으로 강제집행면탈죄의 구성요건적 행위는 '채권자를 해하는 행위'를 중심으로 구성해야 할 것이다. 즉 채권자를 해할 목적의 재산양도행위라면 그것이 진의이든 허위이든 본죄의 구성요건적 행위에 포함시켜야 한다. 물론 여기서도 정당한 채무자의 경제활동은 보장되어야 한다.

판례는 "타인에게 채무를 부담하고 있는 양 가장하는 방편으로 피고인 소유의 부동산들에 관하여 소유권이전청구권보전을 위한 가등기를 경료하여 주었다 하더라도 허위채무를 부담하여 채권자를 해한 것이라고 할 수 없다"[771]는 입장이다. 이와 같은 가등기는 원래 순위보전의 효력밖에 없다는 것을 이유로 한다. 또한 "설사 가장된 매매계약에 의하여 이루어진 가등기라 할지라도…가등기 자체만으로는 강제집행을 불능케 하는 사유에 해당하지 않는다"[772]고 한다. 이에 반하여 가등기에 기한 본등기가 이루어진 경우[773]에는 강제집행면탈죄가 인정된다고 한다.

물론 가등기는 순위보존의 효력만 인정되고, 가등기 자체만으로는 강제집행이 불가능한 것도 아니다. 그러나 허위채무부담의 방편으로 가등기를 경료해 준 행위는 그 자체로 채권자를 해하는 허위채무부담행위에 해당한다. 이후의 판례[774]도 허위의 채무를 부담하고 이에 관하여 소유권이전청구권보전가등기를 경료한 경우에 본죄의 성립을 인정하였다.

허위양도행위의 방편으로 가등기를 경료해 준 행위는 그 자체를 허위양도행위라고 보기는 곤란하다. 이는 단지 허위양도행위의 개시에 불과하다. 그러나 반드시 허위양도행위가 완전히 종료해야만 강제집행면탈죄의 가벌적 불법성이 인정되는 것은 아니다. 따라서 입법론적으로는 허위양도행위의 개시행위 자체를 하나의 강제집행면탈행위로 포괄하는 방안을 모색하는 것이 필요하다.[775]

"채권자를 해한다"함은 채권자에게 해를 가하는 재산의 은닉 · 손괴 · 허위양도 또는 허위의 채무부담에 의하여 충족된다. 현실적으로 채권자가 해를 입을 필요는 없다.[776] 따라서 본죄는 추상적 위

---

771) 대법원 1987.8.18., 87도1260: "타인에게 채무를 부담하고 있는 양 가장하는 방편으로 피고인 소유의 부동산들에 관하여 소유권이전청구권보전을 위한 가등기를 경료하여 주었다 하더라도 그와 같은 가등기는 원래 순위보전의 효력밖에 없는 것이므로 가등기를 경료한 사실만으로는 피고인이 강제집행을 면탈할 목적으로 허위채무를 부담하여 채권자를 해한 것이라고 할 수 없다."; 대법원 1982.5.25., 81도3136; 대법원 1984.2.14., 83도708.

772) 대법원 1970.5.12., 70도643.

773) 대법원 1982.12.14., 80도2403.

774) 대법원 2008.6.26., 2008도3184: "이혼을 요구하는 처로부터 재산분할청구권에 근거한 가압류 등 강제집행을 받을 우려가 있는 상태에서 남편이 이를 면탈할 목적으로 허위의 채무를 부담하고 소유권이전청구권보전가등기를 경료한 경우, 강제집행면탈죄가 성립한다."

775) 이러한 문제점에 관하여는 이정원, 전게논문, 190면 이하 참조.

776) 대법원 2012.6.28., 2012도3999: "강제집행을 면탈하려는 목적으로 재산을 은닉, 손괴, 허위양도하거나 허위의 채무를 부

험범이다.[777)]

"채권자를 해함"에 관하여 이를 구성요건적 결과로 해석하는 견해[778)]와 객관적 처벌조건으로 해석하는 견해[779)] 및 구체적 위험[780)]으로 해석하는 견해[781)]가 있다. 그러나 본죄를 강제집행면탈 목적의 목적범으로 해석한다면 "채권자를 해함"은 범인의 목적에 포함되는 초과주관적 의도로 파악함으로써 충분하다. 즉 강제집행을 면탈할 목적은 채권자를 해하려는 목적을 의미한다.

4-4. 주관적 구성요건

본죄는 고의범이며 목적범이다. 따라서 행위자는 "강제집행을 받을 객관적 상태에서 채권자를 해하는 재산의 은닉 · 손괴 · 허위양도 또는 허위채무부담행위를 한다"는 인식과 의사를 필요로 한다. 그밖에 범인은 강제집행면탈의 목적으로 행위하여야 하며, 강제집행면탈의 목적에는 행위자를 해할 의도가 당연히 포함되어 있다.

담하여 채권자를 해할 위험이 있으면 성립하고, 반드시 채권자를 해하는 결과가 야기되거나 행위자가 어떤 이득을 취하여야 범죄가 성립하는 것은 아니다."; 대법원 2001.11.27., 2001도4759; 대법원 2003.10.9., 2003도3387; 대법원 2007.6.1., 2006도1813; 대법원 2008.6.26., 2008도3184; 대법원 2009.5.28., 2009도875; 대법원 2011.10.13., 2011도6855.

777) 김성돈, 519면; 김성천/김형준, 581면; 김일수/서보학, 432면; 박상기, 445면; 오영근, 437면; 이형국, 484면; 임웅, 600면; 정성근/박광민, 539면; 정영일, 273면; 조준현, 584면; 진계호/이존걸, 566면.

778) 동취지, 이영란, 490면.

779) 김일수, 한국형법 Ⅲ, 851면; 김일수/서보학, 433면.

780) 본죄를 추상적 위험범이라고 하면서도 채권자를 해할 위험을 구체적으로 판단하는 견해로는 이형국, 484면; 임웅, 600면; 정성근/박광민, 540면; 정영일, 272면; 조준현, 584면, 588면; 진계호/이존걸, 566면.

781) 권오걸, 717면; 배종대, 462면; 손동권/김재윤, 539면; 이재상/장영민/강동범, 487면.

제2편 사회적 법익에 대한 죄

제1장 공공의 안전과 평온에 관한 죄

제2장 공공의 신용에 대한 죄

제3장 공중의 건강에 대한 죄

제4장 사회의 도덕에 대한 죄

제1장 공공의 안전과 평온에 대한 죄

제1절 공안을 해하는 죄

1. 공안을 해하는 죄 일반론

공안을 해하는 죄는 공공의 안전과 평온을 해하는 사회적 법익에 대한 죄이다. 형법은 제5장 제114조 내지 제118조에서 공안을 해하는 죄로 범죄단체조직죄, 소요죄, 다중불해산죄, 전시공수계약불이행죄, 공무원자격사칭죄의 5가지 범죄를 규정하고 있다. 그러나 이들 범죄 중에서 범죄단체조직죄와 소요죄 및 다중불해산죄만이 공안을 해하는 사회적 법익에 대한 죄에 해당하며, 전시공수계약불이행죄와 공무원자격사칭죄는 국가의 기능을 보호하기 위하여 규정된 국가적 법익에 대한 죄이다. 법체계적으로는 전시공수계약불이행죄와 공무원자격사칭죄를 제외한 '공안을 해하는 사회적 법익에 대한 죄'가 '국가적 법익에 대한 죄'의 장에서 함께 규정되어 있는 것이 타당하다고 할 수 없다.

2. 범죄단체 등의 조직죄

2-1. 의 의

범죄단체 등의 조직죄는 사형, 무기 또는 장기 4년 이상의 징역에 해당하는 범죄를 목적으로 하는 단체 또는 집단을 조직하거나 이에 가입 또는 그 구성원으로 활동함으로써 성립하는 범죄이다. 범죄단체 등의 조직죄는 그 목적한 죄에 정한 형으로 처벌되며, 다만 형을 감경할 수 있다. 본죄는 UN국제조직범죄방지협약에 입각하여 2013년 4월 5일의 형법 일부개정법률에 의하여 개정되었다. 형법개정에서 본죄의 범죄단체는 사형, 무기 또는 장기 4년 이상의 징역에 해당하는 범죄를 목적으로 하는 단체로 축소하였다. 또한 단체에 이르지 못한 집단도 포함시켰으며, 단체 · 집단에의 조직 · 가입 외에 그 구성원으로의 활동도 처벌의 대상에 포함시켰다. 본죄의 보호법익은 공공의 내적 안전 또는 공공의 평온이며, 법익의 보호정도에 따라 추상적 위험범으로 해석된다.

범죄단체조직 및 가입에 관한 특별규정으로 폭처법 제4조 제1항에서는 폭처법에 규정된 범죄를 목적으로 한 단체 · 집단의 구성 · 가입 · 활동한 사람에 대하여, 수괴는 사형 · 무기 또는 10년 이상의 징역에, 간부는 무기 또는 7년 이상의 징역에, 그리고 그 외의 자를 2년 이상의 유기징역에 처하고 있다. 폭처법의 특별규정이 범죄단체조직행위의 역할에 따라 각각 다른 형벌을 규정하는 것은 이해할 수 있지만, 목적한 범죄를 실행한 경우보다 그 예비행위에 불과한 범죄단체조직행위가 중하게 처벌되는 기이한 결과를 발생시키고 있다. 형법체계에서 이와 같이 과중한 특별형법의 정비가 시급하다.

2-2. 구성요건

본죄는 사형, 무기 또는 장기 4년 이상의 징역에 해당하는 범죄를 목적으로 하는 단체 또는 집단을 조직하거나 이에 가입 또는 그 구성원으로 활동함으로써 성립하는 범죄이다. 여기서 단체라 함은 공동목적[1]을 가진 다수인의 계속적인 결합체를 의미하며, 최소한도의 통솔체계를 갖추고 있을 것을 요한다.[2] 개정형법은 본죄에 단체에 이르지 못한 집단도 포함시켰다. 집단은 조직구조와 통솔체계를 구비하지 못한 다수인의 결합체를 말한다. 다만 여기서의 집단도 단순한 다수인의 결합으로는 부족하고, 본죄의 보호목적에 따라 공통의 목적을 가진 계속적인 결합체를 의미한다고 해야 한다.

본죄의 구성요건적 행위는 범죄단체 · 집단을 조직하거나 이에 가입 또는 그 구성원으로 활동하는 것이다. 단체 · 집단의 조직은 단체 · 집단을 새로이 구성하거나 창설하는 것을 의미한다. 따라서 기존의 범죄단체 · 집단을 이용하여 새로운 범죄단체 · 집단을 구성하는 경우는 그 조직이 완전히 변경됨으로써 기존의 범죄단체 · 집단과 동일성이 없는 별개의 단체 · 집단으로 인정될 수 있을 정도에 이르러야 한다.[3] 단체 · 집단에 가입하는 것은 단체 · 집단의 조직에 구성원으로 참여하는 것을 말한다. 가입하는 방법에는 제한이 없다.

단체 · 집단에 구성원으로 활동하는 것은 단체 · 집단의 목적범죄를 촉진하기 위한 모든 활동이라고 할 수 있다. 그러나 이러한 구성요건적 행위의 실체에 대해서는 의문이 제기된다. 단체 · 집단의 구성원으로 활동한다는 것은 이미 구성원으로 가입했다는 의미이며, 그렇다면 구성원으로서의 활동 이전에 이미 범죄단체 등의 가입죄가 성립할 것이고, 만약 구성원으로 가입하지 않았다면 구성원으로 활동하는 것 자체가 불가능하기 때문이다. 본죄가 비조직원에 의한 범죄단체 · 집단의 조직 · 가입을 촉진하는 행위도 동일하게 처벌하고자 한다면 이에 적합한 법둔을 구성해야 할 것이다. 다만 범죄단체 · 집단의 외부인이 그 조직 · 가입에 관여하는 행위에 대해서는 임의적 공범이 성립하며, 이로써 충분하다고 해야 한다.

---

1) 대법원 2004.7.8., 2004도2009: "특정 다수인에 의하여 이루어진 계속적이고 통솔체제를 갖춘 조직화된 결합체라 하더라도 그 구성원이 같은 법 소정의 범죄에 대한 공동목적을 갖고 있지 아니하는 한 그 단체를 같은 법 소정의 범죄단체로 볼 수는 없다."; 대법원 2009.6.11., 2009도1274.

2) 대법원 2003.3.14., 2002도6134; 대법원 2005.9.29., 2005도4205;대법원 2007.11.29., 2007도7378; 대법원 2008.5.29., 2008도1857; 대법원 2010.1.28., 2009도9484; 대법원 2011.10.13., 2011도7081; 대법원 2013.10.17., 2013도6401; 대법원 2014.2.13., 2013도12804; 대법원 2017.10.26., 2017도8600.

3) 대법원 2004.1.16., 2003도5882; 대법원 2004.4.23., 2004도805; 2005.5.13., 2005도959; 대법원 2005.9.29., 2005도4205;대법원 2009.6.11., 2009도1274; 대법원 2013.10.17., 2013도6401; 대법원 2014.2.13., 2013도12804.

개정형법은 본죄의 단체 또는 집단이 목적으로 하는 범죄를 사형, 무기 또는 장기 4년 이상의 징역에 해당하는 비교적 중한 범죄로 축소하였다. 여기서 사형, 무기 또는 장기 4년 이상의 징역에 해당하는 범죄는 형법에 규정된 범죄에 한하지 않으며, 특별법에 규정된 범죄를 포함한다. 다만 폭처법 제4조 제1항의 폭력단체구성 · 가입 · 활동죄, 국가보안법 제3조의 반국가단체구성 · 가입죄 등과 같이 단체의 조직과 가입을 특별하게 처벌하는 범죄는 제외된다.

본죄는 목적범이므로 고의 이외에 초과주관적 구성요건요소로서 범죄를 범할 목적이 있어야 한다. 본죄는 이러한 목적으로 단체를 구성하거나 가입함으로써 충분하며, 목적의 실현 여부는 본죄의 성립에 영향이 없다.

3. 소요죄

3-1. 의 의

본죄는 다중이 집합하여 폭행 · 협박 또는 손괴의 행위를 함으로써 성립하는 범죄이다. 본죄는 다중의 집합을 요하는 필요적 공범이다. 또한 본죄는 다중이 집합하여 폭행 · 협박 또는 손괴의 행위를 함으로써 공공의 안전을 위태롭게 하는 범죄이다. 따라서 본죄의 보호법익은 공공의 안전이며, 추상적 위험범으로 해석된다(통설).[4]

3-2. 구성요건

본죄는 다중이 집합하여 폭행 · 협박 또는 손괴행위를 함으로써 성립한다. 본죄의 주체는 집합한 다중의 구성원 개개인이다(통설). 본죄가 집단범죄인 집합범이라 하여도 다수인의 집단이 본죄의 행위주체는 아니다.[5]

본죄의 구성요건적 행위는 '다중이 집합'하여 폭행 · 협박 또는 손괴행위를 하는 것이다. 여기서 다중이란 다수인의 집단을 말하며, 그 규모는 한 지역에서 공공의 안전을 해할 수 있는 정도이어야 한다. 이는 다중의 인원과 성질, 폭행 · 협박 · 손괴의 수단과 방법, 집단의 목적 · 시간 · 장소 등을 종합적으로 고려하여 판단하여야 한다. 집합은 장소적 결합을 의미한다. 단순한 장소적 결합으로 충분하며, 조직화나 통솔체계 또는 목적의 여부 등은 문제가 되지 않는다.

본죄의 '폭행 · 협박 · 손괴행위'는 다중의 집합으로 행하여져야 한다. 즉 폭행 · 협박 · 손괴가 다중의 집합력에 의한 것이어야 한다. 다중의 일부 또는 대부분이 폭행 · 협박 · 손괴행위를 함으로써 충분하며, 반드시 다중의 개개인 모두가 폭행 · 협박 · 손괴행위에 나아갈 것을 요하는 것은 아니다.

---

4) 본죄를 구체적 위험범으로 해석하는 견해로는 배종대, 469면.

5) 다중을 본죄의 행위주체로 이해하는 견해로는 박상기, 457면; 이형국, 499면.

본죄의 폭행은 최광의의 폭행으로서 사람 또는 물건에 대한 일체의 유형력을 말하며, 협박은 광의의 협박으로서 상대방에게 외포심을 일으키기 위하여 해악을 고지하는 것이다. 손괴는 재물에 대한 유형력의 작용으로 그 효용을 해하는 것이다.

본죄의 주관적 구성요건요소인 고의는 다중이 집합하여 폭행 · 협박 · 손괴행위를 행한다는 인식과 의사를 말한다. 즉 다중의 집합력에 의한 폭행 · 협박 · 손괴행위의 인식과 의사가 본죄의 고의이다. 따라서 다중의 집합력에 가담한다는 의사가 본죄의 고의의 핵심적인 내용이 되며, 개별적인 폭행 · 협박 · 손괴의 의사는 본죄의 고의의 내용이 아니다.[6]

본죄의 고의와 관련하여 '소요죄에서는 공동의사를 요하므로, 공동의 의사 없이 다중이 집합한 때에 폭행 · 협박하는 것은 특수폭행죄 · 특수협박죄에 해당할 뿐'이라는 견해[7]가 있다. 그러나 다중이 집합하여 폭행 · 협박하는 소요죄에서는 다중의 집합력에 가담하려는 각 개인의 의사만으로 당연히 소요죄의 고의가 인정되어야 한다. 본죄의 다중은 공동의 의사로 모인 것이 아니라, 법질서에 저항하기 위해서 모인 결과가 다중을 이루게 된 것에 불과하기 때문이다.[8] 따라서 소요죄의 고의에 다중 간의 상호 의사연락이나 공모가 필요한 것은 아니다.

3-3. 관련문제

3-3-1. 정범과 공범의 적용

본죄는 집합범인 필요적 공범이므로 본죄의 외부관계에서는 공동정범의 적용이 불가능하다. 본죄는 다중의 집합력에의 가담에 의하여 성립하므로, 다중의 집합력에의 가담 없이 본죄의 정범이 될 수는 없기 때문이다(통설). 다만 생명 있는 도구를 이용한 간접정범의 형태로 본죄를 범하는 것은 가능하다.[9]

본죄의 내부관계에서는 집합한 다중이 모두 정범이므로, 집합한 다중의 내부관계에서는 임의적 공범이 적용되지 않는다. 그러나 본죄의 외부관계에서는 임의적 공범의 적용이 가능하다.

> 본죄의 외부관계에서 공동정범의 성립이 가능하다는 견해[10]가 있다. 예컨대 소요행위의 기획자가 진행방향설정 등을 통하여 소요행위의 본질적 기능을 담당하는 경우는 기능적 행위지배에 의하여 공동정범의 인정이 가능하다는 것이다. 그러나 본죄는 집합범인 필요적 공

---

6) 김일수/서보학, 443면; 이재상/장영민/강동범, 499면.

7) 김성돈, 530면; 배종대, 470면; 손동권/김재윤, 549면; 오영근, 453면; 이영란, 508면; 이재상/장영민/강동범, 498면 이하; 정성근/박광민, 553면.

8) 권오걸, 737면; 김일수/서보학, 441면; 박상기, 458면; 조준현, 600면; 진계호/이존걸, 739면; 공취지, 정영일, 281면.

9) 소요죄의 간접정범이 가능하다는 점에서 소요죄를 단일정범개념으로 파악할 수는 없다. 이에 반하여 본죄를 단일정범개념으로 이해하는 견해로는 배종대, 470면; 손동권/김재윤, 550면; 이재상/장영민/강동범, 499면; 정성근/박광민, 554면.

10) 김일수, 한국형법 Ⅳ, 27면; 김일수/서보학, 443면 이하; 손동권/김재윤, 550면.

범이므로 다중의 집합력에의 가담만이 본죄의 범죄실현에 대한 본질적 기능을 가질 수 있다. 즉 본죄의 불법구성요건의 특성에 의하여 다중의 집합력에의 가담 없이 외부에서의 가담만으로 본죄의 범죄실현에 대한 본질적 기능이 부여될 수는 없다. 따라서 "소요행위에 가담하지 않고 소요행위를 지시하거나 기획하는 자는 본죄의 교사범에 불과하다"고 해야 한다.

3-3-2. 다른 범죄와의 관계

폭행 · 협박 · 손괴죄와 특수폭행 · 특수협박 · 특수손괴죄는 본죄와 흡수관계에 의한 법조경합이 인정된다. 본죄보다 형이 중한 살인죄나 방화죄는 본죄와 상상적 경합이 인정된다.

본죄보다 형이 경한 공무집행방해죄 · 주거침입죄 · 공갈죄 · 건조물손괴죄 등과 본죄와의 관계에 대하여는 학설의 다툼이 있다. 이 경우 일부 견해[11]는 본죄와 이들 범죄의 상상적 경합을 인정한다. 이들 범죄들은 본죄와 그 보호법익을 달리하고 있으며 또한 본죄가 이러한 행위들을 당연히 예상한다고는 볼 수가 없다는 것이다. 그러나 다중의 집합력에 의한 폭행 · 협박 · 손괴행위에는 이러한 행위들이 당연히 수반될 수 있다. 또한 본죄의 법정형도 충분히 높게 규정되어 있다. 이러한 점들을 고려하면 이들 범죄와 본죄 사이에 흡수관계에 의한 법조경합을 인정하는 것이 타당하다.[12]

4. 다중불해산죄

본죄는 폭행 · 협박 또는 손괴의 행위를 할 목적으로 다중이 집합하여 그를 단속할 권한 있는 공무원으로부터 3회 이상의 해산명령을 받고 해산하지 아니함으로써 성립하는 범죄이다. 본죄는 소요죄의 기수 이전의 단계[13]에서 해산명령에 위반하는 행위를 처벌하는 진정부작위범이다.

본죄의 행위주체는 폭행 · 협박 · 손괴행위를 할 목적으로 집합한 다중의 구성원이다. 이러한 목적을 처음부터 가질 필요는 없으며, 해산명령을 받기 전에 가지면 충분하다. 본죄의 행위는 단속할 권한 있는 공무원으로부터 3회 이상의 해산명령을 받고 해산하지 아니하는 것이다.

해산이란 다중의 분산을 의미한다. 따라서 다중의 대부분이 해산한 때에는 소수가 남아 있는 경우에도 해산한 것으로 보아야 한다. 그러나 다중이 분산하지 아니하고 집합한 채 퇴거하는 경우는 해산이라고 볼 수 없다. 3회 이상의 해산명령은 매 해산명령마다 해산에 필요한 시간적 간격을 요한다. 따라서 시간적 간격 없는 해산명령은 1회의 해산명령에 불과하다. 본죄는 '3회 이상'의 해산

11) 김성천/김형준, 593면; 박상기, 459면; 손동권/김재윤, 550면; 이영란, 509면; 이재상/장영민/강동범, 500면; 이형국, 501면; 조준현, 601면.

12) 권오걸, 738면; 김성돈, 531면; 김일수/서보학, 444면; 배종대, 471면; 오영근, 454면; 임웅, 617면; 정성근/박광민, 555면; 진계호/이존걸, 740면.

13) 소요죄가 기수에 이르면 단속공무원의 해산명령에 위반하는 행위가 소요죄의 부분적 행위로 평가되기 때문에 소요죄 외에 다중불해산죄는 성립할 여지가 없게 된다.

명령과 해산에 필요한 시간이 경과함으로써 성립한다. 다만 본죄의 성립은 최종의 해산명령을 기준으로 판단하여야 한다. 예컨대 4회의 해산명령을 받고 해산한 때에는 본죄가 성립하지 않는다.

5. 전시공수계약불이행죄

본죄는 전쟁 · 천재 기타 사변에 있어서 국가 또는 공공단체와 체결한 식량 기타 생활필수품의 공급계약을 정당한 이유 없이 이행하지 아니하거나 계약이행을 방해함으로써 성립하는 범죄이다(제117조 제1항, 제2항). 본죄에 대하여는 그 소정의 벌금을 병과할 수 있다(동조 제3항). 그러나 본죄는 단순한 채무불이행을 범죄로 규정한 국수주의적 형법의 잔재라는 비판을 받고 있다.

6. 공무원자격사칭죄

본죄는 공무원의 자격을 사칭하여 그 직권을 행사함으로써 성립하는 범죄이다. 따라서 본죄는 공무원의 사칭과 그 직권의 행사라는 두 가지 요건을 필요로 한다. 직권을 행사함이 없이 단순히 공무원을 사칭하는 것은 본죄가 아니라 경범죄처벌법 제3조 제1항 제7호의 관명사칭에 해당할 뿐이다. 공무원의 사칭은 자격 없는 자가 공무원의 자격을 가진 것처럼 오신케 하는 일체의 행위를 말한다. 비공무원의 공무원 사칭 뿐 아니라 공무원이 다른 공무원의 자격을 사칭하는 경우도 여기에 포함된다.

제2절 폭발물에 관한 죄

1. 폭발물에 관한 죄 일반론

1-1. 의 의

폭발물에 관한 죄는 폭발물을 사용하여 사람의 생명 · 신체 또는 재산을 해하거나 기타 공안을 문란케 하는 것을 내용으로 하는 범죄이다. 본죄의 보호법익은 공공의 안전이며, 법익보호의 정도는 구체적 위험범으로 해석된다(통설). 폭발물을 사용하여 '사람의 생명 · 신체 또는 재산을 해하거나 기타 공안을 문란케 하는 것'은 이미 공공의 안전에 대한 구체적 위험을 의미하기 때문이다.

폭발물에 관한 죄에서 공공의 안전은 주된 보호법익이고 구체적 위험범이지만, 생명 · 신체 또는 재산은 부차적인 보호법익이고 침해범이라는 견해[14]가 있다. 또한 공안을 문란케 하는 것 역시 공공의 안전과 평온을 침해하는 것이라는 관점에서 폭발물에 관한 죄를 침해범으로 해석하는 견해[15]도 있다. 그러나 폭발물에 관한 죄에서 생명 · 신체 또는 재산을 해하는 것은 개개인의 법익과 관련된 침해를 의미하는 것이 아니라, 공공의 안전에 대한 구체적 위태화를 의미하는 것이다. 이들 견해들은 폭발물에 관한 죄에서 생명 · 신체 또는 재산을 해하는 것의 의미를 오해하고 있다.

1-2. 구성요건의 체계

[폭발물에 관한 죄]

기본적 구성요건 – 폭발물사용죄: 제119조 제1항
가중적 구성요건 – 전시폭발물사용죄: 제119조 제2항
독립적 구성요건 – 전시폭발물 제조 · 수입 · 수출 · 수수 · 소지죄: 제121조

미수범: 제119조 제3항 (제119조 제1항과 제2항에 대하여)
폭발물사용 예비 · 음모죄: 제120조 제1항 (제119조 제1항과 제2항의 죄에 대하여)
자수 (필요적 형 감면사유): 제120조 제1항 단서 (제120조 제1항의 죄에 대하여)
폭발물사용 선동죄: 제120조 제2항 (제119조 제1항과 제2항의 죄에 대하여)

폭발물에 관한 죄의 기본적 구성요건은 제119조 제1항의 폭발물사용죄이며, 동조 제2항의 전시폭발물사용죄는 행위상황에 의하여 불법이 가중된 가중적 구성요건에 해당한다. 제119조 제1항과

---
14) 임웅, 624면 이하.
15) 오영근, 459면.

제2항의 죄에 대하여는 그 미수범이 처벌된다(제119조 제3항). 제120조 제1항의 폭발물사용 예비 · 음모죄는 폭발물사용죄의 예비행위를 규정한 것으로서 기본적 구성요건의 발현형태에 불과하며, 이 죄 자체가 독립된 범죄유형은 아니다. 따라서 이에 대한 공범의 성립은 불가능하다. 폭발물사용 예비 · 음모죄의 경우에 그 목적한 죄의 실행에 이르기 전에 자수한 때에는 그 형을 감경 또는 면제한다(제120조 제1항 단서). 제120조 제2항의 폭발물사용 선동죄는 폭발물사용죄에 대한 교사의 미수나 정신적 방조의 미수를 폭발물사용 예비 · 음모죄와 동일한 형으로 처벌하는 공범의 발현형태라고 할 수 있다. 형법은 폭발물사용 선동죄도 예비죄의 한 유형으로 규정하고 있으므로 그 자체로 독립된 범죄유형은 아니며, 이에 대한 공범의 성립도 불가능하다. 제121조의 전시폭발물 제조 · 수입 · 수출 · 수수 · 소지죄는 폭발물사용죄와는 독립된 독립적 구성요건에 해당한다.

법체계적으로는 '공안을 해하는 죄'와 '폭발물에 관한 죄'가 나란히 '국가적 법익에 대한 죄'의 장들 중에 함께 규정되어 있다는 것은 옳지 않다. 또한 제13장의 '방화와 실화의 죄' 제172조 내지 제173조의2에서는 '폭발물에 관한 죄'와 성격이 유사한 폭발성물건파열죄, 가스 · 전기 등 방류죄, 가스 · 전기 등 공급방해죄, 과실폭발성물건파열 등 죄가 규정되어 있다. 이들 범죄들은 오히려 폭발물에 관한 죄에서 함께 규정하는 것이 타당하다. 또는 폭발물에 관한 죄를 모두 방화와 실화의 죄에 편입시키는 것도 가능하다.

2. 폭발물사용죄

본죄는 폭발물을 사용하여 사람의 생명 · 신체 또는 재산을 해하거나 기타 공안을 문란케 함으로써 성립하는 범죄이다. 본죄는 폭발물의 사용이라는 방법으로 공공의 안전을 해하는 공공위험죄이며, 사람의 생명 · 신체 또는 재산을 해하거나 기타 공안을 문란케 함으로써 공공의 안전에 대한 위험을 발생시키는 구체적 위험범에 해당한다. '사람의 생명 · 신체 또는 재산을 해하는 것'이나 '기타 공안의 문란'은 본죄의 공공의 안전에 대한 구체적 위험을 의미한다. 공안의 문란은 한 지역의 질서를 교란할 정도에 이르는 것을 말하며, 사람의 생명 · 신체 또는 재산을 해하는 것은 공안교란의 대표적인 예시에 해당하다. 따라서 사람의 생명 · 신체 또는 재산을 해하는 것도 한 지역의 질서를 교란할 정도에 이르러야 한다.

본죄의 폭발물은 급격한 팽창에 의하여 파괴력을 가지는 물건으로서 한 지역의 질서를 교란할 정도에 이르러야 한다. 따라서 총기나 화염병[16]은 본죄의 폭발물에 해당하지 않는다.[17] 통설은 본죄

16) 화염병사용 등의 처벌에 관한 법률(화염병처벌법) 제3조는 화염병의 사용에 대한 처벌을 별도로 규정하고 있다.

17) 대법원 1968.3.5., 66도1056.

의 폭발물 개념을 그 용법에 따라(폭발장치에 따라) 폭발하는 물건으로 한정함으로써 제172조의 폭발성물건[18]이나 핵융합이나 핵분열에 의하여 폭발하는 물건[19]을 본죄의 객체에서 제외시키고 있다. 그러나 이러한 통설의 견해에 대하여는 의문이 제기된다. 본죄의 목적론적 의미는 "한 지역의 질서를 교란할 정도의 폭발위력이 있는 물건에 의한 공안의 교란을 방지하려는데 있다"고 보아야 하므로 본죄의 폭발물이 폭발장치의 유무에 의하여 결정될 수는 없다. 예컨대 도시가스관이나 주유소의 휘발유 저장탱크에 불을 붙여 폭발시키는 경우도 당연히 본죄에 포섭되어야 한다. 특히 제172조는 본죄와의 관계에서 특별관계에 의한 법조경합을 인정하여야 한다. 즉 공안을 교란할 정도의 강력한 폭발성이 있는 물건의 파열은 본죄의 폭발물사용에 해당한다고 해석하여야 한다.

핵융합이나 핵분열에 의하여 폭발하는 물건을 폭발시키는 경우도 본죄에서 제외될 이유는 없다.[20] 특히 핵융합이나 핵분열을 위해서는 원자로를 폭발시키는 경우도 여기에 해당할 것이지만, 이에 대하여는 원자력안전법 제113조에 특별규정이 있다. 또한 핵융합이나 핵분열에 의한 폭발, 즉 핵에너지 폭발의 경우는 제172조의2에 해당한다는 견해[21]가 있으나, 172조의2는 방사선이나 방사성 물질을 방류하는 행위일 뿐이다. 즉 본죄는 폭발물을 폭발시키는 행위이므로 본죄와 제172조의 2는 그 행위형태가 전혀 다르다. 물론 핵에너지를 폭발시킬 경우 방사선이나 방사성 물질이 방출되지만, 이는 본죄의 불가벌적 수반행위로 판단해야 한다.

---

18) 김성천/김형준, 597면; 박상기, 464면; 오영근, 461면; 이영란, 519면; 이형국, 512면; 임웅, 626면; 진계호/이존걸, 747면.

19) 김성돈, 537면; 김일수/서보학, 449면; 박상기, 464면; 배종대, 474면; 손동권/김재윤, 555면; 이영란, 519면; 이재상/장영민/강동범, 506면; 정성근/박광민, 563면; 진계호/이존걸, 747면.

20) 김성천/김형준, 597면; 오영근, 460면; 이형국, 511면; 임웅, 626면; 정영일, 286면.

21) 김성돈, 537면; 김일수/서보학, 449면; 배종대, 474면.

제3절 방화와 실화의 죄

1. 방화와 실화의 죄 일반론

1-1. 의 의

방화와 실화의 죄는 고의 또는 과실로 불을 놓아 현주건조물 · 공용건조물 · 일반건조물 · 일반물건을 소훼하는 것을 내용으로 하는 범죄이다. 방화와 실화의 죄는 화재에 의하여 공공의 안전과 평온을 위태롭게 하는 공공위험죄에 해당한다. 또한 '방화와 실화의 죄'의 장에서는 진화방해죄 및 폭발성물건파열죄, 전기 · 가스등 방류죄, 전기 · 가스 등 공급방해죄, 과실폭발성물건파열 등 죄가 방화죄와 실화죄에 준하여 처벌되고 있다. 이들 범죄들도 방화와 실화의 죄와 유사한 방법으로 공공의 안전과 평온을 위태롭게 하는 공공위험죄에 해당한다.

1-2. 보호법익

방화죄는 공공의 안전과 평온을 보호법익으로 하는 사회적 법익에 대한 죄이다. 이점에 대해서는 학설이 일치한다. 그러나 방화죄가 "개인의 재산권도 보호하는 재산죄르서의 성격도 가지는가"에 대하여는 학설의 다툼이 있다.

공공위험죄설[22]은 방화죄에 대하여 재산죄로서의 성격을 부정한다. 방화죄는 손괴죄의 가중적 구성요건이 될 수 없다는 것이다. 형법은 자기소유물에 대한 방화죄도 처벌하고 있으며, 또한 추상적 위험범인 방화죄와 침해범인 손괴죄의 기수시기도 일치할 수 없다는 것을 이유로 한다. 그러나 형법은 자기소유물에 대한 방화죄에 비하여 타인소유물에 대한 방화죄의 법정형을 무겁게 규정하고 있으며, 타인소유물에 대한 방화죄에서도 그 소유권자의 동의 여부는 방화죄의 성립에 영향을 줄 수 있다. 따라서 방화죄의 보호법익은 본질적으로 공공의 안전이지만, 개인의 재산권도 부차적인 보호법익이라고 해석하여야 한다. 학설에서는 방화죄를 공공위험죄와 재산죄로서의 이중의 성격을 가진 범죄로 이해하고 있다(통설). 판례[23]도 동일한 입장이다.

방화죄는 법익보호의 정도에 따라 구체적 위험범과 추상적 위험범으로 구별되고 있다. 제166조 제2항의 자기소유의 일반건조물 등에의 방화죄와 제167조의 일반물건에의 방화죄에서는 '공공의 위험'을 구성요건요소로 규정하고 있으며, 따라서 이들 범죄는 구체적 위험범에 해당한다. 이에 반하여 제164조의 현주건조물 등에의 방화죄와 제165조의 공용건조물 등에의 방화죄 및 제166조 제1

22) 이재상/장영민/강동범, 511면 이하; 조준현, 609면.

23) 대법원 2009.10.15., 2009도7421: "방화죄는 공공의 안전을 제1차적인 보호법익으로 하지만 제2차적으로는 개인의 재산권을 보호하는 것이라고 볼 수 있다."; 동지, 대법원 1983.1.18., 82도2341.

항의 타인소유 일반건조물 등에의 방화죄는 추상적 위험범에 해당한다. 또한 제170조 제1항의 현주건조물 등에의 실화죄와 공용건조물 등에의 실화죄 및 타인소유 일반건조물 등에의 실화죄는 추상적 위험범에 해당하며, 동조 제2항의 타인소유 일반건조물 등에의 실화죄와 일반물건에의 실화죄는 공공의 위험을 요하는 구체적 위험범에 해당한다.

구체적 위험범인 방화의 죄가 결과범에 해당함은 의문이 없다. 그러나 추상적 위험범인 방화의 죄도 결과범으로 해석해야 한다. 추상적 위험범인 방화의 죄는 공공의 안전을 보호법익으로 하는 반면에, 현주건조물과 공용건조물 및 타인소유의 일반건조물 등을 행위객체로 규정하고 있다. 이들 방화죄는 행위객체인 목적물에 불을 놓아(구성요건적 행위) 독립하여 연소할 수 있는 상태가 됨으로써(구성요건적 결과) 성립하는 결과범인 동시에, 이러한 결과의 발생이 보호법익인 공공의 안전에 대한 추상적 위험으로 인정되는 범죄이다. 일반적으로 행위객체와 보호법익의 대상이 일치하는 범죄[24]에서는 추상적 위험범이 형식범이고, 구체적 위험범 및 침해범은 결과범이라는 관련성이 인정되지만, 방화죄와 같이 보호법익의 대상과 행위객체가 서로 다른 범죄[25]에서는 추상적 위험범이면서 결과범인 경우가 얼마든지 가능하게 된다.

1-3. 구성요건의 체계

[방화와 실화의 죄]

기본적 구성요건 – 일반물건방화죄: 제167조 제1항; 자기소유, 감경: 제2항; 연소죄, 가중: 제168조
가중적 구성요건 – 일반건조물방화죄: 제166조 제1항; 자기소유, 감경: 제2항; 연소죄, 가중: 제168조
– 현주건조물방화죄: 제164조 제1항; 결과적가중범: 동조 제2항
– 공용건조물방화죄: 제165조
독립적 구성요건 – 진화방해죄: 제169조;
폭발성물건파열죄: 제172조 제1항; 결과적가중범: 동조 제2항;
가스 · 전기 등 방류죄: 제172조의2 제1항; 결과적가중범: 동조 제2항;
가스 · 전기 등 공급방해죄: 제173조 제1항, 제2항; 결과적가중범: 동조 제3항

과실범: 제170조(실화죄); 가중, 제171조(업무상실화 · 중실화죄); 제173조의2 제1항(과실폭발성물건파열 등 죄); 가중, 제2항(업무상과실 · 중과실 폭발성물건파열 등 죄)

미수범: 제174조 (제164조 제1항, 제165조, 제166조 제1항, 제172조 제1항, 제172조의2 제1항, 제173조 제1항, 제2항에 대하여)
예비죄: 제175조 (제164조 제1항, 제165조, 제166조 제1항, 제172조 제1항, 제172조의2 제1항, 제173조 제1항, 제2항에 대하여)
타인물건 간주: 제176조 (타인의 권리대상이 된 자기의 물건의 타인물건 간주)

24) 개인적 법익에 대한 죄는 대부분 행위객체와 보호법익의 대상이 일치하고 있다.
25) 사회적 법익에 대한 죄와 국가적 법익에 대한 죄에서는 대부분의 경우 행위객체와 보호법익의 대상이 일치하지 않는다.

방화죄의 기본적 구성요건은 제167조 제1항의 일반물건 방화죄이다. 제166조 제1항의 일반건조물 등 방화죄와 제164조 제1항의 현주건조물 등 방화죄 및 제165조의 공용건조물 등 방화죄는 일반물건 방화죄에 대하여 불법이 가중된 가중적 구성요건이다.

제167조 제2항의 자기소유 일반물건 방화죄와 제166조 제2항의 자기소유 일반건조물등 방화죄는 각각 일반물건 방화죄와 일반건조물 등 방화죄에 대한 감경적 구성요건에 해당한다.

제168조의 연소죄는 진정결과적가중범으로서, 제1항의 연소죄는 자기소유 일반물건 또는 자기소유 일반건조물 방화죄를 범하여 현주 · 공용건조물 또는 타인소유 일반건조물 등에 연소함으로써 성립하는 결과적가중범이며, 제2항의 연소죄는 자기소유 일반물건 방화죄를 범하여 타인소유 일반물건에 연소함으로써 성립하는 결과적가중범이다.

제164조 제2항의 현주건조물 등 방화치사상죄는 부진정결과적가중범으로서 현주건조물 등 방화죄에 대한 가중적 구성요건에 해당한다. 따라서 현주건조물등 방화죄를 범한 자가 사상의 결과에 대하여 과실이 있는 경우 뿐 아니라 고의가 있는 경우에도 본죄가 성립하게 된다.[26]

그밖에 제169조의 진화방해죄 및 제172조 제1항의 폭발성물건파열죄, 제172조의2 제1항의 전기 · 가스등 방류죄, 제173조 제1항 · 제2항의 전기 · 가스 등 공급방해죄는 방화죄와는 독립된 독립적 구성요건에 해당한다. 제172조 제2항의 폭발성물건파열치사상죄, 제172조의2 제2항의 전기 · 가스등 방류치사상죄와 제173조 제3항의 전기 · 가스 등 공급방해치사상죄는 각각의 범죄에 대한 결과적가중범이다. 다만 각각의 치상죄는 부진정결과적가중범에 해당하며, 각각의 치사죄는 진정결과적가중범에 해당한다.

본장의 죄에 대하여는 과실범이 처벌되고 있다. 제170조 제1항의 실화죄는 과실로 제164조(현주건조물등), 제165조(공용건조물등), 타인소유의 제166조(일반건조물등)에 기재한 물건을 소훼함으로써 성립한다. 동조 제2항의 실화죄는 자기소유의 일반건조물 등이나, 자기 또는 타인소유의 일반물건 등을 과실로 소훼하여 공공의 위험을 발생시킴으로써 성립한다. 형법은 현주 · 공용 · 타인소유 건조물 등에 대한 실화죄를 추상적 위험범인 과실결과범[27]으로 규정하고 있으며, 자기소유의 일반건조물이나 일반물건 등에 대한 실화죄는 공공의 위험을 구성요건요소로 하는 구체적 위험범인 과실결과범으로 규정하였다. 제171조의 업무상실화 · 중실화죄는 제170조의 일반실화죄에 대하여 불법이 가중된 가중적 구성요건이다. 제173조의2 제1항의 과실폭발성물건파열 등 죄는 과실로 폭발성물건파열(제172조 제1항), 전기 · 가스등 방류(제172조의2 제1항), 전기 · 가스 등 공급방해(제173조 제1항, 제2항)를 실현함으로써 성립한다. 과실로 제172조 제1항과 제172조의2 제1항의 죄 및 제173조 제1항의 죄를 범한 경우는 구체적 위험의 발생을 요하는 과실결과범에 해당하며, 과실로 제173조 제2항의 죄를 범한 경우는 추상적 위험범인 과실결

26) 대법원 1983.1.18., 82도2341; 대법원 1996.4.26., 96도485; 대법원 1998.12.8., 98도3416.

27) 각각의 목적물의 소훼라는 구성요건적 결과를 요하는 과실결과범이다. 방화와 실화의 죄는 보호법익의 대상과 행위객체를 달리하기 때문에 추상적 위험범인 결과범의 형태가 나타나고 있다.

과범[28]에 해당한다. 또한 제172조 제1항의 과실폭발성물건파열 등 죄에 대해서는 동조 제2항에서 업무상과실 또는 중과실인 경우를 가중처벌하고 있다.

제174조는 현주건조물 등 방화죄, 공용건조물 등 방화죄, 일반건조물 등 방화죄, 폭발성물건파열죄, 가스 · 전기 등 방류죄, 가스 · 전기 등 공급방해죄에 대하여는 그 미수범을 처벌하고 있으며, 제175조에서는 그 예비 · 음모죄도 처벌하고 있다. 또한 제176조는 본장의 죄에 대하여 자기소유에 속하는 물건이라도 압류 기타 강제처분을 받거나 타인의 권리 또는 보험의 목적이 된 때에는 타인의 물건으로 간주한다.

2. 현주건조물 등에의 방화죄

본죄는 사람이 주거로 사용하거나 사람이 현존하는 건조물 등을 소훼함으로써 성립하는 범죄이다. 일반물건이나 일반건조물 등에 불을 내는 경우에 비하여 사람의 생명 · 신체에 대한 위험이 크기 때문에 불법이 가중된 가중적 구성요건이다. 본죄는 공공의 안전을 보호법익으로 하는 반면에, 현주건조물 등을 행위객체로 하고 있다. 즉 본죄는 행위객체인 현주건조물 등에 불을 놓아 독립하여 연소할 수 있는 상태가 됨으로써 성립하는 결과범인 동시에, 이러한 결과의 발생이 보호법익인 공공의 안전에 대한 추상적 위험으로 인정되는 범죄이다. 따라서 본죄는 추상적 위험범인 결과범에 해당한다.

2-1. 행위객체

본죄의 객체는 사람이 주거로 사용하거나 사람이 현존하는 건조물 · 기차 · 전차 · 자동차 · 선박 · 항공기 · 광갱이다.

건조물은 가옥 기타 이에 준하는 공작물로서 어느 정도 지속적으로 토지에 정착하여 내부에 사람이 출입할 수 있는 것을 말한다. 건축물 외에 가건물 · 토굴 · 벙커 · 방갈로 · 천막 등도 여기에 해당할 수 있다. 다만 본죄의 건조물은 사람이 주거로 사용하거나 현존할 수 있는 것이어야 하므로, 적어도 사람의 일정한 체류가 가능할 정도의 규모를 가져야 한다. 야외용 · 등산용의 야영텐트 등은 토지에의 정착 정도에 의하여 본죄의 건조물에서 제외된다. 그러나 어느 정도 지속적으로 토지에 정착된 임시지휘소와 같은 천막은 본죄의 건조물에 해당한다. 광갱은 광물을 채취하기 위한 지하시설을 말한다.

본죄의 건조물 등은 사람이 현존하거나 주거로 사용하는 것이어야 한다. 따라서 주거로 사용하는 건조물 등은 사람의 현존 여부가 문제되지 아니하며, 사람이 현존하는 경우는 주거로 사용되는

28) 가스, 전기 또는 증기의 공급이나 사용의 방해라는 구성요건적 결과를 요하는 과실결과범이다.

지 여부가 문제되지 아니한다. 예컨대 주거자가 모두 여행 중이어서 비어 있는 집을 방화하는 경우도 본죄에 해당한다. 다만 여기서의 사람은 범인 이외의 모든 자연인을 의미하므로, '범인이 혼자 주거로 사용하며 사람이 현존하지 아니하는 건조물' 또는 '주거로 사용되지 아니하고 범인이 혼자 현존하는 건조물' 등은 여기에 포함되지 않는다. 그러나 '범인과 그 가족이 함께 주거로 사용하는 건조물'이나 '범인과 타인이 함께 현존하는 건조물' 등은 당연히 본죄의 객체에 포함된다.

본죄의 객체인 건조물 등은 사람이 주거로 사용하거나 사람이 현존함으로써 충분하며, 그 건조물 등의 소유권이 누구에게 있는가는 문제가 되지 않는다. 또한 건조물 등의 일부에 사람이 현존하거나 주거로 사용함으로써 충분하여, 건조물 등의 전체를 주거로 사용하거나 사락이 현존할 필요는 없다. 주거의 사용이나 사람의 현존이 적법할 것을 요하는 것도 아니다. 따라서 두단점거자가 건조물 등을 주거로 사용하거나 또는 주거침입자에 의하여 사람이 현존하는 건조물 등도 본죄의 객체에 해당한다. 또한 주거자가 주거의사에 의하여 사실상 주거하고 있는 한 주거의 기간 등은 문제가 되지 않는다. 예컨대 가끔씩만 사용하는 별장 등도 여기에 해당한다. 그러나 더 이상 주거로 사용하지 아니하거나 사용할 수 없게 된 건조물 등은 본죄의 객체에 해당하지 않는다. 예컨대 주거자가 버리고 떠난 폐농가나 영업을 중단하고 잠궈 둔 호텔[29] 등이 그러하다. 동일한 이유로 주거자를 모두 살해하고 방화한 경우도 본죄에 해당하지 않는다.[30] 이 경우 본죄의 성립을 인정하는 견해[31]가 있으나 타당하다고 할 수 없다. 살아 있는 사람이 더 이상 현존하지 않게 된 건조물 등에의 방화가 일반건조물 등에 불을 내는 경우에 비하여 사람의 생명 · 신체에 대한 위험이 크다고 볼 수는 없기 때문이다.

2-2. 행 위

본죄의 구성요건적 행위는 목적물이 소훼되도록 불을 놓는 것이다. 목적물에 불을 놓는 행위가 본죄의 구성요건적 행위인 방화행위이며, 이러한 방화행위에 의하여 목적물이 소훼되는 것은 구성요건적 결과가 된다.

불을 놓아 목적물이 소훼되도록 하는 일체의 행위가 본죄의 구성요건적 행위인 방화행위이다. 이러한 방화행위의 수단이나 방법에는 제한이 없다. 직접 목적물에 방화하는 경우 뿐 아니라, 매개물을 이용하여 목적물에 불이 옮겨 붙도록 하는 경우도 여기에 해당한다. 또한 부진정부작위범의 일반원칙에 따라 부작위에 의한 방화도 가능하다. 다만 여기서는 공공의 안전을 지켜야 할 보증인의 부작위가 아니라, 현주건조물 등의 소훼, 즉 구성요건적 결과를 방지할 보증인의 부작위가 방화행위로 평가될 수 있다. 이에 따라 부작위에 의한 본죄의 성립은 목적물에 불이 나지 않도록 해야 할 보증인의 경우에 인정될 수 있다. 예컨대 제3자의 방화행위를 방지하지 아니하는 보증인의 경

29) BHG NStZ 1984, 455.

30) 김일수/서보학, 460면; 이재상/장영민/강동범, 518면.

31) 권오걸, 750면; 배종대, 479면; 손동권/김재윤, 562면; 정성근/박광민, 571면; 정영일, 289면; 진계호/이존걸, 757면; 동취지, 김성돈, 543면; 오영근, 466면.

우, 목적물에 옮겨 붙을 수 있는 불이나 불씨를 제거하지 아니하는 관리인이나 위법한 선행행위자의 경우 또는 방화행위의 위험 있는 정신병자나 미성년자를 감독할 책임 있는 자의 경우에 부작위에 의한 본죄의 성립이 가능할 수 있다.

목적물이 독립하여 연소할 수 있는 상태에 이르렀을 때 이를 끄지 않는 행위는 부작위에 의한 방화행위로 평가될 수 없으며, 구체적인 경우에 따라 방조범의 성립만이 가능할 수 있을 뿐이다.[32] 방화죄가 기수에 이른 이후에 동일한 목적물에 대하여 또다시 방화행위를 하는 것은 불가능하기 때문이다. 이는 작위에 의한 경우에도 동일하다. 예컨대 방화죄가 기수에 이른 이후에 부채질을 하거나 기름을 붓는 행위도 방화죄의 정범은 될 수 없고 방화죄의 방조범에 불과하다. 물론 공동의사에 의한 기능적 행위지배가 인정되는 경우는 방화죄에 대하여 공동정범의 성립이 가능하다.

화재방지를 위하여 소방시설에 대한 조사 · 감독의 의무가 있는 공무원이 이를 이행하지 않았다고 하여 방화죄나 실화죄의 부진정부작위범이 될 수는 없다. 이러한 경우는 단순한 직무유기죄가 성립할 뿐이다. 건조물 등의 소유자나 화재보험계약에 들어 있는 피보험 건조물 등의 관리인이나 소유자가 해당 건조물 등의 화재시 진화를 하지 아니한 경우도 방화죄는 성립하지 않는다. 실화죄의 범인이 진화를 하지 아니한 경우도 위법한 선행행위에 의한 방화죄의 부진정부작위범이 될 수는 없다. 이 경우는 실화죄에 의하여 이미 목적물이 독립연소상태에 있게 된다. 따라서 이미 기수에 이른 상태에서 부작위에 의한 새로운 방화행위란 논리적으로 불가능하다. 다만 실화에 의하여 목적물의 효용이 상실되기 이전에 실화범이 불을 진화하지 않음으로써 목적물의 효용이 상실된 경우는 부진정부작위범에 의한 손괴죄의 성립은 가능하다. 또한 화재현장에서 공무원의 구조요구에 따르지 않는 것은 단순히 경범죄처벌법 위반행위에 불과하다.

판례[33]는 '모텔 방에 투숙하여 담배를 피운 후 재떨이에 담배를 끄게 되었으나 담뱃불이 완전히 꺼졌는지 여부를 확인하지 않은 채 불이 붙기 쉬운 휴지를 재떨이에 버리고 잠을 잔 과실로 담뱃불이 휴지와 침대시트에 옮겨 붙게 함으로써 화재가 발생하였으나, 화재 발생 사실을 안 상태에서 모텔 주인이나 다른 투숙객들에게 이를 알리지 아니하고 모텔을 빠져나온 사안'에서 "선행행위로 발생한 이상 화재를 소화할 법률상 의무가 있다"는 점을 인정하고 있다. 다만 "화재를 용이하게 소화할 수 있는 상황을 인정하기 어렵다"는 이유로 작위가능성을 부정함으로써 현주건조물방화치사상죄의 성립을 부정하였다.

그러나 이미 독립연소상태가 된 현주건조물을 또다시 독립연소상태를 만드는 것은 모순이므로 부작위에 의한 현주건조물방화죄 내지 현주건조물방화치사상죄의 성립을 인정할 수는 없다. 여기서는 위법한 선행행위로 타인의 생명 · 신체에 대한 위험을 방지할 의무 있는 자가 그 의무를 이행하지 않음으로써 부작위에 의해서 침해한 타인의 생명 · 신체에 대한 범죄인

32) 이에 관하여는 이정원/류석준, 형법총론, '제2편, 제6장, 제5절, 2-1-1. 방조범의 방조행위, (3) 부작위에 의한 방조' 참조.
33) 대법원 2010.1.14., 2009도12109, 2009감도38.

살인죄나 상해죄의 성립만이 문제된다.

방화죄는 불을 놓는 행위를 개시할 때 실행의 착수가 있게 된다. 일반적으로 불을 놓는 행위의 개시는 발화 또는 점화에 의하여 인정된다(통설). 매개물에 발화된 때에는 목적물에 불이 붙지 않은 때에도 방화죄의 실행의 착수가 인정된다.[34] 그러나 반드시 발화 또는 점화에 의하여만 방화죄의 실행의 착수가 인정되는 것은 아니다.[35] 예컨대 인화물질이 있는 곳에 조그마한 사제 시한폭발물을 장치하는 경우에도 방화죄의 실행의 착수가 인정된다. 따라서 방화죄의 실행의 착수도 구체적인 상황에서 일반적인 미수범의 기준에 따라 판단되어야 한다. 즉 범행의사를 기준으로 개별적인 행위의 객체나 구성요건실현에 대한 직접적인 위험이 있을 때 실행의 착수가 인정된다.

2-3. 결 과

일반적으로 '불을 놓아 목적물을 소훼'하는 것을 본죄의 구성요건적 행위로 해석하고 있다(통설). 그러나 본죄는 불을 놓는 방화행위를 통하여 행위객체인 목적물을 소훼함으로서 성립하는 범죄로 해석해야 한다. 즉 방화행위에 의한 '목적물의 소훼'는 본죄의 구성요건적 결과가 된다.[36] 불을 놓는 행위와 목적물의 소훼는 개념적으로 구별될 뿐 아니라, 목적물의 소훼는 불을 놓는 방화행위의 결과로 파악되기 때문이다.[37]

소훼의 일반 언어적 의미는 "목적물을 태워서 훼손한다"는 뜻이다. 이러한 소훼의 일반 언어적 의미에 의하여 방화죄의 보호법익 · 법익보호정도 · 기수시기 등에 대한 논란이 있게 된다. 특히 소훼개념으로 인해 본죄의 기수시기와 관련하여 학설의 다툼이 있다.

① 독립연소설　독립연소설은 불이 매개물을 떠나 목적물이 독립하여 연소할 수 있는 상태에 이르렀을 때 소훼를 인정할 수 있으며, 방화죄는 기수가 된다는 입장이다. 방화죄는 공공위험죄이므로 방화죄의 기수시기도 공공의 위험을 기준으로 결정해야 한다는 것이다. 독립연소설은 현재 다수설[38]과 판례[39]가 지지하는 이론이다. 다만 독립연소설의 입장에서도 구체적 위험범에 해당하는 방화죄에 대해서는 중요부분연소개시설을 지지하는 견해[40]도 있다.

② 효용상실설　효용상실설은 화력에 의하여 목적물의 중요부분이 소실되어 그 효용이 상실된

34) 대법원 1967.8.29., 67도925; 대법원 2002.3.26., 2001도6641.

35) 김일수/서보학, 461면; 이재상/장영민/강동범, 520면; 정성근/박광민, 572면.

36) 소훼를 본죄의 제2의 구성요건적 행위로 해석하는 김일수/서보학, 461면.

37) 동취지, 김성돈, 544면; 오영근, 468면; 이영란, 529면; 임웅, 639면 이하; 정성근/박광민, 575면 이하. 다만 이들 견해는 본죄의 구성요건적 결과인 소훼를 목적물의 일부 손괴로 해석하고 있다.

38) 권오걸, 754면; 김성천/김형준, 608면; 박상기, 472면; 배종대, 482면; 손동권/김재윤, 565면; 이재상/장영민/강동범, 517면; 조준현, 615면; 진계호/이존걸, 759면; 추상적 위험범인 방화죄의 경우, 김일수/서보학, 463면.

39) 대법원 1961.5.15., 4294형상89; 대법원 1970.3.24., 70도330; 대법원 1983.1.18., 82도2341; 대법원 2007.3.16., 2006도9164; 서울고법 1998.120, 97노2544.

40) 배종대, 482면; 진계호/이존걸, 759면; 구체적 위험범인 방화죄의 경우, 김일수/서보학, 463면.

때 소훼가 있고 방화죄가 기수에 이른다는 견해이다. 방화죄는 공공위험죄인 동시에 재산죄로서의 성질도 가지고 있으므로 소훼의 개념을 목적물의 효용상실로 이해하여야 한다는 입장이다. 효용상실설은 종래의 다수설[41]에 의하여 지지되었던 이론이다. 그러나 방화죄의 소훼는 공공위험죄의 관점에서 이해되어야 하며, 재산죄의 관점에서 이해될 성질의 개념은 아니다. 형법은 타인소유의 건조물 등에 대한 방화죄에서 뿐 아니라 자기소유의 건조물 등에 대한 방화죄에서도 구성요건요소로서 '목적물의 소훼'를 요구하기 때문이다.

③ 중요부분연소개시설 중요부분연소개시설은 목적물의 중요부분에 연소가 개시되었을 때 소훼가 인정되어 방화죄가 기수에 이른다는 견해[42]이다. 독립연소설을 기초로 하면서도 독립연소설에 의할 경우 기수시기가 너무 앞당겨지는 것을 피하려는 절충적 입장이다. 기수의 범위를 축소하여 처벌을 축소한다는 관점이라고 할 수 있다. 그러나 여기서의 '중요부분'을 목적물 자체의 부분으로 이해한다면 중요부분연소개시설과 독립연소설은 차이가 없게 된다.[43] 이에 반하여 '중요부분'을 '목적물 자체의 부분 중에서도 중요한 부분'으로 이해한다면 이는 효용상실설과 거의 차이가 없게 된다. 이러한 부분이 연소를 개시하면 적어도 목적물의 중요한 효용감소를 인정할 수가 있기 때문이다.

④ 일부손괴설 일부손괴설은 손괴죄에서의 손괴의 정도, 즉 목적물의 일부분의 손괴가 있을 때 소훼가 인정되어 방화죄가 기수에 이른다는 견해[44]이며, 방화죄를 결과범으로 해석하는 입장이다. 방화죄의 재산죄적 성격을 도외시 할 수 없다는 관점에서 효용상실설을 기초로 하는 이론이다. 그러나 효용상실설도 목적물의 완전한 효용상실을 요구하는 것은 아니므로, 일부손괴설과 효용상실설은 결국 목적물의 효용상실의 정도에 의한 견해 차이에 불과하게 된다.

본죄를 공공위험죄이며 추상적 위험범으로 해석하는 한 독립연소설이 타당하다. 불을 놓아(구성요건적 행위) 목적물이 독립하여 연소할 수 있는 상태를 야기하는 것(구성요건적 결과)은 공공의 안전을 위태롭게 하는 구성요건적 결과로서 금지되어야 한다. 형법의 방화죄는 이러한 규범의 보호목적을 가진 것으로 해석되어야 한다. 다만 독립연소는 목적물 자체가 독립하여 연소할 수 있는 상태를 의미한다. 따라서 건조물 내부의 장식벽걸이 · 가구 · 서가 · 카페트 등은 목적물인 건조물 자체의 부분이 아니므로 이들 물건이 독립하여 연소한다고 하여 건조물등 방화죄의 기수가 되지는 않는다.

2-3. 현주건조물 등 방화치사상죄

본죄는 현주건조물 등 방화죄를 범하여 사람을 사상에 이르게 함으로써 성립하는 결과적가중범이다. 사람의 상해나 사망의 결과는 기본범죄인 현주건조물등 방화죄에 내포된 전형적인 위험의 결

41) 서일교, 290면; 유기천(하), 25면; 정영석, 121면; 현재에도 백형구, 413면.
42) 김일수, 한국형법 Ⅳ, 84면; 이형국, 524면; 정영일, 291면.
43) 이재상/장영민/강동범, 517면; 이형국, 524면.
44) 김성돈, 545면; 오영근, 468면; 이영란, 529면; 임웅, 640면; 정성근/박광민, 575면 이하.

과이어야 한다. 따라서 사상의 결과는 우선 기본범죄인 현주건조물 등 방화죄와 인과적 연관관계가 있어야 하며, 또한 객관적 귀속이 인정되어야 한다. 비규칙적인 인과의 진행이나 비정형적으로 야기된 결과는 인과관계가 인정되더라도 객관적 귀속이 부정된다.[45] 결과적가중범에서의 중한 결과는 기본범죄와 직접성이 인정되는 경우에 한하여 객관적 귀속이 긍정된다.[46] 예컨대 화재에 의한 소사, 연기 · 가스에 의한 질식사, 쇼크사는 물론 불길에서 무너지는 건조물 등에 압사하거나 탈출을 시도하다가 추락사하는 경우 등은 직접성이 인정되는 위험의 결과에 해당한다. 그러나 진화작업에 열중하다가 화상을 입는 경우는 직접성이 인정되지 않는다.[47] 이 경우는 규범의 보호범위를 벗어난 위험의 실현으로 평가되기 때문이다.

본죄는 사상의 결과에 대하여 과실이 있는 경우 뿐 아니라 고의가 있는 경우에도 성립하는 부진정결과적가중범에 해당한다. 중한 결과에 대하여 고의가 있는 경우에 본죄의 성립을 부정한다면 현주건조물 등 방화죄와 상해죄 내지 살인죄의 경합범이 인정되는데, 이는 중한 결과에 대하여 과실이 있는 경우보다도 경한 처벌을 인정하게 되어 형의 균형을 상실하게 된다. 따라서 사람을 상해하거나 살해할 고의로 현주건조물 등 방화죄를 범한 경우는 본죄만 성립하며, 상해죄나 살인죄는 본죄에 대하여 특별관계에 의한 법조경합이 될 뿐이다.[48] 이 경우 본죄와 살인죄 내지 상해죄의 상상적 경합을 인정하는 견해[49]가 있으나, 타당하다고 할 수 없다. 본죄를 과실치사상죄 뿐 아니라 고의의 상해죄 내지 살인죄와도 결합된 부진정결과적가중범이라고 해석한다면, 상해죄 내지 살인죄도 본죄의 일부분에 불과하다고 해석해야하기 때문이다.[50]

> 대법원[51]은 피해자들을 살해하기 위해서 현주건조물에 방화하고, 방문 앞에서 피해자들이 탈출을 차단하여 피해자들이 사망하게 한 행위에 대하여, 이를 2개의 행위로 판단함으로써 현주건조물방화치사죄와 살인죄의 실체적 경합을 인정하였다. 그러나 범인이 현주건조물에 방화한 이후에 피해자들의 탈출을 차단한 행위는 처음부터 범인이 현주건조물에 방화하여 피해자들을 살해하려는 현주건조물방화치사행위의 일부일 뿐이다. 따라서 여기서는 특별관계에 의한 법조경합으로 현주건조물방화치사죄의 성립만이 인정된다. 예컨대 사람을 살해하기 위해서 저격하였고, 저격이 빗나가자 다시 저격한 행위에 대해서 살인미수죄와 살인기수죄의 실체적 경합을 인정할 수는 없다.

45) 이에 관하여는 이정원/류석준, 형법총론, '제2편, 제2장, 제2절, 3-2. 객관적 귀속의 기준'과 '제3편, 제2장, 2-2-2. 중한 결과에 대한 과실' 참조.

46) 이에 관하여는 이정원/류석준, 형법총론, '제3편, 제2장, 2-2-1. 중한 결과의 발생, (2) 중한 결과의 객관적 귀속' 참조.

47) 대법원 1966.6.28., 66도1.

48) 대법원 1983.1.18., 82도2341; 대법원 1996.4.26., 96도485; 대법원 2002.3.26., 2001도6641.

49) 김성돈, 548면 이하; 김일수/서보학, 466면 이하; 손동권/김재윤, 568면; 이영란, 532면; 이재상/장영민/강동범, 521면; 임웅, 642면; 정성근/박광민, 579면; 정영일, 292면; 진계호/이존걸, 762면.

50) 동지, 김성천/김형준, 609면 이하; 오영근, 470면.

51) 대법원 1983.1.18., 82도2341.

존손살해죄와 현주건조물 등 방화치사죄는 그 법정형이 동일하기 때문에 존속살해죄가 반드시 본죄에 포함된다고 해석할 수는 없다. 따라서 현주건조물방화죄를 범하여 존속을 살해한 경우는 본죄와 존속살해죄의 상상적 경합을 인정하여야 한다.[52] 두 범죄는 일반살인죄의 한도에서 행위의 부분적 동일성이 인정되기 때문이다.[53] 또한 재물을 강취한 후 피해자를 살해할 목적으로 현주건조물에 방화하여 사망에 이르게 한 경우는 강도살인죄와 현주건조물방화치사죄의 상상적 경합이 된다.[54] 강도살인죄는 현주건조물방화치사죄에 포함될 수 없기 때문이다.

구형법은 미수범 처벌규정에서 본죄를 제외하고 있지 않았으나, 개정형법은 미수범 처벌규정에서 본죄를 제외하였다. 따라서 현주건조물방화치사상죄의 미수죄에 대해서는 특별한 처벌규정이 없다.

3. 공용건조물 등에의 방화죄

본죄는 불을 놓아 공용 또는 공익에 공하는 건조물 · 기차 · 전차 · 자동차 · 선박 · 항공기 또는 광갱을 소훼함으로써 성립하는 범죄이다. 건조물 등이 국가 또는 공공단체의 이익을 위하여 사용되거나 공중의 이익을 위하여 사용됨으로써 충분하며, 그 건조물 등의 소유권이 누구에게 속하는가는 문제가 되지 않는다. 다만 공용 또는 공익에 공하는 건조물 등을 사람이 주거로 사용하거나 사람이 현존하는 경우에는 본죄가 아니라 현주건조물 등 방화죄의 객체가 된다.

4. 일반건조물 등에의 방화죄

4-1. 일반건조물 등에의 방화죄

건조물 · 기차 · 전차 · 자동차 · 선박 · 항공기 또는 광갱에 방화하는 경우는 그 건조물 등의 사용용도나 사람의 현존 여부에 따라 현주건조물 등 방화죄와 공용건조물등 방화죄 및 일반건조물 등 방화죄로 구별된다. 건조물 등이 사람의 주거로 사용하거나 사람이 현존하는 경우는 현주건조물 등 방화죄가 성립하며, 건조물 등이 공용 또는 공익에 공하는 경우는 공용건조물 등 방화죄가 성립한다. 일반건조물 등 방화죄는 사람의 주거로 사용하거나 사람이 현존하는 경우와 공용 또는 공익에 공하는 경우를 제외한 건조물 · 기차 · 전차 · 자동차 · 선박 · 항공기 또는 광갱에 방화하여 소훼함으로써 성립하는 범죄이다.

---

52) 대법원 1996.4.26., 96도485.

53) 이에 관하여는 이정원/류석준, 형법총론, '제4편, 제2장, 4-2-1. 행위의 단일성, (2) 행위의 부분적 동일성' 참조.

54) 대법원 1998.12.8., 98도3416.

4-2. 자기소유 일반건조물 등 방화죄

제166조 제2항의 자기소유 건조물 등 방화죄는 자기소유의 일반건조물 등을 소훼하여 공공의 위험을 발생시킴으로써 성립하는 범죄이다. 따라서 본죄는 일반건조물 등이 자기의 소유에 속하여야 하며, 공공의 위험이라는 구체적 위험의 발생을 요건으로 한다.

4-2-1. 자기소유

자기소유란 범인 또는 공범자의 소유에 속하는 것을 말한다. 자기의 소유에 속하는 물건이라도 압류 기타 강제처분을 받거나 타인의 권리 또는 보험의 목적이 된 때에는 제176조에 의하여 타인의 물건으로 간주된다. 다만 일반건조물등 방화죄나 일반물건 방화죄에서 소유권의 귀속에 따라 처벌을 달리하는 형법규정의 목적에 비추어 소유자의 동의는 의미를 가질 수 있다. 즉 소유자의 동의에 의하여 일반물건 내지 일반건조물 등에 방화하여 공공의 위험을 발생시킨 경우는 자기소유 일반건조물 등 방화죄 내지 자기소유 일반물건 방화죄의 규정이 유추적용되며, 동일한 이유로 방화죄에 있어서는 무주물도 자기소유물로 유추적용되어야 한다(통설).

피해자의 승낙이 있는 경우 현주건조물 등 방화죄를 일반건조물 등 방화죄로 취급하는 견해[55]가 있다. 그러나 현주건조물 등 방화죄나 공용건조물 등 방화죄는 건조물 등의 소유권의 귀속 여부 또는 주거자 · 현존자의 의사와 관계없이 성립하는 범죄로 해석된다. 따라서 건조물 등이 자기의 소유에 속할지라도 범인 이외의 사람이 주거로 사용하거나 현존하는 경우 또는 공용 · 공익에 공하는 경우는 소유자 또는 주거자 · 현존자의 의사가 당해 범죄의 성립에 영향을 미치지 않는다고 해야 한다.[56]

4-2-2. 공공의 위험

본죄는 구성요건요소로서 공공의 위험을 요하는 구체적 위험범이다. 공공의 위험이란 불특정 또는 다수인의 생명 · 신체 · 재산에 대한 위험, 즉 침해의 가능성을 의미한다. 이러한 위험은 구체적 상황에서 객관적으로 판단하여야 한다. 결국 화력의 규모, 방화객체의 위치, 방화의 수단과 방법 등을 구체적으로 고려하여 물리적 · 심리적 위험의 범위가 규범적으로 결정될 수 있을 뿐이다.

4-3. 일반물건에의 방화죄

제167조 제1항의 일반물건 방화죄는 건조물 · 기차 · 전차 · 자동차 · 선박 · 항공기 · 광갱 이외의 물건을 소훼하여 공공의 위험을 발생시킴으로써 성립하는 범죄이다. 이러한 물건이 자기의 소유에 속하는 때에는 동조 제2항의 자기소유 일반물건 방화죄가 성립하게 된다. 자기소유의 일반물건 방화죄도 공공의 위험을 요하는 구체적 위험범이다.

---

55) 김성돈, 546면; 김일수/서보학, 464면; 손동권/김재윤, 569면; 임웅, 645면; 정성근/박광민, 577면.

56) 권오걸, 754면; 백형구, 417면; 이재상/장영민/강동범, 514면; 이형국, 525면; 동취지, 김일수, 한국형법 IV, 57면 이하.

5. 연소죄

제168조는 연소죄를 결과적가중범으로 규정하고 있다. 동조 제1항의 연소죄는 자기소유 일반물건 또는 자기소유 일반건조물 방화죄를 범하여 현주·공용건조물 또는 타인소유 일반건조물 등에 연소함으로써 성립하는 결과적가중범이고, 제2항의 연소죄는 자기소유 일반물건 방화죄를 범하여 타인소유 일반물건에 연소함으로써 성립하는 결과적가중범이다. 즉 기본범죄인 자기소유 일반건조물 또는 일반물건 방화죄를 범하여 현주·공용건조물 또는 타인소유 일반건조물등 또는 타인소유 일반물건에 연소하는 중한 결과를 발생시킴으로써 성립하는 결과적가중범이다. 다만 중한 결과에 대하여 고의가 있는 경우는 각각 현주·공용건조물 또는 타인소유 일반건조물등 방화죄나 타인소유 일반물건 방화죄가 성립하고 본죄는 성립하지 아니한다. 따라서 본죄는 진정결과적가중범에 해당한다.

6. 진화방해죄

본죄는 화재에 있어서 진화용의 시설 또는 물건을 은닉 또는 손괴하거나 기타 방법으로 진화를 방해함으로써 성립하는 범죄이다. 본죄는 방화죄는 아니지만 화재에 있어서 진화를 방해함으로써 공공의 위험을 유지 내지 증대시킬 수 있는 행위를 공공위험죄로 처벌하는 것이다. 본죄는 진화를 방해하는 행위를 함으로써 충분하며, 현실적으로 진화가 방해되었거나 공공의 위험을 증대시킬 필요는 없다. 따라서 본죄는 추상적 위험범에 해당하며, 순수한 형식범이 된다. 본죄의 손괴·은닉의 개념과 관련하여 본죄를 침해범·결과범으로 해석하는 견해[57]가 있으나 타당하지 않다. 진화용품의 손괴나 은닉은 이미 그 자체가 진화를 방해하는 행위로 평가될 뿐 아니라, 진화자가 다른 대체용품으로 진화에 성공했을지라도 범인의 진화방해행위에 대해서는 본죄에서 예정한 충분한 불법내용 및 가벌성이 인정되기 때문이다.

본죄의 행위객체는 진화용의 시설 또는 물건이다. 또한 소방관 등 인적 설비도 본죄의 객체에 포함된다. 이러한 객체가 누구의 소유에 속하는지는 문제가 되지 않는다. 본죄의 객체는 원래 화재를 방지하기 위하여 만든 물건일 것을 요하며, 일반통신시설이나 물과 같이 일시 소방을 위하여 사용되는데 불과한 기구는 포함되지 않는다는 것이 일반적인 학설의 입장이다(통설). 그러나 이러한 통설의 견해는 부당하다. 본죄의 목적론적 의미는 현실적이고 구체적인 화재의 진화과정에서 사용되는 일반 시설이나 물건을 본죄의 객체에서 제외시키지 않는다.[58] 예컨대 소방관은 소방차에 싣고 온

57) 김일수, 한국형법 Ⅳ, 107면; 오영근, 479면 이하.
58) 동지, 권오걸, 762면.

방화수 뿐 아니라 인근의 어떤 물이라도 진화에 사용해야 한다. 또한 본죄의 구성요건적 행위는 손괴나 은닉 이외에 기타방법이 포함되어 있으므로 소방차나 소방공무원의 활동에 지장을 주는 행위, 예컨대 트럭에 싣고 가던 닭이나 돼지 등 가축을 풀어 놓는 행위도 본죄에 해당한다.

본죄의 행위는 화재에 있어서 진화용의 시설이나 물건을 손괴 · 은닉하거나 기타의 방법으로 진화를 방해하는 것이다. 여기서 기타의 방법은 진화용의 시설이나 물건을 손괴 · 은닉하는 행위와 동일한 불법평가가 가능한 그 밖의 진화방해행위를 의미한다.[59] 기타 방법으로 진화를 방해하는 경우로는 소방차를 못가게 하거나 소방관을 폭행 · 협박하는 행위가 여기에 해당한다. 진화방해행위는 부작위에 의해서도 가능하다. 예컨대 진화할 법률상 의무 있는 자가 화재보고를 하지 않거나 소방서 상황실에 근무하는 자가 화재장소를 엉뚱하게 보고함으로써 진화를 방해하는 경우가 그러하다. 다만 여기서의 부작위는 부진정부작위범에서의 부작위를 의미하는 것이 아니며, 진화방해행위가 개념적으로 부작위를 포함하는 것으로 이해함으로써 충분하다. 따라서 건물 등의 관리인이나 실화자가 진화행위에 협력하지 않는 것은 진화방해죄를 구성하지 않는다.

본죄는 진화를 방해함으로써 충분하며, 진화용의 시설이나 물건을 손괴 · 은닉하거나 기타의 방법으로 진화를 방해하는 행위에 의하여 반드시 진화가 방해되었을 것을 요하지는 않는다. 진화방해행위와 진화 사이에 인과적 연관관계가 없는 경우에도, 즉 진화방해행위와 관계없이 진화작업이 수행되었어도 본죄는 성립하게 된다. 이 때 진화에 성공하였는지 또는 실패하였는지도 문제가 되지 않는다.

또한 본죄는 '화재에 있어서' 진화방해행위가 있어야 한다. '화재에 있어서'란 최소한 공공의 위험이 인정되는 정도가 되어야 한다. 본죄가 공공위험죄로 해석되기 때문이다. 화재의 원인은 문제가 되지 않는다.

7. 폭발성물건파열죄, 가스 · 전기 등 방류죄, 가스 · 전기 등 공급방해죄

제172조의 폭발성물건파열죄는 보일러, 고압가스 기타 폭발성 있는 물건을 파열시켜 사람의 생명 · 신체 또는 재산에 대하여 위험을 발생시킴으로써 성립하는 범죄이다. 본죄는 '생명 · 신체 또는 재산에 대한 위험의 발생'을 요하는 구체적 위험범이다. 다만 사람의 생명 · 신체 또는 재산에 대한 위험의 발생을 넘어 한 지역의 질서를 교란할 정도에 이른 경우는 본죄가 아니라 제119조의 폭발물사용죄의 성립을 인정해야 한다.[60] 따라서 본죄는 제119조와의 관계에서 특별관계에 의한 법조경합

---

59) 이에 관하여는 이정원/류석준, 형법총론, '제1편, 제2절, 2-3-2. 유추적용금지와 구성요건 내재적인 유추' 참조.

60) 이에 관하여는 상기 '제2절, 2. 폭발물사용죄' 참조.

이 인정된다. 이 경우 상상적 경합을 인정하는 견해[61]가 있으나 타당하다고 할 수 없다. 본죄의 생명 · 신체 · 재산에 대한 위험은 제119조의 공안의 교란에 완전히 포함될 수 있기 때문에, 상상적 경합이 아니라 법조경합이 인정되어야 한다. 또한 '사람의 생명 · 신체 또는 재산에 대한 위험'은 공공위험죄로서의 본죄의 성격상 '공공의 위험'과 동일한 의미로 해석된다. 따라서 불특정 또는 다수인의 생명 · 신체 · 재산에 대한 위험이 본죄의 구성요건요소가 된다. 이에 반하여 본죄의 위험에 대해 "특정한 소수인의 생명 · 신체 · 재산에 대한 위험을 발생시킴으로써 충분하다"고 해석하는 견해[62]가 있다. 그러나 이러한 견해는 본죄의 공공위험죄로서의 성격을 고려하지 못한 해석으로서 타당하다고 할 수 없다. 특히 본죄와 동일하게 '사람의 생명 · 신체 · 재산에 대한 위험의 발생'을 요구하는 전기 · 가스등 방류죄와 '공공의 위험'을 요구하는 전기 · 가스 등 공급방해죄와의 관계를 고려하면, 본죄와 전기 · 가스 등 방류죄에서 요구하는 '사람의 생명 · 신체 · 재산에 대한 위험'은 전기 · 가스 등 공급방해죄에서 요구하는 '공공의 위험'과 동일한 것으로 해석되어야 한다.[63]

제172조의2의 가스 · 전기 등 방류죄는 가스 · 전기 · 증기 또는 방사선이나 방사성 물질을 방출 · 유출 또는 살포시켜 사람의 생명 · 신체 또는 재산에 대하여 위험을 발생시킴으로써 성립하는 구체적 위험범이다. 사람의 생명 · 신체 또는 재산에 대한 위험은 폭발성물건파열죄에서 설명한 내용과 동일하다.

제173조 제1항의 가스 · 전기 등 공급방해죄는 가스 · 전기 또는 증기의 공작물을 손괴 또는 제거하거나 기타 방법으로 가스 · 전기 또는 증기의 공급이나 사용을 방해하여 공공의 위험을 발생시킴으로써 성립하는 구체적 위험범이다. 동조 제2항의 공공용의 가스 · 전기 등 공급방해죄는 공공용의 가스 · 전기 또는 증기의 공작물을 손괴 또는 제거하거나 기타 방법으로 가스 · 전기 또는 증기의 공급이나 사용을 방해함으로써 성립하는 추상적 위험범이다. 가스 · 전기 또는 증기의 공작물이 공공용인 경우는 그 공급이나 사용을 방해함으로써 당연히 공공의 위험이 추정되기 때문이다.

---

61) 김일수, 한국형법 Ⅳ, 49면.

62) 김일수, 한국형법 Ⅳ, 58면; 손동권/김재윤, 575면; 이재상/장영민/강동범, 528면; 임웅, 654면; 정영일, 296면.

63) 동취지, 조준현, 628면.

제4절 일수와 수리에 관한 죄

1. 일수와 수리에 관한 죄 일반론

1-1. 의 의

일수의 죄는 수해를 일으켜 공공의 안전과 평온을 위태롭게 하는 공공위험죄라는 점에서 방화의 죄와 성격을 같이 한다. 이에 따라 일수의 죄는 방화의 죄와 비례하여 대부분 유사한 방법으로 규정되어 있다. 즉 현주건조물 등에의 일수죄와 공용건조물 등에의 일수죄 및 일반건조물 등에의 일수죄는 각각 현주건조물 등에의 방화죄와 공용건조물 등에의 방화죄 및 일반건조물 등에의 방화죄와 비례되고 있으며, 방수방해죄는 진화방해죄와 비례되고 있다. 일수죄에서 자기소유 일반건조물 등에의 일수죄는 구체적 위험범으로 해석되며, 나머지 일수죄는 추상적 위험범으로 해석된다. 과실범의 처벌과 미수죄 및 예비 · 음모죄가 처벌되는 것도 방화죄에 있어서와 같다.

이에 반하여 수리방해죄는 물의 이용권리인 수리권을 방해함으로써 성립하는 범죄이다. 역사적으로 농업이나 목축 등을 위한 다수인이 이용하는 물에 대한 권리, 즉 공공수리권을 보호하기 위하여 규정된 죄이며, 물을 이용한다는 수단의 유사성에 의하여 일수죄와 함께 같은 장에서 규정되었다.

1-2. 구성요건의 체계

[일수와 수리에 관한 죄]

기본적 구성요건 – 일반건조물 등 일수죄: 제179조 제1항; 자기소유, 감경: 동조 제2항
가중적 구성요건 – 현주건조물 등 일수죄: 제177조 제1항 (결과적가중범: 동조 제2항)
공용건조물 등 일수죄: 제178조
독립적 구성요건 – 방수방해죄: 제180조; 수리방해죄: 184조
과실범 – 과실일수죄: 제181조

미수범: 제182조 (제177조 내지 제179조 제1항에 대하여)
예비죄: 제183조 (제177조 내지 제179조 제1항에 대하여)
타인물건 간주: 제179조 제3항 (타인의 권리대상이 된 자기물건의 타인물건 간주)

일수죄의 기본적 구성요건은 제179조 제1항의 일반건조물 등에의 일수죄이다. 제179조 제2항의 자기소유 일반건조물등 일수죄는 동조 제1항의 일반건조물등 일수죄에 대한 감경적 구성요건에 해당한다. 제177조 제1항의 현주건조물 등에의 일수죄(제177조 제1항) 및 제178조의 공용건조물 등에의 일수

죄는 일반건조물등 일수죄에 대하여 불법이 가중된 가중적 구성요건이다. 제177조 제2항의 현주건조물등 일수치사상죄는 결과적가중범으로서 제177조 제1항의 현주건조물등 일수죄에 대한 가중적 구성요건에 해당한다. 이 중 제177조 제2항 제1문의 현주건조물등 일수치상죄는 부진정결과적가중범이고, 제2문의 현주건조물등 일수치사죄는 진정결과적가중범에 해당한다. 그밖에 제180조의 방수방해죄와 제184조의 수리방해죄는 일수죄와는 독립된 독립적 구성요건에 해당한다.

일수죄에 대하여는 과실범이 처벌되고 있다. 제181조의 과실일수죄는 과실로 현주 · 공용건조물 등을 침해함으로써 또는 과실로 일반건조물 등을 침해하여 공공의 위험을 발생시킴으로써 성립한다.

제182조는 현주건조물 등 일수죄, 공용건조물 등 일수죄, 일반건조물 등 일수죄에 대하여 그 미수범을 처벌하며, 제183조에 의하여 그 예비 · 음모죄도 처벌된다. 또한 제179조 제3항에 의하여 일반건조물 등 일수죄에 대해서는 자기소유에 속하는 물건이라도 압류 기타 강제처분을 받거나 타인의 권리 또는 보험의 목적이 된 때에는 타인의 물건으로 간주된다.

2. 일수의 죄

현주건조물 등 일수죄는 물을 넘겨 사람의 주거에 사용하거나 사람이 현존하는 건조물 · 기차 · 전차 · 자동차 · 선박 · 항공기 또는 광갱을 침해함으로써 성립하는 범죄이다. 물을 넘기는 일수의 방법과 수단에는 제한이 없다. 제방을 무너뜨리거나 수문을 파괴하는 방법이 일반적인 일수의 방법이 된다. 본죄는 물을 넘겨 건조물 · 기차 · 전차 · 자동차 · 선박 · 항공기 · 광갱을 침해하여야 성립한다. 여기서 침해란 침수상태의 야기를 의미한다.[64] 목적물에 침수상태를 야기함으로써 공공위험죄로서의 일수죄의 성립을 인정할 수 있기 때문이다. 따라서 본죄는 추상적 위험범이며, 목적물에 대한 침수상태의 야기라는 결과를 요하는 결과범이다.

본죄의 침해는 '목적물의 전부 또는 일부에 대한 효용의 상실 또는 감소'라는 것이 학설의 일반적인 입장이다(통설). 단순히 목적물을 물에 잠기게 하는 침수상태의 야기로도 목적물의 전부 또는 일부에 대한 효용의 상실 또는 감소라는 충분한 손괴효과를 초래한다는 것이다. 따라서 효용의 상실과 감소는 영구적임을 요하지 않으며, 반드시 물건의 유실을 요하는 것도 아니라고 한다. 그러나 침수상태의 야기를 '목적물의 전부 또는 일부에 대한 효용의 상실 또는 감소'와 동일시 할 수는 없으며, 또한 목적물의 전부 또는 일부에 대한 효용의 상실 또는 감소라는 기준이 침수상태의 야기라는 기준보다 더 분명한 것도 아니다. 따라서 본죄의 침해는 침수상태의 야기로 이해하는 것이 타당하다.

64) 김일수, 한국형법 Ⅳ, 116면.

공용건조물 등 일수죄는 물을 넘겨 공용 또는 공익에 공하는 건조물 · 기차 · 전차 · 자동차 · 선박 · 항공기 또는 광갱을 침해함으로써 성립하는 범죄이다.

일반건조물 등 일수죄는 물을 넘겨 현주건조물 등 일수죄나 공용건조믈 등 일수죄에 속하지 아니하는 건조물 · 기차 · 전차 · 자동차 · 선박 · 항공기 또는 광갱 기타 타인의 재산을 침해함으로써 성립하는 범죄이다. 이러한 물건들이 자기소유인 경우에는 물을 넘겨 침해하는 것 이외에 공공의 위험이라는 구체적 위험을 발생시켜야 한다. 일반건조물 등 일수죄에 대하여는 자기소유에 속하는 물건이라도 압류 기타 강제처분을 받거나 타인의 권리 또는 보험의 목적이 된 때에 타인의 물건으로 간주하는 제176조의 규정이 준용된다.

3. 방수방해죄

방수방해죄는 수재에 있어서 방수용의 시설 또는 물건을 손괴 또는 은닉하거나 기타 방법으로 방수를 방해함으로써 성립하는 범죄이다. 방화의 죄에서 규정된 진화방해죄와 비례하는 일수의 죄에서 규정된 범죄이다.

4. 과실일수죄

본죄는 과실로 인하여 현주건조물 등 일수죄와 공용건조물 등 일수죄에 기재한 물건을 침해함으로써 또는 일반건조물 등 일수죄에 기재한 물건을 침해하여 공공의 위험을 발생시킴으로써 성립하는 범죄이다. 과실로 현주건조물 등 일수죄와 공용건조물 등 일수죄에 기재한 물건을 침해하는 경우의 과실일수죄는 추상적 위험범이며, 일반건조물 등 일수죄에 기재한 물건을 침해하여 공공의 위험을 발생시키는 과실일수죄는 구체적 위험범이다. 과실일수죄는 업무상과실 · 중과실의 경우에도 보통의 과실과 동일하게 취급된다.

5. 수리방해죄

본죄는 제방을 결궤하거나 수문을 파괴하거나 기타 방법으로 수리를 방해함으로써 성립하는 범죄이며, 수리권을 보호법익으로 한다. 역사적으로는 농업이나 목축 등을 위한 다수인이 이용하는 물에 대한 권리, 즉 공공수리권을 보호하기 위하여 규정된 죄이다.[65] 따라서 농촌주택에서 배출되는 생활하수의 배수관을 토사로 막아 하수가 내려가지 못하게 한 경우에는 수리방해죄에 해당하지 아니한다.[66] 또한 수리이익은 현실적으로 존재하는 경우에만 본죄의 성립이 가능하다.[67] 물을 이용한다는 수단의 유사성에 의하여 일수죄와 함께 같은 장에서 규정되었으나 현대사회에서는 거의 기능을 상실한 규정이다.

제5절 교통방해의 죄

1. 교통방해의 죄 일반론

1-1. 의 의

교통방해의 죄는 교통로나 교통기관 등 교통설비를 손괴하거나 불통하게 하여 교통을 방해하는 것을 내용으로 하는 범죄이다. 현대사회에서 교통의 고속화와 교통기관의 대형화에 따라 교통의 방해는 불특정 다수인의 생명 · 신체 · 재산에 대한 심각한 침해를 초래할 수 있다. 따라서 교통방해의 죄는 방화죄나 일수죄와 같이 공공위험죄로서의 성격을 가진다.

교통방해의 죄의 보호법익은 공공의 안전이며, 구체적으로는 교통의 안전과 불특정 또는 다수인의 생명 · 신체 · 재산의 안전이다. 따라서 교통방해의 죄는 교통안전의 위험과 사람의 생명 · 신체 · 재산의 위험이라는 2중의 위험을 요하는 범죄라고 할 수 있다(통설). 교통방해의 죄는 법익의 보호정도에 따라 추상적 위험범으로 해석된다. 또한 교통방해의 죄는 미수범을 처벌하므로 교통방해의 결과 내지 기차 등의 전복 · 매몰 · 추락 · 파괴의 결과를 요하는 결과범으로 해석된다.

65) 대법원 1968.2.20., 67도1677.

66) 대법원 2001.6.26., 2001도404: "원천 내지 자원으로서의 물의 이용이 아니라, 하수나 폐수 등 이용이 끝난 물을 배수로를 통하여 내려 보내는 것은 제184조 소정의 수리에 해당한다고 할 수 없다."

67) 대법원 1975.6.24., 73도2954: "수로가 현실로 수리시설로 쓰이는 것은 가뭄이 심하여 개천물이 없게 된 때에 비로소 생기는 사정임을 인정할 수 있다면, 평상시에는 그 수로는 현실적으로 수리에 쓰이지 아니하니 그를 통한 현존하는 수리이익은 있을 수 없다."; 동지, 대법원 1960.9.21., 4293형상522.

1-2. 구성요건의 체계

[교통방해의 죄]

기본적 구성요건 – 일반교통방해죄: 제185조
가중적 구성요건 – 기차 · 선박 등 교통방해죄: 제186조; 기차 등 전복죄: 제187조; 교통방해치사상죄: 제188조
과실범 – 과실교통방해죄: 제189조 제1항; 업무상과실 · 중과실 교통방해죄, 가중: 동조 제2항

미수범: 제190조 (제185조 내지 제187조에 대하여)
예비죄: 제191조 (제186조와 제187조에 대하여)

교통방해의 죄의 기본적 구성요건은 제185조의 일반교통방해죄이다. 제186조의 기차 · 선박 등의 교통방해죄와 제187조의 기차 등의 전복죄는 이에 대하여 불법이 가증된 가중적 구성요건이다. 제188조의 교통방해치사상죄는 제185조 내지 제187조를 범하여 사상의 결과를 초래하는 결과적가중범이다. 이 중에서 교통방해치상죄는 부진정결과적가중범으로 해석되며, 교통방해치사죄는 진정결과적가중범으로 해석된다.

교통방해의 죄에 대하여는 과실범이 처벌되고 있다. 제189조 제1항의 과실교통방해죄는 제185조 내지 제187조의 죄를 과실에 의하여 야기함으로써 성립하는 범죄이다. 동조 제2항의 업무상과실 · 중과실교통방해죄는 불법이 가중된 가중적 구성요건에 해당한다.

제190조는 일반교통방해죄, 기차 · 선박 등의 교통방해죄, 기차 등 전복죄에 대하여 그 미수범을 처벌하고 있으며, 제191조에서는 기차 · 선박 등의 교통방해죄와 기차 등 전복죄에 대하여 그 예비 · 음모죄를 처벌하고 있다.

2. 일반교통방해죄

본죄는 육로 · 수로 또는 교량을 손괴 또는 불통하게 하거나 기타 방법으로 교통을 방해함으로써 성립하는 범죄이다. 이러한 구성요건의 구조는 교통방해의 범위를 너무 광범위하게 한다. 따라서 본조는 교통안전의 위험과 불특정 또는 다수인의 생명 · 신체 · 재산의 위험이라는 2중의 위험을 내포한 행위에 한하여 적용될 수 있도록 제한해석을 필요로 한다.

본죄의 객체는 육로 · 수로 또는 교량이다. 육로란 공중의 왕래에 사용되는 육상도로를 의미한다. 본죄의 육로는 '반드시 도로교통법의 적용을 받는 도로가 아니더라도 사실상 일반 공중이나 차

량 등이 자유롭게 통행할 수 있는 공공성을 지닌 장소'라는 것이 일반적인 학설의 입장이다(통설).[68] 따라서 통행인의 수,[69] 노면의 광협, 당해 토지에 대한 관리권이나 소유권[70] 등은 문제가 되지 않는다고 한다.[71] 그러나 본죄의 육로는 교통방해에 의하여 교통안전의 위험과 불특정 또는 다수인의 생명 · 신체 · 재산의 위험이라는 2중의 위험을 초래할 수 있는 정도의 규모를 가지고 있어야 한다. 따라서 개인이나 특정인만이 사용하는 육로는 본죄의 객체에서 제외되어야 한다.[72] 또한 통행인의 수, 노면의 광협 또는 토지관리권이나 소유권의 유무도 본죄의 보호법익의 관점에서 육로의 범위를 제한하는 규범적 요소로 고려되어야 한다.

수로는 선박의 교통에 이용되는 하천 · 운하 · 해협 · 호수 · 항만 · 항구 뿐 아니라 공해상의 해로도 포함한다. 교량은 일반교통에 제공된 하천이나 수로 또는 계곡 등에 가설된 다리를 말하며 육교도 포함한다. 다만 철교는 궤도(제186조)의 일부가 되므로 여기의 교량에 해당하지 않는다.

본죄의 행위는 육로 · 수로 · 교량을 손괴 또는 불통하게 하거나 기타 방법으로 교통을 방해하는 것이다. 육로 · 수로 · 교량의 손괴는 교통을 방해할 수 있을 정도의 물질적 훼손을 의미한다. 육로 · 수로 · 교량을 불통하게 하는 것은 공중의 통행을 못하게 하는 일체의 행위를 말한다. 도로 등에 장애물을 설치하여 차단하는 방법이 대표적인 경우가 된다. 손괴 · 불통 뿐 아니라 기타의 방법으로 교통을 방해하는 경우도 본죄에 해당한다. 허위의 표지나 신호에 의하여 또는 폭력으로 교통을 방해하거나 반대차선으로 주행하는 경우 등이 여기에 해당한다. 다만 이들 구성요건적 행위들은 본죄의 목적론적 의미에 따라 교통안전의 위험과 불특정 또는 다수인의 생명 · 신체 · 재산의 위험이라는 2중의 위험이 내포된 방법으로 제한되어야 한다.

본죄는 육로 · 수로 · 교량을 손괴 또는 불통하게 하거나 기타 방법으로 교통방해의 결과를 야기함으로써 기수에 이르게 된다.[73] 교통방해의 결과가 발생하지 아니한 경우는 본죄의 미수에 불과하다. 다만 본죄는 추상적 위험범이므로 구체적으로 공공의 안전을 위태롭게 할 필요는 없다(통설).[74] 일반적인 학설의 입장에서는 본죄가 추상적 위험범이므로 교통이 현실적으로 방해될 필요가 없다

68) 대법원 1999.7.27., 99도1651; 대법원 2002.4.26., 2001도6903; 대법원 2005.8.19., 2005도1697; 대법원 2005.10.28., 2004도7545; 대법원 2007.2.22., 2006도8750.

69) 대법원 2007.2.22., 2006도8750: "사실상 2가구 외에는 달리 이용하는 사람들이 없는 통행로라 하더라도 이는 일반교통방해죄에서 정하고 있는 육로에 해당한다."

70) 대법원 1979.9.11., 79도1761; 대법원 1987.4.17., 87도393; 대법원 1989.6.27., 88도2264; 대법원 2002.4.26., 2001도6903.

71) 대법원 2002.4.26., 2001도6903; 대법원 2005.8.19., 2005도1697; 대법원 2005.10.28., 2004도7545; 대법원 2007.2.22., 2006도8750.

72) 대법원 2017.4.7., 2016도12563: "공로에 출입할 수 있는 다른 도로가 있는 상태에서 토지 소유자로부터 일시적인 사용승낙을 받아 통행하거나 토지 소유자가 개인적으로 사용하면서 부수적으로 타인의 통행을 묵인한 장소에 불과한 도로는 위 규정에서 말하는 육로에 해당하지 않는다."; 동취지, 대법원 1984.11.13., 84도2192; 대법원 1999.4.27., 99도401; 대법원 2007.10.11., 2005도7573; 대법원 2010.2.25., 2009도13376.

73) 동지, 김성돈, 570면; 배종대, 496면; 오영근, 500면.

74) 본죄를 구체적 위험범으로 해석하는 견해로는 배종대, 496면. 본죄를 침해범으로 해석하는 견해로는 오영근, 499면.

고 이해한다(통설). 판례[75]도 동일한 입장이다. 그러나 보호법익과 행위의 대상이 다른 경우에는 추상적 위험범인 결과범의 성립이 얼마든지 가능하다.

본죄의 '교통을 방해하는 기타의 방법'에 대하여는 학설의 대립이 있다. 학설[76]에서는 교통을 방해하는 일체의 행위를 기타의 방법으로 해석한다.[77] 그러나 본질적으로 '기타 방법'은 구성요건 내재적 유추적용을 의미한다.[78] 따라서 기타 방법은 앞에서 제시된 방법과 동일한 불법내용을 가지는 방법으로 제한되어야 한다.[79] 즉 기타방법은 손괴 · 불통에 준하는 방법이어야 하며, 특히 손괴 · 불통 뿐 아니라 기타 방법도 교통안전의 위험과 불특정 또는 다수인의 생명 · 신체 · 재산의 위험이라는 2중의 위험이 내포된 방법으로 제한되어야 한다.

3. 기차 · 선박 등의 교통방해죄

본죄는 궤도 · 등대 또는 표지를 손괴하거나 기타의 방법으로 기차 · 전차 · 자동차 · 선박 또는 항공기의 교통을 방해함으로써 성립한다. 본죄는 기차 · 전차 · 자동차 · 선박 또는 항공기 등 일시에 많은 사람과 물건을 수송하는 대형교통기관의 교통을 방해한다는 점에서 공공의 안전에 대한 위태화의 정도가 크기 때문에 불법이 가중되는 가중적 구성요건이다.

본죄의 객체는 궤도 · 등대 또는 표지이다. 궤도는 일반교통에 제공하기 위해 지상에 부설한 철궤 또는 궤도줄을 의미하며, 반드시 철도법상의 철의 궤도에 한하지 않는다. 등대는 선박의 항해를 위하여 시설한 등화를 말한다. 표지는 교통의 소통과 안전을 위하여 설치된 교통시설물을 말한다. 그러나 본죄의 객체가 여기에 한정되지는 않는다. 본죄의 행위가 기타의 방법을 규정하고 있으므로, 이에 따라 본죄의 객체도 궤도 · 등대 · 표지에 준하는 항공기의 관제시설이나 지하철 관제시설 등을 포함한다.

본죄의 행위는 궤도 · 등대 또는 표지를 손괴하거나 기타의 방법으로 기차 · 전차 · 자동차 · 선박 또는 항공기의 교통을 방해하는 것이다. 손괴는 물건 자체에 대한 훼손(Substanzverletzung)을 의미한다. 물건 자체에 대한 훼손 없이 그 효용을 해하는 행위는 기타의 방법에 해당한다. 예컨대 궤도상에 장애

75) 대법원 2018.5.11., 2017도9146: "일반교통방해죄는 이른바 추상적 위험범으로서 교통이 불가능하거나 또는 현저히 곤란한 상태가 발생하면 바로 기수가 되고 교통방해의 결과가 현실적으로 발생하여야 하는 것은 아니다."; 대법원 2005.10.28., 2004도7545; 대법원 2007.12.14., 2006도4662; 대법원 2018.1.24., 2017도11408.

76) 권오걸, 776면; 김성돈, 569면; 김일수/서보학, 480면; 이영란, 565면; 정성근/박광민, 604면; 정영일, 304면; 진계호/이존걸, 793면.

77) 대법원 2005.10.28., 2004도7545; 대법원 2007.12.14., 2006도4662; 대법원 2009.1.30., 2008도10560; 대법원 2014.7.10., 2014도1926; 대법원 2018.1.24., 2017도11408; 대법원 2018.5.11., 2017도9146

78) 이에 관하여는 이정원/류석준, 형법총론, '제1편, 제2절, 2-3-2. 유추적용금지와 구성요건 내재적인 유추' 참조.

79) 백형구, 461면; 동취지, 김성천/김형준, 630면; 임웅, 671면.

물을 놓아두거나, 등대의 등화를 조작하거나, 교통신호 등을 조작하거나, 기타의 교통표지 · 신호 · 신호등 등을 보이지 않도록 가리는 방법 또는 항공기 관제탑의 레이더시설이나 지하철 관제시설의 컴퓨터 작동방해 등이 여기에 해당한다.

본죄는 궤도 · 등대 또는 표지를 손괴하거나 기타의 방법으로 기차 · 전차 · 자동차 · 선박 또는 항공기 교통의 방해결과를 야기함으로써 기수에 이르게 된다. 교통방해의 결과가 발생하지 아니한 경우는 본죄의 미수에 불과하다. 그러나 본죄는 추상적 위험범이므로 구체적으로 공공의 안전을 위태롭게 할 필요는 없다(통설).

4. 기차 등의 전복 등 죄

본죄는 사람이 현존하는 기차 · 전차 · 자동차 · 선박 또는 항공기를 전복 · 매몰 · 추락 또는 파괴함으로써 성립하는 범죄이다.

본죄의 객체는 사람이 현존하는 기차 · 전차 · 자동차 · 선박 또는 항공기이다. 사람의 현존은 실행행위를 개시할 때 사람이 있으면 족하며, 결과발생시에 사람이 현존함을 요하는 것은 아니다. 사람의 현존으로 충분하며, 반드시 다수인이 현존할 필요는 없다. 또한 본죄의 객체는 운행 중일 것을 요하지 않으므로, 정차 · 주차 · 정박 중에 있는 경우에도 여기에 해당한다.

본죄의 행위는 전복 · 매몰 · 추락 또는 파괴하는 것이다. 전복은 본죄의 객체를 뒤집거나 넘어뜨리는 것이다. 그러나 궤도 위의 기차 등을 단순히 탈선시키는 것만으로는 전복이라고 할 수 없다.[80] 여러 차량으로 연결된 경우는 하나의 차량의 전복으로 충분하다. 매몰이란 물이나 흙 또는 눈에 묻히게 하는 것이다. 선박을 침몰시키거나 눈사태를 야기하여 기차나 차량을 묻히게 하는 경우가 여기에 해당한다. 추락은 자동차나 항공기 등을 높은 곳에서 아래로 떨어뜨리는 것을 말한다. 그러나 추락에 의하여 항공기나 자동차가 반드시 파괴되었을 필요는 없다.

본죄의 구성요건적 행위인 파괴는 '교통기관으로서 기능의 전부나 일부가 불가능하게 할 정도의 손괴'라는 것이 일반적인 학설의 입장이다(통설). 그러나 본죄는 교통안전의 위험과 불특정 또는 다수인의 생명 · 신체 · 재산의 위험이라는 2중의 위험을 요하는 공공위험죄이고, 전복 · 매몰 · 추락이라는 구성요건적 행위와의 균형상 본죄의 파괴를 단순히 재물의 중대한 손괴로만 해석할 수는 없다. 본죄의 파괴는 '교통기관으로서 기능의 전부나 일부를 불가능하게 할 정도의 손괴'인 동시에, '기차 · 전차 · 자동차 · 선박 또는 항공기에 현존하는 불특정 또는 다수인의 생명 · 신체 · 재산의 위태화를 초래할 수 있는 파괴행위이어야 한다.[81]

80) 이 경우는 본죄의 미수죄가 성립한다.

81) 반대 견해로는 손동권/김재윤, 589면 이하; 이재상/장영민/강동범, 544면 이하.

제2장 공공의 신용에 대한 죄

제1절 통화에 관한 죄

1. 통화에 관한 죄 일반론

1-1. 의 의

통화에 관한 죄는 행사할 목적으로 통화를 위조 · 변조하거나, 위조 · 변조한 통화를 행사 · 수입 · 수출 또는 취득하거나, 통화유사물을 제조함으로써 공공의 신용을 위태롭게 하는 범죄이다. 따라서 통화에 관한 죄의 보호법익은 통화에 대한 거래상의 신용과 안전이며, 법익의 보호정도에 따라 추상적 위험범으로 해석된다. 또한 형법은 통화에 관한 죄에서 내국통화 뿐 아니라 외국통화에 대하여도 규정하고 있으며, 내국통화에 관한 죄를 외국통화에 관한 죄에 비하여 중하게 처벌하고 있다. 이에 대해서는 낡은 국수주의 사상의 표현이라고 비판하는 견해[1] 와 내국통화의 경우가 외국통화에 비해 거래의 안전과 공공의 신용을 해할 위험이 크다는 견해[2]의 대립이 있다. 후자의 견해도 의미가 있으나, 이러한 차이는 단순한 불법의 양적차이에 불과하여 법정형이 아니라 양형에서 고려하면 충분할 것으로 보여 진다.

> 종래 (구)특가법 제10조는 형법 제207조 제1항의 내국통화 위조 · 변조죄, 제2항의 내국유통 외국통화 위조 · 변조죄, 제3항의 외국유통 외국통화 위조 · 변조죄 및 제4항의 동행사죄에 대하여 사형 · 무기 또는 5년 이상의 징역형으로 가중처벌함으로써 결과적으로 내국통화에 관한 죄와 외국통화에 관한 죄는 동일한 형으로 처벌되고 있었다. 그러나 형법조항과 동일한 구성요건을 규정하면서 법정형만 상향시킨 (구)특가법 제10조는 헌재의 위헌결정[3]에 따른 2016년1월16일의 법개정으로 폐지되었다.

통화에 관한 죄는 제5조 제4호에 의하여 외국인의 국외범도 처벌된다. 이 규정에 의하여 외국인

1) 박상기, 493면; 손동권/김재윤, 607면 이하; 이영란, 593면; 이재상/장영민/강동범, 548면 이하; 이형국, 562면.

2) 김성돈, 592면; 오영근, 523면 이하.

3) 헌재, 2014.11.27., 2014헌바224, 2014헌가11(병합): "형사특별법은 그 입법목적에 따른 새로운 가중처벌사유가 추가될 때에만 그 가중처벌이 의미를 가지고, 동일한 목적을 위하여 하나의 범죄행위에 대한 형을 거듭 가중함으로써 형벌체계상 지나치게 가혹한 형을 규정하는 것은 형벌의 기능과 목적을 달성하는 데 필요한 정도를 현저히 벗어나 너무 무거운 형벌을 부과하여 책임원칙에 반한다."; 동지, 헌재 2014.4.24., 2011헌바2.

이 외국통화를 외국에서 위조하는 경우에도 형법의 적용을 받게 되므로(제207조 제3항), 이 한도에서 형법의 장소적 적용범위에 관한 세계주의가 채택되어 있다.[4)5)]

1-2. 구성요건의 체계

[통화에 관한 죄]

기본적 구성요건 – 통화위조 · 변조죄: 제207조 제1항(내국통화), 제2항(내국유통 외국통화), 제3항(외국유통 외국통화)
독립적 구성요건 – 위조통화행사 등 죄: 제207조 제4항; 위조통화취득죄: 제208조; 위조통화취득 후 지정행사죄: 제210조; 통화유사물제조 등 죄: 제211조

미수범: 제212조 (제207조, 제208조, 제211조에 대하여)
예비죄: 제213조 (제207조 제1항 내지 제3항에 대하여)
– 실행에 이르기 전의 자수: 제213조 단서 (필요적 형 감면사유)
자격정지 또는 벌금의 병과: 제209조 (제207조와 제208조에 대하여)

통화에 관한 죄의 기본적 구성요건은 제207조의 통화위조 · 변조죄이다. 형법 제207조는 제1항의 내국통화, 제2항의 내국유통 외국통화, 제3항의 외국유통 외국통화라는 통화의 종류에 따라 각각 법정형을 달리 규정하고 있다.

제207조 제4항의 위조통화행사죄, 제208조의 위조통화취득죄, 제210조의 위조통화취득후 지정행사죄, 제211조의 통화유사물의 제조 등 죄는 각각 독립된 범죄유형에 해당한다.

제212조는 통화에 관한 죄에서 위조통화취득후 지정행사죄를 제외한 모든 죄의 미수범을 처벌한다. 제213조는 통화위조 · 변조죄에 대하여 그 예비죄를 처벌하며, 다만 통화위조 · 변조의 예비죄에 대하여 그 목적한 죄의 실행에 이르기 전에 자수한 때에는 그 형을 감경 또는 면제한다. 또한 제209조는 제207조 · 제208조를 범하여 유기징역에 처할 경우에 10년 이하의 자격정지 또는 2천만원 이하의 벌금을 병과할 수 있도록 규정하고 있다.

2. 내국통화위조 · 변조죄

본죄는 행사할 목적으로 통용하는 대한민국의 화폐 · 지폐 또는 은행권을 위조 또는 변조함으로

4) 김일수/서보학, 532면; 이영란, 592면; 이재상/장영민/강동범, 548면; 임웅, 678면; 조준현, 646면; 진계호/이존걸, 633면.
5) 반대 견해로는 김성돈, 597면; 손동권/김재윤, 609면; 오영근, 524면; 정성근/박광민, 675면; 정영일, 317면.

써 성립하는 범죄이다.

2-1. 행위객체

본죄의 객체는 통용하는 대한민국의 통화이다. 통화란 금액이 표시된 지급수단으로 '국가' 또는 '국가에 의하여 발행권한이 부여된 기관'이 발행함으로써 강제통용력이 인정된 것을 말한다. 이러한 것으로 형법은 화폐 · 지폐 및 은행권을 열거하고 있으나, 현행 발권은행인 한국은행이 발행하는 은행권으로는 지폐와 주화가 있을 뿐이다.

통화는 통용하는 것이어야 한다. '통용하는'이란 법률에 의하여 지급수단으로서 강제통용력이 인정된다는 것을 의미한다. 이러한 점에서 통용은 "사실상 내국에서 쓰여 진다"는 것을 의미하는 유통과 구별된다. 따라서 고화나 폐화는 통화가 아니다. 기념주화는 그것이 주로 거래나 수집의 대상일지라도 발권은행이 발행한 은행권으로서 법률에 의하여 지급수단으로 강제통용력이 인정되는 한 여기의 통화에 해당한다. 통용기간이 경과하였으나 교환 중인 구화[6]는 본죄의 통화에 해당하지 않는다. 지급수단으로서 강제통용력이 인정되지 않기 때문이다.

내국에서 유통하는 외국의 통화는 내국유통 외국통화위조 · 변조죄(제207조 제2항)의 객체가 되며, 외국에서 통용하는 외국의 통화[7]는 외국통용 외국통화위조 · 변조죄(제207조 제3항)의 객체가 된다. 제207조 제2항의 '유통하는'이란 사실상 내국에서 쓰여 진다는 의미이다. 따라서 내국유통 외국통화는 지급수단으로서의 강제통용력을 가질 필요가 없다.

2-2. 행 위

본죄의 행위는 위조 또는 변조하는 것이다. 위조는 발행권한을 가지지 아니한 자가 일반인으로 하여금 진정한 통화와 혼동을 일으킬 정도[8]로 통화의 외관을 가지는 물건을 제작하는 것이다.[9] 이러한 정도에 이르지 못한 때에는 경우에 따라 미수범의 성립만이 가능할 뿐이다. 예컨대 10원짜리 주화의 표면에 색칠을 하여 100원짜리 주화와 유사한 색체를 갖도록 변경한 경우[10] 또는 만원권 지폐의 앞뒤를 흑백복사기로 복사한 후 푸른색계통의 색상이 나오도록 칠한 경우[11]가 그러하다. 그러나 컬러복사기로 복사하거나 컴퓨터의 스캐너를 이용하여 컬러프린터로 출력한 경우는 본죄의 위조에 해당한다. 또한 위조는 진정한 통화를 이용하는 경우도 가능하다. 예컨대 여러 개의 진정한 화

6) 대법원 2003.1.10., 2002도3340: "스위스 화폐로서 1998년까지 통용되었으나 현재는 통용되지 않고 다만 스위스 은행에서 신권과의 교환이 가능한 진폐(眞幣)라도 내국에서 유통하는 외국의 화폐에 해당하지 아니한다."; 동지, 대법원 2013.12.12., 2012도2249.

7) 대법원 2004.5.14., 2003도3487.

8) BGHSt 32, 202.

9) 대법원 1986.3.25., 86도255; 대법원 2002.2.11., 2000도3950; 대법원 2004.3.26., 2003도5640; 대법원 2012.3.29., 2011도7704.

10) 대법원 1979.8.28., 79도639; 대법원 2002.2.11., 2000도3950; 대법원 2004.3.26., 2003도5640.

11) 대법원 1985.4.23., 85도570; 대법원 1986.3.25., 86도255.

폐의 조각들을 모아 모자이크식으로 합성하여 만든 것도 일반인으로 하여금 진정한 통화와 혼동을 일으킬 정도의 외관이 인정되면 위조에 해당한다.[12] 위조비용은 문제가 되지 않으므로 금화 등의 경화위조의 경우 실질적으로 진화보다 높은 가치의 통화를 위조하는 것도 가능하다(통설).

변조는 진정한 통화에 가공하여 가치를 변경시키는 것을 말한다. 그러나 본죄에서 변조의 개념은 거의 의미가 없다. 본죄에서의 통화변조도 위조에서와 동일하게 일반인으로 하여금 진정한 통화로 오인할 수 있는 정도로 가공되어질 것을 요한다. 그러나 한국은행권에 단순히 금액만 고치는 것만으로는 이것을 어느 누구도 고쳐진 금액의 진정한 통화로 오인할 수 없다. 따라서 변조의 개념을 충족하는 행위는 동시에 필연적으로 위조의 개념을 충족하게 된다. 진정한 통화를 사용하여 다른 새로운 통화가 작성된 때에는 변조가 아니라 위조에 해당하며, 이 정도에 이르지 못한 경우는 위조뿐 아니라 변조에도 해당하지 않게 된다.[13]

금화나 은화와 같이 통화 자체에 가치가 있는 경화의 경우에 이를 조금씩 떼어내는 방법으로 가치를 변경시키는 것도 변조에 해당한다는 것이 일반적인 학설의 입장이다(통설). 그러나 금화나 은화가 통용되지 않는 현실에 있어서 이러한 방법에 의하여 변조개념에 특별한 의미를 부여할 수 없을 뿐 아니라, 금화나 은화 등의 실질적인 가치를 변경시키는 경우라도 통용이나 유통에 지장을 주지 않는 한 통화변조죄는 성립하지 않는다.[14] 따라서 금화나 은화의 실질적 가치를 변경시키는 형태의 변조는 불가능하다고 해야 한다.

지폐의 앞 · 뒷면을 분리하여 2장의 지폐를 만든 경우가 변조에 해당한다는 견해[15]가 있다. 그러나 지폐의 앞면이나 뒷면만 가지고서 일반인이 진정한 통화로 오인할 수 있는 정도의 통화변조라고 할 수는 없다. 범인이 앞 · 뒷면을 분리한 지폐를 사용하는 경우에는 사기죄가 성립하게 될 뿐이다. 만약 지폐의 앞 · 뒷면을 분리하여 2장의 지폐를 만든 후 각각 다른 면을 제작(위조)하여 부착함으로써 진정한 통화로 오인될 정도에 이르면 통화위조죄에 해당하게 된다.

본죄의 성립에 위조 · 변조의 대상인 진화가 실제로 현존할 필요가 없다는 것이 일반적인 학설의

12) 박상기, 495면.

13) 대법원 2002.2.11., 2000도3950: "500원짜리 주화의 표면 일부를 깎아내어 가공된 주화를 일본국의 자동판매기 등이 500￥짜리 주화로 오인한다는 사정만을 들어 그 명목가치가 일본국의 500￥으로 변경되었다거나 일반인으로 하여금 일본국의 500￥짜리 주화로 오신케 할 정도에 이르렀다고 볼 수도 없다."; 동취지, 대법원 2004.3.26., 2003도5640: "화폐수집가들이 골드라고 부르며 수집하는 희귀화폐인 것처럼 만들기 위하여 진정한 통화인 미화 1달러 및 2달러 지폐의 발행연도, 발행번호, 미국 재무부를 상징하는 문양, 재무부장관의 사인, 일부 색상을 고친 것만으로는 통화가 변조되었다고 볼 수 없다."

14) 이때는 경우에 따라서 사기죄의 성립이 가능할 수 있다. 만약 통용이나 유통에 지장을 줄 정도로 금화나 은화 등의 실질적인 가치를 변경시킨 경우라면 일반인으로 하여금 진정한 통화와 혼동을 일으킬 정도에 이르지 못한 것이므로 위조나 변조의 개념을 충족시키지 못한다.

15) 김일수, 한국형법 IV, 200면; 김일수/서보학, 536면.

입장이다(통설). 통설의 주된 근거는 발행예정인 화폐도 본죄의 객체에 포함시켜야 한다는 것이다. 그러나 통화위조 · 변조는 진화를 전제로 하는 개념이다.[16)17)] 다만 발행예정인 화폐를 본죄의 객체에 포함시킬 수 있는지는 이와 별개의 문제이다. 발행예정인 화폐도 진화를 전제로 한 개념이기 때문이다.[18)] 따라서 발행예정인 화폐는 예측가능한 장래의 진화를 본죄의 객체에 포함시킬 수 있는지의 문제가 된다. 본죄의 보호목적의 관점에서 발행예정인 통화의 안전을 제외시킬 수 없으므로 발행예정인 통화에 대해서도 본죄의 성립을 인정해야 할 것이다(통설).[19)] 다만 발행예정인 화폐도 진화를 전제로 하는 것이므로 명목가치가 다른 화폐를 만드는 것은 위조에 해당하지 않는다.

2-3. 주관적 구성요건

본죄는 행사의 목적으로 대한민국의 통화를 위조 · 변조함으로써 성립한다. 따라서 본죄는 고의 이외에 초과주관적 구성요건요소로서 위조 · 변조한 통화를 행사하려는 목적을 요한다. 행사의 목적이란 위조 · 변조한 통화를 진정한 통화로서 통용하게 하려는 내적 의사를 말한다. 자신이 직접 행사하는 경우 뿐 아니라 제3자로 하여금 행사하게 하려는 경우도 포함한다(통설). 행사의 목적이 달성되었는지 여부는 본죄의 성립에 영향을 주지 못한다.

3. 위조 · 변조통화행사죄

본죄는 위조 · 변조한 통화를 행사하거나 행사할 목적으로 수입 · 수출함으로써 성립하는 범죄이다.

3-1. 구성요건

본죄의 행위객체는 위조 또는 변조한 통화이며, 본죄의 행위는 이를 행사하거나 행사의 목적으로 수입 · 수출하는 것이다.

행사란 위조 · 변조된 통화를 진정한 통화로 사용함으로써 이를 진정한 통화로 유통시키는 것을 의미한다. 행사의 방법은 위조 · 변조한 통화를 타인에게 이전하는 것이 일반적이나, 자판기나 공중전화기에 투입하는 경우도 여기에 해당한다. 본죄의 행사는 진정한 통화로 사용하는 것이므로 위조 · 변조된 통화로서 명목가치 이하의 가격으로 판매하는 경우는 본죄의 행사에 해당하지 않는다.

---

16) 동지, 김성천/김형준, 639면; 정영일, 318면.

17) 대법원 2004.5.14., 2003도3487: "미국에서 발행된 적이 없이 단지 여러 종류의 관광용 기념상품으로 제조, 판매되고 있는 미합중국 100만 달러 지폐와 과거에 발행되어 은행 사이에서 유통되다가 현재는 발행되지 않고 있으나 화폐수집가나 재벌들이 이를 보유하여 오고 있는 미합중국 10만 달러 지폐가 막연히 일반인의 관점에서 통용할 것이라고 오인할 가능성이 있다고 하더라도 외국에서 통용하는 외국의 지폐에 해당한다고 할 수 없다."

18) 동취지, 정영일, 318면.

19) 반대 견해로는 김성천/김형준, 639면.

또한 진정한 통화로 유통시켜야하기 때문에 자신의 신용력을 보이기 위하여 단순히 타인에게 제시하였다는 것만으로는 본죄의 행사라고 볼 수 없다.[20] 진정한 통화로 유통시킨 이상 유상이건 무상(증여)이건 관계가 없다.

판례[21]는 "위조통화임을 알고 있는 자에게 그 위조통화를 교부한 경우에 피교부자가 이를 유통시키리라는 것을 예상 내지 인식하면서 교부하였다면, 그 교부행위 자체가 통화에 대한 공공의 신용 또는 거래의 안전을 해할 위험이 있으므로 위조통화행사죄가 성립한다"는 입장이다.[22] 다만 공범관계에 있는 자들 사이에서의 교부는 위조통화행사 이전의 단계에 불과하므로 본죄의 행사에 해당하지 않는다고 한다.[23] 그러나 본죄의 행사는 위조 · 변조된 통화를 진정한 통화로 유통시키는 것을 의미하므로 위조 · 변조된 통화로서 제3자에게 교부하는 행위를 본죄의 행사로 볼 수는 없다.[24] 위조통화임을 알고 있는 자에게 그 위조통화를 교부하는 행위를 본죄의 행사로 파악하는 것은 명예훼손죄에서 공연성 판단에 관한 전파성이론과 같이 정범과 공범의 관계를 오인한 관점이라고 해야 한다.

학설에서는 공중이 왕래하는 장소에 살포하는 행위도 본죄의 행사에 해당한다는 견해[25]도 있다. 이 견해는 "위탁에 의하여 위조통화를 보관하던 자가 위험하다고 생각하여 이를 기차역의 쓰레기통에 버리는 행위도 위조통화의 처분에 대한 사실상의 지위를 근거지우는 행위로서 위조통화취득죄의 취득에 해당한다"[26]는 독일의 통설[27]과 판례[28]를 근거로 한다. 이러한 결론은 독일형법의 위조통화취득죄가 초과주관적 구성요건요소로서 위조통화를 '진정한 통화로 유통하려는 목적' 외에 '이러한 유통을 가능하게 하려는 목적'[29]을 포함하기 때문에 가능하다. 즉 위탁에 의한 보관은 본죄의 취득에 해당하지 않지만, 이를 버리는 행위는 그 순간에 위조통화의 처분에 대한 사실상의 지위를 근거지우며, 이 때 위조통화의 취득도 인정된다는

20) 대법원 2012.3.29., 2011도7704: "형법 제207조에서 정한 '행사할 목적'이란 유가증권위조의 경우와 달리 위조 · 변조한 통화를 진정한 통화로서 유통에 놓겠다는 목적을 말하므로, 자신의 신용력을 증명하기 위하여 타인에게 보일 목적으로 통화를 위조한 경우에는 행사할 목적이 있다고 할 수 없다."

21) 대법원 2003.1.10., 2002도3340.

22) 권오걸, 801면; 김성돈, 598면; 오영근, 529면; 이재상/장영민/강동범, 554면; 이형국, 569면; 정영일, 322면; 진계호/이존걸, 639면.

23) 대법원 2010.12.9., 2010도12553: "위조유가증권임을 알고 있는 자에게 교부하였더라도 피교부자가 이를 유통시킬 것임을 인식하고 교부하였다면, 그 교부행위 그 자체가 유가증권의 유통질서를 해할 우려가 있어 처벌의 이유와 필요성이 충분히 있으므로 위조유가증권행사죄가 성립한다고 보아야 할 것이지만, 위조유가증권의 교부자와 피교부자가 서로 유가증권위조를 공모하였거나 위조유가증권을 타에 행사하여 그 이익을 나누어 가질 것을 공모한 공범의 관계에 있다면, 그들 사이의 위조유가증권 교부행위는 그들 이외의 자에게 행사함으로써 범죄를 실현하기 위한 전단계의 행위에 불과한 것으로서 위조유가증권은 아직 범인들의 수중에 있다고 볼 것이지 행사되었다고 볼 수는 없다."; 대법원 2007.1.11., 2006도7120.

24) 동지, 김성천/김형준, 645면 이하.

25) 김일수/서보학, 539면; 박상기, 499면.

26) BGHSt 35, 21 f.

27) Vgl. Stree/Sternberg-Lieben, S-S StGB, § 146 Rdnr. 15 mwN.

28) RGSt 59, 80; BGHSt 2, 116; 3, 154; 35, 22.

29) In der Absicht, daß es als in Verkehr gebracht oder daß ein solches Inverkehrbringen ermöglicht werde.

것이다. 이러한 행위에 대해서는 '위조통화의 유통을 가능하게 하려는 목적'이 인정되어 독일형법 제146조 제1항 제2호의 위조통화취득죄에 해당하게 된다. 그러나 독일형법에서도 위조·변조통화행사죄는 위조·변조통화를 진정한 통화로 유통시키는 것으로만 규정하고 있으며, 위조·변조통화의 유통을 가능하게 하는 것을 행사의 범위에 포함시키지 아니하였다. 따라서 독일형법에 의해서도 '위탁에 의하여 위조통화를 보관하던 자가 위험하다고 생각하여 이를 기차역의 쓰레기통에 버리는 행위'는 위조통화행사죄에 해당하지 않는다. 따라서 형법의 해석에서 '위조통화를 공중이 왕래하는 장소에 살포하는 행위'를 본죄의 행사로 볼 수는 없다.

본죄의 행위는 행사 외에 행사의 목적으로 수입·수출하는 경우를 포함한다. 수입·수출행위에 대하여는 초과주관적 구성요건요소로서 행사의 목적을 요한다.

3-2. 타죄와의 관계

본죄와 통화위조·변조죄와의 관계에 대하여는 학설의 다툼이 있다. 이에 관하여는 우선 통화위조·변조죄와 동행사죄의 상상적 경합을 인정하는 견해[30]가 있다. 목적범에서는 목적을 달성할 때까지의 행위를 하나의 행위로 보아야 한다는 것을 이유로 한다. 그러나 행사목적에는 자신이 행사하는 경우 뿐 아니라 타인으로 하여금 행사하게 하는 경우[31] 도 포함시켜야하기 때문에 목적범에서 목적을 달성할 때까지의 행위가 하나의 행위로 포괄된다고 할 수는 없다.

통화위조·변조죄와 동행사죄를 보충관계에 의한 법조경합으로 이해함으로써 위조통화행사죄의 성립만을 인정하는 견해[32]가 있다. 이 견해는 통화위조·변조죄를 동행사죄의 경과범죄로 이해하는 입장이다. 그러나 위조통화행사죄가 통화위조·변조죄의 불법내용과 책임내용을 완전히 포함한다고 볼 수는 없다. 특히 통화의 안전이라는 관점에서는 개별적인 위조통화행사보다도 대량의 통화위조행위의 불법내용이 오히려 더욱 크다고 할 수 있다.

이와 유사한 관점에서 "위조행위시 애당초 의도했던 범행계획에 상응한 행사행위는 불가벌적 사후행위로서 흡수관계에 의한 법조경합이 되며, 뒤의 행사행위가 선행하는 위조행위에 상응하지 않고 새로운 종류의 결단에 의해 이루어졌다면 위조행위와 행사행위는 별개의 독립된 범죄로서 실체적 경합이 된다"는 견해[33]도 있다. 이 견해는 원칙적으로 위조·변조통화의 행사를 통화위조·변조죄의 불가벌적 사후행위로 보는 입장이라고 할 수 있다. 그러나 통화위조·변조죄도 동행사행위의 불법내용과 책임내용을 완전히 포함한다고 볼 수는 없다. 또한 새로운 결단에 의한 위조통화행사에

30) 배종대, 502면; 이재상/장영민/강동범, 552면.

31) 예컨대 위조기술자로서 타인의 명령 또는 의뢰에 의해서 통화를 위조하는 경우.

32) 오영근, 530면; 임웅, 682면.

33) 김일수, 한국형법 Ⅳ, 208면; 김일수/서보학, 541면; 정영일, 324면.

대하여 실체적 경합을 인정하는 것은 위조통화행사에 대하여 독자적 불법을 인정하는 입장이라고 할 수 있다.

형법이 기본적인 통화위조 · 변조행위 이외에 이를 행사하는 행위를 독립된 범죄유형으로 새롭게 규정한 것은 이들을 각각 독립된 2개의 행위로 평가하려는 입법자의 의도라고 해야 한다. 따라서 통화위조 · 변조죄와 동행사죄는 실체적 경합으로 해석하는 것이 타당하다. 판례[34]와 다수설[35]도 통화위조 · 변조죄와 동행사죄에 관하여 실체적 경합을 인정하고 있다.

> 통화위조 · 변조죄와 동행사죄의 관계를 상상적 경합으로 해석하는 견해는 위조통화임을 알고서 취득한 후 이를 행사하는 경우에 위조통화취득죄와 본죄의 관계를 실체적 경합으로 본다.[36] 이러한 상상적 경합설에 의하면, 통화를 위조한 자가 위조통화를 행사하는 경우에 비하여 위조통화를 취득한 자가 이를 행사하는 경우가 무겁게 처벌되고 있다. 이러한 상상적 경합설의 모순된 결론의 이유가 무엇인지 의문이 제기된다. 더욱이 통화위조 · 변조죄와 동행사죄의 관계를 상상적 경합으로 이해하는 근거는 "목적범에 있어서 목적을 달성할 때까지의 행위는 하나의 행위로 보아야 한다"는 것이다. 그런데 이러한 근거가 왜 위조통화취득죄와 본죄의 관계에서는 등장할 수 없는지 의문이 제기된다.

대부분의 위조통화행사는 기망행위를 수단으로 반대급부를 취하기 때문에 본죄와 사기죄의 관계가 문제된다. 판례[37]는 이 경우 실체적 경합을 인정한다. 두 범죄의 보호법익이 다르다는 것을 이유로 한다. 동일한 이유에서, 다만 하나의 행위로 양죄의 구성요건을 충족시키는 경우이므로 두 범죄는 상상적 경합이 된다는 것이 학설의 일반적인 입장이다(통설). 그러나 이 경우에는 흡수관계에 의한 법조경합을 인정하는 것이 타당하다.[38][39] 물론 증여와 같이 반대급부를 요하지 않는 위조통화행사의 경우는 사기죄가 성립할 여지는 없으므로 본죄만 성립하게 된다. 그러나 이러한 예외적 상황 외의 위조통화행사는 행위자가 항상 진정한 통화로 기망하여 반대급부를 취하게 되며, 이러한 타인의 재산권 침해행위는 위조통화행사죄가 이미 예정하고 있다. 또한 사기죄의 불법내용은 위조통화행사죄의 전형적인 수반행위로서 위조통화행사죄에 용해될 정도로 결합되어 있다. 그러므로 사기죄는 본죄에 대하여 흡수관계에 의한 법조경합이 인정되어야 한다.

---

34) 문서위조죄와 동행사죄에 관하여: 대법원 1983.7.26., 83도1378; 대법원 2001.2.9., 2000도1216; 대법원 2007.8.23., 2007도2551.

35) 권오걸, 798면; 김성돈, 596면; 김성천/김형준, 647면; 박상기, 500면; 손동권/김재윤, 612면; 이형국, 567면; 정성근/박광민, 679면; 조준현, 651면; 진계호/이존걸, 636면.

36) 배종대, 502면, 503면; 이재상/장영민/강동범, 552면, 557면.

37) 대법원 1979.7.10., 79도840.

38) 동지, 오영근, 530면.

39) Vgl. Rudolphi, SK StGB, § 146 Rdnr. 19.

4. 위조 · 변조통화취득죄

4-1. 의 의

본죄는 행사할 목적으로 위조 · 변조한 제207조 기재의 통화를 취득함으로써 성립하는 범죄이다. 본죄의 객체는 제207조에 의하여 위조 · 변조된 대한민국이나 외국의 통화이며, 본죄의 행위는 취득이다. 본죄의 취득은 구성요건적 행위로서의 의미 외에 구성요건적 결과로서도 의미가 있다. 본죄는 미수범을 처벌하기 때문에 취득의 형식적 완성은 구성요건적 결과의 발생으로 본죄의 기수에 해당하게 된다. 따라서 본죄는 거래의 안전과 신용이라는 법익보호의 정도에 따라 추상적 위험범으로 해석되는 동시에, 위조통화의 취득이라는 결과를 요하는 결과범이 된다. 본죄는 주관적 구성요건요소로서 고의 외에 '행사의 목적'을 요하는 목적범이다. 아래에서는 본죄와 관련하여 특별한 의미가 있는 '취득개념'과 '행사의 목적'에 대해서만 설명한다.

4-2. 취 득

본죄의 취득은 위조통화에 대하여 점유를 획득함으로써 이를 독자적으로 처분할 수 있는 사실상의 지위를 차지하는 일체의 행위 또는 단순하게 위조통화의 처분에 대한 사실상의 지위를 근거지우는 일체의 행위를 말한다(통설). 따라서 위탁에 의한 보관은 여기서의 취득에 해당하지 않는다.[40]

위조통화에 대한 점유를 획득함으로써 이를 처분할 수 있는 사실상의 지위를 차지하는 일체의 행위는 유상 · 무상을 불문하며, 범죄행위에 의하여 취득한 경우도 여기에 해당한다.

일반적인 학설의 입장에서는 본죄의 취득을 '자기의 점유로 옮기는 일체의 행위'로 이해한다(통설). 점유의 이전이 수반되지 않는 횡령은 본죄의 취득에 해당하지 않는다고 한다. 다만 통설에서도 점유이탈물횡령의 경우에는 본죄의 취득으로 인정하고 있다. 그러나 점유이탈물횡령의 경우에도 점유이탈물을 횡령(취득)한 이후에야 위조통화라는 사실을 알 수 있으므로, 이 경우에도 행사의 목적으로 자기의 점유로 옮기는 본죄의 취득은 논리적으로 불가능하다고 해야 한다. 결국 점유이탈물횡령의 경우에는 자신이 점유하게 된 점유이탈물이 위조통화라는 사실을 인식하면서도 계속해서 보관하는 때에 본죄의 취득이 있게 된다. 이와 같이 본죄의 취득은 단순하게 위조통화의 처분에 대한 사실상의 지위를 근거지우는 일체의 행위로 충분하며, 필수적으로 점유의 이전을 요하는 것은 아니라고 해석해야 한다.[41] 예컨대 위조통화의 보관을 위탁받은 자가 행사의 목적으로 반환을 거부하는 횡령의 경우, 이를 영득하기 위하여 위탁자를 살해하거나 불구로 만드는 강취의 경우 또는 반환요구가 불가능하도록 폭행 · 협박을 하는 갈취의 경우에도 본죄의 성립을 인정하여야 한다.

---

40) 손동권/김재윤, 616면은 위조통화임을 알고서 보관하는 경우를 본죄의 취득이라고 해석한다. 그러나 이 경우를 위조통화에 대하여 처분할 수 있는 사실상의 지위를 획득한 것으로 볼 수는 없다.

41) 동지, 김성천/김형준, 648면; 김일수, 한국형법 IV, 210면; 김일수/서보학, 542면; 정영일, 322면.

4-3. 행사의 목적

본죄는 초과주관적 구성요건요소로서 '행사의 목적'을 요하는 목적범이다. 행사의 목적에 관하여는 이미 설명하였지만 본죄에서는 취득개념과 관련하여 '행사의 목적'이 특별하게 문제가 된다.

독일형법의 위조통화취득죄는 초과주관적 구성요건요소로서 위조통화를 진정한 통화로 유통되게 하려는 목적 외에 이러한 유통을 가능하게 하려는 목적을 포함한다. 따라서 위탁에 의하여 위조통화를 보관하던 자가 위험하다고 생각하여 이를 기차역의 쓰레기통에 버리는 행위도 위조통화의 처분에 대한 사실상의 지위를 근거지우는 행위로서 위조통화취득죄의 취득에 해당한다고 한다.[42] 그러나 형법의 위조통화취득죄는 초과주관적 구성요건요소로서 행사의 목적을 요하므로, 위 사례는 형법의 위조통화취득죄를 구성하지 못한다. 물론 형법의 해석에서도 이러한 행위는 본죄의 취득개념에 포함될 수 있지만, 이러한 행위에 대해서 '행사의 목적'을 인정할 수는 없다. 이 한도에서 형법의 위조통화취득죄는 형벌의 공백을 가지게 된다. 본죄는 행사목적 없이 단순히 유통을 가능하게 하려는 목적으로 위조통화를 취득한 경우를 포섭할 수 없기 때문이다.

5. 위조통화취득후 지정행사죄

본죄는 위조 · 변조한 통화임을 모르고 취득한 후에 그 정을 알고서 행사한 때에 성립하는 범죄이다. 본죄는 동기가 유혹적이고 기대가능성이 적다는 것을 이유로 위조통화취득죄에 비하여 가볍게 처벌되고 있다.

본죄의 행위는 위조 · 변조한 통화임을 모르고 취득한 후에 행사하는 것이다. 위조 · 변조한 통화임을 모르고 취득하는 것은 반드시 적법한 취득임을 요하지 아니한다(통설).[43] 따라서 절취 · 강취 · 사취 · 갈취행위를 통하여 취득한 경우라도 취득할 때 위조 · 변조한 통화라는 사실을 알지 못한 경우는 본죄의 취득에 해당한다. 타인으로부터 보관을 위탁받은 자가 반환을 거부한 이후 또는 점유이탈물을 횡령한 이후에 위조통화임을 알게 된 경우도 정을 모르고 취득한 경우에 해당한다. 그러나 타인으로부터 보관을 위탁받은 자가 위조통화임을 알게 된 이후에 반환을 거부하거나 또는 점유이탈물을 발견한 자가 위조통화임을 알면서도 이를 횡령하는 경우는 위조통화취득죄가 성립하게 된다. 따라서 이 경우는 본죄의 정을 모르고 취득한 경우에 해당하지 않는다.

위조통화임을 모르고 취득한 후 그 정을 알고 기망을 수단으로 행사하여 반대급부를 취한 경우는 본죄와 사기죄의 상상적 경합이 인정된다(통설). 본죄의 목적을 사기행위까지 가볍게 처벌하려는

42) Vgl. BGHSt 35, 21 f.

43) 반대견해: 김일수/서보학, 544면 이하에서는 본죄의 지정행사가 특별한 책임표지라는 관점에서 취득이 불법한 경우 책임감경을 인정할 수 없다고 한다.

취지로 해석할 수는 없기 때문이다. 또한 사기죄의 불법내용이 본죄의 전형적인 수반행위로서 본죄에 용해될 정도로 결합되어 있다고 볼 수도 없으므로,[44] 사기죄를 본죄의 불가벌적 수반행위로서 흡수관계에 의한 법조경합을 인정할 수 없다. 이 경우 사기죄의 성립만을 인정하는 견해[45]가 있으나, 범죄구조적으로는 오히려 본죄가 사기죄의 기망행위를 포괄하고 있다. 따라서 이 견해는 이론적으로 부당하다.

위조통화행사죄가 2년 이상의 징역형으로 처벌되는데 비하여, 본죄는 2년 이하의 징역이나 5백만원 이하의 벌금형으로 처벌된다. 본죄를 위조통화행사죄에 비하여 현저히 경하게 처벌하는 것은 그 행사의 동기가 유혹적이고 기대가능성이 적다는 것을 이유로 한다. 그러나 위조통화임을 알고서 이를 행사하는 행위에는 위조통화행사죄의 불법내용이 그대로 들어 있다. 기껏해야 양형단계에서의 고려만 가능할 수 있는 행위동기[46]에 대하여 이와 같이 현저한 법정형의 차이를 인정한 것은 위조통화임을 모르고 취득한 자에 대하여 위조통화행사행위를 거의 묵인하는 입법태도이다. 조속히 폐지가 요구되는 규정이다. 입법론적으로 위조통화행사죄는 위조통화취득후 지정행사죄를 포괄하여야 하며, 본 규정의 폐지만으로도 위조통화행사죄는 위조통화취득후 지정형사죄를 포섭할 수 있다.

6. 통화유사물제조등 죄

본죄는 판매할 목적으로 내국 또는 외국에서 통용하거나 유통하는 화폐 · 지폐 또는 은행권에 유사한 물건을 제조 · 수입 · 수출하거나(제211조 제1항) 또는 이를 판매(동조 제2항)함으로써 성립하는 범죄이다. 본죄의 객체는 통화유사물이다. 통화유사물이란 통화와 유사한 외관을 갖추었으나 일반인으로 하여금 진정한 통화와 혼동을 일으킬 정도가 아닌 것, 즉 위조 · 변조의 정도에 이르지 않은 것을 말한다. 본죄의 행위는 판매할 목적으로 제조 · 수입 · 수출하거나, 또는 판매하는 것이다. 이 중에서 제조 · 수입 · 수출은 판매의 목적에 의한 행위이어야 한다. 이 한도에서 본죄는 목적범에 해당한다. 통화유사물판매죄는 고의 이외에 특별한 목적을 요하지 아니한다.

---

44) 즉 사기죄는 본죄보다 무겁게 처벌되기 때문에, 사기죄의 불법내용이 본죄에 용해되어 결합될 수는 없다.

45) 오영근, 533면.

46) 김일수/서보학, 544면 이하는 본죄의 '위조통화의 선의의 취득'을 객관적으로 규정된 특별책임표지로 해석한다. 범죄 이론적으로 정확한 관점이나, 본죄는 이를 너무 과대평가함으로써 규범적 정당성을 상실하고 있다.

제2절 유가증권과 우표 · 인지에 관한 죄

1. 유가증권과 우표 · 인지에 관한 죄 일반론

1-1. 의 의

유가증권에 관한 죄는 행사할 목적으로 유가증권을 위조 · 변조 또는 허위작성하거나, 위조 · 변조 · 허위작성한 유가증권을 행사 · 수입 또는 수출함으로써 공공의 신용을 위태롭게 하는 범죄이다. 따라서 유가증권에 관한 죄의 보호법익은 유가증권에 대한 거래의 신용과 안전이며, 법익의 보호정도에 따라 추상적 위험범으로 해석된다.

유가증권은 특수한 문서의 일종이지만, 현대사회에서는 거래상 중요한 유가증권의 유통성에 의하여 통화와 유사한 기능을 가지고 있다. 이에 따라 독일형법은 유가증권에 관한 죄를 통화에 관한 죄와 함께 규정하고 있다. 그러나 형법은 통화에 관한 죄나 문서에 관한 죄로부터 분리하여 유가증권에 관한 죄를 독립된 별개의 장에서 우표와 인지에 관한 죄와 함께 규정하고 있다.

유가증권 · 우표 · 인지에 관한 죄는 형법 제5조 제5호에 의하여 외국인의 국외범도 처벌된다. 이 규정에 의하여 외국인이 외국에서 외국의 유가증권 · 우표 · 인지에 관한 죄를 범한 경우에도 형법의 적용을 받게 되므로(제214조, 제218조), 이 한도에서 형법의 장소적 적용범위에 관한 세계주의가 채택되어 있다.[47)]

1-2. 구성요건의 체계

[유가증권, 우표 · 인지에 관한 죄]

유가증권의 위조 등 죄 – 유가증권위조 · 변조죄: 제214조 제1항(기본적 구성요건);
기재사항 위조 · 변조죄: 제214조 제2항; 자격모용 유가증권작성죄: 제215조

허위유가증권의 작성 등 죄 – 허위유가증권작성 등 죄: 제216조

위조유가증권 등의 행사죄 – 위조유가증권 등 행사죄: 제217조

인지 · 우표에 관한 죄 – 인지 · 우표위조 · 변조죄: 제218조 제1항(기본적 구성요건);
위조인지 · 우표행사죄: 제218조 제2항; 위조인지 · 우표취득죄: 제219조
인지 · 우표 등 소인말소죄: 제221조; 인지 · 우표유사물제조 등 죄: 제222조

미수범: 제223조 (제214조 내지 제219조, 제222조에 대하여)
예비죄: 제224조 (제214조, 제215조, 제218조 제1항에 대하여)
자격정지 또는 벌금의 병과: 제220조 (제214조 내지 제219조에 대하여)

47) 김일수/서보학, 549면; 배종대, 505면; 이재상/장영민/강동범, 559면; 임웅, 692면; 정성근/박광민, 689면; 진계호/이존걸, 645면.

유가증권 · 우표 · 인지에 관한 죄는 유가증권의 위조 등 죄, 허위유가증권의 작성 등 죄, 위조유가증권 등의 행사죄 및 인지 · 우표에 관한 죄로 규정되어 있다. 이들 4가지 범죄유형들은 각각 독립된 범죄유형이다. 유가증권의 위조 등 죄에서 기본적 구성요건은 제214조 제1항의 유가증권위조 · 변조죄이며, 독립적 구성요건으로서 동조 제2항의 기재사항의 위조 · 변조죄와 제215조의 자격모용 유가증권작성죄가 있다. 유가증권의 위조 등 죄에 대해서 제216조의 허위유가증권 작성 등 죄와 제217조의 위조유가증권 등 행사죄도 각각 독립적 구성요건이다.

인지 · 우표에 관한 죄에서는 제218조 제1항의 인지 · 우표위조 · 변조죄가 기본적 구성요건이다. 동조 제2항의 위조인지 · 우표행사죄, 제219조의 위조인지 · 우표취득죄, 제221조의 인지 · 우표 등 소인말소죄 및 제222조의 인지 · 우표유사물제조 등 죄는 이에 대한 독립적 구성요건에 해당한다.

제223조는 유가증권 · 우표 · 인지에 관한 죄에 대하여 인지 · 우표 등 소인말소죄를 제외한 모든 죄의 미수범을 처벌한다. 또한 제224조는 유가증권위조 · 변조죄, 기재사항의 위조 · 변조죄, 자격모용 유가증권작성죄 및 인지 · 우표위조 · 변조죄에 대하여 그 예비죄를 처벌한다. 제220조는 제214조 내지 제219조를 범하여 징역에 처할 경우에 10년 이하의 자격정지 또는 2천만원 이하의 벌금을 병과할 수 있도록 규정하고 있다.

> 유가증권에 관한 죄에 대한 특별형법으로는 부정수표단속법이 있다. 수표를 위조 · 변조(동법 제5조)하거나 부정수표를 발행(동법 제2조)하는 경우는 부정수표단속법이 적용되므로 본장의 규정이 적용될 여지는 없다.

2. 유가증권위조 · 변조죄

본죄는 행사할 목적으로 대한민국 또는 외국의 공채증서 기타 유가증권을 위조 또는 변조함으로써 성립하는 범죄이다. 본죄는 고의 이외에 초과주관적 구성요건요소로서 '행사의 목적'을 요하는 목적범이다.

2-1. 행위객체

본죄의 객체는 대한민국 또는 외국의 공채증서 기타 유가증권이다. 공채증서는 국가 또는 지방자치단체에서 발행하는 국채나 지방채의 증서를 말하며, 유가증권의 한 예시에 불과하다.

① 유가증권의 개념 : 유가증권이란 사법상의 재산권을 표창하는 증권으로서 증권에 기재한 권리의 행사나 처분에 있어서 증권의 소지(점유)를 필요로 하는 것을 말한다.[48] 따라서 유가증권은 재

48) 대법원 1984.11.27., 84도1862; 대법원 1995.3.14., 95도20; 대법원 1998.11.24., 98도2967; 대법원 2001.8.24., 2001도2832;

산권이 증권에 화체되어 있어야 하며, 권리의 행사나 처분에 있어서 증권을 소지해야 한다는 2가지 요건을 필요로 한다. 유가증권에 화체되어 있는 재산권은 물권 · 채권 뿐 아니라 사원권을 포함한다. 그러나 재산권이라고 할 수 없는 공법적인 지위나 권한을 표시하는 노인우대증이나 영업허가증 등은 유가증권이 아니다. 또한 이러한 재산권은 증권에 화체되어 있어야 한다. 즉 재산권이 증권에 특수하게 결합되어 있어야 한다. 그러므로 물품구입증[49]이나 매매계약서 · 영수증과 같은 증거증권 또는 정기예탁금증서[50] 나 예금통장 · 휴대품보관증 · 철도수하물상환증 등과 같은 면책증권은 증권에 재산권이 화체되어 있다고 할 수 없으며, 또한 권리의 행사나 처분에 있어서도 반드시 증권의 소지(점유)를 필요로 하지 않으므로 유가증권에 해당하지 않는다. 또한 유가증권 사본에도 재산권이 화체되어 있지 않으므로 유가증권의 사본은 유가증권이라고 할 수 없다.[51] 그러나 양도성예금증서(CD)는 예금채권 및 이자를 표창하고 권리의 행사나 이전에 있어서 증서의 소지를 요하므로 본죄의 유가증권에 해당한다. 또한 선불카드나 공중전화카드[52] 등도 상품권과 같이 일정한 재산적 권리가 표창되어 있고 권리의 행사나 처분에 증권의 소지를 요하므로 본죄의 유가증권에 해당한다. 항공권은 증거증권 · 면책증권(일반사문서)에 불과하며, 본죄의 유가증권에는 해당하지 않는다.

판례[53]는 한국외환은행 소비조합이 그 소속조합원에게 발행한 신용카드를 그 카드에 의해서만 신용구매의 권리를 행사할 수 있다는 점에서 재산권이 증권에 화체된 유가증권이라고 판시하고 있다.[54] 이에 대하여 '판례의 신용카드는 신용구매의 권리가 화체되어 있는 증권이라기보다는 신용구매의 권리를 증명하는 증명증권 · 면책증권'이라 것이 학설의 일반적인 입장이다(통설). 물론 신용카드나 현금카드는 증명증권 · 면책증권에 해당하며, 본죄의 유가증권에는 해당하지 않는다.[55] 그러나 판례사안의 신용카드는 금액 · 구입상품명 등이 기재되어 있어 일반 상품권과 동일하며, 다만 그 대금의 결재에 있어서만 신용카드를 그 소비조합에 제

대법원 2007.7.13., 2007도3394; 대법원 2010.5.13., 2008도10678.

49) 대법원 1972.12.26., 72도1668.

50) 대법원 1984.11.27., 84도2147. 일반적으로 은행거래관계자들은 무기명정기예금증서를 양도성예금증서(소위 CD)로 이해한다. 양도성예금증서는 의문의 여지없이 유가증권이다. 그러나 양도성이 없는 정기예금증서라면 그것이 기명이든 무기명이든 단순한 면책증권에 불과하다. 다만 이러한 양도성이 없는 무기명정기예금증서는 현실적으로 사용되고 있지 않다.

51) 대법원 2010.5.13., 2008도10678: "위조유가증권행사죄에 있어서의 유가증권이라 함은 위조된 유가증권의 원본을 말하는 것이지 전자복사기 등을 사용하여 기계적으로 복사한 사본은 이에 해당하지 않는다."; 대법원 1998.2.13., 97도2922; 대법원 2007.2.8., 2006도8480.

52) 대법원 1984.11.27., 84도1862; 대법원 1995.3.14., 95도20; 대법원 1998.2.27., 97도2483.

53) 대법원 1984.11.27., 84도1862: "본건의 신용카드는 한국외환은행 소비조합이 그 소속조합원에게 그의 직번(일종의 구좌번호) · 구입상품명 등을 기재하여 교부하고 조합원은 이를 사용할 때 연 · 월 · 일 · 금액 등을 기입 · 제시하여 엘칸토 양화점(위 소비조합과 할부판매약정을 한 상점)에서 상품을 신용구입하고 이 양화점을 통하여 위 은행 소비조합에 이를 제출시켜 3개월마다 정산하여 조합원으로부터 수금하는 방식을 취하는 경우로서 이는 위 카드에 의해서만 신용구매의 권리를 행사할 수 있는 점에 있어서 재산권이 증권에 화체되었다고 볼 수 있으니 유가증권이라고 볼 것이다."

54) 권오걸, 810면; 박상기, 504면.

55) 대법원 1999.7.9., 99도857.

출시켜 3개월마다 정산하여 조합원으로부터 수금하는 방식을 취하는 경우이다. 따라서 이 판례사안에서의 신용카드는 일반 신용카드와는 그 성질이 다른 카드로서 본죄의 유가증권에 해당한다.[56)]

② 유가증권의 종류 : 형법에서 유가증권의 종류는 법률상의 유가증권과 사실상의 유가증권으로 구별한다. 법률상의 유가증권은 어음 · 수표 · 주권 · 채권 · 화물상환증 · 선하증권 · 창고증권 등과 같이 법률상 일정한 형식을 필요로 하는 유가증권을 말하며, 사실상의 유가증권은 승차권 · 입장권 · 복권 · 상품권 등과 같이 법률상 일정한 형식을 요하지 않는 유가증권을 말한다.

③ 유가증권의 발행자 : 본죄의 객체인 유가증권의 발행자는 대한민국 또는 외국의 사인(私人)이나 국가 또는 공공단체를 모두 포함하며, 유가증권이 반드시 국내에서 유통하거나 발행된 것임을 요하지 않는다. 유가증권의 명의인이 실재할 필요도 없다.[57)] 일반인이 '진정하게 작성된 유가증권'으로 오신할 수 있는 정도의 외관을 갖추고 있으면 유가증권에 대한 안전과 신용을 위태롭게 하는 것으로 충분하기 때문이다.

④ 유가증권의 유효성 여부 : 유가증권은 반드시 사법상 유효한 것일 필요는 없다. 일반인이 유가증권으로 오신할 만한 외관을 구비한 것이라면 이에 의한 거래의 안전과 신용을 위태롭게 하는 행위가 가능하기 때문이다. 따라서 유가증권으로서의 요건에 흠결이 있어 무효인 것이라도 일반인이 유가증권으로 오신할 만한 외관을 가진 때에는 본죄의 객체가 된다. 예컨대 발행일자가 기재되지 아니한 수표나 대표자의 날인이 없는 주권 등과 같이 필요적 기재사항을 결하여 상법상 무효인 것[58)] 등도 본죄의 유가증권이 된다.

⑤ 유가증권의 유통성 여부 : 유가증권은 통화와 같이 유통성을 가질 필요는 없다. 형법이 유가증권에 관한 죄를 문서의 죄에 비하여 특별하게 취급하는 이유는 '재산권이 화체되어 있는 증권'이라는 점에 있기 때문이다. 따라서 유통성이 없는 승차권 · 입장권 등도 본죄의 유가증권에 해당한다.

2-2. 행 위

본죄의 행위는 유가증권을 위조 또는 변조하는 것이다. 다만 여기서의 위조 · 변조는 기본적 증권행위에 대한 것이어야 한다. 유가증권의 권리의무에 관한 기재를 위조 · 변조하는 경우는 제214조 제2항의 기재사항 위조 · 변조죄에 해당하기 때문이다.

---

56) 동지, 조준현, 658면.

57) 대법원 2011.7.14., 2010도1025: "외형상 일반인으로 하여금 진정하게 작성된 유가증권이라고 오신케 할 수 있을 정도로 작성된 것이라면 그 발행명의인이 가령 실재하지 않은 사자 또는 허무인이라 하더라도 그 위조죄가 성립된다."; 대법원 1971.7.27., 71도905.

58) 대법원 1973.6.12., 72도1796; 대법원 1974.12.14., 74도294.

2-2-1. 위 조

위조란 작성권한 없는 자가 타인명의의 유가증권을 작성하는 것이다. 타인의 대리인이나 대표자로서 작성권한 있는 자가 타인의 유가증권을 작성하는 경우는 본죄의 위조에 해당하지 않는다.[59] 이 경우는 허위유가증권작성죄 또는 배임죄의 성립이 가능할 수 있을 뿐이다. 본죄의 위조는 외형상 일반인으로 하여금 진정하게 작성된 유가증권으로 오신될 정도에 이를 것을 요한다.[60]

본죄의 위조에는 권한 없이 타인명의의 유가증권을 작성하는 전형적인 방법 외에도 약속어음의 액면란에 보충권의 범위를 초월한 금액을 기입하는 경우,[61] 타인이 위조한 백지어음을 완성하는 경우,[62] 찢어진 타인의 약속어음을 조합하는 경우[63] 또는 폐공중전화카드의 자기기록 부분에 전자정보를 기록하여 사용가능한 공중전화카드를 만든 경우[64] 등이 있다. 또한 본죄의 위조는 간접정범의 수단을 이용하는 방법으로도 가능하다.[65] 예컨대 기망으로 약속어음용지에 발행인으로 하여금 서명 · 날인케 한 후에 임의로 어음요건을 기재하는 방법으로 어음을 발행한 경우가 그러하다. 그러나 작성권한 있는 자를 도구로 이용하여 완전한 유가증권을 작성케 한 경우는 본죄에 해당하지 않는다. 이때는 유가증권이 진정하게 작성되었기 때문에 유가증권위조죄의 성립은 불가능하며, 그 수단에 따라 사기죄 · 공갈죄 · 강도죄의 성립이 가능할 뿐이다.

> 대법원[66]은 스키리프트탑승권 발매기를 전산조작하여 탑승권을 배출시킨 행위를 유가증권위조행위로 판단하였다. 그러나 판례는 위조의 본질적 의미를 잘못 이해하고 있다. 본질적으로 위조는 가짜를 만들어내는 것이다. 진짜를 만들어내는 것은 위조가 아니다. 만약 진짜를 만들어내는 것도 위조의 개념에 포함시킨다면, 가짜동전으로 지하철 승차권을 발급 받는 행위도 유가증권위조죄로 해석해야 할 것이다. 스키리프트탑승권 발매기를 전산조작하여 발행된 탑승권은 타인의 재물인 유가증권이라고 해석해야 하며, 이를 취거한 행위는 절도죄로 해석해야 한다.

59) 대법원 2015.11.27., 2014도17894: "대표이사가 직접 주식회사 명의의 문서를 작성하는 행위는 자격모용사문서작성 또는 위조에 해당하지 않는 것이 원칙이고, 이는 그 문서의 내용이 진실에 반하는 허위이거나 대표권을 남용하여 자기 또는 제3자의 이익을 도모할 목적으로 작성된 경우에도 마찬가지이며, 이러한 법리는 주식회사의 대표이사가 대표 자격을 표시하는 방식으로 약속어음 등 유가증권을 작성하는 경우에도 마찬가지로 적용된다."; 동취지, 대법원 2008.11.27., 2006도2016; 대법원 2010.5.13., 2010도1040; 대법원 2012.9.27., 2012도7467.

60) 대법원 1985.9.10., 85도1501: "피고인이 위조한 것이라는 가계수표가 발행인의 날인이 없는 것이라면 이는 일반인이 진정한 것으로 오신할 정도의 형식과 외관을 갖춘 수표라 할 수 없어 부정수표단속법 제5조 소정의 수표위조의 책임을 물을 수 없다."; 대법원 1992.6.23., 92도976.

61) 대법원 1972.6.13., 72도897; 대법원 1989.12.12., 89도1264; 대법원 1999.6.11., 99도1201.

62) 대법원 1982.6.3., 82도677.

63) 대법원 1976.1.27., 74도3442.

64) 대법원 1998.2.27., 97도2483.

65) 대법원 1984.11.27., 84도1862.

66) 대법원 1998.11.24., 98도2967.

2-2-2. 변 조

변조는 유가증권의 동일성을 해하지 않는 범위에서 진정하게 성립된 타인명의의 유가증권의 내용에 권한 없이 변경을 가하는 것이다. 예컨대 어음의 발행일자 · 액면 · 지급인의 주소 등을 변경하는 경우가 여기에 해당한다. 그러나 내용의 변경으로 유가증권의 동일성이 유지될 수 없는 경우는 변조가 아니라 위조에 해당한다. 또한 변조는 진정하게 성립된 유가증권을 전제로 한다. 따라서 유가증권 용지에 내용을 기재하여 새로운 유가증권을 만들거나, 효력을 상실한 유가증권을 가공하여 유효한 유가증권으로 만드는 행위는 변조가 아니라 위조에 해당한다.

변조는 타인명의의 유가증권을 전제로 하기 때문에 자기명의의 유가증권이거나 대리권한[67]이 있거나 또는 대표권한을 남용하여[68] 유가증권에 변경을 가하는 것은 변조에 해당하지 않는다. 또한 변조는 진정한 유가증권을 전제로 하므로 위조유가증권이나[69] 변조된 유가증권[70]에 변경을 가하는 것은 변조에 해당하지 않는다.

> 대법원[71]은 "① 위조 · 변조된 약속어음의 액면금액을 권한 없이 변경한 경우 진정한 유가증권에 변경을 가한 것이 아니므로 유가증권변조에 해당하지 않으며, ② 약속어음의 액면금액을 권한 없이 변경하는 것은 유가증권변조에 해당할 뿐 유가증권위조는 아니므로, 약속어음의 액면금액을 권한 없이 변경하는 행위가 당초의 위조와는 별개의 새로운 유가증권위조가 된다고도 할 수 없다"는 입장이다. 이에 반하여 대법원[72]은 "타인이 위조한 액면과 지급기일이 백지로 된 약속어음을 구입하여 행사의 목적으로 백지인 액면란에 금액을 기입하여 그 위조어음을 완성하는 행위는 백지어음 형태의 위조행위와는 별개의 유가증권위조죄를 구성한다"고 판시하였다. '액면란이 백지인 위조약속어음을 완성하는 행위'는 '부당한 보충권의 행사로 이미 완성된 어음을 변조하는 행위'와 다르다는 것이다.[73] 그러나 백지약속어음이 얼

67) 대법원 2006.1.13., 2005도6267: "약속어음의 발행인으로부터 어음금액이 백지인 약속어음의 할인을 위임받은 자가 위임 범위 내에서 어음금액을 기재한 후 어음할인을 받으려고 하다가 그 목적을 이루지 못하자 유통되지 아니한 당해 약속어음을 원상태대로 발행인에게 반환하기 위하여 어음금액의 기재를 삭제하는 것은 그 권한 범위 내에 속한다고 할 것이므로, 이를 유가증권변조라고 볼 수 없다."

68) 대법원 1980.4.22., 79도3034: "회사의 대표이사로서 주권작성에 관한 일반적인 권한을 가지고 있는 자가 대표권을 남용하여 자기 또는 제3자의 이익을 도모할 목적으로 그들 명의의 주권의 기재사항에 변경을 가한 행위는 회사의 대표자의 자격에서 그 대표권에 기하여 작성한 것이므로 문서손괴죄 등에 해당됨은 별론으로 하고 유가증권변조죄 및 그 행사죄를 구성한다고 할 수 없다."

69) 대법원 2006.1.26., 2005도4764: "유가증권변조죄에 있어서 변조라 함은 진정으로 성립된 유가증권의 내용에 권한 없는 자가 그 유가증권의 동일성을 해하지 않는 한도에서 변경을 가하는 것을 말하므로, 이미 타인에 의하여 위조된 약속어음의 기재사항을 권한 없이 변경하였다고 하더라도 유가증권변조죄는 성립하지 아니한다."; 동지, 대법원 2008.12.24., 2008도9494.

70) 대법원 2012.9.27., 2010도15206: "유가증권변조죄에서 '변조'는 진정하게 성립된 유가증권의 내용에 권한 없는 자가 유가증권의 동일성을 해하지 않는 한도에서 변경을 가하는 것을 의미하고, 이와 같이 권한 없는 자에 의해 변조된 부분은 진정하게 성립된 부분이라 할 수 없다. 따라서 유가증권의 내용 중 권한 없는 자에 의하여 이미 변조된 부분을 다시 권한 없이 변경하였다고 하더라도 유가증권변조죄는 성립하지 않는다."

71) 대법원 2008.12.24., 2008도9494; 동지, 대법원 2006.1.26., 2005도4764; 대법원 2012.9.27., 2010도15206.

72) 대법원 1982.6.22., 82도677.

73) 대법원 2008.12.24., 2008도9494

마든지 통용되는 현실에서 백지인 액면란에 금액을 기입하였다는 것만으로 별개의 다른 유가증권이라고 평가하는 것은 타당하다고 할 수 없다. 위조 · 변조된 약속어음의 액면금액을 권한 없이 변경한 경우라면 액면금액을 지우고 공백을 만들어 기재하든 또는 처음부터 액면금액이 기재되지 아니한 공백에 기재하든 법적으로 동일하게 유가증권의 내용을 변경하는 변조로 취급되어야 한다.

3. 기재사항 위조 · 변조죄

본죄는 행사할 목적으로 유가증권의 권리 · 의무에 관한 기재를 위조 또는 변조함으로써 성립하는 범죄이다. 따라서 본죄는 진정하게 성립된 유가증권을 전제로 한다. 유가증권의 권리 · 의무에 관한 기재란 배서 · 인수 · 보증과 같은 부수적 증권행위의 기재사항을 의미한다. 예컨대 타인명의로 어음을 배서하는 경우가 본죄의 위조에 해당하며,[74] 유가증권에 타인이 배서한 부분을 변경하는 것이 본죄의 변조에 해당한다. 어음발행인이라도 권한 없이 타인이 배서한 부분을 변경하는 것은 본죄의 변조에 해당한다.

판례[75] 는 '어음발행인이 어음을 회수한 후 어음에 남아있는 A상사 명의 배서의 담보적 효력을 이용하기 위하여 이미 경과된 지급기일을 임의로 그 후의 날짜로 변경한 후 제3자에게 이를 교부한 사안'에서 "어음발행인이라 하더라도 어음상에 권리의무를 가진 자가 있는 경우에는 이러한 자의 동의를 받지 아니하고 어음의 기재 내용을 변경하면 본죄의 변조에 해당한다"고 판시하였다. 그러나 여기서 어음발행인은 이미 경과된 지급기일을 그 후의 날짜로 변경함으로써 새로운 효력의 허위약속어음을 작성한 것이라고 해야 한다. 즉 액면금액이나 지급일자 등은 부수적 증권행위의 기재사항이 아니라 본래 약속어음의 내용이므로 작성권자가 이를 작성하거나 변경하는 것은 위조 · 변조에 해당하지 않는다.[76]

4. 자격모용에 의한 유가증권작성죄

본죄는 행사할 목적으로 타인의 자격을 모용하여 유가증권을 작성하거나 유가증권의 권리 또는 의무에 관한 사항을 기재함으로써 성립하는 범죄이다. 유가증권위조 · 변조죄가 타인의 명의를 모

74) 대법원 1984.2.28., 83도3284.

75) 대법원 2003.1.10., 2001도6553

76) 대법원 1980.4.22., 79도3034; 대법원 2006.1.13., 2005도6267; 대법원 2015.11.27., 2014도17894; 동취지, 대법원 2008.11.27., 2006도2016; 대법원 2010.5.13., 2010도1040; 대법원 2012.9.27., 2012도7467.

용하여 유가증권을 작성하는 죄임에 반하여, 본죄는 타인의 자격을 모용하여 유가증권을 작성하거나 유가증권의 권리 또는 의무에 관한 사항을 기재한다는 점에서 차이가 있다. "타인의 자격을 모용하여"란 대리권이나 대표권이 없는 자가 타인의 대리인이나 대표자로서 행위하는 것을 의미한다. 따라서 대리권 또는 대표권이 있는 자가 권한을 남용하여 유가증권을 작성하거나 권리 · 의무에 관한 사항을 기재하는 경우는 본죄가 성립하지 않으며, 경우에 따라서 허위유가증권작성죄 또는 배임죄가 성립할 수 있을 뿐이다.

> '회사의 대표이사직에 있는 자가 은행과의 당좌거래 약정이 되어 있는 종전 대표이사 명의를 변경함이 없이 그의 명의를 사용하여 회사의 수표를 발행한 경우'[77]는 현재의 회사 대표자로서 회사의 수표를 발행할 권한이 있으므로 회사명의의 수표를 위조한 것으로 인정되지 않는 한 본죄가 성립할 여지는 없다.

대리권이나 대표권의 권한에 속하지 아니하거나 또는 명백히 권한을 초월한 경우에는 본죄의 성립이 가능하다. 예컨대 직무집행정지 가처분결정이 송달되어 일체의 직무집행이 정지된 대표이사가 유가증권을 작성한 경우[78] 또는 주식회사의 대표이사가 변경된 후에도 전임 대표이사가 여전히 회사 대표이사의 명판을 이용하여 약속어음을 발행한 경우[79]에는 본죄가 성립한다.

타인의 명의를 사용하였다고 하여 곧바로 본죄의 '타인자격의 모용'에 해당하는 것은 아니다. 예컨대 '부가 사망한 이후 망부의 명의를 거래상 자기를 표시하는 명칭으로 사용하여 온 경우에 그 망부 명의의 어음을 발행한 것'과 같이, 타인의 명의라도 거래상 자신을 지칭하는 것으로 인식되어 온 경우에는 자신을 표시하는 것으로 보아야하기 때문이다.[80]

5. 허위유가증권작성죄

본죄는 행사할 목적으로 허위의 유가증권을 작성하거나 유가증권에 허위의 사항을 기재함으로써 성립하는 범죄이다. 여기서 허위의 유가증권을 작성하거나 유가증권에 허위의 사항을 기재한다 함은 유가증권의 작성권한이나 기재권한이 있는 자에 의한 경우(무형위조)만을 의미한다. 유가증권의

77) 대법원 1975.9.23., 74도1684; 동취지, 대법원 2006.1.13., 2005도6267.

78) 대법원 1987.8.18., 87도145.

79) 대법원 1991.2.26., 90도577; 헌재 2003.4.24., 2002헌마228.

80) 대법원 1982.9.28., 82도296: "어음에 기재되어야 할 어음 행위자의 명칭은 반드시 어음 행위자의 본명에 한하는 것은 아니고, 상호 · 별명 그 밖의 거래상 본인을 가리키는 것으로 인식되는 칭호라면 어느 것이나 다 가능하다고 볼 것이므로, 비록 그 칭호가 타인의 명칭이라도 통상 그 명칭이 자기를 표시하는 것으로 거래상 사용하여 그것이 그 행위자를 지칭하는 것으로 인식되어 온 경우에는 그것을 어음상으로도 자기를 표시하는 칭호로 사용할 수 있다."; 동지, 대법원 1996.5.10., 96도527.

작성권한이나 기재권한이 없는 자가 허위의 유가증권을 작성하거나 허위의 사항을 기재하는 경우는 유가증권위조 등 죄 내지 자격모용에 의한 유가증권작성죄가 성립하기 때문이다.

본죄의 허위사항의 기재는 기본적 증권행위 뿐 아니라 부수적 증권행위에 속하는 사항을 모두 포함한다. 그러나 허위사항이 권리관계에 아무런 영향을 미치는 아니하는 경우는 본죄에 해당하지 않는다.[81]

6. 위조 등의 유가증권행사죄

본죄는 제214조 내지 제216조에 기재한 유가증권을 행사하거나 행사할 목적으로 수입 · 수출함으로써 성립하는 범죄이다. 본죄의 행사는 위조 등 유가증권을 그 용법에 따라 사용하는 것이다.

본죄의 행사는 위조통화행사죄에서의 행사와는 달리 유통시킬 것을 요하지 않으므로 단순히 자신의 신용을 보이기 위하여 제3자에게 제시하는 것만으로도 충분하며, 제3자가 사용할 수 있도록 위조 등의 유가증권을 교부하는 것도 본죄의 행사에 해당한다는 것이 일반적인 학설의 입장이다(통설).[82] 위조유가증권임을 알고 있는 자에게 교부하였더라도 피교부자가 이를 유통시킬 것임을 인식하고 교부하였다면 그 교부행위 자체가 유가증권의 유통질서를 해할 우려가 있어 처벌의 이유와 필요성이 충분하다는 것이다.

물론 위조 등의 유가증권 행사에 의하여 실해가 발생되거나 또는 반드시 상대방이 이를 인식하여야 하는 것은 아니다. 그러나 그것은 어디까지나 유가증권의 용법에 따른 사용으로 평가될 수 있는 것이어야 한다. 자신의 신용을 보이기 위하여 제3자에게 보이는 행위만으로는 이러한 평가가 불가능하다. 유가증권의 용법이 이를 제3자에게 보임으로써 자신의 신용을 나타내는 것은 아니기 때문이다. 또한 이미 위조유가증권임을 알고 있는 자에 대해서는 유가증권의 용법에 따른 사용이 불가능하다. 따라서 이 경우는 본죄의 공동정범[83]이나 방조범의 성립만을 인정해야 한다.[84] 통설과 판례는 본죄의 보호목적을 초과한 해석으로 타당하다고 할 수 없다.

81) 대법원 1986.6.24., 84도547: "배서인의 주소기재는 배서의 요건이 아니므로 약속어음 배서인의 주소를 허위로 기재하였다고 하더라도 그것이 배서인의 인적 동일성을 해하여 배서인이 누구인지를 알 수 없는 경우가 아닌 한 약속어음상의 권리관계에 아무런 영향을 미치지 않는다."; 대법원 2000.5.30., 2000도883: "은행을 통하여 지급이 이루어지는 약속어음의 발행인이 그 발행을 위하여 은행에 신고된 것이 아닌 발행인의 다른 인장을 날인하였다 하더라도 그것이 발행인의 인장인 이상 그 어음의 효력에는 아무런 영향이 없으므로 허위유가증권작성죄가 성립하지 아니한다."

82) 대법원 1983.6.14., 81도2492; 대법원 2007.1.11., 2006도7120; 대법원 2010.12.9., 2010도12553.

83) 대법원 1985.8.20., 83도2575; 대법원 1995.9.29., 95도803; 대법원 2007.1.11., 2006도7120; 대법원 2010.12.9., 2010도12553.

84) 동지, 김성천/김형준, 661면; 오영근, 546면.

판례[85]는 법원에 증거로 제출된 위조약속어음 복사본에 대하여 "위조유가증권행사죄에 있어서의 유가증권이라 함은 위조된 유가증권의 원본을 말하는 것이지 전자복사기 등을 사용하여 기계적으로 복사한 사본은 이에 해당하지 않는다"고 판시하였다. 이에 대하여 "복사문서의 문서성을 인정한 대법원의 전원합의체판결[86]과 개정형법 제237조의2 규정에 배치되어 부당하다"는 비판[87]이 제기되고 있다.[88] 그러나 특히 유가증권은 증권에 사법상의 재산권이 표창되어야 하는데, 복사본에는 재산권이 표창될 수가 없다. 이러한 점에서 제237조의2는 유가증권에 대해서 적용될 수 없는 규정이다.

본죄와 유가증권위조 · 변조죄 · 자격모용에 의한 유가증권작성죄 · 허위유가증권작성죄는 실체적 경합이 인정되며, 본죄와 사기죄는 흡수관계에 의한 법조경합이 인정된다.[89]

7. 인지 · 우표에 관한 죄

인지 · 우표 등의 위조 · 변조죄(제218조 제1항)는 행사할 목적으로 대한민국 또는 외국의 인지 · 우표 기타 우편요금을 표시하는 증표를 위조 · 변조함으로써 성립하는 범죄이다. 위조 · 변조 인지 · 우표 등의 행사죄는 위조 · 변조한 대한민국 또는 외국의 인지 · 우표 기타 우편요금을 표시하는 증표를 행사하거나 행사할 목적으로 수입 · 수출함으로써 성립하는 범죄이다(제218조 제2항). 여기서의 행사는 우편요금의 납부용으로 사용하는 것 외에 우표수집의 대상으로 매매하는 경우를 포함하며, 자신이 직접 사용하는 경우 뿐 아니라 제3자가 사용할 수 있도록 교부하는 경우도 본죄의 행사에 해당한다는 것이 판례[90]의 입장이다. 그러나 이 경우에도 진정한 우표로 판매하는 것을 행사라고 해야 하므로, 위조우표를 위조우표로서 판매하는 것은 본죄의 행사라고 할 수 없다. 더욱이 이러한 상황은 액면가보다 높은 가격으로 거래되는 기념주화의 경우에도 동일할 것이므로, 위조통화행사죄와 위조우표행사죄를 다르게 해석할 이유는 없다.

---

85) 대법원 1998.2.13., 97도2922; 대법원 2007.2.8., 2006도8480; 대법원 2010.5.13., 선고 2008도10678.

86) 대법원 1989.9.12., 87도506 전원합의체 판결; 대법원 1995.12.26., 95도2389; 대법원 1996.5.14., 96도785; 대법원 2000.9.5., 2000도2855; 대법원 2004.10.28., 2004도5183; 대법원 2011.11.10., 2011도10539.

87) 김일수/서보학, 558면; 손동권/김재윤, 631면; 오영근, 546면; 정성근/박광민, 702면.

88) 컬러복사기를 이용한 정교한 복사본의 경우라면 유가증권으로 해석해야 한다는 견해로는 손동권/김재윤, 631면. 물론 컬러복사기를 이용하여 진본으로 행사할 목적으로 복사하는 것은 제237조의2의 규정과 관계없이 그 자체가 위조에 해당한다.

89) 이에 관하여는 상기 '제1절, 3-2. 위조 · 변조통화행사죄와 타죄와의 관계' 참조.

90) 대법원 1989.4.11., 88도1105: "우표상인들끼리 위조우표를 매수하여 그 중 일부씩을 전매함에 있어서, 이 사건 우표가 위조우표라는 정을 알면서 액면가의 10배 내지 20배의 가격으로 서로 사고팔았지만, 위조우표의 정도가 일반인이 육안으로 진품과 구별하기 어려울 정도로 인쇄되어 있어서 피고인들로부터 전매한 사람이 다른 사람에게 진정한 우표로 팔수도 있다는 점을 인식하면서 각 피교부자들에게 위 우표를 판매하였던 사실을 인정할 수 있는바, 그렇다면 피고인들의 이 사건 각 행위는 각 행사할 목적으로 위 위조우표를 취득하고, 이를 행사한 것으로 볼 것이다."

제219조의 위조인지 · 우표 등의 취득죄는 행사할 목적으로 위조 · 변조한 대한민국 또는 외국의 인지 · 우표 기타 우편요금을 표시하는 증표를 취득함으로써 성립하는 범죄이다. 제221조의 인지 · 우표 등의 소인말소죄는 행사할 목적으로 대한민국 또는 외국의 인지 · 우표 기타 우편요금을 표시하는 증표의 소인 기타 사용의 표지를 말소함으로써 성립하는 범죄이다. 제222조의 인지 · 우표 유사물제조죄는 판매할 목적으로 대한민국 또는 외국의 공채증서 · 인지 · 우표 기타 우편요금을 표시하는 증표와 유사한 물건을 제조 · 수입 · 수출하거나 또는 이를 판매함으로써 성립하는 범죄이다.

제3절 문서에 관한 죄

1. 문서에 관한 죄 일반론

1-1. 의 의

문서에 관한 죄는 행사할 목적으로 문서를 위조 · 변조하거나, 허위의 문서를 작성하거나, 위조 · 변조 · 허위작성된 문서를 행사하거나 또는 문서를 부정행사함으로써 문서에 대한 거래의 안전과 신용을 위태롭게 하는 범죄이다. 문서에 관한 죄의 보호법익은 문서의 증명력과 문서에 화체된 사람의 의사표시에 대한 안전과 신용이다. 문서에 관한 죄는 법익의 보호정도에 따라 추상적 위험범으로 해석된다.

> 문서에 관한 죄는 재산범죄(특히 사기죄)와 밀접한 관련을 갖는 경우가 많지만, 문서에 대한 거래의 안전과 신용이라는 사회적 법익을 보호하기 위하여 규정된 사회적 법익에 대한 죄이다. 따라서 형법은 문서에 관한 죄를 사회적 법익에 대한 죄에서 규정함으로써 재산범죄로부터 분리하고 있다. 이에 반하여 독일형법은 문서위조죄를 재산범죄의 장에서 함께 규정하고 있다. 그러나 독일형법의 해석에서도 문서위조죄를 사회적 법익에 대한 죄로 파악하는 데에 학설이 일치하고 있다.[91]

제5조 제6호 · 제7호는 공문서 · 공인에 관한 죄에 대하여 외국인의 국외범을 처벌하고 있다. 이 규정에 의하여 공문서에 관한 죄에 대해서는 세계주의가 채택된 것으로 해석하는 견해[92]가 있다. 그러나 공문서에 관한 죄에서는 외국의 공문서를 포함시키지 않는 것이 일반적인 학설의 입장이다

91) Vgl. Cramer/Heine, S-S StGB, § 267 Rdnr. 1 mwN.; BGHSt 2, 22.

92) 김일수, 한국형법 IV, 252면.

(통설). 이러한 통설에 의하면 외국인이 외국에서 대한민국의 공문서에 관한 죄를 범한 경우는 세계주의가 아니라 보호주의의 관점에서 형법이 적용된다. 외국인이 외국에서 외국의 공문서에 관한 죄를 범한 경우는 그 나라의 사회적 법익을 위태롭게 하는 경우이므로, 이에 대하여 국제적 연대성에 기인한 세계주의가 채택될 필요는 없다. 또한 형법의 '공문서에 관한 죄'의 규범의 보호목적이 외국인이 외국에서 외국의 공문서를 위조하거나 행사하는 경우를 포함한다고 볼 수도 없다. 따라서 제5조 제6호는 형법의 장소적 적용범위에 관하여 단지 보호주의를 규정한 것이라고 해석하여야 한다.

1-2. 구성요건의 체계

[문서에 관한 죄]

[문서위조 · 변조죄]
기본적 구성요건 – 사문서위조 · 변조죄: 제231조; 공문서, 가중: 제225조
독립적 구성요건 – 자격모용에 의한 사문서작성죄: 제232조; 공문서, 가중: 제226조
독립적 구성요건 – 사전자기록위작 · 변작죄: 제232조의2; 공문서, 가중: 제227조의2

[허위문서작성죄]
독립적 구성요건 – 허위진단서 등의 작성죄: 제233조
독립적 구성요건 – 허위공문서작성죄: 제227조
독립적 구성요건 – 공정증서원본 등의 부실기재죄: 제228조

[위조 등 문서행사죄]
기본적 구성요건 – 위조사문서 등의 행사죄: 제234조; 공문서, 가중: 제229조

[문서부정행사죄]
기본적 구성요건 – 사문서부정행사죄: 제236조; 공문서, 가중: 제230조

미수범: 제235조 (제225조 내지 제234조에 대하여)
자격정지의 병과: 제237조 (제225조 내지 제227조의2 및 그 행사죄에 대하여)
복사문서의 문서간주: 제237조의2

문서에 관한 죄는 문서위조 · 변조죄, 허위문서작성죄, 위조 등의 문서행사죄 및 문서부정행사죄의 4가지 유형으로 구별된다. 문서위조 · 변조죄는 작성권한 없는 자가 문서를 작성하거나 변경하는 범죄유형(유형위조)으로서, 문서에 대한 성립의 진정을 보호하기 위하여 규정된 범죄이다. 형법은 원칙적으로 작성권한 없는 자가 타인명의의 문서를 작성하는 유형위조를 모두 처벌하고 있다. 이 때 문서내용의 진실 여부는 문제가 되지 않는다.[93] 이에 반하여 허의문서작성죄는 작성권한 있

93) 대법원 1957.6.7., 4290형상102; 대법원 1985.1.22., 84도2422.

는 자가 문서를 허위로 작성하거나 변경하는 범죄유형(무형위조)으로서, 문서에 대한 내용의 진실을 보호하기 위하여 규정된 범죄이다. 형법은 작성권한 있는 자가 허위의 사문서를 작성 · 변경하는 사문서의 무형위조를 원칙적으로는 처벌하지 않으며, 예외적으로 진단서 · 검안서 또는 생사에 관한 증명서의 무형위조만을 처벌하고 있을 뿐이다. 다만 공문서의 무형위조는 원칙적으로 처벌되고 있다. 위조 등의 문서행사죄는 위조 등의 문서 또는 허위작성문서를 행사함으로써 성립하는 범죄유형이며, 문서부정행사죄는 진정하게 성립된 문서를 사용권한 없는 자가 사용권한을 가장하여 사용함으로써 성립하는 범죄유형이다.

> 문서에 관한 죄는 문서의 '성립의 진정(Echtheit)에 대한 신뢰'를 보호대상으로 하는가 또는 '내용의 진실(inhaltliche Wahrheit)에 대한 신뢰'를 보호대상으로 하는가에 따라 형식주의와 실질주의로 구별된다. 형법은 사문서의 유형위조를 원칙적으로 처벌하는 한편 사문서의 무형위조를 예외적으로 처벌하고 있으므로, 사문서에 관한 한 형식주의를 원칙으로 하면서 예외적으로 실질주의를 인정한다. 그러나 공문서에 대하여는 형식주의와 실질주의를 모두 채택하고 있다.

문서위조 · 변조죄의 기본적 구성요건은 제231조의 사문서위조 · 변조죄이며, 제225조의 공문서위조 · 변조죄는 행위객체에 의하여 불법이 가중된 가중적 구성요건이다. 제232조의 자격모용에 의한 사문서작성죄는 타인의 자격을 모용하여 사문서를 작성하는 사문서위조의 특수한 경우로서 독립적 구성요건에 해당하며, 이에 대한 가중적 구성요건으로 제226조의 자격모용에 의한 공문서작성죄가 있다. 또한 사문서위조 · 변조의 특수한 경우로서 제232조의2의 사전자기록위작 · 변작죄도 사문서위조 · 변조죄와는 독립된 독립적 구성요건에 해당하며, 이에 대한 가중적 구성요건으로 제227조의2의 공전자기록위작 · 변작죄가 있다.

허위문서작성죄에서는 기본적 구성요건을 구축하지 아니하였다. 제233조의 허위진단서 등의 작성죄와 제227조의 허위공문서작성죄는 각각의 행위객체에 의한 허위문서작성죄를 구성한다. 제228조의 공정증서원본 등의 부실기재죄는 신분 없는 자가 간접정범의 형태에 의하여 허위공문서 · 공기록을 기재 · 기록하게 하는 경우를 규정한 독립적 구성요건에 해당한다.

위조 등의 문서행사죄의 기본적 구성요건은 제234조의 위조 등의 사문서행사죄이며, 이에 대한 가중적 구성요건으로 제229조의 위조 등의 공문서행사죄가 있다.

문서부정행사죄는 제236조의 사문서부정행사죄를 기본적 구성요건으로 하며, 제230조의 공문서 등의 부정행사죄는 이에 대한 가중적 구성요건에 해당한다.

사문서부정행사죄를 제외한 모든 문서에 관한 죄에 대하여는 그 미수범이 처벌되며(제235조), 제225조 내지 제227조의2 및 그 행사죄(공문서 등의 부정행사죄를 제외한 공문서에 관한 죄)를 범하여 징역에 처할 경우에는 10년 이하의 자격정지를 병과할 수 있다(제237조). 문서의 죄에서는 전자복사기, 모사전송기 기타 이와 유사한 기기를 사용하여 복사한 문서 또는 도화의 사본도 문서 또는 도화로 본다(제237조의2). 또한 형법은 전자기록등 특수매체기록도 문서에 준하여 취급할 수 있도록 규정을 신설(제227조의2 제232조의2)하거나 기존의 규정에 그 내용을 삽입(제228조 제1항 제229조, 제234조)하였다.

독일형법은 문서손괴죄와 특수매체기록손괴죄를 문서에 관한 죄에서 함께 규정하고 있는 데 반하여, 형법은 이들을 재물손괴죄와 함께 재산범죄로 규정하고 있다. 문서손괴행위에 대하여는 "문서의 기능보호측면에서 문서에 관한 죄의 한 범죄형태로 규정하는 것이 바람직하다"는 견해[94]가 있다. 이러한 견해는 타당하다. 증명기능이 인정되는 문서나 특수매체기록은 그것이 재산적 가치가 있는 경우라도 그의 재산적 가치는 증명기능에 의하여 인정되는 것이므로, 문서에 관한 죄에서 함께 취급하는 것이 타당하다. 또한 증명기능이 인정되지 아니하는 문서 · 도화나 특수매체기록은 문서가 아니라 재물의 개념에 포함될 수 있을 뿐이므로, 재물손괴죄의 객체가 될 수 있다. 특히 공문서손괴의 경우는 재산범죄로서의 성격이 매우 희박하며, 따라서 형법은 공문서손괴의 경우를 제141조 제1항의 공용서류 · 특수매체기록 무효 · 파괴죄로 취급하고 있다.

1-3. 문서의 개념

문서에 관한 죄에서의 문서란 일정한 법률관계 또는 거래상 중요한 사실에 대한 증명이 될 수 있는(증명기능), 명의인이 표시된(보장기능), 사상이나 관념을 문자 또는 이를 대신하는 부호에 의하여 계속적으로 표시할 수 있는(계속기능) 물체를 말한다.[95] 이에 따라 문서는 그 개념요소로서 계속기능, 증명기능, 보장기능을 구비해야 한다.

형법은 문서 외에 도화도 동일하게 문서에 관한 죄의 객체로 규정하고 있다. 도화란 문자 이외의 상형적 부호에 의하여 작성자의 관념 또는 사상을 표시한 것으로서 문서와 동일하게 계속기능 · 증명기능 · 보장기능을 구비하여야 한다. 예컨대 지적도(地籍圖)나 상해의 부위를 표시하는 인체도(人體圖)등이 여기에 해당한다. 그러나 미술작품 등은 증명기능의 결여로 문서에 관한 죄에서의 도화에 해당하지 않는다. 문서에 관한 죄에서 도화개념의 계속기능 · 증명기능 · 보장기능은 아래에서 설명하는 문서개념의 그것과 동일하다.

1-3-1. 계속기능

문서가 증명수단으로서의 특별한 가치가 인정되는 것은 사람의 의사표시와 어떤 형체의 물체가 확실하게 결합함으로써 '의사표시의 계속성'이 인정되기 때문이다. 따라서 구두의 의사표시는 어떤

94) 김일수, 한국형법 Ⅳ, 250면.

95) Cramer/Heine, S-S StGB, § 267 Rdnr. 2 mwN.; BGHSt 13, 135, 239.

물체와 결합되어 있지 않으므로 문서가 될 수 없다. 또한 서리 낀 유리창에 손가락으로 표시한 사람의 의사표시도 확실한 결합성이 인정되지 않으므로 문서가 아니다. 이와 같이 문서는 그 개념요소로서 '의사표시의 계속성'이라는 계속기능(Perpetuierungsfunktion)이 인정되는 것이어야 한다.

1-3-1-1. 의사표시

문서에 관한 죄에서의 문서는 '모든 형상화된 사람의 의사표시'를 말한다. 여기서 의사표시는 사법상의 의사표시 뿐 아니라 단순한 사상이나 관념의 표시를 모두 포함한다. 문서에 의하여 표시된 관념 또는 사상(의사표시)은 그 내용이 문서 자체로부터 객관적으로 인식이 가능해야 한다. 문서의 죄에 의하여 보호되는 것은 구체적인 문서 그 자체가 아니라, 문서의 증명력과 문서에 화체된 사람의 의사표시에 대한 안전과 신용이기 때문이다. 즉 문서에 관한 죄에서 문서의 본질은 문서의 존재 자체에 있는 것이 아니라, 그 속에 포함된 내용인 의사표시에 있다. 그러므로 문서의 의사표시는 물체와 그 교부자의 동일성 표지의 단순한 열거(명함, 초청장) 이상의 일정한 내용을 가져야 한다.[96]

문서는 그 속에 포함된 사상이나 관념의 내용에 의하여 검증의 목적물이나 기계적 기록과 구별된다. 검증의 목적물이란 지문 · 족적 또는 옷의 혈흔 등과 같이 일정한 물건의 특성이나 존재 그 자체로부터 완전하게 사실의 증명이 인정되는 물건을 말하며, 이러한 물건은 사람의 의사표시의 내용을 포함하지 않으므로 문서가 될 수 없다. 또한 기계적 기록은 각종 계량기의 기록이나 비행기 · 자동차의 블랙박스기록 또는 CCTV기록 등과 같이 기계의 작동에 의하여 자동적으로 외적 상황이 기록되는 것으로서 사상이나 관념의 내용을 포함하지 않으므로 문서가 될 수 없다.[97] 이러한 기계적 기록은 형상화된 의사표시와 작성인의 표시가 결여되어 있다는 점에서 검증의 목적물과 유사하며, 문서와 구별된다.[98]

복사문서도 사상이나 관념의 표시 그 자체가 아니라, 이를 단순히 기계로 복제한 것에 불과하기 때문에 원칙적으로는 문서로 볼 수 없다. 판례[99]도 복사문서의 문서성을 부정해 왔으나, 전원합의체 판결[100]로 입장을 변경하여 복사문서의 문서성을 인정하였다. 복사기술의 발달에 의하여 원본과 똑같이 복사한 사본[101]이 원본과 동일한 의사내용을 보유하고, 증명수단으로서 원본과 같이 사회적 신용과 기능을 가지게 되었으므로 복사문서에 대한 보호가 필요하게 되었다는 것이다. 그 이후 개

96) Cramer/Heine, S-S StGB, § 267 Rdnr. 5.

97) 독일형법 제268조는 법률적으로 중요한 사실의 증명을 위한 기계적 기록을 위작 · 변작하거나, 위작 · 변작 기록을 행사하거나 또는 기계적 기록과정에 장애를 초래하는 죄를 문서에 관한 죄에서 함께 규정하고 있다.

98) Vgl. Cramer/Heine, S-S StGB, § 267 Rdnr. 26 ff.; § 268 Rdnr. 6 ff.

99) 대법원 1981.12.22., 81도2715; 대법원 1982.5.25., 82도715; 대법원 1983.9.13., 83도1829; 대법원 1985.11.26., 85도2138; 대법원 1988.4.12., 87도2709; 대법원 1988.10.24., 88도1680.

100) 대법원 1989.9.12., 87도506 전원합의체 판결; 대법원 1992.11.27., 92도2226; 대법원 1994.3.22., 94도4; 대법원 1995.12.26., 95도2389; 대법원 1996.5.14., 96도785; 대법원 2000.9.5., 2000도2855; 대법원 2004.10.28., 2004도5183; 대법원 2016.7.14., 2016도2081.

101) 대법원 2016.7.14., 2016도2081.

정형법 제237조의2는 "이 장의 죄에 있어서 전자복사기, 모사전송기 기타 이와 유사한 기기를 사용하여 복사한 문서 또는 도화의 사본도 문서 또는 도화로 본다"고 규정함으로써 복사문서의 문서성을 명문으로 인정하였다.

1-3-1-2. 의사표시의 방법

문서는 의사표시가 시각적 방법에 의하여 인식될 수 있는 것이어야 한다. 따라서 청각적 방법으로 인식이 가능한 표시는 여기서의 문서에 해당하지 않는다. 예컨대 녹음테이프나 LP판 또는 컴퓨터파일[102] 등은 사람의 관념이나 사상을 표시하기에 적절한 물체일지라도 시각적으로 인식이 가능하지 아니하므로 문서에 해당하지 않는다. 시각적 방법에 의하여 인식할 수 있는 한 의사표시의 방법은 반드시 문자에 의할 필요는 없으며, 부호에 의한 표시로써 충분하다. 문자의 경우에는 그것이 어느 나라의 언어인지를 불문한다. 다만 부호에 의한 경우는 그것이 문자를 대신할 수 있는 가독적인 부호일 것을 요한다. 예컨대 속기용의 부호, 전신부호, 점자 등이 여기에 해당한다. 그러나 반드시 발음할 수 있는 부호임을 요하는 것은 아니다. 따라서 상형적 부호 예컨대 접수일부인의 날인[103]이나 본인이 아닌 대리인에 의한 신청임에도 불구하고 그 증명서의 본인 란에 표시한 동그라미[104]도 여기에 해당한다. 의사표시의 한 방법으로서 기호와 부호를 구별할 실익은 없으므로 상형적 부호라도 가독성이 있는 한 문서의 의사표시로 충분하다. 다만 여기서의 의사표시는 일반적 · 객관적인 가독성을 요한다. 문서에 관한 죄는 거래의 안전과 신용이라는 사회적 법익을 보호하는 죄이기 때문이다. 따라서 본인이나 특정한 당사자만 해독할 수 있는 암호로 표시한 물체는 문서에 해당하지 않는다. 그러나 생략부호는 일반적 · 객관적인 가독성이 있는 한 문서의 의사표시로 충분하며, 표시가 생략된 생략문서도 연결된 의미내용을 표시할 수 있는 범위에서는 문서가 될 수 있다.

1-3-1-3. 의사표시의 계속성

문서가 증거수단으로서의 특별한 가치가 인정되는 것은 사람의 의사표시와 어떤 형체의 물체가 확실하게 결합함으로써 '의사표시의 계속성'이 인정되기 때문이다. 따라서 의사표시는 그것이 계속성을 가질 정도로 확실하게 물체와 결합할 수 있는 방법이어야 한다. 예컨대 펜으로 종이에 표시하는 경우가 여기에 해당한다. 컴퓨터로 출력하거나 타자기를 이용하거나 연필로 표시하는 경우 등

102) 대법원 2017.12 5., 2014도14924: "컴퓨터 모니터 화면에 나타나는 이미지는 이미지 파일을 보기 위한 프로그램을 실행할 경우에 그때마다 전자적 반응을 일으켜 화면에 나타나는 것에 지나지 않아서 계속적으로 화면에 고정된 것으로는 볼 수 없으므로, 형법상 문서에 관한 죄에 있어서의 문서에는 해당되지 않는다. … 경영정상화 이행 계획서 파일을 형법상 문서에 관한 죄에 있어서 문서라고 할 수도 없으므로 사문서를 변조하였다고 볼 수 없다."; 대법원 2007. 11.29., 2007도7480; 대법원 2008.4.10., 2008도1013; 대법원 2010.7.15., 2010도6068; 대법원 2011. 11.10., 2011도10468; 부산지법 2010.5.7., 2010노427.

103) 대법원 1979.10.30., 77도1879; 대법원 1995.9.5., 95도1269.

104) 대법원 1985.6.25., 85도758.

도 의사표시의 계속성이 인정된다. 또한 의사가 표시되는 물체도 종이에 한하지 않으며, 목판 · 도자기 · 피혁 · 석재 등에 표시하는 경우에도 문서가 될 수 있다. 그러나 칠판에 백묵으로 쓴다든가 또는 모래 · 눈 위에 손가락으로 쓴 표시는 문서가 될 수 없다. 또한 컴퓨터 모니터 화면에 나타나는 이미지는 이미지 파일을 보기 위한 프로그램을 실행할 경우에 그때마다 전자적 반응을 일으켜 화면에 나타나는 것에 지나지 않아서 계속적으로 화면에 고정된 것으로는 볼 수 없으므로, 형법상 문서에 관한 죄에 있어서의 문서에는 해당되지 않는다.[105)]

1-3-2. 증명기능

문서는 법적으로 중요한 사실의 증명에 사용되는 물체로서 법적으로 중요한 사실을 증명하기에 적합한 것이어야 한다. 이를 소위 문서의 증명기능이라 한다. 따라서 문서의 증명기능은 '법적으로 중요한 사실을 증명하기에 적합한 것'이라는 증명적합성 내지 증명능력(Beweiseignung)과, '법적으로 중요한 사실의 증명에 사용되는 물체, 즉 이러한 사실증명이 그 목적으로 정해진 물체'라는 증명목적성 내지 증명의사(Beweisbestimmung)를 그 개념요소로 한다.

1-3-2-1. 증명적합성(증명능력)

문서는 법적으로 중요한 사실을 증명할 수 있는 것이어야 한다. 즉 법률관계나 사회생활에서 중요한 사항을 증명하는 데에 적합한 것이어야 한다. 법적으로 중요한 사실이란 반드시 법률관계에 관한 사실일 필요는 없으며 사실관계에 관한 것이라도 법적으로 중요한 사실이면 족하다.

증명적합성은 '거래관계에서 신뢰의 근거가 되는 법적으로 중요한 내용으로 만들어진 표시'의 경우에 인정된다.[106)] 작성인이 오직 자신의 이익영역에서 자신을 위한 증명의 대상이 되는 표시에는 증명적합성이 인정되지 않는다. 예컨대 음식점이나 술집의 주인이 고객의 주문을 숫자로 표시한 것은 오직 작성인 자신의 이익영역에서 자신을 위한 증명의 대상이 되는 것이므로 증명적합성이 인정되지 않는다. 이에 반하여 물건의 원산지표시나 품질표시 등과 같은 증명표시는 "거래관계에서 신뢰의 근거가 되는 법적으로 중요한 내용으로 만들어진 표시인지" 또는 "오직 작성인 자신의 이익영역에서 자신을 위한 증명의 대상이 되는 표시인지"에 따라 문서성 여부가 결정된다.[107)] 이러한 관점에서 예술작품에 표시하는 예술가의 서명이나 낙관에 대하여는 일반적으로 증명적합성에 의한 문서성이 인정된다. 물론 예술가의 서명이나 낙관이라도 자신이 애호하는 서적이나 애완동물에 표시

---

105) 대법원 2007.11.29., 2007도7480; 대법원 2008.4.10., 2008도1013; 대법원 2010.7.15., 2010도6068; 대법원 2011.11.10., 2011도10468; 대법원 2017.12.5., 2014도14924.

106) Vgl. Cramer/Heine, S-S StGB, § 267 Rdnr. 27.

107) 대법원 2010.7.29., 2010도2705: "담뱃갑의 표면에 그 담배의 제조회사와 담배의 종류를 구별 · 확인할 수 있는 특유의 도안이 표시되어 있는 경우에는 일반적으로 그 담뱃갑의 도안을 기초로 특정 제조회사가 제조한 특정한 종류의 담배인지 여부를 판단하게 된다는 점에 비추어서도 그 담뱃갑은 적어도 그 담뱃갑 안에 들어 있는 담배가 특정 제조회사가 제조한 특정한 종류의 담배라는 사실을 증명하는 기능을 하고 있으므로, 그러한 담뱃갑은 문서 등 위조의 대상인 도화에 해당한다."

한 경우는 물체와 그 작성자의 동일성 표지의 단순한 열거에 불과하여 문서성이 부정된다.

> 예술가의 서명이나 낙관을 인장의 일종으로서 인장에 관한 죄의 객체로 보는 것이 일반적인 학설의 입장이다(통설). 물론 예술가의 서명이나 낙관이 인장에 관한 죄의 인장 · 서명 · 기명 · 기호에 해당하는 것은 사실이다. 그러나 인장에 관한 죄가 문서에 관한 죄의 부분적 불법을 형성하는 경우에는 흡수관계에 의한 법조경합이 인정된다. 따라서 예술가의 서명이나 낙관이 인장에 관한 죄에 해당한다는 사실만으로 문서에 관한 죄의 성립이 부정되는 것은 타당하지 않다. 한편 생략문서가 문서에 해당한다는 의미에서 예술작품에 표시하는 서명이나 낙관도 '예술가가 자기의 작품이라는 의사를 표현한 것'이므로 문서에 해당한다는 견해[108] 가 있다. 이러한 견해는 타당하다. 예술가가 예술작품에 표시하는 서명이나 낙관은 거래관계에서 신뢰의 근거가 되는 법적으로 중요한 내용, 즉 특정한 예술가의 작품에 대한 예술가치를 증명하는 내용으로 만들어진 표시가 되므로 증명적합성 및 문서성이 인정된다.

문서가 단독으로 법적으로 중요한 사실을 증명하는 데에 충분하지 못한 경우에도 다른 사실이나 상황과 결합하여 이를 증명할 수 있는 때에는 증명적합성이 인정된다. 이러한 점에서 증명적합성은 증명력과 구별된다.

증명적합성은 부진정한 문서(위조문서)가 그것이 위조된 문서가 아니라면 법률적으로 중요한 사실을 증명하는 데에 적합한 것이라는 의미이다. 그러므로 문서에 관한 죄에서의 증명적합성이란 일반인이 오인하게 될 진정한 문서를 전제로 판단해야 한다. 따라서 형식이나 요건을 갖추지 못하여 무효인 문서나 부진정한 문서로 작성된 문서(예컨대 개인명의의 공문서)는 증명적합성이 인정되지 않는다.

1-3-2-2. 증명목적성(증명의사)

문서는 법적으로 중요한 사실의 증명에 사용되는 물체를 말한다. 즉 법적으로 중요한 사실을 증명하는 것이 그 목적으로 정해진 물체를 의미한다.[109] 이를 문서의 증명목적성이라 한다. 이러한 증명목적성은 처음부터 증명의 목적으로 만들어진 목적문서 뿐 아니라 증명의 목적이 사후에 발생하는 우연문서의 경우에도 인정된다. 증명목적성이 인정될 수 없는 개인메모 등은 문서에 해당하지 않는다. 또한 문서의 초안도 증명목적성이 인정되지 않으므로 문서에 해당하지 않는다. 이에 반하여 가계약서나 가영수증은 시한부로 작성된 것일지라도 증명목적성이 인정되므로 여기의 문서에 해당한다.

---

108) 이재상/장영민/강동범, 577면.

109) 예컨대 대법원 2010.7.29., 2010도2705의 담뱃갑은 증명목적성이 인정되는 문서로 평가되지만, 담뱃갑포장지는 증명목적성이 결여되어 문서로 평가되지 않는다.

1-3-3. 보장기능

법적으로 중요한 사실에 대한 사람의 관념이나 사상을 표시하는 물체는 명의인의 표시에 의하여 문서가 될 수 있다. 사람의 관념이나 사상의 표시내용을 보증할 수 있는 명의인이 존재하는 경우에만 법적 거래에서 특별한 증명가치가 인정되기 때문이다. 이를 문서의 보장기능이라 한다. 따라서 익명의 의사표시는 문서가 될 수 없다. 여기서 명의인은 문서의 작성자만을 의미하는 것이 아니라 법적 거래에서 문서의 의사표시의 내용에 의하여 그 법적 효과가 귀속될 수 있는 자를 의미하며, 자연인 뿐 아니라 법인과 법인격 없는 단체도 포함한다. 명의인은 문서에 직접 표시된 경우만을 의미하는 것이 아니라, 명의인이 누구인지 인식될 수 있을 정도로 특정되어 있으면 충분하다. 따라서 명의인의 서명이나 날인은 문서의 필요적 요건이 아니다.[110)]

문서의 보장기능과 관련하여 명의인이 실재하지 아니하는 문서, 즉 사자나 허무인 명의의 문서를 인정할 수 있는지 문제된다. 이에 관하여 "공문서의 경우는 그 문서가 공무소 또는 공무원의 직무권한 내에서 작성된 것으로 일반인이 믿을 만한 형식과 외관을 갖추고 있으면 문서에 관한 죄의 객체가 되지만,[111)] 사문서의 경우에는 문서의 명의인이 실재해야만 문서에 관한 죄가 성립하며,[112)] 다만 사자명의의 사문서인 경우에는 문서의 작성일자가 그의 생존 중인 경우에 한하여 문서에 관한 죄가 성립할 수 있다"[113)]는 것이 종래 대법원의 입장이었다. 그러나 대법원은 전원합의체 판결[114)]로 "명의인이 실재하지 않는 허무인이거나 또는 문서의 작성일자 전에 이미 사망하였다고 하더라도 그러한 문서 역시 공공의 신용을 해할 위험성이 있으므로 문서위조죄가 성립한다"고 판시함으로써 종래의 입장을 변경하였다. 이는 타당하다. 문서에 관한 죄는 거래의 안전과 신용을 그 보호법익으로 하는 추상적 위험범이므로 일반인에게 진정한 문서로 오신케 할 염려가 있는 때에는 문서에 관한 죄의 객체가 될 수 있다. 따라서 공문서와 사문서를 불문하고 그 명의인이 실재할 필요는 없다(통설).

1-4. 문서의 종류

1-4-1. 공문서와 사문서

형법은 문서의 종류를 공문서와 사문서로 구별한다. 공문서는 공무소 또는 공무원이 직무와 관련하여 작성한 문서로서 공무소 또는 공무원이 작성명의인인 문서를 말한다. 직무와 관련하여 작성한 문서라 함은 공무소 또는 공무원의 직무권한 내에서 작성한 문서를 의미하며, 직무권한의 범위

110) 대법원 1975.6.24., 73도3432; 대법원 1989.8.8., 88도2209; 대법원 2000.2.11., 99도4819; 대법원 2010.7.29., 2010도2705.
111) 대법원 1965.6.29., 64도428; 대법원 1976.9.14., 76도1707.
112) 대법원 1991.1.29., 90도2542; 대법원 1992.12.24., 92도2322.
113) 대법원 1983.10.25., 83도1520; 대법원 1993.9.28., 93도2143; 대법원 1994.9.30., 94도1787; 대법원 1997.7.25., 97도605.
114) 대법원 2005.2.24., 2002도18 전원합의체 판결; 대법원 2005.3.25., 2003도4943; 대법원 2011.9. 29., 2011도6223.

는 법률 뿐 아니라 명령 · 내규 또는 관례에 의한 경우를 포함한다.[115] 대외적인 문서 뿐 아니라 대내적인 기안문서도 공문서에 포함된다.[116] 그러나 작성명의인이 공무소 또는 공무원인 경우에도 직무에 관하여 작성된 것이 아니면 공문서에 해당하지 않는다.

행위주체가 공무원과 공무소가 아닌 경우에도 형법 또는 기타 특별법에 의하여 공무원 등으로 의제되는 경우에는 공문서의 행위주체가 될 수 있다. 예컨대 합동법률사무소 명의로 작성된 공증에 관한 문서,[117] 건축사무기술검사원으로 위촉된 건축사가 작성한 준공검사조서[118]도 공문서에 해당한다. 그러나 계약 등에 의하여 사인이 공무와 관련되는 업무를 일부 대행하는 경우가 있다 하더라도 공무원 또는 공무소가 될 수는 없다.[119]

또한 공문서에 관한 죄의 규범의 보호목적을 고려하면 공문서는 대한민국의 공문서만을 의미하며, 외국의 공문서를 포함하지 않는다. 다만 외국의 공문서는 형법상 사문서에 해당한다고 보아야 한다(통설). 따라서 외국인이 외국에서 외국의 공문서를 위조하여 대한민국이나 대한민국의 국민에 대하여 행사하거나 외국의 공문서를 부정행사하는 경우는 제6조(보호주의)에 의하여 위조사문서행사죄(제234조)나 사문서부정행사죄(제236조)를 적용할 수 있게 된다.

> 미국에서 발급한 국제운전면허증과 같이 국제협약이나 조약에 의하여 국내에서도 동일한 효력을 갖는 외국의 공문서는 공문서에 해당한다는 견해[120]가 있다. 그러나 국제협약이나 조약의 내용이 외국의 공무소나 외국의 공무원을 공무원으로 의제하거나 공문서 작성권한을 부여하는 것은 아니므로, 이러한 견해는 타당하다고 할 수 없다.

사문서는 사인이 작성명의인인 문서를 말한다. 여기서 사인은 내국인 뿐 아니라 외국인을 포함하며, 개인 뿐 아니라 법인과 법인격 없는 단체를 포함한다.

1-4-2. 개별문서 · 전체문서 · 결합문서

문서는 그 형태에 따라 개별문서 · 전체문서 · 결합문서로 구별될 수 있다. 개별문서는 개별적인 의사표시를 내용으로 하는 독립된 문서를 말한다. 전체문서는 개별적인 의사표시의 문서가 계속적으로 결합하여 전체로서 하나의 독자적인 내용을 가진 문서를 말한다. 예컨대 예금통장 · 상업장

115) 대법원 1978.12.13., 76도3467; 대법원 1981.12.8., 81도943; 대법원 1995.4.14., 94도3401; 대법원 2015.10.29., 2015도9010.
116) 대법원 1981.12.8., 81도943; 대법원 1995.4.14., 94도3401; 대법원 2015.10.29., 2015도9010.
117) 대법원 1977.8.23., 74도2715; 대법원 1992.10.13., 92도1064.
118) 대법원 1980.5.13., 80도177.
119) 대법원 2008.1.17., 2007도6987: "식당의 주 · 부식 구입 업무를 담당하는 공무원이 계약 등에 의하여 공무소의 주 · 부식 구입 · 검수 업무 등을 담당하는 조리장 · 영양사 등의 명의를 위조하여 검수결과보고서를 작성한 경우, 공문서위조죄가 성립하지 않는다."; 대법원 1996.3.26., 95도3073: "지방세의 수납업무를 일부 관장하는 시중은행의 직원이나 은행이 형법 제225조 소정의 공무원 또는 공무소가 되는 것은 아니고 세금수납영수증도 공문서에 해당하지 않는다."
120) 김성돈, 627면; 김일수/서보학, 591면; 정성근/박광민, 643면 이하; 진계호/이존걸, 685면.

부 · 형사기록 등이 여기에 해당한다. 전체문서는 전체가 문서에 관한 죄의 객체로 되기 때문에, 이에 대하여는 하나의 문서의 죄가 성립할 뿐이다. 결합문서는 사진을 첨부한 증명서 또는 문서에 대한 인증의 경우와 같이 문서가 검증의 목적물과 장소적으로 결합되어 하나의 통일된 증명내용을 가지는 문서를 말한다. 결합문서에 대해서도 결합된 범위에서 하나의 문서로 취급된다.

1-4-3. 복사문서와 등본 · 사본 · 초본

1-4-3-1. 복사문서

문서는 사상이나 관념의 표시 그 자체이어야 하기 때문에 이를 단순히 기계로 복제한 것에 불과한 복사문서는 원칙적으로 문서로 볼 수 없다. 그러나 대법원은 전원합의체 판결[121]을 통하여 복사문서의 문서성을 인정하였으며, 그 이후 제237조의2는 "이 장의 죄에 있어서 전자복사기, 모사전송기 기타 이와 유사한 기기를 사용하여 복사한 문서 또는 도화의 사본도 문서 또는 도화로 본다"고 규정함으로써 복사문서의 문서성을 명문으로 인정하였다. 이에 따라 형법의 해석에서 복사문서도 문서로 간주된다.

우선 문서복사행위가 위조에 해당하는 경우는 문서를 위조하여 이를 복사하는 때에 인정될 수 있다.[122] 이 경우 "최초의 문서를 위조하는 행위가 문서위조죄에 해당한다"는 견해[123]가 있다. 그러나 이 견해는 타당하지 않다. 최초의 문서를 위조하는 행위에는 이를 진정한 문서로 그 용법에 따라 행사하려는 목적이 결여되었기 때문이다. 또한 위조한 문서의 복사행위를 위조문서 행사행위로 평가할 수도 없다. 따라서 이론적으로는 문서를 위조하고 행사의 목적으로 이를 복사하는 경우에는 최초에 문서를 위조하는 행위가 아니라, 위조한 문서를 복사하는 행위에 대하여 문서위조죄가 인정된다.[124]

진정한 문서를 복사하는 경우에도 진정한 문서와 다르게 복사하는 경우에는 문서위조행위에 해당할 수 있다. 예컨대 행사할 목적으로 타인의 진정한 주민등록증에 자신의 사진을 올려놓고 복사하는 경우[125] 또는 진정한 문서의 일부분이 복사되지 않도록 하여 복사하는 경우 등이 여기에 해당한다. 이때도 복사행위가 문서위조행위에 해당한다.

그러나 작성권한 없는 자가 진정하게 성립된 진실한 문서를 단순히 복사하는 경우를 문서위조로

121) 대법원 1989.9.12., 87도506 전원합의체 판결; 대법원 1992.11.27., 92도2226; 대법원 1994.3.22., 94도4; 대법원 1995.12.26., 95도2389; 대법원 1996.5.14., 96도785; 대법원 2000.9.5., 2000도2855; 대법원 2004.10.28., 2004도5183; 대법원 2016.7.14., 2016도2081.

122) 대법원 1989.9.12., 87도506; 대법원 1992.11.27., 92도2226; 대법원 1996.5.14., 96도785.

123) 김일수, 한국형법 IV, 268면; 김일수/서보학, 578면.

124) 그러나 이러한 행위를 문서위조죄로 평가하는 것은 논리적으로 부당하다. 복사문서의 문서성을 인정하는 규정은 시급히 폐지되어야 한다.

125) 대법원 2000.9.5., 2000도2855; 대법원 2004.10.28., 2004도5183.

평가할 수는 없다. 예컨대 주민등록증과 같은 자신의 신분증을 흑백복사기로 복사하는 경우 또는 분실할 경우에 대비하여 받은 영수증을 복사하는 경우가 그러하다. 따라서 복사문서가 문서위조죄의 객체로 되는 경우는 복사행위 자체가 위조행위와 동일하게 평가되는 경우에 한정된다고 해석해야 할 것이다.

1-4-3-2. 원본과 동일하게 복제한 복사문서

행사할 목적으로 은행권을 컬러복사기로 복사하는 행위는 통화위조죄에 해당한다. 이러한 통화에 관한 죄에서의 위조개념이 문서에 관한 죄에 대해서도 적용될 수 있는지 문제된다. 즉 권한 없는 자가 진정한 문서를 원형 그대로 복사하여 복제하는 경우에도 문서위조행위에 해당할 수 있는지에 관한 문제이다. 이에 관하여 "작성자가 없는 지폐의 복사는 위조라 할 수 있으나, 작성자가 필요한 문서의 복사는 그 자체로 위조가 된다고 할 수 없다"는 견해[126)]가 있다. 그러나 정부의 승인을 얻은 화폐의 발행권은 한국은행만이 가지고 있으며(한국은행법 제47조, 제49조), 한국은행의 의뢰에 의하여 한국조폐공사가 이를 제조하고 있다(한국조폐공사법 제11조 제1항 제1호). 즉 지폐의 작성자는 한국은행이다. 따라서 작성자의 유무에 의하여 통화와 문서의 위조개념을 달리 이해할 수는 없다.

통화에 관한 죄에서의 위조개념과 문서에 관한 죄에서의 위조개념은 달리 파악되지 않는다. 오직 통화 · 유가증권 · 문서의 특성에 따라 또는 행사의 목적과 관련된 행사의 방법에 따라 구체적인 통화 · 유가증권 · 문서의 위조형태가 다르게 나타날 뿐이다. 본질적인 위조개념은 '일반인으로 하여금 진정한 것으로 오인할 수 있을 정도의 통화 · 유가증권 · 문서를 권한 없는 자가 만드는 것'으로 충족된다. 따라서 컬러복사기나 컬러프린터를 이용하여 '통화'나 '유가증권' 또는 '운전면허증 · 주민등록증 · 여권' 등을 복사하여 일반인으로 하여금 원본과의 동일성에 착각을 일으킬 정도로 복제한 경우에는 통화든 유가증권이든 또는 문서든 위조개념의 충족을 인정하여야 한다. 따라서 어떠한 이유(예컨대 분실할 경우를 대비하여)에서든, 그것이 비록 자신의 운전면허증 · 주민등록증 · 여권이라 할지라도, 행사할 목적으로 이를 원본과 혼동할 정도로 복제하는 행위는 공문서위조죄에 해당한다고 보아야 한다.[127)] 이는 복사문서를 문서로 간주하는 제237조의2 규정의 존재 여부와 관계없이 동일하게 해석된다.

> 흑백복사기에 의한 복사의 경우에는 행사의 목적으로 통화나 유가증권을 복사하는 경우뿐 아니라 타인의 주민등록증을 복사하는 경우에도 기본적인 위조개념을 충족시킬 수는 없다. 흑백복사물은 일반인으로 하여금 진실한 통화 · 유가증권 · 문서로 오신될 정도에 이를

126) 김일수, 한국형법 Ⅳ, 268면.

127) 대법원 2016.7.14., 2016도2081: "변호사인 피고인이 대량의 저작권법 위반 형사고소 사건을 수임하여 피고소인 30명을 각 형사고소하기 위하여 20건 또는 10건의 고소장을 개별적으로 수사관서에 제출하면서 각 하나의 고소위임장에만 소속 변호사회에서 발급받은 진정한 경유증표 원본을 첨부한 후 이를 일체로 하여 컬러복사기로 20장 또는 10장의 고소위임장을 각 복사한 다음 고소위임장과 일체로 복사한 경유증표를 고소장에 첨부하여 접수한 것은 사문서위조 및 동행사죄에 해당한다고 보기에 충분하다."

수 없기 때문이다. 다만 제237조의2는 문서의 경우에 대해서 예외를 인정하고 있다. 그러나 이 규정은 너무 성급한 입법이다. 특히 공문서인 진정한 자신의 주민등록증을 정당한 목적에 사용하기 위해서 흑백복사기로 복사하는 행위도 공문서위조의 범주에 들어가기 때문이다. 또한 타인의 주민등록증에 자신의 사진을 올려놓고 원본과 달리 복사하는 경우를 개정형법의 취지에 따라 문서위조죄로 해석할 수 있었지만, 실제로 이 경우는 문서에 대한 거래의 안전과 신용을 위태롭게 하는 행위가 아니라 범인의 구체적인 피해자에 대한 공격행위, 예컨대 사기죄나 위계에 의한 공무집행방해죄 또는 공무원자격의 사칭죄 등이 문제되는 경우일 뿐이다. 또한 제237조의2에 의하여 복사문서의 문서성을 인정하는 것은 오히려 복사물의 증명력을 법률이 인정하게 됨으로써, 결국 법률이 문서에 대한 거래의 안전과 신용의 위험영역을 확장하는 결과를 초래하게 되었다. 이러한 결과는 범죄의 예방이 아니라 범죄의 확장을 야기하는 형사정책적 측면에서도 심각한 문제를 야기하게 된다. 법률은 복사문건의 문서성을 부정하여 복사문건에 대한 일반인의 신뢰를 축소시켜야 할 것이다.

1-4-3-3. 등본 · 사본 · 초본

등본과 사본은 원본을 그대로 베낀 것을 말하며, 초본은 원본의 일부를 베낀 것을 말한다. 종래 이러한 등본 · 사본 · 초본은 원본 그 자체가 아니기 때문에 인증을 통하여 문서성이 인정되었다. 이에 따라 종래에는 인증이 없는 등본 · 사본 · 초본의 문서성을 부정하였다.[128] 그러나 제237조의2에 의하여 인증이 없는 등본 · 사본에 대해서도 당연히 문서성을 부정할 수 없게 되었다. 현대의 등본 · 사본은 거의 모두가 '전자복사기, 모사전송기 기타 이와 유사한 기기를 사용하여' 원본을 복사한 것이므로 제237조의2에서 규정한 복사문서에 해당하기 때문이다. 물론 수기로 베낀 등본이나 초본의 경우에는 이를 문서로 인정할 수 없으며, 이때에는 등본이나 초본이라는 취지의 인증을 필요로 한다. 다만 명의인이 처음부터 먹지 등을 통하여 작성한 수통의 복본은 각각 명의인의 사상이나 관념의 표시 그 자체이기 때문에 당연히 문서에 해당하며, 이 점에서 복사문서와 구별된다.

1-4-4. 이미지파일

원본문서를 스캐너 등으로 스캔한 이미지파일이 문서에 관한 죄에서 어떻게 취급되어야 하는지 문제된다. 전통적인 문서개념에 의하면 "컴퓨터 모니터 화면에 나타나는 이미지는 이미지 파일을 보기 위한 프로그램을 실행할 경우에 그때마다 전자적 반응을 일으켜 화면에 나타나는 것에 지나지 않으므로 문서에 관한 죄에서의 문서에 해당하지 않으며, 이미지파일 자체도 문서라고는 할 수 없다"고 한다.[129] 물론 이미지파일을 출력한 경우에는 출력물이 제237조의2의 복사문서에 해당할 수

128) 대법원 1982.5.25., 82도715; 대법원 1983.11.8., 83도1948; 대법원 1985.11.26., 85도2138; 대법원 1986.2.25., 85도2835.

129) 대법원 2017.12.5., 2014도14924: "컴퓨터 모니터 화면에 나타나는 이미지는 이미지 파일을 보기 위한 프로그램을 실행할 경우에 그때마다 전자적 반응을 일으켜 화면에 나타나는 것에 지나지 않아서 계속적으로 화면에 고정된 것으로는 볼 수 없으므로, 형법상 문서에 관한 죄에 있어서의 문서에는 해당되지 않는다. … 경영정상화 이행 계획서 파일을 형

있지만,[130] 출력하기 이전에는 문서에 관한 죄의 성립을 인정할 수 없는 문제가 있다. 그러나 현대 사회에서는 전자문서 등 이미지파일 자체만으로 종래 종이문서가 가지는 '증명력과 신용'을 대체할 수 있게 되었으며, 앞으로는 모든 종이문서가 전자문서로 대체될 수밖에 상황으로 다가가고 있다. 따라서 형법의 문서에 관한 죄는 향후 전자문서 등의 이미지파일을 중심으로 개편되어야 할 것이다. 이러한 상황을 어느 정도 예측한 입법자는 '전자기록등 특수매체기록'을 문서에 관한 죄에 추가하였으나, 이 역시 '전자기록 등 특수매체기록'의 원본기록을 전제로 규정된 것일 뿐 원본문서의 이미지파일을 염두에 둔 규정은 아니다. 특히 '전자기록 등 특수매체기록'과 관련된 문서의 죄는 전산시스템으로 변경된 환경에 의하여 종래 문서의 죄가 '전자기록 등 특수매체기록'에 관한 죄로 명칭만 변경되고 있을 뿐이다.[131]

대법원[132]은 문서를 위조하여 스캔한 이미지파일을 이메일로 전송한 사안에서 "이미지파일은 문서가 아니지만 이를 화면상 보게 한 행위는 위조문서행사죄에 해당한다"고 판시한 바 있다. 결론적으로 타당한 판결이지만, 이미지파일을 문서가 아니라고 한다면 이를 화면상 보게 하더라도 문서의 기능적 이용, 즉 이를 진정한 문서로서 사용하는 위조문서행사 자체가 존재한다고 할 수는 없다. 결국 위 판례사안에서는 위조문서를 행사하지 아니하는 위조문서행사죄를 인정하고 있을 뿐이다.

유사한 관점에서 대법원[133]은 '공사를 수주하기 위해서 위조 · 변조한 공문서의 이미지 파일을 공사발주자 등에게 이메일로 송부하여 프린터로 출력하게 한 사안'에서 위조 · 변조공문서행사죄의 성립을 인정하였다. 문서가 위조된 것임을 이미 알고 있는 공범자 등에게 행사하는 경우에는 위조문서행사죄가 성립할 수 없으나, 간접정범을 통한 위조문서행사범행에 있어 도구로 이용된 자라고 하더라고 문서가 위조된 것임을 알지 못하는 자에게 행사한 경우에는 위조문서행사죄가 성립한다는 것이다. 위 사안에서 대법원은 이메일 수령자의 이미지문서출력을 위조문서행사로 파악하고 있으며, 이메일발송자는 이메일수령자의 출력행위를 이용하여 위조문서형사죄를 범하는 간접정범으로 이해하고 있다. 그러나 위 판례사안은 간접정범의 사안이 아니다. 기존의 문서에 관한 죄에서 예

법상 문서에 관한 죄에 있어서 문서라고 할 수도 없으므로 사문서를 변조하였다고 볼 수 없다."; 대법원 2007.11. 29., 2007도7480; 대법원 2008.4.10., 2008도1013; 대법원 2010.7.15., 2010도6068; 대법원 2011.11. 10., 2011도10468; 부산지법 2010.5.7., 2010노427.

130) 대법원 2012.2.23., 2011도14441.

131) 전산화등기부 전자기록 등 부실기재: 대법원 2011.7.14., 2011도3180; 대법원 2013.1.24., 2012도12363; 대법원 2013.5.9., 2011도15854; 대법원 2014.5.16., 2013도15895; 대법원 2017.2.15., 2014도2415. 전산화가족관계부 전자기록 등 부실기재: 대법원 2006.11.23., 2006도5986; 대법원 2009.1.30., 2006도7777; 대법원 2009.9.24., 2009도4998; 대법원 2009.12.24., 2009도11349. 공무원 내부문서 전산화시스템에 의한 전자기록 등의 허위내용기록: 대법원 2005.6.9., 2004도6132(경찰범죄정보기록); 대법원 2007.7.27., 2007도3798(출장보고서); 대법원 2010.7.8., 2010도3545(공군복지전산시스템); 대법원 2011.5.13., 2011도1415(자동차등록정보시스템); 대법원 2013.11.28., 2013도9003(출장보고서).

132) 대법원 2008.10.23., 2008도5200: "휴대전화 신규 가입신청서를 위조한 후 이를 스캔한 이미지 파일을 제3자에게 이메일로 전송한 사안에서, 이미지 파일 자체는 문서에 관한 죄의 '문서'에 해당하지 않으나, 이를 전송하여 컴퓨터 화면상으로 보게 한 행위는 이미 위조한 가입신청서를 행사한 것에 해당하므로 위조사문서행사죄가 성립한다."

133) 대법원 2012.2.23., 2011도14441.

정하지 못했던 이미지파일에 관한 문제일 뿐이다.

문서에 관한 죄에서는 문서의 이미지파일에 대한 새로운 인식 및 이에 합당한 새로운 입법이 시급하다. 이미지파일로 기존의 문서에 관한 죄를 실현하는 것이 광범위하게 가능해졌기 때문이다. 문서에 관한 죄에서 원본문서를 위조하여 이미지파일을 만드는 행위, 원본문서를 있는 그대로 스캔한 후 이를 변경하여 이미지파일을 만드는 행위, 새로운 이미지파일을 만드는 행위, 이들을 이메일 등으로 전송하는 행위 등을 모두 포섭할 수 있도록 하기 위해서는 문서개념에 대한 새로운 인식이 필요하다.

이는 의외로 간단할 수도 있다. 증명기능 · 보장기능 · 계속기능을 보유하는 이미지파일도 문서에 해당한다고 파악하면 충분하기 때문이다. 즉 이미지파일도 컴퓨터언어로 기록되어 컴퓨터화면을 통해서 시각적으로 인식이 가능하므로 문서에 해당한다고 보아야 한다. 현대사회에서는 문서에 관한 죄에서 이러한 관점의 착상이 필수적이라고 해야 한다. 다만 원본문사를 있는 그대로 스캔하여 이미지파일을 만드는 행위는 원본문서의 존재의 증명에 불과하므로, 이는 위조개념에서 제외되어야 하는 특성이 인정되어야 한다.[134]

전자기록 등 특수매체기록도 특수매체를 통해서 시각적으로 인식이 가능하므로 증명기능 · 보장기능 · 계속기능을 보유하는 한도에서 문서로 파악하는 것이 합리적이다. 여기서도 원본기록을 그대로 복사하는 행위는 원본기록의 존재의 증명에 불과하므로, 이는 위조개념에서 제외되어야 하는 특성이 인정되어야 한다.

종합하면, 문제가 많은 복사문서의 문서간주규정을 삭제하고, 그 자리에 "이 장의 죄에 있어서 이미지파일과 전자기록 등 특수매체기록도 문서로 본다. 다만 원본문서 내지 원본기록의 존재에 관한 증명에 불과한 복사 · 복제는 위조에 해당하지 않는다."라는 제237조의2의 전자기록 등에 관한 규정의 신설이 요구된다.

2. 사문서위조 · 변조죄

본죄는 행사할 목적으로 권리 · 의무 또는 사실증명에 관한 타인의 문서 또는 도화를 위조 또는 변조함으로써 성립하는 범죄이다.

2-1. 행위객체

134) 취업이나 은행 및 관공서에 제출하기 위해서 원본증명서를 스캔하여 이미지파일로 만드는 행위가 위조로 평가될 수는 없다. 그러나 사실관계와 일치할지라도 증명서원본 없이 이미지파일을 만드는 행위는 위조라고 해야 하며, 이를 이메일로 보내는 행위는 위조문서행사라고 해야 한다.

본죄의 객체는 권리 · 의무 또는 사실증명에 관한 타인의 문서 또는 도화이다. 타인의 문서 또는 도화이어야 하므로 자기의 문서나 도화는 본죄의 객체에 포함되지 아니한다. 여기서 타인의 문서란 문서의 소유권을 의미하는 것이 아니라 문서의 작성명의인을 의미한다. 타인은 개인 뿐 아니라 법인과 법인격 없는 단체를 포함하며, 내국인 뿐 아니라 외국인을 포함한다. 외국의 공무소나 외국의 공무원 명의의 문서는 형법상 외국인 명의의 사문서에 해당한다.

타인의 문서 · 도화는 권리 · 의무 또는 사실증명에 관한 것이어야 한다. 권리 · 의무에 관한 문서란 공법상 또는 사법상의 권리 · 의무의 발생 · 변경 · 소멸에 관한 사항을 기재한 문서를 의미한다. 각종의 위임장, 계약서, 영수증, 신탁증서, 차용금증서, 예금청구서, 대출금청구서, 신용카드발급신청서, 주민등록증발급신청서, 인감증명교부신청서 등이 여기에 해당한다. 사실증명에 관한 문서는 권리 · 의무의 발생 · 변경 · 소멸에 관한 사항 외에 거래상 중요한 사실을 증명하는 문서를 말한다.

단체의 신분증, 사립학교의 졸업 · 성적증명서, 건강 · 상해진단서, 예술작품의 서명이나 낙관, 거래관계에서 신뢰의 근거가 되는 법적으로 중요한 내용으로 만들어진 원산지표시나 품질표시 등이 여기에 해당한다. 그러나 물체와 그 소지인의 동일성 표지의 단순한 열거에 불과한 명함 등은 본죄의 문서에 해당하지 않는다.

2-2. 행 위

2-2-1. 위 조

본죄에서의 위조는 '작성권한 없는 자'가 '타인의 명의를 모용'하여 '문서를 작성'하는 것이다. 부진정한 문서를 작성하는 유형위조가 본죄의 위조에 해당한다. 따라서 작성권한이 있는 자가 진실에 반하는 허위의 문서를 작성하는 무형위조는 본죄의 위조에 해당하지 않는다. 무형위조는 특별한 경우(허위진단서 등의 작성죄)에 한하여 처벌될 뿐이다.

2-2-1-1. 권한 없는 자

위조는 '작성권한 없는 자'가 타인명의의 문서를 작성하는 것이다. 그러나 타인명의의 문서를 작성하는 경우에도 대리권 · 대표권이 있는 자가 문서를 작성하는 경우는 의조가 되지 않는다. 본인이 사전에 문서작성에 동의하는 경우도 위탁에 의한 문서작성으로서 위조가 되지 아니한다. 즉 본죄에서 본인의 사전동의는 구성요건해당성을 배제하는 양해가 된다. 본인의 동의는 명시적이든 묵시적[135]이든 불문한다. 그러나 본인의 사후동의는 구성요건해당성을 배제하지 못하므로 본죄의 성립에 영향을 미치지 아니한다.[136]

135) 대법원 1988.1.12., 87도2256; 대법원 1993.3.9., 92도3101; 대법원 1998.2.24., 97도183; 대법원 2015.6.11., 2012도1352.
136) 대법원 1970.11.24., 70도1981.

> 판례[137]에 의하면 "사문서를 작성 · 수정할 때 명의자의 명시적이거나 묵시적인 승낙이 있었다면 사문서의 위 · 변조죄에 해당하지 않고, 한편 행위 당시 명의자의 현실적인 승낙은 없었지만 행위 당시의 모든 객관적 사정을 종합하여 명의자가 행위 당시 그 사실을 알았다면 당연히 승낙했을 것이라고 추정되는 경우 역시 사문서의 위 · 변조죄가 성립하지 않는다"고 한다. 다만 "명의자의 명시적인 승낙이나 동의가 없다는 것을 알고 있으면서도 명의자가 문서작성 사실을 알았다면 승낙하였을 것이라고 기대하거나 예측한 것만으로는 그 승낙이 추정된다고 단정할 수 없다"는 입장이다.[138] 그러나 이론적으로는 명의인의 명시적 또는 묵시적 동의는 본죄의 구성요건해당성 배제사유에 해당하고, 추정적 승낙은 위법성조각사유에 해당한다.

"작성권한이 없다"함은 문서의 작성과 관련하여 타인에 대한 대리권이나 대표권이 없는 경우를 의미한다. 따라서 대리권이나 대표권의 범위에서 문서를 작성하는 경우는 문서위조죄에 해당하지 않는다. 이는 대표권이나 대리권의 범위 내에서 그러나 권한을 남용하여 문서를 작성하는 경우에도 동일하다.[139] 이때에는 경우에 따라 허위공문서작성죄 또는 배임죄가 성립할 수 있을 뿐이다. 문서의 작성자가 명의인으로부터 포괄적인 위임을 받고 위임의 취지에 따라 사문서를 작성하는 경우에도 위조에 해당하지 않는다.[140] 이때에는 그 내용이 허위인 경우라도 문서위조죄에 해당하지 않는다.[141] 다만 주식회사의 적법한 대표이사라 하더라도 그 권한을 포괄적으로 위임하여 다른 사람으로 하여금 대표이사의 업무를 처리하게 하는 것은 허용되지 않는다.[142]

그러나 대리권이나 대표권이 있는 경우에도 수임자가 위임의 범위를 초월하여 문서를 작성하거나,[143] 위탁의 본지에 반하여 선순위자를 후순위자로 한 저당권설정에 관한 문서를 작성하거나[144] 또는 백지위임장의 취지에 반하여 임의로 보충문서를 작성한 소위 백지위조[145]의 경우에는 위조에 해당한다.

---

137) 대법원 2008.4.10., 2007도9987; 대법원 2015.6.11., 2012도1352; 대법원 2015.11.26., 2014도781.

138) 대법원 1993.3.9., 92도3101; 대법원 2003.5.30., 2002도235; 대법원 2011.9.29., 2010도14587.

139) 대법원 1983.10.25., 83도2257; 대법원 1984.7.10., 84도1146; 대법원 2010.5.13., 2010도1040; 대법원 2012.6.28., 2010도690; 대법원 2015.11.27., 2014도17894.

140) 대법원 1985.10.22., 85도1732; 대법원 1984.4.24., 83도2645; 대법원 2011.4.28., 2010도15817; 대법원 2015.6.11., 2012도1352.

141) 대법원 1984.7.10., 84도1146; 대법원 1986.8.19., 86도544.

142) 대법원 2008.11.27., 2006도2016.

143) 대법원 1983.10.25., 83도2257; 대법원 1992.12.22., 92도2047; 대법원 1997.3.28., 96도3191; 대법원 2005.10.28., 2005도6088; 대법원 2006.9.28., 2006도1545; 대법원 2012.6.28., 2010도690.

144) 대법원 1982.11.9., 81도2501; 동취지, 대법원 2007.3.29., 2006도9425: 수탁자가 명의신탁 받은 사실을 부인하면서 신탁재산이 수탁자 자신의 소유라고 주장하는 등으로 신탁자와 사이에 신탁재산의 소유권에 관하여 다툼이 있는 경우; 대법원 2007.11.30., 2007도4812: 신탁재산 처분권한을 다투는 등 신탁재산에 관한 처분이나 기타 권한행사에 있어서 신탁자에게 부여하였던 수탁자 명의사용에 대한 포괄적 허용을 철회한 것으로 볼 만한 사정이 있는 경우.

145) 대법원 1982.10.12., 82도2023; 대법원 1984.6.12., 83도2408; 대법원 1992.3.31., 91도2815 대법원 1992.12.22., 92도2047.

2-2-1-2. 타인명의의 모용

문서의 위조는 작성권한 없는 자가 '타인의 명의를 모용하여' 문서를 작성하는 것이다. 타인명의의 모용이란 명의인의 사칭, 즉 명의인과의 동일성을 사칭하는 것이다. 이 때 문서내용의 진실 여부나 명의인의 실재 여부[146]는 문제가 되지 않는다. 따라서 허무인이나 사자명의를 모용하는 경우도 여기에 해당한다.[147] 본명 대신 '가명'이나 '위명'을 사용하여 사문서를 작성한 경우에도 그 문서의 작성명의인과 실제 작성자 사이에 인격의 동일성이 그대로 유지되는 때에는 위조가 되지 않으나, 명의인과 작성자의 인격이 상이할 때에는 문서위조죄가 성립한다.[148] 타인명의의 모용은 명의인을 특정할 수 있는 표시로 족하다. 따라서 아호나 별명 또는 이니셜 등으로 표현한 경우에도 명의인을 특정할 수 있는 한 타인명의의 모용에 해당한다. 또한 모용된 타인의 이름이 위조자의 이름과 동일하다고 하여 타인명의의 모용이 부정되지도 않는다.

타인명의의 모용은 타인자격의 모용과 구별된다. 타인자격을 모용하여 문서를 작성하는 경우는 사문서위조죄(제231조)가 아니라 자격모용에 의한 사문서작성죄(제232조)에 해당한다. 예컨대 대리권이나 대표권이 없는 자(A)가 본인(B)의 대리자격이나 대표자격을 모용하여 자기(A)명의의 문서를 작성하는 경우가 여기에 해당한다. 이러한 자격모용에 의한 사문서작성은 마치 외형상 명의인의 진정이 인정되는 무형위조로 보이지만, 실제로는 문서의 진정을 인정할 수 없는 유형위조의 특수한 경우이다.

학설에서는 '대리권이나 대표권이 없는 자(A)가 대리인이나 대표자를 사칭하여 본인(B)명의의 문서를 작성하는 경우'에도 사문서위조죄가 아니라 자격모용에 의한 사문서작성죄의 성립을 인정하고 있다(통설). 이러한 통설의 견해에 의하면 타인(본인)명의의 문서를 작성하는 경우에 "범인이 구체적으로 대리자격 내지 대표자격을 모용한 것인지" 또는 "본인을 사칭하여 문서를 작성한 것인지"를 항상 구별해야 한다. 이는 사문서위조죄와 자격모용에 의한 사문서작성죄를 상호배척하는 택일관계(Alternativität)로 이해하는 관점이다. 그러나 사문서위조죄와 자격모용에 의한 사문서작성죄는 동일한 형으로 처벌되고 있는데, 과연 이러한 구별의 이유와 실익이 무엇인지 의문이 제기된다.[149] 오히려 범인(A)이 본인(B)명의의 문서를 작성한 경우에는 구체적으로 대리자격 내지 대표자격을 사칭했을지라도, 이러한 자격의 사칭은 타인의 명의를 모용하는 수단에 불과하다고 해석해야 한다. 사문서위조죄와 자격모용에 의한 사문서작성죄의 관계에서도 자격모용에 의한 사문서작성죄는 사문서위조죄에 대한 보충적 규정으로 해석된다. 따라서 자격모용에 의한 사문서작성죄는 '대리권이나 대

---

146) 이에 관하여는 상기 '1-3. 문서의 개념, (3) 보장기능' 참조.

147) 대법원 2005.2.24., 2002도18 전원합의체 판결; 대법원 2005.3.25., 2003도4943; 대법원 2011.9. 29., 2011도6223.

148) 대법원 2010.11.11., 2010도1835: "피고인이 다방 업주로부터 선불금을 받고 그 반환을 약속하는 내용의 현금보관증을 작성하면서 가명과 허위의 출생연도를 기재한 후 이를 교부함에 있어서 자신이 위 문서에 표시된 명의인으로 가장한 것만은 분명하므로, 명의인과 작성자의 인격의 동일성을 오인케 한 피고인의 이러한 행위는 사문서 위조, 동행사죄에 해당한다고 보아야 한다."

149) 동지, 박상기, 529면.

표권이 없는 자(A)가 대리자격이나 대표자격을 모용하여 자기(A)명의의 문서를 작성하는 경우'와 같이 '타인명의를 모용하지 아니하는 경우'에만 적용이 가능하다. '대리권이나 대표권이 없는 자(A)가 대리인이나 대표자를 사칭하여 본인(B)명의의 문서를 작성하는 경우'에는 사문서위조죄가 성립한다고 해석하여야 한다.[150)]

판례는 일관된 태도로 위탁된 범위를 초월하여 위탁자 명의의 사문서를 작성하는 경우[151)] 또는 위임의 취지에 반하여 백지를 보충한 백지위조의 경우[152)]를 사문서위조죄로 판단하고 있다. 그러나 학설에서는 이 경우에도 무권대리의 경우와 동일하게 자격모용에 의한 문서작성죄의 성립을 인정하고 있다(통설). 통설은 이와 같이 무권대리에 의하여 본인(타인)명의의 문서를 작성한 경우 및 권한 밖의 사항에 관하여 본인(타인)명의의 문서를 작성(월권대리의 경우)하거나 또는 대리 · 대표권한이 소멸된 이후에 본인(타인)명의의 문서를 작성한 경우를 자격모용에 의한 사문서작성죄로 본다. 월권대리의 경우나 대리 · 대표권한이 소멸된 이후에도 일반인은 행위자의 대리 · 대표권한에 관하여 오인할 수 있다는 관점에서 이러한 통설의 입장을 수긍 못할 바는 아니다. 그러나 자격모용에 의한 문서작성죄의 성립은 문서작성자와 문서명의인이 일치하는 경우에만 인정될 수 있다.[153)] 권한을 초월하여 작성자명의가 아닌 위탁자명의의 문서를 작성했다면 이미 문서작성죄의 개념에 포섭될 수 없다고 해야 한다.[154)] 물론 권한의 범위 내에서 문서를 작성한 경우는 권한을 남용하였어도 문서위조죄나 자격모용에 의한 문서작성죄가 성립할 여지는 없다.[155)] 여기서는 타인명의의 모용이나 타인자격의 모용이 없기 때문에 경우에 따라 허위문서작성죄나 배임죄 등의 성립만이 가능할 뿐이다(통설).

2-2-1-3. 문서의 작성

문서의 위조는 권한 없는 자가 타인명의를 모용하여 문서를 작성하는 것이다. 문서작성의 방법에는 제한이 없다. 새로운 문서를 작성하는 경우 뿐 아니라, 기존의 문서를 이용하여 문서를 작성하는 경우도 포함된다. 기존의 문서를 이용하는 경우로는 미완성의 문서를 완성시키는 방법으로 문서를 작성(백지위조)[156)]하거나 또는 기존의 문서를 변경하여 새로운 증명력을 갖는 문서를 작성하는 경우가 있다. 특히 기존의 문서를 변경하는 경우는 이전의 문서와 별개의 독립된 문서로 평가될 정도로

150) 동지, 권오걸, 839면; 김성돈, 633면; 김일수/서보학, 576면 이하; 손동권/김재윤, 677면.

151) 대법원 1983.10.25., 83도2257; 대법원 1992.12.22., 92도2047; 대법원 1997.3.28., 96도3191; 대법원 2005.10.28., 2005도6088; 대법원 2006.9.28., 2006도1545; 대법원 2012.6.28., 2010도690.

152) 대법원 1982.10.12., 82도2023; 대법원 1984.6.12., 83도2408; 대법원 1992.3.31., 91도2815.

153) 대법원 1993.4.2., 92도2688: "피고인이 제2구청장으로 전보된 후에 제1구청장의 권한에 속하는 이 사건 건축허가에 관한 기안용지의 결재란에 서명을 하였다면 이는 자격모용에 의한 공문서작성죄를 구성한다."

154) 동지, 권오걸, 839면; 김성돈, 632면; 김일수/서보학, 577면; 손동권/김재윤, 677면.

155) 대법원 1983.10.25., 83도2257; 대법원 1984.7.10., 84도1146; 대법원 2010.5.13., 2010도1040; 대법원 2012.6.28., 2010도690; 대법원 2015.11.27., 2014도17894.

156) 대법원 1982.10.12., 82도2023; 대법원 1984.6.12., 83도2408; 대법원 1992.3.31., 91도2815; 대법원 1992.12.22., 92도2047.

문서의 중요부분(유효기간이 도과한 문서의 유효기간, 문서의 명의인)[157]을 변경하여야 한다. 별개의 독립된 문서로 평가될 정도의 변경에 이르지 아니하면 위조가 아니라 변조에 해당할 뿐이다. 작성명의자의 의사와 다른 내용의 문서에 명의인으로 하여금 날인케 함으로써[158] 본인(타인)을 이용한 간접정범의 형태로 문서를 작성하는 것도 가능하다. 또한 문서작성의 정도는 일반인으로 하여금 진정한 문서로 오인할 정도의 형식과 외관을 갖추면 본죄의 위조로서 충분하다.[159] 즉 문서위조가 문서로서의 형식과 내용을 완전하게 갖추어야 하는 것은 아니다.

2-2-2. 변 조

변조는 진정하게 성립한 타인명의의 문서에 동일성을 해하지 않는 범위에서 권한 없이 그 내용을 변경하는 행위이다.

2-2-2-1. 변조의 대상

변조의 대상은 진정하게 성립된 타인명의의 문서에 한정된다.[160] 따라서 위조된 문서는 변조의 대상이 되지 않는다.[161] 범인이 위조된 문서를 진정하게 성립된 문서로 오인하고 변조한 경우에는 (불능)미수의 성립만이 문제될 뿐이다. 효력을 상실한 문서도 더 이상 문서가 아니므로 변조의 대상이 되지 아니한다. 따라서 효력을 상실한 문서를 변경하는 행위는 변조에 해당하지 않으며, 새로운 증명력을 가질 정도로 변경을 가한 경우에는 위조에 해당하게 된다.

진정하게 성립된 문서라면 그 내용이 반드시 유효·적법할 필요는 없으므로, 무효인 문서도 변조의 대상이 된다는 것이 일반적인 학설의 입장이다(통설). 이러한 입장은 기본적으로 타당하다고 할 수 있다. 구체적·개별적으로 문서의 유효·무효나 적법·불법을 구별해야 한다면 추상적 위험범인 본죄가 구체적 위험범 내지 침해범으로 변형되기 때문이다. 다만 일반적·객관적으로 명백하게 무효인 문서는 변조의 대상이 될 수 없다. 이러한 문건은 법적으로 중요한 사실을 증명해야 하는 증명기능을 가질 수 없기 때문이다. 예컨대 반사회질서의 법률행위를 내용으로 하는 문서(씨받이·성매매·도박·밀수등의 계약서나 영수증)의 경우가 그러하다.

---

157) 대법원 1962.12.20., 62도183; 대법원 1980.11.11., 80도2126; 대법원 1991.9.10., 91도1610; 대법원 1998.4.10., 98도164; 대법원 2003.9.26., 2003도3729.

158) 대법원 1970.9.29., 70도1759; 대법원 2000.6.13., 2000도778.

159) 대법원 2006.9.14., 2005도2518; 대법원 2007.5.10., 2007도1674; 대법원 2008.3.27., 2008도443; 대법원 2009.5.14., 2009도5; 대법원 2011.2.10., 2010도8361; 대법원 2011.9.29., 2011도6223; 대법원 2011.11.10., 2011도10539; 대법원 2016.7.14., 2016도2081; 대법원 2017.12.22., 2017도14560.

160) 대법원 2017.12.5., 2014도14924: "이미 진정하게 성립된 타인 명의의 문서가 존재하지 않는다면 사문서변조죄가 성립할 수 없다."

161) 대법원 1986.11.11., 86도1984; 대법원 2006.1.26., 2005도4764; 대법원 2008.12.24., 2008도9494; 동취지, 대법원 2017.12.5., 2014도14924.

허위로 작성된 문서는 변조의 대상이 될 수 없다는 것이 일반적인 학설의 입장이다(통설). 판례[162]도 동일한 입장이다. 그러나 이러한 통설과 판례의 태도에 대하여는 의문이 제기된다. 진정하게 성립된 문서라면 그 내용의 진실 여부는 문제되지 않아야하기 때문이다. 물론 일반인이 진실한 문서로 오인할 수 없을 정도로 명백하게 허위의 내용을 가진 문건은 증명기능의 결여로 문서에 해당하지 않으며, 이에 따라 변조의 대상이 될 수 없음은 분명하다. 그러나 진정하게 성립된 허위진단서를 변조하는 행위를 본죄의 대상에서 제외할 이유는 없다.[163] 예컨대 의사와 결탁하여 전치 3주의 상해진단서를 발급 받은 자가 10주의 상해로 변조하는 경우는 문서변조죄에 해당한다고 할 것이다.

또한 변조의 대상은 진정하게 성립된 타인명의의 문서에 한한다. 따라서 자기명의 문서의 내용을 변경하는 것은 변조에 해당하지 않으며, 그 문서가 타인소유인 경우에 한하여 문서손괴죄[164]에 해당할 수 있을 뿐이다(통설). 이에 반하여 "자기명의의 문서라도 당해 문서에 대한 변경권이 소멸된 이후에는 변조의 대상이 된다"는 견해[165]가 있다. 즉 자기명의의 문서라도 그것이 이미 법적 거래에서 사용되어 타인이 당해 문서의 지속성에 이해관계를 가지게 된 때에는 작성명의인도 이를 변경할 권한이 없다는 것을 이유로 한다. 그러나 형법은 본죄의 객체를 '타인의 문서 또는 도화'로 규정하고 있으며, 여기서의 타인은 명백하게 작성명의인 이외의 자를 의미하는 것이다. 문서의 지속성에 관하여 다른 사람이 이해관계를 가지게 되었다고 하여 이를 제231조의 '타인의 문서'로 해석할 수는 없다. 따라서 이 견해는 타당하다고 할 수 없다.

2-2-2-2. 변조

변조는 문서의 동일성을 해하지 않는 범위에서 권한 없이 그 내용을 변경하는 행위이다. 첨부된 도면을 떼어내고 다른 도면으로 바꾸어 갈아 끼운 경우,[166] 결재된 원안의 문서에 새로운 사항을 첨가하여 기재하는 경우[167] 또는 기존의 기재사항을 삭제하는 경우 등이 여기에 해당한다. 문서의 내용에 영향을 미치는 변경은 그것이 문서의 잘못된 내용을 정정하는 경우에도 본죄의 변조에 해당한다.[168] 그러나 단순한 자구수정이나 문서의 내용에 영향을 미치지 아니하는 사실의 기재만으로는 변조에 해당하지 않는다.[169]

162) 대법원 1986.11.11., 86도1984.

163) 동지, 김성돈, 636면; 오영근, 567면 각주 2).

164) 대법원 1987.4.14., 87도177.

165) 박상기, 527면.

166) 대법원 1982.12.14., 81도81.

167) 대법원 1970.12.29., 70도116; 대법원 1995.2.24., 94도2092; 대법원 2017.6.8., 2016도5218.

168) 대법원 1992.10.13., 92도1064: "사서증서인증서의 변조가 비록 당초의 잘못된 기재를 정정하려는 의도였다고 할지라도 이를 사회상규에 위배되지 아니한 정당한 업무범위 내의 행위라고 할 수 없다."

169) 대법원 2004.8.20., 2004도2767: "부동산매도용 이외의 경우 인감증명서의 사용용도란의 기재는 증명되는 부분과는 아무런 관계가 없다고 할 것이므로, 권한 없는 자가 임의로 인감증명서의 사용용도란의 기재를 고쳐 썼다고 하더라도 새로운 증명력을 작출한 경우라고 볼 수 없으므로 공문서변조죄나 이를 전제로 하는 변조공문서행사죄가 성립되지는 않는다."; 대

변조는 '권한 없이' 문서내용에 변경을 가하는 것이다. 따라서 문서변경의 권한이 있는 경우에는 내부규율상의 책임을 묻는 것은 별론으로 하고 변조에는 해당하지 않는다.[170] 또한 변조는 '문서의 동일성을 해하지 않는 범위'에서 그 내용을 변경하는 것이다. 따라서 문서의 중요부분을 변경하여 새로운 증명력의 문서를 작성하는 경우는 변조가 아니라 위조에 해당한다. 예컨대 주민등록증의 사진을 떼어내고 자신의 사진을 붙인 경우는 새로운 증명력을 가지는 별개의 공문서를 작성한 것으로서 공문서위조죄에 해당한다.[171]

2-3. 주관적 구성요건

본죄의 주관적 구성요건으로는 고의 외에 초과주관적 구성요건요소로서 행사의 목적을 필요로 한다. 여기서 행사의 목적이란 위조 · 변조된 문서를 진정한 문서로 효력을 발생시키려는 의도를 말한다. "진정한 문서로 효력을 발생시킨다"라 함은 문서의 용도에 따른 사용, 즉 문서의 기능적 이용을 의미한다. 자신이 직접 행사하는 경우 뿐 아니라 제3자로 하여금 행사하게 하려는 경우도 포함한다. 행사의 목적이 달성되었는지 여부는 본죄의 성립에 영향을 주지 못한다.

2-4. 죄수 및 타죄와의 관계

2-4-1. 죄 수

문서위조 · 변조죄의 죄수를 판단하는 기준에 대하여는 학설의 다툼이 있다. 판례는 문서명의인의 수를 기준으로 하여, 2인 명의의 문서를 위조한 경우에 2개의 문서위조죄의 상상적 경합을 인정하고 있다.[172] 종래에는 학설의 입장에서도 문서의 수,[173] 범죄의사[174] 또는 보호법익[175]이라는 하나의 기준에 의하여 문서위조 · 변조죄의 죄수를 판단하는 견해들이 있었으나, 현재의 학설은 이들을 종합적으로 고려하여 죄수를 결정하고 있다. 일부 학설은 보호법익을 기준으로 하면서 '행위와 범죄의사'[176] 또는 '명의인 · 문서 · 문서작성의사의 수'[177]를 고려하여 문서위조 · 변조죄의 죄수를 판

법원 1971. 3.23., 71도329; 대법원 1981.10.27., 81도2055; 대법원 2000.11.10., 2000도3033; 대법원 2003.12. 26., 2002도7339.

170) 대법원 1982.10.12., 82도1485: "군의 지적계장이 내부 결재 없이 토지대장의 공유지 연명부 원장의 오류를 정정한 것은 공유지연명부의 정리에 관한 군수의 보조자로서의 권한을 초과한 행위라고 볼 수는 없다고 할 것이므로 피고인에게 정규적인 절차에 의한 사무처리를 하지 아니한 점을 들어 내부규율상의 책임을 묻는 것은 별론으로 하고 공문서변조의 책임을 지울 수는 없다"; 동취지, 대법원 1979.8.31., 79도1572.

171) 대법원 1991.9.10., 91도1610; 대법원 2003.9.26., 2003도3729; 서울중앙지법 2005.12.19., 2005고합564-1, 633, 929, 1041, 1110.

172) 대법원 1956.3.2., 4288형상343; 대법원 1987.7.21., 87도564.

173) 백형구, 533면; 정영석, 181면.

174) 이건호, 137면; 황산덕, 139면.

175) 서일교, 260면; 유기천(하), 188면.

176) 배종대, 527면; 이재상/장영민/강동범, 589면; 동취지, 임웅, 728면.

177) 정성근/박광빈, 636면.

단하고 있다. 이러한 견해에 대하여 보호법익이라는 기준이 너무 포괄적이고 추상적이라는 것을 이유로 "행위와 문서의 수를 기준으로 해야 한다"는 견해[178]와 "행위와 문서의 수를 기준으로 하면서 행위 · 법익 · 범죄의사 · 구성요건의 충족횟수 등을 함께 고려해야 한다"는 견해[179]가 있다. 생각건대 죄수를 판단하는 기준은 행위의 수이다. 물론 여기서 '행위의 수'라 함은 자연적 의미의 행위가 아니라 법적 · 사회적 의미의 행위의 수를 말한다. 따라서 일죄와 수죄는 행위의 법적 · 사회적 단일성과 다수성에 의하여 결정된다. 이러한 행위의 수를 판단하기 위해서는 행위 · 구성요건 · 범죄의사 · 법익 · 결과의 수가 모두 고려되지 않으면 안 된다.[180] 이러한 관점에서 현재 학설의 입장은 모두 타당하다고 할 수 있다. 다만 어떠한 요소를 우선적인 기준으로 해야 하는가는 획일적으로 결정할 사항이 아니다. 이는 구체적인 사건에서 개별적 판단을 통하여 결정해야 할 사항이다.

일반적으로 문서위조 · 변조죄는 위조 · 변조하는 문서의 수가 행위의 단일성과 다수성을 판단하는 기준이 될 수 있을 것이다. 그러나 이러한 기준을 모든 경우에 항상 적용할 수 있는 것은 아니다. 예컨대 2개의 문서가 함께 하나의 증명기능을 수행하는 경우는 행위단일이 인정될 수 있기 때문이다. 이 경우는 보호법익이 죄수 결정의 기준이 될 수 있다. 결국 죄수 문제는 구체적 · 개별적 상황에서 행위 · 구성요건 · 범죄의사 · 법익 · 결과의 수를 모두 고려하여 행위의 법적 · 사회적 단일성과 다수성을 판단함으로써 결정할 수 있는 문제이다.

2-4-2. 타죄와의 관계

문서를 위조 · 변조하여 행사한 경우에 본죄와 위조 · 변조사문서행사죄의 실체적 경합을 인정하는 견해,[181] 상상적 경합을 인정하는 견해,[182] 최초의 범행의사가 행사를 포함한 경우에는 불가벌적 사후행위로서 법조경합을 인정하고 새로운 범행의사에 의한 행사인 경우에는 실체적 경합을 인정하는 견해[183] 및 사문서위조 · 변조죄를 동행사죄의 경과범죄로 이해하여 보충관계에 의한 법조경합을 인정하는 견해[184]의 대립이 있다. 그러나 형법이 기본적인 문서위조 · 변조행위 이외에 이를 행사하는 행위를 독립된 범죄유형으로 새롭게 규정한 것은 이들을 각각 독립된 2개의 행위로 평가하려는 입법자의 의도라고 해야 한다. 따라서 본죄와 위조 · 변조사문서행사죄는 실체적 경합으로 해석

---

178) 박상기, 528면; 동취지, 권오걸, 845면.
179) 김일수, 한국형법 Ⅳ, 296면; 김일수/서보학, 584면; 이형국, 611면.
180) 동지, 김성돈, 637면; 손동권/김재윤, 676면; 진계호/이존걸, 680면.
181) 권오걸, 845면; 김성돈, 638면; 김성천/김형준, 707면; 박상기, 528면; 손동권/김재윤, 677면; 이형국, 611면; 정성근/박광민, 636면; 조준현, 686면; 진계호/이존걸, 680면 이하.
182) 배종대, 527면; 이재상/장영민/강동범, 589면.
183) 김일수, 한국형법 Ⅳ, 297면; 김일수/서보학, 584면.
184) 오영근, 568면; 임웅, 729면.

하는 것이 타당하다. 판례[185]도 이 경우 두 죄의 실체적 경합을 인정하고 있다.[186]

문서를 위조 · 변조하여 이를 행사함으로써 사기죄를 범한 경우에 문서위조 · 변조죄와 동행사죄는 실체적 경합이 되며, 위조 · 변조문서행사죄는 사기죄의 부분적 행위가 되므로 행위의 부분적 동일성에 의하여 양죄의 상상적 경합이 인정된다.[187] 이는 문서를 위조 · 변조하여 이를 행사함으로써 타인을 무고하는 경우에도 동일하다.[188] 이에 반하여 이 경우 문서위조 · 변조죄와 사기죄 · 무고죄의 상상적 경합을 인정하는 견해[189]가 있다. 물론 논리적으로 문서위조 · 변조죄와 동행사죄의 관계를 상상적 경합[190]으로 이해하는 입장에서 이러한 결론은 가능할 수 있다. 그러나 문서위조 · 변조죄와 동행사죄의 관계를 실체적 경합으로 이해하는 입장[191]에서 문서위조 · 변조죄와 사기죄 · 무고죄의 상상적 경합을 인정하는 것은 타당하지 않다. 또한 문서위조 및 행사를 무고죄와 목적 · 수단의 관계로 이해함으로써 무고죄의 성립만을 인정하는 견해[192]도 있다. 판례[193]는 이 경우 문서위조죄와 동행사죄 및 사기죄의 실체적 경합을 인정하고 있다.[194]

3. 자격모용에 의한 사문서작성죄

본죄는 행사할 목적으로 타인의 자격을 모용하여 권리 · 의무 또는 사실증명에 관한 문서 또는 도화를 작성함으로써 성립하는 범죄이다. 예컨대 대리권이나 대표권이 없는 자(A)가 본인(B)의 대리자격이나 대표자격을 모용하여 자기(A)명의의 문서를 작성하는 경우가 여기에 해당한다. 이러한 자격모용에 의한 사문서작성은 마치 외형상 명의인의 진정이 인정되는 경우(무형위조)로 보이지만, 실

185) 대법원 2001.2.9., 2000도1216; 대법원 2012.2.23., 2011도14441; 대법원 2014.9.26., 2014도8076; 대법원 2015.4.23., 2015도2275; 대법원 2016.7.14., 2015도20233; 대법원 2016.10.13., 2015도17777; 대법원 2017.5.17., 2016도13912; 대법원 2017.12.22., 2017도14560.

186) 이에 관하여는 상기 '제1절, 3-2. 위조 · 변조통화행사죄와 타죄와의 관계'의 논리적 구조를 참조하기 바람.

187) 위조통화의 행사에서 이를 증여하는 경우 외에는 항상 사기죄를 수반하기 때문에 사기죄는 위조통화 행사죄에 대하여 흡수관계에 의한 법조경합이 인정되어야 한다; 이에 관하여는 상기 '제1절, 3-2. 위조 · 변조통화행사죄와 타죄와의 관계' 참조. 반면에 위조문서의 행사는 사기죄를 항상 수반하는 것은 아니므로, 이 경우는 행위의 부분적 동일성에 의한 상상적 경합이 인정된다.

188) 동지, 김성돈, 638면; 김일수/서보학, 585면; 박상기, 546면; 손동권/김재윤, 677면; 이형국, 611면; 진계호/이존걸, 681면; 동지, 다만 문서위조죄는 법조경합으로 적용이 배제된다는 견해로는 임웅, 730면.

189) 배종대, 527면; 이재상/장영민/강동범, 589면; 정성근/박광민, 636면.

190) 배종대, 527면; 이재상/장영민/강동범, 589면.

191) 정성근/박광민, 636면.

192) 오영근, 569면.

193) 대법원 1991.9.10., 91도1722: "예금통장을 강취하고 예금자 명의의 예금청구서를 위조한 다음 이를 은행원에게 제출 · 행사하여 예금인출금 명목의 금원을 교부받았다면 강도, 사문서위조, 동행사, 사기의 각 범죄가 성립하고 이들은 실체적 경합관계에 있다."; 대법원 1993.7.27., 93도1435; 대법원 2005.11.10., 2005도6604.

194) 권오걸, 846면

제로는 문서의 진정을 인정할 수 없는 유형위조의 특수한 경우이다.

타인자격의 모용은 타인명의의 모용과 구별된다. 타인명의를 모용하여 문서를 작성하는 경우는 본죄가 아니라 사문서위조죄에 해당하기 때문에 '대리권이나 대표권이 없는 자(A)가 대리인이나 대표자를 사칭하여 본인(B)명의의 문서를 작성하는 경우'에는 본죄가 아니라 사문서위조죄의 성립이 인정된다. 범인이 본인(타인)명의의 문서를 작성한 경우에 구체적으로 대리자격 내지 대표자격을 사칭했을지라도, 이러한 자격의 사칭은 타인의 명의를 모용하는 수단에 불과하다고 해석하여야 한다.

사문서위조죄와 자격모용에 의한 사문서작성죄의 관계에서도 자격모용에 의한 사문서작성죄는 사문서위조죄에 대한 보충규정으로 해석된다.[195] 따라서 자격모용에 의한 사문서작성죄는 '대리권이나 대표권이 없는 자(A)가 대리자격이나 대표자격을 모용하여 자기(A)명의의 문서를 작성하는 경우'와 같이 '타인명의를 모용하지 아니하는 경우'에만 적용이 가능하다. '대리권이나 대표권이 없는 자(A)가 대리인이나 대표자를 사칭하여 본인(B)명의의 문서를 작성하는 경우'에는 사문서위조죄가 성립한다고 해석하여야 한다.[196]

4. 사전자기록 위작 · 변작죄

본죄는 사무처리를 그르치게 할 목적으로 권리 · 의무 또는 사실증명에 관한 타인의 전자기록등 특수매체기록을 위작 또는 변작함으로써 성립하는 범죄이다. 현대사회에서는 컴퓨터 등에 의한 전자기록등 특수매체기록의 등장으로 특수매체기록이 문서를 대신하는 중요한 기능을 보유하게 되었기 때문에, 이러한 특수매체기록을 문서와 동일하게 보호하기 위하여 형법이 신설한 구성요건이다. 본죄는 주관적 구성요건으로 고의 외에 '사무처리를 그르치게 할 목적'을 요하는 목적범에 해당한다.

본죄의 객체는 권리 · 의무 또는 사실증명에 관한 타인의 전자기록등 특수매체기록이다. 전기적 · 자기적 방식에 의한 기록 외에 레이저기술 등에 의한 기록을 포함한다. 이러한 특수매체기록은 권리 · 의무 또는 사실증명에 관한 것이어야 한다. 또한 본죄의 전자기록등 특수매체기록은 문서위조 · 변조죄와의 관계에 의하여 사람의 관념이나 사상이 표현된 의사표시를 내용[197]으로 하는 것이어야 한다.[198]

타인의 전자기록에서 말하는 타인은 전자기록의 생성에 관여할 권한이 있는 작성주체를 의미한

195) 이에 관하여는 상기 '2-2-1. 위조, (2) 타인명의의 모용' 참조.

196) 동지, 권오걸, 839면; 김성돈, 633면; 김일수/서보학, 576면 이하; 손동권/김재윤, 677면.

197) 동지, 김성천/김형준, 691면; 김일수/서보학, 587면; 손동권/김재윤, 679면; 이재상/장영민/강동범, 613면; 이형국, 633면; 정영일, 368면.

198) 대법원 2008.6.12., 2008도938: "형법 제232조의2에 정한 타인의 전자기록은 개인 또는 법인이 전자적 방식에 의한 정보의 생성 · 처리 · 저장 · 출력을 목적으로 구축하여 설치 · 운영하는 시스템에서 쓰임으로써 예정된 증명적 기능을 수행하는 것이다."; 대법원 2005.6.9., 2004도6132; 대법원 2010.7.8., 2010도3545.

다.[199] 이에 반하여 본죄의 타인에는 작성주체 이외에 기록의 소유자나 소지자도 포함된다는 것이 일반적인 학설의 입장이다(통설). 전자기록 등이 가지는 특성상 명의인이 없거나 불분명한 경우도 있고, 작성명의인의 사후적 기록변개행위에 대한 대응의 차원에서 타인의 범위를 넓힐 필요가 있다는 것을 이유로 한다. 그러나 명의인(작성주체)이 없는 기록은 문서에 관한 죄에서 규율할 대상이 아니며, 명의인이 이를 사후에 변경하는 행위는 위작 · 변작이 아니라 전자기록등 특수매체기록 손괴죄로 규율하여야 할 것이다.

본죄의 행위는 위작 또는 변작이다. 위작 · 변작의 개념은 위조 · 변조와 동일한 차원에서 이해된다. 따라서 위작은 작성권한 없는 자가 타인의 전자기록 등을 제작하는 행위를 의미하며, 작성권한 있는 자가 허위의 기록을 제작하는 행위는 여기에 포함되지 않는다고 해석된다.[200] 변작은 권한 없는 자가 기존의 기록에 대하여 그 동일성을 해하지 않는 범위에서 변경하는 것이다.

이에 반하여 일반적인 학설의 입장에서는 작성권한 있는 자가 허위의 전자기록 등을 작성하는 경우도 본죄의 위작에 포함된다고 해석한다(통설). 본죄의 입법취지가 무형위조도 처벌하려는 것으로 판단되며,[201] 전자기록 등에는 작성자의 명의가 표시되지 않거나 없는 경우가 많기 때문이라는 것이다.[202] 그러나 사문서의 경우 작성권한 있는 자에 의한 허위문서작성은 원칙적으로 처벌의 대상이 되지 않으며, 오직 특수한 신분자에 의한 특수한 허위문서작성만이 처벌의 대상이 된다. 이러한 사문서위조죄의 불법 구조상 무형위조에 대한 일반적 처벌을 오로지 본죄의 '위작'이라는 개념의 확장만을 통하여 실현하는 것은 죄형법정주의에 반한다.[203] 또한 굳이 무형위조의 경우를 본죄에 포함시킬 이유도 없다. 본죄의 '위작'개념에 무형위조의 경우를 제한적으로 포함시키는 견해에 의하면 "기록을 작성할 권한 있는 피고용인이 운영주체의 의사에 반하여 사무처리를 그르치게 할 목적으로 위작 · 변작할 경우에만 본죄를 적용할 필요성이 인정된다"고 한다.[204] 그러나 이 경우는 공공의 신용을 해하는 행위가 아니라 개인적 법익을 침해 내지 위태롭게 하는 행위이므로 업무방해죄나 배임죄 또는 특수매체기록 손괴죄로 처벌하면 충분하다.

5. 공문서위조 · 변조죄, 자격모용에 의한 공문서작성죄, 공전자기록위작 · 변작죄

199) 동지, 박상기, 531면; 손동권/김재윤, 679면; 이재상/장영민/강동범, 614면; 이형국, 633면.

200) 동지, 박상기, 530면; 손동권/김재윤, 669면; 이재상/장영민/강동범, 614면; 이형국, 634면.

201) 법무부, 형법개정법률안 제안이유서, 230면, 232면.

202) 김성돈, 645면; 김일수/서보학, 587면; 임웅, 736면.

203) 만약 형사실무에서 처벌필요성이라는 이유 하나로 허용되지 않는 유추의 사례가 나타난다면 이를 엄하게 비판하는 것이 형법해석학의 임무라고 해야 한다.

204) 정성근/박광민, 640면.

5-1. 공문서위조 · 변조죄

공문서위조 · 변조죄는 행사할 목적으로 공무원 또는 공무소의 문서 또는 도화를 위조 또는 변조함으로써 성립하는 범죄이다. 본죄는 행위객체가 공문서라는 점에서 사문서위조 · 변조죄에 비하여 불법이 가중된 가중적 구성요건이다. 공문서는 사문서에 비하여 일반의 신용력이 크기 때문에 공문서에 대한 거래의 안전과 신용은 사문서의 그것에 비하여 더 강력한 법의 보호를 받게 된다. 본죄의 객체는 공문서이며, 공문서는 공무원 또는 공무소가 직무상 작성한 문서를 말한다. 공무원 또는 공무소가 직무상 작성한 문서인 한, 그것이 공법관계에서 작성된 것인지 또는 사법관계에서 작성된 것인지는 불문한다.

5-2. 자격모용에 의한 공문서작성죄

제226조의 자격모용에 의한 공문서작성죄는 행사할 목적으로 공무원 또는 공무소의 자격을 모용하여 문서 또는 도화를 작성함으로써 성립하는 범죄이다. 본죄는 행위객체가 공문서라는 점에서 자격모용에 의한 사문서작성죄에 비하여 불법이 가중된 가중적 구성요건에 해당한다.

5-3. 공전자기록위작 · 변작죄

제227조의2의 공전자기록위작 · 변작죄는 사무처리를 그르치게 할 목적으로 공무원 또는 공무소의 전자기록 등 특수매체기록을 위작 또는 변작함으로써 성립하는 범죄이다. 본죄는 행위객체가 공전자기록이라는 점에서 사전자기록위작 · 변작죄에 비하여 불법이 가중된 가중적 구성요건에 해당한다. 본죄에 대한 그 밖의 내용은 사전자기록위작 · 변작죄에서 설명한 것과 동일하다.[205] 다만 현실적으로 '전자기록 등 특수매체기록'과 관련된 공문서의 죄는 전산시스템으로 변경된 환경에 의하여 종래 공문서의 죄가 '공전자기록 등 특수매체기록'에 관한 죄로 명칭만 변경되고 있을 뿐이다.[206]

본죄의 행위인 위작 · 변작에 대하여는 사전자기록위작 · 변작과 동일하게 해석할 수 있는지 문제된다.[207] 본죄의 위작 · 변작은 권한 없는 자가 전자기록 등을 제작하는 경우 뿐 아니라 권한 있는 자가 허위내용의 전자기록 등을 제작하는 경우를 포함한다는 것이 일반적인 학설의 입장이며(통설), 판례[208]도 동일한 입장이다. 이러한 통설과 판례의 입장은 일단 처벌의 필요성이라는 입법론적인 관

205) 사전자기록과 달리 공전자기록은 반드시 권리 · 의무나 사실증명에 대한 내용일 필요가 없다는 견해로는 오영근, 747면. 그러나 권리 · 의무나 사실증명을 대한 내용이 아닌 기록은 문서에 관한 죄에서 규율할 대상이 아니라고 해야 한다.

206) 전산화등기부 전자기록 등 부실기재: 대법원 2011.7.14., 2011도3180; 대법원 2013.1.24., 2012도12363; 대법원 2013.5.9., 2011도15854; 대법원 2014.5.16., 2013도15895; 대법원 2017.2.15., 2014도2415. 전산화가족관계부 전자기록 등 부실기재: 대법원 2006.11.23., 2006도5986; 대법원 2009.1.30., 2006도7777; 대법원 2009.9.24., 2009도4998; 대법원 2009.12.24., 2009도11349. 공무원 내부문서 전산화시스템에 의한 전자기록 등의 허위내용기록: 대법원 2005.6.9., 2004도6132(경찰범죄정보기록); 대법원 2007.7.27., 2007도3798(출장보고서); 대법원 2010.7.8., 2010도3545(공군복지전산시스템); 대법원 2011.5.13., 2011도1415(자동차등록정보시스템); 대법원 2013.11.28., 2013도9003(출장보고서).

207) 사전자기록의 위작과 공전자기록의 위작을 각각 달리 해석하는 견해로는 이재상/장영민/강동범, 614면, 615면 이하.

208) 대법원 2005.6.9., 2004도6132(경찰범죄정보기록); 대법원 2007.7.27., 2007도3798(출장보고서); 대법원 2010.7.8., 2010도

점에서 수긍이 간다. 공문서의 경우에는 무형위조가 일반적 · 원칙적으로 처벌되는데 반하여, 작성권한 있는 자가 허위공전자기록 등을 작성하는 경우에 이를 처벌할 수 없다면 형벌의 공백이 크기 때문이다. 그러나 형법의 보장적 기능에 의한 죄형법정주의의 관점에서 이러한 통설과 판례의 입장은 부당하며, 조속한 입법의 정비를 촉구하는 측면에서도 이러한 입장에는 찬성할 수 없다. 문서위조 · 변조개념과의 관계 뿐 아니라, 공정증서원본 등의 부실기재죄(제228조 제1항)에서 행위객체에 전자기록 등 특수매체기록을 특별히 추가한 점을 고려하면, 본죄의 위작 · 변작은 권한 없는 자가 전자기록 등을 제작하거나 변경하는 경우만을 의미한다고 해석해야 한다. 다만 입법론적으로는 본조에 무형위조를 포함시키거나 또는 제228조의 규정과 같이 제227조의 허위공문서작성죄의 행위객체에 전자기록 등 특수매체기록을 포함시켜야 할 것이다.

6. 허위진단서 등의 작성죄

본죄는 의사 · 한의사 · 치과의사 또는 조산사가 진단서 · 검안서 또는 생사에 관한 증명서를 허위로 작성함으로써 성립하는 범죄이다. 형법은 사문서의 경우 진정하게 작성된 문서라면 그 내용이 허위인 경우(무형위조)라도 원칙적으로 처벌하지 않는다. 그러나 의사 · 한의사 · 치과의사 또는 조산사가 작성한 진단서 · 검안서 또는 생사에 관한 증명서는 이에 대한 일반인의 특별한 증명력과 신용력을 인정하여 예외적으로 무형위조를 처벌하고 있다.

본죄는 행위주체가 의사 · 한의사 · 치과의사 또는 조산사로 한정된 진정신분범이다. 따라서 신분 없는 자는 본죄를 범할 수 없다. 일반인이 허위진단서 등을 작성한 경우는 유형위조로서 공 · 사문서위조죄가 성립하게 된다. 국군통합병원의 군의관이 직무와 관련하여 군인에 대한 허위의 진단서를 작성한 경우는 본죄가 아니라 허위공문서작성죄가 성립한다. 이 때 허위진단서등의 작성죄는 허위공문서작성죄에 대하여 보충관계에 의한 법조경합이 인정된다.[209] 이 경우 두 범죄의 상상적 경합을 인정하는 견해[210]가 있으나, 허위진단서등의 작성죄는 허위공문서작성죄에 비하여 경한 침해방법에 해당하므로 보충관계에 의한 법조경합을 인정하는 것이 타당하다.[211]

이에 반하여 이 경우에 허위공문서작성죄의 성립을 부정하고 본죄의 성립만을 인정하는 견해[212]

3545(공군복지전산시스템); 대법원 2011.5.13., 2011도1415(자동차등록정보시스템); 대법원 2013.11.28., 2013도9003(출장보고서).

209) 대법원 2004.4.9., 2003도7762.

210) 김성천/김형준, 709면; 박상기, 536면; 이영란, 660면; 이재상/장영민/강동범, 601면; 이형국, 622면; 임웅, 751면; 정성근/박광민, 658면.

211) 동지, 권오걸, 866면; 김성돈, 650면; 배종대, 532면; 손동권/김재윤, 681면; 오영근, 580면; 정영일, 354면; 진계호/이존걸, 700면.

212) 김일수, 한국형법 Ⅳ, 316면; 김일수/서보학, 597면.

가 있다. 본죄가 직업적 특성을 고려한 구성요건인 만큼 목적론적 환원을 통하여 공문서인 진단서 등을 사문서로 보아야 한다는 것이다. 이 견해는 허위진단서등의 작성죄를 허위공문서작성죄에 대한 특별법으로 이해하고 있다. 그러나 허위공문서로서의 불법 특성을 모두 구비한 경우를 사문서에 대한 범죄로 취급하는 것은 부당하다.

본죄는 신분자가 신분 없는 타인을 이용하여 간접정범의 형태로도 범할 수 있다.[213] 예컨대 의사가 간호사에게 허위진단서를 작성하도록 지시하는 경우가 그러하다. 따라서 본죄를 자수범으로 해석하는 견해[214]는 타당하다고 할 수 없다.

> 본죄에 관하여 "신분자가 비신분자를 이용하는 간접정범의 성립은 가능하나, 비신분자가 신분자를 이용하여 간접정범의 형태로는 범할 수 없으므로 부진정자수범에 속한다"는 견해[215]가 있다. 그러나 신분범은 신분 없는 자의 정범적격이 인정되지 아니하는 범죄이므로, 비신분자가 신분자를 이용하여 간접정범의 형태로 범할 수 있는 범죄란 논리구조상 애당초 존재할 수 없다. 비신분자는 신분범에 대하여 공범으로서의 가담만이 가능할 뿐이다.[216]

7. 허위공문서작성죄

7-1. 의 의

본죄는 공무원이 행사할 목적으로 그 직무에 관하여 문서 또는 도화를 허위로 작성하거나 변개함으로써 성립하는 범죄이다. 사문서의 무형위조가 원칙적으로 처벌되지 않는데 반하여, 공문서인 경우에는 진정하게 작성된 문서라도 그 내용이 허위인 경우에는 본조에 의하여 처벌된다. 공문서는 일반인의 특별한 증명력과 신용력이 인정되기 때문에, 공문서에 대하여는 그 성립의 진정 뿐 아니라 내용의 진실도 형법에 의하여 보호되고 있다. 따라서 본죄의 보호법익은 공문서의 내용의 진실에 대한 공공의 신용이라고 할 수 있다.

7-2. 행위의 주체와 객체

본죄의 주체는 직무에 관하여 당해 문서 또는 도화를 작성할 권한이 있는 공무원이다. 공무원이라 할지라도 당해 문서 또는 도화를 작성할 권한이 없는 경우에는 유형위조인 공문서위조 · 변조죄

213) 권오걸, 865면 이하; 김성돈, 648면; 김성천/김형준, 709면; 김일수/서보학, 597면; 손동권/김재윤, 680면 이하; 오영근, 588면 각주 1); 정성근/박광민, 647면; 진계호/이존걸, 692면.

214) 배종대, 532면; 이재상/장영민/강동범, 593면.

215) 임웅, 740면; 동취지, 이형국, 616면.

216) 동지, 김일수/서보학, 597면.

가 성립하며 본죄는 성립하지 않는다.[217] 여기서 작성권한 있는 공무원은 당해 문서나 도화의 작성에 관하여 권한이 위임되어 있는 자로서 충분하며,[218] 반드시 문서나 도화의 명의인일 필요는 없다. 본죄의 객체는 공문서이다.

7-3. 행 위

본죄의 행위는 문서나 도화를 허위로 작성하거나 변개하는 것이다. '허위의 작성'은 문서나 도화에 진실에 반하는 허위의 내용을 기재하는 것을 말한다. 진실한 내용을 누락시켜 문서를 작성하는 경우도 여기에 해당한다.[219] '허위의 변개'는 작성권한 있는 공무원이 기존문서를 허위로 고치는 것을 말한다. 변개는 기존의 문서를 전제로 한다는 점에서 변조와 유사하지만, 작성권한 있는 자의 행위라는 점에서 변조와 구별된다.

본죄의 허위작성은 부작위에 의하여도 가능하다는 것이 일반적인 학설의 입장이다(통설). 예컨대 검사가 피의자의 알리바이를 성립시킬 유리한 진술부분을 일부러 피의자신문조서에 기재하지 않거나, 출납부에 고의로 수입사실을 누락시키는 경우가 그러하다고 한다. 결론에 있어서 이는 타당하다. 그러나 부작위에 의하여 허위문서를 작성하는 것은 불가능하다. 부작위에 의한 작성이란 그 자체로 논리적 모순이기 때문이다. 즉 단순히 문서를 작성하지 않았다는 것이 작성이라는 행위반가치를 충족시킬 수는 없다. 여기서는 일정한 진실한 사실을 누락시켜 문서를 작성한다는 작위행위에 의하여 본죄가 성립하고 있다. 이를 부작위에 의한 작성이라고 파악하는 것은 타당하지 않다.

판례는 '건축 담당 공무원이 건축법상의 요건을 갖추지 못하고 설계된 사실을 알면서도 기안서인 건축허가통보서를 작성하여 건축허가서의 작성명의인인 군수의 결재를 받아 건축허가서를 작성한 경우,'[220] '광업권양수인이 관할군수의 계속작업허가를 신청함에 있어서 계속작업허가대상이 되지 않음에도 불구하고 계속갱도굴진작업을 하였고 본격적으로 개설계획을 수립하여 현재 작업 중에 있다는 허위사실을 기재한 계속작업허가신청서를 제출하여 그 허가공문을 받은 경우,'[221] 및 '당사자로부터 뇌물을 받고 고의로 적용하여서는 안 될 조항을

---

217) 대법원 1974.1.29., 73도1854; 대법원 1976.10.26., 76도1682; 대법원 1984.9.11., 84도368; 대법원 1996.4.23., 96도424; 대법원 2008.1.17., 2007도6987; 대법원 2017.5.17., 2016도13912.

218) 대법원 1990.10.10., 90도1170.

219) 대법원 1996.10.15., 96도1669.

220) 대법원 2000.6.27., 2000도1858: "건축허가서는 그 작성명의인인 군수가 건축허가신청에 대하여 이를 관계 법령에 따라 허가한다는 내용에 불과하고 위 건축허가신청서와 그 첨부서류에 기재된 내용(건축물의 건축계획)이 건축법의 규정에 적합하다는 사실을 확인하거나 증명하는 것은 아니라 할 것이므로 군수가 위 건축허가통보서에 결재하여 위 건축허가신청을 허가하였다면 위 건축허가서에 표현된 허가의 의사표시 내용 자체에 어떠한 허위가 있다고 볼 수는 없다."

221) 대법원 1983.2.8., 82도2211: "군수 명의의 허가공문이 광업권양수인의 계속작업허가신청에 대하여 단지 이를 허가하는 내용에 불과하고 계속작업사실을 확인하거나 증명하는 내용이 아니라면 허가받지 못할 것을 허가한 허물이 있음은 별론으로 하고 위 공문에 표현된 허가의 의사표시 내용 자체에 어떠한 허위가 있다고 말할 수 없다."

적용하여 과세표준을 결정하고 그 과세표준에 기하여 세액을 산출하여 세액계산서를 작성한 경우'[222]에 허위공문서작성죄의 성립을 부정하였다. 허위공문서작성죄란 공문서에 진실에 반하는 기재를 하는 때에 성립하는 범죄이므로, 고의로 법령을 잘못 적용하여 공문서를 작성하였다고 하더라도 그 공문서 자체에 허위가 없다면 허위공문서작성죄가 성립할 수 없다는 것이다. 그러나 폐기물처리사업계획 적합 통보서 등은 관계 법령에 따라 이를 허가한다는 내용이 아니라, 일정한 사실을 확인하거나 증명하는 공문서이므로 이에 허위사실을 기재한 것은 허위공문서작성죄에 해당한다.[223]

신고의무자의 신고를 전제로 작성되는 공문서에 있어서 작성공무원이 신고사실에 대한 실질적 심사권을 가진 경우는 신고된 사실이 허위임을 알고서 이를 기재한 때에 본죄가 성립하게 된다(통설).[224] 또한 등기부나 가족관계부 작성공무원과 같이 신고사실에 대하여 단지 형식적 심사권만 가진 경우에 있어서도 본죄의 성립을 인정하는 것이 학설의 일반적인 입장이며(통설), 판례[225]도 동일한 입장이다. 형식적 심사권만 있는 경우에도 허위신고인 정을 알았다면 공문서작성을 거부할 수 있으며, 허위임을 알고서 신고내용을 문서에 기재한 이상 공문서에 대한 공공의 신용을 침해하게 된다는 것을 이유로 한다. 이러한 통설의 입장은 타당하다. 이 경우는 허위공문서작성죄의 모든 요건을 충족하고 있으므로 구성요건해당성이 부정되지 않으며, 또한 작성공무원에게 형식적 심사권을 부여한 부동산등기법 등의 관계 법률이 허위의 공문서작성을 허용해주는 규정이라고 해석되지 않기 때문이다.

본죄는 문서에 허위의 사실을 기재하거나 변개함으로써 기수에 이르게 되며, 반드시 명의인의 날인을 요하는 것은 아니다.[226] 또한 하나의 공문서에 작성자가 2인 이상인 경우에도 1인의 작성행위의 완료에 의하여 본죄는 기수에 이르게 된다.[227] 본죄에 의하여 작성된 허위공문서는 반드시 법적으로 유효한 공문서일 필요는 없으며, 일반인이 진실한 공문서로 오인할 정도의 형식과 외관을

---

222) 대법원 1996.5.14., 96도554: "피고인 작성의 세액계산서에 의하면, 이 사건 신축건물에 대한 과세시가표준액과 세율 및 산정된 취득세액과 가산세액 등이 사실과 부합하는 내용으로 기재되어 있을 뿐, 과세표준을 과세시가표준액으로 하여야 할 이유에 관하여는 아무런 기재가 없으므로, 이와 같은 경우에 피고인을 형법 제131조 제1항 소정의 수뢰후부정처사죄로 처벌함은 별론으로 하고 허위공문서작성죄로 처벌할 수는 없다고 할 것이다."

223) 대법원 2003.2.11., 2002도4293: "폐기물관리법에 의한 폐기물처리사업계획 적합 통보서는 단순히 폐기물처리사업을 관계 법령에 따라 허가한다는 내용이 아니라, 폐기물처리업을 하려는 자가 폐기물관리법에 따라 제출한 폐기물처리사업계획이 폐기물관리법 및 관계 법령의 규정에 적합하다는 사실을 확인하거나 증명하는 것이므로, 그 폐기물처리사업계획이 관계 법령의 규정에 적합하지 아니함을 알면서 적합하다는 내용으로 통보서를 작성한 것은 허위공문서작성죄에 해당한다."; 동지, 대법원 2007.1.25., 2006도3996.

224) 대법원 1995.6.13., 95도491: "준공검사관이 준공검사를 함에 있어 수중, 지하 또는 구조물의 내부 등 시공 후 매몰된 부분의 검사는 공사감독관의 감독조서에 근거로 하여 검사를 행하면 되고, 이를 실제로 검사하지 아니한 채 준공조서를 작성하였다 하더라도 허위공문서작성죄에 해당하지 아니하나, 준공검사관이 매몰된 부분의 공사가 완성되지 아니하였다는 것을 알면서도 준공검사조서를 작성한 경우에는 허위공문서작성죄에 해당한다."

225) 대법원 1977.12.27., 77도2155.

226) 대법원 1973.9.29., 73도1765; 대법원 1995.11.10., 95도2088; 대법원 2009.3.26., 2008도6895.

227) 대법원 1973.6.26., 73도733.

갖춤으로써 충분하다.

7-4. 정범과 공범

7-4-1. 신분자가 타인을 이용하여 허위공문서를 작성하는 경우

작성권한 있는 공무원이 권한 없는 자를 이용하거나 권한 있는 다른 공무원을 이용하여 허위공문서를 작성한 경우에 본죄의 간접정범이 성립한다는 점에 대하여는 의문이 없다.[228] 본죄는 자수범이 아니기 때문이다.

7-4-2. 신분자와 비신분자가 공동하여 허위공문서를 작성하는 경우

작성권한 있는 공무원과 작성권한 없는 자가 공동하여 허위공문서를 작성한 경우에 작성권한 없는 자는 제33조 본문에 의하여 본죄의 공동정범이 된다는 것이 일반적인 학설의 입장이다(통설).[229] 그러나 구성적 신분을 구비하지 아니한 자는 진정신분범에 대하여 행위지배를 구비할 수 없다. 따라서 이 경우 본죄의 공동정범을 인정하는 것은 타당하지 않으며, 방조범의 성립만이 가능하다고 해야 한다.[230] 이 경우에는 작성권한 없는 자의 행위가 공문서위조죄로 평가되지도 않는다. 작성된 허위공문서가 위조문서로 평가될 수 없기 때문이다.

7-4-3. 비신분자가 신분자를 이용하는 경우

본죄는 진정신분범이므로 비신분자가 신분자를 이용하는 간접정범의 성립은 불가능하다. 우선 비신분자는 진정신분범인 본죄의 정범적격이 인정되지 않는다(통설). 또한 정을 알지 못하는 작성권한 있는 공무원에 대하여 허위신고를 함으로써 공정증서원본 등에 부실의 사실을 기재하는 경우는 공정증서원본 등의 부실기재죄에 의하여 본죄보다 경하게 처벌된다. 따라서 비신분자가 신분자를 이용하여 공정증서원본 등이 아닌 공문서에 허위의 사실을 기재하도록 한 행위에 대하여 본죄의 간접정범을 인정함으로써 공정증서원본 등의 부실기재죄보다 무겁게 처벌할 수는 없다(통설). 판례도[231] 비신분자에 의한 본죄의 간접정범의 성립을 부정하고 있다.

7-4-4. 공문서작성보조자가 작성권자를 이용하는 경우

문서의 작성권한은 없지만 당해 사무를 담당하는 보조공무원이 작성권한 있는 상사에게 허위보

228) 대법원 1986.8.19., 85도2728; 대법원 1990.10.30., 90도1912; 대법원 1996.10.11., 95도1706.

229) 대법원 1995.9.5., 95도1269; 대법원 2001.6.29., 2001도1319; 대법원 2006.5.11., 2006도1663; 대법원 2010.4.29., 2010도875.

230) 이에 관하여는 이정원/류석준, 형법총론, '제2편, 제6장, 제6절, 2-2. "전 3조의 규정을 적용한다"의 의미' 참조.

231) 대법원 1970.7.28., 70도1044; 대법원 1976.8.24., 76도151; 대법원 2001.3.9., 2000도938.

고를 하여 허위공문서를 작성한 경우에 본죄의 간접정범이 성립할 수 있는지에 관하여는 긍정설[232]과 부정설[233]의 대립이 있다. 판례[234]는 긍정설의 입장이다.

긍정설에서는 "보조공무원은 당해 공문서에 대한 현실적으로 실질적인 작성권자이며, 상급공무원은 형식적인 작성권자에 불과하다"[235]는 입장이다. 다만 보조공무원은 작성명의인이 아니므로 직접정범이 될 수 없고 간접정범의 성립만이 가능하다고 한다. 그러나 만약 기안작성공무원이 실질적인 작성권자라고 한다면 본죄의 간접정범이 아니라 직접정범을 인정해야 할 것이다. 만약 형식적 작성권의 결여로 기안작성공무원에게 작성권한을 부정해야 한다면, 이 경우는 본죄(무형위조)가 아니라 간접정범의 형식에 의한 공문서위조죄(유형위조)의 성립을 인정하여야 할 것이다.[236] 더욱이 긍정설에 의할 경우 기안담당공무원이 결재공무원의 도장을 절취하여 결재란에 날인한 경우에도 문서위조죄가 아니라 허위공문서작성죄의 성립을 인정하게 되거나 또는 내용이 허위가 아닐 경우에는 문서에 관한 죄가 성립하지 않는다는 부당한 결론에 이르게 된다.

부정설은 "본죄를 진정신분범으로 해석하는 한 비신분자에 의한 본죄의 간접정범의 성립은 불가능하다"고 본다. 즉 본죄는 공문서의 신용력에 대한 공공의 신용을 보호하기 위한 죄이지, 공무원의 직권남용을 처벌하려는 죄가 아니라는 것이다. 이러한 경우에 처벌의 흠결을 입법이 아니라 해석에 의하여 해결하려는 긍정설은 죄형법정주의에 반한다고 한다.[237] 이러한 부정설의 입장은 타당하다. 특히 공정증서원본 등의 부실기재죄는 외형적으로 비신분자가 본죄를 간접정범의 형식으로 범하는 경우 중에서도 공정증서원본 등의 특별히 중요한 공문서에 한하여 본죄보다 경하게 처벌하고 있다. 그런데 이러한 특별히 중요한 공문서에 해당하지 아니하는 공문서에 대하여 본죄의 간접정범으로 공정증서원본 등의 부실기재죄보다 무겁게 처벌한다면 형벌의 균형을 무너뜨리게 된다. 따라서 공정증서원본 등의 부실기재죄와의 관계에 의해서도 비신분자에 의한 본죄의 간접정범은 불가능하다고 해석하여야 한다.

부정설의 입장에서도 이 경우에 본죄에 대한 교사 · 방조범의 성립을 인정하는 견해[238]가 있다. 이 견해는 "지배범죄에서 정범과 공범의 구별기준은 행위지배이며, 고의는 행위지배를 판단하는 결정적인 요소가 되므로 '고의 없는 지배범죄'에 대한 공범의 성립은 불가능하지만, 의무범이나 자수

232) 김성천/김형준, 688면; 배종대, 537면; 손동권/김재윤, 656면; 정성근/박광민, 657면; 정영일, 354면; 조준현, 696면; 진계호/이존걸, 699면.

233) 권오걸, 874면; 김성돈, 657면; 김일수/서보학, 605면; 박상기, 540면; 오영근, 579면; 이재상/장영민/강동범, 601면; 이형국, 621면; 임웅, 749면.

234) 대법원 1990.2.2., 89도1816; 대법원 1990.10.30., 90도1912; 대법원 1992.1.17., 91도2837; 대법원 1996.10.11., 95도1706; 대법원 2010.1.14., 2009도9963; 대법원 2010.4.29., 2010도875; 대법원 2011.5.13., 2011도1415; 대법원 2017.5.17., 2016도13912.

235) 김성천/김형준, 688면; 배종대, 537면; 손동권/김재윤, 656면; 정성근/박광민, 657면; 진계호/이존걸, 699면.

236) 김일수, 한국형법 Ⅳ, 328면.

237) 권오걸, 874면; 김성돈, 657면; 오영근, 579면; 이재상/장영민/강동범, 601면.

238) 김일수, 한국형법 Ⅳ, 330면; 김일수/서보학, 606면.

범에서는 행위지배가 아니라 특별의무침해 내지 자수성이 정범과 공범의 구별에 대한 결정적인 기준이 되므로 '고의 없는 의무범이나 자수범'에 대한 공범의 성립이 가능하다"는 록신(Roxin)의 견해[239]를 근거로 한다. 그러나 이러한 관점은 정범 없는 공범의 성립을 인정하는 이론이 되어 정범과 공범의 본질적인 구조를 무너뜨리게 된다. 또한 행위지배설의 입장에서는 '고의에 의한 특별의무침해' 내지 '고의에 의한 자수성' 자체를 행위지배로 이해하기 때문에, '고의 없는 의무범이나 자수범'에 대한 공범의 성립을 인정할 수 없다.

또한 "자신의 행위의 의미를 파악하지 못하고 이용당하는 간접정범의 경우를 상정할 수 없다"는 관점에서 부정설을 지지하는 견해[240]가 있다. 허위공문서작성죄에서 행위주체인 공무원은 직무와 관련하여 공문서를 작성하는 경우에 자신의 고유업무를 수행하는 것이므로 내용의 허위성 여부를 인식하고 있다고 보아야 한다는 것이다. 그러나 사실관계를 체크하는 문서작성 공무원이 보조공무원의 허위사실의 보고에 의하여 이를 진실로 오인하는 경우는 얼마든지 가능하다고 해야 한다. 오히려 이 견해에 대해서는 "만약 문서작성 공무원이 실제로 허위성 여부를 인식하지 못한 경우라면 보조공무원에 대하여 간접정범의 성립을 긍정할 수 있다"는 의미인지 의문이 제기된다.

문서의 작성권한은 없지만 당해 사무를 담당하는 공무원이 작성권한 있는 상사에게 허위보고를 하여 허위공문서를 작성토록 하는 경우는 허위공문서작성죄가 성립하지 않는다. 경우에 따라 공정증서원본 등의 부실기재죄가 성립할 수 있을 뿐이다. 그밖에 위계에 의한 공무집행방해죄,[241] 직무유기죄, 수뢰죄 또는 이를 이용하여 범하는 사기죄 등의 성립이 가능할 수 있다.[242]

기안담당공무원이 작성한 기안의 경우에는 공문서위조죄의 성립 여부를 검토할 필요가 있다. 작성권한 있는 상급공무원을 기망하여 서명날인케 한 경우는 간접정범의 형식에 의한 공문서위조죄의 성립이 가능하기 때문이다. 또한 상급공무원의 결재가 단순히 공문서에 대한 형식적 검사에 불과한 경우는 당해 공문서에 대한 기안작성공무원을 작성권자로 보아야 한다. 이 경우는 상급공무원의 서명날인 여부와 관계없이 직접정범에 의한 허위공문서작성죄의 성립을 인정하여야 한다.[243] 본죄에서 일반인에게 진실한 공문서로 오인될 정도의 형식과

239) Vgl. Roxin, Täterschaft und Tatherrschaft, S. 367 ff., 420 ff.

240) 박상기, 540면.

241) 대법원 1997.2.28., 96도2825: "출원에 대한 심사업무를 담당하는 공무원이 출원인의 출원사유가 허위라는 사실을 알면서도 결재권자로 하여금 오인 · 착각 · 부지를 일으키게 하고 그 오인 · 착각 · 부지를 이용하여 인 · 허가처분에 대한 결재를 받아낸 경우에는 출원자가 허위의 출원사유나 허위의 소명자료를 제출한 경우와는 달리 더 이상 출원에 대한 적정한 심사업무를 기대할 수 없게 되었다고 할 것이어서 그와 같은 행위는 위계로써 결재권자의 직무집행을 방해한 것에 해당하므로 위계에 의한 공무집행방해죄가 성립한다."

242) 김성돈, 657면; 김일수/서보학, 606면; 임웅, 749면.

243) 박상기, 541면에서는 예외적으로 공문서의 작성에 형식적으로 관여하는 작성권자의 경우에 간접정범의 성립이 가능할

외관을 구비한 경우라면 반드시 작성명의인의 날인을 요하는 것은 아니기 때문이다.

7-5. 타죄와의 관계

허위공문서 작성행위가 동시에 직무유기가 되는 경우에 직무유기죄는 본죄에 흡수되는 법조경합의 관계가 된다.[244] 그러나 직무를 유기한 이후에 허위공문서를 작성한 경우는 행위의 다수성이 인정되어 본죄와 직무유기죄는 실체적 경합이 된다.[245]

대법원[246]은 농지불법전용에 대하여 아무런 조치를 취하지 아니한 공무원에 대하여 직무유기죄의 성립을 인정하고, 농지전용허가를 위한 현장출장복명서 및 심사의견서를 작성하여 결재권자에게 제출한 것에 대하여 허위공문서작성 및 동행사죄로 판단하였다. 공무원이 어떠한 위법사실을 발견하고도 직무상 의무에 따른 적절한 조치를 취하지 아니하고 위법사실을 적극적으로 은폐할 목적으로 허위공문서를 작성 · 행사한 경우에는 직무위배의 위법상태가 허위공문서작성 당시부터 그 속에 포함되는 것으로 작위범인 허위공문서작성 및 동행사죄만이 성립하고 부작위범인 직무유기죄는 따로 성립하지 아니하나, 허위공문서를 작성한 것이 위법한 농지일시전용을 허가하여 주기 위하여 한 것이라면 직접적으로 농지불법전용사실을 은폐하기 위하여 한 것은 아니므로 허위공문서작성 및 동행사죄와 직무유기죄는 실체적 경합범의 관계에 있다는 것이다.[247]

그러나 대법원의 이러한 구별과 구획이 어떤 의미를 가지는지 의문이다. 특히 위법사실에 대한 미조치라는 직무유기 이후에, 이를 은폐하기 위한 허위공문서작성이 이전의 위법사실을 허가해 주는 결과가 되는 경우라면 직무유기죄의 성립 여부가 어떻게 결정되어야 하는지 의문이다. 생각건대 위 판례사안과 같이 법적 · 사회적 의미에서 다수의 행위가 각각 다른 구성요건을 충족한다면 당연히 실체적 경합을 인정하는 것이 타당하다. 따라서 별도의 직무유기죄가 성립할 수 있는지 여부는 오직 직무유기 이후에 별도의 허위공문서작성 및 행사가 있었는지 여부만이 기준이 되어야 한다.

8. 공정증서원본 등의 부실기재죄

8-1. 의 의

수 있다고 한다.

244) 대법원 1971.8.31., 71도1176; 대법원 1972.5.9., 72도722; 대법원 1982.12.28., 82도2210; 동지, 대법원 1999.12.24, 99도2240.

245) 헌재 2007.10.25., 2006헌마869 전원재판부.

246) 대법원 1993.12.24., 92도3334; 대법원 2004.3.26., 2002도5004.

247) 동취지, 권오걸, 875면; 김성돈, 657면 이하; 김성천/김형준, 689면; 오영근, 580면.

본죄는 공무원에 대하여 허위신고를 하여 공정증서원본 또는 이와 동일한 전자기록등 특수매체기록에 부실의 사실을 기재 · 기록하게 하거나(제228조 제1항), 면허증 · 허가증 · 등록증 또는 여권에 부실의 사실을 기재하게 함으로써(동조 제2항) 성립하는 범죄이다. 허위공문서작성죄와 관련하여 비신분자가 선의의 공무원을 이용하여 허위공문서를 작성하게 하는 경우에 비신분자는 구성적 신분의 결여로 허위공문서작성죄의 간접정범이 될 수 없다. 본죄는 이러한 경우에 허위공문서를 작성하게 한 비신분자를 처벌하기 위한 규정이다. 따라서 본죄는 비신분자가 간접정범의 형식으로 허위공문서작성죄를 범하는 특수한 경우라고 할 수 있다. 그러나 비신분자가 신분자를 이용하여 허위공문서를 작성하게 한 경우라도 악의의 신분자는 허위공문서작성죄의 직접정범이며, 이를 유발한 비신분자는 본죄가 아니라 허위공문서작성죄의 교사범이 된다.[248]

본죄의 행위객체는 모든 공문서가 아니라 공정증서원본 또는 이와 동일한 전자기록 등 특수매체기록이나 이에 준하는 중요한 공문서인 면허증 · 허가증 · 등록증 · 여권에 한정된다. 그럼에도 불구하고 본죄는 허위공문서작성죄에 비하여 가볍게 처벌된다. 본죄가 비신분자에 의한 간접정범 형식의 허위공문서작성에 해당할지라도, 허위공문서와 관련된 직무의무의 위반이 없기 때문에 그 불법의 정도가 허위공문서작성죄보다 경하게 평가되기 때문이다.[249]

8-2. 행위객체

본죄의 행위객체는 공정증서원본, 이와 동일한 전자기록 등 특수매체기록, 면허증 · 허가증 · 등록증 · 여권이다.

8-2-1. 공정증서원본 또는 이와 동일한 전자기록 등 특수매체기록

종래에는 본죄의 공정증서에 관하여 "사실을 증명하는 효력을 가진 공문서로 충분하며, 반드시 권리 · 의무에 관한 사실을 증명하는 공문서일 필요가 없다"는 견해[250]가 있었다. 일본 형법이 '권리 · 의무에 관한 공정증서'로 규정한 반면에, 형법은 '공정증서'라고만 규정하고 있다는 것을 이유로 한다. 그러나 현재는 본죄의 공정증서를 '공무원이 그 권한 내에서 적법하게 작성한 문서로서 권리 · 의무에 관한 사실을 증명하는 효력을 가진 공문서'로 해석하는 것이 일반적인 학설의 입장이다(통설).[251] 이는 타당하다. 본죄의 객체가 특히 중요한 증명력을 가진 공문서에 제한되어 있는 취지에

---

248) 이 경우 입법론적인 문제점에 관하여는 이정원, 공정증서원본등 부실기재죄의 허와 실, 형사법연구 제25호, 2006, 271면, 273면 이하, 283면 참조.

249) 동지, 이재상/장영민/강동범, 602면; 동취지, 손동권/김재윤, 660면. 이에 반하여 직접적 무형위조보다 간접적 무형위조의 불법이 경하다는 관점의 견해로는 김일수, 한국형법 IV, 332면; 김일수/서보학, 606면; 정성근/박광민, 659면.

250) 오도기(공저), 536면 이하; 유기천(하), 177면 이하.

251) 대법원 1988.5.24., 87도2696: "형법 제228조에서 말하는 공정증서란 권리의무에 관한 공정증서만을 가리키는 것이고 사실증명에 관한 것은 이에 포함되지 아니하므로 권리의무에 변동을 주는 효력이 없는 토지대장은 위에서 말하는 공정증서에 해당되지 아니한다."; 대법원 2006.1. 13., 2005도4790; 대법원 2010.6.10., 2010도1125; 대법원 2013.1.24., 2012도

비추어 공정증서는 권리 · 의무에 관한 사실을 증명하는 공문서로 제한하여 해석해야 한다. 다만 여기서 권리 · 의무에 관한 사실이란 재산상의 권리 · 의무에 관한 사실 뿐 아니라 신분상의 그것도 포함한다.

가족관계등록부 · 부동산등기부 · 상업등기부 · 화해조서는 권리 · 의무에 관한 사실을 증명하는 공문서로서 공정증서에 해당한다. 그러나 주민등록부 · 인감대장 · 토지대장[252] · 가옥대장 · 자동차운전면허대장[253]이나 공증인이 인정한 사서증서[254]는 단순한 사실의 증명에 불과하므로 본죄의 공정증서에 해당하지 않는다. 민사조정법에 의한 조정조서[255]는 허위신고에 의해 부실한 사실이 그대로 기재될 수 있는 공문서가 아니므로 본죄의 공정증서에 해당하지 않는다. 또한 본죄의 공정증서는 원본이어야 한다. 따라서 사본 · 등본 · 초본은 본죄의 객체에 해당하지 않는다. 공정증서의 정본도 공정증서의 원본에 포함되지 않는다.[256]

공정증서원본과 동일한 전자기록 등 특수매체기록은 권리 · 의무에 관한 사실을 공적으로 증명하는 효력을 가진 전자기록 등을 말한다. 예컨대 전산자료화된 부동산등기파일, 자동차등록파일, 특허원부, 가족관계등록파일 등이 여기에 해당한다.

8-2-2. 면허증 · 허가증 · 등록증 · 여권

면허증이란 특정인에게 특정한 기능을 부여하기 위하여 공무원이 작성하는 증서를 말한다. 예컨대 의사면허증 · 자동차운전면허증 · 수렵면허증 · 침사자격증 등이 여기에 해당한다. 그러나 일정한 자격을 인정하는데 불과한 교사자격증이나 시험합격증서는 여기의 면허증에 해당하지 않는다.

허가증은 일정한 영업이나 업무를 허가한 사실을 증명하기 위하여 공무원이나 공무소가 작성한 문서를 말한다. 고물상영업허가증 · 주류판매영업허가증 · 자동차영업허가증 등이 여기에 해당한다.

등록증은 일정한 자격이나 요건을 갖춘 자에게 그 자격이나 요건에 상응한 활동을 할 수 있는 권능을 부여하는 공무원 또는 공무소가 작성하는 문서를 말한다. 예컨대 변호사 · 법무사 · 회계사 ·

12363.

252) 대법원 1988.5.24., 87도2696.

253) 대법원 2010.6.10., 2010도3232.

254) 대법원 1984.10.23., 84도1217.

255) 대법원 2010.6.10., 2010도3232: "공정증서원본은 그 성질상 허위신고에 의해 불실한 사실이 그대로 기재될 수 있는 공문서이어야 한다고 할 것인바, 민사조정법상 조정신청에 의한 조정제도는 원칙적으로 조정신청인의 신청 취지에 구애됨이 없이 조정담당판사 등이 제반 사정을 고려하여 당사자들에게 상호 양보하여 합의하도록 권유 · 주선함으로써 화해에 이르게 하는 제도인 점에 비추어, 그 조정절차에서 작성되는 조정조서는 그 성질상 허위신고에 의해 불실한 사실이 그대로 기재될 수 있는 공문서로 볼 수 없어 공정증서원본에 해당하는 것으로 볼 수 없다."

256) 대법원 2002.3.26., 2001도6503: "형벌법규는 문언에 따라 엄격하게 해석하여야 하고 피고인에게 불리한 방향으로 지나치게 확장해석하거나 유추해석하여서는 아니되는 원칙에 비추어 볼 때, 위 각 조항에서 규정한 '공정증서원본'에는 공정증서의 정본이 포함된다고 볼 수 없으므로 불실의 사실이 기재된 공정증서의 정본을 그 정을 모르는 법원 직원에게 교부한 행위는 형법 제229조의 불실기재공정증서원본행사죄에 해당하지 아니한다."

세무사 · 변리사 등록증이 여기에 해당한다. 그러나 사업자등록증[257]은 단순한 사업사실의 등록을 증명하는 증서에 불과하고 그에 의하여 사업을 할 수 있는 자격이나 요건을 갖추었음을 인정하는 것이 아니므로 본죄의 등록증에 해당하지 않는다.

여권은 공무소가 여행자에게 발행하는 허가증을 말한다. 외국여행자에게 교부하는 여권이나 가석방자에게 발행하는 여행허가증이 여기에 해당한다.

독일형법 제271조는 비신분자에 의한 간접정범 형식의 '법적으로 중요한 공적 허위문서'의 작성행위를 일반적으로 처벌하고 있다. 이에 반하여 형법의 공정증서원본 등의 부실기재죄는 그 행위객체를 공정증서원본 또는 이와 동일한 전자기록 등 특수매체기록과 면허증 · 허가증 · 등록증 또는 여권으로 제한하고 있다. 또한 형법은 공정증서원본 또는 이와 동일한 전자기록 등 특수매체기록의 부실기재에 대하여 5년 이하의 징역이나 1천만원 이하의 벌금형을 규정한 반면에, 면허증 · 허가증 · 등록증 또는 여권의 부실기재에 대하여 3년 이하의 징역이나 7백만원 이하의 벌금형을 규정하고 있다. 이는 형법이 허위공문서작성에 대한 비신분자의 간접정범 형식의 가담행위를 종류별로 구획함으로써 원본에 대해서는 중한 형을, 중요한 공문서에 대해서는 경한 형을, 그리고 그 밖의 공문서에 대해서는 비범죄화의 입법적 결단을 내린 것이다. 그러나 비신분자가 간접적으로 허위공문서작성을 유발한 행위를 제한적으로 처벌하기 위해서는 '면허증 · 허가증 · 등록증 · 여권'이라는 제한적 나열방식 보다, '권리 · 의무에 관한 중요한 공문서'라는 규범적 법률개념을 사용하는 것이 훨씬 더 정의의 관념에 합치하는 입법이라고 보여 진다. 또한 허위공문서작성을 간접적으로 유발한 행위에 대한 처벌을 중요한 공문서로 한정한 것은 공문서에 대한 일반의 신뢰보호라는 측면에서 너무 협소하므로 본죄의 가벌성의 범위를 확대할 필요가 있다.[258]

8-3. 행 위

본죄의 행위는 공무원에 대하여 허위신고를 하여 부실의 사실을 기재 또는 기록하게 하는 것이다. 부실기재는 허위신고에 의하여야 하므로, 허위신고와 부실기재 사이에는 인과적 연관관계가 있어야 한다.

판례[259]는 "부실의 기재는 당사자의 허위신고에 의하여 이루어져야 하므로 법원의 촉탁에 의하여 이루어진 경우에는 그 전제절차에 허위적 요소가 있다 하더라도 그것은 당사자의 허위신고에 의하여 이루어진 것이 아니므로 본죄를 구성하지 않는다"는 입장이다. 따라서 "비

257) 대법원 2005.7.15., 2003도6934: "사업자등록증은 단순한 사업사실의 등록을 증명하는 증서에 불과하고 그에 의하여 사업을 할 수 있는 자격이나 요건을 갖추었음을 인정하는 것은 아니라고 할 것이어서, 위 형법 제228조 제1항 소정의 등록증에 해당하지 않는다."

258) 이에 관하여는 이정원, 전게논문, 형사법연구 제25호, 2006, 268면 이하, 272면 이하 참조.

259) 대법원 1976.5.25., 74도568; 대법원 1983.12.27., 83도2442.

록 허위의 내용으로 주택임차권등기를 신청하고 그에 따라 법원의 주택임차권등기명령에 기하여 주택임차권 기입등기가 이루어졌다 하더라도, 등기부에의 부실기재가 법원의 촉탁에 의하여 이루어진 이상 본죄는 성립하지 않는다"[260]고 한다. 학설에서도 일반적으로 이러한 판례의 입장을 지지하고 있으며, 그 근거로 허위신고와 부실기재 사이의 인과관계의 부재를 제시한다(통설). 그러나 이러한 판례와 통설의 입장은 부당하다. 본죄가 자수범은 아니기 때문이다. 행위자가 법원을 기망하여 착오를 일으킨 법원의 촉탁에 의하여 공정증서원본 등에 부실의 기재가 이루어진 이상 허위신고와 부실기재 사이의 인과관계는 부정되지 않는다. 더욱이 행위자가 도구를 이용하여 허위신고 하는 경우를 본죄의 '허위신고'에서 배제시킬 이유도 없다. 법원도 신이 아닌 이상 기망자의 사술을 모두 찾아낼 수가 없으며, 기망자의 의도대로 법원이 기망자의 도구로 이용되는 경우를 부정할 수는 없다.

허위신고란 진실에 반하는 사실을 신고하는 것이다. 내용이 허위인 경우 뿐 아니라 신고인이 자격을 사칭하는 경우를 포함한다. 예컨대 실제로는 채권 · 채무관계가 존재하지 않는데도 허위의 채무를 가장하고 이를 담보한다는 명목으로 허위의 근저당권설정등기를 마친 경우,[261] 타인의 부동산을 자기나 제3자 명의로 소유권이전등기를 하는 경우,[262] 사자명의로 소유권보존등기를 신청하는 경우,[263] 공동대표이사가 단독대표이사로 법인등기를 하는 경우[264] 등이 여기에 해당한다. 신고의 방법에는 제한이 없다. 구두에 의하든 또는 서면에 의하든 불문한다. 제3자를 대리인으로 하여 신고하는 방법도 가능하다. 법원을 기망하여 승소판결을 받고, 승소판결에 의하여 소유권이전등기를 경료한 경우에도 내용이 허위인 한 본죄에 해당한다.[265] 다만 이혼심판은 형성판결로서 그에 기한 이혼신고는 보고적 신고에 불과하므로 본죄의 허위신고에 해당하지 않는다.[266]

부실기재나 기록은 진실에 반하는 기재 또는 기록을 의미하며, 문서에 대한 안전과 신용을 해할 정도에 이르러야 한다. 즉 부실기재나 기록은 법적으로 중요한 점에 있어서 진실에 반하는 사실을 기재 또는 기록하는 것을 의미한다. 그러나 기재내용의 중요부분이 당사자의 의사에 합치하고 실체 권리관계와 일치하는 때에는 기재내용에 하자가 있어도 부실기재라고 할 수 없다.[267] 따라서 기재사

260) 대전지방법원홍성지원 2002.08.08., 2002고단111, 2002고단719(병합).

261) 대법원 2017.2.15., 2014도2415.

262) 대법원 1997.7.25., 97도605.

263) 대법원 1968.12.8., 68도1596; 대법원 2006.1.13., 2005도4790: 종중명의의 등기에서 허위의 종중 대표자를 기재토록 한 경우.

264) 대법원 1994.7.29., 93도1091.

265) 대법원 1996.5.31., 95도1967: "등기부의 기재가 확정판결에 의하여 되었다 하더라도 그 확정판결의 내용이 진실에 반하는 것임을 알면서 이에 기하여 등기공무원에게 등기신청을 하는 것은 형법 제228조의 소위 공무원에 대하여 허위신고를 하는 것에 해당한다."; 대법원 1965.12. 21., 65도938; 대법원 1983.4.26., 83도188.

266) 대법원 1983.8.23., 83도2430: "비록 사위의 방법에 의하여 이혼심판을 받았다 하더라도 그 확정판결이 재심청구에 의하여 취소되지 아니하는 이상 혼인해소의 효력에는 영향이 없다고 할 것이므로 그 확정판결에 기한 이혼신고 및 이에 따른 호적부등재와 그 비치행위가 공정증서원본불실기재 및 그 행사죄를 구성한다고 할 수 없다."

267) 대법원 2000.3.24., 98도105: "부동산에 관하여 경료된 소유권이전등기나 보존등기가 절차상 하자가 있거나 등기원인이 실제와 다르다 하더라도 그 등기가 실체적 권리관계에 부합하는 유효한 등기인 경우에는 공정증서원본불실기재, 동행사

실이 무효이거나 부존재의 사실인 경우는 본죄에 해당하지만,[268] 단순히 취소사유에 불과한 경우에는 취소 전에 그 사실이 문서에 기재되었어도 부실기재라고 할 수 없다.[269] 부동산등기부에 기재되는 거래가액은 부동산의 권리 · 의무관계에 중요한 의미를 갖는 사항이 아니므로, 허위신고에 의한 신고필증을 기초로 사실과 다른 내용의 거래가액이 부동산등기부에 등재되었어도 본죄의 부실기재에 해당하지 않는다.[270]

이에 따라 권리 · 의무와 관계없는 예고등기를 말소하는 경우,[271] 명의신탁을 매매라고 기재하는 경우,[272] 당사자의 합의에 의하여 근저당설정등기에서 진정한 처무자가 아닌 제3자를 채무자로 기재하는 경우,[273] 당사자의 합의하에 가장된 매매계약을 원인으로 소유권이전등기나 가등기를 하는 경우[274]에는 본죄의 부실기재에 해당하지 않는다. 또한 피상속인에게 실체상의 권리가 없었다 하더라도 재산상속인이 상속을 원인으로 한 소유권이전등기를 경료한 경우에 그 등기는 당시의 등기부상의 권리관계를 나타내는 것에 불과하므로 본죄의 부실기재에 해당하지 않는다.[275] 존재하지 아니하는 허위의 채권을 양도한다는 취지의 공정증서를 작성하게 한 경우에도 양도인이 허위의 채권에 관하여 그 정을 모르는 양수인과 실제로 채권양도의 법률행위를 한 이상 본죄의 부실의 기재에 해당하지 않는다.[275] 그러나 발행인과 수취인 사이에 통정허위표시로서 무효인 어음발행행위를 공증인에게는 마치 진정한 어음발행행위가 있는 것처럼 허위로 신고함으로써 공증인으로 하여금 어음공정증서원본을 작성케 한

죄의 구성요건 해당성이 없게 된다."; 동지, 대법원 1997.7.11., 97도1180; 대법원 1998.4.14., 98도16; 대법원 2001.11.9., 2001도3959; 대법원 2004.10.15., 2004도3584; 대법원 2009.10.15., 2009도5780; 대법원 2011.7.14., 2010도1025.

268) 대법원 2005.8.25., 2005도4910; 대법원 2005.10.28., 2005도3772; 대법원 2006.3.10., 2005도9402; 대법원 2007.5.31., 2006도8488; 대법원 2007.11.30., 2005도9922.

269) 대법원 2004.9.24., 2004도4012: "공정증서원본에 기재된 사항이 부존재하거나 외관상 존재한다고 하더라도 무효에 해당되는 하자가 있다면 그 기재는 불실기재에 해당하는 것이나, 기재된 사항이나 그 원인된 법률행위가 객관적으로 존재하고 다만 거기에 취소사유인 하자가 있을 뿐인 경우 취소되기 전에 공정증서원본에 기재된 이상 그 기재는 공정증서원본의 불실기재에 해당하지는 않는다."; 동지, 대법원 1993.9.10., 93도698; 대법원 1996.6.11., 96도233; 대법원 1997.1. 24., 95도448; 대법원 2009.2.12., 2008도10248.

270) 대법원 2013.1.24., 2012도12363: "부동산 거래당사자가 '거래가액'을 시장 등에게 거짓으로 신고하여 받은 신고필증을 기초로 사실과 다른 내용의 거래가액이 부동산등기부에 등재되도록 한 경우, 부동산등기부에 기재되는 거래가액은 당해 부동산의 권리의무관계에 중요한 의미를 갖는 사항에 해당한다고 볼 수 없다."; 동지, 대법원 2013.6.27., 2013도3246.

271) 대법원 1972.10.31., 72도1966.

272) 대법원 1967.7.11., 65도592; 동취지, 대법원 2009.10.15., 2009도5780; 대법원 2011.7.14 , 2010도1025.

273) 대법원 1972.3.28., 71도2417; 대법원 1985.10.8., 84도2461; 대법원 1996.10.15., 96도1225.

274) 대법원 1969.12.29., 67도1166; 대법원 1970.5.12., 70도643; 대법원 1972.3.28., 71도2417; 대법원 1991.9.24., 91도1164; 대법원 2009.10.15., 2009도5780.

275) 대법원 1987.7.14., 85도2661.

276) 대법원 2004.1.27., 2001도5414: "공정증서가 증명하는 사항은 채권양도의 법률행위가 진정으로 이루어졌다는 것일 뿐 그 공정증서가 나아가 양도되는 채권이 진정하게 존재한다는 사실까지 증명하는 것으로 볼 수는 없으므로, 양도인이 허위의 채권에 관하여 그 정을 모르는 양수인과 실제로 채권양도의 법률행위를 한 이상, 그러한 채권양도의 법률행위에 관한 공정증서를 작성하게 하였다고 하더라도 그 공정증서가 증명하는 사항에 관하여는 부실의 사실을 기재하게 하였다고 볼 수 없다."; 동지, 대법원 2003.7.25., 2002도638.

경우는 본죄에 해당한다.[277)]

해외이주의 목적으로 일시 이혼하기로 합의하고 이혼신고를 한 경우에도 당사자의 의사와 일치하는 사실이므로 본죄에 해당하지 않는다.[278)] 또한 협의상 이혼의 의사표시가 기망에 의하여 이루어진 것일지라도 그것이 취소되기까지는 유효하게 존재하는 것이므로, 협의상 이혼의사의 합치에 따라 이혼신고를 하여 호적에 그 협의상 이혼사실이 기재되었다면, 이는 본죄의 부실의 사실에 해당하지 않는다.[279)] 그러나 위장결혼을 하고 혼인신고를 한 때에는 당사자 사이에 실질적인 혼인의 의사가 없으므로 본죄에 해당한다.[280)] 위장결혼은 처음부터 혼인의 의사가 없는 경우로서 실체법률관계와 일치하지 않기 때문이다.

전매에 의하여 이루어지는 중간생략등기가 본죄에 해당하는지 문제된다. 이를 긍정하는 견해[281)]도 있다. 그러나 중간생략등기는 그 기재내용이 당사자의 의사 및 실체법률관계와 일치하고 있으며, 실체법률관계와 일치하는 중간생략등기를 문서에 대한 안전과 신용을 위태롭게 하는 행위로 평가할 수는 없다. 따라서 중간생략등기는 본죄에 해당하지 않는다고 해야 한다(통설).[282)]

판례[283)]는 "실체권리관계에 부합하지 아니한 공정증서원본 등의 기재사실이 사후에 이해관계인들의 동의 · 추인 등의 사정으로 실체권리관계에 부합하게 되더라도 본죄의 성립에는 아무런 영향이 없다"고 한다. 이러한 판례의 입장은 당연하며 타당하다.

이와 반대의 상황, 즉 '행위자가 실체권리관계에 부합하는 사실을 신고하여 공정증서원본 등에 기재된 사실이 사후에 행위자의 행위에 의하여 실체권리관계에 부합하지 않게 된 경우', 예컨대 '주금으로 납입할 의사 없이 형식상 일시적으로 주금을 납입하고 주금납입증명서를 교부받아 설립등기나 증자등기의 절차를 마친 다음 바로 납입금을 인출한 경우'에 대하여 판례[284)]는 본죄와 상법 제628조의 가장납입죄의 성립을 인정하고 있다. 다만 주금가장납입의 경우에 회사를 위해서 사용하

277) 대법원 2012.4.26., 2009도5786.

278) 대법원 1976.9.14., 76도1074.

279) 대법원 1997.1.24., 95도448.

280) 대법원 1985.9.10., 85도1481; 대법원 1996.11.22., 96도2049.

281) 박상기, 544면; 오영근, 585면; 임웅, 759면; 황산덕, 146면.

282) 대법원 1970.5.26., 69도826: 관계 당사자들의 동의 없이 경유된 중간생략등기.

283) 대법원 1983.6.28., 82도1823; 대법원 1990.9.28., 90도427; 대법원 1996.4.26., 95도2468; 대법원 1998.4.14., 98도16; 대법원 1999.5.14., 99도202; 대법원 2001.11.9., 2001도3959; 대법원 2007.6.28., 2007도2714.

284) 대법원 1986.9.9., 85도2297: "주금으로 납입할 의사 없이 마치 주식인수인들이 그 인수주식의 주금으로 납입하는 양 돈을 은행에 예치하여 주금납입보관증을 교부받아 회사설립 요건을 갖춘 듯이 등기신청을 하여 상업등기부의 원본에 그 기재를 하게 한 다음 그 예치한 돈을 바로 인출하였다면 … 상법 제628조 제1항에 정한 이른바 납입가장죄가 성립되는 한편 공정증서원본부실기재와 동행사죄가 성립된다."; 동지, 대법원 1982.2.23., 80도2303; 대법원 1982.4.13., 80도537; 대법원 1986.8.19., 85도2158; 대법원 1987.11.10., 87도2072; 대법원 2004.6.17., 2003도7645; 대법원 2004.12.10., 2003도3963; 대법원 2006.10.26., 2006도5147; 대법원 2013.5.9., 2011도15854.

는 등 특별한 사정[285]이 있는 경우에는 본죄[286]와 주금가장납입죄[287]의 성립을 부정하고 있다. 회사를 위하여 납입된 주금을 사용하는 것은 정상적인 회사의 업무처리에 해당하므로 이때는 가장납입이 아닌 정상납입에 해당한다는 것이다.

이와 같은 판례의 입장은 가장납입죄의 특수성으로 이해될 수 있다. 즉 가장납입의 경우에는 곧바로 인출예정인 납입의 실체를 부정하는 것이다. 만약 가장납입을 진실한 정상납입으로 파악하면, 이를 인출하는 행위는 법정형이 무거운 업무상횡령죄가 되어야 한다.[288] 그러나 가장납입을 허위의 납입으로 파악하면 본죄와 가장납입죄가 성립하는 반면에, 이를 곧바로 인출하는 행위는 별도의 범죄행위로 평가되지 않는다.[289] 이러한 가장납입죄의 특성, 즉 가장납입의 경우에는 곧바로 인출예정인 납입의 실체를 부정해야 하는 특성은 본죄의 성립 여부에도 직접 영향을 미치지 않을 수 없게 된다. 따라서 가장납입의 경우에는 실제로 주금을 납입한 사실이 있어도 납입의 실체를 부정해야 하므로 본죄의 허위사실의 신고에 해당하게 된다.

다만 1인주식회사나 가족주식회사가 아닌 예컨대 기업 등의 증자에서는 가장납입행위가 실제로 다른 주주들의 주식가치를 떨어뜨림으로써 가장납입자가 가장납입의 대가로 취득한 주식 수만큼 불법한 재물의 영득이 인정된다. 이 때 상법상의 가장납입죄와 본죄를 인정하는 것은 이와 같이 명백한 재물영득행위를 부정하는 결과를 초래하게 된다.[290] 그러나 가장납입죄나 본죄가 명백한 재물영득행위에 대하여 면죄부를 줄 수는 없다. 따라서 이와 같이 명백한 재물영득행위가 있는 경우는 가장납입이 아닌 진실납입을 인정함으로써 업무상횡령죄의 성립을 인정하는 한편, 상법상의 가장납입죄나 본죄의 성립을 부정하는 것이 타당하다.[291]

본죄는 공무원에 대하여 허위신고를 하는 때에 실행의 착수가 인정되며, 허위신고에 의하여 공무원이 부실의 사실을 기재한 때에 기수에 이르게 된다.

285) 대법원 2006.6.9., 2005도8498: "납입가장죄는 … 실제로 이를 회사를 위하여 사용하였다는 특별한 사정이 없는 한 실질적으로 회사의 자본이 늘어난 것이 아니어서 납입가장죄가 성립한다."

286) 대법원 1997.2.14., 96도2904: 그룹 계열회사의 자금을 주주 등에 대한 가지급금 형식으로 빼내어 주금으로 납입하였다가 이를 곧 인출하여 위의 가지급금을 변제한 것으로 인정되는 경우; 대법원 2001.8.21., 2000도5418: 회사가 대표이사인 피고인으로부터 주식 납입금 상당에 해당하는 자산을 양도받기로 되어 있어 그 양수자금으로 사용한 것으로 볼 수 있는 경우.

287) 대법원 1982.4.13., 80도537; 대법원 1993.8.24., 93도1200; 대법원 1997.10.12., 96도2904; 대법원 1999.10.12., 99도3057; 대법원 2001.8.21., 2000도5418; 대법원 2005.4.29., 2005도856; 대법원 2011.9.8., 2011도7262; 대법원 2013.4.11., 2012도15585.

288) 상법 제628조의 가장납입죄는 5년 이하의 징역이나 1천5백만원 이하의 벌금형으로 처벌되는데 반하여, 업무상횡령죄는 10년 이하의 징역이나 3천만의 이하의 벌금형으로 처벌된다. 특히 증자의 경우는 대부분 특경법이 적용될 될 수 있다.

289) 대법원 2004.6.17., 2003도7645; 대법원 2004.12.10., 2003도3963; 대법원 2005.4.29., 2005도856; 대법원 2006.9.22., 2004도3314; 대법원 2009.6.25., 2008도10096; 대법원 2011.9.8., 2011도7262; 대법원 2013.4.11., 2012도15585.

290) 대법원 2006.10.26., 2006도5147.

291) 그러나 입법론적으로는 상법의 가장납입죄를 삭제하는 것이 타당하다고 판단된다. 납입 후 이를 개인용도로 인출하는 행위는 업무상횡령죄로 처벌해야 할 것이며, 설립등기 또는 1인주식회사나 가족주식회사의 증자에서와 같이 다른 사람의 재산을 직접 침해하지 아니하는 경우에는 이를 양형에서 고려하면 충분하다.

9. 위조 등 문서행사죄

9-1. 위조 등 사문서행사죄

위조 · 변조 등 사문서행사죄는 사문서위조 · 변조죄, 자격모용에 의한 사문서작성죄 또는 허위진단서 등 작성죄에 의하여 위조 · 변조 · 작성된 사문서 · 도화를 행사함으로써 성립하며, 그 각 죄에 정한 형으로 처벌된다.

본죄의 행위는 위조 · 변조 · 허위작성된 문서를 행사하는 것이다. 여기서 행사는 이러한 문서를 진정한 또는 진실한 문서로서 사용하는 것, 즉 법적 거래에서 문서의 기능적 이용을 의미한다. 다만 문서의 기능적 이용에 의하여 실해가 발생될 필요는 없으며, 반드시 상대방이 이를 인식하여야 하는 것도 아니다. 따라서 여기서 문서의 사용은 문서의 기능적 이용으로 평가될 수 있는 한 상대방이 문서를 인식할 수 있는 상태에 둠으로써 충분하다. 이에 따라 위조 등 문서를 제시 · 교부하거나, 비치하여 열람할 수 있는 상태에 두는 경우 뿐 아니라 우편물로 발송하여 도달하게 하는 경우 등도 본죄의 행사에 해당한다. 그러나 위조된 문서를 단순히 소지한 것만으로는 본죄의 행사에 해당하지 않는다.[292] 또한 문서가 위조 · 변조되었다는 사실을 알고 있는 상대방에 대해서는 본죄의 성립이 불가능하다. 행위자는 문서위조 등의 사실을 알고 있는 상대방에 대하여 "위조등 문서의 행사가 불가능하다"는 사실을 이미 인식하고 있으므로 본죄의 고의를 인정할 수 없기 때문이다. 그러나 상대방이 당해 문서의 위조사실을 알고 있음에도 이를 알지 못한다고 오인하고 위조 등의 문서를 행사하는 경우는 본죄의 (불능)미수에 해당한다. 제237조의2에 의하여 위조 · 변조된 문서를 복사하여 행사하는 경우에도 본죄에 해당한다.

9-2. 위조 등 공문서행사죄

위조 · 변조 등 공문서행사죄는 위조 · 변조한 공문서, 자격모용에 의하여 작성된 공문서, 허위작성된 공문서 또는 부실기재한 공문서 등을 행사함으로써 성립하는 범죄이며, 그 각 죄에 정한 형으로 처벌된다. 본죄는 행위객체가 공문서라는 점에서 위조 등 사문서행사죄에 비하여 불법이 가중된 가중적 구성요건에 해당한다.

10. 문서부정행사죄

10-1. 사문서부정행사죄

292) 대법원 1956.11.2., 4289형상240: "위조된 운전면허증을 소지하고 자동차를 운전한 것만으로는 위조 등 공문서행사죄에 해당하지 않는다."

사문서부정행사죄는 권리 · 의무 또는 사실증명에 관한 타인의 문서 또는 도화를 부정행사함으로써 성립하는 범죄이다. 본죄의 부정행사란 권리 · 의무 또는 사실증명어 관하여 진정하게 성립된 타인의 사문서를 사용할 권한이 없는 자가 권한 있는 자로 가장하여 사용하는 것을 말한다. 예컨대 타인의 신분증을 자신의 것으로 가장하여 사용하는 경우가 여기에 해당한다. 그러나 실효된 동업약정서를 증거로 제출하는 경우[293] 또는 현금보관증이 자기 수중에 있다는 사실 자체를 증명하기 위하여 증거로서 이를 법원에 제출하는 행위는 사문서의 부정행사에 해당되지 않는다.[294] 이는 문서의 기능적 사용인 행사에 해당하지 않기 때문이다.

"사용권한자와 용도가 특정되어 작성된 사문서에 대해서는 권한 있는 자라도 정당한 용법에 반하여 이를 부정하게 행사할 경우 본죄의 부정행사에 해당한다"는 것이 판례[295]의 입장이며, 일부학설[296]도 이를 지지하고 있다. 그러나 사문서의 작성용도에 따른 사용이 아니라면 본죄의 부정행사라고는 할 수 없다.[297] 문서의 용도에 따른 기능적 사용만이 행사의 개념에 포섭될 수 있기 때문이다.[298]

타인의 후불식 통신카드를 공중전화기에 넣어 사용한 경우도 본죄에 해당한다는 것이 판례[299]의 입장이며, 이에 대해서는 학설에서도 특별한 이의를 제기하고 있지 않다. 후불식 통신카드는 전화기가 판독할 수 있는 자기띠 부분과 카드 전체가 결합되어 하나의 문서에 해당한다는 것을 근거로 한다. 그러나 전화기는 전자기록 외에는 전혀 인식할 수 없으며, 자기띠 부분은 시각적으로 인식할 수 없으므로 문서라고 할 수 없다. 그럼에도 불구하고 이를 문서행사로 간주하는 것은 사실의 왜곡이다. 본죄에 사전자기록의 행사를 포함시키든가 또는 전자기록 등 특수매체기록도 문서로 간주할 수 있는 입법이 필요하다. 현대의 신분정보 카드는 지갑 안에 들어 있어도 작동할 뿐 아니라 전자정보 이외에 아무런 정보가 수록되지 아니한 카드도 얼마든지 존재한다.

---

293) 대법원 1978.2.14., 77도2645.

294) 대법원 1985.5.28., 84도2999; 대법원 2007.3.30., 2007도629.

295) 대법원 2007.3.30., 2007도629: "사문서부정행사죄는 사용권한자와 용도가 특정되어 작성된 권리의무 또는 사실증명에 관한 타인의 사문서 또는 사도화를 사용권한 없는 자가 사용권한이 있는 것처럼 가장하여 부정한 목적으로 행사하거나 또는 권한 있는 자라도 정당한 용법에 반하여 부정하게 행사하는 경우에 성립한다."; 대법원 1978.2.14., 77도2645; 대법원 1985.5.28., 84도2999.

296) 배종대, 543면; 정영일, 365면; 진계호/이존걸, 714면.

297) 권오걸, 896면; 김성돈, 668면; 김성천/김형준, 712면; 김일수/서보학, 615면; 박상기, 547면; 손동권/김재윤, 685면; 오영근, 594면, 596면; 이형국, 630면; 임웅, 765면.

298) 동지, 김성돈, 668면.

299) 대법원 2002.6.25., 2002도461: "사용자에 관한 각종 정보가 전자기록되어 있는 자기띠가 카드번호와 카드발행자 등이 문자로 인쇄된 플라스틱 카드에 부착되어 있는 전화카드의 경우 그 자기띠 부분은 카드의 나머지 부분과 불가분적으로 결합되어 전체가 하나의 문서를 구성하므로, 전화카드를 공중전화기에 넣어 사용하는 경우 비록 전화기가 전화카드로부터 판독할 수 있는 부분은 자기띠 부분에 수록된 전자기록에 한정된다고 할지라도, 전화카드 전체가 하나의 문서로서 사용된 것으로 보아야 하고 그 자기띠 부분만 사용된 것으로 볼 수는 없으므로 절취한 전화카드를 공중전화기에 넣어 사용한 것은 권리의무에 관한 타인의 사문서를 부정행사한 경우에 해당한다."

10-2. 공문서부정행사죄

공문서부정행사죄는 공무원 또는 공무소의 문서 또는 도화를 부정행사함으로써 성립하는 범죄이다. 본죄는 행위객체가 공문서라는 점에서 사문서부정행사죄에 비하여 형이 가중된 가중적 구성요건이다. 본죄의 부정행사란 진정하게 성립된 공문서나 공도화를 사용권한 없는 자가 사용권한이 있는 것처럼 가장하여 사용하는 것을 말한다. 또한 여기서의 행사는 공문서의 용도에 따라 사용하는, 즉 공문서의 기능적 사용을 의미한다.[300] 따라서 "신분확인용으로 타인의 운전면허증을 제시하는 것만으로는 본죄에 해당하지 않는다"는 것이 종래 판례[301]의 입장이었다. 그러나 현재 우리사회에서 운전면허증은 일반거래에서 뿐 아니라 관공서에서도 신분확인용으로 주민등록증과 동일하게 사용되고 있다. 이는 운전면허증이 누구나 항상 소지하고 있어 편리하다는 현실적 필요성에 근거한다. 그렇다면 신분확인에 대한 운전면허증의 제시는 문서의 기능적 사용에 해당한다고 보는 것이 본죄의 목적론적 의미와 일치하는 해석이 될 것이다. 대법원도 종전의 태도를 변경하여 전원합의체 판결로 '신분확인을 위해 타인의 운전면허증을 제3자에게 제시한 경우'에 대해서 본죄의 성립을 인정하였다.[302] 타인의 운전면허증 자체가 아니라 운전면허증을 촬영한 이미지파일을 자신의 운전면허증인 것처럼 제시한 경우는 운전면허증의 특정된 용법에 따른 행사라고 볼 수 없어 공문서부정행사죄를 구성하지 아니한다.[303]

> 타인의 주민등록증을 신분확인용으로 제시하는 행위는 당연히 공문서의 부정사용에 해당하지만, 주민등록법 제37조 제8호 위반으로 3년 이하의 징역이나 1천만원 이하의 벌금형으로 본죄보다 중하게 처벌된다.

문서를 사용할 권한이 있더라도 그 정당한 용법에 반하여 부정하게 사용한 때에도 본죄의 부정행사에 해당할 수 있는지 문제된다. 판례[304]와 일부 학설[305]에서는 이를 긍정한다. 그러나 문서를 사용할 권한이 있더라도 그 정당한 용법에 반하여 사용한 경우를 본죄의 부정사용으로 볼 수는 없다.[306]

---

300) 대법원 2003.2.26., 2002도4935: "피고인이 기왕에 습득한 타인의 주민등록증을 피고인 가족의 것이라고 제시하면서 그 주민등록증상의 명의 또는 가명으로 이동전화 가입신청을 한 경우, 타인의 주민등록증을 본래의 사용용도인 신분확인용으로 사용한 것이라고 볼 수 없어 공문서부정행사죄가 성립하지 않는다."

301) 대법원 1991.7.12., 91도1052; 대법원 1992.11.24., 91도3269; 대법원 1993.5.11., 93도127; 대법원 1996.10.11., 96도1733; 대법원 1999.5.14., 99도206; 대법원 2000.2.11., 99도1237.

302) 대법원 2001.4.19., 2000도1985.

303) 대법원 2019.12.12., 2018도2560.

304) 대법원 1982.9.28., 82도1297; 대법원 1993.5.11., 93도127; 대법원 1998.8.21., 98도1701; 대법원 1999.5.14., 99도206.

305) 배종대, 543면; 임웅, 767면; 정성근/박광민, 672면; 정영일, 366면; 진계호/이존걸, 717면.

306) 권오걸, 899면; 김성돈, 671면; 김성천/김형준, 703면 이하; 김일수/서보학, 617면; 박상기, 549면 이하, 551면; 손동권/김재윤, 668면; 오영근, 594면; 이재상/장영민/강동범, 611면; 이형국, 631면.

판례는[307] "자신의 사진과 지문이 찍힌 다른 사람의 주민등록증을 발급받아 소지하다가 검문경찰관에 제시한 행위를 본죄에 해당한다"고 판시하였으며, 다수설[308]도 이를 지지하고 있다. 그러나 자신의 사진과 지문이 찍힌 다른 사람의 주민등록증은 행위자가 기망으로 발급공무원을 이용하여 만든 위조공문서라고 해야 한다. 따라서 이 경우는 간접정범에 의한 공문서위조죄의 성립이 인정되어야 하며, 이를 행사한 행위는 위조공문서행사죄로 평가되어야 한다.[309] 이러한 관점에서 판례와 다수설의 견해는 타당하다고 할 수 없다.

이 경우 허위작성공문서행사죄의 성립을 인정하는 견해[310]가 있다. 물론 이와 같이 작성된 주민등록증이 허위공문서라는 점은 분명하다. 그러나 선의의 발급공무원은 허위공문서를 작성하지 아니하였으므로, 이를 허위작성공문서라고 할 수는 없다. 즉 비신분자가 신분자를 이용하여 제227조의 허위공문서를 작성할 수는 없다.[311] 따라서 이 견해도 타당하다고 할 수 없다.

307) 대법원 1982.9.28., 82도1297.

308) 김성천/김형준, 702면; 배종대, 544면; 오영근, 593면; 이영란, 672면; 이형국, 631면; 임웅, 766면; 정영일, 366면; 조준현, 703면; 진계호/이존걸, 716면.

309) 동지, 정성근/박광민, 671면.

310) 김성돈, 670면; 김일수, 한국형법 IV, 346면; 박상기, 548면; 손동권/김재윤, 668면.

311) 이에 관하여는 상기 '7-4. 정범과 공범, (3) 비신분자가 신분자를 이용하는 경우' 참조.

제4절 인장에 관한 죄

1. 인장에 관한 죄 일반론

1-1. 의 의

인장에 관한 죄는 행사할 목적으로 타인의 인장 · 서명 · 기명 또는 기호를 위조 또는 부정사용하거나, 위조 또는 부정사용한 인장 · 서명 · 기명 또는 기호를 행사하는 것을 내용으로 하는 죄를 말한다. 인장에 관한 죄의 보호법익은 인장 등의 진정에 대한 공공의 신용, 즉 인장 등에 대한 거래의 안전과 신용이다.

1-2. 구성요건의 체계

[인장에 관한 죄]

기본적 구성요건 – 사인 등의 위조 · 부정사용죄: 제239조 제1항; 공인, 가중: 제238조 제1항
독립적 구성요건 – 위조사인 등의 행사죄: 제239조 제2항; 공인, 가중: 제238조 제2항

미수범: 제240조 (인장에 대한 모든 죄에 대하여)
자격정지의 병과: 제238조 제3항 (제238조 제1항과 제2항에 대하여)

인장에 대한 죄의 기본적 구성요건은 제239조 제1항의 사인위조 · 부정사용죄이며, 제238조 제1항의 공인위조 · 부정사용죄는 행위객체가 공인이라는 점에서 불법이 가중된 가중적 구성요건이다. 또한 위조 등 인장행사죄는 인장위조죄의 독립적 구성요건으로 위조사인등 행사죄(제239조 제2항)와 이에 대한 가중적 구성요건인 위조공인 등 행사죄(제238조 제2항)가 있다. 인장에 대한 모든 죄에 대하여는 그 미수범이 처벌되며(제240조), 공인위조 · 부정사용죄와 위조공인 등 행사죄에 대하여는 7년 이하의 자격정지를 병과할 수 있다(제238조 제3항).

2. 사인위조 · 부정사용죄

본죄는 행사할 목적으로 타인의 인장 · 서명 · 기명 또는 기호를 위조 또는 부정사용 함으로써 성립하는 범죄이다. 본죄는 주관적 구성요건으로 고의 외에 행사의 목적을 요하는 목적범이다.

2-1. 행위객체

본죄의 객체는 타인의 인장 · 서명 · 기명 또는 기호이다. 여기서 타인은 행위자 본인 및 그의 공동정범과 공범을 제외한 자연인 뿐 아니라, 법인과 법인격 없는 단체를 포함한다. 또한 사자나 허무인도 여기에 포함된다. 일반인이 진정한 인장으로 오신할 정도의 것이면 인장명의인이 실재할 필요가 없다(통설). 판례[312]는 사자명의의 사인위조죄와 동행사죄의 성립을 부정하고 있으나, 이는 이미 변경[313]된 것으로 보아야 한다.

2-1-1. 인 장

인장은 특정인 개인과 그 동일성을 증명하기 위하여 사용하는 일정한 형상을 말한다. 이러한 인장은 일반적으로 성명을 사용하지만 성명에 한하지 않으며, 문자일 필요도 없다. 특정인 개인과 그 동일성을 증명하는 지장이나 무인도 인장에 해당한다. 인장은 반드시 권리 · 의무의 증명에 관한 것임을 요하지 않지만 적어도 사실증명을 위하여 사용된 것이어야 하므로, 명승지의 기념스탬프 등은 본죄의 인장에 해당하지 않는다(통설).

본죄의 인장은 '인과에 조각된 문자나 기호를 일정한 물체에 나타낸 흔적'인 인영과 '인영을 나타나게 하는데 필요한 글자나 기호를 조각한 물체'를 의미하는 인과를 모두 포함한다. 형법은 제239조 제1항에서 인장(인과)의 부정사용과 동조 제2항에서 부정사용한 인장(인영)의 행사를 구별하기 때문이다.

서화의 낙관은 인장의 일종으로서 인장에 관한 죄의 객체로 보는 것이 일반적인 학설의 입장이다(통설). 소수설[314] 은 이를 극도로 생략된 생략문서로 본다. 생략문서와 인장은 다음과 같이 구별된다.[315] 우선 인영 그 자체가 거래상 중요한 사람의 의사표시인 경우에는 생략문서로서 당연히 문서성이 인정된다. 예컨대 정액영수인 등의 경우가 그러하다. 반면에 인영 그 자체가 거래상 중요한 사람의 의사표시가 될 수 없는 경우에는 인영만으로 문서가 될 수 없다. 또한 인영이 다른 물체와 결합한 경우라도 자신이 애호하는 서적이나 애완동물에 표시한 경우와 같이 그 작성인의 동일성 표지의 단순한 열거에 불과한 때에는 증명기능의 결여로 문서가 될 수 없다. 그러나 서화에 사용된 낙관과 같이 서화와 결합된 낙관은 거래관계에서 신뢰의 근거가 되는 법적으로 중요한 내용, 즉 특정한 예술가의 작품에 대한 예술가치를 증명하는 내용으로 만들어진 표시이므로 증명적합성이 인정되어 문서성이 인정된다. 다만 예술가의 낙관이라도 서화에 표시된 경우가 아닌 때에는 여기서의 인장에 해당할 뿐이다. 이에 따라 생략문서와 인장의 구별은 계속기능 · 증명기능 · 보장기능을 구비하고

---

312) 대법원 1984.2.28., 82도2064: "이미 사망한 사람 명의의 문서를 위조하거나 이를 행사하더라도 사문서위조나 동행사죄는 성립하지 않는다는 문서위조죄의 법리에 비추어 이와 죄질을 같이하는 인장위조죄의 경우에도 사망자 명의의 인장을 위조, 행사하는 소위는 사인위조 및 동행사죄가 성립하지 않는다고 해석함이 상당하다."

313) 대법원 2005.2.24., 2002도18 전원합의체 판결; 대법원 2005.3.25., 2003도4943; 대법원 2011. 9.29., 2011도6223.

314) 이재상/장영민/강동범, 577면.

315) 이에 관하여는 상기 '제3절, 1-3-2. 증명기능' 참조.

있는가를 기준으로 판단하여야 한다.[316)]

2-1-2. 서명 · 기명

서명은 특정인이 자기를 표시하는 수기의 문자를 말한다. 성명을 표시하는 것이 일반적이나, 성 또는 이름을 표시하거나 아호 · 약호 · 상호 · 옥호 등을 표시하는 경우도 여기에 해당한다. 기명은 특정인 개인을 표시하는 문자로서 수기가 아닌 것을 말한다. 인쇄 등의 부동문자나 대필 등으로 특정인을 표시하는 문자가 기명에 해당한다.

2-1-3. 기 호

기호란 물건에 압날하여 그 동일성을 증명하는 문자 또는 부호로서 넓은 의미의 인장에 해당한다. 기호는 특정인 개인의 동일성을 증명하는 데에 사용하는 것이 아니라는 점에서 인장과 구별된다. 예컨대 산지 · 납세필 · 검사필도장 등이 기호에 해당한다. 그러나 형법은 인장과 기호를 동일하게 처벌하므로 이들을 구별할 특별한 실익은 없다.

2-2. 행 위

본죄의 행위는 인장 등을 위조하거나 부정사용하는 것이다.

위조란 권한 없이 타인의 인장 · 서명 · 기명 · 기호를 작성 내지 기재하는 것이다. 여기서의 위조는 타인명의의 모용에 의한 위조 외에 자격모용에 의한 인장의 작성 내지 기재를 포함한다고 해석하여야 한다. 즉 본죄의 위조는 권한 없는 자가 타인명의를 모용하여 인장 등을 위조하는 경우, 대리권이나 대표권을 가진 자가 권한 범위 외의 행위로 인장을 위조하는 경우 및 타인의 대리 · 대표권한 없는 자가 대리 · 대표권한을 모용하여 인장 등을 위조하는 경우를 모두 포함한다.

부정사용은 타인의 인장 등을 권한 없는 자가 사용하는 것을 의미한다. 권한 있는 자가 권한 범위 외로 사용하는 것도 권한 없는 사용에 해당한다. 여기서 권한 없는 자가 타인의 인장 등을 사용하는 경우로는 대리 · 대표권한 없는 자가 대리 · 대표권한을 모용하여 사용하는 경우를 포함한다. 다만 사문서부정행사죄의 법정형과 비교하여 진정한 사인 등을 단순히 부정사용하는 행위에 대하여 법정형이 과도한 문제가 있다.

3. 공인 등 위조 · 부정사용죄

본죄는 행사할 목적으로 공무원 또는 공무소의 인장 · 서명 · 기명 · 기호를 위조 또는 부정사용

316) 이에 관하여는 상기 제3절 '1-3. 문서의 개념' 참조.

함으로써 성립하는 범죄이다. 본죄는 행위객체가 공무원 또는 공무소의 인장 · 서명 · 기명 · 기호라는 점에서 사인등 위조 · 부정사용죄에 비하여 불법이 가중된 가중적 구성요건이다.

판례[317]는 택시에 부착되어 있는 택시미터기의 빈차 표시판과 택시지붕 위의 보안등에 대한 신호장치의 수리를 위탁받아 피고인 경영의 충북계량기공사에서 택시미터기 윗쪽의 검정납봉의 봉인철사를 절단하여 그 뒷면 철판을 열고 각 장치에 전등이 켜지도록 수리한 다음에 절단한 봉인으로 택시미터기를 재봉인한 사안에서 "택시미터기의 수리는 계량법시행규칙에 의하여 검정의무가 면제되는 간이수리에 해당하나, 택시미터기에 적법하게 부착된 검정납봉의 봉인철사를 일단 절단한 후에는 소관 검정기관만이 이를 다시 부착할 수 있는 것이므로 피고인이 임의로 한 검정납봉 재봉인 부착행위는 형법 제238조 제2항 소정의 공기호부정사용에 해당한다"고 판시하였다.[318] 그러나 이 판례사안에서의 검정납봉의 봉인은 공기호인 동시에 공문서에 해당한다. 즉 "해당 메타기가 검정기관의 확인을 거친 적정한 기기에 해당한다"는 의사표시가 극도로 생략된 가독적인 확인검정표시로써, 이는 법적으로 중요한 사실의 증명에 사용되며, 검정기관이 표시된 물체에 해당한다. 따라서 이 경우는 제230조의 공문서부정행사죄에 해당한다. 다만 문서죄와 인장죄는 흡수관계에 의한 법조경합이 인정되는데, 흡수되는 공기호부정사용죄의 법정형이 공문서부정행사죄를 초과하는 문제가 있다. 문사부정사용죄의 법정형과 비교하여 진정한 인장 등을 단순히 부정사용하는 경우의 법정형이 너무 과도한 문제가 있다.

4. 위조 등 사인행사죄, 위조 등 공인행사죄

위조 등 사인행사죄는 위조 또는 부정사용한 타인의 인장 · 서명 · 기명 · 기호를 행사함으로써 성립하는 범죄이며, 위조 등 공인행사죄는 위조 또는 부정사용한 공무원 또는 공무소의 인장 · 서명 · 기명 · 기호를 행사함으로써 성립하는 범죄이다. 여기서의 행사는 위조등 문서행사죄에서의 행사와 동일한 의미이다.[319] 즉 위조 또는 부정사용된 인장 등을 진정한 것처럼 용법에 따라 사용하는 것으로서 인장 등의 기능적 사용을 의미한다. 인장 등의 기능적 이용으로 평가될 수 있는 한, 상대방이 인장 등을 인식할 수 있는 상태에 둠으로써 충분하다. 이에 따라 위조 · 부정사용한 인장 등을 제시 · 교부하거나, 비치하여 열람할 수 있는 상태에 두는 경우 뿐 아니라 우편물로 발송하여 도달

317) 대법원 1982.6.8., 82도138.

318) 대법원 1981.12.22., 80도1472도 남원군청 비치 임산물 생산확인용 철제극인을 공기호라는 관점에서 판시하고 있으나, 임산물 생산확인용 철제극인도 "공무소의 허가를 받고 벌채한 임산물임을 확인한다"는 의사표시가 극도로 생략된 생략 공문서로 보아야 한다.

319) 이에 관하여는 상기 '9-1. 위조등 사문서행사죄' 참조.

하게 하는 경우 등도 본죄의 행사에 해당한다. 그러나 위조 · 부정사용한 인장 등을 단순히 소지한 것만으로는 본죄의 행사에 해당하지 않는다. 여기서도 '진정한 인장 등을 전제로 부정사용한 인장을 행사한 경우'의 법정형이 진정한 문서를 부정행사하는 경우와 비교하여 과도한 법정형이 규정되어 있다.

5. 인장에 대한 죄에 관한 입법론적 제안

일반적으로 인장 · 서명 · 기명 · 기호의 위조 · 부정사용이나 동행사행위는 문서와 연결되지 아니하면 그 자체로 형법상 가벌성을 인정할 만한 불법내용을 구비할 수 없다. 또한 인장의 위조나 부정사용 또는 동행사행위를 통하여 문서에 대한 죄를 범한 경우, 인장에 대한 죄는 문서에 대한 죄의 부분[320]에 불과하므로 흡수관계에 의한 법조경합이 될 뿐이다. 따라서 인장에 대한 죄가 의미를 가질 수 있는 경우는 문서에 대한 죄와 연관을 가지지 않는 경우[321]에 한정된다. 이러한 경우로는 문서에 대한 죄의 공범, 특히 방조범의 경우를 생각할 수 있다. 예컨대 문서위조에 조력하기 위하여 인장을 위조하는 경우[322]와 문서위조의 예비행위로서 인장을 위조하는 경우가 그러하다. 이와 같이 인장에 대한 죄는 문서에 대한 죄의 보충적 기능만을 담당하고 있을 뿐이다. 따라서 입법론적으로는 '인장에 대한 죄'를 독립된 장에서 규정할 것이 아니라, 문서에 대한 죄의 장에서 독립적 구성요건으로 규정하는 것이 바람직하다고 생각된다. 예컨대 "사 · 공문서위조 · 변조죄 또는 자격모용에 의한 사 · 공문서작성죄를 범할 목적으로 타인의 인장 · 서명 · 기명 · 기호를 위조 · 부정사용하거나 또는 이를 행사한 자는 3년 이하(5년 이하)의 징역에 처한다"고 규정함으로써 충분하다고 생각된다. 또한 진정한 인장 등을 단순히 부정사용하는 경우의 법정형이 과도하여 문사부정사용죄의 법정형을 초과하는 문제가 있다.

---

320) 전부법은 일부법을 폐지한다(lexcomsumens derogat legi consumtae).

321) 인장(인과 또는 인영) 그 자체가 법적으로 중요한 일정한 사실을 증명하는 증명기능을 가지는 때에도 문서에 관한 죄가 성립할 뿐이다.

322) 그러나 이 경우는 현실적으로 문서위조죄의 방조범으로 처벌하면 족하므로 인장에 대한 죄의 특별한 규정을 필요로 하지 않는다.

제3장 공중의 건강에 대한 죄

제1절 음용수에 관한 죄

1. 음용수에 관한 죄 일반론

1-1. 의 의

음용수에 관한 죄는 음용에 공할 정수 또는 그 수원에 오물 · 독물 기타 건강을 해할 물건을 혼입하거나, 수도 기타 시설을 손괴 또는 기타의 방법으로 불통하게 하여 음용수의 이용과 그 안전을 위태롭게 하는 죄를 말한다. 음용수에 관한 죄는 공공위생의 관점에서 공중의 건강과 보건을 보호법익으로 하는 공공위험죄라고 할 수 있으며, 추상적 위험범으로 해석된다.

형법은 공중의 건강에 대한 죄에서 제16장의 음용수에 관한 죄와 제17장의 아편에 관한 죄를 규정하고 있다. 음용수에 관한 죄가 일반인 누구나 일상생활에서 이용하는 음용수라는 물질을 대상으로 하는 반면에, 아편에 관한 죄는 아편이나 몰핀이라는 특별한 중독성 · 습관성 · 환각성 물질을 그 대상으로 한다는 점에서 차이가 있다. 그러나 형법은 음용수 이외에 일반인 누구나 일상생활에서 이용하는 물질을 대상으로 하는 공중의 건강에 대한 다른 범죄(예컨대 식품에 관한 죄, 수질 · 대기 · 소음 · 폐기물 등 환경범죄)에 관하여는 특별형법[1]에 일임하고 있다. 또한 아편이나 몰핀 이외에 특별한 중독성 · 습관성 · 환각성 물질을 대상으로 하는 공중의 건강에 대한 다른 범죄에 관하여도 특별형법[2]에서 규정하고 있을 뿐이다. 이들 범죄 중에서 특히 환경범죄를 형법에 편입시킨 입법례[3]도 있으며, 이를 지지하는 학설 [4]도 있다. 그러나 환경침해행위에 대해서는 형벌만이 유효한 수단이라고 할 수 없으며, 또한 환경범죄에 대한 형법의 적용에 대해서도 다양한 입장[5]이 있으므로 이를 일률적으로 형법에 편입시키는 것이 반드시 적절하다고 할

1) 예컨대 식품위생법, 보건범죄 단속에 관한 특별조치법(보건범죄단속법), 환경범죄 등의 단속 및 가중처벌에 관한 법률(환경범죄단속법), 수질 및 수생태계 보전에 관한 법률(수질수생태계법), 대기환경보전법, 자연환경보전법, 토양환경보전법, 폐기물관리법, 화학물질관리법 등.

2) 예컨대 마약류 관리에 관한 법률(마약류관리법), 마약류 불법거래방지에 관한 특례법(마약거래방지법) 등.

3) 예컨대 독일형법 제324조 내지 제330조의d.

4) 김성돈, 577면; 손동권/김재윤, 593면; 이재상/장영민/강동범, 623면; 정성근/박광민, 725면; 진계호/이존걸, 618면; 부분적으로 형법전에의 편입을 주장하는 견해로는 김일수, 한국형법 Ⅳ, 186면; 정영일, 547면.

5) 이에 관한 자세한 내용은 조병선, 환경형법을 계기로 새로이 전개된 형법해석학적 이론들, 청주대 법학논집 제6집, 229면 이하, 청주대 법학논집 제7집, 21면 이하 참조.

수는 없다.[6] 다만 환경범죄에 대한 통일적인 법률의 정비는 필요하다.

1-2. 구성요건의 체계

[음용수에 관한 죄]

기본적 구성요건 – 음용수 사용방해죄: 제192조 제1항
가중적 구성요건 – 음용수 유해물혼입죄: 제192조 제2항; 수도음용수 사용방해죄: 제193조 제1항; 수도음용수 유해물혼입죄: 제193조 제2항; 수도불통죄: 제195조; 음용수 혼독치사상죄: 제194조

미수범: 제196조 (제192조 제2항, 제193조 제2항과 제195조에 대하여)
예비죄: 제197조 (제192조 제2항, 제193조 제2항과 제195조에 대하여)

음용수에 관한 죄의 기본적 구성요건은 제192조 제1항의 음용수 사용방해죄이다. 제192조 제2항의 음용수 유해물혼입죄는 행위방법에 의하여 불법이 가중된 가중적 구성요건이며, 제193조 제1항의 수도음용수 사용방해죄는 행위객체에 의하여 불법이 가중된 가중적 구성요건에 해당한다. 수도음용수 유해물혼입죄(제193조 제2항)와 수도불통죄(제195조)는 행위객체와 행위방법에 의하여 불법이 가중된 가중적 구성요건이다. 제194조의 음용수 혼독치사상죄는 음용수 유해물혼입죄 또는 수도음용수 유해물혼입죄를 범하여 사람을 사상에 이르게 함으로써 성립하는 결과적가중범이다. 이 중에서 음용수 혼독치상죄는 상해의 결과가 과실에 의한 경우 뿐 아니라 고의에 의한 경우에도 성립하는 부진정결과적가중범에 해당하며, 음용수혼독치사죄는 사망의 결과가 과실에 의한 경우에만 성립하는 진정결과적가중범에 해당한다.

음용수 유해물혼입죄와 수도음용수 유해물혼입죄 및 수도불통죄에 대하여는 그 미수죄와 예비죄가 처벌된다(제196조, 제197조).

2. 음용수 사용방해죄

본죄는 일상음용에 공하는 정수에 오물을 혼입하여 음용하지 못하게 함으로써 성립하는 범죄이다.

본죄의 행위객체는 일상음용에 공하는 정수이다. 정수는 음용에 적합할 정도의 청결한 물을 의미한다. "일상음용에 공한다"함은 불특정 또는 다수인이 반복 · 계속하여 음용에 사용한다는 의미이다. 특정의 소수인이 일상음용에 공하는 정수는 본죄의 객체에서 제외된다. 본죄는 공공위험죄로

6) 동지, 이형국, 648면; 임웅, 779면; 이에 관하여는 이정원, 기업에 의한 환경범죄의 형사책임에 관한 연구, 경남법학 제12집, 163면 이하 참조.

해석되기 때문이다. 여기서의 다수인은 어느 정도의 다수인으로서 충분하다. 따라서 일가족의 음용에 공하기 위하여 담아 둔 물도 본죄의 객체에 해당한다. 또한 반복 · 계속하여 음용에 사용되는 정수이어야 하므로, 계곡에 흐르는 물과 같이 일시적으로 이용되는 물은 본죄의 객체에서 제외된다.

본죄의 행위는 오물을 혼입하여 음용하지 못하게 하는 것이다. 여기서 오물은 독물이나 사람의 건강을 해할 물건 이외의 음용에 지장을 줄 수 있는 일체의 물질을 말한다. 음용에의 지장은 물리적 지장 뿐 아니라 정신적 · 심리적 지장을 포함한다. 본죄는 추상적 위험범이므로 불특정 또는 다수인이 현실적으로 음용하지 못할 것을 요하지 아니한다. 객관적으로 음용에 지장을 줄 수 있는 오물을 혼입함으로써 본죄는 기수에 이르게 된다.

일상음용에 공하는 정수에 독물 기타 건강을 해하는 물질을 혼입하는 경우는 제192조 제2항의 음용수 유해물혼입죄가 성립한다.

3. 수도음용수 사용방해죄

본죄는 수도에 의하여 공중의 음용에 공하는 정수 또는 그 수원에 오물을 혼입하여 음용하지 못하게 함으로써 성립하는 범죄이다.

본죄의 객체는 수도에 의하여 공중의 음용에 공하는 정수 또는 그 수원이다. 수도는 정수를 공급하기 위한 인공적 설비를 말하며, 공공적 설비인가 개인적 설비인가는 문제가 되지 않는다. 수도에 의하여 음용에 공하는 정수란 공급 중인 정수를 의미하므로 개인이 물통에 받아 놓은 정수는 여기에 해당하지 않는다. 수원은 수도에 의하여 정수를 공급하기 위한 시설로서 저수지 또는 정수지 및 이에 이르는 수로를 포함한다. 본죄의 정수 또는 수원은 공중의 음용에 공하는 것이어야 한다. 여기서 공중이라 함은 불특정 또는 다수인을 의미하며, 다수인은 상당한 다수이어야 한다. 따라서 피해자의 가족만이 이용하는 전용수도는 본죄의 객체에 해당하지 않는다.

본죄의 행위는 음용수 사용방해죄에서의 행위와 동일하다. 또한 수도에 의하여 공중의 음용에 공하는 정수 또는 그 수원에 독물 기타 건강을 해하는 물질을 혼입하는 경우는 제193조 제2항의 수도음용수 유해물혼입죄가 성립한다.

4. 수도불통죄

본죄는 공중의 음용수를 공급하는 수도 기타 시설을 손괴 기타 방법으로 불통하게 함으로써 성립하는 범죄이다. 본죄는 "음용수를 공급하는 수도 기타 시설을 손괴 기타 방법으로 불통하게 한다"는 특별한 수단으로 음용수의 사용을 방해하는 죄이므로 특별한 행위수단에 의하여 불법이 가중되는 음용수 사용방해죄의 가중적 구성요건에 해당한다.

본죄의 행위객체는 공중의 음용수를 공급하는 수도 기타 시설이다. 수도의 개념은 수도음용수 사용방해죄에서 설명한 것과 같다. 기타 시설은 공중의 음용수를 공급하는 수도 외의 시설을 말한다. 예컨대 불특정 또는 다수인이 음용으로 사용하는 우물 등이 여기에 해당한다.

본죄의 행위는 수도 기타 시설을 손괴 기타 방법으로 불통하게 하는 것이다. 여기서 손괴는 수도 기타 시설을 물리적으로 훼손하여 그 효용을 해하는 것이다. 불통하게 하는 것은 손괴 이외의 방법으로 정수의 유통을 제지하는 것이다.

제2절 아편에 관한 죄

1. 아편에 관한 죄 일반론

1-1. 의 의

아편에 관한 죄는 아편을 흡식하거나 아편 또는 아편흡식기구를 제조 · 수입 · 판매 또는 소지하는 것을 내용으로 하는 범죄이다. 아편에 관한 죄는 음용수에 관한 죄와 같이 공중의 건강과 보건을 보호법익으로 하는 공공위험죄라고 할 수 있으며, 추상적 위험범으로 해석된다. 음용수에 관한 죄가 일반인 누구나 일상생활에서 이용하는 음용수라는 물질을 대상으로 하는 반면에, 아편에 관한 죄는 아편이나 몰핀이라는 특별한 중독성 · 습관성 · 환각성 물질을 그 대상으로 하는 점에서 차이가 있다.

1-2. 구성요건의 체계

[아편에 관한 죄]

기본적 구성요건 – 아편흡식 등 죄: 제201조 제1항
독립적 구성요건 – 아편흡식 등 장소제공죄: 제201조 제2항
독립적 구성요건 – 아편 등의 제조 등 죄: 제198조; 아편흡식기의 제조 등 죄: 제199조
– 가중–세관공무원의 아편 등 수입죄: 제200조
가중적 구성요건 – 상습범: 제203조 (제198조 내지 제201조 및 그 미수범에 대하여)
독립적 구성요건 – 아편 등의 소지죄: 제205조

미수범: 제202조 (제198조 내지 제201조에 대하여)
자격정지 또는 벌금의 병과: 제204조 (제198조 내지 제203조에 대하여)
추징 · 몰수: 제206조 (본장의 죄에 제공한 아편 · 몰핀, 그 화합물 또는 아편흡식기구)

아편에 관한 죄의 기본적 구성요건은 제201조 제1항의 아편흡식 등 죄이다. 제201조 제2항의 아편흡식 등 장소제공죄는 아편흡식 등 죄의 방조행위를 독립된 범죄유형으로 규정한 독립적 구성요건에 해당한다. 제198조의 아편 등의 제조등 죄와 제199조의 아편흡식기의 제조 등 죄도 아편흡식 등 죄와는 독립된 독립적 구성요건에 해당한다. 제200조의 세관공무원의 아편 등 수입죄는 아편등 수입죄와 아편흡식기 수입죄에 대한 행위주체의 특별의무위반에 의하여 불법이 가중된 가중적 구성요건에 해당한다.

제203조는 아편흡식 등, 동장소제공죄, 아편 등의 제조 등 죄, 아편흡식기의 제조등 죄, 세관공무원의 아편 등 수입죄 및 그 미수범의 죄에 대한 상습범을 가중처벌하는 규정으로, 행위자의 습벽에 의하여 책임이 가중된 가중적 구성요건이다. 제205조의 아편 등의 소지죄는 일반적[7] 으로 아편흡식 등 죄의 예비행위를 별도의 독립적 구성요건으로 규정한 것이다.

제202조에서는 아편흡식 등 죄, 아편흡식 등 장소제공죄, 아편 등의 제조 등 죄, 아편흡식기의 제조 등 죄 및 세관공무원의 아편 등 수입죄에 대하여 그 미수죄를 처벌한다. 제204조에 의하여 이들 죄와 그 미수범 그리고 이들 죄와 그 미수범의 상습범에 대하여는 10년 이하의 자격정지 또는 2천만원 이하의 벌금형을 병과할 수 있다. 또한 제206조에서는 본장의 죄에 제공한 아편 · 몰핀이나 그 화합물 또는 아편흡식기구를 몰수하며, 몰수하기 불능한 때에는 그 가액을 추징한다.

마약범죄에 대해서는 '마약류관리법'이 적용된다. 따라서 본장의 아편에 관한 죄는 사실상 사문화 되었다. 또한 '특가법' 제11조는 마약사범에 대한 가중처벌을 규정하고 있다. 그밖에 '마약 및 향정신성 물질의 불법거래방지에 관한 국제연합협약'과 마약류범죄에 관한 국제협약을 효율적으로 시행하기 위한 법률인 '마약거래방지법'이 마련되어 있다.[8]

2. 아편에 관한 죄의 개별적 구성요건

2-1. 아편흡식 등 죄

본죄는 아편을 흡식하거나 몰핀을 주사함으로써 성립하는 범죄이다. 흡식은 호흡기나 소화기에 의하여 소비하는 것을 말하며, 주사는 주사기에 의하여 신체에 주입하는 것을 말한다. 그러나 형법이 자손행위나 자살행위를 처벌하지 않는데 반하여, 아편흡식 등의 자손 · 자해행위만을 왜 특별히 처벌해야 하는지 문제된다. 이는 개별적인 아편흡식 등의 행위가 아편 등의 제조 · 판매 등을 유발하여 결국 불특정 · 다수인에게 아편 등의 공급을 가능케 함으로써 공중의 건강을 위태롭게 하는 공공위험행위라는 점에서 찾을 수 있다. 이러한 간접적인 위태화 행위가 일반적으로 형벌의 대상이 될 수 없음은 명백하지만, 마약류의 해독과 위험성의 관점에서 이에 대한 형벌의 부과가 정당화 될 수 있다. 따라서 본죄를 자손이나 자해행위의 관점에서 파악해서는 안 된다.

본죄는 아편에 관한 죄의 기본적 구성요건이라는 것이 학설의 일반적인 입장이다(통설). 이에 반하여 제205조의 아편 등 소지죄를 기본적 구성요건으로 해석하는 견해[9]가 있다. 물론 본죄가 아편에

---

7) 다만 아편 등의 소지죄가 반드시 흡식 등의 목적으로 소지한 경우에만 성립하는 것은 아니므로 본죄가 반드시 아편흡식 등 죄의 예비행위라고는 할 수 없다.

8) 이에 관하여는 임웅, 790면 참조.

9) 김일수, 한국형법 Ⅳ, 169면; 김일수/서보학, 491면.

관한 죄의 기본적 범죄유형을 구비한다고 단정적으로 말하기는 어렵다. 아편에 관한 죄의 각각의 범죄유형이 독립적으로 구성되어 있기 때문이다. 다만 본죄 이외의 다른 구성요건들이 아편흡식 등과 연관을 가진 행위유형이라는 점에서 본죄를 기본적 구성요건으로 이해하는 것이 가장 합리적이라고 생각된다.

2-2. 아편흡식 등 장소제공죄

본죄는 아편흡식 또는 몰핀주사의 장소를 제공하여 이익을 취함으로써 성립하는 범죄이다. 본죄는 아편흡식 또는 몰핀주사의 장소를 제공하여 아편흡식 등 죄를 방조하는 행위를 독립된 범죄유형으로 규정한 것이다. 그밖에 본죄는 장소를 제공하여 이익을 취하여야 한다. 따라서 본죄는 구성요건적 결과를 요하는 결과범에 해당한다. 여기서 이익은 장소제공의 대가를 의미한다. 장소제공과 관련된 이익은 적극적 · 소극적 이익을 모두 포함하며, 반드시 재산상 이익에 한정되지 않는다. 따라서 예컨대 도박 빚의 탕감과 같은 불법한 이익도 여기에 해당한다. 다만 입법론적으로는 공공위험죄인 본죄가 왜 이익의 취득을 요건으로 해야 하는지 의문이다.

> 다만 마약류관리법 제60조 제1항 제1호는 '향정신성의약품과 관련된 금지된 행위를 하기 위한 장소 · 시설 · 장비 · 자금 또는 운반 수단을 타인에게 제공한 자'를 10년 이하의 징역 또는 1억원 이하의 벌금형으로 처벌하며, 이 경우 그 대가로서 이익의 취득을 요건으로 하지 않는다.

2-3. 아편 등 제조 · 수입 · 판매 · 판매목적소지죄

본죄는 아편 · 몰핀 또는 그 화합물을 제조 · 수입 · 판매 또는 판매할 목적으로 소지함으로써 성립하는 범죄이다. 본죄에서의 수입은 국외로부터 국내로 반입하는 것을 의미한다. 육로로 반입하는 경우는 국경선을 넘었을 때에 기수에 이르며, 선박이나 항공기에 의할 경우는 지상으로 운반된 때에 본죄가 기수에 이르게 된다(통설). 판매는 유상양도를 의미하며, 특정인에 대한 1회의 유상양도도 본죄의 판매에 해당한다.[10] 이에 반하여 본죄의 판매를 '계속 · 반복의사에 의한 유상양도'[11] 또는 '불특정 · 다수인에 대하여 계속 · 반복의 의사로서 행하는 유상양도'[12]라고 이해하는 견해가 있으나, 판매의사에 이러한 사족을 붙일 이유는 없다. 또한 본죄는 아편 등의 판매 뿐 아니라 판매목적의 소지만으로도 성립한다. 판매목적이 없는 소지는 본죄가 아니라 제205조의 아편 등 소지죄에 해당할 뿐이다.

---

10) 동지, 김일수, 한국형법 Ⅳ, 174면; 김일수/서보학, 493면; 오영근, 518683면.

11) 권오걸, 789면; 김성돈, 587면; 배종대, 555면; 손동권/김재윤, 601면; 이재상/장영민/강동범, 633면; 정성근/박광민, 729면; 조준현, 715면; 진계호/이존걸, 628면.

12) 이형국, 663면; 임웅, 793면; 정영일, 314면.

2-4. 아편흡식기 제조 · 수입 · 판매 · 판매목적소지죄

본죄는 아편을 흡식하는 기구를 제조 · 수입 · 판매 또는 판매할 목적으로 소지함으로써 성립하는 범죄이다. 본죄의 아편흡식기는 아편 등의 흡식에 사용되는 기구로서 아편 등의 흡식을 목적으로 만들거나 만들어진 것을 의미한다. 따라서 특정한 기구가 아편흡식에 사용되었어도 아편흡식을 목적으로 만들어진 것이 아닌 경우는 본죄에 해당하지 않는다. 예컨대 아편을 주사한 주사기는 본죄의 아편을 흡식하는 기구에 포함되지 아니한다. 그 밖의 내용은 아편 등의 제조등 죄에서 설명한 것과 같다.

2-5. 세관공무원의 아편 등 수입 · 수입허용죄

본죄는 세관의 공무원이 아편 · 몰핀이나 그 화합물 또는 아편흡식기를 수입하거나 그 수입을 허용함으로써 성립하는 범죄이다. 본죄를 아편 등 수입죄에 대하여 책임이 가중된 구성요건으로 해석하는 견해[13]가 있다. 그러나 본죄는 세관공무원의 특수한 의무위반이라는 불법표지의 추가에 의해서 불법이 가중되는 가중적 구성요건으로 해석하여야 한다.[14] 따라서 세관공무원의 아편 등 수입죄는 부진정신분범이다. 다만 세관공무원의 아편 등 수입허용죄는 진정신분범으로 해석된다.[15] 비신분자에 의한 수입허용은 불가능하기 때문이다.

이에 반하여 세관공무원의 아편 등 수입허용죄도 부진정신분범이라는 것이 일반적인 학설의 입장이다(통설). 수입을 허용하는 것도 수입에 대한 공범에 해당하므로 세관공무원의 공범행위를 가중처벌한다는 의미에서 이 경우도 부진정신분범으로 해석해야 한다는 것이다. 이러한 통설에 의하면 예컨대 세관공무원을 매수함으로써 아편수입을 방조하는 경우에 세관공무원을 매수한 제3자에게는 아편수입죄의 방조죄만을 인정할 수밖에 없다. 제3자가 세관공무원으로 하여금 아편수입을 허용하도록 교사하는 행위는 비신분자가 아편을 수입하려는 자의 아편수입을 방조하는 행위에 불과하기 때문이다(제33조단서). 그러나 이 경우는 아편수입죄의 방조죄와 세관공무원의 아편수입허용죄에 대한 교사죄의 상상적 경합을 인정해야 한다. 세관공무원을 매수한 자에게는 세관공무원의 특수의무위반을 유발한 자로서의 불법이 인정되기 때문이다. 따라서 통설의 견해는 타당하다고 할 수 없다.

본죄의 행위주체는 세관공무원이며, 여기서 세관공무원이란 세관에서 세관사무에 종사하는 공무원만을 의미한다. 본죄의 행위는 아편 · 몰핀이나 그 화합물 또는 아편흡식기구를 수입하거나 수입을 허용하는 것이다. 수입허용은 명시적 · 묵시적 허용을 포함하며, 작위 뿐 아니라 부작위에 의해서도 가능하다.

세무공무원의 아편 등 수입허용죄는 필요적 공범에 해당한다. 따라서 아편 등의 수입자와 수입

---

13) 오영근, 515면; 이재상/장영민/강동범, 629면; 이형국, 667면; 임웅, 795면; 조준현, 714면; 진계호/이존걸, 630면.

14) 동지, 김일수/서보학, 495면; 배종대, 555면; 이영란, 588면; 정성근/박광민, 730면.

15) 동지, 권오걸, 790면; 오영근, 520면; 이영란, 588면.

을 허용하는 세관공무원 사이의 내부관계에서는 총칙상의 공범규정이 적용될 여지가 없다. 따라서 세관공무원의 허용으로 아편 등을 수입한 자에 대하여는 아편 등 수입죄(제198조)만 성립하며, 세무공무원의 아편 등 수입허용죄의 공범은 성립할 여지가 없다. 그러나 외부관계에서의 공범의 성립은 가능하다. 따라서 세관공무원을 매수함으로써 아편수입을 방조하는 제3자의 경우는 아편수입죄의 방조죄와 세관공무원의 아편수입허용죄에 대한 교사죄의 상상적 경합이 인정된다.

2-6. 아편 등 소지죄

본죄는 아편 · 몰핀이나 그 화합물 또는 아편흡식기를 소지함으로써 성립하는 범죄이다. 그러나 판매의 목적으로 아편 · 몰핀이나 그 화합물 또는 아편흡식기를 소지한 경우는 제198조 내지 제199조의 판매목적소지죄에 해당하게 된다. 판매목적 이외의 어떠한 소지의 목적도 본죄의 성립에는 영향을 주지 않는다. 일반적으로 본죄의 아편 등의 소지는 흡식이나 주사의 목적으로 소지하는 경우일 것이다. 이러한 점에서 본죄는 아편흡식죄의 예비행위를 독립된 범죄우형으로 규정한 것이라고 이해되고 있으며, 이러한 입장은 일반적으로 타당하다고 할 수 있다. 다만 본죄의 아편 등의 소지가 반드시 이러한 목적에 제한되는 것은 아니다. 예컨대 위탁에 의하여 아편 등을 보관하는 경우나 제3자에게 증여하기 위하여 소지하는 경우도 본죄의 아편 등 소지죄에 해당한다. 이러한 점에서 본죄는 아편흡식 등 죄의 예비행위보다는 그 범위가 넓다.

아편흡식을 위해서 아편 등을 소지한 경우에는 보충관계에 의한 법조경합이 인정된다. 그러나 타인의 아편 등을 보관하고 있던 자가 스스로 흡식한 경우는 본죄와 아편흡식 등 죄의 실체적 경합이 된다.

제4장 사회의 도덕에 대한 죄

제1절 성풍속에 관한 죄

1. 성풍속에 관한 죄 일반론

1-1. 의 의

성풍속에 관한 죄는 사회의 건전한 성도덕이나 성풍속을 침해 내지 위태롭게 하는 죄를 말한다. 형법이 규정하고 있는 성풍속에 관한 죄로는 음행매개죄(제242조) · 음란물죄(제243조 제244조) · 공연음란죄(제245조)가 있다.

형법은 성과 관련한 범죄를 개인의 성적 자유를 침해하는 '강간과 추행의 죄'와 사회의 건전한 성도덕이나 성풍속을 침해 내지 위태롭게 하는 '성풍속에 관한 죄'로 구별하여 규정하고 있다. 즉 강간과 추행의 죄는 개인적 법익에 대한 죄에서, 성풍속에 관한 죄는 사회적 법익에 대한 죄에서 규정하고 있다. 이에 반하여 독일형법은 성에 관한 범죄를 성적 자기결정에 대한 죄와 혼인과 가정에 대한 죄 [1]로 구별하여 규정하고 있다. 성과 관련된 행위에 대한 평가는 각국의 민족적 전통과 관습의 영향이 크기 때문에, 성에 관한 범죄의 종류나 분류는 각국의 법의식에 의해서 좌우된다고 할 수 있다. 또한 성에 관한 범죄는 개인의 자유권이라는 개인적 법익에 대한 침해와 민족적 전통 · 관습이라는 사회적 법익에 대한 침해의 양면성을 가지고 있으므로 형법의 성풍속에 관한 죄의 보호법익도 일률적으로 설명하기는 매우 어렵다. 다만 음행매개죄 · 음란물죄 · 공연음란죄 등은 넓은 의미에서 사회의 건전한 성도덕이나 성풍속을 침해 내지 위태롭게 하는 죄로서 성풍속에 관한 죄의 장에서 함께 규정하고 있다. 형법에서 대표적인 성풍속에 관한 죄의 하나이었고 오랜 논란의 대상이 되었던 간통죄는 헌재의 위헌결정[2]으로 2016년 1월 6일의 개정형법에서 폐지되었다.

1-2. 보호법익

성풍속에 관한 죄 중에서 음행매개죄는 선량한 성풍속이 주된 보호법익이며, 피음행매개자의 성적 자유가 부차적인 보호법익이라는 것이 일반적인 학설의 입장이다(통설). 이러한 통설의 입장은 현

1) 독일형법 각칙 제12절의 개인의 출생지위와 혼인 및 가정에 대한 죄에서는 제169조: 신분위조죄, 제170조: 부양의무위반죄, 제171조: 미성년자 보호 · 양육의무위반죄, 제172조: 중혼죄, 제173조: 근친상간죄를 규정하고 있다.

2) 헌재 2015.4.30., 2013헌마873.

행법의 해석에서 적절하다고 생각된다. 음행매개죄는 법익의 보호정도에 따라 침해범으로 해석된다.

음란물죄와 공연음란죄의 보호법익은 건전한 성풍속으로 해석된다. 즉 일반인의 성적 수치심을 일으키는 행위로서 건전한 성풍속이나 성윤리를 위태롭게 하는 추상적 위험범에 해당한다.

2. 음행매개죄

2-1. 의 의

본죄는 영리의 목적으로 사람을 매개하여 간음하게 함으로써 성립하는 범죄이다. 본죄의 주된 보호법익은 선량한 성풍속이고, 피음행매개자의 성적 자유가 부차적인 보호법익이 된다. 법익보호의 정도에 따라 본죄는 침해범으로 해석된다.

음행매개행위는 성매매알선 등 행위의 처벌에 관한 법률(성매매처벌법)[3] 제18조 이하에서 세분하여 자세

---

3) 성매매처벌법 중 음행매개와 관련된 벌칙규정은 다음과 같다.

제18조(벌칙) ① 다음 각 호의 어느 하나에 해당하는 사람은 10년 이하의 징역 또는 1억원 이하의 벌금에 처한다. 1.폭행이나 협박으로 성을 파는 행위를 하게 한 사람; 2.위계 또는 이에 준하는 방법으로 성을 파는 사람을 곤경에 빠뜨려 성을 파는 행위를 하게 한 사람; 3.친족관계, 고용관계, 그 밖의 관계로 인하여 다른 사람을 보호 · 감독하는 것을 이용하여 성을 파는 행위를 하게 한 사람; 4.위계 또는 위력으로 성교행위 등 음란한 내용을 표현하는 영상물 등을 촬영한 사람. ② 다음 각 호의 어느 하나에 해당하는 사람은 1년 이상의 유기징역에 처한다. 1.제1항의 죄(미수범을 포함한다)를 범하고 그 대가의 전부 또는 일부를 받거나 이를 요구 · 약속한 사람; 2.위계 또는 위력으로 청소년, 사물을 변별하거나 의사를 결정할 능력이 없거나 미약한 사람 또는 대통령령으로 정하는 중대한 장애가 있는 사람으로 하여금 성을 파는 행위를 하게 한 사람; 3.「폭력행위 등 처벌에 관한 법률」 제4조에 규정된 단체나 집단의 「구성원으로서 제1항의 죄를 범한 사람. ③ 다음 각 호의 어느 하나에 해당하는 사람은 3년 이상의 유기징역에 처한다. 1.다른 사람을 감금하거나 단체 또는 다중(다중)의 위력을 보이는 방법으로 성매매를 강요한 사람; 2.성을 파는 행위를 하였거나 할 사람을 고용 · 관리하는 것을 이용하여 위계 또는 위력으로 낙태하게 하거나 불임시술을 받게 한 사람; 3.삭제 〈2013.4.5.〉; 4.「폭력행위 등 처벌에 관한 법률」 제4조에 규정된 단체나 집단의 구성원으로서 제2항제1호 또는 제2호의 죄를 범한 사람. ④ 다음 각 호의 어느 하나에 해당하는 사람은 5년 이상의 유기징역에 처한다. 1.업무관계, 고용관계, 그 밖의 관계로 인하여 보호 또는 감독을 받는 사람에게 마약 등을 사용하여 성을 파는 행위를 하게 한 사람; 2.「폭력행위 등 처벌에 관한 법률」 제4조에 규정된 단체나 집단의 구성원으로서 제3항제1호부터 제3호까지의 죄를 범한 사람.

제19조(벌칙) ① 다음 각 호의 어느 하나에 해당하는 사람은 3년 이하의 징역 또는 3천만원 이하의 벌금에 처한다. 1.성매매알선 등 행위를 한 사람; 2.성을 파는 행위를 할 사람을 모집한 사람; 3.성을 파는 행위를 하도록 직업을 소개 · 알선한 사람. ② 다음 각 호의 어느 하나에 해당하는 사람은 7년 이하의 징역 또는 7천만원 이하의 벌금에 처한다. 1.영업으로 성매매알선 등 행위를 한 사람; 2.성을 파는 행위를 할 사람을 모집하고 그 대가를 지급받은 사람; 3.성을 파는 행위를 하도록 직업을 소개 · 알선하고 그 대가를 지급받은 사람.

제20조(벌칙) ① 다음 각 호의 어느 하나에 해당하는 사람은 3년 이하의 징역 또는 3천만원 이하의 벌금에 처한다. 1.성을 파는 행위 또는 「형법」 제245조에 따른 음란행위 등을 하도록 직업을 소개 · 알선할 목적으로 광고(각종 간행물, 유인물, 전화, 인터넷, 그 밖의 매체를 통한 행위를 포함한다. 이하 같다)를 한 사람; 2.성매매 또는 성매매알선 등 행위가 행하여지는 업소에 대한 광고를 한 사람; 3.성을 사는 행위를 권유하거나 유인하는 광고를 한 사람. ② 영업으로 제1항에 따른 광고물을 제작 · 공급하거나 광고를 게재한 사람은 2년 이하의 징역 또는 1천만원 이하의 벌금에 처한다. ③ 영업으로 제1항에 따른 광고물이나 광고가 게재된 출판물을 배포한 사람은 1년 이하의 징역 또는 500만원 이하의 벌금에 처한다.

제21조(벌칙) ① 성매매를 한 사람은 1년 이하의 징역이나 300만원 이하의 벌금 · 구류 또는 과료(과료)에 처한다. ② 제7조제3항을 위반한 사람은 500만원 이하의 벌금에 처한다.

제22조(범죄단체의 가중처벌) 제18조 또는 제19조에 규정된 범죄를 목적으로 단체 또는 집단을 구성하거나 그러한 단체 또는 집단에 가입한 사람은 「폭력행위 등 처벌에 관한 법률」 제4조의 예에 따라 처벌한다.

하게 규정하고 있다. 또한 청소년성보호법[4)]은 13조 이하에서 아동 · 청소년에 대한 음행매개행위를 세분하여 자세하게 규정하고 있다. 성매매처벌법 및 청소년성보호법이 적용되는 한도에서 본죄의 적용은 배제된다. 따라서 본죄의 적용범위는 매우 협소하다.

> 폭행이나 협박으로 또는 위계나 위력 등으로 음행을 매개하는 경우와 성적 자유를 침해하는 범죄인 강간과 추행의 죄를 비교하면 본죄의 법정형이 너무 경하다는 것을 알 수 있다. 따라서 입법론적으로는 순수하게 성풍속을 보호법익으로 하는 '음행매개죄'와 성적 자유를 보호법익으로 하는 '위계나 위력에 의한 음행매개죄'를 구별하여 규정하고, 위계나 위력에 의한 음행매개죄를 중하게 처벌할 필요가 있다. 물론 청소년성보호법과 성매매처벌법에서는 더 세분된 규정을 가지고 있다.

2-2. 구성요건

2-2-1. 행위주체

본죄는 신분범이 아니므로 행위주체에 제한이 없다. 다만 보호감독의 지위를 이용하여 윤락행위를 하게 한 때에는 성매매처벌법 제18조 제1항 제3호, 동조 제4항 제1호에 의하여 중한 처벌을 받게 된다. 또한 업무 · 고용 기타의 관계로 인하여 자신의 보호 또는 감독을 받는 것을 이용하여 청소

제23조(미수범) 제18조부터 제20조까지에 규정된 죄의 미수범은 처벌한다.

4) 청소년성보호법의 규정 중 음행매개와 관련된 벌칙조항은 다음과 같다.

제13조(아동 · 청소년의 성을 사는 행위 등) ① 아동 · 청소년의 성을 사는 행위를 한 자는 1년 이상 10년 이하의 징역 또는 2천만원 이상 5천만원 이하의 벌금에 처한다. ② 아동 · 청소년의 성을 사기 위하여 아동 · 청소년을 유인하거나 성을 팔도록 권유한 자는 1년 이하의 징역 또는 1천만원 이하의 벌금에 처한다.

제14조(아동 · 청소년에 대한 강요행위 등) ① 다음 각 호의 어느 하나에 해당하는 자는 5년 이상의 유기징역에 처한다. 1.폭행이나 협박으로 아동 · 청소년으로 하여금 아동 · 청소년의 성을 사는 행위의 상대방이 되게 한 자; 2.선불금(선불금), 그 밖의 채무를 이용하는 등의 방법으로 아동 · 청소년을 곤경에 빠뜨리거나 위계 또는 위력으로 아동 · 청소년으로 하여금 아동 · 청소년의 성을 사는 행위의 상대방이 되게 한 자; 3.업무 · 고용이나 그 밖의 관계로 자신의 보호 또는 감독을 받는 것을 이용하여 아동 · 청소년으로 하여금 아동 · 청소년의 성을 사는 행위의 상대방이 되게 한 자; 4.영업으로 아동 · 청소년을 아동 · 청소년의 성을 사는 행위의 상대방이 되도록 유인 · 권유한 자. ② 제1항제1호부터 제3호까지의 죄를 범한 자가 그 대가의 전부 또는 일부를 받거나 이를 요구 또는 약속한 때에는 7년 이상의 유기징역에 처한다. ③ 아동 · 청소년의 성을 사는 행위의 상대방이 되도록 유인 · 권유한 자는 7년 이하의 징역 또는 5천만원 이하의 벌금에 처한다. ④ 제1항과 제2항의 미수범은 처벌한다.

제15조(알선영업행위 등) ① 다음 각 호의 어느 하나에 해당하는 자는 7년 이상의 유기징역에 처한다. 1.아동 · 청소년의 성을 사는 행위의 장소를 제공하는 행위를 업으로 하는 자; 2.아동 · 청소년의 성을 사는 행위를 알선하거나 정보통신망에서 알선정보를 제공하는 행위를 업으로 하는 자; 3.제1호 또는 제2호의 범죄에 사용되는 사실을 알면서 자금 · 토지 또는 건물을 제공한 자; 4.영업으로 아동 · 청소년의 성을 사는 행위의 장소를 제공 · 알선하는 업소에 아동 · 청소년을 고용하도록 한 자. ② 다음 각 호의 어느 하나에 해당하는 자는 7년 이하의 징역 또는 5천만원 이하의 벌금에 처한다. 1.영업으로 아동 · 청소년의 성을 사는 행위를 하도록 유인 · 권유 또는 강요한 자; 2.아동 · 청소년의 성을 사는 행위의 장소를 제공한 자; 3.아동 · 청소년의 성을 사는 행위를 알선하거나 정보통신망에서 알선정보를 제공한 자; 4.영업으로 제2호 또는 제3호의 행위를 약속한 자. ③ 아동 · 청소년의 성을 사는 행위를 하도록 유인 · 권유 또는 강요한 자는 5년 이하의 징역 또는 3천만원 이하의 벌금에 처한다.

년으로 하여금 청소년의 성을 사는 행위의 상대방이 되게 한 경우는 아동 · 청소년의 성보호에 관한 법률 제14조 제1항 제3호에 의하여 가중 처벌된다.

2-2-2. 행위객체

본죄의 행위객체는 사람이다. 다만 행위객체가 19세에 도달하는 해의 1월 1일을 맞이한 자를 제외한 19세 미만의 청소년인 경우에는 청소년성보호법이 적용된다.

2-2-3. 행 위

본죄의 행위는 사람을 매개하여 간음케 하는 것이다. 매개란 자신을 제외한 남녀가 간음에 이르도록 알선하는 것이다. 자신이 이성과 간음하기 위한 수단 · 방법은 매개행위에 해당하지 않는다. 따라서 스스로 간음하는 자는 본죄의 구성요건적 행위를 하는 것이 불가능하므로 본죄의 주체가 될 수 없다. 상대방이 간음의 의사가 있는지 또는 간음에 자진하여 동의했는지 여부는 문제가 되지 않는다.

본죄는 매개에 의하여 간음에 이르러야 한다. 간음이란 상대방의 의사에 반하지 아니하는 성교를 말한다. 폭행 · 협박에 의한 강제적 간음은 강간에 해당한다. 또한 부부 사이의 성관계도 간음에 해당하지 않는다. 간음에 이르지 아니한 경우는 본죄가 성립하지 않는다. 본죄는 미수범을 처벌하지 않기 때문이다.

2-2-4. 주관적 구성요건

본죄는 주관적 구성요건으로 고의 외에 '영리의 목적'을 요하는 목적범이다. 영리의 목적은 재산적 이익을 취득할 목적을 말한다. 영리의 목적으로 사람을매개하여 간음에 이르게 함으로써 충분하며, 목적의 달성 여부는 본죄의 성립에 영향을 주지 못한다.

2-3. 정범과 공범

본죄는 범인과 범인의 매개에 의하여 간음에 이르는 당사자의 존재를 요하는, 그러나 매개자 일방만 처벌하는 필요적 공범이라고 할 수 있다. 따라서 본죄의 내부관계에서 총칙상의 공범규정은 적용되지 않는다. 간음의 당사자들이 매개자를 교사 · 방조하여 간음에 이른 경우에도 본죄의 교사 · 방조죄가 성립하지 않는다. 그러나 본죄의 외부관계에서는 공범의 성립이 가능하다.

3. 음란물죄

3-1. 음화 등 반포 · 판매 · 임대 · 공연전시죄

3-1-1. 의 의

본죄는 음란한 문서 · 도화 · 필름 기타 물건을 반포 · 판매 또는 임대하거나 공연히 전시 또는 상영함으로써 성립하는 범죄이다. 본죄는 공공의 성적 수치심을 일으키는 행위로서 건전한 성풍속이나 성윤리를 위태롭게 하는 추상적 위험범에 해당한다. 19세 미만의 아동 · 청소년을 이용한 음란물의 제작이나 아동 · 청소년이용 음란물의 배포 등의 행위에 대해서는 청소년성보호법이 적용된다.[5]

3-1-2. 행위객체

본죄의 행위객체는 음란한 문서 · 도화 · 필름 기타 물건이다.

3-1-2-1. 문서 · 도화 · 필름 기타 물건

문서 · 도화는 시각적으로 인식할 수 있는 문자나 부호 또는 그림으로 일정한 사실을 표현한 물건을 말하며, 증명기능이나 보장기능을 필요로 하지 않는다는 점에서 문서에 관한 죄에서의 그것과 구별된다. 서적 · 만화 · 그림 · 사진 등이 여기에 해당한다. 또한 시각적으로 인식할 수 있는 문자나 부호 또는 그림으로 일정한 사실을 표현한 인터넷 사이트 등에의 게시물도 여기서의 문서 · 도화에 해당한다고 보아야 한다.

필름은 시각적 · 청각적 인식이 가능한 영상필름 · 비디오테이프 · 녹음테이프 등을 말한다. 필름과 동일하게 재생이 가능한 물건이라도 LP · CD · DVD나 컴퓨터 하드디스크 등은 필름에 해당하지 않으며, 기타 물건에 해당한다고 보아야 한다.

기타 물건은 음란한 조각품이나 모조형상 등을 말한다. 또한 음란물을 수록할 수 있는 LP · CD · DVD나 컴퓨터 하드디스크[6] 등도 기타 물건에 해당한다. 그러나 시각적 · 청각적으로 인

---

5) 청소년의 성보호에 관한 법률 중 음란물 제작 · 배포와 관련된 규정은 다음과 같다.

제11조(아동 · 청소년이용음란물의 제작 · 배포 등) ①아동 · 청소년이용음란물을 제작 · 수입 또는 수출한 자는 무기징역 또는 5년 이상의 유기징역에 처한다. ②영리를 목적으로 아동 · 청소년이용음란물을 판매 · 대여 · 배포 · 제공하거나 이를 목적으로 소지 · 운반하거나 공연히 전시 또는 상영한 자는 10년 이하의 징역에 처한다. ③아동 · 청소년이용음란물을 배포 · 제공하거나 공연히 전시 또는 상영한 자는 7년 이하의 징역 또는 5천만원 이하의 벌금에 처한다. ④아동 · 청소년이용음란물을 제작할 것이라는 정황을 알면서 아동 · 청소년을 아동 · 청소년이용음란물의 제작자에게 알선한 자는 3년 이상의 징역에 처한다. ⑤아동 · 청소년이용음란물임을 알면서 이를 소지한 자는 1년 이하의 징역 또는 2천만원 이하의 벌금에 처한다. ⑥제1항의 미수범은 처벌한다.

제12조(아동 · 청소년 매매행위) ①아동 · 청소년의 성을 사는 행위 또는 아동 · 청소년이용음란물을 제작하는 행위의 대상이 될 것을 알면서 아동 · 청소년을 매매 또는 국외에 이송하거나 국외에 거주하는 아동 · 청소년을 국내에 이송한 자는 무기징역 또는 5년 이상의 징역에 처한다. ②제1항의 미수범은 처벌한다.

6) 대법원 2005.7.28., 2005도3442.

식이 가능할지라도 물건이 아닌 경우는 본죄의 객체에 해당하지 않는다. 예컨대 음란전화서비스나 음란컴퓨터파일[7] 등의 경우가 그러하다. 이와 같이 새로운 매체에 의한 음란물 반포에 대하여는 '정보통신망 이용촉진 및 정보보호 등에 관한 법률(정보통신망법)' 제74조와 '성폭력처벌법' 제13조에서 처벌규정을 두고 있다.

사람의 인체는 본죄의 기타 물건에 해당하지 않는다. 따라서 사람에 의한 공연 등은 본죄가 아니라 제245조의 공연음란죄가 성립할 수 있을 뿐이다.

3-1-2-2. 음란성

문서 · 도화 · 필름 기타 물건은 음란한 것이어야 한다. 음란성은 일반인의 성적 수치심과 윤리감정을 현저히 침해하는 데에 객관적으로 적합한 것을 말한다.[8] 또한 음란성은 규범적 법률개념으로서 시대와 환경에 의한 사회 일반인의 의식을 전제로 판단되어야 한다.

판례[9]에 의하면 "음란성의 존부는 작성자의 주관적 의도가 아니라 객관적으로 물건 자체에 의하여 판단되어야 한다"고 한다. 그러나 음란성은 상대적 개념으로 이해되어야 한다. 즉 당해 물건이 가지고 있는 객관적인 내용, 제조자 등의 의도, 반포 등의 방법이나 구매자의 상황(인적 구성, 연령, 성향) 등을 고려하여 상대적으로 음란성이 판단되어야 한다. 이를 소위 상대적 음란개념이라 한다. 예컨대 음란성이 부정된 예술작품이나 과학적 논문 또는 언론사에 의한 사실보도 등도 다른 방법으로 공개되는 때에는 음란성이 인정될 수 있다.

예술작품이나 학술문헌 또는 언론의 보도 등의 경우라도 물건의 객관적 내용이나 독자의 상황에 의하여 음란성이 인정될 수 있다. 또한 이러한 경우에도 학문과 예술의 자유(헌법 제22조) 또는 언론과 출판의 자유(헌법 제21조)의 범위에서 음란물의 반포 등이 허용될 수 있다. 범죄론의 체계에서 이러한 경우는 법률에 의한 위법성조각사유가 존재하는 경우에 해당한다. 그러나 상대적 음란성 개념에 의하여 음란성 여부를 판단함에 있어서 인위적으로 위법성조각사유에 해당하는 요소만을 제외하고 판단한다는 것은 불가능하다. 따라서 상대적 음란성 개념은 위법성조각사유에 해당하는 요소들도 함께 포괄하여 고려함으로써 음란성 여부를 판단해야 한다.

3-1-3. 행 위

본죄의 행위는 반포 · 판매 · 임대하거나 공연히 전시 또는 상영하는 것이다. 반포는 불특정 또는

7) 대법원 1999.2.24., 98도3140.

8) 대법원 2002.8.23., 2002도2889; 대법원 2005.7.22., 2003도2911; 대법원 2006.4.28., 2003도4128; 대법원 2011.9.8., 2010도10171; 대법원 2012.10.25., 2011도16580; 대법원 2014.5.29., 2013도15643; 대법원 2016.3.10., 2015도17847; 대법원 2017.10.26., 2012도13352; 대법원 2018.2.8., 2016도17733.

9) 대법원 2004.3.12., 2003도6514; 대법원 2005.7.22., 2003도2911; 대법원 2006.4.28., 2003도4128; 대법원 2008.6.12., 2006도4067; 대법원 2012.10.25., 2011도16580; 대법원 2014.6.12., 2013도6345; 대법원 2015.2.26., 2014도17294; 대법원 2017.10.26., 2012도13352; 대법원 2018.2.8., 2016도17733.

다수인에게 교부하는 것이다. 교부는 반드시 소유권 이전의사를 요하지 아니한다. 따라서 반환을 전제로 한 교부도 본죄의 반포에 해당한다. 본죄의 구성요건적 행위인 판매가 유상으로 교부하는 것이므로, 여기서의 반포는 무상으로 교부하는 경우에 한정된다.

본죄의 반포는 현실적으로 교부됨을 요한다는 것이 일반적인 학설의 입장이다(통설). 따라서 단순한 우송만으로는 족하지 않고 현실적으로 인도되어야 한다고 한다. 그러나 본죄는 음란물 등을 불특정 또는 다수인에게 전달하는 행위(반포행위)를 함으로써 완성되는 추상적 위험범으로 해석된다. 불특정 또는 다수인이 음란물 등을 받았는지 또는 음란물임을 인식했는지 여부는 본죄의 성립에 영향을 주지 않는다. 따라서 불특정 또는 다수인에게 교부될 것을 인식하고 특정인에게 교부하는 행위도 본죄의 반포에 해당한다(통설). 음란물 등을 컴퓨터 통신망에 올리는 행위도 본죄의 반포로서 충분하며, 반드시 타인이 이를 내려 받아야 할 것을 요하지 아니한다. 통설의 입장에서 "타인이 이를 내려 받을 때 본죄가 성립한다"고 해석하는 견해[10]가 있으나, 타당하다고 할 수 없다. 행위자가 자신의 범죄행위를 모두 실행했음에도 추상적 위험범인 본죄의 완성을 인정하지 못하는 것은 부당하기 때문이다. 추상적 위험범은 법률이 일정한 법익에 대하여 위험하다고 판단되는 특정한 구성요건적 행위 자체를 금지하는 것이므로 범죄의 완성은 원칙적으로 행위자의 행위를 중심으로 판단해야 한다. 따라서 행위자의 행위(교부)가 아니라 상대방의 상황(인도 받음)으로 본죄의 기수시점을 판단하는 통설의 견해는 타당하다고 할 수 없다.

판매는 유상으로 양도하는 행위이다. 매매나 교환 뿐 아니라 대가관계가 인정되는 교부는 모두 판매에 포함된다. 여기서의 판매도 반포에서와 동일하게 유상양도에 의한 교부행위로 족하며, 반드시 상대방이 현실적으로 인도 받을 것을 요하지 않는다고 해석하여야 한다.[11] 따라서 매매계약에 따라 음란물 등을 우송함으로써 충분하며, 상대방이 이를 현실적으로 수령했는지 또는 매매대금을 지불했는지 여부는 문제가 되지 않는다.

판매는 유상양도를 의미하므로, 특정인에 대한 1회의 유상양도도 본죄의 판매에 해당한다.[12] 본죄의 판매를 '불특정 · 다수인에 대한 유상양도'[13] 또는 '계속 · 반복의사에 의한 불특정 · 다수인에 대한 유상양도'[14]라고 이해하는 견해가 있으나, 판매에 이러한 사족을 붙일 이유는 없다. 임대는 유상의 대여를 말하며, 그 밖의 내용은 판매와 동일하다.

공연전시는 불특정 또는 다수인이 동시에 또는 순차적으로 관람할 수 있는 상태에 두는 것을 말한다. 유상 · 무상은 불문한다. 전람회에 진열하는 것은 물론 녹음테이프의 재생[15] 도 전시에 해당

10) 김일수, 한국형법 Ⅳ, 391면.

11) '반포'에서와 동일하게 통설은 이에 반대한다.

12) 동지, 김일수/서보학, 509면; 동취지, 권오걸, 930면; 김성돈, 685면.

13) 김성천/김형준, 742면; 박상기, 583면; 배종대, 564면; 오영근, 612면; 이영란, 697면; 임웅, 818면; 정성근/박광민, 747면; 진계호/이존걸, 587면.

14) 이재상/장영민/강동범, 644면; 이형국, 685면; 정영일, 379면.

15) 이영란, 689면; 이재상/장영민/강동범, 644면; 임웅, 818면; 정성근/박광민, 747면; 정영일, 379면; 진계호/이존걸, 587면.

한다고 볼 수 있다. 상영은 필름이나 비디오테이프 등 영상자료를 화면에 비추어 공개하는 것을 말한다. 상영은 공연전시의 한 방법에 해당한다. 특정의 소수인만 관람할 수 있는 전시 또는 상영은 본죄에 해당하지 않는다. 유선방송이나 무선방송에 의한 음란영상방송도 본죄에 해당한다고 해석된다. 방송목적으로 제작한 음란한 필름을 유선이나 무선의 전송형식으로 상영한 것이기 때문이다.

> 사진과 같은 일반 음란물의 경우에는 불특정 또는 다수인이 열람할 수 있도록 사진 등을 걸어 놓는 것이 공연전시에 해당하고, 사진 등을 불특정 또는 다수인이 직접 가져갈 수 있도록 제공하는 것은 반포에 해당한다. 인터넷공간에서도 이와 유사하게 특정 카페를 개설하여 사진 등을 게시하는 것은 의문의 여지없이 공연전시에 해당한다.[16] 그러나 음란사이트에 링크를 걸어놓는 것은 엄격한 의미에서 공연전시라기 보다는 반포에 해당한다. 다만 판례[17]는 음란사이트에 링크를 걸어놓는 것도 공연전시에 해당한다고 판시하였으며, 일반적인 학설의 입장도 동일하다(통설).

3-1-4. 필요적 공범

본죄는 음란물 등을 반포 · 판매 · 임대하는 자 또는 공연히 전시하거나 상영하는 자만을 처벌하며, 그 상대방은 처벌하지 않는 필요적 공범이라고 할 수 있다. 따라서 본죄의 내부관계에서는 총칙상의 공범규정이 적용되지 아니한다. 예컨대 자신이 음란물 등을 구입하기 위하여 판매자를 교사한 경우에도 본죄의 교사죄가 성립하지 않는다. 다만 범인과 자신 사이의 관계만이 본죄의 내부관계이며, 자신을 제외한 범인과 다른 상대방의 관계는 외부관계에 불과하다. 예컨대 범인을 교사하여 자신과 자신의 친구들이 범인으로부터 음란물 등을 구입한 경우에 범인을 교사한 자에게는 자신에게 판매한 행위를 제외하고 자신의 친구들에게 판매한 행위에 대하여 본죄의 교사범이 성립하게 된다.[18] 또한 관람자의 1인이 함께 관람할 사람을 모집하여 범인으로 하여금 음란물 등을 공연히 전시 · 상영하게 한 경우에는 항상 본죄의 방조범 내지 교사범이 성립하게 된다. 공연전시나 상영을 교사 · 방조하는 경우에는 관람자 1인을 제외한 불특정 · 다수인에 대한 외부관계에서의 범죄가담이 인정되기 때문이다.

---

16) 대법원 2009.5.14., 2008도10914: "집단 성행위(일명 '스와핑') 목적의 카페를 개설, 운영하면서 남녀 회원을 모집한 후 특별모임을 빙자하여 집단으로 성행위를 하고 그 촬영물이나 사진 등을 카페에 게시함으로써 정보통신망을 통하여 음란한 화상 등의 공연히 전시에 해당한다."

17) 대법원 2003.7.8., 2001도1335: "불특정 · 다수인이 링크를 이용하여 별다른 제한 없이 음란한 부호 등에 바로 접할 수 있는 상태가 실제로 조성되었다면, 그러한 행위는 전체로 보아 음란한 부호 등을 공연히 전시한다는 구성요건을 충족한다."; 대법원 2008.2.1., 2007도8286: "PC방 운영자가 자신의 PC방 컴퓨터의 바탕화면 중앙에 음란한 영상을 전문적으로 제공하는 웹사이트로 연결되는 바로가기 아이콘을 설치하고 접속에 필요한 성인인증까지 미리 받아둠으로써, PC방을 이용하는 불특정 · 다수인이 아무런 제한 없이 위 웹사이트의 음란한 영상을 접할 수 있는 상태를 조성한 경우, 음란한 영상을 공연히 전시한다는 구성요건을 충족한다."

18) 필요적 공범에서도 외부관계에서는 총칙상 공범규정의 적용은 얼마든지 가능하다.

3-2. 음화 등 제조 · 소지 · 수입 · 수출죄

본죄는 반포 · 판매 · 임대 · 공연전시 · 공연상영할 목적으로 음란한 물건을 제조 · 소지 · 수입 · 수출함으로써 성립하는 범죄이다. 본죄는 음화 등 반포 · 판매 · 임대 · 공연전시죄의 예비행위를 독립된 구성요건으로 규정한 것이다. 본죄는 주관적 구성요건으로서 고의 외에 반포 · 판매 · 임대 · 공연전시 · 공연상영할 목적을 요하는 목적범이다.

4. 공연음란죄

본죄는 공연히 음란한 행위를 함으로써 성립하는 범죄이다. 본죄는 음란물죄와 함께 공공의 성적 수치심을 일으키는 행위로서 건전한 성풍속이나 성윤리를 위태롭게 하는 추상적 위험범에 해당한다. 그러나 음란물죄가 음란물에 대한 죄임에 대하여, 본죄는 음란행위 자체에 의하여 성립하는 죄이다.

본죄의 '공연히'는 불특정 또는 다수인이 인식할 수 있는 상태를 의미한다. 반드시 불특정 또는 다수인이 음란행위를 인식하여야 하는 것은 아니며, 인식할 수 있는 상태로 충분하다. 음란행위란 성욕을 자극 또는 흥분케 하여 객관적으로 일반인의 성적 수치심과 성도덕을 침해하기에 적합한 행위를 말한다.[19] 본죄의 음란행위는 사람에 의한 거동을 의미하며, 단순한 언어는 포함되지 않는다고 해석된다. 따라서 음담패설은 음란행위에 포함되지 않는다.

본죄의 음란행위를 성행위로 제한하는 견해[20]가 있다. 또는 본죄의 음란행위를 '공중에게 심한 성적 불쾌감을 주는 것'으로 해석함으로써 성기 또는 나체의 단순한 노출을 본죄의 음란행위에서 제외하는 견해[21]가 있다. 성기 또는 나체의 단순한 노출행위는 경범죄처벌법 제3조 제1항 제33호의 과다노출[22]에 해당한다는 것이다. 그러나 우리의 성에 대한 일반적인 의식은 아직 공연한 성기등의 노출행위를 음란개념에서 제외시킬 수 없다.[23] 따라서 공연히 성기를 노출시키는 행위가 공연음란죄에서 제외되어야 할 이유는 없다.[24] 다만 형법의 음란성 개념에 대한 해석에서 보충성의 원리에

19) 대법원 2002.8.23., 2002도2889; 대법원 2005.7.22., 2003도2911; 대법원 2006.4.28., 2003도4128; 대법원 2011.9.8., 2010도10171; 대법원 2012.10.25., 2011도16580; 대법원 2014.5.29., 2013도15643; 대법원 2016.3.10., 2015도17847; 대법원 2017.10.26., 2012도13352; 대법원 2018.2.8., 2016도17733.

20) 김일수/서보학, 512면; 박상기, 585면; 배종대, 565면 이하; 이재상/장영민/강동범, 646면.

21) 권오걸, 933면; 오영근, 615면; 임웅, 821면 이하; 정성근/박광민, 750면; 진계호/이존걸, 590면.

22) 대법원 2004.3.12., 2003도6514: "일반 보통인의 성욕을 자극하여 성적 흥분을 유발하고 정상적인 성적 수치심을 해하는 것이 아니라 단순히 다른 사람에게 부끄러운 느낌이나 불쾌감을 주는 정도에 불과하다고 인정되는 … 말다툼을 한 후 항의의 표시로 엉덩이를 노출시킨 행위는 경범죄처벌법 제1조 제41호에 해당할지언정, 형법 제245조의 음란행위에 해당한다고 할 수 없다."

23) 동지, 이형국, 688면; 정영일, 381면.

24) 대법원 2000.12.22., 2000도4372: "고속도로에서 승용차를 손괴하거나 타인에게 상해를 가하는 등의 행패를 부리던 자

의하여 가벌적인 음란성을 분리하는 것은 어려운 문제이다. 또한 현대의 급격한 인식변화는 시대와 환경에 따라 결정되어야 하는 음란개념의 포착을 더욱 곤란하게 만들고 있다.

일반적으로 음란행위를 그 자체로 처벌의 대상으로 하지 않는 법체계에서도, 원치 않는 타인에게 부담(Belastigung)을 주는 음란행위는 처벌의 대상으로 하고 있다. 예컨대 독일형법 제183조는 남성의 노출행위(Exhibitionistische Handlungen)를 1년 이하의 징역이나 벌금형으로 처벌하며, 이를 친고죄로 규정하고 있다.

제2절 도박과 복표에 관한 죄

1. 도박과 복표에 관한 죄 일반론

1-1. 의 의

도박과 복표에 관한 죄는 도박하거나 도박장소 · 공간을 개설하거나 복표를 발매 · 중개 또는 취득하는 것을 내용으로 하는 범죄이다. 도박이란 우연에 의하여 재물이나 재산상 이익의 득실을 다투는 것이며, 복표도 넓은 의미의 도박이라고 할 수 있다. 도박과 복표에 관한 죄의 보호법익은 건전한 경제활동의 기초가 되는 국민의 근로관념과 공공의 경제도덕이라고 할 수 있다.[25]

독일형법은 제25장 가벌적 사욕죄(Strafbare Eigennutz)에서 도박에 관한 죄를 규정하고 있으며, 독일 다수설[26]은 도박에 관한 죄의 목적을 '국가적 규제 밖에 있는 도박게임의 부정적 결과로부터 일반을 보호하려는 것'으로 이해한다. 이러한 관점에서 도박에 관한 죄에서는 '공연한 도박장 개설죄'가 기본적 구성요건이 된다.

도박에 관한 죄에서 근로의식에 대한 위태화의 가장 기본적인 형태라면 불특정 다수가 참여할 수 있는 도박장을 개설하는 행위이다. 따라서 공연한 도박장을 개설하는 행위에 대해서

가 이를 제지하려는 경찰관에 대항하여 공중 앞에서 알몸이 되어 성기를 노출한 경우, 음란한 행위에 해당한다."; 대법원 2006.01.13., 2005도1264.

25) 대법원 1983.3.22., 82도2151: "도박죄를 처벌하는 이유는 정당한 근로에 의하지 아니한 재물의 취득을 처벌함으로써 경제에 관한 건전한 도덕법칙을 보호하기 위한 것이다."; 대법원 1984.7. 10., 84도1043: "도박죄는 사행심에 의한 행위자의 재산일실위험을 제거하려는 한편 건전한 국민의 근로관념과 사회의 미풍양속을 보호하려 함에 그 뜻이 있다."; 대법원 2004.4.9., 2003도6351.

26) Vgl. Bubnoff, LK StGB, Vorbem. § 284 Rdnr. 7 mwN.; Lackner/Kühl, StGB, § 284 Rdnr. 1; Tröndle/Fischer, StGB, § 284 Rdnr. 1.

는 형벌의 부과가 가능하며, 이러한 법적 금지의 실효성을 확보하기 위해서 공연한 불법 도박장 개설에 참가하는 행위도 법적 규제의 대상이 될 수는 있다. 그러나 공연한 도박장 개설은 국가의 여러 목적에 의하여 허용되고 있으므로, 공연한 도박장 개설이 규제되는 한도는 국가의 허가를 받지 아니한 경우로 한정될 수밖에 없다. 이러한 점에서 공연한 불법 도박장 개설은 행정규제위반의 특성을 가지게 된다. 물론 이 경우에도 형벌의 부과는 가능하다. 다만 이에 단순히 참가하는 행위에 대해서 최후의 수단인 형벌을 부과하는 것은 부당하다. 따라서 입법론적으로는 공연한 불법 도박장 개설에 참가하는 행위, 즉 단순 도박행위를 실질적 의미의 범죄로 구성해서는 안 된다. 도박행위는 그 자체로 가벌성이 있는 것이 아니라, 행정규제의 실효성 확보를 위한 예외적인 처분의 대상에 불과해야하기 때문이다.

1-2. 구성요건의 체계

[도박과 복표에 관한 죄]

[도박에 관한 죄]

기본적 구성요건 – 도박죄: 제246조 제1항

가중적 구성요건 – 상습도박죄: 제246조 제2항

독립적 구성요건 – 도박장소 등 개설죄: 제247조

[복표에 관한 죄]

기본적 구성요건: 복표발매죄: 제248조 제1항

독립적 구성요건: 복표발매중개죄: 제248조 제2항; 복표취득죄: 제248조 제3항

벌금의 병과: 제249조 (제246조 제2항, 제247조와 제248조 제1항에 대하여)

도박과 복표에 관한 죄는 도박에 관한 죄와 복표에 관한 죄로 구별된다. 도박에 관한 죄에서의 기본적 구성요건은 제246조 제1항의 도박죄이며, 동조 제2항의 상습도박죄는 행위자의 습벽에 의하여 책임이 가중되는 가중적 구성요건이다. 제247조의 도박장소등 개설죄는 영리를 목적으로 도박을 부추기고 방조하는 죄로서 도박죄와는 다른 독립적 구성요건[27)][28)]에 해당한다. 복표에 관한죄의 기본적 구성요건은 제248조 제1항의 복표발매죄이다.[29)] 동조 제2항의 복표발매중개죄는 복표발매죄의 방조행위에 해당하는 경우를 독립된 구성요건으로 규정한 것이며, 동조 제3항의 복표취득

27) 동지, 김성돈, 691면; 김일수/서보학, 514면; 박상기, 591면; 오영근, 616면; 임웅, 832면; 정영일, 385면; 조준현, 558면; 동취지, 배종대, 571면; 이형국, 697면.

28) 도박장소등 개설죄를 가중적 구성요건으로 해석하는 견해로는 손동권/김재윤, 717면; 이영란, 701면; 이재상/장영민/강동범, 648면; 정성근/박광민, 753면; 진계호/이존걸, 593면.

29) 복표발매죄의 경우는 본죄의 특별법인 '사행행위 등 규제 및 처벌특례법(사행행위규제법)'의 적용을 받는다.

죄는 복표발매행위의 필요적 공범을 독립적 구성요건으로 규정한 것이다.[30)]

제249조는 상습도박죄, 도박장소 등 개설죄, 복표발매죄의 경우에 1천만원 이하의 벌금을 병과할 수 있도록 규정하고 있다.

2. 도박죄

2-1. 구성요건

2-1-1. 구성요건 일반

본죄는 도박하는 것이다. 도박은 2인 이상의 사이에서 행하여지므로 본죄는 필요적 공범에 해당한다.

본죄의 도박이란 재물 또는 재산상 이익을 승자에게 줄 것을 약속하는 것이다. 도박에서 재산이 반드시 현장에 있을 필요도 없다. 구형법이 '재물로써 도박한 자'로 규정했던 것을 2013년 4월 5일의 개정형법에서 '도박한 사람'으로 변경함으로써 도박의 객체가 재물 외에 재산상 이익을 포함한다는 것을 분명히 하였다.

도박이란 재산을 걸고 우연에 의하여 재산의 득실을 결정하는 것이다. 우연이란 당사자가 확실하게 예견하거나 영향을 미칠 수 없는 사정을 말한다. 우연성은 당사자들의 주관적 관점에서 판단되는 것이며, 반드시 객관적으로 불확실할 것을 요하는 것은 아니다. 우연에 의한 재산의 득실은 법률적으로 허용되지 아니하는 이익이어야 한다. 따라서 보험계약은 도박에 해당하지 않는다.

행위자의 습벽에 의한 상습도박의 경우는 도박죄에 비하여 책임이 가중되는 가중적 구성요건에 해당한다(동조 제2항).

2-1-2. 도박과 경기

경기와 도박의 관계에 대하여는 학설의 다툼이 있다. 경기는 승패가 완전히 우연에 의하여 결정되는 것이 아니라, 주로 당사자의 신체적 · 정신적 능력이나 훈련경험의 축적에 의한 기능 · 기량 · 숙련도에 따라 결정되는 것을 말한다. 신체적 운동경기 뿐 아니라 정신적 운동경기인 장기 · 바둑 등도 여기에 해당한다.

경기의 도박성이 인정될 수 있는지에 관하여는 학설의 다툼이 있다. 긍정설[31)]은 당사자의 경기

30) 복표발매중개죄와 복표취득죄를 복표발매죄의 감경적 구성요건으로 해석하는 견해로는 김성돈, 691면; 김일수/서보학, 514면; 임웅, 824면; 정성근/박광민, 753면; 진계호/이존걸, 593면.

31) 김일수/서보학, 516면; 박상기, 588면; 오영근, 619면; 이형국, 694면; 임웅, 828면; 정성근/박광민, 756면; 진계호/이존걸, 596면.

력이 승패에 영향을 미치더라도 우연의 지배에서 완전히 벗어난 것이 아니라면 도박에 해당할 수 있다고 한다. 도박에서의 승패가 완전히 우연에 의해서 결정될 필요는 없다는 것이다. 이에 반하여 "우연을 당사자의 주관에 의하여 결정해야 한다면, 기능과 기술을 다하여 승패를 결정하려고 할 때의 승패를 우연이라고 할 수 없다"는 것을 이유로 경기의 도박성을 부정하는 견해[32]가 있다. 또한 사회통념에 따라 상당부분 또는 주로 우연이 지배하는 경우에는 도박이 될 수 있다는 견해[33]도 있다.

그러나 당사자 사이에 평균기량의 차이에 의한 핸디캡을 부여하고 당일의 컨디션에 승패를 건다면, 이는 당사자의 주관에 의하여도 충분히 우연성을 인정할 수 있게 된다. 또한 현실적으로도 내기골프[34]나 내기바둑의 도박성을 부정할 수 없다. 이에 반하여 전형적인 도박의 일종인 화투 · 마작 등도 객관적으로 당사자들의 정신적 집중력이나 기량에 의하여 승패가 결정될 수 있다. 따라서 승패의 우연성만을 기준으로 도박과 경기를 개념적으로 구별하는 것은 불가능하다고 해야 한다. 우연성이 배제된 경기도 존재할 수가 없으며, 기량이나 집중력이 배제된 도박도 존재할 수는 없기 때문이다. 이러한 점에서 긍정설의 입장이 타당하다고 해야 한다.

도박은 '승패의 우연성' 뿐 아니라 '승패에 따라 재산의 득실을 결정하는 것'을 그 개념요소로 한다.[35] 여기서의 재산은 물론 법률적으로 허용되지 아니하는 이익이어야 한다. 따라서 도박은 승패에 따라 결정해야 할 재산의 득실이 있고, 그 재산의 득실이 법률적으로 허용되지 아니하는 이익인 경우에 인정될 수 있다. 승패에 따라 법률적으로 허용되지 아니하는 재산의 득실이 결정된다면 아무리 건전한 경기나 게임이라도 도박에 해당하게 된다. 즉 도박이란 우연한 승패에 법률적으로 허용될 수 없는 재산을 거는 게임이며, 게임에는 당연히 경기도 포함된다.[36]

2-1-3. 사기도박과 편면적 도박

도박에서 승패의 우연성이 당사자 쌍방에게 존재할 것을 요하는지 문제된다. 승패의 우연성이 당사자 일방에게만 존재하는 소위 사기도박의 경우 사기 피해자에게 도박죄(편면적 도박)가 성립할 수 있는지에 관한 문제이다. 일반적으로 사기도박의 경우는 우연성을 완전히 배제한 사기행위도 있으며, 완전한 도박과 완전한 사기를 혼합하여 행하는 경우 또는 승률을 높이는 방법의 사기도 가능하다. 이 중에서 승률을 높이는 사기도박의 경우 피해자에게는 도박죄의 성립이, 기망자에게는 사기죄와 도박죄의 상상적 경합이 인정된다. 완전한 도박과 완전한 사기를 혼합하여 행하는 경우에 있어서도 완전한 사기행위를 제외한 완전한 도박에 관하여는 당사자 모두에게 도박죄가 성립함은 물론이다.

---

32) 배종대, 568면 이하; 손동권/김재윤, 718면; 이재상/장영민/강동범, 650면.

33) 권오걸, 939면; 김성돈, 693면; 김성천/김형준, 748면; 정영일, 383면.

34) 대법원 2008.10.23., 2006도736: "당사자의 능력이 승패의 결과에 영향을 미친다고 하더라도 다소라도 우연성의 사정에 의하여 영향을 받게 되는 때에는 도박죄가 성립할 수 있다. 피고인들이 각자 핸디캡을 정하고 홀마다 별도의 돈을 걸고 내기골프를 한 행위가 도박에 해당한다."

35) 경기는 승패에 따라 재산의 득실을 결정하지 않으며, 이러한 점에서 경기와 도박이 개념적으로 구별된다.

36) 동지, 박상기, 588면.

문제는 우연성을 완전히 배제시킨 사기행위의 경우이다. 이 경우 기망자에게 도박죄가 성립할 수 있는지, 만약 기망자에게 도박죄의 성립이 부정된다면 필요적 공범인 도박죄에서 편면적 도박죄의 성립이 가능한지 문제된다.

판례[37]는 사기도박의 경우 피해자에 대한 도박죄의 성립을 완전히 부정하며, 사기도박의 실행의 착수 후에 사기도박을 숨기기 위한 정상적인 도박도 사기죄의 실행행위에 포함되는 것으로 본다. 일반적인 학설의 입장에서도 편면적 도박죄의 성립을 부정하고 있다(통설). 도박은 계약 또는 합동행위일 뿐 아니라 사기도박의 경우는 도박에 있어서 필요한 우연성이 인정될 수 없다는 것을 이유로 한다. 이에 반하여 당사자 쌍방에 같은 정도의 우연성이 있어야 도박이 성립하는 것은 아니라는 입장에서 편면적 도박의 성립을 인정하는 견해[38]가 있다.

우연성을 완전히 배제시킨 사기행위의 경우 기망자는 재산의 득실을 우연한 승패에 걸고 있는 것이 아니므로 도박죄의 구성요건해당성을 결한다. 그러나 피기망자는 주관적으로 재산의 득실을 우연한 승패에 걸고 있으므로 일단 도박죄의 구성요건해당성이 배제될 수는 없다.[39] 이 때 재산의 득실이 객관적으로 필연이라는 사실은 본죄의 구성요건해당성에 전혀 영향을 주지 못한다고 해야 한다. 일반적인 도박에서도 승패가 객관적으로 필연적인 경우는 얼마든지 가능하기 때문이다. 따라서 이 경우 도박에서의 우연성을 부정하는 통설과 판례의 견해는 타당하다고 볼 수 없다.[40] 또한 동일한 형으로 처벌되는 대향범인 필요적 공범의 경우에도 고의 등의 범죄성립요건은 개별적으로 구비해야하므로 일방에게만 범죄가 성립하는 경우는 얼마든지 가능하다. 따라서 사기도박의 피해자에게도 도박죄의 성립은 인정되어야 한다. 이는 본죄의 보호목적의 관점에서 뿐 아니라, 본죄가 추상적 위험범이라는 관점에서도 그러하다. 도박죄는 재산의 득실이 우연한 승패에 의하여 결정된다는 고의로 행위함으로써 충분하며, 반드시 재산의 득실이 객관적으로 우연한 승패에 의하여 결정되어야 하는 것은 아니다. 이 때 기망자에게는 사기죄와 피해자의 도박행위에 대한 편면적 방조범의 성립이 인정되며, 사기죄와 도박방조죄는 상상적 경합이 된다.

편면적 도박죄는 사기도박의 경우 뿐 아니라 당사자의 일방이 뇌물공여 등의 목적으로 일부러 져주는 경우에도 가능하다. 이 경우 우연성을 배제한 당사자 일방은 타방 당사자의 도박죄에 대한 편면적 방조범이 성립하게 된다. 그러나 당사자 쌍방이 이러한 사실에 대한 인식이 있는 경우는 수뢰죄와 증뢰죄가 성립하며, 도박죄는 성립하지 않는다. 당사자 쌍방 누구에게도 승패의 우연성은 존재하지 않기 때문이다.

---

37) 대법원 2015.10.29., 2015도10948: "실행착수 후에 사기도박을 숨기기 위하여 정상적인 도박을 하였더라도 이는 사기죄의 실행행위에 포함된다."; 동지, 대법원 2011.1.13., 2010도9330.

38) 김일수, 한국형법 Ⅳ, 406면; 김일수/서보학, 516면.

39) 동지, 김일수/서보학, 516면.

40) 특히 도박 참여자가 다수이고, 기망자가 참여자 중 1인만을 피해자로 지목하여 도박하는 경우에 승패의 우연성을 배제시킬 수는 없을 것이다.

2-1-4. 기수시기

본죄는 추상적 위험범이며, 미수범을 벌하지 아니한다. 따라서 본죄가 기수에 이르지 아니하면 범죄가 성립하지 않는다. 이러한 본죄의 구조하에서 구성요건적 행위의 종료를 기다려 본죄의 성립(기수)을 인정한다면, 본죄는 법익보호과제를 수행할 수 없게 된다. 따라서 본죄는 우연한 승패에 재산을 거는 도박행위를 개시할 때, 즉 실행의 착수와 동시에 기수에 이른다고 해석하여야 한다. 승패가 결정되거나 현실로 재산의 득실이 있을 필요는 없다. 도박에 건 재산의 금액이 확정되었을 것을 요하지도 않는다. 예컨대 화투나 트럼프의 패를 돌리거나 도박바둑의 착점 뿐 아니라, 선번을 가리기 위한 행위만으로도 본죄는 성립한다.

2-2. 위법성조각사유

제246조 제1항 단서에서는 "단, 일시 오락정도에 불과한 때에는 예외로 한다"고 규정하고 있다. 즉 도박의 경우에도 그것이 일시적 오락에 불과한 때에는 예외적으로 허용한다는 의미이다. 따라서 일시적 오락은 본죄의 위법성조각사유가 된다(통설). 판례[41]도 동일한 입장이라고 할 수 있다.

> 일시오락을 사회적 상당성의 관점 내지 객관적 귀속[42]의 관점에서 도박죄의 행위반가치가 배제되는 구성요건해당성 배제사유로 보는 견해[43]가 있다. 특히 이 견해는 "일시오락이 도박죄의 특별한 위법성조각사유라면 도박죄 외에는 이러한 관점을 확대적용할 수 없으나, 구성요건해당성 배제사유로 본다면 도박죄 외에 상습도박죄에 대하여도 구성요건해당성 배제사유로 적용할 수 있으므로 도박죄 규율의 실천적 조화를 꾀할 수 있다"고 주장한다. 그러나 구성요건이 확정적인 개별적 법규정의 가치판단임에 반하여, 위법성은 전체 법질서의 관점에 의한 개괄적인 가치판단이다. 또한 허용규정은 그 규정의 위치와 관계없이 적용이 가능하며, 초법규적 위법성조각사유도 인정될 수 있다. 반면에 구성요건해당성을 배제하는 사회적 상당성은 특별히 규정하지 않는 것이 일반적이다.[44] 즉 사회적으로 상당한 행위는 너무나 당연하고 정상적인 사회적 활동이어서 법률이 이를 특별히 규정할 필요가 없는 것이다. 일시오락

---

41) 대법원 2004.4.9., 2003도6351: "일시 오락 정도에 불과한 도박은 그 재물의 경제적 가치가 근소하여 건전한 근로의식을 침해하지 않을 정도이므로 일반 서민대중이 여가를 이용하여 평소의 심신의 긴장을 해소하는 오락은 이를 인정함이 국가정책적 입장에서 보더라도 허용된다."; 대법원 1983.12.27., 83도2545; 대법원 1984.4.10., 84도194; 대법원 1984.4.24., 84도324; 대법원 1984.7.10., 84도1043; 대법원 1985.11.12., 85도2096; 대법원 1990.2.9., 89도1992.

42) 김일수, 한국형법 Ⅳ, 408면. 그러나 객관적 귀속은 결과범에 대해서만 의미가 있으므로, 형식범인 도박죄에 대해서는 문제가 되지 않아야 한다.

43) 김일수, 한국형법 Ⅳ, 408면 이하; 김일수/서보학, 517면.

44) 정상적인 사회적 활동에는 설령 어떠한 위험이 포함되어 있어도, 그 위험은 처음부터 법률에 의해서 금지될 수 없는 허용된 위험에 해당한다. 이러한 정상적인 사회적 활동은 법률에 특별히 규정되지 않으며, 구성요건을 해석할 때 구성요건해당성에서 배제된다. 예컨대 타인을 감염시킬 수 있는 독감에 걸린 환자가 일상적인 활동을 하는 것은 상해죄의 구성요건해당성이 배제되는 사회적으로 상당한 행위이지만 형법은 이를 특별히 규정하지 않으며, 과실범에서의 허용된 위험에 관하여도 이를 특별히 규정하고 있지 않다.

이 개념적으로는 정상적인 사회적 활동으로서 가벌적인 도박개념에 포함될 수 없는 행위일지라도, 즉 사회적 상당성이 인정되는 행위로서 도박죄의 구성요건해당성 배제사유에 해당할지라도, 제246조 제1항 단서가 이를 적극적으로 규정함으로써 이 행위는 법률의 특별한 평가에 의하여 입법적으로 위법성조각사유가 되었다. 또한 제246조 제1항 단서의 일시오락이 위법성조각사유이므로, 이 조항은 도박에 관한 죄 뿐만 아니라 복표에 관한 죄에서도 유효하게 된다. 따라서 특히 일시적 오락으로 복표를 취득한 경우에도 위법성이 조각된다.

그러나 본질적으로 제246조 제1항 단서의 일시오락을 위법성조각사유로 규정하는 것이 입법론적으로 타당한지 의문이 제기된다. 오락이라면 처음부터 법적 금지의 대상이 되어서는 안 되기 때문이다. 즉 오락이란 사람들의 휴식에 공하는 놀이이고, 이는 개인의 자유권의 영역이며, 따라서 오락은 구조적으로 사회적 상당성이 인정되는 정상적인 개인의 활동으로서 처음부터 형법의 구성요건에 들어올 수 없는 부분이다. 그러므로 오락이 일시적이든 지속적이든 또는 주기적이든 오락 자체를 법적으로 제재하는 것은 인간의 기본적 권리인 자유권을 침해하는 것이다. 어떤 오락행위가 형사제재의 대상이 되는 경우는 그 오락이 문제되는 것이 아니라, 그 오락에 포함된 법익침해가 문제되는 것이다. 예컨대 마약파티의 경우 파티가 처벌의 대상이 되는 것이 아니라, 마약흡입이나 제공 등이 처벌의 대상이 되는 것이다. 단순도박행위나 상습도박행위도 모두 오락이지만, 형법이 처벌의 대상으로 하는 것은 화투나 카드놀이 등의 오락이 아니라 우연한 승패에 재산을 거는 도박행위인 것이다. 따라서 도박행위에서 오락은 도박의 도구 내지 수단일 뿐이며, 도박죄의 불법내용을 형성하는데 아무런 작용을 할 수 없다. 그렇다면 우연한 승패에 재산을 거는 도박행위가 어느 한도에서 형사처벌의 대상되어야 하는지 문제되며, 이 문제는 도박죄의 보호법익을 면밀하게 분석함으로써 해결해야 한다.[45]

"일시적 오락에 불과한지"의 여부는 도박에 건 재산의 가액, 도박의 시간과 장소, 도박으로 인한 이득의 용도 및 가담한 사람들의 인적 상황, 도박을 하게 된 동기 뿐 아니라 일반 경제사정 및 거래관념 등을 종합적으로 고려하여 판단해야 한다.[46]

3. 도박장소 등 개설죄

본죄는 영리의 목적으로 도박을 개장함으로써 성립하는 범죄이다. 본죄는 영리를 위하여 도박을 부추기고 방조하는 죄로서 도박죄와는 다른 독립적 구성요건에 해당한다. 본죄는 인간의 사행심을

45) 도박에 관한 죄의 보호법익과 관련된 문제점에 관하여는 이정원, 외국카지노에서의 도박행위의 위법성-대법원 2004.4.23, 2002도2518-, 비교형사법연구 제8권 제2호, 2006.12, 441면 이하 참조.

46) 대법원 1983.3.22., 82도2151; 1983.12.27., 83도2545; 대법원 1984.7.10., 84도1043; 대법원 1985. 11.12., 85도2096; 대법원 1990.2.9., 89도1992; 대법원 2004.4.9., 2003도6351; 대법원 2008.10.23., 2006도736.

이용하여 타인을 도박에 빠뜨리고 이를 통하여 영리를 취하려는 행위로서 도박죄보다 더 중한 불법이 인정된다. 따라서 본죄는 도박죄보다 더 무겁게 처벌된다.

본죄의 행위는 도박을 개장하는 것이다. 도박의 개장은 도박의 주재자가 되어 그의 지배하에서 도박이 가능하도록 하는 행위를 말한다.[47] 단순한 도박장소의 제공자는 도박의 주재자라고 할 수 없으므로 본죄에 해당하지 않으며, 도박죄의 방조범이 될 뿐이다. 도박을 개장하면 족하며, 도박자들을 모으거나 스스로 도박행위를 할 필요는 없다. 또한 도박장 개설로 반드시 도박죄 자체가 성립될 것을 요하지도 않는다.

본죄는 주관적 구성요건으로 고의 외에 영리의 목적을 요하는 목적범이다. 여기서의 영리는 도박장 개설의 대가를 말한다. 영리의 목적으로 도박을 개장함으로써 족하며 현실적으로 재산상의 이익을 얻었는지 여부는 문제가 되지 않는다.

도박장소 등 개설죄를 범한 자가 도박을 한 경우는 본죄와 도박죄의 실체적 경합이 인정된다(통설). 본죄와 도박죄는 각각 독립된 행위로서 행위다수가 인정되기 때문이다.[48] 그러나 도박장 개설자가 도박을 방조한 때에는 본죄만 성립하며, 별도로 도박방조죄는 성립하지 않는다. 본죄는 도박방조행위를 포함하기 때문이다. 따라서 도박장소등 개설죄의 방조범이 도박을 방조한 경우에도 본죄의 방조범만 성립하게 된다.

4. 복표발매죄 · 복표발매중개죄 · 복표취득죄

복표발매죄 · 복표발매중개죄 · 복표취득죄는 법령에 의하지 아니한 복표를 발매하거나(제248조 제1항), 중개하거나(동조 제2항) 또는 이를 취득함으로써(동조 제3항) 성립하는 범죄이다. 복표발매행위는 본죄에 대한 특별법인 사행행위규제법[49]의 적용을 받는다. 복표발매죄는 복표에 관한 죄의 기본적 구성요건이다. 복표발매중개죄는 복표발매죄의 방조행위에 해당하는 경우를 독립된 구성요건으로 규정한 것이며, 복표취득죄는 복표발매행위의 필요적 공범을 독립적 구성요건으로 규정한 것이다. 복표발매중개죄와 복표취득죄를 복표발매죄의 감경적 구성요건으로 해석하는 견해[50]가 있으나 타당하다고 할 수 없다. 만약 이들을 감경적 구성요건으로 해석하면, 복표를 발매하고 이를 중개할 경우 감

---

47) 대법원 2002.4.12., 2001도5802; 대법원 2008.9.11., 2008도1667; 대법원 2008.10.23., 2008도3970; 대법원 2009.2.26., 2008도10582; 대법원 2009.12.10., 2008도5282; 대법원 2013.3.28., 2012도16086; 대법원 2013.11.28., 2012도14725; 대법원 2013.11.28., 2013도10467.

48) 반대견해: 도박장소 등 개설죄가 계속범이라는 것을 이유로 상상적 경합을 인정하는 견해로는 오영근, 623면; 동취지, 권오걸, 948면.

49) 사행행위규제법의 분석에 관하여는 이정원, 형법상 도박과 복표에 관한 죄의 입법론적 고찰, 06-3 국회 법사위 정책연구보고서, 2006.12, 21면 이하 참조.

50) 김성돈, 691면; 김일수/서보학, 514면; 임웅, 824면; 정성근/박광민, 753면; 진계호/이존걸, 593면.

경적 구성요건인 복표발매중개죄가 적용되고 일반법인 복표발매죄의 적용이 배제되어야 하는 불합리한 결과가 발생하기 때문이다.[51]

본죄의 객체는 법령에 의하지 아니한 복표이다. 복표는 표찰을 발매하여 다수인으로부터 금품을 모아 추첨 등의 방법에 의하여 당첨자에게 재산상의 이익을 제공하고 다른 참가자에게 손실을 주는 것을 말한다. 법령에 의하지 아니한 복표만이 본죄의 객체가 되므로, 법령에 의하여 발행된 복표(주택복권 로또복권)는 본죄의 객체가 되지 않는다. 복표발매는 복표를 구매자에게 파는 행위이며, 발매중개는 발매자와 구매자의 중간에서 알선하는 일체의 행위를 말한다. 발매중개는 직접적이든 간접적이든 문제가 되지 않으며, 보수의 유무도 불문한다. 취득은 유상이든 무상이든 불문한다.

5. 도박과 복표에 관한 죄에서의 비범죄화 논의

5-1. 도박에 관한 죄에서의 비범죄화 논의

형법의 해석상 도박게임에 참가하는 행위는 도박죄 내지 상습도박죄로 당연히 처벌의 대상이 된다. 일시오락의 경우만 예외적으로 처벌에서 제외될 수 있으나, 대법원이 인정한 일시오락의 범위[52]를 살펴보면 초등학생의 용돈수준을 넘어서면 도박죄의 처벌에서 벗어날 수 없다. 또한 일시오락의 범위를 판단함에 있어서 도박에 가담한 사람들의 관계 · 직업 · 연령 · 사회적 지위 · 재산정도 등의 인적 상황을 고려[53]하는 것은 형사처벌에서 이러한 인적 차별을 인정하는 것이다. 더욱이 이러한 관점은 동일한 도박게임에서 일부 참가자는 도박죄로 처벌되고, 다른 일부 참가자는 일시오락으로 위법성이 조각될 가능성도 존재하게 된다. 이는 헌법의 평등권에 대한 심각한 침해이며, 법률제재의 일반적 유효성(Allgemeingültigkeit)의 원칙[54]에도 위배된다. 따라서 도박죄를 처벌하는 경우라도 그 가벌성은 "처벌되는 도박게임에 참가한다"라는 구조에서 찾아야지, "도박게임을 한다"라는 구조에서 찾아서는 안 된다. 또한 단순 도박행위를 처벌해야 한다면, 그 구성요건은 참가자들에게 동일한 형이 예정된 집합범인 필요적 공범의 형태로 구축되어야 한다. 이러한 점에서 도박에 관한 죄의 기본적 구성요건은 '가벌적인 도박게임을 개장'하는 행위로 구성되어야 하며, 이러한 게임에 단순히

---

51) 감경적 구성요건은 기본적 구성요건에 추가적인 불법이나 책임의 감경요소를 실현함으로써 성립되는 범죄이므로, 특별법인 감경적 구성요건을 실현한 경우 기본적 구성요건은 적용이 배제되어야 한다. 이에 관하여는 이정원/류석준, 형법총론, '제2편, 제2장, 제1절, 2-2. 변형구성요건' 참조.

52) 이에 관하여는 이정원, 비교형사법연구 제8권 제2호, 438면 이하 참조.

53) 대법원 1983.3.22., 82도2151; 1983.12.27., 83도2545; 대법원 1984.7.10., 84도1043; 대법원 1985. 11.12., 85도2096; 대법원 1990.2.9., 89도1992; 대법원 2004.4.9., 2003도6351; 대법원 2008.10.23., 2006도736.

54) Vgl. Pieroth/Schlink, Grundrecht, Staatsrecht II, 5. Aufl., 1989, Rdnr. 351 ff.; 허영, 한국헌법론, 제11판 1999, 277면 참조. 독일 헌법 제19조 제1항은 이를 명문으로 규정하고 있으며, 우리나라에서는 이를 법률에 의한 기본권 제한의 형식상의 한계로 설명하고 있다.

참가하는 행위는 기본적 구성요건에 조력하는 행위를 특별히 처벌하는 독립적 구성요건으로 구성되어야 한다. 현행 형법의 도박에 관한 죄는 그 구조에서 문제를 갖고 있다.

그러나 입법론적인 형사정책적 관점에서 도박게임에 참가하는 행위에 대해서 가벌성을 인정할 수 있는지 문제된다. 학설에서는 단순도박죄의 가벌성에 대하여 견해의 대립이 있다. 단순도박죄의 가벌성을 긍정하는 입장[55]에서는 한국사회에 만연된 도박행위를 근절하기 위해서 단순도박죄를 비범죄화하는 것은 시기상조라고 한다. 특히 "만약 단순도박죄를 비범죄할 경우 상습도박죄가 기본적 구성요건이 되어 그 적용범위가 확대될 위험성이 있다"[56]는 근거가 제시되기도 한다. 그러나 이러한 근거제시는 "단순도박죄를 가볍게 처벌하기 위해서 단순도박죄의 비범죄화가 부정되어야 한다"는 아주 부당한 관점이므로, 이에 대한 논리적 비판을 필요로 하지 않는다. 한편 단순도박죄의 가벌성을 부정하는 입장[57]에서는 "단순도박행위가 근로의식과 큰 관련이 없으며, 현실적으로도 수많은 단순도박행위가 대부분 공인되고 있다"는 점을 근거로 제시한다. 그러나 단순도박행위에 대하여 각각 반대의 결론을 내고 있는 "한국사회에 만연되어 있어 처벌의 필요가 있다"는 관점과 "현실적으로 수많은 단순도박행위가 대부분 공인되고 있어 비범죄화가 필요하다"는 관점은 단순도박행위에 대한 실질적인 가벌성의 근거가 될 수 없다. 한국사회에 만연되어 있어도 가벌성을 인정할 수 없다면 처벌해서는 안 될 것이고, 현실적으로 대부분 공인되고 있어도 가벌성이 인정된다면 향후 불가벌로 공인해서는 안 되기 때문이다. 결국 단손도박행위의 비범죄화에 관한 찬 · 반 논란은 근로의식과의 관련성 정도에 대한 견해의 차이라고 보여 진다.

그러나 근로의식과의 관련성 정도라는 양적인 문제가 가벌성을 결정하는 요소로 작용해야 한다는 것은 형법의 보충성의 원칙이라는 관점에서 수긍하기 곤란하다. 일정한 양적 요소가 형벌에 의한 가벌성의 기초가 되기 위해서는 최소한 그러한 양적 차이가 질적 차이로 평가될 수 있을 정도가 되어야하기 때문이다. 실제로 학설에서는 상습도박행위에 대해서 질적 차이로 평가할 수 있는 근로의식과의 관련성 정도를 인정하는 것이라 보여 진다. 따라서 학설에서 상습도박행위에 대한 비범죄화는 논의조차 제기되고 있지 않다.

그렇다면 상습도박행위와 같은 정도의 근로의식의 위태화는 가벌성을 인정하기에 충분한지 검토할 필요가 있다. 일반적으로 상습범에 대한 가중처벌은 책임과 운명을 혼동한 것으로 부당하다는 것이 학계의 거의 일치된 입장이다. 또한 개인의 자유권의 행사인 사적인 오락이 형벌의 대상이 되어야 하는 것은 비극적이며, 그야말로 원시적이다. 오락에 재산을 거는 경우라도 국가공권력이 성인의 자유로운 의사결정에 의한 재산처분행위를 형벌로 금지할 수는 없다. 이러한 오락 · 도박은 일시적이 아니라 지속적이라도 결코 형벌의 대상이 되어서는 안 된다. 즉 단순도박 뿐 아니라 상습도

55) 김일수, 한국형법 Ⅳ, 401면 이하; 박상기, 587면.

56) 김일수, 한국형법 Ⅳ, 402면; 법무부, 형법개정법률안 제안이유서, 1992, 238면.

57) 배종대, 567면; 손동권/김재윤, 717면; 오영근, 617면; 이재상/장영민/강동범, 648면; 이형국, 692면; 임웅, 825면; 정성근/박광민, 753면; 진계호/이존걸, 594면.

박도 국가공권력이 관여할 바가 아니다. 정부가 경마 · 경륜 · 정선카지노 등의 운영을 허가하는 한편, 사적 오락행위인 단순 · 상습 도박행위를 형벌로 다스리는 것은 자기모순이며, 국가공권력의 남용이며, 국민의 기본권을 심각하게 침해하는 것이다.

무엇보다도 도박에 관한 죄에서 보호법익으로 중시되는 근로의식은 도박행위자 개인의 근로의식을 의미하는 것이 아니라, 공공의 근로의식을 의미한다. 따라서 단순도박행위나 상습도박행위나 공공의 근로의식에 대한 위태화에 있어서는 양적으로도 전혀 차이가 없다. 단순도박죄의 비범죄화와 관련된 현재 학계의 논의는 각도를 벗어났다.

그러나 사적 도박이 아닌 허가받지 아니한 공연한 도박에 참가하는 간순 또는 상습도박행위의 경우는 이와 다르다. 허가받지 아니한 공연한 도박장 개설은 분명 법적 제재의 대상이 되어야하기 때문에, 공연한 도박장 개설에 단순히 참가하는 행위도 법적 제재의 대상이 될 수는 있다. 만약 허가받지 아니한 공연한 도박장 개설을 형법에서 규율한다면, 이에 참가하는 도박행위는 최소한 도박장소등 개설죄의 방조범이 된다. 또한 도박참가행위를 도박장소등 개설죄의 방조범으로 처벌하는 것이 가혹하다면, 공연한 도박장 개설에 단순히 참가하는 도박행위에 대해서는 도박장소등 개설죄의 방조범보다 경미한 형벌을 부과하는 독립적 구성요건을 마련해야 할 것이다. 다만 허가받지 아니한 공연한 도박장 개설에 대한 규율은 그 보호법익의 관점에서 형법이 아닌 경찰단속법 내지 행정법적 규제가 적절하다고 판단된다.[58] 그렇다면 금지된 공연한 도박장 개설에 단순히 참가하는 도박행위에 대해서는 형벌이 아닌 과태료 등 행정처분으로 족하다고 보아야 한다. 이 한도에서 허가받지 아니한 공연한 도박장 개설에 단순히 참가하는 도박행위도 비범죄화가 되어야 한다.

5-2. 복표에 관한 죄에서의 비범죄화 논의

형법의 복표에 관한 죄에 대해서는 이를 폐지해야 한다는 것이 학설의 일반적인 입장이다(통설). 이미 수많은 복표, 예컨대 로또복권 · 주택복권 · 체육복권 · 녹색복권 · 관광복권 등이 각종 법률에 의해서 발행되고 있으며,[59] 특히 형법의 복표에 관한 죄의 특별법에 해당하는 '사행행위규제법'에 의해서 현실적으로 형법의 복표에 관한 죄가 적용되는 경우가 거의 없다는 것이다. 그러나 복표에 관한 죄에 대한 폐지 주장과 '사행행위규제법'에 의해서 충분히 규율되고 있다는 주장은 양립할 수 없는 주장이라고 해야 한다.

다만 비영업적 형태의 복표발매와 이러한 복표의 발매중개행위는 '사행행위규제법'에 의해서 규율되지 않는다. 따라서 이들 행위들이 비범죄화되어야 하는지, 아니면 형법에 의한 처벌이 타당한지 여부가 문제된다. 그러나 모든 복표발매는 그 속성상 영업성을 가지게 된다. 복표발매의 의미가 복표를 판매하는 것이며, 단 1회성의 판매라 하더라도 영업성을 부정할 수 없기 때문이다. 오히려

---

58) 이에 관하여는 이정원, 비교형사법연구 제8권 제2호, 445면 참조; 동취지, 이형국, 692면.

59) 공법인의 복표발매도 금지해야 한다는 입장으로는 오영근, 617면; 임웅, 825면.

영업적인 복표발매행위라도 불특정 다수의 참가를 배제한 사적 공간에서 이루어질 수 있다. 따라서 복표발매에 대해서는 공연성이 배제된 이러한 사적 공간에서의 영업적 복표발매에 대한 비범죄화가 논의되어야 한다. 이에 대해서는 '도박에 관한 비범죄화'에서 논의된 도박죄의 보호법익에 관한 관점이 그대로 유효해야하며, 따라서 사적 공간에서의 복표발매에 대해서는 국가공권력이 개입해서는 안 된다.

복표취득행위도 '사행행위규제법'의 적용대상이 아니다. 따라서 복표취득행위의 가벌성도 문제된다. 이에 관하여는 "음란물 등의 취득을 벌하지 아니하는 것과의 균형상 복표취득행위를 비범죄화해야 한다"는 견해[60]가 있다. 그러나 복표취득죄에 대해서도 도박죄의 보호법익에 관한 관점이 그대로 유효해야 한다. 따라서 사적 공간에서의 복표발매의 경우는 복표발매 뿐 아니라 당연히 복표취득도 비범죄화 되어야 한다. 이에 반하여 허용되지 아니한 공연한 복표를 단순히 취득하는 행위도 법적 제재의 대상이 될 수는 있다. 만약 금지된 공연한 복표발매를 형법에서 규율한다면, 이에 참가하는 복표취득행위는 최소한 공연한 복표발매죄의 방조범이 된다. 이 때 복표취득행위를 복표발매죄의 방조범으로 처벌하는 것이 가혹하다면, 복표취득행위에 대해서는 복표발매죄의 방조범보다 경미한 형벌을 부과하는 독립적 구성요건을 마련해야 할 것이다. 다만 허용되지 아니한 공연한 복표발매에 대한 규율은 그 보호법익의 관점에서 형법이 아닌 경찰단속법 내지 행정법적 규제가 적절하다고 판단된다. 그렇다면 금지된 공연한 복표를 취득하는 행위에 대해서는 형벌이 아닌 과태료 등 행정처분으로 족하다고 보아야 한다. 이 한도에서 공연한 복표취득행위는 비범죄화 되어야 한다. 그러나 '사행행위규제법'은 사적 공간에서의 복표취득행위 뿐 아니라 공연한 복표를 취득하는 행위에 대해서도 아무런 법적 제재를 마련하고 있지 않다.

60) 오영근, 617면.

제3절 신앙에 관한 죄

1. 신앙에 관한 죄 일반론

신앙에 관한 죄란 종교적 평온과 종교감정의 침해를 내용으로 하는 범죄이다. 그러나 형법 제12장의 신앙에 관한 죄에서는 제158조의 장례식 등의 방해죄, 제159조의 사체 등의 오욕죄, 제160조의 분묘발굴죄, 제161조의 사체 등의 영득죄 및 제163조의 변사체검시방해죄를 규정하고 있다. 이 중에서 장례식 등의 방해죄는 종교적 평온과 종교감정의 침해를 내용으로 하는 범죄라고 할 수 있으며, 사체 등의 오욕죄와 분묘발굴죄 및 사체 등의 영득죄는 사회 일반인의 사자에 대한 존경의 감정을 침해하는 범죄라고 할 수 있다. 다만 유족의 사자에 대한 존경의 감정이 아니라 사회의 사자에 대한 존경의 감정이라는 점에서 이를 넓은 의미의 민속적 · 종교적 감정이라고 할 수 있다. 그러나 변사체검시방해죄는 공무를 방해하는 국가적 법익에 대한 죄이며, 신앙에 관한 죄나 사회(일반인)의 사자에 대한 존경의 감정을 침해하는 사회적 법익에 대한 죄라고 볼 수 없다. 형법 제12장의 신앙에 관한 죄는 '신앙과 사체에 관한 죄'라고 하는 것이 타당하다.

2. 장례식 · 제사 · 예배 · 설교방해죄

본죄는 장례식 · 제사 · 예배 또는 설교를 방해함으로써 성립하는 범죄이다(제158조). 본죄는 장례식 등의 종교적 행사에 있어서 그 평온을 보호하기 위하여 규정된 죄이며, 추상적 위험범으로 해석된다. 따라서 본죄는 장례식 · 제사 · 예배 또는 설교를 방해하는 행위를 함으로써 충분하며, 장례식 등의 종교적 의식이 현실적으로 방해되는 결과를 요하지 아니한다.

3. 사체에 관한 죄

3-1. 사체 · 유골 · 유발오욕죄

본죄는 사체 · 유골 · 유발을 오욕함으로써 성립하는 범죄이다(제159조). 본죄의 보호법익은 사자에 대한 사회의 경외와 존경의 감정이라고 할 수 있다.

사체는 사자의 시신을 말한다. 시체의 전부 뿐 아니라 그 일부도 사체에 해당한다. 시체의 일부인 금니나 금속뼈 등과 같이 인공적으로 만들어진 것이라도 사체에 해당한다. 그러나 사체에서 뽑

아낸 혈액은 사체라고 할 수 없다.[61] 또한 살아 있는 사람으로부터 분리된 신체의 일부는 사체라고 할 수 없다. 사람의 형태를 갖춘 사태(죽은태아)도 본죄의 사체에 해당한다고 보아야 한다(통설).

유골은 화장 기타의 방법에 의하여 백골이 된 사체의 일부분을 말하며, 유발은 사자를 기리기 위하여 보존한 모발을 말한다. 본죄의 보호법익은 사자에 대한 사회의 경외와 존경의 감정이므로, 유골이나 유발은 제사 · 기념하기 위하여 보존하고 있는 것임을 요한다. 따라서 화장하고 버린 유골이나 학술표본 등의 목적으로 보관된 유골 · 유발은 본죄의 객체에 해당하지 않는다.

본죄의 행위는 오욕하는 것이다. 오욕이란 유형력에 의한 모욕의 표현을 말한다. 예컨대 시체에 침을 뱉거나 방뇨하거나 시체를 간음하는 경우 등이 여기에 해당한다. 그러나 언어에 의한 모욕은 오욕에 해당하지 않는다.

3-2. 분묘발굴죄

본죄는 분묘를 발굴함으로써 성립하는 범죄이다(제160조). 분묘의 평온을 유지하여 사자에 대한 경외와 존경의 감정을 보호하기 위하여 규정된 죄이다. 본죄의 미수범은 처벌된다(제162조).

본죄의 객체는 분묘이다. 분묘는 사람의 시체 · 유골 · 유발을 매장하여 사자를 제사 · 기념하는 장소를 말한다. 사람의 형태를 갖춘 사태를 매장한 장소도 여기에 포함된다.

본죄는 소유권을 보호법익으로 하는 죄가 아니므로, 분묘의 소유권자나 관리자 또는 묘표의 유무는 본죄의 성립에 영향을 주지 않는다. 따라서 분묘의 소유권자나 자손이라 하여도 분묘를 발굴한 때에는 본죄에 해당한다.[62] 또한 사자를 제사 · 기념하는 분묘인 한 시체 · 유골 · 유발이 분해된 이후라도 본죄의 객체에 해당한다.[63] 그러나 오랫동안 아무도 돌보지 않고 사자가 누구인지도 불분명하여 제사나 예배의 대상이 아닌 고분[64]은 본죄의 분묘라고 할 수 없다.

본죄의 행위는 발굴이다. 본죄의 목적론적 의미는 권한 없이 함부로 분묘를 훼손하는 행위를 금지함으로써 일반의 사자에 대한 경외와 존경의 감정을 보호하려는 것이다. 그렇다면 본죄의 발굴은 훼손의 의미로 이해되며, 복토의 전부 또는 일부를 제거하거나 묘석 등을 파괴하여 분묘를 손괴하는 것으로 해석된다. 따라서 분묘의 훼손에 이르지 못한 경우는 본죄의 미수에 불과하게 된다.[65]

분묘의 발굴은 법률에 의하여 또는 초법규적으로도 정당화 될 수 있다. 예컨대 검증이나 감정을 위한 발굴 등이 그러하다. 또한 분묘를 개장 또는 수선하기 위하여 관리자의 동의를 얻은 발굴도 위법성이 조각된다.[66] 그러나 토지구획사업시행자로부터 분묘의 개장명령을 받았다고 하여도 분묘주

---

61) Vgl. Lenkner, S-S StGB, § 168 Rdnr. 3.

62) 대법원 1995.2.10., 94도1190; 대법원 2007.12.13., 2007도8131.

63) 대법원 1976.10.29., 76도2828; 대법원 1990.2.13., 89도2061; 대법원 1995.2.10., 94도1190.

64) 고분이 문화재로 지정된 경우는 문화재보호법의 대상이 된다.

65) 입법론적으로는 본죄를 분묘훼손죄로 구성하고, 본죄의 행위도 발굴이 아닌 훼손으로 대체되어야 할 것이다.

66) 대법원 2007.12.13., 2007도8131: "분묘발굴죄는 그 분묘에 대하여 아무런 권한 없는 자나 또는 권한이 있는 자라도 사체에 대한 종교적 양속에 반하여 함부로 이를 발굴하는 경우만을 처벌대상으로 삼는 취지라고 보아야 할 것이므로, 법률상 그

의 허락 없는 분묘발굴행위는 위법성이 조각되지 아니한다.[67]

3-3. 사체 등의 손괴 · 유기 · 은닉 · 영득죄

본죄는 사체 · 유골 · 유발 또는 관내에 장치한 물건을 손괴 · 유기 · 은닉 또는 영득함으로써 성립하는 범죄이다(제161조 제1항). 분묘를 발굴하여 본죄를 범하면 10년 이하의 징역으로 가중처벌된다(동조 제2항). 본죄는 사회의 종교적 감정을 보호하기 위하여 규정된 죄이므로 재산죄와는 그 성격을 달리한다. 따라서 자손이나 사체 등에 관하여 처분권을 가진 자도 본죄의 행위주체가 된다. 본죄와 '분묘발굴 사체 등의 손괴 · 유기 · 은닉 · 영득죄'에 대하여는 그 미수범이 처벌된다(제162조).

본죄의 행위객체는 사체 · 유골 · 유발 또는 관내에 장치한 물건이다. 관내에 장치한 물건은 기념을 위하여 사체와 함께 관내에 넣어 둔 일체의 부장물을 말한다. 본죄는 행위객체를 나열식으로 규정하고 있기 때문에 관 자체를 본죄의 객체에 포함시킬 수는 없으나, 입법론적으로는 보호목적의 관점에서 관 자체도 본죄의 행위객체에 포함시켜야 할 것이다.

본죄의 행위는 손괴 · 유기 · 은닉 또는 영득하는 것이다. 손괴는 종교적 감정을 해할 정도의 물리적 훼손을 말한다. 유골의 일부를 분리하는 것도 본죄의 손괴에 해당한다.[68] 유기는 사체를 방기하는 것이며, 반드시 장소적 이전을 요하지 아니한다. 예컨대 사체 등을 수습할 작위의무 있는 자가 이를 방치하는 경우도 유기에 해당한다. 그러나 살인자가 현장에 사체를 방치한 때에는 본죄의 유기에 해당하지 않는다. 은닉은 사체 등의 발견을 불가능하게 하거나 현저히 곤란하게 하는 것이다. 그러나 발견이 현저히 곤란한 장소에서 사람을 살해하고 도주한 것만으로는 본죄의 은닉에 해당하지 않는다.[69] 영득은 종래의 권리자를 배제하여 외형상 · 형식상 권리자의 지위를 취득하는 것이다. 절취의 형식 뿐 아니라 횡령의 형식이나 점유이탈물 횡령의 형식에 의한 영득도 가능하다. 예컨대 사체 등을 위탁관계에 의하여 보관하고 있는 경우 또는 사체 등이 권리자의 점유를 이탈한 경우의 영득이 여기에 해당한다. 관내에 장치한 물건에 대한 영득은 재산죄에서의 불법영득과 동일하게 해석된다. 그러나 사체 · 유골 · 유발은 재산죄에서의 재물과 다르므로, 이에 대한 영득개념을 재산범죄에서의 그것과 동일하게 해석할 수는 없다. 즉 사체 · 유골 · 유발의 영득에서 종래의 권리자를 배제하여 외형상 · 형식상 권리자의 지위를 취득하게 되는 대상은 소유권이 아니라 '사체 등에 대한 감시와 보관관계에서의 보호'라고 이해하여야 한다.[70] 이는 독일형법 제168조 사자안식교란죄(Störung der Totenruhe)에서의

분묘를 수호, 봉사하며 관리하고 처분할 권한이 있는 자 또는 그로부터 정당하게 승낙을 얻은 자가 사체에 대한 종교적, 관습적 양속에 따른 존숭의 예를 갖추어 이를 발굴하는 경우에는 그 행위의 위법성은 조각된다고 할 것이다."; 동지, 대법원 1995.2.10., 94도1190.

67) 대법원 1978.5.9., 77도3588.

68) 대법원 1957.7.5., 4290형상148.

69) 대법원 1986.6.24., 86도891.

70) 오영근, 632면; 이재상/장영민/강동범, 664면; 정영일, 393면; 진계호/이존걸, 613면.

사체 등의 절취행위에 대한 독일 통설[71]의 입장이기도 하다.

본죄와 재산죄의 관계에서 사체 · 유골 · 유발은 재산죄에서의 재물이라고 할 수 없으므로, 이에 대하여는 본죄 외에 재산범죄가 성립할 여지는 없다. 다만 해부용으로 병원에 판 사체는 재산죄의 객체가 된다. 그러나 관내에 장치한 물건은 재물성을 가지므로, 이에 대하여는 본죄와 재산죄의 상상적 경합이 인정된다.

3-4. 변사체검시방해죄

본죄는 변사자의 사체 또는 변사의 의심 있는 사체를 은닉 또는 변경하거나 기타 방법으로 검시를 방해함으로써 성립하는 범죄이다(제163조). 본죄는 본장의 신앙에 관한 죄와는 관계가 없으며, 오히려 공무를 방해하는 죄에 해당한다.

본죄의 행위객체는 변사자 또는 변사의 의심 있는 사체이다. 변사자란 자연사나 통상의 병사가 아닌 사체를 말한다. 사인이 불분명한 경우 뿐 아니라 범죄로 인한 사망의 의심이 있는 사체가 여기에 해당한다. 명백하게 범죄로 인하여 사망한 자는 변사자라고 할 수 없다.

본죄의 행위는 사체를 은닉 또는 변경하거나 기타 방법으로 검시를 방해하는 것이다. 은닉은 사체 등의 발견을 불가능하게 하거나 현저히 곤란하게 하는 것이다. 변경은 사체의 현상을 바꾸는 행위를 말하며, 사체 내부의 변경이든 외부의 변경이든 관계가 없다. 그밖에 검시를 방해하는 방법으로는 사체를 화장하는 경우 등이 여기에 해당한다. 검시관을 폭행 · 협박하여 검시를 방해한 경우는 본죄가 아니라 공무집행방해죄에 해당한다. 사체의 현상을 변경하지 아니하고, 정당한 사유 없이 변사체 또는 사태가 있는 현장만을 변경한 때에는 경범죄처벌법위반에 해당한다(동법 제3조 제1항 제6호).

71) Vgl. Lenkner, S-S StGB, § 168 Rdnr. 7 mwN.

제3편 국가적 법익에 대한 죄

제1장 국가의 존립과 권위에 대한 죄

제2장 국가의 기능에 대한 죄

제1장 국가의 존립과 권위에 대한 죄

제1절 내란의 죄

1. 내란의 죄 일반론

1-1. 의 의

내란의 죄는 폭동에 의하여 국가의 존립과 헌법질서를 위태롭게 하는 범죄를 말한다. 내란의 죄는 외환의 죄와 함께 국가의 존립을 보호하는 전통적인 국가보호형법 내지 정치형법에 해당한다. 다만 내란의 죄가 내부적으로 국가의 존립을 위태롭게 하는 죄임에 반하여, 외환의 죄는 외부로부터 국가의 안전을 위태롭게 하는 죄라는 점에서 차이가 있다.

내란의 죄는 국가의 존립을 보호하기 위한 규정이라는 점에서 국가보호형법이라고 한다. 그러나 내란이 성공하였을 경우, 즉 국가의 존립이 무너졌을 경우에는 현실적으로 그 적용이 불가능하게 된다. 따라서 국가의 존립은 1차적으로 정치문제이며, 2차적이고 제한적으로만 형법상의 문제가 될 수 있다는 현실적인 한계를 갖는다.[1] 그러나 이러한 현실적 한계에 의하여 내란죄 규정에 대한 형법의 규범적 · 당위적 효력이 부정될 수는 없으며, 부정되어서도 안 된다.[2]

내란의 죄의 보호법익은 국가의 내적 안전이라고 할 수 있으며, 구체적으로는 국가의 존립과 헌법질서의 유지라고 할 수 있다. 본죄는 법익의 보호정도에 따라 추상적 위험범으로 해석된다.[3] 본죄를 구체적 위험범으로 해석하는 견해[4] 가 있으나, 내란의 죄에서는 국가의 존립(내적안전)에 대한 구체적 위험을 구성요건요소로서 요구하고 있지 않다. 따라서 내란의 죄는 국토를 참절하거나 국헌을 문란할 목적의 폭동행위 자체를 국가의 존립에 대한 위태로운 행위로 간주하는 추상적 위험범으로 보아야 한다. 내란의 죄에 대하여는 외국인의 국외범도 형법의 적용을 받는다(제5조제1호).

1-2. 구성요건의 체계

내란의 죄의 기본적 구성요건은 제87조의 내란죄이며, 제88조의 내란목적살인죄는 독립적 구성

1) Vgl. Welzel, Das deutsche Strafrecht, S, 372.

2) 배종대, 582면.

3) 동지, 김성돈, 710면; 김성천/김형준, 767면; 박상기, 603면; 오영근, 640면; 이영란, 729면; 임웅, 851면; 정영일, 397면; 조준현, 747면.

4) 김일수/서보학, 743면; 배종대, 786면; 손동권/김재윤, 730면; 정성근/박광민, 930면; 진계호/이존걸, 953면.

요건에 해당한다. 두 죄의 미수범은 처벌되며(제89조), 예비 · 음모(제90조 제1항) 뿐 아니라 선전 · 선동(제90조 제2항)도 처벌된다.

2. 내란죄

2-1. 의 의

본죄는 국토를 참절하거나 국헌을 문란할 목적으로 폭동함으로써 성립하는 범죄이다. 본죄는 집단범죄로서 수괴(제87조 제1호), 모의에 참여하거나 지휘하거나 기타 중요한 임무에 종사한 자(동조 제2호), 부화수행하거나 단순히 폭동에만 관여한 자(동조 제3호)를 각각 구별하여 처벌한다.

본죄는 집합범인 필요적 공범이므로 집단 외의 외부관계에서 공동정범의 성립은 불가능하다. 또한 필요적 공범의 내부관계에서 총칙상의 임의적 공범규정의 적용도 불가능하다. 그러나 일반적으로 집합범인 필요적 공범에서도 외부관계에서의 공범가담은 가능하며, 이 한도에서 총칙상의 임의적 공범규정의 적용도 가능하다. 다만 임의적 공범형식의 가담을 집합범의 내부에서 모두 규정하고 있을 경우는 이러한 공범가담이 집합의 내부관계에 불과하게 되어 총칙상의 임의적 공범규정의 적용은 불가능하게 된다. 본죄가 이러한 경우에 해당하는지 여부는 본죄의 행위주체의 집합범위에 대한 해석을 통하여 확정될 수 있다.

2-2. 행위주체

본죄는 일반범이므로 행위주체에 제한이 없다. 내국인과 외국인을 불문하며, 내국에서 죄를 범한 경우 뿐 아니라 외국에서 범한 경우도 포함된다. 따라서 외국인의 국외범도 형법의 적용을 받는다(제5조 제1호). 다만 본죄는 다중의 집합을 요하는 집합범으로서 상당한 다수의 집합을 필요로 하며, 집합 내부에서의 역할에 따라 그 형을 달리한다. 내부에서의 역할은 수괴, 모의참여자 · 지휘자 · 중요임무종사자, 부화수행자 · 단순관여자로 구별된다.

수괴는 폭동을 조직 · 지휘 · 통솔하는 자를 말한다. 반드시 1인이거나 내란의 발의자나 주모자일 필요는 없으며, 폭동현장에 있을 필요도 없다. 수괴는 사형 또는 무기징역, 무기금고의 형으로 처벌된다(제87조 제1호).

모의참여자는 수괴를 보좌하여 폭동계획에 참여하는 자를 말한다. 지휘자는 폭동의 전부나 일부를 지휘하는 자이다. 지휘는 시간적으로 폭동 전 · 후와 장소적으로 폭동현장 내 · 외를 불문한다. 중요임무종사자는 폭동에 관하여 중요한 책임이 있는 자를 말하며, 탄약 · 식량의 운반 · 보관이나 경리 등의 임무를 담당하는 자를 말한다. 모의참여자 · 지휘자 · 중요임무종사자는 사형, 무기 또는 5년 이상의 징역이나 금고의 형으로 처벌되며, 폭동에서 약탈 · 살상 · 파괴행위를 실행한 자도 동일하게 처벌된다(제87조 제2호).

부화수행자 · 단순관여자는 폭동에 단순히 참가하여 폭동의 세력을 확장시킨 자를 말한다. 구호를 외치거나 방가 · 투석 등의 행위를 하는 자 또는 단순한 기계적 노무를 담당하는 자 뿐 아니라, 내란목적으로 폭동집합의 다중과 함께 있는 자도 포함된다. 부화수행자 · 단순관여자는 5년 이하의 징역이나 금고의 형으로 처벌된다(제87조 제3호).

이상의 수괴와 모의참여자 · 지휘자 · 중요임무종사자 및 부화수행자 · 단순관여자 이외의 자, 즉 본죄의 집합범위 밖에 있는 자에 의한 본죄의 교사 · 방조가 가능한지 문제된다. 그러나 수괴와 모의참여자 · 지휘자 · 중요임무종사자 및 부화수행자 · 단순관여자 이외의 자는 내란에 관여하지 않는 자에 불과하다. 따라서 내란죄의 외부관계에서 내란죄를 교사 · 방조하는 행위는 불가능하다. 내란죄를 교사 · 방조하는 행위는 적어도 모의참여자 · 지휘자 · 중요임무종사자에 해당하기 때문이다. 즉 이들은 모두 내란죄의 집합 내부에 있는 자들이다. 오히려 본죄는 일반적인 인과관계의 관점에서 방조행위 조차 인정되기 어려운 부화수행자나 단순관여자에 이르기까지 내란죄의 정범범위를 확장시키고 있다. 이러한 점에서 본죄는 과실범과 동일한 확장적 정범개념설[5]의 입장에서 규정된 죄로 이해될 수 있다. 즉 본죄는 외부관계에서의 관여행위까지도 내란의 집합에 관여한 자로서 모두 포괄하여 본죄의 정범으로 규정하고 있다.

이에 반하여 본죄의 외부관계에서도 총칙상의 공범규정의 적용이 가능하다는 것이 학설의 일반적인 입장이다(통설). "본조가 교사 · 방조까지 예상한 규정이라고 볼 수는 없으며, 본죄의 선동 · 선전을 처벌하는 규정(제90조 제2항)이 본죄의 교사 · 방조를 처벌하지 않겠다는 규정으로 해석될 수 없다"는 것을 이유로 한다. 적극설에 의하면 내란단체 밖에서 자금 · 식량 · 무기지원의 형식으로 그 실행을 용이하게 하는 방조가 가능하다고 한다.

그러나 자금 · 식량 · 무기지원 등의 행위는 본조 제2호의 중요임무종사자에 해당한다. 물론 무기 등의 지원자가 내란의 목적이 없는 경우는 본죄의 중요임무종사자에 해당할 수 없다. 또한 정범의 범행목적을 알지 못하고 무기 등을 지원한 자는 본죄의 방조범도 될 수가 없다.[6] 방조의 고의가 인정될 수 없기 때문이다. 문제는 정범의 내란목적을 알고 있지만 자신의 입장에서는 내란의 목적이 없는 경우이다. 그러나 이러한 경우는 현실적으로 존재할 수 없다. 본죄의 목적을 일반 목적범에서의 개별적인 목적과 동일하게 해석할 수는 없기 때문이다. 여기서는 개별관여자의 목적이 문제되는 것이 아니라, 전체행위로서의 폭동의 목적이 문제되는 것이다. 이는 특히 부화수행자 · 단순관여자의 경우에 의미가 있다. 따라서 전체폭동의 목적이 내란이라는 사실을 알고 관여하는 자에게는 내란목적이 부정될 수 없다. 따라서 적극설인 통설의 입장은 타당하다고 할 수 없다.

---

5) 이에 관하여는 이정원/류석준, 형법총론, '제2편, 제6장, 제1절, 2-1-1. 확장적 정범개념설' 참조.

6) 이때는 구체적인 경우에 따라 개별적인 살인 · 상해 · 손괴 · 강도 · 방화 · 폭발물파열 · 폭행 · 협박 · 공무집행방해 등에 대한 방조죄가 성립할 수 있을 뿐이다.

적극설의 입장에서 자신은 폭동에 가담할 의사 없이 타인에게 폭동가담을 권유하는 경우 내란 단순가담죄의 교사범이 가능하다는 견해[7]가 있다. 그러나 이 경우는 이미 단순관여자 내지 주요임무종사자로서 폭동에 가담한 것이며, 전체범행이 실행착수 이전인 경우에 한하여 제90조 제2항의 선전 · 선동죄에 해당할 수 있을 뿐이다. 또한 본죄는 간접정범에 의한 실현이 가능하다는 견해[8]가 있다. 대법원[9]도 동일한 관점에서 "비상계엄 전국확대가 국무회의의 의결을 거쳐 대통령이 선포함으로써 외형상 적법하였다고 하더라도 … 이는 국헌문란의 목적을 달성하기 위하여 그러한 목적이 없는 대통령을 이용하여 이루어진 것이므로 피고인들이 간접정범의 방법으로 내란죄를 실행한 것으로 보아야 할 것"이라고 판시하고 있다. 그러나 이는 행위자가 직접 실현한 전체 내란범죄의 부분일 뿐이다. 즉 제91조의 국헌문란의 목적에 해당하는 행위일 뿐이다. 이 부분만을 따로 떼어내어 보충적 형태인 간접정범을 인정한 것은 너무나 자의적이다. 대법원은 1개의 내란죄에 대해서 몇 개의 내란죄를 인정하려는 것인지 의문이다.

소극설[10]은 "본죄가 집단범죄의 특질을 고려하여 집단적 행동에 관여한 자를 일정한 양태와 정도에 따라 그 형을 구별하여 규정한 이상 법률이 규정한 이외의 관여행위는 처벌 외에 둔다는 취지이므로, 단독범을 전제로 한 총칙의 공범규정은 적용될 여지가 없다"고 한다. 결론에 있어서 소극설은 타당하다. 그러나 본죄는 '법률이 규정한 이외의 관여행위를 처벌 외에 둔다는 취지'의 규정이 아니라, 모든 관여행위를 본죄의 집합범위 안에 둠으로써 정범으로 처벌하는 규정이라고 해야 한다.

2-3. 행 위

본죄의 행위는 폭동하는 것이다. 여기서의 폭동은 개별적 행위를 의미하는 것이 아니라 전체적 행위를 의미한다. 즉 본죄의 폭동은 다수인의 결합된 폭행 · 협박을 의미한다. 여기서 폭행 · 협박은 최광의의 폭행 · 협박, 즉 물건에 대한 유형력의 행사를 포함하는 일체의 유형력의 행사나 외포심을 생기게 하는 해악의 고지를 말한다. 경우에 따라서는 태업 · 파업 · 시위도 본죄의 폭행 · 협박에 해당할 수 있다. 비상계엄의 전국확대조치도 본죄의 협박(폭동)에 해당한다.[11] 다만 본죄의 보호목적의 관점에서 폭행 · 협박은 한 지방의 평온을 해할 정도에 이르러야 한다. 이 정도에 이르지 못한 경우는 본죄의 미수에 해당한다. 또한 폭행 · 협박은 내란목적의 수단이어야 한다. 내란목적과 관련이 없는 폭행 · 협박은 본죄의 폭동에 해당하지 않는다.

폭동에 수반하여 저질러지는 살인 · 상해 · 약탈 · 손괴 · 방화 · 일수 · 폭발물파열행위 등은 내란

---

7) 오영근, 644면; 이영란, 734면; 정성근/박광민, 935면; 정영일, 400면.

8) 권오걸, 965면; 김성돈, 713면; 오영근, 내란죄의 간접정범과 간접정범의 본질, 형사판례연구 10, 285면 이하.

9) 대법원 1997.4.17., 96도3376.

10) 김일수, 한국형법 Ⅳ, 800면; 김일수/서보학, 746면.

11) 대법원 1997.4.17., 96도3376.

목적의 수단에 불과하므로 흡수관계에 의한 법조경합이 인정된다.[12] 판례[13]도 동일한 입장이다. 이에 반하여 "이들 행위들이 내란에 반드시 수반되지는 않으며, 또한 그 보호법익도 내란죄와 달리한다"는 것을 이유로 본죄와의 상상적 경합을 인정하는 견해[14][15]가 있다. 그러나 제88조 제2호 제2문은 '살상, 파괴 또는 약탈의 행위를 실행한 자'를 중요임무종사자와 동일하게 처벌하고 있으며, 중요임무종사자의 법정형도 살인죄와 동일하게 규정하고 있다. 즉 '살상 · 파괴 · 약탈행위'는 제88조 제2항 제2문의 죄에 포함될 수밖에 없다. 따라서 이 경우에는 흡수관계에 의한 법조경합을 인정해야 한다. 다만 내란의 목적과 관계없는 살인 등의 행위는 경우에 따라 본죄와 상상적 경합 또는 실체적 경합이 인정될 수 있다.

2-4. 주관적 구성요건

본죄는 주관적 구성요건으로서 고의 외에 국토를 참절하거나 국헌을 문란할 목적을 요하는 목적범이다.

국토참절의 목적은 대한민국의 영토주권의 전부나 일부를 배제하는 영토내란의 목적을 말한다. 영토를 외국에 양도하거나 영토의 전부나 일부를 분리하여 지배하려는 목적 등이 여기에 해당한다.

국헌문란의 목적은 헌법의 기본질서를 파괴하려는 헌법내란의 목적을 말한다. 국헌문란에 관하여 형법 제91조는 '헌법 또는 법률이 정한 절차에 의하지 아니하고 헌법 또는 법률의 기능을 소멸시키려는 것(동조 제1호)'과 '헌법에 의하여 설치된 국가기관을 강압에 의하여 전복 또는 그 권능행사를 불가능하게 하는 것(동조 제2호)'으로 규정하고 있다. 전자는 헌법의 민주적 기본질서에 의한 국가의 통치작용을 파괴하는 것이고, 후자는 제도로서의 헌법기관의 존속 및 기능을 파괴하는 것이다. 결국 제도로서의 헌법기관의 존속 및 기능을 파괴하는 것은 헌법의 민주적 기본질서에 의한 국가의 통치작용을 파괴하는 하나의 예시라고 할 수 있다.[16] 예컨대 권력분립제도, 복수정당제도, 선거제도 등을 파괴하려는 목적이 여기에 해당한다.

본죄의 목적은 일반 목적범에서의 개별적인 목적과 동일하게 해석할 수 없다. 여기서는 개별관여자의 목적이 문제되는 것이 아니라, 전체행위로서의 폭동의 목적이 문제되기 때문이다. 이는 특히 부화수행자 · 단순관여자의 경우에 의미가 있다. 따라서 전체폭동의 목적이 내란이라는 사실을 인식하고 본죄에 관여하는 자에게는 내란목적이 인정되어야 한다. 목적달성의 여부는 본죄의 성립에 영향을 주지 않는다.

---

12) 권오걸, 966면; 김성돈, 714면; 김일수/서보학, 745면; 배종대, 585면; 손동권/김재윤, 731면 이하; 오영근, 642면; 이영란, 731면; 이형국, 722면; 임웅, 854면; 정성근/박광민, 936면; 정영일, 399면; 진계호/이존걸, 957면.

13) 대법원 1997.4.17., 96도3376.

14) 김성천/김형준, 771면; 김일수, 한국형법 IV, 801면; 박상기, 605면; 이재상/장영민/강동범, 674면; 조준현, 749면.

15) 대법원 1953.2.26., 4285형상139; 동취지, 대법원 1997.4.17., 96도3376.

16) 이재상/장영민/강동범, 675면 이하.

3. 내란목적 살인죄

본죄는 국토를 참절하거나 국헌을 문란할 목적으로 사람을 살해함으로써 성립하는 범죄이다. 본죄의 성질에 관하여는 학설의 대립이 있다.

내란목적에 의한 ① 일반살인죄의 가중적 구성요건으로 보는 견해[17]와, ② 폭동의 군중심리에 수반된 우발적 살인이 제87조 제2호에 해당하는데 반하여 폭동에 수반되지 않고 별개로 행하여진 계획적인 살인을 무겁게 처벌하기 위한 규정이라는 견해[18] 및 ③ 요인암살을 내용으로 하는 내란죄의 독립된 유형이라는 견해[19]의 대립이 그것이다. 이러한 문제점은 본죄의 '국토를 참절하거나 국헌을 문란할 목적'의 명백한 규명을 통하여 밝혀질 수 있다.

본죄의 내란목적은 전체폭동행위의 목적이라기보다, 개별행위자의 개별행위에 대한 목적으로 해석된다. 제87조 제2호 제2문의 살상행위가 있음에도 본죄를 특별히 규정한 것은 본죄가 제87조 제2호 제2문과 다른 살인행위라는 것을 의미하는 것이다. 즉 내란의 폭동행위시에 사람을 살해하는 행위와 본죄의 살인행위는 목적에 의한 행위반가치에서 차이를 갖는다. 따라서 내란의 폭동행위시에 사람을 살해한 경우에도 폭동의 일환으로 사람을 살해한 때에는 제87조 제2호 제2문의 내란죄가 성립하며, 내란목적을 위한 살인의 경우에만 내란죄와 본죄의 상상적 경합이 인정될 수 있다. 여기서 내란목적을 위한 살인이란 당해 피해자의 살해가 내란의 목적 내지 내란의 필수적 요건이 되는 경우를 말한다. 따라서 본죄의 행위시점도 폭동의 전 · 후가 문제되지 않는다. 예컨대 내란의 준비단계에서도 내란목적으로 사람(요인)을 살해한 경우는 본죄와 내란예비죄의 상상적 경합을 인정하여야 한다.[20] 이러한 관점에서 본죄를 ③요인암살을 내용으로 하는 내란죄의 독립적 유형이라고 해석하는 견해가 타당하다. ②의 견해도 동일한 관점을 토대로 하지만, 행위객체를 요인에 국한시키지 않는 결함이 있다. 즉 내란목적으로 요인을 체포하려는 과정에서 저항하는 초병 · 경비원을 살해한 행위는 본죄의 적용범위에서 제외되어야 한다.

> 판례[21]는 광주진입에서의 시민살상행위를 본죄로 판단하였으나 타당하다고 볼 수 없다. 이는 내란목적의 폭동행위이며, 이 과정에서 시민을 살상한 행위는 제87조 제2호 제2문에 해당한다. 판례에 의한다면 대부분의 내란죄에서는 살인행위를 항상 염두에 두어야 할 것이므로 본죄와 내란죄는 중첩될 수밖에 없다. 즉 경한 죄에 거의 필연적으로 수반되는 중한 죄를 인정하는 결과가 된다. 이러한 관점은 본조를 특별하게 규정한 취지에 반한다. 또한 제87조

17) 배종대, 587면; 이재상/장영민/강동범, 676면 이하; 정성근/박광민, 938면; 조준현, 750; 진계호/이존걸, 959면.

18) 권오걸, 967면; 김성돈, 714면 이하; 김성천/김형준, 772면 이하; 손동권/김재윤, 732면; 오영근, 646면; 이영란, 735면; 이형국, 724면; 임웅, 858면.

19) 김일수/서보학, 748면; 박상기, 607면; 정영일, 401면.

20) 동지, 김일수, 한국형법 Ⅳ, 803면.

21) 대법원 1997.4.17, 96도3376.

제2호 제2문의 규정을 거의 무의미하게 만드는 결과가 된다.

본죄의 행위객체는 사람이다. 다만 본죄는 내란목적에 의한 살인이므로, 여기서의 사람은 당해 피해자의 살해가 내란의 목적 내지 내란의 필수적 요건이 되는 경우이어야 한다. 예컨대 3부요인, 정당지도자, 주요당직자, 군수뇌부요인 등을 말한다. 이러한 요인을 살해하기 위하여 경비원 · 경호원을 살해한 경우는 본죄가 아니라 내란죄 또는 일반살인죄가 성립할 뿐이다. 본죄의 행위는 사람(요인)을 살해하는 것이며, 행위의 시점은 폭동의 전 · 후를 불문한다.

4. 내란예비 · 음모 · 선동 · 선전죄

내란예비 · 음모죄는 내란죄 또는 내란목적 살인죄를 범할 목적으로 예비 또는 음모함으로써 성립하는 범죄이다(제90조 제1항). 다만 그 목적한 죄의 실행에 이르기 전에 자수한 때에는 그 형을 감경 또는 면제한다(제1항단서). 내란죄 또는 내란목적 살인죄를 범할 것을 선동 또는 선전하는 경우에도 내란예비 · 음모죄와 동일하게 처벌된다(동조 제2항).

내란예비 · 음모 · 선동 · 선전죄는 일반 예비죄와는 다른 특징을 갖는다. 즉 다중에 의한 내란의 실행착수와 동시에 내란예비 · 음모 · 선동 · 선전행위자는 폭동에의 참여 여부에 관계없이 모의참가자 내지 중요임무종사자(제87조 제2호)가 된다. 반면에 본죄는 부화수행 · 단순참가에 의한 내란죄의 예비행위를 포함하지 않는다. 결국 본죄는 일반적인 예비죄(발현범죄)가 아니라, 전체내란행위를 준비하는 수괴 · 모의참가자 · 중요임무종사자들의 내란준비행위를 특별하게 처벌하는 독립된 범죄라고 해석하여야 한다. 따라서 일반 예비죄에서 교사 · 방조가 불가능한 것과는 달리,[22] 본죄에 대하여는 방조의 성립이 가능하다고 보여 진다. 예컨대 내란모의를 위한 단순한 연락 등이 여기에 해당한다. 그러나 본죄에 대한 교사는 불가능하다. 이미 제87조와 제88조의 죄를 범할 목적으로 다른 사람에게 준비를 교사하는 행위는 그 자체가 본죄의 예비 · 음모행위에 해당하고, 교사자는 제87조의 의미에서 최소한 중요임무종사자에 해당하기 때문이다.

22) 이에 관하여는 이정원/류석준, 형법총론, '제2편, 제5장, 제5절, 2-4. 예비죄는 수정적 구성요건?' 참조.

제2절 외환의 죄

1. 외환의 죄 일반론

1-1. 의 의

외환의 죄란 외환을 유치하거나 적국과 합세하여 대한민국에 항적하거나 적국에 인적 · 물적 이익을 제공하여 국가의 안전을 위태롭게 하는 것을 내용으로 하는 범죄를 말한다. 본죄는 내란의 죄와 같이 국가의 존립을 보호하려는 국가보호형법이다. 다만 외부로부터 국가의 존립 내지 안전을 위태롭게 하는 범죄라는 점에서 내란의 죄와 구별된다. 따라서 외환의 죄의 보호법익은 국가의 외적 안전이라고 할 수 있다. 일부 학설[23] 은 외환의 죄를 구체적 위험범으로 해석한다. 그러나 외환의 죄에서는 국가의 존립(외적안전)에 대한 구체적 위험을 구성요건요소로서 요구하고 있지 않다. 따라서 외환의 죄는 대한민국에 대한 외부로부터의 공격행위 자체를 국가의 존립에 대한 위태로운 행위로 간주하는 추상적 위험범으로 해석하여야 한다.[24] 외환의 죄에 대하여는 외국인의 국외범도 형법의 적용을 받는다(제5조 제2호).

1-2. 구성요건의 체계

[외환의 죄]

[외환의 죄]
외환유치죄: 제92조; 여적죄: 제93조; 이적죄: 제94조 내지 제97조, 제99조; 간첩죄: 제98조;
전시군수계약불이행죄: 제103조

[이적죄]
기본적 구성요건 – 일반이적죄: 제99조
가중적 구성요건 – 모병이적죄: 제94조; 시설제공이적죄: 제95조; 시설파괴이적죄: 제96조;
물건제공이적죄: 제97조

미수범: 제100조 (제92조 내지 제99조에 대하여)
예비·음모·선동·선전죄: 제101조 (제92조 내지 제99조에 대하여); 자수: 제101조 제1항 단서
준적국: 제102조 (제93조 내지 제101조에 대하여)
– 대한민국에 적대하는 외국과 외국인 단체의 적국 간주
동맹국에 대한 행위에의 준용: 제104조 (본장의 죄에 대하여)

---

23) 김일수/서보학, 752면; 배종대, 588면; 정성근/박광민, 931면; 진계호/이존걸, 962면.
24) 동지, 권오걸, 968면; 김성돈, 718면; 김성천/김형준, 775면; 오영근, 648면; 이영란, 738면; 임웅, 863면; 정영일, 402면; 조준현, 751면.

외환의 죄는 각각 독립된 범죄유형인 제92조의 외환유치죄, 제93조의 여적죄, 이적죄(제94조 내지 제97조, 제99조), 제98조의 간첩죄, 제103조의 전시군수계약불이행죄로 구성되어 있다.

이적죄의 기본적 구성요건은 제99조의 일반이적죄이다. 이에 대하여 제94조의 모병이적죄, 제95조의 시설제공이적죄, 제96조의 시설파괴이적죄와 제97조의 물건제공이적죄는 각각 행위방법에 의하여 불법이 가중된 가중적 구성요건에 해당한다.

간첩죄나 전시군수계약불이행죄도 넓은 의미의 이적죄에 해당되나 행위방법의 특수성에 의하여 각각 독립적 구성요건으로 해석된다.

제100조는 전시군수계약불이행죄를 제외한 모든 외환의 죄에 대하여 그 미수범을 처벌하며, 제101조에 의하여 실행착수 이전의 예비 · 음모 · 선동 · 선전죄도 처벌된다. 예비 · 음모행위를 한 자가 그 목적한 죄의 실행에 이르기 전에 자수한 때에는 그 형을 감경 또는 면제한다(제101조 제1항 단서).

> 그러나 본장의 죄에서 미수범을 처벌하는 것은 법이론적으로 문제가 있다. 외환유치죄 · 이적죄 · 간첩죄 · 전시군수계약불이행죄 모두가 추상적 위험범일 뿐 아니라 순수한 거동범으로 해석되며, 이들 구성요건적 행위에서 미수를 인정할 만한 간격을 발견할 수 없기 때문이다.

여적죄 · 이적죄 · 간첩죄에 대하여는 대한민국에 적대하는 외국과 외국인의 단체가 적국으로 간주된다(제102조: 준적국). 또한 본장의 죄는 동맹국에 대한 행위에 대하여도 준용된다(제104조: 동맹국).

2. 외환유치죄

본죄는 외국과 통모하여 대한민국에 대하여 전단을 열게 하거나 외국인과 통모하여 대한민국에 항적함으로써 성립하는 범죄이다. 여기서 전단을 열게 하는 것은 외국과의 전투행위를 개시하게 하는 것이다. 전단을 열게 함으로써 충분하며, 이로 인하여 대한민국의 존립에 대한 구체적 위험이 발생할 것을 요하지 않는다. 외국인과 통모하여 대한민국에 항적한다는 것은 외국인으로 하여금 대한민국을 공격하도록 하거나 또는 외국인과 합세하여 대한민국을 공격하는 것을 말한다. 외국인의 단체로 하여금 대한민국을 공격하도록 하거나 또는 외국인의 단체와 합세하여 대한민국을 공격하는 것도 여기에 포함된다. 물론 여기서 외국인의 단체는 대한민국에 적대적이지 아니한 단체를 의미한다. 대한민국에 적대적인 외국인의 단체로 하여금 대한민국을 공격하게 하는 것은 제102조의 준적국 규정에 의하여 본죄가 아니라 여적죄에 해당하기 때문이다.

본죄와 여적죄는 다음과 같이 구별된다. 본죄는 적대적이지 아니한 외국 또는 외국인이나 외국인의 단체로 하여금 대한민국을 공격하게 함으로써 새로이 외부로부터 환란을 일으키는 행위인 반면에, 여적죄는 적국 내지 준적국, 즉 이미 대한민국에 적대적인 외국이나 외국인의 단체와 합세하여 대한민국을 공격하는 행위이다.

3. 여적죄

본죄는 적국과 합세하여 대한민국에 항적함으로써 성립하는 범죄이다. 적국이란 국제법상 선전포고를 하고 전쟁을 치르는 상대국 뿐 아니라, 사실상 전쟁을 치루고 있는 상대국을 포함한다. 적국은 대한민국에 적대하는 외국 또는 외국인의 단체를 포함한다(제102조: 준적국). 본죄의 항적은 대한민국에 적대행위를 하는 것이다. 항적은 적국과 합세한 항적이어야 하며, 적국과 합세한 항적이란 적군의 편이 되어 항적하는 것이다. 그러나 강요된 경우에는 적국과 합세한 항적으로 볼 수 없다.

4. 이적죄

이적죄에는 모병이적죄, 시설제공이적죄, 시설파괴이적죄, 물건제공이적죄 및 일반이적죄가 있다.

모병이적죄는 적국을 위하여 모병하거나(제94조 제1항), 모병에 응함으로써(동조 제2항) 성립하는 범죄이다. 모병은 전투에 종사할 인원을 모집하는 것이다. 모병에 응하는 것은 자의에 의한 승낙이어야 한다. 본죄는 고의 외에 적국을 이롭게 할 이적의사를 요한다.

시설제공이적죄는 군대 · 요새 · 진영 또는 군용에 공하는 선박 · 항공기 기타 장소 · 설비 또는 건조물을 적국에 제공하거나(제95조 제1항), 병기 · 탄약 기타 군용에 공하는 물건을 적국에 제공함으로써(동조 제2항) 성립하는 범죄이다.

시설파괴이적죄는 '군대 · 요새 · 진영 또는 군용에 공하는 선박 · 항공기 기타 장소 · 설비'나 '병기 · 탄약 기타 군용에 공하는 물건'을 파괴함으로써 성립하는 범죄이다(제96조).

물건제공이적죄는 군용에 공하지 아니하는 병기 · 탄약 또는 전투용에 공할 수 있는 물건을 적국에 제공함으로써 성립하는 범죄이다(제97조).

일반이적죄는 외환유치죄, 여적죄, 모병 · 시설제공 · 시설파괴 · 물건제공이적죄와 간첩죄 이외에 대한민국의 군사상 이익을 해하거나 적국에 군사상 이익을 제공함으로써 성립하는 범죄이다. 본죄는 일반적으로 적국을 이롭게 하는 이적죄의 기본적 구성요건에 해당한다. 다만 본죄는 구성요건의 구조에 의하여 앞에서 열거한 죄에 대한 보충적 이적죄로 규정되어 있다. 예컨대 적국을 위하여 자금을 조달하거나 적국의 상황을 허위로 보고하여 대한민국의 작전계획을 잘못되게 하는 경우 또는 직무와 관련 없이 지득한 군사상 비밀을 적국에 누설하는 경우[25)]가 일반이적죄에 해당한다.

5. 간첩죄

본죄는 적국을 위하여 간첩하거나 적국의 간첩을 방조하거나(제98조 제1항) 또는 군사상 기밀을 적국에 누설함으로써 성립하는 범죄이다. 간첩죄는 간첩, 간첩방조 및 군사상 기밀누설의 3가지 형태로 성립한다. 반국가단체의 구성원 또는 그 지령을 받은 자가 그 목적수행을 위하여 간첩행위를 한 때에는 국가보안법 제4조 제1항 제2호의 적용을 받게 된다.

> 형법의 간첩죄는 적국을 위한 간첩으로 규정한 반면에 국가보안법상의 간첩죄는 반국가단체의 구성원이나 그 지령을 받은 자의 간첩행위를 규정하고 있다. 국가보안법이 북한집단을 위한 간첩죄 등을 고려한 입법이라는 점은 분명하지만, 법적 제재의 일반적 유효성의 관점에서 북한집단 이외의 반국가단체를 위한 간첩죄 등의 경우에도 당연히 국가보안법이 적용된다. 그런데 대한민국과 전쟁의 상대방인 적국이나 준적국을 위한 간첩의 경우에는 국가보안법의 적용을 배제하고 형법을 적용해야 하는 것은 이해할 수 없는 입법태도이다.

5-1. 간 첩

간첩이란 적국을 위하여 국가기밀을 탐지 · 수집하는 것을 말한다. 적국은 전쟁의 상대국을 말하며, 여기서의 전쟁은 국제법상 선전포고에 의한 전쟁 외에 사실상의 전쟁을 포함한다. 또한 대한민국에 적대하는 외국과 외국인의 단체도 적국으로 간주된다(제102조). 그러나 오늘의 우방이 내일의 적이 되는 현실에서 본죄가 적국이나 준적국을 위한 간첩행위만을 대상으로 하는 데에 대하여는 입법론적 재고를 필요로 한다.[26)]

5-1-1. 국가기밀

간첩행위의 객체는 국가기밀이다. 여기서 국가기밀이란 국가의 외적 안전을 위하여 적국에 대하여 비밀로 해야 할 사실이나 대상 또는 지식을 말한다.[27)] 따라서 국가기밀은 자국의 안전을 위하여 객관적으로 적국에 대하여 비밀을 유지할 이익의 관점에서 판단되어야 하며, 국가기밀이라는 표지나 국가의 비밀유지의사는 문제가 되지 않는다. 이에 따라 국가기밀은 정치 · 경제 · 사회 · 문화 등

25) 대법원 1982.7.13., 82도968; 대법원 1982.11.9., 82도2239; 대법원 1982.11.23., 82도2201.

26) 박상기, 614면; 임웅, 870면.

27) 독일형법 제93조 제1항은 "국가기밀은 오직 제한된 인적 범위에서만 접근이 가능한, 독일연방공화국의 외적 안전에 중대한 불이익의 위험을 피하기 위하여 타국에 대하여 비밀을 유지해야 할 사실 · 대상 또는 지식이다"라고 규정하고 있다.

각 방면에 걸쳐 국방정책상 적국에 알리지 아니하거나 확인되지 아니함을 자국의 이익으로 하는 모든 기밀사항을 포함한다.[28)]

5-1-2. 공지의 사실과 국가기밀

종래의 판례[29)]는 적국에 알리지 아니하거나 확인되지 아니함을 자국의 이익으로 하는 사실인 한 모든 공지의 사실을 국가기밀로 보았다. 그러나 공지의 사실은 비밀이 아닌 사실을 의미하므로 국가기밀에 해당하지 않는다고 보아야 한다(통설). 대법원도 전원합의체 판결[30)]로 "공지의 사실은 국가기밀에 해당하지 않는다"고 하여 종래의 태도를 변경하였다. 또한 이미 공지의 사실이라면 이를 수집하는 행위에 대하여 형법상의 불법을 인정할 수는 없다. 이를 처벌하는 것은 행위의 불법이 아니라 단순히 적국을 위한다는 행위자의 심정을 처벌하는 심정법학이 될 뿐이다. 다만 적국에 알리지 아니하거나 확인되지 아니함을 자국의 이익으로 하는 공지의 사실을 단순히 수집함에 그치지 아니하고 이를 적국에 제공하는 행위는 일반이적죄에 해당할 수 있다.

> 소위 모자이크이론은 "개별적으로 공지의 사실이라도 그것이 결합하여 비밀을 유지해야 할 새로운 전체형상이 된 때에는 국가비밀이 될 수 있다"는 이론이다.[31)] 물론 개개의 공지의 사실을 결합하여 만들어진 새로운 전체형상이 단순한 작업에 의하여 만들어진 경우에는 비밀에 해당할 수 없다. 이러한 전체사실은 누구나 단순한 작업에 의하여 간들 수 있는 사실이므로, 제한된 인적 범위에서만 접근이 가능한 비밀에 해당할 수 없기 때문이다.[32)] 그러나 이러한 전체사실이 기술적 · 정신적 수단에 의하여 만들어질 수 있는 경우는 제한된 인적 범위에서만 접근이 가능한 비밀에 해당하게 된다.[33)]

28) 대법원 1986.7.8., 86도861: "간첩죄에 있어서의 국가(군사)기밀이란 순전한 의미에서의 국가(군사)기밀에만 국한할 것이 아니고 정치 · 경제 · 사회 · 문화 등 각 방면에 걸쳐 북한괴뢰집단의 지 · 부지에 불구하고 국방정책상 위 집단에 알리지 아니하거나 확인되지 아니함을 우리나라의 이익으로 하는 모든 기밀사항을 포함한다."; 대법원 1994.4.15, 94도126; 대법원 1995.9.26, 95도1624; 대법원 1997.7.16, 97도985; 대법원 2003.6.24., 2000도5442; 대법원 2007.12.13., 2007도7257; 대법원 2013.7.26., 2013도2511.

29) 대법원 1995.9.26., 95도1624: "국가기밀이라 함은 그것이 국내에서의 적법한 절차 등을 거쳐 널리 알려진 공지의 사항이라도 북한에게는 유리한 자료가 되고 대한민국에게 불이익을 초래할 수 있는 것이면 국가기밀에 속한다."; 동지, 대법원 1987.9.8., 87도1446; 대법원 1991.3.12., 91도3; 대법원 1993.10.8., 93도1951; 대법원 1994.4.15., 94도126; 대법원 1994.5.24., 94도930.

30) 대법원 1997.8.1., 97도985 전원합의체판결 다수의견: "기밀은 정치, 경제, 사회, 문화 등 각 방면에 관하여 반국가단체에 대하여 비밀로 하거나 확인되지 아니함이 대한민국의 이익이 되는 모든 사실, 물건 또는 지식으로서, 그것들이 국내에서의 적법한 절차 등을 거쳐 이미 일반인에게 널리 알려진 공지의 사실, 물건 또는 지식에 속하지 아니한 것이어야 하고, 또 그 내용이 누설되는 경우 국가의 안전에 위험을 초래할 우려가 있어 기밀로 보호할 실질가치를 갖춘 것이어야 한다."; 대법원 1997.10.15., 97도1656; 대법원 2003.6.24., 2000도5442; 대법원 2007.12.13., 2007도7257; 대법원 2013.7.26., 2013도2511.

31) Vgl. Stree/Sternberg-Lieben, S-S StGB, § 93 Rdnr. 11 ff.

32) 다만 이러한 사실을 적국에 제공하는 행위는 제99조의 일반이적죄에 해당할 수 있다.

33) Vgl. Stree/Sternberg-Lieben, S-S StGB, § 93 Rdnr. 13 mwN.; Träger, LK StGB, § 93 Rdnr. 5; Rudolphi, SK StGB, § 93 Rdnr. 17.

5-1-3. 위법한 국가기밀

여기서의 국가기밀에는 일반적인 위법한 국가기밀도 당연히 포함된다. 간첩죄는 국가의 외적 안전을 보호하기 위한 죄이며, 기밀 자체를 보호하는 죄가 아니기 때문이다.[34] 그러나 독일형법 제93조 제2항은 "자유민주적 기본질서에 반하는 사실 또는 군비제한협정에서 독일의 협정상대국에 알리지 아니한 비밀의 사실은 국가기밀이 아니다"라고 규정하고 있다. 따라서 형법의 국가기밀의 개념에 대하여도 독일형법의 규정과 동일하게 해석할 수 있는지 문제된다. 이에 관하여 "국가기밀에는 위법한 국가기밀도 포함되지만, 국제사회의 평화와 안전에 중대한 위험이 될 위법한 국가비밀은 제외된다"는 견해[35]가 있다. 세계평화주의를 표방하는 우리 헌법체계에서 이러한 해석은 헌법합치적 해석이 될 수 있다. 그러나 국가의 존립은 헌법의 기본적인 전제가 되며, 명문의 규정도 없이 이러한 중대한 보호법익의 범위가 해석에 의하여 제한되어야 하는지에 대해서는 의문이 제기된다. 물론 독일형법과 같이 명문의 규정으로 국가기밀의 범위를 제한하는 것은 얼마든지 가능하지만, 명문의 규정도 없이 위법성의 정도에 따라 국가기밀의 범위를 제한할 수는 없다고 보아야 한다.[36]

5-1-4. 실행의 착수와 기수시기

간첩죄의 실행의 착수시기는 '간첩을 위하여 국내에 잠입 · 입국하였을 때'라고 보는 것이 일반적인 판례[37]의 입장이며, 이를 지지하는 견해[38]도 있다. 그러나 간첩의 목적으로 국내에 잠입 또는 상륙하는 것은 국가보안법상의 잠입죄에 해당하게 된다. 따라서 간첩행위는 국가기밀의 탐지나 수집행위를 개시함으로써 실행의 착수에 이르게 된다고 해석하여야 한다(통설). 과거에는 이와 동일한 입장의 판례[39] 도 있었다.

본죄는 국가기밀을 탐지 · 수집함으로써 기수에 이르게 되며, 탐지 · 수집한 국가기밀을 적국이나 지령자에게 전달할 것을 요하지 아니한다(통설). 판례[40]도 동일한 관점에서 탐지 · 수집한 국가기밀을 적국이나 지령자에게 전달하는 것을 본죄의 불가벌적 사후행위로 본다. 간첩은 적국을 위한 행위, 즉 적국에 대한민국의 국가기밀을 제공하기 위한 행위이어야 하기 때문에 이러한 통설과 판례의 입장은 일단 타당하다고 할 수 있다.

다만 법이론적으로는 간첩죄의 미수범을 인정하기가 곤란하다. 본죄는 추상적 위험범이며 순수

---

34) Stree/Sternberg-Lieben, S-S StGB, § 93 Rdnr. 12; Dreher/Tröndle, StGB, § 93 Rdnr. 4.; Rudolphi, SK StGB, § 93 Rdnr. 16.

35) 김일수, 한국형법 Ⅳ, 817면 이하; 동취지, 국제적 범죄행위를 방지하기 위한 경우라면 위법성의 조각을 인정할 수 있다는 견해로는 김성천/김형준, 784면.

36) 김성돈, 723면; 김일수/서보학, 757면; 배종대, 594면; 손동권/김재윤, 740면; 오영근, 656면; 이영란, 748면; 이재상/장영민/강동범, 687면; 정성근/박광민, 949면; 조준현, 760면; 진계호/이존걸, 970면.

37) 대법원 1963.11.7., 63도265; 대법원 1964.9.22., 64도290; 대법원 1984.9.11., 84도1381.

38) 김일수, 한국형법 Ⅳ, 818면; 정성근/박광민, 950면.

39) 대법원 1974.7.12., 74도2662: "간첩미수죄는 국가기밀을 탐지 · 수집하라는 지령을 받았거나 소위 무인포스트를 설정하는 것만으로는 부족하고 그 지령에 따라 국가기밀을 탐지 · 수집하는 행위의 실행의 착수가 있어야 성립된다."

40) 대법원 1974.7.26., 74도1477; 대법원 1982.11.23., 82도2201; 대법원 1982.2.23., 81도3063.

한 거동범일 뿐 아니라, 미수를 인정할 만한 간첩행위의 간격을 인정할 수도 없기 때문이다. 즉 국가기밀의 탐지나 수집행위의 완성을 기다려 본죄의 기수를 인정할 수는 없다. 따라서 국가기밀의 탐지나 수집행위를 개시하면 간첩행위를 한 것이고, 이 때 본죄의 기수를 인정해야 한다. 그 이전에는 본죄의 예비죄의 성립만이 가능하다고 해야 한다.

5-1-5. 이적의사와 편면적 간첩

본죄는 주관적 구성요건으로서 고의 외에 이적의사를 요한다. 따라서 처음부터 탐지 · 수집한 국가기밀을 적국에 전달할 의사(이적의사)가 없는 경우는 적국을 위한 행위가 아니므로 본죄의 구성요건 해당성을 결한다.

간첩죄에서의 이적의사와 관련하여 "간첩죄는 적국을 위한 것이어야 하므로 적국과의 의사의 연락을 요하며, 편면적 간첩은 있을 수 없다"는 것이 일반적인 학설의 입장이다(통설). 따라서 편면적 간첩은 간첩예비죄에 해당한다고 한다. 그러나 통설이 "간첩죄는 적국을 위한 것이어야 하므로 적국과의 의사의 연락을 요한다"고 이해하면서, 이적의사 없는 편면적 간첩행위를 간첩예비죄로 파악하는 것은 논리적 모순이라고 해야 한다. 이적의사가 없다면 간첩예비죄도 성립할 가능성이 없기 때문이다.

근본적으로 이적의사와 적국과의 의사의 연락은 관계가 없다. 간첩행위는 적국을 위한 국가기밀의 탐지 · 수집으로 충분하다고 해석되기 때문이다. 물론 간첩행위는 적국이나 또는 적국의 간첩에게 포섭되어 국가기밀을 탐지 · 수집하는 것이 일반적이다. 그러나 적국으로 잠입하려는 자가 적국과의 의사의 연락은 없었지만 적국을 위해서 국가기밀을 탐지 · 수집하는 행위에 대하여 본죄의 성립을 부정할 이유는 없다. 특히 동일한 조문에서 동일한 법정형으로 규정하고 있는 간첩방조죄와의 균형상[41] 간첩죄에 대해서만 적국과의 의사연락(적국의 지령)을 요구하는 것은 타당하다고 할 수 없다. 따라서 이적의사에 의한 편면적 간첩행위도 본죄에 해당한다고 해석하여야 한다.

> 반국가단체의 구성원 또는 그 지령을 받은 자가 그 목적수행을 위하여 간첩행위를 한 때에는 국가보안법 제4조 제1항 제2호의 적용을 받게 된다. 따라서 반국가단체를 위한 편면적 간첩행위는 국가보안법상의 간첩죄에 해당하지 않게 된다. 이는 국가보안법에서 입법론적인 재고를 요하는 부분이다. 또한 반국가단체를 위한 편면적 간첩행위의 경우는 형법 제98조 제1항의 간첩죄에도 해당하지 않게 된다. 북한을 적국으로 해석하여 이 경우 형법상의 간첩죄를 적용할 수 있을지라도, 북한 이외의 반국가단체를 위한 편면적 간첩행위에 대해서는 형벌

41) 제98조 제1항은 "적국을 위하여 간첩하거나 적국의 간첩을 방조한 자는 사형, 무기 또는 7년 이상의 징역에 처한다"고 규정하고 있다. 법문의 구조상 간첩이나 간첩방조는 "적국을 위한다"는 이적의사에 의한 행위로 충분하다고 해석된다. 간첩방조죄와는 달리 간첩의 경우에만 적국과의 의사연락(소위 지령)을 추가로 요구함으로써 그 가벌성의 범위를 좁히는 것은 타당한 해석이라고 할 수 없다.

의 공백이 나타나고 있다.

대법원[42)]은 "형법 제98조 제1항의 간첩이라 함은 적국을 위하여 적국의 지령 · 사주 기타 의사의 연락하에 군사상의 기밀사항 또는 도서 · 물건을 탐지 · 수집하는 것을 의미하는 것이므로 북괴의 지령 · 사주 기타의 의사의 연락이 없이 편면적으로 지득하였던 군사상의 기밀사항을 북괴에 납북된 상태하에서 제보한 행위는 위 법조 소정의 간첩죄에 해당하지 아니하고 다만 (구)반공법 제4조 제1항 소정의 반국가단체를 이롭게 하는 행위에 해당한다"고 판시하였다. 그러나 이 판례사안은 "편면적 간첩이 불가능하다"는 내용이 아니다. 여기서는 행위자가 평소 알고 있던 사실을 제보한 행위로서 국가기밀의 탐지 · 수집이 없었으므로 당연히 간첩죄에 해당하지 아니하고, 또한 제보한 사실도 직무상 지득한 사실이 아니므로 군사상의 기밀누설죄에도 해당하지 아니하는 사안이다.

5-2. 간첩방조

간첩방조는 적국의 간첩임을 알면서 그 실행을 용이하게 하는 일체의 행위를 말한다. 여기서의 방조행위는 국가기밀의 탐지 · 수집행위를 용이하게 하는 행위를 말한다. 따라서 간첩에게 숙식을 제공하거나,[43)] 간첩을 숨겨주거나,[44)] 무전기를 매몰할 때 망을 보아준 행위[45)]는 본죄의 간첩방조라 할 수 없다.

판례는 간첩죄의 실행의 착수시기를 '간첩을 위하여 국내에 잠입 · 입국하였을 때'라고 보는 입장에서 북괴의 대남공작원을 상륙[46)]시키거나 접선방법을 합의[47)]하는 것도 간첩방조에 해당한다고 본다. 이러한 행위들은 국가기밀의 탐지 · 수집행위를 용이하게 하는 행위로서 당연히 본죄에 해당한다. 따라서 판례의 입장은 타당하다. 다만 본범인 간첩죄가 미수인 한도에서는, 즉 국가기밀의 탐지 · 수집행위를 하기 이전에는, 이들 방조행위는 본죄의 기수가 아니라 미수에 불과할 뿐이다.

본죄의 간첩방조행위는 간첩행위와 대등한 독립된 범죄행위이므로, 총칙상의 방조범의 규정은 본죄에 적용되지 아니한다. 따라서 본죄에 대하여는 방조범의 형 감경이 인정되지 않는다.[48)] 또한 총칙상의 방조의 미수는 처벌되지 않지만, 본죄에 있어서는 그 미수죄가 처벌된다(제100조).

본죄의 방조행위는 간첩행위와 대등한 독립된 행위이므로, 미수의 판단기준도 본범의 기수 · 미

42) 대법원 1975.9.23., 75도1773.
43) 대법원 1986.2.25., 85도2533.
44) 대법원 1979.10.10., 75도1003.
45) 대법원 1983.4.26., 83도416.
46) 대법원 1961.1.27., 4293형상807.
47) 대법원 1971.9.28., 71도1333.
48) 대법원 1959.6.12., 4292형상131; 대법원 1971.9.28., 71도1333; 대법원 1986.9.23., 86도1429.

수와 관계없이 방조행위 자체를 기준으로 판단하는 것이 일반적인 학설의 입장이다(통설).

일반적으로 방조행위 자체의 미완성(미수)은 생각하기 곤란하다. 방조 개념의 광범위성에 의하여 의도한 방조행위를 완전하게 제공하지 못한 미완성의 방조행위라도 완전한 방조행위(기수)로 인정될 수 있기 때문이다. 다만 총칙상의 방조범에서는 본범의 범죄행위와 인과관계가 인정되지 않는 경우 불가벌인 방조의 미수에 불과하지만, 본죄에서는 간첩행위와의 인과관계의 유무에 의하여 기수와 미수가 구별될 수 있다. 일반적으로 본죄의 미수는 인과관계가 부정되는 방조행위의 경우에 특히 의미를 가진다. 즉 간첩방조행위가 본범인 간첩죄에 도움이 되지 못한 경우를 간첩방조기수죄로 처벌할 수는 없다. 또한 이론적으로는 본범의 간첩죄가 미수에 그친 경우라면 그 방조행위만을 기수로 판단할 수가 없다. 이 경우에도 간첩행위에 대한 방조행위의 인과관계를 인정할 수 없기 때문이다. 다만 이 책에서는 간첩죄의 미수를 인정하지 않는 입장이다.[49]

5-3. 군사상의 기밀누설

군사상의 기밀누설은 군사기밀임을 알면서 이를 적국에 알리는 것이다. 본죄는 직무와 관련하여 지득한 군사상의 기밀을 누설함으로써 성립하는 신분범으로 해석된다. 따라서 직무와 관련 없이 지득한 군사상의 기밀을 누설한 때에는 일반이적죄에 해당할 뿐이다.[50]

6. 전시군수계약불이행죄

본죄는 전쟁 또는 사변에 있어서 정당한 이유 없이 정부에 대한 군수품 또는 군용공작물에 관한 계약을 이행하지 않거나(제103조 제1항) 계약이행을 방해함으로써(동조 제2항) 성립하는 범죄이다. 이 죄에 대하여는 단순한 사법상의 계약위반을 처벌한다는 점에서 통설에 의한 비판이 제기되고 있다. 입법론적으로는 군수계약이행방해죄만을 규정하는 것이 타당하다고 생각한다.

49) 이에 관하여는 상기 '제3편, 제1장, 제2절, 5-1, (4) 실행의 착수와 기수시기' 참조.

50) 대법원 1974.8.20., 74도479; 대법원 1982.7.13., 82도968.

제3절 국기에 관한 죄

1. 국기에 관한 죄 일반론

국기에 관한 죄란 대한민국을 모욕할 목적으로 국기 또는 국장을 손상 · 제거 · 오욕 또는 비방하는 것을 내용으로 하는 범죄이다. 형법은 국기에 관한 죄로 제105조의 국기 · 국장모독죄와 제106조의 국기 · 국장비방죄를 규정하고 있다.

국기에 관한 죄의 보호법익은 국가의 권위 내지 체면이라고 할 수 있으며, 추상적 위험범으로 해석된다. 국기에 관한 죄를 구체적 위험범으로 해석하는 견해[51)]가 있으나, 타당하다고 할 수 없다. 국기에 관한 죄에서는 국가의 권위 내지 체면에 대한 구체적 위험을 구성요건요소로서 요구하고 있지 않기 때문이다. 국기에 관한 죄는 국기 또는 국장을 손상 · 제거 · 오욕 또는 비방하는 행위 자체를 국가의 권위 내지 체면을 위태롭게 하는 행위로 간주하는 추상적 위험범으로 해석하여야 한다.[52)] 국기에 관한 죄에 대하여는 외국인의 국외범도 형법의 적용을 받는다(제5조 제3호).

2. 국기에 관한 죄

2-1. 국기 · 국장모독죄

본죄는 대한민국을 모욕할 목적으로 국기 또는 국장을 손상 · 제거 또는 오욕함으로써 성립하는 범죄이다. 본죄는 대한민국을 모욕할 목적을 요하는 목적범이다.

본죄의 객체는 대한민국의 국기 또는 국장이다. 국기는 국가의 권위를 상징하기 위하여 일정한 형식에 따라 제작된 기를 말하며, 국장은 국가를 상징하는 국기 이외의 휘장을 말한다. 나라의 문장 뿐 아니라 군기나 대사관 · 공관의 휘장도 국장에 포함되며, 공용의 국기 · 국장 뿐 아니라 개인적으로 사용되는 국기 · 국장도 포함된다. 국기 · 국장의 소유권은 문제가 되지 않는다.

본죄의 행위는 손상 · 제거 또는 오욕하는 것이다. 손상이란 물질적인 파괴 내지 훼손을 의미한다. 먹물을 뿌려 국기 · 국장을 훼손하는 경우도 손상에 해당한다. 제거는 국기 · 국장 자체를 훼손하지 않고 이를 철거하거나 차단하는 것을 말한다. 오욕은 국기 · 국장을 불결하게 하는 일체의 행위를 말한다. 오물을 뿌리거나 방뇨하는 경우 뿐 아니라 침을 뱉는 경우나 발로 짓밟는 행위도 포함

51) 권오걸, 980면; 배종대, 596면; 손동권/김재윤, 745면; 이재상/장영민/강동범, 691면; 이형국, 740면; 정성근/박광민, 952면; 정영일, 412면; 진계호/이존걸, 949면.

52) 동지, 김성돈, 727면; 오영근, 661; 이영란, 753면; 임웅, 878면.

된다. 본죄가 구체적 위험범이라는 전제에서 "손상 · 제거 · 오욕은 대한민국의 권위와 체면을 손상시킬 정도에 이를 것을 요한다"는 견해[53]가 있으나, 타당하다고 할 수 없다. 만약 대한민국의 권위와 체면을 손상시킬 정도에 이른 경우에 본죄가 성립할 수 있다면, 본죄는 구체적 위험범이 아니라 침해범이어야 한다. 본죄는 국기 또는 국장을 손상 · 제거 · 오욕하는 행위 자체를 국가의 권위 내지 체면을 위태롭게 하는 행위로 간주하는 추상적 위험범으로 해석하여야 한다.

본죄는 주관적 구성요건으로서 고의 외에 '대한민국을 모욕할 목적'을 요한다. 목적달성의 여부는 본죄의 성립에 영향을 주지 못한다.

2-2. 국기 · 국장비방죄

본죄는 대한민국을 모욕할 목적으로 국기 또는 국장을 비방함으로써 성립하는 범죄이다. 국기 · 국장모독죄가 물질적 · 물리적으로 국기 또는 국장을 모독하는 경우임에 반하여, 본죄는 의사표시의 방법으로 국기 또는 국장을 모독하는 경우이다. 예컨대 언어나 거동 또는 문장이나 그림 등의 방법으로 모욕의 의사를 표현하는 것이다.

---

53) 권오걸, 981면; 배종대, 597면; 손동권/김재윤, 745면; 이재상/장영민/강동범, 691면; 이형국, 740면; 정성근/박광민, 954면; 진계호/이존걸, 951면.

제4절 국교에 관한 죄

1. 국교에 관한 죄 일반론

1-1. 의 의

국교에 관한 죄는 대한민국과 외국의 외교관계, 즉 대한민국의 평화로운 국제관계를 위태롭게 하는 범죄이다. '국교에 관한 죄'의 보호법익에 대하여는 '대한민국의 대외적 안전과 지위'라는 견해,[54] '국제법상의 의무에 기한 외국의 법익'이라는 견해[55]가 있으나, 외국의 이익과 대한민국의 대외적 지위 모두를 보호법익이라는 것이 일반적인 학설의 입장이다(통설). 이에 따라 국교에 관한 죄는 이중의 보호목적 내지 이중의 보호의무를 가진 범죄라고 할 수 있다. 국교에 관한 죄는 대한민국의 평화롭고 원만한 외교관계를 보호하기 위한 죄이므로, 대한민국의 평화롭고 원만한 외교관계가 국교에 관한 죄의 보호법익이 된다. 즉 대한민국과 외국의 평화롭고 원만한 관계를 형성하고 유지하기 위하여 양측 모두의 대외적 지위가 국교에 관한 죄를 통하여 보호되고 있다.

1-2. 구성요건의 체계

[국교에 관한 죄]

[외국원수 · 사절 및 국기에 관한 죄]
외국원수에 대한 폭행 · 협박 · 모욕 · 명예훼손죄: 제107조 제1항, 제2항
외교사절에 대한 폭행 · 협박 · 모욕 · 명예훼손죄: 제108조 제1항, 제2항
외국의 국기 · 국장모독죄: 제109조
반의사불벌죄: 제110조 (제107조 내지 제109조에 대하여)

[외국에 대한 사전 · 중립명령위반죄]
외국에 대한 사전죄: 제111조 제1항; 미수범: 동조 제2항;
예비 · 음모죄: 동조 제3항 본문 – 자수: 동조 제3항 단서
중립명령위반죄: 제112조

[외교상 비밀누설죄]
외교상 비밀누설죄: 제113조 제1항; 누설목적 외교상 비밀탐지 · 수집죄: 동조 제2항

54) 배종대, 598면.
55) 손동권/김재윤, 746면.

국교에 관한 죄는 외국원수 · 사절 및 외국의 국기에 관한 죄, 외국에 대한 사전 · 중립명령위반죄, 외교상 비밀누설죄의 3가지 유형으로 구성되어 있다. 제107조의 외국원수에 대한 폭행 · 협박 · 모욕 · 명예훼손죄, 제108조의 외국사절에 대한 폭행 · 협박 · 모욕 · 명예훼손죄와 제109조의 외국의 국기 · 국장모독죄는 첫번째 유형의 외국원수 · 외국사절 · 외국국기를 대상으로 하는 범죄에 해당한다.

외국원수 · 사절 및 국기에 관한 죄에 대하여는 그 외국정부의 명시한 의사에 반하여 공소를 제기할 수 없다(제110조). 제111조 제1항의 외국에 대한 사전죄와 제112조의 중립명령위반죄는 외국에 대한 국제적 의무위반 내지 평화를 침해하는 범죄유형이다. 외국에 대한 사전죄에 대해서는 그 미수범이 처벌되며(제111조 제2항), 예비죄도 처벌된다(제111조 제3항 본문). 예비 · 음모행위를 한 자가 그 목적한 죄의 실행에 이르기 전에 자수한 때에는 그 형을 감경 또는 면제한다(제111조 제3항 단서). 제113조 제1항의 외교상 비밀누설죄와 동조 제2항의 누설목적 외교상 비밀탐지 · 수집죄는 외교비밀을 대상으로 하는 범죄에 해당한다.

2. 외국원수 · 사절 및 국기에 관한 죄

2-1. 외국원수 폭행등 죄

본죄는 대한민국에 체재하는 외국원수에 대하여 폭행 또는 협박하거나(제107조 제1항), 모욕을 가하거나 명예를 훼손함으로써(동조 제2항) 성립하는 범죄이다. 일반적으로는 본죄를 폭행 · 협박 · 모욕 · 명예훼손죄의 가중적 구성요건으로 이해하고 있다(통설). 그러나 본죄의 기본적인 보호법익은 '대한민국의 평화롭고 원만한 외교관계'이므로 폭행 · 협박 · 모욕 · 명예훼손죄와는 다른 독립된 구성요건으로 이해하여야 한다. 즉 본죄는 대한민국과 외국의 평화롭고 원만한 관계를 위태롭게 하는 범행의 수단으로 대한민국에 체재하는 외국원수에 대하여 폭행 · 협박 · 모욕 · 명예훼손죄를 범한다는 점에서 결합범의 성격을 가진 범죄로 파악해야 한다.[56]

본죄에 대하여 대한민국의 원수에 대한 폭행죄 등의 경우를 가중처벌하지 않는 것과 비교하여 평등의 관점에서 입법론적 의문을 제기하는 견해[57]가 있다. 그러나 대한민국의 원수에 대하여 폭행하는 경우는 대한민국과 외국의 평화롭고 원만한 관계를 위태롭게 하는 법익의 위태화가 존재하지 않으므로 단순폭행 등의 불법만이 인정될 뿐이다.[58]

본죄의 객체는 대한민국에 체재하는 외국의 원수이다. 반드시 대한민국과 정식 외교관계가 수립

56) 예컨대 강요죄 등이 폭행 · 협박죄의 가중적 구성요건은 아니다.

57) 김일수, 한국형법 Ⅳ, 831면.

58) 동취지, 정영일, 415면.

된 국가의 원수일 필요는 없다. 원수는 그 나라의 헌법에 의하여 국가를 대표하는 자를 말한다. 따라서 대통령이나 군주는 여기에 해당하지만 내각책임제에서의 수상은 본죄의 객체에 해당하지 않는다.

본죄의 행위는 폭행 · 협박 · 모욕 또는 명예훼손이다. 폭행 · 협박은 폭행죄나 협박죄의 그것과 같다(통설).[59] 다만 모욕은 공연성을 요하지 않는다는 점에서 모욕죄와 차이가 있다. 본죄의 명예훼손의 경우에도 공연성을 요하지 않는다는 것이 일반적인 학설의 입장이다(통설). 그러나 공연성이 배제되면 명예훼손이 아니라 모욕에 불과하므로 명예훼손의 경우에는 공연성이 요구된다고 해야 한다.

> 본죄는 폭행 · 협박 · 모욕 · 명예훼손죄와는 독립된 구성요건이므로, 피해자의 명시적 의사(제260조 제3항, 제283조 제3항, 제312조 제2항)나 고소(제312조 제1항)와 관계없이 공소가 제기될 수 있다. 또한 제310조의 위법성 조각사유도 적용될 수 없다. 다만 본죄는 반의사불벌죄로서 그 외국정부의 명시한 의사에 반하여 공소를 제기할 수 없다(제110조).

2-2. 외국사절 폭행등 죄

본죄는 대한민국에 파견된 외국사절에 대하여 폭행 또는 협박하거나(제108조 제1항), 모욕을 가하거나 명예를 훼손함으로써(동조 제2항) 성립하는 범죄이다. 행위객체가 대한민국에 파견된 외국사절이라는 점에서 제107조와 구별된다. 그 밖의 내용은 외국원수 폭행등 죄와 동일하다.

2-3. 외국국기 · 국장모독죄

본죄는 외국을 모욕할 목적으로 그 나라의 공용에 공하는 국기 또는 국장을 손상 · 제거 또는 오욕함으로써 성립하는 범죄이다. 본죄는 행위객체가 그 나라의 공용에 공하는 외국의 국기 또는 국장이라는 점에서 국기 · 국장모독죄(제105조)와 구별된다. 따라서 외국인이나 외국인 단체가 개인적으로 사용하는 국기 · 국장은 본죄의 객체에 해당하지 않는다.

3. 외국에 대한 사전 · 중립명령위반죄

3-1. 외국에 대한 사전죄

본죄는 외국에 대하여 사전(私戰)함으로써 성립하는 범죄이다(제111조 제1항). 사전이라 함은 개인적인 전투행위, 즉 무력에 의한 조직적인 공격행위를 말한다. 사전은 외국에 대하여 행할 것을 요하므로 외국인이나 외국인의 일부 집단을 상대로 한 공격행위는 본죄에 해당하지 않는다. 본죄의 미수범은

59) 공무집행방해죄에서의 폭행과 동일한 의미로 해석하는 견해로는 오영근, 665면.

처벌되며(제111조 제2항), 그 예비죄도 처벌된다(제3항 본문). 다만 사전죄를 예비 · 음모한 자가 그 목적한 범죄의 실행에 이르기 전에 자수한 때에는 형을 감경 또는 면제한다(제3항단서).

본죄의 미수범 처벌규정에 대해서는 입법론적인 의문이 제기된다. 본죄는 추상적 위험범이며 순수한 형식범이고, 미수를 인정할 간격이 포착되지 않기 때문이다. 본죄는 외국에 대하여 공격행위를 개시함으로서 기수를 인정해야 하며, 그 이전에는 예비죄에 불과하다고 해야 한다.

3-2. 중립명령위반죄

본죄는 외국간의 교전에 있어서 중립에 관한 명령을 위반함으로써 성립하는 범죄이다(제112조). 외국간의 교전이란 우리나라가 참가하지 아니한 2개국 이상의 외국 사이에서 행하여지고 있는 전쟁상황을 말한다. 중립에 관한 명령은 교전국의 어느 나라의 편에도 가담하지 않을 국외중립에 관한 법적 명령을 말한다. 본죄는 구체적인 구성요건적 행위가 중립에 관한 명령에 위임되어 있는 백지형법이며, 외국간의 교전기간이라는 일정한 시간의 경과에 의하여 소멸될 수밖에 없는 한시법에 해당한다.

4. 외교상 비밀누설죄

본죄는 외교상의 비밀을 누설함으로써 성립하는 범죄이다(제113조 제1항). 간첩죄의 군사상 비밀누설(제98조 제2항)이나 공무상 비밀누설죄(제127조)가 직무에 관하여 지득한 비밀을 누설하는 신분범인데 반하여, 본죄의 비밀누설은 일정한 신분을 요하지 아니하는 일반범이다. 따라서 본죄의 행위주체에는 제한이 없다. 본죄의 행위객체는 외교상의 비밀이다. 예컨대 외국과 비밀조약을 체결한 사실 또는 체결하려고 하는 사실 또는 외국에 대하여 비밀로 하거나 확인되지 않음이 대한민국의 이익이 되는 정보자료 등이 여기에 해당한다. 공지의 사실은 비밀로 해야 할 이익이 없으므로 본죄의 비밀에 해당하지 않는다.[60] 직무에 관하여 지득한 외교상의 군사비밀을 적국에 누설한 경우는 간첩죄(제98조 제2항)에 해당한다.

외교상의 비밀을 누설한 경우 뿐 아니라 누설할 목적으로 외교상의 비밀을 탐지 · 수집하는 자도 동일한 형으로 처벌된다(제113조 제2항). 외교상 비밀탐지 · 수집죄는 외교상 비밀누설죄의 예비행위를 독립된 범죄유형으로 규정한 것이다. 본죄는 주관적 구성요건으로 고의 외에 '누설할 목적'을 요하는 목적범에 해당한다.

60) 대법원 1995.12.5., 94도2379.

제2장 국가의 기능에 대한 죄

제1절 공무원의 직무에 관한 죄

1. 공무원의 직무에 관한 죄 일반론

1-1. 의 의

공무원의 직무에 관한 죄란 공무원이 의무에 위배하거나 직권을 남용하거나 또는 직무와 관련하여 뇌물을 수수함으로써 국가기능의 공정을 해하는 것을 내용으로 하는 범죄를 말한다. 공무원의 직무에 관한 죄는 국가의 기능이 국가기관 내부로부터 침해되는 범죄유형이다. 따라서 공무원의 직무에 관한 죄의 보호법익은 일반적으로 국가의 기능이라고 할 수 있다. 그러나 공무원의 직무에 관한 죄에서는 국가의 기능이라는 국가적 이익 외에 공무원의 불법한 직무수행으로부터 개인의 이익도 보호하려는 목적을 가진 범죄구성요건도 있다. 따라서 공무원의 직무에 관한 죄의 보호법익을 획일적으로 정립하는 것은 불가능하다.

형법의 공무원의 직무에 관한 죄는 직무위배죄, 직권남용죄 및 뇌물죄의 3가지 유형으로 구별될 수 있다. 직권남용죄는 공무원의 불법한 직무수행으로부터 개인의 이익을 보호하려는 것을 주된 목적으로 한다. 이에 반하여 직무위배죄와 뇌물죄는 주로 국가적 이익을 침해하는 것을 내용으로 하는 범죄라고 할 수 있다.

1-2. 공무원의 개념

공무원의 직무에 관한 죄는 행위자가 행위시에 공무원일 것을 요하는 신분범에 해당한다. 다만 공무상 비밀누설죄(제127조)와 사전수뢰죄(제129조 제2항)의 행위주체에는 공무원이었던 자와 공무원이 될 자가 포함된다. 이와 같이 공무원의 직무에 관한 죄는 공무원의 직무와 관련된 범죄라는 의미에서 공무원범죄 또는 직무범죄라고도 한다.[1)]

공무원이란 일반적으로 법령에 의하여 국가나 지방자치단체[2)]의 사무(공무)에 종사하는 자라고 할 수 있다.[3)] 여기서의 법령은 국가공무원법이나 지방공무원법 뿐 아니라 공무원의 지위가 인정되는

1) 뇌물공여죄는 직무범죄에 해당하지 않지만, 직무범죄인 수뢰죄의 필요적 공범으로서 공무원의 직무에 관한 죄의 장에서 함께 규정되어 있다.

2) 대법원 1997.3.11., 96도1258: "지방의회의원은 형법상 공무원에 해당한다."

3) 대법원 1997.3.11., 96도1258; 대법원 1997.6.13., 96도1703; 대법원 2002.11.22., 2000도4593; 대법원 2011.1.27., 2010도

기타의 법령[4]을 포함한다. 다만 이러한 법령상의 공무원개념이 형법의 직무범죄에서의 공무원개념과 일치할 수는 없다. 단순한 기계적 · 육체적 노무에 종사하는 운전기사 · 청소원 · 인부 또는 사환 등은 직무범죄에 의하여 보호되어야 하는 국가의 기능을 해할 수 없으므로 여기서의 공무원에 해당하지 않는다(통설).[5][6] 그러나 우편집배원은 우편법 제3조 이하에 의한 일정한 권한과 의무를 가질 뿐 아니라, '우편업무의 공정성'이 요구되는 업무를 담당하는 자로서 여기의 공무원에 해당한다.[7]

"공법인의 직원이 공무원의 직무에 관한 죄에서의 공무원에 해당할 수 있는지"에 대하여는 학설의 다툼이 있다. 일부의 학설[8]에서는 "다른 법령에 의하여 공무원의 지위가 인정되는 경우가 아니면 공법인의 직원이라도 공무원이라고 할 수 없다"고 한다. 공법인과 사법인의 구별이 명백하지 않고, 공법인의 직원 중에서 공무원으로 해야 할 자의 범위가 법률에 규정되어 있다는 점을 근거로 한다. 그러나 공무원의 직무에 관한 죄는 단순한 공무원이라는 신분이 아니라 공무를 담당하는 신분이라는 점에서 행위주체가 공무원으로 한정되어 있다. 또한 공무원의 직무에 관한 죄에서의 개별적인 구성요건의 보호목적에 따라 공무원의 범위도 달리 해석되어야 한다.[9] 이러한 관점에서 "국가나 지방자치단체의 기관에 준하는 공법인의 직원은 공무원에 해당한다"고 보아야 한다.[10] 판례[11]도 동일한 입장이다. 따라서 순수한 사경제활동을 담당하는 공법인의 직원은 직무범죄의 공무원에서 제외된다. 또한 공무원인 경우에도 순수한 국고작용이나 사경제활동의 주체인 경우에는 직무범죄의 공무원에서 제외된다.

1-3. 직무범죄의 종류

직무범죄는 진정직무범죄와 부진정직무범죄로 구별되고 있다. 이 구별은 진정신분범과 부진정신분범의 구별과 일치한다. 즉 진정직무범죄는 공무원이란 신분이 구성적 신분이 되는 경우의 직무범죄로서 이에 대해서는 제33조 본문이 적용된다. 부진정직무범죄는 공무원이란 신분이 가감적 신

14484; 대법원 2011.3.10., 2010도14394; 대법원 2012.7.26., 2012도5692.

4) 예컨대 특가법 제4조(국가 · 지방자치단체 관리 기관 · 단체의 간부직원); 한국은행법 제106조(금융통화위원회 위원과 한국은행의 부총재보 · 감사 및 직원); 공무원연금법 제16조(공단의 임직원); 국민건강보험법 제28조(공단의 임직원) 등의 법률.

5) 대법원 2011.1.27., 2010도14484: "형법상 공무원이라 함은 국가 또는 지방자치단체 및 이에 준하는 공법인의 사무에 종사하는 자로서 그 노무의 내용이 단순한 기계적 육체적인 것에 한정되어 있지 않은 자를 말한다."; 동지, 대법원 1997.6.13., 96도1703; 대법원 2002.11.22., 2000도4593; 대법원 2011.3.10., 2010도14394; 대법원 2012.7.26., 2012도5692.

6) 고용직공무원에 관한 국가공무원법 제2조 제3항 제4호 및 지방공무원법 제2조 제3항 제4호가 폐지되었으므로, 이제는 고용직 단순노무자를 공무원개념에서 배제시킬 수 있다는 견해로는 임웅, 891면.

7) 대법원 1969.9.23., 69도1241: "복무 중의 사병의 노무는 단순한 기계적 · 육체적 업무에 한정된다고 볼 수가 없으므로, 군복무 중의 사병은 직무유기죄에서의 공무원에 해당한다."; 대법원 1961.12.14., 4294형상99: "세무수습행정원이 직무와 관련하여 금품을 받은 경우는 수뢰죄에 해당한다."

8) 오영근, 672면; 이재상/장영민/강동범, 702면; 정성근/박광민, 779면.

9) 박상기, 626면; 이형국, 753면.

10) 김일수, 한국형법 Ⅳ, 460면; 김일수/서보학, 626면; 배종대, 602면; 진계호/이존걸, 805면.

11) 대법원 1997.3.11., 96도1258; 대법원 1997.6.13., 96도1703; 대법원 2002.11.22., 2000도4593; 대법원 2011.1.27., 2010도14484; 대법원 2011.3.10., 2010도14394; 대법원 2012.7.26., 2012도5692.

분이 되는 경우의 직무범죄로서 제33조 단서의 적용대상이 된다.

또한 직무범죄는 일반직무범죄와 특수직무범죄로 구별된다. 일반직무범죄는 모든 공무원이 범할 수 있는 직무범죄이며, 특수직무범죄는 특수한 지위에 있는 공무원만이 범할 수 있는 직무범죄를 말한다. 예컨대 제124조의 불법체포 · 감금죄, 제125조의 폭행 · 가혹행위죄, 제126조의 피의사실공표죄 및 제128조의 선거방해죄가 특수직무범죄에 해당한다.

1-4. 구성요건의 체계

[공무원의 직무에 관한 죄]

[직무위배의 죄]

직무유기죄: 제122조; 피의사실공표죄: 제126조; 공무상 비밀누설죄: 제127조

[직권남용의 죄]

직권남용죄: 제123조; 불법체포 · 감금죄: 제124조; 폭행 · 가혹행위죄: 제125조;
선거방해죄: 제128조; 불법체포감금미수죄: 제124조 제2항

[뇌물의 죄]

기본적 구성요건 – 수뢰죄: 제129조 제1항
감경적 구성요건 – 사전수뢰죄: 제129조 제2항
가중적 구성요건 – 수뢰후 부정처사죄: 제131조 제1항; 부정처사 후 수뢰죄: 동조 제2항
독립적 구성요건 – 제3자 뇌물공여죄: 제130조; 퇴직공무원등 사후수뢰죄: 제131조 제3항;
알선수뢰죄: 제132조
독립적 구성요건 – 증뢰죄: 제133조 제1항; 제3자 증뢰물전달죄: 제133조 제2항

자격정지의 병과: 제131조 제4항 (제131조 제1항 내지 제3항에 대하여)
몰수 · 추징: 제134조 (뇌물 또는 뇌물에 공할 금품)
공무원의 직무상 범죄에 대한 형의 가중: 제135조 (본장 이외의 죄에 대하여)

공무원의 직무에 관한 죄는 직무위배의 죄와 직권남용의 죄 및 뇌물의 죄로 구별된다. 직무위배의 죄는 제122조의 직무유기죄, 제126조의 피의사실공표죄, 제127조의 공무상 비밀누설죄가 각각 독립적 구성요건에 해당한다. 직권남용의 죄는 제123조의 직권남용죄, 제124조의 불법체포 · 감금죄, 제125조의 폭행 · 가혹행위죄, 제128조의 선거방해죄가 각각 독립적 구성요건으로 구성되어 있다. 불법체포 · 감금죄에 대하여는 그 미수범이 처벌되며(제124조 제2항), 폭행 · 가혹행위죄와 선거방해죄에 대하여는 자격정지가 병과형으로 규정되어 있다.

뇌물의 죄의 기본적 구성요건은 제129조 제1항의 수뢰죄이다. 동조 제2항의 사전수뢰죄는 불법

이 감경된 감경적 구성요건이며, 제131조 제1항의 수뢰후 부정처사죄와 동조 제2항의 부정처사 후 수뢰죄는 불법이 가중된 가중적 구성요건이다. 제130조의 제3자 뇌물공여죄와 제131조 제3항의 퇴직공무원 등 사후수뢰죄 및 제132조의 알선수뢰죄는 각각 독립적 구성요건에 해당한다. 또한 증뢰죄는 수뢰죄의 공범행위를 독립된 범죄유형(필요적 공범)으로 규정하였다.

제133조 제1항의 증뢰죄와 동조 제2항의 제3자 증뢰물전달죄는 각각 독립적 구성요건에 해당한다. 수뢰후 부정처사죄(제131조 제1항)와 부정처사 후 수뢰죄(제131조 제2항) 및 퇴직공무원 등 사후수뢰죄(제131조 제3항)에 대하여는 10년 이하의 자격정지를 병과할 수 있으며(제131조 제4항), 범인 또는 정을 아는 제3자가 받은 뇌물 또는 뇌물에 공할 금품은 몰수하며, 몰수하기 불능한 때에는 그 가액을 추징한다(제134조).

공무원이 직무를 이용하여 본장 이외의 죄를 범한 때에는 그 죄에 정한 형의 2분의 1까지 가중한다(제135조 본문). 다만 공무원의 신분에 의하여 특별히 형이 규정된 때에는 예외로 한다(동조단서).

2. 직무위배의 죄

2-1. 직무유기죄

2-1-1. 의 의

본죄는 공무원이 정당한 이유 없이 그 직무수행을 거부하거나 그 직무를 유기함으로써 성립하는 범죄이다. 본죄의 보호법익은 일반적으로 국가의 기능이라고 할 수 있으며, 구체적으로는 공무원의 공무수행의 질서와 이에 따른 국가와 국민의 이익이라고 할 수 있다.[12]

다수설[13]은 본죄를 법익보호의 정도에 따라 구체적 위험범으로 해석한다. 본죄의 "직무수행의 거부나 직무유기는 공무원이 법령 · 내규 · 지시나 통첩에 의한 추상적인 의무를 태만하는 일체의 경우가 아니라, 그것이 국가의 기능을 저해하며 국가나 국민에게 피해를 야기시킬 가능성이 있는 경우만을 의미한다"는 것을 이유로 한다. 그러나 이는 본죄의 구성요건적 행위를 비례의 원칙(보충성의 원리)에 따라 해석한 결과일 뿐이다. 또한 본죄는 공무원의 직무유기에 의하여 '국가의 기능 내지 이에 의한 국가나 국민의 이익에 대한 위험의 발생'이라는 구성요건적 결과를 구체적으로 요구하고 있지 않다. 즉 국가의 기능을 저해하고 국가나 국민에게 피해를 야기시킬 가능성이 있는 행위가 현실적으로 그러한 피해야기의 위험성을 발생시킬 필요는 없다. 따라서 본죄는 국가의 기능을 저해하며 국가나 국민에게 피해를 야기시킬 수 있는 직무유기행위에 의하여 기수에 이르게 되는 추상적 위험범

12) 김일수, 한국형법 Ⅳ, 463면; 김일수/서보학, 627면.

13) 권오걸, 990면; 김일수/서보학, 627면; 배종대, 602면; 이영란, 769면; 이재상/장영민/강동범, 703면; 이형국, 755면; 정성근/박광민, 781면; 정영일, 421면; 조준현, 770면; 진계호/이존걸, 808면.

으로 해석하여야 한다.[14]

일반적인 학설의 입장에서는 본죄를 계속범으로 해석한다(통설).[15] 직무유기행위로써 본죄는 기수에 이르지만, 유기가 존속하는 한 위법상태가 계속된다는 의미에서 계속범의 성격을 가진다는 것이다.[16] 그러나 본죄는 기수 이후에 공범의 가담이 불가능하다. 또한 본죄를 계속범으로 해석하면 공소시효의 기산점(행위의 종료)을 확정할 수 없게 된다. 따라서 본죄는 상태범으로 해석되어야 한다.

2-1-2. 구성요건

본죄는 행위주체가 공무원에 한정된 진정직무범죄(진정신분범)이며, 행위객체는 해당 공무원의 직무이다. 본죄의 구성요건적 행위는 직무의 수행을 거부하거나 직무를 유기하는 것이다.

여기서의 직무는 법령 또는 일반적인 업무규칙 · 예규 · 관행을 근거로 하는 해당 공무원의 본래의 직무 또는 고유한 직무를 말한다. 해당 공무원의 지위에 따라 부수적 · 파생적으로 발생하는 직무는 여기에 포함되지 않는다(통설). 따라서 세무공무원이 조세범처벌법위반자에 대한 통고처분이나 고발조치를 건의하는 등의 조치를 취하지 않은 것은 불성실한 직무수행에 불과하며, 본죄에는 해당하지 않는다.[17] 또한 본죄의 직무는 그 수행을 거부하거나 유기함으로써 국가의 기능을 저해하고 국가나 국민에게 피해를 야기시킬 가능성이 있는 것이어야 한다.[18] 따라서 직무는 적시성이 요구되는 구체적인 사무이어야 한다. 즉 공무원이 그 직무를 제때에 수행하지 않으면 실효를 거둘 수 없는 구체적인 사무이어야 한다(통설).

본죄의 행위는 직무수행을 거부하거나 직무를 유기하는 것이다. 직무수행의 거부는 직무를 능동적으로 수행할 의무 있는 자가 이를 행하지 않는 것을 말하며, 직무유기는 의식적으로 직무를 방임 · 포기함으로써 직무를 수행하지 않는 것이다. 즉 직무수행의 거부는 직무유기의 예시라고 할 수 있다. 따라서 직무수행의 거부나 직무유기는 그 본질에 있어서 직무수행의 의무를 위반하는 부작위를 말하며, 이러한 의미에서 본죄는 진정부작위범에 해당한다.[19]

---

14) 동지, 김성돈, 738면; 김성천/김형준, 797면; 박상기, 627면; 오영근, 673면; 임웅, 893면.

15) 직무거부의 경우는 즉시범이고, 직무유기의 경우는 계속범이라는 견해로는 김일수/서보학, 627면.

16) 대법원 1965.12.10., 65도826; 대법원 1997.8.29., 97도675.

17) 대법원 1997.4.11., 96도2753; 동지, 대법원 1969.2.4., 67도184; 대법원 1974.6.11., 74도1270; 대법원 1976.10.12., 75도1895; 대법원 1997.8.29., 97도675; 대법원 2012.8.30., 2010도13694.

18) 대법원 2011.7.28., 2011도1739: "직무유기죄에서 '직무를 유기한 때'란 공무원이 법령, 내규 등에 의한 추상적 충근의무를 태만히 하는 일체의 경우를 이르는 것이 아니고 직장의 무단이탈, 직무의 의식적인 포기 등과 같이 그것이 국가의 기능을 저해하며 국민에게 피해를 야기시킬 가능성이 있는 경우를 말한다."; 동지, 대법원 1983.3.22., 82도3065; 대법원 1993.12.24., 92도3334; 대법원 1997.4.22., 95도748; 대법원 2009.3.26., 2007도7725; 대법원 2010.1.14., 2009도9963.

19) 동지, 김성천/김형준, 797면; 조준현, 770면.

본죄의 성격에 관하여는 견해의 대립이 있다. 다수설[20]은 본죄에서 직무수행의 거부나 직무유기 모두가 작위 뿐 아니라 부작위에 의해서도 가능하다고 해석한다. 이에 반하여 일부 학설[21]에서는 구성요건적 행위에 따라 본죄의 성격을 달리 파악하고 있다. 즉 직무수행의 거부는 진정부작위범에 해당하나, 직무유기는 작위와 부작위가 모두 가능하다고 한다. 그러나 직무수행의 거부는 직무유기의 한 예시로 보아야 하며, 직무유기는 '직무수행의 의무를 이행하지 아니함'이라는 부작위로 보아야 한다. 예컨대 차량번호판의 교부담당직원이 행정처분에 의하여 사용이 정지된 자동차에 대하여 번호판을 재교부한 경우[22]에도, 외부적인 번호판의 재교부라는 작위행위 자체가 아니라 '특별한 사정이 없는 한 그 번호판을 재교부하여서는 안 되는 직무상의 의무위반'이라는 부작위로 고찰하여야 한다. 따라서 본죄는 직무수행의 의무를 이행하라는 법적 명령에 위반하는 인간의 태도에 의해서 실현되는 진정부작위범으로 해석된다.

본죄의 고의는 공무원이 "직무를 유기한다"는 인식과 의사를 말한다. 다만 본죄의 직무는 그 수행을 거부하거나 유기함으로써 국가의 기능을 저해하고 국가나 국민에게 피해를 야기시킬 가능성이 있는 사무이며, 또한 공무원이 그 직무를 제때에 수행하지 않으면 실효를 거둘 수 없는 구체적인 사무를 의미한다. 따라서 본죄의 고의는 "이러한 구체적인 직무를 유기한다"는 인식을 필요로 한다. 단순한 태만 · 황망 · 착각에 의하여 부당한 결과를 초래하거나[23] 또는 불성실 · 미흡 · 부적절한 조치를 취한 경우[24]에는 본죄의 고의가 인정되지 아니한다.

2-1-3. 위법성 요소

본죄는 공무원이 '정당한 이유 없이' 직무수행을 거부하거나 직무를 유기하는 것이다. 여기서 '정당한 이유 없이'라는 표지는 구성요건요소가 아니라 위법성의 요소이다. 이와 같은 위법성의 요소는 구성요건 내부에서 차지하는 기능이 없으며, 단지 표현의 강조적 기능 외에는 위법성조각사유를 적용할 경우에 특별한 주의를 요한다는 입법자의 법관에 대한 경고의 의미가 담겨있을 뿐이다.[25] 그러므로 '정당한 이유'에 대한 인식은 고의의 내용일 필요가 없으며, '정당한 이유'에 대한 착오는 구성요건적 사실의 착오가 아니라 법률의 착오에 해당한다.

---

20) 김성돈, 739면 이하; 박상기, 628면 이하; 배종대, 603면; 오영근, 675면; 이재상/장영민/강동범, 704면; 이형국, 756면; 임웅, 895면; 정성근/박광민, 783면, 783면; 정영일, 422면; 진계호/이존걸, 809면.

21) 김일수/서보학, 628면 이하; 손동권/김재윤, 758면.

22) 대법원 1972.6.27., 72도969.

23) 대법원 1983.12.13., 83도1157; 대법원 1991.6.11., 91도96; 대법원 1994.2.8., 93도3568; 대법원 1997.8.29., 97도675; 대법원 2012.8.30., 2010도13694; 대법원 2013.4.26., 2012도15257.

24) 대법원 1982.9.14., 81도2538; 대법원 1983.4.26., 82도1060; 대법원 1984.3.27., 83도3260; 대법원 1997.4.11., 96도2753; 대법원 2013.4.26., 2012도15257; 대법원 2014.4.10., 2013도229.

25) 이에 관하여는 이정원/류석준, 형법총론, '제2편, 제2장, 제1절, 3-4. Welzel의 개방적 구성요건이론: 위법성의 요소' 참조.

2-1-4. 입법론적 고찰

일반적으로 공무원의 직무범위 내에서 부정한 처사행위를 한 경우는 해당 부정처사에 관한 처벌규정이 있다. 예컨대 허위공문서작성죄,[26] 범인도피죄,[27] 위계에 의한 공무집행방해죄,[28] 수뢰후 부정처사죄 등의 경우가 그러하다. 이러한 경우에 직무유기죄는 이들 부정처사를 처벌하는 규정에 포함되어 법조경합에 불과하게 된다. 이 한도에서 본죄는 특별한 필요성이 인정되지 않는다.

또한 다양한 직무영역에서 모든 공무원의 정당한 직무수행을 형벌로 강제하는 것은 불가능하다. 따라서 일반적으로 본죄의 직무범위에서 본무 이외에 부수적 · 파생적으로 발생하는 직무를 제외시키고 있으며, 본죄의 직무를 직무유기에 의하여 국가의 기능을 저해하고 국가나 국민에게 피해를 야기시킬 가능성이 있는 사무로 한정하고 있다. 그러나 이러한 경계는 불투명하며, 단순히 불성실한 직무수행과 직무유기의 구별도 불명확하다.[29]

특히 국가공무원법이나 지방공무원법에서는 공무원의 불성실한 직무수행에 대하여 징계절차를 확보하고 있으며, 일반적인 사적 조직체에서도 조직의 규칙으로 직원의 불성실한 직무수행에 대하여 징계수단을 마련하고 있다. 이러한 징계절차는 국가나 지방자치단체 또는 사적 조직체의 원활한 기능을 확보하기 위한 것이다. 그렇다면 공무원의 성실한 직무수행을 통한 일반적인 국가기능의 확보는 국가공무원법이나 지방공무원법의 징계절차로써 만족해야 한다.[30] 형벌을 수단으로 공무원의 성실한 직무수행을 강제함으로써 반드시 확보해야 할 특별한 국가기능이 있다면, 이에 관하여는 특수 직무유기죄를 개별적으로 규정해야 할 것이다. 이러한 점에서 일반 직무유기죄는 폐지하는 것이 타당하다.

---

26) 대법원 1971.8.31., 71도1176; 대법원 1972.5.9., 72도722; 대법원 1982.12.28., 82도2210; 대법원 2004.3.26., 2002도5004.

27) 대법원 1996.5.10., 96도51.

28) 대법원 1997.2.28., 96도2825.

29) 헌재 2005.9.29., 2003헌바52, 재판관 권성, 재판관 주선회의 반대의견, 가: "형법 제122조가 규정하는 '직무유기'는 문언적 의미에서 볼 때 대단히 광범위한 직무영역에서 다양한 행위태양에 의하여 행하여질 수 있는 것으로, 그에 관한 대법원의 해석 역시 직무유기죄의 성립 여부에 관하여 여전히 추상적인 기준만을 제시하는 것일 뿐, 구체적으로 어떠한 직무를 어떠한 방식으로 유기하는 때에 국가 기능이 저해되고 국민에게 피해가 발생할 우려가 있는지, 단순한 직무의 태만과 직무유기를 어떻게 구별할 것인지에 관하여 판단에 도움을 주는 구체적이고 유용한 기준을 제공한다고 보기 어렵다. 따라서 이 사건 법률조항은 법 적용기관인 법관의 보충적 법해석을 통하여도 그 규범내용이 확정될 수 없는 모호하고 막연한 형벌조항이라 할 것이므로 이 사건 법률조항은 죄형법정주의에서 파생된 명확성의 원칙에 위배된다."

30) 헌재 2005.9.29., 2003헌바52, 재판관 권성, 재판관 주선회의 반대의견, 나: "형벌, 특히 징역형은 각종 자격의 제한이 따르고 인신의 자유를 박탈하는 형벌로서 다른 어떤 기본권의 제한 수단보다도 처벌되는 자의 자유를 침해하며 집행 후에도 그의 인격적 가치나 사회생활에 심각한 영향을 미치기 때문에 형벌제도는 의무이행확보수단으로서 최후적 · 보충적인 것이 되어야 하며, 행정상 징계로서 의무이행 확보가 가능하다면 형벌이 아닌 행정상 징계로서 제재 수단을 삼아야 한다. 이 사건 법률조항이 공무원의 직무유기행위에 형벌을 부과함으로써 공무원의 직무수행의무의 최소한의 이행을 확보할 수는 있겠으나, 직무수행의 진정한 성실성이나 효율성까지 담보할 수 있는 것은 아니고, 한편 직무유기죄의 구성요건을 충족하는 행위는 국가공무원법상의 징계사유에 당연히 해당하며, 그러한 행정상 징계는 공무원의 직무수행의무의 이행을 확보하기위한 효과적이며 충분한 수단이 될 수 있다. 그럼에도 불구하고 직무유기행위의 경중을 가리지 않고 일률적으로 형벌을 다시 부과하는 것은 국가형벌권 행사에 관한 법치국가적 한계를 넘은 것이므로 헌법에 위반된다."

사법경찰관리로서 폭처법에 규정된 죄를 범한 자를 수사하지 아니하거나 범인을 알면서 이를 체포하지 아니하거나 수사상 정보를 누설하여 범인의 도주를 용이하게 한 경우에는 동법 제9조 제1항에 의하여 1년 이상의 유기징역으로 처벌된다. 또한 범죄수사의 직무에 종사하는 공무원이 특가법에 규정된 죄를 범한 자를 인지하고 그 직무를 유기한 때에는 동법 제15조에 의하여 1년 이상의 유기징역으로 처벌된다.

2-2. 피의사실공표죄

2-2-1. 의 의

본죄는 검찰 · 경찰 기타 범죄수사에 관한 직무를 행하는 자 또는 이를 감독하거나 보조하는 자가 그 직무를 행함에 있어서 지득한 피의사실을 공판청구 전에 공표함으로써 성립하는 범죄이다.

본죄의 보호법익에 대하여는 국가의 범죄수사권과 피해자의 인권이라는 것이 통설의 입장이다. 다만 통설의 입장에서도 범죄수사권이 주된 보호법익이라는 견해[31]와 피해자의 인권이 주된 보호법익이라는 견해[32] 및 양쪽을 동일하게 주된 보호법익으로 이해하는 견해[33]로 구별되고 있다.

이에 반하여 피해자의 인권을 본죄의 보호법익으로 해석하는 견해[34]가 있다. 수사의 비밀성 유지라는 국가수사권은 공무상 비밀누설죄에 의하여 충분히 보호되고 있으므로, 본죄를 범죄수사권이라는 국가의 기능을 보호하기 위한 규정으로 해석할 수 없다는 것이다. 그러나 이 견해는 본죄가 개인적 법익에 대한 죄가 아니라 국가적 법익에 대한 죄라는 점을 간과하고 있다. 생각건대 피해자의 인권보호는 중요한 국가의 기능 중의 하나이다.[35] 따라서 본죄의 보호법익은 국가의 수사권이 아니라, 국가의 피의사실 수사에 있어서 피해자의 인권보호라는 중요한 국가의 (수사)기능이라고 보아야 한다. 즉 보호법익으로서의 수사기능은 개별적 수사관의 수사기능이 아니라 국가의 공정한 수사기능을 의미하며, 본죄는 개별적 수사관이나 수사관여자에 의한 국가의 공정한 수사기능의 위태화를 방지하는 데에 목적이 있다고 해야 한다. 또한 본죄는 국가의 기능 뿐 아니라 개인의 인권도 보호하기 위한 규정으로 해석된다. 본죄에 의한 국가기능의 보호는 개인의 인권보호를 통하여 실현되기 때문이다. 따라서 본죄에 의하여 보호되는 '개인의 인권'과 '개인의 인권보호를 위한 국가의 기능'은 분리될 수 없는 불가분의 관계에 있다. 이 중에서 어느 하나만을 본죄의 주된 보호법익이라고 볼 수는 없다.

---

31) 임웅, 900면; 정성근/박광민, 786면.

32) 배종대, 604면 이하; 이형국, 759면.

33) 김일수, 한국형법 Ⅳ, 472면 이하; 김일수/서보학, 632면; 손동권/김재윤, 767면; 오영근, 678면; 이영란, 772면; 이재상/장영민/강동범, 706면 이하; 정영일, 423면 이하; 진계호/이존걸, 814면.

34) 김성천/김형준, 270면; 박상기, 630면.

35) 동지, 정영일, 423면 이하.

본죄는 법익의 보호정도에 따라 추상적 위험범으로 해석된다.[36] 본죄를 구체적 위험범으로 해석하는 견해[37]도 있으나, 본죄는 법익에 대한 구체적 위험의 실현을 구성요건요소로 요구하고 있지 않다. 따라서 본죄는 공소제기 전에 피의사실을 공표함으로써 곧바로 기수에 이르게 된다.

2-2-2. 구성요건

본죄의 행위주체는 검찰 · 경찰 기타 범죄수사에 관한 직무를 행하는 자 또는 이를 감독하거나 보조하는 자이다. 본죄는 범죄수사와 관련된 특수한 직무에 종사하는 공무원만이 범할 수 있는 특수직무범죄에 해당한다. 본죄의 행위객체는 직무를 행함에 있어서 지득한 피의사실이다. 따라서 직무와 관련 없이 지득한 피의사실은 여기에서 제외된다. 본죄의 구성요건적 행위는 공소제기 전에 공표하는 것이다. 공표란 불특정 또는 다수인에게 그 내용을 알리는 것이다. 반드시 직접 불특정 · 다수인에게 알리는 경우 뿐 아니라, 불특정 · 다수인에게 공표할 신문기자나 언론기관 등 특정한 1인에게 알리는 것도 여기서의 공표에 해당한다(통설). 공표의 개념이 전파성이론으로 대체될 수 없다는 관점에서 이에 반대하는 견해[38]도 있다. 그러나 이러한 관점에서도 이 경우는 최소한 신분 없는 고의 있는 도구를 이용하는 간접정범의 성립이 인정될 수 있다. 공표는 공소제기 전이어야 한다. 공소제기 후에 공표하는 것은 본죄에 해당하지 않는다.

2-3. 공무상 비밀누설죄

2-3-1. 의 의

본죄는 공무원 또는 공무원이었던 자가 법령에 의한 직무상 비밀을 누설함으로써 성립하는 범죄이다. 본죄의 보호법익은 공무상의 기밀 자체가 아니라, '공무원의 비밀누설에 의하여 위협받게 되는 국가의 기능'이라고 보아야 한다. 사적 비밀은 그 자체가 개인의 프라이버시라는 이익으로 직접 법률에 의한 보호의 대상이 될 수 있는데 반하여, 공무상의 비밀은 그 자체로 보호법익이 될 수 없으며, 비밀을 유지함으로써 국가의 이익이 있는 경우에 한하여 법의 보호를 누릴 수 있을 뿐이다. 따라서 공무상의 비밀은 비밀 그 자체가 아니라, 비밀누설에 의하여 위협받게 되는 국가의 기능이 본죄의 보호대상이 된다(통설).[39]

---

36) 권오걸, 997면; 김성돈, 743면; 김일수/서보학, 632면; 박상기, 630면; 오영근, 678면; 이영란, 772면; 이형국, 759면; 임웅, 900면; 정성근/박광민, 786면; 정영일, 424면; 진계호/이존걸, 814면.

37) 본죄가 구체적 위험범이라는 견해로는 배종대, 605면.

38) 오영근, 678면.

39) 대법원 2018.2.13., 2014도11441: "본죄는 비밀 그 자체를 보호하는 것이 아니라 공무원의 비밀엄수의무의 침해에 의하여 위험하게 되는 이익, 즉 비밀의 누설에 의하여 위협받는 국가의 기능을 보호하기 위한 것이다."; 대법원 1996.5.10., 95도780; 대법원 2003.6.13., 2001도1343; 대법원 2003.12.26., 2002도7339; 대법원 2007.6.14., 2004도5561; 대법원 2009.6.11., 2009도2669; 대법원 2012.3.15., 2010도14734.

종래의 통설[40]은 본죄를 업무상비밀누설죄와 평행선에서 이해하여, 본죄의 보호법익을 공무원의 '비밀엄수의무'라고 해석하였다. 그러나 권리가 아닌 의무가 법의 보호를 누리는 법익이라는 착상은 오류이며, 사적 비밀과 국가나 공공기관의 비밀을 동일한 차원의 법익으로 이해하는 것도 타당하지 않다.

본죄는 법익의 보호정도에 따라 추상적 위험범으로 해석된다(통설).[41] 즉 본죄는 법익에 대한 구체적 위험의 실현을 구성요건요소로서 요구하지 않으므로 직무상 비밀을 누설함으로써 곧바로 기수에 이르게 된다.

2-3-2. 구성요건

본죄의 행위주체는 공무원뿐만 아니라 공무원이었던 자를 포함한다. 본죄의 행위객체는 법령에 의한 직무상의 비밀이다. 비밀이란 일반적으로 알려지지 아니한 사항으로서 비밀의 유지가 국가의 이익이 되는 것이어야 한다. 직무상 비밀이란 직무상 알게 된 비밀을 말한다. 직무와 관련 없이 알게 된 비밀은 여기에 포함되지 않는다.

본죄의 직무상 비밀은 법령에 의한 것이어야 한다. 판례[42]에 의하면 "본죄의 법령에 의한 '직무상 비밀'이란 반드시 법령에 의하여 또는 인위적으로 비밀로 분류 · 명시된 사항뿐만 아니라, 정치적 · 경제적 · 군사적 · 외교적 또는 사회적 필요에 따라 비밀로 된 사항은 물론, 정부나 공무소 또는 국민이 객관적 · 일반적인 입장에서 외부에 알려지지 않는 것에 상당한 이익이 있는 사항을 포함한다"고 한다. 또한 "현대국가의 복잡화에 따라 보호할 비밀의 범위를 확대할 필요가 있다"는 관점에서 판례의 입장을 지지하는 견해[43]도 있다. 그러나 본죄가 직무상 비밀 중에서도 법령에 의한 비밀로 제한한 것은 "국가나 공공기관의 비밀 모두가 일반적인 법의 보호를 누릴 수는 없다"는 의미이다. 즉 비밀의 누설이 국가의 기능을 위태롭게 하는 경우에 한하여 본죄에 의한 보호가 가능할 뿐이다. 이러한 경우는 법령에 의하여 비밀엄수의무가 공무원에게 주어진 경우로 제한된다고 해야 한다. 따라서 본죄의 직무상 비밀은 법령에 의하여 비밀로 분류된 것이어야 한다(통설). 법령에 의하여 비밀로 분류된 사항 외의 직무상 비밀을 누설한 경우는 공무원법상의 징계대상이 될 뿐이다.

본죄의 행위는 비밀을 누설하는 것이다. 누설이란 비밀사항을 제3자에게 알리는 것을 말한다. 본죄의 보호법익은 비밀누설에 의하여 위협받게 되는 국가의 기능이므로, 이미 비밀사항을 알고 있는 사람에게 알리는 경우는 본죄에 해당하지 않는다(통설).

---

40) 서일교, 312면; 유기천(하), 304면; 정영석, 44면; 황산덕, 49면.

41) 본죄를 구체적 위험범으로 해석하는 견해로는 배종대, 605면; 정영일, 426면.

42) 대법원 1996.5.10., 95도780; 대법원 2003.6.13., 2001도1343; 대법원 2003.12.26., 2002도7339; 대법원 2007.6.14., 2004도5561; 대법원 2006.11.9., 2006도4888; 대법원 2009.6.11., 2009도2669; 대법원 2012.3.15., 2010도14734; 대법원 2018.2.13., 2014도11441.

43) 권오걸, 1000면; 이재상/장영민/강동범, 708면; 동취지, 조준현, 773면.

공무상비밀누설죄는 비밀을 누설하는 자만 처벌하고 누설받는 자는 처벌하지 않는 필요적 공범이므로 비밀을 누설받는 자에 대하여는 협의의 공범이 성립하지 않는다는 것이 판례[44]의 입장이다. 그러나 비밀누설죄를 필요적 공범으로 파악하는 판례의 태도는 타당하다고 할 수 없다. 비밀누설범죄에서 비밀을 누설받는 행위가 범죄완성을 위한 대향적 협력행위로 평가될 수 없기 때문이다. 이는 폭행 · 협박의 범죄행위에서 폭행당함 · 협박받음이라는 수동적 대상과 동일할 뿐이다. 공무상 비밀누설죄에서는 비밀이 필요한 자가 공무상 비밀보유자를 교사하여 비밀을 습득하고자 하는 것이 일반적이며, 이때는 공무상 비밀누설교사죄의 성립을 인정해야 한다.

3. 직권남용의 죄

3-1. 직권남용죄

3-1-1. 의 의

본죄는 공무원이 직권을 남용하여 사람으로 하여금 의무 없는 일을 하게 하거나 사람의 권리행사를 방해함으로써 성립하는 범죄이다. 본죄의 보호법익은 일반 공무원에 의한 국가권력의 공정한 행사라는 국가기능이며, 동시에 피해자의 의사결정의 자유나 의사활동의 자유도 본죄의 보호법익이 된다.

일반적인 학설의 입장에서는 본죄를 추상적 위험범으로 해석하고 있다(통설). 또한 보호법익의 종류에 따라 국가기능에 관하여는 추상적 위험범이고, 사람의 의사결정의 자유에 관하여는 침해범이라는 견해[45]도 있다. 그러나 일반적으로 공무원이 직권을 남용하여 사람으로 하여금 의무 없는 일을 행하도록 강요한 때에는 이미 공무원에 의한 국가권력의 공정한 행사 내지 행사가능성이라는 국가기능의 침해가 인정된다. 다만 본죄가 미수범을 처벌하지 않으므로 직권남용의 형태 또는 강요행위와의 관계상 본죄를 추상적 위험범으로 해석하지 않을 수 없다. 즉 정상적인 직권행사로 피해자를 강요하는 경우[46]나 직권을 남용한 공무원의 강요행위를 피강요자가 거부하는 경우에도 본죄의 성립을 인정해야하기 때문이다.[47] 따라서 본죄는 국가기능 뿐 아니라 사람의 의사결정의 자유에 관하여도 추상적 위험범으로 해석하여야 한다.

---

44) 대법원 2017.6.19., 2017도4240: "직무상 비밀을 누설하는 행위만을 처벌하고 있을 뿐 직무상 비밀을 누설받은 상대방을 처벌하는 규정이 없는 점에 비추어, 직무상 비밀을 누설받은 자에 대하여는 공범에 관한 형법총칙 규정이 적용될 수 없다."; 동지, 대법원 2009.6.23., 2009도544; 대법원 2011.4.28., 2009도3642.

45) 본죄의 주된 보호법익을 사람의 의사결정의 자유로 파악하는 관점에서 김일수/서보학, 804면; 사람의 의사결정의 자유를 본죄의 부차적인 보호법익으로 파악하는 관점에서 오영근, 682면.

46) 외형상 정상적인 직권행사로 피해자를 강요하는 경우가 전형적인 직권남용에 해당한다. 예컨대 반복적 · 지속적인 세무검사 · 위생검사 · 소방점검 등이 여기에 해당한다.

47) 이에 관하여는 아래의 '3-1-2. 구성요건, (3) 권리행사방해' 참조.

본죄의 성격에 관하여 행위주체가 공무원이라는 신분에 의하여 책임이 가중되는 강요죄의 가중적 구성요건으로 이해하는 견해[48]가 있다. 그러나 본죄와 강요죄는 보호법익이 다르고, 강요죄가 폭행 · 협박을 수단으로 하는데 반하여, 본죄는 직권남용을 수단으로 한다. 따라서 본죄는 강요죄와는 다른 독립적 구성요건으로 해석하여야 한다(통설).

3-1-2. 구성요건

3-1-2-1. 행위주체

본죄의 행위주체는 공무원이다. 다만 본죄의 공무원은 사람의 권리행사를 방해할 정도의 강제력을 수반한 직무를 행하는 자이어야 한다. 여기서의 강제력이 직접강제인가 간접강제인가는 문제가 되지 않는다.

3-1-2-2. 직권의 남용

본죄의 행위는 직권을 남용하여 사람으로 하여금 의무 없는 일을 하게 하거나 권리행사를 방해하는 것이다. 본죄의 직권남용에 관하여 "일반적 직무권한에 속하는 사항에 대하여 목적 · 방법 등에 있어서 실질적으로 위법한 조치를 취하는 것이며, 따라서 외관상 직무권한과 아무런 관련이 없는 행위에 대하여는 본죄가 성립하지 않는다"는 것이 일반적인 학설의 입장이다(통설). 다만 본죄의 직무는 직무유기죄의 그것과는 달리, 반드시 공무원의 고유한 본질적 직무 외에 사실상 직무에 영향력이 미칠 수 있는 부수적인 사항에 관한 사무도 포함된다고 한다.

그러나 이러한 통설의 입장에 대해서는 본죄의 실질적인 보호목적의 관점에서 두 가지 의문이 제기된다. 우선 정상적인 직권의 행사가 직권남용에 포함될 수 없는지 문제된다. 예컨대 대부분의 피해자는 현실적으로 공무원의 정상적인 직권의 행사가 두려워 의무 없는 일을 강요당하기 때문이다. 또한 권리행사방해의 시점에는 직권남용이 없으나, 사후의 직권남용을 예상하여 의무 없는 일을 강요당하는 경우에는 직권남용을 인정할 수 없는지 문제된다. 이러한 두 가지 문제점을 해결할 수 없다면 본죄는 알맹이 없는 형식적 · 선언적 규정에 불과하게 된다. 따라서 본죄의 직권남용의 개념은 본죄의 목적론적 의미에 따라 통설과는 달리 이해하여야 한다. 즉 본죄의 직권남용은 '사람으로 하여금 의무 없는 일을 하게 하거나 권리행사를 방해하기에 적절한 공무원의 직무권한의 불법 · 부당한 이용'이라고 해석하여야 한다.[49] 물론 여기서의 직무권한에는 사실상의 직무에 영향을

48) 배종대, 607면.

49) 대법원 2007.7.13., 2004도3995: " 공무원이 그 일반적 직무권한에 속하는 사항에 관하여 직권의 행사에 가탁하여 실질적, 구체적으로 위법 · 부당한 행위를 한 경우에 성립하며 그 일반적 직무권한은 반드시 법률상의 강제력을 수반하는 것임을 요하지 아니하며, 그것이 남용될 경우 직권행사의 상대방으로 하여금 법률상 의무 없는 일을 하게 하거나 정당한 권리행사를 방해하기에 충분한 것이면 된다."; 대법원 2005.4.15., 2002도3453; 대법원 2006.5.26., 2005도6966; 대법원 2009.1.30., 2008도6950; 대법원 2011.2.10., 2010도13766; 대법원 2012.1.27., 2010도11884; 대법원 2013.9.12., 2013도6570; 대법원

미칠 수 있는 부수적인 사항에 관한 사무도 포함된다.

3-1-2-3. 권리행사방해

본죄는 사람으로 하여금 의무 없는 일을 하게 하거나 권리행사를 방해하는 것이다. 일반적으로 이러한 권리행사 방해행위는 본죄의 구성요건적 결과로 이해되고 있다(통설).[50] 즉 본죄는 권리행사를 방해하는 결과의 발생을 요하는 결과범이라는 것이다.

> 그러나 본죄는 직권남용을 수단으로 의무 없는 일을 하도록 강요함으로써 모든 불법내용이 충족되는 것으로 해석된다. 즉 피해자가 반드시 의무 없는 일을 실현해야만 본죄의 불법내용이 충족된다고 해석되지 않는다. 예컨대 공무원이 직권을 남용하여 의무 없는 일을 행하도록 강요하였으나 피해자가 이를 거부한 경우이거나 권리행사의 방해가 일어나지 않은 경우에도 이미 공무원의 직권남용에 의하여 국가권력의 공정한 행사 내지 행사가능성이라는 국가기능의 위태화가 충분히 인정된다. 통설에 의하면 이 경우 본죄가 미수범을 처벌하지 않으므로 불가벌이 되는데, 이는 본죄의 법익보호기능을 무시하는 결과가 되어 타당하지 않다. 따라서 사람으로 하여금 의무 없는 일을 하게 하거나 권리행사를 방해하는 본죄의 강요행위는 구성요건적 결과가 아니라 구성요건적 행위로 해석하여야 한다. 즉 본죄의 성립에 현실적인 권리행사방해의 결과는 불필요하다. 이에 따라 본죄의 보호법익 중의 하나인 피해자의 의사결정의 자유나 의사활동의 자유도 추상적 위험범의 한도에서 보호된다고 해석하여야 한다.
>
> 물론 입법론적으로 본죄의 미수죄를 처벌함으로써 강요행위와 관련하여 침해범의 형태로 규정할 수는 있다. 그러나 본죄는 국가의 기능에 대한 죄로서 공무원의 직무에 관한 죄의 장에서 규정되어 있으며, 본죄는 국가의 기능에 대한 위태화로 직권남용이라는 충분한 불법이 인정된다. 따라서 반드시 본죄를 강요행위와 관련하여 침해범의 형태로 규정할 필요는 없다고 보여 진다. 다만 의무 있는 일을 강요하는 경우를 본죄에서 제외한 것은 입법론적으로 의문이다. 예컨대 공무원이 직권을 남용하여 채무변제를 강요하는 경우도 본죄의 직권남용죄에 포함시키는 것이 타당하다.

3-1-3. 강요죄와의 관계

공무원이 폭행 · 협박으로 권리행사를 방해한 경우에 본죄와 강요죄의 관계가 문제된다. 이 경우 직권남용과 관련 없이 폭행 · 협박을 수단으로 타인의 권리행사를 방해한 경우는 강요죄가 성립하며, 공무원 직권의 이용 여부에 따라 제135조가 적용된다. 다만 강요죄를 범할 때 공무원의 직권을 이용하는 것은 그 자체로 직권남용에 해당한다. 따라서 공무원이 직권남용과 동시에 또는 직권남용

2013.11.28., 2011도5329; 대법원 2015.3.26., 2013도2444.

50) 대법원 2004.5.27., 2002도6251; 대법원 2005.2.1., 2004모542; 대법원 2005.4.15., 2002도3453; 대법원 2006.2.9., 2003도4599; 대법원 2008.12.24., 2007도9287; 대법원 2017.3.9., 2013도16162.

의 일환으로 타인을 폭행 · 협박함으로써 권리행사를 방해한 때에는 강요죄에 대하여 제135조를 적용해야 한다. 이 경우 제135조가 적용된 강요죄에 대해서는 본죄가 완전히 포함될 수밖에 없으므로 본죄는 강요죄와 제135조가 결합된 범죄에 대하여 특별관계에 의한 법조경합이 인정된다.[51)52)]

이 경우 제135조 단서에 의해서 제135조의 적용이 배제된다는 관점에서 본죄의 성립만을 인정하는 견해[53)]가 있다. 또한 동일한 관점에서 공무원이 폭행 · 협박으로 권리행사를 방해한 경우에 본죄와 강요죄의 상상적 경합을 인정하는 것이 일반적인 학설의 입장이다(통설). 그러나 본죄와 강요죄를 별개의 독립적 구성요건으로 이해하는 한, 본죄를 제135조 단서가 의미하는 '강요죄가 공무원의 신분에 의하여 특별히 형이 규정된 때'로 해석해서는 안 된다.[54)]

이러한 관점에서 공무원이 폭행 · 협박으로 권리행사를 방해한 경우에 본죄의 성립만을 인정하는 견해는 타당하다고 할 수 없다. 공무원의 직권을 이용한 강요죄에 대하여 본죄로 경하게 처벌할 이유가 없기 때문이다. 또한 통설의 결론도 타당하다고 할 수 없다. 본죄 보다 중한 강요죄를 직권을 이용하여 범한 경우에 제135조의 적용이 배제될 수는 없기 때문이다.

3-2. 불법체포 · 불법감금죄

3-2-1. 의 의

본죄는 재판 · 검찰 · 경찰 기타 인신구속에 관한 직무를 행하는 자 또는 이를 보조하는 자가 그 직권을 남용하여 사람을 체포 또는 감금함으로써 성립하는 범죄이다. 본죄는 그 미수범이 처벌된다(제124조 제2항).

본죄의 보호법익은 인신구속의 직무를 행하는 특수공무원에 의한 국가권력의 공정한 행사라는 국가기능이며, 피해자의 인권 내지 신체적 활동이나 행동의 자유도 본죄의 보호법익이 된다. 따라서 본죄는 특수직무범죄로서 특수직권남용죄라고 할 수 있다. 또한 본죄는 법익보호의 정도에 따라 침해범으로 해석된다(통설). 불법체포 · 감금에 의하여 이미 특수 공무원에 의한 국가권력의 공정한 행사라는 국가기능이 침해된 것으로 보아야하기 때문이다.

본죄와 제276조의 체포 · 감금죄의 관계에 대하여는, 본죄가 '체포 · 감금죄에 비하여 불법이 가중된 가중적 구성요건'이라는 견해[55)]와 '체포 · 감금죄와 보호법익을 달리하는 독립적 구성요건'이라는 견해[56)]의 대립이 있다. 본죄는 제276조의 체포 · 감금죄를 완전히 포괄하기 때문에 체포 · 감금

51) 동지, 유기천(하), 279면; 황산덕, 44면.

52) 본죄와 제135조가 적용된 강요죄의 상상적 경합이라는 견해로는 김성돈, 749면.

53) 오영근, 684면.

54) 동지, 김성돈, 749면.

55) 권오걸, 1008면; 김성돈, 749면; 김성천/김형준, 137면; 김일수/서보학, 641면; 박상기, 635면; 배종대, 608면; 오영근, 684면 이하; 이영란, 780면; 이형국, 767면; 임웅, 910면; 조준현, 775면; 진계호/이존걸, 823면.

56) 손동권/김재윤, 764면; 이재상/장영민/강동범, 712면; 정성근/박광민, 794면; 정영일, 430면 이하.

죄는 본죄와 특별관계에 의한 법조경합이 인정되며, 이러한 의미에서 본죄는 부진정신분범(부진정직무범죄)이 된다.[57] 따라서 본죄를 체포 · 감금죄에 비하여 불법이 가중된 가중적 구성요건으로 이해하는 견해가 부당하지는 않다. 다만 본죄의 주된 보호법익이 체포 · 감금죄의 그것과 완전히 다르다는 점에서 본죄는 체포 · 감금죄와는 다른 독립적 구성요건으로 보아야 한다. 따라서 공무원의 직권을 이용한 체포 · 감금죄에 대해서도 제135조의 적용이 가능할 수 있다고 해야 한다.[58] 예컨대 경찰관이 피해자를 강간하기 위해서 감금한 경우 또는 인신구속과 관계없는 공무원이 그 직권을 이용하여 일반 체포 · 감금죄를 범한 경우 등이 그러하다.

본죄를 범하여 사람을 사상에 이르게 한 때에는 특가법 제4조의2에 의하여 가중처벌된다.

3-2-2. 구성요건

본죄의 행위주체는 재판 · 검찰 · 경찰 기타 인신구속에 관한 직무를 행하는 자 또는 이를 보조하는 자이다. 여기서 인신구속에 관한 직무를 보조하는 자란 법원 또는 검찰서기나 사법경찰리와 같이 그 직무상 보조자의 지위에 있는 자를 말하며, 사실상의 보조자인 사인(私人)은 포함되지 않는다.

본죄의 행위는 직권을 남용하여 체포 · 감금하는 것이다. 직권을 남용하여 체포 · 감금하는 것은 법정절차 없이 체포 · 감금하는 것을 말한다. 직권과 전혀 관계없이 체포 · 감금한 때에는 제276조가 성립할 뿐이다. 또한 단순히 직권범위를 벗어난 체포 · 감금행위에 대하여도 본죄가 아니라 일반 체포 · 감금죄가 성립한다는 것이 학설[59]의 입장이다. 여기서 '직권범위를 벗어난 행위'가 '직권과 전혀 관계없는 행위'를 의미하는 중복된 표현이라면 타당하다고 할 수 있다. 그러나 본죄는 인신구속의 직무를 행하는 자 또는 이를 보조하는 자의 직권범위를 벗어난 체포 · 감금행위[60]를 처벌하려는 것이 본래의 목적이다. 예컨대 체포된 자를 구속영장의 청구 없이 48시간을 초과하여 피의자심문을 하거나 또는 구속기간이 지났음에도 하루나 이틀을 초과한 구속상태에서 수사하는 경우가 그러하다. 따라서 본죄의 직권남용은 직권범위를 벗어난 부당한 직권의 사용으로 이해되어야 한다. 오히려 직무권한의 범위를 벗어나지 아니한 단순한 직권남용에 대해서는 본죄의 성립을 부정하는 것이 타당하다. 예컨대 구속 중인 피의자에 대하여 구속취소사유가 존재함에도 불구하고 구속을 취소하지 아니하는 경우가 그러하다.

본죄는 피해자가 현실적으로 체포 · 감금될 것을 요하는 결과범이다. 따라서 본죄에서 행위자의 체포 · 감금은 구성요건적 행위로서의 의미가 있으며, 또한 피해자의 측면에서는 구성요건적 결과

57) 이 한도에서 제33조 단서가 적용된다.

58) 동지, 정영일, 431면.

59) 김성돈, 750면; 김성천/김형준, 138면; 김일수/서보학, 642면; 배종대, 609면; 이영란, 780면; 임웅, 910면; 정성근/박광민, 795면; 정영일, 431면.

60) 언어적으로 인신구속의 직무를 행하는 자 또는 이를 보조하는 자의 직권범위를 벗어난 체포 · 감금행위가 직권을 남용하는 체포 · 감금행위라고 해야 한다.

로서 의미가 있다. 즉 본죄는 체포 · 감금에 의하여 피해자의 장소이전의 자유가 침해된 때에 기수에 이르게 된다. 또한 본죄는 계속범으로서 피해자가 체포 · 감금의 상태에서 벗어난 때에 종료하게 되며, 이때부터 공소시효가 진행한다.

3-3. 폭행 · 가혹행위죄

3-3-1. 의 의

본죄는 재판 · 검찰 · 경찰 기타 인신구속에 관한 직무를 행하는 자 또는 이를 보조하는 자가 그 직무를 행함에 당하여 형사피의자 기타 사람에 대하여 폭행 또는 가혹한 행위를 함으로써 성립하는 범죄이다. 즉 수사기관 공무원의 고문행위를 처벌하기 위한 규정이다. 본죄는 불법체포 · 불법감금죄와 동일한 관점에서 특수공무원에 의한 국가권력의 공정한 행사라는 국가기능을 보호하기 위한 규정이며, 피해자의 인권 내지 신체의 안전도 본죄의 보호법익이 된다. 또한 본죄는 법익보호의 정도에 따라 침해범으로 해석된다.[61] 폭행 · 가혹행위에 의하여 이미 특수공무원에 의한 국가권력의 공정한 행사라는 국가기능이 침해되기 때문이다. 따라서 본죄를 추상적 위험범으로 해석하는 견해[62]는 타당하지 않다. 그밖에 폭행 · 가혹행위는 신체의 완전성이나 인권에 대한 침해로 해석된다.

본죄를 범하여 사람을 사상에 이르게 한 때에는 특정범죄가중처벌 등에 관한 법률 제4조의2에 의하여 가중처벌된다.

3-3-2. 구성요건

본죄의 행위주체는 재판 · 검찰 · 경찰 기타 인신구속에 관한 직무를 행하는 자 또는 이를 보조하는 자이며, 행위객체는 형사피의자 기타의 사람이다. 여기서 기타의 사람이란 피고인 · 증인 · 참고인 등 재판이나 수사에서 조사의 대상이 되는 사람을 말한다.

본죄의 행위는 직무를 행함에 당하여 형사피의자 기타 사람에 대하여 폭행 또는 가혹한 행위를 하는 것이다. '직무를 행함에 당하여'란 '직무를 행함에 있어서', 즉 '재판이나 수사에서 조사의 업무를 하는 과정에서'라는 의미이다. 따라서 본죄의 폭행 · 가혹행위에는 직무와의 내용적 관련성이 요구된다(통설). 즉 직무를 행하는 기회라는 장소적 · 시간적 관련만으로는 본죄의 '직무를 행함에 당하여'에 해당하지 않는다. 이에 반하여 본죄의 폭행 · 가혹행위는 직무와의 장소적 · 시간적 관련성만으로 충분하다는 견해[63]가 있다. 수사기관의 공무원이 자신의 채무자를 공무소로 불러들여 채무변제를 요구하며 폭행한 경우에도 본죄의 성립을 인정해야 한다는 것이다. 그러나 수사공무원의 채무

61) 동지, 김일수/서보학, 644면; 박상기, 638면; 이영란, 782면.
62) 권오걸, 1010면; 김성돈, 751면; 오영근, 687면; 임웅, 912면; 정성근/박광빈, 796면; 정영일, 432면; 진계호/이존걸, 826면.
63) 박상기, 638면.

자는 본죄의 행위객체인 '형사피의자 기타 사람'에 포함되지 않는다. 이러한 견해는 수사공무원의 일반 폭행행위를 모두 본죄로 처벌하기 때문에 부당하다. 직무를 행하는 기회일지라도 직무와 관련 없이 폭행 · 가혹행위를 한 경우, 예컨대 직무수행 중의 농담과정에서 폭행한 경우는 본죄가 아니라 폭행죄와 공무원의 직무상 범죄에 대한 형의 가중규정인 제135조를 적용해야 한다.

> 본죄가 '직권남용' 대신에 '직무를 행함에 당하여'로 표현한 것에 대하여 '폭행 · 가혹행위는 절대적으로 직무행위가 될 수 없기 때문'이라는 견해[64]가 있다. 따라서 본죄의 '직무를 행함에 당하여'라는 개념은 '직권남용' 보다 넓은 개념이라고 한다.[65] 그러나 이러한 관점은 타당하다고 할 수 없다. 제123조의 직권남용죄나 제124조의 불법체포 · 불법감금죄에서도 권리행사 방해행위나 불법체포 · 불법감금행위가 직무행위는 될 수 없다. 제123조의 '직권남용'과 제124조의 '직권이용' 및 본조의 '직무를 행함에 당하여'라는 개념 모두가 '직무수행의 과정에서'라는 내용에서 실질적인 차이는 없다고 해야 한다.

폭행은 사람의 신체에 대하여 직접 · 간접적인 유형력을 행사하는 것이다. 가혹행위는 사람에게 정신적 · 육체적 고통을 가하는 폭행 이외의 일체의 행위를 말한다. 음식을 주지 않거나 잠을 재우지 않는 경우 또는 성추행 등의 경우도 여기에 해당한다.

3-3-3. '강간과 추행의 죄'와의 관계

수사공무원이 그 직무를 행함에 당하여 형사피의자인 피해자를 강간하거나 강제추행한 경우에 본죄와 강간죄 · 강제추행죄의 상상적 경합을 인정하는 것이 학설의 일반적인 입장이다(통설). 본죄와 피구금자간음죄의 관계도 동일하게 파악하고 있다. 본죄와 성범죄는 죄질 · 행위상황 · 행위양태를 달리하기 때문이라는 것이다. 그러나 죄질 · 행위상황 · 행위양태의 차이가 법조경합을 부정해야 하는 근거는 될 수 없다. 예컨대 본죄와 폭행죄의 경우가 그러하다. 따라서 이 경우는 강간죄 · 강제추행죄에 제135조를 적용해야 한다.[66] 이 때 제135조가 적용된 강간죄 내지 강제추행죄에 대하여 본죄는 특별관계에 의한 법조경합이 인정된다.[67]

그러나 피구금자간음죄의 경우는 일반적으로 본죄가 성립하지 않는다.[68] 피구금자간음죄는 피해자의 동의가 있는 경우에도 성립하며, 따라서 이 경우를 본죄의 가혹행위로 평가할 수 없기 때문이

---

64) 박상기, 638면; 배종대, 609면; 오영근, 687면; 이재상/장영민/강동범, 713면; 임웅, 913면; 정성근/박광민, 796면; 진계호/이존걸, 826면.

65) 오영근, 687면; 이영란, 782면 이하; 이재상/장영민/강동범, 713면; 이형국, 769면; 임웅, 913면; 정성근/박광민, 796면; 정영일, 432면.

66) 강간죄 내지 강제추행죄의 성립만을 인정하는 견해로는 오영근, 687면 이하.

67) 이에 관하여는 상기 '3-1-3. 직권남용죄와 강요죄의 관계' 참조.

68) 동지, 오영근, 687면.

다. 또한 피구금자간음죄는 제135조 단서의 '공무원의 신분에 의하여 특별히 형이 규정된 경우'이므로 동조의 적용도 배제된다. 즉 제303조 제2항은 피해자의 의사와 관계없이 피구금자와의 성관계를 특정한 공무원의 직권남용에 의한 성적 강요행위로 간주하는 규정이다.

3-4. 선거방해죄

본죄는 검찰 · 경찰 또는 군의 직에 있는 공무원이 법령에 의한 선거에 관하여 선거인 · 입후보자 또는 입후보자 되려는 자에게 협박을 가하거나 기타 방법으로 선거의 자유를 방해함으로써 성립하는 범죄이다. 본죄는 관권의 부당한 압력에 의한 선거방해를 방지하려는 데에 목적이 있으므로 직권남용죄의 특별규정으로 파악된다(통설).

본죄의 보호법익은 개인의 선거의 자유라는 것이 학설의 일반적인 입장이다(통설). 이에 대하여는 개인의 자유가 주된 보호법익이고 국가의 기능은 간접적인 보호법익이라는 견해[69]가 있다. 그러나 본죄에서 보호의 대상으로서 '개인의 선거의 자유'와 '공정한 선거를 유지해야 하는 국가의 기능'은 분리될 수 없는 불가분의 관계에 있다고 보아야 한다. 따라서 본죄의 보호법익은 공정한 선거를 유지해야 하는 국가의 기능과 개인의 선거의 자유라고 할 수 있다.

본죄는 법익보호의 정도에 따라 추상적 위험범으로 해석된다(통설). 본죄를 침해범으로 보는 견해[70]와 구체적 위험범으로 보는 견해[71]도 있으나, 타당하다고 할 수 없다. 본죄는 협박 기타 방해행위에 의하여 선거가 현실적으로 방해되거나 또는 협박 기타 방해행위에 의한 선거방해의 구체적 위험의 발생을 요건으로 하지 않기 때문이다. 본죄는 검찰 · 경찰 또는 군의 직에 있는 공무원이 법령에 의한 선거에 관하여 선거인 · 입후보자 또는 입후보자 되려는 자에게 협박을 가하거나 기타 방법으로 선거의 자유를 방해함으로써 기수에 이르게 된다.

4. 뇌물의 죄

4-1. 뇌물의 죄 일반론

4-1-1. 의 의

뇌물의 죄는 수뢰죄와 증뢰죄로 구성되어 있다. 수뢰죄는 공무원 또는 중재인이 직무에 관하여 뇌물을 수수 · 요구 또는 약속하는 것을 내용으로 하는 죄이며, 증뢰죄는 공무원 또는 중재인에게

69) 김일수, 한국형법 Ⅳ, 500면; 김일수/서보학, 646면.
70) 김일수, 한국형법 Ⅳ, 501; 김일수/서보학, 646면.
71) 배종대, 610면.

이를 공여하는 것을 내용으로 하는 범죄이다. 증뢰죄는 수뢰죄의 공범에 해당하는 경우를 형법이 독립된 범죄유형(필요적 공범)으로 규정한 것이다. 이와 같이 뇌물죄는 공무원 또는 중재인이 직무행위에 대한 대가로 법이 인정하지 않는 이익의 취득을 금지하는 것을 내용으로 하는 범죄이다.

뇌물죄의 보호목적은 국가기능의 공정성이다. 뇌물죄의 구체적인 보호법익에 대하여는 직무행위의 불가매수성이라는 견해[72]가 있다. 그러나 공정한 국가작용에 의한 일반인의 공평한 혜택과 부담의 기대와 신뢰도 본죄에 의하여 보호되어야 한다는 관점에서, 직무행위의 불가매수성 뿐 아니라 이에 대한 일반의 신뢰도 본죄의 보호법익으로 해석하는 다수설[73]이 타당하다고 해야 한다. 판례도 '직무집행의 공정과 이에 대한 사회의 신뢰 및 직무행위의 불가매수성'[74]이라고 판시하고 있다. 본죄는 법익보호의 정도에 따라 추상적 위험범으로 해석된다.

> 종래에는 뇌물죄의 본질, 즉 뇌물죄의 직접적인 보호법익에 대하여 로마법사상에 근거한 공무원의 직무행위의 불가매수성이라는 견해[75]와 게르만법사상에 근거한 공무원의 직무의 순수성이라는 견해[76]의 대립이 있었다. 로마법사상에 의할 경우 직무위반의 여부와 관계없이 뇌물죄가 성립하는 반면에, 게르만법사상에 의하면 직무위반의 경우에만 뇌물죄가 성립하게 된다. 그러나 형법은 직무위반이 없는 뇌물의 수수도 처벌하며, 직무위반의 대가로 뇌물을 수수한 경우에는 가중하여 처벌함으로써 로마법사상과 게르만법사상을 모두 채택하는 혼합형식을 취하고 있다.

4-1-2. 뇌물의 개념

뇌물이란 공무원의 직무와 관련한 부당한 이익을 말하며, 반드시 재물에 한하지 아니한다. 이에 따라 뇌물은 직무관련성과 부당한 이익을 그 개념요소로 한다.

4-1-2-1. 직무관련성

뇌물은 직무와 관련된 부당한 이익이어야 한다. 따라서 공무원이 수수 · 요구 · 약속한 부당한 이익은 당해 공무원의 직무와 대가관계가 인정되어야 한다. 이를 뇌물의 직무관련성이라 한다. 일반적으로 공무원의 직무사항에 대한 대가로 부당한 이익을 제공받는 경우에 당해 이익에 대한 직무관련성이 인정된다.

---

72) 김성돈, 753면; 배종대, 611면; 손동권/김재윤, 771면; 정영일, 434면.

73) 권오걸, 1014면; 김성천/김형준, 813면; 김일수/서보학, 649면; 박상기, 641면; 이재상/장영민/강동범, 716면; 이형국, 775면; 임웅, 918면; 정성근/박광민, 799면; 진계호/이존걸, 831면.

74) 대법원 2010.12.23., 2010도13584; 대법원 2011.3.24., 2010도17797; 대법원 2011.12.8., 2010도15628; 대법원 2012.9.27., 2012도7467; 대법원 2013.11.28., 2013도10011; 대법원 2014.1.29., 2013도13937; 대법원 2014.10.15., 2014도8113; 대법원 2017.3.15., 2016도19659; 대법원 2017.12.22., 2017도12346.

75) 서일교, 317면; 염정철, 317면; 유기천(하), 284면; 정영석, 45면; 황산덕, 49면.

76) 이건호, 46면; 정창운, 336면.

여기서 직무란 공무원 또는 중재인이 그 직위에 따라 공무로 담당하는 일체의 업무를 의미한다. 자기의 직무권한에 속한 사무 뿐 아니라 직무와 밀접한 관계가 있는 업무[77]를 포함한다. 직무와 밀접한 관계가 있는 업무란 공무원이 직무상의 지위를 이용하거나 그 직무에 기한 세력을 기초로 공무의 공정에 영향을 미치는 행위라고 할 수 있다. 또한 공무원 자신이 사실상 처리하는 사무 또는 결정권자를 관례상 · 사실상 일시 대리하는 경우의 사무도 여기서의 직무에 포함된다.[78] 해당사무에 대하여 결정권을 가질 필요도 없으며, 결정권자를 보좌하거나 영향을 줄 수 있는 업무인 한 여기에 해당한다.[79] 일반적인 직무권한에 속하는 사항인 때에는 현실적으로 담당하는 업무일 것을 요하지 않으며, 과거에 담당하였거나 장래 담당할 직무도 포함된다(통설).[80] 여기서 직무행위는 작위 · 부작위를 불문하며, 그 직무행위가 정당 · 부당 또는 적법 · 위법함도 문제가 되지 않는다.[81] 또한 부정한 이익의 대상이 되는 공무원의 직무행위는 특정한 직무행위이든 또는 포괄적 직무행위이든 문제가 되지 않는다.

뇌물의 직무관련성에 있어서 직무와의 대가관계는 명시적 · 묵시적임을 불문하며, 추정적 · 잠재적 직무와의 대가관계도 포함된다. 또한 직무관련성은 전체적 · 포괄적으로 대가관계가 있으면 족하고, 개개의 직무행위와 대가관계에 있을 필요가 없으며, 그 직무행위가 특정된 것일 필요도 없다.[82] 이와 같은 소위 포괄적 뇌물개념은 학설에서도 일반적인 지지를 받고 있다(통설). 형법은 뇌물죄를 통하여 직무행위의 불가매수성 뿐 아니라 공무원의 직무의 순수성 내지 불가침성도 보호함으로써 국가기능의 공정성을 확보하여야하기 때문이다. 이에 따라 제129조, 제130조에서의 '직무에 관하여'는 넓은 의미로 해석된다.

뇌물은 순수한 사교적 의례로서의 선물과 구별된다. 이에 관하여 "사교적 의례의 선물이라도 직무에 대한 대가관계가 인정되는 때에는 뇌물이 된다"는 견해,[83] "대가관계가 인정되면 뇌물성은 인

77) 대법원 2002.5.10., 2000도2251; 대법원 2006.5.26., 2005도1904; 대법원 2010.1.28., 2009도6789; 대법원 2010.12.23., 2010도13584; 대법원 2011.3.24., 2010도17797; 대법원 2011.5.26., 2009도2453; 대법원 2013.4.11., 2012도16277; 대법원 2015.10.29., 2012도2938; 대법원 2017.6.19., 2017도5316.

78) 대법원 2002.5.10., 2000도2251; 대법원 2005.3.25., 2004도8257; 대법원 2005.7.15., 2003도4293; 대법원 2004.5.28., 2004도1442; 대법원 2010.12.23., 2010도13584; 대법원 2011.3.24., 2010도17797; 대법원 2015.10.29., 2012도2938; 대법원 2017.6.19., 2017도5316.

79) 대법원 2001.1.19., 99도5753; 대법원 2002.5.10., 2000도2251; 대법원 2010.12.23., 2010도13584; 대법원 2011.3.24., 2010도17797; 대법원 2015.10.29., 2012도2938; 대법원 2017.6.19., 2017도5316.

80) 대법원 1999.11.9., 99도2530; 대법원 2000.1.18., 99도4022; 대법원 2001.1.5., 2000도4714; 대법원 2003.6.13., 2003도1060; 대법원 2013.11.28., 2013도9003; 대법원 2017.12.22., 2017도12346.

81) 대법원 1999.7.23., 99도1911; 대법원 2006.6.15., 2004도3424; 대법원 2007.1.26., 2004도1632; 대법원 2011.4.14., 2010도12313; 대법원 2014.9.4., 2011도14482.

82) 대법원 1997.12.26., 97도2609: "국회의원이 그 직무권한의 행사로서의 의정활동과 전체적 · 포괄적으로 대가관계가 있는 금원을 교부받았다면, 그 금원의 수수가 어느 직무행위와 대가관계에 있는 것인지 특정할 수 없다고 하더라도 이는 국회의원의 직무에 관련된 것으로 보아야 한다."; 대법원 1998.2.10., 97도2836; 대법원 1999.1.29., 98도3584; 대법원 2000.1.21., 99도4940; 대법원 2005.11.10., 2004도42; 대법원 2008.1.31., 2007도8117; 대법원 2016.1.14., 2014도3112; 대법원 2017.1.12., 2016도15470.

83) 권오걸, 1021면; 백형구, 640면.

정되지만 사회관습상 용인되는 한도에서 위법성이 조각된다"는 견해,[84] "규모가 작더라도 대가관계가 분명하거나, 관습상 승인되는 정도를 초과하는 다액의 금품이나 향응은 뇌물성이 인정된다"는 견해[85] 및 "직무와의 대가관계가 인정되는 경우라도 사회의식과 관습적으로 승인되는 한도에서 뇌물성이 부정된다"는 견해[86]의 대립이 있다. 그러나 이러한 견해의 대립은 원칙적으로 무의미하다. 개념적으로 사회의식과 관습상 승인되는 한도의 순수한 사교적 의례로서의 선물은 공무원의 직무와 대가관계가 인정되지 아니하는 경우로 이해해야하기 때문이다. 즉 순수한 사교적 의례로서의 선물은 실질적으로 공무원의 직무와 관련하여 추정적 · 잠재적 직무와의 대가관계도 인정되지 않는 경우이다. 반대로 대가관계가 인정되는 경우라면 금액의 다과에 불구하고 사교적 의례가 될 수 없다.[87] 예컨대 명절의 귀향길에 교통위반을 단속하는 공무원에게 도로교통위반을 눈감아주는 조건으로 소액의 금품을 제공한 경우라면 이것이 명절에 고생하는 공무원에 대한 의례라고 평가될 수는 없다. 또한 공무원의 직무행위에 대한 순수한 답례도 뇌물과 구별된다. 예컨대 공무원의 직무행위 중 또는 직무행위 직후에 간단한 식사나 음료의 제공 등의 답례는 전통적인 인간관계의 표현이므로 뇌물이 될 수 없다. 이러한 답례가 국가기능의 공정성이나 이에 대한 일반의 신뢰를 침해할 수는 없다. 이 때 순수한 선물이나 답례와 뇌물은 사회적 상당성의 관점의 구성요건해당성 배제사유로서 뇌물성 여부가 판단되어야 한다. 구체적 상황에서 공무원의 직무행위, 쌍방간의 인간적 관계, 수수되는 이익의 정도 등이 종합적으로 고려되어 판단되어야 한다.

4-1-2-2. 부당한 이익

이익은 재산상의 이익 외에 일체의 유형 · 무형의 이익을 포함하며, 수령자의 경제적 지위 뿐 아니라 법적 · 인격적 지위를 유리하게 하는 일체의 것을 의미한다. 예컨대 금전이나 재물 외에 향응의 제공, 금전소비대차에 의한 금융이익, 자신의 은행대출금채무에 연대보증을 하게 한 경우,[88] 시가상승이 예상되는 주식의 액면가 매수에 의한 투기사업에 참여할 기회[89] 및 이성간의 성행위도 이익에 해당한다. 다만 여기서의 이익은 객관적으로 측정될 수 있는 것이어야 한다.[90] 따라서 칭찬 등 명예욕이나 호기심 등의 충족은 그 이익의 객관화가 불가능하므로 여기의 이익에 해당하지 않는다.[91]

---

84) 김성돈, 759면; 김성천/김형준, 819면; 손동권/김재윤, 780면; 오영근, 693면; 이영란, 790면; 임웅, 930면; 진계호/이존걸, 836면.

85) 박상기, 643면; 배종대, 615면.

86) 김일수/서보학, 654면; 이재상/장영민/강동범, 721면; 이형국, 780면; 정성근/박광민, 806면; 조준현, 782면.

87) 대법원 1997.4.17., 96도3377: "정치자금 · 선거자금 · 성금 등의 명목으로 이루어진 금품수수의 경우라 하더라도 그것이 공무원의 직무행위에 대한 대가로서 실체를 가지는 한 뇌물로서의 성격을 잃지 않는다."

88) 대법원 2001.1.5., 2000도4714.

89) 대법원 1992.12.22., 92도1762; 대법원 1994.11.4., 94도129; 대법원 2002.5.10., 2000도2251; 대법원 2006.4.14., 2005도7050; 대법원 2010.5.13., 2009도7040; 대법원 2011.7.28., 2009도9122; 대법원 2012.8.23., 2010도6504; 대법원 2013.1.31., 2012도2409.

90) 반대견해로는 김성천/김형준, 821면; 김일수/서보학, 655면; 오영근, 692면 이하, 693면 각주 1); 진계호/이존걸, 838면.

91) 동지, 권오걸, 1025면; 김성돈, 760면; 손동권/김재윤, 780면; 이재상/장영민/강동범, 722면; 이형국, 779면; 임웅, 931면; 정

뇌물은 직무관련성이 있는 부당한 이익이다. 공무원이 법령에 의하지 아니하고 직무와 관련된 보수를 수령하는 것은 원칙적으로 부당한 이익으로 평가된다.[92]

4-1-3. 수뢰죄와 증뢰죄의 관계

형법은 뇌물의 죄에서 수뢰죄와 증뢰죄를 규정하고 있다. 수뢰죄와 증뢰죄는 직무와 관련하여 뇌물을 주고받는 필요적 공범에 해당한다. 따라서 뇌물죄의 내부관계에서는 총칙상의 공범규정이 적용되지 않는다. 예컨대 증뢰자가 수뢰공무원을 교사하여 자신이 제공하는 뇌물을 수수하게 한 경우에도 증뢰자에 대하여는 수뢰죄의 교사범이 성립하지 않는다. 그러나 뇌물죄의 외부관계에서는 총칙상의 공범규정이 적용된다. 예컨대 수뢰자와 증뢰자 외의 제3자가 뇌물의 수수를 교사하거나 방조한 경우에는 수뢰죄의 교사 · 방조죄가 성립하며, 뇌물의 공여를 교사 · 방조한 경우에는 증뢰죄의 교사 · 방조죄가 성립한다.

일반적인 학설의 입장에서는 뇌물죄 중에서 뇌물의 수수 · 공여[93]와 약속의 경우는 필요적 공범에 해당하지만, 뇌물의 요구와 공여의 의사표시는 독립된 범죄라고 해석한다(통설). 그러나 이러한 통설의 견해는 부당하다. 공무원이 직무와 관련하여 뇌물을 요구하는 경우가 수뢰죄 외에 증뢰교사행위로 평가될 수는 없으며, 뇌물공여의 의사표시가 증뢰죄 외에 수뢰죄의 교사 · 방조행위로 평가될 수는 없기 때문이다. 따라서 뇌물의 요구와 공여의 의사표시도 필요적 공범으로 해석하여야 한다.[94] 또한 쌍방이 모두 처벌되는 대향범인 필요적 공범의 경우에도 범죄고의 등은 개별적으로 판단해야하기 때문에 일방에 대해서만 범죄가 성립하는 경우는 얼마든지 가능하다.

4-2. 수뢰죄

본죄는 공무원 또는 중재인이 그 직무에 관하여 뇌물을 수수 · 요구 또는 약속함으로써 성립하는 범죄이다(제129조 제1항). 다만 특가법 제2조에 의하여 수수 · 요구 · 약속한 금액이 3천만원 이상 5천만원 미만인 경우에는 5년 이상의 유기징역, 5천만원 이상 1억원 미만인 경우에는 7년 이상의 유기징역, 1억원 이상인 경우에는 무기 또는 10년 이상의 유기징역으로 가중처벌된다. 또한 동조 제2항에 의하여 수뢰액의 2배 이상 5배 이하의 벌금을 병과한다.

4-2-1. 행위주체

본죄의 행위주체는 공무원 또는 중재인이다. 다만 특가법 제4조에 따라 뇌물죄에 대하여는 국가

성근/박광민, 807면; 정영일, 440면.

92) 공무원의 직무와 관련된 정당한 이익은 법령에 의한 봉급 · 수당 · 여비 · 일당 · 수수료 등의 보수에 한정된다.

93) 뇌물공여죄도 필요적 공범이 아니라는 견해로는 권오걸, 1017면; 김성천/김형준, 824면; 오영근, 695면.

94) 동지, 김성돈, 755면.

또는 지방자치단체가 관리하는 기관 · 단체의 간부직원도 공무원으로 본다.[95] 중재인은 법령에 의하여 중재의 직무를 담당하는 자를 말한다. 중재법에 의한 중재인(동법 제12조), 노동조합 및 노동관계조정법에 의한 중재위원(동법 제64조) 등이 여기에 해당한다. 법령에 의하지 아니한 경우는 사실상 중재의 직무를 담당하는 것만으로 본죄의 중재인이 될 수 없다.

4-2-2. 행 위

본죄의 행위는 직무에 관하여 뇌물을 수수 · 약속 · 요구하는 것이며, 반드시 구체적인 청탁을 수반해야 하는 것은 아니다.

4-2-2-1. 수수

수수는 뇌물을 취득하는 것이다. 무형의 이익인 경우에는 이를 현실로 받아들인 때에 수수가 된다. 뇌물의 수수에 있어서 다수설[96]과 판례[97]는 영득의 의사를 요구하고 있다. 이에 따라 "반환할 의사로 일시 받아둔 데 불과한 경우는 수수에 해당할 수 없지만,[98] 일단 영득의사로 수수하였다면 나중에 반환하였어도 뇌물수수죄가 성립한다"[99]고 한다.

그러나 뇌물죄는 재물죄인 영득범죄가 아니며, 뇌물 수수의 대상은 재물에 한정되지도 않으므로 본죄의 성립에서도 영득의사를 요구할 수 없다.[100] 따라서 다수설과 판례의 견해는 타당하지 않다. 특히 다수설과 판례의 견해에 의하면 '반환할 의사로 일시 받아두었으나 이를 반환하지 못하고 소비한 경우', '무명으로 기부하기 위하여 뇌물을 수수하는 경우' 또는 '손괴하기 위하여 뇌물을 수수하는 경우'에도 본죄의 성립을 부정해야하는 불합리한 결과를 초래한다. 또한 다수설과 판례가 '반환할 의사로 일시 받아둔 데 불과한 경우'와 '일단 영득의사로 수수하였다가 나중에 반환한 경우'를

---

95) 특가법 제4조 (뇌물죄 적용대상의 확대) ① 다음 각 호의 어느 하나에 해당하는 기관 또는 단체로서 대통령령으로 정하는 기관 또는 단체의 간부직원은 「형법」 제129조부터 제132조까지의 규정을 적용할 때에는 공무원으로 본다. 1.국가 또는 지방자치단체가 직접 또는 간접으로 자본금의 2분의 1 이상을 출자하였거나 출연금 · 보조금 등 그 재정지원의 규모가 그 기관 또는 단체 기본재산의 2분의 1 이상인 기관 또는 단체; 2.국민경제 및 산업에 중대한 영향을 미치고 있고 업무의 공공성(공공성)이 현저하여 국가 또는 지방자치단체가 법령에서 정하는 바에 따라 지도 · 감독하거나 주주권의 행사 등을 통하여 중요 사업의 결정 및 임원의 임면(임면) 등 운영 전반에 관하여 실질적인 지배력을 행사하고 있는 기관 또는 단체. ② 제1항의 간부직원의 범위는 제1항의 기관 또는 단체의 설립목적, 자산, 직원의 규모 및 해당 직원의 구체적인 업무 등을 고려하여 대통령령으로 정한다.

96) 권오걸, 1039면 이하; 김성돈, 762면; 배종대, 617면; 손동권/김재윤, 781면; 오영근, 698면; 이영란, 796면 이하; 이재상/장영민/강동범, 724면; 임웅, 936면; 진계호/이존걸, 843면.

97) 대법원 2001.10.12., 2001도3579; 대법원 2007.3.29., 2006도9182; 대법원 2008.6.12., 2006도8568; 대법원 2010.4.15., 2009도11146; 대법원 2011.7.28., 2011도1739; 대법원 2013.11.28., 2013도9003; 대법원 2014.12.24., 2014도10199; 대법원 2015.10.29., 2012도2938; 대법원 2017.3.22., 2016도21536.

98) 대법원 1985.1.12., 84도2082; 대법원 1979.7.10., 79도1314; 대법원 1989.7.25., 89도126; 대법원 2011.7.28., 2011도1739. 대법원 2013.11.28., 2013도9003; 대법원 2017.3.22., 2016도21536.

99) 대법원 1986.12.23., 86도2021; 대법원 1987.4.14., 86도2075; 대법원 1987.9.22., 87도1472; 대법원 1992.2.28., 91도3364; 대법원 2001.10.12., 2001도3579; 대법원 2007.3.29., 2006도9182; 대법원 2012.8.23., 2010도6504.

100) 동지, 김일수/서보학, 659면; 이형국, 782면 이하; 정성근/박광민, 813면; 정영일, 441면; 조준현, 786면.

구별하는 것은 구체적인 법적용에서 자의적 특혜를 가능하게 함으로써 법적 안정성에 큰 위협이 된다.[101] 무엇보다도 "공정한 공무원이나 중재인이라면 처음부터 반환할 의사를 가지고 있었더라도 직무와 관련된 재물 등을 수수해서는 안된다"라는 것이 뇌물죄의 핵심인 청렴의무의 내용이라고 해야 한다. 현행법의 해석에서 '반환할 의사로 뇌물을 일시 받아두었다가 반환한 경우'에 대해서는 양형의 단계(제51조 제4호)에서 이를 고려하는 수밖에 없다.

그러나 떠나는 택시 안으로 뇌물을 던져 넣거나,[102] 양복 주머니에 뇌물을 찔러 넣고 도주한 경우 또는 선의로 순수한 선물로 받은 물건 속에 뇌물이 들어있는 경우 등과 같이 뇌물을 인지하지 못한 경우, 반환하기 전까지 이를 단순히 보관하는 것은 수수에 해당하지 않는다. 이때는 뇌물을 소비하거나 반환을 지연하는 태도가 수수에 해당한다고 보아야 한다.

수수한 뇌물의 사용용도는 문제가 되지 않는다. 개인이 소비하는 경우 뿐 아니라 공공의 비용[103]으로 사용하거나 수재의연금 등으로 기탁하는 경우에도 본죄에 해당한다.

4-2-2-2. 요구 · 약속

요구는 뇌물을 취득할 의사로 상대방에게 그 교부를 청구하는 것이다. 여기서의 요구는 개념적으로 상대방이 이에 응하지 않은 경우에 한정된다. 상대방이 이에 응한 경우는 약속이 될 것이며, 이에 응하여 뇌물을 교부한 경우는 요구자가 이를 수수한 것으로 평가되기 때문이다. 약속은 양당사자 사이에 뇌물의 수수를 합의[104]하는 것이다. 요구나 약속의 경우는 뇌물이 현존할 필요도 없으며, 그 가액이 확정될 것을 요하지도 않는다.[105]

4-3. 사전수뢰죄

본죄는 공무원 또는 중재인이 될 자가 그 담당할 직무에 관하여 청탁을 받고 뇌물을 수수 · 요구 또는 약속함으로써 성립하는 범죄이다(제129조 제2항). 다만 본죄의 범인은 공무원 또는 중재인이 된 때에 처벌될 수 있다. 따라서 공무원 또는 중재인이 된 것은 본죄의 객관적 처벌조건이 된다. 본죄는 공무원이나 중재인이 되기 전의 수뢰행위를 처벌하기 위한 규정이다.

본죄의 주체는 공무원 또는 중재인이 될 자이다. 공무원 또는 중재인이 될 자란 공무원이나 중재

---

101) 대법원 2007.3.29., 2006도918: 영득의 의사로 수령한 뇌물의 액수가 예상한 것보다 너무 많아 후에 이를 반환한 경우 뇌물죄의 성립 범위(=수령한 액수 전부); 대법원 2010.4.15., 2009도11146: 불우이웃돕기 성금이나 연극제에 전달할 의사로 금원을 받은 것에 불과하고 영득할 의사로 수수하였다고 보기는 어렵다는 이유로 뇌물수수의 점에 대해 무죄를 인정한 사례.

102) 대법원 1979.7.10., 79도1124.

103) 대법원 1984.2.14., 83도3218.; 대법원 1996.6.14., 96도865.

104) 대법원 2007.7.13., 2004도3995: "뇌물의 '약속'은 양 당사자 사이의 뇌물수수의 합의를 말하고, 여기에서 '합의'란 그 방법에 아무런 제한이 없고 명시적일 필요도 없지만, 장래 공무원의 직무와 관련하여 뇌물을 주고받겠다는 양 당사자의 의사표시가 확정적으로 합치하여야 한다."; 대법원 2012.11.15., 2012도9417; 대법원 2016.6.23., 2016도3753.

105) 대법원 1981.8.20., 81도698. 대법원 2001.9.18., 2000도5438; 대법원 2016.6.23., 2016도3753.

인으로 될 것이 예정되어 있는 자를 의미한다.

본죄의 행위는 담당할 직무에 관하여 청탁을 받고 뇌물을 수수 · 요구 또는 약속하는 것이다. '직무에 관하여 청탁을 받고'라 함은 일정한 직무행위에 대한 의뢰와 이에 응할 것을 약속하는 것이다. 청탁 받은 직무행위는 반드시 부정한 직무행위일 필요가 없으며, 청탁과 이에 응할 약속이 명시적일 필요도 없다. 뇌물의 수수 · 요구 · 약속은 수뢰죄에서의 그것과 같다.

4-4. 제3자 뇌물제공죄

본죄는 공무원 또는 중재인이 그 직무에 관하여 부정한 청탁을 받고 제3자에게 뇌물을 공여하게 하거나 공여를 요구 또는 약속함으로써 성립하는 범죄이다(제130조). 본죄는 자신의 직무와 관련된 뇌물을 자신이 아니라 제3자에게 전달되도록 하는 범죄이다.

본죄의 성격에 관하여는 본죄를 간접수뢰죄로 보는 견해[106]와 본죄와 간접수뢰죄를 엄격하게 구별하는 견해[107]의 대립이 있다. 판례[108]는 후자의 입장이다. 그러나 본죄의 구성요건 구조에서 공무원이나 중재인은 구성요건적 행위를 스스로 직접 실행하는 직접정범이다. 수뢰죄의 간접정범에서는 공무원이나 중재인이 고의가 있지만 신분이 없는 도구인 범행매개자로 하여금 뇌물의 수수 · 요구 · 약속 행위를 하게 하는 것이다. 예컨대 가족이나 운전기사 등을 시켜 뇌물을 받아오게 하거나 요구하게 하거나 또는 약속을 받아오게 하는 경우가 그러하다. 수뢰죄의 간접정범의 경우에 직무에 관한 부정한 이익이 도달하는 곳 내지 도달해야 하는 곳은 공무원이나 중재인의 이익영역인 반면에, 본죄에서는 공무원 또는 중재인의 직무에 관한 부정한 이익이 도달하는 곳 내지 도달해야 하는 곳은 제3자의 이익영역이다. 더욱이 본죄의 성립에 있어서 제3자가 범행매개자와 같이 어떠한 행위를 하여야 하는 것도 아니다. 본죄에서 제3자에게 뇌물을 공여하게 하는 경우에도 제3자가 이를 반드시 수수할 것을 요하지는 않는다(통설). 따라서 본죄와 간접수뢰죄를 엄격하게 구별하는 견해가 타당하다.

본죄의 행위주체는 수뢰죄와 동일하게 공무원이나 중재인이다. 본죄의 행위는 직무에 관한 부정한 청탁을 받고 제3자에게 뇌물을 공여하게 하거나 공여를 요구 또는 약속하는 것이다. 따라서 본죄는 직무에 관하여 부정한 청탁을 받아야 한다. 부정한 청탁이란 위법한 청탁 외에 부당한 청탁도 포함된다.

본죄의 요건으로 '부정한 청탁'이 요구되는 것에 대해서는 단순수뢰죄와 비교하여 부당하

---

106) 권오걸, 1042면; 이형국, 788면; 임웅, 943면; 정성근/박광민, 818면; 동취지, 김일수/서보학, 665면.

107) 김성돈, 767면 이하; 김성천/김형준, 829면 이하; 배종대, 620면; 손동권/김재윤, 788면; 오영근, 704면; 이영란, 803면; 이재상/장영민/강동범, 730면; 정영일, 436면; 진계호/이존걸, 847면.

108) 대법원 1998.9.22., 98도1234; 대법원 2002.4.9., 2001도7056; 대법원 2004.3.26., 2003도8077. 대법원 2007.1.26., 2004도1632; 대법원 2008.9.25., 2008도2590; 대법원 2017.12.22., 2017도12346.

다는 입법론적 비판[109]이 제기되고 있다. 이에 대해서는 본죄의 수단이 간접적임을 고려하여 더 엄격한 요건이 요구되는 것이 합리적이라는 견해[110]가 있다. 그러나 청렴의무를 부담하는 공무원 등이 직무와 관련한 뇌물을 직접 수수하든 제3자에게 제공하게 하든 충분한 가벌적인 불법은 긍정되어야 한다. 예컨대 범죄피해자로부터 반드시 범인을 검거해달라는 청탁을 받고 제3자에게 뇌물을 공여하게 한 수사관을 제3자 뇌물제공죄의 적용범위에서 제외시킬 이유가 없다. 따라서 본죄의 부정한 청탁에 대한 입법론적 비판은 타당하다.

제3자는 행위자 이외의 자를 말한다. 공동정범자도 본죄의 행위자이므로 공동정범자는 본죄의 제3자에 해당하지 않는다. 제3자는 자연인 뿐 아니라 법인이나 법인격 없는 단체를 포함한다. 다만 행위자와 생계를 같이 하는 가족은 본죄의 제3자에서 제외되어야 한다. 행위자와 생계를 같이 하는 가족의 이익영역은 결국 행위자의 이익영역이기 때문이다. 본죄는 제3자에게 뇌물을 공여하게 하거나 공여를 요구 또는 약속하는 것으로 충분하다. 제3자가 이러한 사정을 알았는가도 본죄의 성립에 영향을 주지 못한다.

4-5. 수뢰후 부정처사죄

본죄는 공무원 또는 중재인이 전2조의 죄(수뢰죄, 사전수뢰죄, 제3자 뇌물제공죄)를 범하여 부정한 행위를 함으로써 성립하는 범죄이다(제131조 제1항). 공무원 또는 중재인이 수뢰죄를 범하고, 나아가 부정한 행위까지 한 경우를 가중하여 처벌하는 수뢰죄 등에 대한 가중적 구성요건이다. 본죄에 대하여는 10년 이하의 자격정지를 병과할 수 있다(제131조 제4항).

부정한 행위는 공무원 또는 중재인의 직무에 위배하는 일체의 행위를 말한다. 직무행위 자체 뿐 아니라 직무행위와 관련된 일체의 행위가 포함된다. 그러나 직무와 관련이 없는 개인적 사무에 대한 부정한 행위는 본죄의 부정한 행위에 해당하지 않는다.

4-6. 사후수뢰죄

형법은 사후수뢰죄를 두 가지 유형으로 규정하고 있다. 첫 번째 범죄유형은 공무원 또는 중재인이 그 직무상 부정한 행위를 한 후 뇌물을 수수 · 요구 · 약속하거나 제3자에게 이를 공여하게 하거나 공여를 요구 · 약속함으로써 성립하는 경우이다(제131조 제2항). 이 범죄유형은 부정한 행위를 한 후에 수뢰죄 등을 범한다는 점에서 수뢰후 부정처사죄가 전도된 경우이다. 따라서 본죄는 수뢰후 부정처사죄와 함께 수뢰죄 등에 대한 가중적 구성요건에 해당한다.

두 번째 사후수뢰죄의 범죄유형은 공무원 또는 중재인이었던 자가 그 재직 중에 청탁을 받고 직무상 부정한 행위를 한 후 뇌물을 수수 · 요구 · 약속함으로써 성립하는 경우이다(제131조 제3항). 본죄는 재

109) 박상기, 653면.

110) 김성천/김형준, 830면; 김일수/서보학, 665면; 오영근, 704면 이하; 이형국, 788면.

직 중의 청탁에 의한 직무상 부정한 행위를 하고 퇴직한 후에 수뢰하는 경우를 처벌하기 위한 규정이다. 본죄의 행위주체는 공무원 또는 중재인이었던 자이다. 제131조 제2항과 제3항의 사후수뢰죄에 대하여는 10년 이하의 자격정지를 병과할 수 있다(제131조 제4항).

4-7. 알선수뢰죄

4-7-1. 의 의

본죄는 공무원이 그 지위를 이용하여 다른 공무원의 직무에 속한 사항의 알선에 관하여 뇌물을 수수·요구 또는 약속함으로써 성립하는 범죄이다. 공무원이 자신의 직무에 속한 사항과 관련하여 수뢰하는 경우가 아니라도, 자신의 지위를 이용하여 다른 공무원의 직무에 속한 사항의 알선행위와 이러한 알선의 대가를 받는 행위는 공무원의 청렴의무에 반하는 행위로서 수뢰죄와 유사하게 국가기능의 공정성을 해하게 된다. 따라서 본죄는 공무원의 지위를 이용하여 다른 공무원의 직무에 속한 사항의 알선에 관하여 수뢰하는 경우, 즉 간접적 직무관련성의 뇌물죄를 처벌하는 규정이라고 할 수 있다.

4-7-2. 행위주체

본죄의 주체는 공무원에 한정된다. 수뢰죄와 달리 중재인은 포함되지 않는다. 공무원의 지위고하는 불문한다. 다만 본죄는 공무원이 그 지위를 이용하여 다른 공무원의 직무에 속한 사항의 알선을 요하므로, 여기서의 공무원은 직무를 처리하는 공무원과 직접 또는 간접의 연관관계를 가지고 법률상 또는 사실상 영향을 미칠 수 있는 공무원이어야 한다. 그러나 그 사이에 반드시 상하관계·협동관계·감독권한 등의 특수한 관계가 있음을 요하지는 않는다.[111]

4-7-3. 행 위

본죄의 행위는 공무원이 그 지위를 이용하여 다른 공무원의 직무에 속한 사항의 알선에 관하여 뇌물을 수수·요구·약속하는 것이다. 알선은 일정한 사항을 중개하는 것이며, 알선에 의한 직무행위가 정당하든 부당하든 문제가 되지 않는다.

> 공무원의 직무에 관한 사항의 알선에 관하여 금품이나 이익을 수수·요구 또는 약속한 자는 특가법 제3조의 알선수재죄로 5년 이하의 징역이나 1천만원 이하의 벌금형으로 처벌된다. 그러나 공무원이 그 지위를 이용하여 다른 공무원의 직무에 관한 사항의 알선에 관하여

---

111) 대법원 1979.11.13., 79도1928; 대법원 1982.6.8., 82도403; 대법원 1988.1.19., 86도1138; 대법원 1992.5.8., 92도532; 대법원 1995.1.12., 94도2867; 대법원 1999.6.25., 99도1900; 대법원 2001.10.12., 99도5294; 대법원 2005.11.10., 2004도42; 대법원 2006.4.27., 2006도735; 대법원 2010.11.25., 2010도11460.

3천만원 이하[112]의 뇌물을 수수 · 요구 또는 약속하는 본죄의 경우에는 3년 이하의 징역이나 7년 이하의 자격정지로 처벌됨으로써, 알선수재죄에 비하여 경하게 처벌된다. 이는 형벌의 균형상 불합리하다. 입법론적인 재고를 요한다.

4-8. 뇌물공여 등 죄(증뢰죄)

뇌물공여 등 죄는 제129조 내지 제132조에 기재한 뇌물을 약속 · 공여 또는 공여의 의사표시를 함으로써 성립하는 범죄이다(제133조 제1항). 또한 증뢰행위에 공할 목적으로 제3자에게 금품을 교부하거나 그 정을 알면서 교부받는 경우에도 증뢰죄와 동일하게 처벌된다(동조 제2항: 증뢰물전달죄). 증뢰죄 내지 증뢰물전달죄는 수뢰죄의 필요적 공범에 해당한다.[113]

증뢰행위는 뇌물을 약속 · 공여 또는 공여의 의사표시를 하는 것이다. 공여는 상대방으로 하여금 뇌물을 취득하게 하는 것을 말한다. 상대방이 이를 수수할 수 있는 상태에 둠으로써 충분하며, 반드시 상대방이 현실적으로 취득할 것을 요하지 아니한다. 공여의 의사표시는 명시적 · 묵시적 방법을 불문한다. 약속은 양당사자 사이에 뇌물의 공여와 수수를 합의하는 것이다. 공여의 의사표시나 약속의 경우는 뇌물이 현존할 필요도 없으며, 그 가액이 확정될 것을 요하지도 않는다.[114]

증뢰물전달은 증뢰에 공할 금품을 제3자에게 교부하거나 제3자가 정을 알면서 이를 교부받는 것이다. 이 때 제3자가 뇌물을 공무원 등에게 전달하였는가는 문제가 되지 않는다.

4-9. 뇌물의 필요적 몰수와 추징

제134조는 범인 또는 정을 아는 제3자가 받은 뇌물 또는 뇌물에 공할 금품을 몰수하며, 몰수하기 불능한 때에는 그 가액을 추징한다. 형법총칙 제48조의 몰수가 임의적 몰수임에 반하여, 뇌물죄에서의 몰수는 필요적 몰수이다. 이는 범인에게 뇌물죄와 관련된 이익을 보유하지 못하도록 하는 규정이다. 또한 몰수 · 추징의 대상은 수수한 뇌물에 한정되지 않으며, 약속한 뇌물이나 공여의 의사를 표시한 뇌물을 포함한다.

뇌물을 요구하는 경우에도 몰수 · 추징이 가능한지 문제된다. 이에 관하여 "뇌물을 요구하는 경우에도 몰수 · 추징이 가능하다"는 긍정설[115]과 "뇌물을 요구하는 경우에도 그것이 일정한 액수 등으로 특정된 한도에서만 추징이 가능하다"는 제한적 긍정설[116]이 있다. 그러나 뇌물을 요구하는 경우에는 몰수 · 추징의 대상인 '범인 또는 정을 아는 제3자가 받은 뇌물' 또는 '뇌물에 공할 금품'이 존

---

112) 알선수뢰죄에서 그 가액이 3천만원 이상인 때에는 특가법 제2조 제1항에 의하여 가중처벌된다.

113) 이에 관하여는 상기 '4-1-3. 수뢰죄와 증뢰죄의 관계' 참조.

114) 대법원 1981.8.20., 81도698; 대법원 2001.9.18., 2000도5438; 대법원 2016.6.23., 2016도3753.

115) 손동권/김재윤, 784면; 오영근, 702면; 이영란, 794면; 이재상/장영민/강동범, 726면.

116) 권오걸, 1042면; 김일수, 한국형법 IV, 521면; 김일수/서보학, 656면; 정영일, 452면.

재할 수 없다.[117] 즉 뇌물을 요구받은 자가 이를 거부할 경우에는 당연히 이러한 금품이 존재하지 않는다. 또한 뇌물을 요구받은 자가 이에 응할 경우에는 뇌물의 약속에 의하여 '뇌물에 공할 금품'이 존재할지라도, 그 요구자에게 몰수 · 추징의 대상이 될 금품은 존재하지 않는다. 따라서 뇌물을 요구하는 경우에는 본조에 의한 몰수 · 추징이 불가능하다고 해석하여야 한다.[118]

> 판례[119]는 "몰수는 특정된 물건에 대한 것이고 추징은 본래 몰수할 수 있었음을 전제로 하는 것임에 비추어 뇌물에 공할 금품이 특정되지 않았던 것은 몰수할 수 없고 그 가액을 추징할 수도 없다"고 판시[120]하였으며, 학설[121]에서도 판례의 입장을 지지하고 있다. 그러나 본질적으로는 몰수 · 추징이 불가능할 정도로 특정되지 아니한 금품의 약속이나 공여의 의사표시[122]만으로 뇌물죄를 인정할 수 있는 것인지 의문이 제기된다.

형법은 몰수 · 추징의 대상자를 규정하고 있지 않지만, 본조의 취지에 따라 뇌물 내지 뇌물에 공할 금품을 보유하고 있는 자가 몰수 · 추징의 대상자로 해석된다. 따라서 수뢰자가 이를 다시 증뢰자에게 반환한 경우에는 증뢰자로부터 몰수 · 추징하여야 한다.[123]

판례는 제134조에 의한 몰수 · 추징의 대상을 뇌물 내지 뇌물에 공할 금품 그 자체라고 해석함으로써, '수뢰자가 일단 수뢰한 뇌물을 소비하고 같은 액수의 금전을 증뢰자에게 반환한 경우'[124] 또는 '뇌물로 받은 금전을 은행에 예치하였다가 같은 액수로 반환한 경우'[125]에는 "수뢰자로부터 추징해야 한다"는 입장이다. 학설의 일반적인 입장에서도 이러한 판례의 입장을 지지하고 있다(통설). 이에 반하여 "금전의 고도의 유통성과 교환성을 고려함으로써 증뢰자로부터 이를 몰수하고, 부패방지차원에서 수뢰자로부터 같은 금액을 추징하는 것이 바람직하다"는 견해[126]가 있다. 이 견해가 금전의 유통성 · 교환성에 의한 고도의 대체성을 인정함으로써 "같은 금액의 금전을 반환받은 증뢰자로부

---

117) 동취지, 대법원 1997.4.17., 96도3376: "범인이라 하더라도 불법한 이득을 보유하지 아니한 자라면 그로부터 뇌물을 몰수 · 추징할 수 없으므로, 제3자 뇌물수수의 경우에는 범인인 공무원이 제3자로부터 그 뇌물을 건네받아 보유한 때를 제외하고는 그 공무원으로부터 뇌물의 가액을 추징할 수 없다."

118) 동지, 김성돈, 764면; 배종대, 626면; 이형국, 785면; 정성근/박광민, 808면; 진계호/이존걸, 839면.

119) 대법원 1996.5.8., 96도221.

120) 판례사안은 승용차대금 명목으로 1천4백만원을 뇌물로 제공하기로 약속하고 자기앞수표 1천만원을 제공한 사안이며, 이 사안에서 '자기앞수표 1천만원은 특정되었지만 뇌물로 약속된 위 승용차대금 명목의 금품은 특정되지 않아 이를 몰수할 수 없었으므로 그 가액을 추징할 수 없는 것'이라고 판시하고 있다. 그러나 판례가 이와 같이 승용차 대금 약속의 뇌물을 특정하고서도 '승용차대금 명목의 금품이 특정되지 않은 것'이라고 판단한 것은 이해하기 곤란하다.

121) 권오걸, 1029면 이하; 김성천/김형준, 827면; 박상기, 645면; 손동권/김재윤, 785면; 오영근, 701면; 이영란, 794면; 임웅, 939면.

122) 예컨대 "선처해 주시면 섭섭지 않게 해드리겠다"는 의사표시.

123) 대법원 1978.2.28., 77도4037; 대법원 1984.2.28., 83도2783.

124) 대법원 1983.12.27., 83도1313; 대법원 1984.2.14., 83도2871; 대법원 1986.10.14., 86도1189; 대법원 1999.1.29., 98도3584.

125) 대법원 1970.4.14., 69도2461; 대법원 1985.9.10., 85도1350; 대법원 1996.10.25., 96도2022.

126) 김일수, 한국형법 Ⅳ, 522면.

터 몰수해야 한다"는 관점은 타당하다. 증뢰자가 반환받은 같은 금액의 금전을 증뢰자가 보유하도록 하는 것은 본조의 목적에 반하기 때문이다. 그러나 본조의 몰수 · 추징은 뇌물죄와 관련된 이익을 보유하지 못하도록 하는데 목적이 있다. 따라서 수뢰자가 이미 그 가액을 반환하였다면 그는 뇌물죄와 관련된 이익을 보유하고 있지 않으므로 추징의 대상자가 될 수 없다. 특히 뇌물이 재물인 경우에도 재물 그 자체보다도 이익이 뇌물죄에서의 객체로서 의미가 있다. 또한 수뢰자가 뇌물가액을 반환하는 것이 수뢰자의 이익으로 작용해야지 불이익으로 작용하는 해석은 정의와 형평의 원리에 반한다. 따라서 뇌물죄에 의하여 취득한 이익을 반환한 수뢰자로부터는 본조에 의한 추징이 불가능하다고 해석해야 한다.[127]

판례[128]는 '수뢰자가 뇌물로 받은 금전을 다른 사람에게 뇌물로 공여한 때'에도, 이는 수뢰한 돈을 소비하는 방법에 지나지 않으므로 제1의 수뢰자로부터 수뢰액 전부를 추징해야 한다고 판시하고 있으며, 학설에서도 일반적으로 이를 지지하고 있다(통설). 이 경우 제2의 수뢰자로부터 몰수하고, 제1의 수뢰자로부터는 잔액만 추징해야 한다는 견해[129]가 있으나 타당하다고 할 수 없다. 여기서 제1의 뇌물죄와 제2의 뇌물죄는 각각 독립된 별개의 범죄이므로, 각각의 범죄에서 뇌물을 보유한 자가 몰수 · 추징의 대상자가 되어야 한다.[130] 다만 제1의 수뢰자가 그 금품 중의 일부를 받은 취지에 따라 청탁과 관련하여 관계 공무원에게 뇌물로 공여하거나 다른 알선행위자에게 청탁의 명목으로 교부한 경우에 그 부분의 이익은 실질적으로 범인에게 귀속된 것이 아니어서 이를 제외한 나머지 금품만을 몰수하거나 그 가액을 추징하여야 한다.[131]

수인이 뇌물을 수수한 경우에는 각자가 실제로 수수한 금품을 몰수하거나 그 가액을 추징한다. 수수한 뇌물을 공동으로 소비했거나 분배액이 분명치 아니한 경우는 균분하여 몰수 · 추징한다.[132] 뇌물을 취득하기 위해서 비용을 지출한 경우에도 지출한 비용을 형법이 보정해 줄 필요는 없으므로 전액을 추징해야 한다.[133]

---

127) 동지, 김성천/김형준, 826면.

128) 대법원 1986.11.25., 86도1951; 대법원 1999.5.11., 99도963; 대법원 1999.6.25., 99도1900.

129) 유기천(하), 301면; 황산덕, 52면.

130) 동지, 김일수, 한국형법 Ⅳ, 523면; 이형국, 786면.

131) 대법원 1982.7.27., 82도1310; 대법원 1993.12.28., 93도1569; 대법원 1994.2.25., 93도3064; 대법원 2002.6.14., 2002도1283.

132) 대법원 2005.11.10., 2004도42: "피고인이 증뢰자와 함께 향응을 하고 증뢰자가 이에 소요되는 금원을 지출한 경우 … 먼저 피고인의 접대에 요한 비용과 증뢰자가 소비한 비용을 가려내어 전자의 수액을 가지고 피고인의 수뢰액으로 하여야 하고, 만일 각자에 요한 비용액이 불명일 때에는 이를 평등하게 분할한 액을 가지고 피고인의 수뢰액으로 인정하여 그 가액을 추징하여야 한다."; 대법원 1975.4.22., 73도1963; 대법원 1993.10.12., 93도2056; 대법원 1995.1.12., 94도2687; 대법원 2001.10.12., 99도5294.

133) 대법원 1999.10.8., 99도1638: "공무원이 뇌물을 받음에 있어서 그 취득을 위하여 상대방에게 뇌물의 가액에 상당하는 금원의 일부를 비용의 명목으로 출연하거나 그 밖에 경제적 이익을 제공하였다 하더라도, 이는 뇌물을 받는 데 지출한 부수적 비용에 불과하다고 보아야 할 것이지, 이로 인하여 공무원이 받은 뇌물이 그 뇌물의 가액에서 위와 같은 지출액을

몰수하기 불능한 경우에는 그 가액을 추징하며, 몰수할 수 없게 된 이유는 문제가 되지 않는다. 추징가액의 산정시기에 관하여 종래에는 수뢰시의 가액을 기준으로 하는 견해[134]가 있었으나, 현재는 몰수할 수 없는 사유가 발생된 때를 기준으로 하는 것이 학설의 일반적인 입장이다(통설). 추징은 몰수에 대신하는 것이므로 몰수할 수 없는 사유가 발생된 때가 기준이 되어야 한다는 것이다. 그러나 추징이 몰수를 대신하는 것이라면, 오히려 몰수하는 시점인 판결선고시를 기준으로 추징가액이 산정되어야 한다.[135] 판례[136]도 판결선고시를 기준으로 한다.

특정공무원범죄에 대한 몰수와 추징의 대상 및 절차에 대하여는 공무원 범죄에 관한 몰수 특례법(공무원범죄몰수법)이 적용된다. 여기서는 특정공무원범죄의 범죄행위로 얻은 재산인 '불법수익' 뿐 아니라, '불법수익에서 유래한 재산'도 몰수 · 추징의 대상으로 한다(제2조 제3조). '불법수익에서 유래한 재산'은 불법수익의 과실로서 얻은 재산, 불법수익의 대가로서 얻은 재산, 이들 재산의 대가로서 얻은 재산 등 불법수익의 변형 또는 증식으로 형성된 재산을 의미한다(제2조 제3호). 또한 동법 제7조는 불법재산 증명에 관한 특별규정을 두고 있으며, 동법 제23조 이하에서는 재산도피행위를 사전에 차단하기 위한 몰수보전명령을 규정하고 있다.

공제한 나머지 가액에 상당한 이익에 한정되는 것이라고 볼 수는 없으므로, 그 공무원으로부터 뇌물죄로 얻은 이익을 몰수 · 추징함에 있어서는 그 받은 뇌물 자체를 몰수하여야 하고, 그 뇌물의 가액에서 위와 같은 지출을 공제한 나머지 가액에 상당한 이익만을 몰수 · 추징할 것은 아니다."; 대법원 2005.7.15., 2003도4293; 대법원 2008.10.9., 2008도6944; 대법원 2009.3.26., 2007도7725.

134) 권문택(공저), 710면; 황산덕, 53면.

135) 동지, 김성돈, 765면; 김일수, 한국형법 Ⅳ, 523면 이하; 김일수/서보학, 657면; 진계호/이존걸, 840면.

136) 대법원 1976.2.9., 75도1536; 대법원 1991.5.28., 91도352; 대법원 2007.3.15., 2006도9314; 대법원 2008.10.9., 2008도6944.

제2절 공무방해에 관한 죄

1. 공무방해에 관한 죄 일반론

1-1. 의 의

공무방해에 관한 죄란 국가나 공공기관이 행사하는 공적 사무를 방해하는 것을 내용으로 하는 범죄를 말한다. 국가나 공공기관의 공적 사무는 일반적으로 공무원에 의하여 수행되며, 이 때 공무원의 원활한 공무수행은 방해받지 않아야 한다. 따라서 현실적으로 공무원의 지위도 공무방해에 관한 죄를 통하여 보호되고 있다. 그러나 공무방해에 관한 죄의 보호법익은 공무원에 의하여 실현되는 국가기능으로서의 공무 그 자체이며, 공무원의 지위의 보호는 이에 의한 반사적 효과에 불과하다. 공무방해에 관한 죄는 법익보호의 정도에 따라 추상적 위험범으로 해석된다(통설).[137]

1-2. 구성요건의 체계

[공무방해에 관한 죄]

[일반공무방해의 죄]

공무집행방해죄: 제136조 제1항; 직무강요죄: 동조 제2항; 위계에 의한 공무집행방해죄: 제137조

[특별공무방해의 죄]

법정 또는 국회회의장모욕죄: 제138조; 인권옹호직무방해죄: 제139조; 공무상 비밀표시무효죄: 제140조; 부동산강제집행효용침해죄: 제140조의2; 공용서류등 무효죄: 제141조 제1항; 공용물파괴죄: 제141조 제2항; 공무상 보관물무효죄: 제142조

가중적 구성요건–특수공무방해죄: 제144조 제1항 (제136조, 제138조, 제140조 내지 제143조에 대하여)–가중–특수공무방해치사상죄: 제144조 제2항

미수범: 제143조 (제140조 내지 제142조의 죄에 대하여)

공무방해에 관한 죄는 일반공무방해의 죄와 특별공무방해의 죄[138]로 그별된다. 일반공무방해의 죄는 제136조 제1항의 공무집행방해죄, 동조 제2항의 직무강요죄 및제137조의 위계에 의한 공무집

137) 반대견해: 구체적 위험범이라는 견해로는 배종대, 629면.

138) 특별공무방해의 죄에 대해서는 특수공무방해의 죄라는 용어가 적절하나, 형법은 제144조에서 특수공무방해죄를 규정하고 있으므로 용어의 중복을 피하기 위하여 특별공무방해의 죄라는 용어를 사용한다. 특별공무방해의 죄는 특수공무를 방해하는 죄이며, 제144조의 특수공무방해죄는 공무를 특수하게 방해하는 죄를 말한다.

행방해죄로 구성되어 있으며, 각각 구성요건적 행위의 차이에 의하여 독립적 구성요건으로 해석된다. 특별공무방해의 죄로는 제138조의 법정 또는 국회회의장모욕죄, 제139조의 인권옹호직무방해죄, 제140조의 공무상 비밀표시무효죄, 제140조의2의 부동산강제집행효용침해죄, 제141조 제1항의 공용서류 등의 무효죄, 동조 제2항의 공용물파괴죄, 제142조의 공무상 보관물무효죄가 있다. 이들 특별공무방해의 죄는 각각 독립적 구성요건으로 해석된다.

제144조 제1항의 특수공무방해죄는 공무집행방해죄, 직무강요죄, 법정 또는 국회회의장모욕죄, 공무상 비밀표시무효죄, 부동산강제집행효용침해죄, 공용서류 등의 무효죄, 공용물파괴죄, 공무상 보관물무효죄 및 제140조 내지 제142조의 미수범의 죄(제143조)에 대하여 행위방법에 의한 불법이 가중된 가중적 구성요건이다.

제144조 제2항의 특수공무방해치사상죄는 특수공무방해죄를 범하여 공무원을 사상에 이르게 함으로써 성립하는 결과적가중범에 해당한다. 다만 특수공무방해치상죄는 부진정결과적가중범에 해당하며, 특수공무방해치사죄는 진정결과적가중범에 해당한다.

제143조는 공무상 비밀표시무효죄, 부동산강제집행효용침해죄, 공용서류 등의 무효죄, 공용물파괴죄, 공무상 보관물무효죄에 대하여 그 미수범을 처벌한다.

2. 공무집행방해죄

본죄는 직무를 집행하는 공무원에 대하여 폭행 또는 협박함으로써 성립하는 범죄이다. 본죄는 행위주체에 제한이 없는 일반범이다. 반드시 직무집행을 받는 대상자일 필요가 없으며, 공무원도 본죄의 주체가 될 수 있다.

2-1. 행위객체

본죄의 행위객체는 직무를 집행하는 공무원이다. 공무원은 국가 또는 공공단체의 사무(공무)에 종사하는 자를 말하며, 단순한 기계적 · 육체적 노무에 종사하는 운전기사 · 청소원 · 인부 또는 사환 등은 제외된다.[139] 공무원 중에서도 '직무를 집행하는' 공무원만이 본죄의 객체가 된다.

2-1-1. 직무집행의 범위

직무집행이란 공무원이 직무상 취급할 수 있는 사무를 처리하는 것이다. 본죄의 직무집행은 국가 또는 공공단체의 권력적 작용으로서 반드시 사람이나 물건에 대하여 강제하는 경우만을 의미하

139) 이에 관하여는 상기 '제1절, 1-2. 공무원의 개념' 참조.

는 것은 아니다.[140] 널리 공무원의 직무에 속하는 사항인 한 본죄의 직무집행에 해당한다. 본죄의 직무집행에 관하여 "공무원의 관할사항이어야 한다"는 관점에서, "관청의 촉탁 · 위임을 받은 사항이라도 공무원의 신분에서 행하는 직권에 속한 사항이 아닌 한 본죄의 직무가 될 수 없다"는 견해[141]가 있다. 그러나 관청의 촉탁 · 위임을 받은 사항은 그것이 단순한 노무나 순수한 국고행위가 아닌 한 본죄의 직무집행에 포함된다고 보아야 한다.

해당 공무원의 추상적 · 일반적 직무권한에 속하지 아니하는 사항의 사무는 이를 적법하게 강제할 권한이 없으므로[142] 본죄의 직무집행의 범위에 포함되지 않는다. 예컨대 경찰관이 조세를 징수하거나 사법상의 분쟁해결에 관여하는 것은 본죄의 직무집행에 해당하지 않는다. 다만 공무원의 내부적 사무분담은 직무권한의 범위에 영향을 미치지 아니한다. 따라서 교통경찰관의 불심검문은 본죄의 직무집행에 해당한다고 해석된다. 또한 추상적 · 일반적 직무권한에 속하는 직무인 경우에도 해당 공무원의 구체적으로 집행할 권한에 속하지 아니하는 경우는 본죄의 직무집행의 범위에 포함되지 않는다. 예컨대 집행관은 자기에게 위임된 사건에 대하여만 강제집행을 할 수 있으므로 다른 집행관에게 위임된 사건에 대한 강제집행은 본죄의 직무집행의 범위에 포함되지 않는다.

본죄의 직무집행은 구체적인 직무수행이어야 하므로 공무원이 일반적인 직무의무를 가지고 있다는 것만으로는 여기서의 직무집행에 해당하지 않는다. 예컨대 출근한 공무원이 정해진 자리에 앉아 있는 것만으로는 직무집행에 해당하지 않는다. 이에 반하여 "과장이 직원과 동일한 실내에 있는 경우는 그 시간에 구체적 사무를 현실적으로 집행 중에 있지 않다 할지라도 감독사무의 집행 중에 있다고 해석하여야 한다"는 것이 판례[143]의 입장이다. 학설에서도 이러한 판례의 입장을 지지하고 있다(통설). 그러나 이러한 통설과 판례의 입장은 본죄의 직무집행의 범위를 무한히 확대시키기 때문에 타당하다고 할 수 없다. 본죄를 '특별히 공무원만을 폭행 · 협박으로부터 보호하기 위한 구성요건'이라고 해석할 수는 없다.

또한 직무집행은 구체적 직무를 '현재' 수행하는 중이어야 한다. 즉 시간적으로 직무집행의 개시로부터 종료까지의 직무행위가 본죄의 직무집행에 해당한다. 따라서 직무집행을 위하여 출근하는 시점[144]이나 직무집행이 종료된 시점은 본죄의 직무집행에 해당하지 않는다. 다만 직무집행에 착수

140) 형법과는 달리 독일형법은 '법령이나 법원의 판결 · 결정 또는 행정처분에 의한 공무원(보조공무원이나 직무보조자를 포함: 독일형법 제114조)의 직무집행'에 대하여 폭력 · 협박으로 저항하는 행위를 공무집행저항죄(동법 제113조: Widerstand gegen Vollstreckungsbeamte)로 규정하고 있다. 따라서 독일형법의 공무집행저항죄에서는 직무집행이 권력적 강제작용에 제한된다.

141) 김일수, 한국형법 Ⅳ, 570면 이하.

142) 대법원 1981.11.23., 81도1872: "면사무소에 설계도면을 제출할 의무나 설계에 필요한 금원을 지급할 의무가 없다면 피고인이 설계도를 제출하지 않음으로써 건축시공상의 어떤 불이익을 받는 것은 별론으로 하고 면사무소 공무원으로서도 이를 적법하게 강제할 권한이 없는 것이므로 면사무소 공무원이 자신의 행정사무의 편의를 위한 목적으로 설계도의 제출을 요구한 행위는 공무집행방해죄에 있어서의 공무집행에 해당한다고 단정할 수는 없다."

143) 대법원 1957.3.29., 4290형상48; 대법원 2002.4.12., 2000도3485; 대법원 2009.1.15., 2008도9919.

144) 대법원 1979.7.24., 79도1201.

하기 직전의 준비행위가 직무집행과 불가분의 관계가 있는 때에는 본죄의 직무집행에 포함된다. 예컨대 긴급출동을 위해서 대기 중이거나 범인 검거를 위한 잠복근무의 경우가 그러하다.[145] 또한 직무집행 사이의 일시적 휴식이나 타인과의 환담시간은 본죄의 직무집행으로 보아야 한다.

주차단속공무원과 같이 일련의 공무를 수행하는 경우에는 이를 포괄하여 공무집행을 인정할 수 있다.[146] 그러나 일련의 주차단속을 끝내고 다른 장소로 이동하는 경우 또는 퇴근하는 경우는 구체적 직무를 '현재' 수행하는 중이라고 할 수 없다.

2-1-2. 직무집행의 적법성

독일형법[147]과 달리 형법은 공무집행방해죄에서 "직무집행의 적법성을 요하는지"에 관하여 특별히 규정하고 있지 않다. 그러나 일반적으로 본죄에서의 직무집행은 적법해야 하는 것으로 이해되고 있다(통설).[148]

본죄에서 '직무집행의 적법성'의 법체계적 지위에 관하여는 이를 구성요건요소로 보는 견해와 위법성의 요소로 보는 견해의 대립이 있다. 직무집행의 적법성을 위법성의 요소로 해석하는 견해[149]에서는 형사정책적 근거를 제시한다. 직무집행의 적법성을 구성요건요소로 해석하면 "당연히 적법한 직무집행을 행위자만이 경솔하게 위법하다고 오인한 경우에 불가벌이 되어 형사정책적으로 부당하다"는 것이다.[150] 직무집행의 적법성을 위법성의 요소로 해석하면 "직무집행의 적법성에 대한 착오는 위법성의 착오로서 고의에 영향을 주지 않으며, 착오에 정당한 이유가 있는지에 따라 책임이 조각되므로 공권력 작용의 안정과 개인의 자유를 잘 조화시키는 형사정책적 이점이 있다"고 한다. 그러나 직무집행의 적법성에 관한 착오는 그 적법성의 전제사실에 관한 착오라면 사실의 착오이고, 적법성의 내용과 범위에 관한 착오라면 법률의 착오일 뿐이다.[151] 경솔한 행위자가 착오로 사실을 인식하지 못한 경우라면 범죄고의가 부정되어야 한다.[152] 이 견해는 사실의 착오와 법률의 착오를

145) 대법원 2002.4.12., 2000도3485: "경비실 밖으로 나와 회사의 노사분규 동향을 파악하거나 파악하기 위해 대기 또는 준비 중이던 근로감독관을 폭행한 행위는 공무집행방해죄를 구성한다."

146) 대법원 1999.9.21., 99도383: "공무집행방해죄에 있어서 '직무를 집행하는'이라 함은 공무원이 직무수행에 직접 필요한 행위를 현실적으로 행하고 있는 때만을 가리키는 것이 아니라 공무원이 직무수행을 위하여 근무 중인 상태에 있는 때를 포괄한다 할 것이고, 직무의 성질에 따라서는 그 직무수행의 과정을 개별적으로 분리하여 부분적으로 각각의 개시와 종료를 논하는 것이 부적절하고 여러 종류의 행위를 포괄하여 일련의 직무수행으로 파악함이 상당한 경우가 있다."

147) 독일형법 제113조 제3항은 "직무집행이 적법하지 아니한 경우는 공무집행저항죄로 벌하지 아니하며, 행위자가 적법한 직무집행이라고 오인한 경우에도 동일하다"고 규정하고 있다.

148) 대법원 2011.5.26., 2011도3682; 대법원 2013.8.23., 2011도4763; 대법원 2014.2.27., 2013도9990; 대법원 2014.2.27., 2011도13999; 대법원 2014.5.29., 2013도5686; 대법원 2017.3.15., 2013도2168; 대법원 2017.9.21., 2017도10866; 대법원 2017.9.26., 2017도9458; 대법원 2017.11.29., 2014도16080.

149) 권오걸, 1065면; 박상기, 663면; 오영근, 719면 이하; 이영란, 818면; 임웅, 958면; 정성근/박광민, 840면; 진계호/이존걸, 871면.

150) 정성근/박광민, 839면.

151) 이에 관하여는 이정원/류석준, 형법총론, 제2편, 제2장, '제4절 위법성의 인식' 참조.

152) 예컨대 경솔한 행위자가 '공무원의 직무집행'이라는 사실 자체를 인식하지 못한 경우에도 범죄고의는 부정되어야 한다.

오인하고 있다. 직무집행의 적법성은 구성요건요소라고 해야 한다.[153] 적법한 직무행위만이 형법에 의한 보호의 이익과 보호의 필요성이 인정되기 때문이다. 불법한 직무집행은 본죄의 보호대상이 될 수 없다.

2-2. 행 위

본죄의 행위는 폭행 · 협박이다. 본죄의 폭행은 광의의 폭행으로 사람에 대한 직접 · 간접적인 유형력의 행사를 말한다. 따라서 물건에 대한 유형력의 행사인 경우에도 그것이 간접적으로 사람에 대한 것이면 충분하다. 본죄의 협박도 광의의 협박으로서 공포심을 야기할 수 있는 해악의 고지로 충분하며, 반드시 상대방이 공포심을 일으킬 필요는 없다.

본죄의 폭행 · 협박은 현재 수행 중인 구체적인 공무집행을 방해하는 수단이어야 한다. 따라서 공무원이 행한 직무집행에 대하여 불만을 품고 폭행 · 협박하는 경우, 그 폭행 · 협박이 현재 수행 중인 다른 구체적인 공무집행을 방해하는 수단이 되지 않는 한 본죄에는 해당하지 않으며 폭행 · 협박죄의 성립만이 가능할 뿐이다.

폭행 · 협박의 정도는 공무집행을 방해할 정도에 이르러야 한다. 따라서 공무집행 공무원이 개의치 아니할 정도의 경미한 폭행 · 협박은 여기에 해당하지 않는다.[154] 본죄는 추상적 위험범이므로 폭행 · 협박에 의하여 기수에 이르게 되며 현실적인 공무집행의 방해를 요하지 아니한다. 그러나 공무집행을 약간 지연시킬 정도의 폭행 · 협박은 본죄에 해당하지 않는다.

2-3. 주관적 구성요건

본죄의 고의는 공무를 집행하는 공무원에 대하여 폭행 · 협박한다는 인식과 의사를 의미한다. 본죄는 초과주관적 구성요건요소로서 공무집행방해의 목적 등을 필요로 하지 않는다. 다만 본죄의 목적론적 의미에 따라 폭행 · 협박은 공무집행방해의 수단이라는 인식과 의사는 고의의 내용이 되어야 한다. 그렇지 않으면 본죄는 특별히 공무원에 대한 폭행 · 협박만을 무겁게 처벌하는 규정이 되기 때문이다.

입법론적으로는 공무집행방해의 목적을 본죄의 초과주과적 구성요건요소로 규정하는 것이 바람직하다. 물론 폭행 · 협박이 공무집행방해의 수단이라는 인식과 의사를 본죄의 고의의 내용으로 해석함으로써 이러한 목적을 대체할 수는 있다. 그러나 실무에서는 구체적인 공무집행방해를 의도하지 아니한 폭행 · 협박에 대하여, 즉 이미 행하여진 공무집행에 대한 불

153) 동지, 김성돈, 784면; 김성천/김형준, 841면; 김일수/서보학, 678면; 배종대, 635면; 손동권/김재윤, 804면; 이재상/장영민/강동범, 745면; 이형국, 803면; 정영일, 458면; 조준현, 796면.

154) 대법원 1972.9.26., 72도1783; 대법원 1976.5.11., 76도988; 대법원 1989.12.26., 89도1204; 대법원 2006.1.13., 2005도4799; 대법원 2007.6.1., 2006도4449; 대법원 2011.2.10., 2010도15986.

만으로 폭행 · 협박을 한 경우에 본죄를 적용하려는 경향이 쉽게 발견되고 있다. 따라서 공무집행방해의 목적을 보다 분명히 규정할 필요가 있다. 이는 동조 제2항의 직무 · 사직강요죄와의 균형의 관점에서도 그러하다. 이를 통하여 "본죄는 국가기능으로서의 공무의 보호를 목적으로 하고, 공무원 지위의 보호는 그 반사적 효과에 불과하다"라는 관점을 분명하게 표명할 수 있게 된다.

2-4. 죄수 및 타죄와의 관계

수인의 직무집행 공무원을 폭행한 경우의 죄수에 관하여 공무의 수에 따라 죄수를 결정하는 것이 일반적인 학설의 입장이다(통설). 따라서 공동하여 직무를 집행하는 수인의 공무원을 폭행 · 협박하는 경우에는 하나의 공무집행방해죄가 성립한다. 본죄는 원활한 공무수행이라는 국가의 기능을 위태롭게 하는 죄이므로 공무방해의 관점에서 죄수를 결정하는 통설의 견해가 타당하다. 이 경우 폭행 · 협박의 수를 고려하는 견해[155]도 있으나, 폭행 · 협박의 수를 고려하면 공무원의 수를 고려하는 결과가 되어 국가적 법익에 대한 본죄를 일신전속적 법익인 개인적 법익에 대한 죄로 만들게 된다.

본죄와 업무방해죄와의 관계에 대하여는 학설의 대립이 있다. 공무는 업무방해죄의 업무에 포함되지 않으므로[156] 본죄가 성립하면 업무방해죄가 성립하지 않는다는 견해,[157] 본죄와 업무방해죄를 일반법과 특별법의 관계로 보는 견해[158]의 대립이 그것이다. 그러나 본질적으로 공무는 업무에 포함된다[159]고 보아야 한다.[160] 따라서 공무집행방해죄와 위력에 의한 업무방해죄는 특별관계에 의한 법조경합을 인정하는 것이 타당하다. 이는 위계에 의한 공무집행방해죄와 위계에 의한 업무방해죄의 관계에서도 동일하다. 본죄와 폭행 · 협박죄는 특별관계에 의한 법조경합이 된다.

3. 직무 · 사직강요죄

본죄는 공무원에 대하여 그 직무상의 행위를 강요 또는 저지하거나 그 직을 사퇴하게 할 목적으로 폭행 · 협박함으로써 성립하는 범죄이다(제136조 제2항). 공무집행방해죄가 공무원이 행하는 현재의 공무

155) 오영근, 721면 각주 1).

156) 대법원 2009.11.19., 2009도4166 전원합의체 판결 [다수의견]: "형법이 업무방해죄와는 별도로 공무집행방해죄를 규정하고 있는 것은 사적 업무와 공무를 구별하여 공무에 관해서는 공무원에 대한 폭행, 협박 또는 위계의 방법으로 그 집행을 방해하는 경우에 한하여 처벌하겠다는 취지라고 보아야 한다. 따라서 공무원이 직무상 수행하는 공무를 방해하는 행위에 대해서는 업무방해죄로 의율할 수는 없다고 해석함이 상당하다."; 동지, 대법원 2010.2.25., 2008도9049; 대법원 2010.6.10., 2010도935; 대법원 2011.7.28., 2009도11104.

157) 권오걸, 1069면; 김성돈, 786면; 김성천/김형준, 847면; 김일수/서보학, 682면; 박상기, 665면; 손동권/김재윤, 808면; 오영근, 722면; 이영란, 820면; 이재상/장영민/강동범, 748면; 진계호/이존걸, 874면.

158) 배종대, 637면; 이형국, 808면; 임웅, 965면; 정성근/박광민, 844면; 정영일, 107면.

159) 이는 대법원 2009.11.19., 2009도4166 전원합의체 판결에서 대법관 양승태, 안대희, 차한성의 반대의견의 내용이다.

160) 이에 관하여는 상기 '제1편, 제3장, 제2절, 3-2. 업무의 개념' 참조.

를 보호하기 위하여 규정된 죄임에 반하여, 본죄는 장래의 공무를 보호하기 위하여 규정된 죄이다. 본죄의 보호법익은 공무원에 의하여 실현되어야 할 국가기능으로서의 공무 그 자체이며, 공무원 지위의 보호는 이에 의한 반사적 효과에 불과하다.[161] 이에 반하여 일반적인 학설의 입장에서는 공무 외에 공무원 지위의 안전도 본죄의 보호법익이라고 한다(통설). 그러나 공무원에 대한 직무상의 행위를 강요 또는 저지할 목적으로 폭행 · 협박하는 것은 공무집행 공무원에 대한 폭행 · 협박과 동일하게 국가기능을 위태롭게 하는 행위이다. 또한 직무상의 행위를 강요 또는 저지할 목적과 병렬적으로 규정된 사직강요의 목적도 동일한 관점에서 이해되어야 한다. 즉 사직강요목적의 폭행 · 협박에 대한 본죄의 본질적인 보호목적은 공무원의 신체의 안전이나 그 지위의 안전이 아니라 공무원의 사직에 의한 국가기능의 공백이라고 보아야 한다. 만약 본죄가 공무원의 지위안전도 특별히 보호하려 한다면, 이는 평등권의 관점에서 문제가 된다. 따라서 공무원의 지위안전은 본죄의 규정에 의한 반사적 효과라고 보아야 한다. 또한 본죄는 법익의 보호정도에 따라 추상적 위험범으로 해석된다.

본죄는 고의 외에 초과주관적 구성요건요소로서 '공무원에 대하여 그 직무상의 행위를 강요 또는 저지하거나 그 직을 사퇴하게 할 목적'을 요하는 목적범에 해당한다. 여기서 강요 · 저지 목적의 대상이 되는 공무원의 직무상의 행위는 당해 공무원의 일반적 · 추상적 권한에 속하는 공무로서 충분하다(통설). 일반적 · 추상적 권한에 속하는 공무란 당해 공무원이 직무에 관여할 수 있는 모든 공적 사무를 의미한다. 본죄의 보호법익은 장래의 공무이므로 그것이 당해 공무원의 구체적 권한에 속하게 되는지는 문제가 되지 않는다. 이에 반하여 "본죄의 직무상의 행위는 공무원의 직무에 관계되는 것이면 되고 직무권한 내의 행위이든 직무권한 외의 행위이든 불문한다"는 견해[162]가 있다. 그러나 직무권한에 속하지 아니하는 행위를 강요 · 저지할 목적으로 폭행 · 협박하는 것이 국가기능을 위태롭게 하는 행위로 평가될 수는 없다. 따라서 당해 공무원의 직무권한 밖의 사무를 강요 · 저지할 목적으로 폭행 · 협박하는 경우는 폭행 · 협박죄 또는 강요죄에 불과하다고 해야 한다.

불법한 직무상의 행위를 강요할 목적으로 폭행 · 협박하는 경우에도 당연히 본죄가 성립한다. 그러나 불법한 직무상의 행위를 저지할 목적으로 폭행 · 협박하는 경우에는 현재성과 상당성의 범위에서 긴급피난이 가능하다. 그러나 이 경우에는 정당방위의 현재성이 인정될 수 없으므로 이에 대한 정당방위는 불가능하다.

해당 공무원을 그 직에서 사직하게 할 목적에 대하여 "공무집행을 방해하기 위하여 사직하게 하는 경우 뿐 아니라 공무집행과 관계없이 개인적 사정에 의하여 사직하게 할 목적을 포함한다"는 것이 학설의 입장이다(통설). 그러나 본죄는 공무원의 지위의 안전을 보호법익으로 하는 죄가 아니므로, 공무방해와 관계없이 공무원 개인을 해할 목적으로 사직하게 하는 경우는 본죄에 해당하지 않

161) 김성천/김형준, 848면; 김일수/서보학, 683면; 오영근, 723면.

162) 박상기, 666면.

는다고 보아야 한다.[163] 즉 이 경우는 본죄의 규범의 보호목적에 포함되지 않는다. 따라서 이 경우는 일반 강요죄에 해당하게 된다.

본죄는 공무원에 대하여 그 직무상의 행위를 강요 또는 저지하거나 그 직을 사퇴하게 할 목적으로 폭행 · 협박함으로써 충분하며, 목적달성의 여부는 본죄의 성립에 영향을 미치지 않는다.

하나의 행위가 본죄와 강요죄에 해당하는 경우에 두 범죄의 상상적 경합을 인정하는 것이 일반적인 학설의 입장이다(통설). 본죄와 강요죄는 각각 보호법익과 법익보호의 정도 및 죄질을 달리한다는 것을 근거로 한다. 이에 반하여 이 경우 강요죄는 특별관계에 의한 법조경합으로 본죄에 포함된다는 견해[164]가 있다. 그러나 결과범이며 침해범인 강요죄가 형식범이며 추상적 위험범인 본죄에 포함될 수는 없다.[165] 따라서 이 경우는 두 범죄의 상상적 경합을 인정해야 한다.

4. 위계에 의한 공무집행방해죄

본죄는 위계에 의하여 공무원의 직무집행을 방해함으로써 성립하는 범죄이다(제137조). 제136조 제1항의 공무집행방해죄가 현재 공무를 집행하는 공무원에 대한 폭행 · 협박을 수단으로 공무를 방해하는 죄임에 반하여, 본죄는 현재 공무원이 집행 중에 있는 공무 뿐 아니라 장래에 집행될 공무도 포함하며, 그 수단도 폭행 · 협박이 아니라 위계라는 점, 그리고 위계의 상대방도 공무원 뿐 아니라 제3자가 포함된다는 점에서 차이가 있다.

본죄는 위계로써 공무원의 공무집행을 방해하는 것이다. 위계는 타인의 부지 또는 착오를 이용하는 일체의 행위를 말한다. 위계의 상대방이 반드시 공무집행 공무원일 필요는 없다. 제3자를 기망하여 공무원의 직무를 방해하는 경우도 본죄에 해당한다.

본죄는 제136조 제1항의 공무집행방해죄와 동일한 차원에서 추상적 위험범으로 해석된다. 따라서 본죄의 "공무집행을 방해한다"함은 공무집행을 방해하는 위계행위를 의미하며, 현실적으로 공무의 집행이 방해되는 결과의 발생을 요하는 것은 아니다.

5. 특수한 공무에 대한 직무방해죄

5-1. 법정 · 국회회의장모욕죄

163) 동지, 김일수, 한국형법 Ⅳ, 607면; 김일수/서보학, 684.

164) 권오걸, 1072면; 오영근, 724면; 흡수관계라는 견해로는 손동권/김재윤, 810면.

165) 보호법익과 죄질을 달리 한다는 것이 법조경합을 부정해야 하는 필연적인 이유는 될 수 없다. 그러나 침해범이 추상적 위험범에 포함될 수는 없으므로 법익보호의 정도가 다른 것은 법조경합을 인정할 수 없는 근거가 될 수 있다.

본죄는 법원의 재판 또는 국회의 심의를 방해 또는 위협할 목적으로 법정이나 국회회의장 또는 그 부근에서 모욕 또는 소동함으로써 성립하는 범죄이다(제138조). 본죄는 특별히 법정 또는 국회의 기능을 보호하기 위한 규정이다.

본죄의 행위는 법정이나 국회회의장 또는 그 부근에서 모욕 또는 소동하는 것이다. 모욕은 경멸의 의사표시를 말하며, 그 상대방은 법관이나 국회의원 뿐 아니라 증인 · 검사 외에 법원이나 국회 그 자체도 포함된다.

소동은 법원의 재판이나 국회의 심의를 방해할 정도로 소음을 내는 문란행위를 말한다. 모욕과 소동은 장소적으로 법정이나 국회회의장 또는 그 부근에서, 시간적으로 법원의 재판 또는 국회의 심의가 진행되는 중에 행하여야 한다. 다만 법원의 재판 또는 국회의 심의를 방해할 수 있는 한, 재판 또는 심의 직전이나 휴식 중의 시간도 포함된다. 그러나 재판이나 심의가 종결된 이후의 모욕이나 소동은 본죄에 해당하지 않는다고 보아야 한다. 이때에는 법원의 재판 또는 국회의 심의를 방해 또는 위협할 목적을 인정할 수 없기 때문이다.

본죄는 주관적 구성요건으로 고의 외에 '법원의 재판 또는 국회의 심의를 방해 또는 위협할 목적'을 요하는 목적범에 해당한다. 본죄는 법원의 재판 또는 국회의 심의를 방해 또는 위협할 목적으로 모욕 · 소동함으로써 충분하며, 목적달성의 여부는 본죄의 성립에 영향을 미치지 아니한다.

> 법정모욕에 관하여는 본죄 외에 법원조직법 제61조 제1항[166]에 의한 제재규정이 있다. 따라서 본죄와 법원조직법 제61조 제1항 위반의 관계가 문제된다. 이에 관하여 행정질서벌과 형벌은 그 목적이나 성질을 달리하므로 양자를 병과하는 것은 이중처벌이 아니라는 것이 일반적인 학설의 입장이다(통설). 판례[167]도 동일한 입장이다. 그러나 동일한 행위에 대하여 동일한 목적을 가진 처벌이라면 이중처벌이라고 해야 한다. 따라서 본죄와 법원조직법 제61조 제1항 위반은 특별관계에 의한 법조경합을 인정해야 할 것이다. 다만 입법론적으로 본죄는 과잉처벌규정으로 판단된다.[168]

5-2. 인권옹호직무방해죄

본죄는 경찰의 직무를 행하는 자 또는 이를 보조하는 자가 인권옹호에 관한 검사의 직무집행을 방해하거나 그 명령을 준수하지 않음으로써 성립하는 범죄이다(제139조). 본죄는 검사의 인권옹호에 관한 직무집행기능을 특별히 보호하기 위한 규정이다.

본죄의 행위주체는 경찰의 직무를 행하는 자 또는 이를 보조하는 자이다. 경찰의 직무를 행하는

---

166) 법원조직법 제61조 제1항: 법원은 직권으로 법정 내외에서 제58조제2항의 명령 또는 제59조를 위반하는 행위를 하거나 폭언, 소란 등의 행위로 법원의 심리를 방해하거나 재판의 위신을 현저하게 훼손한 사람에 대하여 결정으로 20일 이내의 감치에 처하거나 100만원 이하의 과태료를 부과할 수 있다. 이 경우 감치와 과태료는 병과(倂科)할 수 있다.

167) 대법원 1987.11.24, 87도1463; 대법원 1996.4.12, 96도158; 대법원 2000.10.27, 2000도3874.

168) 동지, 오영근, 730면; 이재상/장영민/강동범, 755면.

자란 검사의 지휘를 받아 수사를 행하는 사법경찰관을 말하며, 이를 보조하는 자란 법령을 근거로 그 직무상 이를 보조하는 사법경찰리를 말한다. 따라서 경찰정보원 등과 같이 사실상 경찰의 직무를 보조하는 사인은 여기에 포함되지 않는다.

본죄의 행위는 인권옹호에 관한 검사의 직무집행을 방해하거나 그 명령을 준수하지 않는 것이다. 예컨대 검사의 구속장소감찰을 방해하거나 검사의 수사지휘에 반하여 사생활 침해방법의 수사를 하는 경우 등이 여기에 해당한다. 그러나 인권옹호에 관한 검사의 직무집행을 방해하는 경우는 공무집행방해죄에 의한 처벌이 가능하며, 또한 인권옹호에 관한 검사의 명령을 준수하지 않았다는 이유만으로 최후의 수단인 형벌을 부과하는 것은 비례성의 원칙의 관점에서 의문이 제기된다.[169] 입법론적으로는 본죄를 폐지하는 것이 타당하다.[170]

5-3. 공무상 비밀표시무효죄

5-3-1. 공무상 봉인 등의 표시무효죄

본죄는 공무원이 그 직무에 관하여 실시한 봉인 또는 압류 기타 강제처분의 표시를 손상 또는 은닉하거나 기타 방법으로 효용을 해함으로써 성립하는 범죄이다(제140조 제1항). 본죄는 국가기능 중에서 강제처분의 표시기능을 특별히 보호하기 위한 규정이다.

본죄의 행위객체는 공무원이 그 직무에 관하여 실시한 봉인 또는 압류 기타 강제처분의 표시이다. 봉인이란 물건에 대한 임의의 처분금지를 표시하는 봉함 기타 이와 유사한 설비를 말한다. 반드시 인장을 사용할 필요는 없으며, 압류의 취지를 기재한 종이를 첨부하거나 달아 놓는 것도 봉인에 해당한다. 압류 기타 강제처분의 표시는 압류 기타 강제처분을 명시하기 위한 표시를 말한다. 이들 표시의 전제가 되는 압류 기타 강제처분은 유효한 것이어야 한다. 다만 여기서의 유효성은 내용적 · 실질적 유효성이 아니라, 형식적 유효성을 의미한다. 따라서 사실관계와 일치하지 아니하는 원인에 의한 강제처분이라도 형식적으로 유효한 강제처분의 표시는 본죄의 행위객체에 해당한다.[171] 또한 압류가 해제되지 아니한 이상 채무변제를 이유로 압류의 효력이 부정되지는 않는다.[172] 강제처분의 사소한 절차상의 하자는 그 유효성에 영향을 주지 않는다.[173]

본죄의 행위는 봉인 · 압류 기타 강제처분의 표시를 손상 · 은닉 기타 방법으로 효용을 해하는 것이다. 손상은 물질적 훼손으로 효용을 해하는 것이며, 은닉은 소재를 불분명하게 하여 발견을 곤란

169) 반대견해로는 김일수, 한국형법 Ⅳ, 620면.

170) 김성천/김형준, 856면; 박상기, 670면; 배종대, 642면; 이영란, 829면; 이재상/장영민/강동범, 756면; 이형국, 816면; 정성근/박광민, 854면; 동취지, 오영근, 730면.

171) 대법원 1985.7.9., 85도1165; 대법원 2001.1.16., 2000도1757; 대법원 2007.3.15., 2007도312.

172) 대법원 1981.10.13., 80도1441.

173) 대법원 2000.4.21., 99도5563; 대법원 2001.1.16., 2000도1757; 대법원 2007.3.15., 2007도312.

하게 하는 것이다. 기타의 방법은 손상 · 은닉 외의 방법으로 봉인 등 표시의 효력을 상실시키는 것을 말한다. 효력을 상실시키는 것은 그 표시 자체의 효력을 사실상 감쇄 또는 멸각시키는 것을 의미하는 것으로써 그 표시의 근거인 처분의 법률상 효력까지 상실케 한다는 의미는 아니다. 따라서 가압류 유체동산을 제3자에게 양도하는 행위는 점유의 이전 여부와 관계없이 본죄에 해당한다.[174] 또한 본죄는 구체적인 강제처분을 실시하였다는 표시를 손상 · 은닉하거나 기타 방법으로 그 효용을 해함으로써 성립하는 범죄이다. 따라서 집행관이 법원으로부터 피신청인에 대하여 부작위를 명하는 가처분이 발령되었음을 고시하는데 그치고 봉인 또는 물건을 자기의 점유로 옮기는 등의 구체적인 집행행위를 하지 아니하였다면, 단순히 피신청인이 가처분의 부작위명령을 위반하였다는 것만으로는 공무상 표시의 효용을 해하는 행위에 해당하지 않는다.[175]

5-3-2. 공무상 비밀침해죄

본죄는 공무원이 그 직무에 관하여 봉함 기타 비밀장치한 문서 또는 도화를 개봉하거나(제140조 제2항), 봉함 기타 비밀장치한 문서 · 도화 또는 전자기록 등 특수매체기록을 기술적 수단을 이용하여 그 내용을 알아냄(동조 제3항)으로써 성립하는 범죄이다.

본죄는 제316조의 비밀침해죄에 비하여 그 객체가 '공무원이 그 직무에 관하여 봉함 기타 비밀장치한 문서 · 도화 또는 전자기록등 특수매체기록'이라는 점에서 불법이 가중된 가중적 구성요건이다. 따라서 본죄의 세부적인 내용은 '공무원이 그 직무에 관하여'의 요건 외에는 제316조 비밀침해죄의 그것과 동일하다. 특히 제140조 제3항의 '기술적 수단을 이용하여 알아낸다' 함은 기술적 수단을 이용하여 그 내용을 알 수 있는 상태로 만드는 것을 의미한다. 따라서 제140조 제2항 뿐 아니라 동조 제3항의 공무상 비밀침해죄도 추상적 위험범으로 해석하여야 한다.[176]

5-4. 부동산강제집행효용침해죄

본죄는 강제집행으로 명도 또는 인도된 부동산에 침입하거나 기타 방법으로 강제집행의 효용을

174) 대법원 2018.7.11., 2015도5403: "집행관이 유체동산을 가압류하면서 이를 채무자에게 보관하도록 한 경우 그 가압류의 효력은 압류된 물건의 처분행위를 금지하는 효력이 있으므로, 채무자가 가압류된 유체동산을 제3자에게 양도하고 그 점유를 이전한 경우, 이는 가압류집행이 금지하는 처분행위로서, 특별한 사정이 없는 한 가압류표시 자체의 효력을 사실상으로 감쇄 또는 멸각시키는 행위에 해당하며, 이는 채무자와 양수인이 가압류된 유체동산을 원래 있던 장소에 그대로 두었더라도 마찬가지이다."; 동지, 대법원 2004.10.28., 2003도8238; 대법원 2007.7.27., 2007도4378; 대법원 2008.12.24., 2008도7407.

175) 대법원 2016.5.12., 2015도20322: "집행관이 부동산에 관한 점유이전금지가처분을 집행하면서 '채무자는 점유를 타에 이전하거나 또는 점유명의를 변경하여서는 아니 된다'는 집행취지가 기재되어 있는 고시문을 부동산에 부착하였을 경우, 위 부동산을 사업장 소재지로 하는 사업장의 사업자등록명의를 피고인 단독 명의에서 피고인과 공소외인의 공동명의로 변경한 것만으로는 구체적인 집행행위가 없는 가처분의 부작위명령을 위반한 것에 불과하여 공무상표시의 효용을 해하는 행위에 해당한다고 볼 수 없다."; 대법원 2007.11.16., 2007도5539; 대법원 2008.12.24., 2006도1819; 대법원 2010.9.30., 2010도3364.

176) 이에 관하여는 상기 '제1편, 제4장, 제1절, 비밀침해죄, 1-2-2. 행위' 참조.

해함으로써 성립하는 범죄이다(제140조의2). 본죄는 강제집행된 부동산에 침입하거나 장애물을 설치하는 등 강제집행의 효용을 무력화시키는 행위를 처벌하기 위한 규정이며, 국가의 부동산에 대한 강제집행의 기능을 보호하기 위한 죄라고 할 수 있다.

본죄는 일반범이므로 행위주체에 제한이 없다. 채무자 뿐 아니라 채무자의 친족이나 제3자도 본죄의 주체가 될 수 있다. 본죄의 행위객체는 강제집행으로 명도 또는 인도된 부동산이다. 부동산 명도 · 인도의 전제가 되는 강제집행은 유효한 것이어야 하며, 여기서의 유효성은 내용적 · 실질적 유효성이 아니라 형식적 유효성을 의미한다. 본죄의 행위는 부동산에 침입하거나 기타 방법으로 강제집행의 효용을 해하는 것이다. 강제집행의 효용을 해하는 기타 방법으로는 부동산에 장애물을 설치하여 권리자의 출입을 봉쇄하거나 건물을 손괴하는 경우 등이 있다. 본죄는 국가의 강제집행의 기능을 그 보호법익으로 하므로, 강제집행과 그 효용침해 사이에는 시간적 관련성이 인정되어야 한다. 본죄와 주거침입죄나 손괴죄는 특별관계에 의한 법조경합이 인정된다.

5-5. 공용서류 등의 무효죄, 공용물파괴죄

5-5-1. 공용서류 등의 무효죄

본죄는 공무소에서 사용하는 서류 기타 물건 또는 전자기록 등 특수매체기록을 손상 또는 은닉하거나 기타 방법으로 그 효용을 해함으로써 성립하는 범죄이다(제141조 제1항). 본죄는 공무소에서 사용하는 서류 기타 물건 또는 전자기록 등 특수매체기록의 공용성에 의한 국가의 기능을 보호하기 위한 죄이다. 따라서 공무소에서 사용하는 서류 기타 물건은 소유권과 관계없이 본죄의 객체가 된다.

본죄의 객체는 공무소에서 사용하는 서류 기타 물건이다. 공무소는 공무원이 직무를 수행하는 곳이라는 장소적 개념이 아니라, 제도로서의 관공서 기타 조직체를 의미한다. 공무소에서 사용하는 서류 기타 물건 또는 전자기록 등 특수매체기록은 공무소에서 현실적으로 사용하거나 보관하는 일체의 서류 기타 물건 또는 전자기록 등 특수매체기록을 포함한다. 따라서 본죄의 서류는 공문서 뿐 아니라 사문서를 포함하며, 그 소유관계나 완성 · 미완성의 여부 또는 진정 · 부진정 · 진실 · 허위의 여부도 문제가 되지 않는다.[177)]

5-5-2. 공용물파괴죄

본죄는 공무소에서 사용하는 건조물 · 선박 · 기차 또는 항공기를 파괴함으로써 성립하는 범죄이다(제141조 제2항). 본죄는 행위객체가 공무소에서 사용하는 건조물 · 선박 · 기차 또는 항공기라는 점에서

177) 대법원 1981.8.25., 81도1830; 대법원 1982.12.14., 81도81; 대법원 1982.10.12., 82도368; 대법원 1987.4.14., 86도2799; 대법원 2006.5.25., 2003도3945.

공용서류 등의 무효죄에 비하여 불법이 가중된 가중적 구성요건이다.

5-6. 공무상 보관물무효죄

본죄는 공무소로부터 보관명령을 받거나 공무소의 명령으로 타인이 간수하는 자기의 물건을 손상 또는 은닉하거나 기타 방법으로 그 효용을 해함으로써 성립하는 범죄이다(제142조). 타인이 간수하는 자기의 물건을 손상 또는 은닉하거나 기타 방법으로 그 효용을 해한다는 점에서 권리행사방해죄의 특별규정이라고 할 수 있다. 그러나 본죄는 재산범죄가 아니라 당해 물건에 대한 공무소의 보관명령에 대한 국가의 기능을 보호하기 위한 규정이다. 또한 해당물건을 자기가 보관하는 경우에도 물건의 소유권과 관계없이 본죄가 성립한다. 자기 또는 타인이 당해 물건을 보관 · 간수하게 된 원인은 공무소의 명령이어야 한다. 본죄의 행위인 "효용을 해한다"는 것은 물건자체의 효용이 아니라 "공무소의 보관명령의 효용을 해한다"는 의미로 이해하여야 한다.

6. 특수공무방해죄, 특수공무방해치사상죄

특수공무방해죄는 단체 또는 다중의 위력을 보이거나 위험한 물건을 휴대하여 공무집행방해죄, 직무강요죄, 법정 또는 국회회의장모욕죄, 공무상 비밀표시무효죄, 부동산강제집행효용침해죄, 공용서류 등의 무효죄, 공용물파괴죄, 공무상 보관물무효죄 및 제140조 내지 제142조의 미수범의 죄(제143조)를 범함으로써 성립하는 범죄이다(제144조 제1항). 공무집행방해 등의 죄에 비하여 행위방법에 의한 불법이 가중된 가중적 구성요건이다.

특수공무집행방해치사상죄는 특수공무방해죄를 범하여 공무원을 사상에 이르게 함으로써 성립하는 결과적가중범이다(제144조 제2항). 다만 특수공무방해치상죄는 부진정결과적가중범에 해당하며, 특수공무방해치사죄는 진정결과적가중범에 해당한다.

제3절 도주와 범인은닉의 죄

1. 도주와 범인은닉의 죄 일반론

1-1. 의 의

도주와 범인은닉의 죄는 형사사법에 있어서 인적 도피를 내용으로 하는 죄이다. 도주의 죄는 법률에 의하여 체포·구금된 자가 스스로 도주하거나 타인의 도주에 관여하는 것을 내용으로 하는 죄이며, 범인은닉의 죄는 벌금 이상의 형에 해당하는 죄를 범한 자를 은닉 또는 도피하게 하는 것을 내용으로 하는 범죄이다.

도주와 범인은닉의 죄의 보호법익은 넓은 의미에서 국가의 형사사법기능이다. 다만 범인은닉의 죄가 국가의 수사권·재판권 또는 형의 집행권이라는 일반적 국가의 형사사법기능을 보호법익으로 하는데 반하여, 도주의 죄는 구체적으로 국가의 구금권이라는 형사사법기능만을 보호법익으로 한다. 또한 범인은닉의 죄가 법익보호의 정도에 따라 추상적 위험범으로 해석되는데 반하여, 도주의 죄는 침해범으로 해석된다.

1-2. 구성요건의 체계

[도주와 범인은닉의 죄]

[도주의 죄-도주죄]
기본적 구성요건 – 도주죄: 제145조 제1항; 집합명령위반죄: 제145조 제2항
가중적 구성요건 – 특수도주죄: 제146조

[도주의 죄-도주원조죄]
기본적 구성요건 – 도주원조죄: 제147조
가중적 구성요건 – 간수자의 도주원조죄: 제148조

[범인은닉의 죄]
기본적 구성요건 – 범인은닉죄: 제151조 제1항

미수범: 제149조 (제145조 내지 제148조, 모든 도주의 죄에 대하여)
예비·음모: 제150조 (제147조와 제148조에 대하여)
친족간의 특례: 제151조 제2항 (제151조 제1항에 대하여)

도주와 범인은닉의 죄는 도주죄와 도주원조죄 및 범인은닉죄로 구별된다. 도주의 죄의 기본적

구성요건은 제145조 제1항의 도주죄이다. 제145조 제2항의 집합명령위반죄는 부작위에 의한 도주죄를 진정부작위범의 형식으로 규정한 것이다. 제146조의 특수도주죄는 행위방법에 의하여 불법이 가중된 가중적 구성요건이다. 도주원조죄는 제147조 제1항의 도주원조죄를 기본적 구성요건으로 하고, 제148조의 간수자의 도주원조죄를 가중적 구성요건으로 한다. 도주죄와 도주원조죄에 대하여는 그 미수범이 처벌되며(제148조), 도주원조죄에 대하여는 예비죄도 처벌된다(제149조) 범인은닉의 죄는 범인은닉죄(제151조 제1항) 1개의 범죄로 구성되어 있으며, 친족간의 특례(제151조 제2항)가 적용된다.

2. 도주죄

2-1. 도주죄

2-1-1. 의 의

본죄는 법률에 의하여 체포 또는 구금된 자가 도주함으로써 성립하는 범죄이다(제145조 제1항). 독일형법 등의 전통적인 대륙법계에서는 이와 같은 단순 도주행위를 벌하지 않는다. 자신의 구금상태나 자신에 대한 처벌을 기꺼이 받아들이도록 형벌로 강제할 수 없다는 것을 이유로 한다. 또한 인간의 자유본능에 의한 기대불가능성으로 범인의 단순 도주행위에 대하여 책임을 인정할 수 없다고 한다. 우리나라에서도 일부 견해[178]는 "형법이 자기증거인멸행위를 벌하지 아니하면서, 자기도주행위만을 처벌하는 것은 부당하다"고 한다.

이에 반하여 다른 일부의 견해[179]는 "영미법에서도 도주죄는 처벌되고 있고, 법률에 의하여 체포 · 구금된 자는 특별권력관계로부터 국가의 법집행권에 대하여 일정한 의무를 부담해야 하며, 따라서 함부로 구금상태로부터 탈출하는 것은 허용되지 않는다"고 한다. 다만 이러한 입장에서도 집합명령위반죄(제145조 제2항)에 대하여는 처벌의 부당성을 제기하고 있다.[180] 그러나 집합명령위반죄의 처벌이 부당하다고 한다면, 그것은 인간의 자유본능에 의한 기대불가능성을 근거로 하는 것이며, 이는 도주죄에 대하여도 동일해야 할 것이다. 형법의 보충성의 원리 · 비범죄화의 요청 등을 고려하면, 특수도주죄 외에 도주죄나 집합명령위반죄를 처벌하는 형법의 태도에 대해서는 의문이 제기된다.

2-1-2. 행위주체

본죄의 행위주체는 법률에 의하여 체포 또는 구금된 자이다. 법률에 의하여 체포 · 구금된 자는

178) 배종대, 649면; 손동권/김재윤, 831면; 오영근, 745면; 임웅, 984면.

179) 김일수, 한국형법 Ⅳ, 660면 이하; 이재상/장영민/강동범, 767면; 정성근/박광민, 872면; 진계호/이존걸, 901면.

180) 이재상/장영민/강동범, 767면; 정성근/박광민, 872면; 진계호/이존걸, 901면.

수형자 뿐 아니라 미결구금자, 구속 피고인이나 피의자, 긴급체포나 현행범으로 체포된 자, 환형처분으로 노역장에 유치된 자를 포함한다. 감정유치 중인 자도 본죄의 구금된 자에 포함된다. 구인된 피고인이나 피의자도 본죄의 구금자라고 보아야 한다.[181] 이에 반하여 "구금은 구인을 포함하지 않으므로, 구인된 자는 본죄의 주체가 될 수 없다"는 견해[182]가 있다. 그러나 형사소송법 제69조는 "구속에는 구금과 구인을 포함한다"고 규정하고 있으며, 또한 본죄에서 '체포 또는 구금된 자'란 체포에서 구금까지의 신체구속자 모두를 포함해야 한다. 따라서 구인된 자를 본죄의 주체에서 제외시킬 이유는 없다. 다만 구인된 증인은 본죄의 구금자에 포함되지 않는다. 본죄에서보호되는 구금권이라는 국가기능은 본질적으로 범죄관련자에 대한 것이어야 하기 때문이다. 또한 본죄는 국가의 구금권을 보호법익으로 하므로, 사인(私人)에 의하여 현행범으로 체포된 자는 본죄의 행위주체에 포함되지 않는다(통설).[183]

2-1-3. 행 위

본죄의 행위는 도주하는 것이다. 도주는 체포 · 구금상태로부터 이탈하는 것을 말하며, 일시적 이탈로 충분하다. 본죄의 도주는 작위 뿐 아니라 부작위에 의해서도 가능하다는 견해[184]가 있다. 예컨대 수형자가 수용시설 밖의 작업에 동원되면서 일정시간 후 일정장소에 집합하도록 명령과 지시를 받았음에도 불구하고 그대로 작업장에 남아 이에 불응하는 경우가 그러하다고 한다. 그러나 이러한 다수설의 견해는 부당하다. 형법이 집합명령위반죄(제145조 제2항)를 특별히 규정한 것은 "일반적인 집합명령위반행위가 부작위에 의한 도주죄에 해당하지 않는다"는 것을 의미하기 때문이다. 즉 집합명령위반죄를 통한 구성요건의 선별기능과 보장기능에 의하여 제145조 제2항에 해당하지 아니하는 집합명령위반은 처벌의 대상이 될 수 없기 때문이다. 따라서 도주의 방법은 작위에 한정된다고 해야 한다.[185]

> 수용시설 밖의 작업에 동원되면서 일정시간 후 일정장소에 집합하도록 명령과 지시를 받았음에도 불구하고 그대로 작업장에 남아 이에 불응하는 경우는 범죄가 성립하지 않는다. 그러나 그 장소에서 찾을 수 없는 곳으로 숨어들거나 또는 그 장소로부터 이탈하는 것은 본죄에 해당하게 된다.

181) 권오걸, 1101면; 김성돈, 810면; 김일수/서보학, 705면; 오영근, 746면; 임웅, 986면; 정성근/박광민, 874면; 진계호/이존걸, 903면.

182) 김성천/김형준, 868면; 박상기, 678면; 배종대, 650면; 손동권/김재윤, 830면; 이재상/장영민/강동범, 768면; 이형국, 832면.

183) 반대견해로는 김성천/김형준, 867면; 오영근, 747면; 정영일, 475면.

184) 김성돈, 811면; 김일수/서보학, 706면; 배종대, 651면; 이재상/장영민/강동범, 768면 이하; 임웅, 987면; 정성근/박광민, 875면; 정영일, 476면.

185) 동지, 백형구, 606면; 손동권/김재윤, 830면; 진계호/이존걸, 904면.

본죄는 간수자의 실력적 지배범위를 벗어남으로써 기수에 이르게 된다. 따라서 추적당하고 있는 도주자는 본죄의 미수에 불과하게 된다. 본죄를 계속범으로 해석함으로써, 도주 중의 범인을 방조한 자는 본죄의 방조범과 범인은닉죄의 상상적 경합이 되며, 공소시효도 도주 범인이 다시 체포된 시점이라는 견해[186]가 있다. 그러나 이러한 입장은 도주죄에 대하여 실질적으로 공소시효를 부정하는 관점이므로 타당하다고 할 수 없다. 따라서 본죄는 상태범으로 해석해야 한다(통설).[187]

2-2. 집합명령위반죄

본죄는 법령에 의하여 구금된 자가 천재 · 사변 기타 법령에 의하여 잠시 해금된 경우에 정당한 이유 없이 그 집합명령에 위반함으로써 성립하는 범죄이다. 본죄의 '천재 · 사변 또는 기타 법령에 의하여 잠시 해금된 경우'의 의미에 대하여는 '천재 · 사변 이외에 일반적인 법령에 의하여 일시 해금된 경우'로 이해하는 견해[188]와 '천재 · 사변 또는 이에 준할 상태에서 법령에 의하여 일시 해금된 경우'로 이해하는 견해[189]의 대립이 있다. 전자의 견해는 소년원장이나 교도소장이 재소자에게 일시 귀휴를 허가한 경우도 본죄에 포함된다고 해석하며, 후자의 견해는 이를 부정하는 입장이다. 그러나 천재 · 사변 외에도 기타 법령에 의하여 일시 해금되는 일시귀휴를 본죄의 대상에서 제외할 이유는 없다. 따라서 전자의 견해가 타당하다. 특히 후자의 견해는 "천재 · 사변 또는 이에 준할 상태에서 불법으로 출소한 자는 도주죄에 해당한다"는 판례[190]를 근거로 제시하고 있으나, 불법으로 출소한 자는 일시 해금된 자가 아니므로 당연히 본죄에 해당하지 않는다. 다만 현행법의 체계에서 이러한 경우는 형집행법 제133조 제2호 위반으로 1년 이하의 징역형으로 처벌된다. 따라서 이러한 논쟁은 이미 그 의미를 상실하게 되었다.

형집행법 제102조는 재난시의 조치에 관하여 "천재지변이나 그 밖의 재해가 발생하여 시설의 안전과 질서유지를 위하여 긴급한 조치가 필요하면 소장은 수용자로 하여금 피해의 복구나 그 밖의 응급용무를 보조하게 할 수 있으며(제1항), 소장은 교정시설의 안에서 천재지변이나 그 밖의 사변에 대한 피난의 방법이 없는 경우에는 수용자를 다른 장소로 이송할 수 있고(제2항), 소장은 제2항에 따른 이송이 불가능하면 수용자를 일시 석방할 수 있으며(제3항), 제3항에 따라 석방된 자는 석방 후 24시간 이내에 교정시설 또는 경찰관서에 출석하여야 한다(제4항)"고 규정하고 있다. 또한 동법 제133조는 출석의무 위반 등에 관하여 "정당한 사유 없이 제102조 제4항을 위반하여 일시석방 후 24시간 이내에 교정시설 또는 경찰관서에 출석하지

186) 임웅, 988면.
187) 대법원 1979.8.31., 79도622; 대법원 1991.10.11., 91도1656.
188) 김일수/서보학, 707면; 오영근, 748면.
189) 권오걸, 1103면; 김성돈, 811면; 김성천/김형준, 869면; 배종대, 651면 이하; 손동권/김재윤, 832면; 이재상/장영민/강동범, 769면; 정성근/박광민, 877면; 정영일, 477면; 진계호/이존걸, 905면.
190) 대법원 1954.7.3, 4287형상45.

> 아니하는 행위(제1호) 또는 '귀휴 · 외부통근, 그 밖의 사유로 소장의 허가를 받아 교도관의 계호 없이 교정시설 밖으로 나간 후에 정당한 사유 없이 기한 내에 돌아오지 아니하는 행위(제2호)를 한 수용자는 1년 이하의 징역에 처한다"고 규정하고 있다.

본죄는 집합명령에 응하지 않음으로써 성립하는 진정부작위범이다. 제149조의 미수범 처벌규정이 본죄를 포함하고 있으나, 본죄는 집합명령위반에 의하여 즉시 범죄가 성립하므로 본죄의 미수는 현실적으로 불가능하다.

2-3. 특수도주죄

본죄는 수용설비 또는 기구를 손괴하거나 사람에게 폭행 · 협박을 가하거나 2인 이상이 합동하여 도주죄를 범함으로써 성립하는 범죄이다(제146조). 행위방법에 의하여 불법이 가중된 가중적 구성요건에 해당한다.

수용설비 또는 기구의 손괴는 수용설비나 기구를 물리적으로 훼손하는 것을 의미한다. 따라서 수용설비나 기구에 스프레이로 낙서하는 등의 행위는 본죄의 손괴에 해당하지 않는다. 여기서 수용설비는 신체를 계속적으로 구속하기 위한 설비로서 교도소 · 구치소 · 수용소 또는 경찰서의 유치장 등의 유치장소를 말하며, 기구는 신체를 직접 속박하는 포승이나 수갑 등을 말한다.

사람에 대한 폭행 · 협박은 간수자에 대한 폭행 · 협박 뿐 아니라, 사실상 간수업무나 호송업무에 협력하는 자에 대한 폭행 · 협박을 포함한다.[191] 본죄의 폭행 · 협박을 간수자에 대한 폭행 · 협박으로 제한하는 견해[192]가 있으나, 타당하다고 할 수 없다. 사실상 간수업무나 호송업무에 협력하는 자에 대한 폭행 · 협박도 충분한 도주의 수단이 되기 때문이다. 폭행 · 협박의 의미는 광의로 해석된다. 즉 본죄의 폭행은 사람에 대한 직접 · 간접적인 유형력의 행사이며, 협박은 상대방에게 공포심을 일으킬만한 해악의 고지로 충분하다. 현실적으로 상대방이 공포심을 일으켰는지는 문제가 되지 않는다.

합동도주는 2인 이상이 시간적 · 장소적으로 협력하여 도주하는 것을 말한다. 합동하는 2인 이상의 자는 모두 법률에 의하여 구금된 자이어야 한다.

3. 도주원조죄

3-1. 도주원조죄

191) 김일수/서보학, 709면; 배종대, 652면; 손동권/김재윤, 833면; 이형국, 402면; 임웅, 991면; 정성근/박광민, 879면; 진계호/이존걸, 794면.

192) 백형구, 607면; 이재상/장영민/강동범, 770면; 정영일, 478면.

3-1-1. 의 의

본죄는 법률에 의하여 구금된 자를 탈취하거나 도주하게 함으로써 성립하는 범죄이다. 본죄는 도주죄에 대한 교사 · 방조에 해당하는 행위를 독립적 구성요건으로 규정한 것이다. 이러한 의미에서 본죄는 필요적 공범이라고 할 수 있으며, 총칙상의 공범규정의 적용이 배제된다. 즉 구금된 자에게 자기도주죄를 범하도록 교사 · 방조하는 행위는 그 자체가 도주원조죄의 불법을 실현하는 것이므로, 도주죄에 대한 교사 · 방조죄는 개념적으로 존재할 수 없다. 또한 자기도주죄에서는 기대불가능성에 의한 책임의 약화가 인정되는 반면에 본죄에서는 이러한 책임의 약화가 인정되지 않는다. 따라서 본죄는 자기도주죄에 비하여 무겁게 처벌된다.

3-1-2. 구성요건

본죄는 일반범이므로 행위주체에 제한이 없다. 법률에 의하여 구금되어 있는 자도 다른 구금자를 도주하게 한 때에는 본죄에 해당한다. 다만 본인이 타인과 함께 도주하는 때에는 본죄가 아니라 합동도주죄에 해당하게 된다. 본죄의 행위객체는 법률에 의하여 구금된 자이다. 구금된 자에 한하므로 체포되어 연행 중인 자는 본죄의 객체에 포함되지 않는다.

본죄의 행위는 구금되어 있는 자를 탈취하거나 도주하게 하는 것이다. 탈취는 구금되어 있는 자를 그 간수자의 실력적 지배로부터 이탈시켜 자기 또는 제3자의 지배로 옮기는 것을 말한다. 탈취는 구금되어 있는 자의 동의 여부를 불문한다. 따라서 피구금자의 의사에 반한 탈취의 경우에는 본죄와 체포 · 감금죄의 상상적 경합이 된다. 본죄의 '도주하게 하는 것'이란 피구금자를 도주하게 하는 일체의 행위, 즉 도주를 야기시키거나 이를 용이하게 하는 일체의 행위를 말한다. 탈취나 도주하게 함으로써 피구금자가 간수자의 실력적 지배로부터 이탈하게 된 때에 본죄는 기수에 이르게 된다.

3-2. 간수자의 도주원조죄

본죄는 법률에 의하여 구금된 자를 간수 또는 호송하는 자가 이를 도주하게 함으로써 성립하는 범죄이다. 본죄의 행위주체는 법률에 의하여 구금된 자를 간수 또는 호송하는 자이다. 간수 또는 호송의 임무는 현실적으로 이러한 임무에 종사함으로써 족하며, 반드시 법령의 근거를 가질 필요는 없다. 이러한 임무에 종사하는 자에게는 특별한 의무가 부과되며, 본죄는 이러한 특별의무위반에 의하여 불법이 가중되는 가중적 구성요건에 해당한다. 도주원조죄와 간수자 도주원조죄에 대하여는 그 미수죄(제149조)와 예비죄(제150조)가 처벌된다.

4. 범인은닉죄

본죄는 벌금 이상의 형에 해당하는 죄를 범한 자를 은닉 또는 도피하게 함으로써 성립하는 범죄이다(제151조 제1항).

4-1. 행위주체

본죄는 일반범이므로 행위주체에 제한이 없다. 다만 범인이 자신을 은닉 또는 도피하는 행위는 본죄에 해당하지 않는다. 본죄는 벌금 이상의 형에 해당하는 죄를 범한 타인을 은닉 또는 도피시키는 행위를 전제로 하기 때문에 자기도피 · 자기은닉은 본죄의 구성요건해당성을 결한다. 자기도피를 금지하는 것은 인간의 자기비호의 본능에 반하여 적법행위의 기대가 불가능하므로 본죄의 행위주체에서 제외시킨 것이다.

그러나 타인을 교사하여 자신을 은닉 또는 도피하게 하는 경우에 본죄의 교사범이 성립할 수 있는지 문제된다. 이 경우 본죄의 교사범의 성립을 인정하는 견해[193]가 있으며, 판례[194]도 본죄에 대한 교사범의 성립을 인정하고 있다. 타인을 교사하여 범인은닉죄를 범하도록 하는 행위는 그 대상이 자신이라 할지라도 방어권의 남용으로 자기비호의 한계를 일탈하게 된다는 것이다. 그러나 자신을 은닉 · 도피하게 하도록 타인을 교사하는 행위는 자기도피에 불과하며, 자기도피가 불법한 행위가 아님에도 불구하고 이를 가능하도록 하는 행위만을 처벌한다면 이는 결국 자기도피를 금지하는 결과가 된다. 또한 제151조 제2항에 의하여 친족 · 동거가족이 본인을 위하여 본죄를 범한 때에도 처벌하지 않는데 반하여, 자신의 도피를 위하여 교사하는 행위를 처벌한다면 형평성에서도 문제가 된다.[195] 따라서 타인을 교사하여 자신을 은닉 또는 도피하게 하는 경우에 본죄에 대한 교사범의 성립은 부정된다(통설).

공동정범자가 다른 공동정범자를 은닉 또는 도피하게 하는 경우[196]는 자기도피가 아니므로 본죄에 해당한다(통설). 다만 자기도피행위는 그것이 비록 다른 공동정범자를 은닉 또는 도피시키는 결과를 초래하는 경우라도 본죄의 성립이 인정되지 않는다.[197] 본죄의 해석에서 자기도피행위를 제외시킨 것은 자기비호의 본능에 근거한 것이므로, 다른 공동정범자를 범인도피시키는 결과를 초래한다고 하여 자기도피행위를 다시 본죄에 포함시킬 수는 없기 때문이다. 이 경우 행위자에게 범인은닉죄의 행위주체가 부정되는 것이 아니라, 초법규적 책임조각사유에 의하여 책임이 조각될 뿐이라는

193) 권오걸, 1111면; 김성돈, 816면; 정영일, 482면; 조준현, 814면.

194) 대법원 2000.3.24., 2000도20; 대법원 2006.12.7., 2005도3707; 대법원 2008.11.13., 2008도7647; 대법원 2014.3.27., 2013도152.

195) 박상기, 682면.

196) 대법원 1958.1.14., 4290형상393.

197) 이 경우 범인도피죄의 성립을 인정하였던 종전의 입장을 변경한다.

견해[198]가 있으나, 비난불가능성을 근거로 자기도피행위를 본죄의 행위주체에서 배제시킨 해석을 뒤집을 필요는 없다고 보여 진다.

> 대법원[199]은 '판결에 의한 강제집행을 면탈할 목적으로 X가 A를 교사하여 사업자등록명의를 A로 변경하고, A에게 실제로 사업장을 매수하여 운영하고 있다고 진술해달라고 부탁하였으며, 이에 A는 실제로 사업장을 매수하여 운영하고 있다고 허위진술하고 허위의 계좌거래내역을 제출한 사안'에서 A의 범인도피죄 및 X의 범인도피교사죄의 성립을 부정하였다. 공범 중 A가 그 범행에 관한 수사절차에서 참고인 또는 피의자로 조사받으면서 자기의 범행을 구성하는 사실관계에 관하여 허위로 진술하고 허위 자료를 제출하는 것은 자신의 범행에 대한 방어권 행사의 범위를 벗어난 것으로 볼 수 없으며, 이러한 행위가 다른 공범을 도피하게 하는 결과가 된다고 하더라도 범인도피죄로 처벌할 수 없다는 것이다. 또한 이때 공범 X가 이러한 행위를 교사하였더라도 범죄가 될 수 없는 행위를 교사한 것에 불과하여 범인도피교사죄가 성립하지 않는다고 한다.

4-2. 행위객체

본죄의 행위객체는 벌금 이상의 형에 해당하는 죄를 범한 자이다. 벌금 이상의 형에 해당하는 죄란 해당 범죄(본범)에 정한 법정형이 벌금 이상의 형을 포함하는 것을 말한다.

'죄를 범한 자'란 정범 뿐 아니라 교사범 · 방조범을 포함하며, 기수 · 미수의 죄와 예비 · 음모죄를 범한 자 모두를 포함한다. 또한 본죄의 '죄를 범한 자'는 구성요건에 해당하고 위법한 행위(불법한 행위)에 대하여 형사처벌이 가능한 자를 의미한다. 본죄는 국가의 형사사법기능을 보호법익으로 하므로 형사처벌의 가능성이 없는 자를 본죄의 객체에 포함시킬 수는 없기 때문이다. 형사처벌이 가능하다면 반드시 책임을 전제로 하지는 않는다. 그러나 형사처벌이 가능하기 위해서는 처벌조건과 소추조건도 구비하거나 구비할 수 있어야 한다. 따라서 무죄판결의 확정, 형의 폐지, 공소시효의 완성 또는 사면 등에 의하여 소추나 처벌이 불가능한 경우는 본죄의 '죄를 범한 자'에 해당하지 않는다.

형법 제12조의 강요된 행위 등의 책임조각사유에 해당하는 경우에도 형사처벌이 불가능하다. 친고죄에서 고소를 취하하거나 고소기간의 경과에 의하여 고소할 수 없게 된 경우에도 처벌이 불가능하므로 본죄의 '죄를 범한 자'에 포함되지 않는다. 그러나 단순히 고소가 없다는 이유만으로 본죄의 '죄를 범한 자'에서 제외시킬 수는 없다. 아직 소추의 가능성이 소멸된 것은 아니기 때문이다. "검사의 불기소처분이 있는 경우에도 사실상 형사절차가 종결되므로 본죄의 객체가 될 수 없다"는 견해[200]가 있다. 그러나 검사의 불기소처분에 의하여 소추나 처벌의 가능성이 소멸된 것은 아니다. 예컨

---

198) 김일수, 한국형법 Ⅳ, 692면 이하; 김일수/서보학, 714면; 손동권/김재윤, 836면.

199) 대법원 2018.8.1., 2015도20396.

200) 권오걸, 1113면; 김성돈, 817면 이하; 배종대, 656면; 손동권/김재윤, 837면; 이영란, 851면; 이재상/장영민/강동범, 775면; 이형국, 839면; 임웅, 997면.

대 새로운 증거에 의하여 수사가 재개될 수도 있으며, 검찰항고나 재정신청 등에 의하여 소추나 처벌의 가능성이 있기 때문이다. 특히 검사의 불기소처분이 있는 경우 '죄를 범한 자'라는 사실을 알고 있음에도 불구하고 그 타인을 의도적으로 은닉 · 도피시키는 행위에 대해서는 당연히 본죄로 처벌하는 것이 마땅하다. 따라서 검사의 불기소처분에 의하여 본죄의 '죄를 범한 자'에서 제외시킬 이유는 없다.[201] 판례[202]도 동일한 입장이다.

본죄의 '죄를 범한 자'는 '공소가 제기되거나 유죄의 확정판결을 받은 자'를 의미하는 것이 아니라 '벌금 이상의 형에 해당하는 죄에 대한 소추나 처벌이 가능한 자'를 의미한다. 따라서 "본죄의 '죄를 범한 자'가 진범이어야 하는가"에 대해서는 학설의 대립이 있다. 이에 관하여 본죄의 '죄를 범한 자'는 ① "진범이어야 한다"는 견해,[203] ② "진범일 필요는 없으며 범죄혐의로 수사 또는 소추를 받고 있는 자를 포함한다"는 견해,[204][205] ③ "수사개시 전에는 진범이어야 하고, 수사단계에서는 객관적 · 합리적 판단에 따라 진범이라고 강하게 의심되는 자를, 그리고 소추 · 재판 · 형집행 단계에서는 진범 여부를 불문한다"고 하여 단계적으로 구별하는 견해[206]의 대립이 있다.

본죄는 형사처벌의 가능성이 있는 자를 은닉 또는 도피하게 함으로써 성립하는 죄이며, 국가의 형사사법기능을 보호법익으로 하는 추상적 위험범으로 해석된다. 그러므로 국가의 형사사법기능을 위태롭게 하는 행위가 반드시 '진범'을 은닉 · 도피시키는 행위에 국한될 필요는 없다. 형사처벌의 대상으로 수사 · 소추 · 재판을 받아야 할 자를 은닉 · 도피시키는 행위는 국가의 형사사법기능을 위태롭게 하는 행위로서 마땅히 본죄에 의하여 처벌되어야 한다. 따라서 진범 여부가 본죄의 행위객체를 판단하는 기준이 될 수는 없으며, 형사처벌의 대상으로 수사 · 소추 · 재판을 받아야 할 자는 본죄의 '죄를 범한 자'에 해당한다고 보아야 한다.[207] 수사 · 소추 · 재판을 받아야 할 자이면 충분하므로 현실적으로 수사가 개시되었을 것을 요하지도 않는다. 내사단계 또는 그 이전이라도 수사의 대상이 되는 자라면 본죄의 행위객체로서 충분하다.[208] 따라서 본죄의 '죄를 범한 자'를 '수사 또는 소추를 받고 있는 자' 또는 '진범이라고 강하게 의심되는 자'로 제한할 필요는 없다.

---

201) 김성천/김형준, 875면; 김일수/서보학, 715면; 정성근/박광민, 885면; 정영일, 483면; 진계호/이존걸, 913면.

202) 대법원 1982.1.26., 81도1931.

203) 오영근, 756면; 이영란, 851면; 이재상/장영민/강동범, 775면 이하; 정성근/박광민, 886면.

204) 권오걸, 1115면; 김성돈, 818면; 박상기, 683면; 배종대, 655면; 손동권/김재윤, 838면; 이형국, 839면 이하; 임웅, 998면; 진계호/이존걸, 914면.

205) 대법원 1978.6.27, 76도2196; 대법원 1982.1.26, 81도1983; 대법원 1983.8.23, 83도1486.

206) 김일수, 한국형법 Ⅳ, 697면 이하; 김일수/서보학, 716면.

207) 동지, 김성천/김형준, 875면.

208) 대법원 2003.12.12., 2003도4533: "죄를 범한 자라 함은 범죄의 혐의를 받아 수사대상이 되어 있는 자를 포함하며, … 그 자가 당시에는 아직 수사대상이 되어 있지 않았다고 하더라도 범인도피죄가 성립한다고 할 것이고 … 인멸행위시에 아직 수사절차가 개시되기 전이라도 장차 형사사건이 될 수 있는 것까지 포함한다."; 대법원 2000.11.24., 2000도4078; 대법원 2004.3. 26., 2003도8226; 대법원 2014.3.27., 2013도152.

4-3. 행 위

본죄의 행위는 은닉 또는 도피하게 하는 것이다. 은닉은 장소를 제공하여 범인을 감추어 주는 행위이며, 도피하게 하는 것이란 은닉 이외의 방법으로 관헌의 체포나 발견을 곤란하게 하거나 불가능하게 하는 일체의 행위를 의미한다. 범인의 도피행위에 조력하는 행위도 도피하게 하는 행위에 해당한다. 예컨대 도피자금을 제공하거나 수사상황을 알려주는 행위, 다른 사람을 범인으로 가장하여 수사를 받도록 하거나 피의자를 자처하여 수사기관에 허위의 진술을 함으로써 범인의 도피를 용이하게 하는 행위[209] 또는 도피를 권유하는 행위[210]가 여기에 해당한다. 다만 범인의 도피에 조력하는 행위는 범인의 도피와 기회증대의 관점에서 직접적인 인과적 연관관계가 인정되어야 한다.[211] 즉 '도와준다'는 방조개념은 색깔이 없는 무한정의 개념이므로 여기에는 최소한 불법한 행위로서의 객관적인 질(Qualität)이 요구되기 때문이다.[212] 따라서 배고픈 범인에게 음식을 제공하거나 범인가족의 안부를 전해주는 행위 또는 범인가족의 생활비를 지원하는 행위 등은 본죄의 '도피하게 하는 행위'에 해당하지 않는다. 판례[213]도 참고인이 수사기관에서 묵비하거나 허위진술을 한 경우라도 '범인 아닌 다른 자를 진범이라고 내세우는 등과 같이 적극적으로 허위의 사실을 진술한 경우'가 아니라면 범인도피죄의 성립을 부정하고 있다.

본죄의 행위방법으로는 작위 뿐 아니라 부작위도 가능하다. 예컨대 범인을 체포해야 할 보증인의 지위에 있는 수사관이 범인의 도피가 가능하도록 체포하지 않는 경우가 그러하다. 본죄의 '도피하게 한 자'란 범인의 도피를 방조하는 자를 포함하며, 방조행위는 부작위에 의하여도 가능하기 때문이다.[214] 따라서 이때의 부작위가 부진정부작위범을 의미하는 것은 아니다.

4-4. 주관적 구성요건

본죄의 고의는 벌금 이상의 형에 해당하는 죄를 범한 자를 은닉 또는 도피하게 한다는 인식과 의사이다. 이에 대한 착오는 고의를 조각하게 된다.

4-5. 친족간의 특례

---

209) 대법원 1977.2.22., 76도3685; 대법원 1996.6.14., 96도1016; 대법원 2000.3.24., 2000도20; 대법원 20001.1.24., 2000도4078.

210) 대법원 1996.5.10., 96도51.

211) 대법원 1992.6.12., 92도736; 대법원 1995.3.3., 93도3080; 대법원 2003.2.14., 2002도5374; 대법원 2004.3.26., 2003도8226; 대법원 2008.12.24., 2007도11137; 대법원 2011.4.28., 2009도3642; 대법원 2013.1.10., 2012도13999.

212) 이에 관하여는 이정원/류석준, 형법총론, '제2편, 제6장, 제5절, 2-1-1. 방조범의 방조행위, (1) 방조행위의 방법' 참조.

213) 대법원 1991.8.27., 91도1441; 대법원 1997.9.9., 97도1596; 대법원 2003.2.14., 2002도5374; 대법원 2004.3.26., 2003도8226; 대법원 2008.12.24., 2007도11137; 대법원 2010.1.28., 2009도10709; 대법원 2010.2.11., 2009도12164; 대법원 2013.1.10., 2012도13999; 대법원 2014.3.27., 2013도152.

214) 이에 관하여는 이정원/류석준, 형법총론, '제2편, 제6장, 제5절, 2-1-1. 방조범의 방조행위, (3) 부작위에 의한 방조' 참조.

4-5-1. 친족간의 특례의 법적 성질

제151조 제2항에 의하여 친족 또는 동거가족이 본인을 위하여 범인은닉죄를 범한 때에는 벌하지 않는다. 범인은닉죄에서 친족간의 특례규정의 법적 성질에 관하여 종래에는 이를 인적처벌조각사유로 해석하는 견해[215]도 있었으나, 현재는 이를 친족간의 정의(情誼)를 근거로 인정되는 책임조각사유라는 것이 학설의 일반적인 입장이다(통설).

> 독일의 통설[216]은 형벌무효화죄(Strafvereitelung)에서의 친족간의 특례규정을 인적처벌조각사유로 해석한다. 다만 친족을 형벌의 부과로부터 보호하려는 자에게는 면책적 긴급피난과 유사한 상황이 인정되므로 친족간의 특례규정은 책임영역에서 유래한다고 본다. 따라서 이러한 인적처벌조각사유는 책임조각사유와 동일한 원리에서 적용되고 있다.[217] 다만 독일형법 제35조 제1항이 친족 또는 그와 친밀한 자에 대한 현재의 위난을 피하기 위한 행위를 면책적 긴급피난으로 규정하는데 반하여, 제258조 제6항의 특례규정에서는 친족만을 위한 행위를 인적처벌조각사유로 규정하기 때문에 이 한도에서 차이가 있다고 한다. 따라서 친족 이외에 그와 친밀한 사이에서 형벌무효화죄를 범한 경우에는 독일형법 제258조 제6항 뿐 아니라 제35조 제1항의 적용도 배제된다고 한다. 왜냐하면 입법자가 범인과 친밀한 사이에서 형벌무효화죄를 범한 경우를 독일형법 제258조 제6항의 인적처벌조각사유에서 제외시켰기 때문이라는 것이다.[218]

범인은닉죄에서 친족간의 특례규정의 법적 성격은 "민법의 친족 · 동거가족의 범위에서만 본조를 적용할 것인지", 아니면 "이와 유사한 친밀한 사이에서도 본조의 적용을 확대할 것인지"를 결정하게 된다. 본조의 특례규정을 인적처벌조각사유로 해석한다면 민법의 친족 · 동거가족의 범위에서만 본조를 적용해야 한다. 이에 반하여 본조의 특례규정을 책임조각사유로 해석한다면 민법의 친족 · 동거가족 이외에 이와 유사한 친밀한 사이, 예컨대 약혼관계나 사실혼관계에서도 기대불가능성을 근거로 범인은닉죄에 대한 특례규정을 적용할 수 있게 된다.

본조의 특례규정은 민법의 친족 · 동거가족의 범위에서만 적용되어야 한다. 다만 친족을 형벌의 부과로부터 보호하려는 자에게는 면책적 긴급피난과 유사한 상황이 인정되므로, 이러한 인적처벌조각사유가 책임영역에서 유래된 것임은 분명하다. 따라서 범인은닉죄에서 친족간의 특례규정은 인적처벌조각사유이며, 친족을 위한 범인은닉행위에 대해서는 무죄판결이 아니라 형면제의 판결을 하여야 한다.

---

215) 유기천(하), 331면; 황산덕, 86면.

216) Stree, S-S StGB, § 258, Rdnr. 39 mwN.; Tröndle/Fischer, StGB, § 258, Rdnr. 16; Samson, SK StGB, § 258, Rdnr. 5.

217) Vgl. Stree, S-S StGB, § 258, Rdnr. 39.

218) Vgl. Stree, S-S StGB, § 258, Rdnr. 39a; Ruß, LK StGB, § 258, Rdnr. 39.

4-5-2. 특례의 요건

특례규정이 적용되는 인적관계는 친족 또는 동거가족이다. 친족의 개념은 민법의 규정에 의한다. 민법 제777조는 배우자와 8촌 이내의 혈족 및 4촌 이내의 인척을 친족으로 규정하고 있다. 또한 제779조는 배우자 · 직계혈족 · 형제자매, 그리고 생계를 같이하는 직계혈족의 배우자와 배우자의 직계혈족 및 배우자의 형제자매를 가족으로 규정하고 있다. 이러한 민법의 규정에 의하면 가족은 동거 여부를 불문하고 모두 친족의 범위에 들어가게 된다. 따라서 본조의 동거가족은 불필요한 요건이다.

본조의 특례규정을 책임조각사유로 파악하는 거의 일치된 학설의 입장에서는 사실혼의 관계에 있는 자와 그 출생자도 여기에 포함시킨다(통설). 그러나 이러한 통설의 입장에 의하면 법정친족이 아닌 자를 어디까지 본조의 적용대상으로 할 것인지 불분명하다. 본조의 특례규정은 책임영역으로부터 유래할지라도 이는 인적처벌조각사유로 파악해야 하므로 법정친족이 아닌 경우는 본조의 적용대상에서 제외시켜야 한다.[219]

본조의 특례규정은 본인을 위하여 행위한 경우에 적용된다. 여기서 '본인을 위하여'란 형사책임상의 이익을 의미이며, 재산상의 이익을 의미하는 것이 아니다. 본인을 위하여 본인과 그 공범자를 은닉한 경우에도 특례규정이 적용된다.[220] 이에 반하여 "본인을 위한 범인은닉행위에 대해서만 특례규정이 적용되며, 본인과 공범자를 위한 경우에는 특례가 적용되지 않는다"는 견해[221]가 있다. 그러나 특례규정은 책임영역에 근거를 두고 있으므로, 본인을 위한 범인은닉이 동시에 그 공범자를 위한 행위가 된다고 하여 특례적용을 배제하는 것은 부당하다. 부정설의 입장은 특례규정의 책임관련성을 부정하는 결과가 된다. 특례규정을 인적처벌조각사유로 해석하는 독일의 통설[222]도 이 경우에 특례규정의 적용을 긍정하고 있다.

친족인 본범을 친족인지 모르고 범인은닉죄를 범한 경우에는 본조의 적용근거를 상실한다.[223] 본조의 특례는 친족간의 정의를 고려하여 책임영역에서 유래하는 인적처벌조각사유이기 때문이다. 이에 반하여 이 경우 본조의 특례적용을 긍정하는 견해[224]가 있다. 그러나 이는 본조를 친족상도례의 경우와 같이 책임과 관련 없는 순수한 인적처벌조각사유로 이해하는 입장에서나 취할 수 있는 결론이다.

친족이 아닌 본범을 친족으로 오인한 때에는 그 오인이 회피불가능한 경우[225]에 한하여 특례규정

219) 대법원 2003.12.12., 2003도4533.

220) 동지, 권오걸, 1119면; 김성돈, 822면; 김성천/김형준, 878면; 손동권/김재윤, 842면 이하; 오영근, 761면; 임웅, 1002면.

221) 박상기, 686면; 배종대, 658면; 이재상/장영민/강동범, 779면; 정성근/박광민, 890면; 정영일, 486면; 진계호/이존걸, 919면.

222) Vgl. Stree, S-S StGB, § 258 Rdnr. 39 mwN.; Tröndle/Fischer, StGB, § 258 Rdnr. 16; Samson, SK StGB, § 258 Rdnr. 50.

223) 동지, 임웅, 1002면.

224) 오영근, 761면; 진계호/이존걸, 919면.

225) 착오의 회피불가능성 여부와 관계없이 본조의 특례적용을 긍정하는 견해로는 오영근, 761면; 진계호/이존걸, 919면. 그러나 회피가능한 오인의 경우에 대해서 본조의 특례를 인정할 이유가 없다.

이 적용되어야 한다. 책임영역에 근거하는 특례규정의 관점에서 이 경우에 행위자의 심정반가치는 친족에 대한 범인은닉의 경우와 완전히 동일하기 때문이다. 이 경우 본조의 객관적 요건의 결여를 근거로 본조의 적용을 부정하는 견해[226]가 있다. 그러나 이는 본조의 특례가 책임영역에서 유래한다는 점을 간과한 입장으로 타당하다고 할 수 없다.

> 독일형법의 해석에서 친족이 아닌 본범을 친족으로 오인한 때에 회피불가능한 오인의 경우에는 특례규정의 적용으로 형이 면제되고, 회피가능한 오인인 경우에는 독일형법 제35조 제2항을 유추적용함으로써 그 형을 감경하게 된다.[227]

4-5-3. 특례와 공범관계

친족이 친족 아닌 자와 공동하여 범인은닉죄를 범하거나 또는 친족 아닌 자가 친족을 교사 · 방조하여 친족이 범인은닉죄를 범한 경우에 특례규정은 친족에게만 적용되며, 친족이 아닌 자에게는 적용되지 않는다.

친족이 제3자를 교사 · 방조하여 범인은닉죄를 범하도록 한 경우에 친족에 대한 특례규정의 적용을 배제하는 견해[228]가 있다. 이는 비호권의 남용이라는 것이다. 그러나 책임영역에 근거하는 특례규정은 본범에 대한 비호권과 관계가 없다. 즉 특례규정의 의미는 "친족이 본범을 은닉 · 도피시키는 행위를 처벌하지 않는다"는 것이므로, 이는 친족 자신이 직접 본범을 은닉 · 도피시키거나, 다른 사람에게 부탁하여 은닉 · 도피시키거나 또는 제3자가 본범을 은닉 · 도피시키는 행위에 조력하거나 모두 동일하기 때문이다. 따라서 친족이 제3자를 교사 · 방조하여 범인은닉죄를 범하도록 한 경우에 제3자는 범인은닉죄로 처벌되고, 친족은 특례규정의 적용으로 형 면제의 대상이 되어야 한다(통설).

---

226) 임웅, 1002면.

227) Vgl. Stree, S-S StGB, § 258 Rdnr. 39 mwN.

228) 김성돈, 823면; 오영근, 762면; 정영일, 487면.

제4절 위증과 증거인멸의 죄

1. 위증과 증거인멸의 죄 일반론

1-1. 의 의

위증죄란 법률에 의하여 선서한 증인이 허위의 진술을 하거나, 법률에 의하여 선서한 감정인 · 통역인 또는 번역인이 허위의 감정 · 통역 또는 번역을 함으로써 성립하는 범죄이다. 위증죄는 국가의 사법기능을 보호법익으로 하는 죄이지만, 사법기능과 유사한 징계처분도 그 대상으로 하므로 국가의 사법작용과 징계작용이 모두 위증죄의 보호법익이 된다. 위증죄는 법익의 보호정도에 따라 추상적 위험범으로 해석된다. 허위의 진술이나 허위의 감정 · 통역 · 번역을 함으로써 위증죄는 성립하며, 이러한 행위가 재판이나 징계처분에 영향을 주었는지 여부는 문제가 되지 않는다. 위증죄는 선서한 증인 · 감정인 · 통역인 · 번역인 만이 범할 수 있는 신분범이며 자수범이다. 따라서 본죄는 선서한 증인 · 감정인 · 통역인 · 번역인이 스스로 허위의 진술 · 감정 · 통역 · 번역을 하는 경우에만 성립하며, 비신분자는 간접정범이나 공동정범의 형태로도 본죄를 범할 스 없다.

증거인멸죄는 타인의 형사사건이나 징계사건에 관한 증거를 인멸 · 은닉 · 위조 · 변조하거나 위조 · 변조된 증거를 사용하거나 또는 타인의 형사사건이나 징계사건에 관한 증인을 은닉 또는 도피하게 함으로써 성립하는 범죄이다. 증거인멸죄는 국가의 사법작용과 징계작용을 그 보호법익으로 하며, 추상적 위험범이라는 점에서 위증죄와 성질을 같이 한다.

그러나 증거인멸죄가 물적 · 인적 증거를 인멸 · 은닉하는 유형적 방법에 의하여 증거의 증명력을 해하는 죄임에 반하여, 위증죄는 허위의 진술 · 감정 · 통역 · 번역이라는 무형적 방법으로 증거의 증명력을 해한다는 점에서 차이가 있다. 또한 증거인멸죄의 보호법익이 타인의 형사사건이나 징계사건에 대한 심판기능을 그 대상으로 하는데 반하여, 위증죄의 보호법익은 타인의 형사사건이나 징계사건에 대한 심판기능 뿐 아니라 민사 · 형사 · 행정재판 등 일반적인 재판기능도 그 대상으로 한다.

1-2. 구성요건의 체계

[위증과 증거인멸의 죄]

[위증죄]
기본적 구성요건 – 위증죄: 제152조 제1항
가중적 구성요건 – 모해위증죄: 제152조 제2항
　자백 · 자수: 제153조 (모든 위증의 죄에 관하여)
독립적 구성요건 – 허위감정 · 통역 · 번역죄: 제154조 (제152조, 제153조의 예에 의함)

[증거인멸죄]
기본적 구성요건 – 증거인멸죄: 제155조 제1항
독립적 구성요건 – 증인은닉 · 도피죄: 제155조 제2항
가중적 구성요건 – 모해증거인멸죄, 모해증인은닉 · 도피죄: 제155조 제3항
　친족간의 특례: 제155조 제4항

위증죄의 기본적 구성요건은 제152조 제1항의 위증죄이며, 동조 제2항의 모해위증죄는 이에 대한 가중적 구성요건이다. 위증죄와 모해위증죄를 범한 자가 그 공술한 사건의 재판 또는 징계처분이 확정되기 전에 자백 또는 자수한 때에는 그 형을 감경 또는 면제한다(제153조). 제154조의 허위감정 · 통역 · 번역죄는 독립적 구성요건으로서 위증죄 · 모해위증죄의 예에 의하며, 자백 · 자수의 경우도 동일하다.

증거인멸죄의 기본적 구성요건은 제155조 제1항의 증거인멸죄이며, 동조 제3항의 모해증거인멸죄는 이에 대한 가중적 구성요건이다. 동조 제2항의 증인은닉 · 도피죄는 독립적 구성요건이며, 모해증인은닉 · 도피죄(동조 제3항)는 이에 대한 가중적 구성요건이다. 증거인멸의 죄에 대하여는 친족간의 특례규정이 적용된다(제155조 제4항).

2. 위증죄

2-1. 위증죄

본죄는 법률에 의하여 선서한 증인이 허위의 진술을 함으로써 성립하는 범죄이다.

2-1-1. 행위주체

본죄의 행위주체는 법률에 의하여 선서한 증인이다.

2-1-1-1. 법률에 의한 선서

선서는 법률에 근거한 것이어야 한다. 형식적 의미의 법률 외에 법률의 위임에 의한 위임명령도 여기에 포함된다. 법률에 의한 선서는 형사소송법, 민사소송법, 비송사건절차법, 법관징계법, 검사징계법에 의한 선서 등이 있다. 그러나 국회에서의 증언 · 감정 등에 관한 법률 제7조에 의한 선서의 경우에는 본죄가 아니라 동법 제14조의 위증죄가 성립한다.

선서는 유효한 것이어야 한다. 선서의 취지를 이해하지 못하는 선서무능력자(형소법 제159조, 민소법 제322조)가 한 선서는 선서로서 효력이 없다. 그러나 경미한 절차상 하자는 선서의 유효성에 영향을 주지 못한다. 예컨대 위증의 벌을 경고하지 않고 선서하게 한 경우에도 유효한 선서가 된다.[229] 또한 법원의 관할위반이나 기소절차의 부적법도 선서의 유효성에는 영향을 주지 못한다. 선서거부권자나 증언거부권자가 거부권을 행사하지 아니하고 선서한 경우에도 유효한 선서가 된다. 선서는 증언에 앞서서 이루어져야 한다. 따라서 사후선서는 유효한 선서가 될 수 없다. 다만 형소법 제156조의 단서에 의하여 '법률에 다른 규정이 있는 경우'나, 민소법 제319조의 단서에 의하여 '특별한 사유가 있는 때'에는 사후선서도 유효하다(통설). 그러나 법률의 특별한 규정(형소법 제156조 단서, 민소법 제319조 단서) 없이 사후선서를 유효한 선서로 인정할 수는 없다. 예컨대 "선서를 하지 않았기 때문에 위증죄로 처벌받지 않는다"고 생각한 증인을 사후에 선서시킴으로써 위증죄로 처벌할 수 있는 방법을 인정하는 것은 부당하다. 따라서 사후선서가 인정되기 위해서는 법률에 특별한 규정을 필요로 한다.

2-1-1-2. 증인

증인은 국가 심판기관에 대하여 자신의 경험사실을 진술하는 제3자를 의미한다. 따라서 형사사건의 피고인이나, 민사소송의 당사자신문(동법 제367조)에 의하여 선서하고 진술하는 당사자는 본죄의 증인이 될 수 없다. 공범자나 공동피고인은 제3자에 해당하므로 본죄의 증인이 될 수 있다. 그러나 공범자인 공동피고인은 증인자격이 없다고 해석하여야 한다(통설).[230] 공범자인 공동피고인의 증인적격을 인정하면 주관적 공권인 진술거부권을 부정하는 결과가 되기 때문이다.

증인신문절차에서 증언거부권이 있는 증인에게 증언거부권을 고지하지 아니한 경우와 같이 법률에 규정된 증인 보호를 위한 규정이 지켜지지 아니한 경우에 본죄의 성립이 인정될 수 있는지 문제된다. 이 때 증인보호규정의 위반으로 당해 사건에서 증인 보호에 사실상 장애가 초래된 경우에는 '법률에 의하여 선서한 증인'으로 볼 수 없으므로 원칙적으로 본죄의 성립이 부정된다. 다만 증인보호규정의 위반이 당해 사건에서 증인 보호에 사실상 장애가 초래되었다고 볼 수 없는 경우까지 예외 없이 위증죄의 성립을 부정할 것은 아니라는 것이 판례[231]의 입장이다.

---

229) 동지, 오영근, 764면.

230) 대법원 1982.9.14., 82도1000; 대법원 1983.10.25., 83도1318; 대법원 2012.3.29., 2009도11249.

231) 대법원 2010.1.21., 2008도942 전원합의체 판결: "재판장이 신문 전에 증인에게 증언거부권을 고지하지 않은 경우에도 당해 사건에서 증언 당시 증인이 처한 구체적인 상황, 증언거부사유의 내용, 증인이 증언거부사유 또는 증언거부권

2-1-2. 행 위

본죄의 행위는 허위의 진술을 하는 것이다. 본죄에서 '진술의 허위성'에 관하여는 객관설과 주관설의 대립이 있다. 객관설[232]은 증인의 의사와 관계없이 진술과 객관적 사실의 불일치를 허위라고 파악한다. 위증죄는 증인의 불성실을 벌하는 규정이 아니라 국가의 사법기능을 위태롭게 하는 행위를 벌하는 규정이므로, 객관적으로 진실한 사실의 진술이 국가의 사법기능을 위태롭게 할 수 없다는 것을 이유로 한다. 이에 따라 증인이 진실한 사실을 허위의 사실로 오인하고 진술한 경우에도 진술의 허위성이 부정된다. 이에 반하여 주관설[233]은 진술과 객관적 사실의 일치 여부와 관계없이 증인의 기억과 진술의 불일치를 허위로 해석한다. 위증죄는 증인에게 자신이 경험한 사실을 기억에 따라 진술할 의무를 부과하는 규정이며, 기억에 반한 진술에 의하여 이미 국가의 적정한 심판기능이 위태롭게 되기 때문이라고 한다. 따라서 증인의 기억에 일치하는 진술이 비록 객관적 사실과 일치하지 않는다고 하여 위증이라고 할 수 없으며, 기억에 반한 진술은 객관적 진실과 일치하여도 허위의 진술이라고 한다. 판례[234]는 주관설의 입장이다.

> 기본적으로 객관설의 입장에서 "기억에 반한 진술이 객관적으로 허위인 경우에도 그것이 객관적 사실과 일치할 것으로 믿고 진술한 때에는 위증죄의 성립을 부정해야 한다"는 견해[235]가 있다. 객관설의 입장에서 이 경우는 위증의 고의가 부정된다는 것이다. 그러나 여기서는 자신의 기억의 진실성을 부정하는 비현실적 상황을 전제로 위증의 고의를 부정하기 때문에 타당하다고 할 수 없다. 기억에 반한 객관적으로 허위의 진술이라면 주관설에 의하든 객관설에 의하든 당연히 본죄의 성립이 인정되어야 할 것이다.

객관설과 주관설의 차이는 기억에 반한 진술이 객관적 사실과 일치하는 경우에만 나타날 수 있다.[236] 이 경우 본죄의 성립을 인정하는 주관설의 입장은 타당하다고 할 수 없다. 본죄가 진술의 허

의 존재를 이미 알고 있었는지 여부, 증언거부권을 고지 받았더라도 허위진술을 하였을 것이라고 볼 만한 정황이 있는지 등을 전체적 · 종합적으로 고려하여 증인이 침묵하지 아니하고 진술한 것이 자신의 진정한 의사에 의한 것인지 여부를 기준으로 위증죄의 성립 여부를 판단하여야 한다. 그러므로 헌법 제12조 제2항에 정한 불이익 진술의 강요금지 원칙을 구체화한 자기부죄거부특권에 관한 것이거나 기타 증언거부사유가 있음에도 증인이 증언거부권을 고지받지 못함으로 인하여 그 증언거부권을 행사하는 데 사실상 장애가 초래되었다고 볼 수 있는 경우에는 위증죄의 성립을 부정하여야 할 것이다."; 대법원 2010.2.25., 2007도6273; 대법원 2010.2.25., 2009도13257; 대법원 2012.3.29., 2009도11249; 대법원 2012.12.13., 2010도10028; 대법원 2013.5.23., 2013도3284.

232) 김일수/서보학, 730면 이하; 손동권/김재윤, 850면; 이재상/장영민/강동범, 787면; 이형국, 853면 이하.

233) 권오걸, 1126면; 김성돈, 829면; 김성천/김형준, 882면; 배종대, 662면; 오영근, 767면; 임웅, 1011면; 정성근/박광민, 900면; 정영일, 492면; 진계호/이존걸, 926면.

234) 대법원 1998.4.14., 97도3340; 대법원 2003.12.12., 2003도3885; 대법원 2006.2.10., 2003도7487; 대법원 2009.3.12., 2008도11007; 대법원 2010.9.30., 2010도7525; 대법원 2018.5.17., 2017도14749.

235) 박상기, 693면.

236) 기억에 반한 객관적으로 허위의 진술은 주관적으로 뿐 아니라 객관적으로도 허위이며, 기억과 일치하는 객관적으로 허위의 진술은 주관설에 의하더라도 고의가 부정된다.

위성을 객관적 구성요건요소로 규정한 이유는 진실한 사실의 진술을 본죄에서 적용범위에서 제외시키려는 의도이며, 일반적 관점에서도 객관적 사실과 일치하는 진술을 허위라고 할 수는 없기 때문이다. 또한 기억에 반한 진술이 객관적 사실과 일치하는 때에는 본죄의 법익에 대한 위태화가 불가능한 경우이며, 본죄가 미수를 벌하지 않음에도 불구하고 법익에 대한 위태화가 불가능한 경우를 본죄의 기수로 처벌하려는 것은 결국 진실한 사실을 진술한 불성실한 증인을 본죄로 처벌하려는 심정법학의 결과라고 해야 한다. 주관설은 증인의 기억에 따라 진술할 의무를 너무 과대평가하고 있다.

허위의 진술은 언어에 의한 표현 외에 거동에 의한 표현도 포함한다. 예컨대 '예 · 아니오'를 거동에 의하여 표시하는 경우도 진술에 해당한다. 그러나 부작위에 의한 진술은 불가능하다.[237] 이에 반하여 "자기가 기억하는 사실의 전부 또는 일부를 진술하지 않음으로써 전체적인 진술내용이 허위가 되면 부작위에 의한 위증이 된다"고 하여 '부작위에 의한 진술'을 긍정하는 것이 일반적인 학설의 입장이다. 그러나 부작위에 의한 진술이란 '진술하지 아니함'을 의미하므로, '진술하지 아니함'을 '진술함'으로 해석하는 것은 논리의 가장이다. 이는 결국 증언거부(형소법 제161조, 민소법 제318조)를 본죄로 처벌하는 결과가 되며, 또다시 증인의 불성실 내지 불량한 태도를 형벌의 대상으로 삼는 심정법학의 결과가 된다. 다만 일반적으로 '진실한 사실을 은폐하는 진술'은 부작위가 아니라 '작위에 의한 허위진술'이라는 점을 유의하여야 한다.

진술의 대상은 사실에 제한되며, 증인의 의견이나 가치판단은 여기에 포함되지 않는다.[238] 개인적 의견이나 가치판단은 옳고 그름의 평가대상은 될 수 있어도, 진실과 허위의 판단대상은 될 수 없기 때문이다. 물론 가치판단을 포함한 사실은 진술의 대상이 된다. 또한 진술의 내용은 증인신문의 대상이 된 모든 사항이다. 반드시 요증사실에 한정되지 않으며,[239] 인정신문에 대한 진술도 포함한다.

본죄는 미수범을 처벌하지 않는다. 따라서 위증죄는 허위의 진술을 종료함으로써 기수가 되고 처벌의 대상이 된다. 허위진술의 종료는 전체 진술내용이 허위로 평가될 수 있는 증인신문이 종료하는 시점[240]으로 보는 것이 타당하다. 다만 증인이 진술한 후 선서한 때에는 그 선서가 끝난 때에허위진술의 종료로 보아야 한다.[241]

---

237) 동지, 권오걸, 1129면.

238) 대법원 1981.8.25., 80도2019; 대법원 1984.2.14., 83도37; 대법원 1987.10.13., 87도1501; 대법원 1988.9.27., 88도236; 대법원 1996.2.9., 95도1797; 대법원 2007.9.20., 2005도9590; 대법원 2009.3.12., 2008도11007.

239) 대법원 1987.3.24., 85도2650; 대법원 1990.2.23., 89도1212.

240) 대법원 2010.9.30., 2010도7525: "증인의 증언은 그 전부를 일체로 관찰 · 판단하는 것이므로 선서한 증인이 일단 기억에 반하는 허위의 진술을 하였더라도 그 신문이 끝나기 전에 그 진술을 철회 · 시정한 경우 위증이 되지 아니한다고 할 것이나, 증인이 1회 또는 수회의 기일에 걸쳐 이루어진 1개의 증인신문절차에서 허위의 진술을 하고 그 진술이 철회 · 시정된 바 없이 그대로 증인신문절차가 종료된 경우 그로써 위증죄는 기수에 달하고, 그 후 별도의 증인 신청 및 채택 절차를 거쳐 그 증인이 다시 신문을 받는 과정에서 종전 신문절차에서의 진술을 철회 · 시정한다 하더라도 그러한 사정은 형법 제153조가 정한 형의 감면사유에 해당할 수 있을 뿐, 이미 종결된 종전 증인신문절차에서 행한 위증죄의 성립에 어떤 영향을 주는 것은 아니다."; 대법원 1974.6.25., 74도1231; 대법원 1983.2.8., 81도967; 대법원 1984.3.27., 83도2853; 대법원 1993.12.7., 93도2510; 대법원 2008.4.24., 2008도1053.

241) 대법원 1974.6.25., 74도1231.

2-1-3. 공 범

본죄는 법률에 의하여 선서한 증인 스스로가 허위의 진술을 함으로써 성립하는 자수범이다(통설). 따라서 자신이 증언하지 아니하는 공동정범이나 간접정범의 성립은 불가능하다.[242] 그러나 본죄에 대한 교사나 방조는 얼마든지 가능하다. 다만 형사피고인이 자신의 형사사건에 대한 증인의 위증을 교사하는 경우 본죄의 교사범이 성립할 수 있는지 문제된다. 이 경우 일부 학설[243]에서는 위증교사죄의 성립을 인정한다.[244] 피고인이 스스로 허위의 진술을 하는 경우와는 달리 타인을 교사하여 위증하게 하는 것은 자기변호권의 범위를 초과한다는 것을 이유로 한다. 물론 이 경우에 형사피고인이 타인의 불법행위를 야기한 것은 인정될 수 있다. 그러나 이는 자기비호에 불과하며, 배분적 정의를 추구해야 하는 형법의 해석에서 이러한 형사피고인에 의한 타인의 불법행위 야기가 자기비호의 범위를 초과한 것으로 평가될 수는 없다. 즉 형사피고인이 자신의 형사사건에서 타인의 위증을 교사하는 행위에 대하여 스스로 행하는 허위진술을 초과하는 불법내용을 인정할 수는 없다. 형사피고인의 허위진술이 현저하게 국가의 형사사법기능을 해하고 있음에도 불구하고 이를 금지할 수 없는 것은 국가형벌권력에 비하여 현저히 열세인 형사피고인에게 무기평등의 원칙에 따라 더 많은 방어권을 주기 위함이다. 따라서 형사피고인이 자신의 형사사건에 관하여 타인의 위증을 교사하는 경우에 위증교사죄는 성립하지 않는다고 해야 한다(통설).

2-2. 모해위증죄

본죄는 형사사건 또는 징계사건에 관하여 피고인 · 피의자 또는 징계혐의자를 모해할 목적으로 위증함으로써 성립하는 범죄이다. 모해목적에 의하여 불법이 가중된 가중적 구성요건에 해당한다. 모해의 목적은 피고인 · 피의자 또는 징계혐의자를 불이익하게 하는 일체의 목적[245]을 말하며, 형사처분 또는 징계처분을 받게 할 목적도 포함된다. 타인에게 형사처분을 받게 할 목적으로 국가보안법에 규정된 죄에 관하여 위증한 때에는 동법 제12조에 의하여 처벌된다.

모해의 목적으로 타인의 위증을 교사하는 경우에 관하여 판례[246]는 모해목적위증죄를 부진정신분범으로 보아 모해의 목적이 없는 정범을 단순위증죄로 처벌하고, 모해의 목적이 있는 교사자를 모해위증교사죄(제33조 단서)로 처벌하였다.[247] 그러나 행위자와 관련된 범죄의 특별한 인적요소인 신분은

---

242) 반대견해로는 정영일, 488면.

243) 백형구, 620면; 정영일, 490면.

244) 대법원 2004.1.27., 2003도5114: "자기의 형사사건에 관하여 타인을 교사하여 위증죄를 범하게 하는 것은 방어권을 남용하는 것이라고 할 것이어서 교사범의 죄책을 부담케 함이 상당하다."; 동취지, 대법원 2014.4.10., 2013도12079.

245) 대법원 2007.12.27., 2006도3575: "모해위증죄에 있어서 '모해할 목적'이란 피고인 · 피의자 또는 징계혐의자를 불리하게 할 목적을 말하고, 허위진술의 대상이 되는 사실에는 공소 범죄사실을 직접, 간접적으로 뒷받침하는 사실은 물론 이와 밀접한 관련이 있는 것으로서 만일 그것이 사실로 받아들여진다면 피고인이 불리한 상황에 처하게 되는 사실도 포함된다."

246) 대법원 1994.12.23., 93도1002.

247) 동취지, 손동권/김재윤, 857면.

행위와 관련된 불법요소와 구별되어야 한다. 행위와 관련된 불법요소는 구성요건적 결과나 범행수단 또는 실행방법 등 범죄의 실질적 불법성을 특징지우는 요소로서, 이러한 요소는 행위자개인의 특수한 지위 내지 상태라기보다 누구에게나 존재할 수 있는 일반적 요소이다. 따라서 이러한 행위관련적 불법요소에 관하여는 제33조 단서에 의한 공범의 종속성 완화가 불필요하다. 예컨대 흉기를 휴대하여 절도죄를 범하도록 교사하는 경우에 교사자는 흉기를 휴대한 자가 아님에도 특수절도의 교사범이 되어야 하며, 인질강도를 교사하는 경우에도 동일하다. 고의 · 목적 · 불법영득의사 등도 주관적 불법요소로서 행위와 관련된 요소에 속한다. 따라서 모해목적의 유무는 신분범의 신분을 특징지우는 요소가 될 수 없다.[248] 판례의 태도는 공범의 종속성 원칙에 반하므로 타당하다고 할 수 없다.

일반적인 학설의 입장에서는 이 경우 공범의 종속성에 의하여 모해목적이 있는 교사자를 단순위증죄의 교사범으로 본다(통설). 이 한도에서 통설의 입장은 타당하다. 다만 통설의 입장은 위증교사죄를 초과하는 불법(모해목적)을 전혀 고려하고 있지 않다. 이 경우 모해의 목적으로 단순위증을 교사[249]한 자는 타인의 형사사건이나 징계사건에서 그 타인을 형사처분이나 징계처분을 받게 할 의도로 행위하는 것이며, 이는 결국 무고의 고의로 행동하는 것이다. 이 때 단순위증을 교사하는 행위는 무고의 고의 없는 타인을 도구로 이용하여 무고죄를 범하는 수단으로 파악된다. 따라서 여기서는 단순위증의 교사죄와 무고죄의 간접정범에 대한 상상적 경합을 인정해야 한다.[250]

2-3. 자백 · 자수

제153조는 위증죄나 모해위증죄를 범한 자가 그 공술한 사건의 재판 또는 징계처분이 확정되기 전에 자백 또는 자수한 때에는 그 형을 감경 또는 면제한다. 자백 · 자수의 특례는 위증에 의한 오판을 방지하기 위한 정책적 관점에서의 규정이라고 할 수 있다. 자백 · 자수에 의한 형의 감경 또는 면제는 필요적이다. 자백 · 자수는 그 진술한 사건의 재판 또는 징계처분이 확정되기 전이어야 한다. 본조에 의한 형의 필요적 감면은 자백 · 자수한 자(정범 공범)에 한하여 적용된다.

2-4. 허위감정 · 통역 · 번역죄

본죄는 법률에 의하여 선서한 감정인 · 통역인 또는 번역인이 허위의 감정 · 통역 또는 번역을 함으로써 성립하는 범죄이다. 감정인은 특수한 지식이나 경험을 가진 자로서 그 지식 · 경험에 의하여 알 수 있는 법칙 또는 그 법칙을 적용하여 얻은 판단을 국가의 심판기관에 보고하는 자를 말한다. 그러나 감정증인은 증인이며, 여기서의 감정인에 해당하지 않는다. 본죄에 대하여는 위증죄와 모해

248) 이에 관하여는 이정원/류석준, 형법총론, '제2편, 제6장, 제6절, 1-2-1. 신분의 의의' 참조.

249) 다만, "피고인에게 불리한 허위증언이라면 증인의 모해목적을 부정하는 것이 불가능하다"는 점에서 모해의 목적으로 단순위증을 교사하는 경우는 현실적으로 불가능하다고 해야 한다.

250) 이에 관하여는 이정원, 모해목적으로 단순위증을 교사한 자의 형사책임, 한일형사법의 과제와 전망, 이한교교수 정년기념논문집, 2000, 67면 이하 참조.

위증죄 및 자백 · 자수에 관한 규정이 적용된다.

3. 증거인멸죄

3-1. 증거인멸죄

본죄는 타인의 형사사건 또는 징계사건에 관한 증거를 인멸 · 은닉 또는 변조하거나 위조 · 변조한 증거를 사용함으로써 성립하는 범죄이다.(제155조 제1항)

3-1-1. 행위객체

본죄의 행위객체는 타인의 형사사건 또는 징계사건에 관한 증거이다. 증거는 피고인 등에 유리 · 불리한 것을 불문한다. 다만 유리한 증거를 인멸하는 경우는 모해목적 증거인멸죄에 해당하게 된다. 증인도 인적증거에 해당하나, 증인에 대하여는 증인은닉죄가 성립하므로 여기서의 증거에는 해당하지 않는다.

여기서의 증거는 타인의 형사사건이나 징계사건에 관한 증거이므로, 자기의 형사사건이나 징계사건에 관한 증거는 포함되지 않는다. 타인을 교사하여 자기의 형사 · 징계사건에 관한 증거를 인멸한 경우에 판례[251]와 일부 학설[252]에서는 자기비호권의 일탈이라는 관점에서 증거인멸교사죄의 성립을 인정하고 있다. 그러나 도주죄 · 범인은닉죄 · 위증죄 등에 있어서와 동일한 논리에 의하여, 타인으로 하여금 자기의 형사 · 징계사건에 관한 증거를 인멸하도록 교사한 경우에도 본죄는 성립하지 않는다고 해석된다(통설).

공범자의 형사피고사건에 대한 증거를 인멸하는 경우에 관하여도 학설의 대립이 있다. 이 경우 공범자 사이에서 다른 공범자만을 위한 증거인멸행위를 상정하기 어렵다는 관점에서 본죄의 성립을 부정하는 견해[253]가 있다. 그러나 다른 공범자에 대한 증거가 자신과는 전혀 관계없는 경우도 얼마든지 가능하다. 다만 본죄의 해석에서는 "행위자 자신에 대한 증거라면 그것이 비록 타인의 형사사건이나 징계사건에 관한 증거일지라도 본죄의 객체가 될 수 없다"[254]고 해야 한다.[255] 동일한 관점에서 "자신만을 위하거나 자신과 공범자인 피고인의 공통적인 이익을 위한 경우에는 본죄가 성립하지 않지만, 공범자인 피고인의 이익만을 위한 때에는 본죄가 성립한다"는 것이 다수설[256]의 입장이다.

251) 대법원 1965.12.10., 65도826; 대법원 1982.4.27., 82도274; 대법원 2000.3.24., 99도5275; 대법원 2011.2.10., 2010도15986.
252) 권오걸, 1140면; 김성돈, 836면; 정영일, 496면.
253) 권오걸, 1139면; 배종대, 672면; 손동권/김재윤, 860면; 오영근, 774면; 이재상/장영민/강동범, 796면.
254) 대법원 1976.6.22., 75도1446; 대법원 1995.9.29., 94도2608.
255) 동지, 김성천/김형준, 888면; 박상기, 700면; 이영란, 862면.
256) 김성돈, 837면; 김일수/서보학, 721면; 이형국, 861면; 임웅, 1019면; 정성근/박광민, 910면 이하; 진계호/이존걸, 934면.

본죄의 증거는 타인의 형사사건이나 징계사건에 관한 것이어야 한다. 형사사건은 재심이나 비상상고사건을 포함하며, 피고사건 뿐 아니라 피의사건도 포함한다. 또한 형사사건이나 징계사건에 관한 증거인 한 수사개시나 징계절차의 개시 여부는 문제가 되지 않는다(통설).[257] 이에 반하여 "수사개시 이전에는 형사사법기능이 침해될 위험이 없다"는 것을 이유로 본죄의 증거를 수사개시 이후의 증거에 한정하는 견해[258]가 있다. 그러나 수사개시가 불가능하도록 증거를 인멸하는 행위에 대하여 국가 형사사법기능의 위태화를 부정할 수는 없다고 해야 한다.[259]

진범이 아닌 자의 증거를 인멸하는 것은 본죄에 해당하지 않는다는 견해[260]가 있다. 이 경우는 사법기능을 부당하게 해할 염려가 없다는 것을 이유로 한다. 그러나 혐의를 받고 있는 자에 대한 유리한 증거를 인멸하는 것은 본죄 또는 모해증거인멸죄에 해당한다. 따라서 형사사건이나 징계사건에서 그 타인이 "실제로 죄를 범하였는가 또는 징계의 대상이 되는 행위를 했는가"는 문제가 되지 않는다고 해야 한다. 본죄의 객체는 그 타인에게 불리한 증거 뿐 아니라 유리한 증거를 포함하며, 재판이나 심판의 대상이 되는 증거를 인멸하는 행위는 "그 타인이 실제로 해당 행위를 했는가"와 관계없이 국가의 심판기능을 위태롭게 하는 행위이기 때문이다.

3-1-2. 행 위

본죄의 행위는 증거를 인멸 · 은닉 · 위조 · 변조하거나 위조 · 변조한 증거를 사용하는 것이다. 증거의 인멸은 증거의 현출을 방해하거나 그 효력을 멸실 · 감소시키는 일체의 행위를 말한다. 은닉은 증거의 발견을 불가능하게 하거나 현저히 곤란하게 하는 것이다. 위조는 새로운 증거를 작출하는 것이며, 변조는 기존의 증거에 변경을 가하는 것이다. 여기서 '위조'란 문서에 관한 죄에 있어서의 위조 개념과는 달리 새로운 증거의 창조를 의미하는 것이므로 존재하지 아니한 증거를 이전부터 존재하고 있는 것처럼 작출하는 행위도 증거위조에 해당하며, 증거가 문서의 형식을 갖는 경우 증거위조죄에 있어서의 증거에 해당하는지 여부가 그 작성권한의 유무나 내용의 진실성에 좌우되는 것은 아니다.[261] 위조 · 변조한 증거의 사용이란 이를 진정한 증거로서 국가의 심판기관에 제출하는 등의 행위를 말한다.

257) 대법원 1982.4.27., 82도274; 대법원 2011.2.10., 2010도15986; 대법원 2013.11.28., 2011도5329.

258) 배종대, 672면; 이영란, 863면; 이재상/장영민/강동범, 801면.

259) 이에 관하여는 상기 '제3절, 4-2. 범인은닉죄의 행위객체' 참조.

260) 오영근, 775면; 이재상/장영민/강동범, 797면.

261) 대법원 2011.7.28., 2010도2244: "참고인이 타인의 형사사건 등에서 직접 진술 또는 증언하는 것을 대신하거나 그 진술 등에 앞서서 허위의 사실확인서나 진술서를 작성하여 수사기관 등에 제출하거나 또는 제3자에게 교부하여 제3자가 이를 제출한 것은 존재하지 않는 문서를 이전부터 존재하고 있는 것처럼 작출하는 등의 방법으로 새로운 증거를 창조한 것이 아닐뿐더러, 참고인이 수사기관에서 허위의 진술을 하는 것과 차이가 없으므로, 증거위조죄를 구성하지 않는다."; 대법원 2007.6.28., 2002도3600; 대법원 2015.10.29., 2015도9010.

3-2. 증인은닉 · 도피죄

본죄는 타인의 형사사건 또는 징계사건에 관한 증인을 은닉 또는 도피하게 함으로써 성립하는 범죄이다(제155조 제2항). 여기서의 증인은 형사소송법상의 증인 뿐 아니라 수사기관이 조사하는 참고인을 포함하며, 사건 자체에 대한 수사개시의 전후도 불문한다.[262)]

3-3. 모해증거인멸죄

본죄는 피고인 · 피의자 또는 징계혐의자를 모해할 목적으로 증거인멸죄나 증인은닉 · 도피죄를 범함으로써 성립하는 범죄이다(제155조 제3항). 모해목적에 의하여 불법이 가중된 가중적 구성요건에 해당한다. 타인에게 형사처분을 받게 할 목적으로 국가보안법에 규정된 죄에 관한 증거를 인멸한 때에는 동법 제12조에 의하여 처벌된다.

3-4. 친족간의 특례

친족 또는 동거하는 가족이 본인을 위하여 증거인멸죄나 증인은닉 · 도피죄를 범한 때에는 처벌하지 않는다(제155조 제4항). 본조의 성격상 모해증거인멸죄에 대해서는 친족간의 특례규정이 적용될 수 없다. 증거인멸죄에서의 친족간 특례규정의 성격과 내용은 범인은닉죄에서의 그것과 동일하다.

---

262) 동지, 김일수, 한국형법 Ⅳ, 730면.

제5절 무고의 죄

1. 무고의 죄 일반론

무고의 죄는 타인으로 하여금 형사처분 또는 징계처분을 받게 할 목적으로 공무소 또는 공무원에 대하여 허위의 사실을 신고하는 것을 내용으로 하는 범죄이다. 무고의 죄의 일차적인 보호법익은 국가의 심판기능이며, 부차적인 보호법익은 부당하게 처벌받지 아니할 개인의 이익이라고 할 수 있다. 이와 같이 무고의 죄는 이중의 성격을 가진 범죄라는 데에 대하여 학설이 일치하고 있다. 따라서 피해자의 동의는 본죄의 성립에 영향을 미치지 못한다. 무고의 죄는 법익보호의 정도에 따라 추상적 위험범으로 해석된다.

2. 무고죄

본죄는 타인으로 하여금 형사처분 또는 징계처분을 받게 할 목적으로 공무소 또는 공무원에 대하여 허위의 사실을 신고함으로써 성립하는 범죄이다(제156조). 본죄를 범한 자가 재판 또는 징계처분이 확정되기 전에 자백 또는 자수한 때에는 그 형을 감경 또는 면제한다(제157조 제153조).

2-1. 행 위

본죄의 행위는 공무소 또는 공무원에 대하여 허위의 사실을 신고하는 것이다. 공무소 또는 공무원은 형사처분이나 징계처분을 행하는 기관이나 해당 공무원 뿐 아니라, 이를 조사하고 촉구할 수 있는 기관과 해당 공무원을 포함한다.

허위의 사실이란 객관적 진실에 반하는 것을 말한다. 따라서 고소의 내용이 객관적 진실과 일치하는 경우는 무고라 할 수 없다. 또한 여기서의 사실은 형사처분이나 징계처분의 원인이 될 수 있는 것이어야 한다. 단순히 도덕적 · 윤리적 비난의 대상에 불과한 허위의 사실을 신고하는 것은 무고라고 할 수 없다. 허위의 사실이란 신고한 사실의 핵심 내지 주요내용이 객관적 사실과 부합하는가를 기준으로 판단하여야 한다. 따라서 일부 사실이 허위인 경우에도 신고한 핵심내용이 객관적 사실과 일치할 때에는 본죄가 성립하지 않는다. 예컨대 사실에 기초하여 그 정황을 다소 과장한 데 지나지 아니한 경우,[263] 신고한 허위의 부분이 형사처분이나 징계처분에 영향을 줄 수 있을 정도에 이르지

263) 대법원 2003.1.24., 2002도5939; 대법원 2004.1.16., 2003도7178; 대법원 2004.12.9., 2004도2212; 대법원 2009.1.30., 2008도8573; 대법원 2010.4.29., 2010도2745; 대법원 2010.11.11., 2008도7451; 대법원 2011.1.13., 2010도14028.

아니한 경우,[264] 죄명을 잘못 신고한 경우[265] 또는 형사책임을 부담할 자를 잘못 선택하여 신고한 경우[266]는 본죄의 허위의 사실에 해당하지 않는다. 그러나 범죄가 성립하지 아니하는 사유를 알고 있음에도 이를 숨기고 신고한 경우는 본죄가 성립한다.[267]

신고는 사실을 고지하는 것이다. 고지의 방법은 서면에 의하건 구두에 의하건 관계가 없으며, 서면에 의한 경우는 그 형식에 제한이 없다. 그러나 부작위에 의한 신고는 불가능하다. 일반적으로 본죄의 신고는 '자발적 고지'라고 한다(통설). 따라서 정보원이나 조사관의 요청에 의하여 자기가 지득한 정보를 제공하거나 검사 또는 사법경찰관의 신문에 대하여 허위의 진술을 하는 것은 신고에 해당하지 않는다고 한다.[268] 그러나 이러한 제한은 의문이다. 예컨대 조사관의 요청이나 수사관의 신문을 기회로 하여 타인을 무고하는 경우를 본죄에서 배제할 이유가 없다. 본죄의 신고를 자발적 고지로 제한하는 판례의 입장에서도 '당초 고소장에 기재하지 않은 사실을 수사기관에서 고소보충조서를 받을 때 자진하여 진술한 경우'[269]에 본죄의 성립을 인정하고 있다. 또한 강요에 의한 무고의 경우에도 형법 제12조에 의하여 책임이 조각되는 것은 별론으로 하고, 본죄의 구성요건해당성이 부정될 수는 없다. 따라서 본죄의 신고는 자발성을 요하지 않는다고 해석하여야 한다.

2-2. 주관적 구성요건

2-2-1. 고 의

본죄는 일반적인 주관적 구성요건요소로서 고의를 요한다. 본죄의 고의는 타인의 형사처분이나 징계처분에 관한 허위의 사실을 공무소 또는 공무원에게 신고한다는 인식과 의사를 말한다. 신고한 사실의 허위성에 대한 인식도 고의의 내용이 된다. 따라서 허위의 사실임을 인식하지 못한 경우에는 본죄의 고의가 인정되지 않는다.

본죄의 고의에서 객관적 행위상황에 대한 인식 정도에 대해서는 학설의 대립이 있다. 일부의 학설[270]은 본죄의 고의를 확정적 고의로 해석한다. 진실이라는 확신 없이 고소하는 대부분의 고소인을 본죄로 처벌할 수 없다는 것이다. 그러나 본죄의 본질적인 보호법익을 국가의 사법기능으로 이해하는 한, 진실이라는 확신 없이 고소하는 행위를 정당한 고소행위로 인정해야 하는지 의문이다. 이는

---

264) 대법원 2002.11.8., 2002도3738; 대법원 2004.1.16., 2003도7178; 대법원 2004.12.9., 2004도2212; 대법원 2006.9.28., 2006도2963; 대법원 2008.8.21., 2008도3754; 대법원 2010.2.25., 2009도1302.

265) 대법원 1982.5.25., 81도3243; 대법원 1984.5.29., 83도3125; 대법원 1985.6.25., 83도3245; 대법원 1985.9.24., 84도1737; 대법원 1987.6.9., 87도1029.

266) 대법원 1982.4.27., 81도2341.

267) 대법원 1986.12.9., 85도2482.

268) 대법원 1984.12.11., 84도1953; 대법원 1985.7.26., 85도14; 대법원 1990.8.14., 90도595; 대법원 1996.2.9., 95도2652; 대법원 2005.12.22., 2005도3203; 대법원 2014.2.21., 2013도4429.

269) 대법원 1984.12.11., 84도1953; 대법원 1988.2.23., 87도2554; 대법원 1996.2.9., 95도2652; 대법원 2005.12.22., 2005도3203.

270) 김일수/서보학, 740면; 배종대, 679면; 이재상/장영민/강동범, 806면; 이형국, 873면; 임웅, 1031면; 정성근/박광민, 924면.

부차적 보호법익인 피해자 보호의 관점에서도 동일하다. 더욱이 미필적 고의의 경우에도 범죄실현 의사는 인정되고 있다.

독일형법의 무고죄(동법 제164조)는 '양지(良知)에 반하여(wider besseres Wissen)'라는 요건을 명문으로 규정하고 있다. 이에 따라 독일형법에서는 "사실의 허위성에 대해서는 확실한 인식을 요하며, 그 밖의 객관적 구성요건요소에 대하여는 미필적 고의로 충분하다"고 해석한다.[271] 그러나 형법은 이러한 명문규정도 없을 뿐 아니라, 무고죄에서 신고사실의 허위성에 대한 확실한 인식을 요구할 필요도 없을 것으로 판단된다. 따라서 무고죄에서의 고의는 미필적 고의로 충분하다고 해야 한다.[272] 판례[273]도 "본죄의 고의는 허위임을 미필적으로 인식함으로써 족하다"고 본다.

2-2-2. 목 적

본죄는 초과주관적 구성요건요소로서 '타인으로 하여금 형사처분이나 징계처분을 받게 할 목적'을 요하는 목적범이다. 따라서 자기무고는 본죄에 해당하지 않는다. 이 경우는 위계공무집행방해죄가 성립할 수 있을 뿐이다. 이는 사자나 허무인에 대한 무고의 경우에도 동일하다. 자기무고를 교사하는 경우에는 본죄의 교사범이 아니라, 위계공무집행방해죄의 간접정범이 성립할 수 있다.

형사처분이나 징계처분을 받게 할 목적에 대해서도 학설의 대립이 있다. 판례[274]와 일부 학설[275]은 본죄의 목적에 대하여 "형사처분이나 징계처분을 위한 절차의 개시를 의도함으로써 충분하므로, 목적한 결과에 대한 미필적 인식으로 족하다"는 입장이다. 이에 반하여 다수설[276]은 목적한 결과 발생에 대하여 확정적 고의를 요한다고 해석하고 있다. 그러나 이러한 해석들은 초과주관적 구성요건요소인 목적의 의미를 오해하고 있다. 목적범에서 목적은 행위자가 추구하는 내용일 뿐이며, 목적달성의 여부는 본죄의 성립과 관계가 없다. 따라서 목적이라는 행위자의 내부적 경향에 대하여는 인식이 아니라 의욕을 필요로 한다. 목적범에서의 목적은 오직 목적달성을 위한 행위자의 의욕 내지 의사로 족하다.[277]

---

271) Vgl. Lenkner, S-S StGB, § 164 Rdnr. 39, 40 mwN.

272) 동지, 김성돈, 846면; 김성천/김형준, 901면; 박상기, 707면; 손동권/김재윤, 871면; 오영근, 784면; 정영일, 503면; 조준현, 833면; 진계호/이존걸, 945면.

273) 대법원 2003.1.24., 2002도5939; 대법원 2004.1.16., 2003도7178; 대법원 2006.9.22., 2006도4255; 대법원 2008.5.29., 2006도6347; 대법원 2009.1.30., 2008도8573; 대법원 2010.4.29., 2010도2745; 대법원 2012.5.24., 2011도11500; 대법원 2014.12.24., 2012도4531; 대법원 2017.3.22., 2016도17465.

274) 대법원 1991.5.10., 90도2601; 대법원 1995.12.12., 94도3271; 대법원 2005.9.30., 2005도2712; 대법원 2006.5.25., 2005도4642; 대법원 2006.8.25., 2006도3631; 대법원 2014.3.13., 2012도2468.

275) 김성천/김형준, 902면; 조준현, 834면; 진계호/이존걸, 947면; 동취지, 확정적 의욕과 미필적 인식을 요구하는 견해로는 김성돈, 848면.

276) 권오걸, 1155면; 김일수/서보학, 741면; 배종대, 679면 이하; 손동권/김재윤, 872면; 오영근, 785면; 이재상/장영민/강동범, 808면; 임웅, 1033면 이하; 정성근/박광민, 926면; 정영일, 504면.

277) 동취지, 박상기, 707면.

색인

ㄴ

ㄷ

ㅁ

ㅂ

ㅅ

ㅇ

ㅍ

ㅎ

저자약력

이정원

중앙대학교 법과대학 법학과 졸업
동 대학원 석사과정 수료(법학석사)
독일 콘스탄츠 대학교 박사과정 수료(법학박사 Dr. Jur.)
사법시험 등 기타 국가고시 위원
한국비교형사법학회 회장 역임(현 고문)
경남대학교 법학부 교수
영남대학교 법학전문대학원(정년퇴임)
현재 영남대학교 법학전문대학원 객원교수
E-Mail : jwlee@ynu.ac.kr

Die japanische und koreanische sog. Verabredungsmittäterschaft und die Mittäterschaft nach deutschem Recht(Diss. Konstanz, 1991)
시민생활과 법(공저, 제3전정판, 2004. 박영사)
형법총론(1997, 문영사)
객관식 문제분석 형법연구(2000, 법지사)
형법총론(제3판, 2004, 법지사)
형법각론(제3판, 2003, 법지사)
주석형법 I(공저, 2011, 한국사법행정학회)
주석형법 II(공저, 2011, 한국사법행정학)
형법총론(2012, 신론사)
형법각론(2012, 신론사)
형법판례150선/한국형사판례연구회(공저, 2016, 박영사)

류석준

서울대학교 농과대학 원예학과 졸업
경남대학교 대학원 석사과정 수료(법학석사)
경남대학교 박사과정 수료(법학박사)
국가고시 등 시험문제 출제
경찰공무원 채용 면접위원 역임
한국비교형사법학회 상임이사 역임
울산지방검찰청 검찰시민위원회 위원장 역임
현재 울산지방경찰청 수사이의심사위원
현재 영산대학교 법학과 부교수
E-Mail : ryuseokjunjy@gmail.com

인터넷범죄에 대한 규제와 법적용에 관한 연구(2004, 박사논문)
인터넷 음란물에 대한 ISP의 형사책임에 관한 연구(2004. 중앙법학)
컴퓨터사기죄의 행위방법에 대한 비교법적 연구(2005, 비교형사법연구)
조산사의 과실로 사망한 태아반출을 위한 제왕절개시 상해의 결과귀속여부와 사람의 시기 (2008, 비교형사법연구)
조세범처벌법 제9조 제1항의 처벌대상행위와 가벌성의 범위(2008, 비교형사법연구)
기망행위를 수단으로 한 권리행사와 사기죄의 성부(2009, 비교형사법연구)
사용자에 대하여 정당한 노동쟁의에 있어 병존적 관리 · 사용자인 제3자에 대한 주거침입죄의 성부(2010, 형사법연구)
기업의 비자금 조성행위와 형사책임I(2011, 비교형사법연구)
동산 양도담보계약에서 채권자에 의한 채무자의 소유권 침해 가능성과 절도죄의 성부 (2011, 비교형사법연구)
복사문서의 문서간주가 창출한 새로운 변조개념에 의해 문서변조행위대상으로 평가되는 컴퓨터모니터 이미지(2013, 법제연구)
사립학교 교비 임의사용에 대한 형사책임(2013, 비교형사법연구)
명의수탁자가 명의신탁자에 대한 관계에서 횡령죄의 '타인의 재물을 보관하는 자'에 해당하는지 여부(2015, 형사법연구)
인터넷게임 결과물에 대한 환전의 의미(2015, 비교형사법연구)

형법각론

발행 / 2020년 8월 20일

글쓴이 / 이정원, 류석준
펴낸이 / 박준성
펴낸곳 / 준커뮤니케이션즈
등록일 / 2004년 1월 9일 제25100-2004-1호
주 소 / 대구광역시 중구 봉산동 217-16 삼협빌딩 3층
홈페이지 / www.jbooks.co.kr
전 화 / (053)425-1325
팩 스 / (053)425-1326

ISBN 979-11-6296-020-2 93360

값 32,000원

이 도서의 국립중앙도서관 출판예정도서목록(CIP)은 서지정보유통지원시스템 홈페이지(http://seoji.nl.go.kr)와 국가자료종합목록 구축시스템(http://kolis-net.nl.go.kr)에서 이용하실 수 있습니다. (CIP제어번호 : CIP2020033168)